济南市志

1986～2010

JI NAN SHI ZHI

济南市史志编纂委员会 编

方志出版社
Publishing House of Local Records

图书在版编目（CIP）数据

济南市志：1986～2010.8 / 济南市史志编纂委员会编 .-- 北京：方志出版社，2016.9
ISBN 978-7-5144-2085-2

Ⅰ.①济…Ⅱ.①济…Ⅲ.①济南—地方志—1986～2010 Ⅳ.① K295.21

中国版本图书馆 CIP 数据核字（2016）第 225521 号

济南市志（1986～2010）8

编　　者：济南市史志编纂委员会
责任编辑：李志瑜
出 版 人：冀祥德
出 版 者：方志出版社
地址　北京市朝阳区潘家园东里 9 号（国家方志馆 4 层）
邮编　100021
网址　http://www.fzph.org
发　　行：方志出版社发行中心
电话（010）67110500
经　　销：各地新华书店
印　　刷：济南黄氏印务有限公司
开　　本：889×1194　　1/16
印　　张：43
字　　数：1052 千字
版　　次：2016 年 9 月第 1 版　　2016 年 9 月第 1 次印刷
印　　数：0001～2500 册

ISBN 978-7-5144-2085-2　　定价：580.00 元

凡　例

一、本志以马克思列宁主义、毛泽东思想、邓小平理论、“三个代表”重要思想、科学发展观为指导，深入贯彻习近平总书记系列重要讲话精神，坚持辩证唯物主义和历史唯物主义立场、观点和方法，依据国务院《地方志工作条例》和《山东省地方史志工作条例》，全面客观记述济南市自然、政治、经济、文化和社会的历史与现状，努力做到思想性、资料性、科学性的统一，力求突出时代特色、地方特点。

二、本志为《济南市志（1840～1985）》的续志，上限为1986年，下限为2010年，部分内容适当上溯或下延。

三、体裁，以志为主，述、记、传、图、表、录辅之；结构为卷、篇、章、节体，部分节下设目和子目。图片使用与文字同步，力求图文并茂，扩大信息量，增强可读性。

四、区域范围，一般为2010年济南市行政区域；部分内容为当时行政区域。

五、纪年，一般采用公元纪年，视情括注历史纪年。部分贯通古今的内容，民国以前采用历史纪年，视情括注公元纪年；民国以来采用公元纪年。

六、行文采用语体文、记述体。除引用原文外，均以第三人称记述；文风力求严谨朴实，语言力求简洁流畅。涉及组织机构、会议、文件、职务、地名、称谓，采用当时的名称；历史地名视情括注今称。

七、数字、标点符号使用，遵循国家标准《出版物上数字用法》《标点符号用法》的规定；计量单位，遵循《中华人民共和国法定计量单位》的规定，个别地方保留“亩”“公斤”“马力”等计量单位。

八、入志资料以撰稿单位提供为主；同时参考相关图书、报刊资料。统计数据，一般采用统计部门的数据；统计部门未有的，采用事业主管部门的数据。

九、注释。文字简短的注释在文内括注，文字较长的注释采用脚注。记述有争议的事物，一般以一说为主，他说附于脚注。

十、人物。遵循“生不立传”原则，排列以卒年为序。立传人物为在本行政区域有重大影响者，以及本籍人物在外地有重大影响者。部分内容适当设人物表和人物名录。

济南市史志编纂委员会

（2016 年 11 月～ ）

济南市志

（1986～2010）

第八册

主　　编　翟旭东

副 主 编　綦延辉　杜加臣　朱佩峰　郭建群

总　　纂　丁爱军

副 总 纂　庞新华　于瑞东

编　　辑（按姓名笔画为序）

丁爱军　刁文菁　王　炜　王　洋　王　群　王海峰

代戈红　孙　广　别玉金　张　阳　宋高峰　张超强

李国宇　陈　蕾　范金鹏　庞新华　宣　涛　夏　兵

高江娜　景国富　董殿勋　路玉增

编　　校　马晓飞　安宝坪　范玉峰

济南市史志办公室组成人员

（以到职先后为序）

党组书记 庄虔贵* 王历历* 李吉祥* 翟旭东

主　　任 庄虔贵* 袁淑玲* 李吉祥* 翟旭东

副 主 任 王历历* 李明亮* 朱佩峰* 綦延辉 杜加臣

巡 视 员 朱佩峰*

副巡视员 郭建群

工作人员 王鲁宁* 杨薇薇* 郭德芳* 于香萍* 夏　兵 高江娜

高进录* 宣　涛 王　炜 郭建群* 杜加臣* 李国宇

董殿勋 刘兴亮* 刁文菁 路玉增 宋高峰 陈　蕾

丁爱军 庞新华 张　阳 景国富 代戈红 孙　广

王　洋 张超强 王　群 胡健美* 祁忠举* 王海峰

别玉金 范金鹏

注：名单所列组成人员为 2005 年 9 月以来的情况。“*”表示离任。

①

② ③

① 山东博物馆

② 山东美术馆

③ 省会艺术文化中心

◎ 洪楼教堂

◎ 府学文庙

◎ 黑伯龙作品

◎ 弭菊田作品

◎孙天牧作品

◎王凤年作品

◎ 于希宁作品

◎ 聂耕作品

◎ 张登堂作品

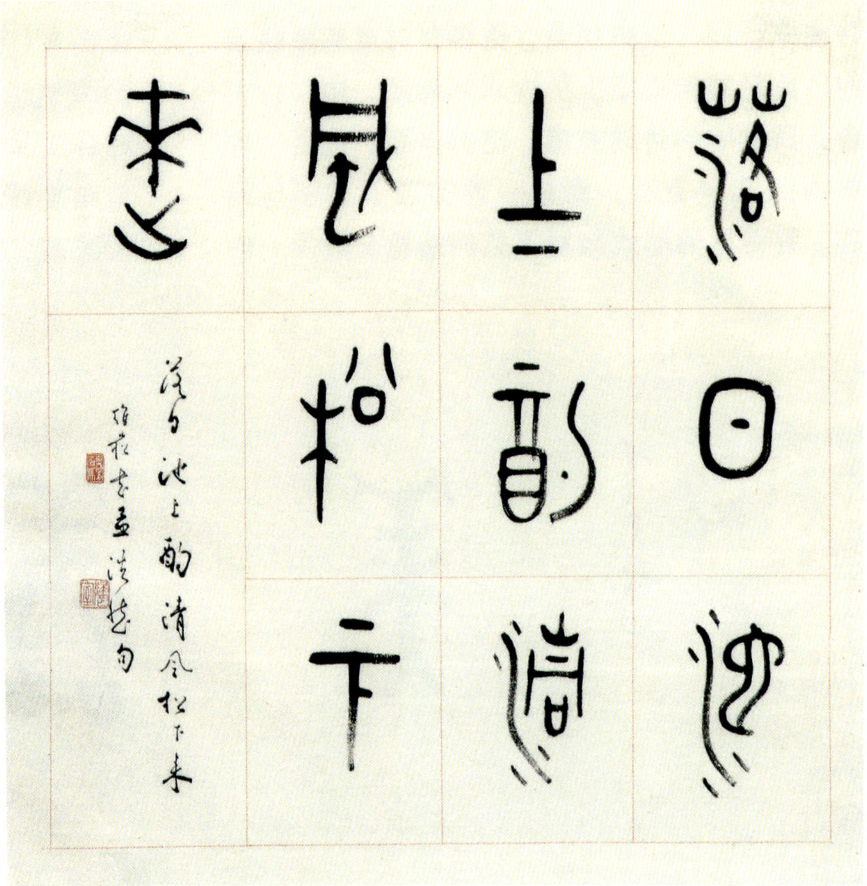

◎ 蒋维崧书法作品

◎ 孔孚书法作品

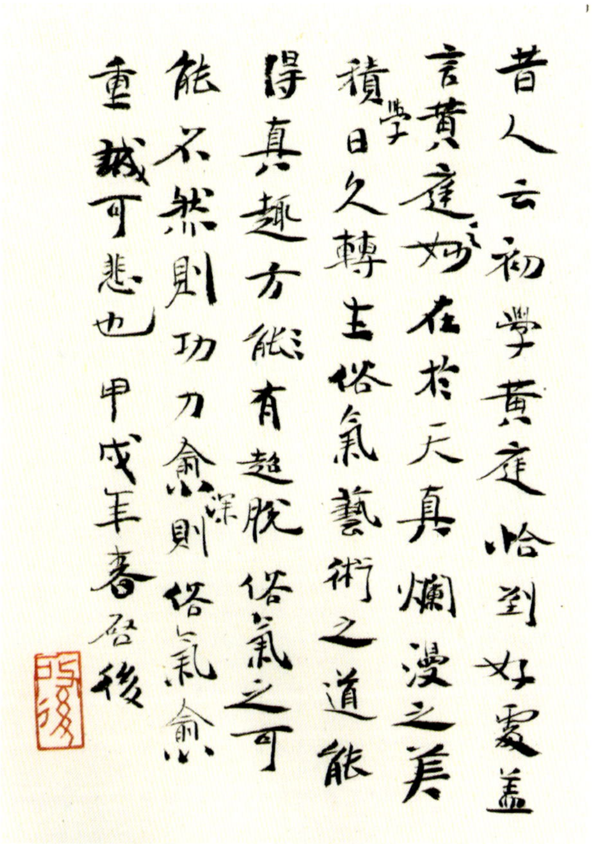

◎ 魏启后书法作品

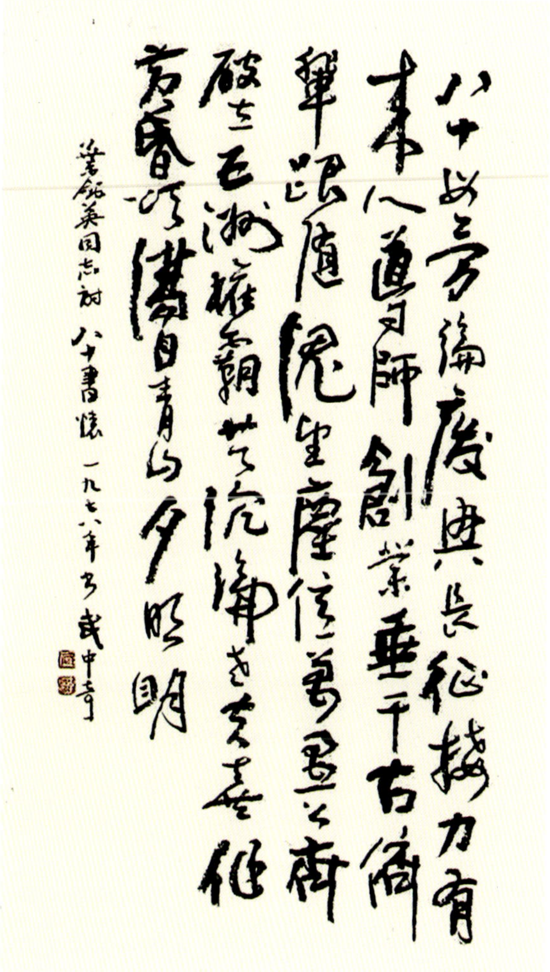

◎ 武中奇书法作品

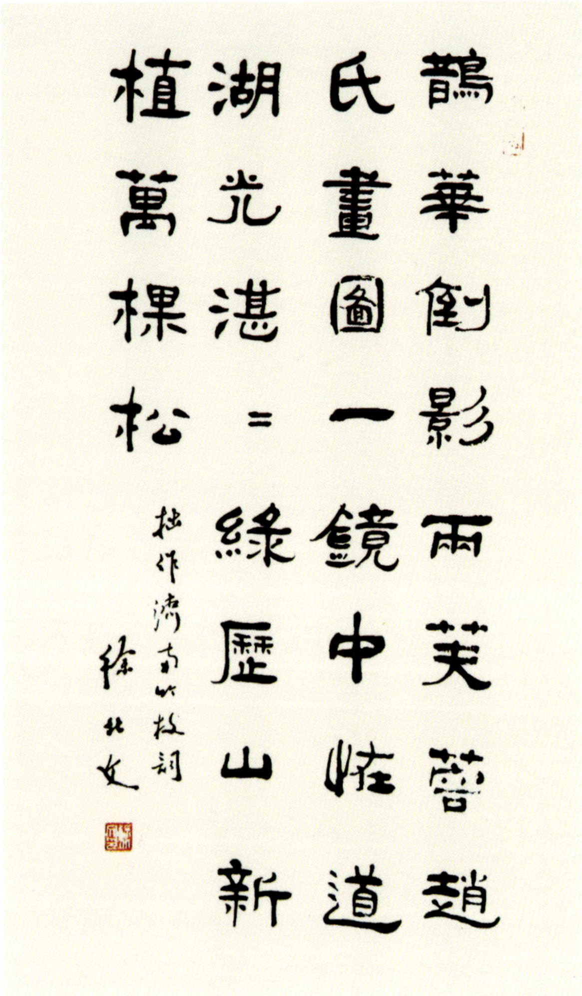

◎ 徐北文书法作品

◎ 朱学达书法作品

◎ 王昭善雕塑作品

◎ 张玉林雕塑作品

目　录

第十五卷　文　化

第一篇　文学艺术

第二篇　社会文化

第三篇 文博事业

第四篇 非物质文化遗产

第五篇 出版 发行

第六篇 广播 电视

第七篇 档 案

第八篇 地方志

第九篇 社会科学研究

第十六卷 社 会

第一篇 精神文明建设

第二篇 民 政

第三篇 劳动就业与社会保障

第四篇 民族宗教

第五篇 居民生活

第六篇 社会风俗

人 物

附 录

第十五卷

文化

WEN HUA

单位审稿、撰稿人员名单

（按姓名笔画为序）

济南市文学艺术界联合会

审稿人：刘　溪

撰稿人：张佃水

济南市文化广电新闻出版局

审稿人：孙法星

撰稿人：王　莹　王　梓　邢　杰　杨　琨　赵　宁　黄宝兰　魏洪强

济南日报报业集团办公室

审稿人：李光明

撰稿人：孙兴振　张　维　相　琨

济南广播电视台

审稿人：温　健

撰稿人：马　斌　孙玉华　杨吉奎　杨绍萍　李鲁静

济南市档案局

审稿人：王玉玲

撰稿人：刘世萍　李东平　程　锦

济南社会科学院

审稿人：马黎明

撰稿人：梁永贤

济南市社会科学界联合会

审稿人：闫　刚

撰稿人：苑　红

第一篇　文学艺术

1986 年后，济南市文学艺术创作呈现出繁荣局面。文学、戏剧、电影、电视、音乐、舞蹈、美术、曲艺、杂技等各个领域百花竞放、作品纷呈。

1987 年至 1996 年 11 月，共出版各类文学作品和专著 150 余部。报告文学《倔老头外传》获全国报刊副刊二等奖；由长篇小说《骚动之秋》改编的电视剧本《原野风》获全国庆祝新中国成立四十周年电影、电视剧本二等奖；《塞风抒情诗选》获全国当代文学奖。戏剧创作方面，歌剧《小白龟》获文化部第六届文华新剧目奖。共创作拍摄各种题材的电视剧 70 余部，200 余集，电视剧《孔子》《净魂》均获全国“五个一工程奖”（生产或创作一台好戏、一部好电视剧、一部好电影、一本好书、一篇或几篇优秀理论文章）和“飞天奖”。美术书法摄影创作方面，陈黎青、张鸿宝、刘繁昌、魏启后、钱捍、李楠、饶琦等人的作品在全国获奖。音乐舞蹈方面，《茶花女》《今日的中国》等获全国一等奖。大型歌舞剧《孔繁森》赴北京、广州、深圳、海南等地巡回演出。市杂技团多次出国访问演出，邓宝金、孟燕等演员多次获国际、国内大奖。

1996 年 11 月至 2002 年 9 月，共出版各类文学作品 300 余部。长篇小说《骚动之秋》获第四届茅盾文学奖，填补山东省、济南市该奖项空白；散文集《生命的追问》获全国“五个一工程奖”。书法、美术、摄影作品多次在全国获奖，并在全国各类展览中入选参展。音乐创作方面，歌曲《年是什么》获全国“五个一工程奖”，音乐专题片《唱给妈妈一支歌》获全国优秀广播音乐节目评奖一等奖。舞蹈作品《绿了，母亲河》《鼓子秧歌》分获全国第十届群星奖铜奖；作品《阳光清泉》获全国企业舞蹈大展演优秀演出奖；综艺晚会《谁不说咱家乡好》在全国少数民族舞蹈会演中获演出金奖，舞蹈《红磨坊》《包愣调》分获表演一、二等奖。戏剧艺术方面，儿童剧《宝贝儿》获全国文华奖，并获全国“五个一工程奖”。曲艺艺术再现济南曲山艺海美誉，相声《笑颜欢歌》在全国“钱江杯”相声大赛中获二等奖。电视连续剧《西出阳关》《济南战役》获全国“五个一工程奖”。MTV《油娃》获全国金童奖一等奖。电视连续剧《警方 110》获金鹰奖一等奖。电视文艺《黄河之子》《黄河歌谣》分获全国星光奖二等奖和电视金鹰奖。电视连续剧《西部警察》获全国“飞天奖”二等奖。

2002 年 9 月至 2010 年，各类文艺作品获省级及省级以上奖励 800 余项。其中，国际金奖 4 项，全国性奖近 300 项。获省级及省级以上各类文学奖项 100 余件（人），出版长篇小说、报告文学、作品集 700 余部，在省级及省级以上报刊发表短篇小说、诗歌散文、文学作品 3000 余篇（部）。其中，童话《月光光》获冰心儿童文学奖，儿童诗《星期天》获全国儿童诗歌大赛一等奖，散文集《淡水香》获冰心图书奖。儿童剧《小白龟》《宝贝儿》获中宣部“五个一工程奖”、文化部“文华大奖”、国家舞台艺术十大精品剧目；电视剧《夏日星光》获全国第二十届“飞天奖”和第二十一届中国电视“金鹰奖”；杂技《空中彩绸》《转台高椅》获国际大奖；电视连续剧《乡村爱情》获全国“五个一工程”优秀奖；民间舞蹈《芯子》和葫芦雕《千福》获第八届中国民间文艺“山花奖”。

第一章 文学创作

第一节 小 说

一、长篇小说

1987年10月，长篇小说《一个死囚的忏悔》（严民）由山东文艺出版社出版，全书15万字。1988年6月在《文汇报》副刊连载。小说鞭挞了出身于高干家庭的苏跃沦为死囚的罪恶行径，并挖掘其犯罪的社会根源；歌颂了自卫反击战中牺牲的英雄人物，同时着重描述了几个少女不同的命运。同年，出版《血泉》《泰山情话》《泰山恩仇录》《爱火》《济南诗雨》《我爱泉城风光美》等十余部长篇小说。

1990年7月，以农村改革为题材的长篇小说《骚动之秋》（刘玉民）由人民文学出版社出版，1991年修订再版。1997年，该书获第四届茅盾文学奖，填补山东省、济南市该奖项空白。作品反映了胶东农村从自然经济向商品经济发展时期的历史风貌，描述了一群觉醒农民的荣辱沉浮、恩怨悲欢和两代创业者艰难的心灵历程，展示出波澜壮阔的农村改革生活。

1991年5月，张海迪创作的长篇小说《轮椅上的梦》，由中国青年出版社出版。1992年，该作品被韩国和日本翻译出版，并在国内获“庄重文文学奖”。1994年8月，获中共中央宣传部、国家新闻出版署、中国残疾人联合会等联合举办的中国首届“奋发文明进步图书奖”一等奖。

1994年，严民的长篇小说《月圆月缺》出版后，被《第三产业导报》连载。1995年，长篇小说《洗礼》（严民）在全省精神文明建设“精品工程”评奖中获文学“精品奖”。该书共25万字，以抗战初期的济南为背景，描写了一群中学生由苦闷、彷徨，直至经过血与火的洗礼，走上抗日前线的历程。丁文方创作的长篇小说《左宝贵》在文学界和少数民族特别是回族群众中产生较大影响。

1996年，刘玉民的长篇小说《羊角号》在全省精神文明建设“精品工程”评选中获文学“精品奖”。王欣的长篇小说《九班宣言》获1997年度山东省精神文明建设“精品工程”文学“精品奖”。1998年，罗珠的长篇小说《大水》由人民文学出版社出版。作品叙述了黄河入海口地区150年间惊心动魄的水患史、生生不已的家庭发展史和多灾多难的民族生存史。

2005年，大型文学月刊《中国作家》第4期以整期的篇幅发表著名作家刘玉民的长篇小说《过龙兵》。同时，该作品单行本由人民文学出版社出版。小说共42万字，以阶级关系、家庭关系的演变为线索，通过3个家族纠缠不断的恩怨情仇和三代人迁延不绝的命运纠葛，展示了中国社会半个多世纪的历史沧桑。

2006年，长篇小说《大观园传奇》（刘拥政）由山东画报出版社出版。作品以赵、陆两家三代人的悲欢离合、恩怨情仇为经纬，以济南商界老字号大观园的荣辱兴衰为线索，编织成极富传奇色彩的世事变迁图，填补新中国成立后描写济南地域文化长篇力作的空白。同年，山东电视台播出由此作品改编的长篇电视剧。

2009年4月24日，市文联举办长篇小说《蝶舞》《大脚姥姥》《梅庄旧事》新书推介会。长篇小说《蝶舞》（严民）描写了商战运作的秘密，揭示了市场经济与政治权力之间错综复杂的关系。《大脚姥姥》（王金年）以山东枣庄一带为背景，用第一人称的叙事方式，讲述了一位颇具传奇色彩的“大脚姥姥”的故事。《梅庄旧事》（展恩华）以20世纪六七十年代鲁西南农村生活为背景，反映了“梅庄人”的原生态，描写了一个村庄的人们在特殊年代的生死荣辱、恩爱情仇。该书获山东省第九届“精品工程奖”。

2010年，作家杨树和出身摔跤世家的谭强合著的长篇小说《洋片人生》由济南出版社出版。该书以济南沦陷期间，有“神钩子”之称的跤坛名将谭树森团结济南各路武林好汉，联合大观园里说书的、唱戏的、说相声的、演杂耍的草根英雄们，运用他们各自擅长的技艺，以独特的方式方法，与日本侵略者展开巧妙周旋和殊死搏斗的故事为经，以谭树森与杂技女演员金凤凰生死不渝的爱情苦恋为纬，展开波澜壮阔的历史画卷。8月5日，刘玉栋的长篇小说《年日如草》发表在《十月》长篇小说版第3期。

二、中篇小说

1991年，刘玉民在《十月》发表中篇小说《海猎》。1994年，刘汉太在《啄木鸟》杂志发表中篇小说《孤雾》并举办作品讨论会；于艾香在《中国作家》发表中篇小说《生命的咒语》。1995年12月，苏华创作的中篇小说《花坟》在纪念抗日战争胜利50周年全国征文比赛中获二等奖。1999年，《人民文学》第7期发表刘玉栋的中篇小说《我们分到了土地》。

2000年，赵雪梅在《啄木鸟》第5期发表中篇小说《草民》。作品通过对一个被贩卖的年轻女子在畸形婚姻中自杀的短暂一生的描述，塑造出一个不屈、抗争、追求美好的农村姑娘形象，并用悲剧的结局控诉社会邪恶势力，警醒社会的良心。2002年，刘玉栋的中篇小说《我们分到了土地》、于艾香的中篇小说《对门》分获山东省首届“齐鲁文学奖”；路也在《人民文学》第8期发表《麦兰麦兰》。2005年，王秀梅的中篇小说《彼岸的舞台》获山东省第二届“齐鲁文学奖”。2006年，牛余和在《山东文学》第8期发表《姚爷》，后被改编成电影《黑白往事》。2008年，方远的中篇小说《门缝儿里的爱情》获“泰山文艺奖”文学创作奖。

三、短篇小说

1986年，尹艺茂在《柳泉》第2期发表《户牖谎话》，郭震在《当代小说》第10期发表《河灯》。1988年，李永祥在《当代小说》第2期发表《舜耕历山》；王欣在《山东文学》第3期发表《雾谷》，作品获山东首届“泰山文艺奖”；艾平的短篇小说《贼情》被上海电影制片厂改编为电影《偷鱼贼》。1991年，《郭震短篇小说选》由青岛出版社出版。5月，李小萍在《当代小说》月刊发表《青青石板路》，并获优秀作品奖。1997年3月，李小萍在《山东文学》月刊发表《怡君的石榴树》，获优秀作品奖。1997年，《冯德英中短篇小说选》由解放军文艺出版社出版；尹艺茂的短篇小说集《吉他牛仔》由明天出版社出版。

2001年，路也在《时代文学》第1期发表《有个耗子叫点点》，后被人民文学出版社《2001短篇小说》选载。刘玉栋在《长城》第2期发表《葬马头》，后被《小说选刊》第6期转载。2002年，刘玉栋的《给马兰姑姑押车》被《新华文摘》转载，并入选2002年最佳短篇小说集；陈居忠的小小说《冬泪无声潇潇下》获《小小说选刊》和《当代小说》等单位联合举办的全国“小小说征文大奖赛”二等奖。2004年，刘照如在《红豆》第7期发表《鲜花盛开的草帽》，2005年获第二届齐鲁文学奖·短篇小说奖。2005年，刘玉栋的短篇小说集《公鸡的寓言》由山东文艺出版社出版。2006年，赵雪梅在《新世纪文学选刊》第6期发表《虚构的恋爱》。2007年，牛余和的短篇小说集《玻璃底片》由中国青年出版社出版。2008年，刘照如的短篇小说《在那桃花盛开的地方》获“泰山文艺奖”文学创作奖。2010年11月16日，王方晨的小说《水妮子的火》获全国公安文学大奖赛中短篇小说三等奖。

第二节 散文 诗歌

一、散 文

1989年，苗长水在8月6日的《文艺报》发表散文《剪子巷》。1992年，赵雪梅在《山东文学》第3期发表《雨季不再来》。该文以清丽活泼的语言，表现青春期少女婉转悠长的遐思。1994年，任远出版散文集《山水情》；陈虹在《时代文学》第1期发表《一滴水》。1995年，刘玉民在《中华散文》第4期发表《星条旗为谁而降》。1996年，宋俊忠的诗歌与散文集《玫瑰诗情》由山东文艺出版社出版。

1997年，张海迪的散文集《生命的追问》获全国"五个一工程奖"。该书由作家出版社出版，精选作者多年创作的散文作品，反映了作者热爱生活、不屈不挠同疾病抗争的奋斗精神，是作者人生历程的写照。1998年，任晓峰的散文集《感觉平凡》由中国文联出版社出版。1999年，侯林的散文集《看不见的风景》由作家出版社出版；刘真骅的散文集《我心我情》由华龄出版社出版。2000年，罗珠的散文随笔集《静夜煨茶》由中央编译出版社出版。2000年8月12日，逄金一的散文《永恒的父爱》在《人民日报》发表，2001年1月被《散文选刊》转载。2002年，周长风的散文《你好，树》发表在《山东文学》第9期；王兆华的散文《看雨》在《散文》第11期发表；韩青的散文集《在母语中流浪》由明天出版社出版。2003年，赵雪梅在《现代教育》第21期发表《长鸟巢的树》。2004年，魏新在《青年文学》第1期发表《我又看到晚风中摇晃的故乡》，后被《散文》海外版选载；路也的散文《1976年》在《作品》发表，散文随笔集《我的城堡》由百花文艺出版社出版。2005年7月，赵雪梅在《新世纪文学选刊》第10期发表《上帝的伞》，2009年获第六届中国戏剧文学奖文学类三等奖。2006年，刘荣哲的散文集《灵知的领地》由人民文学出版社出版；赵雪梅在《新世纪文学选刊》第3期发表《摘星星的女人》，第8期发表《守望的树》。2007年5月8日，李永祥在《光明日报》发表《济南赋》。

2008年，李耀曦的散文集《品读济南》由济南出版社出版，作者从济南城市文化的整体视角，纵谈泉城的民俗景象、街巷俚语、名士佳话、市民情趣、历史追寻、精神探源。朱文兴的散文集《从长江口到黄河边》由作家出版社出版。2009年，侯林的散文集《倾听风吹过的声音》由中国戏剧出版社出版。2010年，张海迪的《海迪自选集》由人民文学出版社出版；简墨的《京昆之美》由作家出版社出版，该书获孙犁散文奖一等奖；电视散文片《历史的碑记·济南五三惨案八十年祭》（赵新华、毕强、马焰编导，赵新华制片）获山东省广播电影电视局和山东省电视艺术家协会主办的第22届山东电视艺术牡丹奖电视文学类一等奖。

二、诗 歌

1984年，孔孚出版其第一本诗集，也是全国第一部新山水诗集《山水清音》，此后又陆续出版诗集《山水灵音》《孔孚山水》《孔孚山水诗选》，诗论集《远龙之扪》、诗文集《孔孚集》，以及《孔孚山水诗研究论集》。其中诗集《山水清音》获山东省首届泰山文艺创作一等奖，《孔孚山水·峨眉卷》获1991年山东省优秀图书奖一等奖、1991年全国计划单列市出版社优秀图书一等奖。

1986年，赵远智在《黄河诗报》第2期发表《纪念碑前的小路》。1988年，刘延林在《黄河诗报》第2期发表《跨过太阳之门》；郭远山（郭廓）选编的描述济南的诗选集《济南诗雨》由山东人民出版社出版。1991年，徐北文主编的《济南吟赞》由济南出版社出版。该书选编自1919年五四运动至90年代初讴歌泉城各方面的诗词作品865首。1992年，李萍的诗集《青春石阶》由华文出版社出版。1993年，杨共玉的诗集《纯洁恋歌》由山东文艺出版社出版。1996年，逄金一在《诗刊》第5期发表诗作《演戏》；罗珠的诗集《机器兽雅歌》由中国电影出版社出版。1997年，塞风的《塞风诗精选》由济南出版社出版；朱建信的诗集《苍穹之旅》由作家出版社出版。

2001年，孙磊主编的《七人诗选》由中国戏剧出版社出版，推出活跃于山东尤其是济南地区的诗人普珉、雪松、宇向、长征、格式、柏明文和孙磊的作品。2002年，魏新（笔名“老了”）在《诗刊》第2期下半月刊发表诗作《骑着自行车到瑞典去》；云亮在《诗歌月刊》第11期发表《麻雀》；柏明文的《今夜》《南方》被收入《诗刊》编辑部选编的《2002中国年度最佳诗歌》。2003年，云亮在《人民文学》发表《想给父亲做一回父亲》；普珉的诗集《光阴的梯子》由河北教育出版社出版；戴小栋在《上海文学》发表组诗《我必然返回这个春天》，2006年获第二届“齐鲁文学奖”。2005年，魏新在《诗刊》发表《如果我有N棵树》《一个俗人的账目明细表》等诗作。2006年，戴小栋的诗歌《清浅的春寒（组诗）》发表在《上海文学》第11期，获第九届上海文学奖；柏明文在《芒种》第1期发表《当青春的热血渐渐冷却》；路也获第三届华文青年诗人奖，诗集《我的子虚乌有之乡》由长征出版社出版，2008年获“泰山文艺奖”文学创作奖。2007年，杨健在《时代文学》第3期发表《在洛阳我找不到隋唐的影子》，后入选《山东30年诗选》（中国文联出版社2008年出版）；陈忠的诗作《印度夏天的雨》被收入美国天涯文艺出版社的《当代世界华人诗文精选》。2008年，林之云在《极光》诗刊第1期发表《云》，其诗集《夜晚之心》由中国戏剧出版社出版；赵新华的长诗《再唤一声小平您好》获中国当代文学研究会纪念改革开放三十周年暨邓小平诞辰105周年全国诗歌征文特等奖。2009年，普珉在《诗歌月刊》第1期发表《一个幻想》《收藏》。2010年，康桥被评为首届十佳军旅诗人。林之云的诗集《时间之心》由中国文联出版社出版。寒烟在《诗选刊》第6期发表《在队伍中》。

第三节 报告文学 传记文学 儿童文学

一、报告文学

1987年，刘拥政在《当代小说》发表报告文学《美哉，足尖上的金字塔》。1988年9月，郭慎娟的中篇报告文学《知识的罪与罚》在中国作家协会举办的第四届全国优秀报告文学评奖中获优秀报告文学奖。这是济南市首次获中国作协文学奖。

1991年，刘玉民的报告文学《东方奇人传》由人民文学出版社出版。该书集中收录作者6部中篇报告文学作品，获《十月》月刊文学奖。1993年，举办长篇报告文学《都市之梦》（刘玉民、郭廓）出版座谈会，《碧水丹心》（郭慎娟）、《阳光与大地》（刘汉太）报告文学研讨会。1994年，报告文学《情的诗歌》（赵鹤翔）获省级奖；《千秋功罪》、《商界鬼才》和《都市悠闲女》分别被《中华文学选刊》《中外书摘》转载和连载。1995年，济南出版社出版介绍韩素云先进事迹的报告文学《军嫂》。配合全国学习孔繁森活动，济南人民广播电台制作长篇配乐报告文学《高原雪魂——孔繁森》，在中央台和全国20余家省市电台播出，1996年获中国广播文艺政府奖一等奖第一名。1996年，郭慎娟的报告文学《在这个秋天》在《人民文学》发表。

2004年，报告文学《情暖三春》（崔白）入选济南市第六届精神文明建设“精品工程”奖。2007年，人物通讯《他赋予陶土以生命之美》（赵新华）获中国报告文学学会第四届中国改革创新报告文学人物通讯大奖赛一等奖。2009年7月，济南作家展恩华与王良瑛、李登建合作创作的报告文学《大地为鉴》由山东文艺出版社出版。该书全方位、多角度地讲述了原寿光县委书记王伯祥的不平凡事迹，获山东省第九届精神文明建设“文艺精品工程”奖。

二、传记文学

1990年，方立民撰写的方荣翔传记文学《沧海艺》发表后，济南市文联和济南出版社联合举行首发式和作品讨论会，多家报纸、刊物进行连载、选载。1997年，《中国公主传奇》（刘拥政）由黄河出版社出版。1999年，《尘埃历尽——中国珍贵文物蒙难纪实》（刘拥政）由山东画报出版社出版，《黑龙江日报》连载，港台地区及其他省市报刊广泛摘编。2010年，长篇传记文学《小凤仙传奇》获第八届济南市精神文明建设“文艺精品工程”奖。

三、儿童文学

1998年，童话集《兔子精灵与兔爷爷》（王欣）在社会上引起反响；1999年，《九班宣言》获山东省50年优秀儿童文学作品奖。2003年，《我的名字叫不怕》（刘拥政）由中国戏剧出版社出版，并被收录《这里也是前线》一书。2004年，王欣等9名作家历时四年创作的《魔袋童话》系列丛书出版，填补济南市出版童话丛书的空白。2007年，故事《卖馄饨的小女孩》（吕佩）获第十八届“孙敬修杯”全国儿童故事大赛特等奖。

济南古代诗歌作品选目

表15—1—1

作品	作者	作品出处
思亲操	虞　舜	《乐府诗集》卷五十七
大东	谭国大夫（约生活于春秋时期）	《诗经·小雅》
关山月	崔　融（653—706）	《全唐诗》卷六十八
拟古		《全唐诗》卷六十八
从军行		《全唐诗》卷六十八
和宋之问寒食题黄梅临江驿		《全唐诗》卷六十八
留别杜审言并呈洛中旧游		《全唐诗》卷六十八
咏宝剑		《全唐诗》卷六十八
塞上寄内		《全唐诗》卷六十八
登历下古城员外孙新亭	李　邕（678—747）	《李北海集》卷一
陪从祖济南太守泛鹊山湖三首	李　白（701—762）	《李太白文集》卷十七
古风·昔我游齐都		《李太白集分类补注》卷二
陪李北海宴历下亭	杜　甫（712—770）	《杜诗详注》卷一
同李太守登历下古城员外新亭		《杜诗详注》卷一
暂如临邑至㟙山湖亭奉怀李员外率尔成兴		《杜诗详注》卷一
舜井三首	魏　炎（约生活于唐肃宗乾元年间）	《封氏闻见记》卷八
灵岩寺西入石路	刘长卿（约726—约786）	《刘随州集》卷四
送萧监丞浚宰临邑	梅尧臣（1002—1060）	《宛陵集》卷六
历城郡治凝波亭	祖无择（1006—1085）	《龙学文集》卷二
试笔		《龙学文集》卷二
明水镇水陆禅院		《龙学文集》卷二
历城春日对酒		《龙学文集》卷四

续表15-1-1-1

作品	作者	作品出处
又游灵岩	祖无择(1006—1085)	《龙学文集》卷四
留题齐州舜泉	欧阳修(1007—1072)	《文忠集》卷九
晓发齐州道中二首		《文忠集》卷十四
寄题刘诏寺丞槛泉亭	赵　抃(1008—1084)	《清献集》卷四
西湖二首	曾　巩(1019—1083)	《元丰类稿》卷七
西湖纳凉		《元丰类稿》卷七
百花堤		《元丰类稿》卷五
北渚亭		《元丰类稿》卷七
北渚亭雨中		《元丰类稿》卷七
环波亭		《元丰类稿》卷七
鹊山亭		《元丰类稿》卷七
水香亭		《元丰类稿》卷七
百花台		《元丰类稿》卷七
芙蓉台		《元丰类稿》卷五
华不注山		《元丰类稿》卷七
鲍山		《元丰类稿》卷七
鹊山		《元丰类稿》卷七
离齐州后五首		《元丰类稿》卷七
趵突泉		《元丰类稿》卷七
舜泉		《元丰类稿》卷七
灵岩寺兼简重元长老二刘居士		《元丰类稿》卷七
郡斋即事二首		《元丰类稿》卷六
冬夜即事		《元丰类稿》卷七
郡楼		《元丰类稿》卷七
阅武堂		《元丰类稿》卷七
芍药厅		《元丰类稿》卷七
早起赴行香		《元丰类稿》卷七
霿凇		《元丰类稿》卷七
到郡一年		《元丰类稿》卷七
寄齐州同官		《元丰类稿》卷七
西湖二月二十日		《元丰类稿》卷五
雨后环波亭次韵四首		《元丰类稿》卷七
水西亭书事		《元丰类稿》卷七
北湖		《元丰类稿》卷五
芙蓉桥		《元丰类稿》卷七
酬强几圣		《元丰类稿》卷七
送道光法师住持灵岩	王安石(1021—1086)	《临川文集》卷二十一
寄王济州	刘　攽(1023—1089)	《彭城集》卷十四

续表15-1-1-2

作 品	作 者	作品出处
阳关词·答李公择	苏 轼(1037—1101)	《东坡全集》卷八
至济南李公择以诗相迎次其韵二首	苏 轼(1037—1101)	《东坡全集》卷八
将至筠先寄迟适远三犹子	苏 轼(1037—1101)	《东坡全集》卷十三
张文裕挽词	苏 轼(1037—1101)	《东坡全集》卷七
舜泉诗并叙	苏 辙(1039—1112)	《栾城集》卷十八
舜泉复发	苏 辙(1039—1112)	《栾城集》卷五
和李诚之待制燕别西湖并叙	苏 辙(1039—1112)	《栾城集》卷五
送排保甲陈祐甫	苏 辙(1039—1112)	《栾城集》卷五
寄孔武仲	苏 辙(1039—1112)	《栾城集》卷七
和孔教授武仲济南四咏·环波亭	苏 辙(1039—1112)	《栾城集》卷五
和孔教授武仲济南四咏·北渚亭	苏 辙(1039—1112)	《栾城集》卷五
和孔教授武仲济南四咏·鹊山亭	苏 辙(1039—1112)	《栾城集》卷五
和孔教授武仲济南四咏·槛泉亭	苏 辙(1039—1112)	《栾城集》卷五
灵岩寺	苏 辙(1039—1112)	《栾城集》卷五
喜雪呈李公择	苏 辙(1039—1112)	《栾城集》卷六
初入南山	苏 辙(1039—1112)	《栾城集》卷五
寄济南守李公择	苏 辙(1039—1112)	《栾城集》卷七
答文与可以六言诗相示因道济南事作十首	苏 辙(1039—1112)	《栾城集》卷六
踏藕	苏 辙(1039—1112)	《栾城集》卷五
西湖二咏·观捕鱼	苏 辙(1039—1112)	《栾城集》卷五
西湖二咏·食鸡头	苏 辙(1039—1112)	《栾城集》卷五
次韵李昭叙供备燕别湖亭	苏 辙(1039—1112)	《栾城集》卷五
李诚之待制挽词二首	苏 辙(1039—1112)	《栾城集》卷十四
次韵寄李六弟济南郡城桥亭之诗	黄庭坚(1045—1105)	《山谷集·外集》卷二
伯氏到济南寄诗颇言太守居有湖山之胜同韵和	黄庭坚(1045—1105)	《山谷集·外集》卷六
同世弼韵作寄伯氏在济南兼呈六舅祠部学士	黄庭坚(1045—1105)	《山谷集·外集》卷六
曾子固令咏齐州景物，作二十一诗以献	孔平仲(1044—1111)	《清江三孔集》卷二十一
寄常父	孔平仲(1044—1111)	《清江三孔集》卷二十四
和常父见寄	孔平仲(1044—1111)	《清江三孔集》卷二十四
登鹊山	陈师道(1053—1102)	《后山集》卷五
齐山怪石森耸，其西峰曰小九华	晁补之(1053—1110)	《鸡肋集》卷二十一
将别历下二首	晁补之(1053—1110)	《鸡肋集》卷二十二
将行陪贰车观灯	晁补之(1053—1110)	《鸡肋集》卷二十二
忆少年·别历下	晁补之(1053—1110)	《晁无咎词》卷四
题济南城西张寺丞园亭	范 讽(宋代人)	《宋词纪事》卷十

续表15—1—1—3

作 品	作 者	作品出处
如梦令·常记溪亭日暮		《漱玉词》
如梦令·昨夜雨疏风骤		《漱玉词》
点绛唇·寂寞深闺		《漱玉词》
点绛唇·蹴罢秋千		《御选历代诗余》卷五
菩萨蛮·风柔日薄春犹早		《花草粹编》卷五
菩萨蛮·归鸿声断残云碧		《花草粹编》卷五
清平乐·年年雪里		《御选历代诗余》卷十四
摊破浣溪纱·揉破黄金万点轻		《花草粹编》卷七
添字采桑子·窗前谁种芭蕉树		《御选历代诗余》卷十九
武陵春·风住尘香花已尽		《漱玉词》
醉花阴·薄雾浓云愁永昼		《漱玉词》
南歌子·天上星河转		《乐府雅词》卷下
怨王孙·湖上风来波浩渺		《花草粹编》卷十
鹧鸪天·寒日萧萧上琐窗	李清照（1084—1155）	《乐府雅词》卷下
鹧鸪天·暗淡轻黄体性柔		《御定佩文斋广群芳谱》卷四十
一剪梅·红藕香残玉簟秋		《漱玉词》
临江仙·庭院深深深几许		《乐府雅词》卷下
蝶恋花·暖雨晴风初破冻		《御选历代诗余》
渔家傲·天接云涛连晓雾		《漱玉词》
渔家傲·雪里已知春信至		《御选历代诗余》卷四十二
行香子·草际鸣蛩		《御选历代诗余》卷四十四
凤凰台上忆吹箫		《漱玉词》
声声慢·寻寻觅觅		《漱玉词》
永遇乐·落日熔金		《李清照集校注》
减字木兰花·卖花担上		《花草粹编》卷四
夏日绝句		《全宋诗》
摸鱼儿		《稼轩词》卷二
水龙吟·旅次登楼作		《稼轩词》卷二
水调歌头·盟鸥		《稼轩词》卷一
临江仙·探梅		《稼轩词》卷三
菩萨蛮·书江西造口壁		《稼轩词》卷三
祝英台近·晚春	辛弃疾（1140—1207）	《稼轩词》卷三
青玉案·元夕		《稼轩词》卷三
清平乐·博山道中即事		《稼轩词》卷四
清平乐		《稼轩词》卷四
清平乐·独宿博山王氏庵		《稼轩词》卷四
贺新郎·同父见和，再用前韵		《稼轩词》卷一

续表15—1—1—4

作　品	作　者	作品出处
贺新郎·用前韵赠金华杜仲高	辛弃疾（1140—1207）	《稼轩词》卷一
贺新郎·赋琵琶		《稼轩词》卷一
西江月·夜行黄沙道中		《稼轩词》卷四
蓦山溪·停云竹迳初成		《稼轩词》卷二
感皇恩·读庄子闻朱晦庵即世		《稼轩词》卷三
丑奴儿·书博山道中壁		《稼轩词》卷四
太常引·建康中秋为吕叔潜赋		《稼轩词》卷四
清平乐·忆吴江赏木犀		《稼轩词》卷四
新荷叶		《稼轩词》卷三
破阵子·为陈同父赋壮语以寄		《稼轩词》卷三
西江月		《稼轩词》卷四
生查子·独游西岩		《稼轩词》卷四
水调歌头·赋松菊堂		《稼轩词》卷一
永遇乐·京口北固亭怀古		《花草粹编》卷二十二
汉宫春·答吴子似总斡和章		《稼轩词》卷二
南乡子·登京口北固亭有怀		《稼轩词》卷三
鹧鸪天·读渊明诗不能去手，戏作小词以送之		《稼轩词》卷三
送杜子荣之官济南并序	徐　照（？—1211）	《兰轩集》卷二
送张无咎赴济南教授兼简杨朝舜二首		《兰轩集》卷四
一萼红·登蓬莱阁有感	周　密（1232—1298）	《绝妙好词笺》卷七
法曲献仙音		《绝妙好词笺》卷七
长亭怨慢		《御选历代诗余》卷六十四
探芳讯		《绝妙好词笺》卷七
玉京秋		《词综》卷二十
济南黄台二首	任　询（1133—1204）	《中州集》卷二
登历下亭有感	马定国（生卒年不详）	《宋元诗会》卷六十二
灵岩寺	赵秉文（1159—1232）	《滏水集》卷三
济南珍珠泉	雷　渊（1184—1231）	《御定全金诗增补中州集》卷二十
过济南宿洪济院，赠海州果上人因寄乡中亲友	杨宏道（1189—1272）	《小亨集》卷三
重到灵岩寺		《小亨集》卷三
泛舟大明湖（待杜子不至）	元好问（1190—1257）	《遗山集》卷五
历下亭怀古分韵得南字		《遗山集》卷二
舜泉效远祖道州府君体		《遗山集》卷二
华不注山（济南作）		《遗山集》卷九
药山道中二首		《遗山集》卷十三

续表15—1—1—5

作 品	作 者	作品出处
题解飞卿山水卷	元好问(1190—1257)	《遗山集》卷十二
济南杂诗十首		《遗山集》卷十二
临江仙		《遗山乐府》
济南庙中古桧同叔能赋		《遗山集》卷二
宿金线泉	杜仁杰(约1201—1282)	《御选金诗》卷十一
游灵岩寺		《灵岩志》卷三
三月晦日(二首选一)	张之翰(1243—1296)	《西岩集》卷九
题沸井浜涌泉二绝(之二)		《西岩集》卷十
木兰花慢·同济南府学诸公泛大明湖		《西岩集》卷十一
使宋过济南宴北渚亭	郝　经(1223—1275)	《陵川集》卷十
华不注行		《陵川集》卷十
游灵岩寺		《陵川集》卷三
题杨国宝鹊华风雨图	魏　初(1226—1286)	《青崖集》卷二
寄题济南蒋氏务本堂	方　回(1227—1305)	《桐江续集》卷二十
游灵岩寺三首	王　恽(1227—1304)	《秋涧集》卷十七
九日登历下亭		《秋涧集》卷二十九
赴任济南前次黄冈作		《秋涧集》卷二十九
济南录事参军解君瑞芝图二首		《秋涧集》卷三十三
水龙吟		《秋涧集》卷七十四
户部主事济南任从善父母俱八十，以卷乞诗。赋此	滕安上(1242—1295)	《东庵集》卷四
题张智甫牡丹宴集诗卷	刘敏中(1243—1318)	《中庵集》卷二十三
木兰花慢·元夕后小雨		《中庵诗余》
沁园春		《中庵诗余》
玉楼春		《中庵诗余》
最高楼		《中庵诗余》
黑漆弩村居遣兴		《元曲三百首》
清平乐·蜂房蚁户		《中庵诗余》
减字木兰花·有怀泺源胜概楼旧游		《中庵诗余》
寄赵子昂济南	戴表元(1244—1310)	《剡源文集》卷二十九
早春	赵孟頫(1254—1322)	《雪松斋集》卷四
湖上暮归(两首选一)		《雪松斋集》卷五
趵突泉		《雪松斋集》卷四
胜概楼		《雪松斋集》卷五
祷雨龙洞山		《雪松斋集》卷二
东城		《雪松斋集》卷五
送山东廉访照磨于思容		《雪松斋集》卷五

续表15—1—1—6

作 品	作 者	作品出处
初到济南	赵孟頫(1254—1322)	《雪松斋集》卷四
偶成绝句二首，奉怀宋齐彦学士田师孟省郎		《雪松斋集》卷五
送济南王秀才	曹伯启(1255—1333)	《曹文贞公诗集》卷四
大明湖泛舟	张养浩(1269—1329)	《归田类稿》卷十五
普天乐·大明湖泛舟		《云庄休居自适小乐府》
登汇波楼		《历城县志》
趵突泉		《归田类稿》卷二十
乘船过家同马克修总管宴金线池		《归田类稿》卷十五
游华不注		《归田类稿》卷十九
云庄遣兴自和(十首)		《归田类稿》卷二十
我爱云庄好(九首)		《归田类稿》卷十八
雁儿落兼得胜令·隐退		《云庄休居自适小乐府》
喜春来·探春		《云庄休居自适小乐府》
秋日村居		《归田类稿》卷二十一
野兴二首(选一)		《归田类稿》卷二十一
咏荷花		《归田类稿》卷二十二
郊饮醉归		《归田类稿》卷二十二
山中		《归田类稿》卷二十二
村居		《归田类稿》卷二十二
送客郊行二首		《归田类稿》卷二十二
村居春晚		《归田类稿》卷十八
田居		《归田类稿》卷十六
城楼晚眺		《归田类稿》卷十九
登历下亭		《归田类稿》二十
过李溉之天心亭二首		《归田类稿》二十二
题李溉之学士湖上诸亭	虞　集(1272—1348)	《道园学古录》卷三
题张希孟中丞送毕提点申达卷后		《道园学古录》卷三
送韩伯高浙西佥宪		《道园遗稿》卷三
题时录判齐山吟卷		《道园遗稿》卷三
古亭诗为张仲渊作		《道园遗稿》卷三
奉和王继学怀济南旧游	范德机(1272—1330)	《范德机诗集》卷七
寄奎章学士济南李溉之	萨都剌(约 1272—1355)	《雁门集》卷三
菩萨蛮·题李溉之词卷	王　沂(元代人)	《伊滨集》卷十二
济南原上	周　权(1275—1343)	《此山诗集》卷四
济南张老人	马祖常(1279—1338)	《石田文集》卷三
历山	于　钦(1283—1368)	《齐乘》卷一

续表15—1—1—7

作 品	作 者	作品出处
大军下济南	刘　翥（1287—1368）	《蜕庵集》卷四
济南寓公程鹏翼耀彩亭	张以宁（1301—1370）	《翠屏集》卷二
济南名泉歌并引	郑　潜（元代人）	《樗菴类稿》卷一
自高唐州至齐河夜题纪怀		《樗菴类稿》卷二
历下秋夕	汪广洋（？—1379）	《凤池吟稿》卷五
秋济南闻莺		《凤池吟稿》卷五
济南喜得家书		《凤池吟稿》卷五
历下亭临眺		《凤池吟稿》卷八
趵突泉		《凤池吟稿》卷八
过故翰林李慨之天心水面亭遗址		《凤池吟稿》卷八
题王明府历下秋兴图		《凤池吟稿》卷八
济南八月一日闻雁		《凤池吟稿》卷十
自济南堰头开舟溯黄河西上	刘　嵩（1321—1381）	《槎翁诗集》卷八
入济南城		《槎翁诗集》卷八
夏夜宿溪上酒醒闻雨	张　绅（？—约1385）	《山左明诗钞》
又一绝句		《山左明诗钞》
过济南	黄　福（1362—1440）	《山左明诗钞》
灵岩寺	许　彬（1385—1461）	《山左明诗钞》
砚溪村居	封　术（明代人）	《山左明诗钞》
灵岩寺	王　允（明代人）	《山左明诗钞》
秋日灵岩道中	薛　瑄（1389—1464）	《敬轩文集》
送恭上人还灵岩	尹　旻（1423—1505）	《山左明诗钞》
送边京兆考绩还应天	王　敕（明代人）	《山左明诗钞》
隔马山	杜　泰（明代人）	《山左明诗钞》
趵突泉	晏　壁（明代人）	《历乘》
金线泉		《历乘》
柳絮泉		《历乘》
北漱玉泉		《历乘》
北珍珠泉		《历乘》
黑虎泉		《历乘》
游灵岩寺	王　越（1423—1498）	《石仓历代诗选》卷三百八十六
趵突泉		《石仓历代诗选》卷三百八十六
晚到泺泉次赵松雪韵	陈　镐（？—1511）	《济南金石志》
游灵岩	许成名（明代人）	《山左明诗钞》
宿灵岩方丈怀雪泉		《山左明诗钞》
独不见	刘天民（明代人）	《山左明诗钞》
关山月		《山左明诗钞》
芳树		《山左明诗钞》

续表15—1—1—8

作品	作者	作品出处
五更	刘天民（明代人）	《山左明诗钞》
趵突泉和赵韵	陈凤梧（明代人）	《趵突泉志》
咏趵突泉	王守仁（1472—1529）	《山东通志》卷三十五之一下
趵突泉诗	熊　相（1473—1530）	《趵突泉志》
饮趵突泉	王廷相（1474—1544）	《趵突泉志》
尹亭夜集	边　贡（1476—1532）	《华泉集》卷三
送郑徵之还济南		《华泉集》卷三
送章太守朝觐		《华泉集》卷五
七月四日泛湖次暮春佛寺韵		《华泉集》卷六
九日登千佛山寺		《华泉集》卷四
出寺		《华泉集》卷四
游龙洞山，次王定斋韵二首		《华泉集》卷六
出靳村望灵岩寺		《华泉集》卷三
寒食郊行		《华泉集》卷五
自泉上归登西门楼		《华泉集》卷七
西园八景		《华泉集》卷七
湖上杂兴四首		《华泉集》卷七
和毛监察秋日登明远楼作		《华泉集》卷六
三月三日陪藩臬诸公登千佛山寺		《华泉集》卷六
靳庄山馆即事		《华泉集》卷三
故山道中二首		《华泉集》卷四
无题二首		《华泉集》卷七
卜山居城有作		《华泉集》卷四
望雨		《华泉集》卷四
登白雪楼怀于鳞	边　习（明代人）	《山左明诗钞》
述怀		《山左明诗钞》
雨止		《山左明诗钞》
早秋晚眺		《山左明诗钞》
秋日		《山左明诗钞》
咏趵突泉	胡缵宗（1480—1560）	《历乘》
过泉留题		《历乘》
龙洞	陆　钱（1495—1534）	《历城县志》
同张侍御登历山对华亭二首	蔡　经（1492—1555）	《历城县志》
躬耕	江　南（明代人）	《山左明诗钞》
奉赠王岩潭年丈，兼谢见酬闻莺之作	范　瑟（明代人）	《山左明诗钞》
游大明湖	苏　濂（明代人）	《御选明诗》卷五十八
游灵岩		《山左明诗钞》
十月始见菊	袁崇冕（1486—1566）	《山左明诗钞》

续表15—1—1—9

作 品	作 者	作品出处
冒雪游绣江寺	李开先（1502—1568）	《山东通志》卷三十五之一上
白云湖夜泛		《山左明诗钞》
田间诗		《山左明诗钞》
春泛		《山左明诗钞》
琵琶		《山左明诗钞》
湖上归	高应玘（明代人）	《山左明诗钞》
访李于鳞幽居晨起登楼作	冯惟讷（1513—1572）	《光禄集》
拂衣行答元美	李攀龙（1514—1570）	《沧溟集》卷五
岁杪放歌		《沧溟集》卷五
逼除过右史水村，江山人同赋		《沧溟集》卷五
春日闲居（十首）		《沧溟集》卷七
夏日东村卧病（十二首）		《沧溟集》卷七
白雪楼		《沧溟集》卷九
秋日村居（八首）		《沧溟集》卷七
冬日村居（四首）		《沧溟集》卷七
许殿卿、郭子坤见枉林园（二首）		《沧溟集》卷四
哭子相四首		《沧溟集》卷十三
夏日袭生过鲍山楼		《沧溟集》卷九
秋夜白雪楼赠周公瑕		《沧溟集》卷十
九日登楼		《沧溟集》卷十
酬许右史九日小山见赠（四首）		《沧溟集》卷十三
杪秋同右史南山眺望（二首其一）		《沧溟集》卷九
酬李东昌写寄白雪楼图并序		《沧溟集》卷五
过吴子玉函山草堂		《沧溟集》卷九
访刘山人不值二首		《沧溟集》卷十三
与魏使君宿龙洞山寺同赋四首		《沧溟集》卷九
与转运诸公登华不注绝顶		《沧溟集》卷九
神通寺		《沧溟集》卷九
涌泉庵		《沧溟集》卷十三
丁香湾		《沧溟集》卷十二
锦阳川九塔寺观许右史碑		《沧溟集》卷七
舜祠哭临大雪		《沧溟集》卷十
集开元寺		《沧溟集》卷四
观猎二首		《沧溟集》卷十三
答谢俞仲蔚写华山图		《沧溟集》卷十
山寺	张舜臣（明代人）	《山左明诗钞》
泛白云湖		《山左明诗钞》
游灵岩寺	杨　巍（1517—1605）	《存家诗稿》卷五

续表15—1—1—10

作　品	作　者	作品出处
水山	何海晏(约1520—1580)	《平阴县志》
名山翠屏		《平阴县志》
趵突腾空	张　弓(明代人)	《趵突泉志》
泺源饮边一丈	光　庐(明代人)	《趵突泉志》
趵突泉白雪楼		《趵突泉志》
立春夜同谢茂秦于李于鳞宅赋	殷士儋(1522—1581)	《山左明诗钞》
济南道中下第作	李同芳(明代人)	《山左明诗钞》
游峻玉山	张宗旭(明代人)	《平阴县志》
灵岩二首	方元焕(？—1620)	《山左明诗钞》
秋兴	逯希韩(明代人)	《山左明诗钞》
江村春望		《山左明诗钞》
山居二首		《山左明诗钞》
秋江独钓		《山左明诗钞》
送吕二山人中父	华　鳌(明代人)	《山左明诗钞》
寄于鳞	袭　勗(明代人)	《山左明诗钞》
立秋		《山左明诗钞》
平阴道中行	沈　渊(明代人)	《山左明诗钞》
赠友时寓济南	丁懋儒(明代人)	《山左明诗钞》
章丘酒去济南不百里，味清隽永，自是名胜。而人乃传秋露，何也?谢少溪侍郎者佳	王世贞(1526—1590)	《弇州四部稿》卷十四九
送济南张生授侯门教读还里		《弇州四部稿》卷五十
赠袭克懋文学		《弇州四部稿》卷五十二
答许殿卿长史(六首其一)		《弇州四部稿》卷五十二
送顾子韶臬使之山东，并为故人李于鳞子驹有托		《弇州四部稿》续稿卷六
陪段侍御登灵岩绝顶		《弇州四部稿》卷二十七
陪王麟洲先生登先世趵突泉白雪楼	李　驹(明代人)	《趵突泉志》
丁丑春日再过泉亭酒家二首	许邦才(明代人)	《趵突泉志》
神通寺二首		《济南府志》
九日于鳞招登四里山		《历城县志》
平原道中答于鳞送别诸韵四首		《列朝诗集》卷六十九丁集
二月朔于鳞招饮二首		《列朝诗集》卷六十九丁集
寄怀元美		《列朝诗集》卷六十九丁集
于鳞宅送江山人		《列朝诗集》卷六十九丁集
下第还乡		《列朝诗集》卷六十九丁集
饮趵突泉	叶　冕(明代人)	《趵突泉志》
顾城过父友李公旧居	于太夫人刘氏(1506—1555)	《山左明诗钞》
玉函山眺望	于慎行(1545—1607)	《谷城山馆诗集》卷十二

续表15-1-1-11

作 品	作 者	作品出处
洪范池和韵	于慎行（1545—1607）	《谷城山馆诗集》卷七
夏日过二兄石淙别业，同游洪范、东流，用韵六首		《谷城山馆诗集》卷十八
夏日游扈泉六韵		《谷城山馆诗集》卷十七
东流泉		《谷城山馆诗集》卷十三
望云翠山绝顶		《谷城山馆诗集》卷十二
宿云翠山洞送可大南还		《谷城山馆诗集》卷十三
秋怀四首		《谷城山馆诗集》卷十二
秋日抒怀奉寄二兄		《谷城山馆诗集》卷十二
游灵岩绝顶却望泰山玉皇观		《谷城山馆诗集》卷十二
济上对玉函山送子冲北上		《谷城山馆诗集》卷十二
病中遣怀		《谷城山馆诗集》卷十三
贺平阴刘元阳新授四氏学掌教		《谷城山馆诗集》卷十三
过殷少保先生金舆山房有感		《谷城山馆诗集》卷十三
花下日暮别灵岩	邢　侗（1551—1612）	《山左明诗钞》
寄问灵岩二首		《山左明诗钞》
题趵突泉图寄所知中有白雪楼		《趵突泉志》
游湖绝句	张鹤鸣（1551—1635）	《历城县志》
题趵突泉		《历乘》
趵突泉四首	王在晋（1570—1643）	《趵突泉志》
趵突泉观麦畦	吕纯如（明代人）	《趵突泉志》
趵突泉	沈道全（明代人）	《趵突泉志》
趵突泉	潘一桂（1592—1636）	《趵突泉志》
趵突泉和赵韵	俞　宪（1508—1572）	《趵突泉志》
趵突泉诗	李　松（明代人）	《趵突泉志》
早观趵突泉和尔律	范景文（1587—1644）	《文忠集》卷九
趵突泉和赵韵	何成慧（明代人）	《趵突泉志》
同友人游趵突泉	刑大道（明代人）	《趵突泉志》
乙酉孙孟朴赴都过历下，同莱州赵伯浚设饯趵突泉	任之瑞（明代人）	《趵突泉志》
夜坐遣怀	张汝蕴（明代人）	《山左明诗钞》
历下送客	侯正鹄（明代人）	《山左明诗钞》
历下忆弟	公　鼐（1558—1626）	《山左明诗钞》
辛卯济南重会季重		《山左明诗钞》
明湖独眺		《御选明诗》卷一百十一
济南赵刘二孝廉招同社诸友携余同游泺泉		《趵突泉志》
宿灵岩寺僧楼	傅　国（1576—1644）	《山左明诗钞》
重游灵岩		《山左明诗钞》
夏日溪堂	杨　谨（明代人）	《山左明诗钞》

续表15—1—1—12

作 品	作 者	作品出处
暮春	鲁　辛（明代人）	《山左明诗钞》
大佛山	刘　勅（？—1644）	《山左明诗钞》
大明湖		《历乘》
北极庙		《山左明诗钞》
咏黑虎泉		《历乘》
五龙潭		《历乘》
鹊山		《历乘》
龙洞		《历乘》
游东龙洞	李肇勋（明代人）	《绣水诗钞》
锦水秋潆	赵国宾	《山左明诗钞》
得于麟湖边旧舍居之	王象春（1578—1632）	《山左明诗钞》
寄咏		《山左明诗钞》
历山		《山左明诗钞》
稻屯		《山左明诗钞》
晴望		《山左明诗钞》
云庄（元张文忠公故居）		《山左明诗钞》
遂闲庭(同上)		《山左明诗钞》
咏毕感怀		《山左明诗钞》
问山亭		《山左明诗钞》
山居		《山左明诗钞》
大明湖		《齐音》
明湖莲		《齐音》
鹊山		《齐音》
趵突泉		《趵突泉志》
吕公祠		《趵突泉志》
白雪楼		《趵突泉志》
趵突泉诗	怀　晋(1597—1676)	《趵突泉志》
趵突泉和赵韵	张缙彦(1597—1670)	《趵突泉志》
趵突泉诗	丁耀亢(1599—1669)	《趵突泉志》
岁旱趵突泉涸歌	叶承宗(1601—1648)	《趵突泉志》
泛大明湖	王　侗（明代人）	《山左明诗钞》
题王秋娘墓	王大儒（生卒年不详）	《山左明诗钞》
访龙洞道中	张光启(1601—？)	《国朝山左诗钞》
斋居述怀		《国朝山左诗钞》
池上		《国朝山左诗钞》
冬夜候月		《国朝山左诗钞》
济南旅邸	任彦芳（生卒年不详）	《国朝山左诗钞》
游龙东山寺	张　穆(1607—？)	《历城县志》
趵突泉诗二首	吴伟业(1609—1672)	《梅村集》卷十

续表15-1-1-13

作 品	作 者	作品出处
趵突泉和赵韵	堵廷棻(1610— ？)	《趵突泉志》
华不注	方　文(1612—1669)	《明诗综》
垂丝海棠	张尔岐(1612—1678)	《国朝山左诗钞》
壬寅春访元明先生张隐君归赋		《国朝山左诗钞》
送张非闻还里		《晚晴簃诗汇》卷十四
淮阴侯祠	王言从(清代人)	《国朝山左诗钞》
寄白下友人		《国朝山左诗钞》
趵突泉诗	魏裔鲁(清代人)	《趵突泉志》
趵突泉歌	周清湲(清代人)	《趵突泉志》
趵突泉诗	何龙文(清代人)	《趵突泉志》
趵突泉歌	曹鉴伦(清代人)	《趵突泉志》
趵突泉	王者钤(清代人)	《趵突泉志》
趵突泉诗	周世德(清代人)	《趵突泉志》
趵突泉诗	杨廷耀(清代人)	《趵突泉志》
趵突泉诗	任　塾(清代人)	《趵突泉志》
趵突泉诗	朱　雯(清代人)	《趵突泉志》
趵突泉诗	严曾业(清代人)	《趵突泉志》
趵突泉和曾南丰韵	冯汝辑(清代人)	《趵突泉志》
偕友人游趵突泉	张文箕(清代人)	《趵突泉志》
登白雪楼有感用杜玉华宫韵	宋祖昱(清代人)	《趵突泉志》
春夜同友人饮趵突泉和赵韵	任嗣章(清代人)	《趵突泉志》
重过趵突泉	郑凤祥(清代人)	《趵突泉志》
观趵突泉	柳　灏(清代人)	《趵突泉志》
趵突泉歌	峻　德(清代人)	《趵突泉志》
趵突泉	段敷采(清代人)	《趵突泉志》
趵突泉	张　潮(清代人)	《趵突泉志》
白雪楼吊沧溟先生	王宜绳(清代人)	《趵突泉志》
趵突泉杂咏五首	宋㧑谦(清代人)	《趵突泉志》
观趵突泉歌	蒋景祈(清代人)	《趵突泉志》
九日登白雪楼	宋云䤨(清代人)	《趵突泉志》
游趵突泉	赵怀远(清代人)	《趵突泉志》
再游趵突泉		《趵突泉志》
趵突泉即事用赵松雪原韵	田　滋(清代人)	《趵突泉志》
大明湖	朱永思(清代人)	《续历城县志》
赋得秋柳	顾炎武(1613—1682)	《顾亭林诗集》
重登灵岩		《顾亭林诗集》
济南二首		《顾亭林诗集》
济南		《顾亭林诗集》

续表15—1—1—14

作品	作者	作品出处
同赌芬木、邵叔虎、堵乾三、赵浮山、侯甫泛舟明湖，分韵四首(选三)	宋　琬(1614—1674)	《国朝山左诗钞》
砚溪村偶吟二首	孙光祀(1614—1698)	《澹余轩集》
和陆冲默趵突泉韵		《澹余轩集》
泛舟明湖(六首选四)	申涵光(1618—1677)	《聪山集》
灵岩寺二首		《聪山集》
同严子餐给谏、李君渥枢部泛明湖	施闰章(1619—1683)	《学余堂诗集》卷三十五
济南九日登历山		《学余堂诗集》卷三十五
灵岩行		《学余堂诗集》卷十六
趵突泉		《学余堂诗集》卷五
寻历下亭旧址		《学余堂诗集》卷五
水面亭与陈公朗方伯对雪		《学余堂诗集》卷二十六
药山雪中	高　瑾(清代人)	《国朝山左诗钞》
锦阳川道中即事		《历城县志》
趵突泉诗		《趵突泉志》
趵突泉	张　鹏(1627—1689)	《趵突泉志》
由趵突泉登白雪楼	唐梦赉(1627—1698)	《趵突泉志》
趵突泉诗	严我斯(1629—1679)	《趵突泉志》
饮历下亭、泛舟莲子湖二首	朱彝尊(1629—1709)	《曝书亭集》卷七
秋柳四首	王士禛(1634—1711)	《渔洋山人精华录》卷一
忆明湖		《渔洋山人精华录》卷三
历下亭		《蚕尾续集》
初春济南作		《香祖笔记》卷十二
来鹤楼观趵突泉		《历城县志》
娥英祠		《古夫于亭集》
行经鹊华二山间即目		《渔洋山人精华录》卷十二
戊辰人日雪行华山下作		《蚕尾集》
砚溪		《蚕尾续集》
秋日游明湖七首		《历城县志》卷九
吾州		《渔洋山人精华录》卷十
明日泛明湖，登水面、历下诸亭		《蚕尾续集》
沁园春·泛舟明湖访仲愚留饮即事	曹贞吉(1634—1698)	《珂雪词》
济南杂诗九首	宋　荦(1634—1713)	《西陂类稿》卷九
同郭广文登千佛山(二首其一)	田　雯(1635—1704)	《古欢堂集》卷二
晚坐来鹤桥听道士弹琴		《古欢堂集》卷三五言古
湖上		《古欢堂集》卷九
趵突泉歌		《古欢堂集》卷五

续表15—1—1—15

作品	作者	作品出处
泛湖	田　雯(1635—1704)	《历城县志》
历下亭李北海杜子美宴集题诗处		《古欢堂集》卷四
春日历下杂诗（十首选三）		《古欢堂集》卷九
北渚亭拜曾南丰先生像		《古欢堂集》卷四
重建古历亭	蒲松龄(1640—1715)	《聊斋诗集》
辛未九月至济南，游东流水，即为毕刺史物色菊种二首（有小引）		《聊斋诗集》
珍珠泉抚院观风		《聊斋诗集》
白雪楼（三首）		《聊斋诗集》
暮春泛大明湖三首		《聊斋诗集》
同安丘李文贻泛大明湖（二首）		《聊斋诗集》
风寒泛舟		《聊斋诗集》
门人毕子与沈惠庵昆仲泛舟大明湖，骤雨沾衣，践泞而归，戏成二绝		《聊斋诗集》
再到济南喜箬儿入泮		《聊斋诗集》
旅邸		《聊斋诗集》
历下南郊偶眺		《聊斋诗集》
客邸晨炊		《聊斋诗集》
历下杂咏七首	孔尚任(1648—1718)	《孔尚任诗集》
趵突泉作	爱新觉罗·玄烨(1654—1722)	《山东通志》卷一之二
观珍珠泉		《山东通志》卷一之二
南园	王　苹(1661—1720)	《二十四泉草堂集》
秋居赤霞山庄感咏		《二十四泉草堂集》
春日述怀		《二十四泉草堂集》
客有询济南风景者，示以四绝句		《二十四泉草堂集》
趵突泉		《二十四泉草堂集》
春日二首		《二十四泉草堂集》
秋怀四首		《二十四泉草堂集》
乙丑清明日登白雪楼		《二十四泉草堂集》
雨后二绝句		《二十四泉草堂集》
泉上		《二十四泉草堂集》
园居四绝句		《二十四泉草堂集》
寒食自泺口归		《二十四泉草堂集》
癸酉泺口斋居		《二十四泉草堂集》
雪后游千佛山		《二十四泉草堂集》
山行过许长史殿卿墓下		《二十四泉草堂集》
济南先正咏十首		《二十四泉草堂集》
送客之济南		《二十四泉草堂集》
北园晓行		《二十四泉草堂集》

续表15—1—1—16

作 品	作 者	作品出处
明水即目	王 苹(1661—1720)	《二十四泉草堂集》
雨中		《二十四泉草堂集》
华不注行	赵执信(1662—1744)	《因园集》卷一
游华不注	朱 缃(1670—1707)	《山东通志》卷三十五之一上
过历山书院，即白雪楼故址，张中丞重新为生徒会文之所，今久荒矣		《趵突泉志》
湖上捕鱼词(之三)		《枫香集》
再待渔洋先生游大明湖坐历下亭		《吴船书屋集》
水龙吟·初秋明湖夜泛	田同之(1677—1756)	《晚香词》
齐天乐·百花桥听莺，桥在百花洲上，即濯缨湖也		《晚香词》
摸鱼儿·趵突泉		《晚香词》
明湖柳色	刘伍宽(1679—1746)	《历下诗钞》
湖上口占		《海右草堂集》
新晴雅集湖上堂戏成拗体一首	高凤翰(1683—1749)	《南阜山人诗集》
济南试院奉和官詹德大主师枉赠之作	郑 燮(1693—1765)	《板桥集》
彝存招同诸子游明湖二首(其一)	张 元(清代人)	《国朝山左诗钞》
趵突泉歌		《历城县志》
鹊华桥	爱新觉罗·弘历(1711—1799)	《御制诗集》二集卷三
大明湖		《御制诗集》二集卷三
珍珠泉		《御制诗集》二集卷三
千佛山极目		《御制诗集》二集卷三
题灵岩寺八景		《御制诗集》二集卷六十七
再题趵突泉		《御制诗集》二集卷三
朗公谷	朱曾传(清代人)	《续历城县志》
明湖竹枝词(二首)	方启英(清代人)	《狮山诗钞》
湖上草堂		《狮山诗钞》
百脉寒泉	焦诜曾(清代人)	《章丘县志》
明湖杂诗十首(选五)	任弘远(清代人)	《鹊华山人诗集》
赠药山高羽士		《鹊华山人诗集》
柳絮泉访易安故宅		《续历城县志》
丁卯上巳刘丽亭招同诸名士登药山		《续历城县志》
锦绣川		《续历城县志》
明湖夏泛		《鹊华山人诗集》

续表15—1—1—17

作品	作者	作品出处
大明湖	沈　心（清代人）	《孤石山房集》
济南杂诗	董元度（1712—1787）	《续历城县志》
游历下亭辞	王　昶（1724—1806）	《春融堂集》
观赵松雪《鹊华秋色图》		《春融堂集》
同门人杨星标怀栋、吴廷韩玉纶游佛峪		《春融堂集》
晚游历下亭	蒋士铨（1725—1784）	《忠雅堂诗集》
游趵突泉		《忠雅堂诗集》
虞美人·八月二十五日游城南千佛山（词二首）		《忠雅堂词集·铜弦词》
龙洞山		《忠雅堂诗集》
北极阁		《忠雅堂诗集》
大明湖	王初桐（1729—1821）	《续历城县志》
明湖曲（八首）		《海右集》
林汲泉		《济南竹枝词》
大明湖	毕　沅（1730—1797）	《济南府志》
锦云川		《济南府志》
明湖竹枝词	王所礼（清代人）	《国朝山左诗续钞》
九月八日登千佛山顶	姚　鼐（1731—1815）	《惜抱轩诗集》
大名湖夜		《惜抱轩诗集》
从千佛寺回过趵突泉暮饮张氏园		《惜抱轩诗集》
小沧浪月夜作	翁方纲（1733—1818）	《复初斋诗集》
晚憩小沧浪登汇波楼四首（选一）		《复初斋诗集》
雪后湖亭作		《复初斋诗集》
趵突泉		《复初斋诗集》
千佛山		《复初斋诗集》
潭上杂咏八首（选五）	桂　馥（1736—1805）	《国朝山左诗续钞》
秋晴登千佛山	朱　纬（清代人）	《梦村集》
重阳节同人挈酒历山登高诗	朱　照（清代人）	《锦秋老屋稿》
关公祠		《锦秋老屋稿》
湖上	朱　倬（清代人）	《遁斋集》
雪晴湖上		《遁斋集》
明湖竹枝词	朱曾敬（清代人）	《国朝山左诗续钞》
铁公祠	焦式冲（清代人）	《余青园诗集》
陆太守郎夫招饮赋谢	吴　俊（1744—1815）	《晚晴簃诗汇》卷九十五
四风闸访辛幼安故宅	马履泰（1746—1829）	《国朝正雅集》
龙洞山中	刘大绅（1747—1828）	《续历城县志》
大明湖		《乡园忆旧录》

续表15—1—1—18

作 品	作 者	作品出处
游历下亭	黄景仁(1749—1783)	《两当轩集》
庭下有泉，即珍珠泉，入明湖之过脉也		《两当轩集》
泉上		《两当轩集》
华不注		《两当轩集》
望鹊山		《两当轩集》
望匡山		《两当轩集》
龙洞探奇	孙星衍(1753—1818)	《孙渊如诗文集》
佛峪	焦 循(1763—1820)	《雕菰集》
标山下三绝句(选一)	钟廷瑛(？ —1834)	《续历城县志》
湖上杂诗三首		《退轩诗录》
大明湖	尹廷兰(清代人)	《华不注山房诗集》
湖西		《华不注山房诗集》
过故人山居		《晚晴簃诗汇》卷九十六
赠董红珊少府		《晚晴簃诗汇》卷九十六
游佛峪感怀林汲师		《晚晴簃诗汇》卷九十六
趵突泉	董 芸(清代人)	《续历城县志》
龙泉洞		《广齐音》
大明湖		《广齐音》
七聘堂		《广齐音》
娥英祠		《广齐音》
柳絮泉		《广齐音》
二十四泉草堂		《广齐音》
神通寺		《广齐音》
黄台		《广齐音》
闵子墓		《广齐音》
湖上绝句	王文骧(清代人)	《国朝山左诗汇钞》
济南竹枝词		《国朝山左诗汇钞》
雨后泛舟登汇波楼四首	阮 元(1764—1849)	《揅经室集》
过华不注山		《揅经室集》
题董文敏摹赵文敏《鹊华秋色图》诗并序		《揅经室集》
自禹登山白云峰东三里至佛峪		《揅经室集》
和孔绣山孝廉游趵突泉之作(选一)	李宗传(1767—1840)	《续历城县志》
明湖晓霁	朱 畹(清代人)	《红蕉馆诗续钞》
会波楼北望		《红蕉馆诗钞》
游大明湖	孔继瑛(清代人)	《晚晴簃诗汇》卷一百八十四
秋日湖上	杨致祺(清代人)	《国朝山左诗汇钞》

续表15—1—1—19

作 品	作 者	作品出处
明湖四咏	杨恩祺（清代人）	《天畅轩忆得偶存诗稿》
月夜游大明湖		《天畅轩忆得偶存诗稿》
秋日泛舟湖上，向晚遇风		《国朝山左诗汇钞》
庚子春游历下亭感怀		《天畅轩忆得偶存诗稿》
谒铁公祠		《天畅轩忆得偶存诗稿》
小沧浪	范　坰（1768— ？）	《风沧集》
会波楼		《风沧集》
无心水面亭		《风沧集》
北极台		《风沧集》
初春偕郑萍史云龙泛舟湖上	周　乐（清代人）	《二南诗钞》
明湖夜泛即事		《二南诗钞》
历下亭遇雨有作		《二南诗钞》
秋日偕李仲恂登北极台		《二南诗钞》
曲水亭题壁		《二南诗钞》
新疏七十三泉		《二南诗钞》
雪天早起		《二南诗钞》
北极台访道士不遇		《二南诗钞》
春初看湖上山影		《二南诗钞》
雪意		《二南诗钞》
雪后望城南诸山		《二南诗钞》
春日访张北麓过趵突泉		《二南诗钞》
与鳞江同拜华泉先生墓		《二南诗钞》
谒铁公祠		《二南诗钞》
九日范伯野何岱麓约登千佛山为毦氉之会		《二南诗钞》
湖上雪夜（二首）	徐子威（清代人）	《海右集》
暮春湖上		《海右集》
望卧牛山		《海右集》
湖上		《海右集》
历下亭阻雨		《海右集》
登北极台（六首）		《海右集》
游大明湖	沈兆沄（1784—1877）	《织帘书屋诗钞》
春日泛舟明湖	马国翰（1794—1857）	《玉函山房诗集》
龙洞四律用李沧溟韵（选一）		《玉函山房诗集》
趵突泉用赵松雪韵一首		《玉函山房诗集》
春日泛舟明湖即事		《玉函山房诗集》
仲秋八日泛舟明湖待月，与李三戟门扣舷联句（二首）		《玉函山房诗集》
环碧亭用曾南丰韵		《玉函山房诗集》
周二南招饮会泉寺，遇雨		《玉函山房诗集》

续表15—1—1—20

作 品	作 者	作品出处
登凤凰山四首	陈永修(清代人)	《续历城县志》
莲子湖(二首)	陈永修(清代人)	《鲍西楼诗草》
暮春与友人泛舟明湖口占	陈永修(清代人)	《鲍西楼诗草》
五月十三日与友人登千佛山,饮旷如亭待雨,既而雨至,赋此志喜二首	陈永修(清代人)	《鲍西楼诗草》
秋日游龙洞诗	陈永修(清代人)	《鲍西楼诗草》
游华不注六首	陈永修(清代人)	《鲍西楼诗草》
秋日共游历下亭	王德容(清代人)	《秋桥诗选》
夏日百花洲观雨	王德容(清代人)	《秋桥诗选》
登汇波楼	王德容(清代人)	《秋桥诗选》
自北极台泛归	王德容(清代人)	《秋桥诗续钞》
北珍珠泉园亭杂景诗(选二)	乔 岳(清代人)	《续历城县志》
枕湖楼题壁(四首)	乔 岳(清代人)	《松石诗钞》
秋末北极阁极目	乔 岳(清代人)	《松石诗钞》
湖上闲吟	何邻泉(清代人)	《续历城县志》
周二南招集饮汇泉寺,遇雨,分赋五律(二首)	何邻泉(清代人)	《无我相斋诗选》
雨后湖上泛舟	何邻泉(清代人)	《无我相斋诗选》
明湖泛月	何邻泉(清代人)	《无我相斋诗选》
和马词溪刺史花朝招鸥社友泛湖	何邻泉(清代人)	《无我相斋诗选》
马词溪约集饮历下亭	何邻泉(清代人)	《无我相斋诗选》
明湖秋柳(二首)	郑云龙(清代人)	《焚余诗草》
明湖曲	余正酉(清代人)	《秋门诗钞》
湖上	嵇文骏(清代人)	《笔花书屋诗钞》
新秋晚霁,偕符雪樵明湖泛舟	嵇文骏(清代人)	《笔花书屋诗钞》
鹊华桥雪后小眺	陈 超(清代人)	《晚晴簃诗汇》卷一百三十七
游明湖	陈 超(清代人)	《元圃诗钞》
历山	王大堉(清代人)	《续历城县志》
湖上	王大堉(清代人)	《苍茫独立轩诗集》
初到济南游湖,同子梅侄作	王大堉(清代人)	《苍茫独立轩诗集》
北渚亭怀曾南丰诗	王大堉(清代人)	《历下咏怀古迹诗钞》
秋晚同人游汇泉寺	王大堉(清代人)	《苍茫独立轩诗集》
重修湖上铁公祠工成偶题八首(选二)	杨庆琛(1783—1867)	《续历城县志》
独游明湖	何绍基(1799—1873)	《东洲草堂诗钞》卷二十二
济宁舟中题贾丹生大明湖图卷	何绍基(1799—1873)	《东洲草堂诗钞》卷八
趵突泉	何绍基(1799—1873)	《东洲草堂诗钞》卷二十一
别济南	何绍基(1799—1873)	《东洲草堂诗钞》卷二十二
明湖竹枝词(八首)	黄恩彤(1801—1883)	《知止堂集》

续表15—1—1—21

作 品	作 者	作品出处
登千佛岩远望	萧培元(1816—1873)	《续历城县志》
游洪范池		《思过斋诗钞》
游开元寺题句秋棠泉侧一首并序	濮文暹(1830—1909)	《见在龛集》
佛峪看红叶，济南胜景也，以诗张之		《见在龛集》
五龙潭七十三泉	郝植恭(1832—1885)	《漱六山房诗集》
济南杂诗(八首选四)	张之洞(1837—1909)	《张文襄公诗集》
明湖	李西堂(清代人)	《晚悔堂诗集》
雨后大明湖上偶咏		《晚悔堂诗集》
古历亭		《晚悔堂诗集》
北渚亭旧址		《历下咏怀古迹诗钞》
同友人晚坐小沧浪		《晚悔堂诗集》
秋柳园旧址		《晚悔堂诗集》
秋日历下晚咏		《晚晴簃诗汇》卷一百六十九
由千佛山赴龙洞	方尔咸(1873—1927)	《明湖载酒二集》
佛峪咏红叶	周学渊(清代人)	《明湖载酒二集》

济南古代散文作品选目

表15—1—2

作 品	作 者	作品出处
齐晋鞍之战	左丘明(公元前 502—前 422)	《左传》
扁鹊	司马迁(约公元前 145 或前 135— ？)	《史记》卷一百五
伏生		《史记》卷一百二十一
济水	郦道元(约 470—527)	《水经注》
陈情表	员半千(621—714)	《员半千集》
灵岩寺碑并序	李　邕(？—746)	道光《济南府志》
谒舜庙文	吕　温(生卒年不详)	道光《济南府志》
莲子湖	段成式(约 803—863)	《酉阳杂俎》
申申堂记	祖无择(1006—1085)	乾隆《历城县志》
齐州景德灵岩寺记	张公亮(生卒年不详)	《灵岩志》
齐州北水门记	曾　巩(1019—1083)	《元丰类稿》
齐州二堂记		《元丰类稿》
齐州谢到任表		道光《济南府志》
《齐州杂诗》石刻序		道光《济南府志》
齐州闵子祠堂记	苏　辙(1039—1112)	道光《济南府志》
泺源桥记		《栾城集》
勅封顺应侯牒碑	王　珪(1005—1072)	道光《济南府志》
北渚亭赋并序	晁补之(1053—1110)	《济南诗文选》

续表15-1-2-1

作品	作者	作品出处
游灵岩记	卞 育(生卒年不详)	《灵岩志》
顺应侯碑阴记	李元膺(生卒年不详)	道光《济南府志》
齐州灵岩寺千佛殿记	王 逵(生卒年不详)	道光《济南府志》
词论	李清照(1084—1155)	《李清照全集评注》
《金石录》后序		《李清照全集评注》
投翰林学士綦崇礼启		《李清照全集评注》
灵岩开山祖师像图记	陈寿恺(生卒年不详)	《灵岩志》
美芹十论	辛弃疾(1140—1207)	《辛稼轩文钞存》
九议		《辛稼轩文钞存》
新居上梁文		《辛稼轩文钞存》
十方灵岩寺记	党怀英(1134—1211)	道光《济南府志》
真静崔先生传	杜仁杰(约1201—1280)	《杜仁杰诗文选》
遗山先生集后序		《杜仁杰诗文选》
谷山寺碑		《杜仁杰诗文选》
娄敬洞洞虚观碑记		《杜仁杰诗文选》
济南行记	元好问(1190—1257)	《元好问全集》
拟会波楼记略	于 钦(1284—1333)	《齐乘》
游华不注记	王 恽(1227—1304)	《秋涧先生大全集》
长清重修乐育堂碑记	成 鼎(生卒年不详)	道光《济南府志》
白云楼赋	张养浩(1270—1329)	《归田类稿》
送元复初序		《张养浩诗文选》
驿卒佟锁住传		《张养浩诗文选》
时政书		《张养浩诗文选》
《牧民忠告》八则		《张养浩诗文选》
谏灯山疏		《张养浩诗文选》
重修会波楼记		《张养浩诗文选》
标山记		《张养浩诗文选》
翠阴亭记		《张养浩诗文选》
龙洞山记		《张养浩诗文选》
云庄记		《归田类稿》
会波楼赋	张之翰(1243—1296)	《西岩集》
重修长清县庙学碑记	胡祗遹(1227—1295)	道光《济南府志》
加封大成至圣文宣王碑记	刘敏中(1243—1318)	道光《济南府志》
天心水面亭记	虞 集(1272—1348)	道光《济南府志》
济南路庙学新垣记	张起岩(1285—1349)	道光《济南府志》
尊经阁铭		道光《济南府志》
张文忠公七聘堂记	苏天爵(1293—1352)	道光《济南府志》
张文忠公祠堂碑铭	黄 溍(生卒年不详)	道光《济南府志》
镇安院钟楼记略	陈 修(生卒年不详)	乾隆《历城县志》

续表15-1-2-2

作品	作者	作品出处
济南府治记	危　素(1303—1372)	道光《历城县志》
观趵突泉记略	朱　善(1314—1385)	《一斋集》
题七十二泉诗后序	杨　涣(生卒年不详)	《历乘》
《济南七十二泉》诗序	宴　璧(生卒年不详)	《历乘》
舜祠重修记	薛　瑄(1389—1461)	道光《济南府志》
历亭送别序		《敬轩文集》
山东按察司题名记		道光《济南府志》
重修观澜亭记	谷继宗(生卒年不详)	《趵突泉志校注》
山东重修布政司堂记	彭　时(1418—1478)	道光《济南府志》
山东布政使司题名记	李　贤(1407—1466)	道光《济南府志》
建观澜亭记	王　麟(生卒年不详)	《趵突泉志校注》
重修舜田门城楼记	艾　俊(生卒年不详)	道光《济南府志》
游大明湖记略	李　裕(1424—1511)	乾隆《历城县志》
贡院记	刘　珝(？—1490)	道光《历城县志》
大清河记略		乾隆《历城县志》
历城县新建儒学记	毕　瑜(生卒年不详)	道光《济南府志》
新建山东按察分司记	潘　祯(生卒年不详)	道光《济南府志》
观趵突泉记	乔　宇(生卒年不详)	《趵突泉志校注》
重修长清庙学记	王　温(生卒年不详)	道光《济南府志》
白云亭记略	朱见潾(？—1476)	乾隆《历城县志》
尹公墓志铭	李东阳(1447—1516)	《怀麓堂集》
答周北渚书	边　贡(1476—1532)	《边贡诗文选》
言边患封事		《边贡诗文选》
复张孝伯宪副书		《边贡诗文选》
祭尹冢宰文		《边贡诗文选》
始自荆州奔丧告文		《边贡诗文选》
先代州府君行状		《边贡诗文选》
今雨轩记		《边贡诗文选》
俟轩解		《边贡诗文选》
山东乡试录序	王守仁(1472—1528)	道光《济南府志》
按察司题名记	周　东(生卒年不详)	道光《济南府志》
按察司署洗心亭记		道光《济南府志》
重修贡院记	王延相(1474—1544)	乾隆《历城县志》
崇正祠碑记	陆　钺(1474—1544)	乾隆《历城县志》
历城县题名记	高大经(生卒年不详)	道光《济南府志》
资政大夫尚书边公神道碑	李延相(生卒年不详)	乾隆《历城县志》
真武庙启圣殿记略	刘天民(1486— ？)	乾隆《历城县志》
重修济南府儒学记	黄　臣(生卒年不详)	道光《济南府志》
《闲居集》序	李开先(1502—1568)	《李开先诗文选》

续表15-1-2-3

作 品	作 者	作品出处
《市井艳词》序	李开先(1502—1568)	《李开先诗文选》
西野春游词序		《李开先诗文选》
张小山小令序		《李开先诗文选》
瞽者刘九传		《李开先诗文选》
雪蓑道人传		《李开先诗文选》
封太宜人先母墓志铭		《李开先诗文选》
诰封宜人亡妻张氏墓志铭		《李开先诗文选》
藏书万卷楼记		《李开先诗文选》
中麓书院记		《李开先诗文选》
后知轩记		《李开先诗文选》
三宜楼记		《李开先诗文选》
送王元美序	李攀龙(1514—1570)	《李攀龙诗文选》
蒲圻黄生诗集序		《李攀龙诗文选》
与王元美		《李攀龙诗文选》
与许殿卿		《唐宋明清文集》
送袭懋卿序		《唐宋明清文集》
送宗子相序		《李攀龙诗文选》
亡妻徐恭人状		《李攀龙诗文选》
济南新建许忠节公祠记	殷士儋(1522—1581)	道光《济南府志》
重修府城隍庙碑记		道光《济南府志》
游华不注记略	亢思谦(生卒年不详)	乾隆《历城县志》
游龙洞记		续修《历城县志》
崇正闸记	贺一孝(生卒年不详)	道光《济南府志》
游灵岩记	王世懋(生卒年不详)	《灵岩志》
南泉寺重修记	许邦才(1514— ?)	乾隆《历城县志》
九塔寺记		乾隆《历城县志》
《海右倡和集》自序		乾隆《历城县志》
与司寇丘公论江陵事书	于慎行(1545—1608)	《于慎行诗文选》
《冲白斋存稿》序		《于慎行诗文选》
亡兄乡贡进士冲白先生墓志铭		《于慎行诗文选》
亡兄太学都讲航隐先生墓志铭		《于慎行诗文选》
游灵岩记		《于慎行诗文选》
游云翠山泉记		《于慎行诗文选》
重建历城县治大堂记	王象晋(生卒年不详)	道光《济南府志》
对泉说	毛 在(生卒年不详)	《趵突泉志校注》
邹衍祠碑记	董复亨(生卒年不详)	道光《济南府志》
重建八蜡庙记	张鹤鸣(1550—1635)	道光《济南府志》

续表15—1—2—4

作品	作者	作品出处
重修济南府儒学记	公　鼐（1588—1626）	道光《济南府志》
历山书院记	毕懋康（生卒年不详）	道光《济南府志》
药王庙记	刘　敕（1560—1639）	道光《济南府志》
大明湖记	袁中道（1570—1623）	《珂雪斋集》
趵突泉记		《珂雪斋集》
游灵岩记	王在晋（1564—1643）	《灵岩志》
游历下诸胜记	王思任（1574—1635）	《王季重十种》
重修龙洞圣寿院记	黎国器（生卒年不详）	道光《济南府志》
游龙洞纪略	杨衍嗣（生卒年不详）	乾隆《历城县志》
观趵突泉记	薛　冈（1561—1642）	《天爵堂文集》
建来鹤桥记	刘鸿训（1565—1634）	《四素山房集》
新建精忠祠记	樊时英（生卒年不详）	道光《济南府志》
重修城隍庙碑记	吴阿衡（生卒年不详）	道光《济南府志》
修五龙潭募缘疏	叶承宗（1601—1648）	《泺函》
长城考	顾炎武（1613—1682）	道光《济南府志》
重修五峰山李公碑记	李雨霑（生卒年不详）	道光《济南府志》
重修东岳庙记	施闰章（1618—1683）	乾隆《历城县志》
提学道题名记		乾隆《历城县志》
独树轩记		乾隆《历城县志》
游龙洞山记		《小方壶斋舆地丛钞》
趵突泉来鹤桥记		《国朝文录》
七忠祠记		道光《济南府志》
李沧溟先生墓碑		乾隆《历城县志》
重修闵子墓祠记	萧惟豫（生卒年不详）	道光《济南府志》
天道论	张尔岐（1612—1677）	《张尔岐诗文选》
辨志		《张尔岐诗文选》
答顾亭林书		《张尔岐诗文选》
《济阳县志》序		《张尔岐诗文选》
送邑侯杜明府还里序		《张尔岐诗文选》
慈光寺重修大殿记		《张尔岐诗文选》
祭艾平子文		《张尔岐诗文选》
游灵岩记	王　纪（生卒年不详）	《灵岩志》
重修趵突泉记	周有德（？—1680）	《趵突泉志校注》
重修龙洞灵惠公庙碑记略		乾隆《历城县志》
泛明湖记	王士禛（1634—1711）	《带经堂集》
游漪园记		道光《济南府志》
《二十四泉草堂诗集》序		《蚕尾续集》
双忠祠记		乾隆《历城县志》
濼泉记	朱彝尊（1629—1709）	《曝书亭集》

续表15—1—2—5

作　品	作　者	作品出处
题历下亭	朱彝尊(1629—1709)	《曝书亭集》
游趵突泉记	怀应聘(1626—？)	《小方壶斋舆地丛钞》
游灵岩滴水崖记	赵之屏(生卒年不详)	《灵岩志》
《蓼谷戌亥稿》序	王　苹(1661—1720)	《王苹诗文选》
书先君《序齿录》后		《王苹诗文选》
王氏南园记		《王苹诗文选》
今雨书屋记		《王苹诗文选》
二十四泉草堂图记		《王苹诗文选》
家慈八十乞言启		《王苹诗文选》
上王新城书		《王苹诗文选》
薛再生诗序		《王苹诗文选》
济南府旧志序	唐梦赉(1627—1698)	道光《济南府志》
古历亭赋	蒲松龄(1640—1715)	《济南诗文选》
趵突泉赋		《济南诗文选》
重建历下亭记	张　贞(1636—1712)	《杞田集》
不匮泉记		道光《济南府志》
夜泛莲子湖记		《杞田集》
游灵岩寺记	李兴祖(生卒年不详)	《长清县志》
重葺古历亭记		道光《济南府志》
蔚蓝轩记		道光《济南府志》
水镜亭记		道光《济南府志》
重修先贤闵子祠记		道光《济南府志》
《二十四泉草堂诗》序	田　雯(1635—1704)	《古欢堂集》
五柳闸记略	卫既齐(生卒年不详)	乾隆《历城县志》
双忠祠《崇祀录》叙	赵申季(生卒年不详)	道光《济南府志》
双忠泉记		道光《济南府志》
万寿宫记	宋广业(生卒年不详)	道光《济南府志》
重修历下亭碑	罗　正(生卒年不详)	道光《济南府志》
双忠祠记	李树德(生卒年不详)	道光《济南府志》
游龙洞记	刘　藻(1701—1766)	《笃庆堂集》
忠烈祠记	姚述祖(生卒年不详)	道光《济南府志》
贤清园记	沈廷芳(1702—1772)	道光《济南府志》
重修先贤闵子墓祠记	闵鹗元(生卒年不详)	道光《济南府志》
游珍珠泉记	王　昶(1724—1806)	《春融堂集》
重修五龙潭神祠记	崔应阶(？—1780)	道光《济南府志》
黄冈二石桥记		乾隆《历城县志》
重修四照楼记	张若湝(生卒年不详)	乾隆《历城县志》
重修济南考棚记	韦谦恒(生卒年不详)	道光《济南府志》
五贤祠记		道光《济南府志》

续表15—1—2—6

作品	作者	作品出处
蒿庵书院碑文	陆　燿(生卒年不详)	道光《济南府志》
游灵岩记	姚　鼐(1732—1815)	《惜抱轩诗文集》
历城东岳庙文昌阁碑记	周永年(1730—1791)	道光《济南府志》
《归田类稿》序		续修《历城县志》
林汲山房儒藏说		续修《历城县志》
刘猛将军庙考	盛百二(1720—？)	道光《济南府志》
听泉斋记		《柚堂集》
江西会馆记	陈守训(生卒年不详)	道光《济南府志》
城南诸泉记	管世铭(1738—1798)	《韫山堂文集》
北游日记	王初桐(1729—1821)	续修《历城县志》
也可园记	周升桓(生卒年不详)	道光《济南府志》
重修双忠祠记	宋思仁(生卒年不详)	道光《济南府志》
月夜游大明湖记	吴友松(生卒年不详)	《小沧浪笔谈》
七十三泉记		《小沧浪笔谈》
游华不注记	全祖望(1705—1755)	《济南诗文选》
重修铁公祠记	吴人骥(生卒年不详)	道光《济南府志》
小沧浪记	翁方纲(1733—1818)	《复初斋文集》
铁公祠记		《复初斋文集》
佛公祠记		道光《济南府志》
雪泉功德水记		道光《济南府志》
跋王秋史《二十四泉草堂图》		《复初斋文集》
潭西精舍记	桂　馥(1736—1805)	道光《济南府志》
白石泉记		《济南金石志》
小沧浪笔谈	阮　元(1764—1849)	《小沧浪笔谈》
小沧浪亭雅集诗序		续修《历城县志》
佛峪记	康基田(1728—1813)	续修《历城县志》
龙洞记		道光《济南府志》
新建济南书院记	铁　保(1752—1824)	道光《济南府志》
游历山记	黄　钺(1750—1841)	《济南诗文选》
游佛峪龙洞记		《济南诗文选》
济南书院记	张鹏升(生卒年不详)	续修《历城县志》
潭西精舍后记	尹延兰(生卒年不详)	《华不注山房文集》
疏趵突泉小引	周　乐(1777—？)	《二南文集》
枕湖楼记		《二南文集》
长清义仓记	舒化民(生卒年不详)	道光《济南府志》
重修济南学使署记	季芝昌(生卒年不详)	道光《济南府志》
明湖藕神祠移祀李易安居士记	符兆纶(1796—1865)	续修《历城县志》
乡园忆旧录	王培荀(1783—1859)	《乡园忆旧录》
重修趵突泉祠宇记	毛鸿宾(1806—1868)	《澹虑斋集》

续表15—1—2—7

作 品	作 者	作品出处
修千佛山记	毛鸿宾(1806—1868)	《澹虑斋集》
记大明湖	许宗衡(1811—1869)	《大明湖历代文萃》
修运署也可园记	陈景亮(生卒年不详)	续修《历城县志》
重修历下亭记		续修《历城县志》
《古历亭雅集诗》序	方宗诚(1818—1888)	《柏堂集续编》
登千佛山记		《柏堂集续编》
游大明湖记	姚光鼐(生卒年不详)	《小方壶斋舆地丛钞》
重修铁公祠神像碑记	萧培元(1816—1873)	续修《历城县志》
重修济南府学文庙碑记		续修《历城县志》
枕湖楼记	郝植恭(1833—1855)	《漱六山房文集》
济南七十二泉记		《漱六山房文集》
游匡山记		《漱六山房文集》
泺源书院新建仓颉祠记	匡 源(1815—1881)	续修《历城县志》
辙环杂录	王贤仪(? —1855)	《家言随记》
退园记	赵国华(1838—1894)	《青草堂二集》
齐东古木	濮文暹(1830—1910)	《见在龛集》
游佛峪记		《见在龛集》
拟重修白雪楼记	蒋庆第(1823—1906)	《友竹草堂集》
金线泉记	陈代卿(生卒年不详)	《慎节斋文存》
新建尚志堂记	丁宝桢(1820—1886)	续修《历城县志》
山东创建图书馆记	孙葆田(? —1909)	续修《历城县志》
悠然亭记	张 曜(1832—1891)	续修《历城县志》
趵突泉斜柳记	何家琪(1843—1904)	续修《历城县志》

济南近现代小说作品选目

表15—1—3

作 品	作 者	作品出处及发表时间
老残游记	刘 鹗(1857—1909)	九州出版社 2001 年版
沉思	王统照(1897—1957)	《王统照文集》，山东文艺出版社 1984 年版
春雨之夜		
湖畔儿语		
反目	顾 随(1897—1960)	1923 年 4 月
失踪		1923 年 12 月，顾随作小说《失踪》
枯死的水仙		1921 年 12 月
济南城上	杨振声(1890—1956)	《杨振声选集》，人民文学出版社 1987 年版
月牙儿	老 舍(1899—1966)	《老舍全集》，人民文学出版社 2008 年版
黑白李		《老舍全集》，人民文学出版社 2008 年版
牛天赐传		《老舍全集》，人民文学出版社 2008 年版

续表15—1—3

作 品	作 者	作品出处及发表时间
末落	李俊民（1905—1994）	《青年文艺》第三卷第五期，署名李守章
皮大衣		《青年文艺》第三卷第二期，署名李守章
人与人之间		《文学》第一卷第四号
心与力		《写作与阅读》第一卷第三期，署名李守章
鼠的审判		1936 年 7 月济南《平民日报》副刊《未央》，署名李守章
桑柔本事拟		济南《未央》周刊，署名瘦伧
星和女人	李广田（1906—1968）	《李广田文集》，山东文艺出版社 1983 年版

济南现代散文作品选目

表15—1—4

作 品	作 者	作品出处及发表时间
趵突泉集记	陈德征（生卒年不详）	《济南游记》
游黑虎泉记		《济南游记》
明湖泛雨记	林 纾（1852—1924）	《畏庐小品》，北京出版社 1998 版
采西制办公园议	宋 恕（1862—1910）	《宋恕集》，中华书局 1993 年版
济南之风景		《宋恕集》，中华书局 1993 年版
游趵突泉记	章炳麟（1869—1936）	《国学丛编》第二卷第一期
济南记游	黄炎培（1878—1965）	《黄炎培考察教育日记（第二集）：山东、直隶》
送 C 君赴日本调查教育序	顾 随（1897—1960）	《顾随全集》，河北教育出版社 2000 年版
《深夜》序（拟）		《顾随全集》，河北教育出版社 2000 年版
济南道中之二	周作人（1885—1967）	《雨天的书》，北新书局 1925 年版
济南道中之三		《周作人散文精选》，长江文艺出版社 2009 年版
济南西关趵突泉记	李子全（生卒年不详）	《山东省垣名胜记》
大明湖	张恨水（1895—1967）	《张恨水散文》，安徽文艺出版社 1995 年版
趵突泉		《张恨水散文》，安徽文艺出版社 1995 年版
济南巡游	郁达夫（1896—1945）	《郁达夫游记集》，浙江人民出版社 1982 年版
济南日记		《郁达夫日记集》，浙江文艺出版社 1986 年版
怀长之	董秋芳（1898—1997）	《我和笔杆——董秋芳散文集》，浙江文艺出版社 1993 年版
历下游踪 ——记和丁玲爬山		《我和笔杆——董秋芳散文集》，浙江文艺出版社 1993 年版

续表15—1—4—1

作　品	作　者	作品出处及发表时间
到了济南	老　舍（1899—1966）	《老舍全集》，人民文学出版社 2013 版
济南的秋天	老　舍（1899—1966）	《老舍全集》，人民文学出版社 2013 版
济南的冬天	老　舍（1899—1966）	《老舍全集》，人民文学出版社 2013 版
暑假中的齐鲁大学	老　舍（1899—1966）	《老舍全集》，人民文学出版社 2013 版
春夜	老　舍（1899—1966）	《老舍全集》，人民文学出版社 2013 版
非正式的公园	老　舍（1899—1966）	《老舍全集》，人民文学出版社 2013 版
趵突泉的欣赏	老　舍（1899—1966）	《老舍全集》，人民文学出版社 2013 版
三个月来的济南	老　舍（1899—1966）	《老舍全集》，人民文学出版社 2013 版
吊济南	老　舍（1899—1966）	《老舍全集》，人民文学出版社 2013 版
更大一些的想象	老　舍（1899—1966）	《老舍全集》，人民文学出版社 2013 版
济南的药集	老　舍（1899—1966）	《老舍全集》，人民文学出版社 2013 版
要猴	老　舍（1899—1966）	《老舍全集》，人民文学出版社 2013 版
广智院	老　舍（1899—1966）	《老舍全集》，人民文学出版社 2013 版
估衣	老　舍（1899—1966）	《老舍全集》，人民文学出版社 2013 版
路与车	老　舍（1899—1966）	《老舍全集》，人民文学出版社 2013 版
大明湖之春	老　舍（1899—1966）	《老舍全集》，人民文学出版社 2013 版
匆忙中的济南	石评梅（1901—1928）	《石评梅散文》，中国广播电视出版社 1996 年版
趵突泉	艾　芜（1904—1992）	《想到漂泊》，广西师范大学出版社 2006 年版
游千佛山	艾　芜（1904—1992）	《想到漂泊》，广西师范大学出版社 2006 年版
湖的话	艾　芜（1904—1992）	《想到漂泊》，广西师范大学出版社 2006 年版
珍珠泉和黑虎泉	艾　芜（1904—1992）	《想到漂泊》，广西师范大学出版社 2006 年版
洛口游记	艾　芜（1904—1992）	《想到漂泊》，广西师范大学出版社 2006 年版
济南散记	谢冰莹（1906—2000）	《谢冰莹作品集》，湖南人民出版社 1985 年版
济南的一夜——鲁游随笔之六	蹇先艾（1906—1994）	《蹇先艾文集》，贵州人民出版社 2004 年版
千佛山——鲁游随笔之七	蹇先艾（1906—1994）	《蹇先艾文集》，贵州人民出版社 2004 年版
大明湖上——鲁游随笔之八	蹇先艾（1906—1994）	《蹇先艾文集》，贵州人民出版社 2004 年版
我看大明湖	梁容若（1906—1997）	《名家笔下的老济南》，济南出版社 2009 年版
记问渠君	李广田（1906—1968）	《李广田文集》，山东文艺出版社 1983 年版
一个画家	李广田（1906—1968）	《李广田文集》，山东文艺出版社 1983 年版
济南秋色似江南	芮　麟（1909—1965）	《名家笔下的老济南》，济南出版社 2009 年版

续表15-1-4-2

作品	作者	作品出处及发表时间
司马迁	李长之（1910—1978）	《李长之文集》，河北教育出版社 2006 年版
诗人和战士的鲁迅		《李长之文集》，河北教育出版社 2006 年版
大明湖游记		《李长之文集》，河北教育出版社 2006 年版
尺八夜	卞之琳（1910—2000）	《卞之琳文集》，安徽教育出版社 2002 年版
“不如归去”谈		《卞之琳文集》，安徽教育出版社 2002 年版
成长		《卞之琳文集》，安徽教育出版社 2002 年版
关于《圆宝盒》		《卞之琳文集》，安徽教育出版社 2002 年版
《鱼化石》后记		《卞之琳文集》，安徽教育出版社 2002 年版
泉之城	倪锡英（1911—1942）	《济南》，南京出版社 2012 年版
大明湖		《济南》，南京出版社 2012 年版

济南现代诗歌作品选目

表15-1-5

作品	作者	作品出处及发表时间
济南杂咏十首	韦绣孟（1856—1929）	《茹芝山房吟草》，广西人民出版社 1993 年版
纪济南名泉四首		《茹芝山房吟草》，广西人民出版社 1993 年版
大明湖杂咏	宋　恕（1862—1910）	《宋恕集》，中华书局 1993 年版
趵突泉		《宋恕集》，中华书局 1993 年版
重阳游千佛山		《宋恕集》，中华书局 1993 年版
华不注峰		《宋恕集》，中华书局 1993 年版
散步明湖畔，见堤柳绿遍		《宋恕集》，中华书局 1993 年版
谒舜祠		《宋恕集》，中华书局 1993 年版
游长春观		《宋恕集》，中华书局 1993 年版
出济安门一览		《宋恕集》，中华书局 1993 年版
谒三皇庙		《宋恕集》，中华书局 1993 年版
出历山门循城散步		《宋恕集》，中华书局 1993 年版
历下杂事诗		《宋恕集》，中华书局 1993 年版
游历山		《宋恕集》，中华书局 1993 年版
东流水巷观荷		《宋恕集》，中华书局 1993 年版
观孝感泉		《宋恕集》，中华书局 1993 年版
观黑虎泉		《宋恕集》，中华书局 1993 年版
观南珍珠泉		《宋恕集》，中华书局 1993 年版
泛舟登历下亭楼茗坐		《宋恕集》，中华书局 1993 年版
晓至北绮园庄观荷		《宋恕集》，中华书局 1993 年版
游汇泉寺		《宋恕集》，中华书局 1993 年版

续表15—1—5—1

作 品	作 者	作品出处及发表时间
升阳观观荷	宋 恕(1862—1910)	《宋恕集》，中华书局 1993 年版
大明湖纳凉		《宋恕集》，中华书局 1993 年版
访杜康泉		《宋恕集》，中华书局 1993 年版
访宴祠、曾祠		《宋恕集》，中华书局 1993 年版
游标山		《宋恕集》，中华书局 1993 年版
大明湖	金天羽(1874—1947)	《天放楼诗文集》，上海古籍出版社 2007 年版
历下亭		《天放楼诗文集》，上海古籍出版社 2007 年版
泺源门外访趵突泉		《天放楼诗文集》，上海古籍出版社 2007 年版
金线泉	章士钊(1881—1973)	《章士钊全集》
珍珠泉		《章士钊全集》
与李也三内侄至济南，汪生钦墉约观趵突泉	顾怡生(1882—1955)	《教育家顾怡生诗文选集》，江苏古籍出版社 1991 年版
观澜亭大鼓		《教育家顾怡生诗文选集》，江苏古籍出版社 1991 年版
游千佛山，同也三、钦墉		《教育家顾怡生诗文选集》，江苏古籍出版社 1991 年版
俊民约游大明湖		《教育家顾怡生诗文选集》，江苏古籍出版社 1991 年版
游大明湖后，题俊民所藏胡序《老残游记》		《教育家顾怡生诗文选集》，江苏古籍出版社 1991 年版
观黑虎泉		《教育家顾怡生诗文选集》，江苏古籍出版社 1991 年版
悼老友蔡公时殉难历下	孙墨佛(1884—1987)	《孙墨佛诗选》，山东大学出版社 2002 年版
过济南怀辛稼轩		《孙墨佛诗选》，山东大学出版社 2002 年版
咏趵突泉		《孙墨佛诗选》，山东大学出版社 2002 年版
黄河		《孙墨佛诗选》，山东大学出版社 2002 年版
游大明湖		《孙墨佛诗选》，山东大学出版社 2002 年版
鲁游杂诗	柳亚子(1887—1985)	《柳亚子诗词选》，人民文学出版社 1959 年版
济南忆旧游		《柳亚子诗词选》，人民文学出版社 1959 年版
济南惨案纪念日感赋		《柳亚子诗词选》，人民文学出版社 1959 年版
铁公祠二首	王统照(1897—1957)	《王统照文集》，山东人民出版社 1984 年版
晚登鹊华桥口号		《王统照文集》，山东人民出版社 1984 年版
旧历清明日旅行千佛山并赴公园感怀纪事共得九首		《王统照文集》，山东人民出版社 1984 年版
同日泛舟游大明湖		《王统照文集》，山东人民出版社 1984 年版
湖滨远眺		《王统照文集》，山东人民出版社 1984 年版
雨后明湖远眺		《王统照文集》，山东人民出版社 1984 年版
明湖新柳		《王统照文集》，山东人民出版社 1984 年版

续表15—1—5—2

作 品	作 者	作品出处及发表时间
夕阳里	李广田(1906—1968)	《李广田文集》，山东文艺出版社 1983 年版
寂寞		《李广田文集》，山东文艺出版社 1983 年版
少年人		《李广田文集》，山东文艺出版社 1983 年版
颜色		《李广田文集》，山东文艺出版社 1983 年版
尺八	卞之琳(1910—2000)	《卞之琳文集》，安徽教育出版社 2002 年版
圆宝盒		《卞之琳文集》，安徽教育出版社 2002 年版
断章		《卞之琳文集》，安徽教育出版社 2002 年版
寂寞		《卞之琳文集》，安徽教育出版社 2002 年版
航海		《卞之琳文集》，安徽教育出版社 2002 年版
音尘		《卞之琳文集》，安徽教育出版社 2002 年版
鱼化石		《卞之琳文集》，安徽教育出版社 2002 年版

济南当代诗歌作品选目

表15—1—6

作 品	作 者	作品出处及发表时间
我爱这些简陋的小屋	山　青(1931—1987)	《人民文学》1955 年第 4 期
车窗外		1961 年 12 月 28 日《人民日报》
邂逅		《山青诗文选集》，济南出版社 1996 年出版
趵突泉		《山青诗文选集》，济南出版社 1996 年出版
珍珠泉		《山青诗文选集》，济南出版社 1996 年出版
金线泉		《山青诗文选集》，济南出版社 1996 年出版
献给几支再生的歌		《山青诗文选集》，济南出版社 1996 年出版
我的期待		《山青诗文选集》，济南出版社 1996 年出版
寻找翅膀的诗		《山青诗文选集》，济南出版社 1996 年出版
植树者的梦	任　远(1928—2001)	1958 年 3 月 15 日《济南日报》
济南	严　阵(1930—　)	《济南文艺》1979 年第 1 期
大明湖		《济南文艺》1979 年第 1 期
纵吟大明湖	宋协周(1927—　)	1979 年 6 月 10 日《大众日报》
在柳丝轻拂的泉边 ——寄诗友	鲁　藜(1914—1999)	《泉城》1981 年第 8 期
泉城	孙友田(1937—？)	《泉城》1982 年第 4 期
希望，从这里延伸 ——写在炼油厂装油台前	闫建中(1953—　)	《诗刊》1982 年第 4 期
山羊		《山东文学》1983 年第 2 期
朋友，你还记得那只鹰吗		《萌芽》1984 年第 4 期
历下星光(组诗)	雷　霆(1937—　)	《柳泉》1983 年第 2 期
春天，有一阵雷声	赵远智(1955—　)	《泉城文艺》1983 年 5 月号

续表15—1—6—1

作品	作者	作品出处及发表时间
纪念碑前的小路	赵远智（1955— ）	《黄河诗报》1986年第2期
打工妹	王韶钟（1947— ）	《星星》诗刊1984年4月刊
菜棚		《山东文学》1986年第9期
昆明石林		《大众日报》1987年10月29日
春日远眺佛慧山	孔 孚（1925—1997）	《泉城》1984年第6期
泉边		《泉城》1984年第6期
过藏龙涧		《泉城》1984年第6期
大明湖畔		《当代小说·诗歌与散文》1986年第12期
登天都峰，值大雷雨		《山东诗人诗歌集》，华艺出版社1989年9月出版
无字牌前小立		《山东诗人诗歌集》，华艺出版社1989年9月出版
云门山即景		《山东诗人诗歌集》，华艺出版社1989年9月出版
琵琶泉边		《山东诗人诗歌集》，华艺出版社1989年9月出版
峨眉月		《山东诗人诗歌集》，华艺出版社1989年9月出版
峨眉雪晴		《山东诗人诗歌集》，华艺出版社1989年9月出版
英雄山颂	苗得雨（1924— ）	《解放军文艺》1984年第11期
泉边，杨花开了		《诗刊》1985年第8期
趵突泉		
播送		
泉边		
大明湖畔		
英雄山青松		
题解放阁		《苗得雨60年诗选》，山东文艺出版社2002年出版
济南革命烈士纪念塔	公 刘（1927—2003）	1984年11月9日《人民日报》
济南的三行诗	雁 翼（1927—2009）	1986年3月2日《济南日报》
泉城	林乐山（1953— ）	1986年5月6日《济南日报》
与趵突泉对话		1987年11月22日《济南日报》
意义：绝非在一座桥——致济南黄河斜拉式公路大桥		诗集《红草莓》，山东文艺出版社1990年出版
新泉	赵鹤翔（1933— ）	《当代小说·诗与散文增页》1986年第6期
题黄茅岗水库		《当代小说·诗与散文增页》1986年第6期
弓弦随想曲——写在济南黄河公路大桥竣工时	任晓峰（1962—1999）	《当代小说·诗与散文增页》1986年第6期
我的红房子		
微笑		
给你		诗集《走上旅途》，山东文艺出版社1991年出版
哦，楼群——写在甸柳庄住宅区	王建群（1949— ）	《当代小说·诗与散文增页》1986年第6期
夏之碎片		1988年7月1日《齐鲁晚报》
荷	纪 宇（1948— ）	《百花园》1986年第9期

续表15-1-6-2

作品	作者	作品出处及发表时间
泉城诗情（组诗）	柯 原（1931— ）	1986年12月3日《山东青年报》
漱玉泉边断想——参观李清照纪念堂纪感	纪 鹏（1927—2010）	1986年12月26日《新乡晚报》
把握生命	刘延林（1953— ）	
快乐之门		《山东文学》1987年第3期
晚风		《海鸥》1987年第2期
跨过太阳之门		《黄河诗报》1988年第2期
你说	杨 健（1957— ）	《诗人》1987年第3期
趵突泉		《山东文学》1987年第9期
英雄山		1987年10月25日《济南日报》
壶口瀑布		
在洛阳我找不到隋唐的影子		《时代文学》2007年第3期
心葬	桑恒昌（1941— ）	《桑恒昌怀亲诗》，山东文艺出版社1990年9月出版
除夕之忆		《桑恒昌怀亲诗》，山东文艺出版社1990年9月出版
苦苦喊了四十多年		《桑恒昌怀亲诗》，山东文艺出版社1990年9月出版
那天	李 萍（1964— ）	诗集《青春石阶》，华文出版社1992年出版
青春石阶		诗集《青春石阶》，华文出版社1992年出版
音乐缓缓响起	雨 兰（1971— ）	《绿风》1994年第6期
安静的梨花		《诗刊》2009年第6期
桃花年年开		《山东文学》2010年第2期
人和风景	杨共玉（1957— ）	1994年5月17日《山东青年报》
记住一段岁月		1994年5月17日《山东青年报》
一种感觉		1993年8月25日《齐鲁晚报》
写在海瑞墓前	吴开晋（1934— ）	《月牙泉》，百花文艺出版社1994年出版
山之魂——阳朔群山印象		《月牙泉》，百花文艺出版社1994年出版
阳电之自白——赠妻明岩		《诗刊》1995年第3期
清明乡思——怀念母亲		《山东文学》2009年第7期
演戏	逄金一（1969— ）	《诗刊》1996年第5期
龟兔赛跑之后		《山东文学》1998年第6期
单一系统上的准则	罗 珠（1955— ）	诗集《机器兽雅歌》，中国电影出版社1996年6月出版
疯人院墙上的绘画		诗集《机器兽雅歌》，中国电影出版社1996年6月出版
敞开你的心房供人们瞻仰		诗集《机器兽雅歌》，中国电影出版社1996年6月出版
水边的阿狄丽娜		诗集《机器兽雅歌》，中国电影出版社1996年6月出版

续表15—1—6—3

作品	作者	作品出处及发表时间
思念	宋俊忠（1964—　）	《玫瑰诗情》，山东文艺出版社 1996 年出版
昙花		《玫瑰诗情》，山东文艺出版社 1996 年出版
等待		《玫瑰诗情》，山东文艺出版社 1996 年出版
你走得这样匆忙		《玫瑰诗情》，山东文艺出版社 1996 年出版
雨梦		《玫瑰诗情》，山东文艺出版社 1996 年出版
辣椒		《玫瑰诗情》，山东文艺出版社 1996 年出版
海面	塞　风（1921—2004）	《塞风诗精选》，济南出版社 1997 年出版
赠诗神		《塞风诗精选》，济南出版社 1997 年出版
黄河的黄		《塞风诗精选》，济南出版社 1997 年出版
赤裸		《塞风诗精选》，济南出版社 1997 年出版
爱的沉淀		《塞风诗精选》，济南出版社 1997 年出版
母亲河		《塞风诗精选》，济南出版社 1997 年出版
蝉		《塞风诗精选》，济南出版社 1997 年出版
树		《塞风诗精选》，济南出版社 1997 年出版
我是锚		《塞风诗精选》，济南出版社 1997 年出版
相思		《塞风诗精选》，济南出版社 1997 年出版
泰山		《塞风诗精选》，济南出版社 1997 年出版
谒“四五”烈士纪念碑	朱建信（1956—　）	《苍穹之旅》，作家出版社 1997 年 12 月版
仰望或俯视（组诗）		《诗刊》2008 年第 11 期上半月刊
十月絮语——国庆抒怀	王传华（1940—　）	1999 年 9 月 27 日《人民政协报》
骑着自行车到瑞典去	魏　新（1978—　）	《诗刊》2002 年第 2 期下半月刊
阿富汗农民在吃草		《极光》2008 年第 2 期
我的表和你的表差五分钟		《极光》2008 年第 2 期
如果我有 N 棵树		《诗刊》2005 年第 7 期下半月刊
一个俗人的账目明细表		《诗刊》2005 年第 7 期下半月刊
麻雀	云　亮（1966—　）	《诗歌月刊》2002 年第 11 期
想给父亲做一回父亲		《人民文学》2003 年第 3 期
知了		《星星》诗刊 2005 年第 6 期
船在西湖		《诗林》2007 年第 4 期
雨		《十月》2009 年第 4 期
深呼吸		《十月》2009 年第 4 期
小树林大森林		《诗刊》2009 年第 11 期
漠地		《中国作家》2010 年第 6 期
情系百脉泉（组诗）	高洪波（1951—　）	《山东文学》2003 年第 12 期
卖报的女人	柏明文（1973—　）	《诗歌月刊》2003 年第 2 期
一年中的第一天		《诗歌月刊》2003 年第 2 期
焰火		《星星》诗刊 2003 年第 7 期
当青春的热血渐渐冷却		《芒种》诗刊 2006 年第 1 期
河流		《21 世纪中国文学大系·诗歌卷》，2006 年 1 月版

续表15－1－6－4

作品	作者	作品出处及发表时间
仙人掌	柏明文（1973— ）	《山东诗歌选 30 年》，中国文联出版社 2008 年出版
镜中的女人		《芒种》诗刊 2009 年第 1 期
钟表之歌	王夫刚（1969— ）	《诗刊》2003 年第 11 期
暴动之诗		《诗刊》2005 年第 5 期
轻描淡写		《诗刊》2010 年第 4 期
拈花微笑 携手飞天	冯国华（1964— ）	《诗刊》2004 年第 6 期
原有的目的		诗集《生如夏花》，作家出版社 2004 年出版
斯大林大街上的有轨电车	陈 忠（1960— ）	《网络新诗年选（2001－2005）》，首都师大编
印度夏天的雨		2007 年《当代世界华人诗文精选》，美国天涯文艺出版社出版
巴黎在下雨		《诗选刊》2007 年第 5 期
山上	路 也（1969— ）	诗集《我的子虚之镇乌有之乡》，长征出版社出版
晚安		诗集《我的子虚之镇乌有之乡》，长征出版社出版
忆扬州		诗集《我的子虚之镇乌有之乡》，长征出版社出版
水杉啊水杉		诗集《我的子虚之镇乌有之乡》，长征出版社出版
木梳		诗集《我的子虚之镇乌有之乡》，长征出版社出版
一只蚂蚁来到树上	孙方杰（1968— ）	《诗刊》2007 年 12 期
谢谢		《诗刊》2007 年 12 期
你喜欢什么不重要又重要	孔 燕（1954— ）	《山东文学》2007 年第 11 期
下楼梯——忆及杜尚《下楼梯的裸女》		《山东文学》2007 年第 11 期
云	林之云（1964— ）	《极光》诗刊 2008 年第 1 期
高速公路		《夜晚之心》，中国戏剧出版社 2008 年出版
牙科医生		《夜晚之心》，中国戏剧出版社 2008 年出版
在某机场		《夜晚之心》，中国戏剧出版社 2008 年出版
还原		《山东文学》2008 年 10～11 月合刊
访济南作家书店不遇		《时间之心》，中国文联出版社 2010 年 12 月版
秋天的早晨		《时间之心》，中国文联出版社 2010 年 12 月版
在今晚的夜光下		《时间之心》，中国文联出版社 2010 年 12 月版
吹拂	戴小栋（1963— ）	《上海文学》2008 年第 11 期
金属杆		《上海文学》2008 年第 11 期
痕		《上海文学》2008 年第 11 期
乌云向西		《上海文学》2008 年第 11 期
清浅的春寒（组诗）		《上海文学》2006 年第 11 期
一个幻想	普 珉（1962— ）	《诗歌月刊》2009 年 1 月刊
收藏		《诗歌月刊》2009 年 1 月刊
雪	吕仁杰（1982— ）	《山东文学》2009 年 8 期
玉兰花开		《山东文学》2009 年 8 期
风景		《山东文学》2009 年 8 期

续表15—1—6—5

作 品	作 者	作品出处及发表时间
心灵的季节	吕仁杰（1982—　）	《山东文学》2009年8期
自由星座	张　成（1968—　）	《山东文学》2009年第10期
空城		《山东文学》2010年第1期
延安朝圣		《山东文学》2009年第7期
宝塔山上		《山东文学》2009年第7期
完成	王　川（1965—　）	《21世纪中国文学大系：2010诗歌》
呼唤或J.K酒吧		《21世纪中国文学大系：2010诗歌》
突然 一树丁香		《21世纪中国文学大系：2010诗歌》
等不到的天荒地老	谢兆水（1973—　）	《山东文学》2010年第12期
大明湖泛舟	杨　朔（1913—1968）	《前哨》1959年7月刊
清明登千佛山	王统照（1897—1957）	《济南文艺》1980年第4期
雨后明湖远眺		《济南吟赞》，济南出版社1991年出版
明湖新柳		《济南吟赞》，济南出版社1991年出版
李公祠晚眺		《济南吟赞》，济南出版社1991年出版
千佛山	余　修（1911—1984）	《山东文学》1982年第10期
大明湖		《山东文学》1982年第10期
趵突泉		《山东文学》1982年第10期
爱泉城	王希坚（1918—1995）	1986年2月1日《可爱的济南》
名塑		《济南吟赞》，济南出版社1991年出版
重游灵岩		《济南吟赞》，济南出版社1991年出版
游趵突泉大明湖有感	贺敬之（1924—　）	1987年10月16日《大众日报》
游趵突漱玉二泉		《济南吟赞》，济南出版社1991年出版
观灵岩寺名塑		《济南吟赞》，济南出版社1991年出版
寻辛弃疾旧踪		《济南吟赞》，济南出版社1991年出版
长清新城留别		《济南吟赞》，济南出版社1991年出版
济南初春	徐北文（1924—2005）	《济南吟赞》，济南出版社1991年出版
沁园春·咏菊		《济南吟赞》，济南出版社1991年出版
泉城自古是诗城		《济南竹枝词》济南出版社1999年10月出版
七桥烟月		《济南竹枝词》济南出版社1999年10月出版
荷情		《济南竹枝词》济南出版社1999年10月出版
柳意		《济南竹枝词》济南出版社1999年10月出版
李开先		《济南竹枝词》济南出版社1999年10月出版
旧云庄		《济南竹枝词》济南出版社1999年10月出版
重阳登千佛山		《济南竹枝词》济南出版社1999年10月出版
莫把江南认济南		《济南竹枝词》济南出版社1999年10月出版
登解放阁	罗立斌（1917—2009）	《济南吟赞》，济南出版社1991年出版
湖畔二首	顾　随（1897—1960）	《济南吟赞》，济南出版社1991年出版
趵突泉	郭沫若（1892—1978）	《济南吟赞》，济南出版社1991年出版
溪亭泉		《济南吟赞》，济南出版社1991年出版

续表15—1—6—6

作品	作者	作品出处及发表时间
大明湖	郭沫若（1892—1978）	《济南吟赞》，济南出版社 1991 年出版
登历山		《济南吟赞》，济南出版社 1991 年出版
看《借亲》——赠吕剧团		《济南吟赞》，济南出版社 1991 年出版
题济南李清照故居		《济南吟赞》，济南出版社 1991 年出版
临江仙·锦绣川水库	王砚耕（1927—1993）	《鹊华吟》，济南出版社 1992 年 7 月出版
新荷叶·环城公园		《鹊华吟》，济南出版社 1992 年 7 月出版
临江仙·洪范池		《鹊华吟》，济南出版社 1992 年 7 月出版
江神子·东龙洞		《鹊华吟》，济南出版社 1992 年 7 月出版
一剪梅·霸王坟		《鹊华吟》，济南出版社 1992 年 7 月出版
高阳台·秋高龙洞诗会		《鹊华吟》，济南出版社 1992 年 7 月出版
沁园春·泉城	耿建华（1948— ）	《岱风海韵》，山东大学出版社 2001 年 9 月出版
菩萨蛮·历城出泉沟		《岱风海韵》，山东大学出版社 2001 年 9 月出版
八声甘州·黄河		《岱风海韵》，山东大学出版社 2001 年 9 月出版
花心动·伤别		《岱风海韵》，山东大学出版社 2001 年 9 月出版
高阳台·大明湖		《岱风海韵》，山东大学出版社 2001 年 9 月出版
水龙吟·华鹊新图		《岱风海韵》，山东大学出版社 2001 年 9 月出版
双声子·出泉暮雨		《岱风海韵》，山东大学出版社 2001 年 9 月出版
风入松·水帘峡		《岱风海韵》，山东大学出版社 2001 年 9 月出版
题画诗	刘玉民（1951— ）	2007 年 1 月 21 日《人民日报》
两难		《山东文学》2007 年第 5 期
黄果树瀑布		《山东文学》2007 年第 5 期
田园		2008 年 3 月 24 日《人民日报》
孔府思	潘宗纪（1964— ）	《胜景欣赏》，中国文化出版社 2007 年 2 月出版
高庙地狱思		《胜景欣赏》，中国文化出版社 2007 年 2 月出版
济南	朱德源（1948— ）	《中华诗人年鉴（2007 ～ 2008 年）》
谒白雪楼		《中华诗人年鉴（2009 ～ 2010 年）》
名士阁抒啸		《中华诗人年鉴（2009 ～ 2010 年）》
初游五峰山		《中华诗人年鉴（2009 ～ 2010 年）》
白泉		《中华诗人年鉴（2007 ～ 2008 年）》
大明湖访荷	宋彩霞（1957— ）	《秋虹》，作家出版社 2010 年 1 月出版
鹧鸪天·一瓣冰心		《秋水里的火焰》，大众文艺出版社 2008 年 12 月出版
初访大明湖偶得三首		《秋虹》，作家出版社 2010 年 1 月出版
望江南·知音曲	李长三（1967— ）	《砚雨无声》，中国戏剧出版社 2008 年出版
清平乐·盼归		《砚雨无声》，中国戏剧出版社 2008 年出版

济南当代散文作品选目

表15—1—7

作　品	作　者	作品出处及发表时间
柳埠景色	任　远（1928—2001）	《大众日报》（1962年9月26日）
北方的榆树		《新苑》（1985年第2期）
寻访诗人断魂处		《齐鲁晚报》（1988年6月5日）
徐北玉逝世二十五年祭	徐北文（1924—2005）	1963年5月11日
戒烟		1993年
诗人顾六吉杂忆		1994年3月
呼哨	山　青（1931—1987）	《山东文学》（1987年第11期）
红尘不到珍珠泉	吕日生（1931—　）	1989年3月
剪子巷	苗长水（1953—　）	《文艺报》（1989年8月6日）
我的太阳	刘真骅（1936—　）	《文艺报》（1991年10月19日）
红枣情	宋俊忠（1964—　）	《文艺百家》（1993年第2期）
远志——童年纪事之二		《文艺百家》（1993年第6期）
感悟颜色	孔　燕（1954—　）	1994年5月
钓鱼	罗　珠（1955—　）	《太原日报》（1994年6月10日）
星条旗为谁而降	刘玉民（1951—　）	《中华散文》（1995年第4期）
泉涌如诗——写在泉水复涌六周年		
泉水是大地的笑容	李慎生（1963—　）	《泉城周报》（1995年11月27日）
百年之后流行什么	逄金一（1969—　）	《杂文报》（1996年10月15日）
父亲没有走		《人民日报》（2000年8月12日）
近之惑	侯　林（1949—　）	《济南日报》（1997年1月28日）
虚掩的门		1999年6月
感觉		2004年4月21日
小女记趣	任晓峰（1962—1998）	《感觉平凡》（1998年2月），中国文联出版公司
济南的老歌谣	苗得雨（1924—　）	《联合日报》（1998年2月11日）
赠我金橘的姑娘，你在哪里？	吕家乡（1933—　）	《齐鲁晚报》（1998年3月28日）
把栏杆拍遍	梁　衡（1946—　）	《散文》（2000年第7期）
乱世中的美神		《十月》（2003年第3期）
漫说喝茶	侯　琪（1948—　）	《济南日报》（2001年3月4日）
蝈蝈		
黄河一掬	余光中（1928—　）	《联合报》（台湾）（2001年8月）
玉米	展恩华（1962—　）	《精神家园的守望》（2001年），济南出版社
芙蓉街	支英琦（1964—　）	《济南日报》（2001年）
济南的秋天	方　远（1961—　）	《大公报》（香港）（2001年）
你好，树	周长风（1954—　）	《山东文学》（2002年第9期）
看雨	王兆华（1970—　）	《散文》（2002年第11期）
亲近碑碣	朱建信（1956—　）	《济南日报》（2003年4月5日）

续表15—1—7

作 品	作 者	作品出处及发表时间
最忆是故乡	韩子奎（1950—　）	《大众日报》（2003年）
我又看到晚风中摇晃的故乡	魏　新（1978—　）	《青年文学》（2004年第1期）
平阴贤子峪记	张　继（1967—　）	《济南日报》（2004年）
1976年	路　也（1969—　）	《作品》（2004年第3期）
烟雨中的林学院		《散文》（2005年第10期）
深秋到明水观泉	李登建（1958—　）	《山东文学》（2009年第11期）
夜读中国	章永顺（1940—　）	2005年
回忆新育小学	季羡林（1911—2009）	《学海泛槎：季羡林自述》（2005年6月），华艺出版社
旧时光是个美人	张悦然（1982—　）	新浪博客（2005年11月）
这年冬天的家书		《读者》（2008年第14期）
又是五月槐花香	农　人（1967—　）	《济南日报》（2006年5月12日）
历下谭林	张中行（1909—2006）	《负暄三话》（2006年9月），中华书局
记忆中的"海岱居"	石万鹏（1965—　）	《济南日报》（2006年12月1日）
古城美味——忆过去济南的风味小吃	田仲济（1907—2002）	《田仲济文集》（2007年），江苏文艺出版社
济南赋	李永祥（1940—　）	《光明日报》（2007年5月）
女学究何以锱铢必较？	马瑞芳（1942—　）	新浪博客（2007年8月7日）
想起抡大镐的日子	许立强（1958—　）	《报林》（2007年第10期）
听济南人说话	李耀曦（1948—　）	《品读济南》（2008年1月第1版），济南出版社
一，三个和一个	李蔚红（1960—　）	《读者》（2008年第22期）
家乡的风	林青霞（1954—　）	《人民日报》（2009年1月5日）
背倚山东的面向	马丽华（1953—　）	《中华读书报》（2009年4月22日）
饮虎池	张承志（1948—　）	《饮虎池》（2009年4月），作家出版社
乡情一瞥	王树理（1951—　）	《齐鲁晚报》（2009年5月）
泉畔有梵音	郑连根（1973—　）	《走向世界》（2009年第21期）
永远的凝望	张海迪（1955—　）	
美丽的清贫		
青春，你是一支难忘的歌		《海迪自选集》（2010年），人民文学出版社
水袖	简　墨（1969—　）	《京昆之美》（2010年），作家出版社
乡村的母亲那不死的人		
月照章丘再看泉	左建明（1948—　）	《文学与绘画》（2010年），明天出版社
马山是一个寓言	康　桥（1964—　）	《新长清》（2010年12月7日）

济南当代小说作品选目

表15—1—8

作 品	作 者	作品出处及发表时间
夫妻俩	韩啸天（1926—　）	《山东文艺》（1950 年第 4 期）
芙蓉花盛开的时候	李成才（1933—　）	《前哨》（1955 年创刊号）
李二嫂改嫁	王安友（1923—1991）	1959 年，山东人民出版社
步枪	徐志刚（1930—　）	《山东文学》（1962 年第 9 期）
异国飘零记	未　艾（1934—　）	1980 年 12 月，山东人民出版社
错弄的婚事	张开镰（1950—　）	《泉城》（1982 年第 3 期）
小楼昨夜	钟海诚（1956—　）	1982 年 5 月，山东人民出版社
黄草坡风情	李良森（1946—　）	《当代小说》（1985 年第 7 期）
户牖谎话	尹艺茂（1956—　）	《柳泉》（1986 年第 2 期）
河灯	郭　震（1931—　）	《当代小说》（1986 年第 10 期）
染血的土地	冯德英（1935—　）	1986 年 10 月，解放军文艺出版社
飞天和野鸽子	郭　震（1931—　）	1986 年 11 月，明天出版社
秦琼传	张振声（1938—　）	1987 年 9 月，山东文艺出版社
舜耕历山	李永祥（1940—　）	《当代小说》（1988 年第 2 期）
雾谷	王　欣（1935—　）	《山东文学》（1988 年第 3 期）
铁匠传	张法贵（1943—　）	1990 年 4 月，黄河出版社
骚动之秋	刘玉民（1951—　）	1990 年 7 月，人民文学出版社
轮椅上的梦	张海迪（1955—　）	1991 年 5 月，中国青年出版社
海猎	刘玉民（1951—　）	《十月》（1991 年第 4 期）
蓝眼睛　黑眼睛	马瑞芳（1942—　）	1993 年 7 月，中国文联出版公司
洗礼	严　民（1949—　）	1995 年 8 月，海潮出版社
九班宣言	王　欣（1935—　）	1997 年 8 月，济南出版社
怡君的石榴树	李小萍（1949—　）	《山东文学》（1997 年第 3 期）
西小地	冯德英（1935—　）	《冯德英中短篇小说选》（1997 年 6 月），解放军文艺出版社
大水	罗　珠（1955—　）	1998 年 6 月，人民文学出版社
我们分到了土地	刘玉栋（1971—　）	《人民文学》（1999 年第 7 期）
女儿滩	鞠　慧（1964—　）	1999 年 8 月，济南出版社
有个耗子名叫点点	路　也（1969—　）	《时代文学》（2001 年第 1 期）
葬马头	刘玉栋（1971—　）	《长城》（2001 年第 2 期）
绝顶	张海迪（1955—　）	2002 年 4 月，人民文学出版社
麦兰麦兰	路　也（1969—　）	《人民文学》（2002 年第 8 期）
樱桃之远	张悦然（1982—　）	2004 年 1 月，春风文艺出版社
鲜花盛开的草帽	刘照如（1963—　）	《红豆》（2004 年第 7 期）
过龙兵	刘玉民（1951—　）	《中国作家》（2005 年第 2 期）
把纸变成钱	陈中华（1957—　）	《时代文学》（2007 年第 5 期）
桃花流水	常　芳（1970—　）	2009 年 1 月，广西师范大学出版社

续表15—1—8

作 品	作 者	作品出处及发表时间
年日如草	刘玉栋（1971—　）	《十月·长篇小说》（2010年第3期）
坠落的天使	方　远（1961—　）	2010年7月，文化艺术出版社
油纸灯	牛余和（1955—　）	《上海文学》（2010年第8期）
官扎营的马子妮	刘　强（1956—　）	

济南当代影视与报告文学作品选目

表15—1—9

作 品	作 者	作品出处及发表时间
女校长	李永祥（1940—　）	《泉城》（1981年第7期）
废墟上站起来的年轻人	李延国（1943—　）	《泉城》（1982年第2期）
知识的罪与罚	郭慎娟（1937—　）	《报告文学》（1985年第11期）
黄河纤夫曲	罗　珠（1955—　） 高凤胜（1939—　）	《电影文学》（1986年）
云帆从你手中升起	周长风（1954—　）	《历下撷英》（1988年），山东友谊出版社
东方奇人传	刘玉民（1951—　）	《十月》（1990年第4期）
春天里最后的同行——青年壁画家刘玉安和他一个学生的故事	林之云（1964—　）	《济南日报》（1994年12月2日）
警方110	杨剑鸣（1956—　） 殷习华（1951—2011）	1998年，山东电影电视制作中心、济南市公安局、中央电视台影视部联合拍摄
板桥恨	刘玉民（1951—　）	《呼唤阳光》（2001年1月），济南出版社
夏日星光	赵远智（1955—　） 梁青生（1953—　）	2003年，中央电视台、济南电视台联合拍摄
星星之火	刘　玮（1962—　）	2006年，中央电视台电影节目中心、山东电影制片厂、山东电影电视剧制作中心、济南市委宣传部摄制
乡村爱情	张　继（1967—　）	2006年
天下泉城	尹艺茂（1956—　）	2009年
济南往事	赵冬苓（1953—　）	
泉城之光	魏宗玲（1964—　）	
七年之痒	高克芳（1977—　）	

济南当代戏剧作品选目

表15—1—10

作 品	剧 种	作 者	首演时间
逼婚记	吕剧	于延臣　高　洁（执笔）	1959年2月
医生的职责	话剧	杨文英　孙　涛（原著）	1960年8月
山菊花	话剧	岳　鹏　张含彬	1981年9月

续表15—1—10

作 品	剧 种	作 者	首演时间
窥镜媲美	歌舞剧	丛 耸	1987 年 6 月
小小男子汉	儿童剧	许克诚 冯兴震	1989 年 12 月
晨钟	现代京剧	黄玉春 侯 宏 李图滨	1992 年 5 月
小白龟	儿童剧	陈永涓(执笔) 田 牛 杨 琨 高力耕	1995 年 5 月
雪域丰碑	大型歌舞剧	冯兴震 逯恒泰 张含彬	1995 年 5 月
宝贝儿	儿童剧	陈永涓 田 牛 乃 梦 田在呈	1997 年 9 月
李清照	现代京剧	罗怀臻	2004 年 8 月
辛弃疾	京剧	刘拥政	2007 年 7 月

说明：济南文学的表格内容选自《济南文学大系》，具体内容由市文联审定

第二章 曲艺 杂技

第一节 曲 艺

1986 年，山东快书《闪光的镜片》（刘拥政）获“景阳冈杯”全国山东快书大奖赛优秀作品奖，在全国新曲（书）目比赛中获文化部颁发的创作表演鼓励奖；西河大鼓《买画》（刘拥政）获山东曲艺大赛二等奖。

1987 ～ 1996 年，曲协会员参加全国、省曲艺创作活动，获全国一等奖 12 件，二等奖 15 件，三等奖和特别奖 18 件；省级一等奖 6 件，二等奖 7 件，三等奖 11 件。市曲艺家协会将曲艺与园林相结合，在趵突泉公园开辟曲艺书场，组织会员于每年 5 ～ 11 月进行表演，连续坚持 8 年，演出 3400 余场，观众 10 万余人（次）。刘延广在中央电视台播演《智擒飞贼》。1989 年，刘拥政的长篇评书《喋血黑鹰》获泉城文艺创作奖二等奖，由中国广播电视出版社出版。该评书歌颂爱国鼓书艺人，是新中国成立后济南市第一部原创性长篇评书。其快板书《将军赔茶壶》获山东省欢笑曲艺节大赛作品奖；中篇评书《刘鄂邑秘闻》获山东省“风筝杯”创作大奖赛优秀作品奖，《东方文艺》1989 年第 5 期发表。姜桂成的相声《土地爷告状》在山东省欢笑曲艺节大赛上获三等奖。1990 年，山东琴书《听新房》（刘拥政）获山东省“榴花杯”曲艺大赛创作三等奖；小品《请客》（宁怀玉）获省文化厅、省文联二等奖。1991 年，刘拥政的山东琴书《深山夜店》获山东省优秀曲艺作品征文奖金奖，西河大鼓《赴宴》获铜奖。

1997 ～ 2002 年，曲艺艺术再现济南曲山艺海美誉，相声《笑颜欢歌》在全国“钱江杯”相声大赛中获二等奖；孔庆利创作表演的山东快书《三进矿山》和李俊华创作表演的山东快书《警徽闪闪》分别参加文化部 1998 年和 2001 年群星奖评选，孔庆利获优秀奖，李俊华获银奖。相声《创业新篇》《功夫在戏外》《娶亲》入选全国相声大赛。相声《考验》入选中央电视台举办的“大红鹰”相声大赛并进入决赛。刘礼的作品数来宝《三十五个敬礼》获文化部群星奖铜奖。刘延广被授予全国八大评书表演艺术家称号。1998 年，山东琴书《的哥新传》（宁怀玉）获省文化厅二等奖。1999 年，山东快书《警徽闪闪》（宁怀玉）获全国曲艺群星奖。2000 年 12 月，单弦《戴老

道沉冤趵突泉》（陈虹）、评书《舜耕山历山》（陈虹）在山东省曲艺会演中均获二等奖。2002 年 1 月，相声《说胖》（姜桂成）获全国少儿曲艺“小牡丹奖”电视比赛二等奖。

2003 年 1 月，相声《上学路上》（姜桂成）获第二届 CCTV 全国电视相声大奖赛中优秀作品奖。2004 年 7 月，姜桂成创作的山东琴书《女儿魂》获山东省“泰山文艺奖”银奖。同年 9 月，姜桂成创作的相声《如此神茶》在“候马杯”全国相声小品邀请赛中获三等奖；相声《新智力测验》获全国首届民族青少年艺术大赛山东赛区二等奖。说唱电视片《泉城说唱》（姜桂成作词并主演）获第六届全国百家电视台电视评奖一等奖、山东省第二届广播电视牡丹奖一等奖。《荣辱观新说唱》（姜桂成）拍成电视片并在电视台播放。2006 年，刘拥政创作的对口河南坠子《捉仙女》获山东省曲艺大赛三等奖。2007 年，山东琴书《退指标》（陈虹）获第十三届中国人口文化奖（舞台艺术类）曲艺类一等奖；相声《上学路上》（姜桂成）获山东省少儿曲艺大赛金奖。2008 年，在济南市第四届荷花奖评选中，山东琴书《三定亲》（刘拥政）、多媒体山东快书《泉城说唱》（姜桂成）、山东大鼓《湖光山色唱泉城》（陈虹）获一等奖，中篇评书《斗敌酋》（刘拥政）、多媒体山东快书《荣辱观新唱》（姜桂成）、相声《美丽泉城我的家》（姜桂成）、山东琴书《李老太请客》（吕佩）、小戏曲《传艺》、山东琴书《美酒传情》（陈虹）获二等奖，小品《责任》（姜桂成）获三等奖。2009 年，小品《特殊病号》（姜桂成）获山东省首届电视小品大赛演出一等奖；小品《平衡》（姜桂成）获第六届中国戏剧文学奖小型作品三等奖。2010 年，姜桂成创作的戏剧小品《命悬一线》、三句半《大拜年》参加山东省检察院系统文艺会演；小品《吉祥三宝》参加济南电视台 2010 少儿春晚播出；曲艺说唱《千年古城谱新篇》《说唱汶上》《走进旱码头》《水浒新传》由山东电视台《走遍山东》播出；音乐快板《祝福明天》参加中国石化系统文艺会演；长篇山东琴书《聊斋》系列《宁采臣遇鬼》（上、下）由济南曲艺团演出；山东琴书《廉政新风》参加全国税务系统“廉政建设文艺会演”。

第二节 杂 技

1986 年，济南市杂技团节目《转台叠椅造型》（1976 年创作、1984 年再度创作）获全国杂技魔术创新节目比赛一等奖。同年，《蹬板凳》（1980 年创作、1984 年再度创作）在英国第十一届世界杂技锦标赛中，以最高分获全体冠军，夺得“英航杯”和七块金牌，1987 年在法国巴黎第十届世界“明日”马戏节大赛中夺得金奖，1991 年在朝鲜“四月之春”艺术节中获金奖。1986 年创作的节目《溜冰》获华东六省一市会演二等奖；节目《扛梯》获杂技魔术创新节目比赛二等奖，《空中技巧》《双人技巧》《蹬技》《飞叉》《溜冰》获三等奖。1987 年，《扛梯》获第二届全国杂技比赛表演奖。

1988 年创编《双层晃板》，同年在全国“新苗杯”杂技比赛中获金奖，1989 年在摩纳哥第十四届蒙特卡洛杂技马戏比赛中获“银小丑”奖。1988 年 9 月 12 日，市杂技团应邀随中国艺术团参加在巴西举办的中国艺术节，到巴西首都巴西利亚及

1986 年，《蹬板凳》在英国第十一届世界杂技锦标赛中获“团体冠军”，夺得“英航杯”和七块金牌

贝洛奥里藏特、库里提巴、里约热内卢和圣保罗等城市演出20余场，观众12万人（次）。演出历时1个月。巴西环球电视台及国家电视一台、二台、六台每日播放节目介绍和现场直播。《巴西日报》《巴西报》《环球报》等媒体以“绝世惊人的杂技”“中国杂技惊险举世无双”等标题进行报道。1989年1月28日至2月8日，由6人组成的济南市杂技团演出小组参加新加坡“春到河畔迎新年”演出活动，新加坡第一副总理吴作栋观看演出，给予高度评价。

1990年，创作的节目《空中技巧》获第三届全国杂技比赛华东区预选赛二等奖。1991年，市杂技团出访朝鲜、巴基斯坦、印度尼西亚3国。在朝鲜，金日成观看演出并与全体团员合影留念。《晃圈》节目（1985年创作）获1991年朝鲜“四月之春”艺术节金奖。1992年9月，中国杂技艺术家协会表彰新中国成立后对杂技艺术事业做出突出贡献的艺术家，市杂技团演员邓宝金获特别贡献奖。1993年，市杂技团赴希腊及南太平洋五国演出。同年，《蹬技》《蛇塔》获第四届山东省文化艺术节舞台艺术评奖优秀表演奖和优秀节目奖。

1994年9月创作大型杂技晚会《百戏神韵》，在济南市会演中获编导、舞美、服装设计三个一等奖。1995年，《立绳》获第四届全国杂技比赛华东区预选赛二等奖，《蹬技》《秋千顶技》获预选赛三等奖。1996年，市杂技团赴哥伦比亚演出570场，历时9个月。

1998年1月创作的节目《柔术》获金狮奖第三届全国新苗杯杂技比赛华东区预选赛铜狮奖。1986年创作的节目《抢椅子》进行再度创作，1998年4月获第一届中国杂技金菊奖、滑稽比赛铜奖；1988年创作的节目《绳鞭技》进行再度创作，获中国杂技金菊奖、滑稽比赛特别奖。1998年9月22日至11月10日，市杂技团一行30人赴亚美尼亚、格鲁吉亚、爱沙尼亚、拉脱维亚、立陶宛等亚欧5国进行访问演出，历时48天，演出38场。

1999年，创作大型魔术晚会《梦幻奇观》，为新中国成立50周年作献礼演出，填补济南市在全市公演中无单场魔术晚会的空白。恢复编排《大排椅》《车技》《绸吊》《柔术转毯》《软钢丝》《转碟》《顶圈》《大武术》《钻地圈》等节目，其中《魔术》《钻地圈》《空中彩绸》《阿拉伯之夜——柔术转毯》于2000年12月获山东省第二届杂技魔术比赛一等奖；《顶圈造型》《软钢丝》《集体武术》获二等奖。2000年10月，《魔术——荷花》获第二届中国杂技“金菊奖”、魔术比赛铜奖。

2002年6月创编的节目《转台高椅》获第四届华东青少年杂技比赛银奖，8月获金狮奖第四届全国青少年杂技比赛银奖。2002年6月创编的节目《心之攀——转台叠椅》2004年7月获金狮奖第六届全国青少年杂技华东区预选赛金奖。2002年10月创作的近景魔术节目《六连环》《仙人摘豆》，魔术剧《快乐的海尔人》分获中国杂技“金菊奖”第二届全国魔术比赛铜奖。2002年11月再度创作的节目《空中彩绸》获第五届中

2004年10月16日，由济南市杂技团青少年演员房丽丽、孔涛表演的《转台叠椅》在第17届蒙特卡洛“初登舞台”国际杂技节比赛中获得最高奖——“金K奖”

国武汉国际杂技艺术节银奖。2003年10月19日，《空中彩绸——情未了》获巴西第二届国际杂技比赛金奖以及评委和观众奖两项奖（评委和观众奖为比赛最高奖）。

2004年9月，魔术节目《花仙子》获中国杂技“金菊奖”第三届全国魔术比赛铜奖；10月，《心之攀——转台叠椅》获金狮奖第六届全国青少年杂技比赛银奖。2005年2月，《转台高椅》获第17届摩纳哥蒙特卡洛“初登舞台”国际杂技节“金K奖”和“蒙特卡洛公主杯”。2006年9月，《心之攀——转台高椅》在俄罗斯第六届世界青少年国际马戏大赛中获“金象奖”；同月，《车技》在墨西哥第六届国际大棚杂技比赛中获特别奖。2008年10月，张超表演的节目《变钱币》获中国·宝丰第四届魔术文化节全国魔术比赛铜奖及新人奖。11月，济南市杂技团的大型京剧意象杂技剧《齐风鲁韵·粉墨》获文化部主办的第七届全国杂技比赛·2008杂技主题晚会优秀剧目展演优秀剧目二等奖。2010年，孔海涛的杂技节目《高椅》获第三届山东省泰山文艺奖杂技类一等奖。7月，杂技《钻圈》获山东省第四届杂技魔术比赛一等奖。9月，杂技《红色记忆——转台高椅》获第八届全国杂技比赛杂技类银奖；魔术《手之密语》获魔术类铜奖。

第三章　音乐　舞蹈

第一节　音　乐

1986～1996年，济南市创作的不少作品在山东省和全国获奖。肖江创作的《庄稼人》和任宝桢、曲祥创作的笛子独奏曲《向往》，获首届山东省泰山文艺创作一等奖。姜宁编辑的专题音乐《高压细腻、自成一格》获全国市台文艺广播比赛一等奖。1993年，任宝桢的歌曲《今日中国人》获全国广播新歌一等奖。1994年，任宝桢、刘树杰、逯恒泰的歌曲作品参加全国“黄河口杯”行业金曲展评获金奖；刘兆秀、高薇薇参加全国十大城市专业歌手比赛，双获一等奖。1996年，在全国“孔繁森颂歌”歌曲征集活动中，任宝桢创作的歌曲《奉献》获一等奖；柴艾力等创作的歌曲《花儿红、花儿香》获三等奖。同年5月，省、市音乐家协会联合举办全省第二届少儿民族器乐大赛。济南市有42名选手进入电视决赛，占决赛总人数的百分之八十。

1997～2002年，一批深受群众喜爱的歌曲相继问世。其中，由徐增华作词的歌曲《年是什么》获全国“五个一工程奖”，任宝桢、徐增华、郑广文等创作的音乐专题片《唱给妈妈一支歌》，在中国广播电视学会举办的全国优秀广播音乐节目评奖中获一等奖。任宝桢创作的歌曲《奉献》，周晓龙创作的歌曲《飞回家园》，周晓龙、孟广征创作的歌曲《风雨兼程》分获山东省精品工程奖。在山东省第三届“齐鲁风情”歌手大赛中，王兰获民族唱法金奖，陈曰羲获通俗唱法金奖。在山东省第四届“齐鲁风情”歌手大赛中崔玲获金奖，初卫平获银奖。市少年民族乐团赴京参加“全国少年民族乐队北京邀请赛”，获大型乐队唯一最高奖——阳光奖。1999年，市艺术馆韩振生创作演奏的板胡独奏《乡情》，获全国第九届“群星奖”金奖，歌曲《钟声》《中国人，中国心》《小小男子汉》分别在山东省中小学生文艺会演中获创作一等奖。2001年5月，面向全国、历时半年的“泉城之歌”歌曲歌词征集评选活动结束。共收到歌词1100余首、歌曲1600余首，其中带演唱小样的作品270余首。共评选出优秀歌词、歌曲各10首。韩振生创作的器乐曲作品《植树苗》获全国第二届蒲公英奖铜奖。

胥正君创作的音乐作品《飞吧！蒲公英》《到处都有你》分获文化部全国第二届蒲公英大赛创作金奖、银奖，作品《中国女孩中国红》获中宣部中国人口文化奖歌曲类入选作品奖，作品《我们从小热爱党》获中国群文学会创作金奖，作品《你真美》《想的是老百姓》获首届“山东省泰山奖”。

2003～2010年，歌曲《想的是咱老百姓》《祝福西部》《天地人和》《防线》《心向北京》《泉水甜》《大地飞歌》《城市之光》等80余首作品获省级以上奖项，100余人（次）在省级以上各类赛事上获奖。2003年，由市群众艺术馆离休干部、音乐指挥常成基编著，以歌颂党、歌颂祖国为主题的《祖国颂》合唱歌曲集出版，填补山东省音乐编创领域的空白。任宝桢创作的歌曲《手捧美酒送人间》获“青岛啤酒百年大庆”全国征歌二等奖；张广俊创作的歌曲《东昌湖船歌》获“江北水城”全国征歌铜奖；歌曲《我们的家园》在全国环保歌曲征歌中获铜奖。歌曲《零距离的忠诚》获中国人口文化奖铜奖。2004年，初维萍获“齐鲁风情”通俗唱法一等奖，张大卫获“齐鲁风情”美声唱法二等奖，韩霞获“齐鲁风情”民族唱法二等奖；张广俊作曲、胥正君作词的歌曲《你真美》、任宝桢作曲的歌曲《同一个答案在心里》获山东省第六届“精品工程奖”；任宝桢创作的歌曲《太阳路》在全国新人新作选拔大赛中获新作品银奖、《大路朝天》获省原唱歌曲比赛“十大金曲奖”、《同一个答案在心里》获省山东首届“泰山文艺”金奖；李宣杰作曲的歌曲《月圆在心中》《参天大树》获中华铁路总工会“第四届火车头文艺群星奖”铜奖；歌曲《你真美》《跨越时空》《精彩无限》入选济南市第六届“精品工程奖”。2005年，张广俊、胥正君创作的歌曲《你真美》获山东省第七届“精品工程奖”；张广俊创作的歌曲《想的是咱老百姓》《大路朝天》获省广播文艺一等奖和优秀奖；胥正君创作的歌曲《防线》获中纪委主办的全国反腐倡廉歌曲征集一等奖，歌曲《清正廉洁兴中华》获全国三等奖、省一等奖，歌曲《我们从小热爱党》获中国第二届群众创作歌曲大赛金奖；李宣杰创作的歌曲《有一种幸福叫平安》在全国歌曲大赛中获优秀奖，歌曲《铁骨清风》在全国廉政歌曲征集中获优秀奖，编写的歌曲《走昆仑》在中华全国总工会举办的全国职工合唱比赛中获金奖。2006年，歌曲《小巷情深》（胥正君词、韩振生曲）获中国第三届群众创作歌曲大赛金曲。2007年，歌曲《天地人和》获省精品工程奖。

第二节 舞 蹈

1987～1996年，舞蹈作品《山东民间舞蹈印象》《包楞调》《庄稼人》《泉城柳》《列车变奏曲》《山楂红了》《带银铃的小马驹》《微山童话》《欢乐世界》《石榴花》《巧妞妞》《小小牵牛花》等参加全国或全省会演，取得好成绩。1989年3月，济南市残疾人艺术团9名聋哑姑娘表演的舞蹈《藕歌》，在全国第二届残疾人艺术调演中获创作、表演银奖。9月2日～4日，举办济南市首届舞蹈调演，市直专业艺术表演团体及厂矿企业、学校、县区、部队的18个舞蹈节目参加调演。1990年8月16日～19日，全国部分城市“泉城杯”少儿舞蹈邀请赛在济南举行，来自北京、天津、沈阳、长沙等11个城市、13个代表队的近300名小演员、52个儿童舞蹈节目参赛。1994年9月23日晚，在1994济南金秋

大型歌舞交响诗《泉城颂》中的一场“泉情”（1994年摄）

经贸洽谈会暨龙山文化艺术节开幕式上，5000余名演员在省体育中心演出大型歌舞交响诗《泉城颂》。分《泉韵》《泉情》《泉潮》《泉涛》4场。《泉韵》通过《舜耕历山》《射猎》等古朴典雅的舞蹈及各种艺术造型，再现以虞舜为代表的先民们在济南这块土地上劳动生活、繁衍生息的历史画卷；《泉情》通过泉水、柳丝、荷花舞，描绘出济南优美的自然风光和济南人热情好客的性格；《泉潮》通过小鸭舞、摩托舞、啤酒舞等儿童舞蹈，展示济南的拳头产品；《泉涛》通过鼓子秧歌和龙飞凤舞的场面，表现了济南人粗犷豪放的性格和一往无前的气概，展现济南壮丽辉煌的美好前景。1995年，由济南市舞协会员创作演出的大型歌舞剧《孔繁森》赴北京、广州、深圳、海南等地巡回演出，共演出130场（次），观众15万人（次），广受好评。其间，市舞蹈协会把挖掘整理民间舞蹈鼓子秧歌作为一项重要任务，组织十几人的创作队伍深入到济阳、商河两县，边挖掘边整理，边创作边排练，使两县的鼓子秧歌有了新发展。1991年、1992年，两县先后参加中国沈阳国际秧歌节暨全国优秀秧歌（民间舞蹈）大赛，分获优秀奖和优胜奖。1994年6月30日～7月2日，商河鼓子秧歌队参加在重庆举行的“中国舞三峡之夏”大型舞蹈会演。1996年，商河鼓子秧歌在文化部第六届“群星奖”舞蹈比赛中获铜奖，济阳鼓子秧歌出访德国、法国等国家。

1997～2002年，舞蹈《揽秋》《绿了，母亲河》《鼓子秧歌》《阳光清泉》《沂蒙风情画》等在全国第十届“群星奖”评选、全国企业舞蹈大展演中获奖；综艺晚会《谁不说咱家乡好》在全国少数民族舞蹈会演中获演出金奖。1997年，孙丽编纂的《中国民族民间舞蹈集成·山东卷》获全国艺术学科重点项目文艺集成编纂成果二等奖。1999年，舞蹈《绿了：黄河滩》获山东省第五届“小飞天”奖儿童舞蹈大赛创作一等奖。2000年，舞蹈《揽秋》、群舞《绿了，母亲河》、舞蹈《阳光清泉》分获文化部第十届“群星奖”银奖、铜奖和优秀表演奖，《梆鼓秧歌庆丰收》获全国广场民间歌舞大赛“桂花奖”。2001年9月，市歌舞剧院创作演出的舞蹈诗《沂蒙风情画》在山东省第七届艺术节评奖活动中获剧目、编导、作曲、表演、舞美设计5个一等奖。其片断《红磨盘》《编生活》参加第二届全国少数民族会演分获表演一、二等奖。2002年，《沂蒙风情画》被省文化厅推荐为“国家舞台艺术精品工程”备选剧目，作为全省唯一一台剧目进京参加庆祝十六大召开“2002年全国优秀剧目邀请演出”；获山东省第六届精神文明建设“精品工程”入选作品奖；2004年，《沂蒙风情画》获第四届全国舞蹈“荷花奖”舞蹈诗铜奖，填补山东省和济南市该奖项的空白。

2003～2010年，舞蹈《牵手》《永恒的车辙》《足尖的梦》《鹤飞》等作品分获省级以上大奖。2003年8月21日～31日，济南艺术学校舞蹈专业学生参加在四川成都举办的中国青少年艺术大赛第七届“桃李杯”舞蹈比赛，创演的群舞《牵手》获“表演三等奖”“优秀创作奖”，独舞《血色童心》获中国舞少年男子组“优秀表演奖”。11月，在第十一届中国人口文化奖评选中，市歌舞剧院创作演出的舞蹈诗《齐鲁风情画——沂蒙篇》和歌舞剧《鹤飞》分获金奖，《鹤飞》主演杨晶获最佳演员奖。2005年，济南市举办首届舞蹈大赛。比赛历时6天，70余支舞蹈队、2000余名选手参赛。2006年，王守民编排的舞蹈获全国治黄50周年文艺演出一等奖，舞蹈作品《过年》获省第七届“小飞天”表演一等奖、《快乐的拉丁女孩》获表演二等奖，《老年运动秧歌》获全省秧歌大赛金奖。2007年2月5日，在“哈尔滨国际冰雪节”第三届全国少年儿童舞蹈大赛上，济南市妇女儿童活动中心红舞鞋舞蹈团表演的舞蹈《雏鹰》《咚吧啦》《太阳花》获金奖。同年，济南市老年人大学艺术团编排的舞蹈《足尖的梦》获“全国夕阳秀第五届华夏中老年艺术展演牡丹花金奖”；章丘市文化馆表演的舞蹈《泉韵》在山东省首届农村文化艺术节民间舞蹈、杂技、魔术文艺会演决赛中获金奖；济阳鼓子秧歌在第四届 CCTV 舞蹈大赛上获“大秧歌”第四名。2008 年 5 月 29 日～6 月 2 日，商河县鼓子秧歌队访问团一行 22 人赴韩国参加韩国仁川第九届富平区风物节活动。2010 年 5 月 23 日，商河鼓子秧歌队获第二届中国秧歌节最佳风采奖。

第三节 戏 剧

1986 年 10 月，戏曲《冤孽姻缘》（吕佩）、京剧《重审诗扇案》（张存德）获山东省第三届戏剧节剧本奖。1987 年 9 月，吕剧《少夫老妻》（刘拥政）由济南市吕剧团排演。1988 年 6 月，戏曲《冤孽姻缘》（吕佩）发表在《戏剧丛刊》第 3 期。1989 年 9 月，吕剧《皇后泪》（刘拥政）获济南市专业创作调演创作演出一等奖。1990 年，话剧小品《消化不良》（张存德）获山东省文化厅一等奖。1991 年，京剧《姜子牙火烧琵琶精》（张存德）由中国戏剧出版社出版并公演；大型吕剧《蚂蚱岭传奇》（刘拥政）参加山东省第三届艺术节展演，同年获山东省白杨文学奖。

1993 年 8 月，吕剧《仙客来的女掌柜》（李小萍）获山东省第四届文化艺术节编剧奖。1994 年 12 月，戏曲《槐树湾》（吕佩）在《戏剧丛刊》第 6 期发表。该剧通过一对寡妇与鳏夫凄美而悲壮的爱情故事，鞭挞封建传统的道德观念对老年人婚恋的戕害。

1989 年，《皇后泪》获“济南市第二届文艺创作调演”创作演出一等奖

1995 年 5 月，话剧《神陶祭》（李小萍）获山东省第六届优秀剧本奖。1996 年 5 月，无场次大型吕剧《憨哥》（李小萍）获潍坊市文化艺术节一等奖。1998 年，电视剧剧本《号角声声》（宁怀玉）在《戏剧丛刊》发表。1999 年，吕剧《彩石路》（济南艺术创作研究院）获济南市精品工程戏剧奖，2000 年获田汉戏剧奖。2001 年，电视电影《岁月无痕》（宁怀玉）创作完成。6 月，戏曲《厚土》（吕佩）发表在《戏剧丛刊》第 3 期。

2002 年 12 月，戏曲《枣香赋》（吕佩）由济南市吕剧院排演并在全省巡回演出。此剧根据滨州市沾化县地税局干部李玉国的真实事迹编写，全景表现李玉国舍小家顾国家，设身处地为纳税人着想，对工作一丝不苟，带病坚持在第一线的高贵品质和精神风貌。2003 年 6 月，吕佩创作的话剧《南丁格尔誓言》入编中国戏剧出版社《这里也是前线》专辑；戏曲《枣香赋》《雪儿》入编中国戏剧出版社出版的《2001 ～ 2003 年济南市优秀剧作选》。同年，话剧《郑国公主》（刘拥政）获“万卷杯”中国原创文学大奖赛剧本文学奖，2005 年获第四届中国戏剧文学奖铜奖。

2004 年 5 月，现代戏曲《编外书记》（吕佩）获“第十八届田汉戏剧二等奖”。七场现代戏曲《编外书记》，通过党的干部梁书记带领下岗工人自强不息，艰苦奋斗，终成大业的曲折故事，弘扬党的先锋作用，讴歌下岗工人自立自强的创业精神。

2005 年，京剧《丁宝桢智斩安德海》（张存德）由吉林人民出版社出版；电视剧剧本《武大郎与潘金莲》（宁怀玉）创作完成；歌剧《李清照》（刘拥政）获济南市“荷花奖”剧本一等奖，2007 年获第五届中国戏剧文学奖银奖。2006 年，戏曲电视剧《嫁母记》《银镯记》《丈母娘嫁公公》（由民营文化传播公司运作、外地演艺团体排演）出版光盘；电视连续剧《大观园》（刘拥政）在山东电视台播出，同题材长篇历史小说《大观园》出版；8 集电视连续剧《精豆外传》（吕佩）拍摄完成；

2005 年，揭示泉城济南“诚信、创新、和谐”城市精神的都市情景喜剧《泉城人家》在山东剧院公演，并作为第五届中国曲艺节压轴剧目在北京上演，受到好评。图为演出剧照

姜桂成创作的六幕喜剧《泉边人家》获济南市新剧目调演作品金奖。同年 10 月，由姜桂成担任第二编剧的《泉城人家》在山东省第八届艺术节上获剧本一等奖。

2007 年，大型歌剧《李清照》（刘拥政）和小剧场话剧《这是我想要的吗？》（陈虹）分获第五届“中国戏剧文学奖”大型剧本银奖和“中国戏剧文学奖”剧本奖；大型戏曲《厚土》（吕佩）获中国（枣庄）柳琴艺术节编剧奖；儿童科普剧《泉水清又清》（姜桂成）获山东省儿童科普剧会演一等奖。四集民歌剧《傻有福娶妻》（刘拥政）由山东文化音像出版社出版光盘，以电子音像形式发表；新编历史京剧剧本《辛弃疾》（刘拥政）在爱国词人辛弃疾逝世 800 周年之际首演。

2008 年，京剧音乐诗剧《辛弃疾》（刘拥政）获第五届中国京剧节一等奖、省文化厅 2008 年度“繁荣艺术创作突出贡献奖”及济南市第四届荷花奖一等奖；曲艺情景剧《泉城人家》获山东省泰山文艺奖金奖；现代吕剧《彩云飞》（陈虹、李小萍）获济南市第四届荷花奖一等奖；京剧《辛弃疾》（刘拥政编剧）获第五届中国京剧节金奖。

2009 年，剧本《窥镜媲美》（丛铨）获第六届中国戏剧文学奖银奖；剧本《厚土》（吕佩）、《龙泉梦》（吕佩）、《田横与丽娘》（陈虹）均获第六届中国戏剧文学奖大型剧本奖三等奖。

2010 年，在“全国戏剧文化奖·第七届中国戏剧文学奖”评选中，《诛宦记》（电影文学剧本）（丛铨）、京剧《辛弃疾》（刘拥政）均获大型剧本银奖，舞剧《荷柳泉》（赵新华）、吕剧《亲爹亲妈》（陈虹）均获大型剧本铜奖，现代戏曲《雪儿》（吕佩）获大型剧本奖，戏剧小品《小巷公仆》（姜桂成）、《好雨》（莫非）均获小型剧本三等奖。

第四章　美术　书法　摄影

第一节 美 术

20 世纪 80 年代中后期，济南画家于希宁、黑伯龙、弭菊田、张彦青、刘鲁生、王企华、刘宝纯等人的作品在美术界颇具影响，吴泽浩、张登堂、韦辛夷等人开始崭露头角。1987 年 3 月和 1988 年 9 月，齐鲁书画研究院、山东画院先后在济南成立。1988 年，老艺术家石可与学生姜伯玉将中国象棋棋子赋予形象化构思，制作后参加国际展览。台湾《中国时报》称他“既传统又现代……石可，奇人也”。1989 年，其创作的大型雕刻壁画《孔子事迹图》，被中国版画界认为“中国版画史上的力作，必将引起中外文化界的强烈反响”。1991 年，该作品获中日文化交流中心颁发的年度金奖。1989 年，陈黎青的漫

《斜风细雨不肯归》——刘鲁生画作

画《无题》获全国铜牌奖和日本《读卖新闻》佳作奖。

90年代，济南市国画、油画等主流艺术品类成果不断，漫画、版画等品种屡见佳作，很多书画作品在国内外展览中获奖。1991年9月27日，中国国际旅游书画院济南分院成立暨海外弟子拜师仪式在新落成的济南博物馆举行，21名海外弟子按中国传统举行拜师仪式。1996年，张鸿宝的作品《光阴荏苒》在第二届全国水彩、粉画展览中获银奖。这是济南作者在全国单项专业画展中第一次获银奖。同年6月，市文联主席吴泽浩带领济南地区15名画家踏上长征路体验生活，创作完成80米长卷《长征画卷》，庆祝红军长征胜利60周年。该画卷10月份在省美术馆展出，后又在中国美术馆和中国军事博物馆展出，于10月底赠给中国人民解放军，由中央军委收藏。吴泽浩早年曾受教著名国画大师关山月、黎雄才等，将岭南画派细腻、规范、严格的修养训练与齐鲁画风的熏陶实践相结合，形成其独特的艺术风格。出版有《吴泽浩画集》《吴泽浩中国画作品集》《当代中国画家——吴泽浩》等专集，其创作的巨幅国画作品《济南名士多》成为济南一大文化品牌。1998年，曲秀国油画《心连心》获全国第八届“群星奖”金奖，张鸿宝水彩画《月儿》获中国美协第四届全国水彩（粉）画展铜奖。1999年，济南市有9件作品入选全国第九届美术作品展览，其中陈黎青的漫画作品《草船借箭》获银奖。其他8件入选作品是韦辛夷的中国画《凤阳小岗村·1978年11月24日夜》，于善英的中国画《秋韵》，李兆虬、杨晓刚的中国画《强国梦》，曲秀国的油画《1978·惊蛰》，杨恺亮的油画《春秋》，田忠锋的油画《大静物》，杜崇刚的水彩画《隋唐遗韵》，倪崇峰的漫画《意外的盛宴》。

进入21世纪后，济南书画事业不断创新，涌现出一批受艺术市场和业内人士认可的精品力作。2000年7月，应外交部邀请，济南画院创作山水画《漓江春晓》一幅，由国务委员吴仪赠送给联合国秘书长安南。之后，济南画院还多次应邀为公务出国交流、重要馆所等创作书画作品。同年，吴泽浩、韦辛夷入选由全国民间工艺、美术、书法大赛评选的中国百杰画家榜。2002年，市群众艺术馆曲秀国创作的油画《2001年7月13日20时11分——2008北京》在全国第十二届“群星奖”比赛中获优秀奖。

2003年，陈黎青漫画获中国新闻漫画复评暨2003年度银奖。2004年，在中国美协主办的中国画作品展上，李兆虬创作的中国画《王贵与李香香》获金奖。这是济南画家在全国性画展上首次夺得最高奖。同年5月，中共济南市委外宣办编辑制作《济南七十二名泉》大型书画册。画册以趵突泉、珍珠泉、黑虎泉、五龙潭等系列泉群为主，用大量的历史资料、珍贵的图片以及海内外知名艺术家的书画作品，对济南七十二名泉作全面介绍。7月29日，《济南名士系列丛书·美术书法卷》首发，共收录济南市20位知名书画家的书画精品600余幅。

2005年，杨晓刚国画《这里的黎明静悄悄》获中国美术家协会主办的“纪念抗日战争胜利60周年全国美展”金奖；济南画院作品《荷花》

被韩国汉城美术馆收藏；雕塑作品《乾坤》入选“第十届全国美展”，获山东展区一等奖；作品《昆仑山胜境》获文化部艺术中心举办的“纪念抗日战争胜利60周年”优秀奖；《海岱寻幽》《开元祥云》入选文化部主办的“全国画院优秀作品展”；《清露滴山林》入选中国美协主办的“第三届‘菜乡情’中国画作品提名展”。同年12月28日，成立吴泽浩艺术工作室。

2006年，曲秀国的油画《生生不息》在山东省群星奖美术、书法、摄影作品大展中获一等奖。作品《昆仑山胜景》入选“人民日报神州画院纪念红军长征胜利70周年优秀作品展”，获银奖；《贡嘎神汤》入选中国艺术研究院举办的“水墨威海提名展”；《人物》入选“司法部全国书画大展特邀作品”和中国青联艺术委员会主办的“走进新农村作品展”；《秋生》入选中国美术家协会、人民日报主办的“殷墟文化全国书画大展”，获二等奖；《秋入荷塘》参加“中国许昌画圣吴道子故里书画节暨第六届书画大赛”，获金奖；《江南春色》获首届中国文艺杰出成就奖、书画艺术金奖；《壑涧流泉》入选“纪念毛泽东同志逝世30周年橘子洲杯全国书画大赛”，获银奖；《江南雨亦奇》入选由中国美术家协会等单位主办的“全国第六届工笔画大展”。同年，济南名士书画院成立。

2007年，作品《如梦》等作品入选由文化部主办的“第四届全国画院作品展”；《花鸟》参加“纪念毛泽东同志在延安文艺座谈会上的讲话65周年”和“庆祝香港回归10周年”全国书画大赛，获金奖；《祥光》入选“2007中国百家金陵画展”；《阳光》入选“黎昌杯中国画大展”，获优秀奖；《这里的黎明静悄悄》入选“中国人民解放军建军八十周年美术作品展”；《满月》入选“齐白石艺术大展”，获铜奖。

2008年，作品《萨马兰奇》《人物》等入选由国家体育总局和中国奥委会主办的“迎奥运大型美展”。

2009年，宋晓军漫画《西天归来“经”满街》获中国漫画界最高奖项“中国漫画金猴奖”。作品《梦幻》系列、《江南春色》入选由中国美协主办的“时代精神——纪念湖社成立90周年全国名家巡回展”；《春韵》入选“长城万里行——中国名家提名展”；《五星红旗——为你自豪》《缘》入选“第七届全国体育美术作品展”；《自在云水间》入选在中国美术馆举办的“山东花鸟画进京展”；《朝晖》入选文化部艺术中心“庆祝建国60周年画展”，获优秀奖；《飞人港》入选中国美协主办的“2009全国中国画展作品展”；《原土》《同心协力》入选中国美协主办的“第十一届全国美术作品展”；《圣梦》入选由中国美协主办的“第三届全国青年展”等。

2010年，作品《大漠秋声》入选由中国美协主办的“2010年全国中国画作品展”；《圣境》《高原魂》被中国美术馆收藏；《晨曲》参加由中国文联、中国美协主办的“首届中国当代花鸟画美术巡回展”。

第二节 摄 影

济南摄影界的群团组织有山东省摄影家协会、济南摄影家协会、济南青年摄影家协会等。其中山东省摄影家协会原为中国摄影家协会山东分会，成立于1960年7月，1990年更名为山东省摄影家协会。济南市摄影家协会成立于1978年，至1991年年底举办各类学习班18期，1480人参加学习，形成一支专业和业余人员相结合的摄影艺术创作队伍。会员创作的21幅作品在国内外影展中入选、获奖。90年代中期开始，协会每两年举办一届综合性的艺术摄影大展。济南市青年摄影家协会成立于1985年，主要开展摄影交流、讲座培训、创作展览等活动。

1988年，桑鲁成创作的《雏鹰展翅》入选全国第十五届影展。1989年，《人民日报》海外版发表《曾毅摄影作品》，曹雪云拍摄的《闪光的春》参加匈牙利第六届国际卫生摄影比赛。

1993～1994年，市摄影家协会与文化部等联合举办“孔孟文化摄影展”，济南市有20余位会员参加展览。1995年，李楠参加荷兰世界新闻摄影比赛，获一等奖。1996年，李楠参加国际摄影艺术金像奖评选，获金像奖。同年，钱捍参加中国新闻摄影金眼奖评选，获金眼奖。其间，钱捍创作的《残缺心灵的撞击》获全国第十七届影展银牌，李楠创作的《无题》获日本尼康国际摄影大赛A类季军，饶琦创作的《虎娃》获第一届“亚洲风采”华人摄影比赛一等奖。

1997～2002年，济南市摄影作品多次在省及全国性摄影比赛中获奖。李楠创作的《少儿杂技学校》在荷兰新闻摄影比赛中获金奖，鲁少河的《寻找女儿梦》在15届新闻摄影比赛中获金奖，杨润清的摄影作品在《大众摄影》杂志社组织的摄影大赛中获一等奖，黄翌的作品在全国五十城市庆祝中国共产党建立五十周年摄影展览中获二等奖，张泉刚的摄影作品获全国第五届“大河上下”艺术摄影作品展三等奖。1999年10月1日，市委宣传部、市文化局举行“泉城一日”摄影比赛。共收到摄影作品1999幅，从中筛选出优秀作品160幅，于10月7日在市博物馆举行“泉城一日”摄影展。2002年，举办世纪泉城国际摄影大奖赛。共收到作品5000余幅，评出特等奖5名、金牌奖22名、银牌奖22名、铜牌奖38名。

2003～2010年，济南市有《工地的晚餐》《水乡晨韵》《沙漠唱响》等100余件作品获省级以上奖项，300余幅作品入选省级以上展事。2003年，张玉庆的《遗风》获“首届中国职工摄影比赛”铜奖；曾毅的《工地的晚餐》《巴蜀人家》分获“中国西部之光”城市摄影作品大联展一、二等奖；李瑞勇的《沙漠唱响》获“数码更精彩”全国数码摄影比赛中三等奖；陈居忠的《水乡晨韵》获“第四届韩国正修摄影大赛”正修赏铜奖。2004年，济南日报记者江浩的摄影作品《老解和他的庄户剧团》获由联合国教科文组织和中国民俗摄影协会主办的第四届国际民俗摄影“人类贡献奖”节日文化类金奖。同年，曾毅主编的对外宣传作品《世纪泉城国际摄影大赛获奖作品集》获山东省对外传播一等奖，并入选济南市第六届精神文明建设“精品工程”。张玉庆、贺宏道的摄影作品获省第八届摄影展金奖。2005年，李建辉获“走进孔子、聚焦圣城——国际摄影大赛”银奖，游建平、毕宇超获铜奖。2008年，举办“迎全运——新华社签约摄影师看济南”活动。2009年6月27日～29日，美国职业摄影师协会（简称PPA）进入中国的首项大型活动“影像亚洲——首届PPA国际职业摄影师大会暨中外摄影家聚焦泉城国际摄影大奖赛”在济南舜耕国际会展中心举办。同年，作品《告别汶川》获尼康杯全国摄影比赛金牌。

第三节 书法 篆刻

一、书 法

济南市书法家协会成立于1983年3月10日，至1987年年底有会员278人。1985～1988年，共举办书法展览17次，参展作品1700余件，观众近2万人（次）。其间，历城、长清、章丘3个县和历下、市中、槐荫、天桥4个区先后建立书法组织。济南钢铁厂、济南汽车制造厂、济南第二机床厂、济南建材公司、山东化工厂等厂矿企业和行业也建立基层书法组织。各种书法活动蓬勃开展，在群众中形成“书法热”。任晓麓的篆书对联、张百行的行书横幅、吴耀的隶书横联分获全国群众书法比赛、全国职工业余美术书法摄影作品展览一等奖。

1988～1996年，在中国书协举办的第三至六届全国书法篆刻展和全国中青年书法篆刻展中，济南市共有魏启后、顾亚龙、刘繁昌、田庆山、李向东、吴耀、任真、荆向海、韩延燕、魏永年、汪海权、贾鹏、张仲亭、张炳南、苏东河、高岱、张酉、张建铭、于振才、戴军、汪海权、刘舫溪等32人（次）入选参展，其中

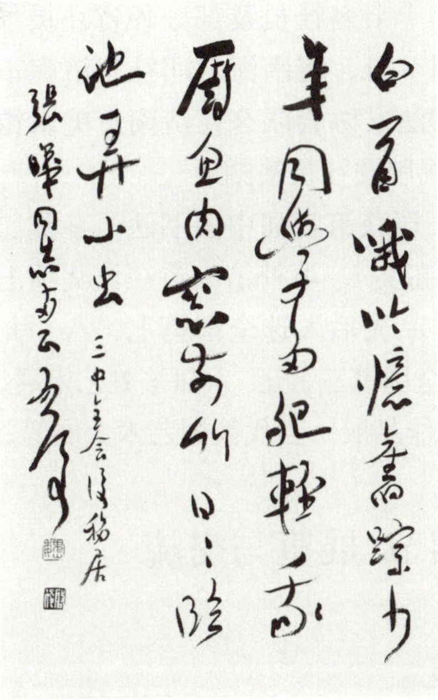

魏启后书法

刘繁昌获第四届全国书法篆刻展三等奖，魏启后获第五届全国书法篆刻优秀奖。1996 年，在纪念中国共产党成立七十五周年全省美术书法作品展览中，荆向海获一等奖，张炳南、耿彬、朱学德、张国英、李福增、刘光等六人获二等奖。

1997～2002 年，先后有 38 人的书法作品在全国各类展览中入选参展。在全国七、八届中青年展和第七届全国展、篆刻展、扇面展、楹联展、刻字展以及理论研讨会等重大展览和活动中，济南书协有先后有李向东、安学森、李福增、刘繁昌、宿振福、徐俊峰、戴军、武斌、李虎林、王瑞、杜虔、马子恺、耿飞、付顺贤、潘广利、姜葵、翟建平、冯延祥、李熙孔、李明、刘怀勇、韩明东、杨庆贵等作者作品入选或获奖。2000 年 3 月 15 日，书法家张仲亭用小楷书写的明代晏壁作《济南七十二名泉诗》作品集出版发行。张仲亭书宗“二王”、广涉名家，形成飘逸潇洒的个人书风，尤以小楷见长。2002 年，戴军的作品《出入平安》获“全国第四届刻字艺术展”优秀作品奖，填补济南市书法界在全国性大展中此奖项的空白；在全国首届“中国兰亭奖”大赛中，王瑞、李熙孔、刘舫溪 3 位作者作品入选。

进入 21 世纪后，济南书坛书法创作日趋繁荣，书法交流日益广泛。至 2003 年，济南市书法家协会共有会员 618 人，其中中国书协会员 42 人，省书协会员 179 人。2003～2010 年，有 40 件作品入选全国书法大展，300 余件作品入选省级以上展事。张家祥获纪念改革开放三十周年暨第四届全军书法展一等奖，王瑞获第三届中国兰亭奖篆刻二等奖，薛伟东获全国行草展三等奖，市书协 3 次被中国书协评为“书法进万家行动”先进单位，3 人被中国书协评为“书法进万家行动”先进个人，2004 年，张仲亭书法《历代名人咏济南》首发，收录历代名人咏颂济南的诗词文赋 72 首。2009 年，张仲亭书法作品《望岳》登上第十一届全运会开幕式碗幕视频。

书尚传承，艺贵创新。这期间，济南书坛有许多追求艺术创造和创新的艺术家。20 世纪 80 年代中期至 90 年代末，济南书坛活跃着“书坛五老”，即蒋维崧、魏启后、高小岩、宗惟成、陈左黄。以他们为代表的老一辈艺术家，艺德高尚、技艺精湛，注重言传身教、奖掖后进，为济南书坛培养了一大批人才。著名山水诗人孔孚，晚年以诗人独具的眼界、深厚的文化底蕴和审美修养，由诗入书，其书法作品在线条、结体、章法三方面都有自己独特的风格和样式，可谓自出机杼、不落窠臼，享有“天公勾线”“冷月照明”美誉。济南文化名人徐北文，一生从未举办过个人书法展览，也未参与过书法界的评比活动，但其书法作品在长期的自我修养实践中，形成特有风格，其作品可在趵突泉、大明湖、千佛山等许多名胜中见到。

2009 年，全运会开幕式大碗幕展示张仲亭书法《望岳》

二、篆刻

篆刻是书法的姊妹艺术，操刀者多为书法大家。济南老一辈的篆刻家有蒋维崧、陈左黄等人。蒋维崧以文字学研究闻名于世，同时又精于书法、篆刻。其篆刻线条清丽生动，笔意质朴洗练，既有殷周铭文那种质朴、圆润、雄浑、厚重的金石气，又展现出一种清新、流畅的勃勃生机。先后出版《蒋维崧印存》（1992）、《蒋维崧临商周金文》（1998）、《蒋维崧书迹》（2001）、《蒋维崧书法集》（2005）等作品集。陈左黄篆刻早期追摹秦汉印，继又遍临邓石如、赵之谦、齐白石诸大家，融会贯通，自铸面目，布局奇特，刀法犀利奔放，气势宏伟。晚年喜作花鸟小品，性情所寄，信笔为之，故往往越在绳墨之外。作品多次参加国内外展览，并为许多艺术馆、博物馆所收藏。有《百花齐放》印谱行世。

济南市较有名的篆刻组织为济南海右印社。其前身为山东历下印社，成立于1983年10月，是山东最早研究金石篆刻的学术团体。著名书法篆刻家蒋维崧为名誉社长，首任社长为篆刻家贾鹏。2009年10月，注册更名为济南海右印社。著名书法家沈鹏、李刚田、余正等为海右印社题写社名，西泠印社孙慰祖、苏金海、桑建华、郭超英等十余名社员及部分外省社员加盟。2010年6月8日，济南海右印社与济南市文联、济南市书法家协会联合在济南市美术馆举办“海右印社揭牌暨社员篆刻展”。

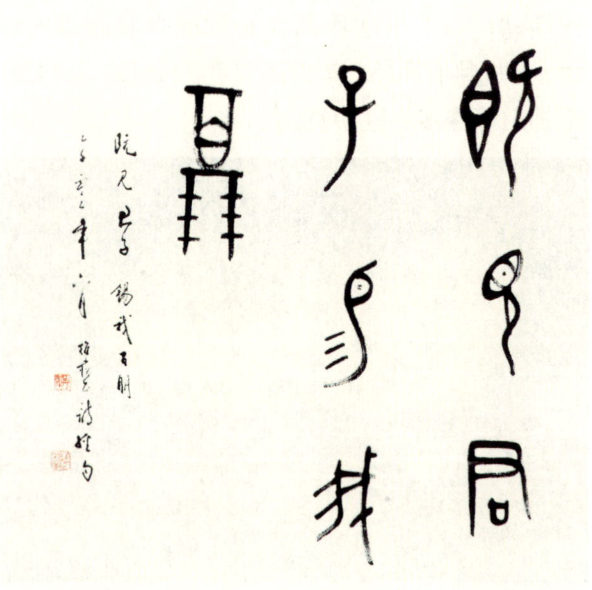
蒋维崧作品

2009年，王瑞获第三届中国书法兰亭奖二等奖（篆刻类最高奖），填补济南市在该奖项上空白。王瑞的作品先后入选全国第七、八、九届书法篆刻展，全国第三、五、六届篆刻艺术展，中国书法兰亭奖作品展，当代篆刻艺术大展等。

第四节 展览与交流

一、展览

1988年5月～6月，济南市美协、书协与南昌市美协、书协共同举办“南昌、济南书画作品联展”，展出书画作品120余件。9月22日～10月15日，市文联、市总工会、市文化局在市工人文化宫联合举办“纪念济南解放四十周年美术、书法、摄影作品展览”，展出书画作品250件，史料照片近200幅，艺术摄影作品100余幅。9月29日，济南画院在山东省美术馆举办齐鲁风情画展，展出作品中有著名画家弭菊田的《崂山鱼鳞峡写生》、济南画院院长张登堂的《黄河、泉城写生》和该院其他中青年画家的121幅山水、花鸟、人物作品。

1989年，济南、郑州、兰州三市举办书画联展，共展出作品95幅。10月14日～19日，市在山东省美术馆为青年石雕家陈宗斌举办“天豪书画刻石”展，展出其人物、花鸟、动物、书法等类石雕、书画作品460余件。1990年1月～4月，举办青岛、烟台、济南、曹州四市国画联展。

1993年11月7日，在济南剧院举行首届全国京剧名流书画展暨演唱会，纪念毛泽东100周年诞辰，展出全国京剧艺术家书画作品百余件。著名艺术家骆玉笙、谭元寿、尚长荣等从北京、上海赴济参观、祝贺，并与山东省京剧演员同台献艺。12月24日，在万竹园李苦禅纪念馆举办纪念毛泽东100周年诞辰美术、书法、摄影展览，共展出作品280余件。

1995年4月26日～5月3日，市文联、市美术家协会、济南钢铁总厂在中国美术馆举办“五彩的生活、沸腾的钢城”美术作品展览，共展出美术作品82幅。8月，举办抗战胜利50周年美术、书法展。国庆期间，在山东省美术馆举办“泉城颂”画展览，展出书画作品160幅。全国著名书画家欧阳中石、刘艺等人的作品也参加展览。

1996年7月16日，1996济南、青岛书画艺术交流展——济南书画艺术展在青岛市博物馆开幕。展出作品60幅，其中有弭菊田、魏启后、吴泽浩、张登堂、王炳龙、尹延新等十几位在国内外较有影响的国家一级美术师的作品。9月12日～14日、10月23日～26日，“济南—开封书法作品联展”分别在山东省美术馆和开封市大相国寺展出，两市各参展作品60件。魏启后、张仲亭、荆向海、张百行、李向东等书法家的作品参加展览。

1998年9月，市文联、市美术家协会、市书法家协会在山东省美术馆举办大型书画展览活动，庆祝济南解放50周年。参展作品200余幅，有书法、国画、油画、年画、宣传画、版画、漫画、雕塑等，歌颂了济南战役的英雄壮举、济南改革开放的巨大成就和济南风貌。12月19日，“时报杯”第一届书法篆刻大赛作品展览在山东省博物馆举行。

1999年10月20日，市委宣传部、市文联举办《潇洒济南诗书画长卷》展览。该长卷由三部分组成，分历史人物卷、山川风物卷和诗歌书法卷，长150米。10月29日，为纪念孔子诞辰2550周年，“三孔”国画百米画展在北京中国历史博物馆开幕，历时7天。主要展出聂耕创作的“三孔”百米画卷和孔子故里名胜古迹系列。“三孔”百米画卷由孔府、孔庙、孔林三部分组成。画卷气势雄伟、场面壮阔、殿阁连绵、云蒸霞蔚，各个景观自然的连接，充满了诗情画意和浓郁的生活气息。12月17日，市文联在济南文联大厦举行迎澳门回归书画展览，并组织书画家现场挥毫泼墨，共抒喜悦之情。展出书画作品200余幅，吴泽浩、张仲亭等50余名书画家现场作书、作画60余幅。

2002年6月8日，“全国第四届刻字艺术展”开幕式及作品集首发式在济南举行。展出作品260余件。

2003年3月9日，“第20届全国摄影艺术巡回展”在山东东方现代艺术馆举行，共展出作品900余幅。4月4日，“温故知新——济南八名家国画遗作展”在济南市画院举行，共展出已故画家弭菊田、陈维信、王天池、郑涵生、王炳龙、牛德光、闫学曾、于善英的遗作50余件。4月28日，配合意大利总统访华，在山东东方现代艺术馆举行当代世界著名艺术大师——意大利“米莫·罗泰拉艺术展”，共展出作品30幅。8月16日～20日，举办张登堂、吴泽浩国画展，展出两人进京参加“当代国画优秀作品展——山东作品展”的60幅作品。11月9日，“邵华将军舞台摄影展——献给敬爱的父亲毛泽东诞辰110周年”摄影展在山东东方现代艺术馆举行。展出中国摄影家协会主席、中国女摄影家协会主席、中国作家协会会员邵华将军的作品180余张，反映的题材有《天鹅湖》《堂吉诃德》《红色娘子军》《白毛女》等中外经典剧作和《大红灯笼高高挂》《闪闪的红星》等新作以及俄罗斯“小白桦”、非洲土风舞等。11月11日，吕厚民《伟人毛泽东》摄影展在山东东方现代艺术馆举行。吕厚民是著名摄影家，1950年起长期在中南海工作，是毛泽东、周恩来等党和国家领导人身边的专职摄影师。展览从其大量摄影资料中精选出100余幅，集中展示了老一辈革命家工作和生活的珍贵瞬间。11月26日，济南市纪念毛泽东110周年诞辰美术、书法、摄影作品展在市文联大厦举行，共展出美术、书法、摄影作品120余幅。

2004年3月27日，首届中国女摄影家协会会员作品展在东方现代艺术馆举行。此次展览共征集出自全国各地数百名女摄影家和女摄影爱好者之手的作品 400 余幅，最终展出摄影精品近 200 幅。17 幅作品分获特别奖和金、银、铜奖。4 月 28 日，吴泽浩中国画展览在趵突泉公园举行，共展出人物、山水作品 40 余幅。7 月 19 日～24 日，中韩书画展在趵突泉公园举行，共展出中韩两国书画精品 60 件。8 月 23 日，"第二届中韩书法交流展"在文联大厦举办，共展出作品 150 余件。同年，举办"纪念邓小平诞辰 100 周年美术、书法精品展""杜达良中国画展""'荷风泉韵'书法篆刻艺术展"。

2005 年 1 月 20 日，纪念花鸟画家王天池 90 周年诞辰遗作展在大明湖公园举行，展出王天池遗作及其后人作品 50 余幅。5 月 13 日，江石磷国画展在济南文联大厦举行，展出作品近 50 幅。11 月 30 日，"走进济南——全国名家展暨荷风泉韵·美术书法精品展"在济南舜耕国际会展中心举行，共展出书画作品 300 余幅，其中包括 150 余位国内书画名家的 160 余幅书画作品和 100 余位济南知名书画家的 120 余幅书画作品。

2006 年 5 月，济南画院在市博物馆举办"著名画家弭菊田、王天池、王炳龙、阎学增遗作精品展"；6 月，在山东省美术馆举办"相约文博·济南画院建院二十五周年中国画精品展"，展出济南画院老中青三代画家的近百幅精品。9 月 1 日，"荷之韵"全国名家书画作品邀请展在山东省图书馆举行。展出的 300 余件作品均以荷花为主题，流派纷呈，风格各异。其中有著名书画家赵长青、刘大为、李荣淑、谢冰岩、权希军、吴东民、魏启后、杨炳云、顾亚龙、张仲亭、张国英、韦辛夷、荆向海等人的作品。9 月 6 日，由市文联主办的张仲亭书历代名家咏趵突泉作品展暨张仲亭书老舍《济南的秋天》小楷碑刻揭牌仪式在趵突泉公园举行。收录了以历代名人咏颂趵突泉的诗词佳句为内容的书法作品 30 余幅，以老舍名作《济南的秋天》为内容的小楷碑刻，规范、静雅、古朴，集艺术性、文化性、观赏性于一体。

2007 年，济南画院在新世界文化城举办"庆祝香港回归十周年济南画院作品展""庆祝党的十七大胜利召开济南画院作品展"；到兰州画院举办"齐鲁风韵·济南画院作品展"，组织画家参加"韩国首尔美术馆交流展"；参加山东省文化交流团出访澳洲等国进行学术交流活动。9 月 21 日，"齐风鲁韵·济南画院中国画展"在兰州美术馆举办。10 月 18 日，"靓丽泉城——济南市庆祝党的十七大胜利召开"美术书法摄影作品展在济南文联大厦开幕展出。12 月 23 日，"感恩王昭善——师生艺术作品展"和作品集首发式在市博物馆开幕。此次展览共展出反映王昭善艺术成就和各界缅怀王昭善先生、祝贺活动举办的图片、雕塑、书画等艺术作品 200 余件。王昭善是全国著名雕塑家，山东雕塑艺术的重要奠基人之一，生前系中国美协会员、中国雕塑协会理事、山东雕塑研究会会长。在半个多世纪的艺术生涯中，创作《毛泽东主席》《齐鲁迎宾曲》《墨子》等数千件优秀雕塑作品，主持抢救、修复了长清灵岩寺宋代泥塑、历城隋代四门塔石佛、济南市千佛山隋代摩崖石窟造像等一大批濒危古代雕塑文物，培养了一大批优秀雕塑艺术人才。

2008 年 6 月 10 日，吴泽浩国画展在济南画院美术馆举行。此次展出画家的人物、山水画新作 80 余幅，以《亿万同心铸精神——吴泽浩观汶川抗震镜头组画》最为感人。该作品笔墨深沉苍郁，人物造型准确生动，具有强烈的震撼力。同年，济南市先后举办"纪念济南解放 60 周年美术书法摄影展""纪念济南市解放 60 周年、改革开放 30 周年美术书法摄影展览""济南市改革开放 30 周年美术书法摄影展"。

2009 年，先后举办"迎接建国六十周年·济南画院国画精品作品展""迎全运·济南画院美术作品展""吴泽浩、孟宪杰诗书画作品展"。

二、交流

1993年7月10日，市文联主席、著名画家吴泽浩应新加坡国家艺术协会的邀请，赴新加坡参加“吴泽浩中国画作品展览”开幕式，并进行为期30天的讲学活动。新加坡《联合早报》《联合晚报》分别发表专访文章，对吴泽浩的艺术成就作了高度评价。年底，画家吴泽浩、书法家张国英应台湾花莲县书画教育协会邀请，赴台湾进行书画交流、展览、访问。在台北、花莲、彰化3市举办“吴泽浩画展”“张国英书法展”，共展出作品50幅。题材为山东风光、人物、古典诗词，形式有写意画和真草隶篆书法。

1995年6月16日～7月24日，应美国洛杉矶飞鸿转播公司、加拿大温哥华市中华文化中心的邀请，中国文化部济南画院书画代表团一行7人赴美国、加拿大进行文化交流、访问展览。6月20日，济南画院新作展在洛杉矶白人区飞鸿转播公司展厅展出。7月15日，在温哥华市中华文化中心展出。12月，济南画院受文化部派遣组团前往在美国、加拿大举办“济南画院中国画精品展”。

1998年，市摄影家协会与韩国、日本摄影艺术家协会共同举办“第三届东亚国际摄影艺术展览”。10月，在韩国水源市正式展出，后分别在日本和济南巡回展出。济南市参展作品35幅。

1999年9月17日～10月3日，根据文化部安排，济南文化代表团在保加利亚参加中国国画展开幕式及文化交流活动，在当地举办“中国济南画院优秀作品展”，展出作品100余幅，包括山水画、花鸟画、人物画等，受到保加利亚政府及中国驻保加利亚大使馆的高度评价。

2000年8月28日和11月16日，“吴泽浩国画作品展览”分别在香港和济南举行，展出作品300余幅。

2002年，济南画院首次承接来自非洲国家的艺术展览“刚果共和国乌木雕展”，展览由文化部主办，中国对外艺术展览中心承办，展出作品193件。

2007年7月，济南书画艺术团一行15人到韩国进行文化交流活动。在韩期间，举办第五届中韩书法交流展、中韩书法理论讲座、现场为市民作书作画、两国艺术家进行交流研讨等活动。同月，市文联、市美协、市书协和香港海峡两岸文化艺术交流协会、国际青年文化交流中心（香港）联合主办“山东香港台湾书画作品联展”，展出北京、台湾、香港近百位书画名家的100余件作品。

2009年5月22日，在韩国水原市书法博物馆举行中国济南—韩国水原书法交流活动展览。

第五章　影视剧

第一节 电影拍摄制作

一、山东电影制片厂拍摄制作

山东电影制片厂成立于1958年，建厂初期隶属于山东省文化厅。1986年，山东电影电视剧制作中心成立，山东电影制片厂由省文化厅划归为山东省广播电视厅。1987年，山东电影制片厂由山东电影洗印厂独立出并正式挂牌运行。1981年后，山东电影制片厂先后拍摄、制作、出品的电影有《红柳绿柳》《媳妇们的心事》《破土》《孔繁森》《朗朗的星空》《激情辩护》《益西卓玛》《金婚》《秋天的流星雨》《首席执行官》《绝对情感》《情归天尽头》《小宝贝和大宝贝》《上学路上》《光荣的愤怒》《星星之火》

《小胡同大尊严》《沂蒙六姐妹》《止杀令》，拍摄《方荣翔的舞台艺术》《为了胜利》《农村防火常识》等科教片、电影纪录片20余部以及几十部、集的电视连续剧。先后获“金鸡奖”“百花奖”“华表奖”、中宣部“五个一工程奖”“童牛奖”“金鹿杯奖”“大学生电影节奖”、电视电影“百合奖”等30余项国家级电影奖项。其中《益西卓玛》《上学路上》等影片应邀多次参加国际电影节、电影周等国际电影展映活动，并获得国际电影奖项。

二、山东农业电影电视中心拍摄制作

山东农业电影电视中心的前身山东农业电影社成立于1959年4月，是山东省农业厅所属农业科学教育片摄制单位，1992年2月更名为山东农业电影电视中心。八九十年代，拍摄35毫米彩色电影纪录片《海上红旗》《崛起的黄河三角洲》，大型纪录片《山东农业四十年》《锦绣山东》，科教片《预防鸡瘟》《旱地周年覆盖》等40余部。制作的影视片先后获“华表奖”“神农奖”、全军后勤卫生宣传一等奖、全国环保优秀影视作品二等奖等。1989年10月，该社摄制大型文献纪录影片《山东农业40年》，真实反映山东农业40年来的发展历程，歌颂中国共产党的领导和社会主义道路。1996年，经农业部和广电总局批准，在山东农业电影电视中心建立中央电视台七套农业节目山东工作站。《黄家烤肉》获2009年度央视农业节目优秀收视率奖；农业科教片《生态治蝗》和《秸秆生物反应堆》，分获2010年央视农业节目一等奖和二等奖。

三、其他电影拍摄制作

2007年9月26日，由济南市委宣传部、济南市文联、章丘市委、章丘市人民政府共同主办影片《黑白往事》首映式。该片根据章丘作家牛余和的中篇小说《姚爷》改编，由唐大年、王焕武执导，北京中作影视文化传播有限公司和北京百步亭文化传播有限公司联合摄制。影片外景主要选自章丘朱家峪古村和淄博市周村杨家大院，拍摄历时8个月。影片以20世纪三四十年代中国北方农村为背景，以一对青年感人肺腑的爱情故事为主线，通过对主人公情感纠葛和命运遭际的描写，深刻揭示了当时社会背景下人性的善恶。

2008年，数字电影《盛世秧歌》在中央电视台6频道播出。电影由中共商河县委、商河县人民政府与北京汉腾格里文化交流有限公司联合拍摄，讲述了商河鼓子秧歌入选首批国家级非物质文化遗产后，争取参加2008北京奥运会开幕式会演的故事。

2008年12月6日，电影《乡恋》在平阴镇圣母山开机。该片由杨联魁导演，张立、王艺婵、耿懿主演，反映了20世纪70年代青年农民牛二贵和红梅的一段爱情故事，通过一个小的场景折射出改革开放后农村发生的翻天覆地的变化。该片是在平阴县实景拍摄的第一部电影，于2011年5月12日在中央电视台影视频道播出，同时投放至全国农村电影数字院线。

2009年7月26日，电影《小村大道》开机，

2007年9月26日，由济南市委宣传部、济南市文联、章丘市委、章丘市人民政府共同主办的影片《黑白往事》举行首映式

9月20日在平阴县孝直村文化广场首映。该片由山东省新农村数字电影院线公司投资拍摄，由国家一级电影导演庄红胜执导，以全国文明村孝直村为原型，艺术再现了孝直村精神文明、政治文明、物质文明的发展历程。

第二节 电视剧制作

1986～1996年，济南市共创作拍摄各种题材的电视剧70余部，200余集，其中25部获省以上奖励。电视剧《孔子》《净魂》均获全国“五个一工程奖”和“飞天奖”。

1986年2月10日，济南电视台独立摄录的第一部戏曲电视剧《雪花飘》（王增琪编剧，何信之导演，方荣翔主演），生动地传播一位铁路老工人在平凡工作中创造不平凡的事迹。该剧1987年由全国第二届戏曲电视剧评委会授予特别奖，并成为央视保留剧目，多次在央视戏曲频道播放。1988年2月，济南市剧协与西安电影制片厂联合摄制的电视剧《“O”形螺旋》（上、下集）在山东电视台播出。5月18日，为纪念济南解放四十周年，珠江电影制片公司与济南市联合开拍8集电视连续剧《血泉》，10月11日起在济南电视台播出。同年6月，儿童剧《红领巾的风波》（丁晓东编导，高进军摄像）获山东省首届电视文艺大赛一等奖。12月，由济南电视台和中国铁路文工团联合摄制反映煤矿企业用人制度改革的电视剧《十八罗汉》（李俊言编剧，李俊言、秦黎摄像）获全国第二届“乌金奖”三等奖、山东省第四届电视剧、电视文艺评委会授予特别奖。1989年7月，济南电视台宣传近亲不能结婚的喜剧《超常的爱》（张家滨编剧，吴化俊导演），获山东省法制宣传剧（节）目展评一等奖。

1990年4月3日，山东电视台与济南电视台联合摄制的大型电视连续剧《孔子》（张新建主导，王绘春主演）在淄博市临淄区开拍。该剧是一部传记体裁的历史正剧，采用历史真实与艺术表现相结合的创作手法，对古代伟大思想家、政治家、教育家孔子的一生及其众多弟子、同时代的老子、晏婴等人物进行艺术展现。1991年制作完成，并在济南电视台播出。该片获中宣部1992年度“五个一工程”优秀电视剧奖、全国第十二届“飞天奖”特别奖。1990年4月29日，以山东地方戏吕剧形式反映农村改革的电视剧《彩石崖》（李应该编剧，姚亚萍导演）获全国第五届戏剧电视剧评比三等奖。同7月，济南电视台、山东省艺术学院联合摄制山东省第一部电视动画作品——《小猫拜师》（张家滨编剧，孙运久导演），被山东省第五届电视剧电视文艺评委授予二等奖。1992年6月23日起，以京剧裘派传人方荣翔一生奋斗足迹为素材的8集电视连续剧《净魂》（刘庆元、张家滨编剧，严翔主演），先后在济南电视台、山东电视台和中央电视台播出。该片被列为中央电视台1992年全国重点电视片之一，1993年获中宣部第二届精品“五个一工程奖”和全国第十三届“飞天奖”三等奖。1992年9月，济南电视台摄制以人偶表演形式，宣传环境保护的童话剧《护林人和啄木鸟》（张家滨编剧，丁晓东导演）参加中央电视台首届文艺节目展播，获三等奖。1994年，济南电视台、山东电视台联合摄制的《回归的世界》，获山东省第六届电视剧评奖单本剧一等奖和全国第十四届“飞天奖”三等奖；济南电视台与省、市纪委联合摄制的4集电视连续剧《起飞》（方肇瑞、赵远智编剧，张辉璞执导，向梅主演）获山东省第六届电视剧评奖连续剧二等奖和全国首届“卫士奖”一等奖。

1995年9月12日，由济南电视台与内蒙古电视台、中央电视台影视部、中共章丘市委宣传部联合摄制的，反映民族商业“瑞蚨祥”创业、兴衰的22集电视连续剧《东方商人》（导演王新民，主演高曙光、陶红、贾妮、王绘春等），分获第十五届全国电视剧“飞天奖”长篇电视剧二等奖和“优秀编剧”“优秀照明”两个单项奖及第十三届大众电视“金鹰奖”。1996年，2集电视短剧《男儿无泪》获省第八届优秀电视剧文艺单本剧二等奖（一等奖空缺），4集电视短剧《沂蒙山纪事》获中篇连续剧二等奖。

1997～2002年，电视连续剧《西出阳关》《济南战役》（导演郑方南，主演谢伟才）获全国第七届“五个一工程”入选作品奖；《警方110》获广电部、文化部、中国电视艺术学术委员会金鹰奖一等奖；《济南夜话》《西部警察》获全国“飞天奖”二等奖等。

1997年，济南电视台完成16集电视剧《西出阳关》（张晓强执导，冯大庆、罗大军编剧，强涛摄像，李幼斌、温煜娟主演）、20集电视剧《武训》（毛卫宁执导，任金光、徐士瑞、么桂凤编剧，黄铁军摄像，陶泽如主演）的后期制作和发行任务。10集电视系列剧《滚动的世界》拍摄完成并播出。1998年，济南电视台先后拍摄20集电视连续剧《有家好好过》（王凤奎导演，王奎荣、冯献珍主演）、2集电视剧《小白热线》（高乙功导演，张山主演）、20集电视连续剧《老村》（曹均导演，王昌娥、李振峰主演）。济南电视台与曲阜孔子文化艺术传播有限公司、西藏拉萨乌孜旅游贸易有限责任公司、山东孔子圣地影视广告有限公司联合摄制的20集电视连续剧《程咬金》（王文杰执导，刘延广、宋爱录、甘辉编剧，赵云波摄像，郭冬临主演），当年在全国城市电视台播出。1998年6月10日，济南电视台《金色月亮船》栏目制作播出少儿电视小品《长大一岁》（主创人员钱钢、冯菲、尤湘亭），获第四届全国少年儿童剧（节）目“金童奖”。2002年2月23日，长篇电视剧《月上昆仑》、电影电视《岁月无痕》获山东省第六届精神文明建设“精品工程奖”。

2003～2010年，《北方有佳人》《石榴花开》《不离不弃》《真情母子》《玫瑰园里的老少爷们》等一批电视连续剧受到观众好评。2003年8月26日，济南电视台与中央电视台影视部联合摄制的《夏日星光》获第二十三届全国电视剧“飞天奖”短篇电视剧二等奖。同年9月，该片获第二十一届中国电视“金鹰奖”短篇电视剧优秀作品奖，2004年7月获山东省第七届精神文明建设“精品工程奖”。2004年，济南电视台制作的20集电视剧《飓风》（张晓强导演，王庆祥主演）在中央电视台播出；20集电视剧《我不是羔羊》（沙碧红导演，吕中主演）在北京国际电视周上展播；20集电视剧《大观园》（唐亮导演，刘军主演）剧本三易其稿，在2005年纪念反法西斯战争胜利60周年之际推出。

2007年10月，由北京泰和百联传媒广告有限公司、黑龙江电视台、枣庄峄城区人民政府、济南市文联联合摄制，著名导演张惠中执导的30集电视连续剧《石榴花开》在枣庄制作完成。该剧由市文联专业作家张继编剧，是一部讴歌社会主义新农村建设的影视作品。同年12月18日，电视剧《老爸老妈兄弟姐妹》《诚信》获山东省第八届精神文明建设“精品工程奖”。2009年8月，济南电视台与山东影视剧制作中心等单位联合拍摄长篇电视剧《北方有佳人》，2010年该片获山东省第二十二届电视艺术节“牡丹奖”一等奖。

其间，在济南取景拍摄、影响较大的电视连续剧有《闯关东》《玫瑰园里的老少爷们》等。电视连续剧《闯关东》由山东电影电视剧制作中心与大连电视台联合制作，以章丘市朱家峪为取景地。该剧编剧高满堂、孙建业，导演张新建、孔笙，主演李幼斌、萨日娜、牛莉、丁嘉丽、马恩然等。2008年，《闯关东》在央视一套、八套播出后，又在各卫视台播出。

2010年11月10日，26集电视连续剧《玫瑰园里的老少爷们儿》在中央电视台电视剧频道开始播出。该剧由中共济南市委宣传部、中共平阴县委、平阴县人民政府和济南市文联等联合拍摄，由济南作家张继创作，长春电影制片厂一级导演成科执导。全部取景于平阴县，从题材、剧名到内容、场景，全方位展现了平阴的乡风民俗、人文环境、自然景观、特色物产。

第六章　舞美创作　艺术评论　艺术研究

第一节 舞美创作

1995年11月15日，儿童剧《小白龟》(韩鲁、张善君)参加山东省第五届艺术节演出，获舞美设计一等奖。1997年10月，儿童剧《宝贝儿》(韩鲁)在山东省第四届儿童戏剧比赛中获舞美设计一等奖。1998年，由济南市儿童艺术剧院创作排演的历史剧《少年大舜》参加山东省第七届文化艺术节演出，获舞美设计一等奖。2002年12月，吕剧《枣香赋》(于鹤咏)在全国舞台美术家协会主办的全国戏曲舞台美术及全国优秀舞台美术作品展中获优秀作品奖。2003年12月，《宝贝儿》(贾路等合作)获中国第二届舞台美术展览会综合设计大奖，《泉边人家》(于鹤咏、彭述恩)、《沂蒙风情画》(刘守浩)、《小白龟》(韩鲁、张善君)获中国第二届舞台美术展览会优秀舞美创作二等奖。2004年，吕剧《菱花镜》(于鹤咏)获第七届中国艺术节“2004华文地区舞台美术研讨会暨优秀舞台美术作品展”优秀舞台美术作品奖。2006年11月26日～27日，于鹤咏、李琦参加在上海举办的“国际舞台美术学会展”，参展作品《泉边人家》获上海国际舞台美术学会优秀作品奖。2008年，由济南市京剧院于鹤咏、李琦、房岷设计的京剧作品《辛弃疾》获2008年度中国舞美学会奖。2009年，《辛弃疾》舞美设计获第九届山东文化艺术节舞美设计一等奖。

第二节 艺术评论

1988年，济南市在省级以上报刊发表文学评论11篇。1989年，任维清、任孚先合著《现代诗百首赏析》，侯琪、侯林出版评论专集《泺上集》。

1998年5月，在首届山东省刘勰文艺评论奖评选中，刘礼的《杨派快书艺术初探》获文艺评论入选作品奖，逄金一的《托起明天的辉煌》、刘而福和侯林的《唱唱咱们的新生活》、张铁岩的《黄河之子》获文艺新闻评论奖。

2000年，书法论文《沈增植书学观及研究方法刍议》获全国第五届书学研讨会三等奖，电视纪录片《宋云庆的故事》获山东省电视艺术评比二等奖。在山东省第二届刘勰文艺评论奖评选中，崔苇的专著《审美的批评》、丛耸的专著《古今艺术纵论》获文艺评论著作入选作品奖，逄金一、侯林的报纸新闻《小剧团勇闯大市场》、张铁岩的电视文艺专题片《黄河歌谣》获文艺新闻评论入选作品奖。2003年，郭如欣的论文《中国电视剧女性形象的分析》获中国电视“金鹰奖”艺术论文一等奖。

2005年9月15日，《儿童视角与成人视角巧妙融合的艺术典范》(赵雪梅)发表于《中国文化报》，并获济南市荷花奖文艺评论奖一等奖。该文从解析儿童剧所涉及的复杂矛盾入手来分析儿童剧的艺术特点，深刻挖掘儿童剧融复杂于单纯，化深刻为明朗的艺术特点，对于深化对儿童剧的认识，提高儿童剧创作的思想水准与艺术境界，具有积极的作用。同年，崔苇的文学评论集《夕阳和旭日》由中国戏剧出版社出版，2006年获山东省第二届齐鲁文学奖。《在两极之间自由舞蹈》(赵雪梅)被收入文化部《国家舞台艺术精品工程论评：2004～2005》，为《宝贝儿》入选2004～2005年度国家舞台艺术精品提名剧目、2005～2006年度国家舞台艺术十大精品剧目发挥重要作用。

2007年9月，《逻辑的梯子——赵雪梅文艺评论选》由黄河出版社出版。11月，《京剧〈辛弃疾〉：历史与审美的呼应》（邹卫平、赵雪梅）在《中国文化报》发表，并被收入《辛弃疾研究论丛——纪念辛弃疾逝世800周年国际学术讨论会论文集》（大众文艺出版社）。

2004～2010年，赵雪梅、陈宏、莫非等的艺术评论文章在《中国文化报》《戏剧丛刊》发表或获奖。其中赵雪梅的《"青春京剧"〈李清照〉》发表于2004年《中国文化报》；《论〈李清照〉在京剧改革上的创新》发表于2004年第6期《戏剧丛刊》；《色凝香，调扬远——读丛耸先生绘画艺术》发表于2005年9月23日的《羲之书画报》；《论〈宝贝儿〉处理矛盾的艺术》获2006年山东省文化艺术科学优秀成果奖二等奖；《与传统英模戏对弈——评〈大官皮景生的艺术探索〉》发表在2006年1月19日的《中国文化报》；短评《牵生活衣袂出艺术精品——济南市艺术创作研究院艺术精品推介》与评论《徜徉在自由之境——评丛耸画艺》发表在2006年5月25日的《中国文化报》；《妙在入戏与出戏之间——评〈补天〉中演员焦黎的表演艺术》发表于2006年第4期《戏剧丛刊》；《铁血长歌气如虹——评新编京剧〈辛弃疾〉》发表于2007年6月7日的《中国文化报》；《大胆创新，集成艺术之美》发表于2008年《中国文化报》；《铁血长歌气如虹》《商道世道天道人道》（赵雪梅）分获2008年济南市第四届荷花奖一、二等奖。陈虹的《角度制胜手段新颖》发表在《戏剧丛刊》2010年第4期。莫非的《流行与传统相辉时尚与创新一壶——浅论曲艺喜剧〈茶壶就是喝茶的〉》发表于《时代文学》2010年6月号；《女性情感与命运之探索——电视剧〈不离不弃〉中的女性形象赏析》发表于《当代小说》2010年7月号。

第三节 艺术研究

1988年，市作协举办艾平小说讨论会和吴兵诗歌研讨会。

至1989年，济南市社会科学研究所共出版艺术研究专著9部，发表学术论文51篇。主要成果有孙崇恩、荣斌编辑的《李清照研究论文集》《李清照资料汇编》，孙崇恩编辑和撰写的《李清照研究论文选》《李清照诗词选注》，董正春主编的《汉字形义分析与识字教学》和刘瑜撰写的《漱玉词欣赏》等。该所李清照诗词艺术研究在全省处于领先地位，在全国也有重要影响。

1990年7月，刘玉民创作的长篇小说《骚动之秋》由人民文学出版社出版。8月20日，市文联与济南出版社联合举办作品讨论会。全国政协常委、中国作协副主席陈荒煤以及省、市作家、评论家共60余人出席。11月5日，人民文学出版社在北京举行《骚动之秋》作品讨论会。知名人士江晓天、李希凡等出席，认为这是一部反映农村改革生活的成功之作，是可在历史上保持长久生命力的作品。12月3日～7日，中国艺术研究院曲艺研究所、山东省艺术研究所、济南市文化局、中华说唱艺术研究中心联合主办山东快书研讨会。这是山东快书发展史上第一次学术性研讨会。研讨会收到学术论文40篇，就山东快书的历史渊源、艺术规律、美学特征、流派特点诸方面展开研讨。

1992年，举办赵和琪泰山系列小说作品研讨会、黎青漫画研讨会。

1993年，举办刘玉民、郭廓合著的长篇报告文学《都市之梦》出版座谈会，郭慎娟的《碧水丹心》、刘汉太的《阳光与大地》报告文学研讨会。12月4日～7日，中国书协、省书协、市文联、市书协联合举办中国毛泽东书法艺术研讨会。共收到论文20余篇。与会书法家、教授、学者，对毛泽东书法艺术发展过程及其书法艺术成就进行了分析、研究。

1995年10月12日～14日，中国曲艺家协会、济南市文化局、山东省曲艺家协会、中华山东快书研究会联合主办杨（立德）派山东快书艺术研讨会。来自全国各地的杨派山东快书专家、学者、艺术家及杨立德生前友好和弟子近60人参加研讨。1998年12月16日，《当代小说》编辑部和济南市作家协会主办召开于艾香作品讨论会。

1999年，先后举办《兔子精灵和兔爷爷》《铁魂曲》《女儿滩》等作品研讨会。2000年，举办科幻剧《真实的游戏》剧本创作研讨会、长篇小说《铁魂曲》作品研讨会、李安林电视作品研讨会等。

2001年10月21日～25日，在济南召开中国儿童戏剧与21世纪理论研讨会。会议围绕新世纪儿童戏剧艺术社会形象、当代少年儿童审美心理与需求特征、儿童剧市场的挑战与对策、儿童剧院团生存发展与改革理论等展开讨论。

2004年5月23日，市委宣传部、市文联、市作协联合举办塞风诗歌研讨会。塞风为济南市文联专业作家，济南市作家协会名誉主席。1945年开始发表作品。著有诗集《天外，还有天》《北方的歌》《母亲河》等。

2006年4月1日，刘玉民长篇小说《过龙兵》研讨会在北京中国现代文学馆举行。4月25日，中国友谊出版公司、市文联联合举办王金年《百年匪王》作品研讨会。10月9日，市文联和市作协共同举办张继作品研讨会，围绕张继编剧的30集电视连续剧《乡村爱情》及同名长篇小说进行研讨。

2007年，济南艺术创作研究院编纂的大型丛书"济南艺术丛书"由黄河出版社出版。丛书共包括单册图书12册，其中8册为戏剧作品集，2册为曲艺作品集，1册为文学作品集，1册为文艺评论集，共300万字，集中展示当代济南市的主要艺术创作成果。

2009年5月13日，侯林散文作品研讨会召开。与会专家就散文集《倾听风吹过树梢的声音》所体现出来的伦理亲情、所具有的独特生命体验、对自我的深刻挖掘、中西方文化经典的引用与化用、新闻与文学的密切关系、艺术追求上的智慧化与诗意化等内容，进行开放式探讨。

2010年12月30日，电视连续剧《玫瑰园里的老少爷们》研讨会在平阴召开。省内知名文艺评论家就该剧的主题把握、创作风格、故事情节、人物刻画等进行研讨。12月31日，济南文艺评论家协会成立，主要任务是开展文艺评论活动，研究和分析文艺现象和文艺动态，表彰奖励文艺评论优秀成果和个人，促进和加强文艺评论的对外交流和合作，加强文艺评论理论研究，维护文艺评论工作者的合法权益等。

2003～2010年，赵雪梅、刘拥政、邹卫平、赵新华等部分艺术研究文章、著作、课题在各级期刊发表或获奖。2003年，《市场机制下文学生产链的变化与新的建构》（赵雪梅）发表在《当代文坛》第6期。《论〈武松传〉的美学特征及其他》（刘拥政）2004年获"山东省文化艺术科学优秀成果奖"一等奖。《"泉城文化社会"活动开展情况调查及发展对策研究》（赵雪梅）被批准立项为2005年度山东省文化艺术科学重点课题，2006年结项。2007年，《论戏剧艺术观众性的特殊性》（刘拥政）获中国戏剧文学学会第五届中国戏剧文学奖一等奖。2008年，《市场机制下文学生产链的变化与新的建构》（赵雪梅）获山东省文化艺术科学优秀成果奖二等奖。2009年4月，《"泉城文化社会办"创新研究》论著（邹卫平、赵雪梅）由济南出版社出版，2010年获山东省文化艺术科学优秀成果奖一等奖。2009年，由赵雪梅执笔申报、文化局局党委领导作为主要完成人的项目《"泉城文化社会办"创新实践》获山东省首届文化创新奖，并入围第三届文化部创新奖；论文《在两极之间自由舞蹈》（赵雪梅）获中国戏剧文学奖论文类三等奖；《山东省立剧院历史资料收集、发掘、整理与研究》（赵新华）获批立项为2009年度山东省文化艺术科学重点课题；《评京剧新编历史剧〈辛弃疾〉创作的文化意义及其创新探索》（赵新华）获第六届中国戏剧文学奖论文类二等奖。2010年，《国有文艺院团转企改制进程中戏剧生存机制的转换》（赵雪梅）获批立项为2010年度山东省文化艺术科学重点课题；论文《国有文艺院团转企改制进程中戏剧生存机制的转换》获首届全国戏剧文化奖论文类三等奖。

第二篇 社会文化

艺术院团。1989年，建立济南市少年儿童话剧团，1993年更名为济南市儿童艺术剧团，1998年定名为济南市儿童艺术剧院。1990年，济南市文化局戏曲创作研究室改建为济南市艺术创作研究所，2003年改建为济南艺术创作研究院。2001年，济南市歌舞团更名为济南市歌舞剧院，济南市京剧团更名为济南市京剧院，济南市吕剧团更名为济南市吕剧院，济南市长清县豫剧团更名为济南市豫剧团。至2010年，全市有济南艺术创作研究院、济南市歌舞剧院、济南市京剧院、济南市吕剧院、济南市杂技团、济南市儿童艺术剧院、济南市豫剧团7个艺术院团。

文化设施。公共文化设施不断健全，公共文化服务能力逐渐增强，基本建立市、县、乡镇（街道）、农村（社区）四级文化服务体系。1986年，济南市有公共图书馆4个（含省级公共图书馆，下同），从业人员208人，总藏书417万册，有阅览室席位1700个。之后，各县（市）区相继由文化馆图书室改建、新建图书馆，至2010年，10个县（市）区全部建立图书馆。2010年，全市有公共图书馆12个，总藏量941.2万册，年书刊借阅人数101.2万人（次），外借册数203.9万册；有文化馆（站）及群众艺术馆145个。

文化活动。20世纪80年代后，借助第一届全国城运会、第十一届全运会、第七届中国园艺博览会在济南举办等机遇，举办一系列高层次文艺演出和群众文化活动。依托纪念改革开放、济南解放、新中国成立、建党、迎奥运等重大节庆开展爱国主义主题教育活动，组织形式多样的群众性广场文化、社区文化、企业文化等活动，举办"颂歌献给党""永恒的旗帜""声动泉城""唱支山歌给党听"等大型演出；举办济南市新春秧歌大赛、新春文化艺术博览会、新春花灯艺术大赛、齐鲁民俗艺术博览会等文化品牌活动，开展消夏文化活动、"三下乡""四进社区""流动图书馆""公共文化走进新农村"等文化活动，基层文化活动日趋活跃。

电影发行放映。80年代后，济南电影市场步入复兴和辉煌。90年代后，计划经济体制下的国有影院逐步转入低谷，至20世纪末曾经一票难求的场景不再，红火一时的中国、大观、光明、胜利等20余家国有电影院、数十家大型企业、机关礼堂等放映单位，因放映设备落后、影院硬件设施陈旧、管理理念落后等原因，陆续淡出电影放映市场。全市农村电影市场中，仅有章丘、历城、平阴、长清、商河、济阳等6家单位共21支16毫米放映队，全年农村电影放映场次不足千场，放映收入不足10万元。进入21世纪后，济南市城市电影市场再次步入转型期。2002年，山东省首家城市数字电影院线——山东奥卡新世纪电影院线在济南成立。2004年，全省首家多厅豪华数字影城——山东新世纪电影城在泉城路落成并投入运营。2007年，济南第二家多厅豪华数字影城——山东鲁信影城省体育中心店建成。自此，济南全面开始进入多厅豪华数字影城建设时期。2009年，全市电影发行、放映管理职能和市场监管职能划转市广电局。至2010年，全市共建成数字影院11家，银幕81块，总座位8350个，电影票房8142万元。其中，2010年开业的济南万达影城IMAX填补全省在这一领域的空白。

第一章　艺术院团

第一节 济南艺术创作研究院

济南艺术创作研究院前身是济南市文化局戏曲创作研究室，1990年改建为济南市艺术创作研究所。2003年改建为济南艺术创作研究院，主要从事戏曲、戏剧艺术创作与文化艺术科学研究，为国家全额拨款的社会公益性文化事业单位，编制12人。至2010年，有在职人员10人，其中正高级职称1人，副高级职称2人，中级职称2人，初级职称3人，工勤人员2人。

其间，创作完成大、中、小型戏剧剧本和在省、市级报刊发表曲艺作品几百部，大多由各大艺术院团搬上舞台；在国家级、省级发表评论文章与论文百余篇，获多项国家级、省级奖项，如中国京剧艺术节金奖、文华剧作奖、刘勰文艺评论奖、文化创新奖等；编纂出版一批集中展示当代济南市艺术创作与研究成果的图书，主要有“济南艺术丛书”、《大观园传奇》《“泉城文化社会办”创新研究》等。

第二节 济南市歌舞剧院

济南市歌舞剧院前身为济南市歌舞团，始建于1959年3月，2001年7月更名为“济南市歌舞剧院”，编制131人。2010年，有在职演职人员131人，其中国家一级演员12人，国家二级演员25人，国家三级演员37人；高级职称37人，中级职称37人，初级职称33人。下设歌舞团和轻音乐团、舞美工作部、创作教研室等7个部门。

1988年，赴北京中南海和民族文化宫演出大型民族歌舞剧《窥镜媲美》。1995年，在北京工人文化宫演出大型歌舞剧《雪域丰碑——孔繁森》。1996年，由济南市歌舞剧院任宝祯配器的《阿里、阿里》获全国“五个一工程奖”。1999年10月，济南市歌舞团赴捷克、斯洛伐克、土库曼斯坦三国进行访问演出。2002年，在北京民族宫大剧院演出大型舞蹈诗《沂蒙风情画》。该节目先后获山东省第七届艺术节剧目、编导、作曲、舞美、表演五项一等奖及山东省第六届精神文明建设“精品工程”入选作品奖。2003年，赴韩国参加世界大学生运动会开幕式演出。同年，由市歌舞剧院创作演出的以抗击“非典”（传染性非典型性肺炎）为题材的大型音乐剧《鹤飞》与大型舞蹈诗《沂蒙风情画》双获第十一届全国人口文化奖金奖。2004年3月，舞蹈诗《沂蒙风情画》参加在上海举办的第四届中国舞蹈“荷花奖”决赛，获“舞蹈诗铜奖”。2005～2010年，创作排演舞蹈《中国女孩中国红》《六臂飞天》、舞乐诗画《齐风鲁韵·泉水谣》、旅游剧《齐风鲁韵》等一批具有山东特色和民族风情的优秀剧（节）目，多次随济南市政府代表团出访泰国、日本、韩国等国家。

第三节 济南市杂技团

济南市杂技团成立于1958年。2009年12月29日，市杂技团由事业单位转企改制，改名为济南市杂技团有限责任公司。2010年，有编制100人，在职职工91人，其中一级演员8名，二级演员18名，三级演员16名，四级演员20名。

1986年后，该团选派优秀节目参加国际国内的杂技比赛，先后获英国第十一届世界杂技锦标赛世界团体冠军“英航杯”和“特技项目对抗赛世界冠军”、法国“第十届世界明日杂技马戏大赛”中获金奖、全国新苗杯杂技比赛金奖、摩纳哥第十四届蒙特卡洛国际马戏杂技大赛“银小丑奖”、朝鲜“四月之春”国际艺术节中金奖、第二届全国少数民族艺术节金奖、第五届武汉国际杂技艺术节银奖、巴西第二届国际杂技比赛金奖、摩纳哥第十七届蒙特卡洛“初登舞台”国际青少年杂技比赛金K奖和“蒙特卡洛公主杯”、俄罗斯第六届莫斯科国际杂技大赛“金象奖”等几十项国家、国际级比赛奖励。先后承担完成山东省第二届文博会开幕式、五国省州峰会、第七届中国(济南)国际园林花卉博览会开幕式、北京奥运会奥运村专场演出等50余项重大演出任务。多次代表国家赴日本、美国、罗马尼亚、匈牙利、德国、苏联、巴西、新加坡、巴基斯坦、英国、法国、朝鲜、印度尼西亚、哥伦比亚、巴布亚新几内亚、韩国等50多个国家和中国香港特区进行友好访问和商业演出。

第四节 济南市京剧院

济南市京剧院始建于1949年3月1日，时称济南市大众评剧团。1956年更名济南市京剧团，2001年12月更名为济南市京剧院，编制94人。2010年，有在职职工85人，其中正高职称12人，副高职称21人，中级职称24人；

2001年12月，济南市京剧团更名为济南市京剧院，图为改团建院揭牌仪式

下设一团、青年团、舞美工作部、行政办公室、业务办公室、演出策划部6个部门。

京剧《李清照》老年剧照（2004年摄）

20世纪80年代后，配合新的形势任务，在复排《石猴出世》《闹天宫》《闹龙宫》《金钱豹》等传统戏的同时，新创《重审诗扇案》《朱耷卖画》《晨钟》《双英会》《黄河骄子》等优秀剧目，改编加工的《八一风暴》连续演出7个月200余场，场场爆满。2001年12月改团建院后，在搞活内部机制，激发艺术创造力等方面进行探索，创作演出的京剧《长剑歌》《夕鹤》《凤游城》受到关注；新编京剧《李清照》于2004年10月获山东省第八届艺术节新剧目奖第一名及编剧、导演、表演等四项一等奖，同年12月获第四届中国京剧艺术节优秀剧目奖及优秀编剧奖、优秀导演奖和表演奖三个单项奖。2008年，创作演出的京剧《辛弃疾》获“第五届中国京剧艺术节”金奖。

至2010年，常演剧目有传统京剧《大·探·二》《失·空·斩》《群·借·华》《凤还巢》《秦香莲》《将相和》《望江亭》《状元媒》《白帝城》《挑滑车》《红楼二尤》《汉宫惊魂》《四郎探母》以及现代京剧《沙家浜》《红灯记》《杜鹃山》《智取威虎山》等40余个。其间，以李幼麟、孟喜平、吴正霜、徐少民、金少洲、高锡禄、李爱华、马济生、李保良、李青、陈长庆、张兰芳、郭捷等为代表的一批著名演员活跃在京剧舞台。剧院曾先后赴英国、韩国、日本等国家和地区访问演出。

第五节　济南市吕剧院

济南市吕剧院前身为新中国成立前的“义和班”，1951年10月17日改建为“鲁声琴剧团”。后定名为济南市吕剧团。2001年，更名为济南市吕剧院，有编制115人。2004年，剧院被确立为山东省文化体制改革试点单位。至2010年，有工作人员88人。其中，各类专业技术人员84人；国家一级演员6人，二级演员26人，三级演员19人，四级演员31人。

1986年后，吕剧事业平稳发展。每年平均演出大小剧目百余场，创作、改编、演出现代和传统剧目数十台。先后获山东省艺术节、戏剧节编剧、导演、音乐、舞美、表演奖百余项（个）。整理、排演的几十个剧目由齐鲁音像出版社公开出版发行。中央电视台、山东电视台等国家、省市电视台多次录制、播放剧院排演的剧目。挖掘、整理、改编、移植和创演优秀传统剧目《逼婚记》《姊妹易嫁》《玉珠串》《贬官记》以及现代戏《漂来的媳妇》《娲皇峪》等。传统吕剧《逼婚记》《姊妹易嫁》先后进京向中央领导汇报演出。1997年，齐鲁音像出版社发行剧院演出的《小姑贤》《借年》《双玉蝉》《借亲》等五个剧目光盘；中央电视台将《逼婚记》《温凉盏》《父母官》《闹房》《喝面叶》《小姑贤》《搬窑》《井台会》八个剧目搬上屏幕滚动播出。1998年、2002年和2006年，应中央电视台邀请，剧院多次进京录播十一频道《名段欣赏》栏目。2008年后，剧院陆续创作演出吕剧《龙泉梦》《我的兄弟姐妹》《阳光大姐》《泉城传说》等。

第六节　济南市儿童艺术剧院

济南市儿童艺术剧院前身是济南市话剧团，创建于1960年，1984年归入济南市歌舞团话剧队。1989年建立济南市少年儿童话剧团，1993年更名为济南市儿童艺术剧团，1998年定名为济南市儿童艺术剧院，编制70人。

儿童艺术剧院先后创作演出《我家来了机器人》《小小男子汉》《少年大舜》《真实的游戏》《好朋友之歌》《神镐》《小白龟》《宝贝儿》《大鼻子叔叔的奇遇》《我和我的影子》《我的麦哲伦海峡》等几十台儿童剧目；获“文华新剧目奖”“中国人口文化奖”“五个一工程奖”“文华大奖”“第四届中国十大演出盛世金奖”“2005～2006年度国家舞台艺术精品工程十大精品剧目”“全国第二届优秀保留剧目大奖”等20多个国家级奖项和70多个省级以上专业奖项。先后有1人获全国先进工作者，3人获省、部级先进工作者，2人享受国务院特殊津贴，1名文化部优秀专家，5人被评为市级专业技术拔尖人才。剧院连续两次被济南市政府记集体二等功，获人事部、文化部授予的“全国文化工作先进集体”，中华全国总工会授予的“全国五一劳动奖状”，山东省委、省政府授予的“省级文明单位”等称号。演出足迹遍及全国200多个市、县、区，累计演出万余场，观众逾千万人次，并赴新加坡、韩国、日本、丹麦、瑞典及中国港澳地区演出交流。胡心灵、张富民、王耀、祖绮颖、丁小秋先后获中国话剧金狮奖。

1996年5月，在全国第六届“文华奖”评选中，神话剧《小白龟》获文化部设立的舞台艺术政府奖“文华新剧目奖”，胡心灵获“文华表演奖”。1997年7月，《小白龟》获中宣部精神文明建设“五个一工程”入选作品奖。1999年12月，由中国文联、中国戏剧家协会联合举办的中国曹禺文学奖在北京颁奖。市儿童艺术剧院儿童剧《宝贝儿》获剧本奖。2000年5月，在第九届“文华奖”评奖中，《宝贝儿》获“文华新剧目奖”；韩鲁获“文华舞台美术奖”。2001年，《宝贝儿》获中宣部精神文明建设“五个一工程”入选作品奖。2002年6月，《宝贝儿》获文化部第十届“文华大奖”。2004年4月，《宝贝儿》演出超千场，被文化部授予“文华荣誉奖”。2006年11月，《宝贝儿》获2005～2006年度国家舞台艺术精品工程“十大精品”剧目。

2005年，济南市儿童艺术剧院创作演出的儿童剧《小白龟》《宝贝儿》两部作品同时入选文化部《国家舞台艺术优秀剧目集》。图为《宝贝儿》演出剧照

2007年开始，打造亲子剧目，当年推出亲子剧目4部，之后每年创作排演亲子剧目3～4部。2008年，与山东世博演艺经纪有限公司签订战略合作协议，实现济南市国有专业艺术院团与民营演出经纪机构的首次资源整合。2009年，总投资1600余万元，总建筑面积2400平方米，可容纳300名观众的"宝贝剧场"落成启用，填补济南市现代化专业儿童剧剧场空白。

第七节 济南市曲艺团

济南市曲艺团成立于1955年，是山东省唯一的专业曲艺表演团体。该团曲艺种类齐全，其中山东琴书（北路）、山东评书、山东快书、山东大鼓和山东说唱等均为全国独有。先后培养造就评书泰斗傅泰臣、鼓词名家谢大玉、北路山东琴书创始人邓九如、山东快书杨派创始人杨立德、相声大师孙少林、河南坠子表演艺术家郭文秋、西河大鼓表演艺术家张立武、全国八大评书名家刘延广、山东琴书表演艺术家姚忠贤、山东快书表演艺术家周弘等曲艺艺术家。

80年代后，曲艺团在传统曲艺适应观众的现代审美需求、创新内容和表演形式等方面进行探索，创作、推出一批曲艺精品，被誉为"齐鲁曲艺第一团"。2000年4月，杨珀、姚仲贤、魏务良表演的山东琴书《生灵叹》在中国文联、中国曲艺家协会"牡丹奖"鼓曲、唱曲大赛上获表演金奖。同年11月，在中国文联、中国曲艺家协会主办的"北京国际曲艺节"上，姚忠贤、杨珀获首届中国曲艺牡丹奖"表演奖"。2004年，曲艺团挖掘地方素材，创作演出都市情景剧《泉城人家》。该剧以朴实亲切的济南方言，扣人心弦的故事情节，诙谐率真的表演以及写实的舞台美术，赢得业内人士和专家好评。在山东省第八届文化艺术节上，该剧获剧目、编剧、导演、舞美、表演等六个一等奖；2005年7月31日，作为第五届中国曲艺节的压轴大戏，赴京参加汇报演出并获"优秀剧目奖"。2008年7月，在第五届中国曲艺"牡丹奖"大赛评选中，郭文秋获"终身成就奖"，闫磊获"新人奖"，薛晓冬、高超获"新人奖"入围奖。2010年11月，在第六届中国曲艺"牡丹奖"评选中，青年演员罗晓静获中国曲艺"牡丹奖"——"表演奖"。

第八节 济南市豫剧团

济南市豫剧团原名济南市长清县豫剧团，1978年在原长清县毛泽东思想文艺宣传队的基础建立，是济南市唯一的区（县）级艺术表演团体，2001年更名为济南市豫剧团。

剧团每年演出300余场，观众近百万人次，创作、改编、演出数十台脍炙人口的现代剧目和传统剧目。先后在山东省戏剧节、济南市创作会演及中青年演员比赛中，获编剧、表演、作曲、伴奏、优秀组织等近百个奖项。2001年，剧团整理排演的14台豫剧精品剧目由齐鲁音像出版社公开出版发行，省、市电视台多次录制、播放剧团创作排演的剧目。2008年，剧团移植剧目《鞭打芦花》获第四届济南市"荷花奖"文化艺术创新评比展演铜奖；在2010年山东省首届"心酒杯"山东梆子专业大赛中，剧团四名演员获全省十佳，其中一人位列全省第一名。剧团演出足迹遍及晋、冀、鲁、豫等省市。1992年被评为山东省文化系统先进集体，1998年被山东省委宣传部授予文化、科技、卫生“三下乡”先进单位。2010年，团长高世德被评为“2010影响济南年度十大文化人物”。

第二章　文化场馆

第一节 图书馆

一、山东省图书馆

山东省图书馆创建于清宣统元年（1909年），位于大明湖畔，以历史悠久、馆藏宏富著称。据《山东创建图书馆记》载，山东提学使罗正钧于省城旧贡院东北隙地创建图书馆仿浙江宁波范氏“天一阁”旧制，院内古木假山，曲水拱桥，极为风雅别致，人称“历下风物，此为最胜”。

经过近一个世纪发展，藏书规模日趋宏大，特色日趋鲜明。至2004年，馆藏文献612万（册）件，形成具有鲜明特色的系统的藏书体系。其中轻工、医学、哲学等门类的收藏达到研究级水平，齐鲁方志专藏、海源阁专藏、易经专藏、山东革命文献等收藏为海内翘楚。馆藏齐鲁方志528种，善本58种，其中明万历《兖州府志》为海内孤本。海源阁专藏2280种、3.2万册，约占海源阁藏书的2/3，并有较多名人手迹，如林则徐、翁同书、吴式芬、钱仪吉、许瀚等人的书札。收藏《易经》文献1317种，计2205个版本、近万册。另外，收藏的唐人写经卷、宋刻蝴蝶装《文选》、宋刻巾箱本《万卷菁华》、蒲松龄手稿《聊斋文集》、王士禛批校《昆仑山房集》稿本等均为传世珍品。馆藏期刊涵盖各个学科，形成具有特色的综合性馆藏报刊体系。其中辛亥革命时期的山东独立同盟会机关报《齐鲁公报》、原中国共产党渤海区委机关报《渤海日报》、胶东区委机关报《大众报》等资料文献弥足珍贵。馆藏外文书刊以轻工、化工、电子技术、环境保护、医药卫生等方面的文献为特色，如美国《化学文摘》从1907年开始收藏，《日本特许公报》从20世纪60年代初开始收藏，《美国专利文摘》《世界专利索引》《美国工程索引》都具有很高的研究和开发利用价值。

山东省图书馆新馆位于济南高新技术开发区，1994年动工兴建，2002年10月对外开放。新馆占地面积43335.5平方米，建筑总面积5万平方米。工程分两期进行，一期工程综合阅览楼，建筑面积为35830平方米，投资11048.1万元。主体建筑为6层中空式，内部全部采用大开间柱网结构，柱网间距7.2米，每层面积自2000余平方米至6000余平方米不等。二期工程书库楼12层。新馆适应现代信息化、开放型图书馆的要求，开展多方位、深层次的服务。依靠现代化计算机网络设备，全面实现业务工作及办公自动化。对图书采购、编目借阅、目录信息查询、信息咨询服务实行计算机管理，逐步建立内容丰富、精确高效的馆藏书目数据库、二次文献数据库和全文数据库。在图书馆的管理和服务上完成由封闭型向开放型的转变。对图书报刊文献的借阅全面实行开架管理，开架借阅室由以前的2个增加到8个，开架图书由以前15万册增加到150万册以上。开放各类阅览室、研究室35个以上，读者阅览室座达2000个以上。

二、济南市图书馆

济南市图书馆是国家一级图书馆，全国古籍重点保护单位，为综合性的公共图书馆，始建于1953年7月1日；济南市少年儿童图书馆成立于1986年5月31日，两馆合署办公，一套领导机构。市图书馆馆舍分为新馆、老馆两部分，老馆在经三路150号（中山公园西邻），建筑面积0.9万平方米；新馆位于槐荫区西客站东约2千米处的省会文化中心（腊山河西路与兴福寺路交叉口），建筑面积4.1万平方米，两馆建筑面积合计5万平方米，阅览座席3000个。在藏书特色上注重综合性、公共性和地方性，至2010年，有各类馆藏文献265万册（件），其中中文普通图书、古籍、报刊合订本、视听文献等馆藏195万册（件），外购电子文献70万册（件），古籍14万余册，包括善本书1000余种1万余册。全馆设综合部、组织人事科、古籍地方文献部、采编部、借阅部、报刊部、少儿部、文化活动部、运营保障部、网络信息部10个部室，配备报告厅、展厅、音乐多功能厅及会议室、培训教室等多个专业厅室。日接待能力8000～10000人（次）。

1997年6月1日，市图书馆、少儿图书馆开通微机，建立借阅、采编、书目数据库，在全省首家实现微机化服务。1998年8月6日，市图书馆多媒体电子阅览室建成开放，读者可阅读各种电子图书、上网查询信息、检索书刊目录，所需资料可随时打印成册。2000年12月中旬，济南市图书馆网站开通，设有济南文化信息、读者服务指南、书目文献检索、新书推荐等14个栏目，并可与国内外大型图书馆和新闻报刊联网。2002年，市图书馆“网上图书馆”开通，为开展网上借书、资源共享创造了条件。2006年9月，建成济南市首家汽车流动图书馆。该图书馆以中型客车为载体，配备有包括笔记本电脑、打印机、投影仪、监控等先进设备在内的一整套自动化管理服务系统及开放式书架、活动式阅览桌椅等，可载藏书3000多册（盘），并采用无线上网等手段与市图书馆互连实现图书通借通还。2008年，市图书馆在全省率先实行免费开放，接待读者71万余人（次），外借文献46万余册（次）。2009年，市图书馆被评为全国文化先进集体、全国古籍重点保护单位、山东省古籍重点保护单位。2010年11月，RFID（阿法迪）无线射频识别技术即远望谷RFID（阿法迪）图书馆智能管理系统落户市图书馆。

1986～2010年济南市公共图书馆统计表

表15-2-1

年份	机构（个）	从业人员（人）	总藏量（千册/件）	建筑面积（千平方米）			阅览室席位（千个）	书刊外借人数（万人次）	书刊外借册数（万册次）
				合计	书库	阅览室			
1986	4	208	4170	—	—	—	1.7	—	—
1987	4	225	4260	—	—	—	1.7	—	—
1988	6	292	4552	—	—	—	1.7	—	—
1989	6	289	4380	—	—	—	1.7	—	—
1990	6	297	4760	—	—	—	1.7	—	—
1991	7	315	4450	—	—	—	1.7	—	—
1992	7	322	4944	24.0	9.0	5.6	1.7	44.6	52.1
1993	7	337	5040	23.3	9.0	5.6	1.7	39.3	55.6
1994	7	339	5148	24.0	9.2	5.6	1.7	41.5	75.8
1995	7	341	5246	24.2	9.3	5.6	1.8	47.8	91.0

续表15-2-1

年份	机构（个）	从业人员（人）	总藏量（千册/件）	建筑面积（千平方米）			阅览室席位（千个）	书刊外借人数（万人次）	书刊外借册数（万册次）
				合计	书库	阅览室			
1996	7	338	5319	23.0	9.0	6.0	1.0	34.2	52.1
1997	7	337	5431	24.0	9.0	6.0	1.0	31.7	65.2
1998	7	339	5567	23.0	10.0	6.0	1.0	34.3	74.9
1999	8	335	5733	24.0	10.0	6.0	2.0	44.5	148.5
2000	8	339	5917	24.0	4.0	6.0	3.0	60.2	141.7
2001	8	342	6041	29.0	3.4	6.0	3.0	55.9	92.2
2002	8	347	6249	79.0	22.2	19.5	3.8	68.5	92.3
2003	8	361	6556	82.0	22.7	20.9	4.0	144.0	196.0
2004	8	366	6984	82.0	22.7	20.9	4.0	92.6	195.0
2005	8	379	7251	80.0	22.0	20.0	4.0	83.2	177.7
2006	8	377	7524	80.0	22.0	20.0	4.0	90.6	198.5
2007	11	407	7882	67.0	23.0	20.0	4.2	110.0	213.5
2008	12	417	8761	72.0	25.0	22.0	4.3	135.3	215.2
2009	12	420	9084	69.7	24.0	21.1	4.5	98.0	192.2
2010	12	423	9412	69.7	24.0	22.0	4.4	101.2	203.9

说明：含省级公共图书馆

第二节 美术馆 艺术馆 文化馆

一、济南市美术馆（原济南画院）

济南市美术馆前身为济南画院，位于千佛山脚下，成立于1980年，设有山水画、花鸟画、人物画3个创作室和1个美学理论研究室，汇集20余位山水、花鸟、人物画专业画家，是一个侧重于国画创作实践、在国内外较有影响的专业画院。隶属于济南市文化局，编制16人，有400多平方米的展厅。2008年6月，依托济南画院建成济南美术馆。

济南画院建院后，张登堂、尹延新、康庄、刘国瑞、李承志、张宝珠等画家坚持从生活中汲取创作源泉，精心绘制出一幅幅中国画新作。作品经常在国内外报纸、杂志发表，部分画家的创作活动和作品被国内外电视台拍成专题片进行播放。先后向国家机关及省、市政府提供外交礼品用画400余幅，出版的画集、理论著述、艺术丛书100余种，被收入国家级标准辞书中的画家达30余人（次），中央及省、市电视台、广播电台、报纸、美术刊物等宣传媒体多有专题介绍。集体或个人多次在国内大中城市以及美国、日本、新加坡等国家和中国香港、台湾地区举办画展。

二、济南市群众艺术馆

济南市群众艺术馆始建于1956年，隶属济南市文化广电新闻出版局，为正县级全额事业单位。主要担负对基层群众文化进行业务指导和组织群众文艺人才培训、开展群众文化活动和文艺创作以及非物质文化遗产保护、挖掘、整理等工作职能。山东琴书《亲家亲》《“新市民新课堂”公益性艺术辅导培训》分获曲艺类和项目类政府最高奖“群星奖”；其中，“新市民新课堂”公益性文化艺术辅导培训活动，在2007年被文化部基层文化馆评估小组誉为“在公共文化服务体系建设中其完全公益性走在了全省前列”。在全国和省市群众文化展演评比中获省级以上奖励百余项，其中国家级奖励10余项。

三、县(市)区文化馆

历下区文化馆　原为济南市第二文化馆，于1956年更名成立，位于十亩园街1号，面积3000平方米（活动场地）。1990年被文化部授予“全国先进文化馆”称号，2005年历下区获文化部授予的“全国文化先进县（区）”称号。2011年被文化部评为国家一级文化馆。

市中区文化馆　1985年，设文艺组、图书室和展览室。下辖文化站16个，文化中心70个。1991年，市中区文化局与文化馆合署办公，地址设在经七路101号。1991年经七路展宽，文化馆活动设施全部拆除，仅维持办公。1994年7月迁至经五路小纬二路53-1号办公楼，局、馆仍合署办公。设有行政办公室、文化市场管理办公室、图书室、文艺部等机构。文艺部配备戏剧、音乐、舞蹈、美术等专业干部。

槐荫区文化馆　1985年，文化馆有投影电视机1台，闭路电视机1套，16毫米放映机2部，录音机1台，扩大器2部，钢琴、木琴各1架及照相机、服装等。1987年，文化馆大楼(位于经二路纬八路)落成，面积1438平方米，设阅览室、书库、排练室、音乐室、美术室、舞厅、闭路电视放映室、台球室、综合服务部等。

天桥区文化馆　成立于1952年，位于济南市济泺路219号天桥区文体中心内。为副处级全额拨款事业单位，内设辅导培训科、活动科、图书管理科，均为副科级，编制20人。

历城区文化馆　成立于1951年10月，设有音乐培训教室、舞蹈培训室、美术教室、录音棚、书画创作室、文艺创作室、戏曲排练厅、电子阅览室、艺术档案室、非物质文化遗产展厅、演艺厅等各种功能厅室，建筑面积近5000平方米，可提供电子文献阅读、网络信息查询等现代化信息技术服务。

长清区文化馆　始建于1950年，原址位于清河大街西首老城区，1986年，馆内设办公室、文艺组、美术摄影组，干部职工14人，负责全县11个乡镇文化站群众文化工作的辅导、组织发动、文艺创作和文艺会演等。2001年迁至清河街文化中心。2007年8月，在乐天小区新增1处近2000平方米的活动辅导场所，内设美术展厅、舞蹈排练厅、琴房等各种多功能活动室11个。2008年，内设办公室、文艺部、美术部。

章丘市文化馆　位于章丘市明水汇泉路2937号。始建于1953年9月，2002年12月拆迁重建，2004年6月投入使用，馆舍面积9000余平方米。下设办公室、文艺辅导部、创作室、美术摄影部；设有老年活动室、少年儿童活动室、练琴室、观摩室、练声房、排练厅等。2008年，被授予“全国服务农民服务基层文化建设先进集体”称号。

平阴县文化馆　馆舍总建筑面积3000平方米，设有创编部、美术部、音乐部、舞蹈部、曲艺部、非物质文化遗产保护中心等部门。设有舞蹈排练厅、合唱排练厅、多功能厅、非物质文化遗产展厅、文化艺术档案室、电子阅览室、美术画室、琴房等配套设施。

济阳县文化馆　位于济阳县纬二路56-17号。始建于1951年1月，后经1998年重建，2000年投入使用，面积430平方米，设有音乐、舞蹈部，美术、书法、摄影部，戏剧部，文学、曲艺创作研究室，综合活动室，办公室等部门。

商河县文化馆　位于商河县长青路东段路北，有人员编制5人，设办公室、艺术活动部、辅导培训部，馆内设有展览厅、舞蹈排练厅、培训教室、文艺创作室、少儿活动室、老年活动室等。

第三节 专业文化市场

一、济南英雄山文化市场

位于英雄山北麓，隶属于济南果品总公司，其前身是济南果品总公司英雄山果品批发市场，以经营果品为主。1991年，济南果品总公司开始筹建文化市场，先期投资100万元，建起29间简易平房，1992年5月1日正式营业，济南市工商局、出版局派员进驻共同管理，当年实现营业收入14.8万元。2000年9月正式改为济南英雄山文化市场。1994年后，济南果品总公司先后投资2500万元，分两期对场地进行改扩建，扩建后建筑面积增加到2.13万平方米。经营范围由初期的图书期刊发展为图书期刊、古玩字画、奇石玉器、花卉根雕、工艺瓷器、文体用品、笔墨纸张及小商品等8大类几万个品种。经营业户由初期的20余家发展到千余家，从业人员由初期的不足百人发展到2000余人，营业收入由初建时的14.8万元增加到713.4万元，发展成为继北京、武汉、成都之后全国第四大特色文化市场。

2008年，济南英雄山文化市场二期改造工程完工，完成项目投资额235万元。先后铺装石板地面5000平方米，搬迁改造字画区700平方米。至年底，文化市场完成营业收入1065万元，实现利税355万元，完成市场交易额6.68亿元，全国四大特色文化市场地位进一步巩固。2010年，英雄山文化市场投资90万元，改扩建营业面积500平方米；投资60万元，完成大型青花瓷壁画“山水泉城”制作，进一步提升市场文化品位，全年实现交易额9亿元，实现营业收入1250万元，利税450万元。

二、中山公园旧书市场

位于市中区经三路和经四路之间的中山公园。2002年中山公园免费开放后，公园内旧书交易从无到有，渐成规模。至2010年，旧书摊发展到近200家，成为省内规模最大的旧书市场。每到周末，前往淘旧书的人络绎不绝。除济南的藏书爱好者和旧书经营者外，省内的济宁、德州、潍坊、枣庄、淄博、泰安等地，以及北京、天津、石家庄、郑州等外省市的很多藏书爱好者和旧书经营者也会到此“淘宝”。市场中旧书、杂志、报纸等种类繁多，有各类机关、企业图书馆处理的旧书，也有新版打折书、下架书和过时杂志。此外，市场中各个时期尤其是早期的奖状、毕业证、手稿、书画等纸质收藏品以及老档案、老照片等也成为淘宝者眼中的“宝贝”。

三、济南成通文化城

位于天桥区义和街5号，始建于2000年3月，占地面积3万平方米，建筑面积1.6万平方米。经营范围包括古玩、字画、玉器、奇石、根雕、渔具、文房四宝、陶瓷器具、花鸟鱼虫等休闲娱乐商品。有经营业户200余户，室内商铺200余间，柜台100余个，大型展厅2个，可同时承办大型书画展览、鉴定、拍卖等文化活动，并多次举办全国性文化交流活动，是现代化功能齐全的大型专业文化市场。

四、齐鲁七贤文化城

位于济南七贤广场南侧，紧邻104国道。2009年3月由废旧市场改建，同年9月正式开业，先后有山东省赏石协会、中华民间藏品鉴定委员会山东地区分会、北大资源学院文物学院实习基地、齐鲁艺术研究院、齐鲁书画研究院、金秋书画研究院等多家协会在此设立分会。2010年10月，齐鲁七贤文化城观赏石博物馆正式开馆，后被中国观赏石协会授予山东省第一家“中国观赏石综合基地”。文化城占地面积10.67万平方米，建筑面积10万平方米；总投资2.5亿元人民币，整个市场有复式型商铺楼35排。主要经营项目有国际国内观赏石、紫砂壶精品、古玩艺术品大展及各类文化、艺术品、收藏品、奢侈品、高档商品、工业品主题会展。

第三章　文化活动

第一节 重大节庆及各类大型演出

1986年10月7日，由济南市吕剧院排演的吕剧《冤孽姻缘》在人民剧场演出，庆祝中华人民共和国成立37周年。1987年7月，济南市歌舞剧院舞蹈《春天》受邀参加中央电视台与联邦德国电视一台联合录制的“北京—波恩之夜”文艺晚会。

1988年5月，济南市歌舞剧院原创大型歌舞剧《窥镜媲美》应文化部邀请进京汇报演出，并应中顾委邀请进入中南海礼堂为中共中央顾问委员会进行专场演出。5月12日，洪都拉斯共和国国民议会代表团访问山东，济南市歌舞剧院参加欢迎文艺晚会的演出。11月2日，市歌舞剧院在首届全国城市运动会闭幕式文艺演出中表演舞蹈《春天》。1989年9月30日，市歌舞剧院参加由省委宣传部组织的庆祝新中国成立40周年大型文艺晚会演出。

1990年7月14日～15日，市歌舞剧院参加省、市军区暨济南市文艺界迎亚运会集资义演大型文艺演出。9月15日，市歌舞剧院组织30名舞蹈演员参加在省体育馆举行的“亚运之光”火炬到达济南的传递交接仪式。

1991年6月28日，市歌舞剧院舞蹈《纺织恰恰》在山东省暨济南市庆祝中国共产党建立70周年文艺晚会上演出。

1995年5月，市歌舞剧院原创大型歌舞剧《雪域丰碑——孔繁森》在孔繁森的家乡进行首场演出，7月11日～13日应文化部邀请晋京汇报演出。该剧是全国第一部反映孔繁森事迹的主题文艺作品，先后获山东省第五届艺术节剧目二等奖和山东省精神文明建设“精品工程奖”。5月31日，市儿童艺术剧院排演的儿童神话剧《小白龟》晋京演出，得到中宣部、文化部、中国剧协、中国儿童戏剧研究会领导、专家的高度评价。

1997年5月8日，市歌舞剧院创作的大型歌舞晚会《1997——华夏辉煌》在铁路文化宫演出，庆祝香港回归祖国。

1998年，济南市曲艺团国家一级演员杨珀参加全军抗洪表彰文艺演出，受到江泽民、胡锦涛等党和国家领导人接见。

1999年9月26日，市歌舞剧院创作的音乐、歌舞节目参加济南市在泉城广场举行的“庆祝建国50周年暨泉城广场落成”大型广场文艺演出《泉城放歌》。12月17日，为庆祝澳门回归，市歌舞剧院创作的大型主题文艺晚会《海上莲花飘回来》在铁路文化宫举行。同年，由济南市儿童艺术剧院排演的儿童剧《宝贝儿》应文化部邀请，在北京政协礼堂汇报演出。全国人大常委会副委员长、全国妇联主席、国务院妇女儿童工作委员会主任彭珮云等观看演出并接见演职人员。

2000年5月，由市京剧院排演的京剧《夕鹤》出访日本演出。2001年6月27日，为庆祝中国共产党建立80周年，由市歌舞剧院编排的大型

2000年，济南市京剧团访日演出

2003 年，济南市京剧院出访韩国（大邱市）参加第二十二届大学生运动会

文艺晚会在铁路文化宫演出。

2001 年 9 月，由副省长蔡秋芳任团长，市歌舞剧院及市儿童艺术剧院、市杂技团、市曲艺团为主体组成的山东代表团创作大型综艺晚会《谁不说俺家乡好》赴北京参加“第二届全国少数民族文艺会演”。19 日，在北京人民剧场举行首场演出，晚会以鲜明的山东地方特色、浓郁的民族风情和强烈的时代精神感染了首都观众，获演出金奖、创作银奖、优秀组织奖。10 月 29 日，在历山剧院举办《谁不说俺家乡好》大型综艺晚会汇报演出。

2002 年 7 月，市京剧院在济南舜耕山庄贵宾楼为英国考文垂市市长演出。8 月，由市歌舞剧院创作的大型舞蹈诗《沂蒙风情画》参加“2002 年全国优秀剧目展演”。9 月 20 日，市歌舞剧院等单位在山东会堂举行大型文艺晚会演出，庆祝中日邦交正常化 30 周年。9 月 29 日，市歌舞剧在铁路文化宫演出大型歌舞晚会《祖国正是花季》，庆祝新中国成立 53 周年。10 月 19 日，由市吕剧院排演的现代吕剧《枣香赋》在济南市工人文化宫首演。10 月 30 日，市歌舞剧院等单位在山东会堂举行大型文艺晚会演出，庆祝山东省与日本山口县缔结友好城市 20 周年。

2003 年 8 月，市歌舞剧院、市京剧院、市杂技团赴韩国大邱市参加“世界大学生运动会开幕式”演出。11 月，由市歌舞剧院创作编排的大型歌舞剧《鹤飞》参加“第十一届全国人口文化奖”的评选，获“非典类”舞剧金奖。

2004 年 2 月 29 日，舞蹈诗《沂蒙风情画》赴上海参加全国第四届荷花奖决赛演出，获铜奖。6 月，市京剧院携新编京剧《凤游城》赴英国考文垂市演出。8 月 14 日，济南市京剧院排演的京剧《李清照》在济南铁路文化宫首演。8 月 17 日～23 日，市歌舞剧院赴浙江宁波参加纪念邓小平诞辰 100 周年——“春天的回响”文艺晚会。11 月，市曲艺团赴台湾台北、基隆等地推出《齐风鲁韵》曲艺专场，台湾地区东森电视台、汉声、台北广播电台、中央电视台“新闻联播”《光明日报》《中国文化报》等主流媒体均专题报道。

2005 年 5 月 13 日，市属艺术院团参加由中央电视台和济南市委宣传部、市文明办、济南电视台在植物园生态广场联合举办的“激情广场・魅力济南——济南精神大家唱”大型文艺晚会。6 月 30 日，由市属艺术院团排演的庆“七一”晚会《先锋颂》在历山剧院演出。6 月 29 日，市文化局承办“党在我心中”大型文艺演出；7 月，举办“新的世纪、新的泉城”文艺演出、承办“海峡两岸盼统一”大型文艺晚会。8 月 30 日，由市属艺术院团排演的济南市纪念“中国人民抗日战争暨世界反法西斯战争胜利 60 周年”文艺晚会在历山剧院演出。10 月 20 日，市属艺术院团在山东会堂参加中国山东（济南）世界友好城市

2004 年，济南市京剧团赴英国考文垂市演出

旅游大会文艺演出。10 月 30 日，举办“济南市纪念红军长征胜利 70 周年”大型文艺演出。

2006 年 4 月 25 日～27 日，应文化部艺术司邀请，由中共济南市委、济南市人民政府等单位联合主办，市委宣传部、市文化局、山东普利集团共同承办的新编京剧《李清照》晋京演出活动举办。该剧先后在北京长安大戏院和清华大学演出三场，并举办剧目座谈会，数千名京城观众、清华学子和戏剧界专家观看演出，并对剧目进行评论和研讨。5 月 31 日～6 月 2 日，儿童剧《宝贝儿》“六一”进京演出活动在北京天桥剧场举办，四场演出场场爆满，受到首都少年儿童的欢迎。

2007 年 2 月 15 日～24 日，济南文化艺术团一行 38 人代表山东省赴泰国参加“中国春节文化周”系列演出活动，先后在泰国芭堤雅、曼谷、合艾、普吉、北榄坡等 5 个城市演出 9 场。6 月 10 日～21 日，配合济南市政府经贸代表团赴中国香港、韩国、日本的访问，济南旅游文化推介团一行 30 人先后赴中国香港、韩国首尔和日本东京进行宣传推介和演出。市歌舞剧院、市杂技团、市京剧院和市曲艺团分别在三地演出 13 场，观众 6 万余人。6 月、10 月，儿童剧《宝贝儿》分别在深圳和绍兴参加文化部举办的十大精品剧目展演活动；9 月该剧还作为全国 30 台优秀话剧剧目，应邀赴天津参加中宣部、文化部、广电总局、中国文联等单位联合举办的“纪念中国话剧诞辰百年经典剧目展演”活动。

2008 年 5 月 23 日～25 日，儿童剧《宝贝儿》赴北京参加北京国际儿童戏剧季，在国家大剧院戏剧场举行 6 场演出。这是山东省在国家大剧院演出的第一部舞台剧目，也是国家大剧院落成之后正式公演的第一部儿童剧。8 月 18 日晚，应第 29 届北京奥运会组委会邀请，市杂技团携京剧意象杂技剧《粉墨》走进北京奥运村祥云剧场，为奥运健儿和中外嘉宾奉献了一台融国粹京剧和杂技艺术为一体的大型文艺演出。这是奥运会期间亮相祥云剧场的唯一一台杂技演出。10 月 20 日～11 月 8 日，第五届中国京剧艺术节在济南市举办。济南作为京剧节主会场，承担 37 台剧目、75 场演出中的 29 台剧目、58 场演出及闭幕式演出。举办了 33 项群众文化活动，组织了 6 场丰富生动的学术研讨会。

2009 年 4 月 22 日～6 月 13 日，由济南市曲艺团承办的消防百场文艺全省巡演在省内 17 市举行，曲艺团演职员行程近 3 万千米，深入到企业、社区、广场、乡村、学校进行演出，演出 86 场，收入 110 万元，观众 200 万人(次)。同年 7 月 17 日～8 月 2 日，市文化局与中国儿童戏剧研究会联合主办、市儿童艺术剧院承办“2009 中国儿童戏剧演出周·济南亲子剧节”，中国儿童艺术剧院、北京儿童艺术股份有限公司、西安儿童艺术剧院、上海木偶剧团、瑞典贝鲁工作坊等国内外八大专业艺术院团，分别在宝贝剧场和历山剧院集中演出 14 场儿童剧。

第二节　群众文化活动

1989 年农历正月十二到十五，市文化局举办民间艺术表演比赛；4 月，举办全市青年农民歌手选拔赛；5 月 26 日～27 日，举办大型群众歌咏比赛；7 月 18 日，举办“三热爱”歌咏大会；9 月 2 日～4 日，举办济南市舞蹈调演。1990 年 8 月，举办“泉城杯”少儿舞蹈邀请赛。1993 年 12 月，举办“纪念毛主席诞辰一百周年”大型歌咏活动。1994 年 7 月，举办“八一”军民共建歌咏比赛；10 月，举办济南市民间艺术比赛。1995 年 5 月，举办庆“六一”少儿文艺精品展演；6 月，举办庆“七一”歌咏演唱会；9 月，组织举办新中国成立 46 周年业余文艺调演。1997 年 1 月，举办第二届新春民间民俗文化博览会；6 月，组织举办庆“七一”“迎回归”文艺联欢会；8 月，组织举办“金牛”消夏文艺晚会。1998 年 9 月，举办庆祝“济南解放 50 周年”槐荫广场演出。

1999 年 5 月，举办“五四之光”纪念“五四运动”八十周年大型歌咏活动；10 月，组织举办“泉城放歌”大型广场文艺演出、“祖国颂”全市群众文艺创作会演、“建国五十周年”民间艺术大赛；12月，组织举办第二届新年少儿音乐会。2000年7月，举办庆“七一”文艺晚会；12月，组织举办2000年少儿音乐会。2001年5月，组织济南市京剧票友演出；5～9月，组织举办首届济南市农民文艺会演。2002年10月，组织“少儿风采演艺秀”“九九重阳节”专场演出；10月，举办“庆国庆”少儿文艺演出。2003年3月，举办纪念毛泽东“向雷锋同志学习”题词40周年慰问部队文艺晚会；5月，举办文化系统抗击“非典”演出；10月，举办“泉之韵”群众文化系列演出；11月，举办第四届群众文艺作品评选。

2004年，市图书馆与学校和家庭教育联手，在济南市中小学生中开展“暑假读一本好书”征文活动，活动由市教育局、市文化局、市关心下一代工作委员会主办，市图书馆承办，明天出版社协办。该读书活动面向全市中小学生，每年吸引数万中小学生参加，成为济南市规模最大、影响最广的读书活动品牌之一，后被纳入“书香泉城”全民阅读节。7月23日，市文化局组织群众艺术馆青年团员冒酷暑、顶烈日为济南军区通讯总站的官兵送上了精彩的“军民同乐”庆八一文艺演出；7月30日，市群艺馆、市曲艺团部分演职人员到济南军区某部举办军民同乐联欢会。

2005年，市图书馆与新闻媒体联手打造“与孩子一起成长——成功父母大课堂”主题系列公益讲座，引导孩子家长走出家庭教育观念的误区，提高家庭辅助教育水准，倡导“和谐成长、共同进步”的社会教育氛围。讲座每月举办2场，邀请全国及省内著名教育、心理、文学、艺术等方面的专家担当主讲。至2010年举办140余场，参与听众2.2万余人。1月，市文化局举办“迎新春秧歌大赛”。

2006年7月开始，市文化局主办“泉城大舞台”系列演出活动。活动以市属七家艺术院团为主要演出阵容，以北洋大戏院、“茗曲阁”茶楼、济南戏缘俱乐部和济南市杂技团演艺厅为主要演出阵地，在每个周末轮番上演歌舞、曲艺、儿童剧、京剧、吕剧、豫剧以及杂技等剧（节）目专场，相继推出的“泉荷七月香”“杨柳八月舞”“群泉九月欢”“和谐十月风”“旺年颂和谐”“阳春和谐风”“喜迎十七大”“喜贺十七大”“喜颂十七大”等系列主题演出活动。至2010年年底，累计演出1600余场，观众人数近20万人。

2006年11月，市文化局在北洋大戏院举办“和谐之声”爱书人杯歌咏比赛。组织画家到山东桓台、济空某部、山东省慈善总会、济南市残联、社会福利院、章丘市新寨乡、平阴县孝直村、济南经五路小学等单位，捐画400余幅，捐书200余册。同年，市图书馆夕阳老年培训活动首期开班，至2010年举办10期，培训1200多人（次）。由市文广新局、中国重汽集团工会主办，市图书馆、济南图书馆学会承办首届“重汽杯”济南市“读书人”摄影比赛，至2010年举办5届，收到参赛作品4000余幅，先后在市馆、各区县馆和部分企业、学校组织巡展20余次，活动被纳入“书香泉城”全民阅读节内容。市图书馆成立青少年科学工作室，每年利用寒暑假、双休日和各种纪念日组织多种形式的科技教育培训活动，年平均组织活动50余场（次），2006年8月被市教委、市科协授予“济南市学

2005年12月31日，济南市京剧院戏缘俱乐部成立

生科普实践基地”称号。市图书馆创办汽车流动图书馆。该图书馆以中型客车为载体，内置包括笔记本电脑、打印机、扫描仪、监控器等先进设备在内的一整套自动化管理服务系统，以及开放式书架、活动式阅览桌椅等，可载藏书3000多册（盘），并通过无线上网卡与济南图书馆联网实现图书通借通还，可在企业、农村、社区、校园、军营等基层单位和汽车可达的场所，为读者现场办证、借还书刊以及查询、下载信息等，提供全方位的便捷服务。流动图书馆启用以来，先后在中国重汽章丘工业园、阳光100社区、济空某师等40多个单位设立固定服务点，定期开展现场服务，并举办讲座、展览、电影放映等活动，成为弘扬先进文化、传播科学知识、倡导全民阅读的亮丽风景，被市民誉为“身边的大书房”“流动的电影院”。

2007年1月30日，市文化局在北洋大戏院举办济南市迎新春文艺晚会暨济南市第二届中老年才艺大赛颁奖演出；4月“世界读书日”到来之际，市图书馆响应中宣部等17部委联合发起的“全民阅读活动”倡议，推出系列读书活动。7月，济南画院组织画家向市慈善总会捐赠作品20幅。8月，济南画院组织画家到济空某部拥军慰问，现场作画并捐画10余幅。

2008年5月17日，市文化局在槐荫广场举办“抗震救灾·众志成城”——济南市文化系统情系灾区赈灾义演活动。6月7日，在百花剧院举办“心系汶川”抗震救灾大型诗歌朗诵会；7月，在济南军区71185部队，举办八一拥军活动；9月27日，在槐荫广场举办庆祝改革开放30周年、济南解放60周年《盛世·伟绩》大型群众文化下基层、进社区展演活动；10月，济南市老干部活动中心承办首届“济南京剧十大名票”评选活动。“5·12”汶川大地震后，组织画家参加支援四川地震灾民抗震救灾活动，众多画家参加省市举办的多次赈灾笔会。

2009年，市图书馆承办“书香泉城”全民阅读节暨首届“书韵泉城·济南换书节”活动，此后每年4月。“书韵泉城·济南换书节”活动由济南市图书馆与山东商报联合在公园或大型广场举办。至2010年连续举办四届，参与活动的公众由最初的千余名扩大至上万名，交换图书近10万册，为社会公众提供免费交换闲置书籍、结交书友文友、分享阅读心得的平台。市文化局举办济南市迎接全运会少儿书画大赛；3月，济南画院组织画家同全国部分知名画家参加由文化部、海军政治部组织的慰问团，为西沙群岛边防官兵创作作品，与边防战士交流绘画技巧，传授绘画知识，受到边防官兵的欢迎；4月，举办庆祝新中国成立60周年“美得里杯”济南市地区电子琴大赛；5月19日，济南画院画家到山东对口援建地——北川，慰问省、市援建指挥部和一线职工，捐赠作品20余幅，并为新落成的北川县羌族自治区擂鼓镇中心小学捐赠绘画作品。5月28日，济南画院画家再次到北川。为了帮助新建成的擂鼓镇中心小学丰富校园文化，济南画院承接校园文化建设项目，并组织全院画家用一周时间为学校的教室、会议室、活动室、餐厅等公共场所创作艺术作品80余幅，除了绘画作品外，画院还精心挑选一批代表山东地域文化特色的剪纸、风筝和红色中国结20余件，赠送擂鼓镇中心小学。此次捐赠，是全国专业美术单位首次为震区新校园的捐赠活动，被多家媒体报道。7月18日，在北洋大戏院举办泉城民族管弦乐队成立暨汇报演出；7月，举办“诗咏泉城 情系全运”大型诗歌征集朗诵活动；9月，举办济南市迎全运、庆祝中华人民共和国成立60周年“红歌大赛”；12月，在北洋大戏院举办“庆元旦 迎新春”泉城京剧票友演唱会。

2010年1月30日，在济南铁路工人文化宫举办山东省暨济南市泉城民族音乐会；7月23日在济南市洪楼广场举办“泉城唱响——济南市消夏广场大家唱”活动首场演出；7月29日在济南军区某仓库和济南军区某部队演出现代吕剧，举办八一文化拥军活动。八一建军节来临前，山东省美术家协会组织部分画家前往西藏，慰问边防驻军与驻藏空军某部，先后对西藏军区驾训大队、空军贡嘎机场驻军、西藏军区驻林芝某旅、西藏军区后勤部、珠峰大本营边防哨所进行祝贺与慰问。

第三节　文化下乡活动

1986年后，市属艺术院团始终坚持“二为方向”和“双百双针”，深入群众、深入生活，把握文艺为群众服务的方向，积极参加文化、科技、卫生“三下乡”活动。市吕剧院将“送戏下乡”作为剧院生存的根基，常年到农村演出，足迹踏遍全省的各个乡镇。至2010年，累计下乡演出2352场，观众1100万人(次)，获山东省“三下乡”先进集体；市京剧院累计下乡演出1100场，观众600万人（次）；市歌舞剧院、市曲艺团、市杂技团、市儿童艺术剧院累计下乡演出3000余场，观众1200万人(次)。1996年，市豫剧团自行设计制作山东首家流动剧场，受到农村观众欢迎，省市各大媒体予以报道。

1998年，市文联组织部分知名书画家、作家3次深入章丘市官庄乡、历城区港沟镇、济阳县城关镇开展文化下乡活动，将200多幅书画精品和一部分图书送到农村老党员、老模范、烈军属家中。2002年，市文化、科技、卫生部门着眼于农业、农村和农民的实际需要，组织开展“三下乡”活动。全年送图书下乡4万多册，送戏下乡760多场。在全“三下乡”活动表彰中，市委宣传部获优秀组织工作奖，市文化局获全省先进集体称号。2003年，全市专业文艺团体送戏下乡900多场，送图书、资料下乡120多万份，送电影下乡2.1万多场，送书画下乡3万多幅，培训农村文化骨干3.5万名。市吕剧院于鹤咏被评为全国“三下乡”活动先进个人；市吕剧院被评为山东省“三下乡”活动先进集体。

2009年1月20日，市委宣传部、省文联、市文联共同组织在济阳县太平镇举行文化、科技、卫生“三下乡”集中日活动。著名书画家张仲亭、杜华、范正红、赖飞、杨枫等16位艺术家将精品力作奉献给当地群众。同年5月，在济南市历城区柳埠镇黄巢村举办“济南市公共文化走进新农村”系列活动——济南市文化局、济南市群众艺术馆赴历城区柳埠镇黄巢村文艺演出；9月12日，省、市文联共同在槐荫政务中心礼堂举行“庆国庆迎全运”送文化下基层书画笔会。书画家王立志、吴建军、吴磊、王竞艺、李兆虬、李向东、吴苓、靳永、王升峰、解均等现场创作书画作品百余幅，赠送给槐荫区道德模范、西客站建设者及优秀教师代表。同年，市文化局组织市属6家艺术院团、济南市豫剧团、章丘市文工团开展公益演出进社区、进农村活动，全年完成演出370余场，观众近100万人(次)。

2010年1月20日，市文广新局、市群众艺术馆在天桥区桑梓店镇的农民文化大院，开展“春联送农家”文化下乡活动。2月27日，到历城区柳埠镇文化大院举办“公共文化走进新农村”系列活动。

第四节　“荷花奖”评比展演

2001年1月～3月，举办“新世纪之春”济南市新剧目会演（第一届“荷花奖”新人新作新剧目评比展演），市直6个专业院团参演。市歌舞剧院舞蹈诗《沂蒙风情画》、市儿童艺术剧院儿童剧《少年大舜》、市京剧院京剧《辛弃疾》获最佳剧目奖。市曲艺团曲艺专场《千年泉城千年情》、市吕剧院吕剧《菱花镜》、市儿童艺术剧院儿童剧《真实的游戏》、市杂技团《杂技魔术专场》获优秀剧目奖，各类单项奖118个。

2002年12月30日至2003年2月25日，举办第二届“泉城荷花奖”评比展演。市歌舞剧院张大卫等10人获“泉城荷花奖”；市京剧院宋丽铭等31人获一等奖。

2005年12月14日至2006年1月21日，

举办第三届济南市“荷花奖”新人新作新剧目评比展演。市属5家艺术院团的5台剧（节）目、150余名演职员参加会演，济南艺术创作研究院、市属各艺术院团、市群众艺术馆及各县（市）区文化馆（站）的百余件文艺作品参加新作品评比。市杂技团创作演出的《泉城写意》、市儿童艺术剧院儿童剧《青蝴蝶》、市吕剧院吕剧现代戏《“大官儿”皮景生》三台剧（节）目获金奖，市歌舞剧院创作演出的歌舞晚会《精彩无限》、市曲艺团曲艺晚会《曲山艺海迎新年》两台剧（节）目获银奖；祖绮颖等82人分获表演、导演、编导等单项一、二、三等奖；大型歌舞剧《李清照》等48部（篇）文艺作品分获新作品一、二、三等奖。

2007年12月20日至2008年1月28日，举办第四届济南市“荷花奖”文化艺术创新评比展演。市属7家艺术院团的9台剧（节）目、300余名演职员参加新剧目会演，市艺术创作研究院、市属各艺术院团、市群众艺术馆及各县（市）区文化馆（站）的近百件文艺作品参加新作品评比。市京剧院创作演出的京剧《辛弃疾》获金奖，市歌舞剧院创作演出的歌舞乐《盛世和韵》等三台剧（节）目获银奖，市曲艺团曲艺晚会《曲山艺海迎奥运》等三台剧（节）目获铜奖；李保良等百余名演职人员分获表演、导演、编导等单项一、二、三等奖；新京剧音乐诗剧《辛弃疾》等38部（篇）文艺作品分获新作品一、二、三等奖。

2008年，创作演出新编京剧《辛弃疾》

2008年12月26日至2009年1月4日，举办首届“泉荷奖”济南市优秀青年演员艺术比赛。市属6家艺术院团、济南市豫剧团、章丘市文工团的150余名演员分别参加舞蹈、器乐、声乐、吕剧、京剧、豫剧、杂技、曲艺、话剧9个门类的艺术赛事。经评委会评审，10名演员荣膺“泉荷奖”十佳演员并同时摘取“泉荷奖”一等奖，另有25人获“泉荷奖”一等奖，46人获“泉荷奖”二等奖，46人获“泉荷奖”三等奖。

第四章 电影发行放映

第一节 发行放映公司

一、山东省电影发行放映公司

山东省电影公司创建于1958年，隶属于山东省广播电影电视局，是以电影发行放映、影城开发建设管理、影视制作、广告策划宣传等为主体的综合性电影文化企业。2002年由山东省电影发行放映公司出资，由省文化厅批准、省工商局登记成立山东奥卡新世纪电影院线有限公司，院线公司覆盖全省17个地市、拥有近80家现代化影城，银幕数321块，是山东省第一条本土电影院线公司，办公地址位于济南市文化东路79号。旗下的山东新世纪电影城，2007年被命名为“全省文化产业示范基地”；2008年获“全省文化市场文明经营单位”称号；“新世纪电影城院线经营连锁模式”获第一届“山东省文化创新奖”；2009年公司获“2008年度全省服务业三大载体先进单位”称号，受到省政府通报表彰。

二、山东鲁信影城有限公司

山东鲁信影城有限公司（以下简称“鲁信影城公司”）成立于2007年，是山东省从事连锁电影院投资建设和经营管理的专业性公司。鲁信影城公司成立后，先后在济南、青岛、威海、日照、菏泽、枣庄、东营、聊城、泰安、莱芜、德州、烟台、淄博、寿光等地建设影城20余家。2007年，鲁信影城省体育中心店在省体中心建成开业；2009年，鲁信影城家乐福店在济南解放桥家乐福超市建成运营。2010年，济南鲁信影城体育中心店获“新影联院线2010年度票房十佳”称号；济南鲁信影城家乐福店获“新影联院线2010年度票房增长突出影院”称号。

三、济南市影剧公司

济南市影剧公司成立于1997年，由原济南市电影发行放映公司与济南市演出公司合并组建。成立初期，为原市文化局所属的正县级企业单位，是以电影发行放映业务为主的国有中型文化企业。1998年，尝试打破常规，成功运作电影《泰坦尼克号》发行放映，大观电影院创出济南电影史上五个第一：第一次与全国各大城市同步放映进口大片；第一次单片票房收入超过300万元；第一次投入高额宣传费，新闻媒体宣传炒作1月之久；第一次一个节目分三个轮次上映均取得较好的经济效益；第一次荣登全国分账大片排行榜，以290万元获得第七位的好成绩。2000年，放映《我的一九一九》《生死抉择》等弘扬主旋律影片，并组织送电影下乡、进学校活动。2001年济南市影剧公司加盟入股山东新世纪院线股份公司，成功操作27部中外影片，大观电影院在国家电影局国产影片阵地宣传评比中获全省唯一的“国产影片阵地评比优秀奖”。

四、济南新农村数字电影院线有限公司

为解决农村群众看电影难问题，2008年4月，根据《济南市人民政府办公厅转发市文化局等部门关于实施农村公益电影放映工程做好农村电影工作的意见的通知》要求，经市文化局批准，由济南市电影发行放映公司与商河、济阳、平阴、章丘、历城、长清6个县（区）电影发行放映公司共同出资成立济南新农村数字电影院线有限公司，在全市组建180支农村数字电影放映队，实行统一供片、统一经营、统一管理。2008年，全市农村公益电影放映覆盖率达80%，2009年覆盖率达90%，2010年全市4572个行政村实现全覆盖，达到“一村一月放映一场电影”的目标。农村电影放映工程实施后，全市年均5万余场公益电影走进农村。在组织实施农村电影放映工程的同时，济南新农村电影院线依托农村电影平台，不断延伸服务领域，开展公益电影进校园、进工地、进社区、进敬老院活动，满足和丰富弱势群体的文化需求。济南新农村电影院线被表彰为全国农村电影放映先进集体。

第二节　放映场所

大观电影院　始建于1932年，位于大观园商场内29号，是济南市历史较长的影院之一。初名大观有声电影院，前后历经9次更名和改建。1989年，大观电影院拆除扩建，建筑面积扩大为3350平方米，观众座席增扩为1130个。1992年，经过改建，成为全省第一家70毫米道尔贝八声道立体声超大银幕影院，当年影院总收入230万元，票房收入190万元。1994年，创出电影票房百日过百万成绩。2004年，影院对放映厅进行升级改造，增添先进的数字还音系统。2009年，与济南奥特大观电影院有限责任公司签订“合作经营合同”。

中国电影院　始建于1952年，是新中国成立后的首批公私合营的电影院。原位于经四路1号，占地1000平方米。1998年，影院投资140万元进行大规模的整体内部装修。1998～2008年先后获“济南市精神文明先进单位”“市直文

化系统安全生产先进单位”“组织实施建功立业工程先进单位”称号。2008年,政府棚户区改造,被济南市旧城改造投融资管理中心收回拆除。

胜利电影院 始建于1930年,原位于经二纬一路新市场内,占地面积979.78平方米,1986年被山东省文化厅授予“电影发行放映先进单位”。1991～2002年,连续11年被济南市授予精神文明单位。2000年2月,与济南市金德利快餐店合作,将一楼大厅出租给金德利快餐店经营。2008年,政府棚户区改造,被济南市旧城改造投融资管理中心收回拆除。

明星电影院 始建于1953年,1954年开始营业,位于经六纬十二路291号。1986年被列为全市第一家青少年教育基地,始终把青少年课外教育放在首位,几十年持之以恒,深入学校,为中小学带去优秀儿童影片。1992～1994年影院又进行全面装修与技术改造,并开设歌舞厅,进行多种经营。2009年,与济南和平烤鸭店签订房屋有偿使用合同。

光明电影院 始建于1953年,位于天桥区天成路5号,北邻济南长途汽车总站,南靠济南市火车站,占地面积2887.38平方米。1988年1月～3月,该院在全省率先进行对影院的改造,内部进行大规模的装修,座椅更换成高靠背航空座椅,引进英国“道尔贝”四声道立体声还音设备。把影院改建成全省第一家豪华立体声电影院,同时设有咖啡厅、卖品部,当年票房收入过百万。1989年11月被广电部评为全国电影发行放映先进集体。1989～1995年连续被评为市级文明单位。1991年9月至1992年7月在庆祝中国共产党建立七十周年献礼影片展映活动中,放映《开国大典》《百色起义》《焦裕禄》等影片,票房收入居全省首位,被广电部授予“全国电影放映优秀集体”称号。后因现代豪华数字影城的兴起及各种客观原因对影院的冲击,影院在2004年后不适合电影放映业务,逐渐开始靠租赁创收维持职工生活。

山东新世纪电影城(泉城路店) 2004年建成,是全省第一家数字电影城。位于泉城路西首万达购物广场四楼,设有11个专业电影厅,全部采用2K数字放映设备和全制式数字还音音响系统,总面积3200平方米,座席1092个。

济南万达影城 2010年建成,位于济南经四路万达广场,是万达集团旗下的国际级现代化多厅影院,影城设9个豪华影厅。其中,建有山东省第一块IMAX(巨型超大)银幕,宽21米,高11米,填补济南市乃至全省在这一领域的空白。影城总面积8000多平方米,可同时容纳1300余名观众。

鲁信影城(省体育中心店) 2007年9月1日开业,位于经十路省体育中心鲁能泰山广场,投资1500万元,由8个放映厅组成,观众座席739个。设备采用美国JBL和西班牙KCS高保真专业音箱,DTS数码解码器,SR.D双红光环音系统等。获“新影联院线2010年度票房十佳”称号。

鲁信影城(家乐福店) 2009年1月18日开业,位于济南解放桥家乐福超市地下一层,占地面积近2000平方米,由7个放映厅组成,观众座席766个,按照五星级影城标准进行设计与施工,内部环境设计优雅,硬件设施达到国际一流标准。曾获“新影联院线2010年度票房增长突出影院”称号。

新世纪电影城(玉函店) 位于济南市经十路19288号鲁商广场银座商城玉函店北门(即全民健身中心)地下一层,建筑面积3000多平方米,建有11个全数字电影厅,观众座席1500个。

新世纪电影城(洪楼店) 2009年正式开业,位于历城区海蔚广场地下一层,建筑面积为2000平方米,建有9个影厅,观众座席988个。

新世纪电影城(嘉华店) 2007年正式开业,位于济南经二纬十嘉华购物广场五楼,建筑面积3000多平方米,设有10个专业电影厅,观众座席866个。

明水电影城(原明水电影院) 位于章丘市汇泉路中段,2009年升级改造后,有3个放映厅,可容纳观众228人。

长清相约影城　位于济南市长清大学科技园山东数娱广场A座一层，有3个放映厅，观众座席246个。

平阴新世纪电影城　位于平阴县城榆山路中段，设有2个专业电影厅，总面积400平方米，影厅座席数150个。

第三节　放映活动

1988年3月24日，由上海科教电影制片厂、济南市经委、市科委、市文化局等联合主办的"上海科教新片展览月"活动在济南大观电影院举行开幕式。展览月期间放映各类科教片22部、867场，观众42万人(次)。

1989年，全市发行电影拷贝393部，其中新片171部，发行收入490万元；完成放映场（次）10万场，观众4360万人（次），放映收入969万元。全年举办三次大型电影展览、汇映活动。5月4日起，举办纪念五四运动70周年青年题材电影汇映，历时17天，放映《共和国不会忘记》《追杀刑警》《残酷的欲望》等影片；10月31日起，举办国庆献礼影片展览月，放映《开国大典》《百色起义》《巍巍昆仑》等革命历史题材影片；12月14日起，举办文物考古科教电影展览活动，集中7天放映《长岛古文化》《揭开古文明之谜》等14部科教片。

1990年，市电影公司实行因地而异和多层次、多化排片方法，全年完成放映场（次）98487场，接待观众5770万人（次），发行收入470万元，放映收入955.6万元。先后7次举办电影汇映、宣传月活动：1月中旬举办"人口与健康"科教电影汇映；3月中旬举办"学雷锋、讲奉献、树新风"电影宣传周；4月上旬组织宣传党的廉政建设的重点影片《阿罗汉神兽》宣传放映；5月举办"纪念鸦片战争150周年爱国主义教育电影宣传月"活动；7月举办"庆祝中国共产党建党69周年电影放映周"和"泉城人民为'亚运'做贡献电影宣传月"活动；8月举办"迎亚运亚洲电影展"活动。7月28日～8月28日，举办"泉城人民为亚运做贡献电影月"活动，放映电影2864场，为亚运会集资10万元。

1992年年末，全市有电影放映单位455个，其中影剧院46个。市属10家影剧院全年放映电影21556场，放映收入609万元，发行收入356万元。1994年，配合爱国主义教育举办百部爱国影片展映活动。"三八""六一"节日期间，市文化局、市妇联等联合举办电影周活动，放映《股疯》《彩月和她的情人》《炮兵少校》《复仇天使》《我给爸爸加颗星》等，放映30余场，观众2万人(次)。

1995年，举办4次优秀影片展映活动。6月29日～7月5日，举办纪念中国共产党建立74周年电影展映周活动。市区10余家影（剧）院、对外开放俱乐部分别上映《开天辟地》《开国大典》《毛泽东和他的儿子》《周恩来》等50部专题片，放映135场，观众2万余人（次）。8月25日～9月25日，举办"纪念世界反法西斯战争胜利暨中国抗日战争胜利50周年"电影展映月活动，集中放映《南京大屠杀》《七七事变》等20余部影片。10月25日～11月25日，举办"五个一工程"优秀影片展映月活动，放映《警魂》《步入辉煌》等10余部获奖影片，市区影院放映227场，观众14万人（次）。10月28日至12月底，举办纪念世界电影诞生100周年暨中国电影诞生90周年新片展映活动。展映30部国产片，24部进口片。

1997年11月18日，为加强市影剧院系统的经营管理，发挥整体优势和规模效应，成立济南市影剧公司。公司除保留原电影发行放映公司和市演出公司的各项职能外，还对所属8家影剧院实行统一管理，统一经营。抓好国产精品影片的宣传、组织、放映工作。《刘胡兰》《离开雷锋的日子》《红河谷》《鸦片战争》《大转折》等5部影片放映1295场(次)，观众26万人(次)，收入121万余元，三项指标均为全省第一。

2000年，各电影院在电影票房收入严重下滑的情况下，多方寻找片源，通过提高放映质量和服务水平，努力增加放映场次，提高经济效益和社会效益。全年放映电影10521场、票房收入337万元。

1992～2001年济南市电影放映情况统计表

表15—2—2

年 份	放映场次（万场）	观众人数（万人次）	发行收入（万元）	放映收入（万元）
1992	7.7	3831	—	—
1993	4.4	1425	295	579
1994	3.4	912	224	446
1995	3.1	910	286	720
1996	1.6	71	87	647
1997	2.0	352	229	—
1998	—	—	409.5	758
1999	1.8	200	171.5	336
2000	1.1	—	—	337
2001	1.0	—	—	240

说明：根据《济南年鉴》整理

2002年，通过建立电影院线制，开展送电影下乡和进校园活动等，市直影剧系统放映电影1.1万余场，实现总收入1041万元。2003年，各影剧院策划“暑期电影展映月”“济南解放55周年电影展映月”“纪念毛泽东诞辰110周年电影展映”等活动，市属各影剧院全年放映电影9872场，总收入805万元，其中票房收入467.4万元，观众21.4万人（次）。大观电影院获国家电影局“国产影片阵地评比优秀奖”。2005年，市属影剧院放映电影7984场、收入270.7万元、观众16.2万人（次），副业收入473.9万元。

2006年，市属影剧院放映电影9743场、收入202.3万元，戏剧演出89场、收入14.6万元，副业收入323.7万元。9月20日晚，在槐荫区博远广场启动为期1个月的纪念红军长征胜利70周年“百场电影进社区”公益放映活动。组织5个流动放映队，深入社区、广场、学校及厂矿企业等进行100场公益电影放映，重点放映《为了胜利》《万水千山》《太行山上》《巍巍昆仑》《金沙水拍》《毛泽东和他的儿子》《中国出了个毛泽东》等国家广电总局、电影局公布的《电影百年百部优秀影片片目》中所列影片。9月22日，“明星影院——进城务工人员影剧之家”在济南明星影院挂牌成立。从10月起，明星影院每周末安排放映两场公益电影，节假日适当增加，组织进城务工人员免费观看。每年安排放映公益电影200场，其中大片20场，优秀影片、娱乐影片100场，爱国主义、科教类影片80场。

2007年，大观、中国、鲁信等电影院累计放映电影1.2万场，收入336.2万余元，观众17.5万人（次）。市影剧公司组织深入农村放映电影570场。举办“喜迎十七大·优秀电影进城乡公益放映活动”，在济南市区社区广场和农村乡镇重点放映由国家广电总局推荐的电影各100场，包括《太行山上》《为了胜利》《郑培民》《东京审判》《张思德》《地下铁》《玉观音》《爱情呼叫转移》《自娱自乐》《云水谣》《美人草》等一批优秀国产影片和娱乐片。

2008年，市影剧公司和各县（市）区文化部门推进农村数字电影放映工程，放映公益电影4.8万余场。市属电影院放映电影12741场，收入856.68万元，观众273.2万人(次)。

2010年，市政府办公厅下发《济南市人民政府办公厅关于转发鲁政办发〔2010〕文件，促进电影产业繁荣发展的通知》，要求：明确产业发展目标；提升公共服务能力；加大对电影产业扶持力度；推进行业内部体制改革；切实加强组织领导。针对城镇数字影院建设滞后的现状，制定《济南市“十二五”城镇数字影院发展规划》，对城镇数字影院的发展进行科学布局，提出充分利用电影产业快速发展的有利时机，采取政府扶持、市场化运作、社会化融资的方式，在市区、县（市）及有条件的乡镇新建、扩建、改建一批数字电影院。同年6月，由市委宣传部、市文广新局和生活日报社联合主办、济南新农村院线承办的济南市首届社区电影节在历下、市中、槐荫、天桥、历城5区举办，活动历时4个月。其间，组织专业电影放映队走进全市20多个社区广场，共放映优秀国产影片60场。11月9日，济南市“关爱农民工子女志愿百影行动”启动。活动通过开展电影放映、电影文化宣传等形式，精选100场电影，组织专业放映队利用业余时间走进农民工子女定点学校免费放映，5万余名农民工子女从中受益。同年，全市完成农村电影数字化放映55859场，观众700万人（次），经济收入近70万元，超额完成54864场的年度放映计划，实现国家“十一五”期末每个行政村每月放映一场电影的“2131工程”目标任务。

第五章　机　构

第一节 济南市文化局

1986年，济南市文化局内设秘书科、组织人事科、宣传科、艺术科、社会文化科、文物科、基建科7个职能科室，纪委、工会、团委按有关规定设置。1987年，市文化局将原有科室改为办公室、组织人事处、宣传处、艺术处、社会文化处、文物处、基建处7个职能处室。1988年11月，增设老干部处。1996年11月，市文化局加挂市文物事业管理局牌子，内设办公室、组织人事处、宣传教育处、计划财务处、艺术处、社会文化处、文化市场管理处、文物管理处。同年3月，市文化局组建市文物工作队。2006年10月，市文物局设立，市文化局不再挂济南市文物事业管理局牌子。市文化局设办公室、艺术处、社会文化处、市场产业处、文物处、组织人事处6个职能处室和离退休干部处。2009年12月，市文化局的职责整合划入市文化广电新闻出版局，不再保留市文化局。

第二节 济南市文化广电新闻出版局

2009年12月，济南市将原属市文化局、市广播电视局、市新闻出版局(市版权局)的职责，整合划入市文化广电新闻出版局，同时组建市文化市场综合行政执法局，与市文化广电新闻出版局合署。市文化广电新闻出版局内设办公室、政策法规处、组织人事处(与市文化市场综合行政执法局组织人事处合署)、发展规划处、财务审计处、艺术处、社会文化处、文化市场管理处、文化产业处、广电行业管理处、电影管理处、新闻出版处、版权处、对外文化联络处14个职能处室和市文物局、离退休干部处。党的组织、纪检监察、工会、共青团、妇女工作等机构设置和人员配备按有关规定执行。

第三篇　文博事业

文物普查保护。1987年春至1989年，开展济南市文物大普查，发现登记各类文物475处。2007年至2011年12月，开展新中国成立后规模最大、参与人员最多、普查范围最广的文物普查，共登录不可移动文物点1664处，其中新发现1416处、复查248处。至2010年年底，全市有全国重点文物保护单位12处，省级文物保护单位57处，市级文物保护单位87处，县(区)级文物保护单位317处。加强重点文物保护单位修缮和养护，其间累计修缮各类不可移动文物近30处。

考古发掘工作。1997年前，济南市考古发掘工作主要由市文化局文物处负责。1997年12月市考古所成立后，重点开展主要区域集中在古城区及周边3千米范围内的城市考古工作。1986～2010年，全市发掘古遗址、古墓葬(群)90余处。1997年前，多是市文化局文物处进行发掘，部分由山东省考古研究所、山东大学考古系等发掘。1997年后，绝大多数由市考古研究所发掘。济南市考古发现先后有7项入选当年的“全国十大考古新发现”。

博物馆建设。1986年前，有济南市博物馆、章丘县博物馆、长清县博物馆3座国有博物馆。至2010年年底，全市新增6座博物馆，分别为历城区博物馆（1988年)、平阴县博物馆（1992年)、城子崖遗址博物馆（1994年)、济阳县博物馆（1995年)、辛弃疾纪念馆（1998年，原名辛弃疾故居管理处)、商河县博物馆（2008年)。2007年11月，济南市第一家非国有博物馆——华夏匾额博物馆获准设立。2008年始，全市国有博物馆全部实现免费开放。

文物法制建设。1998年12月，市人大公布施行《济南市文物保护管理规定》；2008年1月1日开始，正式施行《济南市文物保护规定》。至此，济南市形成以《中华人民共和国文物保护法》为主，地方法规相配套的文物法律法规体系。

第一章　文物保护

第一节 文物普查

1986～2010年，济南市先后开展2次大规模的全市文物普查。

1987年春至1989年，开展全市文物大普查。以市文化局文物处工作人员为主，抽调市博物馆、各区县专业人员，组成省文物普查分队。由1～2名专业人员，配上县里的文物干部或乡镇文化站长，组成2～3人的文物普查小组，以乡镇为单位进行普查。此次普查着重于对地下文物的普查，以古河道两岸和平原地区的高地、山丘地区、山脉主脉前小山头为重点普查地区。历时约2年，完成全市8县(区)的野外调查任务。全市共66个乡镇，普查58个；自然村3416个，普查2586个。发现古遗址、古墓葬、古建筑以及石刻、画像石等各类文物475处。

2007年9月至2011年12月，济南市开展全国第三次文物普查。2007年10月28日，市政府印发《关于在全市开展第三次文物普查的通知》，成立由28个部门组成的济南市第三次文物普查领导小组。普查范围为全市行政区内地上、地下的不可移动文物，普查内容以调查、登录新发现的不可移动文物为重点，同时对掌握的不可移动文物点进行复查。至2009年12月完成野外实地调查阶段的普查任务。行政村覆盖率100%，田野到达率超过98%。2010年上半年，完成全市第三次全国文物普查实地调查阶段的审查、初验和验收工作，10个县（市）区实地调查阶段的工作均达到国家文物局三普办要求，其中章丘市、历城区、济阳县、商河县、长清区和天桥区被省文物局三普办评为优秀等次。至2011年年底，全市登录不可移动文物点1664处，其中新发现1416处，复查248处，行政村和自然村普查覆盖率100%。

除大规模的全市文物普查外，济南市还组织开展数次专题性调查。2001年11月至2002年1月，配合泉城路改造，对芙蓉街—曲水亭一带的古近代建筑进行调查。2002年2月～6月，对市中、历下、天桥和槐荫4个区的古建筑、近现代代表性建筑进行拉网式普查，调查古建筑、近现代建筑及具有历史意义的纪念物430余处。2002年4月，配合普利街三角地带改造，对此区域的普利街、共青团路、郝家巷、西券门巷、西凤凰街等进行文物调查。2007～2009年，配合棚户区改造，对市区53个棚改片区进行调查，发现一批保存较好、建筑艺术精美、具有鲜明时代特征的老建筑。2009年8月，配合“魅力济南”工程，对老城区—商埠区内的现存文物建筑进行复查，调查老城区原有和新发现文物点134处，商埠区原有和新发现文物点187处。

第二节 文物保护单位

1988年1月、2001年6月、2006年5月，济南市分别有1处、3处、4处文物入选国务院公布的第三、五、六批全国重点文物保护单位。至2010年，全市有全国重点文物保护单位12处。

1992年6月、2006年12月，山东省人民政府分别公布第二、三批省级文物保护单位。其间，因行政区划调整、省级文物保护单位升级为全国重点文物保护单位等原因，省级文物保护单位数量有所变化。至2010年，全市有省级文物保护单位57处。

1995年12月、2007年3月，济南市人民政府先后公布第二、三批市级文物保护单位。1999年3月，市政府将老舍旧居列入第二批市级文物保护单位。至2010年，全市有市级文物保护单位87处。

其间，济南市辖10个县（市）区多次公布本行政区域内县（区）级文物保护单位。至2010年，全市有县（区）级文物保护单位317处。

2010年济南市全国重点文物保护单位一览表

表15—3—1

序号	名称	时期	地址	公布时间
1	孝堂山郭氏墓石祠	东汉	长清区孝里镇	1961年3月
2	四门塔	隋	历城区柳埠镇	1961年3月
3	城子崖遗址	新石器时代	章丘市龙山街道	1961年3月
4	灵岩寺	唐—清	长清区万德镇	1982年2月

续表15-3-1

序 号	名 称	时 期	地 址	公布时间
5	千佛崖造像（包括龙虎塔、九顶塔）	唐—明	历城区柳埠镇	1988 年 1 月
6	西河遗址	新石器时代	章丘市龙山街道	2001 年 6 月
7	汉济北王墓	西汉	长清区归德镇	2001 年 6 月
8	齐长城遗址	春秋、战国	济南市、章丘市、肥城市、泰安市、莱芜市、淄博市、沂源县、临朐县、安丘市、诸城市、沂水县、莒县、五莲县、胶南市、青岛市	2001 年 6 月
9	小荆山遗址	新石器时代	章丘市刁镇	2006 年 5 月
10	东平陵故城	汉	章丘市龙山街道	2006 年 5 月
11	洪家楼天主教堂	1906 年	历城区洪家楼西路	2006 年 5 月
12	万字会旧址	1934 年	市中区上新街	2006 年 5 月

2010 年济南市省级文物保护单位一览表

表 15-3-2

序 号	名 称	时 期	地 址	公布时间
1	毛主席视察北园公社纪念地	1958 年	天桥区北园镇	1977 年 12 月
2	毛主席视察省农科院纪念地	1958 年、1959 年	历城区省农科院	1977 年 12 月
3	周总理视察洛口黄河铁桥纪念地	1958 年	天桥区北园镇	1977 年 12 月
4	中共山东省委秘书处旧址	1923 ～ 1927 年	天桥区五龙潭公园	1977 年 12 月
5	英雄山革命烈士陵园	1949 年	市中区英雄山	1977 年 12 月
6	解放阁	1948 年	历下区黑虎泉西路	1977 年 12 月
7	大佛寺石刻造像	隋	历城区锦绣川乡	1977 年 12 月
8	翠屏山多佛塔	明	平阴县玫瑰镇	1977 年 12 月
9	大辛庄遗址	商、周	历城区王舍人镇	1977 年 12 月
10	小屯遗址	商、周	长清区归德镇	1977 年 12 月
11	玉皇冢遗址	新石器时代	济阳县回河镇	1977 年 12 月
12	房彦谦墓	唐	历城区彩石镇	1977 年 12 月
13	中国社会主义青年团济南地方团成立会址	1922 年	市中区育英中学内	1992 年 6 月
14	辛亥革命烈士陵园	1934 年	历下区千佛山东麓	1992 年 6 月
15	龙洞、东佛峪摩崖石刻造像	东魏—明	历下区姚家镇	1992 年 6 月
16	莲花洞石刻造像	北齐—唐	长清区五峰山街道	1992 年 6 月

续表15—3—2—1

序号	名称	时期	地址	公布时间
17	府学文庙	明、清	历下区大明湖路	1992年6月
18	清真南大寺	明、清	市中区泺源大街	1992年6月
19	广智院	1905年	历下区广智院街	1992年6月
20	万竹园	1912年	市中区泺源大街	1992年6月
21	张官遗址	新石器时代	长清区归德镇	1992年6月
22	王官遗址	新石器时代、夏、商	章丘市刁镇	1992年6月
23	焦家遗址	新石器时代、夏、商、周	章丘市龙山街道	1992年6月
24	大柳杭遗址	新石器时代	长清区双泉乡	1992年6月
25	周河遗址	新石器时代	平阴县洪范池镇	1992年6月
26	王推官庄遗址	新石器时代、夏、商	章丘市宁家埠镇	1992年6月
27	刘家台遗址	商、周	济阳县曲堤镇	1992年6月
28	芦坊遗址	商、周	商河县郑路镇	1992年6月
29	小官庄墓群	汉	商河县韩庙乡	1992年6月
30	道贵墓	北齐	历下区冶金宾馆内	1992年6月
31	张养浩墓	元	天桥区北园街道	1992年6月
32	李开先墓	明	章丘市埠村街道	1992年6月
33	月庄遗址	新石器时代	长清区归德镇	2006年12月
34	新屯汉墓群	西汉	平阴县玫瑰镇	2006年12月
35	孟庄汉墓群	东汉	平阴县东阿镇	2006年12月
36	明德王墓群	明	长清区五峰山街道	2006年12月
37	殷士儋墓	明	市中区党家庄镇	2006年12月
38	大明湖	北魏—近现代	历下区	2006年12月
39	石佛堂	唐	长清区孝里镇	2006年12月
40	平阴县学文庙	宋、明、清	平阴县县城	2006年12月
41	兴国寺	元	章丘市曹范镇	2006年12月
42	永济桥	明	平阴县东阿镇	2006年12月
43	兴福寺	明	槐荫区段店镇	2006年12月
44	五峰山洞真观	宋、明、清	长清区五峰山街道	2006年12月
45	华阳宫古建筑群	清	历城区华山南麓	2006年12月
46	平阴四山摩崖石刻	北朝	平阴县洪范池镇	2006年12月
47	德华银行旧址	1901年	市中区经二路	2006年12月

续表15—3—2—2

序 号	名 称	时 期	地 址	公布时间
48	“德国领事馆”旧址	1901 年	市中区经二路	2006 年 12 月
49	黄台车站德式建筑群	1905 年	历下区山大路	2006 年 12 月
50	胶济车站旧址	1914 ～ 1915 年	天桥区车站街	2006 年 12 月
51	齐鲁大学(含医学院)建筑群	1917 年	历下区文化西路	2006 年 12 月
52	山东邮务管理局旧址	1919 年	市中区经二路	2006 年 12 月
53	五三惨案蔡公时殉难地	1920 年	槐荫区经四路	2006 年 12 月
54	交通银行济南分行旧址	1925 年	市中区经二路	2006 年 12 月
55	奎虚书藏	1936 年	历下区大明湖路	2006 年 12 月
56	老舍旧居	20 世纪 30 年代	历下区南新街	2006 年 12 月
57	王统照墓	现代	天桥区金牛山	2006 年 12 月

2010 年济南市市级文物保护单位一览表

表 15—3—3

序 号	名 称	时 期	地 址	公布时间
1	周恩来 1946 年视察北平军事调处部济南执行小组纪念地	1946 年	槐荫区经三路	1979 年 9 月
2	王士栋烈士纪念地	1967 年	天桥区北园街道	1979 年 9 月
3	济南战役山东兵团指挥所旧址	1948 年	历城区仲宫镇	1979 年 9 月
4	大峰山革命遗址	1938 年	长清区孝里镇	1979 年 9 月
5	黄石崖造像	北魏、东魏	历下区罗袁寺顶	1979 年 9 月
6	黄花山造像	金	历城区仲宫镇	1979 年 9 月
7	佛慧山大佛头摩崖造像	宋	历下区佛慧山	1979 年 9 月
8	赵八洞造像	元、明	章丘市官庄乡	1979 年 9 月
9	清真北大寺	清	市中区回民小区内	1979 年 9 月
10	长春观	明	市中区回民小区内	1979 年 9 月
11	清巡抚院署大堂	清	历下区珍珠泉院内	1979 年 9 月
12	升阳观正殿	清	历下区慈林院街	1979 年 9 月
13	吕祖庙三大殿	明	历下区趵突泉公园内	1979 年 9 月
14	题壁堂	清	历下区寿康楼街	1979 年 9 月
15	浙闽会馆	清	历下区黑虎泉西路	1979 年 9 月
16	五龙潭秦琼故里	始建于唐	天桥区五龙潭公园内	1979 年 9 月
17	清河太夫人墓	唐	历城区彩石镇	1979 年 9 月

续表15-3-3-1

序号	名称	时期	地址	公布时间
18	闵子骞墓	宋	历城区闵子骞路	1979年9月
19	督城隍庙	清	历下区明湖小区内	1981年9月
20	万德西南遗址	新石器时代	长清区万德镇	1995年12月
21	埠村东南遗址	新石器时代	章丘市埠村街道	1995年12月
22	陈洼遗址	新石器时代	平阴县玫瑰镇	1995年12月
23	马彭遗址	新石器时代	章丘市宁家埠镇	1995年12月
24	马安遗址	新石器时代	章丘市明水街道	1995年12月
25	邢亭山遗址	新石器时代	章丘市曹范镇	1995年12月
26	邝冢遗址	新石器时代	济阳县太平镇	1995年12月
27	黄桑院遗址	夏	章丘市龙山街道	1995年12月
28	东三里遗址	夏	长清区文昌街道	1995年12月
29	张庄遗址	商、周	平阴县玫瑰镇	1995年12月
30	陈庄遗址	商、周	长清区文昌街道	1995年12月
31	宁家埠遗址	商、周	章丘市宁家埠镇	1995年12月
32	小李遗址	商、周	济阳县垛石镇	1995年12月
33	南河遗址	商、周	章丘市明水街道	1995年12月
34	西鹅庄北遗址	商、周	章丘市埠村街道	1995年12月
35	巡检遗址	商、周	章丘市相公庄镇	1995年12月
36	七郎院遗址	商、周	章丘市相公庄镇	1995年12月
37	张营遗址	商、周	长清区孝里镇	1995年12月
38	古城遗址	商、周	槐荫区段店镇	1995年12月
39	侯家遗址	商、周	章丘市明水街道	1995年12月
40	神宝寺遗址	北朝—唐	长清区张夏镇	1995年12月
41	开元寺遗址	唐—清	历下区佛慧山	1995年12月
42	四禅寺遗址	宋—清	长清区张夏镇	1995年12月
43	鲍叔牙墓	春秋	历城区王舍人镇	1995年12月
44	扁鹊墓	战国	天桥区北园镇	1995年12月
45	毕杨汉墓群	汉	章丘市枣园街道	1995年12月
46	柴油机厂壁画墓	元	历下区文化西路	1995年12月
47	真相院释迦舍利塔地宫	宋	长清区文昌街道	1995年12月
48	党家庄西清真寺	清	市中区党家庄镇	1995年12月
49	王泉摩崖造像	北朝、唐—清	长清区张夏镇	1995年12月
50	千佛山摩崖造像	隋	历下区千佛山山阴	1995年12月

续表15-3-3-2

序号	名称	时期	地址	公布时间
51	玉函山摩崖造像	隋	市中区十六里河镇	1995 年 12 月
52	太甲山摩崖造像	唐	历城区仲宫镇	1995 年 12 月
53	龙兴寺丈九佛造像	唐	长清区文昌街道	1995 年 12 月
54	锦屏山碑刻	清	章丘市文祖镇	1995 年 12 月
55	史元厚烈士纪念堂	1954 年	长清区马山镇	1995 年 12 月
56	绿竹园遗址	新石器时代	章丘市绣惠镇	2007 年 3 月
57	郑家遗址	新石器时代	章丘市明水街道	2007 年 3 月
58	胡坡遗址	商、周	平阴县孔村镇	2007 年 3 月
59	卢故城	周—隋	长清区归德镇	2007 年 3 月
60	济南西城墙遗址	明	历下区西城根街	2007 年 3 月
61	原山东省布政使司旧址(包括原贡院)	清末民初	历下区省府前街	2007 年 3 月
62	清山东巡抚大院旧址	清(1666 年)	历下区珍珠泉院内	2007 年 3 月
63	钟楼寺钟楼台基	明	历下区大明湖路	2007 年 3 月
64	山陕会馆遗址	清	历下区省府前街	2007 年 3 月
65	宁海恭和王墓	明	历城区仲宫镇	2007 年 3 月
66	张尔岐墓	1970 年	济阳县回河镇	2007 年 3 月
67	周氏庄园	明、清	济阳县垛石镇	2007 年 3 月
68	共青团路关帝庙	清	天桥区五龙潭公园南门西侧	2007 年 3 月
69	黑虎泉泉池	清	历下区黑虎泉路	2007 年 3 月
70	长清区文庙大成殿	清	长清区清河街	2007 年 3 月
71	将军庙街天主教堂	清	历下区将军庙街	2007 年 3 月
72	小寨村清真寺	清	天桥区桑梓店镇	2007 年 3 月
73	陈冕状元府	清	历下区鞭指巷	2007 年 3 月
74	高家当铺	清	历下区泉城路	2007 年 3 月
75	侵华日军细菌部队原驻地	民国	槐荫区经六纬九路	2007 年 3 月
76	新华院旧址	1943 年	天桥区堤口路	2007 年 3 月
77	李敬铨烈士墓	1984 年	历城区遥墙镇	2007 年 3 月
78	娄家祠堂	清—民国	历城区唐王镇	2007 年 3 月
79	李氏祠堂	清—民国	章丘市绣惠镇	2007 年 3 月
80	北洋大戏院	1905 年	市中区通惠街	2007 年 3 月
81	原金家大院	1910 年	历下区宽厚所街	2007 年 3 月

续表15-3-3-3

序号	名称	时期	地址	公布时间
82	陈家楼天主教堂	1908 年	天桥区前陈家楼	2007 年 3 月
83	李家大院	民国	章丘市明水街道	2007 年 3 月
84	山东红卍字会诊所旧址	1928 年	市中区魏家庄	2007 年 3 月
85	山东民生银行旧址	1932 年	市中区经二路	2007 年 3 月
86	山东大学老校区 1 号楼	1936 年	历城区山东大学老校区内	2007 年 3 月
87	跳伞塔	1956 年	历下区经十路	2007 年 3 月

第三节 文物维修保护

1983～1987 年，对全国重点文物保护单位四门塔千佛崖实施维修保护，维修技术达到国内领先水平，获国家文物局 1992 年科学技术进步四等奖，山东省文物局 1992 年科学技术进步一等奖。80 年代后期，先后维修市级文物保护单位长春观大殿、东西配殿、东西厢房等。1988 年，对市级文物保护单位济南战役山东兵团指挥所旧址进行修复，并布置展陈，对外开放。1988 年秋至 1990 年春，实施市级文物保护单位柴油机厂壁画墓保护工程。1989 年，市财政拨专款将五峰林场搬迁，并维修省级文物保护单位五峰山洞真观木牌坊和志仙亭。

20 世纪 90 年代，先后维修清真北大寺、千佛崖、大佛头造像、华阳宫四季殿壁画、灵岩寺彩塑罗汉像等，经费来源主要为国家文物局专项经费，以及市财政拨款、社会捐款。1990 年 2 月～10 月，对始建于清乾隆年间的市级文物保护单位清真北大寺进行全面大修。1992～1993 年，完成齐鲁宾馆元代壁画墓整体迁移工程，并修建保护覆室，获 1993 年山东省文物局科学技术进步奖一等奖和国家文物局文物科学技术进步四等奖。1993 年，接受社会捐款，维修加固省级文物保护单位大佛头造像保护石室，3 个月时间内收到单位和各界群众捐款 10 余万元，文物部门又利用一部分文物经费，共同维修加固大佛头造像的保护石室及殿前平台。1994 年，对市级文物保护单位题壁堂和华阳宫四季殿分别进行揭顶大修和加固抢险措施。1994 年秋至 1995 年 6 月，对全国重点文物保护单位灵岩寺千佛殿进行维修，修建殿后排水设施，更换部分建筑构件。1997 年、1998 年分 2 次维修灵岩寺千佛殿西、东两侧的 40 尊宋代彩塑罗汉像，修补残断肢体、清除积垢。1999 年

2011 年 5 月 15 日，和谐中华·第二届海峡两岸经典文化推广会演开幕式在济南府学文庙举行 （郑曙光摄）

3月至2002年年底，对全国重点文物保护单位孝堂山郭氏墓石祠进行维修保护。

2000～2010年，先后对华阳宫古建筑群、孝堂山郭氏墓石祠、济南府学文庙、闵子骞墓、题壁堂、平阴县学文庙、中国社会主义青年团济南地方团成立会址、兴国寺等进行维修。2000年，市财政投资600万元对华阳宫古建筑群进行维修，2001年5月实现对外开放。这是新中国成立后济南市第一次大规模的文物维修工程。2003年，对济南府学文庙大成殿进行抢险加固，排除险情。同年，修复被撞坏的市级文物保护单位永济桥，完成市级文物保护单位闵子骞墓的大部分维修工程。2005年9月，正式启动省级文物保护单位济南府学文庙维修保护工程，至2010年9月28日向社会开放。2006年，完成省级文物保护单位兴福寺维修工程和市级文物保护单位题壁堂抄手游廊修复工程。2008年，开展"五三惨案"蔡公时殉难地的住户搬迁、维修前期准备等工作；参与老字号宏济堂西记整体迁移方案的制订，并进行技术监督；对济南育英中学内中国社会主义青年团济南地方团成立会址修缮工程进行全面施工质量监督。2009年，启动华阳宫古建筑群壁画修复工程，对部分壁画进行加固、除垢、杀菌等。2010年，启动省级文物保护单位兴国寺的修缮保护工程。

附一：济南府学文庙修缮保护工程

济南府学文庙为省级文物保护单位，创建于宋熙宁年间（1068—1077），金代因战争遭到严重破坏，元末倾圮。明洪武二年（1369）重建，成化十九年（1483）拓建，后又经数代重修，至明朝末年，建筑布局臻于完善。清代对文庙的修葺基本保持了明朝文庙的规模和建筑布局。据《历城县志》载，济南府学文庙"规制如鲁"（张起岩《济南路庙学新垣纪略》），即其形制、规模如曲阜孔庙。现存单檐庑殿顶的大成殿，建筑规模在同类现存国内古建筑中名列前茅。

2004年，市文化局先后完成《济南府学文庙地区保护整治规划方案》《济南府学文庙修缮保护方案》《济南府学文庙修缮工程可行性研究报告》《济南府学文庙地区保护整治项目可行性研究报告》等，开展大成门维修加固、大成殿维修前期准备等工作。2005年8月，市文化局（文物事业管理局）成立府学文庙维修保护工程领导小组，下设府学文庙维修保护工程指挥部，具体负责施工现场与维修工程的各项工作，委托市考古研究所承担府学文庙维修保护工程的日常技术监督、协调等。2005年9月10日，济南府学文庙修缮保护工程正式启动，至2010年9月基本完工，搬迁、修缮等工程项目总投资4000余万元。

该修缮保护工程总用地面积16500平方米，可规划净用地15900平方米，总建筑面积4134.8平方米。其中修缮的文物建筑面积845.4平方米，重新修复的建筑面积2730.4平方米，规划新建建筑面积559平方米（实际完成新建建筑面积319.9平方米）。修缮的文物建筑有大成殿、更衣室、北大门、外泮池和影壁；重新修复的建筑由南往北有棂星门、中规中矩亭、忠英坊、毓秀坊、屏门、牺牲室、铁牛亭、东西掖门、戟门、东西廊庑、东西御碑亭、四座斋室、明伦堂、尊经阁等；配合管理新建建筑由南往北为南票房、保安室、卫生间、办公室、北票房、管理室等。其他配套项目主要有大成殿和东西廊庑内的塑像，出土石碑的加固修复竖立，院内原水系的清理疏通，古桥和内泮池的修复，院内场地消防、安防监控、绿化、地面硬化、围墙等。经过为期5年的维修，济南府学文庙基本恢复原有规模，具备向社会开放的条件。2010年9月28日，举行向社会开放仪式。

附二：四门塔阿閦佛佛首被盗及回归事件

四门塔建成于隋朝大业七年（611），是

国务院公布的第一批全国重点文物保护单位。塔内四方佛，一般认为雕凿于东魏武定二年(544)，早于四门塔建塔时间。虽历经千年沧桑岁月，仍保存完好，具有极高的艺术和历史价值。1997年3月7日夜，犯罪分子将四门塔东方香积世界阿閦佛佛首盗走。这次阿閦佛佛首被盗，对四门塔文物造成极大破坏，是济南市文物事业的重大损失。案发后，济南市公安局成立四门塔佛头被盗案专案组。6月，历城区法院以渎职罪判处四门塔文管所有关责任人员有期徒刑1年，缓刑1年。在专案组的持续追踪下，至2001年12月，先后将3名犯罪嫌疑人抓获。2000年12月和2002年3月，先后对3名嫌疑人进行判决。2002年7月，应台湾法鼓山文教基金会的邀请，山东大学教授刘凤君赴台湾，对法鼓山保管的佛首像进行鉴定。经现场鉴定，认定该佛首即是四门塔被盗的阿閦佛佛首。2002年9月18日，台湾法鼓山文教基金会决定将这颗佛首归还四门塔。同年12月17日下午，阿閦佛佛首在海峡两岸专家和法鼓山圣严法师的陪伴下回归济南。经过专家精心修复，阿閦佛佛首经过5年漂泊，终于身首合一。2007年6月，盗窃阿閦佛佛首的最后1名犯罪嫌疑人被抓获。至此，四门塔佛首被盗案全案告结。

第二章　考古发掘

第一节 田野考古

平阴新屯汉画像石墓　位于平阴县玫瑰镇新屯村。1986年3月，市文化局文物科与平阴县博物馆筹建处共同清理发掘。此处为西汉晚期的墓葬区，所发掘的古墓为2座：1号墓为“甲”字形土圹石室墓，墓室平面呈“回”字形，发掘面积为60平方米；2号墓为二次造长方形土圹石椁墓，发掘面积6.5平方米，出土画像石7幅。共出土器物59件、五铢钱237枚。另外在调查中搜集到4块汉画像石。

平阴孟庄汉画像石墓　位于平阴县东阿镇孟庄村。1986年5月～7月，济南市文化局文物科与平阴县博物馆筹建处共同清理发掘。查明该墓时代为东汉晚期。墓室全部用石材构成。由前、中、后及4个侧室组成，面积78.8平方米。曾多次被盗，仅存陶、石、铁器残片遗物。墓内梁、柱、门楣、门扉等建筑构件上刻画像117余幅，内容为表现墓主人的生活经历和社会民俗场景。

章丘宁家埠遗址　位于章丘市宁家埠村北。1988年、1989年，省文化厅组成济青公路考古队对该遗址进行2次发掘，共揭露面积近6000平方米，清理遗迹有灰坑、沟、水井、灶、房址、窑、墓葬等，出土大量石、骨、蚌器及数百件陶器，时代分属于龙山文化、岳石文化、商周及汉唐时期，以商周时期最为丰富。

济南柴油机厂壁画墓　位于济南柴油机厂。1988年发现并发掘。该壁画墓系元代仿木建筑砖室墓，壁画内容大致为仿木建筑彩绘、图案装饰、民俗民情、孝义故事。壁画绘画技法精湛，所绘人物栩栩如生，是不可多得的珍品。

章丘王推官庄遗址　位于章丘市宁家埠乡王推官村村南。1989年春、秋两季，由济青公路考古队、省文物考古研究所及北京大学考古系联合进行试掘。揭露面积约300平方米，年代从岳石文化至战国时期。清理的遗迹有房基、灰坑、墓葬、灶等。出土有陶器、骨器、钢器等，部分陶器有戳印文字。是泰沂山区北侧一处重要的岳石文化遗址。

章丘女郎山古墓群　位于章丘市绣惠镇北女

郎山山麓。1990 年 6 月～ 8 月，市文化局文物处和省文化厅济青公路考古队联合发掘，清理战国、西汉及宋、元、明、清时代墓葬 120 余座，基本搞清该地区封建社会晚期墓葬形制的分期和特点。

章丘小荆山遗址 位于章丘市刁镇韩家村东南。1991 年 10 月～ 12 月，市文化局文物处和章丘县博物馆进行抢救性发掘。发掘面积约 180 平方米，文化遗迹有房基、墓葬、窑、灰坑、灰沟等。出土和采集石、骨、蚌、陶器等百余件。该遗址以新石器时代早期西河文化为主，兼有北辛文化、大汶口文化、龙山文化、东周至汉代及宋元时期遗存，是山东省较为重要的新石器时代早期遗址。

长清明德王墓群和德庄王墓 位于长清区五峰山街道。1993 年 1 月，明德王墓群中的德庄王墓遭盗掘，市文化局文物处对该墓进行抢救性发掘，并对整个墓群进行勘察。作为国内罕见的保存完整的明代亲王家族墓地，这次勘察掌握了明德王墓群的墓葬分布、墓葬规模等，对于研究明代帝王的陵葬制度具有重要意义。

长清灵岩寺鲁班洞、般舟殿 位于长清区灵岩寺内。1996 年 2 月～ 5 月，省文物考古研究所、省文物科技保护中心在灵岩寺发掘清理鲁班洞和般舟殿遗址。发现的建筑、石雕遗存文物价值较高，对中国建筑史、佛教史的研究具有重要意义。

平阴南李山头金墓 位于平阴县洪范池镇南李山头村。1998 年 3 月该墓被盗掘，10 月市考古研究所与平阴县博物馆进行抢救性清理。该墓为竖穴式土坑石结构多室墓，画像石均为阴线刻竖纹衬地，浅浮雕。内容大致可分为花卉、社会生活场景和历史故事 3 类。墓葬时代为金代，墓主人身份为大地主或中下级官吏。

平阴西山墓地 位于平阴县东阿镇西山村。1999 年春，市考古所和山东大学考古系在该地抢救性发掘古墓葬近百座，时代涉及战国、汉代、宋元，出土大量精美的文物。其中汉代陶马和陶俑是此次发掘最亮眼的随葬品。

历城大官庄宋金元墓葬 位于历城区港沟镇大官庄村。1999 年 5 月，市考古所对大官村西南、某公司工地发现的一座墓葬进行清理发掘。墓内发现金泰和元年（1201 年）墨书题记 1 则，是济南市第一座具有确切纪年的金代墓葬。在施工区域内还发现并清理宋、金、元时期的几座墓葬。

长清张官遗址 位于长清区归德镇张官村村北。1999 年 10 月下旬，北京大学考古文博学院与济南市文物事业管理局、长清县文物管理所联合对该遗址进行发掘，发掘面积 125 平方米。此次发掘的目的，在于寻找泰沂山系以北晚于西河—后李文化而早于北辛文化阶段的考古学遗存，填补其间的缺环。经初步比较，张官的遗存时代上约相当于北辛文化阶段。这次发掘，对于搞清济南地区乃至泰沂山系北部北辛文化阶段考古学文化的面貌，辨析西河—后李文化向北辛文化过渡阶段的考古学文化内涵具有重要意义。

长清大觉寺汉墓 位于长清区归德镇大觉寺村。2002 年春和 2003 年 4 月～ 6 月，市考古所对该村东南和村西发现的 2 座东汉古墓进行抢救性发掘，发现铜缕玉衣、镀金铜构件、陶器等珍贵文物 110 件。

历城大辛庄遗址 位于历城区王舍人镇大辛庄村。2003 年 3 月～ 6 月，市考古所与山东大学考古系、山东省文物考古研究所联合进行考古发掘，出土文物有甲骨文、青铜礼器、玉器、兵器、陶器、兽骨等。其中，商代甲骨文的出土是震惊国内外学术界的重大发现，是除殷墟以外首次发现的商代卜辞，表明商代时期大辛庄地区是一个重要的方国或聚落遗址，对于认识商王朝与周边地区特别是东方地区的关系，探索商代的政治制度和社会组织，提供了极其重要的资料。

长清月庄遗址 位于长清区归德镇月庄村村东。2003 年 3 月～ 6 月，市考古所与山东大

学考古系、省考古所联合对月庄遗址进行考古发掘，出土新石器时代陶器碎片近千件，石斧、石磨盘、石磨棒等器物百余件。

章丘马安遗址　位于章丘市双山街道马安村。2004 年 4 月至 2005 年 10 月，市考古所进行抢救性发掘。发掘面积 5150 平方米，发现灰坑、墓葬、战国陶窑等大量遗存，石器、陶器、青铜器等百余件，时代涉及龙山文化、岳石文化、商周、汉代。

2004 年，考古工作者在章丘马安遗址清理 M52 壁龛内的器物

长清张营遗址和广里店遗址　位于长清区孝里镇。2005 年 3 月～5 月，市考古所进行抢救性发掘。张营遗址发现商周时期的灰坑、窖穴、灶址等遗迹，出土陶器、骨器、蚌器等器物；广里店墓地发掘十余座古墓，时代为宋至明，出土器物有铜镜、瓷器等。

商河梁家汉墓　位于商河县梁家村。2005 年 6 月，市考古所对商河县沙河古道富民水利工程梁家村段施工中发现的汉墓进行抢救性考古发掘，发掘汉墓 30 余座，出土汉代陶器、铜器 20 余件。

高新区卢家寨商代陶窑　位于高新区孙村镇卢家寨村。2005 年 11 月，市考古所抢救性发掘出土陶鬲 50 余件。陶窑为圆形，残存窑床和火道。出土陶鬲置于窑床之上，对于研究当时济南的制陶工艺、社会经济、生活状况以及和周围商代遗址的关系等都具有重要意义。

历城唐冶遗址　位于历城区唐冶街道。2006 年 3 月～6 月，市考古所进行抢救性发掘，发掘面积近 1 万平方米。发掘灰坑、窖穴、祭祀坑、房址、墓葬等遗迹，出土大量陶器、骨角器、石器、蚌器、铜镜、陶壶、漆器等器物。

高新区杨家窑址　位于高新区孙村镇杨家村。2006 年 4 月，市考古所发掘，出土陶鬲、罐、盆、瓮和大量的板瓦、筒瓦等。手工制陶业在该遗址文化内涵中占有较大比重，对于研究商周考古和中国陶瓷史及济南的地方史均具有重要意义。

长清大柿子园汉墓　位于长清区文昌街道大柿子园村。2006 年 7 月，市考古所发掘。该墓由大型画像石和青砖垒砌而成，早年被盗，仅出土较完整的陶猪圈及残损的陶壶、陶盘等。但多块画像石保存完好，雕刻精美，内容丰富，有官吏相互拜见图，孔子拜见老子图，青龙、白虎、朱雀、玄武图，及房屋建筑、树木花草虫鱼及几何纹饰等。

高新区高二村金代墓　位于高新区孙村镇北高二村。2006 年 9 月，市考古所对该村西发现的 4 座金代墓葬进行抢救性考古发掘。其中 1 号墓规模较大，墓葬形制为圆形仿木构砖雕穹隆顶壁画墓，墓室东壁镶嵌有砖雕乌龟。出土一批钧窑瓷器。

遥墙国际机场油库遗址墓地　位于遥墙国际机场附近。2007 年 5 月～6 月，市考古所发掘，发掘面积 600 余平方米，发现宋元墓葬 6 座，宋金元时期陶窑、灶，明代墓葬等重要遗迹。文化遗存主要有宋元文化遗存、明代文化遗存和后李文化遗存 3 种。

长清灵岩寺大雄宝殿遗址　位于长清区万德镇灵岩寺内。2007 年 7 月～9 月，市考古所会同山东省考古研究所、灵岩寺景区管理委员会、长清区文管所等单位组队对灵岩寺内大雄宝殿东遗址进行考古发掘，新发现 2 处佛教院落和 1 处大型殿堂基址，发现各种碑刻资料、佛教雕塑、铜币、建筑构件等。

章丘北毕汉墓 位于章丘市枣园街道北毕村。2008年4月～11月，配合中国重汽集团厂房建设，市考古所在北毕发掘2座大型东汉画像石墓，出土陶器、铜器、铁器等文物40余件，精美汉画像石40余方；发现墓前建筑1组，包括残留建筑墙体的遗迹3个、庭院及围墙遗迹。

章丘女郎山墓地 位于章丘市绣惠镇女郎山。2009年2月～6月，市考古所对女郎山墓地进行考古发掘，发掘战国、汉代、唐宋、元明清的墓葬300余座，墓葬形制多样，出土各类文物近1000件。

长清区山东女子学院元代墓 位于长清区大学城山东女子学院内。2009年3月，市考古所对该院发现的2座元代墓葬进行抢救性考古发掘，其中1座墓主为万户侯，墓葬整体形制保存完好，规模巨大，在省内同时期墓葬发掘中属罕见。

历城张马屯遗址 位于历城区王舍人镇张马屯村。2009年5月～6月，市考古所联合省考古研究所、山东大学对张马屯遗址进行考古发掘，发掘商代墓葬50余座，出土铜戈、大型卜骨等文物100余件，证明张马屯遗址和大辛庄遗址关系密切，对研究商代文化有重要意义。

第二节 城市考古

济南城市考古的主要区域集中在古城区及周边3千米范围内。配合老城区改造和城市建设工程，先后抢救发掘高督司巷、旧军门巷、县西巷、按察司街、运署街、济南府学文庙、趵北路老城墙、清巡抚院署大堂后殿、大明湖扩建区域、省府前街、卫巷、大明湖钟楼、小明湖、天地坛街、黑虎泉路、魏家庄、刘家庄、宽厚所街等一批古文化遗址、古墓葬，发现墓葬400余座、房址100余间、水井40余口、窑址10座，出土遗物总量超过6000件，其中完整或可修复的文物1500余件。

中银大厦战国墓 位于泺源大街中银大厦工地。1997年7月～10月，市考古所对中银大厦工地发现的战国墓进行抢救性考古发掘，发现一批青铜器和600余枚贝币。

七家村宋代墓群 位于历下区十亩园七家村。1998年，市考古所进行考古发掘。在清理的57座宋代墓葬中，49座出有随葬品，有陶器、铜器、铁器、瓷器、金银器、骨器和石刻等。

燕翅山明高唐王墓 位于历下区姚家街道窑头村燕翅山（亦称砚池山）。1998年8月，该村在建学校施工时发现，旋即拆除墓室的上部，对墓葬造成严重破坏。市考古所进行抢救性清理。据墓志可知，该墓墓主为明高唐王朱厚煐。墓葬早年曾遭盗掘，此次又遭破坏，仅从建校民工手中收回墓内出土的朱厚煐与其妃李氏墓志两合，瓷缸、瓷罐、铁锨各1件，铁棺环2枚等物。据墓志可订《明史·诸王世表五》载朱厚煐为懿王庶八子之误，亦可知明代燕翅山名雁翎山。

闵子骞墓苑东汉墓 位于闵子骞路。2000年9月，市考古所发掘闵子骞墓苑内东汉晚期汉画像石墓，墓葬由墓道、前室、中室、后室和2个耳房组成，出土陶质动物及彩绘陶器等60余件。推测墓主为地主或士大夫阶层的官僚。

腊山汉墓 位于西郊腊山工业园内。2001年7月～9月，市考古所进行发掘，墓葬形制巨大，曾被盗掘，此次出土文物近百件，其中包括2枚制作精美的汉印。该墓是市区发现的规模最大、级别最高、价值最大的西汉早期候墓。

汇苑家园隋代墓 位于建国小经三路汇苑家园。2001年11月，汇苑家园工地发现隋代济南郡守吕道贵墓葬，市考古所进行清理发掘，出土石人俑2个，墓志2块。据墓志铭记载，此墓是隋文帝舅舅之墓。墓志的出土填补《隋书》中对吕道贵记载不全的缺憾，对研究存世短暂的隋代历史具有重要价值。

高都司巷遗址 位于历下区高都司巷。2002年10月，市考古所进行抢救性考古发掘。是老城区内第一次大规模的考古发掘，发现一大批

战国至明清时期的文物，发现水井40余口。出土大量瓷片涵盖国内的大部分窑口，为民窑瓷器研究提供了实物资料。

旧军门巷遗址　位于历下区旧军门巷。2002年12月，市考古所抢救性发掘，发掘面积800平方米，出土商代陶鬲以及唐代至清代的大量瓷片。

华信路汉墓　位于历城区华信路逸东花园。2003年4月，市考古所对发现的新莽时期墓葬进行抢救性考古发掘。墓葬形制为长方形竖穴砖室墓。葬式为仰身直肢单人葬。发掘出土陶器、铜镜、铜钱等器物。这是济南市在正式考古发掘中首次发现新莽时期的墓葬，为研究这一时期的葬俗及墓制提供了实物资料。

县西巷遗址　位于历下区县西巷。2003年7月～8月，市考古所进行抢救性发掘，发掘面积2800平方米，发现包括佛教窖藏、宋代地宫、明代房基等在内的重要文化遗迹，取得重要考古成果。其中宋代砖雕地宫是国内发现的雕刻最精美的地宫，在地宫南侧发现佛教举行宗教仪式的“坛”，这在全国已发现的佛教造像埋藏坑中（包括各个时期的地宫）属首次发现。出土从北朝至宋代的佛教造像及残件80余尊，虽残缺不全，但数量多、密度大、制作精细，大部分都有彩绘、贴金，在济南地区已出土的佛像中均属上品。

按察司街遗址　位于历下区按察司街。2004年4月～6月，市考古所进行发掘。清理遗迹有灰坑、窑址、唐墓等，出土大量陶瓷片。同时发现一处规模较大的汉代冶炼遗址。这次发掘为研究济南的手工业发展史和城市历史沿革提供了重要实物资料。

运署街遗址　位于历下区运署街。2004年12月，市考古所进行考古发掘，发掘面积近千平方米，出土大量唐宋元明时期瓷器，以及汉代冶铁用的陶范和铁渣，为研究汉代的冶金史提供了重要实物资料。

甸柳庄春秋墓　位于解放路甸柳庄。2005年8月，甸柳庄附近的管道施工中发现一座古墓，随即遭到哄抢。市考古所闻讯后赶到进行清理，确认是一座春秋时期的古墓葬。后追回被抢的青铜器3件。

郎茂山元代家族墓地　位于市中区郎茂山路32号。2005年12月，市考古所对该处工地发现的元代家族墓群进行抢救性考古发掘，发掘3座墓葬。墓葬呈东西向排列；其中2座为圆形穹隆顶石室墓，1座为长方形石室墓。出土元代金器、瓷器和陶器20余件。

济南府学文庙　位于大明湖路。2006年11月～12月，配合府学文庙落架大修工程，市考古所对文庙旧址进行有重点的试掘工作。通过试掘，搞清了各种遗迹的早晚关系和柱础的建造方式及碑亭、月台的方位，为文庙大修提供了考古学方面的历史依据。

趵突泉北路6号遗址　位于历下区趵突泉北路6号。2007年3月～5月，市考古所对该处遗址进行发掘，发掘面积2800平方米。发掘灰坑、房址、水井等遗迹，出土大量青花瓷片。此次最重要的是发现埋在地下的一段济南老城墙，位于整个发掘区的对角线以西，内檐墙长80米，外檐墙长55米，分为墙体和墙基两部分，为研究济南城墙的最早建筑年代及构筑方法提供了第一手资料。

大明湖明代院落和古墓葬遗址　位于历下区大明湖景区。2008年1月～2月，市考古所对大明湖工地进行考古发掘。揭露出一批明代院落遗址，出土大量明代青花瓷器碎片及可复原器物；清理一座土坑竖穴式墓葬，在大明湖周边首次发现古墓葬，为研究大明湖沿岸人文自然环境的历史变迁及济南市历史沿革提供了重要实物资料。

和平路47号建设工地墓葬　位于和平路47号。2008年3月～5月，市考古所对该处工地（原山东建筑学院院内）发现的宋元明清墓地进行抢救性考古发掘，清理墓葬30余座，出土大量陶、瓷器物。

省府前街遗址 位于省府前街。2008 年 5 月～ 11 月，市考古所对省府前街西侧的山陕会馆遗址进行抢救性发掘，清理和锤拓 3 块碑刻。对省府前街东区进行考古发掘，发掘面积约 1400 平方米，发现灰坑、水井、房址、灶址等，出土大量汉至明清的陶瓷器。

卫巷遗址 位于历下区卫巷。2008 年 6 月～ 11 月，市考古所对卫巷遗址进行考古发掘，发掘面积约 4800 平方米。年代自两周至清代，发现灰坑、水井、墓葬、灶台、窖穴、房址、灰沟等文物遗迹；出土文物有金银器、玉石器、骨角器、铜器、陶器、瓷器、木器等，其中金银器窖藏发现的金银器 30 余件。

2008 年，卫巷遗址出土的明代石弹

奥体中路汉代墓地 位于奥体中路。2009 年 4 月，配合奥体中路修建，市考古所对奥体中路工地中段发现的 3 座汉代中型画像石家族墓进行抢救性考古发掘，出土各类文物 50 余件。出土的画像石数量较多，造型较好，具有较高的研究价值，其中白陶瓮是济南地区首次出土。

化纤厂路金代墓 位于历城区化纤厂路。2009 年 5 月～ 6 月，市考古所对化纤厂路丁豪公司工地发现的金代墓葬进行抢救性考古发掘。墓葬形制为圆形穹窿顶砖室墓，葬俗为 3 人合葬。墓葬发掘出土瓷器、青铜器、玉器、铁器等器物 10 余件。墓葬的砖雕样式较多，雕刻精致。该墓葬为济南地区金代艺术史、建筑史、民俗史等的研究提供了较丰富的实物证据。

魏家庄墓地 位于万达广场魏家庄片区。2009 年至 2010 年夏，配合济南万达广场工程建设，市考古所对魏家庄建设区域进行考古勘探和发掘。发掘墓葬、古井、窑址、灰坑等遗迹。出土银器、铜器、铁器、陶器、瓷器、石器、玉器等各类文物 600 余件（套）。此次发掘以汉代墓葬数量最多，此外还有唐宋元明清墓葬。是济南市区范围内发现墓葬数量最多、发掘出土完整文物种类最丰富的一次考古发掘。

华强广场建设地古墓葬 位于山大路与解放路交接处。2010 年 3 月～ 4 月，市考古所对华强广场建设区域进行抢救性发掘。发掘遗迹有汉、唐、宋、清时期古墓葬、古井，出土陶器、瓷器、铜器、铁器、贝饰、镇墓瓦等随葬品。

开元广场遗址 位于济南市古城区西部。2010 年 5 月，市考古所进行抢救发掘，发掘面积 500 平方米，发现多处唐宋时期灰坑、人工沟渠、古道等遗迹。该遗址为济南地区宋代即有丰沛泉水提供了直接证据，为研究济南地区唐、宋等历史时期的城市变迁、环境变化提供了原始资料。

刘家庄遗址 位于明湖西路刘家庄片区。2010 年下半年至 2011 年年初，配合济南市棚户区改造工程，市考古所抢救性发掘刘家庄遗址，时代为商代和宋元时期。发掘灰坑、墓葬等数百处（座），出土商周、唐、宋、元时期器物 200 余件。

第三节 重要考古发现

1986 ～ 2010 年，济南市共产生 7 项“全国十大考古新发现”，分别是：城子崖龙山与岳石文化遗址（1990 年）、长清仙人台邿国贵族墓地（1995 年）、长清双乳山西汉济北王陵（1996 年）、章丘西河遗址（1997 年）、章丘洛庄汉墓陪葬坑和祭祀坑遗址（2000 年）、章丘危山汉代墓葬与陪葬坑及陶窑（2003 年）、济南大辛庄商代遗址

(2010 年)。“新发现”数量占山东省的四成，时代从新石器时代至汉代，发现类型包括城址、墓葬和遗址。

城子崖龙山与岳石文化遗址　位于章丘市龙山街道龙山村。总面积 22 万平方米，是中国第一个由中国考古学家发现、发掘和出版考古报告的古城址，是著名的龙山文化的发现地和命名地。1990 年上半年，山东省文物考古研究所通过勘探和试掘，发现 2 座距今约 4000 年和 3500 年以前的城址，分别是龙山文化、岳石文化城址。2 座城址的发现分别入选 1990 年十大考古新发现和“七五”期间十大考古新发现。此次勘探和发掘明确了城子崖遗址是由龙山文化城址、岳石文化城址和周代城址重叠而成，澄清了 60 年来有关城子崖城址时代的争论。

龙山文化时期城址平面近方形，东西宽 430 米、南北长 530 米左右，为同时期古城址之最。城墙建筑方式是外挖内筑，墙体夯筑方式较为原始，夯层由外向内，由下向上倾斜堆筑，夯层长短不齐，厚度不一，相错叠压。岳石文化城址是迄今发现的唯一一座夏代城址。其城址直接叠压在龙山文化城址之上，城垣夯层规整，夯土坚实。岳石文化时期城墙是在龙山文化时期城墙基础上内收修筑的，平面形状与龙山文化时期城墙基本一致，面积相对缩小，约 17 万平方米。城墙构筑方式是基槽夯筑，在西墙北段发掘中，发现城墙基槽内侧板筑痕迹清晰完好。城子崖遗址内涵丰富，延续时间长，堆积层分为 3 层，从上往下分别为周代、岳石、龙山文化层，出土大批各时代的文化遗物。下层的龙山城址内文化层堆积丰富，有房基、水井、窑穴等遗址。陶器以黑陶、灰黑陶为主，石器多为磨制，还出土有骨器。

城子崖龙山文化城址具有早期城市的雏形，说明当时它已经成为一个权力中心、经济中心、文化中心。在此之前，在龙山文化城址和商代文化城址之间尚未发现夏代文化城址，它的发现，为研究中国文明起源、中国城市发展史及夷夏关系提供了重要资料。

长清仙人台邿国贵族墓地　位于长清区五峰山街道北黄崖村东南的五峰山之阳，面积 1000 余平方米。1995 年 3 月～5 月，山东大学历史系考古专业对遗址进行发掘，面积 610 平方米。发现保存较为完好的周代邿国墓地 1 处，同时发现和清理岳石文化、西周、东周和汉代等不同时期的房址、灰坑、窑址、墓葬等 90 余座，出土陶器、石器、骨器、蚌器、铁器和铜器等遗物 300 余件。

周代邿国贵族墓地发现墓葬 6 座，存在不同程度的破坏，但未遭盗掘。除 5 号墓之外，其余墓葬都集中分布在遗址中部。墓葬均为长方形土坑竖穴木椁墓，墓底都有腰坑，坑内殉犬。墓向东西向。葬俗流行独木棺，且内铺散朱砂。随葬品非常丰富，出土文物 320 余件(套)。种类有青铜器、玉石器、陶器、骨角器、海贝等。青铜器中有礼、乐器 110 件，器形硕大，铸造精美，其中 7 件铸有铭文。1 号墓中出土利用失蜡法铸造并镶嵌宝石的双龙镂孔圆柄短剑。6 号墓在 6 座墓中规格最高，随葬有拆散的马车车舆、车轮和各种铜车马器，并在二层台上殉葬 1 犬。墓主随身佩戴各类玉佩饰数件。棺内放置铜礼器 35 件，陶器 10 件，铜编钟 2 套 11 件和石磬 1 套 10 件，以及铜剑、铜戟、盾牌和盔甲等。根据随葬品的时代特征和铭文，并参考相关文献，推断这是一处自西周晚期至春秋时期的邿国贵族墓地，并且 6 号墓为邿国国君之墓。

邿国是周代东方一个附庸小国，国君为女主姓，公元前 560 年邿国被鲁国所灭。由于邿国小位卑，文献记载极少。该墓地的发现，弥补了文献记载的不足，更为邿国历史研究提供可靠丰富的材料，改变了人们对邿国地望的传统认识。这一发现，对中国考古学及中国古代史研究都具有重大意义，被评为 1995 年中国十大考古新发现之一。

长清双乳山西汉济北王陵　位于长清区归德

镇双乳村。墓葬计2座，东西排列，均依山为陵，向下凿岩成穴。1995年10月，山东大学考古学系、山东省文物局、长清县文化局等单位组建联合考古队，对其中破坏严重的1号墓进行抢救性发掘，至1996年7月基本结束，历时8个多月。

1号墓为一座大型“甲”字形石圹竖穴式木椁墓，主要由封土、墓道、墓室等几部分组成。封土原为覆斗形，高12米以上，其内部为石块和石渣，外部则为夯土。墓室开挖在山顶东侧最高部位，墓道则在顺其向北延伸的山梁上凿制而成，墓室在南，墓道位北居中，整个墓葬坐南朝北。墓室、墓道均设有二层台，呈“甲”字形竖穴基岩石圹。墓室南北长25米、东西宽24.3米、深5米左右。椁室位于墓室的底部中央偏北，靠近墓道二层台以下。南北长10.6米、东西宽9.3米、深17米。墓内葬具共5重，2椁3棺。内外椁结构相同，呈“II”字形，二者之间分为东、西、南、北四个边箱。内椁居中偏南，构成棺箱。棺箱内放置有3重漆棺，由内向外依次相套。外藏椁位于墓道南部靠近墓室处。墓主骨架位于内棺正中，已朽成粉末，但其轮廓尚较清晰。头向南，与墓道方向相反，仰身直肢，骨痕长1.8米。随葬品2000余件，正藏椁内的随葬品主要有铜器、玉器、漆器、铁器、陶器、金饼、钱币、车马器和家畜家禽等。其中，铜器100余件，玉器50余件，另有相当数量的漆器、铁器、陶器等，还出土有大量的牛、羊、鸡等家畜家禽，以及大量的鱼等。外藏椁内放置车、马、鹿等。

双乳山1号汉墓规模宏大，保存完好，马车结构较清晰，规格不同，形制有别，为研究汉代埋葬制度和车马制度增加了新资料，被评为1996年“全国十大考古新发现”之一。经研究，墓葬的年代为西汉武帝末年，墓主是西汉济北国最后一代王刘宽。

章丘西河遗址 位于章丘市龙山三村西北部。现存面积40余万平方米，主要包含后李文化、大汶口文化、龙山文化以及唐代、宋代与清代时期的文化遗存。1997年，山东省文物考古研究所对西河遗址进行第三次发掘，发现一批保存较好的后李文化房址和富有特色的陶器、石器等，并确定其年代距今约9000～7700年。此次发掘入选当年度全国“十大考古发现”之一。

该遗址已发现30余处房址，面积一般为20～40平方米，大者超过50平方米。平面一般为圆角方形，半地穴式，门道多向南。采用大致平行的横行式布局，布局齐整。房内有2～3组设计巧妙的烧灶，并有居住、炊烧、活动的功能分区。有的居住区做防潮处理；炊烧区多设在中部；活动区一般经火烤。1997年发掘的房址排列有序，应是一个有着统一规划的聚落。

遗迹、遗物大都保存完好。遗物以陶器为主，另有石器、骨器。陶器陶质较细，多用未经淘洗的原生黏土烧制而成，夹碎云母片、细砂或粗砂石颗粒。陶色有红褐、灰褐、黑褐等色。陶器均为手制，器形不甚规整，内壁不平，部分器表可见刮抹痕迹。大多数器物口沿外翻呈叠沿，再饰以戳印纹、指甲纹等纹饰。烧制火候较低，器物质地疏松，极易破碎。器表绝大部分素面，纹印有指甲纹、压印纹、戳印纹、按窝纹、附加堆纹、绳纹等。陶器种类较多，有圜底器、圈足器、平底器等。器类有釜、双耳罐、圈足盘、碗、高领蛋形壶、小口鼓腹壶、钵、匜形器、拍子及陶猪、陶面塑像等。石器数量较多，主要有斧、锛、镰、锤、研磨器、磨盘、磨棒、支脚、砺石、支垫石等。制作方法有打制、琢制和磨制。

西河遗址作为一处遗存特别丰富、保存较好、面积较大的典型聚落遗址，对于海岱地区新石器时代早期考古学文化的面貌、年代、分期、经济生活、社会性质及聚落形态的研究，具有重要意义。

章丘洛庄汉墓陪葬坑和祭祀坑遗址 位于章

丘市枣园街道洛庄村西。共发现33座陪葬坑，出土各类文物3000余件，特别是数套编钟、编磬和3辆大型马车的发现，引起社会的广泛关注和考古界的高度重视，被列为2000年度“全国十大考古发现”之一。

1999年6月，村民取土时偶然发现铜器，章丘市博物馆闻讯进行了紧急清理。同年7月，济南市考古研究所对其进行清理，命名为“洛庄汉墓”。为免遭盗墓分子破坏，2000年3月，山东大学考古系和济南市考古研究所组成的联合考古队进驻洛庄汉墓工地，开始对墓室外围遗迹进行大规模发掘。

洛庄汉墓是迄今发现的年代较早的一座西汉诸侯王墓。墓室大致为方形竖穴，东西两侧有墓道相连，总体平面呈“中”字形，墓上用夯土筑成封土。墓室四周发现有13座大型陪葬坑。这些陪葬坑平面均呈“凸”字形，陪葬坑内分类埋葬马匹、车马、兵器、仓储类器具，以及成套的乐器等。在墓室周围还发现19座可能属于祭祀坑的埋葬遗迹，这在汉代考古中属于首次发现。这些祭祀坑平面呈“凸”字形或长方形，规模小于陪葬坑，分类埋葬有水牛、马匹、各种小型泥俑和木俑、陶器、漆器、兽骨等。东墓道南北两侧发现的经过处理的柱洞遗迹，是汉代帝王陵墓考古中首次发现的重要现象。洛庄汉墓祭祀坑和建筑物遗迹的发现，为西汉诸侯王的埋葬制度、埋葬过程、礼仪活动的研究提供了重要资料。

济南洛庄汉墓陪葬坑中编钟、编磬出土状

洛庄汉墓乐器坑出土石磬6套共107件，比中国汉代考古发掘的石磬总和还多。每个石磬上都有编号，为解决石磬排列和悬挂顺序提供了重要参考。同时，出土19个保存完好的编钟，以及鼓类打击乐器和弹拨乐器。洛庄汉墓出土的编钟是国内考古首次发现西汉时期的编钟，与战国编钟在形态、花纹等方面都有明显区别。该套编钟为实用编钟，且为双音钟，用特制的木槌轻轻敲击编钟不同部位，可以听到两种不同的声音。

章丘危山汉代墓葬与陪葬坑及陶窑　位于章丘市圣井街道危山山顶附近。2002～2003年，山东省文物考古研究所、济南市考古研究所和章丘市博物馆三方组成联合考古队进行考古发掘，发掘汉代陪葬坑3座，墓葬30余座，陶窑3座，出土大批彩绘陶车、马、仪仗俑群等文物。入选2003年“全国十大考古新发现”。

陪葬坑均南北向。其中1号陪葬坑内车马俑摆放反映王侯贵族出行的场面，出土有陶俑、陶马、陶马车、盾牌等。2号坑规模较小，摆放11个木质器物箱，箱内遗物大多腐朽，有4个箱内分别摆放陶车、马、俑等。2号坑内出土的陶俑多为女俑。出土陶车5辆，有双辕车和单辕车2类，车的构件除车轴及伞盖的杠外，均为陶土烧制而成，一辆车的构件，多的达100余个，为汉代车的研究提供了完好的实物资料。发现的3座陶窑，为主要烧制车、马、俑的陶窑。陶窑出土的车、马、俑的残片与1号陪葬坑内出土的基本一致，说明1号陪葬坑出土的车马俑应该是在当地烧制的。此次发现的彩绘兵马俑，继承秦代陶塑艺术风格，注意细节的刻画，形象生动逼真，威严庄重，具有明快洗练的写实风格。这批陶塑运用了模制方法和插件相结合，是除陕西杨家湾外全国发现最完整的彩绘陶车兵马俑陪葬坑，对研究西汉陶塑艺术和王陵葬制有重大价值。同时，对危山北坡发现的部分墓葬进行清理。发现的墓葬多集中在陪葬坑周围。墓葬中除随葬生活用品外，在东器物箱内随葬大量的兵器，其中一件铜弩机上有错金银花纹，制作考究。

对危山顶部的大型墓葬的勘探，基本了解了该墓葬的形状、形制和规模，为汉代济南国历史研究提供了重要资料。

济南大辛庄商代遗址　位于济南市历城区王舍人镇大辛庄村村南，是济南地区重要的商代遗址。山东省文物考古研究所、山东大学考古系、济南市考古研究所都曾在此进行多次发掘，发现出土一批重要的商代遗迹遗物。

2010年6月底至12月，山东大学历史文化学院考古系与山东省文物考古研究所、济南市考古研究所联合组成考古队，对遗址进行发掘。发掘面积约1000平方米，揭露商代灰坑50余个、灰沟13条、窑址2座、房址4座、商代各时期墓葬90余座，出土青铜器130余件、玉器20余件，成型陶器近300件。此次发掘的商代墓葬分布集中，排列有序。墓葬中出土的青铜器造型精美，个别铜器带有族徽铭文，发现文字族徽2种、符号族徽3种，为山东地区商代考古增加了重要资料。此次田野考古发掘被评为2010年度中国十大考古新发现之一。

本次发掘的商代晚期墓葬出土青铜礼器组合以觚、爵为主，兵器组合包括戈、矛、刀等，陶器组合为鬲、豆、簋或鬲、豆、罐等，墓底多铺有一层朱砂，均有腰坑，盛行殉狗。时代多为大辛庄第六、七期，即殷墟第三、四期。在随葬青铜礼器中，觯和小鼎铸造精美，纹饰复杂，表现了当时极高的工艺水平。小鼎的口部内侧和其中一件铜爵的鋬下铸有铭文“索刂”，其性质应为族徽。青铜双鸮卣，造型生动，做工精美，在山东地区同时代的考古发掘中极为少见。“索刂”是商代末年征夷方战争途经之地，此次在地处鲁北的大辛庄遗址发现，对于研究商代末年征夷方战争的地点及路线，提供了新的实物及文字资料。

第三章　博物馆

第一节 博物馆、纪念馆

一、济南市博物馆

位于千佛山公园西侧（济南市经十一路30号）。1989年3月动工兴建，1992年5月竣工，1997年投入使用。占地面积8500平方米，建筑面积6300平方米，其中陈列面积2400平方米，主体建筑由陈列展览区、文物库房和辅助设施用房组成。内设办公室、陈列宣教部、保管部和保卫科。1998年被公布为济南市首批爱国主义教育基地，2005年被公布为第三批省级爱国主义教育基地。2004年，博物馆在加强对未成年人思想道德建设活动中，率先推出对大、中、小学生实行免票参观等优惠措施。2008年，市博物馆向社会免费开放。2009年被评定为国家二级博物馆。至2010年，有馆藏文物2.1万余件，其中珍贵文物1969件，包括一级文物81件，二级文物375件，三级文物1513件。

二、县(市)区博物馆、纪念馆

(一) 历城区博物馆　1988年12月由历城县（区）第二文化馆改建而成，位于仲宫镇龙山路51号，建筑面积1160平方米。2002年，博物馆自筹资金100余万元扩建办公楼，建筑总面积2260平方米。至2010年，有各类藏品354件，其中珍贵文物147件。

(二) 辛弃疾纪念馆　位于历城区遥墙镇四凤闸村，总占地2万平方米，由故居和辛家坟2

部分组成，建筑面积4900平方米。原称辛弃疾故居管理处，2012年5月更名为济南市历城区辛弃疾纪念馆，是集参观教育、文化交流、辛弃疾学术研讨、休闲观光、文物保护于一体的综合性文化场所。

（三）长清区博物馆 成立于1984年9月，原为长清县博物馆，地点位于老城县学文庙大成殿。至2010年，有各类藏品1752件，其中珍贵文物544件。

（四）章丘市博物馆 成立于1984年，原址位于汇泉路西首，1990年7月迁至清照路135号李家大院。建筑面积624平方米。至2010年，有馆藏文物1.48万件，其中珍贵文物380件。

（五）城子崖遗址博物馆 位于章丘市龙山街道，城子崖遗址的东北角。始建于1993年，1994年9月23日建成开馆，是山东省第一座史前遗址博物馆。总占地3万平方米，主体建筑面积4000平方米，由中国古建筑专家杨鸿勋设计，是中国第一座掩土特异型博物馆。第六、七届全国人大常委会副委员长周谷城题写馆名。1995年1月，公布为章丘市差额拨款事业单位，行政由章丘市龙山镇代管，业务由章丘市文化局管理。2006年1月，归属章丘市文化体育局（后为文化广电新闻出版局）管理，为章丘市财政全额拨款事业单位。至2010年，有各类藏品235件（套）。

（六）平阴县博物馆 成立于1998年，办公地点在平阴文庙，位于县城府前街77号，占地1.6万平方米，展览面积1500平方米。藏品有铁器、石器、字画、画像石、杂品、古生物化石等，尤以汉画像石、汉代彩绘陶器、明清书画等为特色。至2010年，有各类藏品1349件，其中珍贵文物262件。

（七）济阳县博物馆 成立于1988年，位于老城街27号，最初与县图书馆合并办公。1995年6月，与图书馆分离，正式成立县博物馆。至2010年，有馆藏文物2284件，其中珍贵文物181件。

（八）商河县博物馆 成立于2008年，位于长青路商河城市规划展馆内。至2010年，有馆藏文物132件，其中珍贵文物69件。

三、行业博物馆、民办博物馆

2000年后，济南市各类行业性国有博物馆、民办博物馆发展迅速。2007年11月5日，济南市第一家依法设立的非国有博物馆——华夏匾额博物馆获准设立。至2010年，在文物行政管理部门登记注册的博物馆15家，其中国有博物馆9家，行业性国有博物馆4家，民办博物馆2家。据不完全统计，全市有国有、行业、高校、民办等各类博物馆近百座。行业博物馆如山东省邮电博物馆、济南医学博物馆、宏济堂博物馆等，以行业为线索，展示行业历史文化，为人们提供一条由物知史，了解行业历史的途径；高校博物馆如山东大学博物馆、山东师范大学博物馆、山东建筑大学博物馆等，以史料翔实、内容丰富、学术氛围浓厚为特点，为学校教学和学术研究提供便利；民办博物馆如老舍纪念馆、华翌博物馆、华夏匾额博物馆等，虽规模较小，但因近距离、可感性和亲近性等特点，受到民众青睐。

第二节 考古学术研究

1986年后，济南市博物馆相继在《农业考古》《文物天地》《文物》《文物春秋》《文物工作》《收藏》《收藏家》《中国收藏》《故宫文物月刊》《东南文化》《中国文物报》《齐鲁晚报》《济南日报》《济南时报》等报刊发表学术论文或专业文章600余篇（幅）；编辑出版《大汶口》《济南战役资料选》《四门塔与神通寺》《济南文物》《济南战役》《李清照年谱》《济南市博物馆藏历代法书选》《博古撷采——纪念济南市博物馆建馆50周年研究文集》《济南大观》《济南文物珍藏》《济南市博物馆馆藏精品·书法卷》《济南市博物馆馆藏精品·绘画卷》等著述。为全国性学术研讨会与省市级学术研讨会提供论文近30篇。其中，2005年2篇论文入选中国博物馆学会南通年会，并应邀参加中国博物馆百年庆典及学术讨论会；2篇论文入选汉代考古与汉文化国际学术研讨会；1篇论文入选中国文物保护技术学会四届年会。2008～2010年，有10余篇论文入选中国博物馆学会城市博物馆专业委员会第一、二、三届年会。2005～2010年，市博物馆有125项优秀成果参加省文化厅、省博物馆学会、省考古学会优秀成果奖评审。其中，《灵岩寺罗汉像绘画与研究》获1995～1999年度山东省文化科技进步一等奖。2005年，为济南电视台拍摄大型专题片《历史的诉说》和山东电视台“收藏天下”栏目拍摄《元代木雕力士像》宣传片提供相关文物；2006年，为《中国瓷器全集》大型丛书提供济南市15件出土瓷器的目录清单及基础信息资料；2009年，为编辑“山东文物丛书”《历史文化名城济南》等撰写和提供词条80余条。

2000～2010年，市考古研究所先后在《中国文物报》《中国历史文物》《考古》《文物》《中国文化报》《中国考古年鉴》《东方考古》《联合日报》《海岱考古》等刊物发表学术论文与专业文章150余篇。参与编辑出版《济南市重大考古发掘纪实》《2004年汉代考古与汉文化国际学术研讨会论文集》《中国出土瓷器全集·山东卷》《中国出土壁画全集·山东卷》《天下泉城济南现存老建筑集萃》等，编撰出版《华阳宫》《济南老建筑寻踪》《泉城古韵》《济南考古》《章丘女郎山》等论著。承担国家级保护课题“山东章丘东平陵城遗址保护研究项目”、省级课题“济南近代历史文物建筑平移及加固研究”“基于新考古出土材料的济南地区汉代冶铁技术研究”，与山东省国土资源资料档案馆合作开展“济南地区古代采矿冶铁状况考古与调查研究”课题。与中国社科院考古研究所联合对所藏铁器进行检测、修复保护。大辛庄商代遗址发掘获2010年度中国田野考古奖三等奖。有51项优秀成果参加省文化厅、省博物馆学会、省考古学会优秀成果奖评审。纪实摄影《天下泉城——济南现存老建筑集萃》作品集获第六届山东省“泰安文艺奖”三等奖。

第三节 陈列展览

1986年，市博物馆举办纪念济南解放38周年“济南解放阁落成革命文物展”。1988年，举办庆祝济南解放40周年“济南战役革命文物展览”。

1991年，市文化局、省博物馆、市博物馆联合举办“庆祝七十周年济南革命文物展览”，展出文物、资料、照片和图表300余件(张)。展品有20世纪初出版的《中国共产党五年来政治主张》《中国共产党宣言》、王尽美主编的《晨钟报》和报头、邓恩铭家信、刘谦初在狱中用的毛毯、吴化文率部起义后获得的一级解放勋章等珍贵革命文物。接待观众5000余人(次)。9月，配合1991世界旅游日暨首届中国国际旅游书画艺术节活动，在市博物馆新馆举办“济南历史文物精品展”和“馆藏明清书画珍品展”，前者展出自新石器时代早期至元代的近80件(组)文物，展现济南自远古步入文明社会的历程；后者精选市博物馆馆藏明、清两代著名书画家的佳作80余幅展出。展览期间，接待国内外观众、专家、学者7000余人(次)。1992年，市博物馆协助市伊斯兰教协会，筹建全市第一个民俗陈列室——“穆斯林民俗展”。1994年9月～10月，配合1994济南金秋经贸洽谈会暨龙山文化艺术节召开，市博物馆同时举办“济南出土文物展”和“馆藏名人书画精品展”。

1997年，市博物馆利用财政拨款180万元，改造展厅、添置部分展陈设备和庋藏设备，改善文物收藏与展陈条件。先后举办“馆藏佛教造像艺术展”等专题展览9个。1999年，举办“馆藏佛教造像艺术陈列”“佛教文化展”“馆藏古代书画精品展”“元代壁画墓展览”等。在全省组织的“每馆一展”活动中，济南市获全省文物展览大奖1项、全省文物展览优秀奖3项。2000年，市博物馆自筹资金，重点进行基本陈列的内容设计工作。年内举办、承办、引进“古代铜镜鉴赏”等展览10个。

2001年年初，市博物馆举办“洛庄汉墓出土文物临时展”。5月，在临时展的基础上与市考古研究所、《济南时报》联合推出“宝马华车金钟嘉磬——洛庄汉王陵首期出土文物精品展”。“八一”前夕，推出基本陈列“古城辉煌——济南历史暨馆藏文物精品展览”。2002年上半年，市博物馆对2001年推出的两大文物精品展进行调整、充实和浓缩，并为展览添加英文说明牌。配合老城区抢救发掘，举办“济南市区出土文物精品展”。全年接待国内外观众7万余人（次）。2003年，克服“非典”影响，先后举办“即合·归心——喜见四门塔阿閦佛造像修复”“济南县西巷出土佛教造像珍品展”等7个专题或临时展览。6月份起，在全省率先实施“每周五免票日”活动，同时大幅度下调票价，探索免票开放吸引观众的新途径。至年底，接待国内外观众6万人(次)，门票收入万余元。2004年，先后举办、引进“婉约词宗——李清照诞辰920年纪念展”“国宝鉴赏周”等10余个临时展览和专题展览；与省博物馆合作，参与举办“郑板桥书画联展”“高凤翰书画展”等，宣传济南历史文化名人，加强博物馆之间的交流与协作。3月下旬起，推出对大、中小学生及未成年人一律实行免票等优惠举措。全年接待观众4万人(次)。2005年，先后主办、承办、协办“古砚珍藏展”“鸡年·吉联·吉祥——迎新春馆店珍藏对联展”“珍贵文物元代木雕力士像特展”“滕长富红色文献收藏展”“让历史告诉未来——纪念中国人民抗日战争暨世界反法西斯战争胜利60周年大型图片展”“共和国开国元勋珍邮鉴赏”等近20个陈列展览。全年接待中外观众6万人（次），其中三分之二为免票观众。

2006年，先后主办、承办、协办“扬州画派作品展”“馆藏明清书画展”等31个临时展览和专题展览，全年接待观众4.3万余人。“济南市博物馆藏明清书画精品展”在深圳博物馆和番禺博物馆开展。2007年，先后主办、承办、联办“济南市博物馆明清书画精品汇报展”“中国历代匾额珍品首展”“稼轩魂——爱国词人辛弃疾逝世800周年纪念展”等28个专题、临时展览。举办“扬济南名士风采，塑和谐校园文化”“古代体育图片展”等3个流动巡回展，观众总数8万余人（次）。2008年，先后主办、承办“2008年迎春书画精品拍卖会展”“馆·店藏清代百幅花鸟画作品新春大展”“山东瓷器书画拍卖展”“山东省文物普查摄影展”“北齐元代壁画墓作品展”“博古撷采——济南市博物馆建馆50周年馆藏文物精粹展”等21个专题、临时展览。全年接待观众9.1万人（次），其中来馆参观8.3万人（次），流动巡回展8800人（次）。2009年，推出“庆国庆、迎全运济南重要考古发现特展”“迎全运、庆新中国成立60周年何派面塑师徒展”“北京‘古玉阁’馆藏高古玉精品展”等20余个专题和临时展览。推出“泉城古韵——济南的老建筑图片展”“济南名士多图片展”等流动展览，将展览送到泉城路街道、千佛山街道、北园街道、环山路管委会、泺源街道、姚家小学、大明湖路小学、山东艺术学院等社区和学校。年接待观众13万人（次）。2010年，先后主办、承办“珍品石缘·中华国石精品展”“世界遗产在中国图片展”“馆藏近现代书法作品展”“博物馆里的宝——瓷瓶遗珍”“秦始皇兵马俑大型科普展”“中国寿山石雕大师艺术精品展”等20余个展览，接待观众14万余人（次）。制作“博物馆里的宝——文物图片展”等6个流动展览，送展到济南军区某团、济南大学历史与文化产业学院、北园路街道柳云社区、济南兴隆村敬老院等学校、部队、社区。全年接待观众6万余人(次)。

1986～2010年，市博物馆举办展览231个，流动巡回展8个。

第四章　机　构

第一节 济南市文物局

1987年1月，市文化局文物科改为文物处。1997年，市文化局同时挂市文物事业管理局的牌子，内设文物管理处。8月15日，市文物事业管理局正式挂牌，并开始对外办公。同年3月，市文化局组建市文物工作队，年底市文物工作队更名为济南市考古研究所，为副县级全额拨款事业单位，隶属于市文物事业管理局。2006年，成立济南市文物局，为市文化局内设副局级机构，市文化局不再挂济南市文物事业管理局牌子。2009年12月，市文化局与市广播电视局、市新闻出版局职责整合组建为济南市文化广电新闻出版局，市文物局为市文广新局的内设副局级单位，下设文物综合处、文物保护处。

2006年10月，成立府学文庙管理处，为全额预算管理正处级事业单位。至2010年，有县（市）区级文物保护管理机构6处，分别是四门塔文物管理所、长清区文物管理所、长清区文物保护队、章丘市文物管理所、平阴县文物管理所、商河县文物管理所。

附：济南市文物店

济南市文物店成立于1961年8月，其前身是原隶属于市商业局的三义旧货商店古玩部。成立伊始，在经三路一处200余平方米的简陋平房内办公。1988年8月，济南市文物商店新营业楼在经四路、纬二路口东南角建成并开业。楼高7层，总建筑面积2000平方米。“济南市文物店”牌匾为关友声墨迹，店面前右上角、西橱窗左上角，分别饰“马踏飞燕”图案。其任务是收集社会上的流散文物，供博物馆、科研单位、大专院校陈列、研究、教学之用，并有计划地组织出口，适当供应国内文物爱好者，通过购销手段保护文物。1961～1990年，收购文物462599件、销售文物397607件、创汇533259元，为博物馆、科研单位提供文物藏品660余件。1989～2009年，收购征集文物11145件。2000～2008年，累计缴纳税金315万元。2011年9月，市编委研究决定将济南市文物店整建制划归市博物馆。

第二节 济南市考古研究所

1997年前，济南市的考古发掘工作主要由市文化局文物处负责，1997年，市文物工作队组建成立，隶属于济南市博物馆，专门负责济南市考古工作；同年12月，与市博物馆分设，更名为济南市考古研究所，为济南市文化局（后为济南市文化广电新闻出版局）下属副县级全额预算事业单位。2000年9月，市考古研究所升格为正县级全额事业单位，主要承担济南地区的文物普查、考古调查、勘探、抢救性发掘、文物修缮保护、文物保护单位的“四有”（有保护范围、有保护标志、有记录档案、有保管机构）工作及科学研究等。2010年获考古发掘资质和文物保护工程勘察设计资质，4人获考古发掘领队证书。

2003年1月，设立内设机构，分别为办公室、考古研究科和文物保护科。至2010年无变化。

第四篇　非物质文化遗产

济南深厚的历史文化底蕴，孕育了丰富多彩的民间文化艺术形式，山东快书、山东大鼓、商河鼓子秧歌、章丘芯子、长清落子、平阴渔鼓、长清手龙舞、加古通、花鞭鼓舞等民间艺术，久负盛名,使济南又有“曲山艺海”的美名。商河县、历下区姚家镇先后被文化部命名为“全国民间艺术之乡”。这些珍贵的非物质文化遗产是济南历史的见证和济南文化的重要载体，蕴含着济南特有的精神价值、思维方式、想象力和文化意识。

2005年，国务院办公厅印发《关于加强我国非物质文化遗产保护工作的意见》，要求发挥政府的主导作用，建立协调有效的保护工作领导机制。同年，国务院下发《关于加强文化遗产保护的通知》，确立以政府为主导的保护体系。济南市非遗保护工作由市文化局社会文化处具体负责。2006年11月、2008年6月、2010年10月，济南市先后公布第一、二、三批市级非物质文化遗产名录。

2010年，济南市非物质文化遗产保护中心在济南市群众艺术馆挂牌成立，为济南市非物质文化遗产保护工作的专门机构。主要职责是负责全市非物质文化遗产抢救、保护和研究工作；负责全市非物质文化遗产档案和作品的收集、整理认定、保存和展示工作；开展非物质文化遗产相关人员的培训、指导工作；联系非遗项目传承人；总结推广保护工作经验；开展保护宣传、营造良好舆论氛围，提高全民保护意识。至年底，全市有国家级非物质文化遗产名录7项，省级非物质文化遗产名录32项，市级非物质文化遗产名录141项。

第一章　非物质文化遗产名录

第一节 国家级非遗名录

2006年5月20日，国务院公布第一批国家级非物质文化遗产名录，济南市商河鼓子秧歌入选。2008年6月7日，国务院公布第二批国家级非物质文化遗产名录和第一批国家级非物质文化遗产扩展项目名录，济南市济阳鼓子秧歌、济南皮影戏、东阿阿胶制作技艺入围第一批国家级非物质文化遗产名录扩展项目；吕剧、花鞭鼓舞、章丘芯子入围第二批国家级非物质文化遗产名录。

2010年济南市国家级非物质文化遗产名录一览表

表15—4—1

序号	项目名称	项目类别	申报地区	公布时间
1	鼓子秧歌	传统舞蹈	商河县	2006年5月20日
2	鼓子秧歌	传统舞蹈	济阳县	2008年6月7日

续表15—4—1

序 号	项目名称	项目类别	申报地区	公布时间
3	皮影戏	传统戏剧	济南市	2008 年 6 月 7 日
4	东阿阿胶制作技艺	传统医药	平阴县	2008 年 6 月 7 日
5	吕剧	传统戏剧	济南市	2008 年 6 月 7 日
6	花鞭鼓舞	传统舞蹈	商河县	2008 年 6 月 7 日
7	章丘芯子	民俗	章丘市	2008 年 6 月 7 日

第二节 省级非遗名录

2006 年 12 月 30 日，山东省人民政府公布第一批省级非物质文化遗产名录，济南市闵子骞传说、鼓子秧歌、章丘芯子、花鞭鼓舞、手龙绣球灯、京剧、吕剧、济南皮影戏、王皮戏、山东大鼓、山东琴书、山东快书、济南烤鸭制作技艺、东阿镇福牌阿胶制作工艺等 14 个项目入选。

2009 年 9 月 27 日，山东省人民政府公布第二批省级非物质文化遗产名录和第一批省级非物质文化遗产扩展项目名录，济南市孟姜女传说、五音戏 2 个项目入围第一批省级非物质文化遗产扩展项目名录；大舜传说、扁鹊传说、柳下惠传说、章丘扁鼓、梆鼓秧歌、加古通、评词、济南形意拳、济南面塑、鲁绣、济南石家老陶烧制技艺、仲宫白酒传统酿造技艺、济南油旋制作技艺、宏济堂中医药文化、千佛山庙会、章丘铁匠习俗等 16 项入选第二批省级非物质文化遗产名录。

2010 年济南市省级非物质文化遗产名录一览表

表15—4—2

序 号	项目名称	项目类别	申报地区	公布时间
1	闵子骞传说	民间文学	历城区	2006 年 12 月 30 日
2	鼓子秧歌	民间舞蹈	商河县、济阳县	2006 年 12 月 30 日
3	章丘芯子	民间舞蹈	章丘市	2006 年 12 月 30 日
4	花鞭鼓舞	民间舞蹈	商河县	2006 年 12 月 30 日
5	手龙绣球灯	民间舞蹈	长清区	2006 年 12 月 30 日
6	京剧	戏曲	济南市	2006 年 12 月 30 日
7	吕剧	戏曲	济南市	2006 年 12 月 30 日
8	皮影戏	戏曲	济南市	2006 年 12 月 30 日
9	王皮戏	戏曲	平阴县	2006 年 12 月 30 日
10	山东大鼓	曲艺	济南市	2006 年 12 月 30 日
11	山东快书	曲艺	济南市	2006 年 12 月 30 日
12	山东琴书	曲艺	济南市	2006 年 12 月 30 日

续表15—4—2

序 号	项目名称	项目类别	申报地区	公布时间
13	济南烤鸭制作技艺	消费习俗	济南市	2006 年 12 月 30 日
14	东阿镇福牌阿胶制作工艺	传统中医药	平阴县	2006 年 12 月 30 日
15	孟姜女传说	民间文学	长清区	2009 年 9 月 27 日
16	五音戏	传统戏剧	章丘市	2009 年 9 月 27 日
17	大舜传说	民间文学	历下区	2009 年 9 月 27 日
18	扁鹊传说	民间文学	长清区	2009 年 9 月 27 日
19	柳下惠传说	民间文学	平阴县	2009 年 9 月 27 日
20	章丘扁鼓	传统音乐	章丘市	2009 年 9 月 27 日
21	梆鼓秧歌	传统舞蹈	历城区	2009 年 9 月 27 日
22	加古通	传统舞蹈	平阴县	2009 年 9 月 27 日
23	评词	曲艺	济南市	2009 年 9 月 27 日
24	济南形意拳	传统体育、游艺与杂技	济南市	2009 年 9 月 27 日
25	济南面塑	传统美术	济南市	2009 年 9 月 27 日
26	鲁绣	传统美术	济南市	2009 年 9 月 27 日
27	济南石家老陶烧制技艺	传统技艺	槐荫区	2009 年 9 月 27 日
28	仲宫白酒传统酿造技艺	传统技艺	历城区	2009 年 9 月 27 日
29	济南油旋制作技艺	传统技艺	济南市	2009 年 9 月 27 日
30	宏济堂中医药文化	传统医药	济南市	2009 年 9 月 27 日
31	千佛山庙会	民俗	济南市	2009 年 9 月 27 日
32	章丘铁匠习俗	民俗	章丘市	2009 年 9 月 27 日

第三节　市级非遗名录

2006 年 11 月 6 日，济南市人民政府公布第一批市级非物质文化遗产名录 43 项，其中民间文学 7 项，民间美术 3 项，民间音乐 1 项，传统戏剧 5 项，曲艺 6 项，民俗 3 项，民间舞蹈 10 项，传统手工技艺 7 项，其他 1 项。

2008 年 6 月 5 日，济南市人民政府公布第二批市级非物质文化遗产名录 49 项，其中民间文学 22 项，传统美术 1 项，传统音乐 2 项，传统舞蹈 2 项，传统戏剧 2 项，曲艺 2 项，传统技艺 6 项，民俗 5 项，传统医药 1 项，传统体育、游艺与杂技 1 项；扩展项目 5 项，其中传统美术 1 项，传统舞蹈 3 项，曲艺 1 项。

2010 年 10 月 9 日，济南市人民政府公布第三批市级非物质文化遗产名录 49 项，其中民间文学 15 项，民间音乐 2 项，民间舞蹈 6 项，传统戏剧 2 项，杂技与竞技 3 项，民间美术 3 项，传统手工技艺 14 项，传统医药 2 项；扩展项目 2 项。

至 2010 年，济南市共有市级非物质文化遗产项目 141 项。

2010年济南市市级非物质文化遗产名录一览表

表15—4—3

序号	项目名称	项目类别	申报地区（单位）或个人	公布时间
1	闵子骞传说	民间文学	历城区山大路街道	2006年11月6日
2	华山华阳宫传说	民间文学	历城区华山镇	2006年11月6日
3	五月十三祭天习俗	民间文学	历城区柳埠镇	2006年11月6日
4	《泰山北届届碑之谜》等几十处（件）名人名地历史故事传说	民间文学	长清区	2006年11月6日
5	大明湖的传说	民间文学	历下区	2006年11月6日
6	东平陵城的传说	民间文学	章丘市文化馆	2006年11月6日
7	李开先的传说故事	民间文学	章丘市文化馆	2006年11月6日
8	济南面塑	民间美术	济南市群众艺术馆	2006年11月6日
9	济南剪纸	民间美术	济南市群众艺术馆	2006年11月6日
10	济南泥塑	民间美术	济南市群众艺术馆	2006年11月6日
11	商河民歌	民间音乐	商河县文化馆	2006年11月6日
12	商河鼓子秧歌	民间舞蹈	商河县	2006年11月6日
13	梆鼓秧歌	民间舞蹈	历城区港沟镇	2006年11月6日
14	芯子（抬芯子、扛芯子、转芯子）	民间舞蹈	章丘市文祖镇 历城区唐王镇	2006年11月6日
15	加古通	民间舞蹈	平阴县文化馆	2006年11月6日
16	花鞭鼓舞	民间舞蹈	商河县	2006年11月6日
17	济阳鼓子秧歌	民间舞蹈	济阳县仁风镇	2006年11月6日
18	高跷（乔家、胡家、饮马）	民间舞蹈	济阳县、历下区、槐荫区	2006年11月6日
19	猫蝶富贵	民间舞蹈	天桥区文化馆	2006年11月6日
20	绣球灯	民间舞蹈	长清区文化馆	2006年11月6日
21	四蟹灯	民间舞蹈	天桥区文化馆	2006年11月6日
22	济南吕剧	传统戏剧	济南市吕剧院	2006年11月6日
23	济南京剧	传统戏剧	济南市京剧院	2006年11月6日
24	五音戏	传统戏剧	章丘市文祖镇 历城区华山镇	2006年11月6日
25	王皮戏	传统戏剧	平阴县文化馆	2006年11月6日
26	济南皮影戏	传统戏剧	济南市群众艺术馆	2006年11月6日
27	山东快书（杨派、高派）	曲艺	济南市曲艺团	2006年11月6日
28	山东琴书	曲艺	济南市曲艺团	2006年11月6日
29	山东大鼓	曲艺	济南市曲艺团	2006年11月6日

续表15－4－3－1

序 号	项目名称	项目类别	申报地区（单位）或个人	公布时间
30	济南相声	曲艺	济南市曲艺团	2006年11月6日
31	长清落子	曲艺	长清区	2006年11月6日
32	平阴渔鼓	曲艺	平阴县文化馆	2006年11月6日
33	龙山黑陶制作技艺	传统手工技艺	章丘市、济阳县	2006年11月6日
34	东阿镇“福”牌阿胶制作技艺	传统手工技艺	山东福胶集团东阿镇阿胶有限公司	2006年11月6日
35	商河老粗布制作技艺	传统手工技艺	商河县	2006年11月6日
36	仲宫白酒传统酿制技艺	传统手工技艺	济南趵突泉酿酒有限责任公司	2006年11月6日
37	济南烤鸭制作技艺	传统手工技艺	市中区	2006年11月6日
38	章丘大葱栽培技艺	传统手工技艺	章丘市绣惠镇	2006年11月6日
39	历城板栗栽培技艺	传统手工技艺	历城区西营镇	2006年11月6日
40	商河梁王冢庙会	民俗	商河县	2006年11月6日
41	女郎山庙会	民俗	章丘市文化馆	2006年11月6日
42	千佛山庙会	民俗	历下区	2006年11月6日
43	大观园晨光茶社	其他	大观园商场有限责任公司	2006年11月6日
44	大舜的传说	民间文学	历下区文化馆	2008年6月5日
45	鲍叔牙的传说	民间文学	历城区王舍人镇	2008年6月5日
46	辛弃疾少年传说	民间文学	历城区遥墙镇文化站、辛弃疾纪念馆	2008年6月5日
47	黄巢村的传说	民间文学	历城区柳埠镇	2008年6月5日
48	历城民间故事	民间文学	历城区文化馆	2008年6月5日
49	章丘地名传说	民间文学	章丘市文化馆	2008年6月5日
50	袭勖的传说故事	民间文学	章丘市文化馆	2008年6月5日
51	大周三藏、大唐三藏义净传说	民间文学	长清区张夏镇文化站	2008年6月5日
52	五股穿心柏传说	民间文学	长清区五峰山街道	2008年6月5日
53	郭巨埋儿的传说	民间文学	长清区文物保护队	2008年6月5日
54	黄巢寨的传说	民间文学	长清区万德镇文化站	2008年6月5日
55	孟姜女哭长城的传说	民间文学	长清区图书馆	2008年6月5日
56	扁鹊的传说	民间文学	济南市豫剧团	2008年6月5日
57	孙膑与庞涓故事	民间文学	长清区双泉乡	2008年6月5日
58	马山故事	民间文学	长清区文化馆	2008年6月5日

续表15－4－3－2

序号	项目名称	项目类别	申报地区（单位）或个人	公布时间
59	娄敬洞传说故事	民间文学	长清区文物管理所	2008年6月5日
60	玉皇山传说	民间文学	长清区文物保护队	2008年6月5日
61	灵岩寺的传说故事	民间文学	长清区文物管理所	2008年6月5日
62	和圣柳下惠的传说故事	民间文学	平阴县文化馆	2008年6月5日
63	阁老于慎行的传说故事	民间文学	平阴县文化馆	2008年6月5日
64	管仲三归台的传说故事	民间文学	平阴县文化馆	2008年6月5日
65	张尔岐的传说	民间文学	济阳县文化馆	2008年6月5日
66	鲁绣	传统美术	济南市群众艺术馆	2008年6月5日
67	章丘扁鼓	传统音乐	章丘市文化馆	2008年6月5日
68	砸山东	传统音乐	长清区文化馆	2008年6月5日
69	扇鼓舞	传统舞蹈	商河县文化馆	2008年6月5日
70	八卦益智灯	传统舞蹈	长清区文化馆	2008年6月5日
71	平阴木偶戏	传统戏剧	平阴县文化馆	2008年6月5日
72	章丘梆子	传统戏剧	章丘市文化馆	2008年6月5日
73	木板大鼓	曲艺	历城区西营镇文化站	2008年6月5日
74	评书（济南方言）	曲艺	济南市曲艺团	2008年6月5日
75	济南油旋制作技艺	传统技艺	市中区文化馆	2008年6月5日
76	垛石镇平安五香驴肉制作技艺	传统技艺	济阳县垛石镇文化站	2008年6月5日
77	德馨斋传统酱腌制技艺	传统技艺	济南市德馨斋食品有限公司	2008年6月5日
78	黄家烤肉制作技艺	传统技艺	章丘市绣惠镇隆兴斋黄家烤肉店	2008年6月5日
79	糖酥火烧制作技艺	传统技艺	商河县龙桑寺镇	2008年6月5日
80	石家老陶制作技艺	传统技艺	槐荫区石家老陶工作室	2008年6月5日
81	孝堂山庙会	民俗	长清区文化馆	2008年6月5日
82	马山三月三庙会	民俗	长清区文化馆	2008年6月5日
83	少岱山庙会	民俗	平阴县东阿镇	2008年6月5日
84	黄石公祭祀活动	民俗	平阴县东阿镇	2008年6月5日
85	章丘铁匠生活习俗	民俗	章丘市文化馆	2008年6月5日
86	宏济堂传统中医药文化	传统医药	济南宏济堂制药有限公司	2008年6月5日
87	济南形意拳	传统体育、游艺与杂技	济南形意拳研究会	2008年6月5日

续表15—4—3—3

序 号	项目名称	项目类别	申报地区（单位）或个人	公布时间
88	长清剪纸（扩展项目）	传统美术	长清区平安街道郭庄村	2008 年 6 月 5 日
89	商河高跷（扩展项目）	传统舞蹈	商河县文化馆	2008 年 6 月 5 日
90	曲堤金李小伞秧歌（扩展项目）	传统舞蹈	济阳县曲堤镇文化站	2008 年 6 月 5 日
91	济南西关高跷（扩展项目）	传统舞蹈	济南市高跷协会	2008 年 6 月 5 日
92	山东快书（于派）	曲艺	平阴县文化馆	2008 年 6 月 5 日
93	女娲补天神话传说	民间文学	历城区彩石镇文化站	2010 年 10 月 9 日
94	历城民谣诗歌	民间文学	历城区文化馆	2010 年 10 月 9 日
95	秦琼传说	民间文学	天桥区制锦市街道办事文化站	2010 年 10 月 9 日
96	金牛传说	民间文学	济南动物园管理处	2010 年 10 月 9 日
97	黄石公传说	民间文学	平阴县文化馆	2010 年 10 月 9 日
98	任侠王翀宇传说	民间文学	平阴县文化馆	2010 年 10 月 9 日
99	卢二大爷故事	民间文学	平阴县文化馆	2010 年 10 月 9 日
100	阿胶传说	民间文学	平阴县文化馆	2010 年 10 月 9 日
101	玫瑰花传说	民间文学	平阴县文化馆	2010 年 10 月 9 日
102	王恩石意故事	民间文学	平阴县文化馆	2010 年 10 月 9 日
103	丁兰刻木传说	民间文学	平阴县文化馆	2010 年 10 月 9 日
104	齐长城民间传说	民间文学	长清区博物馆	2010 年 10 月 9 日
105	狮子红眼淹卢城民间故事	民间文学	长清区归德镇文化站	2010 年 10 月 9 日
106	章丘地方风物传说	民间文学	章丘市文化馆	2010 年 10 月 9 日
107	锦屏山传说	民间文学	章丘市文化馆	2010 年 10 月 9 日
108	南天观道教音乐	民间音乐	平阴县文化馆	2010 年 10 月 9 日
109	胡庄天主教华化音乐	民间音乐	平阴县文化馆	2010 年 10 月 9 日
110	花棍舞	民间舞蹈	商河县文化馆	2010 年 10 月 9 日
111	董家伞棍鼓舞	民间舞蹈	济阳县垛石镇董家村	2010 年 10 月 9 日
112	白庄花棍秧歌	民间舞蹈	平阴县文化馆	2010 年 10 月 9 日
113	章丘龙舞	民间舞蹈	章丘市文化馆	2010 年 10 月 9 日
114	章丘旱船	民间舞蹈	章丘市文化馆	2010 年 10 月 9 日
115	芯子灯扮玩	民间舞蹈	长清区五峰山街道文化站	2010 年 10 月 9 日
116	柳子戏	传统戏剧	平阴县文化馆	2010 年 10 月 9 日

续表15—4—3—4

序 号	项目名称	项目类别	申报地区（单位）或个人	公布时间
117	山东梆子	传统戏剧	济南市豫剧团	2010年10月9日
118	谭氏摔跤	杂技与竞技	济南谭氏摔跤俱乐部	2010年10月9日
119	武当济南太乙门	杂技与竞技	济南太乙拳研究会	2010年10月9日
120	太平拳	杂技与竞技	平阴县杏坛文化艺术中心	2010年10月9日
121	侯氏社火脸谱	民间美术	天桥区万盛街92号2单元502室　侯志新	2010年10月9日
122	葫芦雕刻	民间美术	历下区青后小区4区2号张冰	2010年10月9日
123	周氏兔子王	民间美术	历下区甸柳小区4区14号楼1单元201室　周秉生	2010年10月9日
124	济南毛笔制作技艺	传统手工技艺	济南羲之笔庄	2010年10月9日
125	“福顺酱园”的酱菜制作技艺	传统手工技艺	济南福顺酱园	2010年10月9日
126	明式柴木家具制作技艺	传统手工技艺	历城区董家镇城角巷村徐光祥	2010年10月9日
127	荷香包	传统手工技艺	济南泰丰园饭店	2010年10月9日
128	泺口醋酿造技艺	传统手工技艺	济南市洛口醋酿造有限责任公司	2010年10月9日
129	玫瑰梨丸子制作技艺	传统手工技艺	济南川蜜食品有限责任公司	2010年10月9日
130	柿子酒制作技艺	传统手工技艺	长清区万德镇大刘村　刘绪河	2010年10月9日
131	长清大素包制作技艺	传统手工技艺	长清区文昌街道西门里村赵明华	2010年10月9日
132	崮山馍馍制作技艺	传统手工技艺	济南东燕面业公司	2010年10月9日
133	木鱼石雕刻制作技艺	传统手工技艺	长清区木鱼石协会	2010年10月9日
134	孝里米粉制作技艺	传统手工技艺	长清区孝里镇孝里三村王庆福	2010年10月9日
135	玉谦旗袍制作技艺	传统手工技艺	济南玉谦旗袍店	2010年10月9日
136	百脉泉传统酿酒技艺	传统手工技艺	山东百脉泉酒业有限公司	2010年10月9日
137	唐王大白菜栽培技艺	传统手工技艺	历城区唐王镇蔬菜站	2010年10月9日
138	济南张氏正骨法	传统医药	市中区舜玉路舜玉南区75号106室张练	2010年10月9日
139	“绿康神”膏药	传统医药	长清区平安绿康神诊所	2010年10月9日
140	孟姜女传说（扩展项目）	民间文学	平阴县文化馆	2010年10月9日
141	宏济堂“九提九炙”阿胶制作技艺	传统医药	山东宏济堂阿胶有限公司	2010年10月9日

第二章　非遗项目选介

第一节 民间文学项目

一、闵子骞传说

闵子骞（前536—前487年），名损，字子骞，春秋时期鲁国人，孔子弟子之一，居德行科，以“孝”著称。孔子曾称道说：“孝哉闵子骞！无间于其父母昆弟。”传说，闵子骞少为后母所苦，冬月，后母衣子骞芦花，衣二子以絮。父知，欲出妻。子骞告曰：“母在一子寒，母去三子单。”遂止。母感悟，待三子如一（略见于《史记·仲尼弟子列传》）。后演绎为鞭打芦花传说故事流传于世。嘉祥县武氏祠汉画像石中有“闵子骞失棰”的画面。传说的一个特点是和某地的山川风物、名胜古迹相结合，使传说具有一定的可信性和地方特色。闵子骞的传说正是依托于济南的闵子骞墓，使得它在济南地区的流传比其他地方更为广泛，并具有济南的地域色彩。

二、大舜传说

大舜的传说源于山东省济南市，在全国多个省市广为流传，其历史已有4000余年。

大舜生于山西省永济县诸冯村，姓姚，因目生双瞳，故名重华。大舜勤劳朴实，乐于助人，是一位孝敬家人的楷模，被尊为二十四孝之首。儒家孔子和孟子都极端推崇，“仲尼祖述尧舜”“孟子道性善，言必称尧舜”。

据载，舜以坚忍卓绝的毅力，在整顿七政、发扬五典的基础上，以身作则，敢于犯难，扫除盘踞朝廷久为国蠹的四凶，或斩或逐，排之于四境之外，以至正至明举不避仇的精神，选拔禹于罪臣之家，使之继续治水而终获成效，疏导九河、洪灾以平，举八元八恺于遗民之中，使治九土之宜，揆百事布五教于四方。舜因才任职，各得其当。于是，天灾平、人事和、外患消、万民乐，物阜民康，内平外成。

舜的传说在民间广为流传，特别是传说中的民间风俗、地理位置、引典佐证都有浓郁的地方特色，其中《孝感动天》《舜耕历山》《舜井的传说》《舜井锁蛟》等民间传说成为舜文化研究的重要史料。

三、扁鹊传说

扁鹊真实姓名秦越人，又号卢医。据唐张守节《史记正义》引《黄帝八十一难》，说扁鹊“家于卢国”，生于周威烈王十九年（前407年），卒于赧王五年（前310年）。

秦越人为战国初期医学家，是总结战国前医学的第一人，是有史记载的、最早的医学家。由于秦越人医术高超，“在赵为带下医（妇科），入秦为小儿科”，人称其有起死回生之术，可与上古神医扁鹊相比，故劳动人民送他“扁鹊”称号。

关于扁鹊的祖籍，张守节所述扁鹊故里在齐国渤海卢（今济南市长清区）。扁鹊医术高明，虚心好学，把积累的医疗经验用于平民百姓，周游列国到各地行医为民解除痛苦，以卓越的医疗技术和高尚的医德医风在广大民众中树立了崇高威信。在济南市北鹊山下，有扁鹊墓，墓前石碑署“春秋卢医扁鹊墓”，并有清乾隆十八年（1753）重整字样。长清区灵岩寺、朝城县罗城西北隅、朝城县枣堌集均有扁鹊墓。

四、柳下惠传说

柳下惠姓展，名获，字禽，春秋时鲁国人，

因封食邑于柳下而得名。其祖为周公后裔，其父展无骇为鲁国先朝司空。《孟子·万章章句下》载："柳下惠，圣之和者也。"和圣之称，由此而来。柳下惠因居官执法，不舍于时，弃职归隐于柳下后，仍为国效力。齐国犯鲁，鲁僖公请他退敌之策。他授计于侄子展喜，智退齐兵。"授词却敌"被后人传为佳话。

展禽所居的柳下，即今济南市平阴县孝直镇展洼村一带，该村即是柳邑。此处周边6村均以柳为名，有曲柳沟、宋柳沟、焦柳沟、王柳沟、郭柳沟和柳滩村。此地流传着众多关于柳下惠的民间故事，有的反映了柳下惠的高尚品德，有的反映了他的智慧才能，还有一些演绎成了神话，其中最为有名的当属柳下惠坐怀不乱的传说，千百年来一直被作为评判一个人品德的标准。他死后变作小白龙奉玉帝旨去黑龙江大战黑龙的神话故事，在山东和东三省广为流传，家喻户晓。

五、孟姜女哭长城传说

孟姜女哭长城的故事最早出现在春秋时期（约公元前549年），当时的齐国正处于泰山之北。据汉代著名散文家、今文派经学家刘向在《说苑》及《列女传》中均说她在丈夫死后向城而哭，城为之崩。这是孟姜女哭崩城的最早记载。该传说故事，以"喜良妻哭夫崩城"的故事为素材，经过2500余年的艺术加工，成为受人喜爱的文学作品。

长清区的长城村位于济南和泰山之间，是个有着2000余年历史的古村。村中南北大街在古代是沟通华北与江淮的重要驿道，俗称"九省通衢"。在村东有孟姜女哭倒长城后投江自尽的红石江（原名叫北大沙河，中川水，在大禹治水时叫五龙江，自孟姜女投江后，江水变红，将江两岸岩石染红故改名为红石江，沿用至今）。在村民王德贵家中珍藏的古残碑上刻有"长城店姜女庙""姜女庙""皇姑院""故庙藐旷世之久，垣墉历代之远"字样的文字记载；在村中还有2000年前村民为孟姜女修的"姜女庙"残垣根基遗址，在村东不远处的红石江左右存有被孟姜女哭倒的长城遗址。

第二节 民间舞蹈项目

一、商河鼓子秧歌

商河鼓子秧歌最初起源于商河县，是民间为庆丰收而载歌载舞的一种艺术形式。因其人数众多，组织严密，形式完整，舞技强悍遒劲，场面阵势磅礴恢宏，既蕴藏着厚重的历史文化感，又具有浓郁的时代气息和鲜明的地方特色，被誉为"民族民间文化的奇葩，齐鲁文化的骄傲""汉族民间男性舞蹈的代表"，被列为山东三大秧歌（商河鼓子秧歌、胶州秧歌、海阳秧歌）之首。

商河鼓子秧歌孕育于春秋战国，始于秦汉，成于唐宋，兴于明清，有2000余年的历史。据载，商河鼓子秧歌起源于百姓的抗洪斗争。古时候，黄河决口和改道极为频繁，黄河岸边的商河百姓深受洪水危害。为了生存，他们通过奋勇抗洪、辛勤劳作而喜获丰收后，情不自禁地随手拿起锅碗瓢盆、棍棒等用具边唱边跳，抒发抗洪胜利、庄稼丰收的喜悦心情。随着参加的人越来越多，逐渐有了简单的舞蹈动作和舞蹈阵形。唐、宋

2006年5月，济南商河县鼓子秧歌被国务院批准为首批国家级非物质文化遗产。图为在乡间进行的商河鼓子秧歌表演

年间，骁勇尚武的商河人把战争中的某些手段用于舞蹈，锤炼出军事化的组织形式、变化莫测的舞蹈阵式、粗犷豪放的将士风格和无往不胜的英雄气势，形成了磅礴恢宏的场阵和金鼓齐鸣的声势。

鼓子秧歌旧时表演形式集歌、舞、丑于一体，富有浓郁的乡土气息和生活情趣。秧歌的角色多以舞者所用道具命名，如“伞头”“鼓子”“拉花”等。表演时，舞者自始至终都在不停地跑动，所以叫“跑秧歌”。庞大复杂的秧歌场子有严密的组织形式，跑不散、舞不乱、整齐划一、动静有序。“伞”（分为插伞、扛伞、举伞 3 个流派）潇洒飘逸，“鼓”粗犷豪放，“棒”刚柔相济，“花”柔美多姿，“丑”诙谐幽默。随着历史的演变，歌的部分不复存在，很多秧歌队伍仅有伞、鼓、棒三种角色。

二、济阳鼓子秧歌

济阳县仁风鼓子秧歌成形于夏商，完善于唐宋，兴盛于明清，具有浓郁的中华民族传统文化特色，是黄河文化的优秀遗产。

鼓子秧歌的主要角色分伞、鼓、棒、花等，多以舞者所用的伞、鼓、棒等道具命名，花即女角。伞又分丑伞和花伞，丑伞多扮作老汉形象，花伞扮作青年，丑伞中的第一和第二把伞是演出的指挥者和领舞者。鼓是秧歌表演的主力，人数最多，由男性青壮年扮演。棒多有青少年扮演。花又称拉花，多由少女扮演。由于各种角色所用的舞具不同，从而形成了动作的丰富性和风格的多样性。同一种舞具，由于执法和用法不同，而表现出的动律和韵味也有所不同。鼓子秧歌用打击乐器伴奏，乐队有大鼓、大锣、小镲等。

三、花鞭鼓舞

花鞭鼓舞流传于商河县一带，是旧社会穷艺人乞讨卖艺的工具。据老艺人口述，清光绪二十九年（1903 年），当地以卖唱为生的王立礼、王文义两兄弟在北京卖艺时，拜流浪在京的艺人李桂珍、李明雄兄弟为师，学会花鞭鼓舞。回乡后苦练技艺，并把花鞭鼓舞传给当地艺人。

新中国成立前，花鞭鼓舞称为花鼓。新中国成立后，专业人员称它为花鞭鼓舞。表演时，花鼓艺人身背腰鼓，双手各持一尺多长的花鞭，鞭头用牛皮结成疙瘩，双边同时挥舞，变换各种姿态，鞭头击中鼓面中心，打出各种花点，发出清脆响亮的声音，花鞭沸腾似金蛇狂舞，令人眼花缭乱，目不暇接，鼓音咚咚，像战马奔腾，使人情绪振奋，人潮沸腾。后来，专业工作者把花鞭鼓舞视为宝贵的舞蹈创作素材，多次挖掘整理，经过创作使花鞭鼓舞无论在鼓点的变化、挥鞭的姿态和腿部的动作上都有很大的发展。

四、章丘芯子

因酷似蜡烛台上的灯芯而得名。章丘芯子起源于明，起初人们为了驱逐邪魔祈求吉祥，将男女儿童扮成神话中的天神形象，在扎制的平台上或方桌上舞动，后逐渐演变成为一种文化娱乐形式。

章丘芯子的表演内容多取材于戏剧情节或场面及神话故事，由于人物多少、造型、表演方式的不同，又分为“桌芯子”“转芯子”“单杆芯子”“扛芯子”“车芯子”等类型。章丘芯子的成年演员一方面要保持平衡，不能让他上面的“芯子”掉下来，一方面要和着鼓点进行类似秧歌一样的舞蹈，充分展示力量与灵巧之间完美的结合。“转芯子”是章丘芯子艺术发展的高峰，由于表演者在芯子架上翻跟头，所以也叫“跟头芯子”。表演形式集乐、舞于一体，表演时舞随乐动，节奏与抬杆颤幅一致，抬杆者腰稍弓，腿稍弯，慢步轻摇，抖动抬杆上下颤动，小演员双手持彩绸等道具随颤动同舞，有的小演员还可在架子上做倒立，翻跟头等惊险动作。还有的芯子表演一些风趣、滑稽惊险的内容，如《王小赶脚》是经常表演的节目。

五、手龙绣球灯

手龙舞明末清初起源于济南市长清区赵营村，旧称“二龙戏珠滚绣球”，是以手龙和绣球灯为道具，以武术和民间艺术相结合的一种舞蹈艺术形式，通常在过年、婚庆等重大节日时表演。表演具有刚劲有力、热烈大气、粗犷豪放、铿锵有力、阵容庞大、气势磅礴、动作舒展优美、画面变化多端的特点，表演者的快步如行云流水，令人目不暇接；慢步以矫健快捷、坚实有力之功力令人赏心悦目。

1986年始，长清区文化部门对这一民间舞蹈进行挖掘、整理、恢复工作，最后定名为“手龙舞”，表演人数50人。表演的项目逐步发展到龙腾虎跃、跳龙门、龙舟、麦浪翻滚、龙戏珠等多项内容和形式，并增加领舞者、音乐绣球、龙喷雾等多种精彩场景。通过统一服装、固定舞步等创新改革后，手龙舞呈现出队伍庞大、气势恢宏、色彩艳丽、画面独特等特色。

六、梆鼓秧歌

梆鼓秧歌是一种以梆和鼓为伴奏，集唱、念、舞为一体的民间舞蹈艺术形式，源于历城区港沟镇有兰峪村。

清乾隆年间，港沟镇有兰峪村一张姓人家，四兄弟膝下各有一漂亮女儿，全家12口人和睦相处。妻子在家做豆腐，丈夫挑担串乡行卖，女儿们帮母亲忙家务。一年春节，村里男女老少敲锣打鼓踩高跷、热热闹闹过大年。四个女儿被困家中，甚感孤独，各自回房蒙头大哭，声称要出去与姐妹们同乐。次日，父亲买回鼓分给四个女儿，自己拿起卖豆腐梆子，妻子拿起做豆腐包布，一家人边敲边舞，自娱自乐。街坊邻居也闻声赶来共舞。后表演人数由少到多，发展到全村，舞姿不断丰富，成为逢年过节独特的民间艺术形式。

梆鼓秧歌从表演内容到表演形式突出豆腐的鲜明特色。豆腐在当地群众的生活中不仅是物美价廉的大众菜，还借以谐音豆腐——“都福”，认同是吉祥的象征。每当春节来临之际，“梆鼓秧歌”便装扮起来，前面是彩旗、锣鼓开道，紧接是二人抬着用秸秆扎制的五谷丰收粮囤，上贴大红“福”字，后面便是梆鼓秧歌队边舞边行，走街串乡，到达场地后进行表演，为乡亲们送福，深受群众喜爱，代代相传，经久不衰。

七、加古通

加古通亦称“打长板”，流传于平阴县孝直镇宋柳沟村一带，有400余年历史。此舞以打击乐为伴奏，鼓点打法是击鼓边、鼓心、闷鼓，同时舞者手中道具夹板与锣鼓配合，因而发出“加古通、加古通，加古、加古、加古通”的声响，由此得名。对加古通来源比较流行的说法是源于古时祈雨祭祀活动。后逐渐发展成为一种民间舞蹈艺术形式。

表演时，以三人为一组，其中“引子”（县官）一人，小花脸扮相，戴乌纱帽，穿官袍，两串铜铃十字披挂，跳起时铃随锣鼓节奏叮当作响，右手持芭蕉扇或折扇，左手持毛巾或一束柳条；“腿子”左右随从两名，穿箭衣，着红坎肩，扎靠腿，头戴柳条帽圈，双手持夹板，夹板形似桃纱灯用的竹篾，篾上系若干红缨和铜铃，随锣鼓节奏相击，既是道具，又是独特的伴奏乐器。引子与腿子配合默契，动作轻快，情绪热烈，表演风趣幽默。

加古通流派众多，风格各异。第三代传人宋登法表演的“引子”纯朴大方，动作利落；第四代传人王更新动作刚健，韵律舒展，跳跃幅度大；而宋义金则动作敏捷，节奏极快，双肩动作走向小巧，肩胸、腰胯、臀部扭动灵活多变，特别是“撅胡”动作更加突出滑稽、风趣的风格。

第三节 传统戏剧项目

一、济南吕剧

吕剧是中国较大的地方戏曲剧种之一，已有100余年的历史。20世纪50年代前，它以“化妆扬琴”的表演形式，活动在农村场院、集市和济南市各个小剧园。50年代后，在政府扶持和文艺工作者的努力下，很快成为雅俗共赏、引人入胜，受到群众喜爱的山东主要地方戏曲。

“化妆扬琴”进入济南前，多以盘凳子（拉地摊）的形式出没农村的田间地头、场院和集市，人员多为散兵游勇式，角色行当沿袭了琴书的“三小”（即小丑、小生、小旦）。进入济南后，艺人们有了固定的演出场所，演出剧目大大增加，人员、行当、服装、道具、乐队配备等日臻齐全。吕剧曲调富于变化，语言淳朴生动，唱词通俗易懂，唱腔朴实无华，优美流丽，娓娓动听，题材多表现普通人的日常生活，表演程式贴近人们日常所为，在民间有着深厚的群众基础。

二、济南皮影戏

济南皮影戏过去叫“兰州布影”。据说当初河北滦县乐亭皮影为全国之首，俗称“天下的影，数乐亭”。它又称“滦州布影”。由于口误，所以叫成“兰州布影”。“兰”实为“滦”字之误。后来，发现两地皮影的特点、风格等都大不相同，所以1952年改称“山东皮影”。

1917年，鲁南一带连年灾荒，一位邹县皮影艺人带着家人和弟子逃荒北上，一路赶到济南府，在城内的东安市场、趵突泉、新市场一带演出。这位皮影艺人名叫李克鳌，他是将皮影带进近代济南并在此扎根的第一人。早年，济南皮影的影人只有22厘米，操纵灵活，容易掌握，打斗激烈，做各种动作非常逼真，演员双手可操纵20余个影人而不乱，得心应手。但是，要在大的剧场演出，较远处就看不清楚，所以后逐渐增高到50厘米。

济南皮影造型独特，线条雕刻粗犷，并且结合彩绘的风格。镂空的花纹部分似民间剪纸，纹式多种多样，有五角、六角、寿字、福字等纹样。济南皮影戏第三代传人李兴时老艺人提及“李氏皮影”还有一个典型造型特征，就是在表现影人胖瘦的时候有特殊手法，在影人面颊嘴角处镂空雕刻，以展示人物面部骨骼。

三、济南京剧

早在清光绪元年（1875年）左右，济南已有京班雏形，较为著名的戏班是“高升班”和“如意班”，演员有须生刘和坤、张奎官等，主要演出《桑园寄子》《盗宗卷》《审刺客》《六部大审》等戏。继而武生韩昌宝、旦角紫灵芝、武旦路三宝、老生双文子又纷纷上演《双锁山》《破洪州》《铁弓缘》《蝴蝶盃》《佛门贞元》等戏。

济南的开埠，给京剧发展注入新的活力。民国初年“福森和班”和当时名噪一时的“庆禾班”“易俗社”相继成立。20世纪30年代中期，宋文启等人在济南成立山东富连城班，该班培养出大量京剧艺术人才，代表人物王富岩、王富虎等著名演员出科后成为济南地区京剧活动的中坚力量。新中国成立前后，济南戏班的规模渐大，其中最有影响的为第一剧场的孟家班，较为活跃有天庆剧院的新生京剧团、大观园内的兴和京剧团和友联京剧团。1956年3月1日，整合成立济南市京剧团。进入新世纪后，济南市京剧团改建为济南市京剧院，以该院为主力军的济南京剧进入生产创作、传播京剧、振兴京剧事业的高峰时期。

四、王皮戏

王皮戏亦称“王皮调”，是流传在平阴县孔村镇郭柳沟村的民间小戏。因这种戏仅存《十八大姐逗王皮》一个剧目，所以称之为“王皮戏”。此戏在“正戏”开演前先以一段“跑灯”作为开场。

“跑灯”场面复杂、结构严谨、独立成章，可视为一个完整的民间舞蹈。唱腔音乐以明、清曲牌“耍孩儿”“叠断桥”“桂枝香”“山坡羊”“大观灯”“照凤阳”“清江引”“贤孝灯”为主，旋律新颖、曲调流畅、委婉绮丽、悦耳动听，叙事性与歌唱性融为一体，擅长表现民间小型传说故事。

“跑灯”在郭柳沟村流传已有160余年的历史。因为《十八大姐逗王皮》剧中的主角姓王名兴春，是个皮匠，所以人们叫他王皮。清道光年间，由平阴县城的一位姓张的道士传给该村真武庙的道士樊庆朋和青年杨书业。樊庆朋、杨书业传给本村的杨书文、朱正年等人。至2010年已传六代。

“王皮跑灯”表演形式，集舞、乐、歌、丑于一体。在表演过程中，整个舞蹈自始至终都在不停跑动，因此称之为“跑灯”。“跑灯”灯有各种形状和色彩，有伞灯8盏、花灯8盏（玫瑰灯、雪花灯、西瓜灯、凤凰灯、荷花灯、桃灯、羊角灯、绣球灯）。舞伞者均为男性，动作洒脱刚健，跑起来脚下生风。舞花灯者均为女性，动作娇柔俊俏。

五、五音戏

五音戏原名肘鼓子戏（或周姑子），清康熙年间起源于章丘市文祖镇青野一带。五音戏来源于“章丘秧歌”与“章丘梆子”。明清时期，章丘经济发达，各种民间艺术形式蓬勃发展。在此期间，民间秧歌受章丘梆子的影响，形成一种集歌、舞、戏三结合的艺术形式，人们称其为章丘秧歌或秧歌戏。清康熙年间，文祖镇西王黑村的水母庵里有个姓周的尼姑，演唱技术超群，唱腔曲调抒情优美，委婉动听，受到周边群众的喜爱。大家纷纷向她学习，并将学来的唱腔运用到秧歌戏中，人们称用周姑子腔调演唱的秧歌戏为“周姑子戏”。

五音戏的初期有五个人即可演唱，由一人打击乐器，四人演唱，因此也称五人班或五人戏，淄博的方言“人”和“音”类似，故有了现在的名称“五音戏”。现在的五音戏比老五音戏而言，人物和角色都有很大的丰富，一般的戏需要演员10人左右，角色一般分为旦、生、净、丑；乐队也有很好的配置，除锣鼓班外，还有很多民族弦乐进入乐队。

第四节 曲艺项目

一、山东大鼓

山东大鼓是中国北方地区现存最早的汉族曲艺鼓书暨鼓曲形式，相传形成于明代末期，已有350余年的历史。它发源于鲁西北农村，又名“犁铧大鼓”，或作“梨花大鼓”。最初只是敲击犁铧碎片伴奏，采用山东方言来演唱当地的民歌小调，后逐渐发展为有板式变化的成套唱腔、敲击矮脚鼓和特制的半月形梨花片并有三弦伴奏的说唱表演形式。

山东大鼓的演唱形式多为单人站唱，也有二人对唱形式。主要伴奏乐器为矮脚小鼓、大三弦和月牙板（也叫梨花片）。演唱时演员右手执鼓槌击鼓，左手操钢板敲击演唱，乐师以三弦伴奏。唱腔属板腔体，一般分慢板（又称头板）、二板（流水板）、三板、快板等板式。其书目主要是中篇，唱自相间，短段只唱不说。

山东大鼓历史悠久，音乐唱腔独特，节目蕴藏丰富，地方色彩浓郁，直接促发了山东快书的形成，并对“乔派”河南坠子和西河大鼓等的形成与发展产生过重大影响，具有很高的历史文化价值。

二、山东琴书

山东琴书是山东地区汉族曲艺品种之一，又称“唱扬琴”或“山东扬琴”。始名小曲子，1933年著名艺人邓九如与张心乐、邓秀玲在天津参加青年会演，电台播音，始定名“山东琴艺”。它源于明代中期鲁西南菏泽（古曹州）地区兴起的民间小曲自娱演唱形式“庄家耍”（又称“玩局”），至清代中期，原来唱曲使用的伴奏乐器古琴和古筝改为扬琴（又称“蝴蝶琴”）、四胡、古筝、琵琶、简板和碟子，表演为多人分持不同乐器自行伴奏，分行当围坐表演，以唱为主，间有说白或对白。

随着山东琴书的影响不断扩大，陆续发展形成了鲁北以济南为中心的“北路琴书”，鲁东以广饶、博兴为中心的“东路琴书”和鲁西南一带的“南路琴书”。北路以济南为中心，广泛流行于鲁西北地区，以邓九如及其创始的“邓派”最具代表性，表演善用方言俚语，于纯朴中显幽默，平易中求韵味。

三、山东快书（杨派、高派）

山东快书早期因主要演唱武松故事，武松排行第二，故称“武老二”，演唱者俗曰“唱武老二的”。又因为书中武松身躯高大，所以这种艺术形式又叫“唱大个子的”。直到1949年6月，高元钧在上海大中华唱片厂录制唱片时，才正式定名为“山东快书”。

由于山东快书队伍逐渐扩大，创作繁荣，演出普及，表演技艺日趋精湛，逐渐发展成艺术风格相对独立的艺术流派。以高元钧为代表的“高派”，活跃于北京及全国各地驻军中，影响最为卓著。其以台风潇洒大方，表演夸张俏皮，韵诵富于变化，动作化用戏曲程式，具有舞台曲艺演出特征。以杨立德为代表的“杨派”主要流布山东省境内。其以台风亲切，表演自然，韵诵紧凑，动作简练为主要特征。

四、山东快书（于派）

于传斌，艺名于小辫，济南市平阴县洪范池镇纸坊村人。他自幼随父手持牛胯骨随口编曲说唱讨饭养家，能见景生情，即兴编词。先后拜落子艺人孙古现为师学说书，拜马玉恒为师学唱《武老二》，最后又在济南跟当时名艺人郭永春、杨风山学山东快书。当时用的道具是两块铜板，于传斌感觉音量小，不符合自己粗犷的性格和《武老二》性格的表达，便创造出用四块竹板代替铜板演唱。他还对《武老二》等书目进行改编，经多年演唱形成独树一帜的艺术风格，即于派山东竹板快书。

于传斌的山东竹板快书，重咬字、讲喷口，说唱中多带地方口语，且不时显露分几分粗野，动作夸张，刚劲有力又不失滑稽诙谐，尤其是他改编创作的《武老二》《蛤蟆传》等作品雅俗共赏，深受观众喜爱。于小辫的名字在济南、泰安、聊城、济宁、曲阜、菏泽甚至河北等地几乎家喻户晓。后又经其弟子们的传唱，于派山东快书更是声名远扬。

五、章丘扁鼓

章丘扁鼓的起源在史料上没有记载。据章丘市相公镇巡检村老民间艺人讲，最早是由先民从山西带来，在济南已流传600余年。

扁鼓乐队的规模，可分为大型、中型和小型3种，各种类型扁鼓乐队的组合形式，乐器配比均不相同。演奏形式分为移动式和固定式两种。移动式也叫列队行进式，扁鼓队要根据路面宽窄和鼓队规模排好队形，配合其他民间艺术表演边走边敲。固定式也叫阵地式，首先要打好圆场或事先安排好场地，按鼓队规模和每件乐器应在的位置摆好阵势，演奏中带有表演，乐手们边敲、边舞，场面十分活跃。

章丘扁鼓的形状呈扁圆形，由鼓面、簧胆、鼓帮、鼓槌等构成。鼓面用熟好的牛皮蒙制；簧胆用钢丝制成，镶在鼓里边，能使鼓的声音更加浑厚洪亮；鼓帮为弧形，用本地木质坚硬且有韧性不易干裂的槐木、枣木等木料制成，鼓帮上镶有用铜或铁制作的环子，为拴鼓背带所用；鼓背带用颜色鲜艳的绸子等布料制成；鼓槌用和鼓帮相同的木料制成，长度在30～40厘米之间，鼓槌的前部带有弧度。

扁鼓大小不同，大体可分为特、大、中、小四种型号。扁鼓乐队常演奏的曲牌有《九龙翻身》《狮子滚绣球》《水漫金山寺》《擂通》《胡萝卜钻天》《祈雨》《锣占鼓》《宜昌》《舞风》《落花船》等。

六、评词(评书)

山东评书，源于讲故事，在各种说唱艺术形式中形成最早，起初叫作“说话”，相对唱词而言，又称“评词”。演唱者只用折扇一把，醒木一方，讲今论古，敷衍故事，夹评夹议，情趣横生，演出形式极为方便。

山东评书表演形式简单，然讲今论古，敷衍故事，悬念迭出，动人心魄，刻画人物，惟妙惟肖。其门第师承来自各方，上演书目十分丰富，不仅有鼓曲艺人盛演的《杨家将》《包公案》等袍带书；《金钱记》《红风传》等民间故事；还有《小五义》《三峡剑》《雍正剑狭图》等短打武侠书。而著名古典小说如《三国演义》《水浒传》等，均为文人下海的评词艺人所独有，充分显示出山东评书的优势。

山东评书用北方语音为基础，以山东语音为标准音调的话语说演。定居济南的傅泰臣、刘延广等评书艺术家将山东评书在济南一带发扬光大，其中刘延广说书用的济南话，是将北园的语言和西关的语言融合起来，经过提炼了的济南话，能够较好地表现山东人的直爽朴实，同时又具有幽默感，深受广大听众喜爱，特别是让外地听众在抑扬顿挫的说书艺术中领略了济南话的魅力。

第五节 传统手工技艺项目

一、东阿镇福牌阿胶制作工艺

阿胶是以马科动物驴的皮经煎煮、浓缩制成的固体胶，为名贵中药，与人参、鹿茸并称“中药三宝”，因起源于老东阿（今山东省平阴县东阿镇一带）而得名。

阿胶生产已有2500余年的历史，传统的阿胶制备一直被广大劳动人民所遵循恪守。正宗阿胶的制作，其制胶用水非常讲究，若水质不符合要求，则阿胶的质量和疗效就会大打折扣；优质纯正的原料驴皮是生产阿胶的关键；传统的制胶技艺是正宗阿胶生产的根本保证。东阿镇阿胶的典范当属邓氏树德堂所产阿胶，历史上曾受皇封，称“贡胶”，并与清代帝王及慈禧太后有着不解之缘，因而其包装盒上被特许盖有东阿县印，胶片上印有“福”字，作为贡胶的专指。

福牌阿胶之所以历经2000余年经久不衰，得益于东阿镇一带劳动人民潜心实践，选料考究，遵古炮制，探索形成一整套独特的制备工艺，并世代传承，包括泡、洗、煮、熬、晾、瓦、擦、包等几十道工序，是传统中药生产的典型代表，蕴含着博大精深的中医药文化。《本草纲目》称之为“圣药”。新中国成立后，阿胶的生产方式逐渐由手工作坊变为现代化的大工业生产，品种由单一剂型发展到几十个不同的品种。

二、济南烤鸭制作技艺

据记载，清道光年间位于万紫巷的德和楼与光绪年间位于县西巷的文和楼烤鸭店制作的烤鸭最为有名。后来，传统的制作烤鸭工艺被聚丰德饭店的苏乐文师傅沿用，并将其相继传授给张吉才、张孝强、顾克宝。他们在不失烤鸭传统工艺的同时，又研发出许多新的烤鸭菜系，既保持了烤鸭的原汁原味，又适应了人们追求营养、口味的需要，使聚丰德烤鸭常年宾朋满座、长盛不衰。

济南烤鸭制作的整个操作过程主要依靠操作者的眼看、手摸、对原料鸭肉质的估计和对火候、时间、温度的把握，主要是凭多年的实践经验，同样的设备、同样的原料会烤出不同的成品，非几年之功难以做到。

济南烤鸭一般是选当年健壮的公鸭且采用整只闷炉烤制，避免了营养流失，具有较高的营养价值。因其肉质鲜嫩，皮酥香醇，肥而不腻，且有黄瓜条、大葱、甜面酱佐以口味，具有极佳的味道。

三、济南面塑

济南面塑，俗称“捏面人”。它以糯米面为主料，调入不同色彩的颜料和防腐剂，用手指和小刀、小篦子、竹针等简单工具，塑造各种栩栩如生的塑像，是一种传统的民间艺术，已有300余年的历史。济南面塑是济南工艺美术中最具地域特色的种类之一。

面塑艺术分为“花供”和人物故事两大类题材。“花供”是人们在古老的祭祀习俗中制作的“供品”，具有仿真效果，如“寿桃”“鸡鸭”“果蔬”等。人物故事分为神话传说中的人物，如“八仙过海”“儒、佛、道人物”“仕女”等；戏曲人物如“桃园结义”“打金枝”等；现代人物如“奥运会主席萨马兰奇”“宇航员杨利伟”等；动物类如“十二生肖”等。面塑艺术因“塑”的功能，表现内容广泛，形象生动。

四、鲁绣

鲁绣属中国“八大名绣”之一，源于春秋战国时期，是见于史料记载的古老绣种，已有2000余年的历史。鲁绣博采“苏、粤、蜀、湘”四大名绣之长，而又独具一格，其中济南鲁绣的手绣发丝绣堪称鲁绣精华。

鲁绣的手绣发丝绣是继承传统鲁绣和发绣的基础上产生的，其重要的发展就是人发与丝线结合施绣，这一创举极大的发挥和拓宽了传统发绣的表现能力。手绣发丝绣多以水墨效果为主，尤以擅长表现中国画和书法等观赏艺术品，还可以精绣人物肖像和油画。作品采用平针、缠针、打籽、滚针、散套针、辫子股针、行梗、旋针，以及编、结、缀、钉、补贴、纳锦、盘金等多种表现手法，创立了留水路、镶金边、缀饰物的独特工艺技法，将绘画、装饰图案有机地揉融在一起，慧眼辨析、博采众长，作品以粗放为主、精细为辅，花纹苍劲、质地坚牢，表现出丰厚拙朴的地方特色。

五、济南石家老陶烧制技艺

济南石家老陶烧制工艺宗于柘沟制陶工艺。柘沟制陶业始于大汶口文化时期，秦汉时期其陶制品已“远销京师，获利百倍”。唐宋时期达到鼎盛，有窑口数百，窑工数万，出现了彩纹、开片、镶嵌等种类，制品以澄泥砚为代表，有“沉静坚韧，温润如玉，含津益墨，声若金石，手触生润，历寒不冰，哈气可研，发墨如油，不渍水，不损笔”的特点，与歙、端、洮并称为四大名砚。

20世纪60年代，工艺美术家石可深入柘沟，挖掘继承了精品制陶技艺，于80年代末恢复柘砚的生产，产品远销国内外，成为“国礼”。为方便研制开发，石可将精典制陶技艺移植到久有烧陶历史的槐荫区，以其子石盾、泗水制陶名家谷氏十代孙谷凤刚为主，建立以传承保护传统制陶工艺为目的制陶基地——“石家老陶”窑场，利用传统的彩纹、开片、镶嵌、木陶等工艺，制作四大部类、数十余个品种、上百规格的工艺品，得到包括韩美林、欧阳中石、黄永玉、赵朴初等名家的肯定和赞誉。

石家老陶制陶工艺以传统的手工制作为基础，基本程序包括选泥、滤泥、绞泥、拉坯、整形、挑沙、打光、烧制（返烧）、打光、磨光等，每一道工序又有许多具体的讲究和操作方法，甚至是只可意会不可言传的经验技巧。譬如拉坯就有盘条、接坯、混坯、搓土等。尤其烧制过程中炉温、时间、浸窑、给烟、给氧、出窑火候的控制等等，对于不同的品种，均有不同的要求。而这一切均靠手工人为控制。在“必然”的等候中出现的“偶然”，往往最是超越期待的精品，这种“窑变”也最能体现“一人一面，一物一精神”传统陶艺艺术的精髓。

六、仲宫白酒传统酿造技艺

富泉酒店创始人徐江吸收中国白酒酿制工

艺精华，充分利用仲宫自然环境优势，创造出仲宫白酒的酿制工艺，历经 300 余年，10 余代传人的传承发展，其工艺操作方法一直沿用。

“曲为酒之骨，水为酒之血”。仲宫自古以来就是三川四峪交汇之地。南依泰山，为泰山北麓余脉，山清水秀、气候温和，山地梯田适于高粱、玉米、谷子等作物的生长。独特的地理环境和气候条件为酿酒提供了高品质的粮食原料，也非常适于微生物菌群的繁殖，“历邑之南，名泉七十有二”，甘美的山泉水，使酒体甘醇，香味浓郁。

仲宫白酒为大曲浓香型白酒。采用传统“老五甑”操作方法，其优点是将淀粉浓度逐渐变稀，使淀粉被充分利用。采用传统工艺酿制的仲宫白酒，历经数百年长盛不衰，形成了自己的独特风格，为研究中国白酒生产史、中华民族酒文化、传统民俗医用保健等提供了宝贵资料。

七、济南油旋制作技艺

油旋是济南传统（精细面点）风味小吃，在济南已有百余年历史。清道光年间，济南城里的凤集楼就有油旋经营。济南油旋是一种传统的手工艺面制品，生产工艺复杂，无法用现代化的机器生产。产品色呈金黄，外酥脆，内松软，香味浓郁，形如漩涡，故名油旋。

油旋在济南百姓心目中有着很高的声誉。它营养丰富、油脂含量适中、口感软嫩香酥，既可作餐桌上的主食，也可作为随意小吃，老幼咸宜，是饼类食品中的精品。其制作技艺考究，技术要求高，制作过程中，对火候、时间、温度的把握，主要依靠操作者多年的实践经验。清代顾仲编著的《养小录》记载：“和面作剂，擀开；再入油成剂，擀开；再入油成剂，再擀；如此七次。灶烙之，甚美。”

八、龙山黑陶制作技艺

龙山黑陶，是继仰韶文化彩陶之后的优秀品种，是 4000 余年前新石器时代晚期的一种制作技艺。它以黑色陶器为其特征，所以称之为“黑陶文化”。因 1928 年首次发现于山东省济南市章丘市龙山街道的城子崖，所以又称“龙山文化”。黑陶的造型千姿百态，以复杂造型为主，简单者较少，但都端庄优美，质感细腻润泽，光泽沉着典雅，具有一种如珍珠般的柔雅沉静之美，欣赏价值高。常见器型有碗、盆、罐、瓮、豆、单耳杯和鼎等。

制作技艺主要有选料、配料、选型、翻模、注浆、干燥、脱模、修坯、压光、烧制等 14 道工序。在烧制上，则重点采用传统技术与现代技术结合的循序升级渗碳法，使产品达到通体透黑，产品黑度越高，表面越亮，充分展现黑陶的特色。选料考究，做工精细，器物均有镂孔和纹饰，姿态万千、品种多样，纹饰与造型、色泽与形象和谐自然，具有高雅、简练、明快等特点，给人以美的艺术享受。

第六节 民俗项目

一、千佛山庙会

千佛山庙会一年两次，于春季的上巳节和秋季的重阳节期间举行。上巳节是指农历三月的第一个巳日，魏晋时固定为三月初三；元成宗大德年间（1310 年前后），千佛山庙会始成定例。

据载，千佛山庙会期间，通往上山的路上，人山人海，摩肩接踵，既有踏青游玩的青年男女，也有虔诚的信佛者去兴国禅寺晋香礼佛，更有的偕妻携儿全家出动。沿途卖山货杂品、香烛元宝和日用百货的摊位数不胜数；卖烧饼、包子、馄饨的饭棚，高声吆喝着招徕顾客；民间工艺品、吹糖人的、捏面人的、卖冰糖葫芦的、卖儿童玩具的等等琳琅满目；唱戏的、说书的、拉洋片的、玩呜嘟嘟的，更使人流连忘返。逛千佛山庙会，成了济南人迎春踏春的一大乐事。济南各界人士，中外观光游客，聚饮千佛山，商界也放假一日，以尽游兴。

二、章丘铁匠习俗

章丘是“铁匠之乡”。史载，章丘铁匠始于春秋，兴于西汉而盛于唐，历经2700余年。

打铁一行是苦力营生。设备只需1辆二把手小车，上载1个风箱、1个砧子，外加3把钳子、2把锤就可以组成一个流动的“小工厂”。每进一村，选一街头或要路，就地盘炉，锤子一响就有生意可做。于是，打铁这一行业便成了旧时寒门小户的热门追求。

新中国成立前，章丘几乎是村村锤头响。为谋生，他们四方奔走，有的远涉重洋徙履异域。因此有人说“天下的章丘，遍地的‘侉子’”。可见当时章丘铁匠遍布之广。章丘铁匠中出了许多技艺精湛的能工巧匠。清光绪年间李朝贞（埠村镇徘徊村人）打制的镰刀（人称徘徊镰）行销于河北、内蒙古和东北各地，一时为全国“镰刀之最”。同代人袁斗宝（相公镇袁庄村人）打造的刨地板镢，因好使耐用而远近闻名，畅销不衰。

打铁主要用具是“铁匠炉”，又分为“坐炉”和“行炉”。“坐炉”就是在自己的宅院里打铁生产，“行炉”是指铁匠们游走四方，招揽生意。他们每到一村庄，一般先找村民喝一次酒，然后便点火开工。他们吃饭也很特别，一般都有热心的群众给送饭，经常吃百家饭。

第七节 其他项目

一、济南形意拳

济南形意拳是形意拳中的重要流派之一，以稳捷扎实、舒展明快、严密紧凑见长。它以中国古典哲学阴阳五行学说为基础，融贯儒学之道理，内为养身之术，形为运动之道，生克变化为攻防之法，神形并重，道、体、用、艺兼备，拳理、道理、医理相互贯通，达到精、气、神与形体高度结合运用。通过意识修养和动作修炼结合，使人身与天地之理相合，变化人之气质。终之，使思想得到升华，技能得以悟化，身心得以长寿。

济南形意拳的初期可追溯到1930年左右。代表人物李应勋、李玉琳、马耀南、马方侯先后传教形意拳。1980年后，随着国家大力提倡挖掘发展中华武术文化，李应勋的徒弟高医俗、李静轩、罗本祺、朱蕴山等，率先在济南开办辅导站传授形意拳，再到成立济南形意拳研究会，使济南形意拳队伍不断得以发展，并密切同各地形意拳组织进行广泛交流，形成济南地区的风格特点。

二、宏济堂中医药文化

宏济堂，是同仁堂乐氏第十二代子孙乐达聪（字铎，号敬宇或境宇）于1907年在济南魏家庄创建的药店，与北京同仁堂、天津达仁堂齐名，号称江北三大名堂，乃同出一门的乐氏家族企业，后来又与北京“同仁堂”、杭州“胡庆余堂”并誉为中国“三大名药店”。

创始人乐镜宇非常注重药店的建筑风格，从店铺的建筑布局，到药品陈列、生产经营方式，均一改传统模式，为济南药品市场的发展带来勃勃生机。宏济堂的经营方式同北京同仁堂，但又别出心裁，对外号称“乐家老铺济南宏济堂”，所用原料均是上等道地货，且每种产品说明书和商标均以北京同仁堂名义，因而生意兴隆。经过几年的经营，宏济堂的生意逐步发展，1918年开始改用宏济堂自己的说明书和商标。新中国成立后，宏济堂历经几次改制更名，1999年7月恢复老字号，更名为济南宏济堂制药有限责任公司。

宏济堂一贯秉承传统精湛工艺，坚持配方独特、选料上乘，“炮制虽繁必不敢省人工，品味虽贵必不敢减物力”的生产原则，得到社会和公众的普遍认可。

第三章 非物质文化遗产保护

第一节 非遗项目整理、公布

2006年3月，市文化局组织省、市、县（市）区部分专家、学者深入基层，历时8个月，考察、挖掘、整理非物质文化遗产87项。经论证、研讨，确定济南市首批非物质文化遗产项目43项，以济南市人民政府文件公布。

2007年年初开始，市文化局组织全市非物质文化遗产工作者进行第二批非物质文化遗产的普查、挖掘工作。经过历时1年多的深入调查和整理，挖掘、整理项目92个。经论证评审、社会公示，确定49个项目入选济南市第二批市级非物质文化遗产名录，以济南市人民政府文公布并通过媒体向社会发布。

2010年，经深入调查、整理，挖掘、整理项目87个，确定49个项目入选济南市第三批非物质文化遗产名录，以济南市人民政府文件公布并通过媒体向社会发布。

第二节 非遗项目传承

新中国成立前，非遗项目传承主要是通过技艺传人口授相传，或子承父业，或招收徒弟，使技艺得以传承发展。

新中国成立后，各级政府有计划地对民间舞蹈、传统手工艺、制作技艺等进行深入挖掘，系统整理，并不断丰富，应用于服务经济发展，繁荣地方文化。20世纪80年代后，商河鼓子秧歌得到蓬勃发展，全县948个行政村和15个居委会几乎都能组织秧歌队，群众“小到刚会走，大到九十九，人人都会扭”，在全国、全省多次获奖。1992年，全国首届商河鼓子秧歌研讨会在商河召开，确立鼓子秧歌在全国舞蹈界的地位；1996年，商河县被文化部命名为“中国民间文化艺术之乡（民间舞蹈）”；1999年，商河鼓子秧歌被选调参加国庆50周年联欢晚会演出。平阴县东阿镇福牌阿胶制作技艺从传统的手工业作坊发展到现代化机械化生产，并不断改进工艺。1996年东阿镇被命名为“中国阿胶之乡”，2006年该技艺传承企业山东福胶集团有限公司被商务部命名为首批“中华老字号”。

2006年后，非遗项目传承保护得到进一步重视，各级通过认定非遗项目传承人、举办非遗项目培训班、开展非遗项目进校园等活动，加强对非遗项目的保护传承。商河县按照静态动态相结合、男女老少全覆盖的传承发展思路，开展鼓子秧歌资料建档和理论研究，为老艺人登记建档，举办全县鼓子秧歌展演。改变以往鼓子秧歌主要由中青年男性表演的传统，开展“鼓子秧歌进校园”活动，全县各乡镇（街道）少年鼓子秧歌队伍达到24支，殷巷镇帽杨小学少年鼓子秧歌队参加中央电视台《舞蹈世界》栏目演出，韩庙乡站南村少儿鼓子秧歌多次参加全国性比赛并获奖。同时，商河县还把鼓子秧歌和广场舞有机结合，编排鼓子秧歌广场舞《鼓乡豪情》，并在全县进行培训，建立起男女老少多层次、立体化传承体系，实现传承人群全覆盖。

2007年6月，《济南非物质文化遗产（第一卷）》印刷出版。6月8日，山东省公布首批非物质文化遗产代表性传承人名单，济南市有5个项目的6位非物质文化遗产传承人入选，分别是济南皮影戏代表性传承人李兴堂，商河鼓子秧歌代表性传承人杨克胜，山东琴书代表性传承人姚忠贤，山东快书代表性传承人赵光晨、高绍清，诸城派古琴代表性传承人高培芬。2008年，商河县文化馆、济南市曲艺团被命名为山东省非物质文化遗产保护示范基地，南上山街小学等3所学校被命名为山东省非物质文化遗产教育传承基地。1月，第二批国家级非物质文化遗产传承人公布，山东快书传承人孙镇业、商河鼓子秧歌传承人杨克胜被命名为国家级非物质文化遗产传承人。6月，《济南非物质文化遗产(第二卷)》印刷出版。推荐李兴时等8人申报省级第二批非物质文化遗产代表性传承人。

2009～2010年，先后举办庆祝新中国成立60周年非物质文化遗产保护成果展，“非物质文化遗产进校园”活动；设计制作济南市第一幅非物质文化遗产分布图；举办济南市非物质文化遗产公益传承学习班两期，设面塑、剪纸、鲁绣、皮影戏、京剧、吕剧、山东快书、相声等传习课目。

第三节　非遗项目展演

非遗项目特别是曲艺、舞蹈等项目在民间有着广泛的群众基础。每年春节，市县都举办春节文艺会演节目，踩高跷、扭秧歌、跑旱船等节目受到群众喜爱。各类艺术节、文化节、庙会等也都是这些非遗项目的重要展演平台。山东快书艺人等还走村串户进行表演。

2006年6月10日，市文化局与省文化厅在泉城广场举办庆祝第一个文化遗产日活动。同时，举办全省物质文化遗产保护成果展示、文化遗产法律法规咨询、济南市入选非物质文化遗产代表作名录的部分表演类节目等活动。

2007年3月18日晚，济南市首批国家级非物质文化遗产山东琴书在中央音乐学院演奏厅演出。市曲艺团国家一级演员、中国曲艺最高奖“牡丹奖”获得者姚忠贤演出山东琴书《梁祝下山》小段。5月19日，市曲艺团举办“清乐华章”济南曲艺走进清华大学专场文艺晚会。入选国家非物质文化遗产的山东快书、山东大鼓、山东琴书三大曲种逐一亮相，小品、相声、单弦、快板等传统曲艺形式轮番登场。千余名清华学子欣赏了山东快书表演艺术家周弘的快书《武松打店》，山东琴书表演艺术家姚忠贤、杨珀的琴书《亲上亲》，相声表演艺术家刘广玺等人的小品《楞子和横子》，优秀山东大鼓演员刘娟、胡娜等的大鼓《古曲新韵》以及众多曲艺新秀表演的相声《欢歌笑语》、小品《胖孬的家丑》、单弦《风雨归舟》和快板书小段等精品曲艺。

2010年5月下旬，组织开展“四个一百”工程创建活动，即：各县（市）区组织100场非物质文化遗产的展示及文艺演出、组织100场电影放映、组织100场公益辅导讲座、组织100位书画家进社区、广场开展活动。累计开展各类文化活动5000余场（次）。9月12日，在泉城广场举办“迎非遗博览会”济南市民俗文化展演。来自全市的120个民俗文化项目和非遗项目、150余位民俗艺术家及非遗传承人参加活动，以现场表演、现场制作、现场展示等形式，宣传非物质文化遗产及民俗文化艺术。10月15日～18日，由文化部、山东省政府联合主办，文化部非物质文化遗产司、中国非物质文化遗产保护中心、济南市政府与山东省文化厅共同承办的首届中国非物质文化遗产博览会举办。吸引全国各省（市、区）、新疆建设兵团、港澳台地区和省内各市组团参展，共有参展项目622个，其中国家级408项，省级214项，国家级传承人193人，省级传承人84人。以传统美术、传统手工技艺、传统饮食医药等领域为重点，涵盖多个非遗门类品种。博览会期间，全国28个优秀非遗剧（节）目在8个剧场展演18场，有广西彩调《刘三姐》、河北梆子《钟馗》、安徽黄梅戏《女驸马》、河南优秀非遗曲艺专场等。

第五篇　出版　发行

1986年后，济南市出版、印刷、发行事业都有较大发展。

报纸期刊出版。形成以大众日报报业集团、济南日报报业集团2大报业集团为主体，兼有政治、经济、科技、教育、文艺、生活服务等门类齐全、功能完备的报刊业结构。经过几次大规模的整顿规范，报纸期刊由以规模数量增长为主要特征向以品质提高为主要特征的阶段转移。至2010年，济南地区有正式刊号报纸52种，期刊158种；出版报纸184706万份，杂志6995万份。

图书出版。2010年，济南地区有图书出版单位16家，年内出版图书6586种，26603万册。其中，属地管理的济南出版社成立于1988年，先后有300余种图书获省级以上优秀图书奖，“中国农村百页丛书”《中国古代名物大典》《中国国有企业改革》《论现代公有制》《我观党史》等先后获国家图书奖或中国图书奖。

发行。逐步建立以国有新华书店为主体，多种发行渠道、多种经济成分、多种购销方式的发行体制。1995年，济南市新华书店改组为山东省图书音像发行总公司济南市公司，组建发行集团。放开批发渠道、购销形式和发行折扣，图书市场进一步繁荣。2010年，全市有出版物发行单位952家，占全省出版物发行单位总量的17.6%。发行销售图书3亿余册，销售码洋28亿元。

1986～2010年济南地区出版情况表

表15—5—1

年份	出版单位（个）			出版种类（种）			出版数量（万册、万份）		
	图书	报纸	杂志	图书	报纸	杂志	图书	报纸	杂志
1986	—	—	—	1404	33	89	31933	62059	3854
1987	—	—	—	1398	36	91	37370	66697	4413
1988	—	—	—	1368	29	103	34836	70225	5569
1989	—	—	—	1419	29	109	32422	47325	4375
1990	15	24	99	2001	26	99	31685	46930	3321
1991	12	28	108	2128	28	108	34239	53102	3524
1992	14	25	113	2141	26	113	34149	62935	3724
1993	14	23	110	2160	28	114	34950	51368	3795
1994	14	26	110	2164	29	113	34276	54460	4584
1995	14	28	110	2460	30	113	39025	54460	4579
1996	14	36	110	3083	38	143	39994	67863	4823
1997	14	33	154	2918	35	143	46902	86434	6058
1998	17	35	139	3901	36	139	37558	96386	8000
1999	14	33	138	3809	34	138	41759	97635	9350
2000	15	47	164	3851	53	166	38471	109199	11177
2001	15	46	161	3504	54	161	37259	106812	11199

续表15—5—1

年份	出版单位（个）			出版种类（种）			出版数量（万册、万份）		
	图书	报纸	杂志	图书	报纸	杂志	图书	报纸	杂志
2002	15	48	167	4867	54	171	37478	114697	12095
2003	15	45	165	3954	53	169	36325	114802	10982
2004	15	45	165	4245	53	152	31635	166726	9319
2005	14	45	146	5389	53	157	27919	113751	7195
2006	14	39	102	7205	53	147	28822	114534	7072
2007	15	53	152	5886	53	152	39999	145423	6318
2008	15	52	152	4559	52	152	21607	144236	7281
2009	15	52	152	6370	52	152	23810	156026	6697
2010	16	52	152	6586	52	158	26603	184706	6995

第一章　体制改革

第一节 报业体制改革

2002年10月16日，济南日报报业集团挂牌成立，其前身是济南日报社。新组建的济南日报报业集团是“政治家办报”、企业化管理、市场化经营的事业单位，实行党委领导制，并设立编辑委员会和经营管理委员会，两委会在党委的集体领导下和授权范围内履行职责，开展工作。通过推动市属非时政类报刊改革，推行模拟法人、自负盈亏、自主经营的企业化运营模式，济南日报报业集团完成转企改制，成立专业报刊发行公司。

报业集团主管和主办“五报一网”：《济南日报》《济南时报》《当代健康报》《都市女报》《人口导报》和网络媒体舜网，构成集团媒体“雁阵式”发展布局。同时，集团以广告经营为主体，报刊发行、物流配送、房地产开发与销售、印刷、旅游、网络教育迅速发展的多元化经营格局渐成规模。报业集团奉行“开门办报、开放办报、开明办报、开心办报”的理念，打造北方最具特色、最具活力的报业品牌。

第二节 出版发行体制改革

一、出版体制改革

（一）管理体制改革 1992年起，济南出版社不再要财政拨款，实行自主经营，自收自支，独立核算，自负盈亏。2009年，作为济南市第一家转企改制文化单位，济南出版社正式开始公司化运作，实施企业化管理，逐步从事业单位转变为市场主体。

（二）人事、劳动、分配制度改革 1992年，打破分配上的“大锅饭”，实行出版效益与奖金直接挂钩。职称评定试行国家和社内评聘“双轨制”，实行“社内粮票”，以鼓励部分非编辑职称或因故职称较低的骨干编辑人员，出版社聘以相应职称，并享受同等待遇。改革用人制度，实行全员聘任制，人员能上能下，对优秀人才大胆提拔和使用。广开渠道，建立自办发行多层网络，实行发行部全额承包，内部全员发行，并公开招聘图书推销员。2009年改制后，制订企业“三定方案”，按工作需要重新设置部门和岗位，实行部门定编、员工定岗、定责，实行8

级工作岗位、中层干部竞争上岗、员工双向选择制度。打破原有的事业工资模式，取消原来的行政级别待遇，实行工资套改，按岗位制定新的企业工资标准和晋升制度，按岗付酬，按业绩晋升。按企业管理要求重新修订《岗位目标责任制》，完善新的任务目标和考核标准、考核办法，发挥岗位目标责任制的竞争激励作用。

（三）内部管理制度改革 1992年，建立以提高图书质量为中心的激励机制，对获优秀图书奖的责任编辑予以重金奖励，并设立社会和经济效益双效奖、外向型图书奖等。对出现差错超过标准的图书责任编辑予以重罚。1996年，对发行部试行全员聘任制，主渠道发行网点增加10%，发行码洋增加10.38%；对印制室实行以提高图书印装质量为主的承包方案，每本书用纸用料都有严格要求，并对各道工序检查把关，对成本精确核算。2007年，制定《济南出版社岗位目标责任制》等多项管理制度，建立健全竞争激励机制，先后制定《图书装潢设计统一协调把关制度》《本版书市场销售情况分析报告制度》《编辑策划能力培养制度》《重点选题高层次策划活动制度》《图书印刷质量管理规定》等，全方位提高编辑、发行、印制人员的责任意识、市场观念和策划能力。2009年，济南出版社转企改制，建立以国有为主体，产权结构多元化，产权清晰、权责明确、政企分开、管理科学的现代企业制度。公司建立党的领导与法人治理结构相结合的领导体制，在机构设置、人事管理、工资制度等方面深化改革，逐步建成以图书出版为主、相关产业为辅，具有较强实力和特色的出版文化企业。对原有的出版业务类、行政类、财务管理类等规章制度进行全面梳理，按照企业管理制度的要求进行修改、完善，补充建立新的企业管理规章。

二、发行体制改革

1986年后，济南地区出版物市场快速发展，逐渐建立起以国有新华书店为主体，多种经济形式、多条流通渠道、多种购销形式、少流转环节“一主、三多、一少”的发行体制，允许集体经济和私营经济成分参与图书发行，支持出版社自办发行，推广寄销和试销，图书市场结构发生很大变化。

（一）新华书店系统管理体制改革 1986年至21世纪初，新华书店是图书发行主渠道。1986年1月1日，济南出版分社与济南市新华书店分开办公；同年2月4日，济南市新华书店建立党委，由市委直接领导，业务上仍受济南出版分社指导。1987年1月，根据《关于市委管理的干部统一由市委组织部具体管理的通知》，济南市新华书店的党委书记、经理由山东省出版总社济南分社党组管理；同年7月，历城区新华书店归属济南市新华书店管理。1989年，劳动工资划归省新华书店主管。1990年1月1日，济阳、商河2县新华书店划归市新华书店领导。1993年9月，省政府批准成立山东省图书音像发行总公司，与省新华书店一套机构，两块牌子。1995年年初，济南市新华书店改组为山东省图书音像发行总公司济南市公司，济南市代管的新华书店党、政、工、团及各项业务工作全部收归省总公司领导，组建发行集团。济南市历城、章丘、长清、平阴、济阳、商河组建县（市）区图书发行公司，与当地新华书店一套机构、两块牌子，各县（市）区新华书店干部人事工作移交给市新华书店，为隶属于济南市图书音像发行公司（济南市新华书店）领导的，自主经营、自负盈亏、具有独立法人资格的小型一类企业。实行下管一级，逐级负责，“系统主管、地方协管”的双重管理体制。省新华书店对济南市、县（市）区新华书店实行图书发行业务、财务结算、劳动工资、职工培训、工资挂钩等统一的系统管理。2008年，各县（市）区新华书店经理统一上收省新华书店管理，新任经理由省新华书店法定代表人聘任。

（二）出版物发行体制改革 鼓励多种经济形式参与出版物发行，开辟多种发行渠道，调动社会发行力量的积极性，初步形成以新华书店为主体，以出版社自办发行和集体、个体书店（摊）为补充的多渠道发行网。民营书店经营规模由小书摊发展到大书店，经营项目由单纯的零售发展为二级乃至一级批发，经营模式由个体运营发展到连锁网络建设，成为图书市场的重要力量。放开批发渠道，允许有条件的集体书店，开展批发业务。2001年后，国家对中小学教材出版进行招投标试点，新华书店总发行的垄断被打破。逐渐放开民营发行进入总批发和连锁经营的限制，民营发行力量在市场中的势力越来越大。同时，随着出版社数量的增加，年出书品种和数量不断增长，多数出版社设立发行部、营销部或发行公司，设立门市部、邮购部、读者服务部或书店、发行站及经销网点等，负责本版图书的发行管理。至2010年，多数出版社自办发行占本社图书销售的三分之二以上。

第二章 报纸 新闻网站

第一节 发展概述

20世纪80年代后，济南地区报业有长足发展，大企业及部分省直部门先后创办报纸，发行数量也有较大增长。1986年，济南地区出版报纸33种，62059万份。1989年，根据中央压缩整顿报刊的要求，省新闻出版局确定“减少数量，提高质量，合理结构布局”原则，按照其表现和办刊（报）条件，压缩一批质量不高、重复设置的报纸，部分转化为内部报刊，报纸总量得到控制。1989年，报纸出版4.73亿份，比1988年下降32.6%。1998年，济南地区25种高校报纸编入国内统一刊号高校校报系列。1999年，济南市属正式报纸5种，分别为《济南日报》《济南时报》《信息快报》《泉城周报》《济南大学报》。

2010年，济南地区出版报纸52种，平均期印数567万份，总印数18.5亿份，总印张数90亿印张，定价总金额9.54亿元。从业人数1423人。济南市有报纸出版单位1家，出版报纸5种。

1992～2010年济南地区报纸出版情况表

表15—5—2

年份	总计（万印张）	省级报			市级报		
		合计（万印张）	综合报（万印张）	专业报（万印张）	合计（万印张）	综合报（万印张）	专业报（万印张）
1992	48904	41573	32827	8746	7331	5547	1784
1993	67728	60310	51305	9005	7418	6608	810
1994	705608	623286	513050	110236	82322	66082	16240
1995	70716	60944	51305	9639	9772	6608	3164
1996	91575	79376	63774	15602	12199	11758	441
1997	128774	56535	41087	15448	35098	34424	675

续表15—5—2

年 份	总 计（万印张）	省级报			市级报		
		合 计（万印张）	综合报（万印张）	专业报（万印张）	合 计（万印张）	综合报（万印张）	专业报（万印张）
1998	171284	129874	105489	24385	41409	38016	3393
1999	216132	172918	143464	29454	43214	38994	4220
2000	296122	216951	189161	27790	79171	71002	8169
2001	315102	239499	211098	28401	75603	67242	8361
2002	412150	325851	285383	40468	86299	82614	3685
2003	344555	249914	208117	41797	94641	94641	—
2004	774712	643061	532357	110704	131651	131651	—
2005	905427	763018	280692	482326	142409	125925	16484
2006	1083815	928880	586655	342225	139335	123735	15600
2007	1030849	899545	486376	413169	131304	114088	17216
2008	1065227	1043994	507890	536104	2133	7031	14202
2009	899593	832232	647124	185108	67361	58312	9049
2010	900483	847019	811675	35344	53464	45456	8008

第二节 报纸及新闻网站选介

一、《济南日报》

1983年后，《济南日报》几乎年年都有改革。1988年7月1日，《济南日报》由4开4版小报改为对开4版大报。邓小平为《济南日报》题写报头。《济南日报》的领导机构为党委领导下的编委会。工作部门有总编办公室、新闻研究室、政教部、工业部、农村部、财贸部、文体部、群工部、时事部、摄影部、信息服务部、党委办公室、行政办公室和印刷厂。

20世纪80年代中期，济南日报报社职工217人，其中采编人员95人。1993年1月1日，由对开4版扩为对开8版。1998年3月10日，由8版扩为局部12版，继而逐渐扩展为日均12版。作为中共济南市委机关报的《济南日报》，以济南市各行各业的政治、经济和社会发展为宣传重点，策划和推出一系列有影响力的专版、专栏及专题报道，为党的改革开放政策和体制改革的深入发展起到舆论宣传作用。发行范围辐射山东、北京、上海等地，发行量近20万份。多次获山东省优秀报纸、山东省十佳报纸称号。编辑记者多次在全国、全省新闻奖评选中获奖。其中，在1996年第6届中国新闻奖评选中，记者牛继兴、韩劲松采写的通讯《交警之魂》获二等奖；在2010年第20届中国新闻奖评选中，记者曹雷采写的《九年爱心接力跑赢死神——三任公安局长和一位见义勇为农民的故事》获三等奖。

济南日报
JINAN RIBAO
李鹏总理就"亚洲30亿人口日"发表的广播电视讲话
我市九年发展党员四万一千名
共产党员要牢記自己的使命
《人民日报》"七一"社论
与改革开放的时代同步
《济南日报》大报报样

1988年7月1日，《济南日报》由四开四版小报改为对开四版大报

二、《济南时报》

《济南时报》是由济南日报报业集团主管主办的4开都市类日报，1996年1月1日创刊，国内统一刊号CN37-0026，邮政发行代号23-308。周一至周五平均每天50版以上，最多时超过100版，周六、周日24～32版，彩色印刷，是全国省会城市都市类报纸中版面最多、信息容量最大的报纸之一，面向全国发行。《济南时报》创刊后，在山东新闻界率先开通24小时服务的“新闻110”热线，并与济南市几十条社会公众服务热线联动，服务功能涵盖市民生活的各个领域，“有问题，找时报”成为市民的口头禅。先后开展系列社会公益活动，如捐建济南时报慈善读者学校，帮助灾区大学生回家过年，捐建“母亲粮仓”，发起“泉城义工”“雪中送炭”行动，举办每年一度的泉城新年音乐会和毕加索画展、秦始皇兵马俑大展等文娱演出和文化活动，在读者中树起“公益使者”的良好形象。《济南时报》体育新闻报道被读者和业界誉为山东平面媒体第一体育新闻品牌。报纸多次被评为“山东省十佳报纸”和“山东省优秀报纸”。创刊5周年之际，时任中共中央政治局委员、中共山东省委书记吴官正题词：“办好济南时报，服务千家万户”。2003年，被评为山东省唯一“全国地方报社先进管理单位”。2003年12月31日，中国新闻研究中心公布《2003中国内地媒体影响力公信力调查报告》，《济南时报》被评为济南影响力最大报刊。2006年，获全国媒体唯一“中国志愿者先进服务集体十杰”称号。

《济南时报》创刊第一天，编排记者一起上街卖报

三、《都市女报》

《都市女报》是隶属于济南日报报业集团的一张子报。其前身为《山东环境报》，2000年8月由济南日报社接收并更名为《环发导报》，2001年9月停办《环发导报》，创刊《都市女报》，是全国唯一一份都市女性类日报，以济南为核心，面向全国发行。

《都市女报》关注女性关注的内容，以时尚的版式、差异化的内容、创新的表达方式赢得都市女性的青睐。先后获“全国十大女性媒体品牌”“最受女性喜爱的十大品牌报纸”等称号。2010年，发行量10万份。

2000年8月，经国家新闻出版总署批准，《山东环境报》划转济南日报社，更名为《环发导报》。2001年9月，更名为《都市女报》

四、《当代健康报》

2000年8月创刊，是山东省唯一面向全国公开发行的大型健康类综合性报纸。国内统一刊号CN37-0017，邮政发行代号23-135。每周一期（星期四出版），4开24版，彩色印刷。主要版面设置为健康视点、医药指南、乐活老人、颐养天年、传统疗法、丽人密码、专家在线、心海导航、快乐成长、中华医药、两性科学、安全用药、为您搭桥、特别话题、生活百科、生命之光等，版面数量居全国同类报纸首位。

该报创刊后，先后有近千名专家接受采访，10余位院士为报纸撰写文章，全国人大常委会副委员长吴阶平为报纸题词："普及医学知识，服务健康事业。"被评为全国医药健康类畅销报刊、全国医药健康类编校质量优胜报纸，被山东省新闻出版局纳入"农村书屋"重点报刊。

五、《人口导报》

其前身为《计划生育报》，创刊于1982年2月20日，由省计划生育委员会创办。当时为周报，4开4版。1987年1月5日更名为《山东人口报》，4开4版，每周出版2期。2000年7月，《山东人口报》整体划转济南日报社主管、主办。2000年10月，更名为《人口导报》，4开8版，每周一出版。2007年1月，扩版为4开16版。开设的主要栏目板块有：要闻、新闻综合、新闻纵深、新闻乡村、理论实践、理论探索、新闻人物、环球视点、婚育画苑、新闻视点、新闻编读、人口趣闻、新闻文化、致富向导、母婴周刊、婚育周刊、生殖周刊、生活周刊。2010年，发行量20.5万份。

六、《章丘日报》

中共章丘市委主管主办。2001年创刊。国内统一刊号CN37－0111，周六报，对开4版。2004年1月1日停办。

七、《信息快报》

其前身为《信息文摘快报》，创刊于1985年1月6日，属山东省科学技术协会和济南市科学技术协会领导。1986年7月1日更名为《信息快报》。1997年，主管、主办单位变更为中共济南市委宣传部。2001年，报社划转由山东三联集团主管、主办，整体归属三联集团公司，国内统一刊号不变(CN37－0027)。2001年4月停办。

八、《市场导报》

由济南市财贸办公室主办，为山东省第一家流通领域的经济专业报。1985年7月4日创刊，4开4版，周2刊。1993年8月并入济南日报社，1994年1月由4开4版周二报改为面向全国发行的对开4版周报，1994年10月由经济专业报改为面向济南市民发行的4开8版综合性生活报。1995年11月，更名为《济南时报》。

九、《泉城周报》

原名为《济南广播影视报》，创办于1987年4月，1988年1月16日创刊发行，由济南市广播电视局主管，由市委宣传部、广播电视局、出版分社联合主办。每期发行25万份左右，为济南地区期发行量最大的专业文化报。每周1期，开办初期4开4版，采取自办发行形式，实行独立核算，自负盈亏。1996年7月由8版扩大为16版，1998年12月23日起扩大为4开24版，2000年9月扩大至杂志式4开32版，增加铜版纸彩色封面印刷。1996年起，连续3年被评为山东省"优秀级报纸"。1999年，泉城周报社被国家广播电影电视总局评为全国广播电视系统先进集体。2000年，该报划转为济南人民广播电台和济南市电视台主管、主办。2001年，《泉城周报》与《山东广播电视报》联合办报，《泉城周报》于2001年12月3日停办。

十、舜 网

2000年5月18日，舜网(www.e23.cn)开通。由济南日报社主办，是国务院新闻办公室批准的济南市唯一新闻网站、山东省重点新闻网站。网站有新闻、论坛、博客、微博、视频、图库、文学、房产、家居、汽车、装具、旅游、美食、理财、商场、数码、健康、教育、培训、女性、亲子、婚嫁、地图、访谈、评论、彩票等30余个频道和济南新闻网、芙蓉街商城、舜网团、山东艺术网、一圆通等品牌网站。并以英语、法语、德语、日语、俄语、韩语6种语言向世界传播。

(一)主要产品 有"济南社区"、"网络宣

2000年5月18日，经国务院新闻办公室批准，济南市唯一大型新闻网站——舜网成立。图为舜网版面

传”和济南手机报等。其中“济南社区”是济南人的网上生活社区，开设泉城野话、崩没根儿、菁菁校园、宝宝乐园、二手交易、伊人卖场、漂亮新娘等板块，日访问量51万人（次），日发帖量超过10万篇。网络宣传方面，有专业建站团队，为用户提供网站建设、网站维护、网络宣传、网络优化、服务器托管、域名注册等一站式服务。济南手机报创办于2008年，是舜网联合中国移动、中国联通共同推出的一份综合性手机新闻报。每天200余条新闻资讯，囊括报纸、互联网、电视、广播媒体，内容立足济南、网罗天下。2010年，济南手机报联合全省20余家县（市）区委宣传部，推出具有本地化特色的手机报，内容除国内外新闻外，还提供差异化的本地新闻、民生资讯，实现一县一报。有读者近15万人。

（二）发展成果　2000年6月，创办舜网论坛，是济南市第一个大型网络论坛。2001年5月，经国务院新闻办公室批准成为济南市唯一一家新闻网站。11月，获互联网电子公告服务许可，成为济南第一家获得电子公告资质的网站。2004年9月，“中国网络媒体监测”体系显示，舜网访客页读数居全国第一，在总页读数和访客数两项排名统计中分别列第五和第八。

2005年9月，由济南日报报业集团主办、以舜网为依托的济南新闻开通。11月，在第二届“中国BBS社区100强”评选中，舜网论坛成为山东唯一当选的网络论坛。2006年4月11日，由舜网承办的中国报协电子技术委员会官方网站“中国报业技术网”（www.zgby.cn）开通。9月，完成报社5张报纸的WAP版，实现手机浏览报纸。

2007年3月20日，舜网加入“联盟中国”。5月27日，舜网图库（photo.e23.cn）被中国报业协会电子技术进步委员会评为技术进步一等奖。作为图片展示、交易的电子商务网站，舜网图库下设4大栏目20个板块，有先进的数字检索、销售系统。11月14日，《济南日报》《济南时报》《当代健康报》《都市女报》《人口导报》5报的数字报正式上线。

2008年1月，舜网通过山东省信息产业厅软件企业认定，自主产品“SP短信软件”取得国家版权局计算机软件著作权登记和信息产业部软件产品登记，是山东省内首家获该资质的新闻网站。3月，济南手机报、女报手机报在山东移动上线，实现从第一媒体向第五媒体延伸发展。5月22日，舜网被省委宣传部、省人民政府新闻办公室、省通信管理局授予“山东省优秀网站”称号。舜网自主研发的《E23ISMGSP短信网关综合管理系统》被中国报协评为“中国报业电子技术项目一等奖”。至此，舜网有4项软件技术产品获国家级奖项。7月，全面启动舜网访谈，包括政务大家谈、名医面对面、招生直通车、名师大讲堂、明星大舞台等栏目。同时，舜网帮办频道开通，包括房产、理财、美食、汽车、健康、亲子、旅游、教育、建站等板块。10月23日，舜网被省信息产业厅、省国家税务局、省地方税务局确认为“山东省信息服务业认定企业”。

2009年2月，由舜网主办的国内首家手机交友网站——山东交友网正式开通。4月18日，由舜网提供技术支持的济南廉政网被中央纪委、中央外宣办评为全国纪检监察系统优秀互联网站。5月5日，舜网论坛日发帖量突破10万。至2010年，日访问量PV220万、UV60万、IP50万。其中，济南市占41%，国内其他城市占33%，港澳台地区占9%。

第三章 图书 音像 期刊

第一节 图书出版

1986年，济南地区有出版社10家，当年出版图书1404种，31933万册。各图书出版社有明确的出书范围，共同承担全省各类图书的编辑出版任务，出版图书门类比较齐全，每年都出版一批具有山东地方特色、具有较高学术价值和现实意义的图书。

1988年，济南出版社成立。同年，济南军区政治部成立黄河出版社。1993年，省出版集团成立山东画报出版社。1996年，省新闻出版局成立泰山出版社。至此，济南地区有图书出版社14家。

2010年，济南地区出版社出版图书6586种，是1986年的4倍多；印数26603万册，比1986年减少5000余万册；从业人员1100余人。品种稳步增加，总印数稳中有降，图书出版从以规模数量为主转变为以质量效益为主。其间，济南地区出版社出版图书8.8万种，861027万册。

一、市属出版机构

（一）山东省出版总社济南分社 成立于1983年8月17日，原名山东人民出版社济南分社，为局级事业单位，1984年更名为山东省出版总社济南分社。地址经二路182号。隶属济南市委宣传部领导，编辑业务由市委宣传部和省出版总社双重领导。受市政府委托，行使出版行政管理权，统管全市图书编、印、发、管业务。1986年1月1日，根据中央关于政企分开的指示精神，出版分社与新华书店分开办公。出版分社设秘书科、第一编辑室、第二编辑室。分社直辖市新华书店和印刷物资公司（1985年将济南印刷公司划归市新华书店，1987年10月济南印刷物资公司收归分社直接领导）两个单位。1989年撤销。

（二）济南出版社 1988年9月成立，是全国省会城市中（不含单列城市）唯一的一家出版社。主管、主办单位为中共济南市委。社址位于济南市经七路251号。出书范围包括：社会科学、文学艺术（以本地区作家作品为主，不含翻译外国文艺作品）、科学技术、教育（不含中小学课本）、地方风物、旅游和对外宣传等方面的图书。社号ISBN7－80572。2009年7月16日转企改制，挂牌成立济南出版有限责任公司。同年12月，迁至新址济南市二环南路1号。2010年，在职职工60余人，其中高级职称13人，净资产8000余万元。

1988年10月26日开始发稿出书。之后，不断调整出书结构，逐步形成重点图书出版的“四大板块”：(1)社科党史类图书。相继推出“旗帜”“发展”“国企改革”三大系列，“亚太经济丛书”“精神文明之旅丛书”“经济社会史研究丛书”“科学与信仰丛书”“红色记忆丛书”“党史人物生活传记丛书”“新四军系列”《抗日战争热点问题聚焦》《我观党史》《话说长征》等宣扬主旋律的重点图书。其中，《抗日战争热点问题聚焦》一书被中共中央宣传部、国家新闻出版总署列入全国100种抗战题材重点选题。(2)历史文化类图书。重点打造“文化中国”品牌图书，先后出版《文化中国·永恒的话题》《文化中国·边缘话题》《文化中国·诗性旅游》3个系列28册图书。有计划地推出“文明的色彩丛书”“经典阅读笔记丛书”“世界文化解读丛书”“水浒博览大典”等。在地域文化方面相继出版宣传济南的图书百余种，代表性的有“齐鲁民俗丛书”“图说济南老建筑丛书”《历城县志正续合编》《品读济南》《济南七十二名泉》《济南七十二名士》“老济南系列丛书”《济南名士文选》“历下文丛”《乾隆历城县志》等20余种图书。(3) 教辅和助学读物类图书。开发初中《生物学》新课标教材；出版《中学时政教育》读物；策划出版“心灵花园丛书”“青少年励志丛书”《花开的声音》《智慧的盛宴》“心灵物语丛书”等。(4)生活休闲(医学保健)类图书。重点推出医学保健类“中华名医看家方丛书”“医学人文新健康丛书”“常见病实用问答丛书”《当代名医名家医案精华》“中医特色疗法大全丛书”《鉴赏专家话收藏》等图书。每年出版新书200余种，再版图书100余种。累计出书4000余种，发行8000余万册。有300余种图书获省以上优秀图书奖，“中国农村百页丛书”《中国古代名物大典》《中国国有企业改革》《论现代公有制》《我观党史》5种图书先后获国家图书奖和中国图书奖，《震动中国》获第二届中华优秀出版物奖抗震救灾出版物特别奖，“‘老济南’系列丛书”获首届“山东省新闻出版奖图书奖”。1992年，该社被评为全国新闻出版系统先进单位。1998～2000年，连续3届被新闻出版总署评为全国良好出版社。2010年，被评为“全省文化体制改革和文化产业发展先进单位”。

二、驻济南省属及其他图书出版机构

（一）山东人民出版社 成立于1951年1月，是一家以出版人文社科图书为主的综合性出版社，出版服务大局、文化学术、大众读物、考试图书、高等教育、基础教育、数字出版等7大板块图书。年出版图书2000种左右，出版规模和经济效益在全国各省人民出版社居领先地位。2009年入选全国一级出版社，被授予“全国百佳图书出版单位”称号。社址：济南市胜利大街39号。

（二）齐鲁书社 成立于1979年，是专业古籍出版社，图书出版主要方向是古籍整理图书、传统文化学术研究专著、优秀传统文化普及读物等主要板块。

1986～2010年，出版图书2985种，其中出版新书2185种，重印800种。平均每年出书119种，其中出新书87种。20世纪八九十年代，年出书一般维持在30～50种。至2000年年底，每年出书百种以内。2001～2006年，每年出书品种均超过百种。2007～2010年，每年出书240～270种。2010年12月，社址由济南市胜利大街39号迁至英雄山路189号。

1986～2010年齐鲁书社主要获奖著作一览表

表15—5—3

著作名称	奖 项	获奖年份
中国美学思想史	第四届中国图书奖一等奖	1990
全明散曲	第九届中国图书奖	1995
校雠广义	第四届国家图书奖	1999
中国古籍版刻辞典	第四届国家辞书奖一等奖	2001
中国美术史	第五届国家图书奖提名奖	2001
	第八届精神文明建设“五个一工程”奖（图书奖）	2001
	首届全国优秀艺术图书奖一等奖	2001

续表15—5—3

著作名称	奖 项	获奖年份
陶文图录	第一届中国出版政府奖提名奖	2007
王士禛全集	第二届中华优秀出版物奖提名奖	2008
	第二届中国出版政府奖提名奖	2010

（三）山东美术出版社 成立于1984年，是山东省内唯一一家专业美术出版社。主要出版方向为绘画技法、美术理论、设计摄影、书法篆刻、艺术鉴赏、美术教材教辅、时尚生活、挂历挂图类等，年平均出版图书近千种。其中，有14种图书获国家三大奖，400余种图书获省级以上图书奖。社址：济南市胜利大街39号。

1986～2010年山东美术出版社主要获奖著作一览表

表15—5—4

著作名称	奖 项	获奖年份
《中国状元全传》	第八届中国图书奖	1994
《中国图案大系》	第九届中国图书奖	1995
《特列恰科夫国家画廊藏画》	第十一届中国图书奖	1998
《名家点评大师佳作——中国画／油画》	第四届国家图书奖	1999
《童谣童画》	第七届中宣部“五个一”工程奖	1999
《青州龙兴寺佛教造像艺术》	第十二届中国图书奖	2000
《20世纪中国美术》	第五届国家图书奖	2001
《中国当代油画名作典藏》	第十三届中国图书奖	2002
《中国历代小品画》	第九届中宣部“五个一”工程奖	2003
《黄宾虹全集》	首届中国出版政府奖图书奖	2007

（四）明天出版社 其前身为山东人民出版社少儿编辑室。1984年成立山东少年儿童出版社，1985年更名为明天出版社。是一家以少年儿童为服务对象的专业出版社。1990年，销售收入2538万元，利润812万元。2000年，销售收入5180万元，利润1002万元。2010年，销售收入13891万元，利润1864万元；发行码洋1亿元（一般图书）。社址：济南市胜利大街39号。

1986～2010年明天出版社出版图书情况表

表15—5—5

年 份	初版书（种）	再版书（种）	年 份	初版书（种）	再版书（种）
1986	162	19	1999	300	401
1987	102	36	2000	243	656
1988	231	119	2001	221	508

续表15—5—5

年 份	初版书（种）	再版书（种）	年 份	初版书（种）	再版书（种）
1989	341	247	2002	305	628
1990	230	270	2003	384	436
1991	174	343	2004	360	271
1992	282	340	2005	314	263
1993	180	332	2006	286	289
1994	252	369	2007	122	437
1995	165	460	2008	259	490
1996	216	393	2009	281	455
1997	329	413	2010	167	511
1998	314	464	合 计	6220	9150

（五）山东教育出版社　成立于1982年1月1日，主要出版方向为文化教育类图书及音像、电子、网络数字出版物。至2010年，出版各类图书3.4万余种，图书总印数29亿册，年均出书1000余种，先后有近30种图书获国家图书大奖，数百种图书获省部级以上奖励。社址：1982～1995年，济南市胜利大街39号；1995～2010年，济南市纬一路321号。

1986～2010年山东教育出版社主要获奖著作一览表

表15—5—6

奖 项	著作名称	获奖届次	获奖年份
五个一工程入选作品	中国民间美术全集	第三届	1994
中国图书奖	中国美术通史	第二届	1988
	中国教育通史	第四届	1990
	中国文化史知识丛书	第六届	1992
	汉语断代史研究	第七届	1993
	中国近代文学发展史	第八届	1994
	外国教育通史	第九届	1995
	二十世纪教育回顾与前瞻丛书	第十届	1996
	躁动的百年	第十一届	1998
	20世纪数学思想	第十二届	2000
	中国教育哲学史	第十三届	2002
	中国文学精神	第十四届	2005
国家图书奖正式奖	中国近代文学发展史	第二届	1995
	中外教育比较史纲	第四届	1999
	中国教育制度通史	第五届	2001
国家图书奖提名奖	王力文集	首届	1993
	中国教育通史	首届	1993

续表15—5—6

奖　项	著作名称	获奖届次	获奖年份
国家图书奖提名奖	外国教育通史	第二届	1995
	中华科技五千年	第四届	1999
	新中国文学五十年	第五届	2001
中华优秀出版物图书奖（正式奖）	中国现代海洋科学丛书	首届	2006
	创新教育书系	第二届	2008
	罗常培文集	第三届	2010
中国出版政府图书奖（正式奖）	罗常培文集	第二届	2010
	中国历代著名文学家评传	第二届	2010
中国出版政府图书奖（提名奖）	中国现代海洋科学丛书	首届	2007
	中国著名大学校长书系（第1辑）	首届	2007

（六）黄河出版社　成立于1988年，隶属于中国人民解放军济南军区政治部，出版普及军事科学知识，增强人民群众爱国观念的社会科学、文学艺术、军事科技、军事教育等方面的图书。社址：市中区英雄山路19号。

（七）山东画报出版社　成立于1993年8月，隶属于山东出版集团。2008年12月转企改制为山东画报出版社有限公司，由山东出版传媒股份有限公司主办，山东出版传媒股份有限公司主管。山东画报出版社有限公司是以人文社科、文化教育、文学艺术、历史地理及其他综合类图书为主要出版方向的专业出版社。年平均出版图书种数约为300～400种。至2010年年底，出版图书2000余种。社址：市中区胜利大街39号。

（八）泰山出版社　成立于1996年6月，隶属于山东省新闻出版局。拥有图书出版及互联网出版资质，可从事批准范围内的图书、电子出版物及网络（含手机网络）图书出版。2009年6月泰山出版社转企改制为泰山出版社有限公司。年均出版图书200余种，发行图书1500余万册，发行码洋1亿余元，销售收入5000余万元。至2010年，有100余种（套）图书获省级以上奖励。社址：市中区马鞍山路58号8号楼。

第二节　音像电子出版物出版

1984年，齐鲁音像出版社成立，由山东省广播电视局主办、主管，济南地区的音像出版业开始起步。1992年，省文化厅成立山东文化音像出版社，主要出版文化艺术方面的音像制品。1993年7月，新闻出版署批准山东省出版总社配书出版电子音像制品的出版权，全省音像出版社增至3家。2000年1月，经国家新闻出版总署批准，山东省出版总社（山东出版集团）正式成立山东电子音像出版社。此后，山东教育出版社、明天出版社、山东科学技术出版社、山大出版社相继取得音像和电子出版物出版权。2008年10月，大众报业集团成立大众音像出版社。2009年9月，山东商业集团成立山东商报电子音像出版社。至此，济南地区有音像出版单位9家，其中山东商报电子音像出版社、明天出版社、山东科学技术出版社、山东教育音像电子出版社、山东电子音像出版社、大众音像出版社和齐鲁电子音像出版社7家出版社同时具有电子出版物出版权。

济南市没有市属音像和电子出版物出版单位，仅有济南泉新磁带厂1家音像复制单位，地址位于济南市二七南路14号，主办单位为济南宏业音像化工有限责任公司，为股份合作制企业。1992年，济南地区2家音像出版单位出版音带33种，唱片9种，像带7种，共70万盒。齐鲁音像出版社出版的电视剧《孔子》获中宣部“五个一工程”电视剧类优秀奖和飞天奖特别奖。1993年，出版音带54种，发行384万盒；激光唱片4种，发行4000张；像带13种，发行1879万盒。之后，出版音像制品品种、数量逐年增长，出版质量也有较大提高。2006年，出版音像制品310种，出版电子出版物445种。2007年，山东电子音像出版社和山东教育电子音像出版社出版电子出版物204种，166.6万套；济南市出版音像990种，993.8万套。

附：音像电子出版单位选介

齐鲁电子音像出版社　其前身为齐鲁音像出版社，成立于1984年，隶属山东省广播电视局。2005年6月经新闻出版总署批准更名。主要从事音像制品和电子出版物出版发行、电视节目制作、影视广告制作发布及山东省市、县、企业电视台文艺节目交流业务。是山东省成立最早的综合性音像电子出版单位。该社先后出版发行各类影视、音乐、戏曲、旅游风光、专题、科技教育等音像电子出版物近万种。戏曲节目是该社一大特色。社址：济南市青年东路3号。

山东文化音像出版社　成立于1992年12月。由山东省文化厅主办和主管。出版者码为E26。全社编制25人，在职人员10人，其中高级职称4人、中级职称3人。主要出版文化艺术方面的音像制品，同时举办大型文化活动、文艺演出等。至2010年年底，该社出版音像和电子出版物近千种（文化、艺术、政治、经济、科技、教育、海外版引进等）。其中，获国家级奖9种，获省级奖30余种。社址：济南市历城区山大北路27号。

大众音像出版社　成立于2008年10月，由大众报业集团主管、山东大众传媒股份有限公司主办的，以出版社科、教育、文艺类音像制品为主的音像出版单位。有员工28人，其中编辑出版专业16人，计算机专业6人；中高职称编辑12人。至2010年年底，出版音像制品5种，光盘发行1万张。

山东电子音像出版社　其前身是成立于1993年的山东省出版总社（山东出版集团）音像出版部。2000年1月经国家新闻出版总署批准成立出版社，是一家拥有各类电子、音像出版、网络数字出版权的综合性出版机构。2008年年底转企改制为国有出版传媒文化企业——山东电子音像出版社有限公司。至2010年，累计出版各类出版物3800余种，累计压盘5200余万张，总码洋5.25亿元。有员工51人。先后获国家级奖项14项（次），省级奖项50余种。社址：济南市胜利大街39号。

山东教育电子音像出版社　是山东教育出版社的副牌社，成立于2003年11月28日。音像出版者码为R26，电子出版物前缀为ISBN7—900384。先后出版5大系列150余种音像及电子选题，并与国内外机构合作开发和制作各种教育产品。社址：济南市纬一路321号（经八路纬一路路口）。

山东商报电子音像出版社　成立于2009年9月，由山东省商业集团有限公司主管主办。出版者码为R42。至2010年，出版DVD老电影等10种、CD1种《中国民乐之魂》。社址：济南市山师东路4号。

第三节　期　刊

1986年，济南地区有期刊89种，以社会科学类期刊为主，自然科学类期刊约占三分之一，年出版3854万册。随着经济社会的发展，济南地区期刊业持续繁荣，数量持续增加，逐渐形成以党政机关期刊为核心的多层次、多门类的期刊格局。

1989年、1997年、2004年，济南市对期刊业进行3次大规模治理整顿。1989年,《艺术天地》《时代电影》《当代企业家》《齐鲁画刊》《柳泉》《明天》《山东成人教育》《致富钥匙》《学习月刊》《今日山东》停刊,济南地区的期刊数量由109家压缩至99家。1996年12月,中共中央办公厅、国务院办公厅联合发文,要求新闻出版业由数量规模型向质量效益型转移。随后又发文要求继续开展对国内各级党政机关报刊进行治理调整。1997年,省新闻出版局对全省报刊进行调查,转化、停办部分期刊。1998年,《山东教育学院学报》《山东电大学报》《山东工艺美术学院学报》《山东水利专科学校学报》《济南教育学院学报》5家内部学报转为正式学报类期刊,期刊业结构进一步优化。2000年后,济南地区教育类、卫生类期刊进行合并尝试,分别整合成立山东教育社(内有《现代教育导报》《山东教育》《当代小学生》)、山东卫生报刊社(内有《山东医药》《家庭健康》、刊型内部资料《山东卫生》)。2003年,中共中央办公厅、国务院办公厅联合发出通知,要求治理党政部门报刊散滥的情况。2004年,省新闻出版局根据全省报刊总体情况,决定压缩《发展论坛》《大众法制》《山东工商行政管理》《山东消防》《婚育与优生》《地方税务》《税务纵横》《新闻出版导刊》《驾驶天地》《警界》《山东财会》《山东环境》《齐鲁质量》13种期刊。《家庭健康》《旅游世界》《新航空》《山东工业技术》《山东水利》《科技信息》《山东医药》7种期刊实行管办分离,由部门所属符合条件的单位主办,原主管部门不变。《山东经济战略研究》《山东企业管理》《山东人事》《山东劳动保障》《山东审计》5种期刊的主办单位由原来的省属厅局划转到报业、出版集团等单位主办。《明镜月刊》《党员干部之友》《宣传月报》3种期刊合并为《党员干部之友》后划转;《农业知识》《山东农业》2种期刊合并为《农业知识》后管办分离,由部门所属符合条件的单位主办。此次停办的16种刊物均为省、市党政部门主管主办。

2004年的期刊整合治理,为山东出版集团和大众报业集团各增加3种期刊,为集团所属期刊结构、人员、信息资源等方面的整合提供了便利。其间,山东广播电视总台的期刊整合最为全面。山东广播电视报社先与济南市广播电视局主办的《泉城周报》(后改为《视周刊》)整合,形成一报一刊格局;2004年山东广播电视总台又与省文联协商,将省文联主管主办的《音乐大观》与《时代影视》进行联合;至年底,又将"一报三刊"进行全面整合。2008年7月,鲁视传媒有限责任公司成立,为山东省较早实现转企改制的期刊出版单位。

2004年后,济南地区期刊业以市场为导向,推动体制变革,完善内部机制,出版综合质量提高,管理体制和运行机制改革取得突破。《妈妈宝宝》在做好内容定位、控制发行数量的同时,把广告经营作为期刊的重要增长点,不断拓宽广告领域,由婴童用品拓展至数码、服装、化妆品等,广告业绩连续几年保持30%的递增速度。《走向世界》杂志社2001年与山东航空公司合作创办山东航空机上读物《新航空》,形成品牌优势,以独有的运营模式取得良好效益。2008年《旅游世界》改刊后,改进营销方式,进行品牌推广,以赠阅占领市场,靠广告取得发展。

至2010年,济南地区有期刊158种,期刊发行总量6995万册,总印张数3.14亿印张,总金额3.91亿元,平均期印数279.7万册。有编辑人员1186人。一批学术类期刊成为国内外著名期刊:《文史哲》成为业内公认的权威刊物;《东岳论丛》《山东社会科学》《农业知识》《孔子研究》《中国人口·资源与环境》《工程塑料应用》等成为该学科领域的核心期刊,被国内外著名大学、科研机构和重要数据库收藏。《支部生活》成为全国颇具影响力的党刊,期发量52万份。《党员干部之友》发行全国31个省(区、市),期发量超过41万份,年总收入2400余万元,在全国党建期刊领域位于前列。

附：济南市属期刊简介

2010年，济南市有市属期刊4种，分别为济南出版社所属《中学时代》、济南市文联主办的纯文学期刊《当代小说》及两份学报《中共济南市委党校学报》《济南职业学院学报》。其中，两份学报主要是为学校的学术科研服务，基本没有盈利。

《中共济南市委党校学报》 1984年创刊，主办单位为中共济南市委党校、济南市行政学院和济南市社会主义学院，主管单位为中共济南市委。曾用刊名《中共济南市委党校·济南市行政学院·济南市社会主义学院学报》《历山学刊》。1998年9月16日转为正式学报类期刊，2002年7月更为现名，季刊，大16开，128页。面向全国自办发行。社址：历下区千佛山南路11号。

《济南职业学院学报》 前身是创刊于1984年的《济南教育学院学报》。1990年经济南市新闻出版局批准，学报刊号为济内字第010号，季刊。1998年9月由内部学报转为正式学报类期刊，季刊，16开，72页，由济南教育学院主办，省教育厅主管，全国发行。2000年由季刊改为双月刊。2005年2月更为现名。2006年6月改为96页，2008年10月增至124页。每期刊印800份，免费赠阅省市领导、市教育主管部门领导及有关部门。社址：市中区杆南东街37号。

《当代小说》 创刊于1977年，创刊时刊名为《济南文艺》，后改名《泉城》，1985年定名为《当代小说》。隶属于市文学艺术界联合会，是全市唯一和全省发行量最大的纯文学期刊。2004年由月刊改为半月刊。期发行量3000份左右。

《中学时代》月刊 济南出版社社办刊物。创刊于1980年8月，2009年随济南出版社一并转企改制。2006年6月改为半月刊，2010年12月变更为旬刊。该刊曾获国家新闻出版总署等颁发的“全国百种重点社科期刊”奖、“双百期刊”奖，2001年入选首批“中国期刊方阵”；连续3届获“中国优秀少儿报刊金奖”；山东省优秀期刊。年均发行量100万份。

第四节　发　行

20世纪80年代，图书发行以新华书店发行为主渠道。90年代后，出版社自办发行普及，民营书业在零售的基础上逐步开展代理发行和合作出书业务；图书购销形式发生根本改变，由过去新华书店统购包销改变为出版社与书店、书店与书店实行试销、代销、寄销、看样订货、出版社自办发行等。绝大部分出版社和书店建立网上书店，进行图书的展示与销售。

一、国有图书发行

（一）济南市新华书店 1986年1月1日，济南出版分社与济南市新华书店分开办公。1995年，市新华书店机关由经二路182号迁至泉城路新华书店4楼办公，市公司（市新华书店）设2室（经理办公室、党委办公室）、7科（人事、业务、计财、企管审计、储运、行政、保卫）。另设教材科与业务科合署，车管科与经理办公室合署。泉城路书店的管理工作归并市新华书店有关科室统一管理。1998年，市公司（市新华书店）内部机构调整为5部3室。

网点。1987年，市区新华书店增加专业书店，改变过去“百家书店，一副面孔”的局面。同年，济南市新华书店下辖区级书店5个、地区书店（钢厂书店、解放路书店、济南书社）3个、专业书店16个、批发中心1个、服务部2个、专业公司2个、县店（章丘、长清、平阴）3个、发行网点62个，有固定职工703人。全年市新华书店销售图书1528.1万册，金额1994.7万元。

90年代，济南市新华书店加强网点建设，对现有网点进行改造装修，并增设新网点。1997年，实施“抓大（大型综合书店）、办专（专业书店）”策略，在网点建设方面逐步向专业化方向发展。新建东图书店，营业面积2300平方米，分别设有考试书店、外文书店、音像书店、文教少儿书店、艺术书店、文史哲书店、科学技术书店等专业书店。在解放路新建一处经济书店。扩大音像书店的营业面积，使之成为全市最大的音像制品、电子出版物专业书店。将位于山东大学附近的大中专教材书店改为山大书店。将市中书店改为科教书店。1998年，扩建装修泉城路书店，新建文海书店、音乐书店和特价书店。2000年，新建现代书城，集零售与配送功能于一体。至2001年，济南市新华书店市区拥有图书销售网点21个。

2004年，在天桥开发区交校西路8号新建1.1万平方米的配送中心。2005年，在长清大学城建设1.3万平方米大学城书店。至2010年年底，济南市新华书店在市区布有16处营业网点，其中济南市新华书店市中区店、济南市新华书店图书公司、济南市新华书店配送中心为直销及批发配送网点，其余为市场零售网点。

2010年济南市新华书店市区网点情况一览表

表15—5—7

网点名称	地　址	人　数	面　积（平方米）	销售情况（万元）
济南市新华书店泉城路书店	泉城路185号	119	6000	10302
东图书店	经四路269号	74	2400	3495
图书公司	蓝翔中路12号	12	—	3893
特价书店	经三路141号	4	50	557
大学城书店	长清大学城商业街	7	120	429
解放路书店	解放路100号	21	160	2870
槐荫书店	经二路628号	16	320	1303
市中书店	经三路141号	6	—	1102
天桥书店	工人新村南村公建	10	130	791
钢厂书店	济钢新村	3	80	183
教育书店	天成路42号	7	110	396
音乐书店	文化东路98号	5	100	293
山大书店	山大南路20号	4	100	71
山教书店	经八纬一321号	5	90	553
图书批发中心	马鞍山路46号文化市场513号	6	120	547
配送中心	蓝翔中路12号	90	3000	3353

经营。20世纪80年代，各级新华书店普遍开展优质服务、流动供书、对口征订、签名售书等活动；运用多种形式传递图书信息，举办书市、展销会、看样订货会和图书余缺调剂会，使图书发行量逐年增加。1986年，济南市新华书店建立济南图书批发中心，开展批发业务。

1988年，中共中央宣传部、新闻出版署提出“三放一联”。即放权承包，放开批发渠道，放开购销形式和发行折扣,发展横向联合。同年,济南市新华书店普遍实行以为读者服务为中心的责权利相结合的经营承包责任制,推行经理负责制。同年11月,市新华书店与省新华书店签订1988～1990年承包经营合同书,市新华书店每年向省财政缴纳利税43万元;三年销售指标分别为2790万元、2874万元、2960万元。12月,市新华书店分别与4个县新华书店签订承包经营合同。承包前的1987年图书销售994万元,1990年为2804万元,年均增长13.54%,利润由81.8万元增加到132万元。放权承包后,新华书店的经营管理权逐级下放,逐渐形成以区县新华书店为经营主体、以承包为主要经营形式的格局。这期间,新华书店统一的发行体系受到较大影响。济南市新华书店从有利于扩大销售、有利于服务、有利于竞争及管理出发,进行一系列改革,不断完善承包经营责任制,试行经理任期目标责任制、干部招标聘任制、职工劳动组合制、风险抵押制、全员承包制等。销售计划调整为以指导性计划为主的、实行内部分级承包的经营管理方式;把进货权下放到销售部门,各部门自订自销、负责到底,力争进销平衡;图书销售加强横向联系,巩固和发展特约经销,开展联合展销、流动供应活动;贯彻一业为主、多种经营方针,创办劳动服务公司和济南书社。进行内部科室改革,将竞争机制引入承包,进行干部制度改革、机构设置、机关科室进行职能转换。

1989年,济南市新华书店首次实行利润承包经营责任制,根据县、区、专业书店各自的特点,区别店型,分类承包。对县新华书书店实行以上缴所得税为主要指标的承包,包死基数,确保上缴,超收分档分成,歉收自补;对直属的12个区店及专业店,实行税前利润承包,在全系统内公开招标,优选承包经营者,把竞争机制、风险抵押引入企业经营。全市新华书店销售图书2905万册、销售额4010.8万元,销售额比1988年增长18.3%;实现利润200万元,增长12.98%,缴纳税款157万元,增长17.98%。全市人均购书额8.39元,其中市区人均购书额17.74元。

1991年,实行职工工资与经济效益挂钩,1992年开始,逐步对用工制度进行改革,首先推行优化劳动组合,实行“上岗、试岗、待岗”三岗制的合同化管理,1994年实行全员合同制,逐级签订劳动合同。

1993年,对销售部门进一步放权承包。各部门在搞好主业的基础上发展多种经营,放开经营权。进货中部门自主进货、进销差价全部给部门。销货部门可自主确定举办大型销售活动;销售折扣可自主确定;污损报废书可自主处理;除教材及辅导读物外,其他书打破地域界限;预收款留部门使用。资金部门自主支配,生产性开支1500元以内者部门自主决定;对工资、奖金的分配由部门自主确定。

90年代中期,新华书店进入新的改革期,根据图书市场发展形势和自愿互利的原则,实行书店与书店、书店与出版社、书店与其他企业横向联合,力图发展壮大国有书店,搞活图书市场。市新华书店相继在大商场设立图书专柜,实行书店与商场的联合。其间,市新华书店扩大图书批发中心的业务,与多家出版社建立起发行代理制、单品种包销和合作出书业务,在企业内部进行人事、劳动、分配三项制度改革,转换经营机制,开始由分散经营向规模经营发展。

1994年8月,市新华书店将音像制品的经销纳入主业务范围,将济南市新华书店音像服务公司更名为济南市新华书店音像书店。企业性质由集体所有制改为全民所有制。1995年,组建济南图书音像发行公司。1998年,市新华书店开始探索连锁经营模式,至2000年年初完成全部门市的联线上网,使商品进、销、存、退、调等各个业务环节都通过微机管理系统分析、处理,同时健全完善规范的制度标准措施,区域连锁经营模式基本完成。2001年,市新华书店全年经营图书品种15万种，常年保持可供品种13万种，年销售额1.9亿元。

进入21世纪后，股份制改造和连锁经营成为新华书店的主要改革方向，市新华书店根据实际发展区域连锁经营，进行业务流程和分销渠道的再造。2006年10月，山东教育书店开业，山东教育出版社与济南市新华书店联合经营，是省城首家出版单位与发行单位合作经营的专业图书门店。2008年，市新华书店成立教材教辅营销部，密切与教育部门的沟通联系，开展直销、流动供应等营销。同年，山东省新华书店改制组建发行集团公司，在全省范围内统一进货管理。济南市新华书店仍保留独立进货系统。

2010年，济南市新华书店全店完成销售额42844万元，其中市新华书店完成销售30139万元，6个县（市）区新华书店完成销售12705万元。全店一般图书销售完成29771万元，占销售总额的69.49%，其中市新华书店本身销售25049万元，县（市）区店完成4722万元。全店音像制品、电子出版物销售1107万元，其中市新华书店销售931万元，县（市）区店销售176万元。全店中小学教材（不含教辅）发行8263万元，其中市新华书店发行3477万元，县（市）区店完成4786万元。全店实现利润648.31万元，利润率1.92%。其中，市新华书店利润319.79万元，利润率1.40%；县（市）区店实现利润328.52万元。全店销售费用为8915万元，费用率26.44%。周转2.48次。全店人均购书为71.02元，其中市新华书店人均购书150.77元，县（市）区店为31.49元。

购销方式。20世纪80年代初，济南市新华书店的进货主要由新华书店总店、北京发行所、上海发行所、重庆发行所供给，采取自主进货、定期结算、存货调剂的进货方式。1985年后，济南图书业快速发展，多种经济成分的发行渠道成立，各出版社也陆续开展自办发行业务，新华书店的进货逐渐发展为出版社自办发行供货与三大发行所进货并行的形式，出版社自办发行份额逐步加大。1986年。济南市新华书店建立济南图书批发中心，开展批发业务。90年代后，出版发行改革向纵深发展，出版社自办发行普及，民营书业在零售的基础上，逐步开展代理发行和合作出书业务，新华书店进货渠道进一步拓宽。至20世纪末，出版社自办发行占到主要份额，三大发行所进货量萎缩，而民营书业以公司形式的合作出书品种和代理品种成为新华书店的重要进货来源。

附：济南市新华书店泉城路书店

位于泉城路185号，建成于1983年，建筑面积5000平方米，是省内规模最大、品种最全的国有图书零售书店。1986年更名为济南图书发行大楼，1989年更名为济南泉城路新华书店。1987年10月，济南市新华书店将济南图书发行大楼各部改为各专业书店，分别为：济南社会科学书店、济南艺术书店、济南文学书店、济南文化教育书店、济南科技书店、济南医药卫生书店、济南大学书店。名称更改后仍不独立核算，隶属于图书发行大楼领导。1989年9月，书店所属社科、文学、文教、医药卫生、艺术、科技书店和齐鲁书店，因不具备营业条件予以撤销。1993年进行扩建改造工程，将一楼营业厅改为2层，增加营业面积600平方米。1997年进行扩建装修，1998年9月工程完工后，实行全开架、超市化管理销售。2006年，改造后的泉城路书店1～4楼都成为营业场所，面积扩大到8000平方米，图书陈列品种21万种，年周转品种23万种。2010年，完成销售额10315.27万元。

（二）山东新华书店集团　前身是山东省新华书店，1987年年底，设9个科室单位和山东省图书贸易公司，职工170人，辖15个市（地区）店，112个县（市、区）店。2008年6月，经省文化体制改革办公室批准，山东省16家市级和122家县区新华书店整体改造为山东新华书店集团有限公司，是山东省规模最大的图书音像发行商和渠道运营商，拥有全国图书音像总发行权和全国连锁经营权，承担各家出版社图书的总发行和总经销以及国家部分出版物的中转、二级分发任务。2010 年,集团下辖 17 个市级店，122 个县级店，全省直营网点 1000 余处，总营业面积 37 万平方米，网点数量和规模均居全国第一，全年集团销售突破 82 亿元。在全省形成以省新华书店批销中心为中盘①、各市新华书店为骨干、县（市）区中心门市为阵地依托，农村网点为延伸的图书发行网络。

二、书报刊零售

1987 年，济南市有书刊发行网点 471 家，其中市新华书店发行点 62 处，省级书店及出版社自办发行点 17 家，国营企事业经销和供销社售书点 57 家，集体、个体书店（摊）335 家，从事图书发行工作的人员 1400 余人。全年图书销售 2748 万册，2625.6 万元（不包括出版社自销及集、个体书店从出版社购进的图书）。

20 世纪 90 年代后，市新华书店采取多种措施扶持和发展网点，对偏远乡镇给予优先优惠，书刊网点建设有大幅增长。1994 年，全市有书刊发行网点 678 家，其中国营书店 18 家；集体、个体书店(摊）540 家，形成一个多渠道、多形式、多层次的发行网络。1992 年 4 月，济南市区建立起面积 1 万余平方米的英雄山书刊批发市场。开业初期有 4 省、5 地市、24 个县的 51 家图书批发单位进场营业。至 2010 年，英雄山文化市场有图书零售网点 120 家，二级批发单位 9 家。

随着图书市场的逐步开放，民营图书发行成为新华书店系统外的另一条重要发行渠道。民营书店的经营规模由小书摊发展到大书店，经营项目由单纯的零售发展为二级乃至一级批发，经营模式由个体运营发展到连锁网络建设，成为图书市场的重要力量。2010 年，全市有出版物发行单位 922 家，占全省出版物发行单位总量的 17.6%。其中国营书店 64 家，主要集中在山东省新华书店集团有限公司及其下属的济南市各新华书店，其余均为民营企业，占发行单位总数的 90% 以上。全市零售单位销售收入 31338 万元，从业人员 3330 人。

2010 年济南市出版物零售情况表

表 15—5—8

县（市）区	书刊零售网点（家）	总销售额（万元）	电子出版物零售单位（家）	音像零售单位（家）
历下区	158	9173.44	16	49
市中区	193	507.11	6	25
槐荫区	32	501.95	—	9
天桥区	74	1596.03	0	10
历城区	141	8703.00	0	30
长清区	29	19.05	0	10
章丘市	61	7789.13	7	20

①中盘：图书发行模式的一种。出版物中盘是一个服务型的发行平台，中盘为出版商提供的增值服务，包括为出版商提供的现代物流服务与分销服务；为分销商提供的增值服务，包括为分销商提供图书产品、管理经验、战略方向、产品推广活动；为消费者提供的增值服务，包括向读者进行图书的介绍，对读者的购买进行引导。

续表15—5—8

县（市）区	书刊零售网点（家）	总销售额（万元）	电子出版物零售单位（家）	音像零售单位（家）
平阴县	29	223.40	0	12
济阳县	35	83.06	0	9
商河县	31	15.50	0	6
高新区	19	—	0	5
英雄山文化市场	120	2726.10	—	—
合计	922	31337.77	29	185

三、图书报刊批发

1989年，济南市有集体批发单位13家，分别为人民剧场青年书店、宏武书刊部、文泉书刊部、深圳中教图书济南经理部、市邮局报刊零售公司、鲁艺书刊批发部、当代书社、三联书刊批发部、新兴图书经销部、大明书社、艺乐图书经销部、市邮局书刊发行部和鲁泉书社。1994年，省新闻出版局制定书刊二级批发单位管理标准，并对书刊音像批发单位进行审核和重新登记，全市15家书刊二级批发单位正常营业。至1998年，济南市有书刊二级批发单位12家。

进入21世纪后，国家逐渐放开民营发行进入总批发和连锁经营的限制，济南民营书业在市新闻出版产业中的比重持续增加，在全省民营书业界起着领军主导作用，二级批发商发展迅速，并从图书批发向出版领域渗透，开始策划图书选题，与出版社合作出版图书，主要参与教辅类图书的编辑、发行工作。2010年，全市有出版物批发单位49家，其中民营图书批发单位44家；出版物批发单位销售图书6181.13万册，销售收入3.96亿元，全行业从业人员770人。

济南市具有全国总批发资质的民营企业有3家，分别为山东世纪金榜科教文化股份有限公司、山东星火国际传媒集团有限公司和山东海澜天韵集团有限公司。

山东世纪金榜科教文化股份有限公司　成立于2002年，2008年6月获出版物全国总发行权。至2010年，公司成长为拥有2万平方米独立办公大厦、注册资本1.2亿元、员工1397人的大型民营出版机构。年策划图书4300余种，年发行图书1.5亿册，年销售码洋17.2亿元，年纳税6700余万元。世纪金榜教育图书覆盖小学到大学各个阶段，少儿图书《全能宝贝》等版权出口到新加坡等国家，社科类、名著类、国学类、动漫类图书形成品牌。“世纪金榜”商标是全国出版业唯一被国家工商总局认定的中国驰名商标。

山东星火国际传媒集团有限公司　成立于1997年。由星火记忆法创始人、词汇专家马德高创办。至2010年，发展成为集出版和英语培训为主的大型综合文化产业集团。在北京、香港分别设立分公司。2008年获出版物全国总发行权。集团有自有办公面积1.3万余平方米，专职编辑400余人；有大学产品近30个系列200余个品种，中小学英语16个系列300余个品种，中小学教辅10个系列500余个品种。产品销售网络覆盖全国31个省市。

山东海澜天韵集团有限公司　原名山东海澜天韵文化发展有限公司，成立于2006年1月，注册资本2020万元。2009年更名为山东海澜天韵集团有限公司。2011年5月取得出版物全国总发行权。先后策划发行教育类图书20个系列近3000个品种，其中，《决战高考我主沉浮》连续 2 年被教育部授予“十一五重点科研课题研究与实验成果一等奖”——教学专著奖。2010 年，营业收入 11682 万元，利税 1647.23 万元，比 2006 年分别增长 61% 和 47%。

四、出版社自办发行

20 世纪 90 年代后，多数出版社开始通过自办发行本社出版图书，从生产型向生产经营型转化。至 2010 年，多数出版社自办发行占本社图书销售的三分之二以上。

1989 年，济南出版社成立发行部，经营以本版为主和少量外版书的批发零售业务，兼营部分音像制品。1994 年，出版社自办发行码洋占全社发行总码洋的 95%。2005 年起，加强教育类图书的出版发行。“义务教育课程标准实验教科书”《生物学》在全国实验区发行，2005 年发行 40 余万册，销售码洋 700 余万元。2007 年，高考、中考类教辅图书品牌效应凸显，幼教类图书不断增加，形成从低幼到高中阶段图书系列的完整链条，教材教辅图书发行总码洋 5000 万元。2010 年，济南出版社完成销售收入 5758 万元，实现利润 462 万元，上缴税款 472 万元。

五、音像和电子出版物批发零售

1990 年，济南市有音像复录单位 1 家（济南磁带厂），音像发行点 289 家（音像带出租点 8 家、音像带批发点 1 家、录音带零售点 280 家），录像放映点 144 家（广播电视系统 69 家、文化系统 75 家）。1993 年，音像发行网点 321 家，比 1992 年增长 30%。90 年代中期，济南市音像市场逐渐繁荣，音像连锁开始起步。但随着盗版软件的猖獗和数字媒体的兴起，音像制品营销市场逐年萎缩，济南市的多家音像制品出租零售单位相继停业。至 2010 年，济南市有音像制品零售单位 184 家；音像制品连锁店 48 家，其中新华书店系统 32 家，爱书人音像连锁 15 家。

20 世纪 90 年代后，电子出版业逐渐兴起。1997 年，济南市有电子出版物批发单位 4 家。至 2003 年，有电子出版物批发单位 9 家，电子出版物制作单位 9 家。2010 年，有电子出版物批发单位 10 家，全年销售电子出版物 26617 种，912792 册；销售收入 2290.81 万元，利润 139 万元。全行业从业人员 637 人。电子出版物零售单位除各新华书店外，主要集中在历下区山大路科技市场附近。

第四章　出版管理

第一节 版权管理

一、作品登记

1997 年 9 月 30 日，济南市版权局成立。当年受理作品登记 8 件。1998 年，受理中国轻骑集团、鲁能泰山足球队和一些文艺创作者的作品登记 43 件，登记数量超全省其他市地总和。1999 年，为版权纠纷当事人提供咨询服务 50 余次，进行作品登记 17 件，并组织开展著作权保护宣传活动。2000 年，办理作品登记 57 件，登记数量居全省首位。被国家版权局授予全国版权工作先进集体。至 2010 年，共初审作品登记 11904 件；受理鉴定项目 14 项，总计图书 50 余种，光盘 700 余种。

二、案件查处

（一）教材教辅盗版查处 20 世纪 90 年代后，济南市将自考、成人教育、资格考试、研究生入学考试教材教辅等列为查处重点，至2010年先后查处案件620起，查获各类盗版图书278504册，查缴盗版计算机软件23.2万套(张)；查获非法销售“外挂”游戏卡业户4家，收缴“外挂”游戏卡600张。对38家违法违规单位和个人依法作出行政处罚，罚款81.19万元，协助著作权人获民事赔偿21.7万元。

（二）计算机软件侵权盗版查处 2002～2005年，推进勘察设计行业软件正版化工作，对120余家单位进行检查，使济南地区勘察设计行业有正版AutoCAD软件700余套，装饰行业的CAD正版化纳入工作日程。2003年10月，对6家非法使用盗版软件的设计单位分别处以1万～10万元的罚款。对非法预装活动多发的大型家电商场、科技市场、电脑装机商、系统集成商等重点进行检查，查缴各类盗版软件、光盘15.5万张。

（三）网络侵权盗版查处 加强与电信管理部门、信息产业部门及公安网管部门联系，掌握全市网站的基本情况，宣传互联网信息传播的有关法律法规，严厉打击互联网侵权。先后查处各类网络侵权案件7起，其中2005年承担1项国家版权局重点督办案件的查处工作，对“263影视地带网站”侵权一案，按规范程序向公安机关进行移交。破获飞碟视频学习网销售盗版软件案，“360教育网”“胖胖熊书店”通过网络非法销售《改革历程》案，《天籁音乐村网》非法复制销售音乐光盘案等一批具有较大影响的网络侵权案件，净化了网络空间。

三、软件正版化

2004年，根据《国务院办公厅关于地方人民政府使用正版软件的通知》《山东省人民政府办公厅关于进一步做好人民政府使用正版软件工作的通知》《山东省人民政府办公厅关于推进企业使用正版软件工作的通知》精神，济南市建立完善全市推进政府、企业使用正版软件工作协调机制，深入开展政府、企业使用正版软件工作。至2010年，全市有63个政府部门、244家企业实现软件正版化。山东省政府使用正版软件工作领导小组在《情况简报》中两次介绍济南经验。

四、版权宣传活动

每年“4·26”世界知识产权保护日，济南市都举办版权保护、拒绝盗版宣传活动。2006年4月，与北京红旗中文贰仟软件技术有限公司共同举办“使用正版，爱我中华”主题活动。中文贰仟软件公司向平阴、济阳、商河三县政府机关和特殊教育等12所学校赠送价值20万元正版办公软件，受赠代表发出“拒绝盗版从我做起”的倡议。至2010年，先后组织“反盗版百日行动”“从我做起，远离盗版，拒绝有害出版物，保护知识产权”万名中学生签名、《中华人民共和国著作权法》宣传月、“2010绿书签在行动”等主题活动5次。

第二节 出版物印刷管理

一、印刷业概况

1986年，全市有省属书刊专业印刷厂1家（山东新华印刷厂），市属印刷厂7家，部队书刊印刷厂1处，省、市印刷科研所各1处，印刷学校1处，印刷物资供应公司3家。另有省、市、县(市)区及机关、团体、学校、街道(乡镇)主办的印刷厂（所）200余家。至1988年，全市印刷企业发展到400余家。

20世纪90年代是济南市书刊印刷业发展的重要时期。90年代初开始，印刷骨干企业普遍加大技改投入，新上激光照排、图像制版和照相制版、胶版印刷、自动折页、自动装订等技术设备，提高生产效率和印刷质量。1990年，全市有印刷企业845家，其中国营85家，占10%；集体459家，占54%；个体301家，占36%。超过百家的县区有6个。1991年，市属

6个定点印刷厂完成产值5389.8万元，实现利税688.32万元，产品质量合格率97.15%。由于印刷厂家过多，印刷业务严重不足，部分印刷厂处于停产半停产状态。1995年，全市有各类印刷企业839家，其中书刊印刷企业61家（国家定点企业2家，省定点企业7家，出版物印刷许可企业22家，内部资料性出版物许可企业30家）。1999年，全市有出版物印刷企业59家。其中国家定点企业1家，省定点企业8家，出版物印刷许可企业21家，内部资料性出版物许可企业29家。

2005～2006年，全市印刷企业新投入资金超过6.5亿元，购置德国海德堡、罗兰等世界先进的印刷机辅助设备30余台（套）。一批规模大、实力强、科技含量高、设备先进的印刷企业脱颖而出。济南市印刷企业在总量控制800家的前提下，调整行业结构，以优势企业为龙头，采取联合、兼并的形式开展印刷企业重组，形成一定规模的印刷产业集群。至2006年年底，全市印刷企业近800家（不含打字复印企业），其中出版物印刷企业100余家，包装装潢印刷企业330余家，其他印刷品印刷企业350余家。当年销售收入38亿元，占全市生产总值的1.74%。其中销售收入过亿元的3家，超千万元的30余家。固定资产投资总额400余亿元，从业人员3万余人。

2009年，济南地区持有“印刷经营许可证”的印刷企业820家。其中，出版物印刷企业96家（其中省直出版物企业31家、市直出版物印刷企业50家，内部资料出版物印刷企业4家，专项制版企业8家，专项装订企业2家，报纸印刷企业1家），包装装潢印刷企业403家，其他印刷品企业321家。按企业性质分，国有企业53家，占总数的6.46%；股份制企业302家，占36.83%；集体企业185家，占22.56%；民营企业、个人独资、个人经营等269家，占32.8%；外商独资、中外合资企业11家，占1.35%。年销售收入过千万元的企业40家，其中销售收入在1000万～5000万元的29家，5000万～1亿元的7家，1亿元以上的5家。全市印刷业从业人员20764人，其中女性9703人，占总数的47%。全年实现印刷业销售收入65亿元。

从总体看，济南市印刷企业数量不少，但资金规模小、多数企业机器设备落后、从业人员素质不高，市场意识上与发达地区的竞争观念存在较大差距。年销售收入过亿元的企业仅有5家，年销售收入过1000万元的不到印刷企业总数的5%，多数为作坊式印刷厂，低水平印刷能力相对过剩，高水平印刷能力相对不足，技术落后，竞争力薄弱，印刷产品没有特色。

二、行业管理

1988年年底，新闻出版署、公安部、国家工商局、文化部、轻工业部联合发出《印刷行业管理暂行办法》。1989年始，省新闻出版局先后实行书刊印刷许可证制度和书刊印刷定点制度，书刊印刷逐步走上依法管理的轨道。1989年年初，市新闻出版局、市公安局、市工商局、市文化局、市一轻局联合发出通知，对从事图书报刊的印刷企业和其他印刷业务单位进行登记注册备案，并规定印刷单位承印图书报刊，须向新闻出版局申领印刷许可证。至年底，省新闻出版局对具备印制书刊条件的41家印刷厂审查核发“承印书刊许可证”。

1991年年初，省新闻出版局印发《山东省图书报刊印刷管理暂行规定》，对全省书刊印刷企业实行4个层次的书刊印刷管理制度，对书报刊印刷企业分4种类型确定其承印书刊的范围。未领取书报刊印刷许可证的企业，一律不得承印书报刊。至年底，济南市领有“山东省印刷企业承印图书报刊许可证”的书报刊印刷企业47家。其中，书刊印刷国家定点企业4家（省属印刷厂2家、市属印刷厂2家），省级定点企业4家；承印正式出版物许可证企业15家，承印内部资料许可证企业25家。1991年下半年开始，在全市范围内统一实行“印刷行业经营许可证”制度，凡从事印刷业务（含排版、制版、印刷、装订、复印、影印、誊写、打印）的全民、集体企业和个体业户，均重新办证。

1995年，济南市对全市56家书刊印刷企业进行以“三查”（即查生产通知单、查台账、查承印出版物是否符合新闻出版管理规定）为主要内容的清理整顿、重新登记。结合年检，按照《山东省书刊印刷定点企业管理标准》进行整顿，按原有“层次”准予重新登记的单位43家，升级4家，降级3家，注销11家，新批9家。1998年，在全市书刊印刷企业中建立7种管理制度、4种管理机制，使书刊印刷企业开始走上系列化、规范化轨道。1999年，济南市按照国家新闻出版署和省有关指示精神，对全市各类印刷企业进行清理整顿，取缔、压缩违规和不符合条件的印刷企业199家，压缩比例为21.4%，其中出版物印刷企业13家。

2001年，按照全省整顿和规范印刷市场秩序部署，济南市对印刷企业进行清理整顿，对达到资格要求的540家印刷企业予以保留，对达不到资格条件的105家印刷企业限期整改（经过培训验收，97家印刷企业经整改符合条件，对济南市槐荫印刷厂等8家未达到整改条件的印刷企业予以压缩），压缩不符合条件的印刷企业100家，新设印刷企业71家（包装装潢品印刷企业59家、其他印刷品印刷企业12家）。对济南市复印、打印、名片印刷企业进行清理整顿。保留773家复印、打印、名片印刷企业，同时对113家符合资质条件的印刷企业注册登记。对保留和新申办的印刷企业进行法规培训，培训合格者核发新的“印刷经营许可证”。

2002年，建立印刷企业计算机网络管理系统，对印刷企业实行网络监控管理，当年全市有256家印刷企业实行上网管理，占总数的34%。

2004年，省新闻出版局将市辖区内设立包装装潢印刷品印刷企业和其他印刷品印刷企业的审批；包装装潢印刷品印刷企业和其他印刷品印刷企业变更名称、法定代表人或者负责人、住所或者经营场所等主要登记事项，或者终止印刷经营活动的备案；印刷业经营者接受委托印刷境外包装装潢印刷品和境外其他印刷品的事先备案；出版物印刷企业接受委托印制图书、期刊印刷委托书的事先备案等4项审核项目委托市新闻出版局管理。同年，市委宣传部、市新闻出版局、市公安局等部门联合成立专项整治领导小组，在全市范围内开展印刷复制业专项整治。经验收，144家印刷企业资质达到要求，占总数的80%，对不达标的企业下达限期整改通知书，并先后完成820余家印刷企业的年度核验。

2006年，举办印刷企业、打字复印单位法人（厂长、经理）和从业人员1600余人参加的新闻出版管理法律法规培训班。在全市印刷企业中开展“讲诚信，守法纪”活动，分别在章丘市和历城区召开了由新闻出版管理部门领导和26家印刷企业法人代表参加的“讲诚信，守法纪”活动座谈会，并与全市680家印刷企业签订“‘诚信服务、守法经营’公约”。2007年，召开全市印刷企业“讲诚信，守法纪”活动总结表彰会议。

2008年，严格执行出版物印刷企业“印刷委托书”印前备案管理制度，印刷企业主要登记事项变更43家，新审批印刷企业38家，对达不到资质要求的15家印刷企业进行降级和增资整改。

2010年，完成16家包装装潢、12家其他印刷品、2家专项包装新建印刷企业审批工作；完成26家印刷企业主要登记事项变更工作；对新建和主要事项变更的107家印刷企业负责人进行法规培训；认真落实图书、期刊印刷委托书备案管理。在全市印刷企业中开展争创“科学发展、改革创新”十佳企业活动。

第三节 出版物市场管理

一、书刊市场管理

1987 年 5 月 6 日，山东省出版总社济南分社和市公安局、市工商局、市邮政局联合成立济南市图书报刊市场管理办公室。同年 7 月 21 日，市政府制定《济南市图书市场管理暂行办法》，在全市开展整顿文化市场、打击非法出版活动。1989 年 10 月，济南市文化市场管委会成立文化市场稽查队，对全市书刊、音像市场和文化娱乐场所实行经常性的检查监督。

1990 年，市新闻出版局制定《关于加强对二级图书报刊批发单位管理的暂行规定》，从经营方向、办证条件、管理制度、经销范围、奖惩等 7 个方面制定具体条件和要求。对全市 13 家集体书刊批发单位进行整顿压缩，撤销 7 家，对保留的 6 家重新核发“山东省图书报刊批发许可证”。对从事图书报刊零售业务的 380 家集体、个体书店（摊）统一印制核发“济南市图书报刊零售许可证”，实行统一管理。1991 年 3 月 26 日，市政府印发《济南市图书报刊市场管理规定》《济南市音像制品市场管理规定》，使书刊市场管理工作做到有章可循、有法可依。

1992 年，市新闻出版局组织创建文明书刊市场活动，先后对集体个体书店（摊）制发“图书报刊零售许可证”，将全市发行单位纳入规范化、统一化管理的轨道。同年，全市有书刊发行网点 315 处。对国营集体书刊批发单位核发“山东省图书报刊批发许可证”；对二级批发单位实行“样本送审”“书刊批销三联单”“书刊进销存月报表”三项制度。

1994 年，省新闻出版局制定书刊二级批发及零售单位管理标准，并于年底开始对新华书店以外的书刊、音像二级批发单位和零售单位进行整顿、登记。经审核，至 1995 年年底，全市有书刊发行网点 148 个，其中新华书店 23 个，邮局系统 65 个；书刊零售店（摊）540 个。对原有的 22 家书刊二级批发单位进行清理整顿、重新登记，保留 18 家，撤销 4 家。全市有批发单位 19 家。1995 年，从市新华书书店抽调 6 人组成书刊文化市场稽查队，设立“扫黄”“打非”举报奖励基金，重新公布举报电话。2010 年，成立济南市文化市场综合行政执法局，负责全市文化市场的执法监管。

1997 年，对二级书刊批发单位进行清理整顿，对 5 家不具备条件的撤销二级批发许可证。至 2001 年，济南市有二级批发单位 8 家。

进入 21 世纪，国家逐渐放开民营发行进入总批发和连锁经营的限制，图书批发行业快速发展。至 2010 年，全市有出版物批发单位 49 家。

二、音像、电子出版物市场管理

1991 年，济南市组织对全市音像复录、发行、放映单位进行压缩整顿，对原音像单位逐个进行登记和检查验收。济南市原有的 1 家音像复录单位济南磁带厂，予以保留；音像发行点 289 个，压缩至 240 个；录像放映点 134 个，压缩至 90 个。压缩整顿后，音像出版事业归口市新闻出版局管理。主要职能是负责音像出版、复录、发行、放映单位的审批，会同市广播电视局、市文化局统一换发许可证。广播电视局、文化局仍按原来的分工负责音像市场的日常管理工作，市新闻出版局负责指导和监督。1994 年，省新闻出版局制定《山东省音像批发单位管理标准》《山东省音像零售单位管理标准》，并按照标准要求，对新华书店以外的音像批发单位和零售单位进行整顿、登记。经审核，准予重新登记的市属音像批发单位 2 家，分别为济南大观音像商场和济南磁带厂主办的济南音像精品世界。

20 世纪 90 年代后，电子出版业逐渐兴起。1996 年，市文化市场管理委员会印发《关于对电子出版物经营单位进行清理整顿、重新登记的通知》，市新闻出版局开始对电子出版物经营单位进行清理、重新登记，电子出版物开始步入依法管理的轨道。

1997 年，加强音像市场的宏观调控和合理布局，建立以济南音像城为中心，以市区 7 个大商场和 9 个中小型商场、省图书总店及其 12 个连锁店、邮政报刊零售系统、国有音像制品经销单位为主线的音像制品批发销售网络。

三、内部报刊、内部资料性出版物规范整顿

济南市内部报刊多由市直单位和大中型企业主办，多数为企业报纸。1989 年年初，在济南内部发行的期刊有 71 种。根据中央压缩整顿报纸和出版社的通知精神，省市宣传、出版行政部门对各报刊社（编辑部）逐家进行审查，决定省审批的 11 家特许报纸和 18 家内部发行期刊年内停刊；市属单位主办的厂（校）报 14 种，停刊 8 种；内部发行的期刊 56 种，其中 42 种转为内部文件，不能再搞发行或变相发行，不准刊登广告或变相刊登广告，不印彩色封面和彩色插页，不再属于新闻出版部门管理的范围。

1994 年，济南市有市级内部报刊 61 种，其中内部报纸 35 家，内部期刊 26 家。根据省委宣传部、省新闻出版局《关于清理整顿市地审批报刊的意见》要求，对市刊号的报纸期刊进行清理整顿，并要求各市、地和省四大企业一律不准批办报刊。经清理整顿，济南市保留“三不”（不定价、不销售、不做广告）性质报刊 24 种，停办报刊 32 种。

1998 年，济南市有省刊号的内部报纸 10 家，内部期刊 11 家。同年，根据中央和省统一部署，对报刊业进行治理整顿。治理整顿的重点是转化内部报刊，压缩行业报刊。济南地区 21 家省刊号的内部报刊，除济南高新技术开发区管委会主办的《开发时报》和济南大学主办的《济南大学学报》两家暂不转化给予年审和已停办的 4 家外，其余 15 家内部报刊转化为内部资料。1998 年，济南市撤销内部报刊系列，原“济南市内部报刊准印证”一律作废，市新闻出版局对 19 家原济南市内部报刊要求转化为内部资料的，给予重新编号。济南高新区《开发时报》出版至 1998 年年底，1999 年转化为内部资料，更名为《火炬之光》。

2002 年，对济南地区 33 家内部资料进行清理整顿，对 15 家省准印证的内部资料和 18 家市准印证号的内部资料进行审核，对《轻骑人》《百货大观集团》《金泰文化》3 家予以注销。

2004 年，省新闻出版局将市及市以下单位内部资料性成册印刷品（报型、刊型内部资料性出版物除外）、音像、电子出版物的审批委托市新闻出版局管理。连续性内部资料性出版物仍由市新闻出版局初审，报省新闻出版局审批。

至 2010 年年底，济南市有连续性内部资料（刊型）出版物 22 种。

四、扫黄打非

1989 年，济南市成立整顿清理书报刊和音像市场工作小组。9 月 20 日，市委、市政府在全市整顿文化市场、扫除“精神毒品”和“文化垃圾”。1990 年，根据全国统一调整，改建为“扫黄打非”领导工作小组，办公室设在市委宣传部，由市委宣传部、市公安局、市新闻出版局、市文化局等近 20 个成员单位。至 2000 年，全市收缴各类非法出版物 302.22 万册（盘），查处各类非法出版单位、无证经营业户 434 个，查办各类案件 45 件。

2001 年 9 月，济南市新闻出版局（济南市版权局）设立“扫黄打非”工作处，承办“扫黄”工作领导小组办公室日常工作。2010 年 4 月，全市“扫黄打非”工作由市文化广电新闻出版局文化市场管理处负责综合协调。2001 ～ 2010 年，全市累计收缴各类非法出版物 157.72 万册（盘），查处违规印刷企业、非法经营业户 870 余家，取缔无证经营业户及游动商贩 2068 个（次），摧毁非法印刷、出版、经销窝点 75 个，查办案件近 500 件。

2010年济南市连续性内部资料性出版物一览表

表 15—5—9

序号	出版物名称	类型	开本	页码	出版周期	地址	主办单位
1	济南通讯	刊	大16	48	月	建国小经三路37号	中共济南市委
2	济南电力	报	4	4	半月	泺源大街238号	济南供电公司
3	济南经济	刊	16	48	月	经二路193号	济南经济编辑部
4	济一机通讯	报	4	4	半月	一机西厂路4号	济南一机床集团公司党群工作部
5	济南法治	刊	16	48	双月	建国小经三路37号	济南市法学会
6	铁路大厂	报	4	4	周一	槐树街73号	中共济南机车车辆厂党委宣传部
7	社科论坛	刊	16	48	双月	经三纬六路18号	济南市社会科学界联合会
8	钢铁工人	报	4	4	周	工业北路21号	中共济南钢铁集团党委宣传部
9	济南教育	刊	16	64	月	永庆街3号	济南市教育科学研究所
10	二机床之声	报	4	4	周	机床二厂路2号	济南二机床集团公司宣展中心
11	济南宣传	刊	大16	48	月	建国小经三路37号	中共济南市委宣传部
12	济南建设	刊	大16	64	月	经六纬二东公和街2号	济南市建筑业协会
13	济南政府法制	刊	16	60	季	经十路138号	济南市人民政府法制办
14	济南政报	刊	16	32	半月	经二路193号	济南市人民政府
15	济南外事	刊	16	48	季	经二路193号	济南市人民政府外事办
16	济南儒商文化	刊	大16	84	季	英雄山路54-1号	济南儒商文化研究会
17	济南银企	刊	16	64	季	顺河街176号	济南市银企协会
18	济南贸促	刊	16	36	双月刊	龙奥大厦E区1542室	济南国际商会
19	济南城管	刊	16	48	双月	建设路16号(城建宾馆506室)	济南市城管局
20	济南社会科学	刊	16	64	双月	龙奥大厦	济南社会科学院
21	森林泉城	刊	16	32	双月	龙奥大厦	济南市林业局
22	泉城文化	刊	16	32	双月	龙奥大厦	济南市文化广电新闻出版局

第四节 驻济南新闻记者站管理

1986 年，济南地区有记者站 16 个。1989 年 11 月 27 日，新华通讯社济南记者站成立，是中央级新闻单位在济南市成立的第一个记者站。1990 年，对全市报（刊）社记者站进行清理整顿和重新登记，登记中央和各省新闻单位驻济南地区派出机构 57 家。2010 年，各新闻单位驻济南的分社、办事处、记者站 108 家。其中驻济南市的报刊记者站 4 家，分别为经济日报济南记者站、中国社会报济南记者站、大众日报济南记者站、联合日报济南记者站，办公地点均位于历下区龙鼎大道 1 号龙奥大厦。

第五章 机 构

第一节 济南市新闻出版局

1988 年 9 月，恢复济南出版社，同时加挂济南市新闻出版局牌子；济南市新闻出版局与济南出版社合署办公，为局级事业单位。1989 年 5 月，市新闻出版局内设办公室、社科编辑室、科技教育编辑室、文艺编辑室、发行部、新闻出版管理处 6 个职能处室。1997 年 9 月 30 日，增挂济南市版权局牌子。2004 年 8 月，济南出版社与济南市新闻出版局分设；市新闻出版局内设办公室、新闻出版管理处、版权管理处、出版物市场管理处、扫黄打非工作处 5 个职能处室。

2010 年，市文化局、市广播电视局、市新闻出版局职责整合划入济南市文化广播电视新闻出版局，同时组建市文化市场综合行政执法局，与市文化广电新闻出版局合署办公。

第二节 济南日报报业集团（济南日报社）

2002 年 12 月，济南日报社更名为济南日报报业集团；2007 年 6 月，济南日报报业集团兼用“济南日报社”名称。内设办公室、编辑委员会办公室、经营委员会办公室、组织人事处、计划财务处、物业管理中心、离退休干部处、济南日报时政新闻一部、济南日报时政新闻二部、济南日报政教新闻部、济南日报经济新闻一部、济南日报经济新闻二部、济南日报城建新闻部、济南日报区县新闻部（三农新闻部）、济南日报党报热线部、济南日报文体新闻部、济南日报摄影部、济南日报理论评论部、济南日报时事部、济南日报总编室、济南时报编辑部（对外使用济南时报社名称）、都市女报编辑部（对外使用都市女报社名称）、当代健康报编辑部（对外使用当代健康报社名称）、人口导报编辑部（对外使用人口导报社名称）、舜网网站、广告中心（对外使用形象宣传中心名称）、发行中心、印刷厂共 28 个机构，编制 387 人。

1996 年 3 月，济南日报社新闻大厦落成

第六篇　广播　电视

1986～2010年，是济南广播电视从传统传媒走向现代传媒的重要时期，也是济南广电媒体实力从弱到强、社会影响力从小到大、成长为区域性强势主流媒体的发展过程。其间大体分为三个发展阶段：

1986～1992年为平稳发展阶段。济南人民广播电台、济南电视台都只开办1套综合性节目，播出形式以录播为主。1991年10月15日，济南人民广播电台技术中心启用，结束济南人民广播电台无广播录制、播出用房的历史。1992年7月1日,济南广播电视发射塔投入使用，扩大了电视节目信号覆盖面积。

1993～2005年为加快改革发展阶段。广播：济南人民广播电台1993年由录播转变为直播，由传统编排方式转变为以主持人板块为主；同年，开办调频立体声广播（济南经济电台）。1999年开始，济南人民广播电台逐步实现“频率专业化、管理频率化”，广播节目由两套增加到六套，系列专业台相继成立。至2000年年底，自办节目全部实现中波、调频双频覆盖；至2003年7月1日实现调频广播24小时不间断播出；至2003年年底，完成从节目采集、制作、播出、传输、发射整个流程的全数字化改造，在全省率先实现数字化节目制作、网络化信号传输、自动化节目播出；至2005年年底，6套节目播出传输全部实现数字化。电视：1992～1994年，济南有线电视台、济南经济电视台相继成立。1997～1999年，实施频道专业化改革，成立济南市广播电视信息网络中心，在全国率先实现“网台分营”、有线台与无线台合并。至2000年，推出改版后的6套节目，推行频道专业化管理。济南电视台商务频道、少儿频道、移动电视相继开播。先后启用六讯道大型分量电视转播车、投资1500万元建成的电视演播厅，节目录制、直播能力实现突破；通过设备引进和新闻制作播出网建设，实现新闻节目后期制作全部数字化，并做到网络化在线直播。2005年，移动数字电视发射机开播，济南电视台进入数字化时代。有线网络数字电视：1997年，济南市至各县(市)有线广播电视传输网建成。2003年6月，济南市被国家广电总局批准为全国33个有线数字电视首批试点省市。2004年11月29日，济南有线数字电视节目正式播出。至年底，累计发展用户103.7万户。农村有线数字电视网建设进度加快，开通村3634个，通村率77.8%。

2006～2010年为突破性发展阶段。广播电视所有频率、频道节目全为24小时不间断播出，自办新闻节目时长增加，电视新闻直播时间延长。至2010年年底，济南人民广播电台节目市场份额突破70%，济南电视台全台晚间平均市场份额占28.78%，均位居全国省会城市台前列。技术创新：以高清数字电视转播车、新闻卫星直播车、广播移动微波直播车、数字高清摄像机，以及全台制作播出一体化网络和新一代广播录制播出系统为主体的广电全数字化、网络化技术平台建成投用。2007年5月，济南电视台新大楼技术项目建设基本完工，新的全台制作网和播出网正式启用，13讯道高清电视转播车、1000平方米演播室、新闻卫星直播车、蓝光盘摄像机、高标清制播系统等摄录编播设备相继投入使用。2008年，济南电视台全台制播网络项目获国家广电总局科技创新奖一等奖，填补济南在全国广电系统技术创新最高奖的空白。有线网络建设：2008年提前完成“村村通”建设任务，2009年完成“户户通”任务，2010年全面推进有线数字电视整体转换。新媒体建设：与深圳卫视等18家单位共同出资设立“华夏城视网络电视”；开办国内统一刊号的家庭文化类杂志《全新视听》。

第一章 频率频道 栏目

第一节 广播频率与栏目

1986～1992年，开办济南人民广播电台综合性节目1套。1993年开始，节目由录播为主向直播为主转化。同年，以中波和调频立体声双频播出的济南经济广播电台开播，济南广播进入以直播为主的发展阶段。2001年，济南交通广播正式播出，2002年，济南文艺广播正式播出，济南广播进入频道专业化发展阶段。同年，济南人民广播电台实现网上广播，新视听网站录入济南人民广播电台的重点栏目、节目，用户可随时点击收听。2004年，济南人民广播电台第五套节目Music88.7开始试播。

这一时期，有线广播得到快速发展。2000年，济南广播电视发展总公司与济南强讯电子有限责任公司联合研制出CATV有线调频立体声接收机，于11月8日开通20套有线调频立体声广播节目，其中包括转播中央、省、市广播电台节目，电视节目伴音，同时自办6套节目，有轻音乐、英语、曲艺、少儿等。

一、广播频率

至2010年，济南人民广播电台有新闻、经济、交通、文艺、Music88.7、故事6个播出频率。

（一）济南新闻广播 以济南人民广播电台《济南新闻》等新闻节目为基础演变而来，2001年1月1日开始对外呼号。新闻节目有《济南新闻》《新闻六十分》《政务监督热线》《天天说事》《博闻天下》《早安泉城》《八点聊天室》《整点新闻》等；综合服务节目有《美食乐翻天》《城市爱生活》《女人花》《天天健康》《金山夜话》《家住济南》《娱乐满天星》等。播出频率FM106.6、AM1053。

（二）经济频率 其前身是济南经济广播电台。1993年2月22日试播，同年3月18日正式开播。新闻栏目有《经广新闻网》《经济快讯》《经广时空》《当日要闻》《今日观察》等。播出频率FM103.1和AM846。1999年，并入济南人民广播电台，开办济南人民广播电台第二套节目，即经济频率。基本沿袭原济南经济电台的节目框架和节目运行模式。2005年重新定位为“陪您说话的电台”，设有《经广新闻网.846传真》《流行小说城》《四点有话说》《夜色阑珊》《闲话闲说》《以案说法》等栏目。播出频率FM90.9、平阴FM95.7、AM846。

（三）交通频率 2001年，济南人民广播电台增设第三套节目“济南交通广播”。同年3月28日正式播出，由济南人民广播电台和济南交警支队联办，以正点路况信息、半点新闻信息为主要框架，设有《交警直播室》《交通雷达网》《刘敏热线》《1031汽车服务热线》等栏目。播出频率FM103.1和AM1512（2006年1月1日之前使用）。

（四）文艺频率 2002年，济南人民广播电台增设第四套节目“济南文艺广播”；同年9月29日正式播出。该频率以时尚流行的都市风格为主，兼顾中老年听众的收听习惯，涵盖音乐、戏曲、文学、长篇评书、综艺等多种文艺广播形式，设有《歌坛大放送》《曲山艺海》《936评书书场》《劲爆正午十二点》等栏目。播出频率FM93.6、FM100.5、AM1305。

（五）Music88.7 2004年，济南人民广播电台设立88.7音乐广播节目部；同年9月5日，济南人民广播电台第五套节目Music88.7开播。节目目标受众：15～35岁（±5岁）白领、学生、有车一族、音乐喜好者。Music88.7在山东地区创多项第一：第一家24小时播放流行音乐的电台、第一家类型化音乐电台、第一家实施频率品牌化运营的电台、第一家真正营造伴随收听状态的电台、第一家使用美国RCS音乐播出系统的电台。尼尔森数据调查显示，Music88.7收听市场份额在济南地区各级电台中名列前三位，目标人群中名列首位。2008年、2010年连续两届在“中国消费者理想品牌大调查”中获广播十强。2009年启动“Music88.7小桔灯爱心读书行动”公益活动。

（六）济南故事广播 2005年9月29日济南故事广播试播，12月1日正式开播。以经典评书、畅销小说、纪实文学等故事类节目为主，主要栏目有《新书快听》《小说抢先听》《纪实文学》《经典书场》《风云故事》《武侠客栈》《小说剧场》《越夜越惊心》等。《抬杠》在全国首开广播辩论节目先河；《心理热线》节目从专业的角度为听众疏解心理压力；《我能赢》是山东广播界唯一一个创业类节目。播出频率FM104.4、FM101.6和AM1512（2006年1月1日启用）。

二、广播栏目

1986～1992年，栏目与播出时间相对比较固定，仅对个别节目栏目进行调整。除转播中央人民广播电台早间《新闻和报纸摘要》、晚间《各地人民广播电台联播》节目外，主要有《济南新闻》《简明新闻》《各地城市新闻》《今日济南》等新闻类节目，《生活之友》《农村园地》《青年之声》《法制教育》《知识天地》等社教类节目；中外音乐、电影录音剪辑、广播剧、戏曲节目、小说连播、文学等文艺类节目。每天播音18个小时。1986年下半年，增设《听众服务台》节目，每天5:25播出，时长5分钟。1988年，对台内社教节目进行调整，合并原有节目，创办模拟直播板块节目《七色阳光》。

1993年起，广播节目由录播为主改为直播为主，推出《济南之声》《今日报道》《泉城晨曲》《与您相伴》《旋转七色光》等直播板块节目。全面采用主持人直播，把各种广播体裁综合应用于节目。播出时间延长，信息含量增加，并开通热线电话，节目参与性、互动性明显增强，收听率显著提高。随着经济广播、交通广播、文艺广播、88.7音乐广播、故事广播各专业频率相继开播，至2005年共推出几百档新栏目。

2006年后，通过加强节目编排、节目包装以及节目内容创新、延长播出时间等，提升原有名牌节目栏目品质，同时推出一批风格独具、特色鲜明、符合频率特点的新栏目、新节目。2006年，加强对《济南新闻》《金山夜话》《含笑时间》《政务监督热线》《交通雷达网》等栏目的高水准策划、精细化编排和制作，节目构架更趋合理，收听率和满意度都有新的提高；推出《方言客栈》，以其鲜明特色迅速成为听众喜爱的节目。2007年，全新改版《交通雷达网》，使其更有特色，影响力更大；推出以民生

济南人民广播电台大力实施品牌战略和人才战略，打造出《金山夜话》《含笑时间》《新闻六十分》等一批名牌栏目和金山、含笑等一批名主持人，社会影响力和市场竞争力快速提升。图为金山、含笑在主持节目

新闻为主的晚间直播节目《天天说事儿》和以职场时尚男女、在校大学生及车载人士为目标听众的《萝卜开会》节目。交通广播推出《都市顺风车》《1031 汽车服务热线》《车行天下》等具有交通特色的栏目。2008 年，整合早间新闻节目板块，加大新闻容量，使该节目的收听率增长 51.89%。推出针对中老年听众的新闻服务类栏目《早安泉城》。交通广播推出《我的汽车有话说》。2009 年，策划推出《八点聊天室》《我能赢》等新节目。2010 年,全面增加新闻节目时长，每天达到 400 分钟；对《金山夜话》等 40 余档节目进行改版调整。推出《红十字在行动》《车行天下——一路领先》《民歌大联盟》等 9 档新品牌节目。

（一）新闻栏目 先后开播《济南新闻》《今日报道》《方圆新视点》《新闻大视野》《政务监督热线》《泉城晨曲》《经广新闻网》《新闻六十分》《846 传真》《交通雷达网》《交警直播室》《小啰啰崩没根》《天天说事儿》《早安泉城》等栏目。

《济南新闻》 济南人民广播电台自建台开播的固定栏目。每天早上 6：00 和 7：00 播报济南本地的重要时政新闻、济南市发生的重大新闻事件和群众关心、关注的社会新闻等新闻资讯。是济南地区最有影响力的新闻资讯类节目之一。

《今日报道》 济南人民广播电台于 1997 年 10 月 1 日开设的一档 30 分钟直播新闻板块节目，以报道当日新闻、评述当日事件为主。2000 年，由播新闻改为说新闻。因话语亲切、交流感强，有较高的收听率。

《政务监督热线》 2003 年 7 月开办的一档舆论监督性节目。由市纪委、市监察局、市广播电视局主办，济南新闻广播承办。采用有关领导现场解答、听众热线参与、主持人动态反馈的现在进行时方式开展政务监督。每周一至周五 12：20 ～ 13：00，周六 7：30 ～ 8：00 播出。全市部委办局和县（市）区的领导及公共事业单位负责人轮流走进直播间，讲解政策法规，解答听众问题，受理相关投诉，反馈对问题的处理情况。先后被评为“山东省广播十佳新闻专栏”“山东新闻名专栏”。

《经广新闻网》 济南经济广播电台开办于 1993 年，是一档 1 小时 35 分钟的直播新闻大板块节目，每天早晨 7：00 ～ 8：35 播出，设《济南要闻》《神州巡礼》《国际快讯》《846 传真》《企业报道》等多个栏目。1999 年开始，节目播出时间改为 1 小时，每天早 7：00 ～ 8：00，内设《财经新闻》《846 传真》等栏目。其中《846 传真》是全省第一个热线投诉节目，以反映群众心声、架设沟通桥梁，把握经济脉络、关注百姓、生活为宗旨，将新闻性与群众性参与融为一体，被评为“山东新闻奖名专栏”。

《交通雷达网》 开办于 1993 年，是济南交通广播的一档名牌节目。每天 7:00 ～ 8:00 播出，设出行参考、济南新闻、交通新闻、交通关注、交通故事等栏目。

《小啰啰崩没根》 是山东境内第一档用济南话说民生新闻的广播节目。每天下午在调频 103.1 兆赫直播。主持人以幽默、轻松、略带表演式的主持，讲述听众关注的新闻资讯。尼尔森数据显示，该节目进入济南地区（包括省台、市台）节目前十名。济南交通广播 2006 年 8 月 1 日开播。播出时间：每日 16：30。

《天天说事儿》 该栏目以民生新闻为主，以轻松调侃的语言的说新闻、评新闻。子栏目有《一句话听天下》《百姓档案》《谈股论金》《天天开讲》等。济南新闻广播 2007 年 1 月 1 日开播。播出时间：每日 18：00 ～ 19：00。

（二）社教栏目 先后开播《生活之友》《知识天地》《法制教育》《农村园地》《青年之声》《听众服务台》《七色阳光》《旋转七色光》《金色少年》《金山夜话》《社会之声》《同在蓝天下》《女人花》《健康百分百》《夕阳红》《法制论坛》《我能赢》《红十字在行动》《车行天下——一路领先》等栏目。

《旋转七色光》 1982 ～ 1986 年，济南人民广播电台陆续开播《生活之友》《知识天地》《法制教育》《农村园地》《青年之声》等栏目。1988年，以上栏目合并改版为《七色阳光》栏目，每周播出3档，重播1次，每档40分钟，设经济纵横、热点透视、法制园地、文化生活、听众信箱、健康顾问等栏目。1993年《七色阳光》改版为《旋转七色光》直播板块节目，每天中午1小时30分钟。设1053热线、经济纵横、农家一刻、科技瞭望、咨询服务台、社会之声、警方热线、同在蓝天下、女性风景线、广播论坛、建工园地、听众信箱等栏目。

《金色少年》济南人民广播电台开办于1993年2月至2002年，是一档热线直播节目，每天下午17：00～18：00播出。主持人陈滨姐姐、洪伟叔叔。节目设《小卫星接收站》栏目，通过热线电话，由小记者发布校园新闻；《难不倒小播主》栏目，通过米老鼠、阿滋猫2条热线竞答问题；《今天我主持》栏目，由各校推荐小主持人走进直播间，主持自编自采的节目等。该节目三次获中国广播奖。

《金山夜话》济南人民广播电台开办于1994年4月，是山东省开办较早的热线谈话节目，主持人金山。节目以家庭、婚姻、恋爱等生活话题为主要内容，主持人通过热线电话与听众谈心，答疑解惑，进行正确引导。在济南地区收听率名列前茅，多次获省市名牌节目称号。AC尼尔森调查数据表明，该节目成为中国晚间最有影响的一档广播节目，正是由于这档节目推出，济南人民广播电台成为全国晚间收听率最高的电台。

《女人花》济南人民广播电台新闻综合频率开办于2000年1月，每天上午10：00～11：00播出。设女人花的故事、情感课堂、我们的身体、喂养热线、知心妈妈、美丽学堂、婚姻救助站等十几个栏目，介绍优秀女性的事迹，讲述美容、保健、育儿、教子的知识。

《夕阳红》济南人民广播电台新闻综合频率开办于2000年1月，主要反映老年人生活，介绍医疗保健知识，倾听老年人心声，为老年人提供法律咨询服务。节目先后获首届全国老龄新闻奖、全国广电老年节目优秀栏目奖等多个奖项。

《法制论坛》中共济南市委政法委和济南市广播电视局联合开办的一档法制类节目。通过负责人或业务骨干担任嘉宾走进直播间的形式，宣传建设平安济南的举措、部署，就市民关心的问题进行解疑释惑。济南经济广播2006年1月1日开播。播出时间：周日19：30～20：30。

《红十字在行动》济南市红十字会和济南人民广播电台联合开办，是一档致力于弘扬红十字会精神、倡导互助互爱的大型公益救助节目。济南新闻广播2010年3月6日开播。播出时间：周六11:30。

《车行天下——一路领先》是一档两人脱口秀节目，节目贯穿“大家帮助大家，大家里面有专家”的公益理念，发动听众力量，帮助听众解决在路上遇到的各种问题。济南交通广播2010年1月1日开播。播出时间：周一至周日10:00～11:00。

（三）生活热线栏目 先后开播《消费监督台》《含笑时间》《闲话闲说》《刘成故事》《刘敏热线》《都市顺风车》《美食热线》《我的汽车有话说》等栏目。

《含笑时间》济南经济广播电台开办于1993年，是山东省开办较早的热线谈话节目。节目以城市青年为受众目标，通过热线谈心，为听众解决在婚姻、恋爱、交友等生活中遇到的难题。该节目收听率较高，主持人含笑先后获第八届泉城杰出青年、济南市首届巾帼十杰、济南市五一劳动奖章、济南市首届道德模范、山东富民兴鲁劳动奖章等称号。

《刘敏热线》《我的汽车有话说》《刘敏热线》是济南交通广播2003年开办的一档热线直播服务节目，原名百姓留言。节目以接听驾乘人员热线电话为主要形式，集中解决听众反映的交通领域的热点、难点问题。《我的汽车有话说》是以《刘敏热线》为平台开办的一档节目，致力于解决消费者遇到的诸如汽车质量、售后服务等汽车消费类问题。2008 年 1 月 1 日开播。播出时间：周一、周三 11：00 ～ 12：00。

《都市顺风车》 济南交通广播开办于 2004 年，每天下午 5：30 ～ 7：00 直播。节目每天一个热点话题，听众可以通过短信和热线电话参与，讨论中间插播路况和音乐。

《美食热线》 是济南第一档集交流、查询、订餐、烹饪为一体的美食、娱乐信息节目。调频 106.6 兆赫、中波 1053 千赫直播。济南新闻广播 2006 年 1 月开播。播出时间：每日 11：30 ～ 12：00，17：05 ～ 18：00。

（四）广播文艺、体育栏目 先后开办《历下周末》《与您相伴》《梨园窗口》《每周一歌》《华夏排行榜》《缤纷歌坛》《歌坛大放送》《温馨夜沙龙》《张庆六十分》《曲山艺海》《娱人制造》《劲爆中午十二点》《民歌大联盟》《体育大世界》《风云赛场》等栏目。

《历下周末》 济南人民广播电台开办于 1985 ～ 1992 年，是济南市最早开办的广播综艺节目，主持人雪羽、爱平。节目有文艺知识、猜谜活动、生活话题等内容。

《与您相伴》济南人民广播电台开办于 1993 年 2 月至 1999 年 8 月，是综艺类直播大板块节目，每天上午 8:30 ～ 10:10 播出。主持人阳光、兰欣。内容有热线点播、热线竞答、热线导购、流行歌曲等。

1993 年 2 月 22 日，济南人民广播电台《与您相伴》栏目首次热线直播成功，实现由录播到直播的改革。图为开播第一天主持人兰馨、阳光直播节目

《梨园窗口》 济南人民广播电台开办于 1987 ～ 1992 年，是山东地区最早开办的戏曲节目。主持人沙永德。节目中开设了“唱词赏析”“谈曲说戏”“名家名段”“趣闻轶事”等栏目。

《每周一歌》 济南人民广播电台开办于 1988 ～ 1992 年，是山东地区最早开办的支持人节目。主持人李锦程。

《缤纷歌坛》《歌坛大放送》 1997 年 10 月济南人民广播电台开办《缤纷歌坛》，主要介绍内地、港台流行歌曲，在中波 1053 千赫播出。1999 年 9 月文艺广播开播后，用《歌坛大放送》的名称在中波 1305 千赫播出。播出时间：每天 8：30 ～ 10：00。

《曲山艺海》 文艺广播开办于 2000 年，主要播放传统曲艺节目，包括相声、快书、评书、各种大鼓、坠子、琴书等。每天 10：00 ～ 12：00 播出。

《民歌大联盟》 节目以中老年听众为主要受众群，通过多个角度介绍中国及世界各地民歌的历史渊源、发展变化，讲解其中的民族风情、地域文化特色、音乐韵味、代表人物及历史掌故、趣闻逸事等。济南人民广播电台文艺广播 2010 年 7 月 5 日开播。播出时间：每日 13:30 ～ 14:00。

《体育大世界》《风云赛场》《体育大世界》是济南交通频率设置的一档体育类直播板块节目，开播于 2000 年 4 月。主要栏目有《体坛扫描》《篮球报道》《绿茵风暴》《热点透视》等。每天 20：00 ～ 21：00 播出。《风云赛场》作为《体育大世界》节目的延伸，主要关注大型体育赛事直播节目，从甲 A 到中超、CBA 联赛等，重点直播山东鲁能泰山足球队和山东男篮的赛事。

第二节 电视频道与栏目

1986～1992年，济南电视台只开办1套综合性(6频道)节目。

1992年12月16日，济南有线电视台成立。1994年11月30日正式开播，有自办节目4套，即“新闻频道”“综合频道”“影视频道”“图文频道”。后“综合频道”改为“生活频道”，传输节目13套。1996年1月1日，济南有线电视台在购买中央电视台4套加密电视节目解密权和转播权后，正式开始解密转播，济南地区的有线电视节目增加至24个频道。1997年7月1日起，济南有线广播电视台4套自办节目“新闻台”“综合台”“影视台”“图文台”等标识分别改为“新闻频道”“综合频道”“影视频道”“图文频道”。1998年7月1日，济南有线广播电视台推出改版后的“新闻频道”“生活频道”“影视频道”“图文频道”。

1994年5月16日，成立济南经济电视台。1995年7月1日试播成功。1996年5月，济南经济电视台合并到济南有线广播电视台，一套人马办节目。1997年7月16日，撤销济南经济电视台，在济南电视台设经济部，开办电视台第二套节目，承担原济南经济电视台的职能任务。1995年9月20日,济南电视台使用新台标，这是建台后首次更换台标。台标图案由“JNTV”4个英文字母组成，J为绿色，N为蓝色，TV为红色。2002年2月1日，济南电视台正式启用第二个新台标。该新台标以山、水、泉为寓意，以电视轮廓为造型，色彩为蓝色。

1999年11月24日，济南有线广播电视台被并入济南电视台，济南电视台主办6套节目，分别为第一套节目综合频道、第二套节目经济频道、第三套节目影视频道、第四套节目文娱频道、第五套节目体育频道、第六套节目图文频道。2000年1月1日，济南电视台推出改版后的这6套节目。2001年10月24日，根据《济南电视台关于频道化管理的实施意见》，第一套节目综合频道改为新闻综合频道，以报道济南市和国内、外新闻为主；第二套节目经济频道改为都市频道，突出地域性和城市化特点，为市民提供各类资讯；第四套节目导视服务频道改为娱乐频道，以文艺、体育类节目为主，强调娱乐化和参与性；第五套节目文体频道改为生活频道，以记录和反映百姓生活为主要特色；第三套节目影视频道、第六套节目图文频道保持原有定位，进一步丰富节目内容。

2003年6月28日，济南电视台商务频道开播。2004年10月8日，济南电视台少儿频道开始试播。同年11月29日，济南有线数字电视节目正式播出，标志着济南电视台正式进入数字化时代。数字电视用户可收看80余套电视节目，除全国各上星卫视节目外，还可享受到影视频道、时尚频道、音频广播、电子节目指南等节目以及众多专业化、个性化的付费节目。另外，开播生活信息节目，包括政务、气象、新闻、体育、金融、交通、旅游等大量信息供检索浏览。

2005年5月18日,济南移动电视正式开播。同年6月1日，济南电视台少儿频道正式开播。2006年8月7日，济南电视台都市·女性频道正式播出。至此，济南电视台每天累计播出节目160多小时。

2008年8月8日，济南移动电视城市频道正式开播。至2010年，济南电视台共开办2个无线频道、5个有线频道和移动电视节目。每天累计播出节目180个小时以上，传播范围覆盖济南及周边城市，收视人口1000余万人。

一、电视频道

2010年，济南电视台开办新闻综合频道、都市·女性频道、影视频道、娱乐频道、生活频道、商务频道、少儿频道7个频道。

(一)新闻综合频道 新闻综合频道由《济南新闻》栏目演变而来，承担着市委、市政府中心工作的宣传报道任务和本台新闻节目的采编制作任务。至2010年，主要栏目有《济南新闻》《泉城一时间》《今晚20分》《今晚特别点击》《今晚我帮你》《有么说么新闻大社区》《有么说么故事会》《政务面对面》。频道节目收视率3.8%，市场份额11.62%。《今晚20分》被评为山东新闻名栏目，《今晚特别点击》获全国百佳电视栏目。1999年，承担《济南新闻》制作的济南电视台新闻中心被团中央命名为全国青年文明号。

（二）都市频道　成立于2001年1月1日，2006年8月7日改为都市·女性频道。主要栏目有《都市专列》《都市调查》《都市财经》《创业英雄》《风情车界》等。2003年4月～6月“非典”时期，开设《关注“非典直播室”》节目，每晚21：00播出，节目长度40分钟，是山东省第一个预防“非典”的电视直播节目。2006年改为都市·女性频道后，推出《男说女人》《心有千千结》《小冬夜沙龙》《蓉儿说天气》《佳片识女人》《女人私语》等栏目，与原有的《泉城夜话》构成新的女性频道节目框架，其中部分节目形式属省内媒体首创。2009年，推出全国唯一一档主持人“敲鼓说新闻”的特色电视新闻杂志类节目《都市新女报》。2010年，都市女性频道晚间黄金时段收视率跻身济南地区前五名。

（三）影视频道　是济南电视台唯一专业化影视频道。下辖周播栏目：《心动》《泉水人家》；日播栏目：《有一说一》《不见不散》。作品先后获全国奖5个、省级一等奖9个，《有一说一》栏目获2009～2010中国最具品牌价值电视栏目（综艺类），主持人宋伟入围第23届中国电视金鹰奖主持人奖，是济南电视台主持人首次入围金鹰奖评选。

（四）娱乐频道　1999年年底始称文娱频道，2001年改为娱乐频道。以“轻松、时尚、娱乐天下”为频道定位，以引进节目为主、自办精品节目为辅，适时举办晚会和大型活动，文艺体育节目齐头并进。2003年，引进室内情景喜剧《都市男女》，全年365集。同年下半年引进专业体育频道ESPN的体育节目，全天播出时长超过11小时，实现娱乐频道全天24小时播出。2003年后，娱乐频道有文艺类、体育类自办节目《窈窕淑女》《综艺晚会》《欢乐笑哈哈》《星光灿烂》《新足球》《体育播报》《缤纷驿站》等。2006年后，先后自办《勺子碰锅沿》《画家的故事》《体育资讯》《体彩一刻》《怀旧金曲》《红动时空》《家娱户笑》《风云赛场》《娱乐影院》等栏目；引进国内知名制作机构的《娱乐现场》《音乐风云榜》《超级访问》等节目。2008年，明确“文体两条线”的频道定位，以自办节目为主、引进节目为辅，并承担大型晚会、大型活动及体育赛事的转播、录制。2009年3月25日，济南电视台娱乐全运频道开播，成为济南市唯一一个全运宣传专属电视平台，全面完成第十一届全运会的报道任务。

（五）生活频道　是省内第一个凸显法制特色的电视专业频道，为观众搭建普法、学法、用法的互动平台。先后推出《交通进行时》《有话好好说》《悬疑时分》《周末拍案》等栏目，持续开展“法律援助进社区”“文明交通社区行”等主题宣传活动。《生或死》《守护北川》《消防栓的自白》《关爱生命拒绝超载》《交通进行时》MTV等10余件作品，分获山东省广播电视奖、山东省电视艺术“牡丹奖”一等奖和二等奖。2010年，生活频道被命名为省级“青年文明号”。

（六）商务频道　其前身为“图文频道”，开播于1993年，以图片文字为播出方式，开办与百姓生活息息相关的政治、经济、文化、娱乐、服务等栏目。实时股市行情及相关财经信息栏目形成固定的收视群体。

2003年6月28日，济南电视台开办商务频道，是全国第一个以商务命名的电视频道。定位于关注商人、商事、商机、商情，为投资者和消费者提供专业化、个性化的服务。以自办节目为主、引进节目为补充。自办栏目主要有《商情在线》《商界名人》《福星彩运》《商眼看影视》《食尚》等；主要引进节目有股市行情、亚太财经报道、全球经济报道、时尚中国、疯狂说英语、中国热点人物、华人纵横天下、财富考场、智者为王、探索等。2003～2010年，先后创办《商业七色光》《风情车界》《天天股事》《福星彩运》《高新区之窗》等栏目。是济南电视台第一个实现24小时不间断播出的频道。

《今晚》节目主持人，从左至右为田一农、段文红、毛蕾、闵乃新

（七）少儿频道 2005年6月1日开播，是山东省内第一家专业少儿频道。主要栏目《奶油森林》《漫话天下》《小学插班生》《全家都能赛》等受到孩子们欢迎。“六一嘉年华”“少儿春节晚会”两大晚会品牌构建起频道全年活动的主体。节目多次获山东省电视艺术牡丹奖一等奖，其中“虎娃闹新春”2010济南市第二届少儿春晚获中国电视金鹰奖提名奖。

二、电视栏目

1986年后，济南电视台不断对老牌节目进行改造提升，并推出新的节目。1994年，对节目进行改版，推出《市场经济专列》《泉城纵横》《今日佳宾》《济南与世界》等形式活泼、立意深刻、大板块、综合性、杂志型的栏目。1998年，对自办栏目进行扩版、改版，2000年，推出新栏目《正在进行》《今晚20分》《泉城夜话》等栏目。2002年12月16日，济南电视新闻台推出早间新闻节目《泉城一时间》，分为《要闻全搜索》《泉城早看点》《体坛接力棒》《鲜闻千里眼》4个板块，每日早7时播出，节目长度30分钟，周一至周六每日播出一期。2006年，对《今晚》优势版块节目进行改扩版，增设《今晚我帮你》栏目，加强民生色彩、凸显服务特色的同时，进一步强化新闻特色和节目品牌优势。2007年，对《男说女人》《有一说一》《奶油森林》等栏目进行改版创新，同时推出特色新闻节目《有么说么故事会》、政务电视访谈节目《政务面对面》、生活情景剧《泉水人家》。2008年，再次对《今晚》节目进行改扩版，同时将《有么说么》改版为《有么说么新闻大社区》，时间延长至85分钟。同时，推出《男说女人周末故事》《怀旧金曲》《小学插班生》等24个新栏目。2009年，推出济南地区唯一一档英语电视新闻节目《英语时间》。2010年，对《济南新闻》《今晚》等19档节目进行改版提升，先后推出《今晚不关机》《全家乐翻天》等8档新品牌节目。其间，电视台改版和新推出的节目总量超过250档，节目更新率90%以上。

（一）新闻栏目 先后开播《济南新闻》《今晚》《泉城一时间》《廉政风云录》《都市调查》《今晚我帮你》《有么说么》《有么说么故事会》《政务面对面》《高新区之窗》《有么说么新闻大社区》《英语时间》《第一现场》等。此外，1993～1997年济南有线电视台存在期间开办《经济大观》《齐州经贸》等，1995～1997年济南经济电视台存在期间开办《经视新闻》《新时空纪实》《报台新闻聚焦》等。

《济南新闻》1987年2月1日每周播出增至6次，每次10分钟。1990年1月1日改版为《新闻》，除播送本市新闻外，辟有《东西南北》栏目，播送其他台的报道。1996年7月1日，节目延长至15分钟，调整到每天18:45播出，增设《每周视点》《记者观察》《警方110》等小栏目轮流播出。1997年1月1日播出时间由每天18：45改为18：40，节目长度增加至20分钟。1998年3月17日，新闻评论节目《记者述评》栏目开播，重点进行新闻事件及人物的深度报道，典型问题、案例的追踪调查，热点话题的访谈和评论，突发事件目击式的现场报道4个方面的内容。每期10分钟，每周二、四、六18：50播出。2005年9月30日，首次实现直播。2006年1月1日扩版，新增《齐鲁扫描》《生活资讯》2个子栏目。

《今晚》1995年3月1日开播《晚间新闻》，周一至周六22：00播出。1996年7月1日更名为《济南夜新闻》。2000年1月1日，推出《今晚20分》。2002年3月15日，《记者述评》改版为《今晚特别点击》，原晚间新闻版块栏目改名为《今晚》。2006年1月2日开播《今晚我帮你》，作为济南地区开播最早、影响力最大的媒体介入式帮助类新闻栏目，热心姊妹花的形象深入人心。该栏目与《今晚20分》《今晚特别点击》组合构成《今晚》新闻版块。播出时间为每周一至周六的21：30～22：00。2008年1月1日全新改版，时长由40分钟扩展至50分钟，每晚21：20在济南电视台新闻综合频道播出。在省内电视新闻节目中首家启用开放式演播室，在全国新闻节目中独家推出直播式、互动式、开放式结尾。

《政务面对面》2000年10月，市纪委与济南电视台联办《廉政风云录》，每周日21：49播出，一期长度9分30秒。为省内首家以宣传党风廉政建设和反腐败为主的新闻性专题节目，内容主要包括济南市在党风廉政建设中的新经验、新举措，廉洁勤政先进典型，以及济南市纪检监察机关近期查处的党员领导干部违法犯罪典型案件。2007年《廉政风云录》栏目改版，当年9月9日正式开播《政务面对面》，由市纪委、市委宣传部、市监察局与济南电视台联办。节目邀请市各职能部门“一把手”或县（市）区主要领导以及市民代表坐客演播室，介绍所在部门的职能、展示为民服务的工作亮点，接受市民代表现场提问。节目时长40分钟，新闻频道每周日21：50首播。2008年，获“山东广播电视节目十佳栏目”称号。

《都市调查》2003年5月23日开播，是一档大型电视互动直播节目。通过记者深入现实生活，介入都市生活的各个层面，为观众寻找答案，破解真相，获得信息。每周一至周五19：55在都市频道首播，周一至周六12：00重播；周一至周日17：00在新闻频道重播。节目长度50分钟。2005年4月停播。

《有么说么新闻大社区》2006年4月26日在新闻频道开播《有么说么》。节目主持人由稳重、幽默的著名评书家刘延广和调皮伶俐、青春靓丽的小甜沫联袂主持，一老一少聊天式主持，很受济南市民喜爱。2008年11月25日，对《有么说么》栏目进行品牌扩张、改扩版，推出《有么说么新闻大社区》大型综合民生新闻节目,时长85分钟。由《社区新闻》《社区秀场》《社区聊吧》《社区故事》《社区气象站》《社区广播站》《社区导播台》7个板块组成，是济南地区开播时间最早、节目体量最大的民生新闻节目。聪明伶俐的小甜沫、幽默机智的阿庆哥、动漫卡通主持人么小子，三位主持人说说新闻事，拉拉家常理，给人亲切自然之感。在全省率先使用云台摄像机，实时流动背景增强了演播室的现场感。

《第一现场》2009年1月1日开播，是一档大型法制新闻版块节目。每期除报道本地最新法制新闻外，还设有《热线出击》《法庭内外》《每日发布》等版块，对涉及法治民生各领域的法治事件进行多角度、全方位的深度报道及解析点评。生活频道每日20:07～21:07播出。

(二)社教栏目 先后开播《改革与交流》《党建纵横》《庭审纪实》《泉城夜话》《创业英雄》《正在进行》《真实再现》《警方视线》《第一现场》《百

姓与法》《福星彩运》《奶油森林》《悬疑时分》《都市生活》《社会广角》《泉映晚霞》《泉水人家》《城市家园》《情系我的兄弟姐妹》《非常故事》《交通进行时》《有请当事人》《警方视线·周末拍案》《冬吃萝卜夏吃姜》《有话好好说》《今晚不关机》以及《泉城掠影》（1991 年 12 月改为《济南纵横》）、《科技与生活》（与市科委合办）、《老年天地》《市场漫步》《金色月亮船》《社会传真》《小冬热线》《我上电视》《市民您好》《忠诚体验》《城市热线》《商情在线》《食尚》《商眼看影视》《我爱我家》《我家有福》《少儿说英语》等。1993 ～ 1999 年济南有线电视台存在期间开办社教节目栏目《教子有方》《饮食天地》《消费指南》《帮助》《生活驿站》等，1995 ～ 1997 年济南经济电视台开办社教节目栏目《25 频道文化杂志》《城市话题》等。

《庭审纪实》是普法性固定栏目，就法院公开审理的某一典型案例进行全程直播，现场设评析台，聘请专家结合案例介绍相关法律知识，进行普法教育。1994 年推出《社会传真》《市场经济专列》《泉城纵横》《今日佳宾》《济南与世界》等大板块、综合性、杂志型栏目。其中《社会传真》栏目至 1999 年停办，是开办时间最长的栏目。每周三 20：25 播出，每期 45 分钟，是一档综合性杂志型栏目，采取同步纪实的形式，将触角伸向社会各个方面，其中包括《百味人生》《经济万象》《千家万户》《长镜头》等子栏目。

《泉城夜话》2000 年 1 月 31 日开播，是一档谈话类现场直播节目，内容涉及时政、社会热点、人生情感、个人体验等方面。通过一件件真情实感故事以及思想观念的碰撞与交融针砭时弊、弃恶扬善。播出时间：周一、三 20：40 ～ 21：40 首播；周三、四 12：18 ～ 13：18 重播。

《百姓与法》生活频道 2002 年 1 月 15 日开播，以纪录片手法、新闻的传播时效，为观众揭示故事背后蕴含的法律问题，旨在反映法律与社会生活的密切关系，普及法律知识。每周一、三、五晚 20：00 ～ 20：20 播出，每期 20 分钟。

《奶油森林》少儿频道 2005 年 6 月 1 日推出，是针对 4 ～ 12 岁年龄段收视群体开办的一档集知识性、趣味性、娱乐性为一体的少儿杂志类日播栏目。周一至周日每天播出 1 期，每期 1 小时。播出时间为每晚 17:30。2008 年 5 月起，扩版为每期 125 分钟，由单一的栏目形式扩展为《奶油宝贝说天气》《奶油宝贝秀》《奶油宝贝说事》三个板块。

《社会广角》是一档社会专题栏目，节目长度 20 分钟，每周播出 1 期。分为《社会焦点》《百姓故事》2 个板块，前者就焦点进行层层剖析，以理服人，倡导真善美，鞭挞假恶丑；后者选取一个人物，以纪录片的方式跟踪拍摄，用镜头讲述“这一个人”的故事。先后在中央电视台《东方时空》《焦点访谈》《夕阳红》栏目发片近 20 部，包括《业余通讯员于锡志》《黄河大桥设计者万姗姗》等。

《第一现场》2006 年 1 月 1 日开播。由《目击》（曝光违法事件）、《维权在线》（旨在替观众维权，其中多是消费维权）、《一家之言》（评论法制现象，主持人发表个人见解）、《有请当事人》（在现场进行法律纠纷调解）4 个板块组成，是济南电视台成立后最大容量的法制类栏目。2007 年推出全新子栏目《法眼全搜索》和《热线追击令》。生活频道每晚 20：30 播出。

《交通进行时》2009 年 4 月 27 日开播。是生活频道与市公安局交警支队联合制作的一档交通出行服务类节目。设《路况大扫面》《小董说交通》《违法人人拍》《小罗罗嘣没根》《交通违法通知书》等板块。首播时间：生活频道周一至周日 17：25 ～ 18：25。

《今晚不关机》2010 年 8 月 9 日开播。是一档融合新闻真实性、纪实性、贴近性，同时兼纳栏目剧的戏剧性、访谈节目的现场化等多种特点于一体的综合性、特色专题节目。其目标诉求是以纯粹的情感打动人，以真实的调查震撼人，以独到的视角启发人，以鲜活的事实说服人。周一至周六 22:10 ～ 22:50 济南电视台新闻频道播出。

（三）文艺、体育栏目 先后开播《文艺编辑室》《泉馨茶座》《欢乐今宵》《新音乐》《心动》《有一说一》《金色阳光》《体育大看台》《我唱我秀》MTV、《泉城说唱》《怀旧金曲》《小学插班生》《家娱户笑》《不见不散》《全家都能赛》以及《大观园》《文化广场》《梨园内外》《送您一支歌》《文艺精品屋》《金色月亮船》《窈窕淑女》等。1993 ～ 1999 年济南有线电视台存在期间开办文艺、体育栏目《艺术空间》《有线乐坛》《点歌台》《音乐广场》。济南经济电视台存在期间开办文体栏目《音乐星河》《新足球》。

《新音乐》2002 年 1 月 1 日开播，是济南电视台唯一一档纯音乐欣赏类自办节目。介绍最新的流行音乐、传达最近的乐坛资讯，同时经常播放经典的优秀音乐作品；周末栏目面向大众设立歌迷点歌互动地带，可发送短信点播歌曲，为亲朋好友送出祝福。生活频道每晚 19：00 ～ 19：25 播出。

《心动》济南电视台推出的唯一一档明星访谈类节目，2002 年开播。分为影视经典再现、名人访谈 2 个固定节目版式。2004 年《心动》栏目获全国电视文艺“星光奖”最佳栏目奖，是济南电视台建台后首次获此奖项。节目长度 50 分钟。影视频道每周日 20：20 首播，每周二、六 15：34 重播。

《有一说一》2004 年 1 月 1 日创办，是济南地区唯一一档具有影视特色的娱乐脱口秀栏目。栏目主要传递最新最快的娱乐和文化资讯，包括《一挂新闻》《有点意思》《一点乐子》《说点正事》4 个主要板块，另设有活动版块《明星访谈》。2005 年 1 月 1 日实现日播。当年最高收视率 4.42%。在山东省第 18 届电视艺术“牡丹奖”评选中获文艺栏目类一等奖、形象广告类一等奖、最佳节目主持人三个一等奖。

《我唱我秀》2006 年 1 月开播。是由济南电视台商务频道、济南时报、国际将军联合打造的一档大型平民选秀节目。先后举办“首届 CBA 我唱我秀”大赛、“能者为王”大赛、“舞动全城”大赛、“我唱我秀擂台赛”等诸多赛事，发掘并培养本土演艺新星。通过该节目锤炼的小选手阚皓儿成功担当中央电视台 2007 年贺岁剧的女主角。播出时间：每周六 20：00。

《怀旧金曲》2008 年 5 月 1 日开播，是一档音乐类日播节目。每期围绕一个主题，通过一首首经典老歌讲述一段令人魂牵梦绕的往事或刻骨铭心的情感。娱乐频道播出。播出时间：每日 20：08 ～ 20：38。

《小学插班生》2008 年 6 月 1 日开播，是一档成人益智类节目。栏目演播室模拟学校的场景，这所“小学”里参赛嘉宾的身份是一名“新同学”，重新“插班”。以节目嘉宾在演播室现场答题为主，穿插场外拍摄、短信互动等，形成内外结合，场内场外沟通互动的立体播出效果。少儿频道播出。播出时间：周五、周六 19：30 ～ 20：05。

《家娱户笑》2010 年 1 月 18 日开播。是济南电视台开辟的第一档草根平民真人秀节目。节目以季播的形式开展平民赛事。娱乐频道播出。播出时间：周一至周五 20:11 ～ 20:56，周六 19:00 ～ 20:56（特别节目）。

《不见不散》2010 年 9 月 1 日开播。该栏目深入解读影视精品，展示精美影视画面，在秉承高雅文化品位的基础上，突出欣赏性和娱乐性，引导人们在喧嚣、繁忙的城市生活里感受影视作品带来的享受与启迪。影视频道播出。播出时间：每日 21:50 ～ 23:30。

《全家都能赛》2010 年 10 月 30 日开播，是济南电视台少儿频道推出的国内第一档全家一起上的大型户外冲关竞技类节目。节目以孩子的才艺展示和家庭个性展示为亮点，以一家三口的团结协作为闯关要领，是一档充溢快乐与亲情的时尚竞技节目。

第二章　设备与技术

第一节 广播设备与技术

一、制作播出设备与技术

1986年前，济南人民广播电台制作、播出均在山东省广播电视局4院内，使用济南无线电一厂生产的ZBT−22L型播控调音台，石家庄生产的LY−637型和LY−635型开盘录音机，制作播出1套广播节目。1988年6月，投资340.5万元，兴建济南人民广播电台技术中心，1990年12月竣工，结束济南人民广播电台长期以来无广播录制、播出用房的历史。中心占地面积1939.5平方米，建筑面积2715平方米。其中，300平方米与70平方米的文艺录音室各1个，26.6平方米与17.2平方米的语言录音室各2个，35平方米的录音磁带库4个，另有播控室、审听室、复制室和附属办公、维修用房。可供录制各类新闻、专题、文艺、广告节目，满足2套中波广播节目和1套立体声调频节目播出。

1991年10月15日，技术中心启用，承担济南人民广播电台的节目播出、录制功能，当时播出方式为录播。主要播出设备有：济南无线电一厂产ZBT−22L型播出调音台1台，石家庄录音器材厂产LY−637开盘录音机5台，LY−635开盘录音机1台。有录音室6套。主要录音设备有：中华唱片厂产412录音调音台3台，瑞士产169型、925型录音调音台各1台，石家庄录音器材厂产LY−637、LY−635，瑞士产LY−A807开盘录音机多台。

1991年年底，济南人民广播电台技术中心正式落成

1993年2月，济南人民广播电台开播创新类型的直播节目，使用1个直播室1个导播室，英国产SECK调音台1台。1993年3月18日，济南经济广播电台开播，全部采用直播方式播出，每天播音18小时，使用1个直播室1个导播室，英国产SPIRITSTUDIO调音台1台，瑞士产LY−A807开盘录音机2台，自制四路热线电话耦合器1台。1993年12月，济南人民广播电台启用新播出间（新直播室），使用2个直播室1个导播室，播出调音台使用英国产FMB直播调音台和SOUNDCRAFT直播调音台。

1994年1月，济南经济广播电台启用新播出间，播出调音台为荷兰产EELA18路播出调音台，12月播出调音台更换为荷兰产EELA24KHT路播出调音台。

1999年1月1日，济南交通频率开播，使用1个直播室1个导播室，英国产SONIFEXFX−14调音台1台，热线电话耦合器为美国产SPH−5。同年9月9日，济南人民广播电台文艺频率开播，同时对直播室进行调整，新闻频率调整为1个直播室，经济频率改用原新闻频率的备用直播室，播出调音台为英国产FMB，文艺频率使用原经济频率的直播室及荷兰产EELA24路播出调音台，2个频率共用1个导播室。10月1日，济南人民广播电台交通频率率先开始网络化录制播出，使用浪潮公司DAB系统软件。主要设备有：2台播出站，3台录制站，1台编排站，1台服务器，1台美国BAYNETWLRKS产BAYSTACK350T16口百兆以太网交换机，所用服务器为浪潮NL725R，存储容量100千兆，节目存储时间1000小时。

2002年12月，新闻频率、经济频率、文艺频率全部实现数字网络化播出，彻底淘汰磁带式播出方式。全台有播出站8台、录制站12台、编排站4台、广告管理站1台、慢录系统1套、服务器2台、阵列柜1套，存储容量800千兆。

2003年11月8日，电台技术中心数字化改造一期工程完工，并投入运行。工程内容包括：在原磁带库房新建技术中心总控室1个、直播机房1个，原4个直播室进行调整装修，每个频率都改为1个直播室1个导播室的结构，全部4套节目的播出、路由、传输直至调频发射机激励器的整个技术流程全部实现数字化。总控室的主要功能有：汇集四个直播间传入的4路AES数字音频信号，经矩阵路由，分别送给：①数字光端机，通过一分二光分配器，分别送到调频发射机房及有线电视网络中心，经有线电视网络送至平阴、章丘高频转播台。②数模转换后送入模拟光端机，通过一分二光分配器，分别送到黄河北中波发射机及数字电视网络中心，作为网络高频信号源。③接受卫星和光纤传来的中央台数字音频信号，反送到四个直播机房供转播用。④其他技术支持功能有：数字音频网络存储中心，办公网数字存储中心，以太网中心，时钟系统，慢录系统，监听系统。数字音频格式采用AES-1992标准，符合国家标准。四个直播机房设备配置相同，主要设备有：美国HARRIS公司产AIRWAVEDIDGITAL20数字直播调音台、美国产TELOSONE-S-SIS6路数字热线电话系统、美国产数字延时器EVENTIDEBD500-100各1台，数字播出工作站2台。总控室主要设备有：挪威产NETWLRK16*16数字音频矩阵1台，国产OPT1000八路数字音频光传输设备1套，时钟系统，慢录系统，监听系统，数字音频存储系统，办公网存储系统，以太网络交换机中心，卫星和光纤音频接收系统。

2004年10月，音乐频率开播，引入美国RCS音乐播出系统，独立组网，存储容量300千兆，服务器为HPML370G31台，播出站1台，录制站2台，广告管理站1台。

2005年9月，济南人民广播电台故事频率开播。主要设备有：20路数字调音台，美国HARRIS公司产AIRWAVEDIDGITAL，电话耦合器为美国产TELOSONE-X-SIX6，美国产数字延时器EVENTIDEBD500-100，播出工作站2台。同年，电台录制播出网升级改造，改原来的集中音库为分套音库，存储容量扩展到10TB，节目存储时间10万小时。主要设备：播出服务器5台（美国IBM×346），公共服务器1台（美国IBM×366），磁盘阵列柜1台（浪潮NS3510）。至2005年年底，六套节目的播出传输全部实现数字化。

2006年11月，自主研发的“调频发射台多台多路由播出保证系统”通过省广播电视局科技成果鉴定，达到调频发射有人留守无人值班的目标。自主开发的“音频智能切换器”，在调频发射台得到应用，实现主备信号源的智能切换，避免了信号中断事故。

2007年4月，自主研发NETWORK矩阵“信号检测、报警及自动补乐系统”，8月，重组办公网，划分子网，排除路由攻击病毒；9月，增加数据备份和播出服务器备份。

2009年1月，扩建总控机房，新增大屏幕视频监控和LED显示屏，实现信号监控的自动化、智能化。4月27日，新闻频率专用新直播间投入日常播出。该直播机房面积80平方米，设备投入100万元，主要设备为瑞士Studer公司第三代数字广播调音台Studer On-Air 3000，除满足传统的直播、录播、转播等功能外，还具有互联网音、视频直播等功能。

2010年4月，对播控中心低压配电进行初步改造。将原来总控机房的15千伏安UPS和电池柜迁移到2楼配电机房，新装1台30千伏安UPS，所有大型UPS都配备远程监控系统，基本保证总控机房、服务器机房和直播机房同时有2部UPS不间断电源双路供电。7月，对6个使用中的直播机房进行重新装修和系统升级，为每个机房配置全新的Studer On-Air 3000数字调音台、新型直播桌以及周边配套设备。同时，完成以Studer Router 3000 48×48路矩阵为核心的总控系统升级改造。数字音频矩阵通过光纤与各直播室调音台相连，配合智能化的多点信号监控系统，提高自动化播出水平和科技含量，确保安全优质播出。升级改造后的播出总控系统在技术上与全国同级别城市台相比居领先水平。同年12月1日，录制播出系统及广告管理系统改为英夫美迪公司的AIR2000S/1录制播出系统和ADMXP广告管理系统软件平台。核心播出服务器采用IBM3850双机互备，主存储采用双控大容量浪潮公司AS400磁盘阵列柜，网络关键点都有可自动切换的冗余备份设备，保证系统的安全性。12月，电台专用中型微波移动新闻直播车投入使用。该车采用福特全顺新世代车体，经专业改装，具有移动直播、转播能力，微波、调频双路传输，用途灵活方便。

二、中波发射设备与技术

1985年至2000年9月30日，济南人民广播电台有614、915两座中波射台。2000年9月，在天桥区黄河大桥北建新发射台。

（一）614发射台　位于天桥区北坦北街1号。设备情况：1979年用哈广的10千瓦屏调机替代原1千瓦机，频率：1053千赫兹。同期，有广播机3部，其中10千瓦机做主机，2部1千瓦机分别做备机。有实验机10部，多数时间固定在以下频点：594千赫兹、747千赫兹、801千赫兹、846千赫兹、900千赫兹、1098千赫兹、1143千赫兹、1251千赫兹、1431千赫兹、1512千赫兹。其中，有5部自装300瓦机，2部哈广1千瓦机，2部762厂1千瓦机，1部自装1千瓦机。1993年3月18日经济台开播。其中，中波由614台利用实验频率播出，频率是846千赫兹，机器为哈广1千瓦，半年后改由915台播出。1998年夏，1053频率有上海明珠生产的10千瓦PDM全固态发射机替代电子管机。科研情况：1985～1987年，研制成功代表当时先进水平的ACT-80单板工控机发射机自动监控系统，具备自动开关机、越限报警、自动抄表及打印等功能，获市科技成果二等奖。1995～1996年，研制成功ACT-97微机集散控制系统。在原有功能基础上，增加智能故障诊断、无线短信报警、前端机相互监控等功能，并在监控点数量、数据采集精度等方面大大提高，稳定性也有了很飞跃，初步具备“无人值班、有人留守”的要求，达到国内领先水平，获山东省科技技术进步三等奖。自1987年起，614发射台连续获全省广播电视系统技术评比优胜台称号。

（二）915发射台　位于济南市千佛山东偏北向山体的山腰处。设备情况：有发射机6部，其中1部7.5千瓦自装机，2部10千瓦机，担负着转播中央一、二套节目和济南846经济频率的发射任务。1993年3月18日济南经济台开播。其中，中波由614台利用实验频率播出，频率是846千赫兹，机器为哈广1千瓦，半年后改由915台7.5千瓦机器播出。1998年，648频率、846频率由上海明珠生产的10千瓦PDM全固态机替代电子管机。科研情况：1999年《广播发射集散控制系统》获山东省广播电视厅合理化建议和技术改进一等奖；《JC-4中波发射机自动监测系统》获山东省广播电视厅合理化建议和技术改进三等奖。自1986年起，连续获全省广播电视系统技术评比优胜台称号。

（三）新发射台　2000年9月30日以后，614、915两个中波发射台搬迁至新中波发射台。合并成立发射部，并在济南市黄河大桥以北建立新发射台，地址在天桥区大桥镇小店村104国道西侧，新台于9月建成使用。共投资1900万元，占地8.53万平方米，台内建有发射机房、配电室、宿舍、餐厅等欧式风格的建筑，总建筑面积2000平方米，建有96米和76米的自立式发射塔各2座，并配有恒温恒湿机房专用空调，机房控制室配备先进的信号源接受、分配放大、处理设备，并有电台自行研制的多路信号监听设备和发射机房实时监控系统，对发射机、前端设备、供电设备工作状态进行实时监测与控制。电源部分采用一路外电和一路250千瓦柴油发电机自动切换配置。硬件建设在全省同类发射台中处于先进水平。新发射台担负着中央人民广播电台第1套节目的转播和济南人民广播电台4套节目的中波发射任务。设备情况：有10部发射机，其中上海广播科研所生产的5部10千瓦机和4部1千瓦PDM全固态发射机采取主备机形式分别播出中央一套（648KC）、济南经济频率（846KC）、济南新闻频率（1053KC）、济南文艺频率（1305KC）；1部陕西海纳的10千瓦DM数字发射机播出济南交通频率（1512KC）。

2004年，为改善中波广播在济南地区的覆盖效果，对1053新闻频率进行并机播出改造，对市台四套节目的音频处理器进行更新。另外，装备综合业务光端机，将市局的局域网和内线电视连通到电台，方便工作。发射部自成立以来，连续5年获全省安全优质播出优胜台一等奖。完成多项科技项目，其中《发射台自动监控系统》获中国首届“新闻科学技术奖”，广播收听率调查仪、中波信号自动检测系统获省广播电视局技术革新一等奖。

2006年9月20日起，电台文艺频率（1305千赫兹）发射功率由10千瓦扩容到25千瓦，在市区信号强度有很大提高，收听效果明显改善，市区外覆盖面积增加近1倍。新购置1部400千伏安的无触点电力稳压器，并对低压配电柜进行配套改造，所有播出用电均由稳压器提供。

2008年，在原915台安装调整4部固态发射机，实现全固态备播。同年3月1日起，846、1053实现24小时播出。5月1日起，1305、1512实现24小时播出，至此中波全部实现24小时播出。8月，新上1部550千瓦康明斯发电机，安装调整2部配套ATS开关。11月，1053千赫发射机更新到50千瓦，扩大覆盖面积近40%。

2009年4月起，对原915台的2座拉线塔进行大修，先后更换铁塔拉线、T形天线、地锚、塔体螺丝，对塔体进行防腐涂漆，解决原915台铁塔的安全隐患。

2010年4月，进行电力设备增容和高压线路改造，供电容量增加到400+400千伏安，自备高压线更换成70平方毫米的绝缘铝绞线。5月底，安装、调试完毕800千伏安三相电力稳压器，实现机房的全稳压供电。

三、调频发射设备与技术

1993～1998年，调频发射台1个；自办节目2套；开播时间：1套6：00～24：00，2套7：00～23：00；频率106.6兆赫、103.1兆赫；哈里斯3千瓦电子管发射机；功率3千瓦；覆盖济南城区。

1999～2003年，调频发射台1个；自办节目4套；开播时间：5：30～24：00；频率：106.6.103.1.90.9.93.6兆赫；哈里斯3千瓦固态发射机；功率3千瓦；覆盖济南城区。

2004年，调频发射台1个，调频转播台2个；自办节目6套；全天24小时播出；频率：106.6兆赫、103.1兆赫、90.9兆赫、93.6兆赫、88.7兆赫、104.4兆赫，3台哈里斯3千瓦固态发射机，3台陕西海纳3千瓦固态发射机，功率均为3千瓦；在平阴的转播频率：89.3兆赫、91.2兆赫、95.6兆赫、100.5兆赫、105.8兆赫；北广3千瓦固态发射机；章丘的转播频率：101.6兆赫；覆盖济南城区及章丘、平阴、长清、济阳、商河等周边地区。

2005年9月29日，济南人民广播电台与章丘人民广播电台合办的故事广播在章丘开始试播，使用频率101.6兆赫，发射地点在章丘女郎山发射台，直播室设在济南人民广播电台技术中心。信号覆盖章丘市、济阳县、商河县及济南市东部及章丘周边地区，覆盖人口约200万人。采用北京北广科技股份有限公司5千瓦调频立体声发射机，江苏宁光通信有限公司的六层四面调频天线，中国电子科技集团公司第二十三研究所SD−50−80馈管。节目音频信号传输使用有线电视链路，由技术中心传送至章丘发射台。11月27日，济南故事广播在市区调频播出，使用频率104.4兆赫，覆盖济南市区及周边地区，覆盖人口约600万人。12月1日，济南故事广播正式播出。

2005年11月30日，济南人民广播电台平阴调频发射分台开始正式播出。该发射台位于平阴县孔村镇晁峪村山顶，承担济南人民广播电台5套自办节目的调频播出，分别为：济南人民广播电台新闻广播，采用FM89.3兆赫；经济广播，采用FM95.7兆赫；交通广播，采用FM91.2兆赫；文艺广播，采用FM100.5兆赫；音乐广播，采用FM105.8兆赫。使用5台北京北广科技股份有限公司所产的5千瓦调频立体声发射机，江苏宁光通信有限公司的六层四面调频天线，中国电子科技集团公司第二十三研究所的SD−50−80馈管，南京海波广播电视设备公司的五工器，节目音频信号传输使用有线电视链路，由技术中心传送至平阴发射台。

2008年3月22日，济南人民广播电台的高山调频发射台——橛子山调频发射台建成开播。该高山台按照济南人民广播电台主调频发射台标准进行建设，替换总台院内的调频发射机房作为主播出发射台，原发射机房成为备用发射台。该台位于市区内海拔最高的橛子山顶（海拔465米），济南人民广播电台的全部6套自办节目：新闻广播FM106.6.兆赫、经济广播FM90.9兆赫、交通广播103.1兆赫、文艺广播93.6兆赫、音乐广播88.7兆赫，故事广播104.4兆赫全都在该台发射。主要设备有：新建的100米高自立调频发射铁塔，315千伏安干式电力变压器，6台5千瓦美国哈里斯调频立体声发射机，江苏宁光通信有限公司的八层四面调频天线，中国电子科技集团公司第二十三研究所SD−50−80馈管，采用双馈形式，上海明珠广播电视科技有限公司六工器，信号传输采用光缆和微波互备。该台实现远程监控，总台院内调频发射台和橛子山调频发射台互相备份，橛子山调频发射台机房无人留守。该发射台为济南人民广播电台2008年重大技术建设项目。

2009年1月20日，平阴故事广播正式开播，采用FM87.8兆赫。主要设备：陕西数字广播通讯设备有限责任公司5千瓦调频立体声发射机1台，南京海波广播电视设备公司的六工器1台（改造原五工器）。同年9月19日，为保障第十一届全运会的直播任务，在济南人民广播电台院内调频发射台，新购置3台北京同方吉兆科技有限公司的5千瓦调频立体声发射机，替换3台旧的陕西海纳的调频发射机。

2010年6月4日，在章丘调频发射台，由原来的1套济南人民广播电台故事广播101.6兆赫调频节目，增加到6套济南人民广播电台的调频节目，同时实现济南和章丘经济广播90.9兆赫、交通广播103.1兆赫与市区的调频发射台同频广播，其余新闻广播89.3兆赫、文艺广播100.5兆赫、音乐广播105.8兆赫，故事广播101.6兆赫差频广播。主要设备有：北京同方吉兆科技有限公司5千瓦调频立体声发射机6台，上海明珠广播电视科技有限公司六工器1台、北京广讯科技有限公司的同步广播的精密时钟源、编解码器、光传输、微波传输设备等，更新配电系统和空调系统。同频广播系统采用“延时自动同步”技术。

四、传输技术

济南人民广播电台采用从播出中心向发射台传输音频信号的方式，1985年至2000年9月30日利用电缆传转技术，2000年9月30日后利用光纤传转技术。

第二节 电视设备与技术

一、采集编辑存储设备与技术

1993年，济南电视台有一对一编辑6条，二对一特技编辑2条，录音合成制作室1个，构成当时的主要后期制作系统。1993年1月1日，济南电视台新闻部淘汰分体式摄录机，在全国率先更新BRTSP摄录一体机及后期编辑设备。同年6月15日，首批3台PVW637及3台Z.oneB+5PS模拟分量一体机投入使用，济南电视台制作能力进入模拟分量阶段。1994年6月，购入第一套模拟分量三维特技制作系统，为日本明荣公司FOR.A产品，实现节目复杂特技制作能力。

1997年12月，引进单通道以加拿大PVR-3500视频板卡为硬件核心的图形制作编辑系统，提高了节目包装条件。1999年3月，引进索尼DVCOM摄录一体机和编辑录像机，使节目制作开始向数字化过渡。同年11月1日，投资180万元在全国电视台中率先建成以FC光纤通道网络为核心的DayangNet新闻制作播出网，实现新闻节目后期制作全部数字化，并做到网络化在线直播。这是国内第一家新闻制播一体网。

2005年，济南电视台新闻节目采编以DVCPRO数字摄录一体机和数字编辑录像机为主，后期编辑使用以FC光纤通道网络核心的DayangNet新闻制作播出网，具有10个编辑站点，实现新闻节目制作全部数字化。其他频道节目录制以BetcomSP格式的模拟摄录设备为主，另有少量BetcomSX格式数字摄录设备。配备线性一对一、一对二、模拟分量三维特技制作系统、字幕机以及单机非编等约近30条编辑线，设备以模拟分量格式为主，数字格式为辅。广告节目编辑使用大洋广告非编网系统，生活频道节目编辑使用索贝E-NET非编网，具有6个编辑站点。音频制作设备有2个机房：1号机房调音台为YAMAHA01V96，2号机房调音台为YAMAHA03D。录音间是语录室，录制节目记录在BATECAMSP2800录像机上，制作过程为线性制作。有录音合成间2个。

2006年，新闻中心节目后期制作更新为索贝E-TEAM新闻制作网，共有10个站点，满足每日新闻节目的编辑和配音合成。同年10月，在尚未交付使用的电视技术中心大楼中实施电视台全台节目制作网络建设。该制作网由新奥特公司集成建设，有40个新闻工作站、70个后期制作工作站、7个演播室回采站、11个网络化节目收录通道、8个节目审编站，有全台媒资管理系统、新闻媒资管理系统、音频媒资管理系统，与播出系统网络化连接，实现制作和播出网络一体化的无磁带、数字化电视节目生产和播出流程。2007年3月，全台制作网完成建设和人员培训，开始与播出网联调，进行全网试验运行。

2007年5月，新购置SONYPDW-530P、PDW-539P以及PDW-700共计120台标清和高清兰光盘ENG摄像机。同年9月，新闻中心新闻采访启用标清兰光盘格式数字摄像机，10月全台各频道节目单机采集也启用标清和高清兰光盘格式数字摄像机。济南电视台7个频道的节目采集、制作、播出全流程实现数字化。同年6月12日，7个频道的节目一次性完成节目制作和播出从原有模拟制播系统整体平移到新建的数字化、网络化制播技术平台。同日，济南电视台音频网正式投入使用，实现音频节目制作的数字化、网络化、非线性、无带化，可完成全台7个频道累计20余个栏目的音频制作任务，并具有为精品配音、合成的音效包装能力。7月17日，国家广播电影电视总局广播电视计量检测中心对济南电视台全台制播网络系统进行检验测试，系统软硬件指标均达到或超过国家标准。

2008年5月5日，济南电视台数据流媒资系统正式启用。全台媒资系统设计存储容量10万小时，可对需存储的节目按国家统一标准进行4层编目，方便对节目素材的再利用和与外台进行节目交流，全台资料管理模式进入网络化、数字化时代。同年，建设一套宽泰高档节目包装系统，用于实现电视精品节目的包装制作。

二、演播室和转播车

（一）演播室　1992年4月1日，40平方米新闻演播室投入使用，结束济南电视台新闻口播在简易机房录制的历史。1998年1月12日，投资1500万元的电视演播厅建成使用。该演播厅总面积4500余平方米，其中，演播厅面积600平方米，设有270个观众席，使用英国兰克公司520型数字调光台和宝莎108电脑灯控制台，实际控制240回路300余台灯具及8台高级电脑灯，2台追光灯和1台空中玫瑰效果灯，构成较为完善的灯控及调光系统。

2005年，全台有80平方米模拟抠像演播室、150平方米模拟演播室、540平方米全数字视频系统演播室用于演播室节目制作。配备5迅道模拟分量转播车用于台外节目转播。同年9月，150平方米演播室完成数字系统直播演播室改造，日播节目《济南新闻》就此实现直播。

2006年年底开始，在新建电视技术中心大楼内逐个实施7个演播室技术系统搭建。2007年5月，第一个具备全数字高清视频制作能力的演播室投入使用。该演播室为2个独立的260平方米演播室，主要用于各频道小型节目制作，日常自制节目录制由模拟信号上升到国际先进的数字高清、数字标清水平。7月16日，济南电视台150平方米高清演播室正式启用，新闻综合频道节目全面进入高清制播阶段；同日《午间新闻》在150平方米高清演播室进行首次新闻直播。7月21日，《济南新闻》进驻150平方米高清演播室进行搬迁后的首次新闻直播；7月23日，《有么说么》进驻150平方米高清演播室进行录制；7月28日，《今晚》进驻150平方米高清演播室进行搬迁后的首次新闻直播。9月，1000平方米演播大厅投入使用。该演播室采用国际知名品牌的扩声设备和采音设备，具备超大型晚会的扩声制作能力，并可满足配合高清电视节目的5.1立体声制作。其灯光系统配备先进的电脑灯和聚光灯，具有网络化数字控制系统。使用13讯道高清转播车作为转播、制作系统，与播控联通实现同步和直播。2008年，数字标清开放区演播室、80演播室陆续投入使用，承担《今晚20分》直播、小型口播节目录制。

（二）转播车　1987年11月，投资60万元购置三讯道模拟复合信号电视转播车，并于12月16日首次投入使用，录制济南电视台1988年春节晚会《春龙起蛰》。1995年11月7日，六讯道大型分量电视转播车正式启用。该车型为北方工业公司生产的NEOPAN，车长11米。车上设备使用5台池上HL—43型摄像机，三同轴电缆传输，索尼BVS—3200十二路分量切换台、DFS—500数字特技台、BVW75慢动作重放并配有进口微波及国产高性能字幕机，全部视频信号均采用分量传输，可完成大型文艺、体育和会议节目录制、直播。

2006年12月，济南电视台新改装的5讯道数字标清电视转播车交付使用。该车保留和整修原有5讯道转播车的车体，车内采用全新的数字标清视频设备和数字音频设备，主要用于中型节目的现场转播，可灵活扩容卫星车无线讯道使其用于大型节目上星直播。

2007年5月23日，济南电视台十四讯道数字高清电视转播车交付使用。该转播车采用全进口车体，车内视频和音频系统全部为国际一流的广播级进口设备，由台技术人员与 SONY 公司共同进行系统设计和集成，并通过国家广播电视技术检测中心专家检测。该转播车的投入使用，使济南电视台具备针对超大型晚会、大型广场活动、国际体育赛事的电视转播能力，可实现数字高清、标清同步转播和 5.1 声音制作。该车还与 1000 平方米演播室配套使用，提高利用效率。2008 年 6 月 27 日，十四讯道转播车项目鉴定会召开。专家组对该项目鉴定结果为转播车整体技术居国内领先水平。

2007 年 6 月 12 日，济南电视台新闻卫星直播车启用。这是济南电视台第一辆具有卫星直播和移动传输两大功能的卫星直播车，主要用于新闻事件的现场采访和转播，还可用于通过卫星回传电视信号。

三、电视播出设备与技术

1990 ～ 2004 年，电视播控经历由手动播出向自动播出、由录像机播出向盘带结合播出的过程，电视播出设备也由简入繁，在线设备总量 450 余部。1990 年，使用 VO － 5850P 自动切换播出。1994 年，使用 MII、BetacamSP 和 VO － 9800P 混合播出。选用日本 NECMA － 2000 自动切换台，实现微机控制的精确自动播出。同时，利用 32×32 矩阵满足多种外来信号源的播出需求。

2001 年，新组建的济南电视台播控中心引进硬盘播出设备，实现硬盘与 BetacamSP、SX 录像机的盘带结合播出，淘汰 VO － 9800P，在录像机数量上基本保持每频道 4 ～ 6 台不等，济南电视台 7 个频道的节目信号改为经由基带信号光调制后光缆传输的方式送往网络中心前端机房。这套盘带结合的模拟播出系统一直沿用到 2007 年中旬。

2006 年 10 月始，在新电视技术中心大楼实施电视 8+1 频道数字标清智能化、网络化总控播出系统建设。该系统项目设计为基于网络化平台的数字化多频道硬盘播出和总控系统，系统包括以矩阵为核心的总控调度系统，以视频服务器为核心的播出分控系统及上载系统，以数据库服务器为核心的基于网络的播出控制、设备监测和网络管理系统，信号技术检测及监看系统，全台通话系统，同步时钟系统，电源系统等，与 7 个演播室实现直播功能对接。

2007 年 2 月，新建播出系统网内试运行，同时与全台制作网开发厂家设计并确认制作和播出两网的物理接口、工作交互机制、相关接口程序和接口协议，开始同步搭建两个视频网络的连接。4 ～ 6 月，在制作、播出两网实现对接的基础上，进行网间传输的联调，优化两网最终的接口和硬件配置，实现制播一体化。制定全台网络化制作播出流程和相关工作制度，全台正式就节目单编制、节目打包发送、节目上载和播出等环节全过程测试运行。6 月 12 日，新建播出系统正式投入运行，电视台所有 7 个频道一次性迁移到新的制播系统，全部实现数字标清播出。12 月 21 日，“济南电视台数字化总控播出系统”通过国家广电总局、省广播电视局组成的专家组鉴定，认为该播出系统设计合理，技术先进，功能结构完善，播出流程科学实用，运行安全稳定，使用维护方便，可扩展性强；全台制作播出网络化、基于 IP 的远程信号质量检测、视频服务器的分布式设计为国内首创，整体技术居国内同类系统领先水平。

四、发射设备与技术

1986 年，仍使用 75 米高的无线铁塔、功率 1 千瓦的发射机，6 频道播出。1992 年 7 月 1 日，济南电视台 184 米发射塔一期工程竣工并投入使用。该发射塔位于舜耕路东、马鞍山路口处。塔身为全钢结构，高 184 米，设计功能除承担电视、广播信号外，还可开展简易登高观光活动。总投资 384 万元。1993 年，开通济阳、商河、长清、平阴等段的微波线路，从根本上解决农村看济南电视台节目难的问题。

1992 年 7 月 1 日，2 部北京广播器材厂 1 千瓦发射机正式对外发射。1995 年 7 月 1 日，25 频道试播成功，其中，主机为意大利 itelco30 千瓦发射机，备机为鞍山广播器材厂 10 千瓦发射机。1996 年 1 月 9 日，6 频道北京广播器材厂 10 千瓦主发射机正式使用。2002 年 12 月 1 日，6 频道无线发射正式使用意大利泰克诺 10 千瓦固态发射机进行发射。

2005 年，济南电视台发射的无线模拟电视频道有 6 频道新闻频道、25 频道都市频道。新闻频道主发射机为泰克诺 10 千瓦全固态发射机，备机为北广 1 千瓦电子管发射机；都市频道主发射机为 itelco 的 i.o.t.30 千瓦发射机，备机为鞍广 10 千瓦电子管发射机。同年 5 月 28 日，使用 18 频道、以欧洲数字电视 DVB-T 标准开播数字移动电视频道，用于公交车接收电视节目，是中国最早开播的数字地面电视试验频道之一，主、备发射机均为上海文广提供的 1 千瓦全固态发射机试验机型，最初播出济南移动电视频道，后又增加济南城市电视频道。

2006 年 1 月 20 日，使用 41 频道无线播出济南影视频道电视节目，实现该频道有线、无线双覆盖。2007 年 7 月，都市频道更换为单机 RS 全固态发射机。2009 年，新闻综合频道更换发射天线，使其无线覆盖效果明显改善。

济南电视台(6、25、41)频道无线模拟电视节目具体覆盖范围（依据 2009 年测量数据，以台院内发射塔为中心点）:6 频道。西偏南方向：赵官 45 千米；正西方向：王老 55 千米；西北方向：梁家 53 千米；正北方向：玉皇庙 60 千米；东北方向：水寨 46 千米；正东方向：孙村 26.6 千米。25 频道。西偏南方向:赵官 45 千米；西方向：冯官屯（杜郎口）66 千米；西北方向：张庄镇 60 千米；正北方向：玉皇庙 60 千米；东北方向：辛寨 55 千米；正东方向：孙村 26.6 千米。41 频道。比 25 频道覆盖范围各方向近 3 千米左右。

五、重大基础设施建设

（一）济南电视台技术中心新大楼建设 1996 年，委托济南市工程咨询院编制项目建议书，2001 年 3 月济南市规划局批准建设规划，同年 10 月市发展计划委员会批复投资计划。2003 年 5 月开始建设，2004 年 3 月 9 日完成主体建设并通过验收。2005 年 1 月 26 日完成外部装修。2006 年下半年，陆续展开演播室技术设施和技术系统、节目制作和播出网络、大楼内信号互连互通等技术项目的建设，至 2007 年 5 月基本结束，6 月全面启用。新大楼占地 2.2 万平方米，地下 1 层为车库及动力机房，1 楼为演播区及接待区，2 楼为新闻节目制作区，3 楼为全台节目制作区，4 楼为播控区，5 楼为集中办公区。

2003 年 5 月，济南电视技术中心奠基开工建设，2007 年 3 月建成投入使用

（二）利用外资改造基础设施 2000 年 8 月，济南市广播电视局向市政府作专题汇报，申请 2000 万美元的特别日元贷款用于广播电视技术改造。2002 年 11 月，经国务院批准，该项目被列入 2002 ～ 2004 年度 35 个贷款项目之一。2003 年 9 月，济南市财政局、市计划委、市广电局代表与日本国际协力银行评估团代表联合签署《济南市广播电视基础设施改造项目备忘录》。2004 年 3 月，财政部代表项目单位与日本国际协力银行签署借款协议（借款协

2004 年 7 月 13 日，济南广电项目日元贷款转贷协议签字仪式在济南舜耕山庄举行

议号 C03-P200)，项目正式生效，进入实施阶段。

2005 年前后，开展项目考察、系统设计、设备选型以及标书撰写工作，对技术系统投标的设备分包进行合理调整。涉及电视技术中心大楼电梯、空调、配电建设，7 个电视演播室灯光、视频、音频技术系统，电视前期采访设备，电视后期编辑、录音合成系统，8 个频道电视播出系统，14 迅道大型转播车，5 迅道中型转播车，新闻卫星直播车及 4 讯道箱载转播设备，电视无线发射机及天线、电台录音和播出系统设备。

2006 年 3 月 15 日，该项目第十二包“电梯、空调、配电”等设备询价采购开标，项目正式进入实施阶段。4 月 21 日，济南市广播电视局与日本 NHK 科学技术公司签署咨询合同。7 月，完成第四包（七个演播室专业灯光设备）、第六包（演播室、全台网和新闻卫星车设备）、第七包（数字化播控系统、电视发射设备）国际招标采购。2007 年 1 月，完成第一包音频设备（电视台前后期节目制作的音频设备、演播室 LED 大屏、大小摇臂及电台音频制作设备）、第三包（高清晰度电视转播车项目、标清转播车项目）国际招标采购。同年 4 月，完成第十三包（前后期节目制作设备，专业光盘摄像机 120 台、专业光盘录像机 136 台、传统录像机 35 台及部分传统摄像机等前后期制作周边设备）国际招标采购。12 月，完成第十包（演播室音频制作系统工程）国际招标采购。至此，全部技术设施和设备的招标采购工作结束。

2008 年 6 月，在财政部组织的“外国政府贷款项目绩效评价”中，该项目获 A 类评价。

六、重要技术成果

2005 年，《济南电视台播出监控及管理平台》获国家广播电影电视总局科技创新三等奖。2008 年，《济南电视台全台制播网络》获国家广播电影电视总局科技创新一等奖，填补济南市在全国广电系统技术创新最高奖的空白；《济南电视台数字化播出总控系统》《济南电视台十四讯道转播车项目》分获国家广播电影电视总局科技创新三等奖。

第三节　有线网络

一、有线网络设备与技术

1993 年 7 月，济南有线电视正式运营，采用 450 兆赫邻频传输技术，可同时传送 39 套电视节目和 16 套广播节目。1995 年，有线电视节目达到 20 套。同年 10 月，实现与历城区并网，市网总数达到 20 万户。11 月，济南有线广播电视台在全国省会城市中率先购买中央电视台 4 套加密电视节目的解密权和转播权，并于 1996 年 1 月 1 日正式解密转播，使济南市有线电视形成从中央到地方一个完整的有线电视网络体系，有线电视节目增加到 24 套。1996 年，有线电视台将原 450 兆赫系统升级改造为 550 兆赫系统，主干光缆改造工程架设光缆 83 千米；投资 10 万余元建起微机收费管理网络，简化收费程序。

1997 年 4 月 6 日，市至各县（市）有线广播电视传输网工程开工建设，至年底建成。该传输网由市广播电视局和各县（市）共同投资 1520 万元，线路全长 245 千米，采用国际先进水平的光纤同步数字传输技术和设备，具有频带宽、容量大、速率高的特点，在高质量传送广播和电视节目的同时，可进行语音、图像和数据传输。

1999年9月10日，采用ATM技术在有线广播电视传输网基础上进行改造的“济南广播电视宽带综合信息网”一期工程开通运营。该网络具有频带宽、速率高、功能多、安全可靠的特点，可开展图像、数据和语言传输等业务。2000年，广播电视信息网络中心开设以新闻宣传为主体、以广播电视为特色，文字、声音、图像相结合的综合服务性的“新视听”网站。同年，对市区有线广播电视传输网进行双向改造，年内完成100余千米的改造任务。在线路双向改造的同时，采用Cablemodem接入方式，为有线电视用户计算机上网开展家庭股票大户室操作和网上浏览提供服务。投资300余万元进行IP接入设备扩容和信息平台改造，加快集团用户的发展，为交通、光大、农业、商业银行及税务等集团用户提供数据传输业务服务。2001年7月，国家广电总局科技司组织专家对济南市有线广播电视网络系统工程技术进行验收，认为济南市有线广播电视传输网络的传输性能和施工质量均高于《全国省级、省会市、计划单列市有线电视系统工程技术验收规定》要求，被评为优秀等级。

2003年6月，济南市被国家广电总局批准为全国33个有线数字电视首批试点省市后，市广播电视局对市区部分网络进行技术升级改造，并完成数字电视播出平台的搭建。同年12月31日，济南城区有线数字电视开始试验播出，至2004年11月29日正式播出。数字电视用户可收看80余套电视节目。

二、农村有线电视

2004年前，长清、平阴、济阳、商河4县区有线电视网络主要传送模拟信号，以同轴电缆为主，主干光缆少，光节点覆盖的用户多，普遍存在早期的450兆赫系统和550兆赫系统混合传输，传输质量差。同时，由于投入不足，过半自然村未通有线电视信号。

2005年起，陆续投资1000余万元进行主干网络改造，升级网络带宽，加大光缆覆盖。调整基础网络，将网络带宽由450兆赫和550兆赫升级到860兆赫。在单向网络改造的基础上进行双向网络的调整，由单向网络向双向网络过渡。至2006年年底，长清、平阴、济阳、商河4县区通光缆的行政村1256个，自然村(20户以上)1258个，通村率44%；有线电视用户13.6万户，入户率27%。

2007年年初，济南市委、市政府把有线广播电视“村村通”列入政府八大民生工程之一，划拨专项资金3000万元；同时，济南广电网络通过自筹资金等方式解决资金短缺问题，共投入1.1亿元用于“村村通”主干线建设。至2008年9月底，光缆主杆线达到3944杆千米；新开通自然村1700个，通村率99.9%，提前两年半完成国家广电总局到2010年年底全面实现20户以上通电自然村有线广播电视“村村通”任务。

2007～2009年，全市新增用户近22万户，档案用户达到34.5万户；入户率由27%提高至70.2%。

三、模拟到数字整体转换

2010年6月7日，市政府第52次常务会议研究并原则同意济南有线数字电视整体转换实施方案，成立由分管副市长任组长的整体转换工作领导小组。6月26日，济南广电《面向三网融合、实现三屏业务联动的数字电视用户终端功能方案》通过国家广电总局、省广电局等单位专家评审。8月30日，济南市有线数字电视收视维护费听证会召开，确定收视维护费调整方案。10月12日，市政府召开全市有线数字电视整体转换动员大会，正式启动整体转换工作。

第三章 广播电视节目活动

第一节 广播节目活动

一、新闻节目

1986～1990年，重点开展经济体制改革、精神文明建设、济南解放40周年、庆祝新中国成立40周年及首届全国城运会等重大事件、活动、成就的报道。1986年，多角度报道济南市深化经济体制改革、坚持开放搞活的经济政策，先后推出济南机床二厂、济南钢铁总厂、济南剪刀设备厂、济南钟表厂、济南刺绣总厂等一批深化企业改革、增强企业活力的典型。1987年，以“在建设有中国特色社会主义的新时期，党员的形象应是怎样的”为题，介绍济南钢铁厂厂长马俊才、济南新技术研究所副总工程师李官鹏、济南国棉三厂挡车工赵玉美等一批优秀共产党员的事迹；对勇摘世界杂坛桂冠的市杂剧团《蹬板凳》小组邓宝金、被卫生部授予“白求恩式援外医疗队员”的市立三院主治医师刘芳仪等典型人物进行重点报道；及时报道8月26日济南市遭受特大暴雨袭击的重大灾情和全市军民的抗灾斗争。1988年，突出报道济南解放40年和改革开放十年来两个文明建设中取得的新成就，举办《前进中的济南》征文活动，组织《庆祝济南解放40周年》文艺展播；报道济南市贯彻中共十三届三中全会推出的治理经济环境、整顿经济秩序、全面深化改革方针的举措及市各工业局和企业在推行承包经营责任制的同时，进行优化组合、企业兼并，不断深化改革和创新的做法；除每天在新闻节目报道城运会重要新闻外，专门开辟《城运会专题节目》；对济南市第一座3层互通式立交桥——八一立交桥工程建设情况进行重点报道。1989年，开设《庆祝建国四十周年专稿》专栏；与全国兄弟台联合推出“可爱的中国”文艺系列专题展播；加强对青少年政治思想教育内容的报道，介绍全国十佳少年边荣唐，济南市十杰青年贺斌、王长智的事迹。1990年，在《济南新闻》节目中举办《开放中的济南》专栏，集中报道济南对外开放的新举措、发展外向型经济的典型经验；对被列为山东省对外开放重点工程的济南机场开工建设等城市建设的重点工程进行报道；突出报道发展乡镇企业，对济南市第二个经济收入过亿元村北园镇黄台村发展村办企业的经验进行系列报道。

1991～1995年，重点开展学习贯彻中共十四大及十四届四中、五中全会精神，国有企业改革，反腐倡廉，精神文明建设以及市委、市政府重要决策、重点工程、重大活动等内容的报道。1991年，报道一批带领群众深化农村改革，治穷致富，走共同富裕道路的农村基层党组织和优秀党员典型，如平阴县东阿镇东门村党支部书记张宗祥，槐荫区段店镇前周村党支部书记崔志学、吴家堡镇刘七沟村党支部书记王广斌等；设立《光照千秋》专栏，举办《在党的旗帜下》新闻征文，纪念中国共产党建立70周年；对济南历史上最大的市区道路改造工程——经七路东段拓宽工程进行全方位报道。1992年，开办《十四大专访》等栏目，突出学习邓小平南方谈话精神；在新闻节目开辟《提高经济效益，振兴济南经济》专栏，介绍济钢集团、轻骑集团等企业的经验，对济南市进行的企业第二轮承包工作进行报道；对济南机场建设及正式通航进行全面报道；针对济南地区严重的旱情，开设《大兴水利，造福社会》专栏，报道济南市农村加强水利基本建设的情况。1993年，以典型引路，重点报道反腐倡廉和党建工作中涌现出来的先进集体和模范共产党员事迹；在新闻专题节目中，开辟《走向市场、繁荣经济》《村办企业年》《市场效益年》《市场经纬》《走向大市场》等专栏，报道大观园商场的“大观模式”、济南洗衣机厂的“效益管理法”等做法；对济南市开展的“百家企业评政府”活动进行全方位报道；对济青高速公路建设及全线通车情况作重点报道。1994年，派出《农村行》采访组，对农村基层党组织加强自身建设，带领群众建设社会主义新农村的典型进行专题报道。1995年，推出济南交警、济南工行、好厂长李延升等在全国产生巨大影响的典型。

1996～2000年，重点开展中共十五大、改革开放20周年、济南解放50周年、“三个代表”重要思想学习、“三讲”教育以及济南交警等精神文明典型等内容的报道。1996年，围绕“两个转变”“抓大放小”和“九五起步”，突出报道济南市银企联手，促进规模经济发展的经验，对得益银企联手快速发展起来的济南市16个企业集团进行系列报道。1997年，在新闻节目中开办“学习贯彻十五大精神专题报道”，集中报道济南市按照十五大精神确立的发展思路，对济南市“九五”起步年组织专题报道；对老百姓关心的小清河治理、泉城造绿、绕城高速公路建设、高架路建设等“五年大变样”重点工程进行深入报道；在国家经贸委充分肯定济南农工商集团发挥龙头作用，实行两个延伸，服务城市，致富农民的做法后，多角度进行报道。1998年，开设《打好三个攻坚战》专题报道栏目，突出报道市里重点扶持的18家企业集团发展的新思路、新做法，对纺织行业压锭改造求发展等作系列报道；先后采访报道“警方110”“小白热线”、泉城路派出所、廉洁勤政的工商所长陶志捷、人民的好公仆杨振刚等一批精神文明建设先进典型；跟踪报道泉城广场、绕城高速公路、顺河高架路、黄河公路二桥、野生动物世界等济南市城市建设的重点工程；在新闻节目开辟《贯彻落实十五届三中全会精神农村行专题报道》专栏，播出重点选题30余个。1999年，开辟《祖国颂——国庆征文大赛》《祖国，我对您说》等专栏，全方位报道新中国成立50年取得的成就和全市的庆祝活动；围绕贯彻落实十五届四中全会精神等落实60余个重点选题，对二机床集团、试金集团的做法做详尽报道。2000年，对济南锅炉集团、山东水泥厂、历城区法院、济阳县郑家村党支部等一批按照“三个代表”要求加强党的思想政治工作的先进单位和个人典型进行集中报道；对纪念江泽民为济南交警题词5周年进行全方位报道，现场直播庆典大会和阅警比武活动，组织《变“交警效应”为“济南效应”》系列报道。

2001～2005年，重点开展中共十六大和十六届三中全会精神、科学发展观、中国共产党建立80周年、抗战胜利60周年、抗击“非典”以及创建文明城市、统筹城乡发展等节目的制作。挂牌播出《纪念建党80周年巡礼》、人物访谈《功勋》《老共产党员》、征文《辉煌历程崇高礼赞》等，突出报道中国共产党成立80周年的辉煌成就；加强精神文明建设的报道，报道“兵妈妈”齐亚珍等一批先进典型；开展“四个创新”、开创“十五”伟业、加强国有企业改革的报道，对被列为国家软件产业基地的济南齐鲁软件园等企业作深度报道。2002年5月起，在新闻节目里开辟《在“三个代表”指引下专题报道》《实践“三个代表”、推进“四个创新”》等专栏；开设“创建全国文明城市专题报道”“泉城盛开文明花——争创全国文明城市专题节目”“提高出租车服务质量，擦亮济南文明窗口”专题讨论，在全市形成争创全国文明城市的氛围。2003年，对济南市社区居委会直选、济南战役纪念馆开馆等及时报道；对泉水复涌在第一时间播出，并在中央台《新闻和报纸摘要》中播发。及时报道市委、市政府，各单位、社区及居民家庭防治“非典”所采取的有效措施。2004年，突出用科学发展观建设好济南的新发展的节目制作，开办《实现新跨越，建设新泉城》《实施人才强市战略》《优秀外企巡礼》等专栏；围绕争创“全国文明城市”这个中心，开展十大行动和100件实事、“迎亚足赛，创文明城”主题活动宣传。2005年，开办《先锋颂》专栏，报道市麻风病医院刘振华、长清区检察院孟红伟、济南炼油厂翟威等一批优秀共产党员的先进事迹；突出纪念抗战胜利60周年的宣传，开办《济南抗日英雄风采录》《让历史告诉未来》等栏目；开办《建设文明济南，创建文明城市》《弘扬济南精神，创建文明城市》专栏和“城乡环境综合整治”专题报道；开设《“美丽的田野”——加快社会主义新农村建设记者采风》《统筹城乡发展，促进三农工作》专栏，制作播出“郊县突破看平阴”“历城实施四通工程，农村基础设施改善”“科学合理规划开发南部山区建设，打造都市农业精品工程”“章丘市通过‘惠民直通卡’发放涉农补助金”等节目，从不同角度报道济南市农村农业发展，农村建设，农民增收的成就和农村基层因地制宜做好“三农”工作的经验。

2006～2010年，重点开展中共十七大、科学发展观、构建和谐社会、社会主义新农村建设、抗震救灾、奥运圣火传递、新中国成立60周年、改革开放30周年、济南解放60周年、第十一届全运会等内容的报道。2006年，完成“学习贯彻十六届六中全会精神”“科学发展观在泉城”“建设社会主义新农村”“做好群众工作”“创建全国文明城市、环保模范城”等重大主题报道任务。2007年“7·18”特大暴雨灾情发生后，济南交通广播迅速反应，启动特殊天气应急预案，进行长达5个半小时的直播。2008年四川汶川特大地震发生后，济南人民广播电台先后5次派记者赴灾区一线采访，发回各类稿件100余篇，受到省委宣传部表彰，并记三等功。联合中央人民广播电台、山东人民广播电台对奥运圣火在济南的传递进行4个多小时的《圣火耀泉城》全程直播，全面报道奥运火炬传递盛况。在纪念改革开放30周年和济南解放60周年报道中，与全国30余家交通广播电台联合策划并同时播出大型系列报道《30年30城》。2009年，完成第十一届全运会、第七届园博会、重点工程建设、十大文明行动、治理“八乱”等重大活动报道工作。2010年，建立完善重大主题活动组织策划、新闻节目常态化直播和重大新闻事件应急报道等工作机制，电台新闻频率自办新闻节目时长由2005年的每天250分钟增至400分钟；组织承担20余项重大主题报道任务。

二、舆论监督节目

1993年，济南人民广播电台在早间开办《空中连心桥　热线你我他》节目。1994年，济南经济广播电台开办《846传真》节目。听众可通过拨打两个栏目热线电话反映社会问题，反映个人困难，寻求帮助，从而起到监督政府工作的作用。开办消费监督台、消费者热线，对商业不良行为进行监督、投诉。同时，电台还组织和参与每年3月15日特别直播节目等活动。

1995～2000年，配合参与济南市“行风万人评”活动。1995年11月，济南经济广播电台开办《泉城市民说行风》节目，每周一、三、五早上7：20～7：50播出，全市28个系统40余个单位领导逐一走进直播间与市民对话。1996年11月2日，济南经济广播电台与市文明办联合在解放阁举办《846传真》直播节目《承诺连起你我他》，以“学交警、赶工行、争创一流工作成绩”为主题，展示济南市加强职业道德建设、思想道德建设，促进行风和社会风气好转的成果。1997年5月，济南人民广播电台专题部开办《窗口形象大家谈》专题，山东省立医院、济南火车站、济南长途汽车站、银座商城等窗口单位领导走进直播间，与市民共同探讨树立行业新风的话题。1999年4月，电台专题部开辟《公仆公民话行风》热线讨论节目。1999年11月，电台新闻部组织《846传真》特别节目《热心听众评热线》专题节目。“110”、“120”、“148”、小白热线、蓝光热线、光明热线、环保热线、环卫热线、温暖热线等19条热线的负责人走进直播间接受市民评议。

2003年7月起，济南人民广播电台新闻频率与市纪委、市监察局联合开办《政务监督热线》栏目，全市各政府部门负责人轮流走进直播间，向市民汇报政务，接受咨询、投诉和批评建议。该节目设在每天中午12时10分，每周六设立反馈专题，把一周内节目反映问题的处理结果、解决进度告知听众。至2010年，共播出1800多期。

三、稿件报送和外宣节目

（一）稿件报送 1986～2005年，济南人民广播电台报送山东人民广播电台和中央人民广播电台的稿件数量分别达到7000余条和500余条，在全省各地市广播电台中居于前列。2006年，报送中央台稿件60余条、省台稿件1000余条。2007～2009年，稿件报送实现由数量到质量的转变，一批反映济南市重大决策部署、重大主题、重大活动的稿件先后在中央人民广播电台《新闻和报纸摘要》、中央电视台《新闻联播》以及《山东新闻联播》播发。2010年，分别在中央人民广播电台、山东人民广播电台发稿50余条和400余条。

（二）外宣节目 1986～2010年，济南人民广播电台获山东广播外宣一等奖的作品有广播新闻节目《昔日“龙须沟”如今鱼儿游》《海地维和日记》等；获山东省广播外宣二等奖的作品有广播新闻节目《济南入选中国十大旅游城市》，广播专题节目《曲山艺海话济南——踢门槛》《千年明湖如梦令》《泉之舞·冬韵》《那个济南长大的孩子》《铜像背后的故事》等，广播文艺节目《一枝花——盛开在山东大地的唢呐奇葩》等；获山东省广播外宣三等奖的作品有广播专题节目《千年文庙的前世今生》《两岸心相印 媒体寄相思》《黄河人家的“土裤”》，广播新闻节目《一个日本老兵的忏悔》等。

其间，济南人民广播电台记者与“德国之声”记者共同采访制作了录音广播外宣节目《黄河》，介绍沿黄人民治理黄河、开发利用黄河的情况，并在“德国之声”播出；与日本FM山口电台交流播出了介绍两市风土人情和经济社会发展情况的节目。

四、大型活动

（一）大型主题活动 1991年，电台文艺部组织三台大型专题文艺节目活动，纪念中国共产党建立70周年。其中，《在歌声中前进》音乐专题30集，《难忘的歌》音乐专题12集，《全国戏曲大展播》27集。1996年5月1日，济南经济广播电台与中央人民广播电台在趵突泉联合组织题为《春风、和风、五月风、警风、行风、文明风》大型直播活动。2005年10月27日，济南人民广播电台与中央人民广播电台在泉城广场联合推出大型直播活动《直播中国——走进泉城》，分济南的历史文化、开放的济南、文明济南、和谐发展的济南四部分，全面介绍济南社会、经济、精神文明建设的成果，节目由中央台和济南台的两位主持人主持，两台同时播出，中间穿插现场采访，节目中收到全国各地发来的短信2000多条。2006年，组织“构建和谐社会、共创美好家园”为主题的《直播泉城——走进县区》大型户外系列活动。2007年，组织贯穿全年的“欢乐和谐泉城行”品牌活动，与市委宣传部、市文明办等联合举办“喜迎十七大，道德模范与市民共话文明”“抗击艾滋，我们一路同行”等大型直播活动。2009年，先后组织实施全运会倒计时200天、100天、开闭幕式、济南赛区火炬传递、重点赛事直播以及园博会开幕等30多项大型现场直播活动。

其间，电台还组织各种主题征文活动30余次，有歌颂家乡、歌颂祖国的《前进中的济南》（1988），有弘扬主旋律宣传先进人物的《在改革大潮中》（1989），有反映改革开放成就的《千军万马奔小康》（1992）、《八五建设者之歌》（1994），有给工人鼓劲的《我与企业共命运》(1994)、《沧桑巨变话济南》(1997)，有《祖国颂》《祖国我对你说》(1999)等。

(二)文艺演出、评选活动 1988年，电台举办泉城之夏音乐会、梨园窗口百期知识竞赛和庆祝济南解放40周年文艺演出活动。1989年，组织群众自荐自唱自评的我喜爱的一首歌活动和歌曲大家唱、业余歌手选拔赛活动。1990年开始，济南人民广播电台《听众点播的音乐节目》组织十大金曲评选活动，每年一次。1995年电台文艺部又创办《华夏排行榜》，每天播一首歌，每周一点评，在泉城周报上公布一周名次，年终评比颁奖，活动持续十多年。1990年，与济南自来水公司、泉城周报社合办“泉水情摇滚之夜音乐会”，并请苏联明星现代乐队和著名演员到济南演出。1991年，组织老人节京剧演唱会、济南市赈灾义演文艺晚会、龙潭赏月京剧名家演唱会。1992年10月、1996年6月，电台文艺部组织有群众参与的京剧业余演唱广播大赛评选活动和中华戏曲新歌大赛活动。2004年，Music88.7音乐频道开播后，每月推出一个主题活动，相继组织中韩明星演唱会、超女畅游济南演唱会、橙色校园风暴等大型活动，邀请大陆以及香港、台湾地区的知名歌手到济南演出。

(三)与其他台联办活动 大体分两类：一种为常年联办。1993年，济南人民广播电台发起全国省会城市电台春节文艺大联播活动，参加的省会台25个左右，节目由各省会台组织创作，每年春节前后，在各台固定时间播出，以综艺节目为主。每年春节联播过后，组织评奖和业务研讨交流。该活动一直延续下来，济南台创作的节目多次获大奖。此类活动还有全国戏曲联播、全国曲艺联播。两档联播活动主要由中央台和各省台参加，济南台是参加的少数市级台之一。每年组织评奖和业务交流，联办时间10年。二为不定期的联办节目。1997年，配合迎接中共十五大召开，电台专题部与全国30家城市电台举办大型专题节目《华夏城市风景线》，济南台在晚间每天播出1组、30分钟，共发稿86组，历时3个月，介绍全国30个城市改革开放和精神文明建设的成就。在这个活动中济南台共提供3组节目：一组为介绍济南市精神文明建设的“行风万人评，文明在泉城”；二组为反映济南市国企改革的“打出两张王牌搞活国有企业”；三组为介绍济南市自然人文景观的“有心常做济南人”。三组节目分获一、二、三等奖和组织奖，其中一组节目被中央人民广播电台午间半小时节目采用。1996年与济南电视台联合在英雄山举办有2000多人参加的庆“七一”大型歌会“丰碑颂”。节目由中央人民广播电台著名播音员方明、虹云主持。1998年，长江流域发生洪灾，济南军区官兵到荆江大堤抢险。济南人民广播电台分别与武汉人民广播电台、荆江人民广播电台联办特别节目，通过异地热线直播为战士们鼓劲、打气。济南台直播间里有抢险团政委的爱人，有在大堤上火线入党的战士家长，有演员张春秋、郎咸芬等。

(四)社会公益活动 1995年1月1日，济南经济广播电台在济阳县举办希望之声现场直播活动，活动全部广告收入捐给济阳县希望工程。1996年6月1日，组织希望之声续集，再次组织直播活动。2002年开始，济南经济广播推出爱心图书捐赠活动，为贫困学校捐书，共在济南地区建立40余个爱心捐书点，收到社会捐书近10万册。2005年8月，济南新闻广播联合市总工会发起“爱心成就梦想”资助贫困学子上大学活动。新闻广播每天介绍一名优秀贫困学子自强不息的求学故事，倡导爱心家庭向贫困学子伸出援手，共募捐学费48万余元，资助263名贫困学生上大学。2008年5月26日，济南人民广播电台新闻广播在灾区启动“万台收音机进帐篷”活动，与济南市红十字会联合将1万台收音机送到虹口、绵阳、彭州、北川等重灾区的群众手中。每年中高考期间，济南交通广播在全市倡导发起“爱心中高考在行动”活动。

交警、出租司机以及普通市民纷纷加入行列，为考生开启绿色通道。该活动成为济南交通广播与社会各界每年约定俗成的公益活动。

五、精品生产

实施以“频率专业化、栏目个性化、节目精品化”为中心的精品工程，重点报道与精品生产相结合，抓好重点选题。1986～2005年，济南人民广播电台获省级以上奖励250余个。其中获山东广播奖一等奖59个（包括录音述评《市场经济不相信眼泪》《转变政府职能实践党的宗旨》，农村节目《希望的黄土地》，少儿节目《手拉手奔向21世纪》，录音新闻《寻出一路好心人》《开放海南异地就业》，直播版块《共和国不会忘记》，专稿《一个军人和500失学儿童》《拆出来的思考》，系列报道《信念之光》，消息《我省第一例“非典”病人康复》《章丘在全省率先免除学费》《章丘在全省率先免征农业税》等），山东新闻奖一等奖35个，山东广播文艺奖一等奖6个（音乐专题《母亲，给兵妈妈的歌》，歌曲《热土欢歌》《放飞童心》，文艺专题《花开时节动京城》《歌诗之路韵远情长》，长书《长篇小说——老残游记》），山东广播剧奖一等奖5个，山东广播文艺金号奖2个，山东省精品工程奖6个（广播剧《这里通向山外》《书记大姐》《兵妈妈》《爱国电脑》，歌曲《风雨驿站》《我们一起飞》），山东广播播音主持奖一等奖8个，山东新闻名专栏2个（《交通雷达网》《政务监督热线》），山东广播十佳栏目8个（《今日报道》《金山夜话》《政务监督热线》《温馨夜沙龙》《音乐流行地带》《新闻60分》《歌坛大放送》《音乐老槐树》），山东广播文艺十佳栏目3个，山东省外宣特别奖1个等。获国家级奖励24个，其中获中国播音主持一等奖1个，中国播音主持金话筒奖提名奖1个，中国彩虹奖一等奖1个，全国社会治安综合治理优秀新闻作品一等奖1个，中国广播奖一等奖3个（戏曲专题《艺精德重梨园留芳——怀念方荣翔》、配乐报告文学《高原雪魂——孔繁森》、歌曲《飞回家园》）、二等奖2个、三等奖9个，中国广播铜奖2个，中国广播影视大奖提名奖2个，中国广播剧专家金奖1个（广播剧《水孩子》）。

2006～2010年，获省级以上奖励170余个，其中获全省广播电视节目奖、山东省广播影视大奖74个；一等奖24个（包括2006年的长消息《山东在全国首家正式启动农村医疗救助》、2007年的专题《暴雨中，我们爱上了这座城市》、2008年的系列连续报道《从中国制造到中国创造》、2009年的长消息《中国重汽以创新求发展》、2010年的长消息《400孝里农民变身澳洲金蓝领》等）；山东广播电视外宣奖13个，一等奖2个；山东新闻奖一等奖10个、二等奖11个；山东省精神文明建设“文艺精品工程”奖1个（广播剧《甜橙的味道》）；山东广播文艺奖、广播剧奖33个，其中一等奖16个（广播剧《安居》《神武的家规》《在同一条起跑线上》《飞向蓝天》，长篇连播《战争记忆》，音乐节目《行者无疆——李云涛和他的声乐作品》《我不老，因为我的音乐还活着——陈刚印象》《难解还是中国结》《春天的芭蕾》，优秀原创歌曲《好客山东》《贴心人》，戏曲曲艺节目《天堂的笑声》《话说晨光》，文学节目《济南，我的老家》，综艺节目《幸福七夕节》《国庆特别节目——让我为你唱首歌》）；山东广播播音主持奖24个，其中一等奖8个；山东电视艺术牡丹奖1个（《永远的电波》）；山东广播文艺优秀栏目奖3个（《劲爆正午十二点》《聆听老歌》《936红歌会》）；山东广播十佳栏目奖8个（《方圆论坛》《以案说法》《846传真》《方言客栈》《天天说事》等）。获国家级以上奖励8个，其中2007年广播歌曲《口碑》获全国精神文明建设“五个一工程优秀作品奖”，是济南市首次获此奖项；广播歌曲《心愿》获共青团精神文明建设“五个一工程优秀作品奖”；2008年电台播音员杨波获“中国播音主持金话筒奖”；主持人胡霞选送的作品《山东真汉子》获2009年中国播音主持金话筒奖提名奖；Music88.7音乐广播在

“2010年中国消费者理想品牌”评选中获全国“广播十强”称号。

第二节 电视节目活动

一、新闻和专题节目

1986年，围绕城乡经济体制改革和两个文明建设，制作播出先进单位40余个、典型人物60余人。记者宋是鲁等赴老山前线采访，20余天时间采录几百分钟素材，制作8集系列专题片《来自老山前线的报道》，真实记录特定的历史瞬间。制作的电视风光片《沂源溶洞》《泉城明珠——大明湖》和电视艺术片《民族鼓吹乐》，均在中央电视台播出。其中《泉城明珠——大明湖》在中央电视台黄金时间19:45播出，当年获全国城市台评比表扬奖。1987年8月26日，济南市遭受特大暴雨袭击，市区平均降水317.5毫米，编辑记者蹚着洪水采制了大量有关全市人民抗洪救灾的新闻稿件，其中图像新闻110件，口播新闻40余件。制作的电视专题片《在那高高的纪念碑下》和《穿军裙的姑娘》在中央电视台《人民子弟兵》节目中播出。1988年，举办《四十沧桑话济南》系列专题片展播，庆祝济南解放40周年，展示中共十一届三中全会后济南各条战线所取得的成绩。从4月份开始到11月底结束，共播出22部。10月，拍摄出第一部实景大型风光歌舞艺术片《李清照》，在中央电视台播出，并作为保留节目提供给全国几十家电视台。10月23日，全国第一届城市运动会在济南开幕，济南电视台在新闻节目中每天报道城运会情况，并开辟报道专栏《城运会撷英》，每2天1辑，每次15分钟；对开幕式、重要比赛进行实况转播；专题片《城运降帷幕，泉城传佳话》获全国城运会好新闻二等奖；1989年，组织庆祝新中国成立40周年宣传活动，在新闻节目中设立《振兴中的济南》专题，开辟《企业新貌》《从数字看济南》等栏目，共发稿200余件；开办《光辉的历程》庆祝新中国成立40周年电视专题展播活动。从农民致富愿望和城市居民生活需求出发，制作反映“菜篮子工程”必要性和可行性的专题片《从万亩鱼塘到百万人市场》，获山东省优秀电视节目一等奖。1990年，围绕振兴经济、增强开放意识、创建卫生城市、迎亚运以及“学先进、讲奉献、树新风”等内容，突出对重点企业的连续报道，开设《来自重点工程的报道》栏目。电视台全年编发录像新闻2940条，口播新闻516条，完成各类新闻专题104个。

1991年，组织“质量、品种、效益年”的报道，较全面、系统地报道济南市搞活大中型企业、抓质量管理、抓品种上档次、重视经济效益的典型经验，播发新闻400余条；摄制的专题片《背时与超越》《困境中的反弹效应》《困惑与希望》等反映企业的呼声。宣传创建双拥模范城活动，电视专题片《情满泉城——济南军民共创“双拥模范城”纪实》在中央电视台播出。为庆祝中国共产党成立70周年，制作播出电视系列片《巍巍丰碑》，以翔实的资料反映山东和济南党组织的光辉历史；开办《先锋颂》电视展评活动，共播出13期21部专题。1992年，加大经济报道的分量和力度，先后推出《改革与交流》《济南纵横》《泉城科技》《经济万象》《信息经纬》等专题栏目。关注住房改革报道，专题片《住房见闻录》获第六届全国电视文艺“星光奖”二等奖、山东省优秀电视节目特别奖，该片用鲜活的事实揭示中国城市居民住房现状及住房制度的弊端，引申出解决城市居民住房的根本出路在于住房制度改革。1993年，突出对外环路建设的报道，专门制订报道计划，开辟新栏目，新闻、专题一起上，起到很好作用。参加山东电视展播周活动，济南电视台制作的一组30分钟节目首次在海外播出（分别在洛杉矶熊猫台、美国电视网62频道多次播出）。1994年，以“管理效益年”和“村办企业年”为主要内容，突出报道管理机制改革、扭亏增盈、下派干部包村、“一二三工程”“一创两迎”“金秋经贸洽谈会”、党的基层组织建设、反腐倡廉等方面的典型。配合贯彻落实中共十四届四中全会精神，电视台新闻部派出《农村行》采访组，历时25天，先后采访10个县（市）区24个乡镇的26个村庄，行程近3000千米，采编播发电视新闻片26篇，新闻述评5篇。1995年，对济南市工商银行、济南交警2个典型进行重点报道。其中对工商银行的报道《文明建设来自语言》播出后，很快在中央电视台《焦点访谈》播出，中宣部将其作为指导全国精神文明建设的重要典型，组织中央各大新闻单位展开宣传。全年播出新闻节目182.5小时，制作电视专题栏目170期，新闻部全年采编播发经济新闻2600余条，占总播出量的三分之一左右。

1996年，突出报道济南五金厂、建筑二厂、山东水泥厂、济南锅炉厂、济南轻骑集团等企业进行改革的事迹。先后推出市建行、市建委系统实行承诺服务及一批先进单位和个人。1997年，围绕悼念邓小平逝世、香港回归、中共十五大召开三件大事开展报道，播出文献片《邓小平》，安排《话说香港基本法》《话说香港》《大命运》等节目；派记者前往香港采访，制作播出系列专题节目《走进香港》。济南电视台专题片《两本管理的启示》《抓大放小的启示》《树公仆形象》等在中央电视台播出。由马利、辛余兵拍摄的电视新闻《正人先正己》，获“1996中国新闻奖”二等奖，这是济南电视台在全国新闻界最高规格评奖中新闻消息节目获得的最高奖项。1998年，与市委组织部、党史研究室联合摄制并播出5集电视专题片《伟大的胜利》，与中央电视台合作拍摄系列专题片《改革开放20年·社会保障篇》《改革开放20年·家电篇》，客观反映济南解放50周年及改革开放20年所发生的巨大变化和所取得的巨大成就。策划制作4集系列专题片《国企涌动科技潮》（获全国优秀电视经济节目二等奖），反映大型国有企业依靠科技战略，提高产品科技含量，争得市场主动的经验。其中《孪生兄弟的不同命运》在中央电视台《经济半小时》栏目播出。1999年国庆50周年前后，对省市十大重点工程建设项目、新中国成立50年取得的成就和全市举办的一系列庆祝活动进行全方位报道，播出自制节目稿件300余件次，时间长度40小时；拍摄4集专题片《追求》和寻访革命圣地、追忆济南党史的系列片。2000年，按照“唱响主旋律，打好主动仗”的宣传方针，对贯彻中共十五届五中全会精神，学习“三个代表”重要思想的宣传，对回顾“九五”成就、步入“十五”计划、加快济南市经济发展的宣传，对深化国有企业改革、维护社会稳定、强化农业产业结构、纪念江泽民为济南交警题词5周年的宣传，对“四个创新”“三大工程”、社区建设、实施城市化和经济国际化战略的宣传，对全市两个文明建设先进典型的宣传等，都相继组织大的宣传战役，增加报道深度，涌现出一批质量较高的作品，其中3件获第五届中国电视金童奖、17件获省政府一等奖。

2001年，开通24小时有奖新闻热线，建立热线接收、分理、反馈制度，进一步丰富新闻信息源。制作直播长达15个小时的大型特别节目《辉煌80年》，庆祝中国共产党建立80周年。由记者马利、张广军、隗铜、赵瑞和山东电视台记者杨璐联合采制的电视新闻片《“书记大姐”李淑敏》获第十一届中国新闻奖（中国新闻奖最高奖项）一等奖，在济南市属首次。2002年，电视新闻《空中地面看绕城》被山东卫视台作为重点片在《山东新闻联播》节目中头条播出。2003年，在抗击“非典”的宣传中，新闻、社教、文艺紧密配合，4月21日，都市频道开设《关注“非典直播室”》节目，每晚21：00播出，节目长度40分钟，是山东省第一个预防“非典”的电视直播节目，为全市打好群防群控的人民战争提供强有力的舆论支持。为纪念济南开商埠100周年，电视台制作6集专题片《古城开埠》。在新闻节目中，制作播出了40集《忆开埠百年、谋发展之路》电视系列报道。在泉水复涌和节水保泉报道中，组成报道组日夜守候在趵突泉边，9 月 6 日早趵突泉复涌后，电视台以《趵突泉喷了》为题在第一套节目中及时报道，并在中央台一、二、四套节目中播发。2004 年，对经十路拓宽、经一路改造、燕山健身广场建设、植物园综合治理等重点工程和背街小巷整治工作进行跟踪报道。对在济南举办的亚洲杯足球赛、世界摩托艇锦标赛以及国际信息技术博览会、旅游交易会、山东与世界 500 强峰会等重大活动进行深入报道。2005 年，开展贯彻落实中共十六届四中、五中全会精神，保持共产党员先进性教育，落实胡锦涛在山东考察讲话精神，以及抗战胜利 60 周年等重大报道。

2006 年，完成招商形象片《中国济南》、省会经济专题汇报片《腾飞之翼》、群众工作专题汇报片《群众利益至上》、纪念“五三”惨案特别节目《铜像背后的故事》和泉水文化周形象宣传片等制作任务。策划组织《巡访济南都市圈》系列报道采访活动，对周边六城市进行跨地域密集采访，全面报道济南都市圈的概念、建设意义、发展前景，以及圈内的淄博、泰安、莱芜、德州、聊城、滨州等城市对都市圈接洽工作的进展情况。2007 年“7·18”特大暴雨灾情发生后，第一时间启动应急报道机制，采用卫星新闻直播车等先进采访设备，运用现场报道、专题报道、热线插播等形式，全面集中深入地展开报道，在协助市委、市政府抢险救灾、疏导城市交通、稳定群众情绪等方面发挥积极作用。12 月，济南电视台新闻节目中心被团中央、中央综治办、国家广电总局命名为全国青少年维权岗。2008 年四川汶川特大地震发生后，济南电视台先后 5 次派记者赶赴灾区一线采访，第一时间、第一现场发回各类稿件 100 多篇。省委给予济南电视台新闻节目中心记集体三等功。在奥运火炬传递直播活动中，高质量完成传递现场转播工作，同时派出多名主持人完成主演播室、点火启动和收火仪式以及直播全部过程的主持工作。精心策划制作播出《诚信、创新、和谐之路——济南改革开放 30 年回顾》和纪念济南解放 60 周年大型文献纪录片《古城新生》。2009 年，与全国 100 多家电台、电视台联合推出并同步播出庆祝新中国成立 60 周年大型专题节目《济南的新生》《解放中国·浴血夺城记》。先后组织实施全运会开闭幕式，倒计时 200 天、100 天，济南赛区火炬传递、重点赛事直播以及园博会开幕等 30 多项大型现场直播活动，直播规模和时长均创新纪录。2010 年，电视台新闻频道自办新闻节目的时长由 2005 年的每天 90 分钟，增加到 2010 年的 209 分钟，增幅 132%；电视新闻直播时间全年达到 5.84 万分钟，其中重大突发新闻事件直播 260 余次、780 余分钟，每天的新闻直播时间由 2005 年的 15 分钟增加到 155 分钟；组织承担 20 余项重大主题宣传任务。

二、稿件报送和外宣节目

（一）稿件报送 1990 年开始，济南电视台每年在省台发稿都名列全省 17 个地市前茅。1993 年，济南电视台制作的稿件被中央台采用 83 件，被省台采用 909 件，向全国各市地电视台发稿 1804 件；济南电视台被山东电视台评为集体记者供稿第一名。1997 年，济南电视台在中央台采用新闻稿件 126 条；采用各类专题等 168 件。济南有线广播电视台在中央台采用的 56 件作品中，有 20 件作品在名《东方时空》《焦点访谈》播出；被省台采用新闻和专题片 1133 件，列全省地市有线台之首。1999 年，济南电视台稿件被中央台采用 142 件，其中《新闻联播》采用 32 件。济南有线电视台对上发稿被中央台采用 56 件，被省台采用 606 件。2000 年，济南电视台在中央台发稿 130 余条，其中在《焦点访谈》发稿 2 条。2001 年，被中央电视台采用稿件 150 余件，其中《新闻联播》节目采用 52 件，创历史新高；被山东卫视采用 1500 余条，连续 5 年名列全省各市台第一名。2004 年，济南电视台向中央台发稿 150 余件，其中在《新闻联播》发稿 50 余件；向省台发稿 1500 余件。2005 ～ 2010 年，济南电视台累计向中央台发稿

1100 余条，向省台发稿近万条。

（二）外宣节目　1994 年 8 月，济南市新闻代表团一行 6 人参加在美国洛杉矶、旧金山等 5 个城市举办的“1994 中国济南电视周”展播活动。向当地电视台、电台提供由济南电视台和济南人民广播电台制作的 390 分钟的电视节目、180 分钟的广播节目和 1 万余字的文字稿。1998 年 3 月，由济南电视台联合华东地区其他 5 家省会电视台国际部共同开办的《华东都市》栏目首次在美国 SCOLA 卫星电视网播出。这是济南电视台电视外宣品首次定期在美国本土落地。2002 年 10 月～ 11 月，济南电视台与中央电视台联合拍摄展示济南城市形象的电视外宣片《走遍中国——济南》。该片由《大明湖与济南城》《泉之城》《朱家峪》《章丘大葱》《灵岩寺》《济南武术》《老舍笔下的济南》《鼓子秧歌》《瑞蚨祥》《齐长城》《龙山的发现》《吕剧》等 21 个小节目组成，分别从考古、民俗、历史的角度，全方位介绍济南独具特色的历史文化遗存、自然风光、人文素质，表现济南特有的工艺物产、文化形态，还从当代人的角度展示济南的文化教育、城市管理、市民生活、商务娱乐等。2004 年，有 6 部专题片在美国斯考拉电视网播出。2005 年，济南电视台《“直播中国”特别节目——走进泉城》在中央电视台、凤凰卫视等媒体播出。2007 年，在中国黄河电视台（美国斯科拉网）播发外宣电视片 8 集（部）。2008 年 2 月 17 日～ 23 日，济南电视台与中央电视台联合摄制的大型纪录片《走遍中国 走进济南》在中央电视台中文国际频道（CCTV-4）和济南电视台娱乐频道同步播出，每节 30 分钟，连续播出 7 天。2009 年 4 月 26 日，开播英语新闻杂志类电视节目《英语时间》。围绕济南市的重大活动、重点工作进行选题、拍摄和制作，包括《一周新闻》《走遍济南》《下午茶》3 个板块。每周日 12:00 ～ 12:15 在济南电视台新闻频道播出。

2009 年 10 月，济南电视台摄制济南历史上第一部真正意义上的大型航拍电视片《天下泉城》。该片在济南电视台各频道播出后，先后在中央电视台及山东、北京、广东、湖北、辽宁、内蒙古等多家电视台播出。2010 年，济南电视台制作播出采用数字电影摄影机拍摄、反映济南城市人文内涵的《天下泉城》姊妹篇《名士济南》，与“海峡之声电台”联合制作广播和网络同步直播的特别节目《跨越海峡的牵手》，反映革命先驱王尽美的大型电视纪录片《沉浮谁主问苍茫》，电视专题片《“我的济南老家”——季羡林》，分别在境内外多家卫视台播出。这些电视片极大提高了济南的知名度和美誉度，共同构成济南广电精品立台的坚实基础和宣传济南、提升城市形象的重要平台，“天下泉城”成为济南独特的文化品牌和对外宣传品牌，以及济南走向世界的崭新名片。济南电视台分别与中国城市对外传播联盟、台湾东森电视、俏佳人传媒及美国 ICN 电视联播网等签署合作协议。

至 2010 年，济南电视台外宣获奖作品主要有：《我用生命歌唱》（1999 年）获中国广电学会外宣“彩桥奖”一等奖和中国彩虹奖二等奖；《保护泉池：珍妮日记》获中国广电学会外宣“彩桥奖”三等奖；《涵养泉城水》获中国广播电视学会外宣节目三等奖；2004 年，电视新闻节目《回家的感觉真好》、专题节目《泉之城》分获全省电视彩虹奖（外宣奖）一等奖；专题节目《中国济南》《放飞梦想》（2004 年）分获全省电视彩虹奖（外

2008 年，济南电视台推出大型航拍电视片《天下泉城》，该片的航拍是济南电视媒体中首次真正意义上的大型航拍活动

宣奖）二、三等奖；电视新闻《泉城各界积极救助遇难台胞》（2007年），电视专题节目《走遍中国——走进济南》（2008年）、《天下泉城》（2009年）、《明湖新八景》（2010年）分获山东电视外宣一等奖；电视新闻节目《跨越海峡两岸的生命接力》（2005年），文艺节目《2005年济南市首届外国人说中国话大赛》，电视专题节目《中国济南》（2006年）、《东京之舞》（2008年）分获全省电视外宣二等奖；电视新闻节目《“济南旋风”动香江》（2005年），专题节目《特别的爱》（2007年）、《足尖上的梦》（2009年）、《济南泉水甲天下》（2010年），对外栏目《英语时间》分获全省电视外宣三等奖。

三、纪录片

20世纪80年代末至90年代初期，济南电视台突出的纪录片作品是宋是鲁、孙爱萍的“三录”，即《土地忧思录》《少年启示录》《住房见闻录》，被誉为“社会三部曲”，连续在中国电视文艺最高奖——全国第四届、第五届、第六届电视文艺“星光奖”评选中获1个一等奖、2个二等奖和3个单项奖，并获最佳编辑奖，被中国传媒大学教材引用。1995年1月～5月，济南电视台有11部纪录片作品被中央电视台采用，其中包括《业余通讯员》《村长》《练琴》《我想对你说》《大桥设计者万姗姗》《田园·罗珍·印彩霞》等。

1990年4月，济南电视台记者宋是鲁、孙爱萍拍摄的电视专题片《土地忧思录》获全国第四届电视文艺“星光奖”。图为记者孙爱萍正在进行现场采访

1996～1998年，济南有线电视台创作的纪录片《好人郑承镇》《生命的泥土》《淘金女孩》在山东省获奖；《生日》《背相机的老人》《不安分的玄力》《豆腐大嫂》《葡萄大棚里的黄老汉》《巧嫂张德兰》分别在中央电视台《夕阳红》和《生活》栏目播出，《化缘》《老师 妈妈》在全国获奖。

1999年济南电视台与济南有线电视台合台后，成立纪录片节目组和外宣节目组，创作力量更加集中。这期间制作播出一批具有较高水平的纪录片，包括《无声的追寻》《宋玉庆的故事》《胡心灵的故事》《伙伴》《家庭高跷队》《泉城爱泉人》《珍妮手记》《男保姆》《光明飞翔》《万水千山入画来》《乘着歌声的翅膀》等。其中《宋玉庆的故事》《胡心灵的故事》《光明飞翔》《万水千山入画来》《乘着歌声的翅膀》《绝对茂臻》分获省广电学会奖；《伙伴》获2003年度电视彩虹奖二等奖；《珍妮手记》获全国电视节目“金童奖”；《我用生命歌唱》获全国外宣节目奖。由秦黎、赵杉、郭幼鹏、王倩等人拍摄制作的《泉之城》《相聚在春天》《追求》《百岁老人》等在电视栏目《经历》中播出。

2000年1月31日，济南电视台在生活频道开播一档具有纪录片风格的故事性栏目——《正在进行》。栏目以连续报道的方式，把具有戏剧冲突的故事作为诉求点，以生活准同步的时效和娓娓道来的叙事性语言，客观地进行独家报道，以纪录片拍摄手法，以新闻的传播速率，讲述正在进行着的故事。2002年2月，《正在进行》栏目播出的纪录片《袖珍小伙》创全台年度自办节目收视率最高，达到22.55%；《弃婴》（王鹏、谢京毅、李光永摄制）在中央电视台播出；《遗愿》（王鹏摄制）单部作品拍摄长32集；《生命如歌》《找回远去的家园》获山东省电视二等奖；《为了活着》获山东省第十五届优秀电视艺术奖纪录片类二等奖。2002年5月8日，《正在进行》栏目在北京电视周上获高度关注，被誉为电视纪录片领域的一大突破，社教中心副主任、栏目制片人颜异作专题发言。2004年，被评为全国百佳电视栏目。

2004年2月，济南电视台纪录片创作室负责人季卫国被中国视协电视纪录片学术委员会聘为中国视协电视纪录片学术委员会理事。其主要作品有《访德纪实》《走进21世纪的汽车世界》《慕尼黑的欢乐》（1996年）、《伙伴》（2002年）、《东京涉谷的年轻人》（2004年）、《社区印象》10集城市系列纪录片（2005年）等。

2006～2010年，济南电视台有21部纪录片获省级以上奖励，其中获中国广播电视协会“中国十佳纪录片”奖的有纪录片《铜像背后的故事》；获山东电视社教一等奖的有短纪录片《梦工厂》，长纪录片《好人郑承镇》《铜像背后的故事》；获山东电视社教二等奖的有短纪录片《超越梦想》、长纪录片《青春在路上》；获山东电视社教三等奖的有长纪录片《追忆山东快书大师孙镇业》《聋娘和她的养子》《渴望》《行吟者》；获山东省“牡丹奖”一等奖的有纪录片《天下泉城》《到济南踢门槛》《说园》《关爱——母女情深》；获山东省“牡丹奖”二等奖的有纪录片《有么说么的“小甜沫”》《杂技传奇》《泉生济南》《山东快书传承大师——孙镇业》；获山东省“牡丹奖”三等奖的有纪录片《即将消失的平阴渔鼓》《追梦》《生死擂琴梦》《相由心生》。

四、大型活动

1986～2010年，济南电视台组织举办各类大型活动300余个。

1990年1月15日，济南电视台等6个单位联合举办《泉城之春》全国著名歌星演唱会，孙国庆、范琳琳、屠洪刚、田震、关平等知名歌手参加演出。1996年“七一”前夕，与济南人民广播电台联合在英雄山革命烈士纪念塔下举行并直播有2000余名干部群众参加的大型歌会《丰碑颂》，特邀中央台著名播音指导方明、虹云主持节目。同年，录制大型文艺专题《走到一起来》，纪念中共中央总书记江泽民为济南交警题词一周年。1997年，在植物园（泉城公园）成功直播《神州同歌》大型文艺演出；与中央电视台联合制作《综艺大观》和《艺苑风景线》节目。2004年，承办《纪念济南自开商埠100周年文艺晚会》和《泉城交响曲》大型文艺晚会。2005年，举办济南市庆祝“六一”国际儿童节大型广场演出活动暨济南电视台少频道开播庆典、庆祝新中国成立56周年“祖国颂”大型演出、全国影视歌手大赛（山东赛区）初赛、重返侏罗纪2005大型恐龙展和中国电影百年“泉城影响”等活动。同年5月13日，中央电视台和市委宣传部、市文明办、济南电视台联合在植物园生态广场举办“激情广场 魅力济南——济南精神大家唱”活动，济南市文艺工作者与众多知名艺术家同台演出。2006年，策划参与并承办城市形象大使大赛、CBA我唱我秀比赛等大型活动。2007年，与湖南卫视合作举办“2007快乐男声”济南唱区选秀活动，推出大型平民曲艺选秀节目《曲山艺海震江湖》，创下济南电视台参与人数最多、活动时间最长、经济效益最好的活动记录。同年，组织济南市庆祝中国共产党建立80周年文艺晚会、“十佳民警”颁奖晚会。2008年，策划组织“姹紫嫣红中国年10城市春晚”“山东快书英雄会”“万人雨中迎奥运”及颁奖盛典、“我们血脉相连”和“爱涌泉城 援建北川”赈灾直播晚会等大型活动。2009年，举办济南市首届电视观众节及跨年大型晚会，组织实施“当好东道主，和

始创于2009年的电视观众节及跨年狂欢夜活动成为济南电视台标志性大型品牌活动

谐迎全运”“全运大舞台”“全运进社区”、全运形象大使、魅力新主播、微笑使者评选等10余项大型主题活动。2010年，策划组织省暨济南市公民道德宣传日展示、“先锋颂泉城情——全市庆七一大型歌咏比赛”“阳光下的花朵——全市庆六一直播晚会”、记者节宣誓、护城河通航、文化济南颁奖晚会、济南电视台新台标推广节目推介、广告招商、跨年晚会、高考爱心车行动、红歌会等50余项活动。

五、重要赛事转播、直播节目

1988年10月29日，在济南皇亭体育馆现场直播全国首届城运会济南队对大连队的男篮比赛实况，这是济南电视台首次现场直播体育比赛。

2008年8月6日～26日，济南电视台卫星车参与北京奥运会中央电视台奥运新闻报道。

2009年1月，第十一届全国运动会广播电视部成立，最初设综合处、广播业务处、电视业务处、网络业务处，后增设安全保卫处和后勤接待处。有17名工作人员、21名场馆员，在龙奥大厦7楼E区集中办公。同年7月，济南赛区组委会与十一运组委会达成协议，济南赛区组委会负责皇亭、历城、章丘、山东交通学院（长清）体育馆和历城国际赛马场5个场馆的广播电视转播及公共信号传输至IBC任务，以及山地自行车、公路自行车、速度赛马3个项目的电视录制任务。7月17日，与北京电视台、辽宁电视台、内蒙古电视台、济南电视台签订租用转播团队合同，分别负责拳击、排球和摔跤、马术、举重项目比赛现场公共信号的制作，济南电视台还负责山地自行车、公路自行车、速度赛马3个项目比赛的电视录制任务。9月中旬，印制《济南赛区比赛项目电视技术规范及场馆手册》，作为十一运会比赛项目电视转播工作的指南和规范。10月15日，广播电视部组织济南电视台协同山东电视台、齐鲁电视台完成济南赛区火炬传递电视直播工作，共动用3辆电视转播车、3辆卫星直播车、1辆微波车，120余名电视工作人员参加电视直播活动。10月7日～27日赛事期间，针对7个项目比赛的电视转播，共动用100余台摄像机、4台高清电视转播车、200余人参加公共信号制作，共制作传输电视公共信号360个小时，分别被央视1套、5套、7套采用180个小时，采用率50%。

2010年11月10日～25日，济南电视台14讯道转播车以及转播团队受雇亚运会组委会，远赴广州增城，完成亚运会飞碟项目赛事转播。

六、精品生产

1986～2005年，济南电视台有79件作品获国家级奖励。其中一等奖9个（1998年中国广电学会栏目一等奖1个；1999年中国广电学会纪录片一等奖1个、评论一等奖1个、消息一等奖1个、外宣“彩桥奖”一等奖1个、播音作品一等奖1个，全国第四届、第五届电视文艺“星光奖”一等奖各1个，全国城市电视新闻一等奖1个），全国第八届电视文艺“星光奖”提名奖1个（1994年），中国广电学会金话筒主持作品铜奖1个（1999年），全国第四届少儿电视“金童奖”三等奖1个（1998年），中央电视台MTW金奖1个（1998年），全国第五届法制题材电视节目“金剑奖”提名奖2个（1999年），第五届全国电视节目“金童奖”2个（2000年），中国新闻奖1个（2001年），第十七届中国电视“金鹰奖”1个。有400余件作品获省级奖，其中一等奖34个（省新闻一等奖10个、省第三届电视节目评选一等奖1个、省广电学会栏目一等奖1个、省新闻工作者协会论文一等奖1个、省广电学会专题一等奖2个、1998年省残联纪录片一等奖1个、省委宣传部专题一等奖1个、省委宣传部一等奖1个、省广电学会消息一等奖1个、省广播电视新闻奖一等奖12个、山东省电视奖一等奖1个、山东省播音与主持一等奖2个、省电视社教短片一等奖1个、省广播电视长纪录片一等奖1个、省广播电视彩虹奖一等奖2个、省电视广告一等奖1个，省广播电视系列片一等奖1个），省委宣传部“五个一工程奖”1个，省委宣传部系列报道精品奖1个，山东电视彩虹奖特别奖、省广播电视十佳栏目奖4个（今晚20分、泉城夜话、泉城一时间等）。

2006～2010年，有300余件作品获省级以上奖励。其中获山东新闻奖一等奖7个，山东广播电视节目奖、山东广播影视大奖78个（一等奖21个），山东广播电视外宣奖一等奖4个，山东广播电视论文奖16个（一等奖4个），山东广播电视播音与主持奖27个（一等奖9个），山东广播电视艺术牡丹奖138个（一等奖42个，最佳主持人、最佳撰稿人、最佳摄像牡丹奖单项奖6个），山东电视广告奖12个（一等奖2个），优秀栏目奖2个（《警方视线》《周末拍案》），山东省广播电视十佳栏目奖8个（《今晚我帮你》《蓉儿说天气》《有么说么》《政务面对面》《男说女人》《今晚特别点击》《第一现场》），省、市精神文明建设“精品工程奖”15个。其间，有10余件作品获国家级奖励。2008年，《母爱痴狂》在全国电视栏目剧评选中获一等奖，《半世缘一生情》获三等奖。2009年，有3件作品获中国广播影视大奖原创歌曲类、新闻评论类优秀奖和提名奖；《今晚特别点击》入选全国地面频道节目20强。2010年，《有么说么》《有一说一》栏目被评为中国最具原创精神故事类电视栏目和娱乐类电视栏目。

第四章　广播电视经营

第一节　广播电视广告

1986年后，济南广播电视广告创收一直保持持续增长势头，至2010年总体上经历三个增长阶段：

20世纪80年代中后期至90年代初期为稳步发展期。这一时期，全台广告收入总量低，增长较为缓慢。当时电台、电视台发射功率小、覆盖面窄；节目套数少（1套），播出时间少；广告播出形式单一，从业人员缺少广告业经验，加上对广告的作用认识不足，直接造成广告数量少，收入相对较低。1986年，济南人民广播电台广告收入30万元，济南电视台广告收入74万元；1987年，电台广告收入40余万元，电视广告收入125万元；1989年，电台广告收入70余万元，电视广告收入237万元。为增加创收，其间采取3种做法：(1)组织成立全国省会市台经济信息协作体（有全国25个省会城市台参加）和山东省17地市经济信息协作会，简称“联播体”和“协作会”，开办“全国省会城市广播电台经济信息联播”“全国省会城市电视台经济信息联播”节目和“全省17地市广播电台经济信息联播”“全省17地市电视台经济信息联播”节目。“联播体”“协作会”实行各台收取本地企业的广告信息费，各台负责播出全国汇总信息的运作方式。后随着广告业的发展，经济信息联播节目无论内容还是形式、容量，都不能满足广告客户要求，于1998年停止活动。(2)举办演唱会、音乐会，加大创收力度。1986年12月，济南台广告信息部在全国广电系统率先组织“明星争辉”大型演唱晚会，创收20万元。(3)请专家教授讲课，提高广告人员素质。济南电视台广告片多次获奖，曾获全国最高奖“电视广告印象奖”。至1992年，济南人民广播电台的广告收入增长到210余万元；济南电视台的广告收入增长到1246万元，1994年增长到2321万元。

20世纪90年代中期至2000年前为快速增长期。广播电视广告收入总量快速增长，增速明显提升。90年代中期后，广播电视节目播出形式实行重大改革，节目频率频道逐渐增多、技术覆盖范围不断扩大、节目时间大大延长、节目播出形式多种多样，促进了收视收听率的提高。同时，社会对广播电视广告的认知度明显提升，出现大量广告公司，专门承揽广告业务，为广播电视广告业务的快速发展提供了良好环境和条件。1997年，电台广告收入700余万元，电视台广告收入5225万元。随着有线电视在市区的逐步普及，广电网络经营发展迅猛，1998～1999年，有线电视业务收入由1789万元增长到3423万元。

2000～2010年为规模化、规范化发展时期。广播电视广告经营步入规模化、规范化的稳步发展阶段。济南广电的广播节目和电视节目分别达到6套和7套，均为24小时不间断播出，对广告产品的吸引力不断提高。与此同时，广播电视广告形式、内容和结构不断调整，广告结构日趋合理，单纯介绍产品的片段广告（即硬广告）和咨询广告、形象广告、客座广告（即软广告）的比例在2∶3左右。2004年，电台广告收入3661万元，电视台广告收入过亿元。2006年，电台实现广告收入4600万元；电视台实现广告收入10386万元。

2005年后，国家有关部门不断加大对广播电视广告节目的监管力度，禁止播放各类不符合要求的医疗、资讯服务类广告节目。济南人民广播电台和济南电视台采取积极应对措施：严格按照国家有关规定，对医疗、资讯服务类广告节目展开集中清理整治，对不符合播出要求的各类医疗类广告节目进行相应的调整和压减。仅2007年，全台压减医疗类广告2000余万元。同时，制定完善频率频道管理和广告播放管理等多项规章制度，健全长效监管机制，并通过加大目标管理和成本核算，加强广告统一经营，控制成本支出、及时调整广告结构，扩大品牌广告分量，推进广告资源整合利用，转变经营方式，挖掘经营创收潜力等措施，最大限度地降低政策因素对广告创收的影响，保持广告经营创收的快速增长。2007～2010年，电台分别实现广告经营收入5300万元、6006万元、6836万元和9221万元；电视台分别实现广告经营收入10108万元、11600万元、13400万元和15343万元。

这一时期，全市有线电视用户数量不断增加，有线广播电视“村村通”取得重大进展，广电网络实现多元化发展，逐步形成有线电视、数字电视、农网、宽带网络等各项业务齐头并进、快速发展的格局。2000～2010年，广电网络经营总收入从3041万元增长到29556万元；其中，有线电视营业收入于2006年突破亿元大关，达到12400万元，2010年增长到19300万元；数字电视业务从2000年的195万元增长到2010年的1996万元；广电宽带规模不断壮大，2007年起步时收入2118万元，至2010年营业收入3262万元，增长50%以上。

第二节 经营公司

一、济南广播电视发展公司

1992年，济南广播电视发展公司成立，主要业务是通过网络收集行业信息，为同行业单位提供有偿信息服务。1993年，公司主要从事电视台及其他媒体广告代理、节目复制、译制片引进发行等业务。1996年下半年，公司主要从事有线电视的工程维护、加密器的销售业务。至1999年年底，公司处于半歇业状态，职工1年未发工资，大多在外自谋生路。

2000年年初，公司将原有业务人员交由局组织人事处待分配工作，只剩下总经理、财务、出纳、司机4人，账面可用资金24.8万元。同年4月，公司组织举办香港歌手刘德华济南演唱会，实现票房收入400万元，加上广告费收入总计超过500万元。

2001年，公司投资对广播电视塔实施霓虹灯亮化工程，并先后承揽发布“中国电信”和“中国重汽”铁塔广告。至2010年年底，“中国重汽”广告发布合同仍在续签之中，广告发布费由第一年的78.3万元增长至2010年的150万元。同年，公司开发济南有线电视调频立体声广播业务。2001年年初，发展公司与其他3家公司合资成立济南电广科技公司。至2005年，电广科技公司先后完成济南市人才市场综合楼、淄博市建设银行大楼、淄博海关大楼弱电总包工程（含综合布线、计算机网络、通讯、监控、会议室多媒体集成等），济南市政府和山东省警官学院视频会议及灯光音响工程，以及审计署驻山东办事处大楼楼顶巨型三面翻广告牌建设等多项工程，累计创收620万元。2001年5月，公司与北京电视艺术中心合作推出《影视快讯》节目。

2004年，公司开始承包济南有线电视历下区和历城区广电宽带用户发展和工程维护业务。同年，为配合网络“模拟转数字”工作，成立并运营“CATA数字电视导视”频道。8月，公司创办济南广播电视影视艺术专修学校，至2005年年底累计创收28万元。其间，公司先后代理网络中心、济南电视台生活、商务、娱乐频道以及省市其他多家媒体的广告业务，并和网络中心合作开展上星卫视和央视频道的广告插播工作。2004～2005年，插播广告成为公司的主要创收来源。至2005年，公司由最初的单一广告代理发展成为集计算机网络科技、弱电系统集成、文化教育培训、广告制作代理发布、有线电视网络增值服务等业务为主的综合性公司。2000～2005年，发展公司及下属公司累计实现创收2190万元，上交主管局115万元，上缴国家税金111万元。2005年年底，公司资产总额由创办时的946万元（虚有投资）增长至1499万元，账面可用资金310万元。

2006年年初，济南广播电视发展公司与济南电视台广告中心原有人员合署办公，工作重心随之转移到济南电视台广告中心创收工作。2010年下半年，发展公司在原有业务开展基础上，接手局内部刊物《新视听》发行和广告宣传业务。2006～2010年，累计创收1620万元，上缴财政119万元，上缴税金95万元。2010年，公司资产总额增长至2263万元，账面可用资金增长至577万元。

二、济南广电移动电视有限公司

2004年11月，由3家股东共同出资注册成立济南广电移动电视有限公司，注册资金800万元人民币，其中济南电视台出资312万元，上海文广科技有限公司出资304万元，上海泰乐景公司出资184万元，分别占总股本的39%、38%和23%。同年12月18日，济南地面无线数字电视开始进入试验性播出，频率为514兆赫、18频道，试播呼号为“移动电视”。

2005年1月18日，首套公交车移动电视接收终端在118路公交车安装、测试，进行全路段试运行。至正式开播前，公交车上安装电视终端数量600台，每天播出节目时间19小时，节目以采编中央台和济南电视台的新闻类节目和娱乐节目为主。5月18日，“移动电视”频道正式播出。开播仪式在山东大厦济南厅举行，宣布由济南迅华移动电视公司和济南广电移动电视公司联合组建“济南移动电视城市T频道”，共同对公交移动电视进行建设运营。9月，整顿济南广电移动电视有限公司股权结构，上海泰乐景公司退出济南广电移动电视有限公司，其股份由济南电视台收购。经过整顿，公司开始扭转亏损局面。

2006年11月，济南广电移动电视有限公司与全国性移动电视广告运营商世通华纳济南分公司签订全面广告代理合同，济南广电移动电视有限公司全面负责移动电视节目编播和信号发射以及广告审查工作，世通华纳济南分公司专业负责济南公交移动电视频道的广告运营和车载设备维护，合作期5年。

2007年1月8日，济南电视台新大楼楼顶第一块140平方米户外全彩LED大屏建成开播。同年，实现赢利100万元。

2008年5月,市政府办公厅下发34号文件，同意建立济南市城市应急电视信息发布系统，要求在济南市公共场所建立2000套室内电视和40块户外LED电视大屏，提出城市电视要在“服务群众，关注民生，加强城市应急能力建设等方面发挥应有的作用”。5月8日，移动电视第二套节目开通试播，呼号为“移动电视城市频道”。同时首批200台室内公共用户终端开始布置于各大酒店、机关单位、银行、医院、商场等公共场所。7月,第二块户外全彩LED大屏(经四路鲁能烧鹅仔）开工建设。8月8日，济南城市电视正式开播并现场转播北京奥运会开幕式，数万市民通过位于经四路烧鹅仔餐饮公司的“城市电视”户外LED大屏和200台室内城市电视观看开幕式。

2009年1月,第三块户外全彩LED大屏(中恒商城)建成开播。同年3月，第四块户外全彩LED大屏（华联商厦）建成开播。10月16日，第八块户外LED电视大屏在泉城路三联商厦开播，拥有400台室内电视终端和8块户外LED电视大屏的城市电视一期工程完工。当日，数十万市民通过400台室内电视和8块户外LED电视大屏观看城市电视同步播出的十一届全运会开幕盛况。

至2010年年底，移动电视公交车电视安装终端数量1300台，城市电视设立户外LED大屏15块、室内电视450台，广电移动电视有限公司当年实现创收653万元。

第五章 机 构

第一节 济南市广播电视局

1986年，济南市广播电视局内设机构为办公室、政工科、秘书科、财务科、技术科、广播事业科、器材供应站；济南人民广播电台、济南电视台。济南市广播电视局与济南人民广播电台、济南电视台合署办公，为“局台合一”的行政事业管理体制，既抓行业行政管理，又搞媒体宣传业务。济南人民广播电台、济南电视台均为正局级事业单位。1987年，内设机构为办公室、组织人事处，事业管理处、技术处、财务科；成立《济南广播影视报》编辑部，为市广播电视局下辖的科级事业单位，经济实行独立核算。1988年1月，《济南广播影视报》停刊，《泉城周报》创刊。1990年，将财务科改为计划财务处，同时增设音像管理处；建立济南市广播电视局机关工会委员会，成立济南广播电视学会。

1992年10月6日，济南广播电视发展公司成立，为隶属于济南市广播电视局的县级事业法人单位；12月16日，成立济南有线广播电视台，为市广播电视局管辖下的县处级事业单位。1993年11月3日，设立局总编室；成立济南经济广播电台，为市广播电视局管辖的县处级事业单位。1994年5月16日，成立济南经济电视台，为市广播电视局所属县处级事业单位，实行企业化管理;7月，泉城周报社设立编辑部、采通部、广告发行部，为市广播电视局管辖的县处级事业单位。

1997年，增设立社会管理处、科技处，撤销音像管理处；撤销济南经济电视台，在济南电视台设经济部，承担原济南经济电视台的职能任务。1999年年底，市广播电视局进行机构改革，将济南有线广播电视台并入济南电视台，济南经济广播电台并入济南人民广播电台。2000年，成立妇委会。《泉城周报》划转为济南广播电台和济南电视台主管、主办。

2001年，市广播电视局内设办公室、组织人事处、总编室、社会管理处、科技处、计划财务处、离退休干部工作处、工会、团委、妇委会、广播电视学会；设立市广播电视局安全保卫中心，同时撤销市广播电视局保卫处，为市广播电视局所管辖的差额预算管理的县处级事业单位；市广播电视局使用事业编制，实行差额预算管理；确定市广播电视局物业管理中心为市广播电视局所管辖的差额预算管理的县处级事业单位；确定济南市广播电视信息网络中心为市广播电视局管辖的自收自支的县处级事业单位，并将济南微波站并入。

2006年5月12日，市广播电视局进行体制改革，由“局台合一”体制改为“局管台”体制，济南人民广播电台、济南电视台由正局级台改为副局级台。

至2009年年底，业务处室保持不变，下辖单位有济南人民广播电台、济南电视台、济南广播电视信息网络中心、济南市广播电视台物业管理中心、济南广播电视局安全保卫中心、济南广播电视发展公司等。济南人民广播电台、济南电视台仍为市广播电视局管辖下的副局级事业单位，与济南市广播电视局合署办公。

第二节 济南广播电视台

2010年1月23日，根据国家机关形成事业分开的改革要求，济南市广播电视局的行政机构编制撤销，其在编的行政人员和行业行政管理职能并入济南市文化广电新闻出版局等新建的市直行政机构，济南广播电视管理体制实现局台分开，济南人民广播电台、济南电视台及原济南市广播电视局所属其他事业单位合并组建为济南广播电视台，为市政府直属正局级事业单位，专司履行新闻媒体的宣传职能。2011年1月24日，明确济南广播电视台为市政府直属财政补贴正局级事业单位，设办公室、总编室、人力资源部、财务经营部、技术管理部、后勤保障部，电台新闻综合广播部、电台经济广播部、电台交通广播部、电台文艺广播部、电台音乐广播部、电台广告中心、电台制作播出部、电台发射部，电视新闻综合频道部、电视都市频道部、电视商务频道部、电视娱乐频道部、电视影视频道部、电视生活频道部、电视少儿频道部、电视国际部、电视广告中心、电视制作部、电视播出部、电视转播部、电视发射部、产业发展中心，离退休干部处等30个内设机构；同时撤销原市广电局所属济南人民广播电台、济南电视台、济南市广播电视物业管理中心、济南市广播电视局安全保卫中心、济南市广播电视局信息网络中心、泉城周报社、济南广播电视发展公司事业单位建制，核销其编制。

济南广播电视台全景

第七篇 档　案

1985年，济南市档案工作首次列入全市国民经济和社会发展规划，档案事业步入与国民经济和社会发展各项事业紧密结合、协调发展轨道。各级档案部门、机构从档案行政管理和档案保管利用两方面着手，开展档案资源体系、利用体系和安全体系建设，提高档案管理水平，增强服务功能，推动档案事业全面发展。

档案资源建设。有序开展机关、部门档案以及撤、并、转单位和临时机构档案接收；征集一批与地方重大历史、重要活动、重点工程，以及名泉、名人、名胜古迹、名优土特产品等档案资料、历史史料进馆，馆藏门类、数量显著增加。2004～2006年连续3年开展“档案资源建设年”活动。至2010年，市档案馆馆藏档案264个全宗、359584卷，各类资料3万余册，市直机关现行文件5600份。

档案管理。加快档案编目整理，形成手工目录和机读目录相结合的科学完整、便捷高效的档案检索体系。加快机读档案目录数据库建设，档案数字信息化进程加快，济南市、市中区和槐荫区数字档案馆先后建成启用。市及各县（市）区分别新建或扩建改造档案馆。市档案馆以手抄和装裱的方法抢救民国时期历史档案和革命历史档案，缩微拍摄馆藏珍贵、重点档案以及市委、市政府等39个全宗档案。

建档工作。1986年，实行机关档案年度立卷检查验收。1987年起，开展企业档案管理升级、目标管理认定以及乡镇、企业档案和农村建档工作，先后建立土地管理、环保等专业档案。1999年起，加强对重点项目档案工作的监督指导，跟踪指导重大项目建档工作。2002年起，开展信用档案以及旅游业、会展业和社会中介机构建档工作。2007年后，围绕社区卫生服务、新型农村合作医疗、社会保险、婚姻、工作调动、招工等民生领域开展建档工作。至2010年，收集150余家单位199项内容的民生档案，全市民生档案数据中心建设初步完成。

档案利用服务。改进服务方式、服务手段，推出查档承诺、预约查档、函电代查和免费为特困职工查档等服务，并逐步实现信息检索由手工向计算机过渡。1987年，章丘县档案馆向社会首批开放利用率较高的998卷档案，成为全市最早向社会开放满30年档案的档案馆。至2010年，全市各级综合档案馆多批次向社会开放档案721个全宗、158万卷、3875件，目录185.9万条。开发档案信息资源，全市各级档案馆完成文件与史料汇编、大事记、画册等编研成果1029种，2109.7万字。至2005年，市及各县（市）区档案馆全部建立爱国主义教育基地。2001年10月，市档案馆“现行文件阅览室”向社会开放首批现行文件。至2002年5月，全市10个县（市）区“现行文件阅览室”全部向社会开放。2009年9月，市档案馆政府公开信息阅览中心正式开放。

档案法制建设。1994年10月，《济南市行政村档案管理办法》由省八届人大常委会第十次会议批准，成为山东省第一部关于农村档案的地方性法规。2000年10月，《济南市档案管理若干规定》颁布，是济南市第一部经人大正式审批颁布的档案工作综合性法规。

第一章 档案资源建设

第一节 档案接收

1986～2010年，市档案局按照国家和省市档案法律法规，组织全市各级档案馆开展定期档案接收以及政府机构改革撤并单位档案的接收工作。

一、机关档案接收进馆

1986年，全市各档案馆收集档案资料70799卷（册），其中市档案馆完成1976年以前市直机关档案的进馆任务。

1991年10月，市委办公厅、市政府办公厅转发《济南市档案局、档案馆关于接收市直机关档案的实施意见》，市直机关档案进馆工作全面展开。至1993年11月，接收市直机关101个单位的23867卷档案进馆。

2002年至2003年5月30日，全市分5批进行市直机关档案移交、接收进馆工作，接收95个市直机关单位1986～1995年形成的永久、长期保存档案58067卷进馆。

2009年，市档案局印发《关于贯彻落实“济厅字〔2009〕6号”文件的实施意见》，开展市直机关档案“当年立卷，当年进馆”改革试点，先后组织29个进驻龙奥大厦市直机关单位开展档案进馆工作，接收档案140379件（卷）。其中，文书档案106767件（卷），实物档案42件，基建档案312件（卷），会计档案8477卷，业务档案24781卷。

2009～2010年，市档案局（馆）组织开展民生档案资料进馆工作，先后接收婚姻档案、公证档案、国土业务档案3.6万卷。

二、撤并转单位及临时机构档案接收

1987年5月1日，济南市郊区建制撤销。市档案馆接收郊区档案资料32029卷（册），其中档案13054卷，资料18975册。

2001年，市委办公厅、市政府转发市档案局《关于在机构改革中加强档案管理的意见》，对全市机构改革中撤并转单位的档案，集中力量、集中时间，边指导、边接收。至2004年11月移交工作结束，29个单位、6万卷（件、册）档案移交进馆。

2010年，市档案馆配合新一轮机构改革，开展全市机构改革撤并转单位档案进馆工作，接收7个机构改革单位档案资料31800件（卷）。组织接收第十一届全运会济南赛区委员会、长清园博园组委会等临时机构档案资料1.7万件（卷）。

第二节 档案征集

1986年后，全市各级档案馆对档案资源建设愈加重视，开展形式多样的征集活动，广泛征集散存社会的珍贵档案，一批地域文化特色鲜明、史料价值较高，反映地方重大事件、重要人物、重点工程，涉及图书、报刊、音像、名人真迹等纸质、电子载体形式的档案资料被征集进馆。

一、党和国家领导人档案资料征集

1987年，市档案馆征集毛泽东、朱德等27位党和国家领导人在济南视察的205幅珍贵照片等重要档案资料，以及周恩来、邓颖超给其老师高盘之和师母的亲笔信。章丘市档案馆征

集江泽民、吴邦国、温家宝、李瑞环等国家领导人视察章丘的题字 28 幅、照片 560 余张。长清区档案馆征集党和国家领导人在长清考察、视察的照片 420 余张。

二、地方重大历史事件档案资料征集

1987 年起，市档案馆先后征集大批有关“五三”惨案、济南开埠、济南战役、抗日战争等珍贵档案史料。2007 年，组织开展“五三”惨案档案资料征集工作，通过网络竞拍、跨国邮购，从日本征集有关济南历史和“五三”惨案的画册、写真集、明信片、老照片等原始资料，共 740 件（张），其中文字资料 51 件、照片 689 张。2008 年，组织开展济南战役老战士声像资料采集工作，采访部分参加济南战役的老战士，录制近 300 分钟的电子声像档案资料。

济南市档案馆征集到的关于“五三”惨案的书刊 （2010 年摄）

三、人物档案征集

1987 年 6 月，市档案馆根据国家档案局相关规定和济办发〔1987〕14 号文件关于建立“三名”（知名人物、名优产品、名胜古迹）档案的精神，征集反映张海迪先进事迹的各种档案材料 10 万件，建立张海迪名人档案。2009 年 7 月，征集张海迪档案资料及实物等 1290 件进馆保存。2003 年，先后两次组织济南著名人物档案捐赠仪式，美术家吴泽浩等 51 位著名人物向市档案馆捐赠珍贵档案资料 3582 件，市档案馆名人档案库初具规模。章丘市档案馆征集名人照片 410 张，实物 248 件，书法作品 36 幅，档案资料 270 余件，资料 1351 册。2004 ～ 2010 年间，平阴县档案馆征集平阴名人字画 8 幅，先模人物档案 300 余件。2005 年 1 月，历城区启动名人建档工程，部分著名书画家向历城区档案馆捐赠个人作品。长清区档案馆征集李良森、于存波等多名知名作家作品及手稿。

2003 年 6 月 13 日，首批文学艺术界知名人士创作成果档案资料捐赠仪式

四、地方特色文化档案资料征集

“九五”期间，长清、平阴、市中、商河等县、区档案馆征集齐长城、卢氏源流、伊斯兰教、鼓子秧歌等一批具有地方特色的珍贵档案资料。章丘市档案馆征集济南市第一批、第二批非物质文化遗产档案 13 项。2004 ～ 2010 年，平阴县档案馆征集一批关于平阴玫瑰、“福”牌阿胶等名优特产档案资料；长清区档案馆征集康熙、道光、民国时期的《长清县志》《五峰山志》《山东通志》《小方壶斋舆地丛钞》等，以及康熙年间的圣旨、家谱等历史资料。

五、珍贵历史资料和历史老照片征集

“八五”期间，市档案馆征集一批家族家谱资料，以及“隆祥布店”历史资料一宗。“十五”期间，征集济南老街巷照片 4000 余张。2006 年，在省内外开展济南历史档案资料征集活动，先后六次组织人员赴 10 余城市 30 余个单位征集济南历史档案资料 152 卷 2050 页、图书资料 6 本、照片 190 张。章丘市档案馆征集 1946 年章历县柳塘口联保办事处革命历史档案 16 卷，清代、民国时期地契 6 件，章丘历代碑文拓片

89件，家谱族谱19册，以及反映章丘60年发展历史和建设成就的照片4670张。平阴县档案馆征集《平阴县志续刻》2卷，《孔子世家谱》《张氏家乘》等家谱文献9套。长清区档案馆征集一批红色革命照片及历届党代会、人代会照片1000余张，以及有关长清一中、长清东关小学的史料。

第十一届全运会济南赛区档案移交仪式
（2010年摄）

六、重点工程、重大活动、重要新闻事件档案资料征集

2001年起，市档案馆对济南旧城区改造、道路拓宽、老建筑迁移等多项重大市政工程进行跟踪拍摄。2003年，现场拍摄中国共产党济南市第八次代表大会，收集照片档案200幅、录像资料260分钟。2003年后，分别征集中国（济南）信博会、中国国际旅交会、亚洲杯足球赛等20余项重大活动的第一手档案资料610件、照片2293张。2010年，市档案馆通过跟踪拍摄与定向征集，先后收集五里沟棚户区、魏家庄棚户区改造工程档案资料和38个棚户区改造前的照片资料3660张，视频资料60余分钟。历下区、章丘市启动城乡记忆工程和重大活动、重要人物档案征集活动，征集一批档案资料。2004～2010年，章丘市征集反映城市城区面貌和重点工程建设的照片档案3870余幅，录像带12盘，光盘18张。

至2010年年底，全市各级档案馆向社会征集具有济南特色的有关商埠、抗日战争、名泉、名人、城市建设、民风民俗、重大活动等档案资料9万余件（卷、份），其中市档案馆征集8万余件。

1986～2010年济南市档案接收、征集情况表

表15—7—1

年 份	接收档案（卷、件）				征集档案（卷、件）			
	合 计	市	县（市）区	专业馆	合 计	市	县（市）区	专业馆
1986	62842	4927	9397	48518	—	—	—	—
1987	46988	19524	27464	—	—	—	—	—
1988	22376	3387	18724	265	—	—	—	—
1989	11407	3499	6851	1057	—	—	—	—
1990	27737	2119	24975	643	—	—	—	—
1991	18935	4890	13909	136	999	942	6	51
1992	28881	16220	11190	1471	1498	1246	229	23
1993	16927	6641	8109	2177	183	181	2	—
1994	10045	4493	1975	3577	4076	4076	—	—
1995	9774	33	7991	1750	4329	4193	136	—

续表15-7-1

年 份	接收档案（卷、件）				征集档案（卷、件）			
	合 计	市	县（市）区	专业馆	合 计	市	县（市）区	专业馆
1996	18585	60	18140	385	509	256	253	—
1997	12086	—	11493	593	1802	1794	8	—
1998	27122	3065	18700	5357	1920	1720	200	—
1999	45712	22878	21718	1116	26	—	26	—
2000	22383	—	20358	2025	92	—	92	—
2001	316260	26563	27933	261764	71	—	71	—
2002	58870	45890	12980	—	7281	5842	1439	—
2003	908086	17890	13811	876385	34051	32611	1440	—
2004	124906	22580	12343	89983	7838	5325	2513	—
2005	215235	5726	15457	194052	13750	13211	539	—
2006	157567	12002	31672	113893	5123	4138	985	—
2007	264979	3636	21571	239772	2151	1545	606	—
2008	174871	3853	28563	142455	2423	2237	186	—
2009	325154	44170	64085	216899	2898	2631	267	—
2010	456276	100396	118975	236905	1867	1654	213	—
合 计	3384004	374442	568384	2441178	92887	83602	9211	74

附："档案资源建设年"活动

2004年12月，省档案局印发《关于深入开展档案资源建设活动的实施意见》。至2006年，济南市各级档案部门连续3年开展"档案资源建设年"活动，一批文化内涵丰富、地方特色突出、现代气息浓郁，反映历史和当代社会重大活动、重要会议、重要历史事件、社会重大变化的多种载体的档案资料收集进馆。2006年12月29日，全省档案工作暨"档案资源建设年"活动总结表彰会召开，济南市档案馆和历下区档案馆、章丘市档案馆被评为全省"档案资源建设年"活动先进集体。

市档案馆强化档案接收与档案征集两条渠道，通过与相关部门、机构和个人进行广泛沟通与合作，推动档案资源建设工作开展。(1)以重大历史事件和重大活动为契机，开展专项征集。2004～2005年，在济南开埠百年和抗日战争胜利60周年之际，与济南报业集团合作，分别开展济南商埠档案资料有奖征集和抗日战争档案资料征集工作，征集进馆20世纪三四十年代的济南老照片、1934年《济南大观》、日军侵华"支那纪念币"、鹊山惨案照片等1.1万余件历史资料与实物。(2)突出地方特色，建立馆藏特色档案。借助泉水持续喷涌、评选济南新72名泉时机，对新72名泉逐一进行调查、拍照、录像，建立新72名泉档案，并从民间征集泉水档案资料近200件。(3)馆藏名人档案库进一步充实。为著名雕塑家薄自洋、美术家康庄、济南文化名人徐北文、面塑艺术家何晓铮等12人建立名人档案。(4)拓展征集地域，面向海内外开展"五三"惨案等重大历史事件档案资料征集活动。自2005年开始，着手征集分散在外地的济南历史资料，通过信函、电子邮件、网络查询等方式，收集国内有关济南历史档案资料信息400余条并进行核实。2006年年初，成立济南历史档案资料征集活动领导小组，组织专门队伍赴泰安、上海、南京等地进行征集，核查济南历史档案资料303卷（件）5万余页，征集进馆147卷（件）1050页。其中，20世纪30年代日本出版的《山东派遣军纪念写真帖》原件，以图片的形式记录日军出兵山东制造“五三”惨案的全过程，是反映济南“五三”惨案珍贵的原始资料。(5) 开展济南民风民俗资料和社会个人收藏品征集活动。与市民俗艺术博物馆等单位联系，征集民风民俗照片、千佛山庙会照片、传统手工烙画等民俗艺术作品以及齐鲁集报大王黄文明珍藏的1.3万余份报纸。(6) 采取有奖征集等方式，调动档案资料持有者的捐赠积极性。2004年、2005年，连续召开档案资料征集活动座谈会，对捐赠人进行奖励，取得较好效果。(7) 开展重大活动和重要事件档案资料征集工作。先后跟踪收集中国（济南）信息博览会、中国国际旅游交易会、亚洲杯足球赛济南赛区赛事、山东（国际）文化产业博览会等20余项在济南举办的重大活动的档案资料。分别对泉城路、经十路、纬六路老洋行、大明湖片区、解放阁及舜井街片区等30余项重大市政工程进行跟踪拍摄，征集泉城老街老巷照片4000余张，并收集一批反映城市建设的声像资料。自2003年开始，与济南电视台签订征集协议，征集济南重要新闻声像资料900余条。(8) 做好重大活动临时机构档案资源建设工作。2005～2006年，联合市保持共产党员先进性教育活动办公室下发《关于加强保持共产党员先进性教育活动档案管理的通知》，多次派人到市委先进性教育活动办公室，指导、帮助建档工作，将整理归档的237盒文件材料全部移交进馆。(9) 抓好档案资源基础建设，全力做好档案接收工作。2004年，济南市实施政府机构改革，市档案馆派专人参加市政府机构改革机关事务处领导小组，负责机构变动部门档案移交协调工作，接收机构改革单位文书、会计、实物、基建等各类档案35233件（卷）。同时，开展撤销、破产企业档案进馆工作。2005年，组织接收因企业拆分而撤销的济南市热电公司档案1351卷（件）进馆。(10) 做好现行文件收集工作。市委办公厅、市政府办公厅印发《济南市已公开现行文件送交利用工作实施细则》，进一步规范明确现行文件报送的有关要求。同时，对关系群众切身利益的有关文件，及时主动收集。2000～2010年，采取报送和主动收集的办法，收集现行文件4529件。

各县（市）区档案馆也按照省、市档案局部署，对开展档案资源建设活动进行安排部署。(1) 拓宽建档渠道。除加强机关、企事业单位的文件材料归档指导工作外，积极拓宽建档渠道，在城市普遍开展家庭建档、社区建档工作，在农村开展村级建档、村档乡管工作。部分县（市）区从本地实际出发，开展济南“爱泉人”和残疾人士建档工作。(2) 开展各类档案资料征集工作。章丘市档案馆征集江泽民、吴邦国等党和国家领导人视察章丘的题字、照片、实物以及中国驻外大使时延春外交活动档案，市中区征集到区原伊斯兰教协会副会长杨笑彭的《伊斯兰教志》及伊斯兰教画册，济阳县征集到清代至民国时期地契文书、清乾隆时期的画像和族谱，槐荫区征集到民间艺术家剪纸、美国“9·11”事件遇难亲属公开信手稿等，商河县征集到商河汉墓挖掘过程的声像档案等。(3) 加强档案接收工作。各县（市）区在保证按时按计划接收应进馆档案的基础上，普遍加大重大活动、重要事件和重点工程的建档和进馆工作力度，先后接收保持共产党员先进性教育、“城乡记忆工程”、背街小巷整治等重大活动和重点工程中形成的档案，并积极开展电子文件接收工作。(4) 抓好专业档案接收工作。各县（市）区接收婚姻档案、招工档案、房产普查档案、地名档案、审计档案、计生档案、阿胶档案、玫瑰花档案等。其间，县（市）区档案馆接收文书档案16983卷、627件，照片档案600余幅，声像档案13盘，实物档案26件，电子档案217件；征集文书档案1489卷（件），照片档案474张，实物档案270余件。

第二章 档案管理

第一节 档案馆管理

一、馆 藏

1985年年底，市档案馆馆藏档案87个全宗、134490卷，主要包括革命历史档案、旧政权档案、新中国成立后济南市机关档案和反映济南历史的照片档案。另外，保存资料5510册（卷）。1986年后，全市各级各类档案馆档案门类增多，馆藏数量显著增加。各级综合档案馆分期分批组织开展机关单位的档案进馆工作，组织接收机构改革撤并转单位和临时机构档案，开展民生档案资料接收进馆工作，接收各类档案资料338.4万件。各专业档案馆收集有关城市规划管理、公共设施、基建工程、房地产管理、医保、社保等内容的档案。影像档案从无到有，全市各级档案馆馆藏照片、图片、声像档案50万余件。开展档案征集活动，征集各类档案资料9万余件，一批反映济南历史文化、重大事件、风景名胜、市政风情、民风民俗等散存在社会上的老照片、老资料得到妥善保存。

至2010年，济南市各级档案馆馆藏总数1289个全宗，其中案卷2230034卷，案卷排架长度15835米，以件为单位档案225333件，排架长度1006米，其他档案资料510284件。市、县（市）区馆藏档案总数量增加至2965651（卷）件，比1985年增加10余倍。其中市档案馆馆藏264个全宗、359584卷，包括文书档案、专门档案、科技档案、声像档案、实物档案，档案排架长度4700米，各类资料3万余册，市直机关现行文件5600份。其中文书档案包括革命历史档案1个全宗汇集，268卷，历史档案13个全宗1万余卷，新中国现行机关档案（含撤销机关档案）60万余卷（件）。

济南市档案馆库房 (2010年摄)

2010年济南市各综合档案馆、专业档案馆馆藏档案情况表

表15—7—2

馆 别		市档案馆	县（市）区档案馆	专业档案馆	合 计
全宗	个	264	1025	—	1289
案卷	卷	359584	489258	1381192	2230034

续表15—7—2

馆 别			市档案馆	县（市）区档案馆	专业档案馆	合 计
案卷排架长度		米	4700	7398	3737	15835
以件为单位档案		件	106899	118434	—	225333
以件为单位档案排架长度		米	500	506	—	1006
录音磁带录像磁带影片档案		盘	325	1198	300	2184
照片档案		张	48374	66960	220303	335637
底图		张	—	20477	150490	170967
电子档案	磁带	盘	—	30	—	30
	磁盘	张	—	350	—	350
	光盘	张	193	723	—	1216

二、档案管理与保护

（一）档案管理 济南市各级综合档案馆与各专业档案馆分别采用分全宗、保管期限、库房，以及按专业、工程项目、区域等分类保管的方法管理档案。

1987年，全市各县区档案馆按照《地县档案馆基础工作规范方案》要求，调整全宗、案卷和档案号，进一步完善检索工具，整理馆藏档案55580卷，建卡184981张；全市统一制定完善档案馆收集、管理、统计、借阅、鉴定、保密等制度，并在工作中逐步完善，推动档案管理工作的规范化、制度化。同年，市档案局印发《照片档案管理试行办法》，就照片档案管理工作的基本原则、任务、归档范围及照片档案的管理、移交、利用等作统一规定。全市各级档案馆采用按全宗或专题的分类方法，对馆藏照片整理、编目，形成照片档案29755张。

各档案馆在档案保管中采用先进技术，提升管理水平。2000年，市档案馆启动馆藏档案案卷及文件级目录数字化工作，2006年开始馆藏档案全文数字化工作，接待利用工作由手工检索逐步向计算机检索过渡。历下、市中、章丘、天桥、槐荫等档案馆陆续开展馆藏档案数字化工作，其中历下、市中同时开展档案全文数字化工作。至2010年年底，有近98%的馆藏档案实现计算机检索，完成馆藏档案全文数字化900万页，近40%的馆藏档案可实现计算机提供利用。全市馆藏档案全文数字化1100余万页，在提高档案利用查全率、查准率的同时，保护了档案原件。

（二）档案保护 本着“以防为主、防治结合”的思路，不断改善档案保管条件，加强档案修复与复制，将档案保护贯穿于收集进馆和保管利用的全过程。

保护条件。全市各级各类档案馆通过建设新馆、加强档案库房建设与管理等措施，使档案库房的安全防护技术、设施，以及档案保护环境不断改善升级，有效维护档案实体和档案信息的安全。1987年召开的济南市档案工作会议，要求把档案馆建设作为工作重点。以1987年历城县档案馆建成为起点，全市出现档案馆建设高潮。济南市及各县（市）区分别新建或扩建改造档案馆。2005年后，按照省档案局《关于档案馆新馆建设的指导性意见》精神，全市档案馆建设再掀高潮。2008年年底，市档案馆搬迁至龙奥大厦新址，档案库房面积1万平方米。章丘市、天桥区、历下区、市中区档案馆新馆分别投入使用。

在开展新馆建设的同时，各档案馆不断强

化馆库基础设施建设。1988年，市档案馆对库房进行改造，对90个窗户进行改造并加装隔热材料进行封堵。1995年始，使用温湿度自动控制系统。2001年，大规模升级改造档案库房保护系统，包括库房温湿度监控、通风条件判定、楼层照明监视、防盗报警、火灾报警、库房工作人员出入登记、天气变化情况记录和数据统计分析等功能；在库房内敷设专用电缆线路，更新安装5台大型空调，并在库房各层配备灭火器和消防水龙带。建立消毒室，做到新接收的档案、资料先行消毒方能进馆。2008年年底开始，对新馆档案库房进行安全保护综合智能管理系统建设。该系统集温湿度检测控制、防盗报警、视频监控等于一体，做到档案安全保护工作的智能化、人性化、科学化、形象化。至2010年，全市各综合档案馆基本达到“九防”(防火、防盗、防高温、防潮湿、防光、防尘、防鼠、防虫、防污染)要求。

档案修复与复制。1986年起，各档案馆对所保管的各类档案全部进行鉴定，对纸张老化、字迹褪变的破损档案开展抢救。至2010年，通过复制、封存和托裱等方式抢救破损档案3433卷（件）。1995年起，市档案馆购进档案缩微设备，培训人员，对重要档案开展缩微保护工作，当年完成济南历史档案资料缩微胶片120820幅。全市各专业档案馆、有条件的县（市）区档案馆分别开展此项工作。至2005年，全市各级各类档案馆完成档案缩微胶片2212190幅(张)。2005年后，随着档案全文数字化工作的开展，此项工作终止。

第二节 档案室管理

一、机关文书档案管理

1986年起，济南市各级机关档案工作逐步走上规范化、科学化建设道路。从市直到各县（市）区一级单位，全部建立机关档案室，配备专兼职档案人员，并基本实行综合管理。学校、派出所等事业单位、派出机构均建起适应单位工作需要的档案机构。至2010年，全市建各级机关档案室2400余个，配专兼职档案人员4000余人。其中，市直机关档案室保管有包括文书档案、会计档案、照片档案及其他专业档案75个门类。

1986年，济南市市直和县(市)区机关开始实行年度档案立卷检查验收，较好地解决了机关档案立卷难的问题。1987年起，在市直机关和各县(市)区机关逐步推开机关档案综合管理。1990年起，先后开展机关档案升级、认定和档案管理年度考核等工作，全市机关档案工作逐步走上规范化管理的轨道。2001年，在市政府办公厅等单位试点开展文件级归档整理，2002年起在市直机关全部推行。至2010年年底，10个县(市)区机关全部推行文件级归档整理。

二、经济科技档案管理

（一）工业企业科技档案 1986年，贯彻国务院《科学技术档案工作条例》，全市50%左右的企业改革科技档案管理体制，建立企业科技档案信息中心或科技档案资料综合管理部门。市档案局制定《济南市引进技术、设备文件材料归档范围（试行)》，对76个大中型工业企业档案工作进行普查。1991年，市档案局与市企业管理领导小组联合开展为“质量、品种、效益年”和大中型企业服务活动，全市152家大中型企业从档案利用方面取得直接或间接经济效益1300万元。同年，市档案局印发《济南市企业事业单位档案综合管理标准(试行)》，加强对企事业单位档案综合管理工作的指导。至年底，有400家企业实现档案综合管理。1992年，在全市开展“以生产经营为中心，实现思想观念、工作作风、工作方法转变，建好产品质量、经营销售、引进技术、名优产品、三资企业五种档案”的“135”创优服务活动。1993～1996年，全市企业取得“135”创优服务活动成果292项，创经济效益 8000 余万元。至 2010 年年底，全市部分规模以上大中型企事业单位（根据省档案局统计年报要求选择 32 家典型企业进行统计）建立党群工作、行政管理、经营管理、生产技术管理、产品、科学技术研究、基本建设、设备仪器、会计档案、干部职工档案等各门类档案 464865 卷、486776 件，照片档案 100130 张，底图档案 4129478 张，电子档案（磁带、磁盘、光盘）3355 张（盘），档案室面积 10982 平方米。

（二）城市建设档案 1986 年，按照市政府《济南市城市建设档案试行规定》，济南市各县、区均建立城建档案室。市卫生局、市文化局、市商业一局以及许多基层企事业单位、乡镇都加强本系统和本单位的基建档案工作，市属企事业单位收集、整理、保管基建档案约 20 万卷。1987 年，市建委、市规划局、市建设银行制定建设工程交付竣工档案保证金具体办法，3000 余项工程执行这一制度。同年起开展的全市地下管线普查工作，历时 3 年，对全市 1000 余个单位围墙内及 9 个专业（上水、下水、防洪、人防、电力、电讯、煤气、热力、路灯）系统管线开展调查、拴点、标绘制图工作，标绘示意蓝图 7000 余幅，取得各种调查数据百万个，绘制地下管线综合图 1900 余幅，绘制各种专业地下管线图 5000 余幅。1990 年济南市城建档案管理办公室成立后，联合市建委、市档案局制定《关于向市城建档案馆移交重要工程竣工档案的通知》，加强全市城建档案的监督检查和管理，并对补制、补做重要工程竣工档案的方法、步骤和技术要求做出规定。按照通知要求，对以往 500 余项重要工程竣工档案完成补制、补做工作。1995 年，建设部在济南召开全国城市市政工程普查建档现场会，重点对济南市城建档案工作进行现场介绍。1998 年竣工档案保证金制度取消后，济南市通过完善法规制度逐渐建立起规范的城建档案管理模式。市城建档案馆联合质量监督、监理、设计等部门组成竣工验收小组，保证竣工档案验收进馆。

1998 ～ 2010 年，通过与相关部门加强合作、制定规章办法、建立登记制度、现场监督和跟踪调度指导，以及加强执法检查等方式，确保全市城建重点建设项目档案的齐全完整和立卷规范。其间，通过采取制定管理办法、监督指导、业务培训等方法，推动各县（市）区重点建设项目档案工作的开展。2006 ～ 2010 年，全市收集整理重点项目档案资料 111393 卷（件）、图纸 1184672 张（套）。

三、农村及农业科技档案管理

（一）行政村档案 1990 年，章丘市在全市率先开展行政村建档试点。至 1991 年，全市 10 个县（市）区全面开展行政村建档工作。市档案局与市农委等部门联合发文，制定行政村建档的分类标准、归档范围和保管期限表，并先后开展行政村建档“三优一提高”（优质建档、优良管理、优化利用，提高村级档案工作的经济效益）、“五有两创”（有专人管理、有专门库房、有适应需要的橱具、有完善的规章制度、有门类和内容齐全完整的档案，创造经济效益和社会效益）等活动，保证行政村建档工作顺利开展。

1995 年 1 月 1 日，《济南市行政村档案管理办法》正式实施。这是全国第一个由地方人大通过的农村档案工作的地方法规。自 1996 年起，市档案局多次与市人大教科文卫委、市政府法制局联合开展行政村档案管理执法专项检查，推动农业农村档案事业发展。1998 年，章丘市普集镇开展乡镇建立档案馆试点工作，并于 1999 年起在部分经济较发达、小城镇建设快的乡镇推开，初步形成“一馆多室”的档案管理模式。2003 年，配合农村开展的“村账乡管”等村务公开方面的举措，章丘市已建馆乡镇普遍进行由乡镇档案馆代管部分行政村档案的“村档乡（镇）管”工作。至 2010 年年底，济南市行政村建立各门类档案近 60 万卷；54 个乡镇建立档案馆，馆藏总数 6.5 万卷；61 个乡镇开展“村档乡（镇）管”工作，代管 1439 个行政村的档案

3万余卷。

（二）农业科技档案 1985年济南市第一次农业科技档案工作会议后，全市开展农业科技档案建档工作，初步形成包括植保、水利、林业、畜牧、农业基建、土地管理等多种门类的档案体系。从1998年建立农业科技档案信息网络工作开始，市档案局探索档案工作服务农业、农村经济建设和农民致富的有效方法，将档案工作向农业科技示范园、无公害蔬菜、农村经济合作组织等领域拓展。至2010年，全市建立各类农业科技档案373744卷（册），利用15996人（次）、26069卷册，创经济效益近2亿元。

四、专门档案管理

（一）诉讼档案 诉讼档案主要包括法院诉讼档案和检察院诉讼档案两部分。1986年起，市法院系统把档案工作重点转移到诉讼档案工作的规范化和标准化上，组织全系统开展诉讼档案清理、档案规范化管理达标升级、档案管理信息化建设等工作，市和各县区法院的档案工作在档案管理升级、认定等活动中全部达到最高等级。2003年，市法院对办公信息系统进行改进，将诉讼档案全部纳入“法院综合信息管理系统”，网上即可查阅法律文书全文。档案保管条件不断改善，至2010年年底，市法院档案室配置库房510平方米，密集架611组，微机、打印机、去湿机等各种档案保管设备27台（套），保存各门类档案173475卷、267816册，室藏全部档案目录实现网上查询。

1986年，市检察院设立综合档案室，在全院开展1985年前积存案卷的清理建档和规范化工作。各县（市）区检察院的诉讼档案清理建档工作同步展开，并连年开展全检察系统诉讼档案检查，确保清理建档工作的顺利完成。结合贯彻执行《人民检察院诉讼档案管理办法》等法律法规和业务标准，参加省档案局组织的档案管理升级达标活动，市和各县（市）区检察院的档案工作在档案管理升级、认定等活动中都得到最高等级。至2010年年底，全市各级检察院全部配置符合要求的档案库房和密集架、空调、去湿机、微机等保管保护和工作设备，建立覆盖全部室藏的机读目录数据库，保存诉讼档案94854卷。

（二）公安档案 1981年市公安局恢复设立档案科，1986年设立专门档案库房。1992年，建立市局机关综合档案室，设专职管理干部；市局各处队室校、分县（市）局设专职或兼职档案员，形成机关档案综合管理网络。1996年，各分局及派出所建立综合档案室。2000年前后，全市各级公安机关先后投资290余万元，增加库房面积、添置档案橱柜，新增计算机等设备432台。2001年，市公安局档案科更名为情报资料处，负责全市公安情报资料档案管理，并承担济南公安年鉴和济南公安史志的编纂工作。2007年，市公安局机关综合档案室晋升为“省特级档案室”。2008～2010年，历城、历下、商河、章丘、平阴等分县（市）局档案室先后晋升“省特级档案室”。至2010年年底，市局机关17个处室、22个直属机构、10个分县（市）局、182个派出所，均设有专兼职档案员。全局除设市局机关档案科外，交警支队、车管所、警察培训学院、消防支队、公交分局、鲍山分局、高新分局等部门、直属机构设档案室7个，10个分县（市）局、182个派出所设立专门档案室；市局综合档案室室藏文书档案6793卷、24140件，电子文件8589件；公安专业档案96853卷；会计档案4586册；基建档案129卷；声像档案：照片8380张，电子照片61614张，录音带92盘，录像96盘，光盘186张；干部（死亡）档案261卷；实物档案620件；刊物资料10347件（册）。

（三）环保档案 1988年，国家环保局、国家档案局联合印发《国家环境保护档案管理暂行规定》，首次提出建立国家环保档案。1989年市环保局开始建立环保专业档案，1995年逐步在全市环保系统建立环保档案工作。济南市环保档案设立“环境管理类”“环境监测类”“环境污染及防治类”“环境科学研究类”“其他类”。下属单位济南市环境保护监测站（环境保护科学研究所）建立“环境监测类”的环境保护监测数据部分和“环境科学研究类”的科研课题部分；济南市环境监理总站建立“环境管理类”的排污申报登记与排污许可证及环境监理部分。1995～1999年，全市环保系统连续5年把档案工作列入系统目标责任制管理，参加系统目标责任制考核，考核结果与奖惩挂钩。同时，积极参加档案管理达标升级活动。各级环保单位、部门设立档案工作机构，配备专职档案管理人员，配置专用档案库房和保管设备，连续多年在系统内举办环保档案管理培训班、交流会、现场观摩或上门指导等。至2010年年底，全市环保系统建立综合档案室14个，配备档案管理人员16人，档案库房使用面积545平方米，计算机19台，保管档案26761卷、36180件。全市环保系统档案室达到省特级1个，省一级11个，省二级2个。

（四）税务档案 1994年8月前，税务档案由市税务局档案室保管，隶属于济南市税务局办公室。档案室具体负责管理市局机关本身形成的各门类档案，税务档案为其主体。同时，承担监督、指导所属的县区税务局、直属分局等的税务档案工作任务。1994年8月国、地税机构分设后，原济南市税务局档案室整建制划转成立济南市国税局档案室，隶属于济南市国税局办公室。档案室配备专职档案员，负责市国税局文书、业务、会计、基建、声像、实物等各门类档案的收集、整理、保管、提供利用等工作。市国税局垂直管理的10个县（市）区国税局机关均成立综合档案室，负责本机关综合档案的管理工作。

市地税局的档案管理体制与市国税局相仿。2006年起，市地税局成立档案整合专项办公室，制定《济南市地方税务局税收征管档案整理操作规程》，以税收征管资料为突破口，投资5万元，编制专门的档案管理软件，实现税收征管档案目录编制、整理状态、归档数量、存放位置一体化应用和实时检索查询。至2010年年底，归档152006卷，录入税务档案信息150余万条。

（五）土地档案 市国土资源局档案室成立于1988年，实行档案库房、办公室、接待室“三室分离”。档案库房面积100平方米，安装密集架22组，各种办公和保护设备齐全。其间，先后制定《济南市土地档案管理工作暂行规定》《立卷归档制度》《档案保管制度》《档案利用制度》《档案保密制度》等19个规章制度。每年对库房档案检查2次。为使土地档案信息得到有效开发利用，编制案卷目录、全引目录、文件字号索引等检索工具，并输入微机管理，汇编济南市《建设用地监督检查批复汇集》（7册80万字）和《档案工作文件选编》《国土资源档案工作基础知识》等资料。规范档案查阅和利用程序，每年接待查阅档案200余人（次），查阅档案近千卷（册）。2009年开始，贯彻市委办公厅、市政府办公厅《关于进一步加强市直机关档案管理工作的通知》要求，向市档案馆分期分批移交土地档案。

（六）劳动保障档案 济南市社会劳动保障工作起步于1986年，形成档案包括城镇职工医疗保险档案、失业保险档案、养老保险档案、工伤保险档案、生育保险档案、农村养老保险档案等六部分，分别由济南市医保办、社保办、农保办负责管理。各门类劳保档案工作均制定较为健全的归档、保管和利用制度，市一级办事机构全部配备专职档案员，区县一级机构配备兼职档案员，明确分管领导，配置铁质橱具、空调、去湿机、计算机等设备，建立由市到县（市）区的、较为完善的劳动保障档案工作体系。至2010年年底，全市73个街道劳动保障服务中心、61个乡镇劳动保障事务所全部开展档案工作，建立文书档案、退休人员档案、医保档案、断保续接档案、就业再就业档案、大中专毕业生代管档案等各门类档案65万余卷（册），编制检索工具7种，700余册。全市街道（乡镇）劳动保障服务机构利用档案为退休人员出具购房工龄25976份；为企业重核部分退休人员养老待遇提供有关资料3283份；为健在退休人员买房贷款等出具真实有效证明30455份。同时，利用档案办理启动医保卡44108人，退休职工门规14.5万人，办理居民医保94.2万人；利用医保和断保续接登记档案为11.2万人办理社保补贴，发放补贴1500余万元。

（七）改制、破产企业档案 1998年5月13日，市档案局与市体改委、市经委、市国资局联合转发《国有企业资产与产权变动档案处置暂行办法》，对国有企业在改组、联合、兼并、租赁、承包经营、股份合作和出售等改革过程中档案的处置工作做出明确规定。市档案局、市国资局联合印发《济南市企业、企业集团（公司）、国家控股企业档案登记管理办法》《关于进一步加强全市企业档案工作的意见》《关于做好我市国有企业改革改制档案工作的通知》，指导产权改制企业做好档案的处置工作，保证撤、并、转和重组企业的完整性、连续性，使改制企业档案处置工作依法有序。2008年起，市档案局加强对破产企业档案的监控和管理，全面落实破产企业档案体制、管理、利用工作。制定全市破产企业档案整理、保管、借阅、保密制度，对无人管理、保管条件差、存放不安全的单位档案实行集中统一管理，确保档案的齐全、完整、安全。按照规范要求，对11家破产企业57073册档案进行清查、整理、抢救。同时，加强对破产企业档案工作监管，随时指导，定期调度，及时联系。至2010年年底，有完成破产程序的8家企业的5万余卷档案整理移交至市控股公司企业档案管理中心。

五、新领域档案管理

（一）信用档案 2002年，市档案局制定《关于加强信用文件管理的通知》，明确企业信用文件范围、管理方法、利用方式，提出企业信用档案管理的基本框架。选择市自来水公司等3个不同行业企业进行试点的同时，在章丘、平阴等市县进行试点，逐步推开。2003年6月，市档案局制定《济南市信用档案管理办法（试行）》（2005年9月经市政府法制办公室审查同意正式施行）。2004年12月14日，在市工商局召开全市信用档案工作现场会，对信用档案工作提出要求。至2010年年底，全市有300余个机关、企事业单位建立69个门类的信用档案，总数100余万卷（件）。

（二）社区档案 2003年5月29日，市档案局、市民政局联合召开全市社区档案工作座谈会，社区档案工作全面推开。至年底，全市392个社区全部完成建档任务，建立各门类档案4.1万余卷。2004年5月15日，市档案局、市民政局联合下发《关于开展社区档案规范化管理等级评定活动的通知》，在全市社区中开展档案规范化管理等级评定工作，从制度建设、业务建设和开发利用方面进一步规范社区档案工作。2005年11月起，连续多年对全市社区档案工作进行等级评定，巩固建档成果，推动社区档案工作的规范化发展。至2010年年底，全市300余个社区建立各门类档案8万余卷。

（三）新型农村合作医疗档案 济南市新型农村合作医疗事业起步于2003年，至2006年，初步形成政府主导、群众参与、多方筹资、运转有效的工作机制，全市9个县（市）区75个乡镇310万农民参合，占全市农业人口的96%。2006年，市档案局、市卫生局联合在平阴县开展新农合业务档案建档试点工作，4月18日在平阴县召开全市新型农村合作医疗档案工作现场会，启动全市新型农村合作医疗建档工作。2009年3月，市档案局、市卫生局联合下发《济南市新型农村合作医疗档案管理办法》，对新型农村合作医疗档案的收集、整理、归档、管理和利用等作出规定，并将新农合医疗档案工作纳入全市卫生系统年度工作目标进行考核。至2010年年底，全市建立新型农村合作医疗档案近10万卷（件），提供利用近5万人（次）7万余卷（次）。

（四）知识产权档案 2007年，市档案局联合市工商局、市版权局、市知识产权局印发《关于加强我市知识产权档案管理工作的意见》。2008年，指导力诺集团、齐鲁制药厂、济南二机床集团、中国重汽集团等企业开展知识产权建档和利用工作。力诺集团、二机床建立80个专利200余卷档案，齐鲁制药厂对10个专利、76个商标档案整理组卷。2009年，转发国家档案局、省档案局《关于加强知识产权档案管理的意见》，指导部分企事业单位抓好知识产权档案的建立和利用工作。

（五）现代物流业档案 2008年，市档案局到山东佳怡物流公司、山东盖世国际物流有限公司、山东广友物流公司等单位进行调查了解，帮助制定分类方案、修订档案管理标准和管理制度、指导做好文件材料的收集和整理工作。佳怡物流公司调整库房，制定12种档案工作制度以及职位说明书和工作流程图，保证档案工作正常运行；广友物流、佳怡物流、盖世国际等企业均建立档案管理机构，制定管理制度，建立档案1200余卷（件）。2009年，重点指导盖世国际、佳怡物流等单位的档案工作，使这些企业进一步完善体制，健全制度，规范建档，其中盖世国际通过档案管理考核。

附：家庭建档工作

家庭档案工作是随着社会发展、人们生活水平提高以及档案工作改革创新而诞生的一项新的工作。家庭档案既是私有的，又是国家和社会全部档案资源的组成部分。家庭档案工作的创建最初是先从个人家庭建档研究开始，逐步发展成为一项被各级领导重视支持、档案部门倡导和组织开展、社会有关部门积极参与的工作。

1983年，济南市档案局原副局长孙嘉焯因填写职称申报材料寻找证件，突发建立家庭档案的灵感，将家中散存的文件材料清理集中，然后分类、装盒、贴标签，建起家庭档案。这是有意识地用家庭档案概念指导建立的全国第一份家庭档案。1984年，孙嘉焯在总结自家建档经验的基础上，撰写《谈谈建立家庭档案》一文，发表在《家庭》杂志1984年第9期。这是在国家正规报刊上发表的全国首篇家庭档案论文，首次提出“家庭档案”概念，并对家庭档案的内容、类别、性质、作用、特点、管理等问题作全面论述，初步奠定家庭档案工作的理论框架，标志着家庭档案工作的正式诞生。《文汇报》随即进行摘要转载，《黑龙江档案》《成都档案》等10余种报刊纷纷转载或摘要刊登。

1985年5月，中国档案学会副理事长、中国人民大学档案系名誉主任吴宝康教授应邀到山东考察档案工作，对家庭建档工作给予肯定。此后，家庭建档工作得到国家、省档案局及省、市领导的支持和肯定。济南市政协、市委办公室、市妇联等单位分别以举办家庭档案讲座、分发宣传材料、纳入家庭文化建设等方式，宣传开展家庭档案工作。

2001年3月，山东省电力局确定在黄台电厂试点，由厂工会和家委会具体抓，先后组织200余户家庭建档。2002年11月7日，黄台电厂召开家庭建档总结会议，新华社、省市电视台、《齐鲁晚报》等20余家新闻单位进行采访报道。11月10日，该厂家庭建档示范户孟繁志一家应邀到中央电视台《实话实说》栏目作现场直播节目。《济南时报》对孟繁志的家庭建档工作进行连载，在社会上产生较大影响，孟繁志被评为该报当年的十大新闻人物。《中国档案》委托市档案局到黄台电厂工会和孟繁志家采访，并作专题报道。

2002年开始，在武汉家庭档案研讨会和山东电力系统家庭建档普及推广经验的推动下，家庭建档工作逐步走上普及、推广阶段。2004年，市档案局、市民政局共同下发《关于开展社区档案规范化管理等级评定活动的通知》，将家庭建档工作列入社区档案工作内容；与市妇联共同下发《关于在文明家庭创建活动中抓好家庭建档工作的通知》，将家庭建档纳入文明家庭评选活动范畴，开展名人家庭、书香家庭、学习家庭、绿色家庭等特色家庭建档工作。同年9月，由《中国档案报》主办，沈阳市档案局承办的“全国家庭档案工作座谈会”在沈阳市召开，济南市档案局在会上作题为《发挥优势，突出特色，努力做好家庭档案工作》的发言。2007年7月28日，市档案局、市妇联在历下区燕山社区联合举办全市家庭建档交流展示会，全市家庭建档示范户代表及各县（市）区档案局、妇联负责人百余人参加会议。现场展出众多内容丰富、形式新颖、各具特色的家庭档案。此后，市档案局制定家庭建档工作实施方案，把家庭建档工作纳入“十一五”发展规划和每年工作计划，明确分管领导和责任处室，把家庭建档列为县（市）区档案工作年度考核内容及先进单位评选条件等，推动全市家庭建档工作的开展。

至2010年年底，全市完成家庭建档10132户，建立家庭档案30余万卷，部分家庭珍贵档案捐赠进馆。

第三章 档案信息化建设

第一节 档案馆信息化建设

一、市档案馆信息化建设

（一）基础设施建设 市档案馆信息化建设始于20世纪90年代。1995年，市档案局（馆）投资20余万元，购置服务器、微机、打印机、网络交换机等设备，装修20平方米专用计算机机房，组建含有4个终端的局域网，启动档案信息化建设工作。2001年，计算机房扩建，增加供电电源、网络交换机、路由器等设施。2005～2008年，新购触摸查询机2台、服务器3台、24口交换机2个，并更换机房空调。2008年年底，市档案局（馆）迁至龙奥大厦，新机房占地面积55平方米，配有惠普服务器1台、浪潮服务器5台、磁盘阵列2套，用于数字档案馆综合管理平台运行、档案全文数字化加工和档案数据备份等。配备佳能CANON8070高速扫描仪、APCUPS5KV电池、光纤交换机、硬件防火墙、KVM切换器等硬件设备。

2001年，开通互联网、政务网，与市属10个县（市）区档案局（馆）和187个市直机关、企事业单位实现计算机网络互联，同时在政务网开通济南档案信息网站。至2005年，市档案局（馆）全部工作人员均可利用微机和所配备的网络隔离卡，实现国际互联网、政务网及档案业务网的三个相互独立的计算机网络之间的自由、安全切换。新馆迁至龙奥大厦后，实现互联网、政务内网、档案查询局域网、数字化加工局域网4网隔离。

（二）应用系统建设 1996年，市档案局（馆）组织开发“计算机档案管理系统”。该系统具有目录录入、查询检索、利用统计、编目、打印、数据修改等功能，经升级完善，至2000年在全

2007年9月29日，济南市数字档案馆综合管理系统开通

市推广。2004年，开发“JDS.档案信息管理系统”。2006年，启动数字档案馆综合管理系统平台建设，研发“数字档案馆综合管理系统”，2007年9月通过由国家档案局、山东省档案局组织的验收。

（三）数据库建设 1995年，组织开展馆藏档案案卷级和文件级目录数字化工作。至2005年，完成全部馆藏档案目录的数据库录入，包括19万余条案卷级、230万余条文件及文件组合级档案目录。2001～2010年，对4900余份已公开现行文件进行全文数字化和网上发布。2004年，对100余盘录像带进行数字化处理。2005年，建立5万余页重要全宗档案全文数据库，对近1.2万余幅馆藏照片档案进行数字化处理。2006年，进行档案全文数字化扫描工作，至2007年完成130万页的扫描任务。2008年，建立档案全文数据库。2009年，制订《济南市档案馆馆藏档案全文数字化工作方案》，计划用4～5年的时间完成馆藏（永久、长期文书档案）约30万卷、2600万页的档案全文扫描。至2010年年底，完成800余万页档案全文扫描工作。与此同时，对馆藏不同载体的“五三惨案”档案资料，全部进行数字化处理，扫描各类资料4873页，照片1336幅，并进行与数据库的目录录入、打印和原文挂接工作。2010年起，加强民生档案数据中心建设，筛选整理、迁移挂接市民利用需求较多的知青、招工、婚姻等民生档案目录数据约30万余条、原文3万余页。

（四）数字化档案馆建设 2006年起，市档案局（馆）以数据库建设为基础，以系统平台建设为重点，启动数字档案馆建设。制订《济南市数字档案馆建设实施方案》，通过政府采购公开招标确定合作公司，共同开发数字档案馆综合管理系统，至2007年6月基本完成。9月29日，“济南市数字档案馆综合管理系统”通过国家档案局、省档案局验收。至年底，建成包含所有馆藏的250余万条案卷和文件级目录、800余万页重要档案全文、5400余份现行文件全文、2.8万余幅照片和部分多媒体在内的数据库，基本建成数字档案馆。2009年7月，市档案局（馆）与西安市档案馆达成互为双方异地保管合作单位的协议。2010年4月，两市档案馆协议签字仪式在济南举行。协议就数据、装具、移交、更新等提出具体要求，双方互为馆藏重要档案数据异地备份基地。

（五）档案网站建设 济南档案信息网始建于2001年，发布在政府内网。2003年11月11日，济南档案信息网正式在互联网开通。设置《导航》《特色展示》《实时信息》《工作指导》《联络》5个主要板块和《通知通告》《工作动态》《八面来风》《政务公开》《档案征集》《史料研究与开发》《局馆建设》《职工之家》等20个一级栏目，每个一级栏目下设若干个子栏目。网站具备查询档案、更新信息及与辖区局馆联系等功能，开设“开放档案”“现行文件”“特色档案”“馆藏资料”4个方面的查询。其中，“开放档案”可查询“革命历史档案”“民国档案”“建国后档案”。“现行文件”设“馆藏现行文件目录”和“现行文件”两种查询方式。前一种方式可直接查询到市档案馆收集的各单位的现行文件；后一种方式可直接链接济南市各机关、事业单位网站中所对应的现行文件页面。“馆藏资料”提供馆藏资料目录的查询。网站维护采用内外网物理隔离方法，对代码和数据库进行定时备份，保障网站数据的安全。日均点击率200余次。

济南档案信息网页面

（六）规划计划及制度建设 进入21世纪后，济南市档案信息化建设逐步纳入市政府信息化建设总体规划。2003年，市信息化办公室下发《2003～2005年济南市电子政务建设意见》，规划档案信息化建设的具体内容。同年，市档案局（馆）制定《济南市档案馆信息化建设实施意见》，对2003～2005年的全市档案信息化建设进行部署。2006年，制订《济南市档案局（馆）数字档案馆建设实施方案》，部署建设数字档案馆。2009年，制订《济南市档案局数字档案馆存储及备份系统建设方案》《济南市档案局电子档案异地备份工作方案》，启动电子档案异地备份工作，确保数字档案安全；制订《民生档案数据中心建设方案》，民生档案数据中心建设稳步开展。

2001～2010年，市档案局先后制订《济南市档案信息网络系统管理暂行规定》《网络安全管理制度》《数据库管理制度》《机房管理制度》《信息收集制度》《现行文件阅览制度》《计算机设备管理规定》《数据加工人员管理规定》《档案信息安全保密规定》等规章制度，使信息工作有章可循，档案信息安全得到保障。

二、县（市）区档案馆信息化建设

2003～2005年，市中、历下、槐荫、济阳、天桥5个县区档案局（馆）先后制定档案信息化建设发展规划，成立档案信息化建设领导小组，有序进行信息化建设工作。各县区档案局（馆）先后投资51万元（其中市中14万元、历下17万元、天桥15万元、济阳5万元），购置档案信息化建设所需的服务器、微机、扫描仪、光盘刻录机、网络交换机等设备及相关软件，组建计算机网络，对馆藏档案目录100余万条进行数字化处理。2003年起，历下区（市中、天桥、济阳为2004年）开始接收电子文件进馆，至2005年年底接收约3000件。市中区档案馆2006年建成开通“市中区档案信息网”，2008年建成馆藏档案4.7万余条案卷目录数据库、48.3万余条文件级目录数据库、40.2万余页民生档案全文数据库和照片等多媒体数据库。历下区档案局自2007年起向全区机关、事业单位免费提供“济南市JDS档案信息管理系统”，进行档案信息化管理，全区实现档案目录文件级计算机管理、检索及全文数字化。章丘市、济阳县、槐荫区、天桥区、长清区相继开展以数字化档案目录为主要内容的档案信息化建设。

至2010年，章丘市、历下区、市中区和槐荫区档案馆先后建成数字档案馆。章丘市、平阴县、历下区、市中区、天桥区等档案局（馆）先后开通具有独立域名的档案信息网站，其他县区档案局（馆）也先后建立档案信息网站（页）。

第二节 档案室信息化建设

一、机关档案室信息化建设

1995年前，济南市机关档案信息化建设基本以档案工作标准化建设为主。1986～1995年，先后在市直机关、县（市）区机关以及学校、党派团体等事业单位开展文书处理、档案整理编号、编研等工作的标准化建设。其间，市财政局于1993年开发市直机关第一个专门用于档案工作的计算机软件，并在市直机关范围内进行小规模的试用推广。1995年起，在市及县（市）区机关、事业单位推广由省档案局编制的“LWD文档处理软件”（DOS版本），至1998年，全市应用150余套。1998年6月，市档案局自行研制开发“JG文档管理系统”，并结合使用情况进行修改，在全市推广近200套，基本满足当时市及县（市）区机关档案信息化管理的初步要求。2003年，市档案局与济南智博诚科技发展有限公司联合开发“JDS档案信息管理系统”。该系统操作简便，并增加档案文件全文输入、检索、输出的功能，经修改完善后，在市直机关、县（市）区机关和学校、事业单位广泛使用。

2008年6月3日，市档案局下发《关于做好市直机关档案管理软件改版升级工作的通知》，确定自2008年起，用3年时间全面完成市直机关档案管理软件改版升级工作。至2010年年底，市直机关115个单位配备软件117套，完成软件改版升级工作。

随着档案管理软件的推广和计算机、扫描仪等现代化设备的普及，全市各级机关档案室信息化建设快速发展，85%以上的机关档案室配备专用计算机，各种目录全部实行打印。其中，80%以上的市直机关档案室建立文件级数据库。2003年6月26日，市档案局印发《济南市电子文件管理规范（试行）》，对市直机关电子文件管理、归档进行规范。2003年起，电子公文的管理、归档工作纳入机关档案工作年度培训、检查范畴，成为机关档案工作的重点。至2010年年底，85%以上的市直机关单位开展电子文件管理工作，电子文件管理、归档工作越来越受到重视。

二、企事业单位档案室信息化建设

1996年，国家档案局把档案工作是否实行现代化管理纳入企事业单位档案工作目标管理后，市档案局引导企事业单位逐步开展档案工作现代化管理工作，不断加强档案信息化建设。1999年，市档案馆设计开发企事业单位档案管理计算机应用软件，并举办企事业单位计算机软件应用培训班。2005年起，贯彻落实国家档案局《关于加强企业档案信息化建设的意见》、《电子文件归档与管理规范》和省档案局《电子文件归档管理暂行办法》，多次举办电子文件管理培训讲座，推动企事业单位档案信息化建设。至2010年年底，全市规模以上企业建立电子档案磁带864盘、磁盘1254张、光盘825张，机读目录51.13万条。2007年，联合开发企事业单位应用软件，并在全市企事业档案人员持证上岗培训班上进行演示，引导企事业单位应用该软件。至2010年，有20余家单位使用该软件。

通过推进信息化建设，一批企事业单位的档案管理模式得到转变，工作效率得到提高。济南市市政设计研究院于1999年引进电子图档管理系统，并建立专门用于电子档案管理的数据库服务器。2000年，购买高性能微机、刻录机、扫描仪等设备，录入电子图纸上万张，使设计人员可在网络上对电子档案和蓝图档案等各种信息进行查询、浏览。其档案室及时对所录入的各项工程档案的电子数据库进行刻录，存储到光盘，既为外地分院利用电子档案提供便利，又保证了数据安全性。济南钢铁集团总公司投资40余万元，购置设备，建立包含9万余张图纸信息的档案数据库。将军集团投资10余万元购置清华紫光档案管理系统，录入档案5288卷，文件8129份。市自来水公司将998条信用档案文件录入公司计算机网络系统。齐鲁制药厂把国家有关新药特药生产批准文件制成光盘，方便企业营销人员利用。

第四章　档案信息资源开发利用

第一节　编目与检索

1986年后，全市各级各类档案馆重视、开展档案编目与检索工作。至2010年，基本建成手动、机读相结合，包括案卷目录、全引目录、开放档案目录、专题目录、资料总目录、分类目录、声像档案目录等在内的，利用便利、科学合理的档案检索体系。

1987年，市档案局印发《照片档案管理试行办法》，加强对全市照片档案的规范化管理。同年，市档案馆采用按全宗或专题的分类方法，对馆藏6000张照片进行整理编目。

“八五”期间，各级档案馆对档案检索工作进行补充、完善。市档案馆审查修改打印案卷目录54个全宗，补充101个全宗卷，补充专题目录18种8万条，完成机检档案目录10万条。1993年10月，市档案局、档案学会先后举办两期档案著录标引培训班，各级档案馆和企事业单位106人参加培训。

济南市档案馆文档查询服务中心 （2009年摄）

“九五”期间，各档案馆加快档案编目整理工作步伐。至“九五”期末，著录、录入机读目录98万条，编制各种索引、目录、卡片110万条。1998年，完成馆藏革命历史档案文件级目录4800条的著录标引和报盘工作。2000年，完成13个全宗28915卷档案108558条的著录标引，编制人名索引超过1.2万条；录入机检目录5.64万条，校对3.15万条。

“十五”至“十一五”期间，市档案馆启动重要和珍贵档案全宗全文数字化工作，数字化处理档案全文54142页、现行文件全文1321份，数字化处理照片档案资料12412幅和馆藏录音录像多媒体档案30盘，著录标引馆藏民国档案、新中国成立后档案文件级目录105万条。市和各县（市）区档案馆录入档案目录总计500万条。其中，市档案馆录入250万条，基本实现全部馆藏档案目录的数字化。2005年，济阳县档案馆在全市率先建立所有馆藏档案、资料目录数据库。至2010年，历下区档案馆、章丘市档案馆完成覆盖馆藏档案、资料目录数据库建设，分别建成数据约61万条、102万条。

第二节 档案利用服务

一、接待查阅

1986年后，全市各级档案部门查阅利用逐渐由封闭型向开放型转变，在服务对象和提供档案内容方面，由主要为党政机关服务，转为向政治、经济、文化、历史研究、宣传教育、个人证明等多方面服务。

至2010年，全市各档案馆共接待查档利用540334人（次），查阅档案857097卷（件）次。

各级档案馆积极改进接待查阅服务方式，变被动查阅为主动服务。1998年，市档案馆推出查档承诺服务制度。

2001年，市档案馆主动向社会提供已公开现行文件，在全国档案部门引起较大反响。之后，全市各档案馆分别建立现行文件阅览室。开展预约查档、函电代查和免费为特困职工服务等服务项目，加强对可公开现行文件的收集和利用服务，开展现行文件网上服务，进社区、下农村服务等活动。

2009年，针对市档案馆搬迁后离市区较远的实际情况，市档案馆完善文档查阅服务中心的硬件设施和功能分区，为查档者提供电话查档、中午不间断查档等便民服务，为市民查阅档案提供了方便。

至2010年年底，济南市档案馆近98%的馆藏档案实现计算机检索，近40%的馆藏档案可实现计算机提供利用；章丘、市中、历下、历城、长清等县（市）区档案馆开始提供计算机检索。

1986～2010年济南市及各县（市）区综合档案馆查档利用情况表

表15—7—3

年份	总计	档案所属时期		利用档案目的												总利用人次
		新中国成立前	新中国成立后	编史修志		工作查考		学术研究		经济建设		宣传教育		其他		
				卷	件	卷	件	卷	件	卷	件	卷	件	卷	件	
1986	39837	—	39837	—	—	—	—	—	—	—	—	—	—	39837	—	18337
1987	44516	2569	41947	24162	—	9970	—	555	—	4635	—	—	—	5194	0	28570
1988	46978	1749	45229	17250	—	6772	—	314	—	2974	—	—	—	19668	0	13494
1989	39576	880	38696	8220	—	9336	—	128	—	1571	—	—	—	20321	0	19942
1990	31210	560	30650	5611	—	7030	—	188	—	3642	—	—	—	14739	0	12608
1991	34881	5748	29133	6627	4600	4902	1203	316	103	3953	716	—	—	3677	8784	9488
1992	21523	451	21072	6473	694	3842	562	193	12	7039	178	—	—	1612	918	13128
1993	25190	224	24966	3398	0	5902	5578	519	397	4957	3060	—	—	1379	0	10704
1994	31308	322	30986	1395	30	8387	8853	645	774	4976	5890	—	—	358	0	8300
1995	33813	4239	29574	13424	3602	6670	0	1238	0	7707	0	—	—	1172	0	9483
1996	28422	4492	23930	13680	1208	6853	0	1355	0	3476	0	—	—	1850	0	8219
1997	23648	1370	22278	4572	78	9465	105	1474	173	4576	47	—	—	3119	39	8904
1998	13726	110	13616	2784	246	5230	278	646	0	1849	160	—	—	2518	15	8347
1999	19719	2447	17272	1293	608	4284	1136	375	273	2890	332	473	384	6671	1000	8513
2000	23823	1823	22000	1408	1620	4623	1753	499	670	3008	1102	481	820	6768	1071	8033
2001	17469	1450	16019	1322	65	5238	382	159	47	4579	1053	795	356	3473	0	12327
2002	30854	412	30442	2253	961	7318	679	986	729	6837	1162	1299	1548	3905	3177	14424
2003	37599	526	37073	2823	961	7189	679	1092	729	6986	4162	1311	1390	6098	4179	14455
2004	53805	1139	52666	4634	5000	7814	5000	1125	3000	8589	13200	1370	50	3993	30	22889
2005	42686	1516	41170	3336	0	10550	0	1136	0	20511	0	901	0	6219	33	30959
2006	44351	1520	42831	5456	110	10678	120	1571	0	10258	0	1103	0	15055	0	35227
2007	44172	2061	42111	8988	0	9722	0	2281	0	15558	0	2283	0	5340	0	41265
2008	43810	1788	42022	12070	0	7462	0	2472	0	6813	0	2507	0	12486	0	46595
2009	41696	1330	40366	8907	22	9054	180	2197	40	5427	0	3202	0	12641	26	56352
2010	42485	1818	40667	9901	96	9367	1327	2921	154	2754	456	2109	48	9481	3871	79771
总计	857097	40544	816553	166933	19901	177658	27835	24385	7101	145565	31518	17834	4596	207574	23143	540334

二、开放档案

1987 年，济南市各级档案馆把开放历史档案工作列入年度工作计划，普遍对满 30 年需要开放的档案进行调查摸底，开展开放档案编目工作。10 月 8 日，章丘县档案馆率先向社会开放利用率较高的民政局全宗 998 卷档案文件目录。市档案局在章丘县档案馆召开开放档案工作现场会，全市档案开放工作全面展开。

1988 年 9 月，市档案馆向社会开放首批 4 个全宗 34616 卷近百万份档案文件。同年，全市各级档案馆开放历史档案 99 个全宗、5676 卷。1988 ～ 1994 年，全市各县（市）区档案馆和专业档案馆集中进行鉴定审批，分批次开放，开放档案 568 个全宗、125007 卷、10271 件，开放档案目录 2145604 条。

1994 年后，档案开放成为各级档案馆一项重要业务工作。至 2010 年，全市各级档案馆向社会开放档案 721 个全宗、1580286 卷、3875 件、185.91 万条目录，完成 1976 年以前所形成档案向社会开放的工作任务。

第三节 服务机制创新

一、已公开现行文件服务中心

2001 年 9 月 18 日，市档案局印发《关于收集市直机关现行文件的实施意见》，对收集现行文件的范围等问题做出具体规定。10 月 25 日，市档案馆设立“现行文件阅览室”，将市委、市政府及市直 68 个部门自 2000 年 1 月至 2001 年 9 月间制发，并正在执行使用，符合开放条件的，主要涉及与全市经济建设、社会发展及群众生产生活有密切联系的政策、意见、办法、规定等 1000 余份文件向社会开放。这是济南市档案部门首次向社会提供已公开现行文件利用服务。“现行文件阅览室”实行免费服务，公众持身份证、工作证等有效证件，按规定办理手续，即可查阅有关文件。济南现行文件阅览室的创立及开放引起全国档案系统和社会广泛关注，中央电视台、《人民日报》、《光明日报》等 20 余家新闻媒体予以报道。2001 年 11 月，国家档案局、中央档案馆在济南召开现场会，总结推广已公开现行文件利用工作的做法、经验。

2002 年 1 月、7 月、11 月，市档案局分别在济南市政务公开经验交流会、全国档案工作服务机制创新座谈会、华东地区档案工作服务机制创新专题研讨会上作经验介绍。至 2002 年 5 月上旬，济南市 10 个县（市）区“现行文件阅览室”全部向社会开放。8 月，市委办公厅、市政府办公厅转发省委办公厅、省政府办公厅《关于向档案馆移交现行文件的通知》，进一步推动现行文件服务工作的开展。至 11 月底，全市开放 397 个部门的现行文件 10210 份，初步形成覆盖全市、为社会各界提供现行文件服务的网络体系。年内，先后有来自辽宁、广东、北京、天津以及省内各地的 73 批、326 个单位的近 800 人（次）参观考察。12 月 4 日，市档案馆“现行文件阅览室”迁入济南市行政审批服务中心。

2005 年 5 月，市档案馆设立“文档查阅服务中心”，并将原设在市行政审批中心的已公开现行文件阅览服务移至查阅服务中心。6 月，市委办公厅、市政府办公厅印发《济南市已公开现行文件送交利用工作实施细则》，现行文件提供利用工作进一步规范。现行文件接收和提供利用成为档案馆工作的重要内容，各档案馆分别开展现行文件网上服务以及进社区、下农村服务等活动。至“十五”期末，各县（市）区普遍在乡镇、社区设立服务点，通过热线电话、函电代查、接待首问责任制、文件全文上网等措施，为人民群众解决查阅文件难的问题。

2008 年 5 月 1 日，国务院《政府信息公开条例》实施。全市各级档案馆在前期现行文件提供利用基础上，扎实开展政府信息公开工作。市和各县（市）区档案馆分别被明确为同级政府信息公开指定场所。市档案馆明确分管领导、责任部门和具体工作人员，组织学习条例及市政府相关文件，编制《政府信息公开指南》《政府信息公开目录》，制定工作制度，对局(馆)形成的政府信息的公布程序、分工、要求等进行规范，初步形成完备、顺畅的工作体系和运行机制；完善政府信息发布渠道，在济南档案信息网设立专门栏目，方便市民直接对局（馆）及全市政府部门公开信息进行查询，搭建政府信息网上发布平台。2009年，市档案馆进一步整合政府公开信息资源，充实信息资料，以查档接待室为基地，配备电子触摸屏等设备，形成区域管理独立化、查阅方式现代化、内容材料相对丰富的政府公开信息阅览区，并于9月1日起为市民提供包括5000余份现行文件和部分法律法规汇编、政府公报等内容的政府公开信息集中查阅。

二、爱国主义教育基地建设

1994年，根据中共中央宣传部《爱国主义教育实施纲要》实施要求，济南市市、县(市)区档案馆积极开展爱国主义教育基地建设。1995年5月,历城区档案馆被区委、区政府命名为“爱国主义教育基地”，成为全省第一个被命名为爱国主义教育基地的档案馆。至2005年年底，全市10个县(市)区档案馆全部挂牌，批准为爱国主义教育基地。

济南市档案馆爱国主义教育基地建设始于1998年。市档案馆充分挖掘档案资源，开展多种形式的爱国主义教育活动，先后编辑出版《中共济南党史大事记》《廉政风暴——济南解放初期党风廉政建设档案文献选辑》《济南革命历史档案资料选编》等10余种红色档案文献图书资料；参与《古城开埠》《1928：历史的诉说》《禁毒在泉城》等电视片的拍摄。2005年，配合爱国主义教育基地建设活动，举办《不能忘却的记忆——济南历史发展档案图片集萃展览》。12月30日，市档案馆被公布为济南市第二批爱国主义教育基地。

第四节 档案编辑研究

1986年后，全市各级档案部门围绕党委、政府中心工作，适应社会各界需求，立足馆藏开展档案编研工作，相继推出一批有影响的编研成果。

“八五”期间，全市各级档案馆共编辑以史料汇编、大事记为主的档案资料193种1249万余字。“八五”至“九五”期间，市档案馆先后自编或联合编辑出版《济南市大事记(1948～1988)》《济南革命历史档案资料选编》(共四辑)、《济南市档案馆指南》《济南市资本主义工商业社会主义改造档案资料汇编》《济南市精神文明建设文件选编》《中共济南党史大事记》《济南市“三反”“五反”运动文件选编》《济南接管与社会改造》等。“十五”至“十一五”期间，市档案馆创办《档案信息参考》，共编发52期，为领导和部门决策提供档案信息服务。先后编辑出版《历史不会忘记》《历史性的跨越——济南五年大变样大事记》《毋忘国耻——济南“五三”惨案档案文献选辑》《济南开埠百年》《禁毒风雷——济南解放初期禁毒运动档案文献选辑》等档案史料汇编；在《中国档案报》《中日关系史研究》《齐鲁文史》等报刊、互联网撰写发表史料研究文章27篇，公布档案史料16份；参与地方志编纂，连续15年编写《济南年鉴——济南市大事记》；独立或与有关部门联合举办《济南开埠百年档案图片展》《济南“五年大变样”图片展》《济南“五三”惨案史料照片展》等主题展览10余次；参与《古城开埠》《1928——历史的诉说》等电视片的拍摄。县（市）区档案馆编研成果主要有文件汇编、大事记、专题资料汇编等。

其间，全市各级档案馆完成编研成果1029种，2109.7万字。其中，公开出版或在刊物上发表117种，621.2万字；内部印发912种，1488.5万字。市档案馆完成编研成果165种，1132.4万字。其中，公开出版或在刊物上发表55种，711.4万字；内部印发110种，1132.4万字。

1986～2010年济南市档案馆重要档案编研成果情况表

表 15—7—4

成果名称	内容简介	出版时间	出版情况	作 者	字数（万字）	获奖情况
济南大事记（1948～1988）	记载1948年9月至1988年12月间发生于济南市境内具有全市意义的大事要事	1989年9月	济南出版社	济南市档案局 济南市志编纂委员会办公室	16	山东省出版协会优秀图书编辑三等奖
中国共产党山东省济南市组织史资料（1921～1987）	分2卷，收录自中国共产党创立至2000年12月，济南市党的组织机构沿革和领导人名录	1991年5月 2001年6月	济南出版社	济南市档案馆 济南市委组织部 济南市委党史研究室	115	
山东省济南市企事业组织史料	收编1949年10月至1991年年底，济南市近400个相当县级以上企事业单位的演变及其党政机构沿革、主要领导人名录	1992年12月	济南出版社	济南市档案馆 济南市委组织部 济南市委党史研究室	48.3	
济南革命历史档案资料选编（系列丛书）	分4辑，收录1919年五四运动至1949年9月，济南党、团组织及其领导下的政、军、群机关在革命斗争中形成的重要文件，是全面系统反映济南革命斗争历史的资料丛书	1991年8月 1995年8月 1998年11月 1999年12月	济南出版社	济南市档案馆 济南市委党史研究室	151.2	济南市社会科学优秀成果特别贡献奖、1998—1999年度全省档案学会优秀成果二等奖
济南市资本主义工商业的社会主义改造文献资料选编	收录自1948年9月济南解放至1956年全市行业公私合营，对资本主义工商业的社会主义改造基本完成期间的档案文献资料。全书由综述、文献资料、回忆录、典型资料和大事记5部分组成，反映市委、市政府贯彻实施党和国家关于对资本主义工商业社会主义改造方针、政策的情况以及济南市的实践经验	1993年10月	济南出版社	济南市档案馆 济南市委统战部	36.5	
济南的接管与社会改造	主要记述济南解放初期，市委、市政府带领全市人民，改造旧济南，创建新济南的历程。内容包括济南的解放、济南的接管、经济恢复和社会改造等方面的重要活动和重大事件	1998年2月	济南出版社	济南市档案馆 济南市委党史委	41.5	山东省开发利用档案信息资源成果二等奖

续表15—7—4—1

成果名称	内容简介	出版时间	出版情况	作 者	字数（万字）	获奖情况
济南市档案馆指南	向社会各界全面介绍济南市档案馆概况，揭示馆藏档案内容和成分	1990年6月	济南出版社	济南市档案馆	25	中国档案学会优秀成果三等奖
历史不会忘记——济南党组织领导人民革命斗争实录	记述1921年中国共产党成立至1948年9月济南解放期间济南党组织活动和革命斗争的有关史料	2001年	内部印刷	济南市档案馆	17	山东省档案学会优秀成果一等奖
毋忘国耻——济南“五三”惨案档案文献选辑	以档案文献的形式，集中揭露日军在济南犯下的严重罪行，再现惨案发生后济南及全国各地人民反日斗争的历史风云。全书收录档案文献、回忆文献、纪念文章等60余篇及部分珍贵历史照片。是至2010年国内介绍“济南惨案”资料最全、信息量最大、最具权威的公开出版物	2003年4月	济南出版社	济南市档案馆	35	山东省档案学会优秀成果一等奖；山东省开发利用档案信息资源成果二等奖
禁毒风雷——济南解放初期的禁毒运动文献选辑	集中反映新中国成立之初，在党和政府领导下济南市开展声势浩大的禁毒斗争，一举禁绝为患百年的鸦片烟毒的历史史实。是国内首部比较全面反映某一地区禁毒运动情况的档案文献汇编	2005年6月	内部印刷	济南市档案馆	20	山东省开发利用档案信息资源成果二等奖
济南开埠百年（画册）	是第一部全面反映济南城市历史发展的档案图片史料书籍。以1904年济南自开商埠为切入点，以“回顾济南百年历史、展示泉城沧桑巨变”为主题，以历史档案图片为载体，全面反映济南开埠百年来在政治、经济、文化、城市建设、人民生活等方面发生的深刻变化。全书分上、下两篇17个部分，收录照片600余幅	2005年6月	中国民族摄影艺术出版社	济南市档案馆 济南市委宣传部 市中区区委、区政府 济南日报报业集团	23	中国档案学会优秀成果三等奖；山东省档案学会优秀成果一等奖
电视片《1928：历史的诉说》	6集大型文献专题片《1928：历史的诉说》电视片时长120分钟，先后在济南电视台、中央电视台、凤凰卫视等媒体播出，并译成英语、日语在国外发行	2005年8月	中央电视台 济南电视台	济南市档案馆 济南市委宣传部 济南电视台	—	中国档案学会档案学优秀成果二等奖，山东省开发利用档案信息资源成果一等奖

续表15—7—4—2

成果名称	内容简介	出版时间	出版情况	作　者	字数（万字）	获奖情况
廉政风暴——济南解放初期党风廉政建设档案文献选辑	是济南市第一部较为系统地反映新中国成立初期党风廉政建设的档案文献汇编，为研究济南解放初期党风廉政建设活动提供重要史料依据	2006 年 6 月	内部印刷	济南市档案馆	25	
穿越时空的记忆——济南档案史料探微	以济南市及各县（市）区档案馆馆藏档案文献和珍贵照片为依据，撷取精华，汇编而成。分为“城事回眸”“史海观澜”“红色春秋”“血铸丰碑”“珍档撷英”“兰台记事”等栏目。被国家档案局列为“全国重点档案编研出版项目”	2007 年	中国档案出版社	济南市档案馆	25	中国档案学会第六次档案学优秀成果档案文献史料汇编类二等奖
济南解放档案文献图集	该书是全国档案编研出版工作指导委员会纪念新中国成立 60 周年编辑出版的《城市解放》丛书之一，收录自 1948 年 7 月以毛泽东为代表的中共中央、中央军委做出解放济南的战略决策至同年 10 月 31 日中国人民解放军华东军区济南特别市军管会结束对济南军事管制这一时期内的珍贵档案文献图片，真实反映了济南战役前后的历史	2008 年 8 月	中国档案出版社	济南市档案馆	20	山东省开发利用档案信息资源成果和山东省档案学会优秀成果一等奖
见证：新中国 60 年济南档案文献选萃	全书分正文和附录两大部分。正文以图片形式收录 1949 年 10 月至 2009 年 8 月期间济南市形成的部分重要档案文献及照片资料。附录以全文或节选的形式收录各时期重要档案文献	2009 年 9 月	中国档案出版社	济南市档案馆	20	山东省档案学会优秀成果一等奖
济南市重要政务活动档案辑录（2007 ~ 2009 年）	全书分 3 册，以档案文件与新闻报道为基本素材，分为“重要文件讲话”“新闻宣传报道”两大部分。编发照片 30 张、重要文件 39 篇 10 万余字、新闻报道图片 800 余幅	2010 年 6 月	内部印刷	济南市档案馆	10	

附：《档案资政参考》

2001年，市档案馆围绕党委政府中心工作、时政和舆论热点，探索创新档案信息服务形式，挖掘档案信息资源，创办《档案信息参考》(2003年更名为《档案史料研究与开发》，2005年更名为《档案咨政信息》，2008年更名为《档案资政信息》，2010年更名为《档案资政参考》)，主动为领导和有关部门提供档案信息服务，至2010年编发52期。档案资政参考采取档案文献摘编和史料研究相结合的形式编发，内容涉及济南近代以来重大历史事件、党风廉政建设、工商经济发展、城市规划和建设管理等方面，有效满足领导及有关部门对于资政襄政的信息需求，受到重视和欢迎。2001年编发的《日军侵华又一铁证》《济南早期部分党组织的建立》两期信息，分别由市委副书记、市委秘书长批示。市委办公厅、市政府办公厅、市纪委、市泉水办公室、市委党史研究室、市建设委员会、市城市管理行政执法局等部门、单位分别对档案资政信息作出积极评价，《济南日报》《北京青年报》《生活日报》等报刊对有关信息进行报道。

2010年，改革档案资政参考的内容和编写方法，由原来每期平均4000字扩充至近万字，保持原有独特研究视角特点的同时，发挥以档案史料见证历史的参考作用，全年围绕济南市林权制度改革、开展“廉洁高效执政为民”活动、“十二五”规划制定及公民道德建设等热点内容，编写《档案资政参考》4期。

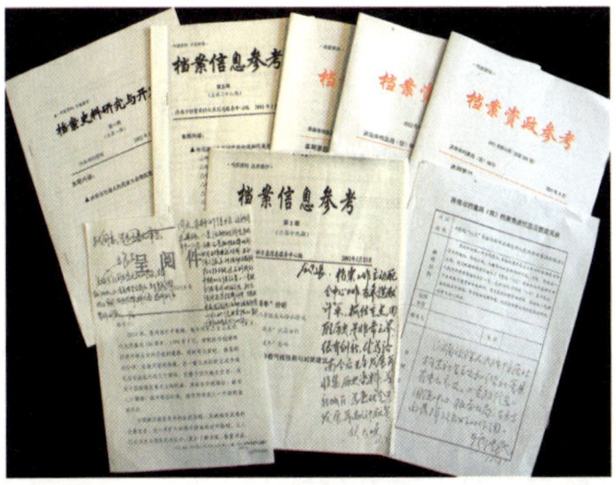

济南市档案馆编发的《档案资政参考》(2012年摄)

第五节 社会效益

1986年后，档案在为领导决策和日常工作服务、落实政策增加工龄、编史修志和历史研究服务、宣传教育和精神文明建设服务、制定经济社会发展规划、维护集体和个人权益等方面发挥了重要作用。

1997年，为迎接“国际残疾人日”，日本NHK放送协会制作“世界五大杰出残疾人”专题节目，派4名记者到市档案馆收集素材。日本记者在市档案馆摄录到大量反映张海迪工作、生活、学习、社会活动等方面的鲜活实料。该片于1997年年底通过卫星向全球播送。

2001年7月7日，由市档案馆提供的日军在济南的“731”部队罪行照片档案，在《济南时报》刊登。10月16日，市档案馆为姜春云提供1984～1985年在济南任职期间的重要讲话、工作报告等档案7卷16份文件。12月4日，市档案馆为国务院原副总理谷牧复制提供其在济南解放初期的工作照片4张。

2001年4月28日，日本77岁高龄的佐藤孟江女士到市档案馆，查寻其二十世纪三四十年代在济南生活、学徒时的旧友和老板的有关情况。日本NHK电视台记者全程跟踪录像，并以此为故事线索制作一部电视专题片。

2002年9月底，配合泉城路商业街开街，历下区档案局与市档案局（馆）、城建档案馆联合在泉城路举办馆藏珍贵照片展览，参观者达10万人(次)。10月9日，中央电视台新闻中心社会新闻部记者高伟强等专程到济南，对市档案局（馆）、章丘市档案馆、历下区档案馆及赵彤等部分档案利用者进行现场采访。10月22日，中央电视台《新闻30分》以“迎接十六大、老百姓身边看变化”为题进行报道。

2005年，为纪念中国人民抗日战争暨世界反法西斯战争胜利60周年，深刻揭露日本侵华罪行，中央电视台社教中心《罪与罚》摄制组到市档案馆查阅档案资料。先后查阅并拍摄济南街道被炸、商铺被抢、房屋被毁、民众被杀、尸骨遍地等记录日军杀害无辜的真实照片资料，以及济南惨案纪实、济南琵琶山下万人坑挖掘现场、被害遗属控诉材料等相关文书档案材料，以确凿证据揭露侵华日军在济南犯下的滔天罪行。

2007年，济南市曲艺团举办“杨立德艺术展览”。市曲艺团工作人员及杨立德的儿子到市档案馆，查找杨当年的一些演出照片及工作生活资料。市档案馆为其提供演出及生活照片资料20余张，文书档案材料40余页。

2010年9月，由市委宣传部组织，市委外宣办、济南电视台具体实施的大型电视纪录片《天下泉城·名士济南篇》摄制工作正式开始。该片采用航拍、地面拍摄及新旧图片对比相结合的方式，立体展现济南的历史、人文、城市变迁。市档案馆利用馆藏照片档案资源，提供了新中国成立前济南老商业街、原津浦铁路线、早期共产党人在济南的活动以及反映老城老街、泉水原貌、民俗文化等方面的老照片57张，为电视片拍摄提供了珍贵历史资料。

附：依据档案解决经济纠纷

1984年9月，济南重型机械厂与济南复合材料开发公司签订加工3台BGJ步进式管机合同，计款46.26万元。1985年8月，济南复合材料开发公司撤销，被中技公司接收改名为兴鲁科技开发公司；11月，兴鲁科技开发公司验收加工好的3台机床并提走1台。因资金困难，与重型机械厂达成协议延期到1986年3月前全部付清。协议签订后，兴鲁科技开发公司只付款8129.5元，并于1988年8月歇业。后来重型机械厂找到中技总公司，在要求其承担债务不成的情况下，于1996年向济南市中级人民法院提起诉讼。双方协商不成，市中级人民法院判决中技总公司付给重型机械厂欠款、滞纳金及案件受理费61万余元。中技总公司不服，上诉到最高人民法院。最高人民法院受理此案后，要求济南市中级人民法院提供有关原始材料。市中级人民法院法官在济南市档案馆查到并复印济南复合材料公司工商申请登记表、1985年公司更名登记表、营业执照、1986年出资证明等档案材料。根据这些材料，最高人民法院驳回中技公司上诉，维持原判。中技总公司向济南重型机械厂付清61万余元的欠款。

1995年年初，济南利博实业公司与济南市文化局签订协议，将大观园大众剧场改建为商业大厦。要拆除大众剧场就必须查清大众剧场房产来源、产权归属、占地面积和房屋间数。为查清这些问题，市文化局工作人员通过查阅档案材料，查到原大众剧场50年代初私营企业商业调查表、合营申请书等材料，查清有房屋84间，占地面积近1000平方米。档案材料证明，现大众剧场是由私营经过公私合营演变来的，属于市文化局的下属单位。以此为凭证，根据济南市建设拆迁实施细则第16条规定，市文化局得到房屋拆迁补偿费490余万元。

第五章 档案事业管理

第一节 发展规划

1986年1月30日制订的《济南市档案事业发展“七五”计划》确定，“七五”期间全市档案工作的主要奋斗目标是：进一步完善档案工作体制，不断提高档案干部队伍的政治、文化、业务素质；丰富馆藏，使各级档案馆成为名副其实的保存档案的基地和利用档案的中心；开展档案学术研究，进一步发展和提高文书档案工作、科技档案工作和各种专门档案工作，基本形成门类齐全、基础扎实、管理科学、工作协调的全市档案工作体系。

1992年2月25日制订的《济南市档案事业发展“八五”计划》确定，“八五”期间全市档案事业发展的奋斗目标是：初步建成与本市国民经济和社会发展相适应、馆（室）藏比较丰富、门类比较齐全、结构比较合理、管理比较科学的有效服务的档案事业。

1996年3月25日制订的《济南市档案事业发展“九五”计划》确定，“九五”期间全市档案事业发展的奋斗目标是：提高依法管理档案事业水平；强化档案行政管理职能；基本实现综合档案馆、机关、大中型企事业单位档案管理现代化，基础业务工作规范化、标准化；完善基础设施，丰富馆（室）藏内容；扩大档案开放，深入开发档案信息资源；加强档案理论学术研究，坚持科教兴档，加快人才培养。至2000年，基本建成法制健全，设施适应，结构合理，工作规范，服务有效，与全市国民经济和社会发展相适应的档案事业管理体系。

2000年5月22日制订的《济南市档案事业发展“十五”计划》确定，“十五”期间全市档案事业发展总的奋斗目标是：实施好“一一三”工程，即建好一个市档案馆新楼；夯实一个档案业务工作基础；抓好档案法制、档案现代化和档案干部队伍等3项关键性建设。

2005年8月召开的济南市“十一五”规划编制工作会议首次把档案事业发展规划作为单项规划列入全市“十一五”行业（部门）规划名录。《济南市“十一五”档案事业发展规划》确定，“十一五”期间全市档案事业发展总的奋斗目标是：以抓好档案馆库建设、法制建设和队伍建设为基点，以档案资源建设、信息化建设和服务机制创新为核心，充分发挥各级国家档案馆档案安全保管基地、爱国主义教育基地、已公开现行文件提供利用中心和档案信息服务中心“四位一体”的功能，加大对档案事业的投入，加强全市机关、企事业、农业农村、城建和社区的档案工作，有效整合国家档案信息资源，增强各级档案行政管理部门依法行政能力，继续巩固和完善以各级国家综合档案馆为主体，以机关、企事业单位档案室和各类专业档案馆为基础，以济南档案信息网为载体，与构建“和谐济南”要求相适应的档案保管保护和利用服务体系，为全市改革、稳定、发展做出贡献。

第二节 档案法制

一、法规建设

1987年9月5日，全国人大常委会审议通过《中华人民共和国档案法》，并于1988年1月1日起实施。济南市认真贯彻《中华人民共和国档案法》、1990年国家档案局下发的《档案法实施办法》及相关法律法规，先后制定3件地方法规、2件政府规章、2件政府（市委、市政府办公厅）规范性文件，使全市档案事业逐步步入法制化、规范化轨道。

1992年、1994年，分别以市政府第40号令、第80号令发布《济南市地下管线工程档案管理办法》《济南市城市建设档案管理办法》（2001年《济南市城市建设档案管理规定》颁布后均废止）。1993年，以济政发〔1993〕9号颁布《济南市人物档案管理办法》。1994年、2000年和2001年，经省、市人大常委会审议批准，分别颁布《济南市行政村档案管理办法》《济南市档案管理若干规定》《济南市城市建设档案管理规定》。2005年，市委、市政府办公厅印发《济南市已公开现行文件送交利用工作实施细则》。

《济南市行政村档案管理办法》是山东省第一部正式的地方档案法规，也是全国第一部由省人大常委会批准的关于农村档案管理的地方性法规。《济南市档案管理若干规定》与其他法

2007年9月5日，济南市纪念档案法颁布20周年活动在泉城广场举行

规和济南市先后制定、修订的有关机关、企业、重点工程、乡镇、农业科技、无公害蔬菜、社区、信用、农村劳力转移档案工作以及电子文件、现行文件收集管理等方面的规范性文件，构成全市地方档案法规体系，为依法治档奠定法制基础。

二、法规实施

1987年《中华人民共和国档案法》颁布后，全市各级档案部门认真贯彻档案法，促进档案法律法规的贯彻实施。

（一）档案普法宣传和法制教育 按照国家、省、市“一五”至“五五”普法宣传教育规划意见，制定济南市档案系统法制宣传教育实施规划，通过展览、座谈会、演讲会、文艺演出、知识竞赛、普法考试、黑板报、宣传栏、上街宣传等形式，推动档案法制宣传教育活动深入。

（二）档案执法监督检查 1988年起，每年结合机关文书立卷验收工作对关键、要害部门进行检查，市档案局独立或与市人大教科文卫委员会、市政府法制办及有关专业部门相继开展综合性的全市档案执法检查8次，针对大企业（集团公司）、上市公司、三资企业、重点工程项目、城建、开发区、文化教育新闻、小城镇以及行政村档案工作开展专项执法检查和执法调研12次。2000年，印发《济南市企业科技事业单位档案工作年度执法检查办法》，此后连续3年进行以大企业为主的企事业单位档案工作执法检查。2001年，市档案局成立法规和经济科技业务处，负责全市档案法制工作的具体组织实施。在市和县（市）区档案行政管理部门建立执法队伍，做到持证上岗。2007年，全市各县（市）区档案局、人大教科文卫委员会、政府法制办在本地区组织开展档案行政执法检查，市档案局、市人大教科文卫委员会、市政府法制办组成检查组，对10个单位进行重点抽查。

（三）档案行政执法责任制 1994年，按照市人大常委会《关于在国家机关中实行执法责任制的决定》，市、县（市）区档案行政管理部门分别成立以局（馆）长为组长的档案行政执法责任制领导小组，制定实施方案和相关制度，在各级档案行政管理部门形成行政执法责任制的框架体系。2005年后，在全市档案系统全面推行行政执法责任制，着重抓好以全面推行档案行政执法责任制组织体系、档案行政执法责任制依据和档案行政执法责任制制度体系为主要内容的“三落实”。济南市和各县（市）区档案局成立依法行政领导小组，《实施档案行政许可工作制度》《济南市档案局档案行政执法过错责任追究办法》《济南市档案局规范性文件管理办法》《济南市档案行政处罚裁量规则（试行）》《关于档案行政处罚事项的梳理规范建议》等一批规则办法制定下发，完成机关规范性文件执法依据梳理工作，将档案行政执法任务和责任进行分解细化。

第三节 监督指导

一、企业档案升级

1987～1991年，根据《国务院关于加强工业企业管理若干问题的决定》，市档案局制订《企业档案管理升级试行办法》，在全市开展以企业“抓管理、上等级，全面提高企业素质”为主要内容的企业档案升级工作。先后有济南轻工化学总厂、济南第一棉纺织厂、山东酒精总厂等

358个企业分别达到国家一级、国家二级、省级先进和市级先进标准。1991年10月，企业档案管理升级考评工作结束。

二、企(事)业档案目标管理认证

1996～2002年，根据国家档案局《企业档案工作目标管理办法》要求，在全市企事业单位开展档案工作目标管理认证工作。先后有250家企业分别通过国家一级、国家二级、省部级的企业档案工作目标管理认定。

三、持证上岗

自1996年6月起，在全市企业、科技事业单位实行档案人员持证上岗制度。至2010年年底，市档案局先后举办企事业档案人员持证上岗培训班40期，向企事业单位3748名培训合格的档案人员颁发上岗证书。

四、企事业改制档案处置

1998年5月13日，市档案局与市体改委、市经委、市国资局联合转发《国有企业资产与产权变动档案处置暂行办法》，对国有企业在改组、联合、兼并、租赁、承包经营、股份合作和出售等改革过程中档案处置，做出明确规定。同时，探索企业档案改革的新路子，对50家大企业进行合理组合，建立5个协作组，开展业务协作。2000年后，针对济南市企业改制后出现的新特点，确定以国有大企业、新建重点企业、已改制企业为业务指导重点的工作方针。强化大企业协作组活动，实施重点跟踪指导，使这些企业成为全市企业档案工作的排头兵。与市国有资产管理局联合印发《济南市企业、企业集团(公司)、国家控股企业档案登记管理办法》，当年有48家改制企业进行登记，保证撤、并、转和重组企业的完整性和连续性。多次与市国资委等部门配合，共同研究做好改制企业档案工作的措施。下发《关于进一步加强全市企业档案工作的意见》和《关于做好我市国有企业改革改制档案工作的通知》，指导产权改制企业做好档案的处置工作。济南卷烟厂、济南轻骑集团、齐鲁制药有限公司、济南农工商集团、中国重汽集团、小鸭集团等单位在企业重组、改制、兼并、股份制改造等产权变动过程中接受档案11595卷，保证了改制企业档案的完整、安全。

五、档案工作年度考核

2003年开始，全面开展档案工作年度考核。至2010年，有258家企事业单位参加考核。其中，省特级21家，省一级92家，省二级80家，合格65家。

第四节 档案宣传与科研

一、档案宣传

(一) 专题展览 1986年，市档案馆举办济南市照片档案展览，展出照片800余幅，陈列部分单位选送的照片档案影集116册，主要反映近代以来济南发展简况和市委、市政府带领全市人民在社会主义建设方面取得的成就。展览历时1个多月，国务委员谷牧，市委、市人大、市政府、市政协、市纪委、军分区，省档案局和部分地市档案部门及各界群众5000人参观。1989年，举办“济南市人物、名优产品、名胜古迹档案陈列”。2004年7月25日～8月20日，市档案局（馆）与市委宣传部等4部门联合举办“济南开埠百年档案图片展”，展出档案图片800余幅，系统反映济南市自1904年自开商埠至2004年百年发展历史，10余万人（次）参观展览。2005年，举办“纪念抗日战争胜利60周年档案史料图片展”。2008年，举办“济南解放60周年档案文献图片展”。2009年，举办“回眸60年——泉城记忆”民间档案征集展。

县（市）区档案馆分别举办各类展览，其中章丘市的“时延春大使资料图片展”“新中国成立60周年成就展”，商河县的“鼓子秧歌图片展”，历下区的“老街巷整治成果展”“杨秀芝事迹档案展”，槐荫区的“改革开放三十年看槐荫”等，形式新颖、特色浓郁，受到群众欢迎。章丘市档案馆在档案新馆开辟近1000平方米的长期性展厅，以“传承文明、见证发展”为主题，对群众开展爱国主义宣传教育。

（二）宣传活动 1992年后，市档案局结合纪念《中华人民共和国档案法》颁布五、十、十五、二十周年，先后开展知识竞赛、文艺会演、“一条街”（大纬二路）宣传、泉城广场宣传等活动。

（三）档案期刊 《济南档案》期刊于1985年8月试刊、1986年3月创刊，以研究探讨档案学理论、介绍档案工作先进经验、宣传档案工作基本知识为主要目的，每期印数2000份，2003年年底停刊，先后出刊72期。1987年3月始办《档案工作信息》（不定期），主要反映全市各级档案部门的工作进度、重要活动等，交流情况、沟通信息、传播经验，后停办。2004年2月创办《济南档案工作》，至2010年年底出刊127期，分别向国家档案局、省档案局以及市委、市人大、市政府、市政协分管领导和济南市有关部门报送，并与国内数十家档案局进行交流，刊出的许多稿件被《中国档案》《中国档案报》《山东档案》等报刊采用。

（四）媒体宣传 1997年5月，市档案局与相关单位配合，举行首次档案工作新闻发布会，吸引省、市多家媒体参加。2000年后，市档案局多次在《生活日报》《济南时报》等媒体开辟专栏，宣传档案工作。借助馆藏资源优势，参与专题片、电视片制作。2004～2010年，参与拍摄的《古城开埠》《1928：历史的诉说》《禁毒在泉城》《聚焦瞬间·济南篇》分别在中央电视台、济南电视台、凤凰卫视等媒体播出。2003年，历下区档案馆参与摄制的《发展中的历下区——济南市历下区两个文明建设情况纪实》专题片，先后放映800场（次），为宣传当地建设成就做出贡献。

二、档案科研

1988年，市档案馆研制DWK-1型档案馆微机集中监控系统。该系统具有测温、测湿、控温、控湿、火警、盗警、库房通风、配电系统监控等功能，技术先进、功能齐全、性能稳定、易于操作、维修方便，在保护技术领域处于国内领先水平。1990年，针对库房通风时机难以把握的问题，研制DKT-1型档案库房自然通风判定仪，设计合理，性能稳定，填补国内空白，获山东省档案局科技进步二等奖、国家档案局科技进步三等奖。1996年，开发完成档案检索软件系统，利用WINDOWS、FOXPRO作为开发工具，ORACLE数据库管理后台，具有档案录入、查询检索、利用统计、编目、打印、数据修改等集成功能，实现数据网络化和动态化管理。该系统达到全国行业先进水平，1998年获山东省档案局科技进步三等奖。2001年，承担由国家档案局立项的科研项目——档案库房环境对人体健康危害的调查研究，该课题成果填补档案库房环境研究和档案劳动卫生保健研究的空白，达到国内领先水平，获国家档案局科技成果三等奖。2002年，承担完成《档案资料目录信息服务中心建设与研究》课题，获国家档案局科技进步二等奖。2003年，完成《农业科技档案信息开发利用的网络化研究》课题，获国家档案局优秀科技成果二等奖。2009年，市档案局与市科技局签订“档案库房环境监控及安全保护职能综合管理系统研究”科技计划专项合同，承担项目研究任务。该系统将温湿度智能化调控功能、防盗报警、自动消毒灭菌功能、视频监控系统、门禁管理系统、灯光照明检测、自动通风系统、室外气象站等功能集中统一平台，实现档案安全保护的全方位、立体化和智能化管理。

附：济南市档案学会

济南市档案学会成立于1985年11月29日，

下设济南城建学会1个团体会员和市档案学会声像档案工作学术委员会，市档案学会科技档案工作学术委员会，市档案学会档案馆工作学术委员会，市档案学会档案保护技术学术委员会，市档案学会档案学基础理论、宣传教育与法制学术委员会，市档案学会机关档案工作学术委员会6个分支机构。至2010年年底，有个人会员173人。

市档案学会成立后，积极开展档案学术研究活动：多次组织召开专题学术研讨会、学术年会、全国性和区域性学术会议，参与全国及区域性和省档案学术研讨活动，印发交流论文600余篇；会员和档案工作者在省级以上专业刊物发表各类档案学术理论及经验性文章274篇；组织开展全市档案学优秀论文（著）评选活动22次，有637项获奖；1986年创办会刊《济南档案》（季刊），2003年年底停刊，共出刊72期，编发各类稿件2000余件、430余万字，发行总量14万份。

第五节 档案教育与培训

1986年，全市继续开展档案职业中专教育和档案电大教育，培养档案职业中专生400余人，档案电大生600余人。1988年，集中举办5门专业课培训班，2400余人取得结业证书。

1992年6月，在全市范围内举办《档案干部继续教育电视讲座》，800余名档案干部参加学习。1993年2月，全市企事业单位218名档案工作人员参加档案专业大专层次岗位培训。1992年11月，成立档案文秘培训中心，对全市档案教育实行统筹规划，归口管理，系统培训。

1993～2005年，与中共山东省委党校、山东省档案局联合举办档案文秘专业业余大专班、本科班，共举办大专班、本科班各11期，889人取得大专学历，2241人取得本科学历。结合业务和现代化管理，1992～2000年，市和各县（市）区档案局先后举办各类学习班、培训班260余期，1.9万余人（次）参加学习培训。1997年起，各级档案管理部门采取举办各种类型的机关文书档案培训班、企业科技档案培训班和专题业务讲座，较系统地学习档案业务基础知识。至2000年，市直机关、企事业单位在岗档案管理人员全部参加学习培训。全市初步形成以在职培训为主，在职教育与学校教育相结合的多层次、多形式的档案教育体系。

“十五”期间，建立档案工作人员持证上岗制度，对不具备档案专业知识要求的在岗人员进行资格培训，颁发上岗资格证书。市和各县（市）区档案局组织不同层次的岗位资格培训170余期，15000余人取得上岗资格。同时，发展档案专业学历教育，市档案文秘培训中心在校生达到500余人，有709名档案文秘专业毕业生获得本科和大专学历。

“十一五”期间，全市各级档案部门举办各类档案业务培训班130余期，参训人员1.35万余人（次）。264名档案文秘专业毕业生获本、专科学历。

第六章 机 构

第一节 济南市档案局（馆）

1987年2月，市档案局内部机构为办公室、业务指导处、档案管理处、保护技术处、编辑研究处，人事教育处6个业务处室。1991年1月，增设科技档案指导处，业务指导处更名为文书档案指导处。1996年10月，被国家档案局评为国家一级档案馆。同年12月，市级机构改革明确市档案局为市委、市政府工作机构，为局级单位，归口市委办公厅管理。内设办公室、文书档案指导处、科技档案指导处、人事教育处、管理利用处、收集整理处、编辑研究处和技术保护处8个职能处室。2001年7月，市档案局(馆)内设办公室、法规和经济科技业务处、档案馆（室）业务处、组织人事处、保管利用处(挂收集整理处的牌子)、编辑研究处和技术处7个职能处室。2008年11月，明确市档案局(馆)为参照公务员法管理事业单位。至2010年年底，市档案局机构设置无变化。

1985年，市档案馆被确定为市委、市政府直属的文化事业机构，与市档案局合署办公。1996年12月、2001年7月进行两次机构调整，市档案馆、市档案局一个机构，挂市档案局、市档案馆两块牌子，履行档案事业行政管理和保管、利用两种职能。

第二节 专业档案馆

一、济南市城市建设档案馆

1981年2月，市城建档案馆在济南市规划建设局档案室的基础上成立，是市政府所属的集中管理城建档案的科级事业单位，隶属济南市城市规划建设局。1986年6月，划归市城乡建设委员会管理，为其直属的副县级事业单位，下设办公室、档案管理科、综合业务科，事业编制由10人增加为30人。

1990年，与济南市城建档案管理办公室合署办公，由市建委领导，业务上受市档案局指导。1992年，增设地下管线科。1996年，升为正县级。2000年，经费由差额预算管理改为全额预算管理，编制增为48人，设置高级专业技术岗位5个，中级专业技术岗位16个。至2010年年底，有正式职工48人。

城建档案馆存有1949年以来的城市建设档案资料，以1987年以后的为主，分综合，城市勘测，城市规划，城市建设管理，市政工程，公用设施，交通运输工程，工业建筑，民用建筑，名胜古迹、园林绿化，城市建设科研，人防军事工程，工程设计，地下管线，声像15个大类。至2010年年底，馆藏纸质档案11092卷，彩色数码照片208359张，DVD296盘。馆存录像时长3.7万余分钟,其中专题3780分钟,素材2.05万分钟，视频DVD322盘。库房上架排列总长度2050米。

二、济南市房屋档案馆

市房屋档案馆隶属于济南市房产管理局，成立于1983年11月，1985年正式向社会开放，负责全市市区房屋档案的管理、开发、查考、利用，对区、县房屋档案馆的业务工作进行指导，并为国家机关、企业、事业单位、公民个人提供房屋档案的查询服务。

2001年8月，经济南市机构编制委员会批准，市房屋档案馆调整为自收自支县级事业单位，人员编制25人。12月，市房管局党委决定市房屋产权登记中心与市房产交易监理所、市房屋档案馆合署办公，一套班子三块牌子，实现房屋权属管理与房地产交易管理到档案形成入库的一体化的现代化管理模式。

市房屋档案馆馆藏档案主要包括清康熙至宣统年间的房产旧契约，新中国成立后至2005年的房改发证档案73.16万卷。

至2010年年底，库存档案129.34万卷，数字化扫描106.69万卷。

第八篇　地方志

1986年，济南市志办公室为局级事业单位，内设秘书科、编辑科、业务指导科。1987年3月，秘书科、编辑科、业务指导科分别改为秘书处、编辑处、业务指导处。1994年12月29日，济南市志办公室更名为济南市史志办公室。1996年9月6日，市史志办被确定为市政府直属事业单位，内设秘书处、编审处、业务指导处、年鉴处（对外称济南年鉴编辑部）。1997年4月8日，济南市方志馆成立，按局属正处级事业单位管理，归市史志办领导。2001年8月9日，市史志办内设秘书处、市志处、年鉴处。2008年11月，市史志办列入参照公务员制度管理的事业单位。2010年3月3日，市史志办内设秘书处、市志编审处、年鉴编辑处3个处室。

地方志编纂。20世纪80年代初，中共济南市委、济南市人民政府决定编纂《济南市志》。至2004年9月，完成首轮《济南市志》8册、700余万字的编纂任务。其间，济南市各县区陆续启动县区志编纂，至1997年6月全部完成一轮修志工作，出版县区志10部。2000年后，济南市各级史志机构学习贯彻国务院《地方志工作条例》和《山东省地方史志工作条例》，把修志工作纳入依法修志轨道，全面启动新一轮市、县(市)区志书的编纂。《济南市志(1986～2010)》编纂工作全面展开，县(市)区志编纂陆续启动，至2010年，《平阴县志（1988～2003)》和《章丘市志(1986～2005)》相继出版。

综合年鉴编纂。1988年9月，市政府常务会议研究决定，自1989年起由市志办公室组织实施每年编辑出版一本《济南年鉴》。1990年1月，《济南年鉴(1989)》由济南出版社出版。至2010年，编纂出版《济南年鉴》22卷。1994年，济南市第一部县区综合年鉴——《天桥年鉴》出版。至2010年，编纂出版县区综合年鉴20余部，行业、企业年鉴10余部。

方志馆和地情网建设。“九五”时期，市方志馆完成建设工程立项、机构组建、选址征地和列入市国民经济社会发展计划工作。市和部分县（市）区史志部门配备一定数量的微机，初步具备利用微机处理编辑业务的条件。“十五”时期，市和部分县（市）区建成地情资料库和地情网站，开始通过互联网为社会提供地情资料服务。“十一五”时期，实现省、市、县三级网络互通，成为济南地区信息量大、信息面广、地情信息权威的专业网站，社会效益和服务功能逐步凸显。馆藏全国各地方志和年鉴等地情书籍300余种，1.5万册；收集地情资料书4670册、工具书407册。

第一章 志书编纂

第一节《济南市志》编纂

一、首轮《济南市志》编纂

济南市志编纂委员会成立于1981年4月11日，1994年5月改称济南市史志编委会。至1997年12月《济南市志》第一册出版，历经四届。每届主任或名誉主任均由市长或副市长担任。编委会的日常办事机构为市史志办公室。

首轮《济南市志》成书过程大体分为三个阶段：第一阶段（1981～1985年），为组建编志机构及搜集资料阶段。1981年，130余个承编单位先后成立编志办，各基层企事业单位，各县、区及大部分乡镇亦建立专职或兼职编志机构。全市史志工作者最多时达3000余人。史志工作者查遍全国各主要档案馆、图书馆，山东省、济南市及各县区档案馆、图书馆及各部门档案、文书资料；走访知情人数千人，搜集各类文字资料4亿字，口述资料百余万字，实物及图片资料上万份，为《济南市志》成书奠定基础。

第一轮《济南市志》（1997年版）编纂出版

第二阶段（1986～1992年），为整理资料及编纂各分志初稿阶段。1986年，市志编委会与各分志承编单位签订主编承包责任书。各分志承编单位开始将搜集到的资料进行加工整理、核实、订正，去粗取精，去伪存真。在此基础上，对整理过的资料依时序分类进行编排，编写出近3000万字的资料长编。尔后，各单位开始编写分志初稿。至1989年年底，绝大部分分志初稿陆续脱稿，总字数约1700万字。至1992年年底，大部分初稿印制成分志讨论稿，总字数约1000万字。

第三阶段（1993～1999年），为通编总纂和送审出版阶段。自1993年开始，市史志办组织力量对全书进行分卷通编，在此基础上进行分册总纂。广泛征求修改意见的同时，对志稿反复进行加工修改，进行核定史实、增补资料、处理交叉、消除矛盾重复、调整结构等工作。对少数尚未形成初稿和讨论稿的分志，采取措施，进行扫尾。至1997年夏秋之季，完成《济南市志》第一、五两册送审稿。经过市领导及有关专家、省史志办、中华书局审订后，于1997年12月底交付印刷，1998年3月出版发行。1998年10月，《济南市志》第六册出版发行；1999年7月第二、四册出版发行；至1999年年底第七、三册先后送审付印。至此，除第八册（索引）外，《济南市志》编纂任务全部完成。

《济南市志》分18卷113篇，另在卷首置市情综述、大事记，卷末设附录，总字数700余万字（不含第八册）。全面、系统地记载自1840年（部分内容适当上溯）至1985年（部分内容适当下延）济南各项事业的兴衰起伏及发展沿革，是济南有史以来最大的一部记述济南政治、经济、文化、社会等诸方面综合情况的资料性著述。全志分装8册。第一册为市情综述，大事记，政区、自然环境、人口，泉水、风景名胜、旅游；第二册为城乡建设，交通邮电，社会经济管理，财税、审计、金融；第三册为工业；第四册为商业，农业；第五册为政权、政务，政党、社会团体，政法、军事；第六册为教育，科学技术，文化，卫生体育；第七册为社会，人物，附录；第八册为总目录和索引。

为体现城市志的特点，《济南市志》在卷次安排上，将反映城市基础设施内容的“城乡建设”“交通邮电”卷置于经济、文化各业内容之前，将“商业”卷置于“农业”卷之前；为突出“泉城”特色，将泉水内容单列为卷，对泉水资源、泉水景观作了较为详细的记载；为反映历史文化名城特色，强化对风景名胜和文物内容的记述，在“人物”卷内增加古代人物的传记；为反映省会城市特点，在“政权政务”“政党社团”“政法军事”卷，对驻在济南的省级或上级党政军机关和人民团体也作简要记载。

《济南市志》由中华书局出版，国内外公开发行。每册印数3000～5000册不等，16开本，分精装、特精装（外加书壳）两种。在2005年举行的山东省新编地方志优秀成果奖评选中，《济南市志》被评为一等奖（最高奖项）。

二、《济南市志（1986～2010）》编纂

2005年11月，新一届济南市史志编委会成立，开始部署第二轮济南市志编纂工作。2006年4月26日，召开全市史志工作会议，进行专题部署，全市近120个部门作为市志承编单位参加会议，根据市史志办制定的篇目任务分工，承担编纂任务。2006年下半年至2007年年底，各单位分别报送撰写篇目，市史志办与部分单位进行座谈交流，进行初步业务指导。2007年年底，形成纲目体的《济南市志

2013年11月28日，全市史志工作会议召开

（1986～2005）》篇目框架（征求意见稿）。2008年，调整体例，变纲目体为篇章节体，对篇目框架进一步细化完善。2008～2010年，对各承编单位进行分口、分协作组、分部类业务培训，对重点部门、单位进行专题培训。2010年4月10日，根据市政府要求，将志书下限延至2010年，并召开全市史志工作会议，对工作进行重新部署。

第二节 县（市）区志编纂

一、首轮县区志编纂

20世纪80年代，各县（市）区相继成立县（市）区志编纂委员会和工作机构，启动首轮县（市）区志编纂工作。1990年11月，《历城县志》出版，是济南市首轮县（市）区志中最早出版的县区志。至1997年，10部县（市）区志全部出版发行。

《历城县志》 1989年12月成稿，1990年11月出版发行。记事上限1840年，下限1985年，28篇、142章、301节，74万字，配有图片40余幅。志书为篇章节目体，篇目依次为：序、概述、大事记、政区、自然地理、人口、农牧渔业、林果业、水利、工业、交通运输、邮电、商业、粮油、经济管理、城乡建设、财税、

金融、科技、党派团体、政权政协、司法、民政、劳动人事、军事、文化、文物、教育、体育、卫生、社情民俗、人物、附录，其中，序、概述、大事记、人物、附录未列入篇序列。全书1册，16开精装，由济南出版社出版，印数4000册，国内外公开发行。

《长清县志》 1992年6月成书。记事上限1840年，下限1985年，正文27篇、121章、397节，82.6万字，配有图片90余幅。篇目依次为：卷首（序、凡例、概述、大事记）、政区、自然环境、人口、农牧渔业、林业水利、工业、交通运输、邮电、城乡建设、商业、物价与工商管理、财税金融、党派社团、政权政协、政务、政法、军事、文化、教育、科技、卫生、体育、文物、民俗方言、社会、人物、附录。全书1册，16开精装，济南出版社出版，印数2100册，国内外公开发行。

《章丘县志》 1992年7月成书。记事上限1840年，下限1985年。为篇章节目体，全书除卷首、概述、大事记、附录外，设26篇、148章、343节，96.6万字，配有图片77幅。篇目依次为卷首、概述、大事记、行政区域、自然地理、人口、农业、林业、水利、工业、商业、交通邮电、城乡建设、财税金融、经济管理、党派群团、政权政协、政法、民政侨务、劳动人事、军事、教育、科技、文化、文物名胜、卫生、体育、社情民俗、人物、附录、编后记。全书1册，16开精装，济南出版社出版，印数3000册，国内外公开发行。

《平阴县志》 1991年8月成书，1992年12月出版发行。记事上限1840年，下限1987年，部分内容适当上溯或下延。为篇章节目体，除卷首、附录外，设建置、自然地理、人口、政党群团、政权政协、军事、公检法司、人事劳动、民政、农业、林业、水利渔业、黄河、特产、工业、交通邮电、城乡建设、商业、物资外贸、粮食、工商物价计量、计划统计、财税金融、教育、科技、文化、卫生、体育、民俗宗教谚语、人物等30篇，下设122章、316节，63.4万字，配有图片42幅。全书1册，16开精装，印数2000册，济南出版社出版，国内外公开发行。

《历下区志》 1991年成稿，1992年12月印刷出版。该志上限1840年，下限1985年，部分内容适当上溯或下延。为篇章节目体，除卷首外，设地理、政治、经济、城区建设、文化、社会、人物等7篇，下设45章、149节，44万字，配各类图片38幅。全书1册，16开精装，中国广播电视出版社出版，印数1600册，国内外公开发行。

《天桥区志》 1993年9月成书，次月印刷出版。该志记事上限追溯至事物发端，下限为1990年。除卷首外，全书设区情概述、行政区域、地理环境、基础设施、产业、事业、政治组织、居民、人物、附录等10编、54章、215节，98.8万字，配有图片70余幅。全书1册，16开精装，山东人民出版社出版，印数3000册，国内外公开发行。

《济阳县志》 1993年成书，1994年12月印刷出版。记事上限1840年，下限1990年，部分内容适当上溯和下延。采用编章节目体，全书除卷首、附录外，设建置、自然地理、人口、水利、黄河、农业、工业、交通邮电、商业、粮油物资、经济管理、财税金融、城乡建设、政党、政权政协、群众团体、司法、民政、人事劳动、军事、教育科技、文化、卫生体育、风土、人物、杂志26编，下设107章、351节，101.4万字，配有图片670幅。全书1册，16开精装，济南出版社出版，印数3000册，国内外公开发行。

《商河县志》 1994年7月成书，次月交付印刷。记事上限1840年，下限1990年，部分内容上溯。为编章节目体，除卷首、附录外，设建置、自然地理、人口、水利、农业、林业、工业、商业、经济管理、财税金融、交通邮电、城乡建设、政党群团、政权政协、政法、劳动人事、民政、军事、教育、科技、文化、卫生体育、社会、人物24篇、120章、344节，82.5万字，配有图片70幅。全书1册，16开精装，济南出版社出版，印数2500册，国内外公开发行。

《槐荫区志》 1993年年底成稿，1994年8月印刷出版。记事上限1904年，下限1989年。为编章节目体，除卷首（序、凡例、概述、大事记）、附录外，设地理、经济、城市建设、政治、文化、社会等6编、38章、170节，42.8万字，配有图片65幅。全书1册，16开精装，济南出版社出版，印数1500册，国内外公开发行。

济南市县（市）区志编纂业务培训班

《市中区志》 1997年6月成书，交付出版。记事上限1904年，下限1990年，部分内容下延至1992年。为篇章节目体，除卷首（序言、凡例、概述、大事记）、附录外，设行政区域、地理环境、人口、城市建设、交通邮电、街道办事处和镇、工业、商业、农业、科学技术、供应、工商物价管理、财税金融、政党、权力机关、政府、人民政协、群众团体、司法军事、教育、文化艺术、体育、卫生、社会生活、人物26篇，设105章、249节，72.8万字，配有图片74幅。全书1册，16开精装，齐鲁书社出版，印数1500册，国内外公开发行。

二、二轮县（市）区志编纂

进入21世纪后，各县（市）区开始启动二轮县（市）区志编纂工作。至2010年，先后有《平阴县志（1988～2003)》《章丘市志（1986～2005)》两部县（市）区志出版，其他县区启动编纂工作。

《平阴县志（1988～2003）》 2003年8月全面启动，至2005年12月编纂完毕。志书上限与上部《平阴县志》下限（1987年）相衔接，下限至2003年，部分内容适当上溯或下延。全书除总述、大事记、人物、附录和索引外，专志依次为：建置区划、自然环境、人口、玫瑰阿胶、农业、水利治黄、工业建筑业、交通邮政通信、城乡建设、环境保护、商贸旅游、金融保险、政党群团、政权政协、政法军事、人事劳动、民政、综合经济管理、财政税务、科学技术、教育、文化体育、卫生、精神文明建设、社会生活、乡镇概况、组织机构，27编。全书1册，2006年方志出版社出版，印数2000册，130万字。

《章丘市志（1986～2005）》 该志为1992年出版的《章丘县志》的续志，上限1986年，下限2005年，部分内容适当上溯或下延。全志设29篇，146章，520节，128万字，图片540余幅，精装16开本。全书1册，2009年12月中华书局出版，同时配套电子光盘。2010年3月，该志被山东省政府办公厅评为全省优秀市县级志书，获2009年度全省史志系统“八个一优秀”奖。

第三节 部门（行业）志、镇村志编纂

20世纪80年代后，济南市史志工作者在编纂济南市志和各县区志的同时，编纂完成一批专业（行业）志、部门志、企事业单位志和乡镇（街道）村志等。

1986～2010年济南市专业志、部门志编纂、出版情况表

表 15—8—1

序号	书名	编纂单位	出版单位	出版年份	册数	字数（万字）
1	济南轻骑摩托车总厂志	济南轻骑总厂	内部出版	1986	—	14
2	济南市广播电视志	济南市广播电视局	内部出版	1986	—	5
3	济阳县邮电志	济阳县邮电局	内部出版	1986	500	8
4	济南无线电十厂厂志	济南无线电十厂	内部资料	1986	500	30
5	济南无线电设备制造厂厂志	济南无线电设备厂	内部资料	1986	600	25
6	济南半导体四厂厂志	济南半导体四厂	内部资料	1986	500	30
7	历城县志地名资料	历城县志地名办公室	内部出版	1986	200	3
8	济阳县财政史志	济阳县财政局	内部出版	1986	500	11
9	明水铝土矿志	明水铝土矿矿志编委会	内部出版	1986	250	15
10	济南市药品检验所所志	济南市药品检验所	内部资料	1986	—	3.5
11	济南无线电一厂厂志	济南无线电一厂	内部资料	1986	500	8
12	济南市郊区供销社社志	郊区供销社	内部出版	1986	—	12
13	济南铁厂志	济南铁厂	内部出版	1986	—	15
14	济南半导体元件实验所所志	济南半导体所	内部资料	1986	—	8
15	平阴县医药志	平阴县药材公司	内部资料	1986	200	25
16	商河县邮电志	商河县邮电局	内部资料	1986	300	3
17	济南张马屯铁矿志	张马屯铁矿	内部出版	1986	—	20
18	长清县卫生志	长清县卫生局	内部出版	1986	500	15
19	济南无线电七厂厂志	济南无线电七厂	内部资料	1987	500	15
20	历下区工业志	历下区经济计划委员会	内部资料	1987	100	20
21	历下区教育志	历下区教育局	内部资料	1987	100	22
22	济南半导体三厂厂志	济南半导体三厂	内部资料	1987	400	28
23	阿胶志	平阴县史志办	内部出版	1987	200	5
24	济南第三棉纺织厂志	济南第三棉纺织厂	内部出版	1987	—	18
25	黄河河务局职工医院院志	黄河河务局职工医院	内部资料	1987	—	5.1
26	济阳县检察志	济阳县检察院	内部资料	1987	300	6
27	济阳县电业志	济阳县电业局	内部出版	1987	500	4.5
28	商河县文化志	商河县文化局	内部资料	1987	300	2
29	济南印刷二厂厂志	济南印刷二厂	内部出版	1987	—	8
30	济南第一棉纺织厂志	济南第一棉纺织厂	内部出版	1987	—	—
31	济南第一印染厂志	济南第一印染厂	内部出版	1987	—	29.3
32	长清县金融志	长清县金融志办公室	内部资料	1987	400	35
33	平阴县工业局志	平阴县工业局	内部出版	1987	200	18
34	济南饮食服务行业志	济南市饮食服务公司	内部资料	1987	—	8
35	章丘县水利志	章丘县水利水产局	内部出版	1987	500	25
36	长清县药志	长清县药材公司	内部资料	1987	300	45
37	平阴县金融志	人行平阴支行	内部出版	1987	200	55

续表15—8—1—1

序号	书名	编纂单位	出版单位	出版年份	册数	字数（万字）
38	济南市税务志	济南市税务局	内部出版	1988	2500	19
39	济南日用工业品商业志	济南市一商局	内部出版	1988	—	20
40	章丘县医药志	章丘县药材公司	内部出版	1988	500	14
41	济阳县金融志	人行济阳县支行	内部出版	1988	500	16
42	长清县教育志	长清县教委	内部出版	1988	—	30
43	平阴县水利志	平阴县水利局	内部出版	1988	500	20
44	平阴县教育志	平阴县教育局	内部资料	1988	500	35
45	邮电部明水通讯机械厂志	明水通讯机械厂	内部资料	1988	—	26.7
46	济阳县商业志	济阳县商业局	内部资料	1989	300	17.5
47	济南帆布厂志	济南帆布厂	内部资料	1988	—	33.1
48	济南市医药商业志	济南市医药公司	内部资料	1988	—	7
49	济南第一机床厂志	济南第一机床厂志编委会	内部出版	1988	—	50
50	济南市林业志	济南市林业局	内部资料	1988	—	21.7
51	历下区商业志	历下区商业局	内部资料	1988	—	6.6
52	历城县教育志	历城县教育志编委会	内部出版	1988	500	20
53	济南出版志	山东省出版总社济南分社	内部资料	1989	—	45
54	章丘县交通志	章丘县交通局	内部出版	1989	500	10
55	济南外事	济南市外办	内部资料	1989	—	18.4
56	济南体育志	济南市体委	内部出版	1989	—	24
57	济南金融志	济南市金融志编委会	内部资料	1989	1000	20
58	商河县农牧渔业志	商河县农牧渔业局	内部资料	1989	300	4
59	章丘商志	章丘县商业局	内部资料	1989	500	11.2
60	济南纺织工业志	济南市纺织局	内部资料	1989	—	20
61	长清县财政税务志	长清县财政局、税务局	内部出版	1990	500	35
62	济阳县水利志	济阳县水利局	内部出版	1990	500	25
63	章丘县粮食志	章丘县粮食局	内部出版	1990	500	12
64	山东化工厂志	山东化工厂	内部出版	1990	—	60
65	天桥区城市建设管理志	天桥区建委	内部出版	1991	800	10
66	济南科技志	济南市科委	山东科技出版社	1991	3000	42
67	市中区地名志	市中区地名委员会	内部出版	1991	—	16.7
68	济南城市建设管理志	济南市城建局	内部出版	1991	—	14
69	济南市志·环境保护篇	济南市环保局	内部资料	1991	—	4
70	埠村煤矿志	章丘埠村煤矿	内部资料	1991	400	30
71	济南电信志	济南市电信局史志办	内部资料	1991	1000	32
72	商河县水利志	商河县水利局	内部出版	1991	1000	22.6

续表15—8—1—2

序号	书名	编纂单位	出版单位	出版年份	册数	字数（万字）
73	济南钢铁总厂志（上、下册）	济南钢铁总厂志编委会	冶金工业出版社	1991、1992	1100	92.3
74	济南市黄河志	济南市黄河河务局	内部资料	1993	1150	30
75	济南市乡镇企业简志	济南市乡镇企业局	内部资料	1993	—	4
76	天桥区志资料长编	天桥区志办公室	内部资料	1993	100	120
77	历下区地名志	历下区地名委员会	内部出版	1994	—	15
78	济南市水利志	济南市水利局	内部资料	1994	—	30
79	济南铁路分局志	济南铁路分局史志编委会	中国铁道出版社	1994	1000	76
80	历城区水利志	历城区水利志编委会	内部出版	1994	150	16
81	长清县水利志	长清县水利水产局	内部出版	1994	500	14
82	章丘鼓风机厂志	章丘鼓风机厂史志编委会	方志出版社	1995	3000	42.3
83	长清县地名志	长清县地名委员会	内部资料	1996	3000	40
84	章丘教育志	章丘教育志编委会	内部资料	1997	1500	30
85	平阴县地名志	平阴县民政局	海军出版社	1998	800	25
86	商河县供销社志	商河县供销社	内部资料	1998	300	25
87	济南市天桥区市政工程志	天桥区市政工程志编委会	山东人民出版社	1998	1000	50
88	商河民政志	商河县民政局	济南出版社	1998	1000	30
89	商河县电业志	商河县电业志编纂办公室	中华书局	1999	2000	50
90	天桥区教育志	天桥区教育志编委会	山东人民出版社	1999	1200	70
91	章丘地名志	章丘市地名志编纂委员会	黄河出版社	1999	2000	50
92	山东省志·李清照志	《山东省志·诸子百家志》编纂委员会	山东人民出版社	1999	6000	11
93	商河县邮电志	商河县邮电局史志编纂委员会		2000	—	37.8
94	章丘方志志	章丘市史志办公室	济南出版社	2000	2000	10
95	济南法院志	济南法院志编纂委员会	山东人民出版社	2001	2000	160
96	历城政协志	历城区政协志编纂委员会		2002	—	21
97	济南卷烟厂志	济南卷烟厂志编写办公室	中华书局	2003	2000	75
98	章丘广播电视志	章丘广播电视志编纂委员会	山东省地图出版社	2003	2000	44.4
99	山东平阴风物志	政协平阴县委员会	中国戏剧出版社	2004	2000	34.8
100	平阴一中校志	平阴一中	内部资料	2004	2000	11
101	章丘企业年鉴	章丘市史志办公室、章丘市经济贸易局	中国工人出版社	2004	3000	70

续表15—8—1—3

序号	书名	编纂单位	出版单位	出版年份	册数	字数（万字）
102	商河油区志	商河县油区工作管理委员会	方志出版社	2004	1000	38.6
103	章丘市城市建设综合开发公司志	章丘市城市建设综合开发公司志编纂委员会	中国出版社	2004	3000	37
104	济南市纺织工业志（第二卷）	济南市纺织工业办公室	内部资料	2005	—	30
105	明清商河县志集	商河县志编纂委员会编	济南出版社	2005	1000	41
106	章丘物价志	章丘市物价局	山东省地图出版社	2005	2000	60
107	平阴县政协志	政协平阴县委员会	内部资料	2006	800	48
108	平阴县交通志	平阴县交通局	内部资料	2006	200	36
109	平阴二中校志	平阴二中	内部资料	2006	2000	6
110	章丘卫生志	章丘卫生志编纂委员会	山东省地图出版社	2007	1000	120
111	商河县水利志（1991～2005）	商河县水利志编纂委员会	中国出版社	2007	800	17
112	章丘电业志	章丘电业志编纂委员会		2008	—	—
113	长清电业志	长清电业志编纂委员会	中国出版社	2008	2000	35
114	济南市工商行政管理志	济南市工商行政管理局	中国工商出版社	2008	1000	77.9
115	济南民政志（1948～2007）	《济南民政志》编纂委员会	济南出版社	2008	—	29
116	济南市历城区建设志（1976～2006）	历城区建设志编纂委员会		2008	—	26
117	历城区工商行政管理志（1840～2007）	历城区工商行政管理志编纂委员会		2008	—	—
118	历城电力志（1964～2007）	历城电力志编纂委员	中国出版社	2008	—	22
119	历城水利志	历城水利志编纂委员会		2009	—	—
120	平阴玫瑰志	平阴县史志办公室	中国楹联出版社	2009	2000	25
121	济南市急救站站志	济南市急救站	内部资料		—	3
122	章丘水利志				—	—
123	济阳县军事志	济阳县军事志编纂委员会	内部资料	2009	1000	44.5
124	济南市长清区军事志			2009	1000	64.2
125	商河县供电志（1998～2007）		中国社会科学出版社	2009	2000	38.5
126	济南市历城区教育志（1986～2007）	历城区教育志编纂委员会	山东大学出版社	2010	—	66.8
127	章丘公安志			2010	—	—
128	章丘军事志			2010	—	—
129	商河政协志		内部资料	2010	500	11

1986～2010年济南市乡镇（街道）志、村志情况表

表15—8—2

序号	书名	编纂单位	出版单位	出版年份	册数	字数（万字）
1	历下区解放路街道办事处志	解放路街道	内部资料	1986	—	6
2	历下区司里街街道办事处志	司里街街道	内部资料	1986	—	3
3	历下区建筑新村街道办事处志	建筑新村街道	内部资料	1986	—	2
4	历下区正觉寺街道办事处志	正觉寺街道	内部资料	1986	—	6
5	历下区东关街道办事处志	东关街道	内部资料	1986	100	10
6	历下区泉城路街道办事处志	泉城路街道	内部资料	1986	—	11
7	历下区解放阁街道办事处志	解放阁街道	内部资料	1986	—	6
8	历下区千佛山街道办事处志	千佛山街道	内部资料	1987	—	6
9	槐荫区振兴街街道办事处志	振兴街街道	内部资料	1987	—	4.8
10	历下区文化东路街道办事处志	文化东路街道	内部资料	1987	—	6
11	段店镇志	槐荫区段店镇	内部资料	1988	500	12
12	吴家堡镇志	槐荫区吴家堡镇	内部资料	1988	—	20
13	郑路镇志	商河县郑路镇	内部资料	1988	1000	34
14	北园镇志	天桥区北园镇	山东科技出版社	1991	3000	71.3
15	七贤镇志	市中区七贤镇	内部资料	1993	500	10
16	祝甸村志	历城区洪家楼镇祝甸村	内部资料	1995	200	6.7
17	黄台村志	天桥区北园镇黄台村	山东人民出版社	1995	2000	52
18	清河村志	天桥区北园镇清河村	山东人民出版社	1997	4000	108
19	黄岗村志	天桥区北园镇黄岗村	山东人民出版社	1999	1000	70
20	相公庄志	章丘市相公庄志编纂委员会	济南出版社	1998	2000	56
21	历下区明湖路街道办事处志	明湖路街道办事处	内部资料	1988	—	7
22	历下区东门街道办事处志	东门街道办事处	内部资料	1988	—	5
23	历下区趵突泉街道办事处志	趵突泉街道办事处	内部资料	1988	—	8
24	刁镇志	章丘市刁镇	山东省地图出版社	2001	2000	53
25	绣惠镇志	章丘市绣惠镇	山东省地图出版社	2002	2000	50.3
26	三德范庄志	章丘市文祖镇三德范庄村	中国文化出版社	2006	3000	70
27	祝甸史志	历城区祝甸史志编纂委员会	中国文化出版社	2007	—	18.6
28	华山镇志	历城区华山镇		2008	—	—
29	孙村镇志	历城区孙村镇		2009	—	40
30	盖家沟村志	历城区盖家沟村	科学文化艺术出版社	2009	—	30

续表15—8—2

序号	书名	编纂单位	出版单位	出版年份	册数	字数（万字）
31	谢家屯村志	历城区谢家屯村		2009	—	—
32	孙村村志	历城区孙村村		2009	—	—
33	孙耿镇志	济阳县孙耿镇	济南出版社	2010	—	44
34	分水岭村志	章丘市分水岭村		2009	—	—
35	龙山村志	章丘市龙山村		2010	—	—
36	向高村志	章丘市向高村		2010	—	—
37	孝直村志	平阴县孝直村	中华书局	2010	3000	40
38	回东村志	章丘市回东村			—	—

第二章　年鉴编纂

第一节《济南年鉴》编纂

1988年9月19日，市政府常务会议研究决定，自1989年起，每年编辑出版一本《济南年鉴》，由市志办公室组织实施。同年11月下旬，市政府下文就年鉴工作作出部署。各编写单位陆续确定撰稿人员，市志办公室设立编辑部。1990年1月，《济南年鉴（1989）》由济南出版社出版。全书设23个栏目，118万字，彩色插页48张，随文黑白照95幅。在同年10月举行的全国计划单列城市出版社优秀图书评选中，获三等奖。

1990年11月，《济南年鉴（1990）》出版。全书96万字，彩色插页96张，随文黑白照片45幅；设25个栏目，其中第22个栏目为新增加的可变栏目，定名为“济南之最”。

1994年11月，《济南年鉴（1994）》在山东省首次优秀年鉴评选中获特等奖。同年12月12日～21日，该卷获首届全国地方年鉴评奖“中国地方年鉴奖”一等奖。同时，获框架设计特等奖、条目编写特等奖、美术装帧一等奖3个单项奖。

1998年9月22日，市政府召开《济南年鉴》创刊十周年座谈会。会议评价《济南年鉴》是“十年年鉴，十部精品”。

2000年，制作《济南年鉴（1989～1999）》多媒体只读光盘。该光盘容纳1989～1999年11册《济南年鉴》，共1000余万字，并配有地图、党和国家领导人视察济南及反映济南风貌的图片130余幅。2001年，《济南年鉴》首次随书发行全书电子光盘。

2002年，《济南年鉴（2002）》新增“济南风采录”栏目，把一批名师、名医、名企业家和科技拔尖人才写入年鉴，展现济南各行各业的亮点和风采。2003年，《济南年鉴（2003）》将市几套班子换届内容提前载入当年年鉴；特载栏目除全文登载市长政府工作报告外，新增加市委书记的重要讲话和在市党代会上的报告。将全市146个乡镇、街道的政区人口、经济概况、区位优势、名优产业产品等内容载入年鉴。2004年，《济南年鉴（2004）》增加经济部类的分量，同时新辟县（市）区委书记、县（市）区长及市直经济主管部门主要领导经济论坛。

2006年，《济南年鉴（2006）》卷以招投标的方式向社会征集封面设计，使封面在未来5年既有变化又保持风格上的连续。该卷公益性画页占到80%以上，栏目由2005年的20个调整为27个，并增加随文照片、示意图和资料链接。从该卷开始，《济南年鉴》以赠阅发行为主。

2007年11月18日至21日，由中国版协年鉴工作委员会主办、济南市史志办公室和济南年鉴编辑部承办的第十七次全国城市年鉴研讨会在济南召开

2007年，《济南年鉴（2007）》获全国年鉴评比特等奖和全省评比四个特等奖。

2008年，出版济南年鉴20周年光盘合集；举办庆祝《济南年鉴》创刊20周年书画摄影展。

2009年是新中国成立60周年和第十一届全运会在山东举办之年，《济南年鉴（2009）》特推出“泉城十大记忆”栏目，记载发生在济南的重大事件和重大活动，以彩页形式全面反映济南城市建设的重要成就。

2010年，《济南年鉴（2010）》全面反映第十一届全运会（济南赛区）、第七届园博会等工作亮点，彰显济南市的大事、特事、新事以及经济社会发展、城市建设和精神文明建设等新成就、新面貌。全书110万字，彩色画页60余码。

至2010年，出版发行《济南年鉴》22卷。

第二节 县(市)区综合年鉴编纂

1994年12月，《天桥年鉴》出版发行，主要记载1991～1993年天桥区经济和社会发展的基本情况。该年鉴是济南市县（市）区首部综合年鉴。

1995年，《章丘三年鉴（1990～1992）》出版。该书从1993年7月组织撰稿，至1995年12月出版发行。全书设18个栏目、124个分目、392个条目，附彩照42码、黑白照片34张，计51万字。1996年3月，在全省“胜利杯”年鉴评奖工作会议上获县（市）级年鉴综合、美术装帧两项特等奖和框架设计、条目编写、出版发行3个一等奖。

1997年，《章丘市情（1986～1995）》《历城年鉴》《天桥年鉴》《济阳年鉴》出版发行，《长清年鉴》开编。11月，《章丘市情》获“裕隆杯”山东省地方年鉴评比特等奖，《历城年鉴》《天桥年鉴》获一等奖。

1998年，《长清年鉴》《天桥年鉴》《天桥检察年鉴》《北园镇年鉴》出版发行，其中《北园镇年鉴》是山东省首部公开出版的乡镇年鉴。

2000年，《市中年鉴（1991～1997）》出版发行。

2001年10月，《章丘年鉴（1996～2000）》由中华书局出版发行。全书1册，印数2000册。该书设20个栏目，80余万字，附彩页80码。同年12月，该年鉴在山东省年鉴学会组织的“莱钢杯”全省优秀年鉴评比中获条目编写、框架设计及综合一等奖和印刷装帧特等奖。

2004年11月，《章丘企业年鉴》由中国工人出版社出版发行。该书上限1949年，下限2002年，采用条目体，设42个条目，收录企业（单位）227个，70余万字，图片1000余幅。图文并茂，全彩印刷。

2007年，《长清人物年鉴》印制出版，填补山东省年鉴类别的一项空白。《市中年鉴（1988～2004）》《平阴县情手册》《章丘大事记（2006）》《历城建区20年大事记（1987～2007）》出版发行。同年起，《章丘大事记》每年出版发行一册。

2010年，《天桥年鉴（2004～2009）》出版发行；《章丘年鉴（2006～2010）》《商河年鉴（2007～2010）》《平阴年鉴（2004～2010）》编纂启动。

第三章　方志馆及地情网站建设

第一节 方志馆建设

一、市方志馆建设

1997年，济南市方志馆成立，为全额预算管理的正处级事业单位。编制6人，配正、副馆长各1名。

1999年1月，济南市方志馆立项，着手征地工作。10月份建馆征地工作完成，开始转入规划设计阶段。后因政策原因，建立新馆一度搁浅。2008年，龙奥大厦启用，市政府特批在龙奥大厦院内南门东岗地下，建立方志馆书库。馆藏书库使用面积约210平方米，安装移动式密集书架12组，配备除湿机、抽风机、灭火器等相应设备，有专人管理，并制定严格的书库管理和借阅规定，开发书籍管理系统，实现馆藏目录、提要检索微机化。2009年之前，市方志馆办公地址一直在经二路193号（原市政府大院内）。

2008年后，市财政每年拨付给方志馆专用购书款30万元，根据馆藏情况制订采购计划，重点采购志类文献、工具书等。扩大年鉴交换范围，与省内外80个城市建立稳固的年鉴交换关系。2010年年底，馆藏全国各地方志和年鉴等地情书籍1.5万册，种类300余种。其中包括《续修高雄市志》（12册）、《重修台湾省通志》（10本）、《台湾全志》（32册）、《金门县志》（12册）等一批台湾志书。另有20平方米资料室，收集地情资料书4670册、工具书407册。可供阅览书籍1000余册，种类500余种，主要为供编辑查阅的各类工具书、理论研究书籍以及最新版的年鉴、地方志等。在2008年、2009年度全省史志系统“八个一优秀”评选中，市方志馆获优秀方志馆称号。方志馆以其丰富的藏书和先进的网站平台，成为济南市的地方史志文献中心、地情资料中心，为社会提供全面服务。

济南市方志馆书库　（2010年摄）

二、县(市)区方志室建设

按照中国地方志指导小组和省史志编委会要求，市级方志馆面积不小于200平方米，县级方志馆面积不小于50平方米。至2010年年底，历下、章丘、平阴、槐荫、长清5个县（市）区完成方志室建设工作，天桥区在区图书馆中辟出地方史志、地情专区，纳入天桥区大文化建设范畴。

第二节 地情网站建设

2005年7月，济南市情网站、济南市情资料库建设工作启动，注册网站域名，完成主页设计，年底试运行。济南市情网设史志、年鉴、图片3个主干数据库。史志库收录《济南市志(1840～1985)》7卷700余万字；年鉴库收录《济南年鉴》24卷，2000余万字；图片库收录反映济南百余年历史的规划简图及照片图片200余幅。此外，分设济南概览、民俗风情、历史人物、济南之最、生活指南、史志文档、志鉴论坛、方志编纂、泉城古韵、七十二名泉、济南方言、历史上的今天、政府信息、领导访谈、企业风采、济南地图、史志动态、县（市）区情等18个窗口栏目，介绍济南的历史沿革、风土人情、经济与社会发展概况以及史志工作动态、理论研讨与业务指导等相关信息。

2006年年初，市史志办把地情资料库和地情网站建设列入全市史志系统年度考核指标。按照“统筹安排，分类指导，整体推进”原则，制订地情资料库和地情网站建设实施方案。通过举办业务培训班，对库站建设人员进行技术指导。济南市和10个县(市)区的数字化地情资料库和地情网站建设全部使用省史志办公室开发推广的数据库软件，并全部安装应用网站整站程序。

2006年11月1日，济南市史志系统地情网站群建成开通，实现省、市、县三级地情库站联网、资源共享。11月14日，山东省史志办在济南召开全省地情资料库地情网站建设现场会，肯定济南市地情资料库站的建设经验。在2009年度全市政府系统网站绩效评估中，济南市情网站排名第12位。济南市六区一市三县地情网站实现三级互联互通，其中历下、平阴具有浓郁的地方特色。

2006年11月17日，全省地情资料库地情网站建设现场会在济南举行

第九篇　社会科学研究

1978年12月中共十一届三中全会后，济南市社会科学进入繁荣发展新时期。1979年起，市社会科学研究所、市志编纂委员会办公室、市委党史资料征集研究委员会、市经济研究中心等社会科学专业研究机构和工作机构先后成立。

1977年高等学校恢复统一考试招生后，在“文化大革命”中停办的一些驻济南高校文科院、系、室（所）及其相应学科专业相继恢复或成立。1978年3月，省社会科学研究所成立。1979年，市社会科学研究所文史哲研究所、经济研究所相继成立。1981年12月，省社会科学联合会（简称省社科联）成立。1982年8月，市社会科学界联合会（简称市社科联）成立。同时，一批应用性社会科学研究机构在市委、市政府职能部门中相继成立，市委研究室、市博物馆、市图书馆、济南日报报业集团、市广播电视局（台）、市档案局（馆）、市统计局、市政协文史资料室、市委宣传部理论处、市文联创作研究室等单位中，分别承担部分社会科学研究和普及工作，社会科学研究逐步形成高等学校、社会科学院、党政机关、其他研究团体共同发展的局面。至2010年年底，驻济南省属单位及高等院校办社会科学研究机构共78所，市属社会科学学术团体57所。

学科建设取得长足发展。国家级重点学科有山东大学的科学社会主义与国际共产主义运动、中国古代史，山东师范大学的中国现当代文学。国家重点（培育）学科有山东师范大学的教育学原理。一批地方特色的学科兴起，如秦汉史、道教史、山东区域文化研究、义和团运动史、社会史等学科在国内及国际上都具有一定的地位和影响。

1985年，济南市有社会科学期刊23种。至2010年，有各种公开和非公开社科类学报、学刊近百种，其中《文史哲》《山东大学学报（社科版）》《理论月刊》《理论学刊》《山东社会科学》《东岳论丛》等在学术界上具有较大影响。

第一章　驻济南省属社科机构科学研究

第一节 山东社科院科学研究

山东省社会科学院的前身为山东省社会科学研究所，恢复成立于1978年3月。1980年扩建为山东社会科学院。至2010年，共取得各类研究成果1.8万余项，其中出版著作960部。共承担院级以上重点课题1200余项，其中72项课题获国家社科基金、国家自然科学基金项目立项；承担国家部委招标委托课题11项，省社科规划课题260余项，省自然科学基金和软科学课题77项，省领导交办课题200余项。共有423项成果获国家或省部级优秀成果奖。其中，《中国海洋区域经济研究》获国家社会科学基金项目优秀成果奖；《做好构建社会主义市场经济体制的大文章》等6项成果获中宣部精神文明建设“五个一”工程奖。获省“精品工程”奖15项、省社会科学优秀成果奖383项。《中国分省区历史人口考（上、下）》获重大成果奖，《中国农民战争问题论丛》等52项成果获一等奖，140项成果获二等奖，189项成果获三等奖，11项成果获省科技进步奖。320余项研究成果得到国家或省领导批示，并以省委、省政府文件在全省转发。年度经济社会文化形势分析暨系列蓝皮书发布会成为服务全省经济文化社会建设的重要平台。

按照“巩固、调整、发展”的原则，山东社科院不断优化学科布局，巩固具有山东地域文化与文学、儒家哲学、山东区域史等地方特色的学科，促进马克思主义哲学、社会主义民主政治等传统优势学科创新，使传统学科增强活力，适应时代的发展。加强经济社会发展急需的应用学科建设，大力发展区域经济、对外经济、农村经济、海洋经济、人口学等优长学科，加大财政金融、社会管理、城市发展等新兴、交叉学科的扶持和培育力度，拓展学科分支方向、深化学科建设，使之成为科研发展新的增长点，带动应用对策研究的更新发展，逐步形成重点突出、结构合理、特色鲜明的学科体系。山东省软科学重点研究基地——经济发展与预测研究基地、山东省研究生联合培养基地、山东省生态经济研究基地、山东省海洋经济研究基地、山东省对外经济研究基地、山东省人口研究基地、山东省文化产业理论创新基地7个省级研究基地设在该院。“区域经济研究”和“高效生态经济研究”分别于2005年和2010年被省政府确定为山东省“泰山学者”岗位。山东省马克思主义研究中心、山东蓝色经济文化研究院、山东发展研究中心、山东文化产业研究中心4个省级研究中心设在该院。逐步拓展开门办院渠道，对外学术交流日益加强。与省直部门、市县、企业联系加强，在青岛、淄博、东营、日照、滨州、菏泽等地建立8个省情调研基地，为经济社会发展服务水平进一步提升。建院后共组织重大学术活动177次；接待30余个国家和地区专家学者627批1183人（次）；派出248人（次）赴国外考察、访问、研修或参加学术会议；与国外10余个社会科学研究机构、大学、学术团体等建立学术交流关系。

第二节　省社科联科学研究

20世纪80年代起，山东省社会科学界联合会（简称省社科联）围绕党在新时期的总任务、总目标和改革开放进行理论宣传和普及讲座，深入农村、企业进行调研，编辑出版经济、历史文化普及读物。先后开展移风易俗、社会主义精神文明建设，打击经济领域犯罪，人口普查与人口社会，《邓小平文选》学习，农村基层政权建设，社会主义商品经济，社会主义理论与实践，纪念鲁迅诞辰百年，纪念马克思逝世百年，纪念毛泽东诞辰90周年，纪念抗日战争胜利40周年等理论研讨活动。组织百余人（次）专家学者深入10余个市县及企业调查研究，对诸城市农工商一体化、商品生产“大合唱”改革实践的研究，在全国产生较大反响；总结提炼“沂蒙精神”，得到省委、省政府肯定。编撰出版《社会主义商品经济通俗读本》《山东区域经济研究丛书》《论思想、道德、文化、纪律》《新时期共产主义理想读本》《欣欣向荣的新山东》等20余本读物。1983年起，开展社会科学优秀成果评奖。1987年，被省委、省政府列为省政府奖项，成为山东省社科事业发展的重要激励机制。1983～2010年，省社科联共组织评选24次，评选出获奖成果5094项，其中重大成果奖6项，一等奖323项，二等奖1458项，三等奖3299项，特别贡献奖6项，荣誉奖2项。

20世纪90年代，省社科联联系全省实际，探索加快改革开放和现代化建设新思路和新途径，拓展山东优长人文学科研究。着力深化邓小平理论研究，相继开展建设有中国特色社会主义与实践、农业产业化和现代化、国有企业市场化改造、沿海开放带动战略、建设“海上山东”、黄河三角洲开发、基层政权建设与群众自治及中国哲学与中华民族精神、胜利精神、孔子思想与儒学，孙子兵法等学术研讨。其中山东精神内核的挖掘取得新进展，“沂蒙精神”“胜利精神”成为山东精神的重要内容，成为山东文化建设的亮丽品牌。90年代中期，学会活动专项经费取消，学会发展面临挑战。社科联加强学会工作指导，坚定学会工作者从事学术团体工作信心，转变观念，谋求发展的同时，积极争取，设立社会科学发展基金，支持学会发展；改善条件，争取投入，建立社科工作者活动基地——齐鲁文化会馆。

2001～2010年，省社会联围绕深化“三个代表”重要思想开展研究，贯彻落实科学发展观，着力构建“大社科”格局，完善学术年会、社科普及、评奖工作、阵地建设、文化交流、社团管理六大工作机制，提升学术年会、社科普及周、齐鲁讲坛品牌建设。先后开展“三个代表”重要思想与全面建设小康社会学术研讨，组织部分理论工作者参与省委组织的《江泽民同志理论体系研究》等多项重大理论课题研究。围绕推进学科学术建设，由最初创立的“21世纪社会科学家论坛”逐步建设起以年度重大主题为主线，进行多层面、多学科、多专题研究，多领域参与互动的“学术年会”（2010年创办为“社科年会专题论坛”）“社科普及周”“齐鲁讲坛”（2010年提升为“齐鲁大讲坛”）；以省社科联科研课题、省社科普及读物项目带动社团推进学科发展；以机制制度作保障，加强社团规范化、科学化、制度化建设，提升社团工作水平和社会影响力。

第二章　市属社科机构科学研究

第一节 济南社科院科学研究

一、文史哲研究

1986～1990年，围绕李清照进行研究，荣斌、刘瑜、孙崇恩等先后发表《李清照对宋词发展的两个重要贡献》《李清照的三首咏梅词》《李清照研究览综》等近20篇文章，出版《李清照词赏析》《李清照全集评注》两本著作。李家振先后发表《济南惨案述论》《济南惨案与中日关系》《济南惨案之国际法观》等论文，其中《济南惨案》获1989年度济南市社科优秀成果一等奖。提交山东省文化厅《关于建立仇志海艺术陈列馆的建议》，提交山东省外经委《对日贸易应注意的几个问题》。庄春波对中国、山东及济南古代、近代历史均有研究，先后发表《关于历史的统一性与多样性的几个问题》《二里头文化与夏纪年》等学术论文。

1991～1995年，董正春出版《毛泽东诗词史诗论》《毛泽东诗词美学论》，庄春波出版《简明中国军制史》，荣斌出版《李清照作品赏析集》，李家振《关于完善产品质量保证体系的建议》被山东省外经委采纳。1992年，刘瑜的《李清照全集评注（词的全部）》获省社科优秀成果三等奖、市社科优秀成果一等奖。

1996～2000年，董正春主编《中国历史文化名城》，获1998年度济南市社科优秀成果一等奖；董正春提交的《关于确立济南市爱国主义教育基地的提案》，市领导批示并采纳；主编的《毛泽东诗词美学论》获1996年度省社科优秀成果三等奖、市社科优秀成果一等奖。庄春波出版《墨辩逻辑与思维方式》《刘彻评传》《孙子兵法十家注战例精选》等多部学术专著。其中，《刘彻评传》获省社科优秀成果三等奖；《华夏东西说》《汉武帝“罢黜百家，独尊儒术”说考辨》先后被《新华文摘》转载。荣斌主编《中国名联大观》《中国历史文化名城济南》。刘瑜关于刘鹗研究的成果《四十五年来刘鹗及〈老残游记〉所取得成就及不足》发表在韩国《中国小说研究会报》，《〈老残游记〉——刘鹗救国安天下方略的艺术化》发表在韩国《中国小说论丛》，出版专著《刘鹗及〈老残游记〉研究》。

2001～2005年，荣斌撰写的《中国咏梅诗词集萃》由中华书局出版。王铁军撰写的《济南上下八千年》在《泉城周报》分期发表。荣斌、王铁军主编的《济南名士评传》由齐鲁书社出版。荣斌撰写的《真诚的关注》、王铁军撰写的《元杂剧探微》由学苑出版社出版。结合济南开埠百年，董建霞先后撰写《济南开埠时间考》《济南开埠始末》，承担市社科九五重点课题《济南自开商埠研究》。2004年7月，文史哲所与市委宣传部共同组织召开济南开埠百年纪念大会，国内外知名专家100余人参加，提交论文50余篇。王铁军整理的会议综述《梳理百年开埠变迁，促进省会城市发展》发表在《济南日报》理论版。同年，组织纪念李清照诞辰960周年座谈会，徐北文等专家参加。2002年后，济南社会科学院及文史哲所开始筹划《济南通史》编写，先后完成《济南大事长编》《二十六史中济南人物概览》等课题。

2006～2010年，张华松先后主持《历城县志正续合编》(2007年出版)、多卷本《济南通史》(2008年出版)的编纂工作，出版专著《济南通史·先秦秦汉卷》《齐地历史与济南文化》《张尔岐诗文选注》《魅力长清》《济南历史大事记》《齐长城漫话》《济南上古名人故事》《永远的海岱居》等十余种，在《东岳论丛》《齐鲁文化研究》《中国学研究》等刊物发表论文《济南舜井舜祠考》《古代趵突泉的喷涌与断流》《济南北郊千年生态之变》《齐桓公伐谭及对济南地区的经略》《大禹治水与夏族东迁》《我国文明社会肇始于虞代——兼论济水中下游为有虞氏“龙兴”之地》《章丘考》《荀子修身养心论》《曹操与济南》《济南城市精神的历史溯源》《伏生生平考论》等30余篇。《齐长城》《齐国田氏家族谋略文化论略》《历城县志正续合编》《济南通史·先秦秦汉卷》分获济南市社科优秀成果一等奖。《齐鲁大地的脊梁》在《山东画报》连载一年，共计十二期，以图文并茂的形式介绍齐长城。2008年8月，由市委宣传部、济南社科院历时两年多组织编纂，著名历史学家安作璋主编的《济南通史（1～6卷）》出版发行。全书共八卷，各卷皆由地图、照片、目录、前言、正文、历史大事年表、后记等部分组成，系统、全面、权威记述济南的历史发展和社会变迁，代表研究济南历史的最新成果，获市社会科学优秀成果一等奖。2008年，王铁军、董建霞与市侨联合作完成《侨心无悔》一书出版工作。2010年，编写《济南历史大事记》《济南史话（近现代)》。王鲁宁完成山东省哲学社会科学规划立项研究项目《马克思主义的幸福观及其当代指导意义研究——关于幸福实现规律及其相关问题的哲学探讨》及《当代中国马克思主义及其大众化的推进路径研究——关于济南市实现马克思主义大众化的具体途径与对策措施探讨》等课题研究；董建霞完成市重点课题《近代山东开埠与济南区位优势之分析》《近代济南同业公会研究》；文史所完成重点课题《济南历史文化与泉城特色标志区研究》等。王鲁宁在《东岳论丛》《求索》《山东师范大学学报》《济南市委党校学报》等刊物发表论文10余篇。

2008年9月10日，《济南通史》出版发行新闻发布会暨首发式

二、经济研究

1986～1990 年，经济研究重点是对社会主义经济规律和工业、商业转型期规律的探索，有关商业经济学、生产力经济学、社会主义经济规律体系的研究在全省乃至全国都产生一定影响。其间共发表论文 100 余篇，其中孙大德、连延广、魏焕信先后发表的《坚持企业效益与社会效益的统一》《社会主义初级阶段商业企业体制设想》《试谈社会主义的商品经济规律的探索》有较大影响。1986 年，由济南社科院发起、市经委、市计委等经济主管部门参加的“横向经济联合”研讨会举行，张庆仁主笔的《论横向经济联合》作为会议主题发言。1988 年年初，中共济南市委、市政府决定着手编制《济南市经济社会发展战略纲要》（含 8 个子战略），马黎明参加《济南市经济社会发展战略纲要》课题组，执笔完成纲要第一部分“战略依据和战略思想”；孔庆亮、马黎明联合完成 8 个子战略之一《济南市外向型经济发展战略设想》。同年，由孔庆亮、杨年等参与的国家软科学课题《胶济五市——济南、淄博、潍坊、烟台、青岛经济社会发展比较研究》（济南部分），分析了山东经济发展概况以及济南经济定位，为济南产业布局设计提供理论支撑。经济所与省、市有关部门合作，共同完成市重点课题《济南市社会经济发展战略》研究。孔庆亮、马黎明等出版专著《中国农村经济与保险》。1989 年，张庆仁在《山东社会科学》第 2 期发表《按劳分配是一种假说》，引起全国性的大讨论，许多知名学者参与讨论，为分配方式多元化提供了理论参考。

1991～1995 年，经济理论研究重点转移到社会主义市场结构调整、国家宏观调控和分配理论的研究上，同时把农村及农业发展列入重点研究的范畴。其间共发表论文 50 余篇，出版专著 40 余部，调研报告 4 篇。孔庆亮、连延广先后出版专著《储蓄理论与实践》《山东商品市场规模与效益研究》。1992 年，连廷广、孔庆亮、张庆仁、马黎明等完成山东省哲学社会科学“七五”规划重点项目《城市群体经济理论与实践》。1993 年，马黎明深入曲阜单家庄煤矿调研，与他人合作出版《大风歌——单家庄煤矿采访纪实》一书。1993 年，针对济南农村经济相对薄弱状况，经济所与市有关部门合作开展《济南农村经济发展滞后原因与振兴对策》课题研究，组织召开大型研讨会，并出版论文集。

1996～2000 年，经济科研重点主要集中在现代企业制度构建、金融风险创新与防范、企业战略结构调整上。其间共发表论文 40 余篇、调研报告 3 篇，出版专著 3 部。1996 年，孔庆亮在长清县抓点调研，对县域经济发展问题进行重点研究，全面总结该县加快经济发展的经验，为推动全市县域经济工作提供经验借鉴。1999 年，孔庆亮出版专著《中国金融创新与风险防范》；与社会学所合作，对人口老龄化问题进行超前研究，出版《中国当代老龄问题》。2000 年，马黎明与他人合作，出版专著《文化创新论》。

2001～2005 年，贯彻开门办科研的方针，坚持基础研究与应用研究相结合，不断提高科研层次和水平，其间共发表论文 120 余篇、科研报告 15 篇，出版专著 15 部，撰写领导参阅件 15 件，其中 9 件获领导批示。2002 年，马黎明、石兆宏分别出版专著《战略管理与形象规划》《旅游开发实证研究》，探讨市场经济条件下的产业及企业运行规律。同年，受中共济南市委宣传部委托，马黎明、石兆宏等主持完成市委宣传部重大研究项目《社会诚信论》，2003 年由中央党校出版社出版。石兆宏在省、市学术期刊及《济南日报》发表《论知识条件下现代企业制度的创新》《论现代企业的技术创新》《培育企业核心竞争力，促进经济国际化》等多篇论文。由孔庆亮、王征等主编的《济南市个体私营经济发展研究》王世贵、孔庆亮主编的《城市化理论与实践——济南加快城市化进程实证研究》等专著，对全市个体私营经济发展和城市化等问题进行系统研究；王征、张霖参与首部《中国总部经济蓝皮书》的撰写，对扩大济南总部经济影响、提升济南总部经济发展在全国的排名起到重要作用；王征、王新军合作完成山东省社会科学重点课题《以总部经济提升我省产业发展水平——以济南市为例》，课题的前瞻性和学术质量获得评审人员高度评价；石兆宏发表《对济南旅游形象定位的思考与设想》《论芙蓉街人文资源的文化脉络和文化内涵》《黄河旅游区建设的总体目标及近期开发设想》等论文，承担完成《济南旅游资源文化整合研究》《文化和谐：济南旅游发展的目标与对策》两项市社科规划重点课题；沈飞的论文《探索全面防治“弱势群体”现象的途径》在全国中文核心期刊《经济问题探索》发表。王征等人的《总部经济的理论内涵及其社会效应》一文获市“精品工程奖”，先后在土地政策与城市发展国际研讨会、全国信博会论坛、首届山东省总部经济高层论坛、浙江省总部经济高层论坛、济南制造业发展高层论坛等发言。经济所在省会经济、总部经济、产业集群、循环经济、济南都市圈构建等方面的研究，产生广泛的社会影响。

2006～2010年，经济所参与编写《省会经济的提出》一书；受济南市高新区管委会委托，完成《济南市总部经济带规划研究》；应中国总部经济研究中心邀请，参与撰写第二部《中国总部经济蓝皮书》。中国总部经济研究中心授予济南社科院“总部经济（济南）研究基地”，并于2006年6月10日举行揭牌仪式。2007年，王征承担的省社科规划课题《以总部经济促进济南产业发展》结项并通过鉴定，以《总部经济研究》专著形式正式出版；论文《济南总部经济发展现状与前瞻》获济南市“精品工程”奖；2009年，承担完成市社会科学重点课题《济南市总部经济发展战略研究》（王征、王新军、王琦合作）。沈飞完成市社科规划课题《济南社会主义新农村建设途径与创新发展研究》。2010年，沈飞完成市社科规划重点课题《基于节能减排的济南市产业结构调整研究》《济南市统筹城乡发展战略研究》；参与完成省社科规划重点课题《知识经济与人的现代化》。

2009年3月24日，“十一运会与济南经济”论坛召开

三、城市发展研究

1986～1990年，经济研究二室主要研究城市经济、商业经济。其间，共出版著作2部，参与编写著作7部，发表论文60余篇。其中连廷广撰写的《零售商业经营责任制》（山东人民出版社）获1986年省社会科学优秀成果三等奖，《商业经济效益概论》（山东人民出版社1986）获1988年山东省商业经济学会优秀成果奖。宋明山撰写论文《关于社会主义基本经济规律的探索》《生产力与生产关系新论》。

1991～1998年，经济研究二室改名为城市经济研究所，主要研究方向是城市经济改革与发展。共出版专著4本，合著或参编著作3部，发表论文70余篇，获各类奖项20余个。连廷广先后编撰《山东商品市场规模与结构研究》（山东人民出版社1991年出版）、《城市及群体经济理论与实践》（山东人民出版社1992年出版）、《领导科学基础》（山东出版总社泰安分社1993年出版）等著作，其中《山东商品市场规模与结构研究》获1993年省社科优秀成果二等奖、市社科优秀成果一等奖。刘伟的论文《谈谈加快发展济南外向型经济的战略途径》《关于济南经济发展定位的几个问题》获1998年第二届全国优秀经济论文一等奖；《浅议饮食业发展的视角转换》获1994年全国城市经济理论研讨会优秀论文二等奖。王鲁宁的论文《毛泽东邓小平社会保障思想比较研究》入选济南市精神文明建设“精品工程”奖。刘伟撰写的《对济南建设现代化城市特色的思考》被评为1995年济南市政府系统优秀调研文稿，被市政府通报表彰，进入省市决策；《对济南市招牌广告牌环境优化的建议》(1997)由市政府办公厅、市政府信息调研室编发《供参阅》。

1998年11月2日，发展研究中心成立。1999～2001年，发展研究中心研究方向开始由经济学研究转向多学科研究，经济学、人才学、哲学、政治学等多学科齐头并进。其间，共出版专著3部，参编2部，发表论文45篇，承接并完成中组部调研课题1项，省社科规划办课题1项，市科委立项课题2项，获山东省省社科优秀成果三等奖2项，济南市社科优秀成果一等奖1项，二等奖3项。其中，祝夷东编撰《济南市1998至2010年科技人才队伍发展规划及对策研究》(山东人民出版社1999年出版)、《创造新的辉煌》(济南出版社2001年出版)两本著作。刘伟专著《邓小平理论与济南改革实践·国有企业改革卷》(济南出版社1999年出版)获省社科优秀成果三等奖、市社科优秀成果一等奖；承担的山东省社科规划立项重点课题《非公有制经济发展的理论与实践探索》获省社科优秀成果三等奖；承担的济南市软科学计划立项课题《关于优化济南市外商投资环境的分析与研究》获市政府系统2000年度优秀调研成果二等奖。王鲁宁撰写的论文《思想政治工作渗透规律研究》被中国人民大学复印报刊资料《思想政治教育》转载。

2002～2005年，发展研究中心共出版专著2部，参编4部，公开发表论文82篇，承接并完成省社科规划重大课题1项，市社科规划重点课题5项，市软科学课题1项，市委、市政府及部门委托课题6项，承担完成省社科规划重大项目和重点项目各1项。获省社科优秀成果三等奖1项，市社科优秀成果一等奖2项，二等奖5项，三等奖4项，市科技进步三等奖1项，全省统战理论调研成果三等奖2项，省哲学优秀成果一等奖1项。刘伟提交的《调整行政区划扩大济南城市规模》《发展省会经济必须建设区域性中心城市》《区域中心城市的内涵和特征及建设区域性中心城市的重要作用》3篇论文在《领导参阅》中刊载；总纂的《济南五年大变样决策与实践》(济南出版社2002)获省社科优秀成果三等奖、市社科优秀成果一等奖。完成的中组部调研报告《国有企业经营管理者队伍职业化战略研究》通过专家鉴定；与张桂兰共同申请并承担省社科规划重大项目《科学人才观指导下的人才理论与实践》；承担并与张桂兰共同完成市科技局软科学立项课题《济南市信息化带动工业化战略研究报告》。王鲁宁撰写的论文《邓小平初级政治论哲学内涵探析》获2002年市社科优秀成果一等奖；《关于思想政治工作评估标准的哲学探讨》《关于思想政治工作目标决策的辩证思考》等论文先后被中国人民大学复印报刊资料《思想政治教育》全文转载；承担的市社科规划重点课题《新形势下思想政治工作若干问题研究》和《“三个代表”理论创新的实践价值研究》通过专家鉴定；承担完成省社科规划重点课题《未成年人德育衔接问题研究》。张桂兰承担的市社科规划重点项目《济南市人才资源整体性开发研究》通过鉴定；与市委组织部合作完成《实施人才强市战略，建设区域人才高地》《济南市国有集体企业高层次人才流失问题》等调研报告。闫平承担的市社科规划重点课题《济南市艺术表演院团市场化改革前瞻》《省会济南培育与发展文化中介组织研究》通过鉴定。刘伟、张桂兰、闫平分别参与《济南市文化发展纲要》《济南市“十一五”时期人才发展纲要》《青岛保税区文化建设发展纲要》的研究与撰写。

2006年，重点完成省社科规划重大研究项目《科学人才观指导下的人才理论与实践》，由刘伟、张桂兰编写的研究成果《当代中国人才研究》由山东人民出版社出版发行。完成跨年度省社科规划立项课题《未成年人学校德育教育的衔接与体系构建问题探讨》。完成市社科规划重点研究项目《“三个代表”的理论创新方法及其实践价值的哲学思考》《省会济南文化中介组织培育与发展研究》及青年基金项目《济南市人才资源整体性开发研究报告》，并通过评审鉴定。参与调研并撰写由省委宣传部策划的《2006年山东省文化体制改革与文化产业发展蓝皮书》的2个专题。王鲁宁《“三个代表”与理论创新关于马克思主义理论创新的哲学思考》获2006年度市社科优秀成果一等奖。2007年，重点完成省社科规划立项课题《未成年人德育衔接问题研究》，并通过验收。2008年，王鲁宁撰写的论文《关于大、中、小学德育衔接问题本质及规律的哲学探讨》被中国人民大学复印报刊资料《思想政治教育》2008年第2期全文转载；参与省委宣传部《2008年文化蓝皮书》《泉城文明市民读本》《公民道德基本规范教育》等书籍的撰写工作。省社科规划课题《推进山东省公共文化服务体系建设研究》和市软科学课题《济南市人才资源整体性开发研究》完成初稿。2009年，闫平撰写的论文《试论公共文化服务体系建设》获省社科优秀成果三等奖；王鲁宁撰写论文《关于大、中、小学德育衔接问题本质及规律的哲学探讨》。2010年，闫平撰写的论文《文化产品和服务的公共性与公益性文化事业建设》获省社科优秀成果三等奖；2008～2010年，受市外办委托，石兆宏先后完成《加强地方外事管理，促进济南经济社会和谐发展》《济南市外事工作五年规划（2008～2012）》《济南外事发展战略研究报告》《城市转型背景下济南外事发展研究》四项研究报告；围绕旅游与文化发展，主持完成市软科学项目《跨区域旅游合作与长清旅游发展》和市社科院重点课题《十艺节主场馆建设与济南西部新区发展研究》两项研究报告，撰写论文《人口老龄化对济南经济社会发展的影响及对策研究》。王鲁宁撰写论文《青少年学校德育教育的衔接与体系构建问题探讨》。

2010年，“低碳生活方式与健康城市发展”研讨会举行

四、社会学研究

1986～1990年，社会问题研究所从基础研究入手，开展社会结构与社会分层、科学社会学等方面的研究，在社会问题研究等方面取得成果。王慧丽开展妇女社会学方面的研究，发表《她们在追求什么》《谈新时期妇女解放》等论文。石兆宏在《济南社会科学》《山东医科大学学报》等刊物发表《当代中学生社会化问题初探》《儿童游戏群体与学前期儿童的社会化》《对济南市当前中学德育现状的初步调查与思考》等论文。杨年、吕德永、石兆宏合作完成的《县（市、区）党政领导干部选任方法及相关制度研究》提交省委组织部，在1990年县（市、区）换届选举中试行。

1991～1995年，围绕邓小平视察南方重要讲话与中共十四大精神，注重实证研究、市情研究。吕德永发表的《社会主义企业管理的新模式——济南市供电局全方位优质服务工作法》，提交市委、市政府。王忠武在省级以上学术期刊上发表《主体结构与主体能力》《社会主义改革与社会主义公平》《论推进改革的方法论方法》《论科技意识》《关于哲学对科技影响的一项实证研究》《论加快科学技术向生产力转化的方法论原则》《论现代自然科学与社会科学的一体化趋势》《农业、农村、农民三位一体协调发展探讨》等论文30余篇，其中有15篇被《新华文摘》《哲学动态》、中国人民大学复印报刊资料等重要报刊转载。

1996～2000年，吕荣斌撰写的《陨星之光——中共一大代表王尽美生平家事》《在伟人身边的岁月——毛泽东参谋、周恩来副官的回忆录》《党和国家领导人与大庆开发建设纪实》三部著作，分别由中央文献出版社、红旗出版社和济南出版社出版；《从周恩来与几位谈判对手关系浅谈周恩来人格力量》入选1998年全国纪念周恩来诞辰一百周年理论研讨会；《新中国历史上的三座里程碑》入选1999年中共党史全国学术研讨会；《严格执法、热情服务是交警之魂》被评为2000年全国公安系统理论研讨会优秀论文一等奖。

2001～2005年，社会问题研究所先后编写、出版《提高城市综合竞争力》《济南全面小康社会研究》《构建和谐济南的理论与实践研究》三部著作，其中前两部均获市社科优秀成果一等奖。吕荣斌护撰写的《济南社区卫生服务合市情、暖人心》调研报告，得到全国人大常委会副委员长彭珮云及时任山东省委书记吴官正的批示；《章丘农村社区卫生服务调研报告》得到卫生部重视，时任部长高强作了批示。出版全国首部红十字精神宣传著作——《红十字精神与建设和谐社会》，得到全国人大常委会副委员长、中国红十字会会长彭珮云的赞扬，并题写书名；参与整理第40届国际南丁格尔奖者《刘振华护士长事迹材料》（中文版）。许海峰先后出版《企业知识产权法律实务丛书》《企业资本运作法律实务丛书》《房地产法律实务丛书》《中产阶级分析》等多部著作。

2006～2010年，吕荣斌撰写论文《章丘农村社区卫生服务调研报告》《更多地让市场来配置金融资源：我国金融市场的构建与完善》，朱冬梅撰写论文《从基金收支平衡看养老保险扩面需求以及应对策略》，崔巍撰写的论文《同期理论扬弃、模型再造与中国经济增长波动的论证》获省社科优秀成果三等奖。崔巍的《经济增长理论的扬弃、模型问题与中国实用》获市社科优秀成果一等奖。

2006年7月25日，《历城县志正续合编》首发式暨济南社科调研基地揭牌仪式

五、综合研究

1986年，张继升在《齐鲁学刊》发表论文《开发和利用我国劳动力资源的设想》。1989年，李继春在《泉城论坛》第2期发表论文《在推广价值工程中应注意的几个问题》。王忠武在省级以上学术期刊发表《试论中国近代科技落后的哲学原因》《关于领导干部知识结构调整与更新问题的探讨》《科技进步对人的价值的拓展》《深化改革的十大方法论原则》等论文，其中《关于领导干部知识结构调整与更新问题的探讨》系中央组织部子课题，获优秀论文奖；《科技进步对人的价值的拓展》被中国人民大学复印报刊资料《科技进步与管理》1989年第3期全文复印；《深化改革的十大方法论原则》被《情报信息》摘登。

1991年11月，祝夷东专著《近代爱国诗词精神鉴赏》由辽宁大学出版社出版。1993年9月，祝夷东、王铁军参与撰写的工具书《十年求索十年情》由济南出版社出版。12月，王铁军专著《宋词故事70则》由金盾出版社出版。1995年，祝夷东在《山东社会科学》发表论文《论人才结构与21世纪挑战》。

1996 年，朱冬梅在《理论学刊》发表论文《改革干部人事制度为年轻领导干部脱颖而出创造条件》。同年 8 月，祝夷东、朱冬梅参与编撰的《中国济南交警》一书由济南出版社出版，入选 1996 年济南市图书精品工程。1997 年，朱冬梅在济南大学学报发表论文《论我国妇女就业与发展》，并被山东发展论坛转载。2000 年 10 月，祝夷东责编的《创造新的辉煌》一书由济南出版社出版。

2002 年 5 月，梁永贤在《山东社会科学》发表论文《收入分配与制度变迁关系分析》；在《山师大学报》2002 年第 4 期发表论文《提高新时期科研院所图书馆服务质量》；在《东岳论丛》2004 年第 3 期发表论文《试论社科信息结构与功能》。

2006 年，马黎明承担并完成市社科规划立项课题《济南建设区域性中心城市的功能定位与战略目标》（与姚衍琛合作），并在《山东战略研究》《山东经济管理干部学院学报》等刊物发表《论济南在山东及跨省区域经济发展中的战略地位》《关于促进山东区域经济协调发展的几点思考与建议》等 4 篇论文；齐峰在《南京社会科学》等刊物发表《服务地方经济社会发展，发挥“智囊团、思想库”作用》《构建和谐社会必须正确处理人民内部矛盾》《农村文化建设的困境及其路径选》《加强农村基层党组织，建设社会主义新农村》《新农村建设要防止六种倾向，正确处理六种关系》等论文。2007 年，马黎明完成市委宣传部重大委托课题《其他城市举办大型运动会的经验教训》，被纳入济南市筹办十一届全国运动会组委会文件附件；在济南日报撰文发表《科学发展观的理论地位和现实意义》《关键在提升城市功能——谈省会城市群经济圈建设》等两篇论文。梁永贤在《中共济南市委党校学报》发表《经济欠发达地区建设社会主义新农村存在的问题及解决对策》论文。齐峰承担完成 2007 年省软科学课题《社会主义新农村建设动力支撑研究》，发表论文《试析科学发展观与构建社会主义和谐社会的关系》。梁永贤、齐峰承担完成市软科学课题《济南建设创新型城市战略研究》。2008 年，马黎明在济南市政协论坛作《工业强市与自主创新——关于加快济南自主创新能力建设的战略思考》主题发言，被《大众日报》《济南日报》《济南政协》等多家媒体摘要刊发。梁永贤在《中共济南市委党校学报》发表论文《济南市建设创新型城市的对策研究》。齐峰在《理论学刊》等学术期刊发表《农民增收、内需扩大：新农村建设的深层持久动力》《济南市建设创新型城市的对策研究》等论文，在《济南日报》发表《发展创新文化，培育创新精神》《对济南加快公共服务均等化的建议》等两篇理论文章。2009 年，马黎明在《济南日报》理论版发表《提高组织管理能力，全面提升全运会软环境水平》和《发展与改革力度仍需加大》两篇论文，在青岛农业大学学报、聊城大学学报发表《济南企业自主创新能力及其制约因素分析——基于山东省三大主要城市的比较研究》《济南传统服务业发展现状及优化升级分析——基于全国 15 个副省级城市的比较研究》《住房保障的内涵及相关理论探析》等论文。梁永贤发表《经济欠发达地区建设社会主义新农村存在的问题及解决对策》《社会主义新农村建设途径与制度机制》两篇论文，承担并完成济南市软科学课题《济南市加强休闲旅游的对策建议》，参与完成省社科规划重点课题《山东半岛蓝色经济区海陆统筹建设研究》。2010 年，马黎明完成市发改委交办的济南“十二五”规划前期研究课题《济南区域创新体系建设研究》，作为课题组负责人之一完成《济南市“十二五”文化产业发展规划》，参与完成济南市委政策研究室重大调研课题《济南市建设发展现代都市农业研究报告》；在《沈阳日报》《济南日报》发表《济南举办全运会的启示：助推城市建设和管理水平全面升级》《以现代产业体系建设促进城市发展的转型与升级》等理论文章；在学术期刊发表《济南文化产业发展的 SWOT 分析》等论文。

1986～2010年济南社科院著作情况表

表15—9—1

著作（成果）名称	作　者	出版单位	出版时间
商业经济效益概论	连廷广	山东人民出版社	1986年5月
济南惨案	李家振	中国政法大学出版社	1987年12月
李清照诗词选	孙崇恩	人民文学出版社	1988年9月
漱玉词欣赏	刘　瑜	黄河出版社	1988年9月
当代中国家庭经济	孔庆亮	江苏人民出版社	1988年12月
社会主义经济规律体系概论	孙大德	江苏人民出版社	1989年12月
爱情·灵魂——当代中国家庭婚姻爱情剖析	孔庆亮	济南出版社	1990年4月
李清照词赏析	刘　瑜	广西教育出版社	1990年4月
智慧——劳动的丰碑	孔庆亮	中国广播电视出版社	1990年10月
储蓄——银行的窗口	孔庆亮	济南出版社	1990年10月
当代中国老龄人研究	孔庆亮	黄河出版社	1990年10月
李清照全集评注	荣　斌	济南出版社	1990年12月
近代爱国诗词精粹鉴赏	刘　瑜	辽宁大学出版社	1991年9月
社会·储蓄·银行	孔庆亮	中国经济出版社	1991年12月
中华名胜诗联集萃	董正春	人民日报出版社	1992年1月
政治经济学图解与例选	孔庆亮	中国经济出版社	1992年5月
城市群体经济理论与实践	连廷广	山东人民出版社	1992年9月
基层银行管理艺术	孔庆亮	中国广播电视出版社	1992年10月
家庭防盗与个人防身	孔庆亮	中国广播电视出版社	1992年10月
国防绿	王桂安	黄河出版社	1992年10月
毛泽东诗词史诗论	董正春	山东人民出版社	1992年12月
莫道不销魂——李清照作品赏析	刘　瑜	台湾开今文化出版社	1993年3月
领导科学基础	连廷广	山东出版总社泰安分社	1993年9月
佳联叙谈（续集）	荣　斌	金盾出版社	1993年12月
宋词故事70则	王铁军	金盾出版社	1993年12月
社会主义市场经济条件下的宏观调控	孔庆亮	中国经济出版社	1994年10月
中国商业银行的经营与管理	孔庆亮	中国经济出版社	1994年12月
毛泽东诗词美学论	董正春	山东人民出版社	1994年12月
李清照研究论稿及其他	荣　斌	吉林文史出版社	1995年6月
元曲故事	荣　斌	金盾出版社	1996年2月
刘鹗及《老残游记》研究	刘　瑜	民族出版社	1996年6月
《孙子兵法》要义	荣　斌	光明日报出版社	1996年10月

续表15—9—1—1

著作（成果）名称	作　者	出版单位	出版时间
中国历史文化名城	荣　斌	山东友谊出版社	1996 年 12 月
中国古代野史缀谈	曹善起	山东文艺出版社	1996 年 12 月
李清照全词	刘　瑜	山东友谊出版社	1997 年 11 月
齐文化与中国传统文化	庄春波	齐鲁书社	1997 年
东亚金融动荡与中国经济	孔庆亮	中国经济出版社	1998 年 6 月
王尽美生平家事	吕荣斌	济南出版社	1998 年 6 月
毛泽东保卫参谋周恩来随从副官回忆录	吕荣斌	红旗出版社	1998 年 10 月
墨变逻辑与思维方式	庄春波	中国书店	1998 年 12 月
中国名联大观	荣　斌	北京出版社	1999 年 1 月
奇案迷踪	曹善起	黄河出版社	1999 年 1 月
中国金融创新与风险防范研究	孔庆亮	中国经济出版社	1999 年 6 月
邓小平理论与济南改革实践	刘　伟	济南出版社	1999 年 9 月
毛泽东诗词美学漫步	董正春	珠海出版社	1999 年 9 月
党和国家领导人与大庆开发建设纪实	吕荣斌	中央文献出版社	1999 年 10 月
刘彻评传	庄春波	南京大学出版社	1999 年 12 月
中国咏梅诗词集萃	荣　斌	中华书局	2001 年 2 月
环保型经济增长——21 世纪中国的必然选择	王　征	复旦大学出版社	2001 年 6 月
中国历史文化之谜——千古疑案	曹善起	吉林文史出版社	2002 年 1 月
证券赔偿知识问答与举例分析	许海峰	时事出版社	2002 年 4 月
经济热点透视	刘　伟	学苑出版社	2002 年 5 月
战略管理与形象规划	马黎明	学苑出版社	2002 年 5 月
旅游开发实证研究	石兆宏	学苑出版社	2002 年 5 月
真诚的关注	荣　斌	学苑出版社	2002 年 5 月
笔耕泉城路	吕荣斌	学苑出版社	2002 年 5 月
哲学的探索与应用	王鲁宁	学苑出版社	2002 年 5 月
证券诉讼指南	许海峰	经济日报出版社	2002 年 6 月
济南经济蓝皮书	王世贵	济南出版社	2002 年 12 月
济南名士评传	荣　斌	齐鲁书社	2002 年 12 月
中外财务欺诈大案	许海峰	经济日报出版社	2003 年 4 月
中产阶级分析	许海峰	经济日报出版社	2003 年 6 月
中国名诗观赏	荣　斌	金盾出版社	2003 年 8 月
济南全面建设小康社会研究	王世贵	济南出版社	2003 年 12 月
济南乡音方言	荣　斌	五洲传播出版社	2004 年 4 月

续表15－9－1－2

著作（成果）名称	作 者	出版单位	出版时间
济南市花礼赞	荣　斌	五洲传播出版社	2004 年 4 月
商品房法律实务研究	许海峰	人民法院出版社	2004 年 7 月
企业知识产权保护法律实务研究	许海峰	机械工业出版社	2004 年 10 月
红十字精神与建设和谐社会	吕荣斌	济南出版社	2005 年 8 月
资本运作法律实务丛书	许海峰	人民法院出版社	2006 年 1 月
构建和谐济南理论与实践研究	吕荣斌	济南出版社	2006 年 4 月
东周列国志(校注)	王铁军	金盾出版社	2006 年 6 月
当代中国人才研究	刘　伟 张桂兰	山东人民出版社	2006 年 8 月
中国企业基本养老保险改革与实践	朱冬梅	山东人民出版社	2006 年 11 月
历城县志正续合编(全五册)(点校整理)	张华松	济南出版社	2007 年
总部经济研究	王　征 王新军	山东人民出版社	2007 年
永远的海岱居	张华松	济南出版社	2007 年
先秦三大辩证法经典著作译注和评析	王鲁宁	泰山出版社	2008 年 6 月
济南通史・先秦秦汉卷	张华松	齐鲁书社	2008 年 8 月
济南通史・近代卷	林吉玲 董建霞	齐鲁书社	2008 年 8 月
侨心无悔	王铁军、 董建霞等	中国文化出版社	2008 年
张尔岐诗文选(选注)	张华松	济南出版社	2009 年 4 月
社会经济发展大趋势与实践路径 ——马克思经济增长学说与中国适用	崔　巍	青岛出版社	2009 年 9 月
魅力长清	张华松	山东大学出版社	2009 年
齐地历史与济南文化	张华松	齐鲁书社	2010 年 7 月
济南历史大事记	张华松 王铁军 董建霞	济南出版社	2010 年
济南上古名人故事	张华松	济南出版社	2010 年
济南史话	林吉玲 董建霞	济南出版社	2010 年
济南历史文化读本——济南民间传说	闫　平	济南出版社	

1986～2010年济南社科院社科优秀成果获奖表

表15—9—2

成果名称	年份	作者	奖项
零售商业经营责任制	1986	连廷广	省社科优秀成果三等奖 市社科优秀成果二等奖
关于工业企业发挥经济规律合力作用的初步探讨	1986	孙大德	省社科优秀成果三等奖 市社科优秀成果二等奖
济南惨案述论	1988	李家振 郭沫兰	省社科优秀成果三等奖 市社科优秀成果二等奖
济南惨案	1989	李家振	市社科优秀成果一等奖
关于史学模式方法的思考	1989	庄春波	市社科优秀成果二等奖
济南市青少年思想行为状况及原因的调查	1990	王慧丽	市社科优秀成果二等奖
李清照全集评注	1991	董正春	省社科优秀成果三等奖 市社科优秀成果一等奖
二里头文化与夏纪年	1991	庄春波	市社科优秀成果二等奖
论企业精神动力机制系统	1992	连廷广	市社科优秀成果二等奖
李清照全集评注(词的全部)	1992	刘 瑜	省社科优秀成果三等奖 市社科优秀成果一等奖
中华名胜诗联集粹	1993	荣 斌	市社科优秀成果二等奖
历史启示录	1993	李家振	市社科优秀成果二等奖
移靡篇新探	1993	庄春波	市社科优秀成果二等奖
山东商品市场规模与结构研究	1993	连廷广	省社科优秀成果二等奖 市社科优秀成果一等奖
论日本天皇裕仁在法律上的战争责任	1994	李家振	市社科优秀成果二等奖
论科技转化为生产力的方法论原则	1994	王忠武	市社科优秀成果二等奖
主体活动与主体能力	1994	王忠武	省社科优秀成果三等奖
略论严薇青先生对刘鹗《老残游记》研究的贡献	1995	董正春	市社科优秀成果二等奖
东方会议如是观	1995	李家振	省社科优秀成果三等奖 市社科优秀成果二等奖
实践活动的质量与人的能力的发展	1995	王忠武	市社科优秀成果二等奖
李清照研究论稿及其他	1996	荣 斌	市社科优秀成果二等奖
谈谈加快发展济南外向型经济的战略途径	1996	刘 伟	市社科优秀成果二等奖
济南市爱国主义教育基地巡礼	1996	董正春	市社科优秀成果二等奖
毛泽东诗词美学论	1996	董正春	省社科优秀成果三等奖 市社科优秀成果一等奖
《辛亥革命烈士陵园》解说词及简介	1996	刘 瑜	市社科优秀成果二等奖

续表15-9-2-1

成果名称	年 份	作 者	奖 项
古史钩沉	1996	庄春波	省社科优秀成果三等奖 市社科优秀成果二等奖
论发展社会科学的系统论方法	1996	王忠武	市社科优秀成果二等奖
回顾与反思——建国以来李清照研究述评	1997	荣　斌	市社科优秀成果二等奖
济南经济战略定位何处	1997	刘　伟	市社科优秀成果二等奖
中国历史文化名城	1997	董正春	市社科优秀成果二等奖
刘鹗及老残游记研究	1997	刘　瑜	省社科优秀成果三等奖
文化哲学论纲	1997	庄春波	市社科优秀成果二等奖
毛泽东邓小平社会保障思想比较研究	1997	吕德永 王鲁宁	市社科优秀成果二等奖
论现代自然科学与社会科学的一体化趋势	1997	王忠武	市社科优秀成果二等奖
古代用人之道	1997	祝夷东	市社科优秀成果二等奖
济南经济战略定位何处	1997	刘　伟	市社科优秀成果二等奖
毛泽东邓小平社会保障思想比较研究	1997	王鲁宁	市社科优秀成果二等奖
关于历史文化名城济南城市特色培养的理论与实践问题	1998	刘　伟	市社科优秀成果二等奖
在国统区的周恩来	1998	吕荣斌	省社科优秀成果二等奖
中国历史文化名城	1998	董正春	市社科优秀成果一等奖
毛泽东经济哲学思想探析	1998	王鲁宁	市社科优秀成果二等奖
“易安体”试说	1998	董正春	市社科优秀成果二等奖
济南爱国教育基地巡礼	1999	董正春	市社科优秀成果二等奖
略论区域经济与区域文化的关系	1999	刘　伟	市社科优秀成果二等奖
从周恩来与几位谈判对手关系谈周恩来人格力量	2000	吕荣斌	省社科优秀成果三等奖
邓小平理论与济南市改革实践——国有企业改革卷	2000	刘　伟	省社科优秀成果三等奖
关于抑制行政腐败的一种思考	2000	王鲁宁	市社科优秀成果二等奖
邓小平初级政治论哲学内涵探析	2002	王鲁宁	市社科优秀成果一等奖
关于优化济南市外商投资环境的分析与研究	2002	刘　伟	市社科优秀成果二等奖
非公有制经济发展与实践探索	2002	刘　伟	省社科优秀成果三等奖 市社科优秀成果二等奖
经济热点透视		刘　伟	市社科优秀成果二等奖
济南五年大变样决策与实践	2003	刘　伟 （总纂）	市社科优秀成果一等奖 省社科优秀成果三等奖

续表15-9-2-2

成果名称	年 份	作 者	奖 项
济南城市综合竞争力分析	2003	院课题组	市社科优秀成果一等奖
济南名士评传·古代卷	2003	荣 斌 王铁军	市社科优秀成果二等奖
新时代文丛	2003	荣斌等 (10人)	市社科优秀成果二等奖
哲学的探索与应用	2004	王鲁宁	市社科优秀成果二等奖
关于思想政治工作评估标准的哲学探析	2004	王鲁宁	市社科优秀成果二等奖
关于思想政治工作目标决策的辩证思考	2004	王鲁宁	市社科优秀成果二等奖
社会主义条件下社会财富源泉问题的再探讨	2004	王 征	市社科优秀成果二等奖
发展省社经济必须建设区域性中心城市	2005	刘 伟	市社科优秀成果二等奖
济南发展总部经济的条件分析	2005	王 征	市社科优秀成果二等奖
从唯物辩证法中分离出应用辩证法	2005	王鲁宁	市社科优秀成果二等奖
齐长城	2006	张华松	市社科优秀成果一等奖
“三个代表”与理论创新关于马克思主义理论创新的哲学思考	2006	王鲁宁	市社科优秀成果一等奖
从基金收支平衡看养老保险扩面需求以及应对策略	2006	朱冬梅	市社科优秀成果二等奖
论加强哲学社会科学人才队伍建设	2006	张桂兰	市社科优秀成果二等奖
齐国田氏家族谋略文化论略	2007	张华松	市社科优秀成果一等奖
经济增长、模型再造与中国经济增长方式的转变	2007	崔 巍	市社科优秀成果一等奖
章丘农村社区卫生服务调研报告	2007	吕荣斌	市社科优秀成果二等奖
更多地让市场来配置金融资源：我国金融市场的构建与完善	2007	王 征	市社科优秀成果二等奖
济南总部经济发展现状及探析	2007	王 征	市社科优秀成果二等奖
济南舜井舜祠考——兼谈今济南舜井街一带舜文化景观的恢复	2008	张华松	市社科优秀成果二等奖
章丘农村报告	2008	吕荣斌	市社科优秀成果二等奖
更多地让市场来配置金融资源：我国金融市场的构建与完善	2008	吕荣斌	市社科优秀成果二等奖
试论公共文化服务体系建设	2009	闫 平	省社科优秀成果三等奖
历城县志正续合编	2009	张华松	市社科优秀成果一等奖
关于大、中、小学德育衔接问题本质及规律的哲学探讨	2009	王鲁宁	市社科优秀成果二等奖
文化产品和服务的公共性与公益性文化事业建设	2010	闫 平	省社科优秀成果三等奖

续表15—9—2—3

成果名称	年 份	作 者	奖 项
《济南通史》（一至六卷）	2010	张华松	市社科优秀成果一等奖
人口老龄化对济南经济出版社会发展的影响及对策研究	2010	石兆宏	市社科优秀成果二等奖
代际支持关系在老人养老模式选择中的创新作用	2010	朱冬梅	市社科优秀成果二等奖
青少年学校德育教育的衔接与体系构建问题探讨	2010	王鲁宁	市社科优秀成果二等奖

第二节　市社科联科学研究

1982年市社科联成立后，协同各学会、协会、研究会，开展理论研讨、学术交流、科学知识普及、党的方针政策宣传和咨询服务等活动。1982年7月，济南市社会科学联合会筹委会决定创办《社联通讯》。1987年，更名为《济南社联通讯》。至1988年年底，共召开理论研讨会219次，交流学术论文和科研成果2680篇；举办培训班105期，培训各类人员12080人（次）；举办科普讲座125场（次），听众11.3万人（次），先后邀请国家机关、外省市科研单位、大专院校的专家、教授、学者20人（次）到济南讲学、作学术报告。1989年1月，《济南社联通讯》更名为《泉城论坛》。80年代后期，市社科联与有关部门联合，先后召开“党风建设理论研讨会”“坚持生产力标准理论研讨会”“纪念党的十一届三中全会召开十周年理论研讨会”“纪念济南解放40周年座谈会”“济南惨案60周年学术报告会”等。研究成果《坚持生产力标准》《前进中的沉思——纪念中共十一届三中全会召开十周年》等编印出版。在山东省第二届自然科学优秀学术成果评选中，济南市有37篇优秀论文获二等奖，156篇获三等奖。

1990～2000年，结合全市发展实际，开展加快改革开放和现代化建设新思路、新途径的理论研究。相继开展学哲学回顾反思、搞活大中型企业、提高经济效益搞活企业、纪念辛亥革命80周年、国有企业市场化、省会城市地位作用等学术研讨；开展对济南市企业生产资金问题、企业政工干部队伍现状、深化金融体制改革、农业资金投入情况等实际问题的调查研究。其间，市社科联及所属学会共召开理论研讨会、座谈会590余次，撰写交流研究论文、调查报告8300余篇；举办学术报告会、科普知识讲座、学习辅导、授课等400余场（次），听众32万人（次）。市社科联副主席张人广主持完成的《转变经济增长方式——提高运行质量和效益与抑制通货膨胀研究》课题，获国务院发展研究中心1997年度中国发展研究奖二等奖。加强对山东精神、济南精神的探讨和梳理。1996年8月6日～8日，省市宣传、教育、新闻和理论研究单位的专家、学者、科研人员以及部分大型企业的党委书记、经理共24人就山东精神、济南精神的文化底蕴、时代特征、地域特色、如何表述等问题开展座谈，建议发动全民进行讨论、概括、总结，激发人民群众积极参与、自觉塑造，维护山东人、济南人形象的实际行动。同时，将这一活动变为向人民群众进行理想信念，文化传统，爱祖国、爱家乡，积极参与改革开放和四化建设的教育活动，使总结出的山东精神、济南精神，有更坚实的群众基础。深化对省会城市地位和作用的研究和探讨。1997年7月3日，省市经济理论界，城市规划、管理界，社会学界的专家、学者、教授、研究员及政府管理部门的有关人员共23人，围绕如何全面、正确认识省会城市地位、如何加快济南的发展等问题进行探讨，并就如何把济南市建设成山东省的政治、经济、文化、金融、商贸、科技、旅游中心，加快城市建设，加强城市管理，优化产业和产品结构，发展科技、文化、教育事业，建设文明城市等方面的问题，从理论和实践的结合上提出意见、建议。1998年，《泉城论坛》更名为《社科论坛》，主要刊登全国及济南市社科界研究和普及成果及哲学社会科学界学会工作动态、经验，是展示市社科研究成果和普及宣传的窗口和阵地。1999年，《社科论坛》编辑部成立，列自收自支县级事业单位，隶属于市社会科学界联合会。2000年10月12日～16日，全国大中城市社科联第十一次工作会议在济南召开。全国23个省（自治区）、78个城市的200余名社会科学界人士参会。会议围绕“社科联的地位、作用与迈向21世纪的中国社会科学”主题展开研讨，共收到理论文章和经验材料70余篇，16个城市社科联的代表作大会发言。

2001～2010年，先后组织举办“济南城市精神大讨论”“学习贯彻‘三个代表’重要思想”“纪念毛泽东诞辰110周年”“加强党的执政能力建设”“济南开埠100周年”“迎亚足赛，创文明城”“心系老百姓，服务创一流”等理论研讨会、座谈会。其中，济南城市精神大讨论是影响较大的一项理论研讨活动。在具体研讨中，吸纳省市社科理论人才及政府有关部门领导组建课题中心组，负责具体的组织、协调。联合济南大学、市委党校、济南社科院等单位，成立专题小组，就济南城市精神的本质、定位、涵盖的内容以及如何发掘济南城市生活中的文化底蕴等问题进行研究探讨，先后有100余名专家参加研讨，提交论文50余篇。整个活动历时两年，共经历三个阶段。第一阶段：论证阶段（2003年3月～9月）。组织省、市20余位专家学者成立济南城市精神重大理论课题组，对提炼城市精神的必要性、重要性、可行性及研讨切入点等问题进行论证，在一定范围内统一意见、达成共识。先后组织省、市社科界百余专家学者召开“历史文化”“社会经济”“精神文明”“人文环境”等4个专题研讨活动。第二阶段：大讨论阶段（2003年10月至2004年5月）。在全市范围内广泛开展“城市精神大讨论”活动。先后在部分媒体开辟《城市精神大家谈》专栏，设置“城市精神论坛”网页，组织济南城市精神问卷调查活动。先后形成表述方案近百种。第三阶段：征求意见阶段（2004年6月～12月）。广泛征求专家学者、领导干部、市民群众和人大代表、政协委员关于城市精神的讨论意见；汇集新闻媒体刊登的各界人士关于济南城市精神的言论；阅读市民来信；查阅济南发展的历史资料，对国内外部分城市进行比较分析，力求最终表述方案真正反映民意、体现济南城市文明的精髓。2004年12月20日，“诚信、创新、和谐”作为济南城市精神的最后表述方案，提交市委常委会审议通过。2007年，编纂《诚信·创新·和谐——济南城市精神的探索与实践》一书。该书突出济南城市精神的时代背景、研讨过程、科学内涵以及实践升华四个大的方面，分筹划探索、集思广益、阐释解读、感召践行4篇，40余万字，展示济南城市精神在凝聚激励全市人民齐心协力、服务和推进省会经济社会发展中的重要作用。

围绕市委、市政府的中心工作和发展目标，组织社科界专家开展应用课题研究，完成《发挥省城优势，做大做强济南经济的宏观性研究》《济南市未成年人思想道德教育研究》《济南市社会中介组织建设研究》《从“历城地方自治”看清末山东新政》《济南市平阴县建设诚信体系经验研究》《从学科交融角度探讨济南社会问题的研究现状及其建议》《构建和谐社会的重要因子——老年人口主观幸福感研究》《新形势下党的群众工作研究》等市社科规划重点课题和调研活动。其中，对济南市妇联创建“阳光大姐”促进妇女就业创业的调研活动成效明显，省市专家学者从不同角度对阳光大姐进行现状分析和问题研究，并就问题的解决和今后的发展提出意见和建议，同时为阳光大姐提炼出“爱心 + 责任”的经营服务理念，撰写的《让阳光照耀千家万户》调研报告，相继在《求是》《大众日报》《济南日报》刊发。

2005 年起，创办社科界主题学术年活动。至 2010 年，先后组织以“诚信、创新、和谐”“坚持科学发展观，构建和谐济南”“科学发展 · 共创和谐”“改革开放 30 年与济南发展新跨越”等为主题的学术年会 6 届，召开专题研讨会 30 余次，提交研讨论文 200 余篇，《社科论坛》共出版 170 期杂志。推出一批具有前瞻性、创新性和可操作性的研究成果。

整合社科资源，深入开展社科工作。2003 年，以图书馆为服务阵地，建立济南市社科文献资料基地。2004 年，建立济南市社科教育调研基地，利用济南大学完备的科研设施和较强的研究力量，开展社科活动，先后举办报告会、研讨会、学术讲座 50 余次，承担完成社科重点研究课题 20 余项。2007 年，依托社科理论人才库，组建“济南市社会科学专家咨询团”。咨询团组成人员包括社科界不同学科的专家学者、少量的领导干部和不同行业的实际工作者。咨询团成立后，围绕省会城市经济社会发展中的重大理论和现实问题，开展重大课题调研；围绕党和国家方针政策、省市重大决策部署，开展重大理论问题宣讲；围绕干部群众关心的热点、难点问题，开展社会科学知识宣传普及；围绕构建大社科格局，提升社会科学工作水平，繁荣发展社会科学事业献计献策。2008 年 5 月，与市委宣传部、济南大学、齐鲁讲坛办公室共同发起创建“齐鲁讲坛济南分坛”，并组织开展“人文济南”系列活动。5 月 17 日，邀请著名教育家、书法家欧阳中石以《我是在济南成长的》作首场讲座。而后，相继开展《中国人的家族情结》《济南历史文化与现代旅游》《济南的城市变迁》《济南近现代工商业文化发展漫谈》《小清河与济南》等讲座 10 余场。

组织开展优秀社科成果评选活动。2004 年，对济南市社会科学优秀成果奖评选办法进行修改补充，由市委办公厅、市政府办公厅重新印发《济南市社会科学优秀成果奖评选办法》，并对市社科优秀成果奖评选委员会的主任委员和副主任委员进行调整。2006 年，改进评选办法：一等奖由等额评选改为差额评选，加大竞争力度；获奖作品在《济南日报》公示，加大对获奖成果的监督、宣传和推广。1987 ～ 2010 年，共评选出优秀成果 1623 项，其中特别贡献奖 37 项，一等奖 107 项，二等奖 363 项，三等奖 1116 项。

1987 ～ 2010 年济南市社会科学优秀成果奖评选情况表

表 15—9—3

年 份	特别贡献奖	一等奖	二等奖	三等奖	合 计
1987	0	1	5	51	57
1989	0	1	7	42	50
1990	3	1	10	36	50
1991	1	2	15	36	54
1992	2	2	7	61	72
1993	2	1	13	47	63
1994	0	2	11	45	58
1995	5	2	12	48	67
1996	1	2	14	44	61
1997	2	4	16	44	66

续表15—9—3

年 份	特别贡献奖	一等奖	二等奖	三等奖	合 计
1998	4	8	23	82	117
1999	5	4	24	61	94
2000	5	2	20	53	80
2001	2	4	21	54	81
2002	2	5	21	53	81
2003	0	10	21	51	82
2004	0	8	21	52	81
2005	1	10	20	54	85
2007	0	9	21	53	83
2008	2	9	21	49	81
2009	0	10	20	50	80
2010	0	10	20	50	80

说明：1988年、2006年未开展成果评选

第三章 机 构

第一节 济南社会科学院

1986 年，济南社会科学研究所内设办公室、政治经济学研究室、文史哲研究室、社会问题研究室、刊物编辑科研组织室、图书资料情报室共 6 个业务处室。1992 年 4 月 13 日，济南市社会科学研究所更名为济南社会科学院，内设机构调整为办公室、城市经济研究所、农村经济研究所、文史哲研究所、社会问题研究所、情报信息资料所、科研组织处。1998 年 11 月 2 日，城市经济研究所、农村经济研究所合并成立经济研究所，并增设发展研究中心。2000 年，济南管理科学院由济南市科学技术委员会划归济南社会科学院管理，并更名为济南管理科学研究中心，经费自理。2002 年 12 月，济南市二轻职工中等专业学校整建制划转济南社会科学院。2003 年 6 月，济南管理科学研究中心恢复济南管理科学院名称；撤销济南市二轻职工中等专业学校牌子，保留济南工艺美术学校名称，列自收自支县级事业单位。2005 年 7 月，按照全市统一部署，济南工艺美术学校移交历下区教育局。2010 年，济南社会科学院内设办公室、科研组织处、经济所、发展研究中心、文史哲研究所、社会问题研究所、情报信息资料所共 7 个业务处室；另设中共济南社会科学院机关总支部委员会、济南社会科学院工会委员会；直属事业单位为济南管理科学院。

第二节 济南市社会科学联合会

济南市社会科学界联合会成立于 1982 年 8 月，是中共济南市委领导下的学术性群众团体，负责联系社会科学工作者，开展社会科学工作，推动济南市社会科学事业发展。1996 年，根据《济南市社会科学联合会机关机构改革方案》，内设办公室和学会科普部两个部室。至 2010 年机关部室没有变化。

第十六卷

社　会

SHE　HUI

单位审稿、撰稿人员名单

(按姓名笔画为序)

济南市精神文明建设委员会办公室

审稿人：彭寿谦

撰稿人：尹跃峰　叶金金　刘　玲

济南市民政局

审稿人：潘传利

撰稿人：李越千　赵丽平　赵志强　焦文静　樊　煜

济南市老龄工作委员会办公室

审稿人：戚克春

撰稿人：邓旭燕

济南市人力资源和社会保障局

审稿人：王拥华

撰稿人：毛可超　田　雨　张　超　张　路

济南市民族宗教事务局

审稿人：任立新

撰稿人：于立金　王　涛　李　震　赵　焕　曹成群

第一篇　精神文明建设

1987 年，市“五四三”活动委员会办公室改为市精神文明建设协调委员会办公室，为常设局级单位，不列编制序列，由市委宣传部代管。1989 年 10 月，市精神文明建设协调委员会办公室改为济南市精神文明建设委员会办公室（简称市文明办），内设综合协调处、创建活动指导处、文明单位管理处。1992 年，市文明办内设综合协调处、双拥共建处、文明建设处。1996 年，内设综合协调处、创建活动指导处、文明单位管理处。2001 年，明确市文明办为市委宣传部内设机构。2006 年，增设未成年人思想道德建设工作处。至 2010 年，内设处室无变化。

1986 年后，济南市精神文明建设紧紧围绕市委、市政府中心工作，建立健全领导体制和工作机制，广泛开展群众性精神文明创建活动，大力加强公民思想道德建设，扎实推进未成年人思想道德建设，统筹推进农村精神文明建设，市民文明素质和城市文明程度显著提高。先后组织开展“军（警）民共建先进单位”“文明窗口”“文明市民标兵”“精神文明建设积极分子、先进工作者”“省、市级文明单位”等各类精神文明建设先进评选活动。以品牌创建活动为重点，先后挖掘培育出“济南交警”“工商银行”“温馨公交”“贴心民政”等一批享誉全国的文明行业品牌，叫响“泉城义工”城市志愿服务品牌。1992 年起，济南市先后 6 次获“全国双拥模范市”称号。

21 世纪初开始，济南市广泛调动全市各级各部门，中央、省驻济南单位、部队，各级新闻媒体以及广大市民群众的积极性，投入到创建文明城市各项工作中。2005 年，中央文明委授予济南市“创建全国文明城市工作先进城市”称号。

第一章　思想道德建设

第一节 公民思想道德教育

市委、市政府把加强公民思想道德教育作为建设社会主义精神文明的核心工作，制定文明公约，表彰文明公民和道德模范、见义勇为等先进典型，弘扬社会正气。

1986 ～ 1987 年，在全市广泛开展理想信念教育、形势政策教育、民主法制教育和职业道德教育。1986 年 5 月 17 日，市政府颁布《济南市文明公约》。内容是热爱祖国，建设泉城；讲究卫生，美化环境；遵守纪律，见义勇为；说话和气，礼貌待人；救死扶伤，助人为乐；尊师重教，敬老爱幼；爱护公物，拾金不昧；自尊自重，举止文明；移风易俗，计划生育；扶正祛邪，爱憎分明。

1988 年，职业道德教育深入开展，“友爱在泉城”和“十佳竞赛”活动取得明显成效。第一届全国城运会在济南举办期间，济南市民表现出的遵纪守法、文明礼貌、奋发向上的良好风气，受到中外客人赞扬。

1995 年 10 月 15 日，中共中央总书记、国家主席江泽民为济南交警支队题词："严格执法，热情服务"。济南工商银行把职业道德建设作为精神文明建设的重要内容，大力加强优质文明服务，获"全国职业道德建设十佳单位"称号。1996年，全市上下围绕学题词、学交警、创一流，变"交警效应"为"济南效应"这一主题，从"窗口"行业突破，广泛开展"服务承诺"活动、"行风万人评"活动和群众性精神文明创建活动，促进了职工思想道德素质、服务质量的提高。

1997年6月3日，以市长令的形式颁布实施《济南市市民"十不"行为规范及其监督管理办法》。"十不"具体为：不随地吐痰、不乱扔污物、不乱贴乱画、不损坏公物、不染污泉池、不攀折花木、不酗酒滋事、不乱穿马路、不说粗话脏话、不在公共场所吸烟。制作150块"十不"行为规范宣传牌，设置在主要街道、繁华地段和公共场所。利用文明市民学校、爱国主义教育基地等阵地，在全市广泛开展爱国主义、社会主义和集体主义教育，加强社会公德、职业道德和家庭美德教育。1998年，通过新闻媒体，宣传文明市民标兵和连续10年保持省级文明单位称号单位的先进事迹，在社会各界形成崇尚先进、学习先进、争做先进的良好氛围。

1999年，围绕培养"四有"(有理想、有道德、有文化、有纪律)公民，着力提高市民思想道德和科学文化素质。组织开展跨世纪泉城市民形象大讨论活动。通过发动市民广泛讨论、征求社会各界意见建议，颁布实施重新修订的《济南市市民文明公约》。具体内容：热爱祖国，建设泉城；遵纪守法，维护安定；关心集体，热心公益；爱护公物，讲究卫生；追求知识，移风易俗；保泉护绿，美化环境；助人为，乐见义勇为；注重礼仪，待人热诚；尊老爱幼，邻里团结；崇尚科学，弘扬新风。2000年，举办"崇尚科学文明，反对封建迷信"展览，教育引导市民学习科学，弘扬新风。广泛宣传交警、民政、工行和书记大姐李淑敏的事迹精神，组织文明市民标兵参与蓝天工程、畅通工程和环境创新等活动，充分发挥典型效应，努力营造同学先进共建文明的社会氛围。

2001年，全面贯彻落实中央颁发的《公民道德建设实施纲要》，加大对《济南市市民文明公约》《济南市市民"十不"行为规范》的落实，开展"告别不文明行为"系列活动，加大公益宣传力度，协调建立一批以宣传精神文明、倡导社会新风为主要内容的公益宣传匾牌。发挥市民学校、职工之家、居民论坛阵地作用，推广道德自律、双向承诺经验做法。2002年，印发《关于贯彻落实〈公民道德建设实施纲要〉的意见》及《关于广泛开展公民道德教育实践系列活动的通知》。组织编发《济南市民道德手册》，录制《泉城劲吹文明风》专题片。在400余个社区建立公民道德基本规范公益宣传牌。举办公民道德知识竞赛、创建文明城市知识竞赛、公民道德建设演讲比赛等活动，涌现出"义务擒扒能手"张业爱、拾金不昧好员工杜咏、见义勇为好农民牛立河等一批道德实践的典型。6月，召开全市农村公民道德建设座谈会，推广章丘市、长清区万德镇、平阴县孝直村"以德治市"、以德治镇(村)的经验做法。2003年9月20日是中央颁布《公民道德建设实施纲要》两周年纪念日，也是全国第一个"公民道德宣传日"。是日，济南市公民道德建设先模人物事迹报告团在历下区历下大厦举行首场报告会，并先后到章丘市、天桥区等进行巡回演讲。

2005年10月～12月，在全市开展感动济南十件大事和十佳人物"双十"评选活动，引导市民群众"知我济南、爱我家园"，进一步增强对省会城市的归属感、认同感和自豪感，通过典型事件的创新意识和先进人物的人格魅力引导和推动济南市改革、建设、发展。活动共收到各类有效选票88.94万张(个)，参与面之广、关注人之多、评选票之多，均创济南市评选活动之最。

2005 年 9 月 17 日，举办“知我济南，爱我家园”活动启动仪式

2007 年，授予在“7·18”特大暴雨抢险救灾中做出突出贡献的张昕等 315 人“7·18 抢险救灾文明市民”称号。在第一届道德模范评选表彰活动中，济南市有 3 人获第一届全国道德模范提名奖，6 人获省道德模范称号，10 人获省道德模范提名奖称号。同时，评选出“助人为乐模范”“见义勇为模范”“敬业奉献模范”“诚实守信模范”“孝老爱亲模范”“爱心捐助模范”“志愿服务模范”“舍己救人模范”“拾金不昧模范”“邻里和睦模范”“爱护环境模范”“文明礼仪模范”共 137 名道德模范，200 名提名奖获得者。举办“道德模范与市民群众共话文明，迎和谐全运，建美丽泉城”宣传活动，在全市形成学习、关爱、争做道德模范的良好氛围。“泉城义工”被中宣部确定为全国重大典型，《人民日报》、新华社、中央电视台等 18 家中央级媒体及《大众日报》等省级媒体在重要版面和重要时段集中报道“泉城义工”的事迹。

2009 年，在第二届道德模范评选活动中，有 2 人获全国道德模范提名奖，6 人被评为全省道德模范，7 人获全省道德模范提名奖。评选出济南市道德模范 50 名。制定《济南市帮扶生活困难道德模范实施办法》，筹资 15.5 万元进行重点帮扶。2010 年，济南市成立道德模范基层巡讲团，在全市开展“道德模范基层巡讲”活动。拍摄制作《道德的力量》公益宣传片，在济南电视台全频道滚动播出。2008 ～ 2010 年，在中国文明网“我推荐、我评议身边好人”活动中，济南市分别有 1 人、16 人、12 人登上“中国好人榜”。

第二节　未成年人思想道德教育

2004 年 5 月，根据中共中央、国务院《关于进一步加强和改进未成年人思想道德建设的若干意见》精神，济南市委、市政府制定《关于切实加强和改进未成年人思想道德建设的实施意见》，对全市未成年人思想道德建设工作做出全面部署，并确定此项工作由市文明委协调负责。市文明委下发《济南市精神文明建设委员会贯彻落实〈中共济南市委、济南市人民政府关于切实加强和改进未成年人思想道德建设的实施意见〉的任务分工》，明确职责分工，确定为未成年人办好 16 件实事。9 月，由《光明日报》与省、市等 8 个单位联合举办的“未成年人思想道德建设手拉手活动”启动仪式在济南中学大礼堂举行。

2006 年，市文明办增设未成年人思想道德建设工作处，主要职能为督促检查、组织协调各县（市）区、各部门做好未成年人思想道德建设工作。9 月，中央督察组对济南市未成年人思想道德建设工作进行督查，给予高度评价和充分肯定。在中央文明办组织开展的全国首届未成年人思想道德建设 100 件创新案例评选中，济南市“未成年人成长俱乐部”“青少年心理咨询站”“走进民俗文化”“‘当当’推进站”等 4 件入选，占全省入选案例的 1/2。在 2007 年全国第二届创新案例评选中，历下区泉城路街道“社区青少年心理疏导站”获二等奖；槐荫区青年公园街道“‘当当’推进站”、南上山街小学“走进民俗文化”，历下区千佛山街道“成长俱乐部”获三等奖。2007 年，推进青少年思想道德阵地建设，共建成省级活动阵地 16 个、市级 29 个，省级爱国主义教育阵地 5 个、市级

16个。2008年8月，在省文明办组织开展的未成年人思想道德建设工作创新案例征集评选活动中，济南市“少年义工在行动”等4个案例被评为省未成年人思想道德建设工作创新案例。章丘市文体局等14个单位被评为全省未成年人思想道德建设工作先进单位。11月，市教育局被评为全国未成年人思想道德建设工作先进单位。2009年，在省文明委组织的全省未成年人思想道德建设工作测评中，济南市列“全省未成年人思想道德建设工作先进城市”第一位。2010年2月，召开全市未成年人思想道德建设经验交流会，进一步净化社会文化环境。在全国未成年人思想道德建设工作测评中，济南市在副省级城市中列第9位。

2009年5月20日，山东省暨济南市“向国旗敬礼，做一个有道德的人”网上签名寄语活动启动仪式在济南汇文实验学校举行

2005～2010年，市文明办等13个部门联合开展未成年人思想道德建设“十优秀”评选活动。2005年“十优秀”内容为优秀思想道德教育课、优秀团课队会班会、优秀灵魂工程师、优秀家庭教育、优秀社区教育、优秀校外辅导员、青少年喜爱的优秀文艺作品和书籍、优秀社会实践活动、优秀校外教育阵地、优秀家长学校。2008年、2009年两次对“十优秀”评选内容进行调整充实。

2008～2010年，在全市开展“做一个有道德的人”主题教育实践活动。2008年5月，开展“知荣辱、树新风、我行动”“六个一”道德实践活动，广大未成年人积极参与，并使活动成为自觉行动。2009年，开展“向国旗敬礼，做一个有道德的人”网上签名寄语活动，开展泉城小义工活动。5月，济南汇文实验学校等3所中小学被中央文明办确定为“做一个有道德的人”活动全国联系点。2010年，组织开展“做文明有礼中国人网上签名寄语”活动。

第二章 文明创建活动

第一节 文明城市创建

文明城市创建活动始于20世纪90年代中期。1996年，中共十四届六中全会第一次把文明城市与文明村镇、文明行业并称为“三大”群众性精神文明建设创建活动写进党的决议。此后，在全国掀起以创建文明城市为龙头的群众性精神文明建设活动热潮。

1996年10月12日，市文明办联合省文明办、山东电视台、齐鲁电视台，在英雄山、解放阁、国贸大厦、槐荫公园、金鹰商厦等地举办“做文明市民、建文明城市”万人签名活动。各签名点悬挂横幅标语，组织鼓乐队，散发宣传品，广播《济南市市民行为规范》，布置30米签名长绢。省市领导、省市党政机关干部、社会各界知名人士、济南军区获“济南市荣誉市民”称号的将军、济南市文明市民标兵、军（警）民共建单位代表、街居群众及中小学生等，共5万余人参加签名活动。

1999年，济南市成立争创全国文明城市领导小组，下发创建文明城市实施意见和任务分工，把58项任务指标量化分解到各区及有关市直部门，举办创建文明城市万人签名活动，录制播出专题片《文明泉城》，调动各级各部门和市民的积极性，进一步增强市民的文明意识、家园意识、责任意识。

2002年，济南市委、市政府印发《关于2002～2003年争创全国文明城市的实施意见》，确定全党动手、全民参与、条块结合、标本兼治、重点突破、整体推进的工作思路，明确五项创建任务。市委常委会3次召开专题会议，研究部署创城工作。建立创城办公室，从市建委、城管局、工商局、民政局、公安局、环卫局、园林局各抽调1名负责人担任创城办公室副主任，实行联合办公。召开13次主任联席会，研究解决创城工作中的问题，推动创城工作开展。开展“地税杯”创建文明城市知识竞赛活动，印制1.3万份创城宣传画在出租车、公交车上张贴宣传；在《济南日报》《济南时报》、济南电视台等新闻媒体开辟《创建文明城市·区委书记访谈录》《五年大变样，争创文明城》《创城在行动》《文明城市大家谈》《创建全国文明城市典型报道》《济南五年大变样，共创全国文明城》等专栏，举办《市民您好》专题节目，开设《泉城盛开文明花——公仆公民话行风》节目，宣传推广创城活动中涌现出的好典型、好经验、好做法，对存在的问题和后进单位给予曝光。

2004年起，济南市每年开展一次以市民文明、交通畅通、环境保护、综合整治、为民解忧、和谐社区、城市平安、窗口明亮、优化服务、文化建设等“十大行动、百件实事”为主要内容的创城主题行动。2007年，参与主题行动、承办百件实事的单位、部门85个。每年年终组织市民群众对创城百件实事进行测评，群众满意率均95%以上。各县（市）区、市直有关部门参照市里的做法，每年组织开展以为群众办实事为主要内容的创城主题行动，全市各级各部门每年为群众办实事1300余件。

2005年4月18日，在山东会堂举办“弘扬济南精神，创建文明城市”动员大会。会议下发《中共济南市委、济南市人民政府关于建设“文明济南”、创建全国文明城市的决定》《济南市创建全国文明城市2005～2007年总体规划》《“弘扬济南精神、创建文明城市”主题行动实施方案》，对全市创城工作作出全面部署。9月，在全国首届“文明城市”评选活动中，济南市获“全国创建文明城市工作先进城市”称号。

2006年，制定完善创建工作市民听证制度、新闻和社会监督推动创建工作制度、创城执行责任管理制度、公众参与创城激励制度等九项制度。与新闻媒体联合开办“创建全国文明城市，我们在行动”“百件实事请您献言”“与文明同行”等主题行动专栏。

2007年，市文明委确立“创建文明城市必须从为人民群众办实事抓起，办什么实事请群众提出，办实事过程请群众监督，办实事结果让群众评议”的基本理念，注重解决教育公平、就业再就业、社会保障和困难群体救助、文化生活、社会治安、顺畅诉求渠道、环境保护等群众最关心、最直接、最现实的利益问题。同时，注重依靠新闻和社会监督，推动创建工作；搭建群众参与“创城”工作平台；标本兼治，重在治本，巩固创建成果；创建工作协调并进，把经常性创建工作和集中性创建主题行动密切结合；以城带乡、城乡共建，统筹发展。

2009年，坚持全运会筹备与创建文明城市协调推进，以“迎全运、讲文明、树新风”为主题，开展文明市民教育、文明秩序养成、志愿服务推进、文明礼仪普及、文明窗口扮靓、文明模

2009年10月13日，济南市公共文明示范街区创建工作座谈会召开

范引领、公共文明示范街区创建、文明社区创建、重点地区提升、文明小使者奉献等“十大文明行动”。

2010年，以“争做文明市民，争创文明城市”为主题，实施市民素质提升、公共文明推进、微笑服务品牌创建、未成年人思想道德建设深化、志愿服务深化、乡风文明建设等六大工程，提升市民文明素质和城市文明程度，提高市民群众对创城的知晓率、参与率和支持率。在全国城市文明程度指数测评中，济南市列15个副省级城市第6位，在30个省会、副省级城市中排名第7位。

第二节 文明行业创建

1986年10月25日，市委、市政府授予济南儿童歌舞团“精神文明先进单位”称号。1987年1月16日，市委、市政府命名表彰在“当标兵、夺红旗竞赛活动”中涌现出来的10名十大窗口服务新星。3月4日，济南市八大“窗口”行业开展优质服务“十佳”竞赛活动。1988年2月6日，团市委评出济南市“窗口”行业十大“青年服务新星”。1989年3月10日，市政府命名全市556家企业为“重合同、守信用”企业。6月24日，济南市跨行业优质服务“十佳”竞赛揭晓，供电、物资等十大“窗口”服务行业的42个先进集体和62名优质服务标兵受到表彰。5月9日，济南市供电、邮政等12个部门深入开展“学雷锋、创十佳”优质服务竞赛活动。

1991年1月18日，市财办、市消费者协会等联合组织的全市首次“消费者满意商店”评选活动揭晓，40家商店获“消费者满意商店”称号。4月3日，市政府授予961家企业“重合同、守信用”称号，同时撤销28家企业的称号。1992年12月21日，第二次全国卫生城市检查评比揭晓，济南市被评为“全国十佳卫生城市”，谢玉堂获“十佳卫生城市市长奖”。12月31日，济南出版社获“全国新闻出版系统先进集体”称号。1993年3月8日，市公交总公司31路线获“全国巾帼‘建功杯’先进集体”称号。9月2日，全市医德医风建设工作会议召开，倡议医务工作者深入开展拒收“红包”、拒收礼品、拒宴请，向病人送温暖的“三拒一送”活动。1994年9月16日，市文明委命名表彰一批文明公交车组、文明出租车、文明个体业户。9月18日，济南市城市客运出租行业启动百日优质服务竞赛活动。1995年10月15日，中共中央总书记、国家主席江泽民为济南市公安局交警支队题词嘉勉:“严格执法,热情服务”。1996年12月25日，国务院授予济南市公安局交警支队“严格执法，热情服务交警支队”称号。

1996年5月7日，市委、市政府做出决定，在全市大力开展学习济南建行承诺服务活动。1998年2月13日，市委宣传部、市文明办联合发出通知，在全市宣传推广济南市自来水公司“小白热线”[①]为民服务经验。9月28日，“小白热线”被建设部授予“文明服务示范窗口”称号

①1996年6月，济南市自来水公司开通以山东省劳动模范白维营名字命名的维修热线电话——“小白热线”。该热线作为济南市自来水公司“为人民服务，树行业新风”的有效载体，以优质、快捷、扎实的服务，赢得社会各界赞誉。1998年，共为2万余户群众解决用水中遇到的问题。

2004 年，“迎亚足赛·创文明城”志愿者活动进行中

挂牌仪式举行。同年，济南市公安系统开展“满意在派出所”活动。2000 年 9 月，市委宣传部、市文明办、市公安局组织评选第三届“十佳岗组、十杰交警”活动。市医药公司开展评选“文明药店”活动。2001 年年初，制定下发《关于开展第四轮“行风万人评”活动的实施意见》，全市有 46 个行业和部门参与。命名表彰 3 条服务热线标兵、10 条十佳服务热线和 15 个服务热线文明窗口。

2002 年，以“擦亮窗口，规范服务”为主题，开展创建文明行业活动。2003 年，市文明委在全市 64 个行政执法部门、窗口服务行业和生产流通行业中开展以“诚实守信、敬业奉献”为主题的创建文明行业活动。2004 年，各行业围绕“迎亚足赛·创文明城”主题行动，开展创建文明行业、文明单位、文明窗口等群众性精神文明创建活动。2005 年 12 月 20 日，在全市启动争创“百城万店无假货”示范街活动。同年，全市商贸服务业企业响应中共山东省委、省政府建设“文明山东”“诚信山东”的号召，广泛开展商业诚信活动。

2006 年，在全市金融系统中开展“文明诚信单位”创建活动，从营业网点中命名表彰“文明诚信单位”226 个。2007 年 1 月 10 日，济南市获“全国社区红十字服务示范市”称号。天桥、市中、槐荫、历下 4 个区被授予“全国社区红十字服务示范区”称号。同年，济南市中医医院获“中国诚信万里行全国优秀诚信单位”称号；济南国际机场获全国“文明机场”称号，并囊括全国“最佳服务质量”“最佳餐饮服务”“最佳购物服务”“最佳候机环境”4 个单项奖。

2008 年 12 月 1 日，在北京揭晓的“中国企业第十三批新纪录”中，山东交运集团公司济南长途汽车总站凭借年度售票收入、旅客发送量、发车班次居国内各公路客运站第一，该站第九次获“中华第一站”称号。同年，在省卫生厅政风行风民主评议中，济南市卫生系统群众综合满意率上升至 95.34%；济南市第四人民医院西苑社区卫生服务中心获“国家级巾帼文明岗称号”。2010 年 1 月，章丘市物价局获“全国价格监管服务先进集体”称号。2 月，“济南公安微博”开通，先后发布各类信息 3 万余条，网友转发和评论 30 余万次，回复、答疑难问题 3 万余条，帮助群众解决户籍、治安、交通等困难 2 万余次。

第三节　文明社区创建

1989～1994 年，济南市抓优美环境建设，创文明整洁城市，发动群众制订和完善各种文明守则、乡规民约，创建文明街道、文明商店、文明村镇和五好家庭。提倡健康科学的生活方式，克服封建迷信、铺张浪费等愚昧落后的旧习俗，在全社会形成文明进步、团结友爱、助人为乐、勤俭节约的良好风气。

1995～1997 年，广泛开展创建“文明居民小区”活动。创建活动主要在市内 5 区进行，重点是新建成的居民小区，老城区以居委会为主体开展创建活动。全市参加创建活动的居民小区 54 个。1997 年，10 个小区被市文明办命名为“文明居民小区”。1998 年，开展以方便优美为基本要求的创建文明小区和文明街(路)活动，召开全市“文明楼院”建设经验交流会。市文明办先后在历下区泉城路街道、市中区舜玉路街道和天桥区无影山街道召开经验交流会，总结推广其经验做法。

2000年，开展创建文明社区达标竞赛活动，全市45个城区街道全部建立起社区精神文明建设共建委员会。开展“奉献在社区，爱心在万家”志愿服务活动。省直机关和驻济南部队主动为社区建设出资、出物、出力，在全市形成“不分省市区，不排上下级，共建一个家，共育文明花”，条块结合，齐抓共管文明社区的共建格局。年底，有15个社区被评为创建文明社区活动达标社区，29个单位被评为共建文明社区先进单位。2001年，在市区广泛开展“共建文明社区，创新生活环境”活动。

2002年，组织开展科教、文体、法律、卫生、交通安全“五进社区”活动，与省市有关部门联合在佛山苑小区举行启动仪式，召开全市“五进社区”再动员大会、创建文明社区经验交流会以及“五进社区”座谈会。市文明委命名表彰创建文明社区工作先进街道27个、文明社区120个，文明市民标兵10个，十星级文明户8296个。2003年，完善各级社区共建组织，驻区单位与社区实行治安联防、服务联办、教育联抓、活动联搞、设施联建，“五进社区”活动进一步深化。市中区舜玉街道舜园社区获“全国创建文明社区示范点”称号。2004年，全市有近50个街道成立文明社区共建委员会，建立起以街道为主导，以社区居委会为依托，社区各单位和广大居民共同参加的社区共建组织。评选出创建文明社区工作先进街道37个、文明社区171个。

2005年，社区建设领导小组、文明社区共建委员会，各社区居委会普遍建立共建组织，利用社区大学、市民学校、居民论坛等教育阵地，根据社区特点，开展“诚信社区”“和谐社区”“平安社区”等创建活动。2006年，开展“和谐社区行动”，由14个单位承办8件实事；开展创建社区教育示范街道、特色学校、学习型社区和学习型家庭等社区教育“四创”活动。年底评选出和谐社区20个。

2007年，开展社会主义荣辱观100个细节进社区、感动济南大事和人物进社区、创建文明城市100个“从我做起”进社区、泉城义工进社区、城管执法和环卫进社区、文明交通礼让进社区、百场演出进社区等系列社区创建活动，打造形成国际安全社区、社区三元化管理、社区文化一条街、特色社区、和谐邻里、社区教育、社区人文关怀和心理疏导等一批在全省乃至全国有一定影响的社区创建品牌。2008年，启动泉城文明市民学校教育活动。至2010年，“泉城文明市民学校讲师团”聘任教师参与授课1726次，开展其他形式的文明素质教育活动2318次，市内6区（含高新区）参与教育活动的居民30余万人(次)。

2009年，开展“文明养犬在社区”活动。制定“文明养犬示范社区”标准，开展“文明养犬示范社区”评选，将文明养犬作为创建评选文明社区的一项重要内容。印制文明养犬宣传画2万余张，在全社会形成依法文明养犬，共创温馨和谐生活环境共识。

2010年，以“创文明社区，迎和谐全运”为主题，组织开展社区居民论坛，文明楼院、文明新风户评选，泉城义工进社区等活动，社区居民的思想道德素质、科学文化素质和身体素质不断提高。社区科普大学、社区广场、健身路径等社区文化体育阵地建设得到加强，“文明社区”“安全社区”“科普社区”“和谐社区”等特色社区创建全面铺开。历城区开展的“论语进社区”活动得到中央文明办高度评价。结合城市硬件设施的建设改造，以提升文化品位、弘扬优秀传统文化、展现城市特色为主题，在街道社区打造一批高水准、有特色的文化墙，仅历下区建成各类文化墙75处，面积3万余平方米。

第四节 文明村镇创建

20世纪80年代初，在济南市开展“五讲四美三热爱”活动中，一些县发动农村社队普遍制定完善乡规民约、开展评比活动，由此萌生文明村镇创建活动。

1989年12月14日，历城区仲宫镇、天桥区北园镇清河村分获“全国文明集镇”和“全国文明村庄”称号。1994年11月1日～3日，全国农村精神文明建设座谈会在章丘市召开，章丘市介绍推动精神文明建设的做法。

1997年3月24日，中宣部召开全国电视电话会议，公布300个创建文明城市示范点和创建文明村镇示范点名单，历下区燕山小区和平阴县孝直镇孝直村榜上有名。3月28日，市委、市政府举行“创建安全文明街居、镇村和单位”活动动员大会。1998年，在全市开展创建文明社区、文明行业、文明村镇、文明机关和军（警）民共建先进单位活动。着重在5个县（市）农村中开展创建文明村镇活动，以提高农民素质、奔小康为目标，把发展农村经济作为中心，把创建活动同加强农村基层组织建设，同壮大集体经济实力，同计划生育、节约土地、文化科技卫生三下乡活动紧密结合。11月25日，济南市农村精神文明建设经验交流会在章丘市举行。1999年9月16日，中央文明委表彰全国精神文明创建工作先进单位，天桥区北园镇、历城区洪家楼镇、平阴县孝直村被评为全国创建文明村镇工作先进镇、村。

2000年，在全市农村开展“致富思源、富而思进”教育。对北园、洪家楼、孝直等6个国家级文明村镇开展“双思”教育、加强文明村镇建设的经验进行总结，制定《关于进一步加强农村精神文明建设的意见》。5月11日，在历城区辛庄村召开全市农村精神文明建设现场会，推广辛庄村大力发展村办企业、整治村庄环境、为群众办好事的经验做法。9月，天桥区北园镇在全国农村精神文明建设工作座谈会上，就开展“双思”教育、加强农村精神文明建设经验作了发言。12月15日，在章丘市普集镇召开全市小城镇精神文明建设工作座谈会，推广普集镇加快小城镇建设步伐，为镇村群众创造良好生活环境的经验。会上，市文明委命名表彰十星级文明户9505户。

2001年，先后召开全市农村精神文明建设工作座谈会、农村小城镇建设经验交流会，推广天桥区北闸子村壮大集体经济、改善村民居住环境以及商河县机关部门开展联村共建，改善村容村貌，发展壮大农村经济，增加农民收入和平阴县孝直村、长清县界首村以德治村、德法并治的先进经验。2002年，按照“六个一”（一条文明卫生街、一处文化大院、一处公开栏、一个阅报栏、一块永久性精神文明宣传牌、一个图书阅览室）标准建设一批文明村镇示范点。10月29日，全国精神文明创建工作表彰大会在北京召开，章丘市普集镇获“创建文明村镇工作先进单位”称号。2003年8月，在全市农村进行“文明一条街”建设，并将活动纳入农村经济、社会发展总体规划和精神文明建设工作计划。2004年4月～5月，对10个县（市）区、29个乡镇、55个村的“文明一条街”建设工作进行全面检查。

2005年10月26日，全国精神文明建设工作表彰大会在北京举行。章丘市普集镇、平阴县孝直村、历城区王舍人镇获“全国文明村镇”称号，长清区归德镇、济阳县崔寨镇、历城区锦绣川乡艾家村、商河县怀仁镇古城村、章丘市双山街道旭升村被评为全国文明村镇创建工作先进村镇。

2007年9月6日～7日，全国农村精神文明建设工作座谈会在济南召开，济南市作题为《积极推进农村公共文化建设，努力培育建设新农村新农民》的典型发言。

2009年1月20日，中央文明委表彰第二批全国文明城市等创建工作先进典型。章丘市普集镇、平阴县孝直镇孝直村、济南市历城区王舍人镇、章丘市双山街道旭升村等4个村镇被评为第二批“全国文明村镇”，济南市长清区归德镇、济阳县崔寨镇、济南市历城区仲宫镇艾家村、商河县怀仁镇古城村等4个村镇被评为第二批全国文明村镇创建工作先进村镇。同年，围绕提高农民素质，改善农村环境，城乡共建、以城带乡，深入开展形式多样、内容丰富的农村群众性精神文明创建活动。深化“千家文明单位包助千村”共建文明乡风行动，组织全市各级文明单位、文明机关，针对农村实际和农民关心的热点、难点问题，开展各种形式的共建行动。扎实开展文明生态村、文明一条街、十星级文明户创建等活动。

至2010年，济南市共有省级文明村镇88个、市级文明村镇824个。

第五节　文明单位创建

一、文明单位命名表彰

1986年3月28日，市委、市政府召开大会，对全市466个社会主义精神文明建设先进单位、28对军民共建精神文明先进单位和5个民兵带建先进单位进行命名和表彰。之后，市委、市政府每年召开精神文明建设总结表彰大会或新闻发布会，命名表彰上一年度市级文明单位标兵和市级文明单位。

1988年2月12日，市委、市政府命名表彰34个市级文明单位标兵，721个市级文明单位，21个职业道德建设标兵单位，169个军民共建先进单位。

1999年9月16日，中央文明委召开表彰全国精神文明创建工作先进单位电视电话会议，济南市公安局交警支队等8个单位榜上有名。

2005年10月26日，全国精神文明建设工作表彰大会在北京举行。市公安局交警支队、中国石化集团济南炼油厂、市中区教育局获“全国文明单位”称号，中国网通（集团）有限公司济南市分公司、济南市国家税务局、趵突泉公园、市供电公司、山东电力建设第二工程公司、天桥区北园街道、历下区千佛山街道、中国铁通集团有限公司济南分公司、济南市卫生局（机关）被评为全国精神文明建设工作先进单位。

2006年，济南市共评选表彰省级文明单位201个、省级文明机关50个，市级文明单位738个、文明机关185个。

2009年1月20日，中央文明委表彰第二批全国文明城市等创建工作先进典型。济南供电公司、济南市国家税务局（机关）、济南市市中区教育局、中国石化股份有限公司济南分公司、山东省济南市水利局等5个单位被评为第二批全国文明单位。中国重型汽车集团有限公司、中国联合网络通信有限公司济南市分公司、济南市趵突泉公园、济钢集团有限公司、济南市地方税务局（机关）、济南市历下区千佛山街道办事处、山东电力建设第二工程公司等7个单位被评为第二批全国精神文明建设工作先进单位。

2010年，全市新增省级文明单位34个，复核合格的省级文明单位271个。至年底，全市共有市级文明单位878个。

二、文明单位管理

1987年，撤销76个单位的原市级文明单位称号。1988年11月22日～23日，济南市精神文明建设协调委员会办公室在平阴县召开市属34个市级文明单位标兵（省级文明单位）座谈会。

1989年10月28日，市委办公厅、市政府办公厅向全市转发济南市精神文明建设协调委员会办公室制定的《济南市文明单位管理条例》。1992年5月14日，对1989～1991年连续3年保持省级文明单位称号的15个单位的党政领导和部门负责人，按照《济南市文明单位管理条例》的规定实施奖励，给予张洪顺等

16人奖励晋升一级工资，给予杨瑞华等5人记功奖励，授予肖淑芳等6人“济南市精神文明建设先进工作者”称号。1993年，撤销44个市级文明单位称号。

1995年5月21日，撤销45个单位的1994年度“市级文明单位”称号。10月3日，市精神文明建设委员会颁布实施《济南市文明单位建设管理条例》。该条例较之1989年颁布实施的《济南市文明单位管理条例》，在文明单位标准、评选、命名和表彰办法上有较大改革。评选标准方面，明确坚持两个文明一起抓，党组织健全，领导班子坚强有力；创建活动深入扎实，思想道德风尚良好；文明生产（经营）、优质服务；社会治安形势稳定，公共秩序良好；注重科学文化建设；重视环境建设等7条文明单位的基本条件。对已获荣誉称号的文明单位明确9项“一票否决”条款：领导班子不团结或成员中有违纪行为受到党纪、政纪、法纪处分的；因经营管理不善造成效益下降或亏损的；生产、销售假冒伪劣商品或不讲职业道德，行风不正的；发生重大责任事故，造成经济损失和人身伤亡的；赌博、封建迷信、婚丧事大操大办得不到有效制止的；发生重大刑事案件或治安状况混乱的；出现计划外生育的；环境污染、治理不达标、卫生面貌差的；弄虚作假、发生重大问题隐瞒不报，骗取荣誉的。在评选、命名、奖惩方面实行动态管理，不搞终身制。由一年一评改为每二年申报评选一次，对已获文明单位称号的每年复查一次。凡被命名为文明单位的，除授予荣誉称号、颁发证书、匾牌外，由所在单位对全体职工给予一定的物质奖励。

2000年5月26日，市文明委召开文明单位带头创新活动动员大会，要求各级文明单位在环境创新活动中打头阵、当标兵，充分发挥模范带头作用，做好增强环境意识、改善服务环境、维护治安环境、搞好卫生环境、注重环境保护、绿化美化环境等六个方面的工作。9月中下旬，分两期对全市112个省级文明单位的负责人进行集中培训。同年，撤销山东灵芝集团总公司等31个复查不合格单位的文明单位称号。

2003年，省、市级文明单位的评选实行严格标准、动态管理、优胜劣汰、不撤不增、最低淘汰率为10%的原则，当年有13个省级文明单位被降级或被撤销荣誉称号。8月，举办为期3天的全市140个省级文明单位负责人培训班，通过有关部门领导和专家讲课、组织参观学习、大会交流等形式，解决省级文明单位负责人在创建意识、创建活动、创建方法方面存在的问题。2006年，有3个省级文明单位被撤销称号，1个省级文明单位被注销。

2008年10月，市文明办会同市工商联制定《关于在全市非公有制企业中开展文明单位创建活动的实施意见》，将非公有制企业纳入市级文明单位评选范畴和表彰体系。组织200个省级以上文明单位组建文明交通志愿者队伍，在全市30处交通路口上岗协勤，10月11日启动至12月中旬，交通志愿者上岗协勤人数1.2万人（次），共劝导非机动车、行人违法交通行为3.1万人（次），宣传受教育人数4.78万人（次）。

2010年，撤销省级文明单位8个，注销省级文明单位7个。

第六节 军（警）民共建

1987年5月，成立济南市军民共建社会主义精神文明领导小组。1988年3月，市委、市政府命名大纬二路为“军民共建文明路”。1989年7月，济南市军民共建领导小组制定下发《济南市军民共建社会主义精神文明活动试行办法》。

1990年6月，市委召开全市军（警）民共建经验交流座谈会。1991年3月，成立济南市双拥共建工作领导小组。1992年7月，武警济南支队被武警总部命名为“全国武警部队拥政爱民模范单位”。1993年4月，济南军区司令员张太恒、政委宋清渭等11位将军率近千名官兵赴济南旱情严重地区参加抗旱。1994年11月，济南市历城区洪家楼镇与55178部队被中共中央宣传部、解放军总政治部命名为全国军民共建社会主义精神文明先进单位。

1995年7月，市精神文明建设委员会颁发《济南市军(警)民共建社会主义精神文明活动管理条例》。1995～1997年，广泛开展“学习济南交警”活动，由点到面、由一个行业扩展至其他行业、由地区扩展至全国。1997年1月，驻济南空军部队启动“星期六爱民奉献日”活动。8月，市精神文明建设委员会发出通知，开展“全市军民星期六奉献日”活动。9月，市文明委和市军民共建领导小组联合举办济南市全国军民共建先进单位事迹报告会。全市军民共建对子增加至1230对，其中850对军地共建对子被评为县(团)级以上先进单位。

1998年6月，市委、市政府授予章丘市明水镇、54875部队等54对军(警)民共建单位为“济南市军(警)民共建先进单位”称号。1999年，山东省军区开展“为千户功臣献爱心”活动，先后派出各类医疗组280余人(次)，诊治优抚对象患者1200余人，送医送药价值近8万元。

2000年4月，市文明委召开全市军(警)民共建经验交流会，对32对共建先进单位进行表彰，推广济南军区空军、历城区洪家楼镇等单位的共建经验。2001年，市委副书记、市长谢玉堂率济南市慰问团，到北海舰队慰问“济南舰”全体官兵，送去电脑、洗衣机、保暖内衣等学习、生活用品。2002年，成立全国第一家为部队大龄青年搭鹊桥、牵红线的“济南驻军军(警)官鹊桥热线”，累计服务官兵6000余人(次)，帮助390余对青年步入婚姻殿堂。

2003年，段店村出资150万元为济南军区某防化团修建一条拥军路。2004年，10个县(市)区整修通往部队营区道路28条，为辖区部队解决施工训练经费970万元。

2006年3月9日，保护母亲河工程山东济南项目“解放军青年林”暨山东省保护母亲河行动义务植树月活动在黄河河畔启动。团中央、解放军总政治部、驻济南解放军和武警官兵、公安干警及全市各界青年志愿者3000余人参加活动。2007年“7·18”特大暴雨抢险救灾中，驻济南部队先后出动兵力3500余人(次)，发挥灾情抢救和灾后清理的主力军作用，并捐赠60万元支援抢险救灾工作。

2008年3月，重汽·翡翠郡小区被命名为济南市首个军民共建大型和谐社区。2009年8月18日，军区空军、山东省、济南市在章丘市三涧溪村举办“军民共建和谐村镇活动启动仪式”，军地双方签订“军民共建和谐村镇协议书”，军区空军向三涧溪村赠送20万元的慰问金和慰问品。2009年，驻济南部队5000余名官兵参加第十一届全国运动会开幕式演出。驻济南各部队制定全运安保工作方案并精心组织实施。十一届全运会期间，共疏导群众168万人(次)，帮助12名儿童找到失散父母，上缴观众遗失财物价值1.2万余元。

2010年2月，“济南公安微博”开通，累计发布各类信息3万余条，粉丝数500万人，“济南公安博警在线”粉丝总数突破1800万人，网友转发和评论30余万次，回复、解答疑难问题3万余条，帮助群众解决户籍、治安、交通等困难2万余次。济南军区某工兵团、工防营和民兵预备役共千余人，赶赴受灾严重的商河县支援抗旱，投入作业机械60余部，奋战30余天，按时完成商河县玉皇庙镇引黄灌渠清淤疏浚工程和张坊乡丰源河开挖疏浚工程。武警山东总队实施“武警爱心援建工程”，每年投资40万元援建地方项目建设。武警济南支队为支队机关、基层中队和各执勤点专门设立“爱心助困箱”，方便官兵日常捐款，奉献爱心。

第三章　精神文明品牌

第一节 活动品牌

一、“文明市民标兵”评选活动

1994年2月～11月，市文明委先后提出选树文明市民标兵的任务、制定评选文明市民标兵的实施意见，并修订《文明市民公约》；各县（市）区、局（公司）自下而上、层层评选，分别推荐1名候选人参加全市评选。经市文明委考查，将最后确定的24名候选人的简要事迹、照片和选票刊登在1995年1月16日的《济南日报》上。经过群众投票、组织考察，报市委、市政府批准，授予张秀玲等10人为“济南市文明市民标兵”。1995年4月24日起在《济南日报》陆续刊载文明市民标兵的事迹。至2002年，在全市先后开展“济南市文明市民标兵”评选表彰活动。

二、“行风万人评”活动

1995年6月，市精神文明建设委员会和市纪律检查委员会联合举行为期1年的“行风万人评”活动。“行评”对象是全市公安、检察、法院、司法、工商、税务等28个服务性行业、垄断性行业和执法管理部门。目的是通过社会监督、新闻舆论监督，大力倡导行业新风和社会主义的文明道德风尚，在全社会塑造良好的行业形象，为济南的改革开放和经济建设创造良好的道德氛围和社会环境。全市形成上下贯通、左右联网抓行风的组织体系，制定实施方案，编发活动简报，通过新闻单位集中进行宣传报道，强化社会监督和舆论监督，使活动在全市形成广泛舆论。1995年6月，评定出2个标兵行业、10个十佳行业和35个先进单位。9月5日召开总结表彰大会，给予命名表彰。1997年、1999年、2001年，济南市先后开展第二、三、四轮行风万人评活动，行业和部门扩大至46个。

“行风万人评”活动中，济南市公共交通不断提高服务质量，济南公交35路线被中华全国总工会命名为“全国工人先锋号”

三、“济南城市精神”讨论、提炼活动

2003～2005年，济南市在全市开展济南城市精神大讨论、提炼活动，先后在部分媒体开辟《城市精神大家谈》专栏，设置“城市精神论坛”网页，组织城市精神问卷调查活动，先后形成表述方案近百种。经过群众、专家和各级领导深入讨论、研究，2005年1月7日，市委常委会研究确定，将“诚信、创新、和谐”作为济南城市精神的正式表述方案。“诚信、创新、和谐”的济南城市精神，体现了济南城市和人民的精神内涵。“诚信”是济南人突出的特质，既是齐鲁文化长期熏陶的结果，也是市场经济条件下商业理性的价值取向；“创新”表达了济南人民各个历史阶段的积极探索、勇于进取、敢领风气之先的创新行为和精神追求；“和谐”则反映了济南城市区位自然、人伦和睦包

容的实际状况，是对中共十六届四中全会提出建设和谐社会要求的积极体现。

2010 年 3 月 30 日，全市“微笑服务”活动动员大会召开

四、“讲文明 树新风 创品牌”活动

2008 年，市文明办举办“讲文明、树新风、创品牌”动员大会，提出开展创建城市文明品牌活动，重点围绕改善城市面貌、提升城市形象、增强服务功能和提升文明素质，打造一批精神文明建设品牌。创建文明品牌活动具体包括践行济南城市精神、弘扬泉城优秀文化、提高市民文明素质、优化经济发展环境、繁荣文化事业产业、改进完善公共服务、打造提升泉城形象、增强城市服务功能共 8 个方面内容。创建各类文明品牌包括集体和个体两个方面，分为著名品牌和知名品牌。著名品牌的主要标准是推出在全国具有一定影响的新举措；创造出全国一流成绩；在全国具有较高知名度、美誉度和较大影响力；经济社会效益显著，深受全市人民赞扬，对全市科学发展带动力强。知名品牌的主要标准是推出在全省具有一定影响的新举措；创造出全省一流成绩；在全省具有较高知名度、美誉度和较大影响力；经济社会效益突出，深受全市人民认同，对全市科学发展具有较强的带动力。市委、市政府提出，在企业品牌建设方面，要向中国重汽集团学习；在公益品牌建设方面，要向泉城义工学习；在服务品牌建设方面，要推广“阳光大姐”的经验；在执法品牌建设方面，要向“济南交警”学习。

五、“微笑服务”活动

2009 年，济南市动员全市特别是全运会运行单位和窗口服务单位，集中开展迎办全运“微笑服务”主题活动。各行业广泛参与，“我用微笑感动您”成为思想共识和自觉行动。“微笑服务”活动成为济南市迎办全运的亮点和品牌。2010 年，“微笑服务”品牌创建活动向行业、机关、社区延伸。开展“微笑服务”示范、承诺、规范化建设，组织开展“微笑服务”进基层、进社区等活动，开展“微笑使者”“微笑之星”“微笑服务窗口”“微笑服务之星”“文明服务窗口”等创建评选表彰活动。市公交总公司“温馨公交”、济南机场“温馨空港”、市民政局“贴心民政”、市城管局“满意城管”等品牌知名度和影响力不断扩大。组织开展对公交、出租汽车、长途汽车站、民航机场、银行、邮政等 22 个窗口服务行业（单位）进行文明指数测评，有效推动服务环境、服务形象、服务程序、服务内容、服务标准、服务效率“六提升”。

第二节 集体品牌

一、“济南交警”品牌

1995 年 8 月 23 日，市委、市政府下发《关于开展向市公安局交警支队学习活动争创一流成绩的决定》；25 日，市委、市政府召开学交警动员大会。10 月 7 日，省委、省政府下发《关于开展向济南市公安局交警支队学习活动的决定》；11 日，公安部下发《关于在全国公安机关开展向济南交警支队学习活动的决定》；15 日，中共中央总书记、国家主席江泽民为济南市交警支队题词："严格执法，热情服务"；16 日，全国公安机关学习济南交警先进经验现场会在济南召开，公安部授予济南交警支队"模范交警支队"称号。1998 年 1 月 19 日，市委、市政府召开庆功大会，国务院授予济南市交警支队的"严格执法热情服务交警支队"奖牌正式挂牌（详见第六册公安部分）。

二、"阳光大姐"品牌

2001 年 10 月，市妇联成立"阳光大姐"家政服务社。2002 年 7 月，"阳光大姐"家政服务社改名济南市阳光大姐家政服务中心，并注册"阳光大姐"商标。2004 年 1 月，"阳光大姐"进行改制，成立阳光大姐服务有限责任公司，实现由行政推动到市场推动的转变。2006 年 11 月 8 日，"阳光大姐"被评为 2006 年山东省服务名牌，同时被认定为山东省著名商标。2009 年 6 月 28 日，中共中央政治局常委、国务院总理温家宝到阳光大姐服务有限责任公司视察，对"阳光大姐"工作给予充分肯定。2010 年，"阳光大姐"成为全国家庭服务业唯一中国驰名商标，月嫂服务标准获中国标准创新贡献奖（详见第六册群众团体卷）。

三、"我的兄弟姐妹"品牌

2002 年，市残联将纯商品意义上的"品牌"概念嫁接到残疾人事业，并由全国知名人士张海迪提出，市长谢玉堂认可，中残联主席邓朴方题词。按照品牌的内在规律，市残联对这一品牌进行商标注册，征集确定会徽及吉祥物，举办"我的兄弟姐妹"品牌研讨会，将"我的兄弟姐妹"品牌的核心价值定位在"实实在在为残疾人办实事、办好事"，以此作为济南残联系统干工作、创事业的根本出发点和最终归宿。同年，围绕"我的兄弟姐妹"品牌，采用市场化运作模式，以各类大型活动为载体，募集残疾人福利

2008 年，我的兄弟姐妹"百户安居"工程竣工仪式

基金、物品 480 万元。

四、"泉城义工"品牌

2004 年 5 月，市文明办、团市委、《济南时报》共同组建济南时报志愿服务联络站。联络站成立后，先后联合市公安局、市老龄办等发起"关爱父亲母亲""左邻右舍一家亲""泉城无贼"等公益活动。至 2010 年，注册的泉城义工由最初的 146 人发展至 7 万余人，拥有大学生服务团、医疗保健服务团、心理咨询服务团、法律咨询服务团、家电维修服务团、关爱父亲母亲服务团等 30 余支专业服务团队。"泉城义工在行动"主题服务活动开展 170 余期，直接受益市民 40 万人（次）。2006 年 3 月，济南时报志愿服务联络站被共青团中央和中国青年志愿者协会授予"中国十大杰出青年志愿服务集体"称号。《人民日报》、新华社、《大众日报》、山东电视台等多家媒体报道"泉城义工"系列活动，"泉城义工"志愿服务品牌在全国叫响。

2008 年"5·12"四川汶川特大地震发生后，6 万余名泉城义工火速集结，先后有 6 批队伍进入灾区，107 名泉城义工奔赴灾区开展志愿服务，数万人通过捐款捐物、献血、义卖等形式开展对灾区同胞的支援。泉城义工各集体单位向市慈善总会和市红十字会捐款 170 余万元，通过济南时报泉城义工联络站接收捐款 83.49 万元。与济南市慈善总会等单位联合开展"泉城义工义卖专柜""泉城义工义卖大集"

等活动，筹集善款6万余元。5月21日，泉城义工联络站再次发出倡议，号召泉城义工向灾区捐赠最急需的物资，当天接收第一批价值38.5万元的救灾物资4卡车，于5月22日凌晨出发，当夜运抵四川省绵阳市抗震救灾指挥部。5月25日，泉城义工备齐第二批价值11.8万元的救灾物资，紧急发往绵阳。在前线的泉城义工组成临时党支部，指挥协调泉城义工的抗震救灾工作。灾区伤员转移到济南治疗后，泉城义工迅速组织陪护团，先后有200余名泉城义工参与，三班轮流陪护伤员直到3个月后康复出院。5月底，泉城义工募集图书4万余册，在地震重灾区建立10所爱心图书室。绵阳残疾人康复中心的校舍遭到严重损坏，为使康复中心的聋儿能不间断地康复治疗，泉城义工联络站秘书长赵言民带队将9名聋儿接到济南，无偿为聋儿提供康复治疗，并负责聋儿在济南的食宿。泉城义工组成“爱心父母”轮流陪护这些聋儿，各团体纷纷为聋儿送去玩具、学习用品、衣物等。在灾区，泉城义工孙博文、程宗瑞和其他4名医疗队员，步行6个多小时，翻过一个坝高70余米、长150余米的堰塞湖，从山里背出6岁女童刘然，并保住她严重骨折的左腿。孙博文还担任美国心连心国际救援组织的翻译。泉城义工的事迹受到广泛称赞。5月24日，中共中央政治局委员、中央组织部部长李源潮在北川中学抗震救灾现场，对泉城义工给予高度评价，并希望泉城义工更有信心、更有勇气、更有耐力地投入到志愿服务的行列。5月26日，团中央书记处第一书记陆昊在绵竹市接见泉城义工代表。6月29日、30日，《人民日报》、新华社、中央人民广播电台等媒体在重要版面、时段集中报道泉城义工支援抗震救灾的事迹，高度评价泉城义工在抗震救灾中的表现。中央宣传部将泉城义工确定为全国支援抗震救灾工作重大典型，列入“抗震救灾英雄谱”。济南时报泉城义工抗震救灾前线临时党支部被省委组织部授予“志愿抗震救灾先进基层党组织”称号。

五、“贴心民政”服务品牌

2008年12月22日，市民政局制定《关于创建“贴心民政”服务品牌的意见》。以“贴心民政、惠及百姓”为主题，以“七大民心工程”①为载体，以系列子品牌为支撑，以“四心”（用心察民情、耐心释民惑、热心解民忧、全心为民生）理念和“三服务”（事前主动服务、事中温馨服务、事后追踪服务）要求为保障，走民政服务品牌化、服务品牌系列化道路，不断提高民政工作水平和社会满意度。在全市开展“贴心民政进社区”“村（居）民政强基工程”“走进民政看民生”和“贴心民政爱心大篷车”等活动，推动品牌创建工作向民政工作一线延伸。在《济南日报》开辟《贴心民政》专栏，对全市各级民政部门品牌创建工作进行系列报道。市民政局先后在民政部“新形势下民政工作定位”座谈会、全省民政工作年中分析会、全省民政工作会议、市委学习实践科学发展观交流会等会议上作典型介绍。新华社、中央政策研究室《信息快报》、民政部《民政信息参考》《中国民政》《中国社会报》等媒体先后介绍该品牌经验做法。

①七大民心工程：实施“暖心工程”，贴心为低保户等困难群体服务，让服务对象“暖心”；实施“放心工程”，贴心为优抚安置对象服务，让服务对象“放心”；实施“舒心工程”，贴心为老年人、孤残儿童等特殊群体服务，让服务对象“舒心”；实施“称心工程”，贴心为社区居民服务，让服务对象“称心”；实施“遂心工程”，贴心为婚姻、殡葬等服务对象服务，让服务对象“遂心”；实施“省心工程”，贴心为社会组织等社会各界服务，让服务对象“省心”；实施“安心工程”，贴心为部队官兵服务，让服务对象“安心”。

第三节 个人品牌

一、书记大姐李淑敏

20 世纪 90 年代起，李淑敏担任山东小鸭集团有限责任公司党委书记十余年。担任集团党委书记后，她围绕企业改革和生产经营，创造性地开展思想政治工作，形成“一个支部一面旗，一个党员一盏灯”，群众向党员看齐，党员向党委看齐的争先创优、比学赶帮的良好风气，提高了企业凝聚力。十几年来，她探索新形势下加强企业思想政治工作的新途径，总结出“情感式管理”方法和加强精神文明建设的“凝聚力工程”“超值服务工程”“企业文化工程”“青年成才工程”“教育工程”，被职工亲切地誉为“书记大姐”。先后被授予全国“三八”红旗手、全国“巾帼建功”标兵称号。1998 年获全国“五一劳动奖章”，2000 年 4 月被评为全国劳动模范，2001 年 7 月被评为全国优秀党务工作者。

二、兵妈妈齐亚珍

齐亚珍是山东地质勘察公司幼儿园退休教师。她热情关心帮助社会上百名贫困大中学生、伤病残人员、孤儿、流浪儿、失足青少年，并把爱心延伸到军营，被战士亲切地称为“兵妈妈”。1994 年起，她积极呼吁有关部门和社会各界出资救助患重病的战士，与全国各地数百名战士建立母女、母子关系，与几百名战士和需要关爱的孩子、困难群众建立长期联系，及时为他们排忧解难。齐亚珍主动捐献骨髓，成为济南市骨髓资料库中志愿捐髓第一人，并发动家人献血、献骨髓，创下一家七口人全部志愿捐髓的“全国之最”。齐亚珍积极组织志愿者队伍，发动志愿者为困难群体募捐。他们在院校开展“让爱在校园闪光，红十字精神进工地”捐赠军训服活动，引导更多人关爱农民工及其子女；广泛开展“奉献爱心，关注聋儿”“关爱儿童，托起希望”等活动。2008 年汶川特大地震发生后，她积极推动募捐活动，为省红十字会募集捐款万余元，并前往灾区看望参加救灾和灾后重建的部队官兵。齐亚珍的爱心在她帮助过的人群中传递，她的“兵儿子”积极关心帮助困难群众，资助贫困学生。有的在部队连续多年被评为优秀士兵，有 1 人立一等功，2 人立二等功，多人立三等功。2001 年 9 月 18 日，齐亚珍一家获全国五好文明家庭“十大标兵户”称号。2003 年，齐亚珍获“全国爱国拥军模范”称号；2007 年，被评为山东省十大优秀母亲、十佳兵妈妈、三八红旗手；2009 年，获得第二届全国道德模范提名奖。

三、道德模范刘延宝

1948 年秋，在济南战役中牺牲的 5 位解放军战士的遗体被抬到神武村，受部队首长委托，刘延宝的爷爷刘修芝与部队官兵一起洒泪掩埋了 5 位烈士。此后 60 多年，刘家四代人一直守护着烈士墓。刘延宝担起守墓重任后，每逢节假日，他都会和家人到烈士墓前祭奠、培土。1995 年，刘延宝到外地订做了一座高 1.5 米的新墓碑，并请工匠刻上六个工工整整的大字“革命烈士之墓”。1999 年，村里修公路时发现两位烈士遗骨，刘延宝听说后，主动提出申请，安葬烈士遗骨。因脑血栓后遗症，刘延宝丧失了语言能力且右肢瘫痪，但他将“守墓”当成刘家家规写了下来，交给儿子刘增龙，要他继续守护好墓园里的 7 座烈士墓，把守墓的承诺传下去。刘延宝先后被评为历城区道德模范、济南市道德模范、山东省道德模范。2009 年 9 月，刘延宝获得全国第二届道德模范提名奖称号。

四、道德模范郑承镇

天桥区北坦街道双井社区居民郑承镇，1987 年开始救助流浪儿，先后救助收养流浪儿、孤儿400余名，被称为“流浪儿之父”。经他救助的孩子在附近的小学上学，学校领导主动找上门来，为这些没有户口的孩子破例办理入学手续，免除他们的学杂费。每个周末，都有来自济南大中专院校的志愿者到郑承镇家里给孩子们辅导功课。有人劝郑承镇，救助是政府的责任，自己不必过于操劳，但郑承镇认为救助只靠政府不行，需要全社会都伸出温暖之手，在关键时候拉这些流浪孩子一把。他说：“比起政府的救助站，像我这样的民间家庭更容易给孩子一种家的感觉，没有时间限制，无家可归的孩子可以一直住下去。”后来这些孩子有的读了中专、警校，有的参军，没有一个再次流浪。2007年，《人民日报》、新华社、中央电视台、中央人民广播电台、《光明日报》《经济日报》等十几家中央级媒体对其进行集中采访报道，事迹传遍全国。2007年9月，郑承镇获第一届“全国道德模范提名奖”。2010年11月病逝。

五、泉城女侠张业爱

张业爱是槐荫区西市场北大寺社区居民。她和丈夫都没有工作，靠吃低保生活。1997年10月起，身高不足1.50米、体重不足40公斤的张业爱每天都到街头抓贼，先后抓获提包作案、偷盗自行车等犯罪嫌疑人197人，为公安机关提供重大破案线索200余条，协助公安机关破获刑事案件70余件，捣毁犯罪窝点20余个，为群众挽回经济损失30余万元。在张业爱看来，维持社会治安是每一个人的事，你不管我不管，等着谁来管？非要等到偷到自己头上才来管吗？面对疑惑和不解，张业爱从不解释和辩解，她只是说：“工作可以下岗，见义勇为永远都不能下岗！”先后获“山东省见义勇为十佳公民”“全省三八红旗手”“济南市文明市民标兵”“感动泉城十佳人物”“济南市十佳擒贼能手”等称号；2007年9月，获第一届“全国道德模范提名奖”。

六、麻风病人的守护天使刘振华

1977年8月，22岁的刘振华从济南卫校毕业后被分配到济南市皮肤病防治院工作。在这个常人不愿涉足的“禁区”内，她从一名普通护士逐步成长为精通护理专业的行家里手，成长为麻风护理专业队伍中的佼佼者。她刻苦钻研麻风病的防治、康复知识，并学以致用，把康复保健知识及时传授给病人；每天忍着刺鼻的臭味，认真清疮换药挖溃疡，观察研讨、拍片；为改善病人的住院条件和生活状况，她拿出政府奖励给自己的2万余元奖金，为病房添置设施，为病人购买短缺的生活必需品。30年来，用自己的爱心为麻风病人解除身体的疾痛，抚平心灵的创伤，被病人誉为“最可爱的白衣天使”。2005年，刘振华获国际红十字会授予的护理界最高奖南丁格尔奖。2007年9月，获第一届“全国道德模范提名奖”。

七、用大爱写人生的检察官孟红伟

孟红伟是济南市长清区人民检察院反渎职侵权局局长助理、四级高级检察官。从事检察工作20余年来，公正执法，先后主办和参办职务犯罪案件百余起、公诉案件近百起，件件铁案。2000年身患癌症后，参与查办渎职犯罪案件20余起，为国家挽回经济损失1000余万元。她心系群众，竭诚为民，对社会奉献爱心，11年的上访户在她的耐心开导下心悦诚服；险些失明的受害人在她的资助下留住光明；想自杀的在押犯人在她的帮助下重新唤起生活的希望；辍学的少年儿童在她的救助下重返课堂。她积极投身社会公益，先后担任区青联副主席、区妇联“爱心使者”等职。多次立功受奖，被授予第七届中国十大优秀检察官、全国模范检察官、全国“三八”红旗手、全国“五一劳动奖章”、山东省优秀共产党员、人民满意政法干警、山东十大优秀青年、齐鲁巾帼十杰、山东省敬业奉献道德模范、“感动山东”十佳人物等称号。

第二篇 民 政

20世纪80年代，民政工作定位在发挥稳定机制作用方面，即“民政工作是有关社会保障的一部分、有关政权建设的一部分、有关行政管理的一部分”。90年代，拓展到保障人民群众基本生活权益上。1996年，市民政局推出“为民解难”服务活动。进入新世纪，围绕构建社会主义和谐社会推进民政工作，2002年在全市民政系统开展“满意在民政”活动，健全完善基层民主政治建设工作体系、城乡社会救助工作体系、双拥优抚安置工作体系、社会福利服务工作体系、专项社会事务管理工作体系建设，推动传统民政向现代民政的跃升。2003年，提出“以民为本、为民解困，以人为本、为民服务”和“加大社会开放度，扩大社会参与度，增强社会透明度”等民政工作新理念，民政工作社会满意度不断提高。2008年起，围绕“服务型政府”建设，打造“贴心民政”服务品牌，推动全市民政工作又好又快发展。其间，全市形成上下贯通、军地配合、部门协作、权责分明的双拥工作领导体系，建立健全双拥工作例会、军地联席会、议军会、军地联谊、现场办公、评比表彰等多项制度。至2010年，济南市先后6次获“全国双拥模范城”称号。1997年济南慈善总会成立后，按照“党委领导、政府推动、法律规范、政策引导、民众参与、慈善组织实施”的思路，动员社会力量，开展以“扶贫济困”为主要内容的募捐救助活动，推动全市慈善事业得以快速发展。至2010年，全市各级慈善组织累计募集善款1.28亿元，救助困难群众98万人(次)。

1987年10月,济南市老龄问题委员会成立。1989年5月31日，市政府制定《济南市老年事业发展规划（1989～1990)》，老年事业开始纳入全市国民经济和社会发展计划。老龄组织机构全面加强，形成覆盖全市的老龄工作机构网络和一支爱岗敬业的老龄干部队伍；老年法律法规建设、养老保障、老年照料服务、老年医疗保障、老有所为服务管理体系不断完善;尊老、敬老、爱老、助老的社会氛围日益浓厚；老年人精神文化生活更加丰富多彩，形成具有济南特色的老龄工作格局。市老龄办被评为全国老龄工作先进单位。

第一章 社会救助与移民安置

第一节 灾害救助

1986～2010年，济南市发生旱涝等较大规模的自然灾害41次。

1986年，发放救济款201.6万元。1987年8月，城区发生百年未遇的洪灾，受灾面积4万公顷，成灾2.7万公顷，200余万人因灾缺粮。1988年，农村地区先后遭受多种自然灾害，14.57万公顷农作物成灾减产，54万人因灾缺粮。全年发放救灾款229万元，安排统销粮312.65万公斤，救济45032户、164982人。1989年，全市22.91万公顷农作物成灾减产，损坏民房7202间，人畜均有伤亡，因灾缺粮169万人。全年发放救济款326.2万元，为13.14万户、51.64万人安排统销粮549.5万公斤。1990年，全市受灾总面积35.06万公顷，成灾22.20万公顷，绝产3.78万公顷。先后10次发放救灾款460万元，救济灾民145.69万人(次)。

1991年，部分县区遭受干旱、风雹、洪涝、病虫灾害。发放救灾款371万元，救济灾民95508户、379749人。1992年，遭受历史罕见干旱。全市拨救济款374.36万元，发放粮食150万公斤、御寒衣被5958万件，救济71901户、284279人。1993年，全年核拨救济款310万元，下达借粮指标500万公斤，67798户、238921人得到救济。1994年，受灾总面积28万公顷，成灾19.83万公顷，绝产4.42公顷。全市各级财政发放救济款337万元，救济37600户、112815人。1995年，遭受多种自然灾害，其中成灾面积25.3万公顷，绝产2.7万公顷。各级财政下拨救济款415万元，对40892户、199591人(次)进行救济。

1996年，遭受多种自然灾害，成灾13.40万公顷,绝产4.28万公顷。下拨救灾款430万元，救灾物资折款961万元。1997年，遭遇秋季特大干旱和暴风雨灾害，成灾面积17.27万公顷，绝产5.35万公顷。发放救灾款600万元、救灾粮50吨。1998年，全市发生多种自然灾害。全年发放救济款620万元、救灾粮50吨。1999年，成灾19.45万公顷，绝产4.10万公顷。全年发放救灾款703万元、救灾粮10733吨。2000年，全市遭受自然灾害24.89万公顷。发放救灾款690万元、粮3998吨、其他物资价值75.7万元。

2001年，全市遭受多种自然灾害，成灾13.70万公顷，绝产3.57万公顷。发放救济款408万元，救济20.28万人。2002年，遭受百年不遇旱灾，成灾面积20.36万公顷，绝收7.04万公顷，受灾人口240万人。全市投入救灾款3200万元，其中大灾预备金100万元。2003年，上半年旱灾，下半年洪涝、风雹和冷冻灾害，成灾9.63万公顷，绝产3.20万公顷。各级发放救灾款1274.9万元。2004年，遭受暴风雨和风雹侵蚀，成灾面积3.70万公顷，绝产1.42万公顷。发放救灾款850万元、救济粮2195吨。同年，制定《济南市救灾物资仓库管理暂行办法》。2005年，全市发放救灾款614万元，救济灾民61859人(次)。

2006年，发生多种自然灾害，受灾37.36万公顷，绝产3.99万公顷，倒塌房屋1059间，损坏房屋8281间。发放救济款1645万元，救济灾民9.2万人（次)。11月，市政府印发《济南市自然灾害救助应急方案》。2007年，遭受多种自然灾害，特别是遭受“7·18”特大暴雨灾害，全市受灾人口37.3万人。各级政府发放救灾款4512万元，救助21.8万人，恢复倒塌、损坏房屋2797间。同年，制定《济南市民政局应对自然灾害工作规程》。2008年，遭受旱灾、风雹灾和病虫害灾。全市受灾人口54.95万人，农作物受灾面积46398公顷，其中成灾面积20985公顷，绝产面积4773公顷，损坏房屋1320间，直接经济损失7820.59万元，其中农业直接经济损失7297.29万元。全市累计投入救灾资金735万元。4月26日，市政府办公厅印发《关于成立济南市减灾委员会的通知》，成立由市发改委、市财政局等20个成员单位组成的济南市减灾委员会，办公室设在市民政局。2009年，呈现汛期灾害及大雪冰冻灾害来临早、强度大、损失大的特点。全年救济口粮人口12.36万人，安排口粮救济款338.4万元，安排救济粮1421吨，救济衣被人口0.8万人，安排衣被救济款27万元。安排住房恢复重建款195.7万元，恢复重建房屋429间。各级投入救灾资金967万元，其中上级投入690万元，市级投入80万元，县(市)区投入197万元。2010年，遭受洪涝、风雹、低温冷冻等自然灾害，全市受灾人口40.9万人，农作物受灾面积97662公顷，倒损房屋11760间，直接经济损失7.6亿元。全年下拨救灾款1574.78万元，救济口粮人口0.55万人，救济衣被人口0.26万人，恢复重建房屋2640间。

第二节 城乡居民最低生活保障

1995年10月，为制定济南市城市居民最低生活保障线，市民政局对城区贫困户情况进行调查。结果表明，城区困难户的主要对象是孤老、孤儿、遗属、优抚对象和病残者。

1996年4月，制定《济南市城市居民最低生活保障暂行办法》，确定从7月1日起在市区实行最低生活保障制度，保障线标准为月人均120元。救助对象主要包括无依无靠、无生活来源、无劳动能力的“三无”居民和因家庭收入低、供养人口多、失业等达不到本市120元最低生活标准的城市居民。至年底，市内4区、11个市属经济主管局的140余个单位、4000余户、1.1万人得到救助。全年发放救助金391万元，累计保障困难居民6万人(次)。

1997年，全市累计保障18万人（次），发放保障金1321万元，其中市属企业发放保障金1070万元，救助55950户、160425人(次)，分别占总保障金和救助人次的80%和88%。建立全市农村最低生活保障制度，至年末，除商河县外其他县(市)区均开始运作。保障标准：农户年人均口粮不足250公斤的补足250公斤，并有一定的现金补贴；城镇居民户，人均月收入不足100～130元的，补足100～130元；市郊农户年人均补到840元。

1998年年初，市政府制定《关于加快建立和完善我市城乡居民最低生活保障制度的通知》，对城乡居民最低生活保障对象的范围和保障标准、保障资金分级负担落实办法、配套优惠政策作明确规定。市民政局制定《城乡居民最低生活保障实施细则》，明确具体操作程序和规则。全市发放最低生活保障金2126.48万元，保障113235户（次）、306677人（次）。其中，市属企业发放1581.80万元，保障93394户、262187人（次）；县(市)区城镇发放227.14万元，保障11018户、20270人（次）；农村发放317.54万元，保障8823户(次)、24220人(次)。

2000年，市民政局、市财政局和市总工会联合组织开展城市低收入居民家庭情况普查，入户调查32600户、94309人。调查认为：按实际人均月收入230元以下计算，全市城镇居民需保障30998户、83185人，月需保障金805.66万元。按应得人均月收入计算（在职职工最低工资230元，下岗职工基本生活费不得低于256元，失业人员失业救济金不得低于245元，离退休人员应得离退休金或养老保险金），全市应保障20484户、56506人，月需保障金408.05万元；按混合方法计算，全市应保障68634人，月需保障金592.3万元。经测算，全市城镇居民年需最低生活保障金1.75亿元，其中省以上单位6000万元，市属单位6172万元，县(市)区及以下单位5338万元。

2001年7月1日，新的《济南市城镇居民最低生活保障实施办法》施行，全市最低生活保障工作实现属地管理。2002年3月，在媒体公布低保申办的程序、标准和办理时限，提示符合低保条件的对象及时申请，扩大低保覆盖面。5月，对持有特困职工证的12834户职工家庭和省属834户特困职工，按实际收入计其家庭收入，将符合条件的纳入低保范围。

2003年1月，根据国务院第134次总理办公会议精神，对连续6个月以上未领取到或未足额领到工资、下岗职工基本生活费、失业保险金、养老金的人员，按实际收入计算其家庭收入，进行排查认定。4月，再次对全市困难家庭进行排查，将符合条件的全部纳入保障范围。6月，下发《关于转发济阳县成立城乡居民最低生活保障办公室的通知》，要求各县(市)区尽快完善低保管理机构。至年底，市中区、长清区、济阳县在民政局成立专门的低保机构。

2004年4月，市政府印发《关于建立和完善农村最低生活保障制度的实施意见》，对农村低保保障标准的确立原则、保障范围的划定、保障资金的负担方式及低保申办发放程序等做出明确规定。5月，商河县建立农村低保制度。至此，全市全部建立农村最低生活保障制度，3.29万人纳入农村低保范围。

2005年，市内5区城市居民最低生活保障标准提高至230元。商河县城市低保标准由月人均120元提高至150元，农村低保标准由年人均500元提高至625元；章丘市城市低保标准由月人均140元提高至180元，农村低保标准提高至年人均800元；历城区农村低保标准由年人均720元提高至840元；市中区农村低保标准提高至年人均900元。

2006年，市劳动和社会保障局制定下发《城市居民最低生活保障工作操作规程》。2007年10月，市政府制定《关于切实做好农村最低生活保障的意见》，提出建立自然增长机制，各县(市)区农村低保标准全部高于每人每年960元。11月，全市有3.1万户、6.8万人享受农村低保，月支出保障金259.2万元。

2009年4月，联合市物价局、市财政局、市统计局印发《关于实行最低生活保障标准与城镇低收入居民基本生活费用价格指数挂钩联动的通知》。2010年6月，市人力资源和社会保障局、市财政局下发《关于进一步做好城乡居民最低生活保障分类施保工作的通知》，城市每户每月加发50元，农村每户每月加发20元，将分类施保覆盖面由城市扩展到农村，补助金额大幅提高。

其间，济南市多次调整居民最低生活保障标准。至2010年，城市居民低保标准提高至360元／月，农村居民低保标准农村低保标准提高至1320元／年。

1996～2010年济南市城乡居民低保情况统计表

表16—2—1

<table>
<tr><th>时 间</th><th>城市低保标准
（元/月）</th><th>农村低保标准
（元/年）</th><th>户 数
（万户）</th><th>人 数
（万人）</th><th>保障金
（万元）</th></tr>
<tr><td>1996年7月1日</td><td>120</td><td>—</td><td>—</td><td>6.00</td><td>391</td></tr>
<tr><td>1997年1月1日</td><td>130</td><td>建立保障标准</td><td>—</td><td>18.00</td><td>1321</td></tr>
<tr><td>1998年1月1日</td><td>140</td><td>500</td><td>11.30</td><td>30.67</td><td>2126</td></tr>
<tr><td>1999年1月1日</td><td>160</td><td rowspan="2">—</td><td rowspan="2">15.33</td><td rowspan="2">41.38</td><td rowspan="2">4247</td></tr>
<tr><td>1999年7月1日</td><td>208</td></tr>
<tr><td>2000年</td><td>208</td><td>—</td><td>20.66</td><td>55.00</td><td>4906</td></tr>
<tr><td>2001年</td><td>208</td><td>—</td><td>19.49</td><td>59.43</td><td>4746</td></tr>
<tr><td>2002年</td><td>208</td><td>—</td><td>2.50</td><td>4.80</td><td>3081</td></tr>
<tr><td>2003年</td><td>208</td><td>无农村数据</td><td>2.50</td><td>6.70</td><td>5182</td></tr>
<tr><td>2004年</td><td>208</td><td>无农村数据</td><td>2.50</td><td>6.50</td><td>5345</td></tr>
<tr><td>2005年</td><td>230</td><td>—</td><td>2.60</td><td>6.80</td><td>6846</td></tr>
<tr><td>2006年</td><td>230</td><td>—</td><td>2.70</td><td>6.70</td><td>8240</td></tr>
<tr><td>2007年1月1日</td><td>260</td><td>960</td><td rowspan="2">3.10</td><td rowspan="2">6.80</td><td rowspan="2">9304</td></tr>
<tr><td>2007年5月1日</td><td>280</td><td>—</td></tr>
<tr><td>2008年1月1日</td><td>300</td><td>1080</td><td>5.90</td><td>13.40</td><td>17000</td></tr>
<tr><td>2009年1月1日</td><td>330</td><td>1200</td><td>7.00</td><td>13.40</td><td>19000</td></tr>
<tr><td>2010年1月1日</td><td>360</td><td>1320</td><td>—</td><td>—</td><td>—</td></tr>
</table>

第三节 五保供养

1986年，全市有敬老院187所，其中乡镇敬老院58所，入院老人1336人。1987年，全市有敬老院177所，其中乡镇敬老院67所，入院老人1407人，占五保总数的33.8%。

1988年，济南市区有“三无”（无劳动能力、无生活来源、无赡养人和扶养人）对象409人，其中由济南市社会福利院和街道办敬老院负责集体供养235人，其余174人分别由居委会采取居包组、组包院、院包人、定人员、定任务、定时间等措施，实行国家救济、分散供养；农村有五保对象3574人。全市有农村敬老院167所，入院老人1537人，占五保总人数的43%。其中，乡镇敬老院69所。对分散供养的五保户，各乡镇推行统一供给标准、统一筹集供养经费、统一分配和使用供养经费的办法。同年，有14所乡镇办敬老院和1所村办敬老院被山东省老龄委和山东省民政厅授予“文明敬老院”称号。

1989年，济南市社会福利院和两所街道敬老院收养孤老65人，年末在院孤老总人数218人。农村地区贯彻《济南市农村五保供给统筹暂行办法》，有97个乡镇实行五保统筹供养。年内，新建农村敬老院7所。全市有农村敬老院213所，管理服务人员555人。乡镇敬老院“以副补院”年收入36.2万元，占年供养经费的28.6%。在全省争创“五保工作先进单位、文明敬老院和敬老院优秀工作人员”活动中，长清县、平阴县被省民政厅评为敬老院建设先进单位，20所乡镇敬老院和1所村敬老院被评为文明敬老院。

1990年，新建敬老院7所，改（扩）建14所，全市敬老院213所。其中乡镇敬老院111所，入院老人2467人，占全市五保老人的43.4%。“以副补院”项目年收入45.22万元，占年供养经费的27.9%。全市有省级文明敬老院26所，87个乡镇建立五保服务或老年人服务中心，108个乡镇实行五保供养费统筹。

1991年，改（扩）建乡镇敬老院7所、村敬老院20所，新建敬老院11所，农村敬老院总数224所，入院老人3004人，入院率29.9%。五保供养社会统筹的乡镇增至110个。“以副补院”纯收入40.87万元。

1992年，全市有五保户7784户、8945人，全部由乡镇实行统筹供养。新建乡镇敬老院9所、扩建10所，新建村敬老院53所。五保集中供养率增至39.6%。

1993年，全市有五保户7714户、8876人；敬老院280所，入院集中供养4393人，集中供养率49.5%。投资482万元扩建、迁建6所乡镇敬老院；91个乡镇实行五保供养费用统筹，统筹供养人数8028人，占五保老人总数的90.45%；全年“以副补院”纯收入88.3万元。

1994年，国务院颁布《五保供养工作条例》。年底，全市有乡镇敬老院112所、村敬老院168所，集中供养五保老人4454人。全年“以副补院”纯收入106.5万元。

1995年，全市进行五保普查，确定五保对象11366人。其中，乡镇统筹供养7041人，村提留供养3611人，代耕代养714人。全年新入敬老院集中供养五保对象235人。各敬老院创收101万元。

1996年，全市有五保对象9665人。其中，集中供养4918人，集中供养率50.9%。年内新建、扩建敬老院13所，平阴镇、张夏镇、安城乡、枣园镇中心敬老院被评为山东省模范敬老院。全年院办经济收入82.1万元。

1997年，全市有五保对象8487户、9659人，其中集中供养5009人，集中供养率52%。有敬老院295所，院服务人员824名，院办经济收入440万元。投资724万元，改建、扩建敬老院10所。绣惠镇、崮山镇、刁山坡镇敬老院被评为山东省模范敬老院，全市省级文明和模范敬老院19所。

1998年，全市有五保对象9503户、11679人。敬老院249所，院服务人员858名，集中供养5148人，集中供养率44%。院办经济收入175.9万元。分散供养6531人。孙村镇、双泉乡、玫瑰镇乡镇敬老院被评为山东省模范敬老院。

1999年，全市有五保对象8772人，敬老院225所，集中供养五保对象5104人，分散供养3668人，集中供养率58.1%。在长清县试点基础上制定《济南市乡镇敬老院等级管理方案》。年底，评出济南市一级敬老院13所、二级15所、三级11所。

2000年，全市有五保对象6947户、9203人。110个乡镇中有109个建起敬老院，加上村办敬老院112所，集中供养五保对象4601人。年内集体供给金额903万元、院办经济利润用于生活补助197万元，月人均生活费199元。投资1557.5万元对39所敬老院进行改（扩）建，4所新建敬老院投入使用，并达到省一级敬老院标准，5所三级敬老院升至省二级敬老院。

2001年，全市有五保对象7069户、9520人，敬老院176所，供养五保对象4583人。年集体供养金额1068.7万元，院办经济收入518.7万元，人均月生活费128.59元。乡镇统筹散居供养2553人，村提留供养1406人，月人均供养金额分别为112.85元和76.64元。

2002年，全市有五保对象11333人，敬老院176所，集中供养五保对象4360人。年内集体供给金额1000万元，院办经济补助200万元，月人均生活费229.4元。4所敬老院达到省一级敬老院标准，5所敬老院达到省二级敬老院标准。

2003年，全市五保对象集中供养2295人，分散供养6998人。集中供养年均生活费2068元，分散供养年均生活费997元。有敬老院145所，其中省一级敬老院13所、二级敬老院12所、三级敬老院8所。投入1094万元，在历城区、章丘市、长清区、平阴县、济阳县、商河县6个县（市）区新建敬老院11所、改建敬老院9所、扩建敬老院10所。

2004年，全市有五保对象15963人，其中集中供养2804人，分散供养13159人。集中供养年均生活费2122元，分散供养年均生活费904元。完成30所乡镇敬老院的更新改造工作。天桥区桑梓店镇南郑村、小寨村和高王村进行村级敬老院建设试点，由村里出资统一建房，对分散供养的五保老人实行集中居住、自我服务。

2005年，探索五保资金筹措机制改革。章丘市、市中区、济阳县等县（市）区印发文件，明确各级财政对五保供养资金的分担比例，初步实现五保供养由集体供养向财政供养的转变。2001～2005年，全市投入资金8036万元，改造农村敬老院100所、新建40所。

2006年，全市有五保对象18328人，其中集中供养4320人，分散供养14008人。印发《济南市农村五保供养工作实施意见》，对五保供养范围、审批程序、供养内容标准、供养形式、供养资金筹集和发放等问题提出明确要求，进一步理顺五保供养渠道。

2007年，全年下拨2000万元资助敬老院建设，年内开工建设47所，其中完工31所。下拨五保供养金1006.6万元，五保对象集中和分散供养标准分别提高至每人每年2400～5000元和1400～3600元之间。12月，章丘市、平阴县被表彰为“全省敬老院建设先进单位”，历城区华山镇等6所敬老院被表彰为“全省模范五保供养服务机构”，宁继珍等7人被表彰为“全省敬老院建设先进个人”。

2008年1月，五保对象集中供养和分散供养标准分别提高至2600元和1600元。2009年1月1日起，集中供养标准由每人每年不低于2600元提高至2700元，分散供养标准由每人每年不低于1600元提高至1700元。1月，对农村五保对象每人发放100元的生活补贴，全市发放生活补贴140万元。对2008年新改扩建的21所敬老院进行检查验收，拨付2008年度第二批敬老院建设资金1000万元。

2010年1月1日起，五保集中供养标准由每人每年不低于2700元提高至2800元，分散供养标准由每人每年1700元提高至1800元。至年底，有五保老人12292人，其中集中供养9316人，分散供养2976人；乡镇敬老院79所，床位12012张，基本实现五保对象“愿进全进”目标。12月，济阳县民政局被评为全国农村五保供养工作先进单位，平阴县孔村镇敬老院被评为全国模范敬老院。

1995～2010年济南市收养性单位情况统计表

表16—2—2

年份	收养性单位（个）	职工（人）	床位（张）	收养人数（人）	
				合计	其中老人
1995	261	649	5635	4805	4163
1996	296	776	5502	4591	4569
1997	278	825	5608	5101	5002
1998	236	810	5957	5192	4751
1999	228	933	5849	4917	4842
2000	217	1128	5951	5010	4519
2001	217	1123	6199	4740	4395
2002	200	1082	6222	4583	4178
2003	199	994	5329	3858	3582
2004	100	1088	4811	3876	3599
2005	93	1180	6526	5551	5246
2006	117	1405	18375	17804	17556
2007	118	1359	14738	13703	13133
2008	97	1819	15432	13998	13488
2009	107	2050	17564	15839	15250
2010	159	2280	22591	17224	16790

第四节 送温暖活动

1987年，市财政拨付专款5万元，用于春节期间走访慰问农村敬老院、五保户和贫困户。之后，每年开展走访慰问活动。1987年，市财政拨付专款5万元，用于春节期间走访慰问农村敬老院、五保户和贫困户。之后，每年开展走访慰问活动。

1996～2000年，市财政累计拨款187.7万元，县（市）区筹集571万元用于春节前救助贫困村、特困家庭、优抚对象和敬老院等机构。1999年春节前夕，市六大班子主要领导在市民政局召开为特困职工送温暖座谈会，市属14个企业主管局领导和32名特困职工代表参加座谈。根据市政府《关于做好市属企业特困职工家庭救助工作的通知》，确定对市区256户特困职工家庭给予特别照顾。其中，向有危重病人的136户每户发放救助金5000元，向117户收入低、赡养老人多、子女上学经济负担重的困难职工家庭每户发放救助金1000元。向特困企业——济南周口莲花味精厂职工发放春节救济款50万元。

2001～2002年，市财政累计拨款256万元，县（市）区筹集854万元，救助特困家庭8140户、优抚对象3100户，以及贫困村、贫困户、敬老院等。2003年，全市拨款200万元，对1096户困难低保家庭、941户特困职工家庭进行一次性救助，发放救助金83.03万元。2004年，在城区对1778户低保困难家庭、1682户特困职工家庭、20户困难侨属、20户困难老人进行一次性救助，发放救助金141.4万元；在农村侧重对受灾地区进行走访救济。2005年，全市救助4490户，发放救助金、慰问金250万元。

2006年，开展“助千家、暖万户、向困难群众送温暖、献爱心”活动，实施困难劳模、民工等11类人员实施专项救助，发放救助金2838.4万元。2007年，发放专项救助金2676.9万元，救助困难群众4.1万人。2008年春节期间，筹集救助资金1650万元，对包括城乡低保特困家庭在内的各种困难群体，采取现金和实物救助相结合的方式进行救助，救助群众超过13万人。2009年，全市筹集送温暖救助资金2800万元，开展“万床棉被暖千家”活动，筹集棉被、棉衣3万件对各县（市）区困难群众进行救助。2010年，开展“暖心工程寒冬送暖”活动，为每处敬老院送4吨煤，35万元；走访敬老院，送去慰问金47万元；济南福彩对10处敬老院进行资助，每处2万元。春节前，全市筹集送温暖救助资金4988.6万元，通过现金救助、实物救助和走访慰问相结合的方式，救助城乡低保特困家庭、特困低保边缘家庭、困难优抚对象、城市三无对象、农村五保对象等79260户。

第五节 专项救助

2002年8月，市政府印发《济南市最低生活保障对象救助暂行规定》，在医疗、教育、就业、用水、用气等方面对低保对象实行全方位社会救助。11月，确定山大第二附属医院为首家低保对象定点医院。2003年、2004年，分别为低保对象减免医疗费2.6万元和3.9万元。

2003年9月，会同物价、财政、工会等部门联合下发《关于向困难居民家庭给予水价补贴的通知》，全年为7.45万户（次）低保家庭发放水价补贴37.23万元。2004年，为22.7万户（次）城市低保家庭发放水价补贴113.7万元。

2004年，探索建立解决城乡特困群众家庭困难的长效机制，并在历下区进行针对低保家庭的医疗、教育、住房“三项救助”试点工作，规定低保对象患有重大疾病发生的医疗费用，可以得到15%～25%的救助；低保家庭子女上学，按照每学年学费的40%～60%进行救助；对低保家庭中的无房户，按照使用面积12平方米的标准，给予每户每月每平方米2.9元的补贴。在章丘市和平阴县开展农村医疗救助试点工作，通过政府制定大病医疗救助政策，政府列支资金资助农村低保对象、五保对象、困难优抚对象参加新型农村合作医疗，并对大病患者给予不同程度的救助，初步解决农村特困群众“看病难”的问题。

2005年3月，制定《济南市城镇最低收入家庭廉租住房管理办法》，低保家庭人均住房使用面积低于6平方米以下的，可以享受租金补贴和租金核减等保障政策。全市核准低保家庭享受廉租房1435户，发放住房补贴345万元。11月，市民政局、市卫生局、市财政局联合印发《关于全面建立实施农村医疗救助的意见》，在全市建立实施农村医疗救助制度，解决困难家庭“看病难”问题。2006年，印发《关于建立城市医疗救助制度的通知》。全年实施城市医疗救助7398人（次），发放救助金308.7万元；农村大病救助1956人，发放救助金385.2万元。资助34911人加入新型农村合作医疗，发放救助金90.6万元。2007年，城镇医疗救助8088人，发放救助金258.89万元；低保家庭水价补贴113.3万元；肉价补贴486.6万元；农村医疗救助35275人，发放救助金241.7万元，其中51万元用于资助33208人参加新型农村合作医疗。制定《济南市城市低收入家庭认定办法（试行）》，初步认定1764户、5098人。

2008 年，开展分类施保制度。对城市低保对象中的老、幼、病、残等特殊困难家庭在已核定补助额的基础上，每人每月加发 10 元低保金。累计保障 3.3 万户次、7.65 万人（次），发放补助金 76.5 万元。为农村低保对象发放食品价格补贴，全市累计支出食品价格补贴 2481.82 万元。为城乡低保对象发放油电价格补贴。对城乡低保对象中的大病患者按照一定比例实施医疗救助，救助 7601 人(次)，支出医疗救助金 587 万元。联合市房管局、市劳动局、市地税局、市工商局、市公安局制定《济南市城市低收入家庭认定办法(试行)》。

2009 年 1 月，为城乡困难群众发放中央财政一次性生活补贴，城市低保对象发放 888 万元，农村低保对象发放 665 万元。12 月，对城市低保家庭按照每户 330 元的标准发放冬季取暖补贴，全市发放 841 万元。全年发放水价补贴 110 万元，发放分类施保金 93 万元。城镇医疗救助 4795 人，发放救助金 511 万元；农村医疗救助 38024 人，发放救助金 576 万元，其中资助新型农村合作医疗救助 33396 人，救助金额 42 万元。10 月，按照每人 2000 元的标准为 211 名全日制本科大学新生发放救助金，发放 42.2 万元。

2010 年 5 月，与市财政局联合下发《关于切实做好城乡低保家庭高等教育新生入学救助工作的通知》，每人一次性救助不低于 4000 元，全年救助大学新生 343 人，发放 136.8 万元；与市财政局联合下发《关于建立城乡居民临时救助制度的通知》，对因遭受意外事故、自然灾害、重大疾病等造成家庭生活特别困难的城乡居民家庭给予 1000 ～ 10000 元的临时救助，向 606 户城乡困难家庭发放临时救助金 168.8 万元。研究制定城乡一体的医疗救助制度，健全资助参保参合、大病医疗救助、常见病门诊救助和定点医疗机构减免相结合的医疗救助模式，并逐步扩大救助范围。对 5507 名城乡低保对象进行医疗救助，下拨救助金 3434.3 万元。

第六节 救助管理

1986 年，济南市收容接收、遣送外流人员 2730 人。1988 年，收容接收、遣送外流人员 2354 人。其中，本市收容 1519 人，外省、市站转来 835 人。1989 年，收容遣送外流人员 2449 人。其中，本市收容 1034 人，外省、市站转来 1415 人。1986 ～ 1998 年，共收容遣送外流人员 31882 人(次)。

1986 ～ 1998 年济南市收容、遣送外流人员情况表

表 16—2—3

年 份	合计（人）	年 份	合计（人）
1986	2730	1993	1143
1987	2972	1994	1161
1988	2354	1995	1768
1989	2449	1996	2089
1990	1952	1997	5207
1991	2228	1998	5116
1992	713	合 计	31882

1999 年，收容外流人员 15113 人，其中外出打工不成滞留济南的 13431 人，占收容总人数的 88.9%；遣送返回原籍 15072 人。

2000 年，市收容遣送站实行遣送安置程序化管理，收容外流人员 27979 人（次）。其中，上访人员 314 人(次)，被拐卖妇女 197 人(次)，被拐卖儿童 19 人(次)，外流人员 27449 人(次)。按流出地区分：省内的 15673 人（次），外省籍的 11758 人(次)，地址不明确的 18 人(次)；按外流人员性别分：男 22163 人（次），女 5286 人（次）；按外流人员年龄分：老年 670 人（次），青壮年 26454 人（次），少年儿童 325 人（次）。流出原因：当地乞讨谋生的 289 人（次），乞讨生财的 676 人(次)，精神障碍的 76 人(次)，婚姻家庭纠纷的 55 人（次），逃学学生 4 人（次），好逸恶劳者 14 人(次)，丢失钱物的 33 人(次)，经商破落的8人(次),投亲不遇的88人(次),外出打工无合法证件的25737人(次),嫖客、暗娼280人(次),犯罪嫌疑人39人(次),其他150人(次)。为将外流人员安全及时遣送回原籍,妥善安置,收容遣送站发电报940封,打电话、寻呼16380次。寻根明籍后,来人领回17322人(次),公费自走217人(次),自费返家7024人(次),遣送回原籍627人(次),返回原籍率99%。

2001年,收容外流人员26658人(次),遣送24844人(次)。2002年,收容外流人员8039人(次)。其中,上访人员355人(次);被拐卖妇女4人(次),外流人员7680人(次)。按流出地区分:省内的6021人(次),外省籍的1974人(次),地址不明的44人(次);按外流人员性别分:男6296人(次),女1743人(次)。按外流人员年龄分:老年人210人(次),青壮年7596人(次),少年儿童233人(次)。按流出原因分:当地乞讨谋生的157人(次),乞讨生财的415人(次),精神障碍的53人(次),婚姻家庭纠纷的42人(次),逃学学生2人(次),好逸恶劳者26人(次),丢失钱物的29人(次),经商不善的77人(次),投亲不遇的41人(次),外出打工无合法证件务工不成的6675人(次),嫖客、暗娼66人(次),犯罪嫌疑94人(次),其他1人(次)。来人领回4390人(次),自费返家1916人(次),遣送回原籍26人(次),返回原籍率99%。

2003年8月1日,根据国务院第381号令,山东省济南收容遣送站改为济南市救助管理站。全年接待救助5510人(次),实施救助4777人(次),其中男性3715人(次)、女性1062人(次)。按年龄分:少年儿童181人(次)、青壮年4236人(次)、老人360人(次)。救助危重病人28人(次)、精神障碍75人(次)、肢体残疾人员19人(次);外省地1809人(次),无地址不详人员35人(次);有乞讨行为的662人(次);提供食物的182人(次),提供食宿的914人(次),提供医疗救助的1人,提供返乡车票的1244人(次),返乡现金的43人(次),既提供车票、又提供现金的19人(次)。

2004年,接待求助人员23650人(次),全面救助4586人(次)。2005年,新建1800平方米的综合救助楼,成立流浪儿童救助中心,在市区主干道设立救助引导牌16块,制发救助服务宣传卡2200份,设立24小时热线电话和24小时应急救助服务队伍。成立流动救助站,配备流动救助车,先后开展巡回救助活动16次,应急救助96次,特殊救助61次,社会互动救助30次,区外合作救助87次,为38名寻家难的流浪乞讨人员找到家庭。制定《关于无民事行为能力流浪乞讨人员救助安置问题的意见》,理顺无民事行为能力流浪乞讨人员的安置渠道;对不主动求助的流浪乞讨人员,开展以"送温暖和送政策"为主要内容的"双送"救助安置,对符合救助条件的流浪乞讨人员进行劝导,并及时救助安置。全年接待来访和求助人员2.11万人(次),实施救助5860余人(次)。

2006年,市救助管理站投入近40万元购置巡回救助专用车2辆,集广播宣传、饮食保障和应急救助于一体,定期开展巡回救助,为长期流浪在城市街头、不愿到救助站内接受救助的流浪乞讨人员提供临时性基本生活保障。7月,制定《关于规范城市生活无着的流浪乞讨危重病人救治工作意见》。10月20日,市民政局、市公安局、市卫生局等启动流浪乞讨危重病人救助联动,对患有重大疾病的流浪人员提供保护性救助安置。与市公安局文保支队联合,在市救助管理站成立全省首家"救助警务室"。全年救助流浪乞讨人员5100人(次)。

2007年,接待求助人员近万人(次),实施救助5620人(次),其中未成年人760人(次);巡回应急救助580人(次),危重病人560人(次),护送老、弱、病、残、小670人(次)。投资300万元,建设济南市流浪未成年人基本技能培训基地。建立健全站内救助与主动巡回救助、提供生活保障与开展技能培养相结合的救助服务体系，边建边训，救助服务网络体系建设走在全国前列。

2008年，接待求助11870人（次），常年特护救助52人（次），应急巡回救助96次870人（次），救助危重病人670人（次）。援川救助110人（次），技能培训78人（次）。制定《关于加强城市生活无着的流浪乞讨人员救助管理工作的意见》。市救助管理站被民政部表彰为“2008年奥运会、残奥会举办期间救助管理工作先进单位”。

2009年，接待求助12860人（次）。投资65万元购置巡回救助车辆4台。制定《关于进一步加强城市街头流浪乞讨人员救助管理和流浪未成年人解救保护工作的意见》，开通流浪乞讨人员咨询电话（8008606115），全年集中开展重点救助整治27次，救助7250人（次），其中流浪乞讨病人810人（次）、未成年人1080人（次）。

2010年，接待求助10032人（次）。全年出动巡回救助车辆120余台（次），行驶里程1万千米以上，救助2126人（次）。12345市民热线转接案件29起，办结29起。

第七节 三峡移民安置

2001年8月，济南市接收忠县移民208户、837人，随迁10人，分别安置在章丘、历城、长清、平阴4个县（市）区的20个乡镇、47个村。

2003年3月，济南市政府第三次市长办公会议决定，移民工作由市经济技术协作办公室交市民政局牵头负责。4月29日，全市三峡库区移民安置工作会议召开，总结三峡库区移民安置工作的成绩和经验，安排部署新增移民安置任务。5月，组织人员对拟安置乡镇、村的

2004年到济南的三峡移民

土地、领导班子、安置区环境容量、群众基础等情况进行详细调查，初步确定移民安置点。6月16日，制订《济南市接收三峡工程重庆库区开县农村外迁移民安置方案》。8月4日～6日，重庆市开县人民政府考察团对济南市移民安置点进行详细考察，后根据考察团的意见对部分安置点进行调整。8月下旬，赴重庆开县库区考察移民外迁工作，与开县政府进行对接，对拟安置到济南市的三峡库区开县镇安镇10个村、107户、476人的移民资格进行复核。9月15日～17日，开县移民户主代表到济南市考察对接，确定建房地址、房屋形式和建房方式及移民承包土地的面积、地点，有91户、405人签订建房委托协议书。11月28日，在章丘市召开全市移民建房工作座谈会，对移民建房工作进行安排部署。2004年，全市接收安置移民406人、89户。其中，符合安置条件的397人，随迁9人，为移民建房89户、90套，总面积10074.4平方米。

2005年9月20日，召开全市三峡移民工作先进表彰会，平阴县被评为山东省三峡库区移民安置工作先进单位。2006年4月，召开全市三峡移民稳定工作会，对移民进行核查登记，开展提高种、养殖技术和生产就业能力等“三项帮扶”活动。2007年，为移民开设银行专用账户，发放后期扶持资金。

第二章 社会福利

第一节 养老服务

2001 年，根据民政部《关于“星光计划”启动工作的安排意见》，市民政局成立“社区老年福利服务星光计划”领导小组，启动“星光计划”，利用福彩公益金资助发展“星光老年之家”。之后 3 年间，全市建“星光老年之家”145 处，总建筑面积 6.6 万平方米，投入社会福利资金 9251 万元。

2005 年 3 月 15 日，民政部下发《关于开展养老服务社会化示范活动的通知》；4 月 12 日，省民政厅下发《关于转发民函〔2005〕48 号开展养老服务社会化示范活动的通知》；11 月 22 日，济南市召开星光老年之家管理暨养老服务社会化示范活动启动工作会议，确定推荐市中区为省示范试点单位，历下区为市示范试点单位。同时，印发《济南市星光老年之家管理办法》《济南市养老服务机构管理暂行规定》《济南市关于开展养老服务社会化示范活动的意见》。至年底，全市有老年公寓 37 家、床位 2640 张，其中公办 4 家，集体所有 14 家，民办 19 家。

2007 年年初，市民政局下发《关于积极推进养老服务社会化的意见》，明确依托全市 145 处“星光老年之家”改扩建日托养老站，每张床位给予 2000 元补贴。至 2009 年 2 月，城区内建成 19 家，有床位 695 张。

2008 年，市政府办公厅印发《关于加快发展养老服务业的意见》，为发展济南市养老服务业制定总体纲要，同时明确发展养老服务的优惠政策。市民政局、市财政局联合制定《济南市居家养老服务工作实施意见》，确定在市内 5 区 7 个街道试点居家养老，街道成立居家养老服务中心，社区成立养老服务站，通过政府购买服务的方式为社区老人提供无偿、低偿和有偿服务。开通“贴心一键通”居家养老服务体系，定位为老人的“电子保姆”，至 2010 年累计安装 5000 余部，挽救 80 余位老人的生命，提供各项服务 7000 余次。

2009 年年初，全市有老年公寓 54 家，床位 5561 张，入住率 56%。4 月，召开济南市居家养老服务工作会议。打造“情暖夕阳居家养老”服务品牌，将试点范围扩大到市内 5 区 52 个街道，基本实现城市居家养老全覆盖，逐步建立起以居家养老为基础、社区养老为依托、机构养老为补充的养老服务社会化格局。

2010 年，重新修订《济南市居家养老服务工作实施意见》，在全市所有街道推开居家养老工作。条件是：年满 70 周岁，享受低保待遇的“三无”孤老；年满 70 周岁，省（市）级以上劳模、重点优抚对象且子女无力承担赡养义务的老年人；年满 70 周岁，月收入低于上年度最低工资标准的独居或仅与残疾子女生活的老年人；年满 60 周岁，日常生活需要介助（半护理）或介护（全护理）的困难“二无”（无子女、无劳动能力）老年人；年满 70 周岁，日常生活需要介助或介护的独生子女家庭的困难老年人；家庭有特殊困难的，经县（市）区级民政部门委托的评估机构认可，可适当放宽条件。符合上述条件的老年人每月由政府购买 20 个小时的送时服务，每小时 9 元。

第二节 孤儿保障

1994 年年初，中国红十字会名誉会长、国家主席江泽民发出“全社会都来关心孤儿成长”

的号召，济南市各界掀起扶残助孤活动热潮。4月18日，济南军区106医院率先对市社会福利院15岁的孤残儿童福军红进行义务手术治疗，投入医疗费2.3万余元，使其恢复正常行走功能。5月19日，济南市中心医院、第五人民医院、儿童医院、妇幼保健院、中心血站对6名孤残儿童进行康复治疗。

2006年，市社会福利院投入福彩公益金125万余元，实施“明天计划”，救治残疾孤儿120名，覆盖率、成功率、康复率均为100%。开展孤残儿童家庭寄养工作，有90名孤残儿童进入历城区唐王镇纸坊村孤残儿童家庭寄养基地。探索市区内寄养模式，有6名孤残儿实现家庭助养。开展“接孤儿回家过年”“福娃军训”“福家女出嫁”等活动。2007年，“明天计划”实施手术60例，手术对象扩展到城乡低保家庭及8023部队退役人员的先天性残疾子女，累计为162名孤残儿童实施手术。对全市城乡孤儿进行普查，确定城乡孤儿776人。

2010年，市民政局、市财政局共同印发《关于建立孤儿福利保障制度的意见》。自1月1日起，对散居社会的孤儿，按每人每月600元标准进行保障；对机构集中养育的孤儿，按每人每月1000元标准，由福利机构进行保障。同时，建立保障标准自然增长机制，与当地经济发展水平实行同比例、同时间自然增长。同年12月，济南市儿童福利院组建成立，为济南市县处级儿童福利机构。至年底，全市有社会散居孤儿537人，年度发放保障金323.28万元（不含商河县），按照市、县（市）区财政5:5的标准共同负担，市财政实际下拨经费161.64万元。

第三节 福彩发行

1990年8月1日，济南市社会福利有奖募捐委员会成立，下设办公室（简称募捐办），设在市民政局，负责全市福利彩票发行工作。2001年，成立济南市福利彩票发行管理中心，行使对全市福利彩票发行工作的政策指导和业务管理职能，为县级自收自支事业单位。2003年，市福利彩票发行管理中心获中国福利彩票发行中心颁发的“全国先进单位”称号。2004年12月30日，市福利彩票发行管理中心更名为市福利彩票发行中心。2000～2010年，销售福利彩票49.43亿元，筹集彩票公益金15.61亿元。

一、彩票销售

2000年前，主要销售传统“即开型”彩票，通过开设临时市场、集中销售大奖组和实物兑奖的方式发行。1992年开始，济南大奖组即开票销售实现较快增长。1993年和1995年，分别创下单点销售1300万元和1600万元的全国最高纪录。1998年9月底，在济南革命烈士陵园北广场和济南动物园东门广场，同时设点组织销售福利彩票大奖组，共销售彩票2800余万元，创济南市单期销售最高水平。

2000年5月1日，“齐鲁风采”电脑福利彩票上市，游戏玩法为30选7一种。2001年12月24日，增加“36选7”玩法。2002年7月10日，增加“23选5”玩法。2004年3月12日，加入全国“双色球”联销。2005年1月1日，增加3D玩法。公民个人投资兴办的电脑投注站在福利彩票中心的管理下运行经营，2005年全市有电脑投注站785家。

2005年年初，济南被确定为全省中福在线即开型彩票销售试点城市。4月，济南第一家中福在线即开型彩票明珠园销售厅开业，视频彩票作为尝试，首次在中福在线即开型彩票销售大厅亮相。8月，济南第二个中福在线即开型彩票销售厅经六路销售厅开业。至2010年，全市开通销售厅8处。

2007年10月，“刮刮乐”网点即开型彩票上市销售。2009年4月，开通“齐鲁风采群英会”游戏。2010年，济南市各类福利彩票销售首次突破8亿元大关。其中，中福在线彩票和“刮刮乐”彩票年销量均超过1亿元。“刮刮乐”网点即开型彩票销售首次被中国福利彩票发行中心评为全国亿元城市。

2000～2010年济南市福利彩票发行情况统计表

表16—2—4　　单位：亿元

年 份	销售额	公益金	年 份	销售额	公益金
2000	1.16	0.41	2006	5.00	1.53
2001	2.53	0.86	2007	7.22	1.98
2002	3.02	1.04	2008	4.78	1.52
2003	3.55	1.23	2009	6.09	1.95
2004	3.43	1.18	2010	8.24	2.39
2005	4.41	1.52	合 计	49.43	15.61

二、福彩救助活动

至2010年，利用福彩公益金开展的重点项目有：投入9251万元建成“星光老年之家”145处，投入9000余万元建设济南市儿童福利院，投入1400万元改造农村敬老院101处，投入1316万元用于残疾人康复、聋哑学校教育、福利企业技术改造、孤独症培训中心建设，投入3400万元建成社会福利院综合大楼及家庭寄养基地，投入2623万元用于建设社区图书室、社区老年福利服务站、“老干部之家”等扶老设施，投入部分资金用于妇女儿童活动中心和少年宫建设等。同时，为全市近2000人创造就业和再就业机会。

第四节 福利院所

一、济南市社会福利院

位于济南市经十路22892号，占地面积2万平方米，建筑面积12510平方米，是国家举办的集福利救济、养老助残、医疗护理、康复娱乐为一体的综合性福利机构。

1993年10月，被评为山东省三级社会福利院。1996年10月，通过省二级福利院达标升级。1998年10月，通过省一级福利院达标验收。1995年6月，“三无”老人搬迁到西郊新福利院。同时，对老院进行改造，设立老年公寓，建立高标准单人间，基础设施条件得到改善，老年公寓收养代养老人120余人。2002年3月26日，福利院建制级别由科级升格为县处级。2004年9月21日，实施第一名残疾孤儿康复手术。至2010年年底，有278名残疾孤儿受益。2005年起，逐步实现由收容收养向医疗护理、收养、代养、康复娱乐型的综合服务转变，由救济型向社会福利型转变。2009年，打造“亲亲妈妈·爱心家园”服务品牌，为儿童、老人提供亲情化服务。2010年10月13日，市社会福利院儿童部独立，成立济南市儿童福利院。至2010年年底，市社会福利院有床位550张，收养530余人。

孤残儿童家庭寄养和涉外送养。2004年年初，市社会福利院开始在长清区、平阴县、济阳县、历城区进行调研选点，最后确定历城区唐王镇纸坊村为孤残儿童家庭寄养基地，并开展孤残儿童寄养家庭的筛选，开始试寄养。8月18日，首个孤残儿童家庭寄养基地揭牌。至2007年，有96个孩子进入46个家庭寄养。1992年开始开展涉外送养工作，至2010年年底，有125名孩子被美国、加拿大、新西兰等30余个国家收养。

供养标准。1986 年 7 月，每人每月医疗费提高至 4 元。90 年代，每人每月伙食费由 48 元提高至 110 元，服装费由 7 元提高至 25 元，零用金由 4 元提高至 15 元，医疗费由 15 元提高至 45 元，杂支费由 4 元提高至 8 元。进入 2000 年后，生活费逐步提高至每人每月 690 元，收养人员的全部费用均由国家预算开支。

二、济南市精神病院

位于济南西郊腊山脚下，占地 5.13 万平方米，院内建筑面积 1.37 万平方米，是民政部门在济南市开办的唯一收治“三无”对象和复退军人精神病人的社会福利性的精神专科二级医疗单位，承担济南、聊城和德州 3 个市复退军人精神残疾医疗鉴定及救治流浪乞讨精神病人工作；同时，面向社会提供医疗服务。

1984 年年底开始，进行全面规划建设工作。至 1989 年，3 座建筑面积共 4548 平方米的庭院式病房楼竣工，同时完成 1170 平方米的餐厅、厨房及附属设施。1994 年 12 月 8 日，被命名为“济南市精神卫生康复中心”，成为全市精神卫生康复基地。1995 年，有 500 毫安 X 光机、多功能脑电地形检测分析、全自动血细胞分析、氦氖激光治疗仪等大型医疗仪器 10 余台。1999 年始，进行康复音乐治疗，逐步走出一条以中西药物结合治疗、心理治疗为主，工娱体疗和音乐治疗为辅的精神科康复路子。2002 年 3 月 16 日，医院建制级别由科级升格为县处级。2003 年 6 月 17 日，医院新办公区启用；10 月 14 日，被确定为济南市医疗保险定点医疗机构。2004 年 11 月 3 日，被命名为济南市精神病治疗康复中心。2005 年 5 月，投资 500 万元、建筑面积3398平方米的门诊综合楼竣工；11 月 11 日，被确定为济南市精神残疾评鉴定点医院。同年 11 月底，建筑面积 800 平方米的康复中心改造竣工并投入使用，内设音乐治疗室、作业治疗室、物理治疗室、艺术行为治疗室和运动治疗室，建成药物治疗、心理治疗、综合康复治疗于一体的生理、心理、社会治疗整体康复体系。2007 年 11 月 12 日，总面积 2300 平方米的康复运动场建成启用。至 2010 年，有床位 300 张，工作人员 149 人。

第五节 福利企业

1985 年，全市有城乡社会福利企业 49 家，安置残疾职工 3184 人，年产值 1984.9 万元，实现利润 246.6 万元。2008 年，全市有社会福利企业 110 家，职工 4464 人，安置残疾人 2037 人。其中济南拔丝镀锌厂、济南电器厂、济南电缆厂、济南社会福利厂 4 家福利企业隶属市民政局，均为自收自支事业单位，职工总人数 1452 人。

一、济南拔丝镀锌厂

该厂前身为成立于 1958 年的槐荫区社会福利拔丝镀锌厂，位于纬十二路 463 号。1962 年更名为济南盲聋哑拔丝镀锌厂。1978 年，迁到槐荫区水泥厂路 24 号。1983 年更名为济南拔丝镀锌厂。1986 年，生产能力达到年产各种规格镀锌钢丝 6000 吨，各种型号的弹簧 450 万件，工业总产值 560 万元，固定资产总值 454 万元；有职工 550 人，其中盲人职工 33 人，聋哑职工 251 人，其他残疾职工 7 人，残疾职工占全厂职工总数的 54.3%。1987 年后，企业效益连年下滑，工厂陷入半停产状态。1999 年，根据市政府“腾笼换业”要求，拔丝镀锌厂由市区水泥厂路 24 号迁至槐荫区大饮马村北，占地面积 4.47 万平方米。2007 年 7 月，停止镀锌铁丝生产，转产水泥包装袋。2007 年，有职工 213 人，其中残疾职工 110 人，占 51.6%。

二、济南电器厂、济南电缆厂

济南电器厂成立于 1965 年，位于历下区舜井街 23 号，编制职工 200 名，其中残疾职工 82

名。原归属历下区管理，1981年，经市政府批准，隶属市民政局。1988年，在原电器厂基础上，分出部分人员在梁庄果园成立济南电器二厂，编制人数185人，在职工人173人，其中残疾工人58人。由于残疾人员多，主要从事低压电器的机械加工，产品单一，市场竞争能力较差。1989年7月，由市民政局投资45万元，帮助济南电器二厂试生产通信电缆。同年，济南电器二厂更名为济南电缆厂。1993年，济南电缆厂产值362万元。1997年3月，济南电缆厂全面停产，职工全部回家待业。厂里成立临时工作小组，主要负责做好职工的稳定工作。至2005年年底，职工总数236人，其中退休107人，残疾职工69人。职工待遇由市民政局筹集资金为职工发放生活补贴。

三、济南市社会福利厂

该厂前身为成立于1976年10月的济南市聋哑人骨灰盒厂，主要生产骨灰盒等丧葬用品。1979年5月改名为济南市社会福利厂，机构设置为正科级，经营类型为自收自支，有职工125人，其中残疾职工40人。1999年5月，由市中区建设路99号迁至天桥区无影山路5区21号。由于残疾职工多、设备陈旧、人员年龄偏大、文化技术水平较低等原因，产品不能适应市场需求，2003年7月停产。

第六节 慈善募集与支出

1999年7月，济南慈善总会第一届二次理事会闭幕之际，向慈善总会全体会员和全市各行各业发出倡议：在济南市党政机关、企事业单位和全市人民中开展“慈心一日捐”（每个人捐出一天的收入，单位捐出一天的利润）活动。此后每年4～5月间，均开展一次“慈心一日捐”活动。2004年前，每年募集善款额在100万～200万元之间；2005～2010年，分别募集善款117万元、642万元、646万元、1209.3万元、990.4万元和1003.3万元。

2010年，市慈善总会向西南干旱灾区募集善款20万元；向玉树灾区募集赈灾款（物）912.6万元，其中募集善款514.4万元，物品398.2万元；向舟曲灾区募集善款40.1万元。募集款物全部拨付灾区。同年8月，济南慈善总会与市政府12345市民服务热线联动，开通12345慈善救助热线。社会各界人士可通过热线捐款捐物奉献爱心，需要援助的困难家庭也可通过热线求助。与市民服务热线联动打造慈善募捐救助平台的做法，在全国属首创。

1997～2010年，全市各级慈善组织累计募集善款12808.74万元，捐赠支出8297.18万元，救助困难群众98万人(次)。

1998～2010年济南慈善总会善款收支统计表

表16—2—5　　单位：万元

年 份	募集收入	捐赠支出	年 份	募集收入	捐赠支出
1998	505.25	282.15	2005	933.84	413.51
1999	343.19	52.20	2006	838.52	753.66
2000	415.34	57.67	2007	1503.56	1014.80
2001	434.27	43.22	2008	2080.99	1926.31
2002	936.65	332.07	2009	1749.02	1141.22
2003	189.47	122.22	2010	2225.98	1776.71
2004	652.66	381.44	合 计	12808.74	8297.18

第七节 救助活动

“慈善助学”活动 1997年起，济南慈善总会开展“慈善助学”活动，每年新学期、新学年开学前，都组织开展慈善助学活动，发放慈善助学金。对贫困地区办学困难的学校，协调有关部门募集善款、争取境外资金，为新建和改建学校提供支持。2002年，分两次向大、中、小特困学生累计发放助学金33.96万元。2003年，救助贫困学生855名，支出救助金48.6万元。2004～2010年，分别支出善款98.7万元、132万元、169.3万元、234.8万元、80.9万元、93.1万元和152万元。1997～2010年，兴建“慈善学校”23所，帮助4115名贫困学子重返课堂。

“人人献爱心，帮助特困家庭过好年”活动 1997年起，济南慈善总会连续开展“人人献爱心，帮助特困家庭过好年”活动，使每个特困家庭能够过一个温馨的佳节。1998年，支出28万元，救助全市1800户特困家庭。特困家庭每户可免费领取25公斤面粉、5公斤花生油、5公斤放心肉。2010年，首次在腊月二十三小年这一天，邀请全市450名贫困户代表参加慈善午宴，同吃小年饭、共享慈善情。1997～2010年，支出善款861.5万元，救助特困家庭37715户(次)。

1998～2010年“人人献爱心，帮助特困家庭过好年”活动救助情况表

表16-2-6

年 份	支出款额（万元）	救助户数	年 份	支出款额（万元）	救助户数
1998	28	1800	2005	88	4400
1999	28	1800	2006	100.5	5025
2000	20	1300	2007	80	4000
2001	20	1580	2008	120	4000
2002	20	1000	2009	120	4000
2003	20	1200	2010	180	6000
2004	37	1610	合 计	861.5	37715

爱心助残工程 2000年，启动“爱心助残”工程，帮助市社会福利院和全市特教小学改善办学条件，对特困、残疾、孤儿、弱智学童实施慈善救助。2003～2010年，分别支出善款30万元、27万元、30万元、17.5万元、37.6万元、54万元、32万元和32万元。

夕阳扶老工程 2000年，启动“夕阳扶老”工程，帮助济南老年人服务机构改善配套设施和生活环境，并救助贫困老人。至2010年，支出善款380万元。2004年，争取省慈善总会专项资金31万元，启动章丘市、长清区、平阴县

2008年，济南市民政干部定期走访结对子帮扶联系点，为困难群众致富出谋划策

“夕阳扶老”工程，改善孤寡老人的居住条件和

生活质量。2006年，支出善款76万元，开展“夕阳扶老”工程。其中，支出善款26万元，先后为平阴、章丘4所敬老院改善生活设施条件；支出善款50万元，资助平阴老年慈善公寓建设。2007～2010年，分别支出善款79万元、95万元、58.9万元和79万元。2010年重阳节之际，购买50英寸彩电102台，送到全市城乡102所老年公寓和敬老院。

微笑列车工程 2001年10月10日，组织全市唇、腭裂患者接受“微笑列车”免费矫治服务，累计186名符合手术条件的患者实施手术，为患者家属节约费用86万元。2003年、2004年，分别为34名、35名贫困唇腭裂患者实施免费手术。2006年，配合省慈善总会开展“爱心复明”和“微笑列车”工程，救助185名白内障患者和56名唇腭裂患者。

“每周救助一户特困家庭”活动 2002～2005年，市慈善总会与《生活日报》联合开展“每周救助一户特困家庭”活动，通过媒体入户走访特困家庭，动员社会力量参与定向救助，每户特困家庭可一次性领取救助金500元。2006年开始，将该活动纳入日常性救助，至2010年支出善款102.95万元，对906户（次）特困家庭进行一次性慈善救助。

2002～2010年济南慈善总会“日常性救助”工作统计表

表16—2—7

年 份	支出救助款（万元）	救助户数	年 份	支出救助款（万元）	救助户数
2002	1.45	29	2007	11.50	130
2003	4.22	55	2008	13.46	95
2004	10.58	124	2009	14.90	92
2005	15.25	177	2010	21.90	91
2006	9.69	113	合 计	102.95	906

爱心慈善超市 2004年1月15日，成立“济南市社会捐助中心”和“爱心慈善超市”，用于居民家庭中闲置不用的物品和单位积压、库存、罚没物品的捐赠，为实施再救助提供支持。市慈善总会将大部分捐赠物品转赠特困家庭，剩余部分通过“爱心慈善超市”变现为救助资金。困难群众可凭救助证在慈善超市领取每人每月20元的救助物品，将逢年过节“送温暖”活动变成对特困群体的经常性救助。之后，10个县（市）区慈善组织全部建起“慈善超市”。2005年9月23日，省慈善总会在济南召开全省慈善超市建设工作现场会，对济南“爱心慈善超市”做法给予高度评价。至2010年，“济南市社会捐助中心”和“爱心慈善超市”捐赠物资折现收入898.7万元，支出626.3万元。

吃水工程 2004年起，实施“吃水工程”，帮助干旱地区贫困群众解决人畜吃水困难。至2009年，出资415万元，资助贫困地区打井83眼。

2004年7月24日，济南慈善总会资助的第一眼慈善井顺利出水

2004～2009年"吃水工程"开展情况统计表

表 16—2—8

年 份	支出善款（万元）	打 井（眼）	年 份	支出善款（万元）	打 井（眼）
2004	105	21	2008	10	2
2005	105	21	2009	50	10
2006	70	14	合 计	415	83
2007	75	15			

"科技扶贫"项目 2005年，开展"科技扶贫"项目，支出14万元帮助长清区万德镇贾庄村80户农村特困家庭引进优质品种小尾寒羊饲养。2006年，支出善款10万元，与章丘有机农产品协会实施"慈善科技帮扶工程"，帮助156名贫困户、伤残复员军人科技脱贫。2007年，支出善款3万元，在农村贫困地区开展科技扶贫。2008年，支出善款10万元，资助历城区仲宫镇刘庄村实施"八里峪慈善科技扶贫项目"。

"雪中送炭"救助项目 2005年起，启动"雪中送炭"慈善救助品牌项目，每年冬季拿出部分善款，为贫困群众赠送"爱心煤"。至2010年，支出善款211.03万元，救助特困家庭5733户(次)。

2005～2010年"雪中送炭"慈善救助开展情况统计表

表 16—2—9

年 份	支出善款（万元）	救助户数	年 份	支出善款（万元）	救助户数
2005	25.00	686	2009	51.80	1180
2006	17.63	588	2010	60.00	1200
2007	27.70	1066	合 计	211.03	5733
2008	28.90	1113			

康复助医工程 2006年，支出善款75.6万元，开展"康复助医工程"。其中，支出善款10万元，与济南市清华医院开展"清华医院慈善公益救助工程"，救助全市330名贫困群众；支出善款10万元，通过济南慈善总会、市卫生局、市民政局联合成立的济南慈善医院，救助首批100名困难群众；支出善款23万元，分别资助济南市精神病院15.4万元、济南启声学校5万元、济南培心源儿童康复中心2万元、长清区孝里慈善幼儿园0.6万元；支出善款32.6万元，救助全市42名大病患者。2007年，支出善款272万元。其中，支出善款15.7万元，开展"白内障复明"项目，救助贫困患者157名；支出善款236.3万元，救助大病患者1515名；支出善款20万元，开展"医疗救助"项目，救助贫困群众800名。2009年，争取国外慈善机构为济南慈善医院捐赠医疗器械；支出善款300万元，帮助白内障患者复明、实施大病救助项目，救助患者1800名。2010年，支出善款39万元，救助白内障患者71名和大病患者90名。

其他救助活动 2007年"7·18"特大暴雨灾情发生后，市慈善总会拿出139.8万元款物开展抗洪救灾活动。

2009年始，市慈善总会在济南监狱成立慈善工作站，对特困服刑人员及其家庭开展"慈心撒播爱，善行唤新生”特别救助活动。活动每两年开展一次。当年支出善款7.5万元，救助65户特困服刑人员家庭及164名特困服刑人员。

2010年12月，开展关爱女性健康“重大疾病”救助行动——让困难家庭有一个完整的家活动。中华慈善总会在全国开展“中华妇女保健中心”援助项目。市慈善总会争取中华慈善总会支持，援助济南市开展“中慈妇女保健”项目，向济南市捐赠妇女“两癌”筛查医疗设备4套；美国索诺声电脑成像彩色超声系统仪器11件，合计价值2020.6万元。

第三章 基层政权和社区建设

第一节 基层政权建设

1987年6月，市民政局增设基层政权建设处。同年，民政部门参与指导全市乡镇政府依法换届选举，新选出正副乡镇长255人，平均每个乡镇3.8职；全市2796个村委会进行改选。

1988年6月，《中华人民共和国村民委员会组织法(试行)》公布。规定村民委员会(简称村委会)是村民自我管理、自我教育、自我服务的基层群众性自治组织。村委会由主任、副主任、委员3～7人组成，任期3年，下设人民调解、治安保卫、公共卫生、计划生育等委员会和村民小组。同年，济南市提出贯彻意见，并选择14个村进行试点。

1990年，组织开展第三届村民委员会换届选举。同年，开展模范乡镇、模范村(居)委会评选表彰活动，评选出模范乡镇9个，模范村(居)38个。

1991年，在全市开展县、乡镇、村自治示范活动，年内重点在章丘、平阴两个自治示范县，17个自治示范乡镇，556个自治示范村开展。章丘县埠村镇埠西村《村民自治章程》在《乡镇论坛》杂志全文发表，章丘县实行村级经济、社会、组织“三位一体”规范化管理经验在全市推广。1992年8月底，中共中央组织部、司法部、民政部、中央政策研究室在章丘召开全国依法治村、民主管理经验交流会，推广章丘“依法建制、以制治村、民主管理”经验。年内有37个乡镇、1380个村开展示范活动，分别占乡镇、村总数的33.3%和29.2%。至1993年，全市各村普遍建立村民会议和村民代表会议制度，村民会议每年召开2次，村民代表会议每季度召开1次，92%的村制定村民自治章程，85%以上的村制定干部任期目标。

1993年，组织开展第四届村委会换届选举。全市4748个村委会新选出的村委会干部年龄由上届的46岁下降至40.5岁，初中以上文化占75%，党员占52%，村民参选率94%。1996年，组织开展第五届村委会换届选举工作。按照民主选举、直接选举、差额选举“三项原则”和程序、选票、表格、验收、发证、建档“六个统一”办法，村民参选率95%以上，4571个村完成换届选举，选出村委会干部17127人。

1997年，市政府办公厅转发市民政局《关于进一步建立和完善村民代表议事会的报告》，提出加强以村务公开为主要内容的基层民主政治建设，普遍建立村民代表议事会制度、财务公开制度、村民自治章程等。

1998年11月4日，《中华人民共和国村民委员会组织法》颁布。同年，章丘市和济阳县开展第六届村委会换届选举试点工作。1999年，组织开展第六届村委会换届选举，这是村民委员会组织法颁布后的首次直接选举，全市

4718个村完成直接换届选举，参选率93%以上。2000年，全市村委会普遍建立健全民主选举、民主管理、民主决策、民主监督“四个民主”制度。

2001年，开展“争创村民自治先进乡镇、先进村委会和模范村委会主任”活动，促进基层民主政治制度的规范和落实。全市80%的乡镇、100%的村建立政务公开栏、村务公开栏和规范制度，22个单位、22名个人被省民政厅表彰为山东省基层政权建设先进集体、先进个人。章丘市、平阴县、历城区在全省村民自治经验交流会上介绍经验。

2002年，组织开展第七届村委会换届选举，全市4520个村委会完成换届选举，占总村数的97.02%，参选率97%。选出村委会主任4394名，委员15008名，其中党员占67.2%，妇女委员占17.7%。村委会成员中，高中以上文化的占46%，大专以上文化的占4.8%。建立完善以《村民自治章程》《村规民约》为主要内容的民主管理制度，以村民会议和村民代表会议为主要内容的民主决策制度，以村务公开、民主理财、民主评议村干部为主要内容的民主监督制度。2003年10月24日，市民政局、市委组织部在章丘联合召开全市村民自治表彰暨经验交流现场会，推广章丘市村务公开和政务公开经验。同年，章丘市被表彰为全国村民自治模范市，平阴县被表彰为全省村民自治模范县。

2004年年底至2005年6月，组织开展第八届村委会换届选举。全市4627个村委会有4582个村委会完成换届选举，换届成功率99.9%。村“两委”成员总职数16479人；高中以上文化程度的占57%，大专以上文化程度的占11.3%；45岁以下的占58%，35岁以下的占22.8%。

2005年8月10日～11日，山东省委、省政府在章丘市召开全省村务公开、民主管理工作经验交流会，推广章丘市“三级联动，整体推进，全面深化完善村务公开民主管理工作”经验。2006年，市村务公开协调领导小组在全市组织开展村务公开民主管理示范创建活动，印发《济南市村务公开民主管理示范乡镇、示范村创建标准》，提出力争通过三年时间，使全市三分之二以上的乡镇、村达到市示范标准要求。

2007年7月，济南市社区建设领导小组制定《关于在全市开展农村社区建设试点工作的实施意见》，确定254个试点村。历城区、章丘市被确定为全国农村社区建设实验县（市、区）。9月，市委办公厅、市政府办公厅印发《关于搞好村“两委”换届选举的意见》，全市有换届任务的4681个行政村（居委会），完成4642个，完成率99.17%。“两委”干部中，高中以上文化程度的9847人，大专以上文化程度的1675人，分别占总数的54.6%和9.29%；45岁以下10895人；“双高双强”干部13723人，占总数的76.09%；妇女干部数量比上届增加1727人。

2008年4月开始，济南市同步组织开展社区党组织和第七届社区居委会换届选举工作，至5月底基本完成。全市老城区385个社区中有215个展开合并调整，调整范围占城区社区总数的55.8%，涉及社区居民219533户，50余万人。在此次合并调整中新纳入社区管理的居民190479户，其中纳入破产企业无人管理的单位宿舍18443户、棚户区改造新增居民19903户、市区散建居民楼居民89887户、村改居社区自行开发商品楼居民6262户、连片开发新建居民小区居民55984户。此次社区规模合并调整，是近十年内济南市社区管辖范围进行的第三次变更（每个社区2001年由500户调整至1000户左右，2004年由1000户调整至1500户以上）。全市老城区撤销8个居委会（其中历下区4个、天桥区4个），重新组建8个居委会（历下区4个、天桥区4个），同时在市内五区连片开发的居民小区新建21个社区居民委员会。同年，章丘市被评为全国村务公开民主管理示范市。

2009年，全市开展村务公开民主管理示范创建活动。9月，市政府在章丘市召开全市村务公开民主管理示范创建活动现场会。2010年10月，在济阳县召开济阳县推行“立体互动机制”

提升村务公开民主管理水平研讨会，推广济阳经验，进一步深化村务公开民主管理，推进村务公开民主管理工作规范化、制度化、科学化。

第二节 社区建设

1986年，市区增设街道7个，新增居委会52个。

1987年，全市566个居委会全部作调整和充实。同年7月，根据《中华人民共和国宪法》《居民委员会组织条例》和国发〔1987〕56号文件精神，市委、市政府制定《关于加强居民委员会建设的意见》，对居民委员会的性质、主要任务、干部来源、经费、待遇等问题进行明确。下半年，根据全国部分城市社区服务座谈会精神，开展以建立完善老年人、残疾人、青少年和优抚对象等8个服务网络为主要内容的城市社区服务工作。

1988年1月，制定《关于进一步加强城市街道居民委员会工作的报告》，对居委会管辖范围作适当调整，一般以每个居委会500户左右为宜；改革企业职工宿舍区管理，企业单位的家属委员会在工作上接受所在街道的统一指导，家属委员会改为居委会后，工作上由所在街道领导，其人财物仍由企业负担的渠道不变；加强干部队伍建设，对居委会干部因故缺额的，按照民主选举的办法及时补充。多渠道解决居委会办公用房，新建居民小区居委会办公用房纳入基建规划。在区、县民政局增设基层政权建设办事机构和工作人员，在街道增设居民工作科或办公室。同年，市区有607个居(家)委会。至年底，市、区政府和街道分别成立社会保障委员会。

1989年6月～9月，市民政局在槐荫区进行深化社区服务试点工作，同时历下、市中、天桥区分别选择1～2个街道进行试点。试点主要任务是进一步摸清社区服务网络组织的现状、现有服务设施和服务项目、社区群众的各类需求等情况，强化组织协调机构建设，扩大服务项目，开展服务活动。全市筹资122.3万元，新建服务设施179处，新增服务项目284个。区、街道、居三级建立社区服务组织协调机构674个，社区服务系列化街道97个。全市有社区服务中心45个、社区服务基金会19个、居民家政学校220个、家务劳动服务站237个，各类便民利民服务网点2262处、心理咨询辅导站14个。10月，全国城市街道办事处体制改革第五次研讨会在历下区召开，历下区东关街道改革经验得到推广。同年，市民政局、市委组织部联合下发《济南市城市街道办事处主任岗位职务规范》；全市新调整居委会干部222人，年龄结构和文化素质都有较大提高。

1990年，开展居委会组织法试点工作，槐荫区振兴街第八居委会、第三居委会，市中区杆石桥新市区居委会和历下区泉城路安乐街居委会成为济南市首批民主选举产生的居委会。至1991年，全市649个居（家）委会，直接民主选举换届的有336个，占总数的51.77%，居委会班子职数平均6职，正、副主任3职，平均年龄由58.2岁下降至53.1岁，党员占居委会干部总数的34.6%，初中以上文化程度的占61%。同年，全省贯彻实施居委会组织法试点工作座谈会在济南市召开，总结推广槐荫区的试点经验。

1992年，市民政局下发《关于开展居民自治示范活动的意见》，把发展居办经济和第三产业作为居民自治活动的重要内容，并在振兴街、东关、四里村、天桥东街4个街道的20个居委会进行试点。至年底，有66个居委会开展居民自治示范活动。1995年11月22日，在全国首次村民自治示范工作经验交流暨城乡基层先进集体和先进个人表彰会上，章丘市获“全国村民自治模范市”称号，天桥区北园镇、历下区东关街道分获“中国乡镇之星”“中国街道之星”称号，槐荫区振兴街八居获“全国模范居委会”称号。

1993年，《济南市社区服务若干规定》颁布，是全国第一个有关社区服务的地方性法规。同年，市委、市政府印发《关于进一步加强居委会建设的意见》，在全省和全国地级市中率先提出居办经济由各级民政部门负责指导和管理。全年居办经济产值22162万元，实现利润2058万元。12月，市委、市政府制定《济南市城市社区服务三年(1993～1995)发展规划》。1994年，市内4区相继成立居办经济领导小组及办公室，历下区被确定为全省第一个居办经济示范区。1996年，以政府令形式发布《〈济南市发展社区服务若干规定〉实施细则》，成立全市社区服务工作协调领导小组。在全省率先实行社区服务认证制度。

1997年，济南市规定每年由市财政增拨60万元，用于提高居委会干部待遇。制定《济南市科普文明街居标准》，全市表彰科普文明街道24个，科普文明居委会159个。同年，制定《社区卫生服务实施意见》，全国社区卫生服务工作现场会在济南市召开，充分肯定济南市社区卫生服务工作。

1998年，调整社区居委会规模，全市居委会由670个调整为364个。市政府下发《关于进一步加强小城镇和新建住宅小区居委会建设的通知》《建立社区服务认证制度，加强行业管理的暂行规定》《关于下岗职工再就业税收优惠政策的通知》。深入开展"争创下岗职工全就业居委会"活动，以街居为依托发展社区服务，增加社区服务设施951处，安排下岗职工9000余人。天桥区被评为全国社区服务示范区。

2000年5月，济南市成立由市委主要领导任组长、27个部门为成员单位的社区建设领导小组。6月，召开全市社区建设工作会议，制定《济南市关于加强城市社区建设的意见》，确定社区建设的主要措施：五区近郊乡镇和县、市驻地逐步把乡镇改为街道，村委会改为居委会，实现由农村管理向城市管理方式的转变；建立居民代表会议制度，居民代表由辖区内的人大代表、政协委员以及社会知名人士组成；继续发展社区服务。此次会议召开标志着全市社区建设全面启动。11月，召开全市社区建设座谈会，推广历下区司里街街道建立社区事务中心的经验。同年，教育部确定历下区为全国首批社区教育实验区，在济南市召开全国社区教育实验工作研讨会。

2001年，把社区建设纳入全市国民经济和社会发展十五规划。2月，印发《将居委会改建为社区居委会的通知》《社区居民委员会工作规范》，在全市成立487个社区居委会，建立起政府依法行政与社区依法自治的互动机制。4月3日，全国社区建设实验区工作会议在济南召开。11月，规定社区居委会专职干部的月补贴标准为500元，建立与事业单位干部工资同步提高的自然增长机制，资金来源按4∶3∶3的比例由市、区、街道三级承担。同年，制定关于全面开展社区消防建设工作的实施意见，建立全国首家志愿者消防服务机构——永安志愿者消防站。

2002年，开展争创社区建设示范街道、示范社区居委会活动，制定《全市社区建设示范街道、示范社区检查验收标准》，确定司里街等11个街道、佛山苑等21个社区为全市社区建设示范街道、示范社区。3月，全市有4个街道、13个社区被评为全省社区建设示范单位。9月，在吉林省四平市召开的全国城市社区建设现场会议上，济南市被命名为全国社区建设示范市，历下、市中、槐荫、天桥被命名为首批"全国社区建设示范区"。同年，市民政局被民政部、建设部、国家工商总局和团中央评为"全国青年文明社区创建活动"先进组织单位。

2003年，试点社区直选工作，济南市成为全省第一个进行社区居委会直选的城市。全市80%的社区居委会办公用房达到60平方米，社区服务用房达到100平方米。同年，田宝明等5名社区工作者被表彰为全国优秀社区工作者，2个志愿者团体被表彰为全国优秀社区志愿者先进单位，7名社区志愿者被表彰为全国优秀社区志愿者先进个人。市财政筹措资金135万元，为全市社区居委会配备微机247台。

2003年7月，市机构编制委员会下发《关于组建街道社区服务机构的通知》，明确街道社区服务中心为副处级事业单位，隶属街道办事处管理，业务上接受上级有关部门指导；人员编制按其辖区人口规模分别配事业编制8～10人，列全额预算管理，所需经费按市、区财政确定的比例分担。2004年，在历下区千佛山街道和市中区杆石桥街道开展整合规范街道社区服务中心试点工作，对街道社区服务中心进行规范整合，实现街道社会事务受理中心、劳动保障服务中心和社区服务中心合并统一。8月26日，在历下区召开全市街道社区服务中心建设工作会议，推广两个街道的做法。

2004年1月，在全市开展"满意在社区"活动，通过居民评议社区、社区评议部门，促进政府部门转变作风、重心下移，为社区解决实际困难。9月22日，印发《关于开展创建特色社区活动的意见》，探索特色社区创建机制，培育社区特色，打造社区品牌。同年，在有换届任务的历下、槐荫、天桥和高新区组织开展第六届社区居委会换届选举工作。至10月底，全市有换届任务的201个社区中，完成换届选举195个，其中直选的138个，直选率超过71%；平均参选率超过92.5%。选出居委会成员964人，平均年龄39岁，比上届下降4岁；大专以上文化程度449人，比上届提高19%。济南市成为全省、全国率先大面积推开社区居委会直选的城市。结合换届选举，按照每个社区3000户左右的标准调整社区规模，全市社区居委会由487个调整为406个。同年，《求是》杂志第10期以《民主、服务、稳定——济南市提升城市社区建设水平的调查》为题，介绍济南市社区建设工作。

2004年2月23日，在槐荫区青年公园街道举行全市创建"平安社区"活动启动仪式，印发《关于在全市开展创建"平安社区"活动的实施意见》，提出"用两年的时间，使90%以上的社区达到平安社区的标准"目标，济南市成为全省第一个启动平安社区建设的城市。12月，市"平安社区"评审领导小组对申报社区进行抽查，考核包括组织领导、队伍建设、创建内容、制度建设、协作共创5大项22小项内容。2005年1月、2006年1月，分两批对历下区大明湖街道舜井街社区等348个"平安社区"进行通报表彰，全市"平安社区"占城区社区总数（380个）的91.6%，基本完成创建"平安社区"活动目标任务。

2004～2006年，组织开展全国万家社区图书室援建及万家社区读书活动，分三批完成：第一批、第二批分别为100个社区配备价值46万元的图书2.6万余册；第三批向受援社区发放图书130余套，价值60万元。

2005年5月25日，在槐荫区召开全市创建和谐社区工作会议，全面启动和谐社区创建工作。济南市社区建设领导小组办公室印发《关于在全市开展创建和谐社区活动的意见》，制定《济南市社区建设领导小组部分成员单位2005年创建和谐社区工作重点》，明确市直33个部门在创建和谐社区工作中的目标和重点任务。7月，与《济南时报》联合主办"我最喜爱的和谐社区"评选，收到投票38633票，裕园社区等10个社区被评为"济南市民最喜爱的和谐社区"。同年，与济南市文明办、《山东商报》联合举办"我身边的和谐社区"评选，佛山苑等10个社区当选。选择10个各具特色的优秀社区，与济南电视台联合摄制10集纪录片《和谐社区印象》。首届全国社区服务发展论坛在济南召开，历下区被命名为全国首批社区服务创建和谐社区示范区，8个街道、5个街道社区服务中心、18个社区被表彰为全国社区服务示范街道、优秀社区服务中心和先进社区。同年，联合市财政局印发《关于提高社区居委会专职工作者补贴标准的通知》，将社区居委会专职工作者补贴标准由每月500元提高至800元。投入500万元扶持41个社区、6个街道社区服务中心新建服务用房近3

万平方米。与市委宣传部、市文化局联合开展“社区文化年”活动。4～9月，共组织290余场演出、4351个节目，其中社区新创作节目近200个，参加表演的社区居民21750人（次），70余万市民观看演出。

2006年年初，面向社会开展社区标志征集评选活动，收到全国25个省、市、自治区，67个城市的应征稿件366件，经过初评、专家和居委会主任评审、市民网上投票等程序最终确定全市统一的社区标志。7月，在历下区燕山街道燕山社区举行社区标志启用仪式。全市400余个社区统一悬挂社区标志。在全市范围内统一社区标志，在全国是第一家。同时，深入开展创建和谐社区示范活动，制定“和谐社区”示范活动创建标准，评出10个示范街道、30个示范社区。9月21日，省政府在济南召开全省社区工作会议，济南市历下、市中、槐荫、天桥4个区和10个街道、13个社区被表彰为全省和谐社区建设示范单位。《中国民政》第11期以《和谐社区建设：济南市典型经验聚焦》为题介绍济南市和谐社区建设经验。3月23日～29日，市民政局与济南大学联合举办全市社区居委会主任培训班，对全市400名社区居委会主任和52个街道办事处社会事务科科长进行培训。7月，利用社会捐赠形式，向全市400个社区居委会发放工作用自行车428辆，总价值10余万元。11月，利用福彩资金资助，向全市社区捐赠社区娱乐用品400余套，总价值15万元。同年，全市投资500万元新扩建社区办公用房50处，总面积15450平方米。历下区佛山苑社区被评为全国商业示范社区，槐荫区青年公园街道被世界卫生组织社区安全促进中心命名为中国大陆首个安全社区。

2006年12月初至2007年1月底，开展全市社区工作大调研活动，成立由两位副市长任组长，由市委组织部、市委农办、市人事局等9个部门为成员的全市社区工作联合调研组，对6个区、30个街道、30个社区进行为期2个月的调研，全面掌握济南市社区工作的开展需求和急需解决的基本问题。

2007年7月11日，市委、市政府召开全市社区建设工作会议，印发《关于进一步加强社区建设的意见》，并以市社区建设领导小组名义下发《关于在全市开展农村社区建设试点工作的实施意见》。提出以建设和谐社区为目标，创新基层社会管理体制，发展社区公共服务，加强社区基层设施建设，深化社区居民自治，完善社区服务功能，努力建设“居民自治、管理有序、服务完善、治安良好、环境优美、文明祥和”的新型社区。全市社区居委会成员生活补贴由过去市、区、街三级按4∶3∶3比例，每个社区解决3职，每人每月800元，改为市、区两级财政按5∶5比例分担，每人每月1586元，并从当年1月1日起补发；城区社区居委会工作经费达到每千户1万元，由市、区政府按5∶5比例分担。投入福彩资金500万元，完成第三批扶持50个老城区社区办公服务用房新建、改建工作。7月，印发《济南市社区居民自治工作规范》，对居务公开、民主管理、民主决策、民主监督、居民自治章程等制度作进一步规范。11月12日～15日，全国和谐社区建设指导标准及测评体系修改座谈会在济南召开，来自全国24个省、市的40余名代表参加会议。12月，全省社区工作经验交流会在济南召开，推广济南市社区工作经验。

2008年，市社区建设领导小组办公室下发《关于印发〈济南市打造“社区十分钟生活服务圈”指导标准〉的通知》，进一步推动全市和谐社区建设，规范社区居委会服务工作，拓展社区服务领域，探索社区服务新途径、新办法。与市委组织部、市妇联、市劳动和社会保障局、市财政局、市文化局、山东商报社等联合，广泛开展第三届和谐社区评选活动，对“充分就业和谐社区”进行表彰，推广天桥区在和谐社区建设方面的经验。6月16日～18日，全国政协副主席孙家正带领全国政协视察团视察济南市“和

2008年，在全市掀起"社区十分钟生活服务圈"创建动员

谐社区建设"工作，对"和谐社区建设"工作给予充分肯定。

2009年4月，"贴心一键通"服务系统正式运行，邀请演员濮存昕担任项目义务宣传员。该项目是由市民政局出资建设，依托现代信息技术和社会服务资源，向全市老人提供紧急救助及日常服务的公益性助老项目。至2010年年底，在线服务用户4000户，紧急救助老人254例，提供各类生活、咨询服务1.6万余次。6月19日，召开全市推进"贴心民政进社区"工作大会，推进和谐社区建设。市社区建设领导小组办公室印发《济南市城区精品社区打造标准》，首批30个精品社区验收达标。市级投入500万元改造社区办公服务用房。历下、市中2个区，历下区甸柳新村街道、市中区舜玉路街道、槐荫区振兴街街道、天桥区工人新村南村街道、历下区燕山街道5个街道，历下区文化东路街道中创开元山庄社区、市中区四里村街道信义庄社区、历下区甸柳街道第一社区、天桥区工人新村北村街道毕家洼西区社区、槐荫区振兴街街道德兴社区、历下区燕山街道燕子山小区社区6个社区获民政部表彰。

2010年5月21日，在天桥区召开全市推行"五位一体"社区管理模式现场推进会，推广天桥区"五位一体"管理服务模式经验。该管理模式通过建立新的社会治理和社区整合机制，把社区党组织、居委会、服务站、业委会以及物业服务企业有效衔接在一起，实现社区为业主和居民服务功能的最大化，在解决封闭式小区管理服务上进行了有益探索。7月30日，在章丘市召开农村社区建设暨村委会换届筹备工作交流会，进一步落实山东省委、省政府《关于推进农村社区建设的意见》要求，扎实推进农村社区建设。同年，整理《济南市社区十分钟生活服务圈集萃》，对7个县（市）区，158个社区的服务半径、服务居民数量、服务项目及联系人电话、社区志愿服务情况、市场类服务项目及联系方式等进行系统梳理。市民政局联合市文明办下发《关于启动济南市邻里节活动的实施意见》，在全市范围开展"邻里节"活动。

第四章 双拥 优抚与安置

第一节 拥军优属

一、实事活动

天桥区北园镇洋涓村村民秦秀珍自20世纪70年代起，坚持深入部队营区为官兵做好事、办实事，被官兵称为"兵妈妈"。1986年，驻军某"双大功团"到工商河施工，秦秀珍买了50余公斤馒头，用三轮车送到工地。战士肖忠阳的母亲到济南治病，秦秀珍和家人主动陪护半个多月。1988年，秦秀珍被民政部和解放军总政治部表彰为"拥军优属先进个人"。

1991年，省、市财政拨款668万元，妥善解决驻军与大金庄村久拖不决的土地纠纷问题。1994年，济南军区陆军学院迁至济南，训练场需要扩大，近百名随军家属子女需要就业入学，交通不便问题也很突出。济南市为学院建成一处菜市场，开通一路班车，修建一条8千米的道路，累计投资200余万元。同时，免除城区单位公共设施配套收费120万元。10月，济南市和槐荫区出资60万元整修腊山北路，使附近7家驻军单位受益。12月，天桥区桑梓店乡军地213.3公顷土地经过勘测、埋界桩后，划归部队使用，解决20余年的历史遗留问题。1995年，济南市属五区五县和有关部门，为驻军部队整修、硬化道路130余千米，赠送慰问品价值90余万元，提供菜地15公顷，安置随军家属150余名，解决军人子女入学入托1156名，帮助军人牵线搭桥结成婚姻383对，帮助军人解决住房269处，减免各种税费500余万元，培训驻军两用人才4000余名。

1996年6月，槐荫区张庄办事处等单位集资380万元，修建一条长1.5千米、宽21米的“双拥路”。1997年，历下区姚家镇先后为部队解决训练场地3600平方米，为改善部队营房和配套设施先后投资数十万元。平阴县拨出600余万元专款，拆迁沿街的房屋，拓宽振兴大街至55094部队的黄河路，方便官兵出行。济阳县为县中队建立占地6667平方米的双拥基地和冬暖式蔬菜大棚。1998年5月，市政府投资400万元，为驻军某坦克训练基地铺设自来水管道。同年，妥善解决军区第一通讯总站与历城区兴隆庄、北郊林场与济军农场、市中区七贤镇与济空某师、华山镇与军区技术三局等12件历史遗留问题。8月，三株集团向济南军区抗洪抢险部队捐赠价值300万元的三株口服液。9月，山东航空公司将一架国产运七飞机赠送给济南军区空军。

1999年7月，济南市实施“五个一”拥军工程，即为“英雄顽强岱固连”等20个基层连队各配备一个流动书橱、一台电视机、一台洗衣机、一台电冰箱、一台电脑，投入资金100万元。6～7月，中央军委在章丘市举行“联合－99”反空袭军事演习。其间，章丘市组织驻地群众腾房200余间，提供良田20余公顷，各级党政领导多次慰问演习部队，赠送慰问品价值超过20万元。10月，济南市慰问团前往青岛参加海军第一驱逐舰支队组建45周年庆祝活动，赠送“金杯”面包车1辆。

2000年1月，省、市两级政府向驻济南部队赠送10辆流动图书车及部分图书、电视和微机300余台，总价值320余万元。济南市热电公司为济南军区政治部减免供热建设资金550万元。3～4月，部队在济南境内铺设光缆约86千米，涉及4个县（市）区的10个乡镇、40个自然村。4个县（市）区筹资20万元，用于补贴群众、慰问施工部队。市交通局、市节水办、槐荫区、天桥区等单位投资9400余万元，为驻军进行生活设施维护。市公安局为423户、797人办理随军落户手续。2002年5月，济南市出资1000万元购买水泥、钢材等建筑材料，并减免各种配套费1000万元，支援济南军区“221”工程建设。2003年，市财政全年投入双拥经费2044万元。为驻军划拨用地32.7公顷，为驻军单位评估土地面积2.8万平方米，绿化营房庭院1.6万平方米，支援各种花卉苗木2万余株。槐荫区段店村出资150万元为驻军某防化团修建一条拥军路。“非典”疫情发生后，济南市与历下区、天桥区走访慰问奔赴北京抗击“非典”一线的济南军区33名医护人员亲属，每户赠送慰问金1000元。驻军106医院被指定为抗击“非典”定点医院后，地方捐赠病房改造资金10万元。2004年10月，济南市慰问团走访慰问“济南舰”全体官兵，赠送慰问金10万元和价值20万元的越野车1辆。2005年，市财政投入双拥资金4110万元。其中，用于退役士兵自谋职业一次性补助费810万元，用于在乡复员军人生活补助费325万元，安排部队官兵一次性抚恤金460万元。8月，中俄两军在山东半岛及附近海域举行“和平使命－2005”联合军事演习。济南市向其赠送价值360余万元的慰问金和慰问品。市双拥办、市中区委被山东省委、省政府表彰为“中俄联合军事演习拥军支前先进单位”。

2006年，全市为驻军3条进出道路进行规划建设，接待部队官兵免费游览公园20余万人（次)。历下区成立全省第一家军营科普大学，建立完善11处拥军书库。9月，被民政部表彰为“全国援建军营图书室”活动先进区。市中区建立拥军育才基地。历城区修建双拥训练场。槐荫区为驻区部队建设排忧解难，筹资200余万元修建部队进出道路，为原陆军学院协调解决2.67公顷土地用于部队营建，并为部队减免各种建筑规费170余万元。平阴县解决驻军供暖和供水问题。济阳县新建消防中队办公楼和拥军蔬菜基地。加强人防工程建设，完成经十一路西段人防工程的同时，分别建设槐荫广场、市中区大众广场、洪楼广场和奥体中心4处人防工程，总工程量20万平方米。市交通局结合全市交通基础设施建设，加强战备道路规划建设，先后对省军区发信台、军区通信站四营等3条道路进行设计施工，总投资688.4万元，至年底全部建成通车。2007年，市财政拿出100万元支持武警山东总队新建作战指挥中心建设。济南供电公司把电力拥军作为“彩虹工程”的重要内容，在省武警总队直属支队搬迁过程中，安装变压器3台、铺设电缆1000余米，并拨款400余万元用于省武警总队用电增容。全市向驻军24个传统走访单位赠送慰问金1800万元。协调解决军地土地纠纷问题1件。开展

2008年，军地迎春座谈会

走访慰问“济联应急-2007”实兵演习和第三批赴苏丹维和部队官兵活动。

2009年6月，解放军历史上首次战区级联合战役训练在济南战区展开。6月28日，市委、市政府领导走访慰问济南战区联合指挥部等，赠送慰问金60万元。7月28日，市领导到济南军区、济南军区空军、省军区和武警山东总队等驻济南部队机关走访慰问，赠送慰问金700万元。

二、宣传教育

1987年8月，槐荫区与陆军学院四大队首次在全市挂牌建立“槐荫区少年军校”，培训学员740余人。1991年5月，“槐荫区国防教育基地”拓展社会服务面，每年接受教育人数近万人(次)。1992年4月，济南市委、市政府与济南驻军联合召开首次济南市双拥工作理论研讨会，交流理论文章40余篇。1993年4月，组织全市万名群众举行纪念双拥运动50周年活动。在各主要街道和繁华地段悬挂标语100余条，1000余个宣传队、秧歌队上街宣传双拥工作。《济南日报》举办征文比赛，刊登征文130余篇。1994年5月，全市层层举行纪念《中华人民共和国兵役法》颁布10周年集会。11月，5000余名干部群众在黑虎泉西路等设立宣传站、咨询站，宣传国防教育知识。1995年7月，中央级新闻单位采访团一行10人，到济南市采访支持部队“争创先进连队，争当优秀士兵”活动情况，并到市中区七贤镇后龙村，对省级“百姓优秀士兵家庭”范广亮家进行采访。1996年4月，市政府授予都昌林等28名驻济南官兵为济南市荣誉市民。1997年8月，济南市“军爱民、民拥军”事迹报告团到县(市)区作巡回报告，历时20天，军地听众2万余人(次)。

1998年5月，全国人大、国务院、中央军委在安徽亳州召开纪念《中华人民共和国国防法》施行一周年经验交流会，济南市在会上作经验介绍。8月，山东电视台举办歌颂济南双

拥工作的综合性文艺晚会，对全市双拥典型进行宣传，“济南第一团”“济南第二团”“济南第一连”“济南舰”等4个功勋单位都派代表出席。12月，“济南市争创全国双拥模范城‘四连冠’图片回顾展”开展，集中反映泉城军民在争创全国双拥模范城活动中取得的突出成绩。1999年5月，全省科技拥军现场会在济南召开，市中区逐步建立完善拥军工作“五大体系”①，形成全区有机联动、资源共享、齐抓共管的良好局面，得到与会各级军地领导的高度评价。

2002年2月，中央各大新闻媒体全文播发长篇通讯《感天动地慈母情》，报道济南“兵妈妈”齐亚珍的先进事迹。1996年起，齐亚珍先后认领22名失去亲人或家境困难的战士为“兵儿子”，献出无私母爱。2001年，她带领全家为身患绝症的战士蒋友清捐献骨髓，在洛阳、重庆、石家庄等地掀起“爱心救助大行动”。《济南时报》连续发表96篇独家报道。“八一”前夕，齐亚珍和平阴县军属戴秀兰被授予全省“十佳兵妈妈”称号。

2006年，全市有拥军“国防教育基地”89处，有较高规格的双拥宣传牌匾262块。广泛开展以“弘扬长征精神，共筑钢铁长城”为主题的纪念红军长征胜利70周年系列活动。山东省、济南军区暨济南市联合举办“春满齐鲁，盛世欢歌”大型军民联欢晚会。市妇联、市民政局、济南警备区政治部联合开展济南市“十佳好军嫂”“十佳兵妈妈”评比表彰活动。济南市推荐的好军嫂黄桂梅被省妇联、省民政厅、省军区政治部授予省“十佳好军嫂”称号。在《中华人民共和国国防法》颁布实施5周年之际，市委宣传部、济南警备区政治部、市双拥办共同组织对军转安置工作经验和拥军爱民先进典型的宣传。《光明日报》《经济日报》《解放军报》等9大报社报道山东福胶集团党委书记周广森情系官兵30年的感人事迹。8月10日，《新华社内参国内动态》第2654期刊发《济南对军转干部实行“阳光安置”》报道，省委书记张高丽做了批示。

2007年，济南市开展丰富多彩的纪念建军80周年活动，市双拥办与市委宣传部共同制订《全市双拥共建集中宣传工作方案》，在《济南日报》等5家新闻媒体开辟专版、专栏，对章丘市、72959部队等10个先进典型事迹进行宣传。其中，新华社驻济南军区支社社长张玉清采写的《章丘市抓双拥促和谐做到“军人无难事、处处有亲人”》一文，在4月14日新华社内参刊登。5月29日，省委办公厅、省政府办公厅转发章丘市“完善长效工作机制，促进军地和谐发展”的经验。8月2日，济南市和济南军区在舜耕山庄举行庆祝建军80周年座谈会，济南军区司令员范长龙、政委刘冬冬等出席；济南军区、山东省暨济南市在英雄山烈士陵园革命烈士纪念塔举行祭奠革命英烈活动。济南市职业学校主管护师李翠兰当选省“十佳好军嫂”。

2008年，市委常委召开专题会议，研究部署开展济南解放60周年系列庆祝活动。活动期间，市委、市政府组成慰问团，分别到福建漳州、河北邢台慰问济南战役功臣部队“济南第一团”和“济南第二团”，分别赠送慰问金20万元。

2009年12月17日，全省双拥工作社会化现场经验交流会在济南召开，推广济南市“党委领导、政府搭台、部门联动、社会唱戏”的社会化拥军经验做法，济南市在会上作典型发言，济南市历下区燕山街道等9家单位被评为全省双拥工作社会化示范单位。2010年2月9日晚，山东省、济南军区暨济南市举行2010年山东军民春节联欢晚会。省委、省政府，济南军区，济南市党政军主要负责人以及各界代表2000余

①五大体系：以民政、商业等部门牵头的优抚保障体系；以组织、人事、建委等牵头的安置服务体系；以宣传、文化、教育等牵头的国防教育宣教体系；以科、经、计、农委牵头的军地两用培训体系；以区委、区政府两办牵头的拥军协调体系。

人参加。

至2010年，全市有国防教育基地90余处。其中，济南市投资3000余万元兴建的济南战役纪念馆成为全国爱国主义教育基地和全国首批100个“红色旅游”经典景区之一。市中区投资5000余万元建立综合性国防教育基地，每年除保障全区民兵预备役人员正常训练外，还接待省、市区党政机关、企事业单位、学校人员进行军事训练和国防教育。

三、政策落实

1986年，历城区委、区政府制定关于优待驻军的十项政策，统一为驻军官兵配发历城驻军优待证。1988年，天桥区委、区政府注重调动和利用社会力量开展拥军优属工作，走出一条由点到面、横向连成片、纵向一条龙的新路子，被民政部和解放军总政治部表彰为“拥军优属先进区”。

1991年10月，市政府印发《关于加强军政军民团结支持济南驻军建设若干问题的规定》。12月，山东省第七届人民代表大会常务委员会第二十五次会议批准《济南市国防教育若干规定》。1992年3月，市委、市政府将济南市创建双拥模范城领导小组更名为济南市双拥共建工作领导小组。1993年，在全市开展命名表彰义务兵好母亲、军人好妻子活动，当年表彰天桥区法庭庭长李民等军人好妻子10名、长清县孝里镇村民赵长菊等义务兵好母亲10名。同年，章丘市制定《关于优待烈属、军属、伤残、复员、退军军人的规定》《帮三老奔小康规划》《义务兵奖励办法》等。1995年7月，制定《济南市军警民共建社会主义精神文明活动管理条例》和《济南市授予驻济部队官兵荣誉市民称号的规定》。1996年,制定《济南市拥军优属若干规定》。1997年8月，制定《济南市双拥模范单位命名管理办法》。

1998年5月～7月，市委、市政府两次召开全市安置随军家属工作会议，指令性安置随军家属近500人。中央军委《情况反映》刊登这一消息。1999年开始，执行军人子女中考加5分政策，当年有304名军人子女享受中考加分。至2010年，共为4000余名军人子女办理加分手续。2000年8月，市双拥办制定《关于发放驻济部队营级以下军官救助金和随军家属补助金的实施意见》，明确发放条件、发放标准和发放程序。2001年8月、9月，市政府办公厅分别下发《关于军队武警部队官兵免费游览我市旅游景点的通知》《关于现役义务兵免费乘坐市区公交车的通知》，自10月1日起，解放军和武警部队官兵一律免费游览济南市旅游景点，现役义务兵一律免费乘坐济南市区公交车。12月，市委办公厅、市政府办公厅联合下发《济南市军队转业干部安置暂行办法》。自此，通过量化赋分考核分配转业干部。市劳动局制定《关于做好2001年驻济部队随军家属安置就业安置工作的意见》，下达安置计划203人。

2002年，先后制定《济南市部队干部随军家属劳动就业和社会保障暂行办法》《关于现役军人免费使用市区公厕的通知》《济南市双拥模范单位命名管理办法》《济南市国防教育实施细则》。同年，全市安置转业干部734名，其中195人因在部队立功受奖加分，53名团职干部全部落实职务；安置随军家属381人。2003年，接收军转干部633人；发放生活补助费166.5万元；安置随军家属288人。2004年，印发《济南市双拥工作十项制度》《济南市双拥工作领导小组成员单位职责》《关于做好军队干部随军家属劳动就业工作的补充意见》《关于对困难企业军转干部实施医疗救助的意见》《关于革命伤残军人免费乘坐市区公共汽(电)车的通知》等。当年办理革命伤残军人免费乘车卡2236张，有22万人(次)受益。

2006年，全市接收1576名军转干部，其中计划安置1479人，自主择业97人。有969人安置到行政机关，占安置人数的65.5%；有510人安置到事业单位，占34.5%。采取多项措施推进退转军人、随军家属就业：职业介绍中心为退转军人、随军家属专门设立服务窗口；退转军人、随军家属享受六免费政策；开发退转军人、随军家属就业信息管理系统软件；举办专场招聘会，为他们实现就业搭建信息平台；开展送岗位到军营活动。安置随军家属350人，为50名随军家属发放生活补助费13万元，组织120名随军家属参加5个专业的职业技能培训，为182名随军家属代管档案，代交社会保险费。为重点优抚对象医疗减免99万元，住院报销369万元，大病救助103万元，累计享受人群2.1万人(次)。

2007年，印发《关于建立困难军人家庭救助机制的意见》《济南市双拥模范单位命名管理办法》。接收军转干部1168人，其中计划安置1074人，自主择业94人。制定《济南市抚恤定补优抚对象医疗保障实施办法》，在优抚医院保障范围、保障内容、保障力度方面实现较大突破。提高了部分优抚对象抚恤补助标准，残疾军人抚恤标准平均增幅33%，“三属”抚恤标准平均增幅21%；在乡老复员军人每人每月增发不低于50元的生活补助；首次将带病回乡退伍军人生活补助纳入市级财政预算，将部分农村的和城镇无工作单位且家庭生活困难的参战和参试退役人员纳入补助范围。

2008年，分别制定《关于济南市抚恤定补优抚对象参加城镇职工基本医疗保险有关问题的通知》《济南市抚恤定补优抚对象参加新型农村合作医疗保障服务实施细则》《关于抚恤定补优抚对象医疗保障有关工作的通知》3个配套政策文件,完善优抚对象的保障机制。12月27日，市委常委议军会议对推进随军家属就业安置工作进行研究,下发会议纪要,强调要继续按照“对口安置、特殊照顾、分级承担”原则，进一步拓宽渠道，做好随军家属就业安置工作。

2009年9月，印发《关于推进双拥工作社会化的实施意见》，指导非公组织立足自身实际，发挥行业优势，探索建立全方位拥军、全过程保障、立体式服务的拥军新模式，深入开展科技拥军、教育拥军、文化拥军、服务拥军等活动。市、县两级均制定《关于建立优抚对象联络员制度的实施意见》，在全市建立1019名优抚对象联络员队伍，加强社会监督。制定《济南市城镇退役士兵安置考试考核暂行办法》，根据量化赋分和考试成绩安置退役士兵，鼓励城镇退伍士兵自谋职业。

2010年，市双拥办与市交通运输局联合下发《济南市出租车拥军管理办法》，对现役军人凭“拥军卡”乘坐出租车，免收起步价。研究制定《济南市随军家属就业安置暂行办法》和《济南市创建双拥模范城(县)奖励办法》。

四、创建成果

从1990年开始，持续开展争创“双拥模范城”活动。1992～2010年,济南市连续六次获“全国双拥模范城”称号。

1991年11月，天桥区、市中区、历下区获省级双拥模范城称号。1992年1月，济南市首次获“全国双拥模范城”称号。12月，章丘市获省级双拥模范市，历城区获省级双拥先进区，市中区四里村街道、历下区洪楼镇获省级拥军优属模范单位，济南市双拥办获省级双拥先进单位，市民政局、市煤气公司获省级双拥军优属先进单位，历下区政府彭万生、平阴县店子乡柳坦村郭秀莲、天桥区委段荣芳获省级拥军优属先进个人。1994年7月，全国命名第四批全国双拥模范城（县）136个，济南市第二次受到表彰。当年，全市表彰双拥先进单位123个、先进个人68名。1995年4月,全市命名表彰“双百”拥军优属模范人物和拥政爱民模范人物。11月，历下区、市中区、槐荫区、天桥区、章丘市、平阴县获省级双拥模范城（县）称号。平阴县实验小学等12个单位获省级拥军优属模范单位。1997年1月，全国命名第五批全国双拥模范城（县）197个，济南市第三次获表彰。3月，全市表彰争创全国双拥模范城“三连冠”先进单位131个、先进个人135名。6月，历下区、市中区、槐荫区、天桥区、历城区、长清县、章丘市、平阴县获省级双拥模范城称号。7月，济南市园林局党委书记李凤美获“全国拥军优属模范个人”称号。

1998年1月，市委、市政府下发《关于表彰“百佳优秀士兵家庭”的决定》。6月，全省优抚对象、军休干部暨双拥模范单位、个人表彰会召开,济南有44个单位和个人受到表彰。8月，历下区园林管理处与山东省武警总队二支队、白马山啤酒厂与济南军区某坦克训练基地一大队、济南华联商厦与济空某训练团、济南长途汽车总站与济南军区技术机要大队等军地单位被表彰为全国军民共建先进单位。9月，济南市市长谢玉堂当选全国国防后备力量十佳新闻人物。1999年4月，济南市双拥办主任褚玉颜被表彰为山东省双拥十佳人物，济南市和天桥区双拥办被评为省级先进双拥办公室。10月，济南市和历下区、市中区、槐荫区、天桥区、历城区、章丘市、平阴县被表彰为省级双拥模范城。12月，全市10个县（市）区均被表彰为全国“爱心献功臣行动”先进县(市)区，市民政局局长褚玉颜被表彰为全国“爱心献功臣行动”先进个人。同月，济南市政府副秘书长孙志远等7人被表彰为全省先进个人，平阴县民政局等14个单位被表彰为全省先进单位。

2000年1月，全国命名第六批全国双拥模范城（县）245个。济南市连续第四次获表彰。4月，全市表彰争创“四连冠”先进单位153个，先进个人115名。12月，济南市被评为省级双拥模范城。2004年1月，全国命名表彰第七批双拥模范城（县）、双拥模范单位和双拥模范个人。济南市连续第五次获此荣誉。市民政局局长孙竹兮、“兵妈妈”齐亚珍被表彰为全国爱国拥军模范。2005年，印发《关于深入开展“军民共建和谐社区”活动的实施意见》，开展军民共建和谐社区系列活动。2007年12月，全国命名第八批双拥模范城（县），济南市第六次获该荣誉，实现双拥模范城“六连冠”。同时，市中区和72959部队被表彰为全国爱国拥军模范单位和拥政爱民模范单位。章丘市市长毕筱奇、山东福胶集团董事长周广森被表彰为全国爱国拥军模范。

第二节 拥政爱民

1990年前后，济南陆军学院学员谢国江走访调查村庄300余个，行程5000余千米，发起成立爱心联络小组50余个，救助困难学生3000余人，获联合国计划署和中国青少年基金会联合颁发的“国际青少年消除贫困奖”。1991年5月,驻济南部队发出“支援经七路拓宽工程建设”的命令。由9位将军率领的5200余名官兵突击2天，搬运土石方1.1万立方米，挖掘槽沟1700余米，平整地面2万平方米。8月，济南市持续降雨,狼猫山水库超出警戒水位1.78米。29日上午，水库大坝裂缝，出现500米大面积滑坡塌方，情况十分危急。当晚，山东省军区副司令员韩永禄少将带领130余名官兵冒雨赶赴水库参加抢险。30日，驻军350名官兵赶到抢险现场。9月5日，军民抢险救灾工作取得胜利。1993年4月，济南南部山区遇到特大旱情，不少村庄人畜吃水困难。济南军区司令员张太恒、政委宋清渭等率1500名官兵、100台运水车到历城区受灾最重的港沟、孙村、彩石3个乡参加抗旱送水。

1997年3月，济空部队开展“讲公德，献爱心”支援社会教育事业活动,筹集捐款45万元。先后为历城区锦绣川乡石门村新建1所“蓝天希望小学”、为彩石乡讲书院村改建1所“文明希望小学”。设立“蓝天国防奖学助学基金”。4年间，在山东大学等4所高校中资助160名品学兼优的特困大学生，在历城区高而乡和彩石乡救助失学儿童78名。1997年6月，小清河工地和环城公园清淤现场任务告急。驻军300名官兵连续奋战27天，清出淤泥杂物1.2万立方米，打通小清河12千米长的主河道。1998年上半年，济南等地发生严重旱灾，空军部队出动飞机36架(次)，实施人工增雨，累计影响面积49.4万平方千米，增加降水11亿立方米。下半年，出动飞机89架（次）进行灭蝗，飞行180余小时，实际作业面积6.52万公顷。两项救灾行动挽回经济损失2亿元。

2007年，省军区、济南警备区在长清区的新农村共建点8个，投资400余万元，为马山镇、双泉庄村、五岭村修进村路4千米、进山路3.7千米，援建村两委办公室2处、援建“八一希望小学”、拦水坝、建水厂各1处，赠送小尾寒羊100余只、电脑35台，救助特困生42名、特困户200户。7月18日，济南发生特大暴雨灾害，低洼地区大量积水，部分地区受到严重灾害，大部分路段交通瘫痪。银座购物广场是一个下沉式地下购物广场，受灾较为严重。灾情发生后，济南军区、济南军区空军、省军区和武警山东省总队官兵全力以赴支援抢险救灾。驻济南部队出动兵力3500余人（次)、民兵预备役人员960余人（次)，清理垃圾950吨，搬运货架520余车(次)，仅用4天时间基本完成清理工作。同时，根据山东省军区和济南市委、市政府要求，奔赴泺口服装城、长途汽车站等地参加清淤、清障工作。

2008年4月28日，胶济铁路发生特大交通事故，省军区、省武警总队第一时间派出兵力参与抢险救援、救送伤员，清理散落的行李、现金、首饰等物品2600余件。5月12日四川汶川特大地震发生后，济南军区组织4.5万名官兵投入抗战救灾，救治群众30余万名，运送救灾物资5万余吨，抢修道路1700千米，搭设帐篷5万余顶，向灾区捐款3400余万元，捐赠物品300余万元。济南军区投资1亿元援建擂鼓中学。军区空军为灾区组织4次捐助活动，捐款1330万元，棉衣被2万余件。同年，美国白蛾传入济南，济南军区、省军区、省武警总队、省消防、省边防、济南警备区等部队投入兵力28.3万人（次)、喷洒车8500余台（次)、飞机87架(次)，喷洒药物1.92万吨，喷洒林木100余万亩，有效防治了虫害。

2009年8月18日，济南军区空军、山东省、济南市在章丘市三涧溪村举办军民共建和谐村镇活动启动仪式，军地双方签订“军民共建和谐村镇协议书”，军区空军向三涧溪村赠送20万元的慰问金和慰问品。同年，驻济南部队5000余名官兵参加第十一届运动会开幕式演出，受到“十一运”组委会的高度评价。驻济南各部队把全运安保作为大事来抓，“十一运”期间共疏导群众168万人(次)，帮助12名儿童找到失散父母，上缴观众遗失财物价值1.2万余元。

附：创建“全国双拥模范城”

1991年，中共济南市委、市人民政府和济南驻军共同组织，在全市范围内开展创建“双拥模范城”活动。

一、健全机制，营造氛围　市委、市政府和济南驻军制定下发《关于开展创建“双拥模范城”活动的意见》，确定把创建“双拥模范城”作为市委年内必须抓好的三件大事之一，济南驻军也把创建“双拥模范城”作为年内部队建设的重要任务。成立由市委书记、市长翟永淳为组长，济南军区副参谋长何善福为副组长，市委、市政府16个部门、驻济南部队师以上单位负责人为成员的创建“双拥模范城”领导小组，并由市精神文明建设委员会办公室牵头，从军地抽调24名工作人员组成办公室。各区县也建立相应的办事机构，做到领导、机构、任务、经费“四落实”。市及各区县都与驻军联合召开动员大会，号召全市军民以“固我长城、建我泉城”的满腔热情，投入到创建活动。市里先后组织4次大型宣传活动，20万军民走上街头进行宣传，先后出动宣传车300余辆(次)，印发宣传教材20万份，张贴标语60万张，设立永久性、半永久性宣传匾牌2000余块。报社、电台、电视台等新闻单位，分别开辟专栏进行宣传报道。6月上旬，市委、市政府召开拥军慰问大会，给在创建活动中做出突出贡献的驻济南部队8个单位赠送锦旗，对双拥共建工作进行再教育、再发动。

二、深化国防教育 加强教育阵地和配套设施的建设。在农村推广解放军总政治部肯定的章丘县建立县、乡、村三级国防教育阵地的经验，在市区总结推广槐荫区开办少年军校，普及青少年国防教育的经验。市投资70余万元，建起一座“国防官”，为全市军民特别是青少年提供一个多功能的教育场所；全市各图书馆、展览馆、文化馆、娱乐中心和公园等处，都增设国防教育项目。市中区创办的预备役通信学校，在为部队输送高质量兵员的同时，为全市国防教育开辟了新的途径。全市城乡建立各种国防教育场所2000余处，正式挂牌的国防教育基地20处，基本形成适应教育需要、比较成龙配套的阵地网络。

突出抓好干部的国防教育。各级党校普遍增设国防教育课，对乡镇、街道领导干部进行系统的国防教育轮训；组织县以上领导干部过“军事日”，感受部队生活。组织从市长到市民、从将军到士兵的万人国防知识竞赛答卷活动。全市96万名职工和72万名大中小学生均按计划接受国防教育，增强了国家利益高于一切和居安思危、爱军习武的观念。

三、加强军民团结和军地建设 军地双方各自组织力量进行两次较大规模的双向调查，使地方更多地了解部队所需所求，部队更多地了解地方所能所为。在此基础上，军地换位思考，组织开展“我是军人怎么办”“我是市长怎么办”的大讨论，增进相互理解。市委、市政府设身处地为部队着想，千方百计为部队排忧解难。驻军发扬“忍”的精神，充分体谅地方困难。上半年，市里调查掌握驻军有大小300余个实际问题需要地方帮助解决，而驻军最后只向地方反映39个自身无力解决的问题，其余均自我消化。驻济南部队提出“视人民如父母，把泉城当故乡”的口号，积极参加地方重点工程建设。

1991年，为支援经七路东段拓宽、济青高等级公路、济南机场、大环境绿化、外环路等重点工程建设，出动兵力3万余人（次），累计工日60余万个，动用机械车辆7万余台（次）。8月30日，历城区狼猫山水库大坝滑坡，武警支队和章丘县驻军1000余名官兵接到命令后火速开赴现场，在水中连续奋战5个昼夜，保证了人民生命财产的安全。济南驻军还充分发挥专业技术兵种多，科研单位多、院校多的优势，为地方经济发展提供技术支援和信息服务。先后帮助20余家停产半停产企业找到新的生产门路，使5个企业由亏损户变为盈利户，为地方培训计算机、通信、医疗等方面的专业人才600余名。地方各级政府主动为驻济南部队排忧解难。开展创建活动以来，为驻军办实事3000余件，其中影响较大的5件：①制定和完善各项拥军政策法规。市委、市政府制定《关于加强军政军民团结、支持济南驻军建设的若干规定》：驻军用粮任选花色品种，计划外用煤一律执行计划内价格；各种停车点对军车一律免费停车；义务兵、伤残军人游览公园、景点免收门票；对部队战备训练用地、发展农副业生产以及转退军人安置、家属工作安排等做出优待规定。制定印发《拥军公约》，规范广大人民群众的拥军言行。②开展服务部队、方便部队活动。全市城乡开办“拥军市场”“拥军商店”“拥军服务中心”100余处，先后给驻军单位、个人发放“拥军购物优待卡”2万余张，全市拥军商品优惠额达400万元。③增拨土地，保证部队训练和生产需要。1991年为部队增拨土地40余公顷，为新建营区减免城市建设配套费900余万元，减免部队生产税收100余万元。④帮助部队解决水、电、路问题。地方各级投入250余万元，为部队驻地修路95千米，铺设自来水管道5000米，打饮水井5口，增加供电量1410千瓦。⑤坚持智力拥军。建立军地两用人才培训基地60余处,开设车辆驾驶、机械家电维修、烹调技术等15个专业，为部队培训两用人才2000名，其中500余名获正式文凭和职称。本着顾全大局、互谅互让的原则解决历史遗留问题。市郊大金庄与驻军130余公顷土地的使用权属问题，在省委、省政府和济南军区的大力下，省、市两级出资680万元，供部队继续使用这些土地，部队主动退出40公顷土地供群众使用，使拖了多年的问题得到圆满解决。

四、军民共建，构筑钢铁长城 全市确定31个双拥共建示范点，以点带面，滚动发展，使共建活动呈现出新局面。槐荫区在军(警)民共建活动中实行“六联六建”①，使单一、分散的基层共建活动，迅速发展到军地机关共建、部门对口共建、区域群体共建，形成多层次、全方位建设社会主义精神文明的合力。市里及时推广他们的经验，全市军(警)民共建对子由过去的320对增加至710对。济南第一、第二机床厂分别与长山岛守备部队和北海舰队济南舰，长清县与全国拥军模范赵长菊之子所在部队等结成共建对子。 济南驻军8位将军以荣誉市民的身份与驻地居委会结成对子，参与街道共建活动。为不断把政治思想共建引向深入，军地双方经常交流思想作风建设方面的经验。在基层广泛开展军民“同学政治理论、互送精神食粮、共赞社会主义”等活动，驻济南部队先后派出9000余名官兵，深入到工厂、农村、学校、街道进行宣传，军区机关特意组织老红军、老八路、老英模报告团，在全市巡回做“社会主义祖国的诞生和光明前途”的专题报告。市里选派近千名优秀政工干部，到军营介绍经济建设、改革开放的成就。军地相互赠送价值达1万余元的教育材料。

五、通力做好优抚安置工作 市政府发布《济南市优待烈军民和革命伤残军人办法》，抚恤、补助、优待标准有较大幅度的提高。全市烈属和牺牲、病故军人家属定期抚恤金163万元，农村月人均36元；城镇月人均57元。伤残抚恤金165万元，提高51%。在中央和省拨款的基础上，市、县区、乡镇拨款111万元，扩大在乡复员军人的定期定量补助面，使全市定补面达到100%，定补总额达447万元。对义务兵家属实行户户优待，总款1027万元。对农村义务兵家属的优待款全部由乡镇统筹，户均510元，最高的1500元；城镇义务兵家属优待实行全社会统筹，户均优待500元以上。全市城乡建立拥军优属服务网络176个，成立各类拥军优属服务小组1.3万个。坚持实行优抚工作“四定五包”制度。即：定期走访优抚对象，定期组织优抚对象学习，定期部署优抚工作，定期检查优抚活动；领导干部包重点，商业服务包供应，居民群众包院落，青少年学生包卫生，医务人员包医疗。1991年，帮助优抚对象解决工作、学习、生活等方面的实际问题4530个，做好事21万件，赠送各类慰问品20万件，价值91万元。

做好安置工作，充分发挥复转军人在地方建设中的骨干作用。各级各部门认真贯彻实施《济南市转业干部安置工作条例》，对转业干部实行安置政策、接收条件、分配计划、分配办法、分配结果“五公开”，同地方干部在提拔使用、发挥专长、生活待遇上“三个一样”。全市县区局领导干部有35%以上是部队复转军人。同时，采取建、腾、租、借、调、挤、改等7种办法，逐步解决转业干部住房难问题。1991年，全市接收退伍军人3100余人，对属城镇籍的1700余名全部妥善安置，对属农村籍的重点

① “六联六建”：思想工作联做，建立思想政治工作教员互聘制度；文教活动联搞，建立军地两用人才培训制度；社会治安联防，建立社会治安综合治理制度；民事调解联办，建立联合帮教制度；城市建设联建，建立城市卫生互保制度；计划生育联网，建立计划生育工作信息交流制度。

做好军地两用人才的开发使用工作，开发使用率95%。

至年底，济南市的双拥共建工作取得显著成绩。12月7日，市委、市政府和济南驻军在八一礼堂召开总结表彰大会，对285个双拥共建模范（先进）单位、188名模范（先进）个人进行表彰奖励。12月，济南市被山东省委、省政府和省军区命名为“双拥模范城”，天桥区、市中区、历下区被命名为“双拥模范区”，章丘县被命名为“双拥先进县”。1992年1月16日，济南市被解放军总政治部、民政部命名为全国“双拥模范城”。

第三节 优 待

1985年7月起，对在乡革命残废人员发给生活补贴，并规定凡革命残废人员乘坐火车、长途汽车和轮船，享受半价待遇。对分散安置的一级至四级残疾军人发给护理费，护理费的标准为：因战、因公一级和二级残疾的，为当地职工月平均工资的50%；因战、因公三级和四级残疾的，为当地职工月平均工资的40%；因病一级至四级残疾的，为当地职工月平均工资的30%。残疾军人需要配置假肢、代步三轮车等辅助器械，退出现役的，由省级人民政府民政部门负责解决。

1986年开始，对城镇无正式工作的社会青年，服役期间由其父母所在单位每年发给200元的优待金。城镇非农业人口应征青年入伍后，其符合招工条件的兄弟姐妹，在招工时可优先招收1人就业。1986年9月，市政府印发《关于进一步做好义务兵优待工作的通知》，对优待办法进行改革，规定城镇非农业户口待业青年入伍实行“征兵—安置—优待”一条龙。即发给入伍通知书的同时，安排就工单位，由单位按照本行业学徒工第二年生活标准发给优待金。下半年，对在乡复员军人的定期定量补助标准进行调整，由月人均13.4元增加至15.7元。1986～1988年，中央、省、市共拨补助款70.5万元。至1988年年底，全市在乡复员军人享受定期定量补助人数由1986年调整前的5142人增加至9921人，定期生活补助面由46.7%增加至95.2%。

1988年7月《军人抚恤优待条例》颁布后，济南市进一步加大优待力度。至年底，全市有3072户城镇义务兵家属享受国家规定的优待，全年发放优待款119.9万元。根据山东省人民政府《优待烈属、军属和残废军人暂行规定》，自1985年起对农村优待推行乡镇统筹、平衡负担的办法。1988年全市享受优待的优抚对象16784户，优待款总额653.4万元，年户均优待389元，分别比1985年增加201万元和149元。其中，烈属每年户均优待310元（不含国家给予的定期抚恤金），增加65元；农村义务兵家属每年户均优待441元，增加186元。

1989年4月17日，民政部颁发《关于贯彻执行军人抚恤优待条例若干具体问题的解释》，各级民政部门进一步完善国家、社会和群众三结合的优抚体制。对农村义务兵家属的优待，麦秋两季全部兑现，为全市22459户城乡义务兵家属发放优待款950万元。对在乡老复员军人的定期定量补助经费，在上级拨款的基础上，各级财政又增拨33.5万元，增补面扩大至100%。全年为15197名享受定期补助人员发放补助款415.6万元，为4127户因灾、因病造成生活困难的烈军属和伤残军人，发放临时补助费13.9万余元。

1990年10月，市政府印发《关于城镇非农业人口义务兵家属优待金问题的通知》，规定市区实行社会统筹，机关、事业、企业、个体工商户按单位工资总额的1‰交纳优待金。12月，市财政局、市民政局、市税务局、市工商局联合下发《关于城镇非义务兵家属优待金筹集和发放办法的意见》，对城镇非农业人口义务兵家属优待金数额及筹划和发放办法提出具体意见。14265户农村义务兵家属，户均优待478.8元。14767名在乡老复员军人全部享受定期定量补助，月人均24元。对在农村的2492户烈军属、750名伤残退伍军人和945名复员军人，除按国家规定的标准发放抚恤费和定期定量补助款外，根据他们的不同困难，每人给予100～300元的优待，对2100名生活困难的在乡伤残军人落实优待款29万元，确保他们的生活水平不低于当地一般群众标准。

1991年11月，市政府第36号令印发《济南市优待烈属军属和革命伤残军人办法》，各项抚恤、补助、优待标准均有较大幅度提高。规定优待工作实行国家、社会、群众三结合的制度，各乡（镇）人民政府对当地优待对象，采取统筹负担的办法给予现金优待。对城镇非农业人口义务兵家属的优待金，按不低于其所在县（区）轻工业二级工月标准工资的1/2计算，统一统筹，按年计发。农村义务兵家属实现乡镇统筹、户户优待，总金额1127万元，户均510元（天桥区北园镇1200元）。平阴、章丘县和历下、市中、天桥区城镇义务兵家属按500元标准兑现。在乡复员军人定期生活补助增拨专款115万元，总定补款447万元，定期生活补助面100%，月人均定期生活补助26.6元，其中抗战时期入伍和孤老的达到30元。为30名参战立功退伍战士和16名特一等革命伤残军人家属办理农转非手续。

1992年4月11日，市民政局下发《关于发放城镇非农业人口义务兵家属优待金的补充规定》，从本市户口所在县、区入伍，且入伍前无工作单位的，由入伍前的县、区发放优待金，并将优待情况书面通知其父母户口所在地的民政局；本市在职职工入伍的，由本人户口所在县、区发放优待金；入伍前与父母户口同在一地，入伍后父母迁居本市的，其优待金从迁入的下一年度起由父母户口所在县、区发放；入伍后全家就地农转非的，其优待金仍由原乡（镇）发放。7月中旬，市民政局在平阴县召开全市“解三难”（生活难、住房难、治病难）现场会，推广平阴县、长清县民政局和平阴县刁山坡镇、章丘市埠村镇的经验。9月，在全省优抚对象“解三难”奔小康经验交流会上，平阴县作典型发言。全年向20263名老优抚对象发放临时救济款78.5万元，投放优抚款159.2万元，义务帮工10.55万个，使3485户家庭人均年收入超千元，14629户家庭达到当地人均收入水平，2114户家庭人均年收入高于600元；帮助建房1001户，修房2395户5313间，义务帮工帮料折款141.6万元；有35个乡镇制定医疗办法，有的实行免费医疗，有的社会、财政、个人按一定比例负担，有的加入农村合作医疗。全年发放在乡复员军人定补款446.3万元，定期生活补助面100%。为18名烈属、特一等伤残军人家属办理农转非手续。义务兵家属实行户户优待，总额1164万元，其中农村义务兵家属户均535元，城镇户均500元。

1993年1月11日，市政府印发《关于进一步做好义务兵家属优待工作的补充通知》，规定非农业人口义务兵家属的优待标准按每户600元计发；对城镇非农业人口义务兵家属优待金的筹集办法做出修改，中央、省、市驻济南5区的企业单位（含“三资”企业）、市属机关、事业单位由市人民银行组织各家银行以委托收款方式代收，并于每年6月底前将所筹集到的优待金全部转入市民政局开设的“城镇义务兵家属优待金”专户。中央、省驻济南机关、事业单位、各区机关、企事业单位、个体工商户及外地在济南从事建筑、经商等第三产业网点的单位或个人，由各区人民政府负责于每年6月底前筹集完，并将优待金存入各区开设的“城镇义务兵家属优待金”专户。对革命烈士家属、因公牺牲军人家属、病故军人家属的定期优待抚恤标准进行调整。1.4万户农村义务兵家属每户优待551元，其中天桥区户均1100元；城镇3400

户义务兵家属户均优待600元。全市在乡老复员军人享受定期补助的13759人，定期生活补助面100%。其中，抗日战争时期入伍的月人均定期生活补助31元，解放战争时期入伍的月人均定期生活补助26.8元。全市有1059名退伍军人享受定期补助，月人均补助15元。在此基础上，对有困难的27847户优抚对象给予优待。其中，烈属每户优待448元，伤残军人每人优待148元，复员军人每人优待156元，退伍军人每人优待176.5元。

1994年，城镇非农业人口义务兵家属优待金由户均600元增加至900元。全市老复员军人定期补助款502万元，人均月定补标准28.3元，同时每年还享受200余元优待金。同年，各县（市）区加强在乡二等乙级以上伤残军人的医疗保障，完善有关规定，各级财政拨出专款为享受减免的优抚对象报销医疗费。全市有50%以上的优抚对象成为当地的富裕户。1995年，为优抚对象报销医疗费134万元。

1995年，济南市规定驻济南机关、企事业单位按上年度职工（包括临时工）工资总额和个体工商业户、私营企业年收入的2.5‰筹集义务兵家属优待金。全市用于优待的款额1300余万元。城镇优待户均900元，农村户均630元，天桥区北园镇优待户均1900元，居全市之首。从1月1日起，提高在乡复员军人定补标准，每人每月增加5元，月人均补助标准33.3元。全年发放定期定量补助款551.6万元。为优抚对象报销医疗费134万元。

1996年，市人大常委会通过《济南市义务兵优待和退伍安置办法》，规定义务兵入伍后对其家属实行优待金制度。农村义务兵家属的优待金标准，相当于本乡（镇）上年农民人均收入的数额，由乡（镇）人民政府从统筹费中支出；城镇非农业户口义务兵家属的优待金标准，由市、县（市）人民政府分别根据市区及县（市）城镇居民生活水平确定，市区非农业户口义务兵家属优待金实行社会统筹。为帮助农村优抚对象特别是“三属”（革命烈士家属、因公牺牲军人家属、病故军人家属）解决生产生活等方面遇到的困难，使其与全民同步奔小康，在全市推广“四个一”（即一个优抚储金会、一个优抚医疗中心、一个退伍军人劳务介绍所、一个拥军优属指导站）实体建设。年内有88个乡镇建起“四个一”。农村义务兵优待标准从户均600元提高至1500元。全年发放优待金2292万元。其中，优待农村义务兵家属13711户，优待金额1920万元；优待城镇义务兵家属4133户，优待金额372万元。年内，市与各县（市）区签订兑现农村义务兵优待金和提高在乡老复员军人定补标准责任书。各级财政投入240余万元，提高在乡复员军人定期定量补助标准20元，增幅66%，在乡复员军人定补标准月人均50元。全年发放定期生活补助金额698.8万元。为优抚对象报销医疗费98万元。

1997年，优抚工作实行“两公开一落实”服务，即抚恤补助、优待标准公开，市民政局印制2万份济南市优抚对象抚恤补助标准表，发给“三属”、革命伤残人员、在乡红军老战士、在乡复员军人等优抚对象；办理程序和手续公开，各级民政部门将干部骨灰存放、调整伤残等级、普遍提高补助标准、伤亡一次性抚恤、追认革命烈士等业务须知打印成文，上墙公布；优待抚恤标准兑现落实，做到按时、按标准发放到人，准确无误。全年发放优待金2667万元。其中，优待农村义务兵家属12613户，优待金额2219万元；优待城镇义务兵家属5055户，优待金额448万元。在乡复员军人定补标准提高至53元。年内为优抚对象建房、修房156间，报销医疗费96万元，发放扶持发展生产资金60余万元。

1998年年初，市委、市政府召开全市“爱心献功臣行动”动员大会，向首批32户优抚对象各发放1500元救助金。根据民政部、财政部《关于提高部分优抚对象抚恤补助标准的通知》，调整济南市部分优抚对象抚恤补助标准，从1月1日实行。调整后在乡红军老战士补助，在1996年标准基础上每人每月提高40元，调整后的标准每人每月不低于360元。首次设立济南拥军优属救助金。市民政局编印《济南市优抚对象抚恤标准手册》，并从各乡镇、街道聘请165名优抚工作义务监督员。全年发放优待金2700万元，其中优待农村义务兵家属12613户，优待金额2219余万元；优待城镇义务兵家属5055户，优待金额448万元。年内为优抚对象建房、修房156间，报销医疗费96万元。全年发放优抚金4116.6万元，其中优待农村义务兵家属12008户，优待金额2021万元；优待城镇义务兵家属5239户，优待金额469.4万元；“三属”定期抚恤2930人，抚恤金额310.7万元；革命伤残人员抚恤7153人，抚恤金额363.2万元；在乡复员军人定期生活补助13316人，补助金额893.6万元；带病回乡退伍军人定期生活补助1822人，定期生活补助金额58.7万元。

1999年，在乡红军老战士生活补助由每月每人360元提高至470元，在乡老复员军人定补由每人每月78元提高至90元。为229名重残军人安装假肢、更换腰围和病理鞋；协调省荣军医院接收重病伤残军人、在乡复员军人140余人住院治疗，免收医疗费30余万元；市、县投资104万元，为735户建新住房466间，修房2165间；为1725人报销医药费534万元；有260余户优抚对象享受最低生活保障。平阴县拨款72万元建立“优抚对象抚恤补助自然增长机制”，即以上年度全县职工平均工资和农民人均收入为参数，确定抚恤补助增长额，列入县财政当年预算予以核拨，由县民政局和财政局按当年规定标准兑现，使全县优抚对象抚恤补助标准在确保享受国家和省、市抚恤补助标准的基础上，生活水平与当地群众生活水平同步提高。

2000年，推进建立“优抚对象抚恤补助标准自然增长机制”，先后在平阴县、章丘市和天桥、市中、历下、槐荫4区示范成功，使这些县（市）区的烈属和在乡伤残、复员军人抚恤补助标准按当地年人均收入提高的比例，由财政拨款每年分别提高400～1900元。3月29日～30日，省民政厅在平阴县召开全省优抚工作现场经验交流会，在全省推广济南的经验做法。

2001年春节期间，市政府拨专款228元，按济南市城市居民最低生活保障标准（每人每月208元）向全市2200名1999年冬季城镇退伍士兵和春季专业士官分别发放7个月和2个月待分配期间的生活补助金，市政府首次向驻军营以下官兵发放生活救助金和随军家属补助金50万元。市、县（市）区财政拨款200万元，救助困难优抚对象过好春节。至6月16日，全市有各类优抚对象41.2万人，重点优抚对象城镇5346人，农村19071人，共24417人。其中，革命伤残人员6821人，“三属”3291人，在乡复员军人12049人，带病回乡退伍军人2255人，在乡退伍红军老战士1人。

2002年，市政府办公厅下发《关于进一步做好优抚工作的通知》，在全市开展优抚工作专项执法监察，建立抚恤经费的专户管理制度和公开发放制度，进一步规范发放工作。全市10个县（市）区均建立起抚恤补助自然增长机制，优待标准进一步提高。全市享受国家抚恤补助的优抚对象，优待面80%以上；全年发放优待金800余万元。制定《济南市部队干部随军家属劳动就业和社会保障暂行办法》《济南市现役军人免费使用市区公厕的通知》和军人子女中考加分等优惠政策。在乡镇建立孤老优抚对象休养院，解决优抚对象“三难”问题。10月底，历城区首批7个乡镇的休养院全部建成，总投资600万元，建筑面积6400平方米，入住优抚对象100余名。同年，推进全市优抚医疗保障三级网络建设。市民政局与市卫生局联合在市立四院建立起全省首家市级优抚医院；各县（市）区和乡镇（街道）建立起优抚医院和优抚医疗保健站；推出优抚医疗优惠政策。平阴县制定《平阴县优抚医疗保障暂行办法》，规定优抚对象看病可享受“五优先”（挂号、就诊、检查、住院、取药优先）、“四免费”（免除病人挂号费、诊疗费、出诊费、注射费）、“六减半”（常规化验、透视、心电图、针灸、住院床位、推拿费用减半收取）的优待；济阳县为优抚对象发放“医疗优待证”，凭证可享受手术费减免20%。床位费减免50%的优惠照顾；章丘市为3000名优抚对象办理农村合作医疗卡等。至2003年，全市10个县（市）区和84个乡镇（街道）建立优抚医院和优抚医疗保健站，县（市）区建优抚医院达到100%，乡镇（街道）建优抚医疗保健站达到80%以上。全年为优抚对象医疗减免、医疗补助、住院医疗减免平均达到75%。2004年，全市重点优抚对象享受门诊医疗减免平均为64%，住院医疗减免平均为75%，医疗减免192万元，医疗补助148万元，住院报销371万元，大病救助253万元。其中，平阴县采取优抚医疗保障暂行办法报销制度、新型农村合作医疗报销制度、优抚医院减免制度、大病救助制度4项措施，有效解决优抚对象医疗难问题；历下、市中、槐荫、天桥、章丘都保持较高的报销比例；天桥区大桥镇、桑梓店镇为“三属”、伤残军人、在乡老复员军人和病退军人每年分别发放1000元、800元、600元、300元医疗补助。

2003年，推行抚恤优待金发放工作改革，由乡镇民政所发放改为由银行系统发放。全市义务兵家属优待总额2114万元，城镇义务兵优待户均948元。“三属”农村户均2240元，城镇户均2400元。优抚对象抚恤补助标准全市平均增长12%。老复员军人定补，天桥区人均220元，市中区人均214元。

2004年1月1日起，提高在乡退伍红军老战士的生活补助标准，提高后每人每年不低于9840元。10月份起，济南市公交总公司对革命伤残军人实行免费乘坐公交车政策。至年底，办理革命伤残军人免费乘车卡2236张。

2005年1月1日起，按照每人每年500元提高在乡复员军人定期定量生活补助标准。在此基础上，回乡务农抗战老战士每人每年再增加500元，其中140元由地方财政负担。同年，市政府下发《关于义务兵家庭优待金发放有关问题的通知》，全市义务兵家庭优待金全部纳入财政预算。

2006年，各县（市）区政府印发文件，明确有承包地义务兵家庭优待标准并给予财政保障。其中，市中、槐荫、天桥、平阴等区县年优待标准超过2000元，历下、历城、章丘等区（市）超过3000元。全市帮助15857名重点优抚对象免费参加农村新型合作医疗。2007年，市政府印发《济南市抚恤定补优抚对象医疗保障实施办法》，将全部优抚对象纳入医疗报销范围予以分类别保障。

2008～2010年，在全市开展“功臣安居行动”，市县两级投入997.9万元，帮助816户优抚对象建修房。市房管部门将市内7区（含高新区）城镇5300余名优抚对象全部优先纳入住房保障范围，优惠享受经济适用房和廉租房待遇。

2009年，全年发放各类抚恤补助和优待金12259万元，救助优抚对象1640户，发放救助金33万元，发放救助物品价值26.7万元。全市发放门诊补助558万元，各医疗定点机构为优抚对象医疗减免310万元，城镇职工基本医疗保险和新型农村合作医疗机构共为优抚对象住院报销1410万元，各级政府为优抚对象发放住院补助788万元，民政部门发放大病救助金293万元。

2010年，全年发放各类抚恤补助金12669.7万元。向358名在乡抗战老战士每人发放一次性补贴3000元。集中选送242名优抚对象到省厅三院疗养。市和各县（市）区光荣院、乡镇休养院集中供养孤老优抚对象151人，轮流休养优抚对象470余人（次）。

第四节 抚 恤

一、死亡抚恤

（一）抚恤对象 1988年8月前，抚恤对象为现役军人和部队在编职工、人民警察（不包括经济警察）、国家机关工作人员和国家补贴的民主党派、社会团体的工作人员，参战的民兵、民工及被批准为革命烈士的人员。1988年8月1日，国务院发布施行《军人抚恤优待条例》，现役军人死亡被批准为烈士，被确认为因公牺牲或者病故的，其遗属为抚恤对象。2004年10月1日，国务院发布施行新的《军人抚恤优待条例》，对抚恤对象未做改动。

（二）抚恤形式 死亡抚恤分一次性抚恤和定期抚恤两种形式。1986年，落实民政部、财政部《关于对革命烈士家属、因公牺牲军人家属、病故军人家属发给定期抚恤金的通知》，自当年1月1日起，对无劳动能力或无固定收入不能维持生活的牺牲、病故军人家属的定期定量补助改为定期抚恤金，其基本标准和享受的具体条件，由国家统一制定。1989年《军人抚恤优待条例》若干具体问题的解释和2004年10月1日施行的《军人抚恤优待条例》均规定，对符合一定条件的烈士、因公牺牲、病故遗属给予定期抚恤，基本条件为父母（抚养人）、配偶无劳动能力、无生活费来源，或者收入水平低于当地居民平均生活水平的；子女未满18周岁或者已满18周年但因上学或者残疾无生活费来源的；兄弟姐妹未满18周年或者已满18周岁但因上学无生活费来源且由该军人生前供养的。其间，一次性抚恤和定期抚恤均沿用发放抚恤金的方式。

（三）抚恤标准 一次性抚恤金标准。1986年3月，因公牺牲和病故一次性抚恤金分别改为按死者死亡时的20个月和10个月的工资计发。2004年国务院颁布的《军人抚恤优待条例》，将烈士、因公牺牲和病故一次性抚恤金分别改为按死者死亡时的80个月、40个月和20个月的工资计发。

定期抚恤金标准。参照全国城乡居民家庭人均收入水平确定，其标准及其调整办法，由国务院民政部门会同国务院财政部门规定。1986～2010年，多次调整和提高抚恤标准。1988年，“三属”抚恤标准为城镇月人均41.8元，农村月人均22元。全年发放抚恤补助款69.5万元。1989年，对“三属”的抚恤标准调整为城镇月人均56.8元，农村月人均37元。1990年，对在农村的烈军属，除按国家规定的标准发放抚恤费和定期定量补助款外，根据其不同困难，每人给予100～300元的抚恤。1991年，市政府发布《济南市优待烈军属和革命伤残军人办法》，全年发放“三属”定期抚恤款163万元。1993年，对“三属”的定期抚恤金标准分别在原有基础上每人每月增加10元。1994年，“三属”抚恤标准月人均65.13元。1995年，全年发放定期定量补助款551.6万元。1997年，对“三属”提高抚恤标准，烈属农业户抚恤标准每户每月73元，市区104元。1998年，根据民政部、财政部《关于提高部分优抚对象抚恤补助标准的通知》，对“三属”的定期抚恤金，在1996年标准基础上每人每月提高8元。1999年，全市农村烈属抚恤标准由每月每人78～83元提高至105～110元。同年，市政府向县（市）区下发《关于建立优抚对象抚恤补助标准自然增长机制的通知》，推进全市建立优抚对象抚恤补助标准自然增长机制。2000年，全市有“三属”3291人。年内拨款310万元用于调整抚恤标准，“三属”抚恤待遇每人年提高400～1900元。2003年，抚恤补助标准全市平均增长12%，“三属”农村户均每年2240元，城镇户均2400元。2004年10月1日起提高“三属”抚恤标准，烈士遗属城镇标准每年4320元，农村标准每年2760元，因公牺牲军人遗属城镇标准每年4020元，农村标准每年2640元，病故军人遗属城镇标准每年

3720元，农村标准每年2460元。2006年1月1日起提高“三属”抚恤标准，烈士遗属城镇标准每年5100元，农村标准每年3240元，因公牺牲军人遗属城镇标准每年4740元，农村标准每年3060元，病故军人遗属城镇标准每年4330元，农村标准每年2880元。2007年8月1日起提高“三属”抚恤标准，烈士遗属城镇标准每年6120元，农村标准每年3720元，因公牺牲军人遗属城镇标准每年5520元，农村标准每年3540元，病故军人遗属城镇标准每年5220元，农村标准每年3420元。2008年10月1日起提高“三属”抚恤标准，烈士遗属城镇标准每年4020元，农村标准每年4260元，因公牺牲军人遗属城镇标准每年6300元，农村标准每年4080元，病故军人遗属城镇标准每年5940元，农村标准每年3900元。2009年10月1日起提高“三属”抚恤标准，烈士遗属城镇标准每年8060元，农村标准每年4880元，因公牺牲军人遗属城镇标准每年7230元，农村标准每年4670元，病故军人遗属城镇标准每年6810元，农村标准每年4470元。2010年10月1日起提高“三属”抚恤标准，烈士遗属城镇标准每年8850元，农村标准每年5360元，因公牺牲军人遗属城镇标准每年7940元，农村标准每年5130元，病故军人遗属城镇标准每年7480元，农村标准每年4910元。

二、残疾抚恤

（一）抚恤对象　1988年8月1日，国务院发布施行《军人抚恤优待条例》，现役军人伤残被认定为因战致残、因公致残或者因病致残的，伤残人民警察、伤残民兵民工，享受残疾抚恤。2004年10月1日，国务院发布施行新的《军人抚恤优待条例》，对残疾抚恤对象人员未做改动，名称变为残疾军人、残疾人民警察、残疾民兵民工。

（二）抚恤形式　1986～2004年，以发放抚恤（保健）金的形式进行伤残抚恤；2004年后，通称发放残疾抚恤金。

（三）抚恤标准　1988年8月1日发布施行的《军人抚恤优待条例》规定，伤残抚恤金的标准，根据伤残性质和伤残等级，参照全国一般职工的工资收入确定。伤残抚恤金和伤残保健金分散供养的，按照规定发给护理费。因战致残的革命伤残军人在评残发证后，一年内因伤口复发死亡的，按照革命烈士的抚恤规定，发给其家属一次性抚恤金和定期抚恤金；一年后因伤口复发死亡的，按照因公牺牲军人的抚恤规定，发给其家属一次性抚恤金和定期抚恤金。因战、因公致残的特等、一等革命伤残军人因病死亡后，其家属按照病故军人家属的抚恤规定，享受定期抚恤金。领取伤残抚恤金的革命伤残军人死亡时，按照国家机关工作人员的丧葬标准，发给其家属丧葬补助费。2004年10月1日发布施行新的《军人抚恤优待条例》，规定因战、因公致残，残疾等级被评定为一级至十级的，享受抚恤；因病致残，残疾等级被评定为一级至六级的，享受抚恤。保障其生活不低于当地的平均生活水平。退出现役的因战、因公、因病致残的残疾军人因病死亡的，对其遗属增发12个月的残疾抚恤金，作为丧葬补助费。

其间，全市对残疾抚恤对象的抚恤标准及时进行调整。调整标准参照基数：伤残军人抚恤金标准，以当地上年度职工平均工资水平为参照基数，即特等、一等按上年度职工平均工资制定标准，二、三等伤残抚恤金参照特等、一等抚恤金标准按一定比例递减。2003～2010年，7次提高抚恤补助金标准。2003年残疾抚恤金标准，特等因战标准，抚恤金每年9960元，保健金每年2140元。2004年8月1日，新《军人抚恤优待条例》颁发，新条例自2004年10月1日起实行，新条例取消了“抚恤金”和“保健金”的区别，统称抚恤金。同时，调整残疾等级设置，由原来的“四等六级”调整为1至10级，原特等套改为一级，原一等套改为三级，原二等甲级套改为五级，原二等乙级套改为六级，原三等甲级套改为七级，原三等乙级套改为八级，套改过程中，残情与新等级不相符的，经指定医疗机构鉴定后按新等级确定。2004年10月1日起提高残疾抚恤金标准，一级因战残疾抚恤金标准为每年11200元。2006年1月1日起提高残疾抚恤金标准，一级因战残疾抚恤金标准为每年14560元。2007年8月1日起提高残疾抚恤金标准，一级因战残疾抚恤金标准为每年18900元。2008年10月1日起提高残疾抚恤金标准，一级因战残疾抚恤金标准为每年22680元。2009年10月1日起提高残疾抚恤金标准，一级因战残疾抚恤金标准为每年26080元。2010年10月1日起提高残疾抚恤金标准，一级因战残疾抚恤金标准为每年28690元。年增幅在10%～30%。

1995～2010年济南市社会优抚情况统计表

表16—2—10

年 份	享受定期补助人数（人）	其 中		
		在乡红军老战士（人）	在乡复员军人（人）	带病回乡退伍军人（人）
1995	219889	1	13472	99609
1996	219944	1	13129	100160
1997	228371	1	12984	109930
1998	224240	—	12969	115947
1999	243829	—	12907	137452
2000	234094	—	12511	139783
2001	233706	1	12014	140283
2002	24966	1	11996	3184
2003	15177	1	11996	3180
2004	15172	—	11994	3178
2005	15340	—	12406	2934
2006	14903	—	11899	3004
2007	22830	—	11806	4880
2008	24105	—	11788	5836
2009	23895	—	11610	5897
2010	23996	—	11552	6086

说明：享受定期补助人数2001年及以前包括所有的烈军属、退伍军人

第五节 烈士褒扬

一、纪念设施

1986年，济南市主要有济南革命烈士陵园、历下区烈士祠、历城革命烈士陵园、济南战役山东兵团指挥所纪念地、历城县西徐马烈士陵园、历城县西彩石烈士陵园、长清县大峰山烈士陵园、长清县石麟山烈士陵园、章丘县盛习友烈士纪念塔、平阴县烈士陵园、济阳县烈士陵园、商河县烈士陵园、中共山东省委秘书处旧址、社会主义青年团济南地方团建团会址、辛亥革命烈士陵园等烈士陵园和纪念地。解放阁、济南“五三惨案”旧址、济南四五烈士纪念碑、洛口九烈士纪念雕塑、王士栋烈士纪念地等烈

士纪念建筑物。

1988年10月15日，中共一大代表邓恩铭烈士塑像在烈士母校济南一中落成。11月11日，历城区早期共产党组织负责人尹天佑烈士纪念碑在烈士家乡郭店镇武家庄落成。

1989年3月，长清县在石麟山为魏金三、张跃南烈士立碑垂范。4月，槐荫区团委在青年公园建立邓恩铭、刘谦初等"四五"烈士纪念碑。7月，平阴县在东阿镇少岱山为烈士吴鸿渐树立纪念碑。

1990年12月4日，为纪念在对越自卫还击战中牺牲的一级战斗英雄、国家二级英模、原济南军区陆军学院见习排长王光华烈士修建的"光华碑""光华亭"在济南陆军学院落成。

1994年8月10日，济南革命烈士陵园续建工程动工，工程任务是修建400米长的围墙和3处大门。至年底，两处西大门和山北围墙全部完成，北大门主体工程完工。1995年，该陵园被民政部确定为全国百处爱国主义教育基地之一。下半年，被民政部授予"全国烈士纪念建筑物管理先进单位"称号。

1998年9月24日，济南战役纪念馆在济南革命烈士陵园奠基。1999年11月16日正式开工兴建。至2003年9月19日正式开馆。

2001年6月，济南革命烈士陵园被中共中央宣传部命名为全国第二批百个爱国主义教育基地。

2004年9月30日，中共"一大"代表、中共山东省委首任书记邓恩铭烈士陵墓在济南革命烈士陵园落成。

2005年，济南革命烈士陵园新建毛泽东凭吊烈士纪念碑亭、广场纪念群雕和烈士墓区无障碍通道；济南革命烈士陵园和济南战役纪念馆被确定为全国100个红色旅游经典景区之一，济南战役纪念馆同时入选山东红色旅游精品线路景点。年内，对全市范围内革命烈士纪念建筑物进行普查，全市民政系统管理的革命烈士纪念建筑保护单位共5个，其中全国重点保护单位1个，县级重点保护单位4个；分散管理的主要革命烈士纪念建筑物13处，包括史元厚、盛习友、尹天佑、李景泉等著名革命烈士纪念建筑物。各保护单位和纪念地占地总面积6万多平方米，纪念馆（陈列馆）面积6000多平方米。

2008年1月1日起，济南革命烈士陵园（济南战役纪念馆）正式免费开放。

附：济南战役纪念馆

济南战役纪念馆前身为建成于1975年的济南革命烈士陵园烈士事迹陈列室。1998年9月24日济南解放50周年之际，经山东省人民政府批准，中共济南市委、济南市人民政府决定，将陈列室扩建为济南战役纪念馆。1999年11月16日正式开工兴建。2003年3月24日，投资3800万元、建筑面积6800平方米的济南战役纪念馆建成试开放。当年9月19日上午正式开馆。纪念馆由陈列展厅和全景画馆两大部分组成。在陈列厅400米长的展线上，艺术地展示了320件文物原件和300余幅史料照片，配置雕塑、沙盘、油画等辅助展品，生动见证了当年艰苦卓绝的战斗历程和指战员们的战斗形象。全景画馆是一座圆形穹顶建筑，高18米、周长128米的巨幅环形油画与面积1260平方米、载有127件模拟制作的武器战车、工事的地面塑型区有机地衔接在一起。画面以环绕济南老城的壮美自然景观和古老建筑群为背景，以内城攻坚为主线，用高度写实的艺术创作手法，真实生动地勾画出人民解放军进兵、强攻、登城、突破、进击、巷战等战斗情节，再现了炮火连天、群英会战、气势磅礴的攻坚战和歼灭战的战场实景。同时，配置枪炮声等音像效果和录音解说。2007年，实施升级改造，充实陈列内容，丰富陈列形式，全景画馆采用了先进的冷光源三维动画合成技术和数字音频技术，营造出高度仿真的战争场景，增强了艺术感染力。2008年1月1日起免费开放，全年接待观众137284人（次）。

二、主要活动

1988年4月2日，济南市万名少先队员在英雄山烈士陵园举行宣誓仪式。8月30日，中共章丘县委集会，纪念章丘县第一个中共党支部成立60周年。第一任党支部书记郭恒祥烈士纪念碑同日落成。9月24日是济南解放40周年纪念日。市委、市政府做出统一安排，从5月开始，在全市广泛开展纪念济南解放40周年宣传教育活动和纪念活动，集中宣传人民解放军的丰功伟绩，宣传济南解放40年来特别是中共十一届三中全会以来各方面取得的巨大成就，向广大干部群众进行革命传统教育、形势任务教育、国防教育和建设文明泉城的教育。全市50余万人（次）参加纪念活动。9月23日上午，市委、市政府在解放阁下举行庆祝济南解放40周年纪念大会。省、市、济南军区，曾参加过济南战役或曾在济南工作过的部分老同志，以及各界干部、群众代表和解放军指战员，共5000余人参加大会。会后，举行“解放济南战役革命烈士纪念碑”落成揭碑仪式。高6.35米的纪念碑矗立于解放阁东侧，碑体宽27米，高3.8米，由78块黑色大理石构成，镌刻着3764名烈士的名录。纪念活动期间，市委、市政府还在历城区仲宫镇尹家店村修复了济南战役山东兵团指挥部旧址。

1993年12月4日，中共济南市委、济南市人民政府在八一礼堂举行表彰全国公安战线二级英模陈道顺烈士、王月松大会，号召全市公安干警和人民群众向陈道顺、王月松学习。

1994年4月5日，辛锐烈士塑像揭幕式在章丘市辛寨乡辛锐中学举行。巾帼英雄辛锐原名树荷，章丘市辛寨乡辛寨村人。1938年参加革命，年底入党。1942年1月，在沂蒙山区火红塔北山抗击日军的战斗中，拉响手榴弹，与敌同归于尽，时年23岁。

1995年，济南革命烈士陵园组织纪念抗日战争胜利50周年和世界反法西斯战争胜利50周年图片展览以及清明节期间群众性悼念活动，接待参观、悼念人数达23万余人。

1998年清明节期间，济南革命烈士陵园接待祭扫烈士墓活动群众20余万人。举行与济南第二十七中学“共建爱国主义社会实践活动基地”揭牌仪式；配合共青团济南市委在革命烈士纪念塔下举行“五四之光”和学校、部队开展的少年先锋队入队、新兵入伍、青年入团、18岁成人宣誓教育仪式。

2000年，济南革命烈士陵园举办图文宣传栏10期，革命事迹报告会等21场。查出在抗美援朝战争中牺牲的济南籍革命烈士159位，查出济南市区散埋的烈士墓3776座，为烈士亲属查找431位烈士的下落，找到墓地33座，《大众日报》《齐鲁晚报》与陵园开通“寻亲热线”。

2001年，市民政局下发《关于清明节期间开展悼念革命烈士活动的通知》，引导全市人民群众、集体组织进行褒扬烈士、教育群众的悼念活动。全市35万人到烈士陵园、祠馆进行祭扫悼念活动。

2005年清明节期间，邓恩铭烈士墓揭幕暨祭扫革命烈士仪式在济南革命烈士陵园举行。

2006年清明节期间，在济南革命烈士陵园举行开国元勋题词纪念碑揭幕仪式。全市30多万人祭扫烈士墓，举行报告会等各类活动4100多场（次）。其中，济南革命烈士陵园组织悼念活动280场（次），接待单位380多个，接待悼念群众15万人(次)，学生8万人(次)。

2008年9月24日，山东省暨济南市在英雄山革命烈士陵园悼念广场举行济南解放60周年纪念大会。参加过济南战役的老战士代表，济南军区，济南军区空军，省委、省政府，市委、市政府向在济南战役中牺牲的革命烈士敬献花篮。

2010年，济南革命烈士陵园（济南战役纪念馆）接待观众114207人（次），播放全景画675 场，讲解960场(次)。3月29日，联合《齐鲁晚报》发起“为济南战役牺牲烈士寻亲”系列报道，同时联合舜网发起“为济南战役牺牲烈士寻亲”活动，并开通寻亲热线电话，公布济南战役纪念馆网址，为烈士家属寻亲。“烈属寻亲直通车”寻亲热线接待来人来电500多人(次)，为6位烈士找到安葬地。围绕抗美援朝胜利60周年纪念活动，组织开展入队、入团、入党、入伍宣誓等纪念活动40余场。

第六节 退役士兵安置

1986年后，全市复员退伍军人安置工作在济南市退伍军人领导小组领导下，由退伍军人安置办公室具体组织实施。县（市）区机构设置基本与市相同。同年，市政府对接收安置条件重新作出规定：济南市非农业户口入伍的退役士兵；济南市农业户口入伍，在服役期间荣立个人二等功以上奖励的退役士兵；济南市农业户口入伍，服役期间因战、因公致残三等甲级以上的退役士兵，安排力所能及的工作，不能安排的，享受在乡伤残军人抚恤标准；济南市农业户口入伍，服役期间父母户口按照国家政策规定由农业转为非农业的退役士兵；外地入伍，服役期间父母户口按照国家政策规定迁入济南市并为非农业的退役士兵；外地入伍，服役10年以上，其配偶户口在济南市且有一定生活基础的转业志愿兵（1998年以后改称为转业士官）；经国务院和省政府安置部门批准在济南市安置的退役士兵。1987年，对在对越防御作战中荣立三等功的农村籍退役士兵分期分批安排到全民所有制或县以上集体所有制单位为合同制工人，农业户口转为非农业户口。1987～1989年，学习贯彻国务院《退伍义务兵安置条例》、民政部《对〈退伍义务兵安置条例〉若干规定的说明》和《山东省实施〈退伍义务兵安置条例〉细则》，结合济南实际进行调整落实，坚持上下一致的原则开展安置工作。1996年，首次提出鼓励城镇退役士兵自谋职业，并制定保留二年安置资格、按当年城镇义务兵家属优待金标准的两倍发给一次性现金奖励的优惠政策。1997年，市人大常委会通过《济南市退伍士兵安置办法》，贯彻执行至1999年。

2000年起，对城镇退役士兵安置实行政府指令性安置与自谋职业相结合的安置办法。政府指令性安置采用文化考试与档案考核，从高分到低分依次选岗安置。要求自谋职业的退役士兵，按照当年市政府确定的标准发给一次性经济补助。2002年，济南市退伍军人领导小组办公室改称济南市军队离退休干部和退役士兵安置办公室。2004年，市政府制定《济南市城镇退役士兵自谋职业优惠政策》，从一次性经济补助、职业技能培训、就业服务和社会保障、成人教育和普通高等教育、个体经营、税收、贷款、户籍、档案和组织关系9个方面作详细规定。2005年，市民政局先后与山东科技大学、济南技术学院、北大青鸟电脑培训学校等单位联办退役士兵驾驶员、机械维修、厨师和微机等4个培训基地，每年培训退役士兵学员1200余人。

1986～2005年，济南市接受城镇退役士兵36944人，其中安置工作35353人，自谋职业1591人，发放自谋职业一次性经济补助3306万元；接受转业士官13251人，安置12791人，自谋职业460人，发放自谋职业经济补助1587万元；接受农村退伍士兵40952人，其中开发军地两用人才13478人。退伍士兵占全市农村“两委”成员比率达到70%以上。

2006～2010年，接受安置退役士兵22932人，其中城镇退役士兵11016人，转业士官1300人。2006年，规范考试考核安置办法，实行事业单位考试考核与单位双向选择。推进自谋职业、做好就业前技能培训，城镇退役士兵基本得到妥善安置，其中接受培训600余人、自谋职业930余人。自谋职业比例63%左右，章丘市达到85%。2007年11月，联合市职业介绍中心成立全省首家退役士兵就业指导中心。同年，自谋职业率提高至73%，位居全省前列。

2008年3月21日，会同市劳动就业办公室举办2008退役士兵就业与培训现场洽谈会，提供就业岗位2000余个，800余名退役士兵与用工单位达成用工协议。2009年，制定《济南市城镇退役安置考试考核暂行办法》。2010年5月18日，在山东蓝翔高级技工学校举行“济南市退役士兵职业技能培训基地”揭牌暨首批学员开学典礼，中央电视台新闻频道、军事农业频道等进行报道。全市形成退役士兵培训十大基地，全年培训退役士兵2400人，其中蓝翔技校一家培训基地培训近700人。

第七节 军队离退休干部安置

1986年起，相继在燕子山小区、英雄山路、土屋路、建设路成立军队离退休干部休养二、三、四、五、六、七、八所。总建筑面积23144平方米。其后，全市军队离退休干部陆续集中安置到各个休养所。

1990年5月，七里山休养所定名为市军队离退休干部第一休养所。1996年12月25日，在全国先进军队离退休干部、军队离退休干部安置工作先进单位和先进工作者表彰大会上，第四休养所获全国军队离退休干部安置工作先进单位称号。1999年10月27日，市政府召开全市第四批军休干部安置工作会议，贯彻国务院、中央军委有关文件精神，部署第四批军队离退休干部交接安置工作。确定济南军区师职和济南军区空军军休干部居住点，交由市直属管理。

2000年，在军休干部中开展“理论学习系统工程”活动，举办专题讲座15个。举办军休干部理论学习演讲会，新华社《国内动态清样》专辑介绍济南市军休系统实施“理论学习系统工程”，稳定军休干部思想的做法。

2004年，在建设路成立正处级事业单位军队离退休干部管理服务中心，由市安置办公室管理；在历下区山大路、文化东路，市中区建设路，槐荫区段店镇，济阳县，商河县建立6处军队离退休干部休养所，由各区县民政局管理。同年，开展争创“全省星级军休所”活动。2月19日，在全国军休工作会议上，济南市被评为全国军休工作先进单位。2005年，制定《关于做好我市由军队建房及自购住房分散安置的军休干部接收管理工作的意见》。2006年，为241名师以上军休干部办理二类保健手续、为469名军休干部办理公费医疗手续、为13名军休干部遗属办理特别抚恤金、为1286名军休干部做好增资审核。接受分散安置军休干部466人。投资450万元，为历下区、天桥区、长清区、平阴县和市级军休所老干部住房和水电暖设备进行修缮。市军休六所被评为全省星级军休所。

2007年，全市有军休所21处，其中市级8处，县（市）区级13处；有军队离退休干部2506人、无军籍职工572人。当年接受安置军队离退休干部332人。投资134万元，为平阴县、长清区等9个军休所进行生活设施修缮。2008年，按照军休干部分散居住、区域划分、分片管理的原则，先后在千佛山路21号、六里山路20号、无影山路130号、段店南路217号相继组建成立4个军休干部管理服务处，具体承担分散安置军休干部的服务管理工作。

2009年，市委、市政府决定建设济南市军队离退休干部服务大楼。大楼位于二七新村南路，占地7334平方米，规划建筑面积3.24万平方米。至2010年大楼完成主体工程。

2009年8月1日，《济南军休》内刊创刊。9月，开通军休网站。2010年3月，成立济南军休艺术团。4月，省民政厅在全省推广学习济南市《创贴心民政品牌 建温馨军休家园》经验。

至2010年年底，济南市接收安置军队离退休干部（士官）3400余人。接收安置无军籍职工1035人。

第五章　社会团体管理

第一节 社团管理

1989年10月25日，国务院颁布《社会团体登记管理条例》(简称《条例》)，明确社会团体登记管理机关为民政部门。1990年5月8日，市民政局设立社会团体登记管理处。1991年10月，市社会团体登记管理处对外称市社会团体管理办公室。

1991年2月，印发《济南市社会团体清理整顿复查登记实施方案》，在全市启动社会团体清理整顿、复查登记工作。至1992年3月，全市正式登记发证的市级社会团体316家。其中，法人社会团体261家,非法人社会团体55家;县、区级社会团体276家,其中法人社会团体57家，非法人社会团体219家，共计592家。另有未办理登记注册、但事实上存在业务活动的社会团体300余家。全市社会团体有团体会员2678个，个人会员764074人。

1993年开始，对社会团体进行年检工作。年检初期，根据省民政厅、省公安厅《关于协同做好社会团体管理工作的通知》精神，市民政、公安部门联合开展一系列查处非法社会团体活动。其中，查处中国产品材料协调研究会在济南市的活动，依法取缔长清县“弘法社”。同期，市民政局分别与公安、新闻出版、工商、物价、财政、税务、技术监督等部门，就社会团体印章、出版、办实体、收费、统一代码等问题制定系列文件，逐步解决社会团体管理工作中缺乏操作依据的问题，为全市社会团体的规范化建设奠定基础。

1997年11月，市民政局转发省民政厅《关于印发清理整顿社会团体自查标准通知》，要求各级社会团体针对政治方向、遵纪守法、业务活动、财务管理、涉外活动、规章制度、自身建设等7个方面进行自查和整改。由登记管理机关会同业务主管单位进行检查验收，重新换发全国统一的新式证书，并在报刊上发布登记注册公告。

1998年10月，国务院第250号令重新颁布《社会团体登记管理条例》，社会团体登记管理工作进入规范化发展的新时期。至年底，全市撤销社会团体326家，整改38家，注销非法人社会团体207家，登记注册社会团体548家。另外对126家乡镇级和3818家村居级社会团体进行重新备案。同年，首次举行全市民间组织管理总结表彰大会，对先进社会团体、先进个人进行表彰。2000年4月，开展对气功类社会团体的专项规范工作，注销气功类社会团体10家。

2001年，开展“社团规范化建设年”活动，举办社会团体秘书长培训班、民间组织管理万人答卷和宣传一条街等活动，集中普及相关法律知识5万余人(次)。2002年，对社会团体分支(代表)机构进行规范，注册社会团体分支(代表)机构89个。

2003年，开展重点培育发展行业性社会团体活动。自此，全市行业性社会团体比率一直保持在社会团体总数三分之一的水平。3月，在社团年检活动中增设财务审计环节，提高社会团体参与年检活动的数量和质量。10月，全市社区民间组织培育管理经验交流会举行，全省16个城市同行到会观摩交流。7月，会同市科协等11个部门联合下发《关于加强社区民间组织培育与管理的意见》，开始在历下、槐荫等市内4区进行试点。年底，注销名存实亡、长期没有活动的社会团体23家。

2004年3月，开展农村经济协会复查登记工作。5月，下发《关于整顿规范社会团体工作的实施意见》，着力纠正社会团体中长期存在的政社不分、领导兼职、党建薄弱、违规收费、财务管理不严等现象。10月，召开全市农村经济协会经验交流会。章丘市和商河县培育发展农村经济协会的经验被省、市两级推广。

2005年，全市登记注册社会团体870家，其中市级366家、县级285家、乡镇级99家、村级120家。乡、村两级社会团体主要是农村经济类社会团体。这些经济类社会团体共吸收会员36万余人，注册资金352.3万元，固定资产412万元，每年直接创造经济价值23780.2万元。同时，领导干部在社会团体中兼职问题得到有效控制，社会团体党建普及率逐步提高。律师协会等10家社会团体获“山东省先进社会团体”称号。章丘市食用菌协会等10家社会团体获“山东省十佳（百强）农村经济协会”称号。济南市保险行业协会获“全国先进民间组织”称号。

2006年3月，组织召开济南民政系统八大社团工作会议，提出“正人先正己”口号，要求八大社团为全市社会团体做出榜样。4月，下发《关于对社区民间组织进行备案登记的通知》，对社区民间组织备案原则、范围、程序及备案后管理做了详细说明。11月，全市社区民间组织培育管理经验交流现场会召开。年底，组织全市28个农村经济协会参加网上成果展，农村经济协会在乡镇覆盖率100%。开始通过网络对外公布社会团体名录，推进政务公开。2006～2007年，开展集中年检、上门服务，规范社会团体管理。

2007年，建立社会团体成立登记实地考察制度、社会团体成立（换届）选举大会指导（监督）制度和业务主管单位联络员制度。7月，印发《济南市行业协会管理办法》，要求在职公务员（含参照公务员管理的人员）和其他行政执法人员不得在行业协会中兼职，行业协会培育发展与规范管理工作有重大突破。9月，全省发展社区民间组织现场会在济南召开，济南社区民间组织“一级登记（备案）、三级管理”工作模式在全省推广。10月，开展行业协会专项整顿规范工作和社会团体大普查活动。至年底，全市有社会团体2048个，其中市级社会团体403个，县（市）区社会团体337个，农村经济协会333个，社区社会团体975个，基本覆盖各个领域与行业。

2008年，先后组织召开社会团体经验交流现场会、民间组织管理暨社会组织促进会工作会议和农村经济协会工作经验交流座谈会，就社会团体培育发展与监督管理工作开展研究。5月四川汶川特大地震发生后，举行全市社会组织向灾区献爱心捐助活动启动仪式，当场认捐活动板房1300余套，并募集款项2300万元。

2009年，围绕市民政局服务品牌“贴心民政”创建工作，提出“社团送公益，群众普受益”和“省心一点成”两大服务品牌。9月，首次开通社会组织网上登记管理申请审批系统，开展社会团体网上查询、申请、登记。

2010年，取消体育类社会团体的业务主管单位审查，变为直接登记办理。4月，编印《济南市社会团体管理工作服务手册》，免费向社会团体发放，实现社会团体业务菜单式办理；社会团体年检首次提出“二年优秀免检一年”的奖励措施。同月，召开济南市先进社会组织表彰暨社会组织深入学习实践科学发展观活动总结表彰大会，50家优秀社会团体受到表彰。同期，市民政局被民政部表彰为全国社会组织深入学习实践科学发展观活动指导工作先进单位，济南市道路运输协会被表彰为全国社会组织深入学习实践科学发展观活动先进社会组织。5月玉树地震后，组织社会团体向灾区捐赠款（物）30余万元，并开展“济南市文艺家走近民政看民生”采风创作活动。9月，举办全市第一届社会组织成果展，127家社会组织、800余人参展。开展全市社会团体“小金库”专项治理工作。至年底，全市有社会团体3095个，其中市级社会团体379个，县(市)区社会团体872个，农村经济协会615个，社区社会团体1229个。

第二节 民办非企业单位管理

1996年8月，中共中央办公厅、国务院办公厅印发《关于加强社会团体和民办非企业单位管理工作的通知》，明确民办非企业单位统一由各级民政部门登记管理，要求加强民间组织登记管理机构建设，分批分期清理整顿现有各类民办非企业单位。为落实通知精神，市民政局先后举办两次“四期社团秘书长”培训班，培训相关人员近千名。

1998年10月25日，国务院《民办非企业单位登记管理暂行条例》颁布后，市民政局分别和市教育、体育、卫生、劳动等部门联合下发归口登记的文件，和市人民银行联合下发《济南市民间组织设立银行账号的有关问题的通知》，原来在各部门获行政许可的近百个民办非企业单位全部统一归口到民政部门注册登记，取得法人地位。

2002年，完成民办非企业复查登记工作，全市登记注册民办非企业单位4709家，其中市级308家，县(市)区级4401家。

2003年，全市民办非企业单位开始与社团年检工作同步进行。当年落实参检单位192家，撤销、注销民非企业单位13家，评出优秀单位16家。之后，参检单位逐年增加，年检力度逐年加强。2004年，在年检活动中多次开展市、县联合集中执法查处行动，查处非法单位200余家。根据上级部署广泛开展“民办非企业单位诚信建设活动”。

2005年9月，在全市统一实行《济南市民办非企业单位登记管理规范》。济南市明仁科技学校等20家民办非企业单位被表彰为市级民间组织规范化建设示范单位，济南安康医院等10家单位被表彰为“山东省先进民办非企业单位”，历下区大家园家政服务中心获“全国先进民间组织”称号，济南黑骏马俱乐部、济南市山木电脑培训学校获“全国民办非企业单位诚信建设先进单位”称号。

2006年3月25日，召开济南市民间组织联合会代表大会；10月18日，举办全市社区民间组织培育管理经验交流现场会。2007年6月，召开全市社区民间组织培育发展管理工作现场会。9月，全省社区民间组织管理现场会在济南召开。修订下发《济南市社区民间组织备案管理暂行办法》，使社区民间组织登记、管理工作更加规范。

2008年，开展民办非企业单位诚信建设活动，组织民办医院开展下乡义诊、送药活动。1月22日，组织济南安康医院到历城区唐王镇纸坊村孤残儿童寄养基地，为90余名孤残儿童开展义诊送药活动；23日，组织山东大学齐鲁医院高新区医院到天桥区大桥镇敬老院，为50位老人免费检查身体，并设计治疗和保健方案。11月23日，组织济南瑞峰听觉语言康复中心、济南市启明星儿童训练中心、济南培心源训练中心等3家儿童康复机构到历城区唐王镇纸坊村孤残儿童寄养基地，为102名孤残儿童进行听力检测，为脑瘫、多动症等儿童进行康复训练；26日，组织济南齐鲁花园医院、济南肿瘤医院12名医生到长清区济南南山老年公寓，为76位老人开展诊疗活动，并为其卫生所送去价值近万元的医疗器械、药品。四川发生地震灾情后，组织民办非企业单位向灾区捐款捐物。

2010年，组织民办非企业单位开展新社会组织科学发展观学习实践活动，对全市120家先进单位进行表彰。开展“贴心一键通、虎年助老送爱心”活动，组织社会组织捐款2万元。开展“一对一”求教活动和“一对一”帮扶困难群众活动，与章丘市西田广村10户困难家庭结成帮扶对子，对每户资助200元，并建立长效机制。与大智培训学校联合开展“牵手灾区人、义讲援舟曲”活动，邀请国内数学、物理、英语、作文等领域知名专家参与赈灾义讲。组织齐鲁医院、安康医院等民办非企业单位到贫困地区及老年公寓送医送药，其中药品30余种，价值上万元。至年底，全市有民办非企业单位2379家，其中市级1507家、县（市）区872家。

第六章　地名管理

第一节 地名命名更名及标志设置

1987年6月，济南市政府恢复地名委员会，办公室设在济南市规划局。在地名普查成果的基础上，建立各级地名档案，设立地名档案室。

1988年5月，市地名委员会办公室整建制由市规划局划归市民政局。同年，县（区）级建地名档案922盒7221卷，编制各种地名检索表46册。其中，文书卷124卷、地名调查和成果类6441卷、编辑出版类192卷、综合卷464卷。标绘地名图450幅，各类地名照片12本、261张，设置地名标志（村）碑500余块。

1990年，各级地名管理机构完成134条街道、居民区的命名工作；配合公安部门完成整顿换制街道门牌工作，保持原名街道655条，命名、更名、调整街道210条，设置街道地名标志116个、城区街路牌524个、村碑644块，补查出族谱576部、碑碣278块，征集文字资料760份、30万字，补查标绘乡镇、城区地区图56张，复制上报地名成果2500份。

1991年，完成936条街巷、17个居民区的地名标志设置，完成国家、省、市和县区存档4套复制地名成果（地名统计表、地名成果表、标准地名图）8613条，地名成果表1894份，约300万字，标绘标准地名图、城区图125幅，其中1∶50000的405幅。

1992年，命名57条街路，审核896条街路巷、居民小区的标准名称，纠正不符合标准的地名标志73处。会同公安部门更换安装门牌、街牌、路牌276789块。

1993年1月12日，市政府公布实施《济南市地名管理办法》，对地名命名、更名的审批权限和办理程序做出具体规定，要求各级各单位加强地名的使用管理，不得擅自确定地名或更改标准地名。年内，命名地名52条，会同公安部门整顿换制街巷门牌、核对地名名称276930个。

1989～1998年，全市命名地名328条，更名8条，注销地名38条。

1998年，《济南市地名管理办法》经山东省人大常委会九届三次会议批准，于10月1日颁布施行。这是全省第一部地方性的地名管理法规。

1999年，在济南市区佳宝路、环山路、共青团路、轻骑路和阳光小区，按照国家“GB17733.1—1999《地名标牌　城乡》强制性国家产品标准”，制作安装不锈钢灯箱式街牌和居民区楼牌。

2000年，根据民政部、交通部、国家工商总局、国家质量技术监督局《关于在全国城市设置标准地名标志的通知》，市政府转发市民政局等10个部门提出的《关于在全市设置标准地名标志的报告》，按照国家“GB17733.1—1999《地名标牌　城乡》强制性国家产品标准”，在泺源大街等8条主要道路设置不锈钢灯箱式标准地名街牌104块。7月13日，市民政局、市地名委员会、市教委、市语言文字工作委员会联合转发《关于开展全国政区名称用字读音审定工作的通知》，成立济南市地名用字读音审定委员会，办公室设在市民政局。2001 年 9 月 20 日，山东省标准地名标志设置工作现场会在济南市长清区召开，推广长清区标准地名标志设置试点的经验。

2002 年，市民政局会同市公安局对全市居民区使用的非标准名称进行集中清理整顿。清查非标准地名 212 个，对其中不具备命名条件的 69 个居民区名称责令停止使用。2003 年 7 月 25 日，经山东省第十届人大常委会第三次会议批准，新修订的《济南市地名管理办法》于 10 月 1 日起施行。

2004 年 3 月，完成济南市地名信息系统开发。12 月 2 日，该信息系统通过专家鉴定。

2005 年，编制出版《济南高校新区地名规划》《济阳县规划新区道路名称规划方案》《城市主干路命名规划方案》。7 月 21 日，开通"济南地名网"，将地名档案资料和电子地图相结合，实现地名信息数字化、可视化及社会化应用。9 月 30 日，开通地名查询热线"82985700"。11 月，济南市被评为全国 10 个"数字地名示范城市"之一。

2006 年，全市命名、更名和调整地名 57 条。同时，对济南地名网进行升级改版，提高电子地图的查询速度。2007 年，命名地名 60 条，其中居民区地名 23 条、道路地名 21 条、桥梁地名 6 条、泉水地名 10 条。2008 年，命名地名 67 条，其中居民区地名 56 条，道路地名 11 条。同年 4 月 24 日，开通地名查询专线"96711222"及地名短信服务系统"106285322"。

2009 年，命名、更名和调整地名 92 条，其中命名居民区地名 50 条、道路地名 27 条、桥梁地名 3 条、泉水地名 6 条，更名地名 2 条，变更起止点地名 4 条。为迎接第十一届全运会在济南的召开，对市区 120 条主控道路及近千条支路，增设路牌 800 余块，更换路牌 1510 块。同时，由市民政局开发的 20 台新一代地名查询触摸屏投入使用。

2010 年，命名地名 108 条，其中居民区地名 92 条、道路地名 16 条。完成《济南市城市地名总体规划》编制。完成国家地名数据库属性数据录入近 3 万条。

第二节 地名文化保护

1989 年，完成《中国地名大辞典》济南市部分编纂工作。1994 年，完成《中华人民共和国地名大词典》有关济南市行政区划、居民地、名胜古迹、人工建筑、街巷和带有地名意义的科、教、文、卫、体、服务行业、企事业单位等各类词条 679 条、18.8 万字的编纂任务。1995 年，建立全市地名档案，编写包括标准名称、拼音、起止点、长宽度等内容共 938 条、3.5 万字的《济南市标准街巷名录》。县（市）区完成 950 条、14 万字的《山东省地名志》济南词条编写任务。1996 年，编制出版《济南市区地名图》。2002 年 12 月，《济南市城区地名图》出版发行。

2004 年 10 月 18 日至 11 月 18 日，由市民政局、市文明办、济南日报报业集团、市文物局主办，市地名协会、《济南时报》、济南舜立房地产公司联合开展济南"市民喜爱的老街老巷"评选活动。评选出芙蓉街、舜井街、曲水亭街、馆驿街、剪子巷、后宰门街、东流水街、高都司巷、五三街、秋柳园街、王府池子街、普利街、经二路、旧军门巷、司里街、长春观街、制锦市街、贡院墙根街、鞭指巷、北大槐树街共 20 条市民喜爱的老街老巷，并为其挂牌立碑。2005 年，出版《济南老街老巷》一书。

2007 年 2 月 3 日，由市民政局组织编辑的《济南市地名录》出版发行。该书是中华人民共和国成立后济南市编辑出版的第一本地名工具书，收录涵盖全市行政区域内的 6 大类地名 9276 条、59 万字，是全面反映济南历史和现状的地名检索资料。5 月 10 日，由市委宣传部、市民政局和市政协文史委主办，市地名协会承办的济南"具有文化遗产价值老地名"海选活动启动。市民纷纷通过电话、信件、短信和电子邮件的方式参与推荐，19826 人（次）参与，推荐各类名称 3000 余个。经过筛选，最终确定 30 个入选老地名。分别为古政区名称：历城、济南、仲宫；古聚落名称：广里；古山川名称：趵突泉、黑虎泉、珍珠泉、五龙潭、百脉泉、大明湖、小清河、华山、千佛山；古建筑名称：孝堂山郭氏墓祠、灵岩寺、四门塔、历下亭、济南府学文庙、永济桥、广智院、洪家楼天主教堂；古遗址名称：东平陵故城；老街巷名称：芙蓉街、曲水亭街、经二路；老店铺名称：瑞蚨祥、大观园；纪念地名称："五三惨案"遗址、英雄山、解放阁。同年 7 月 18 日～8 月 20 日，市民政局、市地名协会组织开展"地名楹联有奖征集"活动，公开征集与济南地名有关的楹联，征集地名楹联 963 幅。

2008 年 10 月 10 日～19 日，"我们的城市记忆——2008 济南地名文化展"在山东东方艺术馆举办。展览由市民政局、中国地名研究所和市政协文史委联合主办，市地名协会承办，融合摄影、绘画、书法、剪纸等多种艺术形式，是济南市首次举办的以地名文化为主题的展览。编辑出版《济南地名——我们的城市记忆》地名画册；出版发行《济南地名楹联》一书，收录地名楹联 200 余幅，配有珍贵照片近百张。2009 年 8 月 19 日，举办全市首次地名文化有奖知识竞赛，吸引省内外 4000 余人参加。

2010 年 9 月 5 日～6 日，由市民政局主办，市地名协会承办的"2010 济南地名文化论坛"举办。来自民政部区划地名司、民政部地名研究所和省民政厅以及北京、上海、天津和南京等市的地名文化保护专家，围绕地名文化保护与建设主题，探讨济南地名文化保护工作的措施策略及发展方向。11 月 9 日，全市首部专业地名图集——《济南市地名图集》出版发行，填补济南市无专业地名图集的空白。该书以济南市行政区划为制图区域，涵盖 10 个县（市）区，有地图 169 幅，其中包括卫星影像图 6 幅，涵盖点位信息约 1.5 万条，是一本集中反映济南市行政区划和地名现状的大型地图集。

第七章 婚姻、殡葬和收养管理

第一节 国内婚姻登记

1986 年 3 月 15 日，民政部颁布新的《婚姻登记办法》，规定居民应持居民身份证或户籍证明、所在单位或村民委员会（居民委员会）出具的本人出生年月、婚姻状况（未婚、离婚、丧偶）的证明办理结婚登记，颁发结婚证。男女双方自愿离婚，并对子女抚养和财产处理达成协议的，必须双方持居民身份证或户籍证明和结婚证到一方户口所在地婚姻登记机关申请离婚登记。同年，济南市的婚姻登记工作开始归民政部门管理。1987 年，在市区和农村乡镇先后建立婚姻登记处 73 个，配备婚姻登记员 89 名、婚姻登记代办员 86 名。

1988 年，开展提倡晚婚晚育和优生优育教育，全年婚前咨询服务 13844 人（次），举办新婚夜校 56 期，7238 人（次）参加学习，建立婚姻档案 2631 册。

1992 年，章丘市、商河县、长清县建立县级婚姻登记处。槐荫区婚姻登记处在全省开设第一家婚姻家庭咨询服务热线电话，全年受理咨询 875 人（次）。

1994 年 2 月 1 日，民政部颁布《婚姻登记管理条例》，要求在能够实行婚前健康检查的地方，必须到指定的医疗保健机构进行婚前健康检查，向婚姻登记管理机关提交婚前健康检查证明。同时，贯彻《山东省婚前健康检查暂行规定》，检查验收全市婚检机构，向10个单位颁发合格证书。

1995年，对全市婚姻介绍机构进行清理整顿，经审查合格报省民政厅批准5家；对130余名婚姻登记管理人员分两批进行培训，统一持岗上证。12月22日，市政府召开禁止借婚姻登记搭车收费会议。

1996年，历下、市中、天桥、槐荫4区的婚姻登记处集中在济南市社区服务中心办公。1997年，《山东省婚姻登记管理办法》实施，全市撤销乡镇婚姻登记机构，实行由县以上民政局集中进行婚姻登记与管理的体制。

1998年，开始使用婚姻登记电脑软件系统。至2005年，实现多机系统登记，每年应用宽带式ADSL向省民政厅直报数据40万条。

1999年，制定《济南市婚姻登记管理工作规范》，从办理登记、登记员行为、婚姻管理、婚姻服务、监督制约5个方面作具体规范。年内，市政府办公厅下发《关于进一步加强对婚姻介绍机构监督管理的通知》，对婚介机构应具备的条件、报批程序、归口管理、监督手段、设置数量做出明确规定；对原有70余个婚介机构进行清理整顿，取缔40余个，保留28个。

2000年，市民政局制定《济南市婚姻行政执法过错责任追究制度》，对婚姻登记申请、审查、批准、发证、归档等基本程序各执法环节作细化规定，使婚姻管理工作达到程序合法化、行为规范化、责任明确化，并发给婚姻当事人征求意见卡，对婚姻登记管理部门的服务态度、办事效率、收费标准进行监督评价，全市合格率100%，10个婚姻登记处中有7个被评为济南市2000年度“行风建设示范窗口”，3个被评为“人民满意的政法单位”。

2001年，民政部婚姻登记处有关负责人在济南调研，认为济南婚姻执法严格，程序及管理规范，执法综合水平居山东省前列，并向全国转发《济南市婚姻登记管理工作情况汇报》。同年，婚姻介绍管理职能由民政部门审核、工商部门注册，改为由民政部门主管、民间组织管理部门登记；印发《济南市婚姻介绍机构管理规定》。

2002年，向社会承诺双休日办理结婚登记，推广章丘市婚姻登记处建设上档次和婚姻登记规范化管理的经验，联合公安部门建立婚姻登记情况定期联系制度。

2003年开始，婚姻登记人员必须通过省民政厅资格考试。同时，各个登记处先后改造办公场所，设立规范的婚姻登记标志，安装排号机、语音电话等便民设备。10月，全市取消乡镇办理结婚登记，结束市内4区集中办公形式，迁回各区民政局办公。全市设10个登记处和高新区巡回点。同年，市中区、槐荫区、章丘市3个婚姻登记处被授予“全国婚姻登记规范化建设示范窗口”称号。

2003年10月1日，国务院颁布《婚姻登记条例》，取消办理婚姻登记需由单位、村民委员会或居民委员会出具婚姻状况证明，改为当事人书面声明，婚前医学检查由强制改为自愿，双方当事人持户口簿、居民身份证、本人无配偶以及与对方当事人没有直系血亲和三代以内旁系血亲关系的签字声明办理结婚登记。自愿离婚的，双方持户口簿、居民身份证、结婚证、离婚协议书办理离婚登记。

2006年9月29日，“新生活、新风尚——金色情结”大型集体婚礼在泉城公园举行

2004年，全市54名婚姻登记员参加全省婚姻登记员资格培训与考试，全部合格并获“婚姻登记员资格证书”。同年，对全市53家婚介机构进行全面检查，对11家不符合规定的婚介机构予以注销。9月29日，市民政局在济南战役纪念馆举办有32对新人参加的“新泉城、新时尚——红色情结”集体婚礼，庆祝中华人民共和国成立55周年和济南解放56周年。2006年9月29日，在泉城公园举办110对新人参加的“新生活、新风尚——金色情结”大型公益集体婚礼。

2007年，全市90%的婚姻登记处的性质由以前的行政、全额事业、自收自支事业单位变为行政编制或财政补贴事业编制。加大硬件投入，新建、扩建登记处办公场所，设立规范的婚姻登记处标志，完善便民设施，达到民政部规范化建设登记场所的标准，并全部应用多机系统办理婚姻登记，应用宽带网络向山东省民政厅上报婚姻登记数据。统一双休日预约登记时间为每周六上午8时30分至11时30分，节假日根据预约情况确定登记时间，当事人可提前1个工作日进行预约，并公布婚姻登记处电话。

2010年，全市各婚姻登记处依法办理内地居民结婚登记55735对，离婚登记11737对，登记合格率100%，开具婚姻状况证明3.15万件。

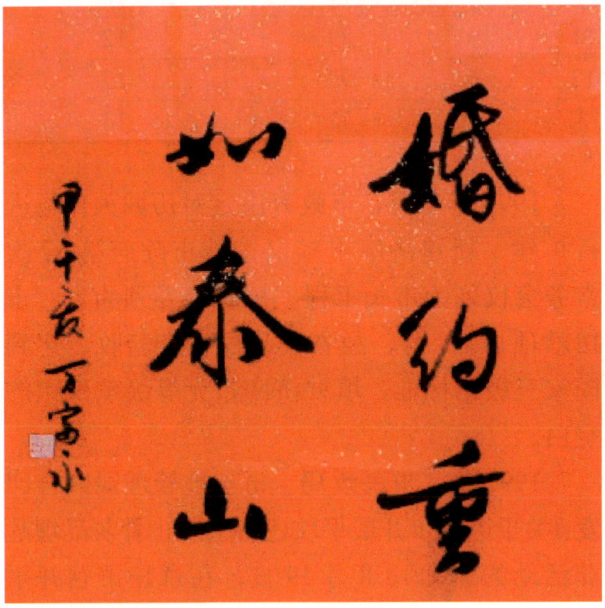

第二节　涉外和港澳台婚姻登记

1983年11月，济南市政府成立涉外婚姻登记处。按照民政部《中国公民同外国人办理婚姻登记的几项规定》《华侨同国内公民、港澳同胞同内地公民之间办理婚姻登记的几项规定》《中国与毗邻边民婚姻登记管理试行办法》《大陆居民与台湾居民婚姻登记管理暂行办法》规定，中国公民需提交户籍证明、本人户口所在地县级人民政府或工作所在单位的县级以上机关出具的本人有关情况证明。外国人提交护照、公安机关签发的外国人居留证、经本国外交部（或外交授权机关）和中国驻该国使、领馆认证的，由本国公证机关出具的婚姻状况证明和婚姻登记机关指定医院出具的婚前健康检查证明。现役军人、外交人员、公安人员、机要人员及劳教服刑的人不准同外国人结婚。华侨、港澳同胞须持有在国外和港澳从事的职业或可靠经济来源的证明。台湾居民要提交台湾居民来往大陆通行证、在台湾地区居住的有效身份证明、台湾公证机关出具的无配偶声明、户籍誊本等。离婚的应向管辖法院提出离婚诉讼。

2003年10月1日，国务院《婚姻登记条例》实施后，办理登记的外国人增加本人无配偶以及与对方当事人没有直系血亲和三代以内旁系血亲关系的证明程序。办理登记的香港、澳门、台湾居民以及华侨，增加双方当事人共同签署的结婚协议书等程序。市民政局婚姻登记处办理内地居民与外国人、华侨、港澳台居民的结婚登记，同时增加离婚登记业务。

1986～2010年，共办理涉外国人、华侨、港澳台居民结婚登记1386对，离婚登记96对。

1986～2010年济南市民政部门办理婚姻登记情况统计表

表16—2—11

年份	内地居民婚姻登记（对）		涉外婚姻登记（对）	
	结婚登记	离婚登记	结婚登记	离婚登记
1986	—	—	9	0
1987	—	—	14	0
1988	26183	44	17	0
1989	43735	802	20	0
1990	40158	736	35	0
1991	40970	684	42	0
1992	40327	760	85	0
1993	41845	1338	58	2
1994	44127	1346	41	5
1995	51858	1501	38	1
1996	50136	867	54	2
1997	49134	1428	51	1
1998	47090	1378	37	1
1999	45698	1357	69	3
2000	43755	1423	62	0
2001	45257	1679	85	1
2002	41126	758	51	2
2003	58385	1206	45	0
2004	56823	4869	61	8
2005	35647	5275	98	13
2006	54673	6488	74	9
2007	48354	8173	77	10
2008	54628	8291	89	12
2009	66782	9412	97	12
2010	55735	11737	77	14

第三节 殡仪管理服务

1987年，济南市粟山火化场更名为济南市殡仪馆。

1991年5月28日，市政府发布《济南市殡葬管理办法》。1992年5月，市政府批复同意济南市殡葬服务公司为独立核算、自负盈亏的全民所有制企业，负责经营各类殡葬用品，提供系列化服务。

1996年2月，市政府决定对历城火化场进行扩建；新建济南市殡仪馆被市政府第57次常务会议列为市长工程，被省计委列为省、市拨款项目。8月，经省民政厅检查验收，达到国家三级馆标准，填补济南市无等级殡仪馆的空白。

1997年，市民政局、市土地管理局联合印发《关于进一步开展平坟还耕、制止骨灰乱埋乱葬活动的通知》。8月19日，在章丘市召开平坟还耕经验交流现场会，推广章丘市明令禁止、大造声势、正确引导、自觉平坟的做法。至年底，全市平坟头20607个，复耕面积10.6公顷。1998年10月，历城殡仪馆整建制划归市民政局管理。

1999年9月，市政府发布新的《济南市殡葬管理办法》。全市建有殡仪馆7家、经营性公墓9处和殡葬服务公司1个。市民政局会同市工商、公安、土管、城建、新闻等相关单位和部门，对市区丧葬用品市场和全市公墓建设、平坟还耕情况作重点检查清理。对查出的违规在建的3处公墓责令停建，6处公墓责令经营单位限期整改，对1处公益性公墓违章经营罚款1000元。检查丧葬用品经营业户800余家次，没收营销迷信用品折款1500余元、罚款1905元，对非法业户予以取缔，9家业户责令停业整顿；给216家业户重新核发“殡仪服务许可证”。全市平坟头2100个，还耕地面积14.7公顷。

2000年，市民政局、市卫生局联合下发《关于进一步加强医院太平间管理工作的通知》，明确规定自同年5月1日起，火葬区辖内各医院太平间统一由殡葬管理部门委派专人负责管理。

2001年3月，历城殡仪馆更名为济南市莲花山殡仪馆。同年，投资100余万元，对济南市殡仪馆和莲花山殡仪馆旧设备进行更新、改造；联合有关部门对殡葬用品市场进行治理，取缔无证经营业户8家，吊销殡仪许可证6个，查处非法公墓9处。

2002年，配合省民政厅做好殡葬工作信息化管理工作，在济南市殡仪馆、玉函山公墓进行殡葬软件的试点，全市殡葬系统初步形成“一条龙”网络化服务体系。

2006年3月，济南市殡葬协会成立。4月27日，市属殡葬单位举行座谈会，纪念毛泽东等老一辈无产阶级革命家签名倡导火葬50周年。9月，济南市承办全国省会城市殡葬工作联谊会。全年火化遗体37838具，火化率100%。

2007年，开展“主动式殡仪服务”，对困难群体和重点优抚对象实行“五免一送”，即免普通火化费、普通告别费、普通遗体接送费、消毒抬尸费、1年骨灰寄存费，送普通骨灰盒1个，一次性为每户人（次）免除费用847元。实行殡葬服务进社区、殡仪主持到家中，为困难群体提供优惠殡葬服务，全年减免各种费用60余万元。全年火化遗体25896具，火化率100%。

2008年起，国务院第一次将清明节定为法定节假日。当年3月29日至4月6日祭奠高峰期间，全市52万人集中祭奠，其中清明节当天25万人，未出现任何不安全因素。

2010年，市民政局、市卫生局印发《关于进一步规范医院太平间管理工作的通知》，进一步规范太平间管理。1月22日，市民政局、市财政局印发《关于为城乡低保家庭和部分优抚对象减免基本殡葬服务费用的通知》，自3月1日起，对全市城乡低保家庭成员和无丧葬补助费的优抚对象（在乡复员军人、带病回乡退伍军人、参战退役人员、参核退役人员）免除遗体运输、冷藏3天、消毒抬尸、普通告别、普通火化、骨灰盒、骨灰寄存1年等7项基本殡葬服务费用。全年为1000余名城乡低保家庭成员和无丧葬补助的优抚对象减免基本丧葬费用120余万元。3月15日，山东省暨济南市殡葬系统“优质服务月”活动启动仪式在济南殡仪馆举行。在济南殡仪馆、莲花山殡仪馆全面推行“清单式”服务，实现当事人明明白白消费。11月19日，济南殡仪馆被评为全国殡葬工作先进单位。推进农村殡葬改革，推广济阳县农村公益性骨灰堂建设做法，全市农村建骨灰堂44处，安放骨灰3.1万余个，退林还耕土地53公顷，节约丧葬费用1000余万元。

第四节　公墓管理

1987～2010年，济南市陆续设立玉函山公墓、玉顶山公墓、双峰山公墓、历城区劳动人民安息园、恭德陵园、福寿园、章丘市南陵园、平阴县青龙山公墓、商河县龙泉公墓等9处公墓。

1988年1月30日，市机构编制委员会同意筹建济南市公墓管理处。1992年，济南市公墓管理处成立并更名为济南市殡葬管理处，负责全市殡葬事业管理。1993年，济南市公墓管理所成立，隶属市殡葬管理处。1996年，对全市经营性公墓实行年度检查验收制度。2000年，全市经营性公墓按营业额的3%预留维护管理费，2001年、2002年分别提高至5%、6%。2003年，在济南市殡葬服务公司建立济南市公墓便民超市，设有玉顶山公墓、双峰山公墓、历城区劳动人民安息园、恭德陵园、福寿园等6个经营性公墓的样式、价格沙盘，展示基本情况。

2004年，《中华人民共和国行政许可法》实施后，济南市殡葬管理处行政管理职能剥离，仅负责济南市殡仪馆、莲花山殡仪馆、玉函山公墓、回民殡葬服务站和殡葬服务公司的经营管理。2005年，全市各级民政部门均设立公墓维护管理费专用账户，用于公墓销售完毕后墓区管理的资金储备。2006年清明节祭祀高峰期间，市民政局在《山东商报》《济南时报》连续半个月向全市公告合法经营性公墓名单、地址、联系方式，宣传殡葬管理法规及有关经营性公墓和公益性公墓的区别和规定。2007年清明节前夕，市民政局向全体市民发出《文明祭奠倡议书》，倡导“厚养薄葬、绿色殡葬”。12月，联合国土资源部门清理整顿非法建设公墓，在媒体公布合法公墓情况。

2009年，贯彻落实民政部等8部委《关于进一步规范和加强公墓建设管理的通知》，市民政局联合市发改委、公安、国土等11个部门制订《济南市公墓清理整顿工作方案》，对全市范围内的经营性公墓、公益性公墓和未办理审批手续的公墓进行全面清理整顿。2010年，在济阳县开展农村殡葬改革和公益性骨灰堂建设试点，并利用市级福彩公益金进行资助，推动殡葬改革。

第五节 收养登记管理

1993年，根据《中华人民共和国收养法》（简称《收养法》）和民政部《中国公民收养子女登记办法》《外国人在中华人民共和国收养子女登记办法》《华侨以及居住在香港、澳门、台湾地区的中国公民办理收养登记的管辖以及所需要出具的证件和证明材料的规定》，济南市开始办理国内公民和华侨、港澳台居民收养弃婴儿童的登记工作。当年办理收养登记80件。

1994年，市民政局与有关部门协商确定济南市婴幼儿童收养程序和收养条件标准：办理收养登记应持本人户口（户籍证明）和居民身份证；结婚证；收养人与被收养人的合影照片；申请收养弃婴或儿童须提供公安部门出具的查找不到生父母的证明或者在县级以上报刊刊登寻找其生父母的公告（公告期为60天）；申请收养社会福利院机构抚养的弃婴和孤儿，须提供社会福利机构同意送养的证明和孤儿父母死亡证明；申请收养残疾儿童，须提供县级医疗单位出具的残疾状况证明；因不孕症而无子女的，须提供由市民政局、市卫 生局指定医院出具的不孕症证明。收养人应同时具备三个条件：无子女；有抚养教育被收养人的能力；夫妻双方均年满35周岁。收养人只能收养1名子女，收养孤儿或残疾儿童不受无子女和年满35周岁及收养1名的限制。无配偶的男性收养女弃婴年龄应相差40周岁。被收养人应是不满14周岁丧失父母的孤儿和查找不到生父母的弃婴。全年依法办理收养登记72件。

1995年6月26日，市民政局、市公安局联合下发《关于依法办理收养登记和落户工作的通知》，婴幼儿收养登记制度日趋完善和规范。全年依法办理收养登记117件。有30余例因不符合收养条件未获准登记。1996年、

1997年，分别办理收养登记114件、110件。1998年，办理收养登记124件。经调查统计，全市有175例未办理合法手续的事实收养，由市公安局行文、市公证处公证，自8月始办理事实收养儿童的入户手续。至年底，有88例办理合法手续。

1999年4月1日新《中华人民共和国收养法》颁布实施后，在全市进行宣传施行工作。济南电视台在《公仆与公民》栏目连续播放《收养法知识问答》；济南经济广播电台在《含笑时间》开通“收养法咨询热线电话”；《济南日报》刊登市民政局《收养法问题答记者问》；市民政局开展《收养法》日常咨询服务，日接咨询20余次。召开由市民政局、市公安局、市计划生育委员会、市卫生局、市司法局等部门参加的实施收养法工作协调会。市卫生局确定负责对收养人做体检的医疗机构。市民政局与市公安局联合下发《关于依法做好收养登记和落户工作的通知》。按照新《收养法》条款，由《济南时报》随时发布弃婴公告，年内发布17期，公告弃婴211人；自8月1日起，城区国内公民收养登记工作由市民政局交至被收养人所在区民政局办理。同年，全市办理收养登记163件，登记合格率100%。

2000年，组织县（市）区开展对国内公民“事实收养”问题调查。全市查出未经依法批准个人“事实收养”的弃婴391人，其中男弃婴67人、女弃婴324人。2001年，办理弃婴收养登记263件，其中男孩48人，女孩215人；涉香港、台湾、华侨收养登记5件5人。

2002年，全市发布弃婴公告195条，办理收养登记241件，其中男孩56人，女孩185人；收养社会福利院的弃婴、孤儿5人，社会弃婴230人，孤儿1人，三代以内同辈旁系血亲子女4人，有特殊困难无力抚养的子女1人。2003年，全市发布弃婴公告225条，办理收养登记278件，其中男孩68人，女孩210人；收养社会福利院的弃婴、孤儿2人，社会弃婴275人、孤儿1人。

2004年，《济南市弃婴弃儿管理暂行办法》实施，规定任何单位和个人不得将捡拾的弃婴弃儿转送他人或私自收养，捡拾到的弃婴弃儿统一送交济南市社会福利院，规范收养登记程序。全年办理收养登记241件，发布弃婴公告205条。

2005年，发布弃婴公告343条，办理国内公民收养登记319件。贯彻落实《济南市弃婴弃儿管理暂行办法》，明确有关单位和部门的职责与分工。联合公安部门对“事实收养”子女“落户难”问题进行解决，全市受理申请489件，发布公告423件，为符合条件的439人办理落户手续，解决了当事人因无法落户带来的入托难、上学难、就业难等问题。为32名孤残儿童办理落户手续，为9名残疾儿童办理残疾证，22名孤残儿童被家庭依法领养。2006年，全年办理收养登记82件，发布弃婴公告163条。90名孤残儿童进入家庭寄养基地，6名孤残儿童实现家庭助养。

2007年，对《济南市弃婴弃儿管理暂行办法》进行补充和完善。5月下旬，举办全市收养登记管理工作培训班。6月，成立济南市社会弃婴弃儿管理工作领导小组，制定无子女家庭收养福利院儿童举措，满足无子女家庭收养需求、解决实际困难的同时，鼓励和引导收养当事人通过正常渠道依法办理收养。2007年、2008年，分别办理收养登记45件、29件。

2009年，联合市公安局等4个部门制定下发《济南市解决国内公民私自收养子女有关问题的通知》，发布弃婴公告364人，办理收养登记230件。2010年，做好私自收养登记收尾工作，与公安等部门协调为350余户私自收养子女办理收养登记。

第八章 老龄事业

第一节 养老保障

1989年8月18日，市老龄委在长清县五峰山乡召开签订家庭赡养协议书现场会，推广长清县五峰山乡依法签订“家庭赡养协议书”，使农村老年人赡养工作落到实处的经验。

1990～1995年，城镇实行养老保险统筹，农村开展社会养老保险，社会养老保障制度开始建立。全市签订“家庭赡养协议书”得到普及，为发挥和完善家庭养老功能起到重要作用。老年福利设施、老年教育、老年医疗保健、老年体育、老年文化、老龄科学研究等事业都有较大发展，全市老龄事业由初创阶段进入新的发展时期。

1996～2000年，加强安老养老工作，养老保障和照料服务体系不断完善。坚持“家庭赡养协议书”签订工作，形成续签、回访、兑现制度。加强特困老年人救助工作，建立特困老年人档案，1998年和1999年春节，市政府分别拨出178万元和100万元专款，对全市特困老年人给予助养救济。至2000年年底，全市养老基地发展到18处、64.76公顷，年收入531.6万元。扩大养老保险覆盖面，养老金及时发放。养老服务设施发展较快。1998年，市政府投资500万元将济南医院改建为济南市第一老年公寓。2000年10月，市老龄办会同历下区，在东关街道投资320万元，建起总面积720平方米的“社区呼叫网络服务中心”。该中心由老年人活动中心和呼叫网络信息平台两部分组成，中心设置社区服务呼叫网络系统，与公安、医疗、卫生、家政服务及“120”“110”等联网，为老年人提供方便快捷的服务。扶持养老服务机构发展。至2000年年底，全市有老年公寓18所，床位1354张；有各级老年学校180所，敬老院、社会福利院250所，社区服务站、医疗室等为老服务设施400余处，各类老年文体活动场所2060处。

1989年，市老龄委在长清县召开签订家庭赡养协议书现场会

2001～2005年，全市城镇基本建立以基本养老保险、基本医疗保险、社会救济、社会福利等为主要内容的养老保障体系。2005年，企业养老保险参保人数81万人，企业退休人员月养老保险水平从“九五”期末的人均575元提高至“十五”期末的790元，养老金社会化发放率100%，社会化管理率96%；机关事业养老保险参保人数17.8万人，做到全覆盖；农村社会养老保险参保人数44.7万人，医疗保险参保人数65万人。社会救济制度不断完善，低于最低生活保障线的老年人优先纳入低保范围。探索不同形式的养老途径，在农村坚持开展“家庭赡养协议书”签订工作，逐渐走上制度化、法制化、规范化轨道。制定《济南市开发式扶老助贫意见》。在趵突泉街道进行社区居家养老试点，成立夕阳红社区养老服务中心。开展“关爱空巢老人”活动，400名青年志愿者与100户空巢老人结成帮扶对子，为空巢老人

提供经常性的生活照料服务。老年福利服务设施建设进一步加强。至2005年年底，全市老年公寓35处，床位2610张，其中国家投资兴办的3所，集体投资兴办的14所，达到“十五”规划中在城区每千名老人有10张床位的要求。实施“星光计划”项目，投资9251万元，建成“星光老年之家”145处。全市投资8036万元，按照省等级敬老院的建设标准，对乡镇敬老院进行更新改造。制定《“一县十三乡”村级敬老院建设方案》，分两批对经济相对落后的部分村级敬老院进行改造。对全市所有农村敬老院实行“二一一”食物配送工程，即为入住敬老院的老年人每人每天提供二两肉、一包奶、一个鸡蛋。启动养老服务社会化示范活动，探索机构养老、居家养老、社区老年福利服务等不同类型养老服务的方式方法。印发《济南市养老服务机构管理暂行规定》。

2006～2010年，老龄事业投入不断加大。2006年起，市财政按照全市老年人总数每人每年3元的标准拨付老龄事业发展经费，拨付专项资金1054.9万元。其间，投入3996万元新建和改扩建农村乡镇敬老院77所，利用星光老年之家建成10处日托养老站，按每张床位2000元进行补助，至“十一五”期末，全市有各级各类养老床位20685张，每百名老年人拥有床位2.2张。其中乡镇敬老院82所，床位10132张；老年公寓和其他养老机构109所（其中老年公寓63所），床位10746张；星光老年之家145处。居家养老服务有了较大发展，投入资金800余万元，以政府购买服务的方式为符合条件的老年人提供居家养老服务。建立高龄老年人补贴制度。从2008年1月1日起，市政府确定为全市90周岁至99周岁无离退休金的老年人每人每月发放60元的生活补贴，经费全部由市财政承担，并作为市政府当年为民办的12件实事之一。2009年各县（市）区政府又分别为这部分老年人每月增发40元的补贴。100岁及以上的老人每人每月300元。养

2008年，泉城路办事处94岁的王义芬老人领到第一季度180元高龄生活补贴金

老保障制度不断完善。全市参加城镇职工基本养老保险的人数130万人，有53512名农民纳入保障范围，适龄人口参保率93.27%；企业离退休人员养老金社会化发放率100%，退休职工养老金从“十五”期末的人均782元提高至1520元。在农村开展“家庭赡养协议书”签订工作，累计签订家庭赡养协议书34万份，占应签人数的95%以上；全市农村1.46万名“三无”老人实现“五保”供养，集中供养率达70%以上。按照每人每月50元的标准全面推行农村部分计划生育家庭的奖励扶助制度。在城市普遍实行最低生活保障制度，全市符合条件的7万余名老年人全部纳入低保范围。对城乡贫困老年人实行多种形式的救助制度，各县（市）区、各乡镇和经济条件较好的村，也都分别对困难老人进行现金或实物救助。市老龄办筹资35万元，开展居家养老试点，并取得成功。养老服务业得到较快发展。2008年10月，市政府办公厅印发《关于加快发展养老服务业的意见》，市老龄办协调14个部门共同制定《关于全面推进居家养老服务工作的意见》。2009年7月，市老龄办联合市财政局、市民政局印发《关于市级政府资金扶持城镇养老服务机构有关问题的通知》，市财政安排专项资金，以“以奖代补”的方式对城镇养老服务机构进行扶持。

第二节 老年权益保障

1988年7月，山东省人大常委会通过《山东省保护老年人合法权益的若干规定》，将每年农历九月九日定为“老人节”。10月18日，山东省暨济南市联合召开大会，庆祝第一个老人节，省市离退休干部代表、老年人代表1500余人参加会议。1993年9月15日，市委办公厅，市政府办公厅以济办发〔1993〕22号文件批转市老龄委《关于对全市七十岁以上老年人实行优待照顾的意见》。自1994年1月1日起，对全市70岁以上老年人实行在市、县(市)区、街道(乡镇)医院、门诊部就医可优先挂号、就诊、检查、交费、取药；游览市内各公园(含动物园、植物园)，凭老年人优待证早晨和晚上免费入园，白天营业期间内门票实行半价优惠等10项优待照顾。

1996～2000年，老年法规体系建设有了重大突破，老年人合法权益得到进一步维护。1998年9月2日，市政府制定《济南市优待老年人规定》，对全市60岁以上老年人实行凭优待证进入公园免购门票；为老年人医疗保健提供优先服务等优待政策。1999年12月16日，《济南市保障老年人合法权益若干规定》开始实施。在市老龄委设立老年人法律援助联络室，各县(市)区老龄委办公室设立老年法律援助服务中心(站)，方便老年人寻求法律援助。各级司法行政和宣传部门把老年法律法规纳入普法教育计划，加大宣传力度。各级法院对涉老案件做到优先立案、优先审理、优先执行。

2001～2005年，老年法规政策体系不断完善。把老年法律法规列入“四五”普法教育计，利用各种宣传阵地，开展老年法律法规宣传教育活动。加大执法力度，依法维护老年人合法权益。市、县两级法院发挥审判职能作用，成立维护老年人合法权益领导小组，在执行局成立涉老案件执行小组，实行涉老案件专案专办、司法援助、规章制度公示等制度，对侵害老年人合法权益的案件做到优先立案、优先审理、优先执行，还依法运用先予执行、财产保全等法律手段，保障老年当事人合法权益。其间，两级法院受理涉老案件2628件，审结2306件。对缴纳诉讼费有困难的老年人实行减免。历下区人民法院结合审判工作实践，在全省首家成立维护老年人合法权益合议庭，为老年人合法权益受到侵害提起诉讼开辟绿色通道。老年法律援助网络不断完善，制定《关于进一步做好老年人法律援助工作的意见》，在市老龄办设立老年人法律援助联络室，在市法律服务中心设立老年人维权接待室，还在“148”法律服务热线中为老年人开设法律服务咨询热线。凡合法权益受到侵害到市法律援助中心、“148”法律服务中心、律师事务所和公证处进行法律咨询、代办法律文书的老年人，一律免收咨询费，减收代办费，依据不同情况减收代理费，免收公证费。其间，各级老龄部门配合司法等部门调处涉老纠纷案件3432件，接待处理老年人来信来访2648件，处结率96%。没有因老年人合法权益受侵害越级上访事件。2003年5月1日起，按照市老龄委与市公用事业管理局、市公交总公司、市财政局联合制定的《济南市老年人乘坐公共汽电车优待规定实施办法》，对65岁以上老年人乘车实行半价优惠，70岁以上老人乘车免费。

2006～2010年，老年维权工作不断加强。建立健全市、县(市)区、乡镇(街道)、村(居)四级法律援助网络。市法律援助中心设立“老年人维权接待室”，“148”法律服务中心开设老年人法律服务咨询热线，全市132个乡镇(街道)建立健全法律援助工作站，4568个村(居)设立法律援助联络员。市老龄办开通老年维权热线，5年接待来访720余人(次)，接听热线电话4000余个，答复满意率99%以上。老年人各项优待规定得到落实，市内公园对老年人实行免费开放，公交惠老政策实现城区全覆盖。开

2006年，市老龄办设立“维权热线”。图为工作人员正在接听老年朋友来电

展老年法律法规普法宣传活动，将《中华人民共和国老年人权益保障法》《山东省老年人权益保障条例》《济南市保障老年人合法权益若干规定》列入普法教育内容，利用报纸、电视、电台和网站等阵地进行宣传，提高全社会尊老敬老和老年人依法维护自身权益的意识。

第三节 老年社会保障

一、老有所医

“八五”期间，注重发展老年医疗保健事业。开展老年医疗保健研究和咨询服务，县以上综合医院逐步建立康复科，办好老年门诊，农村以乡镇卫生院为基础，逐步形成老年医疗服务网络。加强对老年人常见病、多发病的研究和老年保健食品的开发研制。“九五”期间，在城镇改革、完善老年医疗保险制度，在农村推行合作医疗制度和老年医疗保险。加强社区医疗保健建设，改善老年人医疗保健条件。“十五”期间，把老年人医疗保健纳入社区卫生服务范畴，全市所有街道建立社区卫生服务中心，为老年人提供基本医疗、家庭病床、查体、健康咨询、护理照料、临终关怀等服务。建立城乡特困老年人医疗救助制度，保障特困老年人的基本医疗需求。新型农村合作医疗制度逐步建立，县（市）区、乡镇、村三级医疗卫生服务网络不断健全，基本满足农村老年人的需求。开展老年病防治工作，建立以济南医院为依托的老年病防治中心。发展家庭病床，建立老年人健康档案，并不断提高服务质量。

“十一五”期间，投入4000万元，启动城镇居民医疗保险，将男年满60周岁、女年满55周岁且不属于城镇职工基本医疗保险覆盖范围的老年人全部纳入保障范围。农村老年人基本纳入“新农合”保障范围，各级财政对新农合参合农民的补助标准由每人每年30元提高至60元。实施以建立老年人意外伤害保险制度为内容的“银龄安康工程”，全市在保老年人31万人。市财政先后投入资金6800万元改造乡镇卫生院，使全市75所卫生院全部达到机构布局合理、基础设施齐全、管理体制完备的目标。

2006年，济南市启动“爱老助残复明救助”活动

二、老有所为

1986年后，全市各级采取多种措施，组织老年人在发展经济、科技咨询、民事调解以及维护社会稳定、邻里团结、关心教育下一代、基层社会事务管理、养老服务等方面发挥作用。对有领导经验和业务专长的离退休干部，由所在单位组织开展调查研究、咨询服务、信息交流、人才培训等活动；组织企事业单位的离退休职工和社会上的健康老人，从事国家政策

2007年，老年志愿者参加“泉映晚霞”志愿服务团启动签名活动

允许的第三产业和参加力所能及的社会公益活动；鼓励和组织有技术专长的老年职工，为发展乡镇、区街企业提供服务，组织他们参加培训新工人的工作；鼓励家居农村、身体健康的离退休干部，为发展农村经济做出贡献。“十五”期间，各县（市）区、乡镇（街道）和村（居）建立老年人档案，为老年人参与社会发展提供信息，牵线搭桥。组织开展济南“银龄行动”，第一批17名老年志愿者奔赴菏泽支援，其中，卫生系统10人，教育文化系统7人，年龄最大的70岁。市第一人民医院许汝伦教授被评为全国银龄行动十佳老人。“十一五”期间，成立首家老年志愿者服务组织——济南市“泉映晚霞”志愿者服务团，各县（市）区、市有关部门建立分团30余个，志愿者1万余人。

三、老有所乐

1986年后，市和各县（区）结合旧城改造和居民小区建设，建立老年活动场所或活动中心，因地制宜为老年人开辟活动场所；各级老龄委和社会各界开展多种形式的老年文娱活动。“九五”期间，全市有各类老年人文体活动场所2060处。建立健全老年体协机构，发挥老年体育协会作用，开展多样化的老年体育健身活动。市属老年活动中心及县（市）区属老年活动中心组织各种活动，并对全市老年文娱活动进行指导和培训。“十五”期间，市体育局每年从体育彩票发行收益中拿出20万元，用于奖励各县（市）区老年体育活动场地建设。全市有老年文体活动场地4200余处，老年体育活动站（点）2344个。每年老人节在泉城广场举办老年文体表演，以及举办民族音乐会、老年人书画展、老年人专场文艺演出等。组织开展老年旅游活动，开行老年人旅游专列21列、专线5条。“十一五”期间，市老龄办筹资600余万元，利用农村集体闲置房屋建设农村老年活动基地1000处。全市有老年文体活动组织5569个，所有乡镇和半数以上行政村成立老年文体活动组织，形成市、县（市）区、乡镇（街道）、村（居）四级老年活动组织网络。全市有各级各类老年大学（学校）644所，在校学员11.56万人。

2009年，济南市老年人暨老龄工作干部健身运动会开幕式

第九章 机 构

第一节 济南市民政局

1986年，市民政局设优抚、社会、民政、福利、秘书、老干部等十几个科、室。下设四里山烈士陵园、市社会福利院、市精神病院、生产教养院、回民殡葬服务站、聋哑人骨灰盒厂、过军供应站、过军接待站、盲人按摩医院、社会福利厂、济南电器厂共11个直属事业单位。1988年，济南电器厂西厂更名为济南电器二厂，隶属于市民政局；5月，济南市地名领导委员会办公室由市规划局移交市民政局。1989年，济南电器二厂与山东省邮电器材公司联营，增用第二企业名称“济南电缆厂”，为独立核算，自负盈亏的企业；撤销市盲聋哑人协会、残疾人福利基金会，成立济南市残疾人联合会，由市民政局代管至1997年。同年，设立济南市聋儿康复中心。

1990年，成立济南市社会福利有奖募捐委员会，办公室设在市民政局，为正县级事业单位。1991年，成立济南市殡葬服务中心；同年，济南市离退休干部第四、五、六休养所投入使用。1992年，建立市民政局工会；济南市公墓管理处更名为济南市殡葬管理处，为差额拨款处级事业单位；成立济南市殡葬服务公司（独立核标、自负盈亏的全民所有制企业）、济南市福利企业公司（独立核标、自负盈亏的全民所有制企业）、济南市婚姻综合服务中心（独立核算、自负盈亏的全民所有制企业）。1994年，济南市拥军优属、拥政爱民工作领导小组办公室（简称“双拥办”）从济南市精神文明建设委员会办公室平行移交，与市民政局合署办公。1996年11月，市民政局加挂“济南市双拥办公室”牌子，市双拥办内设秘书处、综合处两个职能处室；设立济南市农村社会养老保险事业管理处，为副县级事业单位，同时撤销内设的农村社会养老保险办公室。

1996年，市民政局内设办公室、优抚处、基层政权建设处、社团管理处、市退伍军人军队离退休干部安置办公室、救灾救济处、社会事务处、事业处、市地名委员会办公室、市社会福利有奖募捐委员会办公室、福利生产办公室、计划财务处、组织人事处（挂离退休干部工作处牌子）等13个职能处室；成立济南市社区服务中心。1997年，济南市慈善总会办公室成立，为正县级事业单位。1998年11月，市民政局办公室增挂“济南市民政稽查大队”牌子。1999年11月，济南市军队离退休干部第七、第八休养所成立并投入使用。

2001年，市民政局内设处室缩减为11个。其中，市双拥办公室变为市民政局内设机构，原设的两个处室合并为双拥工作处；撤销社团处，成立济南市民间组织管理局，内设社会团体登记管理处、民办非企业单位登记管理处和综合监察处；原事业处和福利生产办公室合并为社会福利处；市地名委员会办公室更名为区划地名处；基层政权处更名为基层政权和社区建设处；取消市社会福利有奖募捐委员会办公室，成立济南市福利彩票发行管理中心；济南革命烈士陵园增挂“济南战役纪念馆”牌子，建制升格为正县级。2002年，市民政局所属的精神病院、社会福利院、收容遣送站、过军供应站等事业单位建制升格为正县级；救灾救济处增挂“城市居民最低生活保障办公室”牌子。2004年，市民政局内设机构调整为12个。其中，增加政策法规处（加挂“民政稽查大队”牌子），计划财务处更名为财务审计处，撤销济南市民间组织管理局，保留社会团体登记管理处、民办非企业单位登记管理处和综合处。同年，济南市福利彩票发行管理中心更名为济南市福利彩票发行中心，为县级自收自支事业单位；济南收容遣送站更名为济南救助管理站，为县级财政拨款事业单位；设立济南市军队离退休干部管理服务中心，为全额预算管理县级事业单位。

2005年，济南市救助管理站增挂“济南市流浪儿童救助保护中心”牌子。2006年，济南市精神病院增挂“济南市优抚医院”牌子。2007年，济南市军队离退休干部历下、市中、槐荫、天桥等4个服务处成立；济南市民间组织管理局调整为市民政局内设机构。

2010年，济南市民政局内设机构调整为13个，分别是办公室（挂信访处牌子）、政策法规处（挂民政稽查大队牌子）、组织人事处、财务审计处、优抚处、双拥工作处、市退伍军人和军队离休退休干部安置办公室、救灾救济和社会救助处、基层政权和社区建设处、区划地名处、社会福利和慈善事业促进处、社会事务处、市民间组织管理局；市老龄工作委员会办公室调整为市民政局管理；撤销梁庄果园，设立济南市儿童福利院，为市民政局所属财政拨款正处级事业单位。至此，市民政局下设事业单位有济南市福利彩票发行中心（自收自支县级事业单位）、济南慈善总会办公室（全额拨款县级事业单位）、济南市救助管理站（济南市流浪儿童救助保护中心）（全额拨款县级事业单位）、济南市社会福利院（全额拨款县级事业单位）、济南市儿童福利院（全额拨款县级事业单位）、济南市精神病院（济南市优抚医院）（全额拨款县级事业单位）、济南市殡葬管理处（差额拨款县级事业单位）、济南市殡仪馆（差额拨款县级事业单位）、济南市莲花山殡仪馆（自收自支县级事业单位）、济南革命烈士陵园（济南战役纪念馆）（全额拨款县级事业单位）、济南过军供应站（全额拨款县级事业单位）、济南市社区服务中心（自收自支县级事业单位）、济南市军队离休退休干部第一至第八休养所（均为全额拨款县级事业单位）、济南市军队离休退休干部管理服务中心（全额拨款县级事业单位）、济南市军队离休退休干部历下、市中、槐荫、天桥服务处（均为全额拨款县级事业单位）、济南市回民殡葬服务站（自收自支科级事业单位）、济南市拔丝镀锌厂、济南市社会福利厂、济南市电缆厂、济南市电器厂（均为自收自支科级事业单位）31个单位事业单位和济南市殡葬服务公司（独立核标、自负盈亏的全民所有制企业）。

第二节　济南市慈善总会

1997年4月18日，济南慈善总会成立，具有独立法人资格，接受市民政局业务指导和监督管理。每届任期5年。总会下设办公室，为全额拨款县级事业单位，编制15人，内设宣传联络部、募捐项目部、资金管理部3个部。10个县（市）区及高新区慈善总会为全额、自收自支事业单位及民间社团性质不等，编制1～3人，人员配备为专职与兼职相结合；乡（镇、街道）慈善协会，编制1～3人，人员配备为兼职形式，下级慈善组织均为上一级慈善组织的单位会员，系业务指导与协作关系。至2010年年底，慈善机构无变化。

第三节　济南市老龄工作委员会办公室

1987年7月28日，济南市老龄问题委员会成立。1990年3月23日，市老龄问题委员会更名为市老龄委员会。2001年6月6日，市老龄委员会更名为市老龄工作委员会，同时将市老龄委员会办公室更名为市老龄工作委员会办公室。市老龄办内设秘书处、事业处和权益处3个处室。至2010年年底，市老龄办内设机构无变化。

第三篇 劳动就业与社会保障

改革开放后，济南市开始采取劳动部门介绍就业、自愿组织起来就业和自谋职业相结合的劳动就业制度，由过去一直实行的固定工制度向劳动合同制过渡。1987年，市政府转发省政府《关于发布改革劳动制度四个实施细则的通知》，劳动用工逐步由计划经济时期政府统配，转变为市场经济体制下的全员劳动合同制。至1996年，全市国有、集体企业全部实行劳动合同制。2003年，制定《济南市劳动合同管理工作规程》，推动企业劳动合同管理规范化、标准化。

90年代起，在市场经济体制确立过程中，国有、集体企业陆续改制，有部分企业因经营不善等破产，有部分企业职工下岗失业。2000年，全市下岗职工总量为4.9万人。市委、市政府通过实施再就业工程、拓宽劳动就业领域和就业再就业渠道、加强劳动就业培训、鼓励就业创业的政策等措施，推动劳动力就业再就业。至2010年年底，全市有职工127.80万人；失业人员5.97万人，城镇登记失业率3.84%。

社会保障范围不断扩大，政策体系逐步完善，养老保险、医疗保险、失业保险、工伤保险等社会保险险种不断增加。1987～1988年，先后启动济南市国营企业和县以上集体企业固定工退休费用社会统筹。1991年12月，在历城区、平阴县、长清县、章丘县进行建立农村社会养老保险制度试点工作。至1994年，10个县（市）区全部启动农村社会养老保险。1994年，启动机关事业单位养老保险制度改革。2002年，启动济南市城镇职工基本医疗保险工作。2008年，启动城镇居民基本医疗保险工作。2009年12月，在天桥区启动济南市首批新型农村养老保险试点。2010年，全市城镇基本养老（含机关事业）、基本医疗、失业、工伤和生育保险参保人数分别为149万人、254.5万人、91.6万人、129.2万人和72.3万人，基金征缴总额114亿元。

第一章 劳动就业

第一节 职工队伍

1985年年末，全市职工总数815637人。其中，全民所有制单位职工572311人，集体所有制单位职工243127人。

1990年年末，全市职工总数964524人。按所有制形式分，全民所有制职工712492人，集体所有制职工246271人，其他所有制职工5761人。按用工形式分，固定工765738人，合同制职工127751人，其他职工71035人。全民所有制职工按隶属关系分：中央属单位157759人，省属单位132840人，市县属单位421893人。全民所有制职工主要分布：工业326453人，占45.8%；商业、饮食、物资和供销业58326人，占8.2%；教育、文化事业82645人，占11.6%。集体所有制职工中固定工171617人，合同制职工29681人，其他职工44973人。主要分布：工业162265人，占65.9%；商业、饮食、物资和供销业48254人，占19.6%；建筑业 11380 人，占 4.6%。

1995 年年末，全市职工总数 99.82 万人。其中，国有单位职工 71.27 万人，集体单位职工 22.08 万人，其他单位职工 6.47 万人。国有单位职工中：中央属单位 16.82 万人，省属单位 14.46 万人，市、县（市）属单位 39.99 万人；企业 47.29 万人；事业单位 17.92 万人，机关 6.06 万人。主要分布：工业 26.94 万人，占 37.8%；批发、零售贸易和餐饮业 5.95 万人，占 8.3%；科研、文教、卫生事业 14.58 万人，占 20.5%。集体单位职工中：企业 21.46 万人，事业单位 0.59 万人。主要分布：工业 13.33 万人，占 60.4%；建筑业 1.99 万人，占 9%；批发、零售贸易和餐饮业 4.42 万人，占 20%。

2000 年年末，全市职工总数 93.5 万人。其中，国有单位职工 59 万人，集体单位职工 11.8 万人，其他单位职工 22.7 万人。国有单位职工中有中央属单位 13.8 万人，省属单位 15 万人，市、县（市）区属单位 29.5 万人，其他单位 0.7 万人。主要分布：企业 33 万人，占 55.9%；事业 19.2 万人，占 32.5%；机关 6.8 万人，占 11.6%。集体单位职工中：企业 11.4 万人，占 96.6%；机关及事业单位 0.4 万人，占 3.4%。

2010 年年末，全市职工总数 127.80 万人。按企事业单位和机关分，企业单位 96.25 万人，事业单位 20.81 万人，机关单位 7.87 万人，其他单位 2.78 万人，分别占全市职工总数的 75.31%、16.28%、6.16% 和 2.18%。按单位注册类型分，内资单位 120.14 万人，港澳台商投资 1.95 万人，外商投资 5.71 万人，分别占全市职工总数的 94.01%、1.53% 和 4.47%。

2010 年济南市从业人员人数与报酬情况统计表

表 16—3—1

指 标	从业人员年末人数（人）	市 区	从业人员平均人数（人）	市 区	从业人员平均报酬（元/人）	市 区
总 计	1278002	986058	1274781	983693	36833	39981
按企、事业和机关分						
企业单位	962511	752405	960749	751324	33414	35742
事业单位	208078	160586	206573	159473	50908	56080
机关单位	78715	56351	78454	56205	50288	57889
其他单位	27754	15772	28093	15779	13445	16844
按隶属关系分						
中央属单位	221600	219091	225807	223293	46875	47024
省属单位	240842	229911	238500	227301	50433	51135
市属单位	224383	211991	222174	209933	35187	35172
县及县以下单位	400997	192711	399262	193071	28784	31502
其他	190180	132354	189038	130095	26615	28748
按单位注册类型分						
内资	1201368	936139	1199731	934680	37031	40228
国有	565083	474562	568277	478170	43339	45541
集体	79232	36268	79390	36301	22593	21359
股份合作	16520	14167	16413	14045	25972	26665
国有联营	20447	20432	20597	20582	60227	60259
集体联营	2780	143	2759	145	26684	32317
国家与集体联营	230	107	230	107	17070	13738

续表16—3—1

指 标	从业人员年末人数（人）	市 区	从业人员平均人数（人）	市 区	从业人员平均报酬（元/人）	市 区
其他联营	709	455	706	454	24585	23896
国有独资公司	36652	36565	36424	36337	41199	41240
其他有限责任公司	330733	230539	327751	227812	27025	28495
股份有限公司	115521	101019	113540	98975	46352	50427
其他内资	33461	21882	33644	21752	18502	20027
港澳台商投资	19508	11151	18954	10965	26007	26672
与港澳台商合资经营	11002	6833	10874	6674	28103	27784
与港澳台商合作经营	1960	1947	1956	1943	20278	20305
港澳台商独资	6209	2037	5787	2014	23898	28930
港澳台商投资股份有限公司	337	334	337	334	27855	27880
外商投资	57126	38768	56096	38048	36256	37766
中外合资经营	35285	22261	34544	21646	33836	32902
中外合作经营	3086	1995	3001	1944	33275	31990
外商独资	17084	12896	16949	12911	39912	44526
外商投资股份有限公司	1671	1616	1602	1547	55333	56663

说明：本表统计口径为非私营法人单位

第二节 就业安置与服务

一、就业安置、引导

1987年，全市在职职工发展到87.07万人，待业率1%。1988年，在招工工作中引入市场机制，促进就业竞争，全年新安置城镇劳动力2.39万人。年末待业人员8754人。1989年，采取加强城乡社会劳动力统筹管理，清理压缩计划外用工，对农村劳动力进城劳工实行务工许可证制度，巩固发展劳动服务公司安置基地，发展就业前培训等措施，全年安置2.17万人就业。年末城镇待业率突破连续四年保持的1%水平，上升到2.55%。

1991年，实行就业许可证制度，建立就业基金，制定并落实优惠政策，在天桥、槐荫、市中区试点建起待业职工生产自救基地，妥善安排待业职工再就业。全市劳动力资源4.86万人，年内安置城镇劳动力2.26万人。1993年，济南市劳动服务总公司印发《关于待业职工登记管理有关问题的通知》，重点抓就业基金监管、失业职工的组织管理和就业安置工作。1997年，全市城镇登记失业率首次突破3%，达到3.38%。

1999年，城镇登记失业人员就业3.6万人，年末城镇登记失业率3.68%。通过各种渠道分流安置下岗职工4.1万人，再就业率60.3%。市职业介绍中心实现因特网信息发布，全年有3586个（次）单位的信息上网，提供岗位10177个，网上推荐26843人（次）。向下岗职工承诺，只要不挑不拣，保证48小时内提供就业岗位。全年为特困下岗职工安排岗位1800余个。

2001年，全年通过各种渠道安置城镇劳动力就业3.8万人，年末城镇登记失业率3.81%，下岗职工分流安置率30.3%，市属企业下岗职工下降到1.64万人。组织劳务输出4.3万人。新发展劳服企业39户，发展社区就业网点610个，安置下岗失业人员4700余人。2002年，全年安置城镇劳动力就业4.38万人，其中下岗职工分流安置1.38万人，年末城镇登记失业率为3.89%。

2003 年起，市委、市政府将就业目标完成情况纳入各级政府及有关部门的全方位目标考核范围，建立严格的就业工作联动机制、奖励约束机制、考核评价机制和监督检查机制，实现目标、责任、措施三落实。

2004 ～ 2007 年，市劳动就业部门每年与济南电视台联合举办一届“创业项目暨特许经营连锁加盟展览会”。2006 年 6 月 16 日～ 18 日举办的第三届展览会，汇集国内外工艺品制作、食品加工、家政服务、餐饮服务等领域的近百个项目，有 12000 人参加展会，达成创业合作意向近 7000 个。2004 年 7 月，与济南电视台联合开通“创业英雄”栏目，大力宣传济南市创业政策、创业服务和创业典型，推动创业带动就业工作。

2005 年开始，每年开展“再就业援助月”暨“春风行动”。2006 年 2 月举办的“再就业援助月”暨“春风行动”，组织餐饮、加工制造等领域的 46 家用人单位参加，提供岗位 9631 个，有 18200 人参加应聘，现场达成就业意向 7112 个。

2006 年起，先后启动“大中专技校毕业生就业服务月”和“高校毕业生网上招聘”活动。为毕业生提供失业登记、免费培训、小额担保贷款等相关服务，并举办招聘会，帮助毕业生实现就业。2007 年 4 月、2008 年 4 月，分别举办济南市民营企业招聘周活动。

2009 年，济南市以抓好创业带动就业和“就业直通车”品牌创建活动为重点，通过落实就业政策、加强就业培训、提高就业服务水平等措施，全年安置就业再就业 14.8 万人，安置下岗失业人员 6.97 万人（次），农业富余劳动力转移就业 18.78 万人（次）；城镇登记失业率为 3.9%。

2010 年，全年完成城镇新增就业 14.99 万人；本市生源非师范类高校毕业生就业 2.61 万人，当年就业率 82.63%；农业富余劳动力转移就业 17.29 万人（次），其中，新增农村劳动力转移就业 7.8 万人；城镇登记失业率 3.84%。

二、劳动服务

1989 年 1 月 28 日，市劳动服务总公司成立劳务市场管理处，负责指导、协调全市劳务市场工作。同年，全市有劳务市场服务机构 30 个。1990 年，劳务市场更名为职业介绍所，负责指导、管理劳务市场的日常工作。全市劳务市场服务机构发展到 88 个，全年到劳务市场登记的社会劳动力 4.89 万人。全市有劳动就业服务企业 900 个，从业人员 2.02 万人，年末累计安置城镇待业青年 7400 人。1993 年，劳动部门全部建立职业介绍所，乡镇建立劳动服务站。对非劳动部门开办的职业介绍机构进行清理整顿，取缔 72 家，颁发职业介绍许可证的 54 家。劳动就业服务企业发展至 1033 个，职工 2.5 万人。

1994 年，对市职业介绍所进行扩建，成立市职业介绍中心，场地扩大到 500 平方米，配备大屏幕电子显示屏。实行求职用工登记、办理招工手续、劳动合同签证、养老失业保险、审批使用农民临时工的“一条龙”服务。全市形成以市、区、县（市）劳动部门 11 个职业介绍所、106 个乡镇劳动服务站为主和 142 个民办劳务中介为补充的职业介绍服务网络。1995 年，全市有劳动就业服务企业 940 个，职工 4.6 万人。

1999 年 6 月，实施《济南市职业介绍机构开展劳动人事代理工作暂行办法》，规定具有相应资质的职业介绍机构可开展代管档案、代管人事关系、代收代缴社会保险费及办理相关的劳动人事业务。济南市被劳动保障部列为全国劳动力市场“三化”建设试点城市，按照劳动力市场科学化、规范化、现代化的建设要求，对劳动力市场信息网络系统进一步规划设计。建立济南市劳动力市场职业供求信息分析制度。市委宣传部与劳动保障部门配合中央电视台《再就业之友》栏目，对济南市再就业工作进行宣传报道。同年，全年新发展劳服企业 61 户，安置下岗失业人员 3620 人。

2000 年，劳动职业介绍机构为各类求职人员办理求职登记服务 89119 人（次）；培训城乡劳动力 3.8 万人，组织劳务输出 3.4 万人。2001 年 6 月，济南市劳动力市场三化建设通过省劳动保障厅验收。

2002 年 10 月，颁布实施山东省首家职业中介机构管理办法《济南市社会力量开办职业介绍机构管理暂行办法》，对民办职中介机构的审批从此全部放开。扩建市级劳动力市场。扩建装修后的劳动力市场面积 1800 平方米，各种服务设施齐全，充分体现"以人为本"的服务理念。按"一条龙"模式分为就业服务、交流洽谈等七个区，最大限度地提高劳动力市场的社会化服务程度。2002 年，全年通过劳动力市场为 10 万人（次）的城乡求职人员提供就业服务，组织招收各类城乡求职人员 7.8 万人（次），组织农村劳动力输出 4.5 万人，为 1.7 万个单位和个人办理劳动保障事务代理。劳动力市场实现求职登记、技能培训、职业介绍、档案管理、劳动合同管理、社会保险办理和接续"一条龙""一站式"服务。

2003 年 1 月，济南市被山东省劳动保障厅列为劳动力市场三化建设推进试点单位。

2004 年 9 月，济南劳动就业网建成，劳动和社会保障部确定济南市为网上职介试点城市。就业服务信息化建设初具规模，实现市—10 县（市）区—59 个街道 53 个乡镇—223 个社区四级联网。对乡镇劳动保障事务所的机构、编制、经费等作了明确规定，构筑以乡镇劳动保障事务所为主、各县（市）区公共职业介绍机构为辅的劳务输出服务网络。

2005 年，市职业介绍中心被劳动和社会保障部评为全国劳动保障系统 2004 ～ 2005 年度优质服务窗口单位。

2006 年，市职业介绍中心加挂"济南高级技能人才市场"的牌子，设立专门窗口，专人负责，为专业技能人才提供专项服务。

三、就业再就业工程

1995 年 12 月，市政府印发《关于实施再就业工程的通知》，采取一系列鼓励富余职工进市场经营的政策，鼓励部分有条件的企业"退二进三"，兴办第三产业。年内为近万名富余职工找到谋生之业，同时增加近万个商业、饮食业网点。对失业人员实行登记制度，向失业人员颁发"山东省城镇失业人员登记证"。年末，累计接收失业职工 1.25 万人，重新安置就业 6847 人，安置率 54%。1996 年 4 月 16 日，市政府办公厅下发《关于成立济南市再就业工程领导小组的通知》，成立济南市再就业工程领导小组。10 月，劳动部在济南召开全国 200 个城市再就业工程现场会，推广济南市实施再就业工作的做法和经验。全年通过各种渠道安置下岗职工 5.5 万人，失业职工再就业率 57.8%。

1997 年 1 月，市政府分别与县（市）区政府和 11 个行业签订再就业目标责任状，建立起分级管理、层层负责的领导责任制，再就业服务网络体系初步形成。市政府下发《关于进一步实施再就业工程的通知》，成立下岗职工基本生活保障和再就业工作领导小组，组织市政府系统 70 个单位 597 名工作人员，成立 168 个工作组，深入 200 个困难企业，帮助职工转岗再就业；组织市政府系统 539 名副局以上领导干部每人联系一名下岗职工，结成"帮扶对子"，促进再就业。建立动态管理服务机制。实行下岗、失业职工月报统计制度，发放待岗证 2.9 万份，初步摸清下岗、失业职工底数。年内通过各种渠道安置下岗、失业职工再就业 5.6 万人，占全部下岗、失业职工总量的 78.3%；1997 ～ 2000 年，连续 3 年在济南市区范围内进行失业情况调查。

1998 年，市政府与 12 个再就业任务重的行业主管部门和 10 个县（市）区政府分别签订再就业目标责任状，把再就业工作列入部门领导的年终考核内容。通过典型引路，促进下岗职工就业观念的转变，使全市1.2万名下岗职工进入市场，实现再就业。再就业服务网络初步实现社会化、市场化和现代化。与10余家新闻媒体联合开设再就业职业介绍信息专栏；设立两部求职热线电话，与168信息台、联通寻呼台开办求职信息查询；劳动力市场和职业介绍信息微机传播网络建成使用，五区一市联网运行，实现信息共享。全市职业介绍所、劳动服务站先后为各类求职人员办理求职登记服务8.3万人。开展为下岗职工再就业全程服务活动。“送岗上门”“求职绿色通道”“免费培训”“个人缴费窗口”“劳服企业政策咨询、手续一次办完”等为下岗职工再就业全程服务活动在劳动系统全面展开并形成特色。年内，有4.4万名下岗职工实现再就业，再就业率62%，超过全国50%、全省60%的再就业目标。

1998年，市委、市政府下发《关于进一步做好企业下岗职工基本生活保障和再就业工作的通知》，进一步规范企业下岗行为，在企业建立再就业服务中心，确保为进中心的下岗职工按时足额发放基本生活费，按规定缴纳社会保险。对市属国有和县以上集体企业，列入市企业兼并破产和职工再就业工作计划的兼并和减员增效的企业、连续亏损3年以上并连续6个月停发工资的企业及职工年度工资总额达不到最低工资标准70%的企业，下岗职工基本生活保障费用实行财政、社会筹集、企业各承担三分之一的办法解决，即“三三制”。1999年7月，市政府下发《关于进一步加强下岗职工再就业工作的通知》，鼓励实行“三三制”的企业下岗职工走出就业服务中心再就业，实现企业下岗职工由基本生活保障向失业保险并轨。市属企业实行“三三制”基本生活救助的下岗职工中，95%的确定分流安置出就业服务中心的路子，未实行“三三制”的下岗职工再就业率也达到40%。市劳动保障部门提出《关于当前企业下岗职工再就业工作中若干问题处理的指导意见》。市政府先后召开再就业攻坚战工作大会以及座谈会、现场会、经验交流会、调度会等，并举办由市直有关部门主要领导、企业主管部门主要领导、实行“三三制”71户企业主要负责人参加的再就业攻坚战学习班，落实各项政策，提出并实践用好用活再就业资金的意见和措施，探索下岗职工出中心进市场、不进中心进市场、离开工厂进市场的新路子。通过签订“再就业工作任务书”形式，使市属企业实行“三三制”保障的下岗职工落实分流安置的去向。强化分类指导，下岗职工出中心分流安置，采取一厂一策、一厂多策的办法，通过领导带头分散经营，恢复生产上岗，发展三产安置、组织劳务输出，从事物业管理、社区保安，自谋职业、解除劳动关系等形式，拓宽再就业路子。2002年3月，市属实行“三三制”的企业下岗职工全部分流安置出中心，标志着济南市下岗职工基本生活保障向失业保险并轨，再就业进入劳动力市场。

2005年5月，市政府成立由19个单位组成的就业再就业联席会议。12月，市政府办公厅下发《关于调整济南市劳动保障工作领导小组就业工作联席会议的通知》，将就业再就业联席会议调整为就业工作联席会议，并对成员进行充实和调整至26个单位。组织开展“政策实效”活动，落实优惠证发放、税费减免等政策，小额担保贷款余额比年初增长2.75倍。建立信用社区工作全面启动，小额担保基金达到1600万元。全市41个社区共推荐小额担保贷款153人。

下岗失业人员再就业援助活动现场　（2003年摄）

2006年5月，市政府制定下发《关于进一步加强就业再就业工作的通知》。12月，组织编写《民生之本》手册并免费发放，扩大新一轮再就业优惠政策知晓面；启动对“4050”人员灵活就业给予社会保险补贴援助工作。济南市被劳动和社会保障部列为全国统筹城乡就业试点城市。起草制定《济南市开展城乡统筹就业试点工作实施方案》，力争用3年左右的时间，在全市建立起城乡一体化的就业政策、职业培训、就业服务、用工管理和社会保障“五大体系”。

2007年4月，与山东省人民广播电台联合开办“前程梦工厂”栏目，每天播发企业用工需求和空岗情况。5月17日，济南市城乡统筹就业工作联席会议将办公室设在济南市劳动就业办公室。继续以困难群体帮扶为重点，努力推进就业工作的和谐发展。全年援助就业8000人，其中公益性岗位在岗1850人。展期至2008年3月；安置3545户“零就业家庭”中4927人就业，实现“零就业家庭动态消零”的目标任务；基本实现零转移就业贫困家庭“存量销零”。

2008年1月，与《济南日报》联合开办“就业直通车”专栏，为下岗失业人员搭起就业桥梁，提供就业信息。

2010年，援助就业困难人员2.11万人，帮扶零就业家庭181户中的254人实现就业；“援企稳岗”各项措施全面落实，全年为企业减负5.84亿元，稳定就业岗位12.5万个。深化创业助推“1+3”活动开展，落实创业两项补贴163.35万元，认定各级创业孵化基地75个。加强“一网两库”建设，入库创业项目247个，聘请创业指导专家135名。

四、劳动保障服务平台建设

2002年4月28日，济南市启动劳动保障服务平台试点工作，先期参加试点的4个单位分别是天桥区纬北路街道、官扎营街道、槐荫区西市场街道华联社区和振兴街街道振兴中街社区。年内，建成区内61个街道（镇）建成劳动保障服务中心43个，有7个社区居民委员会建立劳动保障服务站。劳动保障社区工作平台使用统一开发的信息管理软件，开展为下岗失业人员社区再就业和退休人员社会化管理服务。2003年7月30日，执行市编委《关于组建街道社区服务机构的通知》，明确建成区内劳动保障服务中心机构设置、责任任务、人员编制和人员配备（根据辖区人数编制8～10人的事业编制工作人员）。

2004年1月15日，市编办下发《关于调整理顺乡镇劳动保障服务机构的通知》，提出各县（市）区乡镇都要建立乡镇劳动保障事务所，明确乡镇劳动保障事务所的人员编制、主要职责、隶属关系。3月，劳动和社会保障部召开全国重点城市（北片）街道社区劳动保障服务工作平台经验交流会，振兴街街道党工委书记满斌代表振兴街街道作“规范运作，开发社区公益性岗位”大会发言。9月3日，全国再就业工作表彰大会在北京举行。大会授予138家集体“全国再就业工作先进单位”称号，其中振兴街街道劳动保障服务中心是全省唯一一家受此殊荣的劳动保障服务中心。振兴街街道党工委书记满斌参加大会，并在全国就业再就业工作座谈会上发言。11月18日，市政府办公厅转发市劳动和社会保障局等部门《关于加强街道（镇）劳动保障服务中心（事务所）建设的意见》，提出加强组织建设、加强工作队伍建设、加强经费管理、加强社会化服务工作、加强规范化服务和信息网络建设、加强服务设施管理、加强乡镇劳动保障事务所建设七个方面意见。2005年2月24日～25日，省劳动和社会保障厅在济南市举办全省基层劳动保障平台建设现场观摩交流活动。3月，槐荫区振兴街街道劳动保障服务中心被全国妇联授予“巾帼文明岗”。9～10月，组织60个街道劳动保障服务中心在岗工作人员统一参加全国劳动保障协理员职业资格培训鉴定，381人参加培训，356人参加资格鉴定，合格率86%。同年，劳动保障部将济南市列入全国劳动保障工作平台工作人员实行职业资格培训和鉴定工作试点城市。2009 年 3 月 20 日，市就业办制定《关于提高街道（镇）劳动保障服务中心就业服务质量的考评意见（试行）》，明确劳动保障服务中心的硬件设施和软件管理的具体考评办法，促进劳动保障服务中心标准化建设。4 月和 10 月，胡锦涛总书记、温家宝总理分别到济南视察工作，听取基层劳动保障服务中心情况汇报。

五、充分就业和谐社区创建

2006 年 10 月 18 日，依照《关于在全省开展"创建充分就业和谐社区"活动的通知》，在全市范围内开展"创建充分就业和谐社区"活动。10 月 23 日、24 日，全省创建充分就业和谐社区暨农村劳动力技能就业工作片、全省就业促进会第一次会议在南郊宾馆召开，会议代表参观历下区甸柳新村街道甸柳一居社区的"社区创业一条街"、文东街道科苑路社区的"创业进校园"。2007 年 6 月 2 日，劳动和社会保障部在沈阳召开创建充分就业社区工作经验交流会，历下区甸柳新村街道第一社区作为山东省唯一代表介绍"做好跟踪回访强化社区动态管理服务"经验。省劳动保障厅批准济南市为扩大失业保险基金支出范围试点城市，济南市草拟关于失业保险基金扩大支出范围试点的实施意见。经省里考核评估济南市有 6 个社区被认定为全省首批充分就业和谐社区。12 月初，创建工作小组初步认定济南市 23 个社区为 2006～2007 年度充分就业和谐社区。2008 年 1 月 14 日，历下区甸柳新村街道第一社区、市中区七里山街道七东社区等 6 个社区被评为首批"山东省充分就业和谐社区"。2010 年 2 月 5 日，市就业办对济南市 2008～2009 年度"创建充分就业和谐社区"先进单位进行通报。

六、农村劳动力转移就业

1986～1993 年，济南市农村劳动力转移就业以农民自发为主。

1994 年，落实省政府办公厅下发的《关于加强就业训练工作的通知》，面向城乡、全方位开展就业训练，在继续搞好城镇待业人员就业训练的同时，对农民工合同制工人、临时工、乡镇企业职工等进行就业前和上岗前培训。1995 年，济南市转移就业农村劳动力 4 万人（次）。

1998 年，对农村劳动力就业实行国家政策指导，劳动者自主择业、市场调节就业和政府促进就业的方针。对于农村劳动力进城务工，根据城市和经济发达地区的劳动力市场的需求，引导农村劳动力合理流动。2002 年，完成对全市范围内的农村剩余劳动力摸底调查。调查 57 万人，为建立农村剩余劳动力资源数据库奠定基础。

2005 年起，济南市每年开展"春风行动"活动，为准备外出务工、新进城务工和已在城市中务工的农村劳动者，搭建就业平台，开展培训、维权活动。至 2010 年，累计举办专场招聘会 220 场，提供就业岗位 31.1 万个，参加招聘会人数 44.9 万人，达成就业意向 18.3 万人。

2006 年，成立由 23 个市直部门组成的"济南市农民工工作联席会议"，设在济南市劳动就业办公室，重点解决农村富余劳动力转移就业和进城务工人员的就业问题。2008 年，市财政安排资金 40 余万元建立济南市"农村劳动力资源数据库"和针对农村劳动力的"企业用工信息库"，对年龄在 16 周岁以上的农村劳动力的情况进行调查，全面完成基本数据的微机录入，加强农村劳动力资源的动态管理。国际金融危机爆发后，在全市建立以行政村为主的 25 个农村劳动力转移就业观测点，准确掌握返乡农民工和农业富余劳动力的就失业情况，为指导全市农村富余劳动力转移就业提供翔实可靠的数据。

1995～2010 年，济南市转移农村劳动力就业 149.6 万人（次）。

2005～2010年“春风行动”开展情况表

表16—3—2

时间	举办专场招聘会场次	提供就业岗位（万个）	参加招聘人数（万人）	达成就业意向（万人）	免费发放宣传资料（万份）
2005	20	3.2	4.0	2.0	5.0
2006	22	3.0	4.2	2.0	5.0
2007	22	3.6	4.3	2.3	6.0
2008	25	3.7	4.4	2.5	10.0
2009	75	5.8	12.0	4.4	8.3
2010	56	11.8	16.0	5.1	15.6
合计	220	31.1	44.9	18.3	39.9

1995～2010年济南市农村劳动力转移情况表

表16—3—3

年份	转移人数（万人次）	年份	转移人数（万人次）
1995	4.0	2003	10.2
1996	5.0	2004	10.9
1997	5.5	2005	11.0
1998	5.6	2006	11.5
1999	6.2	2007	12.5
2000	7.0	2008	13.6
2001	7.5	2009	14.6
2002	8.6	2010	15.9

第三节 就业培训

一、城镇职工就业培训

1988年，全市建成就业培训基地10个，总建筑面积6370平方米，可容纳3450人。市劳动就业训练中心教学楼建筑面积4300平方米，可一次培训学员1000人。

1996年6月20日，市政府办公厅转发市劳动局《关于加强就业培训实行持证就业制度的报告》，对辖区内初次求职的劳动者就业前，失业职工再就业和富余职工分流安置转业转岗前，农村剩余劳动力跨区域就业和向非农产业转移就业和转业前，妇女、残疾人、少数民族人员以及复转军人等特殊群体人员就业前进行就业培训。1998年，以技工学校、就业培训中心和社会再就业培训基地为龙头的就业指导教育和技能培训的社会化网络初具规模。举办全市首批就业指导员培训班，对行业、企业再就业服务中心和街道劳动服务站的169名工作人员，进行就业指导员资格培训，并颁发就业指导员资格证书。

2001年，市劳动和社会保障局、市财政局印发《关于加强对失业职工技能培训管理工作的意见》，对在失业保险经办机构登记，在领取失业保险金期间有培训要求、未参加培训或未享受职业培训补贴的失业职工开展培训。失业职工参加市劳动和社会保障局（市劳动就业办公室）确定的再就业培训基地组织的培训，可享受培训费一次性全额免费待遇。重新认定济南市技工学校等19所职业培训机构为“济南市再就业培训基地”。同年，市劳动和社会保障局、市财政局印发《关于进一步做好失业人员再就业培训工作的意见》，进一步明确职能部门和再就业培训基地的职责，同时为提高培训质量，要求35岁以下全部参加培训鉴定，36～45岁的参加鉴定率不低于30%，46岁及以上的按照自愿原则参加鉴定。印发《关于加强对失业职工技能培训管理工作的意见》，认定计算机等34个专业为补贴专业，补贴标准最低550元／人，最高1464元／人；认定济南市技工学校等19家培训机构为再就业培训基地。2002～2006年，每年培训1.5万人。

2007年，市劳动和社会保障局、市财政局印发《关于加强失业人员职业培训职业介绍补贴管理的意见》。职业培训补贴标准初级每人不超过800元，中级每人不超过1000元，高级每人不超过1200元。参加中级、高级职业培训须具有初级、中级职业资格证。培训机构失业人员培训班，结业合格的按结业合格人数给予补贴标准50%的补贴；经职业资格鉴定合格的，按鉴定人数给予补贴标准20%的补贴；培训结业后失业人员6个月内实现就业的，按就业人数给予补贴标准30%的补贴。

2008年，市劳动和社会保障局、市财政局印发《关于加强就业培训工作的实施意见》。明确培训对象为城镇失业人员、农业富余劳动力；培训形式包括技能培训和创业培训；培训机构认定采取招投标方式，面向社会公开选择。日常管理按照属地管理原则，由县（市）区劳动就业服务机构负责，财政部门配合。所需资金从就业资金中列支（享受失业保险待遇人员除外）。由市和县（市）区财政按比例承担。补贴标准为创业培训：每人补贴1300元。城镇失业人员技能培训初级工每人不超过500元，中级工培训每人不超过800元，高级工不超过1000元。农业富余劳动办转移培训每人补贴260元。补贴分两次拨付，先按取得国家职业资格证书或相关证书人数和补贴标准的70%给予拨付，再按6个月内实现就业的人数核拨余下的30%。市劳动就业办公室下发《济南市就业培训定点机构认定和管理暂行办法》，对认定范围、认定条件、认定程序进行规范。对培训机构的管理以属地管理为主，由所在县(市)区劳动就业部门负责其日常教学的监督管理工作。认定济南市劳动技术学院等20家培训机构为就业培训定点机构。

2009年，市劳动和社会保障局、市财政局印发《关于统一就业培训专业补贴标准的通知》，确定享受补贴的专业为35个，补贴标准每人最低260元,最高1000元,自当年1月1日起执行。市劳动就业办公室认定68家培训机构为就业培训定点机构。全年培训人员1.78万人。

2010年，市劳动和社会保障局、市财政局印发《关于进一步做好就业培训工作有关问题的通知》。提出凡有培训愿望的济南市户籍城镇登记失业人员、未就业高校毕业生和农业富余劳动力，每年可在就业培训定点机构，享受一次由政府补贴的就业培训。并将部分国家颁布及省统一的专项能力考核项目纳入就业培训补贴专业。补贴专业103个。补贴标准：创业培训每人补贴1300元；技能培训补贴按照专业分类设置不同补贴标准，最低300元／人，最高1000元／人。市劳动就业办公室先后下发《关于做好2010年就业培训定点机构及专业调整工作的通知》《关于确定济南市2010年度就业培训定点机构的通知》，确定72家机构为就业培训定点机构。全年培训人员3.08万人。

二、农村劳动力转移培训

1995年，开展农村劳动力转移培训2010人。2005年前，农村劳动力转移培训为各区县劳动服务机构自行培训，政府没有财政补贴。2005～2007年政府按各区县的培训情况给予一次性补贴。2008～2010年，政府确定定点培训机构，按统一标准给予补贴。

（一）政府责任目标考核机制 2006年，市委、市政府将“加快农村劳动力培训和转移就业工作”作为为农民群众办的十件实事之一。2009年，市委1号文件将“加大对农村劳动力培训和创业的扶持力度”作为农业稳定发展农民持续增收的主要措施。将农村劳动力转移就业工作纳入全市经济社会统筹发展规划，同GDP、财政收入和城乡居民收入增长一并考虑，统筹安排，下达农村劳动力转移就业和培训工作指标，与区县政府签订目标责任书，层层分解到乡镇及有关部门，将农村劳动力培训和转移就业指标完成情况纳入全方位目标管理考核体系，严格考核奖惩。各县（市）区成立领导小组，具体负责农村劳动力培训的实施工作。

（二）优惠扶持政策 为全面实施“农村劳动力技能就业计划”“阳光工程”和“星火计划”等一系列促进农村劳动力转移的培训工作，先后印发多个文件，对完善培训体系、建立培训基地、落实培训补贴、强化技能鉴定等问题进行明确。2008年，市劳动和社会保障局、市财政局联合制定《关于加强就业培训工作的实施意见》，通过整合培训资源、调整培训模式、强化机构管理，建立政府购买培训成果机制，实行绩效挂钩的原则，进一步确定由政府主导、劳动保障部门主办、社会有关方面参与的农村劳动力职业培训体系。市政府办公厅印发《关于促进以创业带动就业工作的意见》，鼓励、引导和扶持掌握一定技能、积累一定资金的农村劳动力，通过自主创办生产服务项目、企业或从事个体经营，以创业带动就业。同时，重点解决“农村零转移就业贫困家庭”就业问题，制定《关于做好城镇零就业家庭和农村零转移贫困家庭就业援助工作的意见》，将农村“零转移就业贫困家庭”纳入到就业援助范围，在优先培训和就业服务的基础上，优先落实就业岗位和加大培训补贴政策落实力度。应对国际金融危机对全市农民工就业的影响，组织困难企业开展农民工在岗培训，并按培训补贴每人不超500元的标准给予企业支持。

（三）主要措施 各县（市）区多措并举，通过“六个结合”确保效果落实。(1)与就业相结合。加强职业指导培训、“订单”式培训和定向式培训，注重培训实效，提高就业质量。济阳县组织编撰《职业指导教程》和《农村劳动力转移就业服务手册》，加强学员的引导性培训；历城区培训基地与海尔集团、济钢集团、重汽集团等大型企业签订定向培训协议，85%以上的培训学员实现稳定就业；平阴县与济南华玫矿业有限公司、济南玫德铸造公司等单位签订培训就业协议，把企业发展目标和人力资源开发纳入职业技能培训之中。(2)与打造劳务品牌相结合。整合政策资源，向重点机构、重点专业倾斜，发展优势专业，树立劳务品牌。济阳县加强电工电子和服装裁剪缝纫培训，先后树立“济阳电子工”和“济阳缝纫工”两个劳务品牌。(3)与劳动技能鉴定相结合。培训后需要职业技能鉴定的工种和专业必须参加劳动技能鉴定，领取资格证书；不需要职业技能鉴定的颁发市统一的培训合格证书。(4)与有职业培训任务的其他职能部门相结合。济阳县依托乡镇成人教育中心学校组建新农村大学堂，在村建立农民文化大院，形成县、乡（镇）、村三级成人教育体系；长清区劳动就业训练中心在发挥自身转移培训作用的同时，也作为农业部门“阳光工程”培训基地之一，协助其做好“阳光工程”的培训工作。(5)与当地优惠政策相结合。章丘市曹范镇、圣井街道、相公镇等乡镇规定培训费1000元以下由政府报销，1000元以上的超出部分报销50%，最多可报销2000元。明水街道对取得职业资格证书的培训学员，报销全部学费。商河县由政府出资100万元，建立农村劳动力培训担保中心；农村劳动力有培训、转移愿望的，到农村信用社贷款，由政府担保，将来从打工工资中偿还。2007年、2008年商河县投入1544万元用于农村劳动力培训和转移就业。(6)与创业相结合。依托普通高等院校、职业院校和技工学校的力量，整合创业培训资源，开设创业课程，开展创业观念教育和创业培训。全面实施“创办你的企业”（SYB）、“改善你的企业”（SIYB）创业培训项目，开展以农村种植、养殖、农产品加工等为主的创业培训，使其成为发展农村家庭产业、创办农业企业和推动农业产业的骨干；对掌握一定技能、积累一定资金的农村劳动力开展以小型加工业、服务业等为主的创业培训，促进农村二、三产业发展。

（四）基层公共就业服务 2005～2010年，在64个街道和74个乡镇全面建立公共就业服务机构的基础上，在全市4695个行政村设立劳动保障协理员，形成市、区（县）、街道（乡镇）和村（居）四级劳动保障服务网络平台，建立农村劳动力转移培训和就业服务网络。各级劳动保障协理员适时对有就业和培训愿望的农村劳动力进行培训引导、职业指导和岗位推介，使农村劳动者就地就近即能满足自己的培训意愿和快速实现就业。2010年，全年培养农村技术员3000余人，培训“绿色证书”学员2万余人，农业实用技术培训8万余人，农村劳动力转移培训近2万人。

第四节 就业援助

2003年6月28日，在槐荫区先行试点开发社区公益性岗位，援助就业困难人员，主要是试点开发社区公益性岗位，通过社区治安、社区劳动保障协理以及部分机关后勤服务等社区公益性岗位。劳动关系采用各街道劳保中心劳务派遣的方式，签订公益性岗位劳动协议，期限3年。10月31日，市劳动和社会保障局、市财政局印发《关于在社区开发公益性岗位援助就业困难人员再就业的实施意见》。12月15日在槐荫区先行试点后向全市推开，在全市60个街道、镇全部建立劳动保障服务中心。管理运行方式，采用项目管理，市就业办根据资金额度，编制公岗计划，下达各区，各区再分配到各中心。2005年12月，各区就业办在社保办为公益性岗位开设公岗社保补贴专户。至2006年2月，开发社区公益性岗位2967个，市拨公岗两项补贴资金3950万元。

2006～2008年，市劳动和社会保障局、市财政局等先后印发《关于2006年度开发社区公益性岗位援助就业困难人员的安排意见》《关于就业困难人员灵活就业给予社会保险补贴试点的实施意见》《关于进一步做好就业困难人员再就业援助工作的意见》，市劳动就业办公室印发《“零就业家庭”就业援助工作实施意见》《关于健全“双零家庭”申报制度实现动态管理提高就业援助质量的通知》等。2006年12月，全市启动对“4050”人员[①]灵活就业给予社会保险补贴援助工作。持“再就业优惠证”的男性年满50周岁、女性年满40周岁的零就业家庭、一户两代、夫妻双方、单亲家庭抚养未成年子女的城镇失业人员、享受城市最低生活保障待遇且登记失业一年以上的城镇失业人员、灵活就业并参加养老保险、医疗保险的，给予60%的养老、医疗保险补贴。开展公岗和灵活就业人员给予社保补贴工作，公岗计划由3000人压缩到1680人，灵活就业社保补贴6400人。就业援助人数由3000人增加到8000人。重新修改公岗劳动协议，社保补贴仍采用公岗专户办法，并开始研究规范公岗运作。管理运行方式，打破项目管理计划单一、刚性的做法，采用目标管理方式，就业援助资金扩大到10个县(市)区。市里下达计划，但允许区县将岗位补贴、社保补贴资金调剂使用，实际援助人数不得低于计划目标，同时规定就业援助资金，各区县应按不少于10%的比例配套。2006年2月至2008年年底，市下拨公岗和灵活就业社保补贴资金8867万元。

①指处于劳动年龄段中女40岁以上、男50岁以上的，本人就业愿望迫切，但因自身就业条件较差、技能单一等原因，难以在劳动力市场竞争就业的劳动者。

2009年2月6日，济南市“就业援助月”活动正式启动。4月28日，市劳动和社会保障局、市财政局联合印发《关于进一步做好就业援助工作的意见》。2009年8月7日，劳动99三版就业援助子系统正式上线启用，就业援助“两项补贴”开始通过网络化管理。2010年6月8日，市劳动和社会保障局、市财政局联合印发《关于落实“岗位补贴和社保补贴”有关工作的通知》。其间，公益性岗位全面采用“谁用工谁签劳动合同”，规范运作。考虑第十一届全国运动会在济南举办等因素，大多区县采用延长公岗协议到年底的办法，确保转型平稳。考虑到采用这种方式，公岗数量可能会出现明显下降，又采用非全日制公岗形式。同时，进一步明确各类用人单位招用就业困难人员给予补贴，推进就业援助形成公岗、灵活就业社保补贴和鼓励各类用人单位三种形式，就业援助初现制度化形态。

第五节 就业管理

一、境外就业管理

2004年，市委、市政府印发《济南市人民政府机构改革实施意见》，明确市劳动就业办公室为组织境外就业的主管部门，主要工作职能是对申报“境外就业中介机构经营许可证”的企业进行有关情况的初审，对取得“境外就业中介机构经营许可证”的企业进行年审材料的收集、整理、核实、上报以及日常服务和管理，维护境外就业市场秩序等。

2006年，随着境外就业工作不断发展，业务范围和业务量的逐年扩大，境外就业工作进入各种矛盾纠纷和突发事件的多发期。特别是一些非法中介机构利用虚假信息欺骗出国务工的人员，部分中介机构也存在违规行为，造成很坏的影响和恶劣的后果。境外就业人员权益受损引起的群体性事件时有发生。3月，省劳动和保障厅印发《全省集中开展清理整顿外派劳务和境外就业中介市场专项行动方案》，要求各地市集中开展清理整顿外派劳务和境外就业中介市场专项行动，促进境外就业工作的持续、健康、稳定发展。专项行动一般为每年5月初开始，至8月份底结束。按照清理整顿要求，市劳动就业办公室协调市外经贸、公安、工商、外事、财政、教育、旅游等部门，联合开展清理整顿外派劳务和境外就业中介市场的专项清理整顿行动。整顿行动以派出人员较多、涉及纠纷和突发事件劳务人员较多、群众反映问题较多的“三多”中介机构和未经批准的无场地、无资金、无机构的“三无”中介组织为重点，重点清理和查处虚假违法广告宣传、虚构劳务项目、高额收取出国中介费用以及利用非正规渠道组织人员出境务工等违法犯罪活动。同时，进一步加强境外就业中介市场的监管能力，从源头上消除违规行为。把好准入审核关，对申请“境外就业中介许可证”的机构，坚持宁缺毋滥、严格准入，确保申请机构完全达到业务能力强、诚信度高、熟悉海外市场、在境外有稳定可靠的就业渠道。规范中介机构跨省招聘和委托招聘行为，执行落实跨市招聘人员的，应到招聘人员所在地市级劳动保障部门备案后开展招聘活动、中介机构只能委托获得相关行政审批的单位或公共职业介绍机构代为招收境外就业人员，不得授权或委托个人代为招收，也不得接受未获得相关行政审批的单位或个人的委托。

2008年，根据《国务院办公厅关于印发人力资源和社会保障部主要职责内设机构和人员编制规定的通知》，原劳动和社会保障部承担的“制定中国公民出境就业管理政策，境外就业职业介绍机构资格认定、审批和监督检查等职责”划转给商务部。同年9月，市就业办将境外就业工作移交市商务局。

2003～2008年，济南市有12家企业申请取得“境外就业中介许可证”，其中向日本、韩国、新加坡、加拿大、科威特、南非等国家输送境外就业务工人员近万人。其间，无企业和个人投诉、无重大隐患等问题发生。

二、外来劳动力管理

1995年，济南市按照省政府办公厅印发的《山东省农村劳动力跨区域流动就业管理暂行规定》，对未经许可跨区域招用农村劳动力的、擅自从事农村劳动力跨区域就业中介活动的、招用无“就业证”的农村劳动力的，给予处罚。1996年，落实省委、省政府《关于进一步解决好部分企业职工生活困难问题的通知》，严格执行城镇企业招用农民工审批制度，引导企业使用富余职工和失业人员。同年3月14日，由劳动部门向使用外来劳动力的单位按每人每月45元的标准征收外来劳动力调节费。1997年，落实省委、省政府《关于进一步做好再就业工作的通知》，坚持农村剩余劳动力“就地、就近消化为主，适量、有序跨流域流动为辅”，加大对农村劳动力向大中城市转移速度和规模的调控力度。2003年，贯彻国务院办公厅《关于做好进城务工就业管理和服务工作的通知》，取消针对农民工进城就业的不合理收费，落实“公平对待、合理引导、完善管理、搞好服务”方针。2004年7月，取消“山东省外出人员就业登记卡”“外来人员就业登记证”。其间，济南市及各县（市）区认真清理限制农民进城务工就业的不合理政策，规范用人单位的用工行为；建立健全农民进城务工统计制度和外出务工人员备案制度，掌握离乡外出农民的信息；严格执行工资管理规定和企业欠薪报告制度，切实解决拖欠农民工工资问题；落实职业介绍许可证制度和年检制度，进一步规范各类职业中介机构；加强对农民工的培训，提高农民工的素质；做好农民工子女入学工作，切实解决他们的实际困难；加大监察执法力度，切实维护农民工的合法权益。

三、就业再就业资金管理

2003年4月28日，市财政局、市劳动和社会保障局联合转发省财政厅、省劳动和社会保障厅《关于转发〈财政部、劳动保障部关于促进下岗失业人员再就业资金管理有关问题的通知〉的通知》，规定下岗失业人员再就业资金支出包括：县以上集体企业下岗失业人员的社会保险补贴、在社区开发公益性岗位安排原国有和县以上集体企业大龄就业困难对象的企业（单位）的社会保险补贴和岗位补贴、就业服务补贴（职业介绍补贴和再就业培训补贴）、下岗失业人员小额担保贷款基金。要求财政部门开设“再就业社会保障补贴资金”财政专户进行管理使用。

2006年5月8日，市财政局、市劳动和社会保障局联合印发《关于转发〈山东省就业资金管理暂行办法〉的通知》，明确就业资金的来源、使用范围、申请、审核、拨付程序、监督管理等内容。

第二章 劳动关系

第一节 劳动用工制度

一、计划管理时期

20世纪90年代中期前，企业招聘、职工调动等需经劳动部门批准，劳动部门对企业用工实行计划管理。

（一）劳动计划管理 1989年，全面开展清退计划外用工工作，全市清退计划外用工13504人，2900名符合条件的混岗人员转为全民合同制固定工，有6400名职工转为全民合同制职工

（包括亦工亦农4400人）。1991年，恢复实行全民企业职工人数与经济发展挂钩的办法，全市全民企业有60%的职工与工业总产值挂钩，20%的职工与商品销售总额挂钩，10%的职工与基本建设总值挂钩，10%的职工与交通运输周转量挂钩。

（二）劳动合同鉴证 1989年8月开始，在全市范围内全面开展劳动合同鉴证工作。1990年逐步将签证工作扩大到临时工和农民轮换工。1992年，开展全方位的劳动合同鉴证工作。1989～1993年分别鉴证劳动合同55570份、34180份、63475份和93945份。

（三）推行劳动合同制 1991年，确定在济南商业储运公司、济南酿造厂、槐荫区燃料公司、济南粮油机械厂、济南第二汽车改装厂、济南水泵厂、济南变压器厂等7个全民企业，进行全市首批全员劳动合同管理改革试点。在试点企业，对劳动力进行合理配置，实行岗位逐级管理，全面签订劳动合同，初步建立起企业与职工责、权、利相统一的新型劳动关系。与全市整体配套改革相结合，对158个商业“四放开”和转换经营机制的改革试点企业，实行全员劳动合同管理，并以市政府文件发至各单位组织实施。至1993年年底，济南市一商局、医药局、物资局、化工局、纺织局在全行业推行全员劳动合同制。全市有274户企业的105122名职工实行考核上岗，实行合同化管理。至1995年年底，全市实行劳动合同制度的单位2528户，职工62.8万人。其中，市、县（市）属企业2294户，职工46.7万人，分别占所属企业和职工总数的95%和98%，基本实现全员劳动合同制度。

1991～1995年济南市劳动合同制度开展情况表

表16—3—4

年份	开展企业数（户）	职工人数（人）
1991	7	—
1992	58	79507
1993	151	175385
1994	631	200000
1995	2528	628000

（四）优化劳动组合① 自1986年5月起，济南市开始搞活固定工制度、优化劳动组合的试点工作。1988年，优化劳动组合试点工作做到四个结合，即引入竞争机制，招标选聘干部，同改革人事制度相结合；把承包计划层层分解落实到每个职工，同落实完善承包责任制相结合；定员定额保持先进合理，同整顿组织、落实定员定额相结合；充分体现按劳分配原则，同改革分配制度相结合。至年底，全市在34个全民所有制企业和12个集体所有制企业实行优化劳动组合。1988年产生1940个富余人员。各单位对富余人员采取积极稳妥的安置措施，安置率93%。至1989年年底，全市有205个企业、32688名职工进行优化劳动组合。其中：全民所有制企业124个、职工18002人，分别占全民所有制企业总数和职工总数的12.46%和

①优化劳动组合是企业按照择优上岗的原则，通过层层招聘而组成新的劳动组织的一种企业内部的劳动制度。具体做法：从企业领导班子到科室、车间、班组，根据满负荷原则，合理确定劳动力的需要量，进行科学的定额、定员、定编、定岗，公布上岗条件，招聘招标，平等竞争，双向选择，允许流动，层层承包，订立合同，编外人员实行厂内待业。

6.45%；集体所有制企业81个、职工14686人。通过优化组合产生富余人员2256人，占其职工总数的6.9%；安置2198人，安置率97.4%。1990年，对全市181个企业实行优化劳动组合，剥离富余人员2048人，其中2002人得到安置，安置率98%。

二、企业自主用工时期

20世纪90年代中期后，实行企业自主用工，用人单位与劳动者遵循合法、公平、平等自愿、协商一致、诚实信用的原则订立劳动合同，明确双方权利和义务。至1995年年底，除中央、省属企业外，市、县（市）属企业基本实现全员劳动合同制度。1996年，全市国有、集体企业基本实行劳动合同制，突出抓乡镇私营企业实行劳动合同制工作。年内，近2000家私营企业，6.8万名职工签订劳动合同。1997年，审查非公有制经济成分企业集体合同164家；结合推行劳动合同制度，帮助1100家县（区）以上集体企业和外资企业建立、完善、修订厂规厂纪，从而保证企业劳动管理的依法进行和企业、职工双方的合法权益。1998年，帮助507家企业修订厂规厂纪，发现并纠正问题1800余处。1999年重点抓非国有企业劳动合同制度的落实，全市2873家非公有制企业，9.9万人签订劳动合同，分别占该类企业和从业人员的93.5%和93%。2003年，制定《济南市劳动合同管理工作规程》，推动企业劳动合同管理规范化、标准化。

1996～2003年济南市鉴证劳动合同和审查集体合同情况表

表16—3—5

年 份	鉴证劳动合同（万份）	审查集体合同（份）
1996	5.09	322
1997	13.25	437
1998	26.70	781
1999	23.80	—
2000	46.70	—
2001	27.59	—
2002	28.90	18
2003	22.14	—

2004年，对重新签订或变更劳动合同的企业，建立劳动合同台账，实行动态管理。2005年，对建筑行业使用的农民工，专门制定符合行业特点的劳动合同文本，并在政府政务信息网上予以发布。2006年，制定《劳动合同备案办法》，通过加强对用人单位劳动合同的管理，开展劳动合同制度3年行动计划；围绕规范劳动用工、减少用人单位劳资纠纷、维护劳动者权益的问题制定具体工作措施，选择3个工业园区开展创建和谐劳动关系工业园区活动；在企业重组中，协调国资、审计、监察、工商等部门制定协调会议制度，审核50户改制企业的职工安置方案，涉及职工4.2万人，解决拖欠职工工资6118.9万元、社会保险费4478.4万元、离休干部“两费”327.6万元。2007年，全市各类用人单位劳动合同签订率97%，劳动合同鉴证合格率100%。制定加强建筑行业农民工劳动合同管理的有关文件，并专门制订农民工劳动合同示范文本，督促用人单位依法签订劳动合同。以建筑业和餐饮业等农民工较为集中且流动性强的行业为重点，督促用人单位依法与农民工签订劳动合同，保护农民工合法权益。2008年实

施的劳动合同法明确，用人单位不签订劳动合同的法律责任，用人单位自用工之日起超过一个月不满一年未与劳动者订立书面劳动合同的，应当向劳动者每月支付两倍的工资。

第二节　企业工资制度

与劳动用工制度相适应，企业工资制度经历由劳动部门决定向用人单位根据生产经营特点和经济效益，依法自主确定工资分配方式和分配水平的转变。

1989 年，企业职工调整增加 7 项工资及工资性补贴，月增资额 506.64 万元，月人均增资 17.6 元。考工晋级工作在 1988 年试点基础上逐步铺开，至年底实行的企业 60 家、职工 79444 人，6289 名技工择优晋级，月人均增加工资 12.18 元。对全市 898 家企业、21852 名被聘任的专业工程技术人员进入本职务最低等级工资进行审批，月人均增资 3.46 元，其中全民所有制企业 3.99 元，集体所有制企业 2.71 元。按进入最低线实际人数计算月人均增加工资 10.53 元，其中全民所有制企业 12.27 元，集体所有制企业 8.37 元。将全市 1088 家企业工人现行工资标准上浮 10% 到起点 39 元、41 元、42 元，干部上浮 5% 到起点 39 元，有 366979 名职工执行上浮工资标准，月人均增资 8.65 元，其中全民所有制企业 8.11 元，集体所有制企业 9.19 元。对实行工资总额与经济效益挂钩的企业，按照新增效益工资增长幅度大小，给予不同的浮动转固定升级指标，全市 503 家企业升级指标 92441 级，平均升级面为职工人数的 25.7%，月人均增资 3.11 元，其中全民企业为 3.15 元，集体企业为 2.90 元。调整企业职工现行的交通补贴、取暖补贴、中夜班补贴和部分脏、累、差工种岗位津贴，月人均增资 7 元。全面推行工资总额同经济效益挂钩，至年底全市有 974 家企业实行，比 1988 年增加 153 家。其中，全民所有制企业 606 家，职工人数 255698 人，占市县属全民企业职工的 91%；市属集体所有制企业 368 家，职工人数 113127 人。市县属 606 家全民工效挂钩企业完成工业总产值 43.4 亿元，实现利税 84980.8 万元，应提效益工资 5436.7 万元，较基数 50809.3 万元增加 3557.4 万元；劳动生产率 22770 元，较 1988 年 21270 元增长 7.1%。全年两次对全民所有制企业更换工资基金管理簿，同时审核各企业的工资计划。对实行工效挂钩的全民所有制企业（含“总挂”系统的内部各企业），按独立核算单位办理工资基金管理簿，并将所批总的挂钩工资基数和新增效益工资分别落实到基层单位。

1990 年，企业职工增加标准工资，全民企业增资人数 278199 人，月增资额 506.42 万元，月人均增资 18.20 元；集体企业增资人数 181623 人，月增资额 317.99 万元，月人均增资 17.50 元。考工晋级五个单位，职工 7223 人，经过综合考核择优晋级 1408 人，月增资额 17823 元，月人均增资 12.65 元。为政工系列人员，兑现工资办理进线工作。审批全民所有制单位 90 个，862 人，月增资额 9590 人，人均增资 11.13 元，进线补发 47.92 万元，人均增资 538 元；集体所有制单位 204 个，512 人，月增资额 6566 元，月人均增资 12.82 元，进线补发 25.67 万元。企业医疗卫生人员增发津贴，每月 12 元，批准 84 家、506 人。为纺织系统一线生产工人提高 15% 岗位工资和调整中夜班津贴。市县属工效挂钩企业 845 家，职工 355004 人，分别占市县属企业的 42.3% 和 72.5%，其中全民所有制工效挂钩企业 637 家，职工 262849 人，分别占市县属全民所有制企业的 69% 和 87.9%。在全民挂钩企业中，实行多种挂钩形式，其中与上缴利税挂钩的 120 家，职工 23963 人；与实现利税挂钩的 474 家，职工 180192 人；实行万元产值工资含量包干的 15 家，职工 23311 人；与其他指标挂钩的 26 家，职工 22604 人；“双挂钩”企业 2 家，职工 12779 人。全民所有制工效挂钩企业实现利税 56091.6 万元，上缴利税

36937.3万元，实际提取挂钩工资51084.8万元，比挂钩工资基数下降4.9%，实发工资60235.7万元，人均2332元。全民所有制挂钩企业中，未完成挂钩效益指标基数、工资相应下浮的384家，占市县属全民所有制企业户数的60.3%，其中工资下浮20%的161家，占工资下浮户数的25.3%。同年，对3000余个单位核发国家统一制定的工资基金管理簿，并组织开展全市工资基金管理大检查，普查4512个单位，抽查311个单位，对44个违反工资基金管理的单位进行经济处罚。

1991年，对全市市县属全民及县以上集体所有制企业47万职工自1985年工资套改后的升级情况进行清理审查，制定《济南市全民企业职工标准工资管理办法》。对实行“工效挂钩”的企业和未实行“工效挂钩”企业的职工增加工资，提出具体的条件和政策规定，使职工工资增长与企业的经济效益、本人技术水平联系起来，逐步建立职工正常的增加工资制度。研究制定企业经营承包者奖惩办法。对实行“工效挂钩”企业的工资总额，从应提和实发两个环节实行“双控”；对没有实行“工效挂钩”的企业，实行工资总额包干。对843家工效挂钩企业的效益工资逐户进行清算，建立定期审批、清算制度，加强工资基金的管理。

1992年，全市有61家企业，94721名职工实行岗位技能工资制试点，实际进行运行的有9家企业，14455名职工。企业内部分配多种多样，在核定的工资总额的前提下，允许企业根据生产经营特点，自主确定工资、奖金的分配办法。以技能、工效、贡献大小定报酬，合理拉开一、二、三线职工的收入差距，调动职工的积极性。完善工效挂钩办法，实行职工人数增长同生产发展挂钩弹性计划，挂钩形式26种。

1993年，全市有1108家企业进行内部分配制度改革，有163家企业、154560名职工实行岗位技能工资制试点，并在40家企业、53760名职工中正式运行，企业工资制度改革走在全省前列。市一商局、市物资局、市化工局在全行业推行岗位技能工资制试点。为418家企业、26.6万名职工增加年功工资，月人均增资17元；为244家企业、16.2万名职工晋升工资。

1994年，对国有企业、县以上集体企业的在职职工人均月增资107.24元，按照规定补发工资，为企业职工提高书报费、洗理费、交通补贴。全市以岗位技能工资制为主要形式的改革扩大覆盖面。至年底，实行岗位技能工资的企业186家、职工17万人。推行“一等品计件工资、岗位工资、提成工资”等多种形式的分配办法。对企业工资总额继续实行宏观调控，不断完善各种形式的“工效挂钩”办法。按照“企业工资总额增长低于本企业经济效益增长、职工实际平均工资增长低于本企业劳动生产率增长”的调控原则和弹性计划的规定，对全市工资总量进行检查。全市企业工资的增长低于经济效益的增长，符合“两个低于”调控原则。

1995年，全市实行岗位技能工资的企业201家，职工18万人，分别比1994年增加20家和1.1万人。总结推广“一等品计件工资、岗位工资、提成工资”等多种形式的分配办法，促进企业自主分配制度的深化。对市属543家“工效挂钩”企业的工资执行情况逐户进行核算，对工资总量的增长进行合理调控，抑制不合理的分配。

1996年，核发《工资基金使用手册》3000余本。不断完善工效挂钩办法，把企业职工工资增长与经济效益紧紧地结合在一起。强化国有资产保值、增值，对680家工效挂钩企业的工资进行清算检查。按照省劳动厅的要求，安排部署企业增资工作。进行企业内部分配制度改革，有243家企业，18.6万名职工实行岗位技能工资制度试点。

1997年，对市属600余家挂钩企业进行工资清算，并核定1997年挂钩基数。制定《济南市企业工资管理暂行办法》，颁布全市最低工资标准，规范企业工资管理和支付行为。强化企业经营者收入管理，制定实行年薪制办法，并选择25家企业进行试点。1998年，对市属600余户工效挂钩企业上年度工资总额使用情况进行清算，核定1998年挂钩基数。

1999年，编制《全市劳动就业与社会保障体系发展规划第十个五年(2001～2005)计划》和《1998年济南市劳动事业发展公报》。制订济南市《企业经营者年薪制试点意见》，在劳动力市场中对部分通用工种和流动性较强的工种开始推行工资指导价位制度。按上级的要求，提出济南市企业增资的指导意见，对市属516家企业292513名职工办理核增工资手续，月增资152元。对县(市)区属1383家企业40万在职职工办理核增工资总量手续。

2000年，在全市企业全面推行工资指导线制度，并将工资指导线与其他工资管理办法相衔接。初步探索建立国有企业人工成本预报预警制度，对人工成本偏高的国有企业发布预警信息；进一步加大企业收入分配的监督检查力度，对77家大中企业进行工资收入专项检查，查处企业违规违纪行为；探索按劳分配与按生产要素分配相结合的途径，制定济南市企业《按劳分配与按生产要素分配相结合的指导意见》。

2001年，市劳动保障局对市属企业欠薪情况进行全面调查，下发《切实解决企业拖欠职工工资的意见》，提出设立工资预留户、债转股等解决措施。市劳动保障局会同市经委、国资局修改完善企业经营者年薪制兑现办法，并对全市21家年薪制试点企业进行清算、兑现；与市财政局、地税局对全市200家企业工资总额进行核实、清算，下达2001年工效挂钩基数。发布2001年全市劳动力市场工资指导价位145个，指导价位首次对劳动力学历、行业、注册、技术等级进行分类，增加小时工资。公布2001年8个行业人工成本预警预报数据，对全市企业内部分配情况、部分企业使用农村劳动力情况和2000年职工工资增减变化情况进行专题调查，形成“济南市劳动保障指标体系”。印发全市《工资集体协商办法实施意见》，选定20余家非国有、效益好、工会组织健全的企业进行工资集体协商试点。

2002年，发布2002年度劳动力市场174个工种(岗位)工资指导价位，同时公布小时工资标准。发布《济南市企业2002年工资指导线》。推广企业工资集体协商，下发《关于在我市企业推行工资集体协商的意见》，规定集体协商确定的工资总额经审核后予以认可。规范工资集体协商文本和程序，有200余家企业实行工资集体协商制度。

2003年，发布2003年度劳动力市场281个工种(岗位)工资指导价位，比2002年增加107个。新增加50个家政、社区服务业岗位的价位和58个交易价位。起草《济南市企业工资支付办法》，与市总工会联合行文建立济南市企业欠薪报告制度。印发济南市《关于非全日制劳动就业管理的意见》。调整企业最低工资标准，首次制定、公布非全日制小时工最低工资标准。会同市经委、市国资局对2002年度经营者年薪应兑现数额进行清算，年薪制相关政策及考核办法，与全国15个副省级城市相比，较为先进。

2004年，规范非全日制用工行为，公布济南市小时工最低工资标准。制定2004年度济南市劳动力指导价位和企业人工成本参考标准，公布423个劳动力市场工种指导价位，发布58个家政及160个即时成交价位。利用2004年度企业人工成本参考标准，引导企业加强人工成本管理。公布济南市2004年度企业工资指导线，下线为5%，基准线为9%，上线为15%。制定全市实行工效挂钩的指导意见，审核26个部门、133家企业的工效挂钩方案。

2005年，公布济南市小时工最低工资标准，制定2005年度济南市劳动力指导价位和企业人工成本参考标准，公布531个劳动力市场工种指导价位，发布66个家政及260个即时成交价位。利用2005年度企业人工成本参考标准，引导企业加强人工成本管理。

2006年10月1日，上调最低工资标准。市内5区最低工资标准为610元，长清区、章丘市、平阴县为540元，济阳县、商河县为480元。非全日制用工小时最低工资标准为市内5区6.6元；长清区、章丘市、平阴县5.9元，济阳县、商河县5.2元。

2008年，全市投入财政资金2800万元，基本解决企业工资历史拖欠问题。发布2008年企业工资指导线，调整公布月最低工资标准和小时最低工资标准，历下区、市中区、槐荫区、天桥区、历城区为760元，长清区、章丘市、平阴县、济阳县、商河县为620元。调整后的非全日制就业劳动者小时最低工资标准为历下区、市中区、槐荫区、天桥区、历城区7.7元，长清区、章丘市、平阴县、济阳县、商河县6.3元。以工资指导线、劳动力市场工资指导价位、人工成本预测预警三项制度建设为内容，开展工资三项基本制度备案工作，加强对企业工资收入分配的宏观调控和管理，建立企业职工工资正常增长机制。

2010年5月1日起，历下区、市中区、槐荫区、天桥区、历城区执行920元／月的最低工资标准，长清区、章丘市、平阴县、济阳县、商河县执行760元／月最低工资标准。

1995～2010年济南市最低工资调整情况表

表16—3—6　　单位：元／月

执行时间	市内五区	长清区、章丘市、平阴县	济阳县、商河县
1995年5月22日至1997年3月31日	180	150	150
1997年4月1日至1999年6月30日	240	180	160
1999年7月1日至2001年6月30日	320	260	240
2001年7月1日至2002年9月30日	370	340	310
2002年10月1日至2004年12月31日	410	380	340
2005年1月1日至2006年9月30日	530	470	420
2006年10月1日至2007年12月31日	610	540	480
2008年1月1日至2010年4月30日	760	620	
2010年5月1日至2011年2月28日	920	760	

1986～2010年济南市职工工资情况统计表

表16—3—7

年份	职工工资总额（万元）	其中			职工平均工资（元）	其中		
		国有经济	城镇集体经济	其他经济		国有经济	城镇集体经济	其他经济
1986	111934	84269	27643	22	1298	1384	1092	882
1987	126263	96322	29673	268	1422	1515	1185	1603
1988	166206	130287	35515	404	1806	1946	1427	2304
1989	190106	150899	38654	553	2037	2199	1577	2614
1990	210618	166250	43003	1365	2211	2370	1751	2460
1991	229540	181185	46091	2264	2368	2535	1872	2658

续表16—3—7

年 份	职工工资总额（万元）	其 中			职工平均工资（元）	其 中		
		国有经济	城镇集体经济	其他经济		国有经济	城镇集体经济	其他经济
1992	267295	214311	49565	3419	2710	2938	2020	2919
1993	327226	264252	54442	8532	3323	3547	2524	3553
1994	465966	371403	67351	27212	4736	5209	2975	4922
1995	581432	465311	79932	36189	5851	6561	3623	5663
1996	700636	562645	89126	48865	7031	7839	4290	6875
1997	792368	636694	67999	57675	7896	8761	4954	7303
1998	717927	578788	68455	70684	8326	9022	5459	7410
1999	756696	608052	67273	81371	9083	9929	5766	7848
2000	857337	639312	59468	158557	10422	11761	6211	8651
2001	950851	713222	60818	176811	11980	13462	7061	9945
2002	1120837	846978	74672	199187	14395	16362	8188	11729
2003	1256160	930392	69554	256214	16027	18197	9331	12942
2004	1420491	1049033	73150	298308	18029	20759	10587	13974
2005	1966782	1126918	77722	762142	20866	24626	11890	18164
2006	2459044	1326412	140974	991658	21808	26550	12332	19305
2007	3086928	1680494	166960	1239474	26085	31910	15763	22500
2008	3735956	2049453	202995	1483509	30798	37191	19296	26645
2009	4241838	2227992	177020	1836825	34544	41239	21365	30368
2010	4695402	2462874	179365	2053164	36833	43339	22593	32740

说明：1998年及以后年份数据均为在岗职工口径，国有、集体、其他分组按1998年新标准；2006年及以后年份数据为非私营单位从业人员口径

第三节 职工劳动时间与休假制度

一、劳动时间

1994年前，济南市沿用一周工作六天的劳动制度。根据《国务院关于职工工作时间的规定》，自1994年3月1日起，职工实行每天8小时，平均每周44小时的工时制度。企业单位根据具体情况，可将每两周中的两个半天休息时间调换为一天休息。从1994年3月1日开始执行每周44小时工时制度确有困难的个别行业、企业，可以适当延期实行，但不得迟于1994年5月1日。根据国务院关于修改《国务院关于职工工作时间的规定》的决定和劳动部《〈国务院关于职工工作时间的规定〉的实施办法》的要求，自1995年5月1日起，济南市开始实行职工每日工作8小时，每周工作40小时的新工时制度。市政府要求，实行这一制度，应保证完成生产和工作任务，不减少职工的收入；从5月1日起实行每周40小时工作制度有困难的企业，可以延期实行，但最迟应于1997年5月1日起施行。

二、休假制度

（一）法定节假日制度 1999年《国务院关于修改〈全国年节及纪念日放假办法〉的决定》第一次修订第二条规定，全体公民放假的节日：新年，放假1天（1月1日）；春节，放假3天（农历正月初一、初二、初三）；劳动节，放假3天

(5月1日、2日、3日)；国庆节，放假3天(10月1日、2日、3日)。第三条规定部分公民放假的节日及纪念日：妇女节（3月8日)，妇女放假半天；青年节（5月4日)，14周岁以上的青年放假半天；儿童节（6月1日)，13周岁以下的少年儿童放假1天；中国人民解放军建军纪念日（8月1日)，现役军人放假半天。第四条少数民族习惯的节日，由各少数民族聚居地区的地方人民政府、按照各该民族习惯，规定放假日期。

2007年《国务院关于修改〈全国年节及纪念日放假办法〉的决定》第二次修订第二条规定，全体公民放假的节日：新年，放假1天（1月1日)；春节，放假3天（农历除夕、正月初一、初二)；清明节，放假1天(农历清明当日)；劳动节，放假1天（5月1日)；端午节，放假1天（农历端午当日)；中秋节，放假1天（农历中秋当日)；国庆节，放假3天（10月1日、2日、3日)。第三条规定部分公民放假的节日及纪念日：妇女节(3月8日)，妇女放假半天；青年节（5月4日)，14周岁以上的青年放假半天；儿童节（6月1日)，不满14周岁的少年儿童放假1天；中国人民解放军建军纪念日（8月1日)，现役军人放假半天。第四条规定少数民族习惯的节日，由各少数民族聚居地区的地方人民政府，按照各该民族习惯，规定放假日期。

（二）带薪年休假 2008年1月1日施行的国务院《职工带薪年休假条例》规定，符合年休假情形的，职工累计工作满1年不满10年的，年休假5天；满10年不满20年的，年休假10天；满20年的，年休假15天。2008年9月18日，施行人力资源和社会保障部《企业职工带薪年休假实施办法》。

（三）探亲假 1981年3月6日施行的《国务院关于职工探亲待遇的规定》规定，符合条件的职工探亲假期：职工探望配偶的，每年给予一方探亲假一次，假期为30天；未婚职工探望父母，原则上每年给假一次，假期为20天，如果因为工作需要，本单位当年不能给予假期，或者职工自愿两年探亲一次，可以两年给假一次，假期为45天。已婚职工探望父母的，每4年给假一次，假期为20天。另外，根据实际需要给予路程假。上述假期均包括公休假日和法定节日在内。同年6月17日，省人民政府制定《关于执行〈国务院关于职工探亲待遇的规定〉实施细则》。

（四）婚丧假 根据1980年2月国家劳动总局、财政部《关于国营企业职工请婚丧假和路程假问题的规定》规定，职工本人结婚或职工的直系亲属死亡时，可以根据具体情况，由本单位行政领导批准，酌情给予1～3天的婚丧假。可根据路程远近，另给予路程假。

（五）女职工产假和哺乳假 1988年9月1日起施行的《女职工劳动保护规定》规定女职工产假为90天，其中产前休假15天。难产的，增加产假15天。多胞胎生育的，每多生育一个婴儿，增加产假15天。女职工怀孕流产的，其所在单位应当根据医务部门的证明，给予一定时间的产假。有不满一周岁婴儿的女职工，其所在单位应当在每班劳动时间内给予其两次哺乳(含人工喂养)时间，每次30分钟。多胞胎生育的，每多哺乳一个婴儿，每次哺乳时间增加30分钟。女职工每班劳动时间内的两次哺乳时间，可以合并使用。哺乳时间和在本单位内哺乳往返途中的时间，算作劳动时间。山东省实施《女职工劳动保护规定》办法还规定：晚育的，按《山东省计划生育条例》第二十八条规定，增加产假两个月；女职工怀孕不满4个月流产的，应根据医疗机构的意见，给予15～30天产假；怀孕4个月以上(含4个月)流产的，给予42天产假；女职工哺乳婴儿满1周岁后，如正值夏季的，单位可根据具体情况，适当延长哺乳期1～3个月；经县（市、区）级以上医疗机构诊断为体弱儿的，可适当延长哺乳时间，但以不超过半年为限。

第四节 劳动争议处理

1986年10月，建立济南市劳动争议仲裁委员会办公室。

1988年6月6日，市劳动局下发《关于贯彻山东省〈国营企业劳动争议处理暂行规定〉实施细则有关问题的通知》，明确处理劳动争议的管辖问题，提出建立和完善建立区县仲裁委员会和企业调解委员会的要求。至6月底，济南市及所辖五区三县劳全部建立动争议仲裁委员会。同年，全市受理劳动争议案件85件。其中，涉及开除4件，除名19件，辞退21件，辞职1件，合同争议39件，其他争议1件。接待劳动争议信访咨询223件，均以调解方式结案。1989年6月，市劳动局、市财政局、市物价局转发省劳动厅、省财政厅、省物价局《关于印发〈劳动合同鉴证和劳动争议仲裁收费及使用范围暂行办法的通知〉的通知》。处理费包括鉴定费、勘验费、旅差费、证人误工补助费等，由败诉方承担。

1991年，对各级劳动争议仲裁委员会的业务人员进行培训，514个单位的1400余人参加培训。开展劳动争议预防工作，指导338家企业修订完善厂规厂纪，纠正不合规定条规1098条。1995年，处理劳动争议案件255起，接待争议上访1140人（次）。劳动争议案件比1994年增长48%，且集体上访人数增多。

1997年2月，市劳动局转发省劳动厅《转发劳动部〈关于职工因岗位变更与企业发生争议等有关问题的复函〉等三个文件的通知》，对职工岗位变更的程序、现期调离、扣发工资、双重劳动关系给企业造成经济损失等引起争议的处理作出规定。

1998年，劳动仲裁坚持“一步到庭”制度、重大疑难案件会审制度和劳动争议案卷评查制度，制定《劳动争议案件办案质量监督管理规定》，实行岗位责任制。2002年，劳动仲裁实行首席仲裁员负责制、案件审理结论实行“少数服从多数”的合议决定制度，劳动争议仲裁委员会例会制度和疑难案件研讨评析会审制度。

2003年，全市有2545家企业建立企业劳动争议调解委员会，做到机构、人员、职能三落实。与市经委、市总工会联合下发《关于进一步规范企业劳动争议调解工作的意见》，对其工作程序、文书格式等进行规范。与市经委、市总工会、市中级人民法院等部门协调，提出《济南市劳动争议办案规则》《济南市劳动争议证据规则》。对办案中遇到的疑难案件定期召开业务研讨会，进行会案处理。2004年，全市受理劳动争议案件3823件，结案3287件（含上年度未结案数53件）。案件涉及劳动者4254人，标的额5104.98万元。

2008年11月，印发《济南市劳动争议仲裁庭庭审旁听规则》，实行“阳光仲裁”制度，对旁听人的条件、旁听人员遵守的纪律等做出明确规定。印发《济南市兼职劳动仲裁员聘任办法》，对兼职仲裁员聘任条件、享有的权利、义务、聘期等做出明确规定。印发《济南市劳动争议仲裁委员会办事机构劳动争议处理工作规定》，对劳动争议咨询和案件受理、送达、案卷归档等做出明确规定。劳动争议仲裁庭配备监控设备，硬件设施进一步完善。全年受理劳动争议案件4279件，涉及职工4486人。其中，正式立案处理2469件，涉及职工2633人，结案2437件，其他方式处理1810件。

2010年，加强基层调解组织和仲裁实体化机构基本建设，建立街道（乡镇）劳动人事争议调解组织135个，调整设立市劳动人事争议仲裁委员会，成立市劳动人事争议仲裁院。全年受理劳动人事争议案件3788件，结案率99%。

第五节 劳动保障监察与信访

一、劳动保障监察

（一）监察执法 1994年7月27日，市劳动局成立劳动监察处。1995 年《中华人民共和国劳动法》实施，济南市全年举办学习班 15 期，培训 2000 余人。开展用人单位遵守劳动法情况大检查，有 3008 个单位进行自查，涉及职工 74 万人。对 598 个用人单位重点抽查，涉及职工 40 万人，促使用人单位整改其违法行为，有 2 万余名职工补办用工手续，补发工资 554 万元、加班工资 28 万元，补缴养老金 440 万元。

1996 年，市、县(市)区全部建立劳动监察机构。开展专项劳动监察活动 3 次，对 829 个单位进行重点抽查。全年受理群众举报 500 人(次)。对违反劳动法律法规的用人单位，通过宣传政策、限期整改、实施处罚、通报批评、公开曝光处理等措施，依法维护劳动者的合法权益，促进劳动关系的和谐稳定。

1997 年，建立劳动用工年检工作制度。通过开展各种检查活动，纠正劳动违法行为，对 250 个单位下达限期整改指令书，清退农民工近 1000 人，清退风险抵押金 1918 万元，依法督促用人单位与 3.56 万名职工补签劳动合同，补缴养老金 2558 万元，失业金 446 万元，为 1.14 万名职工追回拖欠工资 1034 万元。1997 年 9 月，成立济南市劳动监察大队，2006 年 9 月更名为济南市劳动保障监察支队。

1998 年，全年检查用人单位 3583 家，涉及职工 45 万余人，追缴清欠养老保险费 4966 万元，失业保险金 393 万元；督促 160 家“三资”企业、私营企业参加养老、失业保险，并按规定补缴“两金”，清退非法用工 2778 人，补签劳动合同近 1.7 万份。

1999 年，依法开展民工有序流动、非法职业中介、社会保险费征缴扩面、落实《济南市外来务工管理条例》等专项检查和举报监察工作，检查用人单位 5598 户，涉及职工 78 万人，查处外来务工 10809 人，补办用工计划 5143 人，补办务工证 4512 人，收取劳动力调节费 338 万元，补签劳动合同 31755 人，催缴社会保险费 8202 万元，督促 346 户企业新参加社会保险，为职工追缴拖欠工资、加班费、风险抵押金共 900 余万元。处理举报监察案件 386 件。

2000 年，贯彻省《劳动保障监察条例》，通过受理群众举报专查、劳动用工年检和开展对非法职业介绍中介、企业职工工资总额、私营和外商投资企业劳动合同、社会保险执法等多项检查，检查用人单位 1800 户，涉及职工 40 万人。责令补缴社会保险费 516 万元，93 个单位的 4687 名职工参加社会保险。

2001 年 9 月，劳动监察处改名监督监察处，增加社会保障法律法规规章方面的职能。实行联合年检工作制度，年检用人单位 996 户，涉及职工 27.7 万人，补签劳动合同 8453 份，补缴社会保险费 1118 万元。开展劳动保障专项检查 145 家，征缴清欠社会保险费 3498 万元。通过职业资格证书和劳动预备役制度检查，查处 123 家，涉及职工 7.3 万人，查出无证上岗人员 9513 人，均依法进行处理。开展清理非法职介检查，依法取缔 53 家非法职业介绍所。会同市总工会、市妇联进行劳动保障法律监督检查，抽查单位 273 家，涉及职工 4.6 万人，查处违法案件 135 件，督促 70 家用人单位、2299 名职工依法参加社会保险。开展举报专查，设立两部公开举报电话，全年受理举报投诉 1449 件，处结 1438 件，涉及劳动者 1.3 万人。

2002 年，对用人单位实行劳动保障年检评选制度，在社会聘请劳动保障监督监察员。全年对 3878 户企业进行监察，下达限期整改书 326 份，依法作出行政处罚 75 起，取缔非法职业中介 178 家；受理群众举报 1800 起，其中立案查处 103 件；开展对劳动用工、职业资格证书制度、社会保险缴费、工资发放等专项监察。济南市劳动监察大队被评为全国、全省青少年维权先进单位。

2003 年，制定《受理投诉举报案件登记管理制度》《劳动保障监察案件主办监察员制度》《复杂案件合议制度》《错案追究制度》《劳动保障监察回访制度》，接访、调查、处理(罚)工作机制初步形成。全年检查用人单位 2179 户，社会保险扩面 1.6 万人，清欠社会保险费 4882 万元，补签劳动合同 5087 人；受理群众举报 1259 人（次）；开展拖欠农民工工资专项检查，查处拖欠农民工工资 8 件，为 9680 名农民工追回拖欠工资 434 万元。

2004 年，通过劳动保障年检、社保费专项检查、举报专查等形式，检查单位 1817 户，社保费参保新开 310 户，扩面 1.53 万人，清欠社保费 3300 万元，补签劳动合同 3796 人，受理咨询、投诉 2937 人(次)，立案查处 390 起，行政处理(罚)到位金额 500 余万元，为职工(含农民工)追回拖欠工资及押金 526 万元，取缔非法职业中介机构 30 家(次)，清退童工 8 人。制定实施监察工作《案审轮岗制度》《一体执法制度》《年检督导制度》《诚信制度》。

2005 年，在全省率先建立网络化管理、网络化监察的新型劳动和社会保障监察执法体系。全年受理职工群众投诉举报 5579 起，举报专查率 100%；通过开展农民工工资支付专项检查，受理农民工投诉 1200 人(次)，补发农民工工资 7800.5 万元。

2006 年，市劳动、建委、工会等部门在农民工维权工作中实行联合检查、联合办公、联合办案。检查用人单位 42 个，涉及农民工 2.3 万人，补签劳动合同 844 人，清欠农民工工资 4144.7 万元，清欠社会保险费 45 万元，扩面 689 人，处理投诉举报案件 280 起。济南市劳动保障监察支队被评为 2005 年度全国开展农民工工资支付情况专项检查先进单位。全市接受群众咨询、举报、投诉 3289 件，立案检查 689 起，受理案件结案率 99%。

2007 年，完善以市劳动保障监察为龙头、县（市）区劳动保障监察为主体、社区劳动保障服务中心为依托的二级执法、三级职责的劳动保障监察工作机制。全年检查各类用人单位 3686 个，涉及职工 23.7 万人，督促用人单位与 1.8 万人签订劳动合同，清欠社会保险费 3938 万元，受理咨询、投诉、举报 1.53 万人（次），劳动举报投诉检查率 100%，劳动保障监察受理案件结案率 98% 以上。获全国整治非法用工打击违法犯罪专项行动先进单位。

2008 年，建立完善《主办监察员制度》《疑难案件合议制度》《错案责任追究制度》以及监察员培训、行政告诫等系列制度。全年检查各类用人单位 15267 户，涉及职工 56.7 万人，督促用人单位与 36726 名劳动者签订劳动合同，清欠社会保险费 6325.7 万元，社会保险新开户 1563 户，扩面 53261 人，受理咨询、投诉、举报 8627 人（次），立案检查 1368 起，到期结案 1359 起，行政处理 297 起，金额 647 万元，行政处罚 20 起，金额 39.7 万元，申请法院强制执行 11 起，取缔非法职业介绍机构 98 家。

2009 年，组织开展整顿人力资源市场秩序、整治非法用工打击违法犯罪及农民工工资支付情况等专项行动。全年检查各类用人单位 25523 个，涉及职工 80 余万人；督促用人单位与 29849 名劳动者签订劳动合同，清欠社会保险费 6845.7 万元；受理投诉、举报 5376 件，立案检查 1417 起，到期结案 1399 起，到期结案率 100%；补发拖欠农民工工资 825 万元，取缔非法职业介绍机构 12 家。

2010 年，开展举报投诉专查和专项行动，清欠农民工工资 3966 万元，取缔非法职业介绍机构 182 家。下发《关于明确劳动保障监察管辖范围的通知》，明确市、县区人力资源和社会保障部门关于劳动保障监察工作的管辖范围、管辖标准和法律责任，理顺劳动保障监察执法关系，实现执法重心下移。实行劳动监察联席会议制度，建立起各负其责、配套联动的劳动监察执法新机制。

（二）劳动保障监察“两网化”管理 2006 年 1 月，济南市在全市劳动和社会保障服务中心任命兼职劳动保障监察员 252 名，形成两级监察、三级监管、总体联动的工作机制，在全国首家建立起劳动监察网格化管理格局。2008 年，建立健全以各县（市）区为大网格，社保服务中心为小网格的网格化管理和劳动保障监察信息网的网络化管理的“两网化”管理格局。2009年2月，济南市被人力资源和社会保障部确定为劳动保障监察两网化管理工作全国试点城市，全市“两网化”试点工作全面展开。济南市劳动保障监察“两网化”工作，主要围绕“一个目标，四项工作”进行：一个目标即“形成覆盖城乡的劳动用工监控网，建立统一规范、高效便捷的劳动保障监察执法信息联系和监控管理平台”，四项工作即各级劳动监察机构纵向网络连接与横向覆盖所有用人单位整体推进，以网格划分、网络研发、制度建设、人员培训等四项工作为支撑，建成市、区（县）、街道（乡镇）、社区（管区）四级劳动保障监察网格和信息网络。

至2010年年底，全市确定划分1～4级网格，其中市劳动保障监察机构为一级网格，设1个；县（市）区为二级网格，设11个；乡镇（街道）劳动保障中心为三级网格，设143个；社区居委会（管区）为四级网格，设924个。在聘任279名兼职劳动保障监察员、249名劳动保障监察法律监督员基础上，下发《关于加强济南市基层劳动保障监察工作的意见》，为全市第4级网格配备760名劳动保障监察协管员（公益性岗位）。完成济南市劳动保障监察信息管理系统的研发及上线运行。形成用人单位管理、举报投诉、书面审查、专项检查、案件审理、查询统计、法律法规、打印管理、数据比对、系统管理、通告管理等11个模块，完成与社保管理系统、就业管理系统的数据对接工作，基本达到人社部“信息共享、数据比对、动态监控、分类监管、统一受理、统计分析、预警预测”的功能要求。

二、劳动保障信访

1986年，市劳动局设有信访科，处理劳动信访工作。1990年，市劳动局设立信访处，与有关处室合署，未配备专职信访工作人员，信访工作主要由局办公室协调处理。1996年机构改革，市劳动和社会保障局设立信访处，配备专职信访工作人员，负责劳动保障系统信访维稳工作。2009年济南市人力资源和社会保障局成立后，设立劳动监察处（挂信访处牌子），负责接待、办理群众来信来访和上级转办信访件的处理及信息的反馈。

90年代初期，济南市每年劳动信访量约六七百余件（起），2000年左右年信访量突破千件（起），并呈逐年快速增加的趋势，信访处理难度也越来越大。2006年，重点开展就业直通车、温暖在社保、维权绿色通道、信访积案化解、矛盾纠纷排查等工作。2007年，受理劳动保障来信来访3000余件（起）。2008年，受理劳动保障来信来访3600件（起），其中集体访71起。群众来信来访反映的主要问题是劳动关系、养老保险和医疗保险、工伤认定等方面，企业拖欠工资、困难企业欠缴养老保险费影响退休等问题是集体上访的重点。2009年，开展信访积案化解年暨重复信访和非正常上访专项治理活动。在这期间因政策或政策前后不衔接引发的信访案件大量增加。2010年，受理来信来访4096件起，其中接待群众来访3879起（含集体访14起）、处理群众来信217件。群众来信来访总量中，涉及养老保险1312件，占信访总量的32%；涉及劳动关系1084件，占26.5%；涉及工伤医疗保险859件，占21%；涉及劳动工资376件，占9.2%；涉及就业安置202件，占4.9%；涉及失业保险112件，占2.7%；申诉检举40件，占1%；其他政策咨询的111件，占2.7%。通过信访反映的问题，由过去相对单一型向劳动保障工作的深度和广度发展，既涉及劳动保障政策的适用和历史遗留问题，又涉及劳动保障政策在制订、执行过程中出现的新情况、新问题。

第三章　社会保险

第一节 养老保险

一、企业职工养老保险

1987年7月，市政府发布《济南市国营企业固定职工退休费用社会统筹试行办法》，启动济南市国营企业固定工退休费用社会统筹，按工资总额计划收缴，实行“以支定收、略有结余”的固定工统筹金现收现支模式，在一定范围内解决国有企业之间养老负担不均衡的矛盾。

1988年7月，市政府发布《济南市县以上集体企业固定职工退休费用社会统筹试行办法》，启动县以上集体企业固定工退休费用社会统筹，按工资总额+退休费用之和计划收缴，缓解集体企业养老负担。

1991年6月，根据国务院《关于企业职工养老保险制度改革的决定》，明确养老保险费用实行社会统筹，由国家、企业、个人三方共同负担，缓解各用人单位之间退休费用畸轻畸重的矛盾。

1994年1月1日，实施《济南市关于深化企业职工基本养老保险制度改革的意见》，企业职工不分用工形式，不分所有制性质，不管实行什么工资制度，退休养老保险实行统一的办法。职工基本养老保险统筹基金除职工所在单位按规定数额缴纳外，还增加职工个人缴纳部分，标准为职工本人月工资收入的2%。

1995年3月，国务院印发《关于深化企业职工养老保险制度改革的通知》，确立社会统筹与个人账户相结合（简称“统账结合”）的基本制度模式。

1996年，《济南市城镇企业职工基本养老保险条例》经市十一届人大常委会第二十四次会议审议通过，报省人大常委会批准，1997年1月1日正式颁布实施。该条例是济南市第一部有关社会保险的地方法规。1998年、2007年、2010年多次对该条例进行修正。

1997年7月，国务院印发《关于建立统一的企业职工基本养老保险制度的决定》，对企业职工养老保险的主要政策，包括缴费比例、个人账户规模、基本养老金计发办法等进一步规范和统一。

2003年，印发《关于扩大城镇职工基本养老保险覆盖范围有关政策问题的通知》，适时降低新兴的私营企业（不含国有和集体企业改制）及其职工、城镇个体工商户及采取各种灵活方式就业的自由职业者的缴费比例；结合贯彻省政府办公厅《关于扩大企业基本养老保险覆盖范围的意见》，对乡镇企业参加基本养老保险做出明确规定。至年底，基本养老保险扩面新增参保人员10.4万人。

2006年，对企业退休人员进行基本养老金待遇调整，支付调待资金4.47亿元，月人均增长养老待遇190元，全市企业离退休人员人均养老金1018元。企业退休人员社会化管理率98.3%。

2007年，企业养老保险扩面12万人，净增缴费人员6.9万人。制定中断养老保险续保补贴办法，鼓励断保人员继续参加企业养老保险，全年有1916人续保享受36万元养老保险补贴；接续中断缴费人员2.8万人。退休人员月人均养老金1148元。企业退休人员社会化管理率99%。

2008年4月，与市财政局联合下发《关于做好2008年度中断参保人员接续基本养老保险补贴工作的通知》，扩大享受补贴人员范围，补贴标准提高到每人每月76元。6月，启动企业退休人员信息采集工作，补充27万名退休人员缴费年限等基本信息。7月，社会保险费征缴推行柜员制服务模式。9月，实现社会保险费申报缴纳网上申报，至年底，有87家企业纳入试点。全市基本实现社会保险联网。同年，对9063家用人单位进行社会保险稽核，查出应补缴社会保险费7922万元，收回6998万元，回收率88%。退休人员养老金月人均增长123.7元，达到1272元。

2011年7月1日，《中华人民共和国社会保险法》施行，“统账结合”的基本模式以法律形式确定。各类企业及其职工、民办非企业单位及其职工、城镇个体工商户和灵活就业人员，按照规定参加基本养老保险，制度层面实现全覆盖。基本养老保险费实行“以支定收，略有结余，留有部分积累”的基金筹集原则，费用由企业、个人和政府三方负担。职工以本人月工资收入为基数，缴纳基本养老保险费。工资收入按国家统计局规定的工资总额口径计算。职工月工资收入低于省或市上年度在岗职工月平均工资60%的，按60%计算缴费基数；超过省或市上年度在岗职工平均工资300%以上的部分，不计入缴费基数。职工个人缴费比例为8%。城镇个体工商户和灵活就业人员的缴费基数逐步过渡为省或市上年度在岗职工平均工资，缴费比例为20%。企业以本企业职工工资总额为基数，缴纳基本养老保险费。

1994～2010年济南市城镇职工养老保险情况表

表16—3—8

年份	参保人数（人）	保费收入（万元）	离退休人数（人）	发放养老金（万元）
1994	595804	—	146007	—
1995	578504	—	154316	—
1996	588556	—	157546	—
1997	588468	—	168052	—
1998	588463	—	178000	—
1999	575136	—	175225	—
2000	735032	—	217485	—
2001	577418	—	191581	—
2002	588335	—	204602	—
2003	681707	169210	213879	179707
2004	760101	197615	224882	193040
2005	816635	216293	235086	226583
2006	872525	252268	241384	280015
2007	962855	341060	258518	333168
2008	1099202	461801	273161	405404
2009	1184294	540852	286397	471323
2010	1309350	643972	298411	579797

二、机关事业单位养老保险

1994 年 7 月 27 日，市政府制定《济南市机关事业单位工作人员社会养老保险暂行办法》。规定机关事业单位社会养老保险的内容包括基本养老保险、补充养老保险和个人储蓄养老保险。济南市各级党政群机关、社会团体、国有事业单位中的工作人员，各县（市）区所属集体事业单位和其他执行国家机关、事业单位工资制度单位的工作人员以及军队所属驻济南机关、事业单位中非军籍工作人员，均实行基本养老保险。补充养老保险和个人储蓄养老保险由单位和个人根据其实际经济能力自愿参加。所缴保险金额归工作人员个人所有。社会基本养老保险金的收缴按照国家、集体和个人共同负担和"以支定筹、略有节余、留有部分积累"的原则统一筹集。单位负担部分按单位上月在职工作人员（合同制人员除外）工资总额的 24% 缴纳；个人负担部分在职人员按上月本人工资总额的 2% 缴纳，离退休人员不缴纳。根据保险金先存后用的原则，单位预交 1 个月的保险金作为周转金。社会基本养老保险金的支付项目包括离退（职）休费（含按规定增加部分）、按工龄增发的离退（职）休生活费、根据有关规定发放的各种补贴、离退休人员的特需生活补助费。1994 年 12 月 1 日起开始收缴基本养老保险金。至 12 月底，除商河县外，全市机关事业单位在职工作人员 95% 以上办理保险手续。

2003 年 6 月，为缓解基金支付压力，机关事业单位养老保险征缴比例由 26% 调整为 32%。全市机关事业单位养老保险参保单位 2215 个，参保人员 17.2 万人，覆盖率 100%，收缴养老保险费 7.2 亿元，为 4.5 万名机关事业单位离退休人员发放养老金 7.4 亿元。其中，市本级机关事业单位参保 606 个，参保职工 4.8 万人，征缴养老保险基金 2.6 亿元，为 1.4 万名离退休人员支付养老金 2.7 亿元。

2005 年 7 月，机关事业单位养老保险征缴比例由 32% 调整为 38%。调整后，行政机关、全额拨款的事业单位原由个人缴纳的 2% 转为财政代缴，职工个人不再缴费。对差额拨款和自收自支的事业单位缴费比例调整后，其中个人缴费的 2% 比例仍由个人承担。同时，为机关事业单位参加养老保险的职工建立个人账户。2008 年，全市参加机关事业单位基本养老保险的单位 2296 个，参保人员 18.14 万人，离退休人员 5.84 万人。收缴养老保险费 15 亿元，收缴率 99.8%，支付离退休人员养老金 14.49 亿元。

2010 年，济南市机关单位缴费基数为工资；事业单位缴费基数为工资 + 部分补贴（职务补贴、岗位补贴、职岗补贴〈副局以上〉、地方福利补贴、驻济南补贴、保留津贴、福利费、少数民族补贴、教护龄津贴、冲减金额〈教育和卫生〉、2006 工资改革保留工资〈差额和自收自支〉、取暖补贴）。退休年龄男性统一为年满 60 周岁；女工人年满 50 周岁；女干部年满 55 周岁。基本养老金计发办法为基本退休费 + 统筹内津贴补贴 + 统筹外补贴，其中：基本退休费为退休前本人基本工资 × 现行退休规定计发比例；统筹内津贴补贴为职务补贴、职岗补贴（副局以上）、岗位津贴、地方福利补贴、驻济南补贴、保留津贴、福利费、少数民族补贴、教护龄津贴、冲减金额（教育和卫生）、2006 工资改革保留工资（差额和自收自支、取暖补贴之和 × 现行相应的养老金替代率约为 79%），上述两项由社保基金负担；统筹外补贴为住房补贴、规范补贴、节日补贴、新增绩效补贴之和 × 现行相应的养老金替代率约为 79%，此项由职工原单位支付。同年，全市机关事业单位有在职参保人员 17.3 万人，退休人员 7.6 万人。其中，市本级在职人员 5.4 万人，退休人员 2.3 万人。

三、农村社会养老保险

1991 年 12 月 30 日，济南市在历城区、平阴县、长清县、章丘县进行建立农村社会养老保险制度的试点工作。至1993年，农村社会养老保险投保额累计1091万元，平阴、历下、天桥、槐荫四县区基本完成第二轮投保任务。

1994年，全市10个县（市）区全部启动投保，100%的乡镇、92%的村、70%以上适龄农民共112万人参加养老保险，收取保费2500万元，基本建立农村社会养老保险制度。

1997年4月4日，全市农村社会保障工作会议召开。市政府印发《关于加快全市农村社会保障体系建设的通知》和市政府办公厅印发《济南市农村社会养老保险实施意见》。这是全省第一个对农村社会保障内容予以确认和规范的市地级政府文件，明确“自我保障为主与国家、社会扶持相结合”的原则，逐步建立起“储蓄积累式”的社会养老保险制度。保险对象为全体农民，包括乡镇企业职工和务工经商人员。坚持以个人交纳为主，集体补助为辅，国家予以政策扶持的原则，可自愿选择每月2～20元的不同投保档次。养老金的给付，按照谁投保谁受益的原则，投保人从满60周岁开始按月或按季领取养老金直至死亡。养老金的领取标准，根据缴费标准及投保年数确定。全年农村社会养老保险收取保费1801万元。天桥区北园镇年内收取保费136万元，成为全市第一个突破百万元的镇。全市有近3000人领到养老金，最多的每月领取600元。

1998年，市民政局和审计部门联合对全市农村社会养老保险基金管理情况进行全面检查、审计，对违规投放基金进行清理。全市农村参加社会养老保险人数48.1万人，收取保险金8271.23万元，责任金（本息）10191.15万元，调剂金（兑付后多余部分）211.28万元；基金积累总金额10885.92万元，管理费提取总金额244.51万元，兑付5588人、214.85万元。针对基金管理中存在的基金运营（增值）不规范等问题，市民政局制定《济南市农村社会养老保险基金财务管理办法》，发出《加强农村社会养老保险金财务管理的紧急通知》，并示教示范标准账目设置方法。

1999年5月，济南市农村养老保险工作由民政部门移交到劳动保障部门。组织人员对全市农保基金的情况进行调查摸底，并对基金的收缴、管理和运作进行规范。同年，农村养老保险工作在全市的110个乡镇，4699个行政村和560个乡镇企业展开，48.7万名适龄农民参加基本养老保险，为8866名参保农民发放养老金267万元。

2003年11月27日，市农村社会保险办公室下发《关于落实农村社会保险基金运营市级审核备案制度的通知》，明确提出不经市局审批同意或运营方式与申请方案不一致的，视为违规。对责任单位和责任人通报批评并限期纠正，同时抄报省厅，市、县纪委、监察、审计等有关部门；对造成基金损失的，追究有关领导和当事人的责任；触犯法律的，交司法机关严肃查处。

2007年12月18日，市政府办公厅转发市劳动和社会保障局《关于进一步做好被征地农民基本养老保险工作的意见》。这是全市第一个关于被征地农民养老保险的文件，对被征地农民基本养老保险工作的基本原则、保障范围、基本养老保险资金筹集、基本养老保险基金管理、基本养老保险待遇等做出具体规定。2008年7月1日，市劳动和社会保障局、市财政局、市国土资源局联合印发《济南市被征地农民基本养老保险实施细则（试行）》，对被征地农民基本养老保险对象的确定、资金的筹集、资金的划拨、基金和账户管理、基本养老保险待遇等加以明确，全面推动被征地农民参保工作。

至2010年，全市农村社会养老保险有47.70万农民参保，当年基金收入26130.68万元，支出养老保险金893.79万元，累计基金结余27024.47万元。

2002～2010年济南市农村社会养老保险情况统计表

表16—3—9

年份	参保人数（万人）	基金收入（万元）	发放养老金（万元）	基金结余（万元）
2002	46.09	13251.19	29.62	13280.81
2003	45.50	14834.15	53.75	14887.90
2004	44.57	15795.33	48.46	15843.79
2005	44.85	17509.86	59.90	17569.76
2006	44.95	18981.80	66.14	19047.94
2007	45.10	19396.92	618.06	20014.98
2008	45.09	20367.88	695.95	21063.83
2009	44.90	20396.38	836.78	21233.16
2010	47.70	26130.68	893.79	27024.47

四、新型农村养老保险

2009年12月30日，济南市国家首批新型农村养老保险试点在天桥区启动。参保农民缴费档次设为每年100元、200元、300元、400元、500元、1000元、1500元、2000元8个档次。市政府按照43%的比例对基础养老金给予补贴，并根据参保人缴费档次不同，增加5～50元不等的缴费补贴。试点区的1万余名符合条件的60岁以上参保农民从当月起开始享受养老待遇。2010年，启动章丘市和济阳县的试点工作，全市参保人数82万人，领取基础养老金的农村老年人22.5万人。

第二节 医疗保险

2001年11月29日，市劳动和社会保障局设立医疗保险处（挂市劳动鉴定委员会办公室牌子），主要担负医疗、工伤、生育三项保险的管理职能。2004年7月28日，制定《济南市医疗、工商、生育保险专家委员会规则》，成立医疗、工伤、生育保险专家委员会。同年12月30日，医疗保险处所负担的工伤保险管理职能划出，处室名称改为医疗生育保险处。2009年济南市人力资源和社会保障局设立后，医疗生育保险处改为医疗保险处。

一、职工基本医疗保险

2002年10月14日，经市政府第23次常务会议审议通过，《济南市城镇职工基本医疗保险暂行办法》和《济南市城镇职工大额医疗费救助试行办法》公布，于12月1日起施行，济南市城镇职工基本医疗保险工作正式启动。之后，市劳动和社会保障局会同有关部门制定《济南市城镇职工基本医疗保险暂行办法实施细则》等10个配套文件，就有关工作予以规范。同时，济南市城镇职工大额医疗费救助和济南市二等乙级以上革命伤残军人医疗费社会统筹开始施行，首批2.6万参保职工于2003年1月1日起享受医保待遇。

2003年3月25日，市劳动和社会保障局公布《2003年全市基本医疗保险统筹基金起付标准和基本医疗保险基金最高支付限额》。制定《门诊规定病种鉴定办事程序》和《门诊规定病种报送病历资料说明》，确保鉴定过程有序平稳。制定“三大目录”（基本医疗保险的“三大目录”包括基本医疗保险药品目录、诊疗项目目录、医疗服务设施标准）操作规范，对各医院明确

2003 年，济南市基本医疗保险定点医疗机构揭牌仪式

“三大目录”数据库建立的内容形式、工作步骤、操作流程及相关要求，并对医院工作人员进行业务培训；深入定点医院指导，细化操作规程，完善“三大目录”数据库，整理录入数据4万余条。

2004 年 4 月，根据《济南市人民政府关于建国前参加革命工作的退休人员医疗待遇问题的通知》，新中国成立前老工人按属地原则参加基本医疗保险。12 月 28 日，市政府办公厅转发《市劳动和社会保障局关于进一步扩大城镇职工基本医疗保险覆盖范围的意见》，自 2005 年 1 月 1 日起，将灵活就业人员、乡镇企业职工及退休人员、社会退休人员等三类人群纳入基本医疗保险统筹范围。

2005 年 1 月，市政府下发《关于进一步做好城镇职工基本医疗保险工作的通知》，明确市属五区及高新区医疗保险经办机构主要职能。针对困难企业职工参加医疗保险难的问题，研究提出“分类实施、低缴低保、保证基本”的做法，解决了 150 家企业、5 万余职工的参保问题；针对济南市医保起步较晚的情况，对医保前和医保后破产关闭企业退休职工参加医疗保险问题，提出操作性较强的实施办法；针对医保覆盖范围窄的不足，在参保范围上扩大到灵活就业人员、社会退休人员、规模以上乡镇企业，使更多的企业和职工享受到社会保障成果。市医保办与驻区医院共建济南市职工工伤康复中心的做法，被劳动和社会保障部作为“济南模式”推广。

2006 年 4 月 5 日，市政府办公厅下发《关于调整济南市城镇职工大额医疗费救助金年度最高支付限额的通知》，确定自 4 月 1 日起，城镇职工大额医疗费救助金年度最高支付限额由 10 万元调整为 20 万元。8 月 3 日，济南市在全省率先制定《关于农民工参加医疗保险的意见》，按照“低费率、保大病、保当期、用人单位缴费”的原则，着重解决农民工在济南市务工期间的住院医疗费用。10 月 27 日，市劳动和社会保障局、市卫生局联合印发《关于促进基本医疗保险参保人员充分利用社区卫生服务的意见》，进一步扩大社区卫生服务机构定点范围，将社区卫生服务机构纳入门诊规定病种定点医疗机构，降低个人到社区就医的自付比例，社区卫生服务机构可以为参保人员开设家庭病床，参保人员在社区就医、住院则取消或降低起付标准。根据市政府《关于研究我市国有（集体）破产企业退休人员和特困企业参加城镇职工基本医疗保险问题的会议纪要》，为 2.4 万名特困企业职工办理参保手续。

2007 年 5 月 22 日，市劳动和社会保障局印发《关于完善我市参保单位退休人员基本医疗保险有关问题的通知》，依据“先参保、后分开”的原则，要求仍未参加基本医疗保险的用人单位，在 6 月 30 日前按规定办理参保手续，享受基本医疗保险待遇。至 6 月底，全市困难破产企业退休人员和 1010 家困难企业职工 12 万人全部纳入医疗保险，基本实现城镇职工医疗保险全覆盖的目标。自 7 月 1 日起，实行参保单位退休人员与在职职工分开参加医保、分别享受医保待遇，24 万退休人员全部建立个人账户，解除了退休人员因单位欠费而无法享受医保待遇的后顾之忧。

2007 年 11 月 30 日，市政府印发《济南市抚恤定补优抚对象医疗保障实施办法》，将抚恤定补优抚对象纳入基本医疗保险。2008 年 5 月 7 日，市劳动和社会保障局会同市民政局、市财政局印发《关于济南市抚恤定补优抚对象参加城镇职工基本医疗保险有关问题的通知》，就无工作单位和特困企业的优抚对象参保手续办理、特困企业的审核确定、政府财政资金的筹集、无工作单位优抚对象基本医疗保险待遇的确定等有关问题做出明确规定。8 月，市劳动和社会保障局、市财政局联合下文，规定以后每年年底前，由市、区两级劳动保障和财政部门统一确定困难企业名单，由财政部门落实个人账户补助资金并列入各级政府下年度财政预算，从而建立长效解决机制。

2008 年，部分事业单位开展企业基本医疗保险改革，有 154 家单位的 10235 人纳入城镇职工基本医疗保险范围。参保职工住院费用个人负担率控制在 29.8% 以内，低于山东省平均水平。为 98 家困难企业的 25218 名职工医保个人账户内按时注入账户金，保证了困难企业职工享受同等医保待遇。

2009 年 7 月 15 日，市劳动和社会保障局下发《关于城镇职工基本医疗保险参保企业退休人员转入社区管理的通知》，方便参保企业退休人员、退职人员办理基本医疗保险事宜，减轻参保单位相关日常事务的负担。

2010 年 3 月 19 日，市人力资源和社会保障局、市卫生局、市财政局联合下发《关于进一步加强城镇职工基本医疗保险门诊规定病种管理的通知》，从实行定额管理、规范定点医疗机构的选择、利用社区卫生服务资源和对部分病种设立医疗期等四个方面对门诊规定病种的管理方法加以完善。开展医疗保险违规问题专项清理整顿活动。对 13 家三级甲等医保定点医院实行住院医疗费用总额预付结算办法。关闭破产集体企业 64362 名退休人员及困难集体企业 6868 名退休人员全部纳入城镇职工医保覆盖范围。全年城镇职工医疗保险基金征缴收入 25.3 亿元，支出 22.8 亿元。

2003～2010 年济南市城镇职工基本医疗保险情况统计表

表 16—3—10

年 份	参保人数（人）	保费收入（万元）	支付保险金（万元）
2003	326266	4309	953
2004	531276	33571	17412
2005	661161	69474	31918
2006	826207	91433	55263
2007	1001097	122763	94361
2008	1223598	161597	168369
2009	1331911	208333	196211
2010	1495102	253310	227831

二、城镇居民基本医疗保险

2008 年 6 月 27 日，市政府印发《济南市城镇居民基本医疗保险暂行办法》，自 8 月 1 日起正式实施城镇居民基本医疗保险工作。相继制定《济南市城镇居民基本医疗保险暂行办法实施细则》等配套文件。7 月 25 日，市政府召开城镇居民基本医疗保险启动工作会议，提出 2008 年城镇居民基本医疗保险自 9 月 1 日起缴费，10 月 1 日起参保人员正式享受待遇。至年底，参保居民 58.5 万人，参保率 75%。累计收缴居民医保费 5748 万元，收治住院参保居民 7271 人(次)，门规治疗结算 2294 人(次)，累计结算住院医疗费 4629 万元，门规医疗费 116 万元。

12月5日，市政府召开驻济南高校大学生参加城镇居民基本医疗保险启动会议，将驻济南高校大学生全部纳入济南市城镇居民基本医疗保险参保范围。

2009年5月25日，市劳动和社会保障局会同市财政局制定下发《关于进一步做好城镇居民基本医疗保险试点工作的通知》，提出年底城镇居民参保率达到90%以上。同时，推进大学生参加城镇居民基本医疗保险试点工作，对在校学生、少年儿童及其他18周岁以下的城镇居民，政府每年每人补助由60元提高到80元。9月1日，协调教育、财政部门，制定《驻济高校大学生参加居民基本医疗保险的暂行办法》。至年底，参保居民突破100万人，其中大学生参保31万人。

三、定点医疗机构和定点零售药店管理

2002年10月，市劳动和社会保障局会同市卫生局转发省劳动和社会保障厅、省卫生厅《转发劳动和社会保障部等三部门〈关于印发城镇职工基本医疗保险定点医疗机构管理暂行办法的通知〉的通知》，会同市药品监督管理局、市卫生局转发省劳动和社会保障厅、省医药管理局、省卫生厅《转发劳动和社会保障部、国家药品监督管理局〈关于印发城镇职工基本医疗保险定点零售药店管理暂行办法的通知〉的通知》。12月30日，公布首批济南市城镇职工基本医疗保险定点医疗机构8家和2003年济南市生育保险定点医疗机构25家。2003年12月8日，公布首批济南市城镇职工基本医疗保险定点零售药店15家。

2007年3月20日，市劳动和社会保障局印发《济南市基本医疗保险违规行为举报奖励若干规定》，明确十六种基本医疗保险违规行为举报事项以及举报人的举报方式、举报奖励金额等，进一步加强基本医疗保险管理，规范定点医疗机构、定点零售药店的医疗服务行为。

至2010年，共公布济南市城镇职工基本医疗保险定点医疗机构12批、定点零售药店8批、门诊规定病种定点医疗机构4批。

2002～2010年济南市城镇职工基本医疗保险定点机构认定情况表

表16—3—11

公布年月	定点医疗机构（家）	定点零售药店（家）	门诊规定病种定点医疗机构（家）
2002年12月	8（第一批）	—	—
2003年11月	20（第二批）	—	—
	5（第三批）	—	—
2003年12月	—	15（第一批）	—
2004年10月	39（第四批）	21（第二批）	—
2005年8月	45（第五批）	33（第三批）	—
2005年9月	12（第六批）	—	—
2007年1月	71（第七批）	46（第四批）	—
2007年2月	—	—	40（第一批）
2008年3月	74（第八批）	65（第五批）	15（第二批）
2008年10月	53（第九批）	33（第六批）	—
2009年3月	44（第十批）	53（第七批）	58（第三批）

续表16—3—11

公布年月	定点医疗机构（家）	定点零售药店（家）	门诊规定病种定点医疗机构（家）
2009年3月	58（第十一批）	23（第八批）	—
2010年3月	17（第十二批）	—	12（第四批）

第三节　失业、工伤及生育保险

一、失业保险

1986年7月12日，国务院发布《国营企业职工待业保险暂行规定》，于10月1日起实施。规定企业按照其全部职工标准工资总额的1%缴纳待业保险基金，保障职工待业保险基金的来源，支付宣告破产企业、濒临破产企业法定整顿期间被精减、终止（解除）劳动合同和被企业辞退的职工待业期间的医疗、死亡丧葬补助费等费用。同年9月，市劳动服务公司和各区、县劳动服务公司相继建立职工待业保险管理机构，负责筹集、管理、发放职工待业保险基金，组织指导待业职工就业、转业训练和生产自救，为待业职工提供社会保障。待业保险基金的筹集办法：全民和县以上集体企业按全部职工标准工资的总额1%，机关、事业单位按合同制工人标准工资的总额1%提取，向职工待业保险机构缴纳。待业保险基金实行全市统筹，两级管理。

至1988年年底，全市有1426个单位，53.25万名职工参加职工待业保险。其中，全民所有制单位880个，职工39.01万人；集体所有制单位546个，职工14.24万人。接收待业职工73人，其中，终止劳动合同的40人，解除劳动合同的16人，辞退的17人。1988年，全年发放待业救济金和医疗补助费13729元。

1989年，全市有1751个单位、610913名职工参加职工待业保险。其中市区1391个单位、538118名职工（全民单位853个、职工400473人，集体单位538个、职工137645人），章丘、长清、平阴三县360个单位、72795名职工（全民单位210个、职工49434人，集体单位150个、职工23361人）。全年接收待业职工60人，重新安置就业28人，年末有待业职工69人，向待业职工发放救济金和医疗补助费1.6万元。

1992年，全市有1810个单位，66.2万名职工参加待业保险。向在调整产业结构中关停并转企业、停发工资只发生活费企业的职工发放救济金，一次性发放待业救济金700多万元，400多个单位的4.5万名职工得到生活补助。

1993年5月1日起，国务院《国有企业职工待业保险规定》实施，《国营企业职工待业保险暂行规定》同时废止。规定待业保险基金的来源为企业缴纳的待业保险费、待业保险费的利息收入以及财政补贴。将企业缴纳行业保险费费率由1%调整为0.6%。年内，全市有2030个单位、70万名职工参加失业保险。年末为407个关停企业、长期停发工资企业的44709名职工一次性发放救济金675.54万元。1997年，全市收缴失业保险基金2850万元，为19830名失业职工发放救济金3800万元。

1999年1月22日，国务院《失业保险条例》发布实施，《国有企业职工待业保险规定》同时废止。规定城镇企业事业单位按照单位工资总额的2%缴纳失业保险费；城镇企业事业单位职工按照本人工资的1%缴纳失业保险费；城镇企业事业单位招用的农民合同制工人本人不缴纳失业保险费。11月30日，市政府转发山东省政府《关于实施〈失业保险条例〉有关问题的通知》，在全市机关、事业单位开展失业保险费的征缴工作。全市收缴基金8373万元，参加失业保险的在职职工58万人，为14507名失业职工提高失业保险待遇。

2000年，参加失业保险的企事业单位4715户，参保职工65.79万人，征缴失业保险基金1.06亿元；对全市2.16万名失业职工的失业救济金实行社会化发放。2002年，全市参加失业保险的单位7936个，职工60.96万人，全年征缴失业保险费1.66亿元，为全市6.13万人(次)失业人员支付失业保险待遇1.62亿元。

2003年10月1日，《山东省失业保险规定》发布实行，对《失业保险条例》中的各项条款，明确丧葬费、抚恤金等费用的具体标准和各项补贴的范围进行细化。同年，全市参加失业保险的单位10806个，参保职工50万人，全年征缴失业保险费1.8亿元。

2006年，省劳动厅、省财政厅转发劳动保障部、财政部《关于扩大失业保险基金支出范围试点有关问题的通知》，开始为期三年的失业保险金扩大支出试点。规定从失业保险基金中可以列支部分财政预算，为领取失业保险金期间的失业人员提供职业培训补贴、职业介绍补贴、社会保险补贴、岗位补贴和小额担保贷款贴息支出。

2009年10月，根据省劳动保障厅《关于印发〈山东省建立失业动态重点监测报告制度方案〉的通知》，济南市对部分重点企业因破产关闭或破产重整、停业整顿、生产经营发生困难、企业外迁、转产、重大技术革新或者经营方式调整等造成就业人员减少状况进行重点监测，掌握经济波动期内重点行业、企业岗位流失情况，为采取预防和调控措施提供依据。至2010年，纳入监测的企业50家。

2010年，开展扩大失业保险基金支付范围试点工作，通过摸底和测算，确定试点项目和基金预算，明确项目支出标准、条件和程序，确保基金合理使用和使用安全。全年扩大失业保险基金支出5640余万元，用于社会保险、岗位补贴和基层公共就业服务平台建设。全市失业保险参保人数为91.58万人，征缴失业保险基金4.09亿元；领取失业保险人数2.53万人，支付失业保险金额9186.49万元。

1995～2010年，济南市先后8次调整失业金标准。至2010年，市内五区标准提高到510元／月，其他县(市)区提高到450元／月。

1995～2010年济南市失业金标准调整及标准

表16—3—12

年 份	市内五区标准（元）	其他县市区标准（元）
1995.05	135	
1997.04	185	
1999.07	240	长清、章丘、平阴195元，济阳、商河180元
2001.07	277.5	章丘、长清、平阴255元，济阳、商河232.5元
2007.05	340	章丘、长清、平阴300，济阳、商河267元
2008.01	380	章丘、长清、平阴335元，济阳、商河300元
2009.01	420	370
2010.07	510	450

说明：失业保险金标准的发放按所在地最低工资标准的75%计发

2005～2010年济南市失业保险收缴支出情况表

表16—3—13

年 份	参保单位（户）	参保职工（万人）	征缴失业保险基金（万元）	收缴率（%）	领取失业保险人数（万人）	支付金额（万元）
2005	17450	64.95	24825.95	85.10	6.57	13018.39
2006	20492	66.66	34301.59	87.50	5.97	13416.89
2007	24589	69.81	35761.49	90.50	5.02	12300.64
2008	32272	78.82	45273.88	91.45	4.07	11745.57
2009	36195	83.02	42593.83	92.80	3.62	11001.77
2010	41019	91.58	40897.62	95.08	2.53	9186.49

二、工伤保险

1998年1月，济南市劳动鉴定委员会成立，由市劳动局、市卫生局、市总工会负责人及工作人员组成。劳动鉴定委员会办公室设在市劳动局所属的市社会劳动保险事业办公室，具体负责有关劳动鉴定的日常工作。5月13日，市政府发布《济南市企业职工工伤保险办法》，自1998年1月1日施行，对企业实行工伤保险社会统筹，结束工伤保险责任全部由企业承担的历史。6月和8月，分别印发《关于贯彻〈济南市企业职工工伤保险办法〉有关问题的通知》《济南市企业职工工伤保险医疗管理试行办法》。11月，工伤保险工作全面启动。历下区、市中区、天桥区、槐荫区、历城区和高新区实行市级统筹，章丘市、长清区、平阴县、商河县、济阳县实行本级统筹。工伤保险费自1998年1月起征缴。

2000年1月1日起，将参保企业1990年1月至1996年9月30日符合条件的老工伤通过登记纳入统筹范围。此为全国工伤保险工作的先例。同年，全市参加工伤保险的企业3683户，职工53.8万人，征缴基金1311万元。

2001年1月12日，市劳动保障局与市公安局110联动中心签署协议，建立工伤保险信息网络，开通工伤110专线。同年，工伤保险征缴基金3035万元。全年受理工伤认定申请956份，依法认定工伤941人。为1565名工伤职工进行伤残鉴定，对1007名因病、非因工致残职工进行劳动能力鉴定。对统筹前企业老工伤职工进行审核，将482名老工伤职工待遇纳入统筹基金支付。为764名工伤（亡）职工及家属拨付各项工伤待遇费862.47万元。

2002年5月，市劳动保障局医疗保险处成立，主管全市医疗、工伤、生育保险工作，负责市内历下区、市中区、天桥区、槐荫区、历城区和高新区工伤认定、劳动能力鉴定。9月，济南市参加第二届全国大中城市工伤保险政策研讨会，成为7个会员城市之一，并在会上作典型发言。济南市工伤保险与公安110联动以及认定、鉴定、待遇审核拨付“一条龙”服务模式和工伤保险待遇社会化发放引起好反响。至年底，全市工伤保险参保职工51万人，征缴基金3357万元。

2003年4月27日，国务院《工伤保险条例》发布，自2004年1月1日施行。工伤保险覆盖至各类企业和有雇工的个体工商户、事业单位、社会团体以及各类民办非企业单位。12月24日，市政府制定《济南市〈工伤保险条例〉实施办法》，规定济南市工伤保险基金实行全市统筹。章丘市、长清区、平阴县、商河县、济阳县按照统一政策暂时实行本级统筹，待条件成熟纳入全市统筹；《工伤保险条例》实施前因工负伤或患职业病被鉴定为1～4级伤残、未办理退休手

2003 年，全市参加工伤保险的企业 10723 个，参保职工 50.7 万人，为 1917 名工伤人员支付保险待遇 1800 万元

续或者未享受伤残抚恤金、与用人单位保留劳动关系的，可按条例规定享受伤残津贴，解决参保企业因工负伤完全丧失劳动能力职工的后顾之忧。

2004 年 12 月 16 日，济南市职工工伤医疗康复中心挂牌运行。该中心由市职工医疗保险管理办公室和山东中医药大学第二附属医院联合创办，设立专门的工伤康复中心管委会，制定《工伤康复管理暂行办法》和《工伤康复项目范围及考核标准》，使工伤康复管理程序和项目范围逐步走上规范化运营轨道。是当时全省唯一的工伤康复中心。2005 年 10 月，国际劳工组织、劳动和社会保障部在广州联合举办“国际工伤康复研讨会”，济南市在会上作“强强联手、优势互补、合力推进是发展康复事业的有效途径”典型发言。济南工伤康复中心的建设被与会专家誉为工伤康复事业发展的现实选择和有效模式，并被其他省市及全国总工会系统借鉴、推行。12 月 1 日起，平阴县、济阳县工伤保险纳入全市统筹。

2006 年 6 月，市劳动保障局工伤保险处成立，主管全市工伤保险工作，负责工伤认定和劳动能力鉴定。8 月，市劳动鉴定委员会改名为济南市劳动能力鉴定委员会，成员单位由市劳动保障局、市卫生局、市总工会 3 家增加为市劳动保障局、市人事局、市卫生局、市总工会、市企业联合会 5 家。8 月 13 日，联合安监、建委等部门制定《关于农民工参加工伤保险有关问题的通知》，自同年 9 月 1 日起施行。

2007 年 3 月 13 日，全省医疗、工伤、生育保险工作会议在济南召开。济南市作典型发言，重点介绍工伤点定医疗机构管理、职工工伤康复工作经验。6 月 25 日，市劳动和社会保障局转发省劳动和社会保障厅、人事厅、民政厅、财政厅文件，明确事业单位、民间非营利组织工作人员参加工伤保险的相关规定，并将文件下发前工伤人员符合规定的工伤保险待遇通过登记纳入统筹。至年底，有 506 家单位 3.8 万人参加工伤保险。11 月 30 日，下发《关于进一步做好老工伤人员登记管理工作的通知》，将 1996 年以前符合规定的企业、事业单位的老工伤人员全部纳入工伤保险社会统筹，参保单位“老工伤”问题得到解决。至年底，有 526 户企业 8618 名职工参加“老工伤”登记，共支付工伤保险待遇 5770 万元。

2008 年 5 月，市政府办公厅转发省政府办公厅《关于全面推进工伤保险工作的通知》，对工伤保险实行市级统筹、提取工伤保险储备金、有雇工个体工商户参加工伤保险政策做出明确规定。市劳动和社会保障局制定具体贯彻意见：对各县（市）工伤保险实行市级统筹；明确工伤保险费率调整的具体办法；从工伤保险基金结余中一次性提取三年的工伤保险储备金。7 月 27 日，市劳动和社会保障局、市安全生产监督管理局、市建设委员会、市经济委员会联合下发《关于开展工伤保险联合监察执法专项行动的通知》，成立联合监察执法专项行动领导小组，从 2008 年 7 月至 2010 年年底，对建筑、煤炭、非煤炭矿山、化工等高危行业的安全生产管理以及农民工参加工伤保险情况，定期开展检查治理工作。11 月 12 日，市劳动和社会保障局、市总工会联合下发《关于推进商贸、餐饮、住宿等服务业农民工参加工伤保险的通知》，确定“定额包干、等量置换”的参保缴费办法，打破社会保险按月按工资比例征缴工伤保险费的办法。

12月23日，市劳动和社会保障局印发《关于启用工伤认定专用章的通知》，决定从2009年1月1日起对全市工伤保险实行市级统筹，规范工伤认定工作并简化工作程序，在全市范围内启用工伤认定专用章。

2009年，对济钢集团610名、中铁十局201名、平阴县97名老工伤进行审核登记，纳入工伤保险统筹范围，解决了济钢集团2001年前老工伤未纳入社会统筹的历史遗留问题。11月27日，市劳动和社会保障局、市人事局、市财政局、市总工会联合转发省人力资源和社会保障厅、省财政厅、省总工会《关于调整企业职工因病或非因工死亡后供养亲属生活困难补助标准的通知》，调整提高企业因病或非因工死亡职工供养直系亲属生活困难补助标准。12月22日，市劳动和社会保障局、市人事局、市民政局、市财政局联合下发《关于事业单位、民间非营利组织工伤保险实行市级统筹的通知》，决定从2010年1月1日起，事业单位、民间非营利组织工伤保险实行全市统筹。

2010年6月29日，市政府印发《济南市有雇工个体工商户参加工伤保险暂行办法》，自8月1日起实施，全市工伤保险除公务员和参照公务员的事业单位以外，全部纳入工伤保险统筹范围；制定《济南市工伤保险市级统筹管理办法》；建立工伤保险工作目标考核制度，明确各县（市）区工伤保险经办机构的责任。同年，全市工伤保险参保人数129.2万人，基金征缴收入1.88亿元，支出1.52亿元，当期结余3600万元，累计结余2.53亿元。农民工参保54万人。

2003～2010年济南市工伤保险收缴支出情况表

表16—3—14

年 份	参保单位（户）	参保职工（人）	支出保险待遇（万元）
2003	10723	493216	1851.00
2004	—	592262	3354.00
2005	16012	650221	5268.92
2006	—	730501	6589.00
2007	21399	980216	8938.46
2008	26276	1040271	10896.19
2009	30688	1166526	13237.62
2010	35978	1292279	15150.44

三、生育保险

2000年11月30日，市政府制定《济南市城镇企业职工生育保险暂行办法》，于12月1日起实施，全市城镇企业职工生育保险启动。12月26日，市劳动和社会保障局会同市卫生局下发《关于印发〈济南市城镇企业职工生育保险并发症诊疗项目的支付范围〉的通知》，明确生育并发症种类及其诊疗项目支付范围。

2001年4月25日，市劳动和社会保障局会同市计生委、市卫生局印发《关于职工生育保险有关问题的通知》，就参保女职工的生育保险待遇、由生育保险基金支付的计划生育手术费的构成及支付要求等具体问题予以明确。同年，生育保险收缴保险费2587万元，为全市4783名生育女职工支付生育保险费1661.7万元。

2004年8月，济南市被劳动和社会保障部确定为生育保险全国重点联系城市。

2007年12月3日，市政府印发《关于进一步做好企业职工生育保险工作有关问题的通知》，自2008年1月1日起，从提高生育医疗费报销标准、增加对符合条件的男职工的配偶享受生育补助金规定等方面，进一步完善生育保险政策规定。参加生育保险的男职工，其配偶生育前6个月以上无工作单位、符合计划生育政策规定且连续缴费一年以上，按照济南市生育医疗费标准的50%享受生育补助金。生育女职工医疗费报销标准提高8%。

2008年，济南铁路局32574名职工纳入济南市生育保险统筹管理范围。同年，平阴县启动职工生育保险。

2010年，全市生育保险参保人数72.3万人，生育保险基金征缴1.45亿元，支出1.75亿元，当期倒挂3000万元，累计结余1.24亿元。全年有21838人享受到各类生育保险待遇。

2003～2010年济南市生育保险收缴支出情况表

表16—3—15

年份	参保单位（户）	参保职工（人）	征缴保费（万元）	享受生育保险人数（人）	支出生育保险（万元）
2003	—	433286	3469.00	6017	1751.00
2004	—	534862	4259.00	7622	1899.00
2005	15557	550152	4864.00	7096	3100.76
2006	—	560395	5755.00	8741	4073.00
2007	18141	570322	7457.00	11238	6813.00
2008	24088	610267	10672.06	13694	9359.45
2009	29412	661359	11838.48	16968	11805.77
2010	34587	722651	14526.31	21838	17540.01

第四节　企业离退休人员社会化管理与服务

2000年12月起，市直及六区企业离退休人员养老待遇由全市统一发放。2003年7月起，企业退休人员转入社区管理服务。2004年，养老待遇代发网2家，2006年、2009年、2010年分别增加到3家、9家和10家。2008年1月起，市直及六区企业离退休人员及遗属养老待遇使用“核心二班平台”发放。2010年4月起，企业离退休人员死亡待遇直接发给死亡人员直系亲属。至2010年年底，全市纳入社区管理的的企业退休人员33.3万人，社区管理率96.4%，养老金社会化发放率连续多年100%。全市逐步形成市、区、社保中心“三级管理”服务体系网络。其中，市级管理机构全面负责企业退休人员社会化管理服务工作的总计划、总部署、总协调、总落实、总监督；区级管理机构具体负责组织社保中心做好接收工作，贯彻落实社会化管理的政策法规，解决移交工作中的具体问题，指导社保中心做好服务工作；社保中心负责接收退休人员档案和日常管理，提供面对面的服务。全市建成区内77个街道、建成区外67个乡镇全部建立人社服务中心。

2004年，企业退休人员月人均养老金728元，2005～2010年分别增加至828元、1018元、1148元、1272元、1398元和1645元。

第四章　职业技能教育与培训

第一节 职业技能教育

1988年，济南市有技工学校21所（市属10所），在校生6799人（市属1859人），教职工2470人（市属611人），专任教师815人（市属291人）。1990年，全市有技工学校25所，在校学生38037人，专任教师916人。1992年，落实技工学校招生计划2698人，并从农业户口中招收200人。1993年，招生3746人，毕业1232人；有1158名毕业生参加等级考试，922名获技术证书。1994年，全市技工学校录取新生4994人，在部分技校招收自费生821名。在部分技工学校建立职工培训基地。

1995年，在全市技工学校中开展“教学质量年检查评估”活动。同年，招生5406人，安置毕业生1997人。1997年，录取新生5700人，安置毕业生3242人；对6所申请为省重点的技校和15所社会力量办学培训实体进行全面评估，济南市劳动技校被评为省（部）级重点技校，取消两所社会力量办学培训实体的办学资格。1998年，录取新生5515人,安置毕业生3000人。2000年、2001年，分别招收新生3700人、4700人。2002年3月1日，济南市技工学校被劳动和社会保障部批准为国家级重点技工学校和高级技工学校。

2005年，按照“理顺体制，调整布局，分类整合、优化配置”，对市属职业学校进行分类整合。保留的学校：济南市交通局技工学校（济南市交通职工中等专业学校），建制级别、经费类型、管理体制不变。合并的学校：济南市市政公用事业技工学校（济南市市政公用事业职工中等专业学校）并入济南工程职业技术学院，由市教育局管理；济南市石油化工技工学校、济南市粮食技工学校（济南市商务成人中等专业学校）、济南市商业技工学校（济南商业职业中等专业学校）并入济南市高级技工学校，济南市高级技工学校实行市劳动和社会保障局与市教育局双重领导，以市劳动和社会保障局为主；济南市第一商业职工中等专业学校（济南市第一商业技工学校、济南市商业贸易职业中等专业学校）、济南工艺美术学校与山东省商贸学校合并，组建新的山东省商贸学校，由历下区政府管理。

2006年，实施“技能扶贫计划”，帮助城乡730户贫困家庭子女解决上学问题。2008年，举办技工院校毕业生供需见面洽谈会，驻济南24所技工院校3000多名毕业生参加，1346人与求职单位达成就业意向；完成21名四川地震灾区技工院校学生的接收安置工作；为驻济南15所技工院校的23791名学生，发放国家助学金3800万元。

2002～2010年济南市技工学校情况统计表

表16—3—16

年 份	学 校（所）	招 生（人）	其中高级班招生（人）	毕 业（人）	其中高级班毕业（人）	在 校（人）	其中高级班在校（人）	培训社会人员（人）
2002	—	9656	3077	5246	1086	—	5013	—
2003	21	10819	2881	4675	0	24861	5928	12131

续表16—3—16

年 份	学 校（所）	招 生（人）	其中高级班招生（人）	毕 业（人）	其中高级班毕业（人）	在 校（人）	其中高级班在校（人）	培训社会人员（人）
2004	22	16262	9518	6839	2558	33446	14237	14805
2005	20	22546	13203	7867	2464	46145	22687	14005
2006	18	22620	15896	10650	4108	50991	32535	14286
2007	21	29848	20042	14844	8135	68309	39463	25476
2008	22	25921	15093	19357	10954	63670	34993	20188
2009	23	21785	12688	21751	14429	63616	30723	19937
2010	25	21819	13311	22778	13495	64449	34928	21052

附：职业技能培训学校选介

济南市技师学院 济南市技师学院前身为济南市劳动局工人技术学校。1986年9月，该校与重型机械厂联合办学，开办重型机械厂分校。1987年9月，与试验机厂联合办学，开办试验机厂分校。1990年，学校占地面积扩大为3.03公顷，建筑面积10542.30平方米，教职工156人，在校生643人，专职教师52人。1991年9月，与章丘县劳动局联合办学招生电工专业学生50人，教学班设在章丘。1992年9月，与省建工局和煤炭局联合开设井下电钳和砖瓦抹灰专业，开始面向农业户口招收农转非学生。招收首批农口学生150人，其中69名井下电钳、81名砖瓦抹灰工，分别为煤炭局、建管局定向培训和分配。举办首批电工计划外走读班。1993年4月21日，济南市劳动局技工学校在市劳动就业训练中心设立分校。

1994年6月，设立培训部，开展对社会短期培训业务，培训专业有家电维修、摩托车修理、汽车修理、裁剪等。6月22日，在学校设立“济南市劳动局职业技术培训基地”。1995年12月，被山东省劳动局评为山东省一类技工学校。1998年2月23日，被评为省部级重点技工学校。

1999年1月11日，学校被命名为济南市首批再就业培训基地。5月26日，经市劳动局批准学校建立职业技能鉴定所。2001年1月16日，学校更名为济南市技工学校。4月6日，济南市劳动就业训练中心并入济南市技工学校。学校占地面积4.8公顷；建筑面积40387平方米。校本部在校生1600人，教职工218人，教师132人，其中理论课教师73人，实习指导教师59人，开设电工、钳工、车工、电梯安装与维修、焊工、电子信息、汽驾与维修、计算机网络、烹饪、商品营销、餐旅服务等近20个专业。

2002年3月，学校被劳动和社会保障部分别批准为国家级重点技工学校和高级技工学校。2003年2月12日，济南市技工学校改建为济南市高级技工学校，为全额拨款副厅级单位。2004年3月23日，经省劳动和社会保障厅技工学校重点专业名牌专业评估认定，学校金属切削专业为首批名牌专业；金属切削、电工专业为首批重点专业。5月21日，省劳动和社会保障厅同意济南市技工学校进行开办在职职工学制教育班试点。

2005年1月12日，学校通过ISO 9001质量管理体系认证，成为全省技工学校中第一个通过该认证的单位。7月16日，市政府印发《关于市属职业教育资源整合的意见》，将济南市石油化工技工学校、市粮食技工学校、市商业技工学校并入济南市高级技工学校。三校并入后，在岗教职工455人，专职教师332人，在校学生10000余人。五个校区建筑总面积99770平方米，院内实训场地9445平方米，各种实习实验教学设备1400台(套)，其中大型实习实验教学设备500台（套)，基本实现教学、管理自动化和办公自动化。开设数控车床加工、电气工程、机械装配与维修、汽车检测与维修、计算机图像处理、烹饪、旅游服务、化工工艺、化学与制药工程、焊接工程等40多个专业(工种)，分技师部、高级部、中级部、初级部四个层次。同年10月9日，省政府同意济南市高级技工学校更名为济南技术学院。

2007年7月27日，省劳动和社会保障厅同意在济南技术学院基础上筹建济南技师学院。2008年8月，学院被评为济南市名牌重点技工院校，数控加工技术等9个专业被评为济南市名牌重点专业。2010年3月26日，举行济南市技师学院揭牌仪式。同年6月,学院被表彰为“全国中等职业学校德育工作先进集体”。

至2010年年底，学院有教职工392人，专任教师266人，其中具有副高级专业技术职务的94人，“双师型”教师174人。教师中具有技师、高级技师技术等级的111人。有实习场地(车间）71个,各专业实验室60个。设有机械制造、机械维修、电气工程与自动化、汽车维修、信息技术、烹饪、财会、化工工艺、制药9大类、30余个专业(工种)，其中金属切削、电气工程、机械装配与维修、汽车检测与维修、烹饪、旅游服务、化工工艺等9个专业被评为省市名牌或重点专业。分为技师部(本科层次)、高级部(专科层次)、中级部(中专层次)三个培养层次，在校生6000余人。

济南石油化工技工学校　建于1988年5月，是一所培养石油、化工、医药等行业中、高级技术工人的省部级重点技校，副县级单位，隶属于市石油化学工业公司。初期租用历城区利农大队利农学校。1990年3月，利用济南橡胶厂分厂办校，同年8月迁入济南市槐荫区丁字山路15号。学校占地56.25亩，建筑面积2.3万平方米，固定资产1624万元。至2005年资源整合前，有教职工62人，其中教师34人，开设化工工艺、化学分析、化工电器与仪表、化工机械维修、制药、焊接等9个专业，在校学生2300余人。

济南市商业技工学校　该校前身是济南市商业学校（普通中专)，1956年建校，“文化大革命”期间停办。1975年，经省革委批复，成立济南市商业技工学校，办学规模300人，县级事业单位。1975～1978年实行分散办学，将班级放到企业，分散于12个教学点。1979年在济南市第三养牛场，即马鞍山路48号正式建校。至2005年资源整合前，占地20亩，建筑面积2万平方米，固定资产1942万元，教职工120人，专任教师67人,在校生1500人,开设专业烹饪、电算会计、旅游服务与管理、电子商务、计算机、美容美发与形象设计、摄影艺术等12个专业，培养学生近万人。

济南市粮食技工学校　始建于1979年，为全额财政拨款的副县级事业单位，隶属于济南市粮食局。1994年经市成人教育局批准增设济南市粮食职工中专，2000年更名为济南市商务成人中专，2003年经省劳动和社会保障厅批准增设济南市商贸职业技术学校校名。位于天桥区宝华后街3号，占地7000平方米，建筑面积8000余平方米，拥有固定资产880多万元，教职工59人，在校学生近800人。开设电气工程、电子商务、机械装配与维修、食品工程四大类十几个专业。学校培养各类毕业生5000多名，培训各类人员7000余人。

济南铁路高级技工学校　济南铁路高级技工学校前身为济南铁路司机学校，成立于1951年。1986年，济南铁路司机学校设蒸汽机车、车辆检修专业，在校生426人。1990年7月,被评为市重点技工学校。1994年11月，迁址济南西郊铁路生活区，同年被铁道部评为教育先进单位。1995年，被评为山东省一类技工学校。

1997年，学校开设内燃机乘务、蒸汽机车乘务、车辆检车、客车空调4个专业，在校生1088人。同时为铁路特有工种职业技能鉴定场所，承担蒸汽机车转内燃机车，副司机升正司机，复转军人岗前等技术工人的培训。学校占地面积41445平方米，建筑面积2.6万平方米。有综合教学楼、实习演练场、实验室、电教中心、图书馆、体育场和校内实习基地，铺设线路，引进东风5型内燃机车，C65、C50货车，YZ22客车，初步建成机车车辆教学演练场。1998年，被评为省级重点学校和国家重点技工学校。1999年12月16日，学校更名为济南铁路高级技工学校。2000年，开设中级技工内机、车辆、建机、建筑工、运输、礼仪、计算机7个专业，有教职工287人，在校技工生752人，中专新生225人，完成各类转岗培训545人。

2002年，学校占地面积64878平方米，建筑面积42506平方米；有各类实验室27个，实习演练机车、车辆和大型实习设备百余台，中小型实习设备600余套，各专业工种实习操作工位800余个。有18个专业，38个班，在校生1559人。2004年3月23日，内燃机驾驶与维修专业被评为山东省技工学校首批名牌专业、重点专业。2005年8月23日，济南铁路司机学校被评为铁道部铁路机车司机培训基地。同年9月，移交济南市人民政府管理。同年，有在职教职工267人，在校生2300人，设有内燃机车乘务员、内燃机车钳工、电力机车乘务员、电力机车检修员、车辆钳工、建筑机械、数控技术、机电一体化、计算机网络技术、电子商务、计算机绘图与广告设计、空调制冷等12个专业。学校资产总额2907万元，其中流动资产454万元，固定资产2453万元。

2006年4月10日，市机构编制委员会批复济南铁路高级技工学校为全额预算管理正处级事业单位，隶属于市劳动和社会保障局管理；配事业编制254人，其中专任教师编制203人，教辅、管理和工勤人员编制51人。2007年7月16日，济南铁路高级技工学校加挂济南铁路学校校名，济南铁路学校为普通中专学校，与济南铁路高级技工学校实行一套机构，两个牌子，其隶属关系、建制级别、人员编制和经费渠道不变。2009年，学校被确定为“济南市轨道交通实训基地”。

至2010年，学校本校区占地面积101.05亩，建筑面积4.04万平方米，实训基地占地面积450亩，建筑面积8.69万平方米，有技师、高级工、中级工、普通中专全日制教育的办学资质，大中专函授成人教育、职工培训等多种办学层次，开设机械工程、电气工程、轨道交通工程三大类十几个专业，其中城市轨道交通专业成为特色、精品专业，与国内十几家地铁公司签订订单培养协议。

第二节 职业技能培训与竞赛

一、职业技能培训

1992年，技术培训72182人，核发各种等级证书2403个。在部分企业开展技师考评工作，批准技师职务资格403人。1993年，组织全市29个单位的78861名职工进行职业培训，颁发“工人技术等级证书”6225份。1994年，有4万多人参加各类技术学校和技术培训班培训，颁发技术等级证书9291个。1995年，培训各种专业技术人员8580人。

1996年，对1.7万人进行职业技能培训。对各类职业学校毕业生进行统考并实行“应知”“应会”考核制度，按照标准确定技术等级，颁发技术证书。在机械、纺织、一轻、电子、建筑、饮食服务、园林等14个行业的50个工种中开展技师职务评聘试点，评聘技师180名，高级技师30名。组织开展职业技能竞赛和评选活动，市国棉四厂职工王静侠获全国“中华技能大奖”。

1997年，贯彻执行《工人考核条例》，全面实行职业技能资格证书制度，重点加强家庭服务员、推销员两个新工种的技能开发。组织

2003年，全市组织在职职工进行职业技能培训

技术等级考核20301人（次），颁发证书15336份，考评聘任技师226人，高级技师13人；对9500人进行职业技能鉴定，颁发技术等级证书。1998年，培训各种技术工人8.5万人，为8000名技术工人进行职业技能鉴定。1999年，完成在职职工培训10万人（次），组织技能等级考核3.2万人（次），开发微机、摩托车、家电维修新工种的技能鉴定。2000～2003年，每年培训各类职工10万～12万人（次）。

2004年，建立5个培训基地，启动机电类4个职业（工种）的培训，培训青年技师（40岁以下的高级工）162名。2005年，组织培训在职职工7.5万人。技能扶贫500人。2007年，全年组织在职职工培训12.15万人（次）。

二、民办职业培训

1986年后，按照“积极鼓励、大力扶持、正确引导、依法管理”的原则，不断完善政策措施，推进民办职业培训事业发展。

1999年，对以职业技能为主的职业资格培训、技术等级培训的社会性办学机构进行重新登记、审核，对33家办学单位颁发劳动和社会保障部统一印制的“办学许可证”。年内组织4.6万人参加再就业培训，并在全省率先举办创业者培训班。2006年，民办职业培训机构培训技能人才1.59万人，农村劳动力转移培训1.61万人。2008年，培训技能人才1.58万人。

至2010年，济南市有民办职业培训机构56家，其中培训中心8家，培训学校48家。按行政区域分布划分：市中区9家、历下区12家、槐荫区6家、天桥区11家、历城区11家、长清区2家、章丘市4家、平阴县1家；按注册审批地划分，区县注册审批8家，市注册审批48家；按培训层次划分，开设高级培训层次的学校7家，中级培训层次的25家，初级培训层次的22家，非等级培训层次的2家。开设培训专业118个，按照培训专业划分，计算机操作类16家，美容美发化妆专业11家，烹饪面点专业9家，工业企业通用专业8家，家政服务类3家，国家统考职业资格鉴定专业7家，汽车维修工、汽车装饰专业6家，建筑工程专业类6家，按摩师专业6家，茶艺师专业2家，插花员专业2家，速录员专业1家，纺织类1家。

三、职业技能竞赛

1992年，全市举办19个工种的技术比赛，从38684名参加者中选出技术能手参加全省第三届工人技术大赛，获团体总分第一名。1993年，组织参加首届中国奥林匹克技能大赛，获团体比赛省级第二名、国家级个人比赛第七名和第九名。

1995年，开展有5.4万人参加的“技能月”活动，评选出“济南市十大技术能手”。济南第四棉纺织厂挡车工王静侠获“全国技术能手”称号。之后每年组织开展“技能月”活动，评选表彰技术能手，每年参加的在职职工10万～15万人。1996年，王静侠获“中华技能大奖”。2004年“技能月”活动，内容主要有技术交流、技术比赛、拜师学艺、技术革新等，组织开展25个工种的技能大赛，参赛人数6000人。至2007年，共组织开展14个“技能月”活动。

2006年9月底开始，市劳动和社会保障局、市委组织部、市委宣传部等11个部门共同举办济南市首届职业技能大赛。至12月中旬结束。有33300名选手报名参赛，最终有36名选手获“济南市杰出技术能手”称号，204名选手获“济南市技术能手”称号。

2009年，举办济南市第二届职业技能大赛，全市各类企业在职职工、个体劳动者、农村及外地在济南务工人员，各职业（技工）院校教师共1036人参加30个专业（工种）的角逐，产生获奖选手180人，其中60人被命名为“济南市杰出技术能手”，120人被命名为“济南市技术能手”。

第三节 职业技能鉴定

1997年9月，成立济南市职业技能鉴定中心，为正县级自收自支事业单位，内设综合业务部、技能开发部、试题标准部3个部。1998年3月起开展鉴定工作，至年底鉴定8018人，其中获证人员6700人。2002年2月，增设职业技能鉴定所。

1998年9月16日，济南市第十二届人大常委会第四次通过《济南市职业技能鉴定管理条例》，10月12日山东省第九届人大常委会第四次会议批准，自1999年1月1日生效。2009年9月18日，济南市第十四届人大常委会第十二次会议通过关于修改《济南市职业技能鉴定管理条例》的决议。

2010年11月17日，人社部将国家试题库授权济南市鉴定中心管理运行，是山东省第一家国家题库运行管理机构。同年12月，济南市职业技能鉴定中心通过人力资源社会保障部职业技能鉴定机构质量管理体系专家组考核验收，获“职业技能鉴定机构质量管理体系认证”证书，在山东省首家通过认定。至2010年，组织职业技能鉴定50万人。其中，核发高级职业资格证书110744人，占技能人才队伍总数的22.1%；技师21235人，占技能人才队伍总数的4.2%；高级技师1590人，占技能人才队伍总数的0.32%。

1998～2010年济南市职业技能鉴定开展情况统计表

表16—3—17

年 份	鉴定人数（人）	获证人数（人）	年 份	鉴定人数（人）	获证人数（人）
1998	8018	6700	2005	43795	40179
1999	18036	16232	2006	56804	50640
2000	23046	17699	2007	61128	56600
2001	24012	20610	2008	68648	62800
2002	27525	24072	2009	76680	71000
2003	31975	29069	2010	81138	75128
2004	38539	35586	合 计	559344	506315

第四节 职业技能人才

1988年，全市具有四级以上实际技术水平的技术工人5.4万人，约占全市技术工人总数的23%。同年，济南市转发《省劳动局转发劳动人事部〈关于实施技师聘任制的暂行规定〉的通知》，在济南试验机厂、济南第一棉纺织厂等20个企业开始技师评聘试点工作。有279人参加学习，160人获高级工技术等级证书。至年底，全市评出技师139人，分布在11个单位，占这些单位技术工人总数的0.55%。其中，济南第一机床厂33人，济南第二机床厂28人，济南锅炉总厂5人，济南客车厂6人，济南试验机厂8人，济南汽车配件厂12人，明水汽车配件厂5人，济南第一棉纺织厂11人，济南第二棉纺织厂12人，济南第三棉纺织厂8人，济南第四棉纺织厂11人。

1989年，全市实行技师聘任制的单位由16个扩大到27个，占市属大中型企业的56%，批准评聘技师209人、助理技师8人。至年底，全市有技师345人，助理技师31人。

1996年，在机械、纺织、电子、建筑、饮食服务、园林等14个行业的50个工种中开展技师职务评聘试点，评聘技师180人，高级技师30人。

2000年，济南市在全省率先制定《高级技能人才奖励办法》，拓宽技术工人成长渠道。评出第一批有突出贡献的高级技师、技师和杰出技术能手108人。高级技能人才享受市政府津贴。2004～2010年，在全市实施"金蓝领"培训项目，每年培训高技能人才1500～1600人，加快高级技能人才队伍建设。2005年，制定《济南市首席技师选拔管理办法》。2006年，经个人申报、单位推荐、专家初评、组织考察等程序，最终确定30名人选，涉及中央、省驻济南单位和机械、餐饮、纺织、建材、电子、轻工等多个行业。4月20日，市委、市政府对首批首席技师进行命名表彰。同年，培训"金蓝领"1500人，其中技师500人，高级工1000人。2007年，市委、市政府印发《关于进一步加强高技能人才工作的意见》，选拔产生第二批济南市首席技师30人和第四批突出贡献技师72人。全年新增高技能人才1.2万人，其中：技师1826人，高级技师215人。2008年8月，评选产生第三批济南市首席技师30人、第五批济南市突出贡献技师105人和济南市杰出技术能手24人。2009年，全市新增高技能人才2万人，其中新高级技师400人，万人拥有高技能人才89人。2010年，建立健全高技能人才培养培训和多元化评价体系，年内新增高技能人才2.63万人，新选拔50名首席技师和100名突出贡献技师。

2009年10月，在中国重型汽车集团有限公司、山东中烟工业公司济南卷烟厂、济南二机床集团有限公司、济南锅炉集团有限公司建起全国、全省第一批首席技师工作站。2010年12月，在济南阳光大姐服务有限责任公司、润华集团股份有限公司、济南金钟衡器股份有限公司、新时代（民爆）科技产业有限公司、济南四机数控机床有限公司、济南重工股份有限公司、济南舜耕山庄、济南大学旅游学院和济南烹饪协会烹饪技术研究会设立9个首席技师工作站。至2010年年底，全市设立13个首席技师工作站，全部建起各自组织体系，中烟公司济南卷烟厂、中国重汽集团、二机床集团、济南四机数控机床、济南锅炉集团公司、阳光大姐服务有限责任公司等单位，在总站下设若干分站，分站下设若干个工作小组，形成较为完善的组织结构。制定工作制度和章程，加强对首席技师工作的管理。济南锅炉集团公司、中烟公司济南卷烟厂、济南二机床集团有限公司、济南四机数控机床有限公司、济南锅炉集团公司和济南阳光大姐服务有限责任公司以企业文件形式，对首席技师工作站的目标任务、人员管理、资金支持等作出规定。保利新时代（民爆）科技产业公为首席技师工作站设立科研攻关项目立项申请表，为妥善解决好科研攻关项目的知识产权问题进行有益尝试。各技师工作站充分发挥才智，创新工作方法，解决企业生产经营中的关键技术问题，取得一批重要成果。黑伟钰首席技师工作站制定的十个鲁菜标准，被确定为山东地方标准；中烟公司济南卷烟厂首席技师工作站卷包分站攻克卷烟包装不平整的问题；保利新时代（民爆）科技产业公司首席技师工作站解决了10多年来本行业炸药装药封装不整齐的老大难问题，为公司创利400多万元；济南阳光大姐服务有限责任公司刘桂香等首席技师把自己的护理经验写成教案，列入服务质量标准，每周进行一次技术传授和交流，提升了服务品质。

第五章 机 构

第一节 行政机关

1999年4月，市劳动局更名为市劳动和社会保障局。同年7月，成立中共济南市劳动和社会保障局委员会，撤销中共济南市劳动局委员会。2009年12月，组建济南市人力资源和社会保障局，不再保留市劳动和社会保障局（详见第六册第九卷人事篇）。

第二节 直属机构

1985年，市劳动局有市劳动服务公司、市劳动就业培训中心、市劳动局技工学校、市劳动保护教育中心（市劳动安全卫生监测站）、市锅炉压力容器检验所5个下属事业单位。1986年8月，设立市劳动保险事业管理处。1987年7月，建立济南市劳动服务开发中心。1988年6月，建立济南市技术学校招生办公室。1989年1月，济南市劳动服务公司改为济南市劳动服务总公司。1993年2月，济南市社会劳动保险事业处更名为济南市社会劳动保险事业办公室。1997年9月，建立济南市职业技能鉴定中心和济南市劳动监察大队。

1999年5月，市人事局管理的济南市机关事业单位社会保险事业办公室和市民政局管理的济南市农村养老保险事业处划归市劳动和社会保障局管理。2000年11月，市劳动保护教育中心划归市经济委员会管理；市锅炉压力容器检验所、市劳动安全卫生监测站更名为市特种设备监测站，划归市技术监督局管理。12月，建立济南市职工医疗保险管理办公室。2001年1月，济南市劳动局技工学校更名为济南市技工学校，保留市劳动就业训练中心名称；9月，济南市劳动服务总公司更名为济南市劳动就业办公室。2002年7月，市农村社会养老保险事业管理处更名为市农村社会保险办公室。2003年2月，省政府同意将济南市技工学校改建为济南市高级技工学校。2005年7月，济南市石油化工技工学校、济南市粮食技工学校（济南市商务成人中等专业学校）、济南市商业技工学校（济南市商业职业中等专业学校）并入济南市高级技工学校；9月，济南铁路技工学校（济南铁路司机学校、济南铁路高级技工学校）移交济南市管理。10月，省政府同意济南市高级技工学校更名为济南技术学院。2006年7月，济南市劳动监察大队更名为济南市劳动保障监察支队。2007年7月，市政府同意济南铁路高级技工学校加挂“济南铁路学校”校名。2009年6月，省政府同意将济南技术学院改建为济南市技师学院。

2009年12月，市人力资源和社会保障局组建后，有下属事业单位19个，分别为市劳动就业办公室、市人才服务局、市社会劳动保险事业办公室、市机关事业单位社会保险事业办公室、市职工医疗保险管理办公室、市劳动保障监察支队、市人事考试中心、市自主择业军队转业干部管理服务中心、市军队转业干部培训中心、市农村社会保险办公室、市职业技能鉴定中心、市劳动保障信息网络中心、市人才市场、市技师学院、济南铁路高级技工学校、市劳动服务开发中心、市技工学校招生办公室。2010年4月，设立市劳动人事争议仲裁院（详见第六册第九卷人事篇）。

第四篇　民族宗教

1986年，济南市民族事务委员会、济南市人民政府宗教事务处内设民族科、宗教科和秘书科。1987年，将原有科室改为办公室、民族工作处、宗教工作处。1988年，济南市政府宗教事务处改为济南市政府宗教事务局，仍与市民族事务委员会合署。2001年，济南市民族事务委员会（济南市人民政府宗教事务局）更名为济南市民族宗教事务局，内设处室调整为办公室、政策法规处、民族工作处、宗教工作处；建立济南市民族宗教社团组织管理办公室，为全额预算管理的县级事业单位，隶属市民族宗教事务局管理。2004年，保留济南市民族宗教事务局，为市政府工作部门，内设办公室、政策法规处、民族工作处、宗教工作处；市民族宗教社团组织管理办公室建制级别、经费类型、领导职数不变。至2010年无变化。

1986年后，全市少数民族政治权利得到充分保障，参政议政能力不断增强，一批优秀少数民族干部走上领导岗位；各级政府高度重视少数民族经济社会发展，从制度、政策、资金等方面为其创造条件，少数民族群众生活显著改善，民族社会事业取得长足发展。2010年，济南市有汉、回、满、蒙古、苗等49个民族，少数民族人口11万余人，占全市总人口的1.84%。其中回族10万余人，占少数民族总人口的88.78%。10个县（市）区和高新区均有少数民族居住，分布呈现大散居、小聚居、交错居住的特点。全市少数民族过千人的乡镇（街道）26个，民族村（社区）45个。全市民族村人均纯收入7890元，民族村基本实现村村通柏油（水泥）路、通客车、通有线电视、通自来水，15个民族村完成电网升级改造，12个民族村实施生态农业建设工程；有民族学校24所，市级民族医院1所，市级回民殡葬服务站1处，市级少数民族联谊组织1个，形成较完整的为民族工作的社会化服务体系。1999年、2005年、2009年，济南市人民政府连续三次被国务院授予“全国民族团结进步模范集体”称号。

1986年，全市有宗教职业者104人，信教群众9万余人，批准开放的佛教、道教、伊斯兰教、天主教和基督教活动场所157处。2010年，有全市性爱国宗教团体5个，即：济南市佛教协会、济南市伊斯兰教协会、济南市天主教爱国会、济南市基督教三自爱国运动委员会、济南市基督教协会；批准开放的佛教、道教、伊斯兰教、天主教和基督教宗教活动场所496处，宗教教职人员296人，信教群众20万余人。党的宗教政策得到进一步落实，历史遗留问题逐步解决，部分寺观教堂得到修缮、改建和扩建，逐步开放宗教活动场所，宗教界的合法权益得到保障。注重在政治上、生活上关心宗教界人士，加强对宗教教职人员的培养教育，提高宗教界人士政治待遇，逐步改善宗教界人士的生活条件。

第一章 少数民族

第一节 政治生活

一、少数民族干部队伍

1988年，全市有少数民族党员2375人，干部1302人,市人大代表16人,市政协委员31人。

1993年，在人大、政协及各级政府换届中，少数民族人大代表、政协委员和领导干部都有所增加。其中，有全国人大代表2人，省人大代表5人，省政协委员5人，市人大代表20人，市政协委员33人。在少数民族人口万人以上的5个县（区）中，有4个区县配备少数民族领导干部。市中区的人大、政府、政协领导班子中均有少数民族干部。

2003年，全市有各级少数民族人大代表63名，政协委员128名，党代会代表19名。在县（市）区领导班子调整换届时，少数民族人口万人以上的6个县（区），有4个配备少数民族副县(区)长。

2006年，全市有少数民族干部2425人，占全市干部总数的1.55%。各级少数民族人大代表63名，其中市人大代表15名；政协委员128名，其中市政协委员19名。

至2010年年底，全市有少数民族干部2286人，占全市干部总数的1.40%。各级少数民族人大代表63名，其中全国人大代表1名，省人大代表2名，市人大代表13名；政协委员128名，其中全国政协委员1名，省政协委员2名，市政协委员35名。

二、少数民族干部工作

1995年10月，市委组织部、市委统战部和市民委联合制定《济南市培养选拔少数民族干部工作五年规划及实施意见》，对培养教育少数民族干部工作提出明确任务和要求。

1996年8、9月份，先后举办全市民族村干部法制学习班和少数民族中青年干部培训班，并推荐6人参加全省首期少数民族干部培训班。市中、天桥等区县分别开展民族干部的学习和培训。

1997年，市民委会同市委组织部、市委统战部为180余名县处级以上少数民族干部建档立卡，加强对少数民族中青年干部的考察和培养。省、市委党校培训的99名少数民族中青年干部，有30人被提拔到各级领导岗位。配合各级人大、政协换届，推荐全国和省人大代表各1名，省、市政协委员32名和青联委员3名。

1998年5月，市委组织部、市委统战部、市民委和市社会主义学院联合举办第三期少数民族中青年干部培训班。市及各县（市）区相继组织少数民族基层干部培训和挂职锻炼。各级民族工作部门对科级以上少数民族干部进行调查摸底和考察培养，对已建档立卡的180余名县处级以上少数民族干部进行追踪考核，有3名少数民族中青年干部担任政府副区长，19名少数民族中青年干部担任各级领导职务。经市级以上党校培训的148名少数民族中青年干部，有49人被选拔重用，20人被列入后备干部。

1999年5月，市委组织部、市委统战部、市民委和市委党校共同举办全市第四期少数民族中青年干部培训班。50余名少数民族基层干部参加由市委组织部、市委统战部、市民委、市公安局和市委党校举办的少数民族乡村居干部培训班。

2002年年初，市民族宗教局配合市人大开展对全市少数民族干部情况的调查，协助市人大、市政协对县（市）区培养选拔少数民族干部工作进行检查和督促，协助市委组织部开展对宁夏回族自治区5名少数民族挂职干部的服务工作。

2003年，市民族宗教局先后对市及县（市）区机关、企事业单位的少数民族干部培养、使用情况进行调查摸底，掌握情况，就全市民族干部总体数量减少、梯队结构出现断层等问题，写出专题报告，并与组织人事部门沟通。会同市委组织部、市委统战部研究制定《济南市培养选拔少数民族干部工作三年规划及实施意见》，为民族干部工作提供政策依据。在县（市）区领导班子调整换届时，经民族工作部门推荐、组织部门考察、市委批准、县（市）区选举，少数民族人口过万的4个区（县）选配少数民族副区（县）长。

2004年，推荐县处级以上后备干部人选23名。

2006年，推荐提拔任用市管少数民族干部5名。市民族宗教局、市委组织部、市委统战部联合召开全市培养选拔少数民族干部工作座谈会，总结交流培养选拔少数民族干部工作的经验做法，研究部署培养选拔少数民族干部工作。举办全市民族村（居）干部培训班，100余名民族村（居）干部参加培训，围绕社会主义新农村建设、基层政权和社区建设及计划生育工作等专题进行集中学习。

2007年，在中央民族干部学院举办全市少数民族干部培训班，30余名少数民族干部和县（市）区民族工作部门负责人参加培训。

2009年，举办全市少数民族处级干部培训班，44名少数民族干部参加培训。

三、民族社团

1989年4月8日，召开济南市少数民族知识分子联谊会成立大会。该联谊会是全市各条战线的少数民族知识分子自愿组织的群众性团体。大会通过联谊会章程，选出理事会成员33名，济南联合大学校长丁文方当选为会长。至年底，发展会员285人。1992年3月，联谊会被批准为正式社团组织。1994年5月6日、1999年4月28日，先后召开济南市少数民族知识分子联谊会第二届、第三届会员大会，分别审议通过上届理事会工作报告，修改联谊会章程，并通过民主选举产生新一届领导班子，丁文方连续当选为会长。

联谊会成立后，在扶持发展少数民族经济，维护民族团结，促进各民族共同繁荣等方面开展工作，发挥了少数民族人才库和智囊团的作用，促进了民族团结和社会稳定。1989年“五四”前夕，与市民委、市政协文教委、团市委、市伊斯兰教协会等单位联合举行马云亭事迹报告会，纪念回族爱国志士马云亭参加反帝爱国运动英勇就义70周年；“六一”国际儿童节前夕，组织医务界会员为回民幼儿园的孩子进行体检；倡议成立济南市少数民族教育基金会。当年基金会首次向1989年高考被录取的53名少数民族学生颁发奖学金2120元。1990年，联谊会筹集资金5万元，帮助因亏损濒临倒闭的济阳县辛集回族乡养鸡场恢复养鸡业。4月27日伊斯兰教开斋节当天，组织23位回、满、壮族的医疗专家和医护人员，在清真南大寺门设立医疗咨询服务站，为少数民族群众看病228人（次）；5月24日，组织13位少数民族医护人员，到历城区仲宫镇的仲北和并渡口东村进行医疗服务，义务接诊130余人（次）。1993年10月，市文联、市少数民族知识分子联谊会、市伊斯兰教协会和李苦禅纪念馆在济南万竹园联合主办“金棻先生书画遗作展”，展出回族著名书法家金棻作品近100幅。1998年，市少数民族知识分子联谊会和济南民族医院共同组织医疗专家深入回族聚居区开展义诊和卫生咨询服务，诊疗500余人（次）。至2010年，少数民族教育基金会发放基金30余万元。

第二节 经济发展

1986～1990年，济南市各级民族工作部门采取多种措施扶持发展民族经济，通过打井配套，为少数民族村铺设饮水设施，逐步解决民族村的吃水难问题。1988年，市民委成立民族经济工作办公室和济南市民族经济开发服务公司，扶持少数民族企业发展。五年间，通过市财政支持、市少数民族知识分子联谊会筹资等方式，帮助济阳、历城等民族村部分村办企业解决资金困难。部分民族村利用自然资源和传统技能的优势脱贫致富，章丘县大冶、杨家巷两个回民村，利用煤炭资源，新开煤井4眼；大冶村新上民族骨粉厂；垛庄镇西麦腰村对花岗石资源进行开发。

1991～1995年，济南市少数民族经济由过去单一、封闭式的农业经济逐步发展成农、林、牧、副、渔多种产业结构和工、商、建、运、服并举的立体化经济体系。1992年，章丘市埠村镇杨家巷、历城区党家庄镇刘家林两个回族村，在全省乡镇建设评选活动中获“明星村”称号。1994年，全市38个民族村新上工副业项目30余个，初步形成以济阳县辛集皮毛市场、商河县白集牛羊肉市场、长清县赵家营废钢铁收购加工市场、章丘市杨家巷商业一条街、长清县青北饮食服务一条街、历城区党西商业一条街为主体的“三个市场三条街”，全市有民族企业117家，固定资产5910万元，民族经济总产值3.78亿元，全年实现利税1950万元。有12个民族村人均收入超千元，13个民族村达到或接近全市人均收入水平。1995年10月，市政府下发《关于扶持发展少数民族经济有关问题的通知》，要求市财政、计划、工商、林业等34个部门和单位，每年拨出一定专款用于扶持发展少数民族经济和教育事业。全国人大、国家民委、省民委对此给予充分肯定。广州、南京、沈阳、西安、吉林等地先后到济南考察学习。

1996～2000年，市民委协调国家民委、省民委和市农委、财政、计划、林业等部门，拨出发展资金200余万元。1997年，济阳县店子、辛集回族乡被确定为全市重点扶持的贫困乡，每年各拨给20万元无偿扶持金和100万元周转金用于农业生产项目，市财政从支农资金中为两个乡各解决周转金50万元，无偿扶持金各增至50万元，连续扶持两年，帮助两个乡改善水利条件。此后两年中，市政府两次召开民族经济工作会议，并多次召开民族经济工作现场会，确定扶持辛集、店子两个回族乡经济发展的措施。至2000年年底，各级先后投入扶持金1046万元，两个乡在调整产业结构、农田打井、畜牧养殖、特色农业、工业立乡、小城镇建设以及发展教育卫生事业等方面迈出新的步伐，财政收入翻番，人均纯收入2500元。2000年，全市农村少数民族人均收入2890元。

2001～2005年，市民族宗教局筹措发展资金1000余万元，全部用于扶持发展少数民族经济，先后帮助章丘、长清等县区10个民族村修建通村公路近2万米，硬化村街路面近20万平方米；修建村内下水道1万余米，新打400米深水井10余眼，安装自来水管道5万米，并在民族村实施电网改造工程，改善少数民族群众生产生活条件。围绕农村产业结构调整和农民增收，发展民族特色产业聚集带（即畜牧养殖长廊）、特色种植业，加快牛羊屠宰、肉类购销、皮毛加工、汽车运输等二、三产业发展。形成以槐荫区小金奶牛小区和济阳县大营养殖小区为中心的肉、奶牛养殖产业群，养殖专业村奶、肉牛存栏量分别达到7000头和5000头；济阳县民族村绿壳蛋鸡养殖业和养鹅业不断发展，养殖户达300家。历城、章丘、济阳等县（市）区民族村，因地制宜发展核桃、板栗、杏果、冬枣等干鲜果品和速生杨等林果业；长清、市中、槐荫、天桥等县（市）区的民族村（居）汽车运输、清真食品等特色产业迅速发展。济阳县泉鑫皮革厂、章丘市杨家巷金星电缆厂、长清县北辰集团和济南一佳清真食品分公司等民族企业生产经营规模不断扩大。围绕清真食品加工及餐饮、裘革制品、汽车运输等优势产业，扶持发展龙头企业，新增清真牛羊肉加工企业3家；全市民族企业由66家发展至76家。

2006～2010年，全市用于发展少数民族事业的资金2000余万元，帮助解决道路修建工程、饮水工程、电网改造工程等少数民族群众的重点民生问题，民族村（社区）面貌和少数民族群众生活得到较大改善。2010年，全市民族村人均纯收入7890元，比2005年增加3310元，年均增长11.5%，接近全市农村人均水平。民族村全部实现“村村通”柏油路，90%的民族村用上自来水，70%的村户接入有线电视。少数民族经济结构不断优化，二、三产业较快发展，产业布局趋于合理，一批优势产业和特色经济发展迅速。畜牧、林果等传统产业继续保持良好发展势头，旱地养鸭大棚、獭兔养殖等新兴项目逐渐普及，农贸市场、商业街、生态观光旅游点等迅速发展。积极为民族企业争取优惠利率贷款，组织申报齐鲁宏大纺织有限公司成为少数民族特需商品定点生产企业，将济南登峰清真肉类有限公司和济南润达清真肉类有限公司纳入全市龙头企业行列，引导、支持民族企业加快发展。2009年，全市年销售收入500万元以上的民族企业28家，其中年销售收入过亿元的4家，年产值过千万元的19家。

第三节 社会事业

一、民族教育

1986～1990年，全市民族学校办学条件逐步改善。1988年，省教育厅拨款15万元，在济南回民中学新建藏族学生餐厅；省民委拨款1万元，为新建的党家庄回民中学增添教学设备；市政府为市中区永长街回民小学新建教学楼和回民幼儿园迁址拨款65万元；市教委投资6万元，为济南回民中学修缮校舍。济南、历城、长清三个师范学校开办民族班，济南师专开办大专民族班。济南市第一、第三职业中专开办幼师、烹饪、旅游三个少数民族职业中专班。1989年，市教委、市民委对15所回民学校进行调查：城市回民小学入学率、巩固率、升学率均为100%，初中升学率77.8%，基本实现九年制义务教育；农村回民小学入学率99%，巩固率98.7%，升学率93.6%，均达到普及初等教育的基本要求；达到校舍、课桌凳、操场、院墙、大门、厕所六配套标准的回民学校12所，占80%。济南、长清、章丘3所师范学校的25名少数民族毕业生分配充实到农村回民学校。1990年5月26日，济南市教委、市民委在济南育英中学召开济南市首届民族教育经验交流会。8月15日，由市政府拨款80万元，区政府垫款提前改建，建成市中区永长街回民小学教学大楼。

1991年年底，山东省济南西藏中学建成，原在济南回民中学和第十四中学的400名藏族学生迁入新校。1992年，市民委、市教委考察商河县5所民族小学，对未达到校舍改造六条标准的提出改进意见，并拨出部分资金予以帮助。商河县筹资30万元用以解决实际困难。槐荫区吴家堡镇西张回民小学筹资10万元建起一座新教学楼。1993年，市民委、市教委对济阳县11所民族学校进行全面调查，提出改进意见和措施。市民委为西藏中学、济南市回民幼儿园和历城区桑梓店镇老寨子回民小学拨款4.5万元，改善办学条件。历城区党家庄镇党东村筹资40余万元，为回民小学建新教学楼。1994年，召开全市第二次民族教育经验交流会，市中区政府、党家庄镇回民中学等15个单位介绍民族教育经验。1995年市民委多渠道筹资21万元，为5所中小学改建校舍，增添教学设施。

1996年，市民委、市教委组织民族学校负责人到北京考察学习，交流经验；帮助堤口回民小学落实校改资金；为章丘贫困山区下琴子回民小学新建校舍。1997年，市民委帮助2个回族乡和5个民族村民族学校筹集校改资金40万元。1998年，槐荫区吴家堡镇西张回民小学建立微机教室，成为全市首家实行微机教学的民族小学。市民委、市教委联合召开全市民族学校素质教育现场观摩会，济南回民中学等8个单位交流经验。年内，争取国家民委和省民委扶持资金200余万元，帮助两个回族乡和6所民族小学改善办学条件。1999年，市民委会同市教委帮助5所民族中小学建成高标准教学楼，并为6所民族学校改善办学条件。市民委和趵突泉街道向全市36所民族学校赠送40台风琴，价值3万余元。2000年，市教委投资120万元，市民委筹资30余万元，重点帮助7所村级民族学校实施校舍改造工程。商河县白集村社会集资120余万元，新建民族学校1所。市教委拨款240万元帮助济南回民中学建设艺体馆和塑胶跑道，为市中区党家回民中学和西藏中学拨款380万元改善办学条件。市民委投资6万余元，向西藏中学捐赠微机16台，帮助该校建立电化教室。

2001年，市民族宗教局会同有关部门，先后帮助济南回民中学、济南西藏中学，以及小寨子、青北、赵营和并渡口东村的回民小学进行校舍改造。市中区投资540万元，分别为党家回民中学、永长街回民小学和党东回民小学新建综合实验楼、教学楼。天桥区投资8万元，新建民族幼儿园1所。2002年，历城区筹资135万元建起建筑面积1900平方米的并渡口民族小学，在解决回族孩子上学的同时，吸纳周边11个自然村的孩子到校学习。市教育局在全市中小学增加“中华大家庭”和“民族知识与民族政策”课程，加强对中小学生的民族团结教育；槐荫区利用暑假在民族小学开展民族宗教基本常识教育，并组织回族、汉族学生开展“手拉手、结对子”活动。“六一”儿童节期间，邀请新疆维吾尔自治区的50名中小学生到济南，举行“泰山—天山”手拉手活动。2003年3月，济南回民中学被省教育厅命名为“省级规范化学校”。2004年，市民族宗教局协助有关部门制定济南市民族学校基础设施建设项目库，同时教育部又把全国唯一一个边境班安排在该校，增加阿里、昌都、山南、那曲四个地区的学生。7月29日，在全国内地西藏初中（班）、校升学招生会上，教育部民族教育司公布2004年中考成绩，济南西藏中学总平均分名列全国第三名，其中，三名学生总分列全国第一、二、六名。2005年，济阳县刘营村、章丘市杨家巷村、市中区刘家林村民族小学分别新建三层教学楼。

2007年，投资1300万元的济南西藏中学综合教学楼和运动场建成启用。长清区青北村、商河县站南村、济阳县刘营村三所民族小学完成教学楼扩建工程。2008年，帮助22所民族学校完成取暖改造工程，协助济南西藏中学建成现代化电子读书室、实验室等设施，帮助济南回中编辑出版《中国少数民族服饰文化读本》。2010年，加强对青少年的民族团结教育，全市中小学增设民族团结教育课程，开展聆听一堂课、参加一次班会、参与一次教育实践的“三个一”活动；民族学校举办以民族团结教育为主题的升旗仪式以及经典诗文朗诵会、征文竞赛、主题班会、专题讲座等系列活动，使各族青少年进一步树立正确的民族观和国家观，增强了对中华民族大家庭的认同感和维护民族团结的责任感。

1989年4月8日，由济南市少数民族知识分子联谊会倡议，成立济南市少数民族教育基金会。至2003年，奖励考取大专院校的少数民族大学生931人，先进教师95人（次）、优秀学生428人（次），奖金10.87万元。2004～2010年，奖励考上大学二本以上少数民族学生822人，考上研究生的少数民族学生124人，发放奖学金20.16万元。

招生方面，对少数民族学生给予特殊照顾。至2010年，有2万余名报考中等以上学校的少数民族考生，享受降低一个分数段录取的待遇。

二、民族文化

1986年9月～10月，第三届全国“民族杯”小歌手邀请赛在上海举行。经省民委推荐参赛的4名山东省小演员均获“优秀小歌手奖”。

1989年，市民委、市文化局等联合举办济南市首届少数民族文艺调演，庆祝中华人民共和国成立40周年。回、藏、苗、白、壮、朝鲜等15个少数民族的1000余名专业和业余演员参加调演，演出舞蹈、曲艺、小品、歌曲等文艺节目100余个。至2010年，举办少数民族文艺调演4次，吸引各族群众广泛参与，营造了民族团结的氛围。

1990年，编纂出版《济南回族志》。6月29日至8月24日，市民委、市文化局、市总工会、市文联等单位，在解放阁联合举办济南市首届少数民族书画展。至2010年举办4次。1998年9月22日至10月5日在趵突泉公园万竹园万竹画廊举办的济南市第三届少数民族书画展，展出回、满、藏、黎、蒙古、朝鲜、纳西、仫佬等少数民族作者及汉族作者反映少数民族题材的作品193幅，包括国画、水彩画、水粉画、年画、版画、篆刻、行、草、楷、东巴文和阿文书法等10余种艺术作品。

1993年5月，山东省举办少数民族学讲普通话选拔赛，济南代表队演出的小品《买买提补课》获第一名；演讲《我的根》获第二名，演讲词被选为全国少数民族学讲普通话大赛参赛作品。

2002年10月20日，民族团结进步宣传月文艺演出

2004年10月27日，“民族团结杯”民族法制知识竞赛活动

1995年12月，市政府办公厅转发市民委《关于向少数民族村捐赠科技书刊的报告》，全市116个单位向少数民族捐赠农业科技、商业贸易、法律知识和市场经济管理等专业科技书刊3.2万册，价值12万元。

2001年开始，每年开展为期一个月的全市民族团结进步宣传月活动，时间一般在10月份。每年一个主题，包括领导下基层督查、举办报告会和讲座、组织专家义诊、法律科技文化“三下乡”、集中宣传日、巡回演讲、清真食品安全检查、新闻媒体宣传等内容，关心和帮助少数民族群众解决实际问题，营造各族人民和睦相处、和衷共济、同心同德、和谐发展的良好局面。

2004年10月27日，市民族宗教局、市司法局在济南电视台演播大厅联合举办济南市“民族团结杯”民主法制知识竞赛。竞赛以“民主法制创平安，团结进步奔小康”为主题，内容涉及少数民族常识、党的民族政策、国家有关法律法规等。历下区代表队获一等奖，天桥区和槐荫区代表队分获二等奖，市中区、长清区和商河县代表队分获三等奖。

2010年，在基层开展民族团结进步模范创建活动，全市80%的民族村（社区）先后获省、市民族团结进步模范村（社区）称号。深化“法德并举、立体帮扶”工作经验，开展由普法宣讲员、阿訇、教师进行的“三员普法”和法律条文送到家，学法用法抓到家，守法责任订到家的“三到家”工程、“践行八荣八耻、构建和谐济南”等宣教活动，进一步提高全市少数民族群众的法制观念和道德素质。

三、民族习俗

1986～2010年，济南市对具有特殊丧葬习俗的少数民族妥善安排墓地，并采取措施加强少数民族的殡葬服务。1996年8月2日，由政府投资200余万元新建的济南市回民殡葬馆落成启用。经市政府批准，在二仙村设立第二处回民公墓，制定实施管理制度，使10个少数民族的土葬习俗得到尊重和保障。其间，各级有关部门严格执行更改民族成分的程序和条件，对公民申请更改民族成分的，按照国家有关政策规定严格审核办理。

1997年7月31日，为尊重少数民族清真饮食习惯，加强清真食品生产经营管理，以市政府令109号发布实施《济南市清真食品生产经营管理办法》。该办法为济南市民族工作史上第一个地方性政府规章。2002年3月29日，市政府第188号令颁布《济南市牛羊屠宰经营管理办法》，明确对本市牛羊实行定点屠宰管理，特别规定清真牛羊定点屠宰厂（场）必须按照清真要求进行，其产品须印有明显的清真标志。其间，全市多次召开专题座谈会，制定贯彻实施意见，促进清真食品行业的规范化和法制化管理。

四、民族体育

济南市少数民族传统体育活动项目主要有毽球、蹴球、射弩、陀螺、押加、板鞋竞速、武术、绊跤、风筝、秋千、掼牛、拉滑车、抖皮条、掷沙袋、竹马、旱船、狮子、高跷、鼓子秧歌、珍珠球、木球等。其中，武术、摔跤是回族群众最喜爱的体育项目，珍珠球是1990年从东北引进的满族传统体育项目，木球是从宁夏引进的回族传统体育项目。

（一）武术　回族武术有打散手（现称散打）、长兵、短兵和拳术等，人们习惯上把回族常习的武艺划为“昆仑派”，与少林、武当、峨眉并列为中华武术四大流派之一。山东回族有以清真寺为训练中心开展武术活动的历史传统，不少阿訇兼任武术教练。早期成立的济南少数民族体育社培养出不少武术人才。改革开放后，济南回族群众研练武术的热情不断上升，群体水平呈上升趋势。

（二）摔跤　新中国建立后，济南市民委和市回民协会在回族群众中提倡摔跤运动。1985年，济南市少数民族体育社选出14名选手参加第二届全省少数民族传统体育运动会，马巍、米继升分获52公斤、62公斤级冠军；次年选出3名选手参加第三届全国少数民族传统体育运动会。该社回族教练周连云培养出一批摔跤选手，其中文保国在1989年山东省农民运动会上获57公斤级中国式摔跤冠军；周永、马巍与金延雷在第十四届山东省运动会上分获52公斤级、57公斤级和100公斤以上级摔跤冠军。马军先后夺得1985年首届全国青年运动会柔道比赛金牌和1989年全国男子柔道锦标赛金牌。2010年10月1日，在济南大观园内举行第二届全国四大跤城摔跤比赛，来自北京、天津、保定、济南“四大跤城”的20名摔跤选手参加了比赛。

（三）少数民族传统体育运动会　1995年6月，山东省第四届少数民族传统体育运动会在临清市举办。济南代表队作回族传统项目掷沙袋表演。囊括绊跤全部4枚金牌，并夺得4枚武术金牌。1999年5月，山东省第五届少数民族传统体育运动会在济南举行。省民委、省体委授予济南市体委等13个单位“山东省民族体育模范集体”，张武等16人“山东省民族体育模范工作者”称号。2003年4月，山东省第六届少数民族传统体育运动会在济南举行。济南市等14个代表团参加竞赛项目和表演项目。济南市获金牌数第一和团体总分第一名。2007年4月，山东省第七届少数民族传统体育运动会在德州举行。济南市代表团蝉联金牌总数第一名、并获团体总分第一名。

五、民族医疗机构

1991年，济南市民族医疗门诊部（1952年成立回民诊所，1978年改名济南市民族医疗门诊部）改为济南市民族医院，1992年升格为正县级单位，1994年评定为一级甲等医院，2006年9月转型为社区卫生服务机构。

济南市民族医院是济南市卫生局直属的一级甲等综合性医院，是山东省暨济南市首家为少数民族同胞服务的医疗机构，也是整建制转型社区的医疗机构。医院设有内科、外科、中医科、口腔科、妇女保健科、综合病房、输液中心、中西药房、B超心电室、放射科、化验室、计划免疫室、藏医科和中医针灸科（名老中医工作室）等科室；有全自动X光机、CR、数字胃肠仪、C型臂、B超、彩超、全自动生化仪等检验设备、心电监护仪、动态心电监护仪、除颤仪、乳腺诊断仪及治疗仪等诊疗设备。是职工医保、居民医保和新农合定点医疗单位，是16家单位的公费医疗定点机构。2010年3月，医院启动国家基本药物零差率销售。

医院先后被评为国家级和省级社区卫生服务示范机构，省、市民族团结进步先进单位等。

第二章　宗　教

第一节 佛 教

1986年，济南市有寺院1处，比丘10人，居士、信众500人。2010年，全市开放佛教活动场所（包括寺院、念佛堂）15处，有比丘38人，比丘尼17人，居士、信众5万余人。

一、寺 庙

（一）兴国禅寺 位于济南千佛山，占地约2公顷，是千佛山的主体建筑。该寺建于唐贞观年间（627—649年），宋代扩建，宋末被毁。明成化四年（1468年）又建造佛殿两座，并从旁侧建起僧寮和仓库。清嘉庆至咸丰年间，增建观音堂、佛爷殿、千手佛等，寺内计有禅院4个、殿7座。1983年被国务院确定为全国重点寺庙，当年进行全面维修。1990年住持释佛庵退居，释能阐继任住持。1993年推举释法光担任住持。2001年释法光退居，释觉映继任住持。2009年9月，释觉映辞去住持职务，释弘庵接任。2010年，兴国禅寺被中央统战部、国家宗教局授予“首届全国创建和谐寺观教堂先进集体”。

（二）灵岩寺 位于泰山西北麓，长清区万德镇灵岩峪方山（灵岩山）之阳，距济南市区54千米。传说前秦永兴年间（357—358年）竺僧朗公在此说法传教。寺院布局宏伟，主要有千佛殿、大雄宝殿、御书阁、钟鼓楼、辟支塔、墓塔林等。唐代，该寺与浙江天台山的国清寺、江苏南京的栖霞寺和湖北江陵的玉泉寺共誉为“域内四绝”。1982年，灵岩寺被国务院列为全国重点文物保护单位，多数建筑现保存完好。1995年，灵岩寺作为佛教活动场所正式开放。释弘恩法师担任住持。

（三）神通寺 位于历城区柳埠镇琨瑞山金舆谷，距济南市区35千米。始称朗公寺，前秦皇始元年（351年）竺僧朗（俗姓李，陕西西安人）在泰山一代从事佛教活动时始建，是山东地区最早的佛教寺院，从东晋到隋代一直是山东地区的佛教中心。隋开皇三年（583年）改称神通寺。保留的隋唐以来文物古迹主要有四门塔、龙虎塔、千佛崖石窟造像等。四门塔和千佛崖造像、龙虎塔分别于1961年和1988年被国务院公布为全国重点文物保护单位。2006年，由济南市佛教协会使用管理，释界空法师担任住持，常住僧人8名。

（四）兴隆寺 位于天桥区泺口大寺集街。始建于清末，1946年被毁。2000年，由济南市佛教协会接管，作为佛教尼众寺院正式开放。投入300余万元，修建大雄宝殿、综合楼等。释仁安法师担任住持。

（五）合龙寺 位于长清区武家庄乡。合龙寺群落有龙泉寺、青龙寺、观音庵组成，在历史上属于灵岩寺下院。青龙寺始建于明嘉靖二十五年（1546年），占地2公顷；观音庵建于明末清初；龙泉寺占地3300余平方米，有千余年历史。2003年批准为正式宗教活动场所并开始重建，先后投资400余万元，修建大雄宝殿、观音阁、山门等。现常住僧尼3名，释通成担任住持。

（六）灵鹫寺 位于历城区港沟镇西邢村。始建于元代，后几经改建，增设禅门、憨师殿、佛爷殿、观音殿，清乾隆年间又增设千佛大阁1座。寺院占地8公顷。现存殿宇5座，配殿1座。1985年被公布为县级文物保护单位。2007年，作为佛教活动场所正式开放。释法悟担任住持，常住僧人3名。

（七）翠屏山宝峰寺 位于平阴县玫瑰镇翠屏山上。始建于唐代，重修于明代。明代修建多佛塔1座。1958年后，佛事活动停止，宝峰寺倒塌。1977年多佛塔被列为省级文物保护单位。1999年，宝峰寺被批准为宗教活动场所。释印慈法师担任住持，常住僧人3名。

（八）胜水禅寺 位于章丘市莲花山。始建于隋唐，盛于明清，毁败于清末民初。2005年寺院重建并开放。释演智担任住持，常住僧人3名。

（九）章丘兴隆寺 位于章丘市阎家峪乡石匣村。始建于唐开元年间，俗称“东寺”。2004年批准为佛教活动场所，常住僧尼4名。

（十）义净寺（双泉庵） 义净寺原名双泉庵，位于长清区张夏镇通明山（卧佛山）西麓山谷中，是唐朝三藏法师义净大师的祖庭。始建于唐武则天时期，是一座千年古刹。2009年复建并被批准为宗教活动场所。寺院依山而建，坐东朝西，石阶影壁分隔成三进四合院。释常净法师担任住持，常住僧人6名。

（十一）元音寺 位于章丘市圣井镇危山，是全国第一座以元音老人法名命名的寺院。元音寺原址旧寺建于宋朝，现寺内还存有宋代少部分寺物，如石龟、功德芳名石碑等。2002年复建，2004年被批准为宗教活动场所。

（十二）翠屏山观音院 位于平阴县翠屏山东侧。始建于明万历年间，原为四合院结构。2003年重建，2004年被批准为宗教活动场所。

（十三）崇明寺 位于历下区县学街11号。始建于明成化年间，内有文昌阁、三圣殿等建筑，2010年12月被批准为宗教活动场所。

（十四）“圆明精舍”念佛堂 位于历城区仲宫镇于家洼村卧龙小区。2006年建成，建筑面积1100平方米，2009年被批准为宗教活动场所。

（十五）官庄乡田家柳念佛堂 位于章丘市官庄乡田家柳村。2004年建成，建筑面积300平方米，2008年被批准为宗教活动场所。

二、佛教协会

1985年1月2日，成立济南市佛教协会筹备办公室。

1993年11月30日至12月1日，召开济南市佛教协会第一次代表会议，正式成立济南市佛教协会，65名代表参加会议，选出理事32人，常务理事15人，选举释法光法师为第一届济南市佛教协会会长，程丹田、陶书童、黄瑛为副会长，程丹田兼任秘书长，会址设在千佛山兴国禅寺。

1997年12月12日～13日，召开济南市佛教协会第二次代表会议，75名代表参加会议，选出理事37人，常务理事18人，选举释法光法师为第二届济南市佛教协会会长，陶书童、释觉印、黄瑛为副会长，陶书童兼任秘书长。

1997 年 12 月，市佛教协会第二次代表会议召开

2002 年 12 月 23 日，召开济南市佛教协会第三次代表会议，80 名代表参加会议，选出理事 44 人，常务理事 22 人，选举释觉映为第三届济南市佛教协会会长，陶书童、释弘恩、释界空为副会长，陶书童兼任秘书长。

第二节 道 教

1986 年，济南市有开放道观 1 处，教职人员 5 人，信众几十人。2010 年，全市有开放道观 2 处，教职人员 9 人，信众近千人。

宫 观

（一）蓬莱院 位于天桥区霞侣市街 2 号。占地面积 681.7 平方米，属道教全真派龙门派，始建于 1918 年，1924 年建成。蓬莱院有南、北两个院落，南院北面是吕祖殿，北院大殿为三层楼阁式建筑。1986 年恢复开放为道教场所。

（二）明真观 位于历城区仲宫镇锦绣川办事处所在地西南 4 千米处，廒而村正南。始建于隋朝，2004 年修复开放，2010 年修缮钟鼓楼。

（三）峰云观 位于长清区孝里镇岚峪村大峰山中部。创建于汉代，主要建筑有：云根、月窟、迴月楼、青龙潭、待月泉、关帝庙、玉皇殿、泰山行宫、神慧圆通、坐化神宅以及金蟾洞、禅室等近 20 处。2010 年 10 月恢复开放为道教场所。

第三节 伊斯兰教

1986 年，济南市有清真寺 21 坊，教职人员约 40 人，穆斯林群众 6 万余人。2010 年，全市有清真寺 54 坊，教职人员 162 人，回族穆斯林 10 万余人。

一、清真寺

（一）清真南大寺 位于济南市市中区回民小区永长街 47 号。始建于元元贞元年（1295 年），后经明正统元年（1436 年）、明弘治七年（1494 年）两次扩建，占地 6630 平方米，建筑面积 2830 平方米，大殿面积 1200 余平方米，可同时容纳 1200 余人做礼拜，是全国伊斯兰教早期著名清真寺之一，山东省文物保护单位，山东省历史最悠久、规模最大、保存最完整的伊斯兰教古建筑群之一。清真寺坐西朝东，沿东西中轴线呈对称布局。建于 13 级石阶高台上的望月楼，将整个寺院分为前后两个四合院。前后两院的南北两侧建有厢房，分别为沐浴室、学习室和讲堂。前院东为宣礼楼，后院高出前院近两米。礼拜大殿坐落于高 19 米的台基上，由卷棚式抱厦和前殿、后殿三部分组成。殿内有大木隔扇 12 个，巨型圆窗 4 个，均为木雕透棂的《古兰经》文，属国内罕见。抱厦内有诸多名人匾额和各类碑刻，其中来复铭碑是中国伊斯兰教著名文化遗存，明弘治碑是山东伊斯兰教最早、保存最为完好的一块碑刻。清真南大寺曾被中国伊斯兰教协会评为“全国模范清真寺”。2010 年，被中央统战部、国家宗教局授予“首届全国创建和谐寺观教堂先进集体”称号。

（二）清真北大寺 位于济南市市中区回民小区永长街北首，是全国著名清真寺之一。始建年代说法有二：一说为明弘治年间，另一说为清乾隆初年，清道光、嘉庆、光绪及民国初年均有修葺，被列为济南市第一批文物保护单位。全寺占地面积 5400 平方米，建筑面积 2252

平方米，坐西朝东，由低到高拾级而上，主体建筑大门、二门、礼拜大殿、望月楼、配殿等，排列在一条东西中轴线上，有二进院落，南北讲堂对称，其建筑格式为中国宫殿式古典建筑。朝正西面拾级而上，是礼拜大殿，面积893平方米，大木起脊，能同时容纳近千人礼拜，殿中心为亭阁式望月楼，由殿内登梯而上，与众不同。院内古柏苍翠，数通古碑耸立，立有“成达师范”著名创始人之一穆公华庭懿行纪念碑。1989年9月开放后，多次对整个寺院进行修缮，使这一古典建筑面貌焕然一新。

（三）清真女寺 原址位于济南市区饮虎池畔，有“饮虎池清真东寺”之称。1992年由于城市改建被拆除，在回民小区建成华北地区最大、也是唯一一座独立的阿拉伯式清真女寺。新女寺占地近600平方米，正中间是大殿，两侧是阿訇室、办公室和接待室，四周翠柏环抱，环境幽雅，阿拉伯建筑别具一格，能容纳400余人礼拜。

（四）泺口清真寺 位于天桥区泺口南村。其前身北泺口清真寺，位于泺口渡口北岸路西，始建于清咸丰五年（1855年），毁于黄河水灾。1991年重建，占地1254平方米，建筑面积702.6平方米，设施完备，大殿100平方米可容纳100余人礼拜。

（五）党西清真寺 位于党家庄镇党家庄西村西首，坐西朝东，始建于元代，明代重修。该寺建筑布局完整，保存较好。寺院大门为硬山式起脊，前后出檐中国式门楼，门前有石虎1对。大门内为一院落，南北两侧讲堂各3间，东南角水室（浴池）两间，大门西侧木工室两间。大门向里30米中心为大殿（礼拜殿），由三座建筑勾连搭式相接而成。前为券棚式门厅，中、后为两个破山式大殿。

二、伊斯兰教协会

1983年9月，召开济南市第一次伊斯兰教代表会议，正式成立济南市伊斯兰教协会，位于市中区麟趾巷30号。

1989年9月18日～19日，召开济南市伊斯兰教协会第二次代表会议，选举周仲仁为第二届济南市伊斯兰教协会会长，马德贵、金宗智、郑岱明、周文萍、雷万友为副会长，金宗智兼任秘书长。

1993年12月22日～23日，召开济南市伊斯兰教协会第三次代表会议，选举周仲仁为第三届济南市伊斯兰教协会会长，马德贵、杨宝泉、金宗智、郑岱明、王官雪为副会长，金宗智兼任秘书长。

1997年12月28日，召开济南市伊斯兰教协会第四次代表会议，选举杨松岳为第四届济南市伊斯兰教协会会长，马德贵、杨宝泉、张通起、于振江、金述龙为副会长，张通起兼任秘书长。

2002年12月26日～27日，召开济南市伊斯兰教协会第五次代表会议，选举杨松岳为第五届济南市伊斯兰教协会会长，张通起、金述龙、李全福、金凤为副会长，张通起兼任秘书长。

第四节 天主教

1986年，济南市有天主教堂8处，批准开放的宗教活动点9处，教职人员12人，信教群众1万余人。2010年，全市有天主教堂25处，教职人员24人，信教群众2万余人。

一、教 堂

（一）高都司巷天主教教堂 位于历下区将军庙街25号。创建于清顺治七年（1650年）。雍正二年（1724年）被拆除。道光二十一年（1841年）再建现圣堂，同治五年（1866年）落成。光绪三十二年（1906年）建后楼。济南教区主教府设于此处。1979年6月，该教堂在济南率先恢复宗教活动。

（二）洪家楼天主堂 位于历城区洪家楼1号。清光绪二十九年（1903年）始建哥特式大堂，光绪三十二年（1906年）落成。“文化大革命”时期教堂改作他用，1982年归还。1985年4月，政府拨专款修缮教堂，进行正常的宗教活动。2010年，被中央统战部、国家宗教局授予“首届全国创建和谐寺观教堂先进集体”称号。

（三）陈家楼天主堂 位于天桥区前陈家楼63号，为哥特式建筑。清顺治十七年（1660年），在陈家楼创建天主堂分堂。

（四）露德圣母堂 位于平阴县榆山街道胡庄村西的尖山山顶，为哥特式建筑。始建于1750年间，1927年7月教堂被雷击焚毁，1928年重建。“文化大革命”期间教堂遭破坏，1989年年初重建，1990年5月竣工并交付使用。

（五）胡庄天主堂 位于平阴县榆山街道胡庄村。清宣统三年（1911年）修建，1965年因遭火灾，大部分建筑被焚毁。1998年10月重修，2002年4月竣工，教堂建筑风格为罗马式。

（六）辛甸天主堂 位于历城区东风街道辛甸社区。1925年创建，后改称圣母无染原罪堂，“文化大革命”期间改作工厂使用。1985年归还后恢复正常宗教活动。

（七）小杨庄圣母无染原罪堂 位于天桥区东小杨庄78号。清道光二十一年（1841年）修建，“文化大革命”期间教堂遭到破坏。1985年教堂归还，1986年修复。2006年4月重新扩建，2008年竣工。

（八）贤文天主堂 位于济南高新区贤文庄西部。2001年2月重修，教堂主堂建筑面积300平方米，哥特式风格，钟楼高30米。

（九）十里河天主堂 位于历下区姚家街道东十里河村72号。始建于清光绪二十八年（1902年），也称海星圣母堂。1996年4月扩建，9月竣工。建筑面积276平方米。2002年12月11日举行建堂百年庆典。

（十）前王天主堂 位于历城区华山镇前王村。1987年恢复正常宗教活动。

（十一）林家庄天主教堂 位于历下区姚家街道林家庄。1980年教堂恢复活动。2001年11月重修。

（十二）白云峪天主堂 位于平阴县孔村镇白云峪村。1993年重修。

（十三）若瑟山教堂 位于平阴县孔村镇白云峪村北的云门山西南侧山腰处。1986年开放，2002年8月重修，2005年5月举行祝圣典礼。

（十四）湿口山天主堂 位于平阴县孝直镇湿口山村。1985年开放，1991年教堂重建。

（十五）耶稣圣心堂（山） 位于平阴县孝直镇湿口山村西山。占地500余平方米。

（十六）西桥口天主堂 位于平阴县榆山街道西桥口村。1988年3月落实房产，同年7月整修恢复使用，1994年5月修建教堂28米的钟楼。2004年重建。

（十七）丁山头天主堂 位于平阴县榆山街道丁山头村。1980年重修，1997年7月再建，同年12月竣工，占地130平方米，相应配套建筑占地120平方米。

（十八）东南沟天主堂 位于平阴县城内。1986年成为平阴境内最早归还教会的教堂，1989年整修使用。

（十九）罗山套天主堂 位于平阴县孔村镇罗山套村。1990年开放，1993年重修。

（二十）前阮二村天主堂 位于平阴县锦水街道前阮二村。1992年4月重建。2008年在新村址重建。

（二十一）梁王二村天主堂 位于历城区王舍人镇梁王二村。2007年5月重建，占地467平方米。

（二十二）龙湾天主堂 位于历城区西营镇龙湾村。2007年4月重建，占地246平方米。

（二十三）花锦笪天主堂 位于历城区西营镇花锦笪村。教堂为玫瑰圣母堂，始建于1934年，2005年10月重建。

（二十四）长尾崖天主教堂 位于平阴县洪范镇长尾崖村。2007年5月落实政策，同年11月恢复使用。是平阴堂区唯一保持原有建筑风格的教堂。

（二十五）毛铺天主堂 位于平阴县安城镇西毛铺村。教堂为大圣若瑟堂，1996年重修，占地650平方米。

二、济南市天主教爱国会

1987年12月，召开济南市天主教爱国会第七次代表会议，郭传真任主任，赵子平、王克恭、张秀清、连秋航、阎文彩、牛方济任副主任，赵子平兼任秘书长，常委17人，委员25人。

1992年12月29日～30日，召开济南市天主教爱国会第八次代表会议，选举郭传真为济南市天主教爱国会第八届委员会主任，赵子平为副主任，李文汉为秘书长，常委17人，委员25人。

1997年12月22日～23日，召开济南市天主教爱国会第九次代表会议，选举郭传真为济南市天主教爱国会第九届委员会主任，吕培申、赵子平、夏永明、张家起、孙淑慧为副主任，夏永明兼任秘书长，常委15人，委员25人。

2007年12月15日，复刊《光华报》（1933年创刊、抗日战争时期停刊），每月1期。

第五节 基督教

1986年，全市有开放场所117个，牧师15人，长老22人，信徒2.1万余人。2010年，有开放场所400个，牧师15人，长老31人，信徒5.5万余人。

一、教 堂

（一）经四路教堂 位于槐荫区经四路425号。建于1924～1926年，建筑面积1331.35平方米，可容纳1300余人。南立面有两个对称式钟楼，教堂四角各有办公室1间，平面图形为十字架。该教堂为中国人自建。1959年联合礼拜时，为全市保留的3个堂口之一，是“文化大革命”后全市第一个恢复宗教活动的正式场所。1981年圣诞节复堂。每周举行大、小聚会6次。经常有国际友人到堂参观、访问及做礼拜。

（二）后宰门教堂 位于历下区后宰门街105号。1938年美南浸信会建。占地面积1210平方米，建筑面积240平方米，可容纳300余人，1959年实行联合礼拜后停止活动。1985年恢复宗教活动，1986年复活节复堂，1993年扩建部分二层，612平方米。

（三）南上山街教堂 位于市中区南上山街20−3号。1923年建造，占地面积14000平方米，建筑面积500平方米。1985年重新翻建，共305.36平方米，1986年圣诞节复堂。2010年，被中央统战部、国家宗教局授予“首届全国创建和谐寺观教堂先进集体”称号。

（四）官扎营教堂 位于天桥区官扎营后街82号。1936年建堂，建筑面积130平方米，可容纳200余人。1959年联合礼拜后停止活动。1961年恢复宗教活动。“文化大革命”期间活动停止。1982年归还产权，1988年12月恢复活动，1989年圣诞节复堂。

（五）裕忠里教堂 位于槐荫区裕忠里55号。1936年建堂，建筑面积120平方米，可容纳200余人。1959年联合礼拜后停止活动，1961年恢复宗教活动，“文化大革命”期间活动停止。1982年归还产权，1987年圣诞节复堂，1988年12月恢复活动。1994年翻建新教堂，面积514.2平方米，信徒500余人。

（六）三里庄教堂 位于市中区三里庄东街。1934年建堂，建筑面积380平方米，可容纳400余人。1959年联合礼拜后停止活动，后为大观园街道办事处使用。1992年落实宗教产权，2001年圣诞节复堂，同年恢复宗教活动，信徒200余人。

（七）伟东教堂 位于市中区伟东新都小区。1984年为聚会点，1992年建堂。2004年在旧城改造中重建，面积320平方米，2005年12月举行献堂典礼，有信徒500余人。

（八）长春里教堂 位于经二路长春里2号。1933年建堂，占地面积1134平方米。1993年

7 月，落实宗教政策，教堂产权返回教会。2008 年 1 月批准开放，信徒近 500 人。

二、济南市基督教三自爱国运动委员会、济南市基督教协会

1987 年 12 月 26 日，召开济南市基督教第五次代表会议，出席会议代表 89 人，选举济南市基督教“两会”领导班子。济南市基督教第五届三自爱国运动委员会名誉主任王神荫，主任蔡重生，副主任刘瑞亭、许长泰、刘冠卿（兼秘书长），副秘书长赵克玉；第二届济南市基督教协会名誉会长王神荫，会长项辛原，副会长刘瑞亭、蔡重生、刘冠卿（兼总干事）、赵延庭、佟至善，副总干事吴建寅。

1992 年 12 月 29 日，召开济南市基督教第六次代表会议，出席会议代表 108 人，选举济南市基督教“两会”领导班子。济南市基督教第六届三自爱国运动委员会名誉主任王神荫，主任韩德清，副主任刘冠卿（兼秘书长）、许长泰、吴建寅、赵克玉（兼副秘书长）；第三届济南市基督教协会名誉会长王神荫，会长韩德清，副会长吴建寅（兼总干事）、许长泰、佟至善、王辉贞。

1997 年 11 月 21 日，召开济南市基督教第七次代表会议，选举济南市基督教“两会”领导班子。济南市基督教第七届三自爱国运动委员会名誉主任王神荫，主任韩德清，副主任赵克玉（兼秘书长）、吴建寅、张宏伟，副秘书长王文欢、董永革。第四届济南市基督教协会名誉会长王神荫，会长韩德清，副会长吴建寅（兼总干事）、王三元、王辉贞、张淑媛（届中补选），副总干事殷兰华、孙晶（届中补选）。

2003 年 10 月 10 日，召开济南市基督教第八次代表会议，选举济南市基督教“两会”领导班子。济南市基督教第八届三自爱国运动委员会主任张宏伟，副主任张淑媛、赵克玉（兼秘书长）、王三元、殷兰华，副秘书长董永革、李赋真、孙晶。第五届济南市基督教协会会长张宏伟，副会长张淑媛、王三元（兼总干事）、殷兰华，副总干事段国山、王文欢、郝萍。

第六节　宗教事务管理

1986 年后，济南市积极落实党的宗教政策，“文化大革命”前失管的 27 处宗教房产，11 处发还产权。“文化大革命”期间被占用的宗教房产全部发还产权。1988 年，全市宗教团体自管自用房产建筑面积 37448 平方米；济南市宗教界人士中有全国政协常委 2 人，省政协常委 2 人，省政协委员 5 人，市人大代表 3 人，市政协委员 7 人，区县人大代表 8 人，区县政协委员 23 人。1981 ～ 1988 年，政府拨款 120 余万元，先后整修天主教洪家楼教堂、基督教经四路教堂、伊斯兰教清真南大寺，清真北大寺第一期维修工程完工，千佛山兴国禅寺新修钟鼓楼和大雄宝殿。

1989 年，建立全市性宗教团体负责人“双月联席会”制度，加强相互间联系，研究宗教界普遍关心的突出问题。1990 年，依法加强宗教事务管理，正式开放的宗教活动场所实施行政领导，建立民主管理组织，制定教务、财务、生活卫生等管理制度。1991 年 7 月，成立市委宗教工作领导小组。槐荫、长清、平阴、济阳、历城等区县先后成立宗教工作领导小组，各区县的宗教工作部门增加和调整工作人员，部分乡镇确定专职或兼职干部。

1992 年 4 月，市政府办公厅成立“落实宗教房产政策办公室”，由市建委、市房管局、市宗教局等单位抽调人员组成。对全市宗教房地产进行摸底调查，解决遗留问题。下半年，成立“济南市宗教旧房改造办公室”，推动和保障天主教、基督教等爱国宗教团体在城市改造中的合法权益、保值、增值。

1993 年，为期 5 天的全国宗教现状研讨班在济南市举办，全国宗教、公安、民政系统的领导干部 340 余人参加学习、研讨。同年 9

月，完成宗教活动场所和教职人员登记发证，济南市宗教工作全面纳入法制轨道。1994年，落实宗教房产政策，年内发还产权证书13处，落实房产4500平方米，追回经济补偿费72万元。

1996年，开展宗教工作调研年活动。市及各县（市）区宗教工作部门、各爱国宗教团体密切配合，按时完成200余个类别，30余种报表的统计工作，基本摸清全市各宗教情况的底数，并以历城区为重点，对全市宗教现状进行调查研究，提交专题调研报告。

1997年，对乱建庙宇、露天佛（神）像进行专项治理，拆除乱建的佛菩萨像4尊，改作他用的乱（重）建庙宇4处，改作人文景观的28处，平时予以封闭、节日或庙会期间临时开放的3处。1999年，组织开展整顿基督教活动秩序工作。同年8月，济南市在全省农村宗教工作会议上介绍整顿基督教活动秩序经验，国家宗教局向全国转发。组织全市宗教界开展“迎建国50周年、迎澳门回归祖国，创文明集体、创先进个人”活动。

2000年，颁布实施《济南市宗教事务管理条例》。2002年，召开全市宗教工作会议，讨论《中共济南市委、济南市人民政府关于贯彻〈中共中央、国务院关于加强宗教工作的决定〉的实施意见》。

2003年6月起，在全市宗教界开展“共建美好家园”活动。各宗教团体根据各自特点和实际，积极探索宗教界适应社会、服务人群、共创和谐的新途径、新形式，组织开展多种形式的共建活动，参与“和谐济南”建设。2006年3月、2008年3月，两次召开共建美好家园活动表彰会，总结经验，推广典型，推动活动深入进行。2006年表彰活动中涌现出的67个先进集体和89名先进个人，2008年表彰20个宗教活动场所，22名先进个人。

2005年，组织学习贯彻国务院《宗教事务条例》（以下简称《条例》），召开全市爱国宗教团体负责人座谈会，举办宗教工作干部《条例》培训班、全市爱国宗教团体培训班，向群众散发《条例》单行本和宣传单5000余份。2006年，贯彻国务院《关于全面推进依法行政实施纲要》，共梳理宗教行政许可项目15项，行政处罚项目36项，其他项目9项，为推进宗教事务依法行政、依法管理提供保证。

2008年，全市宗教界为四川汶川地震灾区捐款100余万元。2009年，在保障十一届全国运动会期间，成立一支专业化和志愿者相结合的宗教服务队伍，指定全运会济南赛区清真饮食服务单位和宗教活动场所，圆满完成全运会宗教服务接待任务。

2009～2010年，在全市宗教界开展创建和谐宗教活动场所活动，加强宗教活动场所规范化建设。2009年，济南市获全省创建“和谐宗教活动场所”活动综合评比第一名，39处寺观教堂被省宗教局表彰为“和谐宗教活动场所”。2010年，全市46处寺观教堂被表彰为省级和谐宗教活动场所、94处场所被表彰为市级和谐宗教活动场所。天主教洪家楼教堂、基督教南上山街教堂、佛教兴国禅寺、伊斯兰教清真南大寺4处寺观教堂被中央统战部、国家宗教局授予“首届全国创建和谐寺观教堂先进集体”称号，兴国禅寺释弘庵法师被表彰为先进个人。

2010年，宗教场所负责人培训班

第五篇　居民生活

1986～2010年，中共济南市委、济南市人民政府始终坚持把增加居民收入、改善人民生活作为工作的出发点和落脚点，着力构建与经济发展水平相适应的收入增长机制，积极创造条件，拓宽增收渠道，居民生活实现由解决温饱到总体达到小康的历史性跨越，收入持续增长，生活水平显著改善，呈现收入规模不断扩大、收入结构明显优化的运行格局。城市居民人均可支配收入由1985年的783元增加至2010年的25321.1元，增长31.3倍；农民人均纯收入由1985年439.2元增加至2010年的8903.3元，增长19.3倍。

随着居民收入稳步上升，消费能力不断增强，消费规模不断扩大，消费结构进一步优化，由吃得饱向吃得好、穿得暖向穿得靓，向力图方便、追求舒适转变。2010年，城市居民人均消费性支出达到15973元，是1985年的22.7倍，恩格尔系数（食品支出占消费性支出的比重）由56.5%下降至31.6%。农民人均生活消费支出5407元，是1985年的16.3倍，恩格尔系数由51.8%下降至33.6%。居住条件有较大改善。城市居民人均住宅居住面积29.7平方米，农民人均住宅居住面积40.2平方米，分别比1985年增加24.5平方米和23.3平方米。每百户居民家庭家用汽车拥有量22.7辆，济南正式进入汽车社会。

农贸市场一角　　　　(2014年　孟祥晶摄)

1985～2010年济南市居民生活情况统计表

表16—5—1

指　标	单　位	1985年	1990年	1995年	2000年	2005年	2010年
收入与支出							
农村居民家庭人均纯收入	元	439	731	1813	3047	7805	8903
农村居民家庭人均生活费支出	元	331	570	1374	1977	4733	5407
农村居民恩格尔系数	%	51.8	50.5	56.1	43.5	35.6	33.6
农村居民基尼系数		0.21	0.23	0.25	0.25	0.31	0.32
城市居民家庭人均可支配收入	元	783	1620	4721	8471	22722	25321
城市居民家庭人均消费性支出	元	704	1360	3830	6892	14764	15973
城市居民恩格尔系数	%	56.5	57.5	47.6	34.6	32.8	31.6
城市居民基尼系数		0.15	0.16	0.21	0.26	0.27	0.25
职工年平均工资	元	1104	2211	5851	10422	34544	37854

续表16—5—1

指 标	单 位	1985年	1990年	1995年	2000年	2005年	2010年
居民储蓄							
城乡居民年末储蓄存款余额	亿元	8.1	51.1	222.1	463.0	1911.5	2187.7
人均储蓄存款余额	元	167.1	975.5	4114.4	8229.6	31686.0	36239
住房面积							
农村人均住房面积	平方米	16.9	22.5	24.7	28.6	39.4	40.2
城市人均住房面积	平方米	5.2	7.5	8.0	10.5	29.4	29.7
交通通讯							
农村每百户拥有摩托车	辆	1.0	4.0	26.0	61.0	84.8	84.9
城市每百户拥有摩托车	辆	—	7.7	13.0	34.3	14.3	13.3
城市公用事业							
自来水普及率	%	99.0	100.00	100.00	100.0	100.0	100.0
每万人拥有公共绿地	公顷	3.0	4.0	5.0	7.2	10.8	11.3
文化生活							
城市每百户有彩色电视机	台	11.5	61.3	95.0	132.3	113.5	115.5
农村每百户有彩色电视机	台	25.0	70.0	106.0	125.0	122.0	122.2
教育卫生							
每万人口中在校大学生数	人	62.12	71.24	104.40	165.29	1048.00	1064
每万人拥有卫生技术人员	人	53.61	59.45	60.59	63.40	62.40	65.2
每万人拥有医院病床	张	28.24	32.88	36.03	38.57	51.20	52.9

第一章　城市居民收入与消费

第一节 居民收入

1985年，济南市城市居民家庭人均可支配收入783元。1987年，人均可支配收入首次突破千元，达到1057.48元。2002年首次突破万元，达到10094.13元。2010年人均可支配收入25321.06元，比1985增长31.3倍。

其间，城市居民收入大致分为3个增长阶段：(1) 1985～1992年：快速增长阶段。中共十二届三中全会通过的《关于经济体制改革的决定》，提出“全民、集体、个人一起上”，鼓励全民、集体、个体、外商等不同所有制经济进行合作、合资、联合，小型国有企业可以“租”“包”给集体企业或个人。中共十三大确立“社会主义有计划商品经济体制”的改革目标，在收入分配方面强调以按劳分配为主体、其他多种分配方式为补充。这一系列政策的实施有力推动了城市居民可支配收入的快速增长。1992年，济南市城市居民人均可支配收入2148.5元，是1985年的2.7倍，年均增长15.2%。(2) 1993～2002年：波动增长阶段。中国进入全面改革阶段，经济发展迅速，城市居民收入快速增长，增幅波动较大。2002年，城市居民人均可支配收入10094.1元，比1993年增长2.5倍，年均增长14.9%。其中1993年、1994和1996年增幅在20%以上，1998年、1999年、2002年均低于10%，1994年最高达到37.5%，2002年仅为5.5%。

(3) 2003～2010年:加速增长阶段。这一阶段，基本形成了以公有制经济为主体、个体和私营等非公有制经济共同发展的格局，城市居民收入水平不断提高，增收渠道日益拓宽。2010年，城市居民人均可支配收入25321.1元，比2003年增长1.3倍，年均增长12.6%。

居民增收渠道不断拓宽。随着改革开放的不断深入和社会主义市场经济体制的逐步建立完善，就业渠道逐年增多，外资、私营、合资等各种经济类型单位从无到有，个体劳动者也越来越多，在城市就业者中比重逐年增大；居民就业观念也发生变化，从事第二职业等其他劳动收入明显增多；城市居民投资意识不断增强，财产性收入增长迅速；伴随着企业股份制的推行，股票债券等有价证券发行量的增加，城市居民的金融活动日趋活跃，逐渐新成以工资收入为主，第二职业收入、个体收入、离退休再就业收入和家庭财产收入等为辅的多元化收入格局。2010年，济南市城市居民人均家庭总收入27723.78元。其中，人均工资性收入20946.01元，占家庭人均总收入的75.6%，继续占据居民收入构成的主导地位，是居民收入稳步增长的最大推力，拉动可支配收入增长12.8个百分点。城市居民人均经营净收入1907.57元，占家庭人均总收入的6.9%，拉动可支配收入增长2.4个百分点，是居民收入的一个重要来源。伴随着国有企业的公司制改革，上市公司迅速增加，股票上市规模不断扩大，城市居民投资股票市场的热情高涨，股息与红利收入逐渐成为财产性收入的主要来源；随着拥有两套及以上住房家庭的增多，出租房屋收入成为居民财产性收入的来源之一。财产性收入增长迅速，居民人均财产性收入214.27元，比上年增长54.6%，是居民收入新的增长点。其中，人均利息收入为20.31元，增长109.8%；人均股息与红利收入21.66元，增长72.9%；出租房屋收入117.6元，增长67%。随着社会保障体系不断完善，转移性收入不断增长。2010年，济南市城市居民人均转移性收入4655.94元，其中，养老金或离退休金4200.74元，占转移性收入比重的90.22%。

居民收入差距有所拉大。20世纪80年代，国家机关、事业单位、国有企业等体制内机关企事业单位收入均等化和私营企业、外资企业等体制外收入的差别过大同时存在。20世纪90年代初，国家开始实行职务级别工资制，事业单位实行专业技术等级工资制等工资制度，工资性收入差距有所拉开。同时，随着国有企业改革、改制和部门企业由于经营不善破产，部分人员下岗失业。90年代后期以后，由于不同单位在市场中处于不同的竞争地位，体制内的企业之间、单位之间的收入也渐次拉开，一些垄断行业如金融、电力等，职工收入远远高于其他行业。2010年调查显示，济南市城市居民最高10%的收入户与最低10%的收入户收入之比为5.78：1。

发展文化产业，促进居民消费　　(2014年 赵溪熹摄)

2010 年济南市城市不同收入层次居民家庭人均现金收入统计表

表 16—5—2

指　标	合　计	最低10%	更低5%	低10%	较低20%	中间20%	较高20%	高10%	最高10%	更高5%
家庭总收入	27723.78	10500.40	8412.24	15832.47	20931.46	26390.41	33484.79	40255.11	58712.33	68063.15
其中：可支配收入	25321.06	9495.54	7718.11	14082.63	18837.37	24155.99	30326.67	37264.42	54853.72	63442.84
工薪收入	20946.01	7738.92	5473.21	14149.85	17152.12	20941.86	25870.01	28822.62	36362.45	41054.22
工资及补贴收入	20613.24	7232.53	4932.91	13818.22	16737.62	20577.87	25540.64	28712.36	36284.18	40955.20
其他劳动收入	332.77	506.39	540.30	331.63	414.50	363.99	329.37	110.26	78.27	99.01
经营净收入	1907.57	1172.39	1161.14	434.17	1652.22	1827.91	1493.01	2206.84	6280.99	9849.04
财产性收入	214.27	142.28	184.18	86.69	53.36	120.44	222.72	303.60	987.67	1652.13
利息收入	20.31	5.32	9.17	7.91	6.95	16.15	30.01	40.26	54.73	69.96
股息与红利收入	21.66	6.38	12.22	—	5.17	4.87	59.69	—	86.87	146.58
出租房屋收入	117.60	108.37	120.20	37.11	34.60	91.62	52.38	241.35	521.40	837.34
转移性收入	4655.94	1446.80	1593.72	1161.76	2073.76	3500.20	5899.06	8922.05	15081.21	15507.77
养老金或离退休金	4200.74	1174.54	1175.04	960.00	1756.08	3243.69	5329.03	7919.94	14088.25	14450.44
社会救济收入	13.31	81.32	155.87	—	21.53	—	—	—	—	—
保险收入	3.82	—	—	—	—	12.73	5.96	—	—	—
# 失业保险金	—	—	—	—	—	—	—	—	—	—
赡养收入	29.20	2.66	5.09	4.30	29.17	9.25	46.51	59.36	73.15	—
捐赠收入	265.54	107.62	158.40	122.37	164.66	125.52	277.99	776.51	669.88	898.63
借贷收入	9357.55	2664.03	2505.76	4856.17	6695.23	6537.26	17714.83	12529.52	14515.69	16072.50
提取储蓄存款	8642.36	2652.33	2503.73	4694.81	6684.35	6490.21	15258.70	10327.98	14479.67	16045.10
借入款	487.31	11.69	2.04	—	—	—	1498.13	2115.66	—	—
收回借出款	29.58	—	—	10.76	6.03	40.38	45.49	85.88	24.62	27.40
收回储蓄性保险本金	17.38	—	—	150.61	—	—	5.22	—	—	—
住房贷款	160.18	—	—	—	—	—	813.53	—	11.40	
其他贷款	19.74	—	—	—	—	6.66	93.75	—	—	—
其他借贷收入	0.99	—	—	—	4.85	—	—	—	—	—

第二节 居民消费

随着计划经济体制向市场经济体制的转变，全市经济社会快速健康发展，社会保障和救助制度不断建立和完善，人民群众得到更多改革和发展的实惠，居民收入持续增长，生活质量进一步提高，生活水平显著改善。2010年，济南市城市居民人均消费性支出15973元，是1985年的22.7倍；恩格尔系数由56.5%下降至31.6%，比1985年降低24.9个百分点。

一、消费特征

由生存型消费向发展型和享受型转变 随着居民收入和生活水平不断提高，消费总支出中更多的支出由生存型消费向发展型和享受型消费转化。城市居民生存型消费（包括食品、衣着）占总消费支出的比重由1985年的70.42%下降至2010年的43.4%，发展型（包括教育与医疗）和享受型（包括家庭用品、居住、交通通讯、休闲娱乐）消费比重分别由1.8%和24.31%提高至12.4%和41.04%。

由重物质消费到服务消费、有形消费到无形消费转变 随着社会服务业的不断发展，城市居民在吃好、穿好、住好的前提下，花钱买享受、买方便的居民越来越多，用于在外饮食、休闲旅游、子女教育、交通、通信服务等服务性方面的支出不断增加。2010年城市居民全部消费性支出中，购买商品支出占比由1985年的93.54%降低至75.31%；非商品支出（交通费、医疗保健费、学杂费、保育费、文娱费、修理服务费）占比由1985年的6.46%提高至24.69%，提高18.23个百分点。

由量的扩张向质的提高转变 随着居民购买力的不断提高，城市居民生活消费需求特别是吃和住的需求从量的扩张向质的提高转变。从食品消费看，作为主食的面粉消费数量逐渐减少，蛋类、奶类不断增加，鲜果、鲜瓜消费数量明显增加，科学合理的饮食习惯为越来越多的居民所接受；从居住消费看，城市居民的居住面积大幅增加，室内配套设施更加舒适。

居民消费由有形消费向无形消费转变，图为居民看美术展览 （陆晓林摄）

由单一性消费向多样性消费转变 衣着由“一季多衣”取代过去的“一衣多季”；文化娱乐消费由过去的看电影、看电视到现在的上网、旅游、健身、收藏等；出行方式由骑自行车、坐公交到私家车、电动车、出租车、公交车、自行车等多种方式；传统的旧式百货店、粮油店、副食店、集贸市场等逐步衰落；新型的中小型超级市场、专业店、专卖店、便利店和处于创新期的仓储式商场、邮购、电视导购和直销、网上商店等消费场所快速发展。

1985～2010年主要年份济南市城市居民消费性支出构成表

表16—5—3

指 标	1985年	1990年	1995年	2000年	2005年	2010年
消费性支出	100.00	100.00	100.00	100.00	100.00	100.00
食品	56.45	57.47	47.61	34.64	33.02	31.62
# 粮食	5.26	4.46	6.16	3.18	2.50	2.14
油脂类	1.69	2.25	2.30	1.05	0.99	0.70
肉禽及制品	8.37	10.45	10.58	6.01	6.50	6.44
蛋类	5.64	5.90	3.55	1.22	1.09	0.77
水产品类	2.24	3.22	2.44	2.00	1.59	1.64
菜类	5.91	7.23	5.26	2.52	2.56	2.86
糖类	1.22	0.61	0.61	0.38	0.27	0.21
烟草类	2.67	2.79	1.48	1.06	1.03	0.95
酒和饮料	3.94	4.22	2.50	2.33	2.09	2.10
干鲜瓜果类	4.41	4.46	2.82	2.19	2.86	2.60
糕点类	1.86	1.47	1.23	0.97	0.85	0.64
奶及奶制品	0.93	1.25	1.05	1.98	2.02	1.54
在外用餐	7.90	4.77	4.00	6.71	7.73	9.09
衣着	13.97	13.17	13.36	10.98	10.02	11.78
# 衣着材料	4.24	4.18	2.16	0.81	0.18	0.10
服装类	5.72	5.59	7.63	7.18	7.03	8.65
鞋类	1.95	2.15	2.57	2.36	2.34	2.63
设备用品及服务	10.45	10.44	10.17	11.69	5.81	7.16
# 家具	1.99	2.04	1.26	1.92	0.82	1.32
家庭设备	4.89	4.90	4.38	4.35	2.19	2.33
室内装饰	0.06	0.26	0.19	0.62	0.24	0.12
医疗保健	0.58	1.27	3.07	6.61	8.60	7.40
# 医药费	—	—	2.22	3.92	4.33	3.15
交通和通信	1.67	1.81	6.80	6.69	15.70	16.56
娱乐教育和文化服务	9.81	8.63	7.86	15.49	12.80	11.88
# 文娱耐用消费品	6.72	4.52	1.53	4.05	4.36	3.52
教育	1.22	1.82	3.84	8.17	6.53	5.00
文化娱乐	1.88	2.29	2.49	3.27	1.91	3.73
居住	3.59	3.56	6.77	8.45	10.68	10.43
# 房租	1.04	0.81	1.52	2.63	0.23	0.28
水、电、燃及其他	2.45	2.65	4.32	4.24	5.50	5.93
住房装饰	—	—	1.41	1.29	2.31	2.08
杂项商品和服务	3.48	3.65	4.36	5.46	3.36	3.15
# 金银珠宝饰品	—	0.42	0.66	0.47	0.34	0.53
美容化妆品	0.17	0.28	0.40	0.79	1.24	0.89
在消费性支出中	—	—	—	—	—	—

续表16—5—3

指 标	1985年	1990年	1995年	2000年	2005年	2010年
购买商品支出	93.54	91.89	85.15	74.15	74.80	75.31
非商品支出	6.46	8.11	14.85	25.85	25.20	24.69
交通费	0.74	0.79	1.04	2.43	2.48	1.41
医疗保健费	0.21	0.40	0.40	2.07	8.60	3.17
学杂费	0.69	1.31	3.15	7.27	2.21	1.71
保育费	0.55	0.50	0.43	0.58	0.68	0.73
文娱费	0.25	0.41	0.89	1.07	1.84	3.37
修理服务费	1.42	1.58	4.13	2.84	6.29	5.59

二、消费结构

（一）食品消费 改革开放之初，城市居民消费主要以满足生存为主，吃饭问题在生活消费支出中占有重要地位。1985年，济南市城市居民食品支出占消费性支出的比重即恩格尔系数高达56.45%。随着收入的不断增加，食品消费由吃饱向吃好转变，品种更加丰富，营养更加全面，膳食结构向营养、科学、健康食品发展。

2010年，济南市城镇居民人均食品支出5051.18元。其中，粮油类支出553.76元，肉禽蛋水产品类1115.65元，蔬菜类支出456.74元，调味品支出66.15元，糖烟酒饮料类支出520.11元，干鲜瓜果类支出415.62元，糕点、奶及奶制品支出348.53元，其他食品支出121.14元，饮食服务支出1453.48元。

居民在外就餐增多，2010年居民人均在外饮食支出1452.32元。恩格尔系数31.6%，比1985年降低24.9个百分点。人均粮食消费量由1985年的137.40千克减少至2010年的75.28千克，猪牛羊肉由17.45千克增加至25.77千克，鲜瓜果由50.39千克增加至63.26千克，鲜乳品由7.65千克增加至18.82千克。

1985～2010年部分年份济南市城市居民家庭人均全年食品购买量统计表

表16—5—4

商品名称	单 位	1985年	1990年	1995年	2000年	2005年	2010年
粮食	千克	137.40	126.85	108.54	95.84	69.80	75.28
食用植物油	千克	5.53	7.81	8.70	7.19	7.73	6.07
猪牛羊肉	千克	17.45	20.64	21.93	20.40	19.58	25.77
家禽	千克	2.64	2.32	4.60	6.28	5.89	2.40
鱼	千克	5.16	6.21	5.91	6.73	5.82	5.82
鲜蛋	千克	16.09	17.20	22.96	20.08	16.30	14.66
鲜菜	千克	131.52	131.55	143.44	116.38	118.40	104.03
酒类	千克	10.70	13.11	12.90	12.76	13.08	9.92
# 白酒	千克	3.05	3.21	2.60	2.11	2.80	2.13
啤酒	千克	7.07	9.54	9.86	10.39	9.93	7.62

续表16—5—4

商品名称	单 位	1985年	1990年	1995年	2000年	2005年	2010年
鲜瓜果	千克	50.39	51.38	63.87	87.26	77.59	63.26
茶叶	千克	—	0.50	0.48	0.56	0.46	0.65
鲜乳品	千克	7.65	12.84	8.67	23.48	24.90	18.82

（二）住房消费 1985年，济南市城市居民人均住房面积5.2平方米。随着收入的增加，城市居民从注重居住面积的单纯增长逐步转向对住房的质量、室内装修和配套设施的追求，居住面积不断扩大，室内配套设施更加安全、卫生、舒适。2010年，城市居民人均住房面积29.7平方米，比1985年增加24.5平方米；多数家庭有取暖设备，对住房进行装修。人均居住支出1666.28元，占消费支出的比重为10.4%。其中，人均住房支出619.28元，水电燃料及其他支出947.15元，居住服务费支出99.85元。

新中国成立后长期以来实行的是低租金和分配住房的制度，1997年前公房是工薪阶层选择的主要消费方式。“九五”以后，实行住房制度改革，加快住房商品化步伐，结束了延续几十年的实物性、福利性分房体制，住房分配货币化制度全面实施。

（三）衣着消费 1985年，济南市城市居民年人均衣着支出98.35元，平均每月8.20元，衣着消费的档次较低，以购买布料加工成衣为主。90年代后，各种款式花色的服装为城镇居民生活增添了亮丽的色彩，成衣化倾向成为主流，衣着消费的档次提升，衣着品位提高，品牌意识增强，对于款式的追求也向新潮、时尚和个性化发展，由“一衣多季”到“一季多衣”。2010年，城市居民人均衣着消费支出1882.44元，占消费支出的比重为11.8%。其中，服装支出1381.18元，衣着材料支出16.73元，鞋类支出419.45元，其他衣着用品支出55.98元，衣着加工服务费9.1元。

（四）家庭设备用品及服务消费 改革开放初期，城市居民的消费主要以满足基本生存为主，对家庭设备用品的需求档次较低，主要是自行车、手表、缝纫机为代表的低层次消费品。随着收入的不断增长，城市居民购买家庭设备用品的档次不断提高，八九十年代，以电冰箱、彩色电视机、洗衣机为代表的新“三大件”成为城市居民家庭消费的主流。在彩色电视机、电冰箱、洗衣机的需求基本达到饱和后，空调器、微波炉、淋浴热水器、家用电脑等又成为城市居民家庭设备中新的消费目标。2010年，济南市城市居民每百户拥有空调器121.5台，电冰箱96.67台，彩色电视机115.5台，洗衣机93.17台。人均家庭设备用品及服务支出为1144.36元，占消费支出的比重为7.2%。其中，家庭耐用消费品支出583.16元，室内装饰品支出19.50元，床上用品支出62.38元，家庭日用杂品支出387.4元，家具材料支出34.9元，家庭服务支出57.02元。

1990～2010部分年份济南市平均百户居民家庭高档耐用消费品拥有量统计表

表16—5—5

城市居民	单 位	1985年	1990年	1995年	2000年	2005年	2010年
毛衣大衣	件	—	34.3	—	—	—	—
组合家具	套	5.0	23.7	62.0	—	—	—

续表16—5—5

城市居民	单 位	1985年	1990年	1995年	2000年	2005年	2010年
洗衣机	台	49.0	83.3	91.5	—	97.0	93.17
彩色电视机	台	12.0	61.3	95.0	132.3	126.8	115.5
收录机	台	88.0	68.7	—	—	—	—
照相机	架	8.0	22.7	40.5	76.3	—	—
电冰箱	台	6.0	67.3	92.0	99.3	97.0	96.67
电冰柜	台	—	—	11.5	17.7	13.7	—
住宅电话	部	—	—	38.0	86.7	88.6	46.3
组合音响	套	—	—	10.5	29.0	26.8	16.2
摩托车	辆	1.0	—	—	—	18.1	40.2
录像机	台	—	—	24.5	31.7	21.1	—
影碟机	台	—	—	—	50.0	62.2	—
空调器	台	—	—	16.0	65.0	104.4	121.5
电炊具	台	—	—	47.0	106.7	82.6	—
家用电脑	部	—	—	—	20.0	54.2	81.0
淋浴热水器	台	—	—	36.5	81.3	79.3	82.0
移动电话	部	—	—	—	28.7	145.2	179.67
家用汽车	辆	—	—	—	—	5.4	22.67
钢琴	架	—	—	—	2.7	2.3	4.3

（五）交通和通信消费 20世纪80年代，城市居民主要交通工具是自行车和公交车。进入90年代后，摩托车以其省力、快捷而迅速普及。2000年后，电动车、助力车以其轻便、省时、省力得到上班族的青睐，家用汽车数量不断增加，带动车辆用燃料及零配件、车辆维修费、使用税等支出随之增长。

2010年，济南市城市居民人均交通支出1944.33元，其中人均家庭交通工具支出1270.35元，车辆用燃料及零配件支出299.02元，交通工具服务支出150.25元，交通费支出224.7元。每百户拥有家用汽车22.67辆，比2005年增加17.27辆。

1986年后，计算机与通信技术的不断创新推动了通信和网络的发展，电话初装费的取消和手机购置上网费的下调，使电话手机消费迅速成为居民消费的一大热点，人们的通信方式越来越多样、便捷。

2010年，济南市城市居民人均通信支出701.45元。其中，人均通信工具支出161.31元，通信服务支出540.14元。居民家庭平均每百户拥有接入互联网的计算机60.5台，接入互联网的移动电话11.83台；接入有线电视网络的电视机93.83台，居民人均上网费96.65元，人均通过互联网购买商品或服务支出14.44元。

（六）教育文化娱乐消费 1986年后，城市居民更加注重对子女和自身综合素质的提高，用于教育方面的投入加大，除参加正规学校教育外，还参加各类培训班、家教班等。

2010年，济南市城市居民人均教育文化娱乐服务支出1898.05元，占消费支出的比重为11.9%。其中，人均文化娱乐用品支出562.1元，文化娱乐服务支出537.84元，教育支出798.11元。教育支出中，非义务教育学杂费、培训班、托幼费和成人教育费分别为260.20元、210.37元、115.96元和98.80元，分别占教育支出的32.60%、26.36%、14.53%和12.38%。城市居民对旅游观光、休闲度假、参观游览、健身等享受型消费的需求增加，特别是旅游业的快速发展，旅游配套设施和服务设施的完善，使城镇居民出游人数和次数明显增加，团体旅游、自费旅游的比重逐渐提高。2010年，济南市城市居民人均参观旅游费用支出250.98元，团体旅游支出142.68元，两项支出总和占市民人均文化娱乐用总支出的70.03%。

（七）医疗保健消费 1986年后，随着居民收入水平的不断提高及医疗条件的逐步改善，城镇居民自身保健意识逐渐增强，对保健器具、滋补保健品的需求不断增加。

2010年，济南市城镇居民人均医疗保健支出1182.7元。其中，医疗费支出506.40元，药品支出502.93元，保健器具、滋补保健品支出153.75元，医疗器具等其他支出19.68元，分别占人均医疗消费保健支出的42.82%、42.52%、12.30%和1.66%。

1985～2010年济南市城市居民生活情况表

表16—5—6

年 份	人均可支配收入（元）	人均消费性支出（元）		人均住宅居住面积（平方米）
			食品支出（元）	
1985	783.00	703.82	397.33	5.21
1986	946.46	836.50	474.62	7.40
1987	1057.48	943.58	534.12	7.30
1988	1272.83	1150.44	635.11	7.50
1989	1487.91	1355.64	745.32	7.50
1990	1619.50	1360.08	781.58	7.50
1991	1854.33	1569.26	896.62	7.60
1992	2148.49	1781.21	979.03	7.65
1993	2873.94	2394.03	1146.02	7.80
1994	3951.94	3224.73	1566.59	7.90
1995	4720.55	3830.38	1823.64	8.00
1996	5681.49	4422.91	2161.00	8.00
1997	6261.21	5210.40	2185.11	8.10
1998	6757.12	5440.10	2179.99	9.89
1999	7162.48	6415.39	2204.76	10.00
2000	8471.32	6891.75	2387.06	10.50
2001	9564.99	7465.04	2386.84	10.70
2002	10094.13	7818.33	2575.21	17.83
2003	11012.86	8392.36	2610.75	18.85
2004	12005.06	8580.54	2784.87	19.50
2005	13578.46	9226.61	3046.93	19.55
2006	15340.17	10713.13	3335.31	20.10
2007	18005.10	12389.69	3900.91	21.00
2008	20802.17	13904.59	4466.18	21.50

续表16—5—6

年 份	人均可支配收入（元）	人均消费性支出（元）		人均住宅居住面积（平方米）
			食品支出（元）	
2009	22721.65	14764.28	4836.78	29.40
2010	25321.06	15973.32	5051.18	29.70

第二章　农村居民收入与消费

第一节　居民收入

改革开放初期，济南市农村经济和农业生产都处在较低水平，农民收入少，生活水平低，1985年农民人均纯收入仅439.2元。2010年，全市农民人均纯收入增加至8903.3元，是1985年的20.3倍。

这一时期，农民收入增长可分为4个阶段：(1) 1985～1992年，稳步增长阶段。农村经营方式改革平稳发展，农民收入比较来源单一，多来自家庭经营收入中的第一产业。1992年，农民人均纯收入由1985年的439.2元增加至865.3元，年均增长10.17%。(2) 1993～1996年，高速增长阶段。乡镇企业异军突起，大批剩余劳动力向二、三产业转移。同时，国家连续两次提高农副产品收购价格，农民增收明显。1993年全市农民人均纯收入突破1000元，1996年达到2328.1元，年均增长31.2%。(3) 1997～2003年，缓慢增长阶段。乡镇企业经历短暂辉煌后，受资金、技术、劳动力素质等因素的制约，发展遇到瓶颈。同时，自1997年起农产品价格持续四年低迷，农民增产不增收，增速维持在低水平。2003年，农民人均纯收入由1997年的2600元增加至3619.3元，年均增长5.7%。(4) 2004～2010年，快速增长阶段。进入新世纪后，国家实施减免农业税费、建立粮食直补制度、加大农业基础设施投入力度等多项强农惠农政策，农民种粮的信心和热情高涨。2004年4月，济南市实施“6521”工程，即通过农业内部结构调整增加农民人均纯收入600元以上，通过发展农村二、三产业增加收入500元以上，通过向县域外输出劳务增加收入200元以上，通过落实对农民的直补减负等政策增加收入100元以上，力争到2007年全市农民人均纯收入突破5000元。2005年，济南市取消农业税，延续2600多年的“皇粮国税”成为历史，农民负担明显减轻，农村经济快速发展，农民收入显著增加。2007年，全市农民人均纯收入达到6300.1元，超额完成“6521”工程目标任务。2010年，全市农民人均纯收入增加至8903.3元，年均增长13.3%。

随着农村经济的快速发展，农业产业结构不断调整优化，以及大量农村富余劳动力进入城市务工，农民收入由以家庭经营收入为主要来源，逐步发展为以工资性收入和家庭经营收入为主，财产性和转移性收入为辅的收入结构，增收渠道不断拓宽，工资性收入增长较快。2010年，全市农民人均纯收入8903.3元，其中工资性收入4125元，家庭经营收入3913.9元，财产性收入561元，转移性收入303.4元，分别占收入的35.9%、55.8%、4.9%和3.4%。

第二节　居民消费

1986年后，农业和农村经济步入农产品供给从长期短缺转向总量平衡、丰年有余，农村居民生活水平由贫困到温饱，进而向小康富裕平稳过渡的良性发展轨道。农村居民人均生活消费支出从1985年的330.5元，提高至2010年的5406.6元，年均增长11.8%。

一、消费特征

随着农民收入水平和消费水平的不断提高，消费结构加快转型升级，逐步由温饱型向享乐型和发展型转变，消费结构发生较大变化。1990年，济南市农民人均消费的八项支出构成比重序列从大到小排列为食品、居住、衣着、家庭设备、文教娱乐、医疗保健、交通通讯等。在这期间，影响农村居民消费最大的是食品支出，其次为居住支出。这一时期，农民消费的主要特征是生存资料数量上的扩张，而文教娱乐、医疗保健、交通通讯等支出所占比重较小。农村居民消费结构呈现出“生存型消费”特征。2000年，济南市农民消费的八项支出构成比重序列从大到小排列为食品、居住、文教娱乐、衣着、家庭设备、医疗保健、交通通信等。这一时期，影响居民消费最大的依然是食品支出与居住支出，但所占比重有所下降。农民食品消费结构升级较快，粮食、蔬菜类等一般食品的消费量下降，营养类的肉禽蛋、水产品的消费则成倍上升，农村居民消费呈现出“食品集约型消费”特点。2010年，济南市农村居民人均生活消费支出5406.6元，八项支出构成比重序列从大到小为：食品、交通通信、居住、医疗保健、文教娱乐、家庭设备、衣着等。这一时期，食品支出所占比重快速下降，居住支出所占比重有所上升，农村再度兴起新一轮建房热潮。交通通讯和医疗保健快速增长，所占比重超过衣着、家庭设备支出等，上升到第二位和第四位。发展型、享受型消费在农民消费中开始占有一席之地，农民消费正向“享乐发展型”迈进。

二、消费结构

（一）食品消费 随着收入的不断增长，农村居民生活质量明显改善，饮食结构由“量”的满足转向“质”的提高，开始由吃饱向吃好转变。主食消费比重下降，副食消费迅速增加。肉禽、油、蛋、奶等动物性食品消费增加，营养状况显著改善。恩格尔系数（食品支出占消费性支出的比重）由1985年的51.8%下降至2010年的33.6%。2010年，农民人均食品消费支出1818.3元，其中主食（粮食及粮食复制品）支出346.6元，副食（蔬菜、豆制品、油脂、肉禽蛋等）支出742元，其他食品（烟草、饮料、酒、干鲜果品、奶及奶制品、糖果糕点等）支出494.4元，在外饮食支出228.2元。人均在外饮食支出占食品支出的份额，由2005年的12.29%，上升至2010年的12.55%。

2005～2010年济南市农村居民家庭人均主要食品消费量统计表

表16－5－7 单位：千克

指标名称		2005	2006	2007	2008	2009	2010
粮食	合计	183.19	187.36	203.79	184.89	176.35	164.26
	谷物	178.30	183.44	198.70	180.31	171.04	159.68
	薯类	5.63	7.61	8.19	6.83	8.60	8.68
	豆类	3.53	3.30	4.14	3.80	4.76	4.05
油脂类		7.58	7.48	7.83	8.45	8.51	7.68
豆制品		3.29	3.65	3.69	3.23	3.20	3.65
蔬菜及菜制品		122.60	134.30	129.60	119.61	113.81	103.45

续表16—5—7

指标名称	2005	2006	2007	2008	2009	2010
瓜类	7.69	16.71	12.78	11.38	11.66	12.80
水果类	14.57	13.29	15.14	16.37	16.61	16.69
茶叶	0.51	0.54	0.50	1.01	0.81	0.71
坚果	1.97	2.22	2.03	2.31	2.57	2.48
肉禽及其制品	16.27	17.58	17.00	17.28	17.56	17.99
蛋类及蛋制品	10.39	10.29	9.79	11.24	10.52	9.74
奶和奶制品	9.04	7.64	9.17	7.80	7.32	7.04
水产品	3.59	3.85	4.10	4.45	4.07	3.85
食糖	0.68	0.62	0.79	0.68	0.95	0.75
酒类	16.87	19.02	16.63	14.25	14.31	13.21

（二）衣着消费　20世纪80年代后，随着农村居民温饱问题的解决，衣着消费观念逐步更新，其突出的变化是，对原布的购买量逐步下降，对成衣的购买量逐步增加，并越来越讲究穿着的质量、款式、花样，且趋于高档化。2010年，农民人均衣着消费288.5元。

（三）住房消费　80年代，很多农户把六七十年代的旧房拓宽加高更换门窗，窄大门换为宽大门。90年代后，将原来的石头房变建成砖房，住房结构变为单元式，居住条件明显改善，客厅、卧室、厨房、卫生间配套，功能齐全，住宅面积多在100～200平方米。21世纪后，随着新型农村社区建设的开展，部分农民搬入社区，住上楼房，农村居住环境有所改善。2010年，农村居民人均居住消费支出946.3元，其中建筑材料支出604.8元，住房装修、装饰支出176.7元；人均住房面积由1985年的16.9平方米，增加至40.2平方米，增长2.38倍。砖木结构和钢筋混凝土结构住房分别占住房面积的70.65%和27.11%。

（四）耐用消费品消费　80年代后，农村居民对耐用品的消费从自行车、手表、缝纫机、收音机“老四件”，到电视机、洗衣机、录音机、电冰箱、电风扇、影碟机“新六件”，再到抽油烟机、热水器、空调、照相机、录像机、家用电脑等新型耐用消费品，消费档次大大提高。至2010年年底，农村居民家庭每百户耐用消费品拥有量为电冰箱83.4台、彩色电视机120台、洗衣机29.3台、空调器35.8台、家用电脑28.3台。一些农户还购买了抽油烟机、热水器、微波炉、录像机、照相机等用品。2010年，济南市农村居民人均家庭设备、用品及服务支出人均335.0元。

1985～2010年部分年份济南市农村每百户居民家庭主要耐用消费品统计表

表16—5—8

消费品种类	单 位	1985	1990	1995	2000	2005	2010
自行车	辆	134.0	161.8	184.0	—	—	155.0
缝纫机	架	56.0	68.5	78.0	—	—	—
电风扇	台	23.0	64.9	128.0	—	—	—
电视机	台	36.0	63.6	106.0	—	—	—
其中：彩电	台	2.0	6.4	26.0	66.0	101.8	120.0

续表16—5—8

消费品种类	单 位	1985	1990	1995	2000	2005	2010
洗衣机	台	4.0	7.1	16.0	29.0	44.8	79.0
收录机	台	5.0	20.3	33.0	41.0	—	—
摩托车	辆	1.0	—	26.0	57.0	89.0	85.0
电冰箱	台	—	—	—	30.0	41.8	83.4
空调器	台	—	—	—	5.0	11.7	35.8
影碟机	台	—	—	—	—	60.7	65.0
摩托车	辆	—	—	—	—	88.7	84.9
移动电话	部	—	—	—	—	64.2	152.7
住宅电话	部	—	—	—	—	95.6	80.0
家用电脑	台	—	—	—	—	5.0	28.3

（五）交通、通信、文教娱乐、医疗等其他消费　20世纪80年代后，交通工具先后经历了自行车、摩托车、电动车和私家汽车的更新换代，家庭通信工具从无到有，从固定电话到传呼机，再到电话、宽带上网，交通出行、联系越来越便捷，用在交通和通信上的支出比重也不断增长。2010年，每百户农民家庭拥有摩托车84.9辆，住宅电话80部，移动电话152.7部，生活用汽车进入部分农民家庭。人均交通和通信支出982.8元，其中交通工具支出582.5元，邮电费支出140.6元，动力燃料及其他支出178.9元，分别占人均交通和通信支出的59.27%、14.31%和18.20%。人均文化教育、娱乐用品及服务支出416.8元，其中文化教育、娱乐用品支出119.8元，文化教育、娱乐服务支出297元。学杂费198.3元，占人均文化教育、娱乐用品及服务支出的47.58%，所占份额最大。人均医疗保健支出556.1元，其中医疗卫生保健用品支出117.4元，医疗保健服务费支出436.5元，医疗卫生设备支出2.2元。

1985～2010年济南市农村居民生活情况统计表

表16—5—9

年 份	农民人均纯收入（元）	人均生活费支出（元）	其中人均食品支出（元）	人均住宅居住面积（平方米）
1985	439.2	330.5	171.1	16.9
1986	495.2	377.0	181.5	18.0
1987	593.3	421.0	200.8	18.6
1988	648.2	487.0	229.6	20.3
1989	687.0	540.8	249.5	21.0
1990	731.1	569.8	287.7	22.5
1991	810.1	610.6	303.7	23.7
1992	865.3	660.5	335.1	21.1
1993	1031.4	724.8	371.4	22.9
1994	1401.0	942.5	511.0	24.1
1995	1812.7	1373.6	770.8	24.7
1996	2328.1	1728.1	926.2	26.9
1997	2600.0	1799.7	922.0	27.1

续表16—5—9

年 份	农民人均纯收入（元）	人均生活费支出（元）	其中人均食品支出（元）	人均住宅居住面积（平方米）
1998	2826.4	1872.5	935.9	27.4
1999	2943.7	1841.2	876.7	28.3
2000	3046.8	1976.8	860.0	28.6
2001	3215.7	2057.8	852.5	29.9
2002	3255.8	2133.9	849.5	30.6
2003	3619.3	2316.2	900.7	32.5
2004	4198.7	2543.1	1040.4	32.9
2005	4812.3	2902.8	1134.8	33.8
2006	5480.0	3415.3	1199.8	35.3
2007	6300.1	3789.8	1423.0	37.3
2008	7180.2	4385.4	1628.2	38.7
2009	7804.8	4733.1	1686.3	39.4
2010	8903.3	5406.6	1818.3	40.2

2010年济南市农村不同收入层次居民家庭收支情况表

表16—5—10　　单位：元

指标名称	平 均	低20%	较低20%	中间20%	较高20%	高20%
人均总收入	11494.6	4892.1	7507.5	9767.0	12480.2	23993.8
工资性收入	4125.0	1587.5	2968.6	4141.3	5966.8	7441.6
在非企业组织劳动得到收入	638.9	164.8	245.5	575.8	866.5	1979.8
在本乡地域内劳动得到收入	2281.0	817.6	1435.8	2409.2	3372.2	4284.0
外出从业得到收入	1205.1	605.1	1287.2	1156.3	1728.1	1177.8
家庭经营收入	6416.6	3016.6	4051.0	4886.8	5493.2	13539.3
第一产业收入	3841.9	2554.5	3119.7	3975.8	3913.4	5468.1
农业收入	3008.5	2254.1	2769.2	2937.3	2857.8	4146.7
林业收入	164.4	70.9	90.7	161.8	219.4	223.5
牧业收入	663.6	229.6	257.8	874.0	813.0	1097.9
渔业收入	5.6	—	2.0	2.8	23.2	—
第二产业收入	1260.5	123.3	253.0	195.1	492.6	4387.8
工业收入	645.3	45.5	37.6	71.6	214.4	2362.6
建筑业收入	615.2	77.9	215.4	123.6	278.3	2025.2
第三产业收入	1314.2	338.7	678.3	715.8	1087.2	3683.3
其他产品收入	0.7	0.5	0.1	0.8	1.4	0.7
第三产业服务性收入	1313.5	338.2	678.2	715.1	1085.7	3682.6
交通、运输、邮电业收入	312.8	132.4	159.1	82.4	385.1	1246.1
批零贸易业、饮食业收入	653.5	115.7	304.2	257.0	408.9	1759.9
社会服务业收入	171.6	18.8	161.8	202.3	118.0	350.7
文教卫生业收入	16.1	26.1	12.9	6.9	28.7	5.7

续表16—5—10

指标名称	平 均	低20%	较低20%	中间20%	较高20%	高20%
其他行业收入	159.5	45.2	40.1	166.5	145.0	320.2
财产性收入	561.0	94.7	188.1	412.0	525.4	2288.8
转移性收入	392.0	193.4	299.9	327.0	494.8	724.0
人均总支出	8085.8	4577.5	5509.3	6652.1	7934.5	15215.8
家庭经营费用支出	2153.0	1174.2	1203.8	1494.9	1422.3	4548.2
第一产业生产费用支出	1167.6	1007.0	927.3	1355.0	1124.9	1212.6
农业生产费用支出	807.9	790.1	791.6	701.3	799.9	782.8
林业生产费用支出	10.3	6.8	7.3	9.3	19.4	11.2
牧业生产费用支出	346.5	198.2	128.4	644.2	297.5	418.4
渔业生产费用支出	2.9	11.8	—	0.1	8.1	0.2
第二产业生产费用支出	699.1	44.5	50.5	25.2	253.0	2452.4
工业生产费用支出	407.8	16.3	14.1	4.3	131.5	1493.1
建筑业生产费用支出	291.3	28.2	36.3	20.9	121.5	959.3
第三产业生产费用支出	286.3	122.7	226.0	114.8	44.4	883.3
交通运输邮电业生产费用支出	76.4	85.4	34.9	23.0	20.4	329.8
批零贸易餐饮业生产费用支出	168.0	10.0	153.1	18.9	7.7	526.6
社会服务业生产费用支出	26.5	1.2	31.7	54.4	2.4	24.8
文教卫生业生产费用支出	8.6	21.2	0.0	0.1	13.5	0.1
其他行业生产费用支出	6.7	4.8	6.2	18.4	0.4	2.0
购置生产性固定资产支出	161.7	222.3	93.9	28.2	55.7	409.8
建、造生产性固定资产雇工支出	0.2	—	—	—	—	1.8
税费支出	10.9	11.0	24.8	7.5	4.5	2.7
生活消费支出	5406.6	3036.5	4003.0	4785.6	5975.8	9639.8
食品消费支出	1818.3	1393.8	1579.2	1707.8	2005.5	2534.2
衣着消费支出	288.5	167.2	235.1	260.1	360.6	494.8
居住消费支出	946.3	454.7	650.8	1205.5	964.3	1398.7
家庭设备、用品消费支出	335.0	184.9	261.6	246.0	425.0	641.2
交通和通信消费支出	982.8	322.7	586.5	448.8	1185.0	2521.3
文化教育、娱乐消费支出	416.8	256.2	338.9	455.6	533.1	543.7
医疗保健消费支出	556.1	218.8	293.4	425.8	433.7	1376.7
其他商品和服务消费支出	62.8	38.3	57.6	36.1	68.7	129.3
财产性支出	30.3	8.2	37.9	55.6	29.1	12.5
转移性支出	323.2	125.3	145.9	280.3	447.1	601.0
人均纯收入	8903.3	3408.1	5933.0	7994.9	10719.5	18653.8
工资性收入	4125.0	1587.5	2968.6	4141.3	5966.8	7441.6
家庭经营纯收入	3913.9	1571.8	2570.9	3171.4	3852.4	8297.0
财产性纯收入	561.0	94.7	188.1	412.0	525.4	2288.8
转移性纯收入	303.4	154.1	205.4	270.2	374.8	626.3

第六篇　社会风俗

济南的社会风俗，有着悠久的历史。数千年来，济南人在这里生活、繁衍，用他们的劳动和智慧创造了丰富的物质财富和精神财富，成为祖国文化宝库中的一个重要组成部分。它源于草根，来自民间，在长期的社会实践中，逐渐形成极富个性化和鲜明地域色彩的社会风俗文化，与济南文化、齐鲁文化和中国文化有着千丝万缕极为密切的关系，是济南文化的基础和核心。

济南的社会风俗具有与时俱进的变异性。随着时代的进步，一些不合时宜、带有糟粕性的习俗不断被淘汰，而更多习俗是在不断发展和流变，一些新的习俗也在逐步形成。20 世纪 80 年代后，随着改革开放的不断深入、高新技术的不断运用，社会生活和人民生活迅疾丰富，一些新社会风俗以不同形式、不同内容正逐渐形成并影响和制约着济南人民的生活与生产活动。

第一章　岁时习俗

第一节 传统节日

一、春季节俗

（一）立春　立春是农历二十四节气中的第一个节气。立春，在济南话中又称为“打春”。为什么春天到了，还要“打”之呢？这主要起源于立春这天济南民间有“打春牛”的习俗。

《济南府志》载：“立春日，官吏各具彩杖，击土牛者三，谓之鞭春，以示劝农之意焉。”鞭春活动开始，仪吏手执五彩春杖，鞭打泥塑或纸扎的春牛，并念念有词：“一打风调雨顺，二打地肥土暄，三打三阳开泰……”打毕，将春牛打破，这时预先装在牛肚里的柿饼纷纷落地，人们一哄而上纷纷抢食，以图吉利；被击破的碎土或牛纸，也被一抢而空，俗信认为，将牛土或牛纸用来涂灶、涂墙等，可以趋吉避凶，带来好运。

过去，打春这天，年轻母亲会用彩色碎布头缝制“春鸡”“春娃娃”等小玩具，给孩子作为节日礼物。春鸡佩戴在孩子的左衣袖上，取鸡谐音“吉”，象征吉祥如意。而且鸡又降五毒，所以戴春鸡又有祈避毒虫的功用；而春娃娃则寄托着母亲对孩子迎着春风茁壮成长的殷切期望。

（二）除夕　大年三十晚上，年夜饭一摆，合家围坐一起，那种欢乐团圆的年味儿就难以言喻了。“妻孥一室话团圆，鱼肉瓜茄杂果盘。下箸频教听忏语，家家户户合家欢。”

这天天刚擦黑，要先“请家堂”，接逝去的先人回家过年。擎香接先人进门后，要在院内撒些谷草，以“喂”先人乘坐的马匹，进屋门后，要在门口放一根拦门棍或一把笤帚，以防其他神鬼混进。

除夕夜，大人最怕小孩乱说话，说会不吉利，会使新年里晦气。不小心摔破碗盘，要赶紧说一声“岁岁平安”。吃完年夜饭，放完年夜“迎新炮”，一家人便围坐炉旁，嗑瓜子聊天，通宵不寐，谓之守岁。新年一到，孩子们齐呼啦地向长辈拜年，长辈们则乐不可支地从怀里掏出一张张崭新的票子分发给孩子，数额一般都在百元以上，少数也有千元甚至上万元的。当然，过去生活水平有限，压岁钱大多只有一毛两毛块儿八角的。

除夕夜，老济南还有吃更岁饺子的习俗。饺子一般是素馅，取新年里素素静静之意。自电视普及后，除夕的新风俗是吃完年夜饭，一家人围坐一起收看中央电视台的《春节联欢晚会》。

（三）春节 正月初一一大早，亲朋好友之间开始走家串户，相互祝贺新春。济南人拜年，一般是笑容满面抱拳说一声“恭喜发财”或“过年过得好吧？”现在，拜年的方式更加多样化，团体拜年、电话拜年、短信拜年、QQ 拜年、微信拜年、音频拜年、视频拜年……表达相互祝福心情的同时，增进了人们之间的友谊友情。

春节最热闹，禁忌也最多。比如，出嫁的姑娘初一不能回娘家，否则会把娘家吃穷；不能打碎餐具物什，万一打碎了得赶紧说一声“碎碎（岁岁）平安”；年初一这天不能喝面条，否则一年到头麻烦事会接连不断；妇女这天不能动针线活，要不一年里将会受苦受累。扫地时，要从屋门口往里扫，以免把“财”扫出去，等等。

（四）回娘家 年初二，嫁出去的女儿携夫带子回娘家，是济南春节时俗之一。济南话把女婿称为“姑爷”。女儿回娘家拜年，岳父母要置办酒席招待姑爷。姑爷这天是岳父母家的贵客，吃饭喝酒时，都要坐在上座，并由内兄弟或平辈亲友相陪。席间，岳父要为姑爷敬酒，但一般不陪筵。

出嫁的女儿这天多陪久未见面的母亲，说说知心话。随同来的孩子则拿着姥爷姥娘准备下的鞭炮、烟花，高高兴兴地在当院里、大街上嬉戏玩耍。随着夜幕降临，带有微醺的女婿向岳父母拜别，带着妻儿回自己家。

现在有好多家庭都是几世同堂，遇有姑爷、闺女年龄大者，则由他们的未婚儿女或孙男弟女代替爷奶父母给老姥爷老姥娘、姥爷姥娘去拜年和送年礼。

（五）破五 正月初五，济南民间有过“破五”的习俗。按过去的说法是“初五日谓之破五。破五之内，不得以生米为炊，妇女自元旦至是日不出门，虽同院合居亦然，谓之忌门。”初五这天，家家户户都要包水饺，俗称“捏破五”。阖家饮酒吃团圆饭，畅谈年事，忌说不吉利话语。小孩子们则燃放鞭炮，谓之送年。

旧俗初五以前不许动刀剪，所吃饭菜也都是年前备好，吃时加热即可。现在的习俗是，初五晚间，家家户户就要“送家堂”了：供奉水饺、焚香叩首、取回拦门棍……送走逝去的祖先，意味着年过完了。

（六）元宵节 济南地区“正月十五闹元宵”的习俗，代代相沿。早在明清时期，元夜张灯更是成为一项济南全民性的游艺活动。《历城县志》载：“元夜，通衢张灯，放花炬，男女群游……”。“通衢张灯”，可见当时济南的花灯之盛、规模之大；“男女群游”，可见老百姓参与程度之高，参与范围之广。

如今，元宵节期间，济南各大公园以及各个社区都要举行盛大的花灯会，尤以趵突泉花灯会最为吸引当地居民和外地游客。元宵节前后，济南的家家户户院门、屋前高悬大红灯笼，到处金碧辉映、流光溢彩。

（七）农历二月初二 雅称春龙节，济南老百姓也称为“龙抬头”。“龙抬头”的说法最早源于明代：“二月二日曰龙抬头，煎元旦祭余饼，薰床炕，曰薰虫儿：谓引龙，虫不出也。”（明刘侗《春场》）

济南民间有“正月里剃头死舅舅”的说法，男人们一个正月里任凭头发疯长，也不去理发。直到二月二“龙抬头”这天，男人们才刮须理发，所以这天大街小巷的理发店的生意格外火爆。

济南素有二月二吃食炒黄豆（俗称蝎子爪）

的习俗。每到这一天，大街上、超市里到处挂满“炒豆”“蝎豆”的招贴。人们也乐得买上一包，咀嚼着、回味着。

（八）清明节 清明是农历二十四节气之一，一般在公历4月4日或5日。清明节这天，济南的民俗事项主要有两种：一是上坟扫墓，祭祀祖先，二是郊游踏青。

是日前后，济南市民纷纷涌向各个公墓墓地，向逝去的先人致以祭拜礼，2000年后，在墓前燃香烧纸的旧俗逐渐淡出，向逝者敬献鲜花已渐成风气。清明节前后，风和日丽，空气新鲜，正是踏青游玩的好时机，南部山区、长清、章丘等风景名胜区，都是济南市民踏青的好去处。

二、夏季节俗

（一）端午节 农历五月初五是端午节，也叫端阳节。关于端午节的习俗，《济南市志》前志已有详述。至今，端午这天市民吃食粽子、艾煮鸡蛋、门前插艾的习俗仍在流行。

（二）夏至 二十四节气之一，也是民间传统节目。是日，家家吃芝麻酱凉面，意为防暑，有“冬至包子夏至面”之说。其俗延续至今。

三、秋季节俗

（一）乞巧节 农历七月初七为“乞巧节”，也称“七夕”。旧俗见前志。

今俗中，这天为年轻人的“情人节”。恋爱中的男女这天多以鲜花相赠，一起聚会娱乐，至夜不散。此俗系人们由传说是日为牛郎织女渡过鹊桥相会的传说附会而来。

（二）中元节 济南俗称“七月十五”或“鬼节”。旧俗有是日晚在大明湖、护城河、百花洲等地放河灯之习，今已废。济南城乡居民一般于此日晚备香纸上坟，以超度亡魂。由于条件所限，现市区居民多于此日晚间在路口街边，燃香烧纸，以寄托对故人的追念之情。

（三）中秋节 农历八月十五称为中秋节，济南民间俗称“八月十五”，这是一年中除去春节之外的第二个大节日。其旧俗（见前志）延续至今。今俗为一家人团圆之日，是日晚，多以家庭为单位在家或酒店举办团圆宴，这天人人都要吃食月饼之俗至今不衰。

（四）重阳节 农历九月初九称为重阳节。旧时，济南多有食菊糕、饮菊花酒，携酒馔登千佛山的习俗，以为此日登高可祛晦气得吉利。文人墨客相约登高饮酒赋诗。清代以来，重阳节期间又是千佛山传统的山会，四乡农民至此摆摊出售山货，商贩叫卖日常百货及各种风味食品，赶山会的人群如潮，许多人到山上兴国禅寺进香朝拜。新中国成立后，山会盛况空前，持续数日，市民携老带幼登山赶会。1988年后又被国家法定为老年节。

四、冬季节俗

（一）寒衣节 农历十月初一为寒衣节，济南俗称“十月一”。新中国成立后，旧俗（见前志）渐失，20世纪80年代后，是日上坟烧纸“送寒衣”又渐成风习。

（二）冬至 冬至为二十四节气之一，自此日起开始交九。旧时，文人学士有人于此日画九九消寒图，写上每个字都是九划的九个红色字：如“亭前垂柳珍重待春风”等。自交九之日起，每日用墨笔涂一划，以此计算数九的日数；也有的画染梅消寒图，即画上有81个花瓣的不染色的梅花，每天涂染一个花瓣，至九九染完。有的在此日组织消寒会，后逢九聚一次，轮流作东饮酒消寒。冬至日，市民都要吃水饺，有“冬至包子夏至面”之谚。

（三）腊八 农历腊月初八日为腊八节，俗称“腊八”。相传是日为释迦牟尼成道日。各佛寺于此日诵经，并沿街“化缘”，捐敛“腊八米”熬粥供佛。有的寺院向施主送吃斋的素菜等，施主要捐款布施。此时，天气寒冷，谚云“腊七腊八，冻死叫化”，故市民于此日食“腊八粥”以祛寒，有的富裕人家还向贫苦人施粥。腊八粥多用黄米（或糯米）、红小豆、大枣、花生米等熬制，讲究者还再加入莲子、核桃仁、桂元肉、栗子等，称作“八宝粥”。济南居民还多于这天泡制“腊八蒜”，将去皮蒜瓣放入醋中浸泡，味酸辣鲜美，供春节时食用。

（四）腊月二十三，济南俗称“小年” 旧俗见前志。需要说明的是，济南有“女不祭灶，男不拜月”一说。所以，辞灶时家中女性都应回避。据传这是因为妇女平时做饭时难免有洒落散失粮物之事，灶王临行前看到她们会想起这些事，向玉皇大帝汇报后会降灾给她们。供品用糖瓜，最初之意是让灶王的嘴巴甜甜的，在玉皇面前多说好话。后来，有人将糖瓜烤化，抹在灶王像的嘴上，谓之“涂神口”，把灶王嘴粘住，不让它说坏话。

今俗，多以这天作为春节大年的前奏，一般家庭都要置备酒宴、包水饺，家人团聚一起，准备辞旧迎新。

（五）忙年 “小年”过后，一直到年三十，家家户户忙着打扫卫生，准备过年，大街小巷到处都是人们置办年货的繁忙景象。此俗，济南人谓之“忙年”。

第二节 法定节日习俗

法定节日是指政府按照国际惯例和各民族风俗习惯制定的节日。

它既包括中国一些传统节日，也包括国际性节日，还有部分是中国自行创始的节日。政府公布的有假日的法定节日是元旦、春节、清明节、五一国际劳动节、端午节、中秋节、国庆节。法定假日全年11天，分别是元旦1天，春节3天，清明节1天，五一国际劳动节1天，端午节1天，中秋节1天，国庆节3天。

除此之外，中国的法定节日还有三八国际劳动妇女节、植树节（3月12日）、五四青年节、六一国际儿童节、中国共产党建立纪念日（俗称“党的生日”“七一”，7月1日）、八一建军节、教师节（9月10日）。

第三节 外来节日习俗

20世纪80年代后，外来节日在中国越来越流行，其主要原因就是外来节日比较崇尚自由，崇尚浪漫。中国传统节日注重的是吃穿等物质消费和祈求富有、团圆的精神层面上；而外来节日更加注重精神的交流，更加注重人情味。所以，外来节日在青年人中颇为流行。随着一些中国元素的加入，外来节日已成为年轻人狂欢、联络感情以及商家促销的一个契机。

一、情人节

每年公历2月14日，是西方的情人节。关于情人节起源有许多种说法。普遍的说法是情人节是由一个名叫桑特·瓦伦丁的人士发起的。他是罗马人，因拒绝放弃基督教于公元前269年惨遭杀害，这一天也正好是全城盛行彩票抽奖的日子。另外一种说法更有传奇色彩，相传瓦伦丁曾在临刑前留下一本日记给了典狱长的女儿，而这个姑娘正是瓦伦丁的情人。此后，每年的2月14日便成为一个具有特殊意义的日子，在这天人们向自己心仪的人传递信息以示爱意。

2000年前后，情人节传入济南，并迅速为青年人所接受。是日，一对对互相爱慕的青年男女互赠象征爱情的玫瑰花、巧克力，并举行烛光聚会，或饮酒或唱歌，相互表达爱慕之意。至今，此俗有愈来愈盛之势。

二、愚人节

公历4月1日，是西方民间传统节日愚人节，也称为万愚节。对它的起源也是众说纷纭。一说起源于印度的“诠俚节”，该节规定，每年3月31日这天，不分男女老幼，皆可互开玩笑，互相愚弄以换得娱乐。较普遍的说法是起源于法国。1564年，法国率先改革纪年法，采用格里历（即公历）纪年，改变了过去以4月1日为新年开端的历法。而一些守旧的人依然在4月1日这天，互赠礼物，共贺新年。聪明的革新派也趁此在这天给他们送假礼物、邀请他们参加假庆祝会，后沿袭为人们互相捉弄的开心节日。

据考证，愚人节在民国时期就已传入中国，那时的报刊每到4月1日便发布一些荒诞的假新闻愚弄读者，但尚未被国民大众接受。90年代中期，愚人节再度在国内流行。每到这天，人们相互编造欺骗对方的信息，以博得开心快乐。一些媒体也刊发一些幽默新闻，以赚取眼球。《北京青年报》一条“济南将开通啤酒管道，市民在家中打开笼头就可喝鲜啤酒”的愚人节假新闻曾轰动全国。

三、母亲节

公历5月的第二个星期日是母亲节。母亲节起源于美国。1906年5月9日，美国费城安娜·贾薇丝的母亲不幸去世。次年母亲逝世周年之日，贾薇丝组织了追思母亲的活动，并鼓励他人以类似方式来表达对各自母亲的感激之情。此后，她极力呼吁设立母亲节。1913年5月10日，由威尔逊总统签署法令，决定每年5月的第二个周日为母亲节。

母亲节在中国最早是港澳地区。改革开放后，母亲节为内地民众所接受。1989年前后，母亲节传入济南，并迅速为年轻人接受。每到这天，做儿女的纷纷到花店购买康乃馨鲜花送给自己的母亲，以表达对母亲的感念之情。从午间到晚间，儿女们都要请母亲一聚，感谢母亲的养育之恩。

四、父亲节

公历6月的第三个星期天是父亲节。世界上第一个父亲节，于1910年诞生在美国。1909年，华盛顿一位叫多德的女士在过母亲节时，突然想到为何不设立一个父亲节，以感恩父亲呢？于是，她给州政府提出这个建议。次年，州政府采纳他的建议，规定每年6月的第三个周日为父亲节。直到1972年，尼克松总统正式签署建立父亲节的议会协议，这个节日才以法律形式确立下来。

实际上，中国最早的父亲节可以追溯到1945年8月8日，上海文人发起庆祝父亲节活动。后来，一些社会名流联名向中央政府建议，定“爸爸”谐音的8月8日为父亲节。这个说法比较符合中国文化，一是加入“爸爸”二字的谐音，二是两个“八”字重叠一起经过变形就是“父”字。现在人们过的父亲节，进入中国的时间要晚于母亲节，时间约在20世纪90年代中期。是日，儿女一般都要买上一束红玫瑰献给父亲，并请父亲吃饭喝酒，以表达对父亲养育之恩的感谢之情。

五、圣诞节

每年的12月25日被称为圣诞节，又称耶诞节，是西方传统节日。圣诞节是一个宗教节日，人们一直把它当作耶稣的诞辰来庆祝，但实际上，《圣经》里并没有耶稣诞辰的记载，这个节日是后人定的。圣诞节传入中国较早，过去主要是教徒在过这一节日。

圣诞节的前夕（12月24日）称为平安夜。改革开放后，平安夜这晚逐渐成为济南年轻人的狂欢节日。是晚，年轻人呼朋唤友团聚一起举办舞会，依偎着闪亮的圣诞树，头戴圣诞帽，听着圣诞颂歌，互相交换圣诞礼物，分享彼此之间的祝福，度过一个欢乐、幸福的夜晚。

第二章 礼仪习俗

第一节 生育习俗

过去，济南人的生育习俗，很有特色。从母亲怀孕到孩子降生、满月、百日、周岁及至成人，人们无不举庆道喜，送礼称贺，习俗纷杂，礼仪繁多。当然也不可避免地带有一些附会迷信、屈从传统、尊崇天命的陋习色彩。1986年后，济南地区的生育习俗发生了一些变化，增添了科学生育、健康生育的先进理念。

一、育前习俗

在济南民间，称怀孕为“有喜”“有了”或称“怀上了”。1986年后，随着国家计划生育政策的深入，“一生只要一个孩”的观念深入人心。为了后代的身心健康，人们开始注重怀孕前后的卫生保健问题。在女方怀孕前后，一般都要求有不良嗜好的男方戒烟、戒酒。女方怀孕后，一般多听一些曲调流畅、旋律优美的音乐，以期生一个聪明活泼的小宝宝。一般一个月去医院接受一次孕期检查，并遵医嘱口服叶酸，以预防孕妇贫血、降低新生儿缺陷的风险，预防孕妇患先兆子痫疾病。临产时，一般提前到医院住院，接受医生检查指导。

育前，一般由孕妇本人或家人做好孕妇产褥期所用、新生儿所用的所有物品。孕妇一般不再做重活，忌举重物，忌近丧事，也忌参加酒宴等热闹场合。至今民间仍流传一种古老的俗信，说孕妇禁食兔子肉，否则生下的孩子会是“豁子嘴”（唇裂）。一些久婚未孕的妇女，除到医院接受检查治疗外，民间还有到千佛山、泰山等烧香求佛或在树上拴红布条以达到求子的目的。

二、生育习俗

济南人把妇女生育期称为“坐月子”或“月子里”。临产时，一般都提前几天住进医院待产，接受专业医生的临床观察和专业护士的护理。此间，一般由丈夫或是其他家人陪床照顾。孩子出生后，由医生护士洗净婴儿，按下脚模，以作纪念。然后将婴儿交由产妇吸吮头奶。一般情况下，顺产产妇生孩子后住院两三天即可出院回家，剖宫产产妇一般要在医院观察1周左右。

产妇回家后，主要是休息调养和育婴。济南人讲究产妇生产后三日内不下床，孩子没满月前不出屋门。坐月子期间，产妇一般不再劳作，怕落下“月子”病，多由婆家小姑子或妯娌们伺候“月子”，现在也多由娘家母亲或婆婆侍候“月子”。产后第三天，产妇要喝肘子骨做的“全汤”或“月子汤”，以补养身体和催奶。月子期间，产妇忌食生冷辛辣等食物，否则会“回奶”“叉奶”（乳腺炎）。济南民间还有“喝猪拱嘴汤”之俗，认为这样可利奶除病。

坐月子期间，禁忌很多。最主要的是，忌外人进入产妇居室。1986年以前，产妇生产后，家人一般在屋门口悬挂一红布条，以防外人唐突入内。据说，外人进入产妇居室，谓之“踩生”“冲月”，会把孩子吓出“脐带疯”来，对产妇和进入者自身也不好。此俗有一定信仰因素，如产褥禁忌、产妇不洁等，同时也有一定科学道理，如保护产褥期妇女和初生儿身心健康等。

中国传统观念认为生孩子就是添喜，所以把女婿前往岳父母家通报称为“报喜”。报喜的日子，在济南地区一般是在小孩出生3日内。

产妇家一般多煮些鸡蛋，并将鸡蛋涂以红色颜料或贴上红色标签以示喜庆。送红鸡蛋“报喜”时，生男孩送鸡蛋的个数为单数，一个三个五个皆可，意谓阳；生女孩则送双数，二四六个不等，取义阴。后来，“报喜”送鸡蛋之习，也应用于亲朋好友、同学同事之间。谁家生了孩子，亲戚朋友便买上鸡蛋、挂面、红糖、小孩衣物之类礼品登门致贺，主家多半会赠红鸡蛋示谢。

三、育儿习俗

新生儿的头骨较软，又多以睡眠为主，需要大人帮其把头型睡端正，济南民间流行婴儿睡头之俗。睡头时，多以小米或豆皮填充枕头，让婴儿仰卧，使其头型长正，以免睡成“梆子头”“偏偏头”“扁瓜头”。睡头之俗起源于满族先人，汉朝史书即对此有过记载，《后汉书·三朝传》载：“辰韩人（满族先人之一）儿生欲令头扁，押之以石。”另外，《满洲源流考》也记载：“国朝旧俗，儿生数月，置卧具，令儿仰寝其中，久而脑骨自平，头型似匾，斯乃习而自然，无足为异。”满人入关后，此俗渐在汉族地区广为传沿。济南民间认为，这种做法可以使男孩子长得肩宽背阔，英武高大；女孩骨盆宽，成人后利于生育。如今，从优生优育和婴儿成长发育角度看，这种做法还是有道理的。

在育儿习俗中，济南民间还有用沙土代替褯子（尿布）的做法。所用的沙土，大多是黄河岸边的细沙土，这种沙土细如白面，又极具吸水性和吸热性，对于贫穷人家有很大的实用价值。用时，先将沙土用马尾箩筛净，以免沙土中混有坷砬、蒺藜、草木棍、瓦砾等杂物，伤害婴儿皮肤。然后是烫土，烫土的目的是除潮、升温、消毒。方法是用铁锅或铁盆将沙土炒热，稍凉至不至于烫伤婴儿皮肤，将沙土装进布袋或直接垫至婴儿臀下。烫土要尽量避免过火，以免小孩用后“上火”。婴儿撒尿拉屎后，沙土易变湿变凉，这时就要及时更换沙土，把旧土换掉。用“二货土”不卫生，气味也不好闻。但过去在一些穷人家，也有用二货土甚或是三货土、四货土的。此育儿习俗在 20 世纪 80 年代绝迹。现在，一般多用各种品牌的尿不湿等婴儿用品。

四、满月习俗

产后一个月是“满月”。“满月”是新生儿可以和外界接触的第一天，也是产妇完成“坐月子”过程的第一天。所以在过去人们很重视这一天。是日，亲朋好友前来贺喜，多送些宝宝服、长命锁等物；也有随钱者，以红纸包装，上写“长命百岁”等吉祥语。主家则在这一天摆宴招待客人。

满月这天，对产妇而言，济南习俗要“挪臊窝”。产妇在这天抱着婴儿回娘家小住几日，以使孩子呼吸到新鲜空气，有利于母子身心健康。丈夫一家则借着大好晴天，将媳妇“坐月子”捂了 1 个月的房屋收拾干净，晾晒被褥衣物。产妇回娘家后，外祖父、外祖母要给孩子送钱，将钱以红纸包好用红线系挂于婴儿胸前。待到回到婆家时，由小孩的奶奶或其他女长辈取下红包，便取边唱道：“走得好，来得好，小子（或小妮儿）白头活到老。”

为祈愿孩子健康成长，老济南还曾流行“穿百家衣”的习俗。孩子未满月，亲眷们便开始向众邻家乞取零散布头儿，拼接成花衣服给婴孩穿。衣服样式多以大偏襟、和尚领，衣服上必有一紫色布块，寓意孩子将来多子多福。清代《通俗篇·服饰》就有“百家衣”词条：“百家衣，小儿文褓也。”据神话传说，天界神下凡投胎之前，诸神曾纷纷扯下自己衣服的一角制作成一件色彩缤纷的服装，以保护神仙出世后能抵御人间风寒。后来民间据此相沿成俗。济南还有“吃百家饭”的习俗。小孩会走路后，便让他拿着小饭碗到四邻六舍去吃“百家饭”，认为这样小孩长大后能有饭吃而且能吃遍四方。此俗在 20 世纪 80 年代渐废。

五、育儿俗谚与禁忌

济南民间的育儿俗谚有很多。常说的有："待要小儿安，三分饥和寒""待要好，七成饱"，意思是不要让孩子暴饮暴食；"三躺六坐八爬查，十个月上打挓挓"，意思是说，发育正常的婴儿，按月龄观察，三个月时会翻身，六个月时会坐，八个月时会爬，十个月时就能在大人帮扶下蹒跚迈步了；"七岁八岁换狗牙"，"狗牙"即乳牙；"七岁八岁狗也嫌"，是说小孩长到七八岁，十分调皮，惹得狗也嫌烦；"一个旋儿好，两个旋儿坏，三个旋儿死得快"，旧时有以小孩头发旋儿多少来预测孩子性格的说法，说一个头旋儿的孩子长大后温顺孝顺，两个头旋儿的孩子长大后调皮执拗。

育儿过程中，还有许多禁忌。譬如吃饭使用筷子时，要求小孩手要握在筷子中间。俗信认为，握在上端，将来要远离爹娘和家乡；握在下端，则将来难以远行。吃饭时，更不允许孩子将筷子直插在碗中，像拄哀杖，为丧气。也不允许用筷子敲打碗盘或桌面，在过去只有乞丐乞讨时才敲碗。

再有，小孩忌食鱼子，俗以为食后会造成头脑愚笨，不识数，不会算账；忌吃南瓜子，据说吃了南瓜子，小孩要长龇牙；小孩还忌吃鸡爪，俗信认为吃了鸡爪，上学时写不好字，写出的字形如同鸡爪。天气晴朗的夏夜，繁星点点，小孩总爱用手指着数着玩，这时大人总要告诫一声："小孩子不能数星星，大了不识数。"小孩也不能用手指天上的流星和彩虹，俗信认为用手指了会烂手指头。老济南人还认为阴天下雨小孩忌学口吃，学会就永远纠正不过来了。

以上育儿习俗于1986年前后在市区内渐失，但在市区周边的农村地区仍有流传。

第二节 婚嫁习俗

新中国成立以后，国家大力提倡晚婚晚育和婚姻自由，人们的择偶观念、婚嫁观念、婚嫁方式都呈现出多元化趋势，许多旧有的婚嫁习俗也随之消亡。代而兴起的是全新的择偶观念、婚嫁观念和婚嫁方式，从而形成了一种新的婚嫁风俗。

一、相 识

20世纪80年代后，人们思想得到空前解放，人与人的交际半径逐渐扩大。自由恋爱成为风气。那时，男女相识一般是靠别人介绍、自己与同事或朋友相识。两人相识后，谈上一年半载的恋爱，只要双方觉得合适，就可谈婚论嫁、领证结婚。

那时，人们择偶标准也从原来的"看出身""看觉悟""看政治面貌"逐渐转变为"看学历""看职业""看收入"上来。"四十八条腿"（从桌凳腿看家具的件数）、"三转一提溜"（手表、自行车、缝纫机，录音机）成为当时姑娘出嫁、男方必备的物质条件。女方若嫁个军人或国营大企业的工人，是当时许多人都羡慕的事。

进入21世纪后，男女相识相爱的渠道更加丰富。煲电话、婚介所、网上聊天、QQ加好友、微信朋友圈、朋友聚会……甚至，用手机软件"扫一扫""摇一摇"，都可能成就一段美满姻缘。由于剩男剩女的增加，每逢情人节、三月三、中秋节、重阳节，各团体、单位、公益机构举办各类"相亲会"，为男女相识提供了更多渠道。

择偶观念更加开放，只要两人合得来，有共同语言，身高、学历、职业、性格已不是爱情筹码，年龄差异更不是相爱障碍。男方应具备的物质条件，如住房、汽车以及经济收入，开始成为女方择偶时首要考虑的因素。婚前同居、婚前性行为、婚前先孕等现象，已不再为社会所嘲弄和诟病。

两人相爱后，可各自带着对方到家里见见双方父母。父母同意后，双方父母和一对年轻人一般要在一起会餐一次，大体商定一下领结婚证和举办婚礼等事宜，这桩婚姻大事就算基本定下了。

二、婚礼

济南地区新人举办婚礼庆典讲究选日子，与过去算命先生“看八字”“定吉日”不同，现在人们多选阳历的双号日期（若农历正好也是双日子则更好），寓意新婚夫妇能一辈子成双成对。这个双日子最好是在周六、周日或节假日，这样双方的亲朋好友能有时间前来参加婚礼，人多热闹是评价一场婚礼好不好的重要标准。

日子选定后，要先找一家婚庆公司，委托他们全面负责婚礼当天车队的调度、现场的布置、庆典的安排。同时，双方开始向各自的亲朋好友发放请柬，邀请众人参加婚礼。90 年代后，婚礼越来越讲究排场，越来越讲究品位。专业服装师、化妆师、摄影师、摄像师、主持人、音响师，一些婚礼举办成了声光电齐全的大型联欢会。新人们则更注重婚礼的时尚化、个性化。

喜日当天一早，新娘便早起化妆，着租来的白色婚纱，与伴娘一起等待来接亲的车队。车队一般由四至十数辆不等，但一般都是双数。车队到达后，新郎一行要站在门口敲门，门若不开，新郎要往门缝里塞红包，直到新娘的伴娘把门打开。新娘家一早要准备好水饺，新郎一行到后，吃完水饺，新娘的家人便和新郎一行乘车去往婚礼庆典现场。

婚礼程序大致分为新郎新娘上台、主持人介绍嘉宾、夫妻宣誓、夫妻向双方父母敬茶、夫妻对拜（一般行鞠躬礼）、点蜡烛倒香槟、证婚人主婚人致辞、来宾合影等环节。整个婚礼仪式一般在中午 11：08 或者 11：18 开始，12 时之前结束。庆典礼成，男方备喜宴宴请所有来宾。参加婚礼的来宾要提前将 200 ～ 600 元不等的“份子钱”随上。喜宴开始后，双方父母、新郎新娘要分别向来宾敬酒，以示答谢。

喜宴当晚，新郎新娘要另备晚宴，答谢婚礼期间所有帮忙的亲朋好友。由于现在婚礼大都在酒店举行，所以过去新婚之晚“闹洞房”的风习已基本绝迹。

济南有婚后第三天新婚夫妇回娘家的习俗，称之为“回门”。这天，新娘父母要备宴招待新郎(济南称为姑爷、贵客)。这天，新郎作为贵客，可坐在宴席的上首位，接受岳父岳母一家人敬酒献茶。由于俗信认为新婚期间新房不能空着，故新郎新娘在日暮之前就赶回自己家中。

为提倡喜事新办、喜事简办的节俭之风，进入 21 世纪以来，许多部门还组织了规模不等的团体婚礼；一些新人也主动选择旅行结婚的方式，旅行目的地大多选在马尔代夫、迪拜、巴黎、菩提岛等风景优美的国家和地区。

三、离婚

离婚，在济南被称为“打离婚”或“闹离婚”。一个“打”，一个“闹”，说明夫妻双方婚后生活并不如意，各种原因都有，但感情确实已经破裂，只好离婚。离婚方式按照《中华人民共和国婚姻法》规定有两种：一是协议离婚，双方析割财产以及商定孩子的抚养问题后，直接到婚姻登记机关办理离婚手续。若一方不同意，就只好走法律程序，由一方提起诉讼，由人民法院审理、判决。

本着“好说好散”的原则，2000 年以后，社会上还兴起置办“离婚宴”的风习，离婚双方办理完离婚手续后，共同走进一家酒店，吃一顿“最后的晚餐”，互相叮嘱一下对方在今后的日子里应该注意的事项。也有一些离婚者，由于住房等问题，离婚后仍住在同一屋檐下，称为“离婚不离家”。

济南同全国一样，新中国成立以来有过 3 次离婚高潮。第一次是在 20 世纪 50 年代初期，新婚姻法取缔了包办买卖婚姻，许多人趁机摆脱别人强加在自己身上的婚姻枷锁；第二次是 20 世纪 80 年代，许多家庭经不住市场经济的考验，多因经济收入等原因而瓦解；第三次起始于2000年后，离婚率居高不下。这次离婚高潮有不同于以往的特点，其中爱情至上、性生活不和谐、双方中一方出轨或同时出轨等问题是主要原因。

第三节 生日习俗

济南地处齐文化和鲁文化的交汇地域，礼仪文化和孝道文化一直深深浸润着生活在这一方热土的人们。长此以往，济南人形成的敬老尊老、亲家亲子的优良传统，使得民间生日习俗得以沿袭至今。在济南民间，过生日逐渐分化为两种：一是为孩子和平辈过生日，称为“做生日”；二是为长辈过生日，称之为“做寿”“祝寿”。

一、过生日

孩子和平辈之间每到生日那天举行庆祝仪式的习俗，起源于20世纪80年代。在过去，只有幼儿满周岁生日那天举行“抓周”仪式——一种利用孩子抓取物品，预测其性情、志趣和前途的礼俗。只要上辈有老人在，儿女们一般是不过生日的。改革开放后，受西方文化影响，民间过生日的习俗逐渐成习。

过生日这天，一般约请家人和挚友在一起小聚。宴会开始后，先将室灯关灭，过生日者戴上寿星帽，大家一起拍手齐唱《生日快乐歌》。唱毕，过生日者将预先买来的生日蛋糕上插着象征年龄的蜡烛吹灭，并双手合十、闭上眼睛给自己许一个愿。然后，将蛋糕分而食之。大家有说有笑，一起举杯给主人祝贺生日。如是孩子们过生日，家长们还要购买各种玩具等作为生日礼物，送给孩子。

济南民间有“孩子的生日，娘的苦日”说法，颇有“哀哀父母，生我劬劳”之遗风。因此只要上有父母，儿女们过生日，都要买上礼品或置办家宴，宴请健在的父母，以表儿女孝敬之心。过生日这天，主食一般都要吃面条，取意健康长寿。

在济南，还有本命年和“41”关口的说法。人们忌讳“41岁”的说法，认为“41岁”这年走的是“王八运”，主不吉利。俗信还认为，本命年是“灾殃年”，若要消灾，本命年生日这天，要向过生日者敬献红腰带、红衬裤、红袜子等衣饰，据说穿上即可以消灾避难。其实，这都是人们祈寿心理作用的结果，这种习俗，对过生日者来说是一种心理慰藉，对他人来说则是表达祝贺的绝好机会。

二、祝 寿

济南民间大多从50岁开始“做寿”，对晚辈而言则称为“祝寿”。在过去，老人做寿时，特定的年龄还有特定的称呼，如60岁寿辰叫“花甲寿”，70岁寿仪叫“古稀寿”，还有“庆八十”寿仪等；男寿称为“椿寿”，女寿叫作“萱寿”；父母同庚而做寿者，谓之“双庆”寿。

在济南，“祝寿”的宴席一般由儿女置办。过去，祝寿仪式十分隆重。一般事先要向亲朋好友发请柬。做寿的时间是一天，有的在家里办，有的在饭庄办。亲朋好友在接到请柬后要准备寿礼，寿礼大多是寿桃、寿面、带寿字的糕点和寿帐。寿堂安排在正房正厅，是拜寿行礼的场所。正面墙上挂着刺绣或绘制的寿星像，或者是寿字中堂或寿帘，两旁配有写着“福如东海，寿比南山”的寿联。也有供上福、禄、寿三星像的，案上摆放蜡扦，上插寿烛，还有一对插花用的花筒，还要摆放香炉。在蜡扦下边还压着黄钱、纸元宝等，案前放着一块红垫子，供跪拜者跪下叩头。

1986年以后，民间为长辈“祝寿”的习俗虽然传习下来，但在仪式方面有所简化，像其他人过生日一样，一般由儿女及早安排在饭店举行。家人亲朋济济一堂，颇为热闹，以衬托出喜庆气氛，也让长辈感受到高寿、儿孙满堂的喜悦和欢快。给长辈祝寿的目的，其实还是子女为了把对长辈的孝心表达出来，以报答父母养育之恩。

旧时民间做寿还有“过坎儿”的说法。“坎儿”是指人在寿命上的关口。从 50 岁起，每隔 10 年左右就有一个坎，如果顺利渡过就能再活 10 年，如果不顺利，遇到“坎儿”就会被卡住，不是生病就是送命。因此，从 50 岁起，逢十的生日均被称之为“大寿”，所有做寿均按寿主的虚岁计算，以便顺利度过“坎儿”。旧时有“六十六，不死也得掉块肉”的说法，所以父母过六十六寿诞时，女儿（或侄女）要称一大块肉作为寿礼给老人送去，意为“肉已掉下”，即可逢凶化吉。民间还有“七十三、八十四，阎王不叫自己去”（因孔子、孟子在百姓眼中都是圣人，圣人自然不可能死，但孔子却活了 73 岁，孟子活了 84 岁，故有此一说）的说法，民间将这两个年头称为“损头年”。所以，每逢这两个生日做寿时，一般也要跳越这年，按虚岁提前祝贺下一个生日。比如，讳言 73 岁生日，就直接说 74 岁；84 岁时直接说 85 岁等。

第四节　葬礼与祭礼

葬礼和祭礼，是指安葬、哀悼、纪念死者的一系列礼仪活动。济南人自古以来深受儒家慎终追远、念祖怀亲传统的影响，对于丧葬礼仪和祭祀礼仪极为重视，并形成了一整套完整的葬礼、祭礼的习俗。新中国成立后，国家提倡移风易俗，大力变革落后封建、大操大办的葬礼、祭礼习俗，成为人们的共识。丧事简办、实行火葬、移风易俗，成为济南民间葬俗、祭俗改革的新观念。

一、报丧守灵

人心脏停止跳动后，一般要由医院出具死亡证明。家人为防止尸冷，急速为死者净身、穿寿衣，然后送往太平间或火化场停尸房等待火化。家人此时应在死者家中布置简朴、肃穆的灵堂，中挂死者黑白遗像，供桌上摆放一直燃烧的三炷香火，并由死者后辈或其他家属为其守灵。死者家属佩戴黑色袖章，直系儿孙均佩带有“孝”字的袖章，死者女婿的袖章上订有红色布条，以示区别。其他人佩戴无字黑色袖章。

死者去世后，死者家属即通过各种方式向亲朋好友“报丧”。一般可由儿女亲自登门，叩头报丧，现在也多以电话、短信以及在报纸上刊登讣告等形式，通告死者逝世的消息。同时，由主家在亲朋好友中找一个主管协助办理丧事，并安排一两人负责前来吊唁者的登记接待等。凡有来吊唁者，死者后辈应先向来的长辈或平辈吊唁者叩首致谢，对晚辈吊唁者则一般施以抱拳礼或鞠躬礼。

死者一般“停灵”3 天。若死者上面有父母健在，则“停灵”2 天，即行出殡。出殡时间也有讲究，若死者上无父母，出殡时间则定在中午 12 时过后；若死者上面有父母健在，则出殡时间定在 12 时之前。

吊唁，济南又称为“吊丧”。是亲朋好友到丧家哀悼死者、慰问死者家属的一项礼仪活动。吊唁者除向死者遗像三鞠躬致哀，还要同死者家属握手以表慰问，同时还要送上花圈、挽联或是金额不等的钱币、白色哀帐等，通谓之为“奠仪”“奠礼”。

二、出殡火化

出殡前，由主管安排好随行车辆。时辰一到，先由长子女在死者遗像前摔碎“老盆”，然后，手捧遗像登上汽车前往火化场进行遗体告别仪式。行进途中，如遇有路口或桥梁，坐在前面的女婿抛洒纸钱，以示致哀并为死者灵魂引路。

到达火化场后，一行人按照安排先到告别厅向死者遗体作最后告别。告别仪式时，死者家属站为一列，吊唁者胸佩白花依次向遗体三鞠躬，然后向家属依次握手致哀，致哀词一般多是“节哀”“保重”等。吊唁完毕后，死者家属绕死者遗体，作最后告别。

死者火化后，骨灰装进骨灰盒，由死者长子女手捧骨灰盒进行安放或入土。如事先未备好墓地，便将骨灰盒寄存到火化场骨灰堂；如事先已经买好墓地，则将骨灰盒埋入墓地。死者夫妻一方先亡者，此时要将二人进行合葬。埋葬仪式也要烧纸燃香，家属则向死者墓地叩首，哭别亲人。

三、祭祀礼俗

祭礼主要是要表达生者对神灵的敬畏、对祖先的尊重，对父母的孝道。

死者下葬后第三天，济南有“圆坟”之俗，即家人持祭品到墓前祭拜。死后第七天，要给死者过“头七”，再次由家人带着祭品到墓前祭祀。济南祭礼以“五七”最为隆重，“五七”上坟一般在死者死后第 34 天或第 33 天进行，此时做儿女的必须痛哭一场，传说儿女的哭声可以打动五殿阎罗，放先人亡魂过关。

此后，再到死者“百日”、周年以及每年死者的忌日、清明节、七月十五中元节、农历十月初一寒衣节，家人都要去墓前致祭。

第五节 陋风劣习

济南历史源远流长，有着无数值得骄傲和自豪的灿烂文化。但在漫长的历史进程中，也夹带了许多落后、陈腐、荒诞、丑陋的社会陋习。这些陋风劣习在一段时间内或曾经一度销声匿迹，或一度又死灰复燃。封建迷信、大男子主义、违背社会道德和公序良俗。

一、裸 泳

济南泉水众多，游泳爱好者也多。20 世纪五六十年代，济南市区及近郊的河内、湖内、藕池内常多见十几岁的小男孩赤身游泳。1980 年后，此风被一些中老年男子或女子代替。先是在西门桥以北护城河内，每到冬日，一些中青年男子穿着裤头站在河岸上一个猛子扎进河内，进行冬泳。2003 年 9 月，济南泉水在停喷 500 多天后复涌。由于王府池子、黑虎泉及泉边护城河内水质清澈，吸引了许多游泳者在此游泳，且不分冬夏昼夜。一些不文明的中老年男子甚至不顾有碍观瞻，赤身裸体在水中游泳，上岸后则站在景区内旁若无人地擦拭身体。

随着市民保泉护泉的呼声渐高，有关部门制定了禁止在景区内游泳的规定，但仍有人于凌晨或夜间在黑虎泉附近游泳，直接影响了济南的形象。后经不断惩治，此风已渐消弭。游泳爱好者多在黑虎泉不远处、政府修建的免费泉水游泳池内游泳锻炼。

二、算 命

算命，也叫算卦。此俗一度在“文化大革命”期间绝迹。20 世纪 80 年代，随着易学热的兴起，济南街头开始出现算命看相的小摊，多集中在济洛路长途汽车站附近、英雄山下、东关大街一带。算卦方式有抽签、六爻、批八字、看面相、看手相、看风水、问吉凶、扑克牌算命、周公解梦等。1985 年年初，还流行过御方“生男生女秘诀图”，一张油印的纸上标明几月生的孩子是男是女。1986 年中期，又流行起所谓出自日本的“血型测性格”和“姓名测吉凶”，一时间《血型知命运》《姓名学》之类的书籍充斥各书店和书摊。2000 年后，随着互联网的普及，所谓“星相学”“星座学”又开始大行其道。

与此同时，一些准备盖房子盖楼的单位在选址时，也多请一些所谓的“堪舆学大师”对所选地址指指点点，或讲把门开在何处主吉，或讲门前摆对狮子什么的就可以避凶。一些准备结婚的男女受老年人影响在结婚前找人看哪一天是吉日良辰，家丧父母的孝男孝女为给先人选择墓地也悄悄找来风水师“指点”一番。

此俗在 2008 年左右逐渐销声匿迹，只剩下“星座运气”和“生肖运气”还不断在网络上流传，但真正相信的人已不多，仅供游戏而已。

第三章　生活习俗

第一节 饮 食

“聚珍异馐，饮食人生。”绚丽多彩的济南饮食风俗是济南社会风俗的内容之一。从历史的意义而言，济南饮食风俗集中表现着济南人民的饮食传统、饮食习惯和饮食文化。对内，具有无形的向心力和凝聚力；对外，则具有新奇的观光感和扩张性。

济南饮食风俗除有突出的地域性外，还有世代相袭、发展演变的传承性、场面壮观的全民性、四季分明的节令性、食材食俗的多样性、趣味隽永的传说性、时尚雅致的时代性等特点。这些特点，构成了内容、形式丰富多彩的济南饮食文化。

一、日常饮食

20世纪80年代后，随着生活水平的提高和生活物质的丰富，济南普通人家的日常饮食以粗粮为主食的状况得以改变，膳食结构平常以馒头、烧饼、米饭、面条、稀饭为主食，日常副食则辅以各类菜蔬、禽蛋、鱼肉、海鲜等。花样小吃有油旋、煎饼果子、肉夹馍、鸡蛋灌饼、豆腐脑、包子、煎包、馄饨、油条、八宝粥、豆汁、甜沫、烤串、麻辣烫等。居民常年食用的蔬菜有白菜、萝卜、菠菜、油菜、卷心菜、土豆、芹菜、藕、西红柿、茄子、韭菜、黄瓜、冬瓜、西葫芦、菜花以及各种菇类等品种。调味佐料有大葱、大蒜、生姜、花椒、大料、花生酱、酱油、醋、食盐、香油、南酒等10余种。

济南人的用餐习惯，一般多是一日3餐。早餐多在8点以前，上班族一般在街头快餐店或早餐摊用餐，居家者多以自做为主；午餐多在11：30～13：00之间，上班族多在单位食堂或快餐店用餐；晚餐一般在18：00以后。随着家务劳动社会化的普及，一些年轻人很少开火做饭，各类送餐上门业务逐渐火爆，网上订餐、电话订餐为年轻人所青睐。

济南人饮茶过去多以茉莉和散茶末为主。20世纪80年代后，各地名茶纷纷打入济南市场，济南本地原产茶叶也开始登堂入室。外产茶如雁荡毛峰、华顶云雾、普陀佛茶、日铸雪芽、太平猴魁、六安瓜片、信阳毛尖、恩施雨露、君山银针、金骏眉、普洱、雨花、古劳、龙井、铁观音、碧螺春、峨蕊等，地产茶如灵岩红、灵岩绿、泉城红、泉城绿、趵突泉绿茶、日照青、南湖雨露等，都可在济南普通家庭中品尝到。

过去，济南人饮酒多为散装白酒。20世纪80年代后，家庭宴请时，多以瓶装白酒、瓶装啤酒、罐装啤酒、红酒为主。白酒多为地产“趵突泉”牌、“百脉泉”牌、“长清泉”牌等。啤酒多为趵突泉啤酒、青岛啤酒。年轻人喜欢在晚间，约上三五好友，在街头烧烤摊边吃着烤羊肉串，边大口喝着鲜扎啤。现在，每到夏季入夜，坐在街边或广场吃串喝扎啤成为济南一道壮观景象。

家庭用水多以自来水为主，随着灌装水的普及，矿泉水、纯净水、弱碱水也进入寻常百姓家。各种碳酸饮料、牛(酸)奶、果汁等也已经普及。

居民常年或节令食用的水果有苹果、梨、香蕉、草莓、甜瓜、西瓜、猕猴桃、杏、柿子、核桃、花生、桂圆、橘子、橙子、葡萄、圣女红果等；常食糕点有面包、桃酥、蛋糕、蛋挞、巧克力饼、各色馅饼等等。

二、家庭宴请

过去，居民家中来了亲朋好友要请客，一

般多在家中或炒或拌上三五小菜，包上几碗水饺，喝上几盅白酒。1985年后，济南酒店、饭店蓬勃兴起，餐饮业得以长足发展，家庭宴请开始向饭店酒店倾斜。家里来了客人，在饭店订个房间，一桌两桌，气氛融洽，吃吃喝喝，好不热闹。被请的客人上门，一般要备两瓶好酒或其他礼物带到饭店，以向主人表达谢意。主人则根据来客的喜好，点上一桌佳肴，上菜的盘碗数目一般为双数，荤菜、素菜要搭配均衡。

由于饭店多为圆桌，宴席座次与以往有所演变。多以正对房门居中或以有背景墙居中之座为主陪座位，主陪右首座为主宾座位，主陪左首座为副宾座位；主陪正对着的中间座位为副陪座位，副陪右首座为三宾座位、左首座为四宾座位。一般以年龄长幼大小或职位高低分配主副宾客依次而坐。

上凉菜后，主人、客人不可马上动筷，可品茶寒暄聊天。上热菜后，主人一般先端起酒杯，俗称“带”三个酒，带的酒宴席上所有主客都要喝；主陪“带”完三个后，副陪也要“带”三个酒。“带”完酒后，主陪和副陪开始依次“敬酒”。敬酒时，一般主人要先端着酒杯站起来，客人也要端着酒杯起身，俩人碰杯后再饮。主人敬完酒后，客人开始“回敬”主人一方。这些程序走完后，主人客人开始“随意”吃喝聊天。随着社会文明程度不断提高，席间行酒令的习俗逐渐式微，在酒桌上已很难听到吆五喝六的猜拳行令声。

宴席行将结束时，一般要点上主食。主食多为面条、花卷、锅贴、水饺。最后，还要上一道果盘。吃完后，宴席结束。

过去，由于物质生活水平不高，宴席结束后很少有剩菜，即使有剩菜，主人、客人也多为了面子从不带走。2000年后，人们提倡节俭、反对浪费的意识大为提升，把剩余菜肴带回家的行为蔚成风气，此谓之“打包”。2003年“非典”发生后，有些饭店开始推行分餐制，风行一阵后，人们的防范心理趋于淡化，分餐制终究没有普及开。现在，宴席上一般只有海参、鲍鱼、大虾和汤菜，依然实行分餐，此谓之“位餐”。

三、时尚饮食

改革开放后，随着各种文化的不断交融渗透，济南人饮食风习也发生革命性的变化。饮食时尚化成为年青一代济南人的追求和新的生活方式。

20世纪90年代，肯德基、麦当劳、必胜客、德克士等品牌进入济南，并迅速扩张。年轻人和大人带着孩子在门口排队等候吃汉堡包、鸡块，喝饮料，成为一大景观。中式快餐亦迅速崛起。80年代后，四喜居、六乃喜、米力乃、合力、锦屏排骨、金德利、超意兴、金德利民、而立、亮亮拉面等本土快餐店纷纷开张迎客，“大米干饭把子肉”“四喜丸子”、拉面、豆腐脑等特色食品迅速为济南人所喜爱，成为“舌尖上的济南味道”。

自助餐最早是西方的一种用餐方式，20世纪80年代后期传入济南，迅速被济南人接受。店家将预先制做好的凉菜、热菜及主食分别摆在食台上，客人可以随时随意根据自己需求取食。这种时尚餐饮模式，由于形式多样、菜式丰富、价格低廉、用餐方便、环境幽雅，一登陆就为济南年轻人所崇尚。现在，济南大多数酒店开辟自助餐厅。位餐价格，早餐一般在30元之内，午餐、晚餐多在90～130元不等。知名品牌有舜和、金汉斯、泉城大酒店、皇冠假日以及一些火锅类饭店等。

“农家乐”是一种新兴的旅游餐饮形式，是农村居民向城市现代人提供的一种回归自然从而获得身心放松、愉悦精神的旅游餐饮方式。一般来说，农家乐的业主利用当地的农产品进行加工，成本较低，消费不高。2000年后，“农家乐”在济南周边地区兴起。尤以济南南部山区等地“农家乐”最受济南市民喜爱。

20世纪90年代，在济南的大街小巷出现许多酒吧和茶馆，成为年轻市民休闲餐饮的好去处。文人相聚、白领聊天、情侣谈情、商人交流，“泡吧”成为济南时尚习俗的一种新形式。点一两盘小菜，几杯干红或干白，抒发一下胸中块垒，倾诉几番思绪情怀，侃一下国际局势，拉一拉创意策划。茶馆是济南年轻人业余生活的休憩之地，要上一杯乌龙、铁观音，调上一丝芋香、杧果香，一边品着工夫茶，一边谈着生意经。有些茶馆还备有简餐，咖喱饭、牛肉面、小燕饺，可餐可饮。

四、创新鲁菜

鲁菜是以齐鲁文化为根基，以儒家和谐观念为文化内核，采用精细技艺做出的适合中国北方地区官员贤士口味的菜品系统。济南菜是鲁菜的一个重要分支，它兴起盛唐，盛行于宋代，明清时期达到鼎盛。因旧时只出现在衙署、王府，又受衙署烹饪技艺的熏陶，济南菜在一开始就被赋予做工精致、工艺繁杂、百菜百味、汤菜相谐的特点。

新时期，济南菜一度因“黏糊糊、油乎乎、黑乎乎、腻乎乎”而备受世人诟病。20 世纪 80 年代后，济南派鲁菜刻意创新求变，逐渐形成自己鲜明的特点。首先，经过创新的济南鲁菜适合现代人追求健康的生活理念，秉承绿色、健康的原则，从烹饪技法和食材上保证天然、绿色，奠定了济南菜清香鲜嫩、味兼四海的品位基础。其次，济南菜经过不断传承和改进，渗透了丰富的人文气息。在济南派鲁菜的形成发展中，自然推崇孔夫子提倡的“食不厌精，烩不厌细”，力求素精饮馔。在菜品制作上，要求不仅料精，细作、火候严格，还要巧于变换调剂，应时新鲜。更为重要的是，济南菜秉承礼制，在规格上以用料高低和上菜的多少而定；席面珍馐罗列，杯盏并陈，装饰和餐具都极为考究。

各种济南派鲁菜宴席的搭配、主菜、大件菜、配伍菜都有一定的程式。随着时代的发展，济南菜还不断吸收不同流派饮食文化的精髓，使济南风味的鲁菜体系逐渐稳固起来。现在济南菜在起菜顺序上，一般是先上水果，再上主菜，其次是点心和面食。这种礼制与现代健康的饮食理念不谋而合，因为餐前吃点水果，可使胃口提前活动，有利于主餐的摄取；而且济南菜使用大件分餐制，来客一人一盅，足显分量，同时又符合现代卫生、养生标准。

在传统本地菜系进行融合创新之时，外地菜系纷纷涌入济南市场。在济南大街小巷，川菜、粤菜、闽菜、东北菜、湘鄂菜、淮扬菜的经营店铺随处可见，日式料理、韩国料理以及各种西餐饭店也纷纷开张纳客。

五、烧 烤

烧烤是一种历史久远的烹饪方法，北魏山东益都（今寿光）人贾思勰在《齐民要术》中就专门列有“炙法第八十”篇，收录了北魏及其以前流行于山东地区的 20 多种炙法。“炙”者：“贯之火上也”（《礼记》），可见古代的炙和现代的烧烤一样，就是把肉等食材放在火上烧烤。

20 世纪 80 年代初期，济南街头巷尾开始出现少量烧烤摊贩。几张矮桌、几个马扎，加上一个自制的烤炉、百八十根竹签子，十几斤切好的羊肉，就可以开张迎客。随后几年，烧烤摊迅速遍布济南大街小巷。夏日傍晚，数百人围坐在一个烧烤摊前，喝着扎啤，吃着羊肉串成为济南晚间一大独特景观。经一纬九路、回民小区等地逐渐发展成为烧烤聚集区，一年四季、从早至晚生意不断。几十家烧烤摊排在一起，数千人同吃羊肉串喝扎啤的场面，几乎到处可见。

2008 年以后，随着私家车的普及，自驾游逐渐兴起。每逢周末或节假日，许多市民开始买个烤炉和羊肉等食材，带上一罐鲜啤酒，一家人或约上几个朋友开车到郊外，找块适合的地方，点火、穿串，享受着自己动手烧烤的快乐。

最初，烧烤的食材主要是羊肉和烧饼，进入 21 世纪后，各种食材基本上都可以烤着吃，烤心管、烤羊心、烤红白羊腰、烤蒜瓣肉、烤多春鱼、烤板筋、烤面筋、烤茄子、烤豆角、烤土豆、烤玉米、烤海鲜等等，不一而足。烧烤的调味方法也逐渐丰富多样，有的是先将原料腌渍后再上火炉烘烤，有的是在烧烤过程中在原料上涂撒调料，还有的是烤好以后蘸着调料吃。穿食物的工具也从竹签改为金属签。

随着烧烤的普及，济南人对吃烧烤的叫法也逐步丰富多彩，“吃串儿去”“撸串儿”成了济南人的流行语。人均消费水平也由80年代的几元、十几元，逐步提高到几十元甚至上百元不等。2009年前后，随着加大污染治理规定的制定，路边烧烤摊逐步减少，室内电烤、油炸逐步取代了污染严重的木炭烧烤。一批新兴的室内烧烤店逐步成为济南餐饮市场的重要组成部分。

第二节 服 饰

20世纪90年代前，济南人服饰习俗趋向于朴素、率真、简洁，注重于静态之美，讲究稳重、端庄。之后，现济南人服饰习俗则更趋向于时尚、美感、个性、多样。

一、服 装

20世纪80年代前，济南人的日常服饰比较单调，男子多着中山装、学生装或中式便装，夏日多穿无袖背心和大裤衩；女子着装多穿花色上衣、单色长裤，夏季则穿普通长裙。进入80年代后，随着改革开放和生活条件的改善，居民服饰开始发生改变，无论男装、女装，服装款式日趋新颖多样。居民着装开始与世界接轨，年轻人成为引领服饰新潮流的主力军。

男装主要有西服、夹克、T恤衫、运动装、牛仔服、风衣、短袖衬衫等，冬季则多穿皮衣、羽绒服、羊毛衫、秋衣秋裤、保暖内衣，中式棉袄、棉裤逐步消亡。女装主要有西服、短袖或无袖上衣、新式旗袍、牛仔装、露脐装、露背装、短裙或超短裙、连衣裙、吊带裙、百褶裙、一步裙、长丝袜、各色胸罩等，冬季多穿花色羽绒服、毛衣、毛裤、保暖内衣等，着装时尚化、个性化、高档化成为女性尤其是年轻女性的追求。

1990年后，随着每年发布流行色趋势，济南女性着装越来越讲究色彩搭配。白色、亚麻色、米色、咖啡色、柳橙橘、柠檬色、浅粉、淡蓝、芥末绿、桃红、中国红等几乎所有能稍辩差异的色彩都曾风靡一时，让人目不暇接。90年代后在原来旧式旗袍的基础上改变而来的“中国风”时装，至今仍呈流行趋势。

由于济南冬季较为寒冷，女性穿裙子易招风寒，2005年后，一种由硼砂为原料制成、能自动发热的暖贴（俗称暖宝宝）开始在女性中流行。

鞋的款式多种多样。男式鞋有皮鞋、运动鞋、旅游鞋，老年人多穿布鞋；女士鞋则有高跟皮鞋、松糕鞋、皮制凉鞋（原来的塑料凉鞋早已无人问津）、旅游鞋、长筒靴等。自1997年夏季始，时尚女子趿拉着拖鞋上街的也随处可见。2000年起，一种在鞋里面垫高脚后跟的内增高鞋也悄然流行于市。

过去，居民居住条件差，屋面多为土质或水泥，故拖鞋并不普及，进屋少有换穿拖鞋的习惯。居住条件改善后，屋面多为木地板或大理石地板，无论家人还是来客，进屋先换拖鞋已成为风习。拖鞋不再是木质或塑料材质，多为棉制、皮制、硬海绵制品。

二、发式与发俗

20世纪80年代前，男女发式比较简单，男子多留分头、背头，女子则以齐耳短发或双辫为主。改革开放后，男女发式发型呈多样化态势。男子多留偏分、寸头、光头，个别留有披肩长发，部分青年男性亦有染发者；女性多留长发、披肩发、运动头、大波浪、爆炸头等，烫发、染发、焗发已成流行，发色有黄、棕、青、红、绿、淡金、栗壳色等，有些女孩还留起和男子一样的短发或分头。

济南旧俗有给男性幼儿留“百岁毛”（头顶囟门留一处头发）或“八十毛”（在脑后留一绺头发）的做法，寓意孩子能长命百岁、平安成长，故民间有“头囟留一绺，活到九十九”的谚语。

80年代后，此俗在市区内渐失，市区外的一些乡村中仍有此俗。

长期以来，济南地区有“正月里剃头死舅舅”的俗信，故济南人一般不在正月里理发。农历二月初二是民间传说中“龙抬头”的日子，所以人们多在这天去理发。其间，此俗有所淡化，但每逢正月各理发店、发廊的生意依旧清冷，一进农历二月，生意立刻火爆起来。

三、饰　品

佩戴饰品之风，古已有之。在新中国成立到“文化大革命”时期，饰品基本绝迹。20世纪80年代后，佩戴饰品的习俗再度兴起。手镯、戒指、耳环、项链、手链、脚链（戴于脚踝的一种装饰品，也称脚镯）、串珠、手包、披肩、围巾、太阳镜等成为女性必备饰品。2000年开始，男性佩戴项链、手链、戒指等饰品也渐成风气。

饰品的材质多种多样，除金、银外，玛瑙、翡翠、珍珠、象牙、玉石、珊瑚、琥珀等材质也都应有尽有，镶有钻石的各类饰品更是琳琅满目。手包、挎包已经成为女性饰品之一，且呈现高档化、品牌化的趋势，一个LV包，价格从数千元到万元甚至十几万元。一些女性追求华贵但又没有那么大的经济实力，携带的手包看似名牌，实则山寨货，满足一下虚荣心而已。

四、美　容

20世纪80年代开始，许多济南女性开始注重外出时化妆。那时很多人还不懂得化妆的技法，只是买来一些化妆品，对着镜子自己学化妆，眉毛画得又粗又黑，脸腮涂得有红有白，嘴唇抹得猩红一片。1985年起，济南一些医疗机构开始做拉双眼皮手术。再往后，文眉、种眉、文眼线、睫毛加长、高分子合成双眼皮、无痛拉皮除皱、无疤痕去眼袋、激光祛斑、电子漂白、人工酒窝、软组织注射丰胸……各种美容机构纷纷抢滩济南，女性定期去做美容成为一种时尚。在美容和化妆上投资，已然成为济南女性的一个消费热点。一些白领男性也成为美容场所的常客。

与此同时，瘦身减肥、追求骨感，也成为济南女性的新风习。先是各种减肥药、减肥茶、减肥皂以及健美舞、呼啦圈等大行其道，后又有舍宾（Shaping）、汗蒸、瑜伽、节食以及超声乳化抽脂减肥等减肥方法层出不穷。

第三节　居　住

随着时代的变迁和社会的发展，济南人的居所从单一的满足居住发展到满足人们起居、学习、工作、休闲、娱乐、社交等用途。其间，改善居民居住条件成为历届政府的工作重点。1998年年底，房改工作进入收官阶段，福利分房成为既往。自此，在住宅小区购买商品楼房成为济南人的刚性需求。

进入21世纪后，旧房危房改造、棚户区改造等改善民生住房条件的工作在各级政府的强力推动下迅速铺开。经济适用房、廉租房等成为低收入家庭改善住房条件的首选。济南市区以外的农村住房也逐渐改建为钢筋混凝土结构的二三层楼房。市里的少数富庶人家多在风景秀丽的地方建造或购买了独门独户的别墅住宅。

一、居民住宅

1986年后，居民住宅多以住宅小区集群多单元楼房为主。形式一般为1室1厅、2室1厅1卫、3室1厅1卫、4室2厅2卫为主，建筑面积自四五十平方米至二百多平方米不等。所建楼房多带有南北双阳台，北阳台多兼做厨房使用。

民用楼房和商住一体的楼房根据楼房的高度分为低层、多层、小高层、高层、超高层等。济南市民一般把3层以下楼房称为低层，把4～6层楼房称为多层，7～11层楼房称为小高层，总高度超过100米的为超高层。小高层以上楼房多配有电梯，水电配置精良，集中供应冷暖气、天然气、智能化布线、网线等。进入21世纪后，错层式住宅、跃层式住宅、复式住宅成为济南市民的住宅新宠。

道路两旁的高层建筑多为商住一体的住宅楼，第一层多为商业门头房，开设有金融、邮政、餐饮、超市等营业机构。

二、住宅小区

新型住宅小区大多在小区内提供健身绿地、娱乐场所、医院、学校、农贸市场、超市、停车场以及物业管理部门，给市民的生活提供了舒适、安全、生态的生活环境。大部分小区成立业主委员会，以维护居小区居民的合法权益。每逢节庆日，小区内经常组织居民开展各类文化、体育、娱乐活动，有些小区还设立一年一度的社区文化艺术节。

至2010年年末，济南的大型住宅小区有：阳光一百、领秀城、制锦市、黄屯、中海国际、工人新村、回民小区、甸柳、王官庄、阳光舜城、雅居园、大溪地、名士豪庭、泉城花园、海尔绿城、伟东新都、燕山、如意苑、新天地、卧龙花园、城基中心、鲁能康桥、舜玉、巴黎花园、凯旋新城、金色阳光、美里新居、保利花园、外海蝶泉山庄、佛山苑槐苑、姚家、金鸡岭别墅区等。其中，中海国际、领秀城、阳光一百等都属于超大型小区，常住人口都在10万人以上。

三、居住新俗

由于居住形式的变化，院落式平房已屈居一隅，各式楼房拔地而起，老济南的居住习俗也发生了根本的变化，旧有习俗基本退出人们的日常生活。

居民购买新房后，一般要拿出两三个月的时间进行室内装修。通常地面铺地板砖或木地板，卫生间和厨房墙壁均以瓷瓦装饰，窗户则以木质、钢制或钢塑窗框，配以玻璃或双层玻璃嵌制而成。室内墙面多以涂料、刮瓷等方式进行粉刷。室顶多安装吸顶灯、各式吊灯，墙壁则根据需要装有射灯、壁灯或其他装饰用灯。卫生间主要配有坐式马桶、淋浴设施、浴缸等。

室内空间一般根据房屋格局分为卧室、客厅、餐厅等几部分，有的还设有专门的书房，其中客厅是最主要的活动空间，一般布置有沙发、茶几、电视、音响、空调等；卧室是房屋主人的私密空间，一般设有床铺、梳妆台等；餐厅一般安排在离厨房较近的空间，以便于传菜、上菜。室内根据主人的喜好，多养植不同品种的盆花盆草，摆放各式各样的工艺制品或文玩字画。

由于传统文化的延续和西式文化的影响，现在许多高层建筑一般不设置13层和18层的层级，因为西方人忌讳13这个数字，而中国传统则有“18层地狱”的说法，所以这两个层级的楼层号一般以“12B”“17B”或“12＋”“17＋”来代替，也有的遇到这两个层级时，编号则直接越过，以上一层级14、19来标注并依次类推。

第四节 家用器具

1986年后，家用器具逐步实现机械化、电动化、多样化、智能化、舒适化，人们的生活更加便利、简捷，家务劳动更加省时、省事、省力，并逐步实现集约化、社会化。家庭中常见的火钳、水缸、竹笼屉、风箱、网兜、油纸伞、蓑衣、搓衣板、毛衣针、条凳、三抽桌、座钟、怀表、黑白电视机、高低柜、锅台、煤球炉子、搪瓷缸子等，已然成为历史的物证。取而代之的是技术高新、样式繁多、使用方便、节能环保的各式家用器具。

一、家用器物

1986年后，居民家具发生较大变化。双（单）人席梦思床、钢化玻璃茶几、木制弹簧（海绵）沙发、大立橱、写字台、壁挂橱、书橱、餐桌、台式（立式）电风扇，开始在市民家庭中普及。90年代，单（双）卡录音机、34寸彩色电视机、电子琴、儿童电子游戏机、煤气灶、不锈钢锅、折叠椅、高压锅、家庭电话、数字（汉显）寻呼机、节能灯具、（轻便）摩托车、照相机、电子计算器、电冰箱（柜）、电子表（钟）、（自动）洗衣机、随身听等开始步入寻常百姓家，并逐渐普及。

2000年后，随着电脑等高新技术的发展和应用，家用电脑、（智能）手机、挂式空调机、立式空调机（也称柜机）、饮水机、空气加湿器、微波炉、音响设施、智能坐便器、电能（太阳能）热水器、吸油烟机、壁挂式大屏幕彩色智能电视机等成为大多数居民家庭生活必用品。

90年代中后期，互联网开始应用。2000年后，济南家庭网线入接率逐步提高。随着手机功能的不断升级，家庭成员人手一机已成为常态，许多年轻人、商人、白领人手两（三）机的状况也屡见不鲜。除通话留言、视频聊天外，用智能手机登录互联网、拍照或拍摄视频、购物支付、发送微信、导航、呼叫出租车服务、查阅存储各类信息，已成为中青年人必要的生活手段。

二、器具回归

伴随着物质生活的逐步提高和返璞归真时尚的流行，一些富裕家庭的家具开始回归传统。雍容华贵、典雅精美的红木桌椅、红木床具、红木隔儿等高档木质家具成为部分家庭的“新宠”。这些古典家具的材质主要有：楠木类、紫檀类、花梨木类、黄檀类、黑酸枝类、鸡翅木类和乌木类。其造型大多为仿明清家具式样，分为手工制作和机器加工两种制作方式。

也有家庭专门收购一些明清、民国时老式家具、过去家庭中使用的老物件，一来摆放室中用以装饰，二为收藏用于增值保值。

由于人们文化水平的不断提高，字画、书籍、雕塑以及其他一些仿古工艺品，也不断为许多家庭所青睐，成为室内装饰的一部分。

第五节　交通出行

1986年到2010年的25年中，济南市民的交通出行，从出行工具、出行方式、出行习俗到出行目的，都发生巨大变化。从早期的步行、马车、人力车、自行车到后来的汽车、火车、飞机，密布的城市交通网络，先进的交通工具，说走就走、以休闲、观光、购物为目的的出行理念，使得济南市民的出行半径越来越长，便捷程度越来越高，时间成本越来越低，节奏频次越来越快。

一、市内出行

1986年前，市民市内出行一般依靠自行车和线路不多的公共汽车。庞大的自行车保有量一度造成济南城市交通的拥堵，一些交通流量大的路口，成片等候信号灯的自行车群成为当时的一大景观。

1986年后，轻便摩托车开始进入居民家庭，当时最受市民钟爱的品牌除去几个外地品牌外，就是济南本地生产的“轻骑”和“潇洒木兰”轻便摩托车。90年代，各种排量的摩托车开始穿梭于济南的大街小巷。到90年代中期，“富康”“捷达”“桑塔纳”等小轿车，由原来多为公家、单位所有，开始进入到一部分先富起来的个体户、企业老板手中。

这期间，济南出现一种便于市民有急事儿出行的面包车型出租车——“黄面的”。当时，“打面的”对普通市民来讲，除非有病号急需送医院、上班即将迟到或携带有沉重的物品，还是一件非常奢侈的事儿。随着出租车更新换代，“夏利”“普桑”轿车先后成为出租车的主要车型。市民在市内出行，基本还是依靠公交车（离市区较远的企事业单位大多有自己的班车）和自行车、摩托车。

进入21世纪后，轿车开始进入寻常百姓家，但多为QQ、奥拓、长安铃木等小型两厢轿车和“夏利”三厢轿车。这一时期，在大力发展公交的理念指导下，济南城市公交线路、车型都有了长足发展。至2010年，全市公交线路有BRT快速公交、支线公交、区间公交、空调公交、普通公交等300多条，各种公交车辆近5000辆。市民市内出行主要靠私家车、公交车、出租车、电动自行车和步行。近途出行则主要以长途汽车、公交车和私家车为主。

二、外地出行

1986年前，市民到外地出行，出行目的主要是单位公差、探亲访友，出行工具主要是长途客车、火车，少数官员或企业管理者乘坐飞机。1986年后，市民去外地、外国观光、旅游、休闲、购物渐成风气。在每年十一黄金周、春节、五一小黄金周以及休年假期间，举家人外出旅游成为济南新民俗之一。出行方式一般以乘坐飞机、火车或自驾汽车为主。出行目的地，国内一般是各大城市和各名胜古迹所在地以及中国香港、澳门地区和台湾省；国外则集中在日本、韩国、马尔代夫、澳大利亚、泰国、新加坡、美国、加拿大以及欧洲各国。2007年后，济南到北京、青岛等地之间的动车组相继开通，人们出行的路上时间大为减少。

第四章 方 言

第一节 日常用语

济南话，即济南口语，从语调上看，其特点一是语调直，少有抑扬顿挫；二是吐字哏，硬邦邦的，很少含混不清；三是嗓门大，声若洪钟，掷地有声。济南话的特点，实际上与济南人的性格有关。他们豪爽快直，日常交流坦诚相见，无须转弯抹角，且唯恐词不达意，每个音节都发成重音。

在全国各地地方话中，济南话是最为丰富多彩的之一，它厚实、简练、生动、形象。比如，说一个人得寸进尺，济南话是“跐着鼻子上脸”；言与某人的关系疏远，济南话说“八竿子拨拉不着”；说女孩子脾气厉害、不讲理且出言泼辣，济南话一个字“kóu”；形容人尤其是女孩善变、不定性，济南话说“惹花（嗒拉气儿）”；普通话“什么时候”，济南话只有俩字“多咱”；“什么”一词在济南话中更是常被简约成一个字“么”。

济南话特点的形成，与济南这座城市的历史文化、经济地位有关。在现代济南话中，依然保留着许多古汉语中的词汇和语音，如宋代的“夜来”，明代的“崴拉”“倒达”“仰摆”等等。

20世纪80年代后，随着各地交往交流的增加和城市化进程的加快，济南话从语音到词汇都有向普通话靠拢的趋势，从而形成一种与老派济南话和新派济南话不同的所谓“新新济南话”。很多年轻人，平时在工作、交往当中，一般多讲普通话，在家中偶尔讲济南话。四五十岁的济南人因交往需要，有时会用普通话语调掺杂一些当地特有词汇或特有发音讲一种不标准的普通话，被戏称为“济普”（即济南普通话）。

《济南市志（1840～1985）》第十七卷第五篇《方言》对济南话的语音、词汇、语法等多有论述，本志对此不再赘述。仅将1986年后济南人仍经常使用的日常用语汇释如下。

一、词 汇

（一）天文·地理

【枣核（hú）子天】指立秋以后一段时间早晨、晚上有些凉意而中午又特别热的天。

【濛星】天上零零星星地下小雨点。重叠式“濛濛星星的”。‖ 宋代高观国《夜合花》词：“斑驳云开，濛松雨过，海棠花外寒轻。”“濛星”与“濛松”同源音变，均指零星小雨。

【秋傻瓜】喻指立秋以后数日不停地阴雨天。

【雹(bá)子】冰雹。

【上冻】结冰。

【化冻】冰冻融化。

【阴凉地儿】阳光照射不到的凉爽的地方。

【山半截】山腰。

【崖(yāi)】山石或高地陡立的侧面：丁家崖、崖头。

【渍泥】沉积在河流、湖泊中的黑色淤泥。

【醭土】尘土。

【圩(wéi)子】老城城墙外的另外一道外城：圩子里、圩子门(济南的圩子墙共建有7个圩子门)、圩子濠。

【商埠(pǔ)】特指济南纬一路以西的商埠地区。

【头直上】头顶上方：头直上有架飞机飞。

【眼皮子底下】眼底下，形容离着很近：就在你眼皮子底下，没看见吗?

(二)时令·时间

【头年里】春节前的一段时间，也指(农历)去年。

【个半拉月】一个半月

【个月二十天】指20天到1个月左右的时间。

【五冬六夏】不论寒暑，常年地：他五冬六夏就穿着那件破褂子。

【多咱】什么时候。系“多早晚”的合音。‖《金瓶梅》第四十二回：“妇人道：不知多咱才散，你到那里坐会就来罢，家里没人。”第四十三回：“俺每(们)不走了，还只顾缠到多咱。”同回：“不知到多咱才得来家。”《醒世姻缘传》第十二回：“到黑夜，不知多咱就吊杀在俺姨那门上。”《聊斋·胭脂》：“您叫我多咱来，我多咱来。”

【老时节】好长时间：我等了你老时节了。

【夜来】昨天。‖唐白居易《观刈麦》诗“夜来南风起，小麦覆垄黄”;翕元龙《江城子》词“明日柳边春意思，便不与，夜来同”。元剧《西厢记》中，法本和尚对张生说：“夜来老僧不在，有失迎迓，望先生恕罪。”张生曰：“欲来座下听讲，不期昨日不得相遇……”同剧中“夜来得简方喜，今日强扶至此。”明《金瓶梅词话》第一百回：“次早起来……李安把夜来事说了一遍。”李申《金瓶梅方言俗语汇释》把“夜来”解释成“夜里”，误。

【半宿(xū)拉夜】半夜里。

【晌午头】中午。

【一闷儿】一段时间：过一闷儿我再来看你。

【一半霎】短时间。

【末末了(liǎo)儿】最后。

(三)植物·动物

【棒子面】玉米面。

【秫秸】高粱秸。

【卷心菜】结球甘蓝。旧称洋白菜。

【老来少】芸豆的一种，荚果肥大，鱼白色，看着样子老，吃着嫩。

【酸楂】山楂。

【马生菜】马齿苋。

【人生菜】野生苋菜。

【白蜡杆子】白蜡树的枝干。

【无事忙】杨花。因遇有微风杨花便摆动不已而得此名。‖曹寅《楝亭集·南辕杂诗》第12首“林间系马集归鸦，屋上炊烟指歇家。随处风光期好语，奚儿争拾白杨花。”注：“滕人呼白杨花为无事忙。”滕，即山东省滕州一带。

【蒲菜】一种多年生草本植物，生长在水边或沼池之中。其形似茭白，味如竹笋。尤以济南大明湖所出产的为佳，它质地细嫩、纤维质少、色泽洁白、味道清香。‖清王贤仪《辙环杂录》:“历下有四美蔬，春前新韭，秋晚寒菘，夏蒲茭根，冬畦苔菜。”1927年版《济南快览》：“大明湖之蒲菜，其形似茭，其味似笋，遍植湖中，为北数省植物菜类之珍品。”

【榆钱儿】榆荚。

【蔫(yān)莠】植物萎缩。

【糠心】萝卜之类因水分散失而变得中空。

【熟溏】瓜果梨桃熟过了或放久了等原因而变软：别捏了，再捏俺这柿子就熟溏了。

【狗狗】狗的昵称。

【家雀儿】麻雀。

【檐蝙虎子】蝙蝠。

【米蚱】蚂蚁。

【蛤（gá）啦油儿】①蜗牛。②田螺：来一盘炒蛤啦油儿（酱油螺丝）。

【蝎虎蠊子】壁虎。

【蛐儿蛐儿】蟋蟀：斗蛐儿蛐儿。

【乖子】蝈蝈。

【烧雀儿】蝉。蝉的幼虫，济南话叫烧雀儿狗。狗，按《尔雅》，作幼虫讲。

【蠓虫子】极小的飞虫。

（四）房舍·器具

【栅栏】篱笆。

【夹户道儿】两墙之间的狭窄通道。

【一室一厅】指有1间卧室、1间客厅的楼房。

【三室两厅两卫】指有3间卧室、1间客厅、1间餐厅、2个卫生间的楼房。

【凉台】楼房的阳台。

【当面】屋子里的地面：拿把笤帚扫扫当面。

【火机】打火机，现多指一次性塑料打火机。

【豆枕】枕头。

【地板擦子】拖把。

【马扎子】马扎，一种坐具。旧称机撑子。

【搌布】抹布。

（五）身体·称谓

【眼扎毛】睫毛。‖元关汉卿《杜蕊娘智赏金钱池》“眼扎毛”。

【头囟子】囟门。

【妈妈】乳房、母乳：妈妈头（乳头）、吃妈妈（吃奶）。

【爷拉盖】额头。

【胳拉拜】膝盖。

【脖儿梗】脖子。

【麸皮】头皮屑。

【脸子】指不高兴的脸色：你别给别人脸子看啊！

【苦瓜脸】指整天愁眉苦脸、苦大仇深的样子。

【耳秽（sui）】耳屎、耳垢。

【脊娘】脊梁。

【鸡胸脯子】鸡胸。

【五郎混子】（贬义词）指整天游荡混日子的人。

【搅屎棍子】指好惹是生非的人。

【炸不烂】比喻软硬不吃、胡搅蛮缠的女人。

【糖面耳朵】比喻没有主见、易听信别人的人。

【媳妇儿】①妻子、老婆。②儿媳妇。③泛指已婚的年轻妇女。

【娘们儿】①已婚妇女。②长辈妇女与晚辈的合称：咱娘们儿没外人儿。③说话行事有娘们儿气的、女性化的男人。重叠式：娘娘们儿们儿的：老刘办事不爷们儿，娘娘们儿们儿的。④称呼自己的妻子：俺家娘们儿。

【两乔儿】连襟。

【小末（mǒ）子】小男孩。也称“末子”“末末丢子”。‖元代杂剧中角色行当划分为末、旦、净、杂四类，而且末又分成正末、副末、小末、外末等。小末，也叫二末或小末尼，表示青少年男子角色。

【老师儿】旧称工匠等，现为对所有陌生人的尊称：老师儿，打听个道儿？

【行行子】①詈语，犹家伙：这行行子太坏了。②东西：这是什么行行子啊？‖古语“行货子”的音变。明《金瓶梅词话》第十回：“你这行货子，只好家里嘴头子罢了”/同书五十一回：“那一日我不在屋里，三不知把那行货子包子偷的往他屋里去了。”

（六）饮食·服饰

【甜沫】济南特色名吃。一种用粉条、青菜、豆腐条、花生米、豆子加玉米面煮成的咸粥。

【吃头儿】①泛指可以吃的东西：家里一点吃头儿也没有，下饭店吧。②好吃之处，多用否定式：这菜没吃头儿。

【咸食】济南特色小吃。一种用芹菜叶或其他青菜叶拌入面糊中煎制而成的咸味饼。‖《金瓶梅词话》：“腊月初八日，西门庆早起……两个小厮放桌儿上，拿粥来吃。就是四个咸食，十样小菜儿，四碗烂顿……”

【馍馍】馒头。

【齐馏】把菜叶剁碎拌上适量粗粮粉捏成的菜团子。

【就头儿】泛指一切帮助下饭的菜。

【腊八蒜】旧时指农历腊月初八前后用醋腌制，过年期间吃饺子时食用的蒜瓣，现泛指用醋腌制的蒜瓣。

【蝎子爪儿】农历二月初二炒的豆子，俗信这天吃炒豆可以一年不见蝎子等恶虫。

【呼咙】①砸好的蒜酱存放时间过长而变味：这蒜都呼咙了，怎么吃呀？②泛指葱、蒜的气味。

【老味儿】老味道。

【筋道】食品嚼着有韧性。

【糗】①煮熟的面条长时间放置而由稀变稠：面条都糗了，还不快吃！②长时间待在一处无所事事：他在家里糗了一天了，也不出门。

【澥黄】鸡蛋变质后蛋清与蛋黄混合在一起。

【烤地瓜】济南特色小吃，即烤红薯。

【贼布袋子】特别大的衣袋。

【镜子】眼镜：今天出门太慌慌，忘戴镜子了。

【嘎垃】也作碱嘎垃，指衣服、被褥等被汗水、尿等液体洇湿后留下的痕迹。

【楞拉】布纹粗疏。

（七）生活·交往

【懒被窝】早晨睡懒觉。

【扎猛子】游泳时站在高处头朝水面，一跃而入水。

【饥困】饥饿。现多在南部山区等地使用。‖ 周传铭《济南快览》(1927年)总论·方言：“饥困，饿也。”

【淤】煮粥或稀饭时沸出锅外。

【垫垫】不到吃饭时，先吃少量食物稍微充饥。

【中交】值得结交：喝酒脸红的人挺中交。

【老八】八兄弟（即八拜之交的兄弟），把兄弟。‖ 元关汉卿《金线池》：“八兄弟。”

【会来事儿】指在别人面前会表现自己：这人可会来事儿了。

【温锅】搬进新居，亲朋好友携礼前往祝贺。注：此语仅限市区内使用，周边地区说“温居”，忌用“温锅”。

【拉呱儿】①聊天。②讲故事。

【截就】①迁就、顺从：我么事儿都截就你。②凑合、凑付：你先截就一下，我马上安排你住宾馆。

【献浅子】献殷勤。‖ 明西周生《醒世姻缘传》：“他走得动走不动，累你腿事？我倒不疼，要你献浅？”

【摆鄙】因得不到满足而生气、不满：我还没说他什么，他就摆鄙了。

【挂马子】结交、勾引放荡的女孩。此语流行于1985～1990年间，多在青少年中使用。放荡女孩另有“马子妮儿”的叫法。

【佮磨】斤斤计较，不断提条件：毛而八兮的，别给他佮磨了。

【黏乎】①纠缠、缠人：这孩子老黏乎着我，要去动物园。②短期不易完成：这事儿挺黏乎，你别掺和。③办事拖拉、不利索：这人儿可黏乎了。

【吃味儿】①别人说话办事本属无意，自己却以为冲着自己而来：和她相处得小心，她好吃味儿。②嫉妒：表扬别人来，她却吃味儿了。

【演道儿】欺骗、忽悠：别听他的，他净胡演道儿。

【巅憨儿】装傻卖呆。

【强亮】争强好胜。

【外拡】意外之财。

【拾漏毛儿】意外地捡便宜。

【多一捞摸】多此一举，多管闲事：有你么事，多一捞摸！

【随份子】参加婚礼、葬礼等时送的礼金。

【屌死你】詈语，不用你管之意。今市区周边乡村地区仍使用，市区已失用。

【乔拉】为一点点小事儿就生气：她忒乔拉了，一不如意就拿乔。

【济着】尽着、由着、依着:么事他都济着她。

（八）语言·文教

【啰啰】①说（贬义）：别听他胡啰啰！②说话啰唆：他喝大了，说话都啰啰了。

【崩没(mú)根儿】胡说一些没有依据的话。

【下道儿】将话题引入不正确或下流的方面：他越说越下道儿。

【隔声儿(shēr)的】不要说话，安静：你隔声儿的吧！他将（刚）睡着。该词语在南部山区一带仍普遍流行。

【喳喳】低声交谈。也说“喊喳”。

【咋呼】大声呼喊，喧叫：有理说理，你咋呼么？！

【砸死了】一言为定，不再改变：这回咱砸死了，可别再变了。

【熊】斥责、训斥。

【虚活】指言过其实：没那么严重，别听他虚活。

【卷】骂人。‖ 明《金瓶梅词话》第七十二回：“他还嘴里必哩剥剌的，教我一顿卷。”

【咬瘪嘴】绕嘴、拗口。

【闲篇子】废话:说点正事儿,别光扯闲篇子。

【落子】传统曲艺曲种之一，因其唱词常以“莲花落，落莲花”作为衬腔或尾声，因此也被称为莲花落或莲花乐。落子起源较早，可以追溯到唐五代时的“散花”乐，早期为僧侣募化时所唱的警世歌曲。济南市的长清落子演唱时使用地方方言，语言口语化，采用原生态发声法，再加上大量使用俚语、歇后语以及“现挂”（当地称为“插花带葫芦”，即根据现场随机应变，随时添加一些生动有趣的内容）等表现手法，深为当地民众认同、喜爱。

【芯子】特指章丘芯子。章丘芯子是流行于济南章丘及其周边地区的一种民间传统文娱扮玩形式，是一门集舞蹈、音乐、杂技、装扮、工艺于一体的表演艺术。其表演手法极为独特，将铁杆固定于台式底座上，再将表演者固定于铁杆支架上，看似立于他人头顶、手掌之上，远看宛如烛台上的灯芯，故而得名。

【猫蝶富贵】流行于济南市西北区域、有简单故事情节的一种民间舞蹈形式，20 世纪 30 年代始创于济南沃家庄，每年春节到四乡演出，后在北坦地区也多有演出。1985 年后，在济南北部遇有节庆恢复演出。

【张跟头儿】翻跟头。

【打旁连】侧手翻。

（九）心理·情状

【徐】因次数、数量过多而生厌：天天地蛋，我都吃徐了。

【恣儿】开心、舒服、快活、悠闲。

【木乱】烦乱。

【拇量】估计、猜度。

【嚯嚯的】①形容一下一下跳着疼痛：我的牙最近老嚯嚯的疼。②形容心疼的感觉：掉了五千块钱，疼得她心里嚯嚯的。

【草鸡】①认输、服软：我一说我是警察，他就草鸡了。②耍赖、不认账：他光耍草鸡，太赖皮了。③表示身体或精神受到某种影响而达到极不舒服的程度，有时只表示程度深：饿草鸡了／累草鸡了。注：现在济南地区乡间仍多用词语。

【保准】肯定、一定。

【大约某】大致上。

【遒起】略微、稍稍：我遒起一动，它就塌了架。

【得(dēi)为】故意。也说作“得为意儿地”。

【猛个丁】猛然：他猛个丁地一咋呼，吓我一大跳。

【将将】①刚刚：他将将走了，你就来了。②刚好：攒了五年，钱将将够交首付的。

【糊弄局儿】敷衍、凑合的局面。

【胡乱】随便、将就:俺胡乱吃点儿就行。‖ 元曲《窦娥冤》：“大哥，店身里胡乱睡一夜。”

【豁子】豁口、缺口。

（十）动作·行为

【蹀躞】①来回走动(贬义)：没事他遥处(到

处)胡蹀躞。②走路不稳的样子，也作“蹀里蹀躞”(贬义)：他喝大了，夜来晚上蹀里蹀躞地回来了。‖ 明《金瓶梅词话》第一回：“奴见他拿东拿西，蹀里蹀躞，也不靠他。”

【趺亵】拉长脸，显示不高兴（贬义）：又没有人惹他，成天趺亵着个熊脸。也说“呱嗒”“啷当”。

【剢】用筷子夹。

【丢】大人对孩子或孩子之间用食指在脸颊上划几下，表示嘲笑对方不知羞耻。

【胳肢】用手在别人腋下或腰部抓挠，使人发痒。

【欻(chuā)】用手猛力地抢夺。

【拥】往某处推：把洗衣机往前拥拥。/ 他把我拥到河里去了。

【薅】①一把揪住：她薅着我的头发不撒手。②拉：她非薅着俺去逛商场。

【宰】投掷。

【豁弄(long)】①撩泼：她在泉边豁弄水玩。②搅动：加点水，豁弄匀了，③带头闹事：在单位上，他老是豁弄事儿。④声张、张扬：那点破事让他豁弄得天底下都知道了。⑤扰乱：本来去旅游是个好事，都让他给豁弄黄了。

【窝】①折：别把相片窝了。②团揉。也作“窝巴”。

【招】①搀扶：你招着他，别摔倒！②触摸：别招那个瓶子啊，有毒。③打、恶意接触：别招我，我真还手啊！④引来：把饭菜盖起来，好招苍蝇。

【狼窜】像狼一样四处游窜（贬义）：你就到处狼窜吧，一点正事也没有。

【孤出】身体收缩或往后缩。

【固甬】①动弹：他胖得快固甬不动了。②蠕动：那个虫子还固甬来，没死。③挪动：你固甬固甬，我过去。

【有一搭没一搭】不当回事，漫不经心，不太认真。

【拉不开栓】①由于事情太多、头绪繁杂等原因而顾不过来：这两天忙得我拉不开栓了。②日子过得紧，钱不够花销：没到月底，就拉不开栓了。

【拔腚】离开、滚开(詈语) ‖ 周传铭《济南快览》(1927年)总论·方言：“拔臀，离开原地也，走开也。”另同文：“臀，读作‘丁’，即屁股也。”一说源于船只起航前“拔碇”一语，实无考。

【努(nǒng)】①用尽全力做：努了半天，也没弄动它。/ 再努把劲儿，就把车推上去了。②累：不干了，忒努得慌。③因用力过度而受伤：努了腰了。

【捋(lī)】①把弯曲的东西弄直：把那铁丝捋直了。②采摘：捋香椿芽 / 捋槐花。

【不大离儿】差不许多，基本接近。

【装模】装模作样。

【乔偏】木头、框架、瓦圈等弯曲变形。

【龙弯】车轮瓦圈变形造成的不圆。

【支棱】竖起：狗狗支棱着耳朵 / 叶子都支棱起来了。

【挓挲】①张扬、骄傲（贬义）：刚当了个芝麻官儿，就　挲起来了。②伸展开：孩子挓挲着小手。③(毛发)竖起：头发都　挲起来了。

【不离儿】①好，不错：你妈最近不离儿吧？(南部山区乡间多用）②差不多：价钱不离儿就行了。也作“不尽不离儿”“不大离儿”。

【毛个儿】冒失、傻气、不明事理、不懂事儿：这个人是个毛个儿。

【横二八三】蛮横不讲理。

【kōu】①女孩子蛮横，不讲道理或得理不饶人。②车闸等使用时效果明显：这闸太kōu了。

【生】吝啬。也作“奸”：这小子可　(奸)了。

【没(mú)没(mú)搭搭儿】无精打采，对别人的话或对事物无动于衷的样子。也作“没(mú)搭儿”。

【光腚夜叉】赤身露体(贬义)。

【小小不然】微小的、少量的。

【惜食】吃东西挑挑拣拣，吃不多。多用于小孩或家畜。

【竖尖冒流】容器中装的东西非常满。

【平铺塌的】①平平的、不丰满：她的胸脯平铺塌的。②不突出、平平：他的成绩在班里平铺塌的。

【水囊呱叽】水分太多(贬义)。

【鬼头蛤蟆眼】形容鬼点子多，又点头又挤眼，献媚、讨好的样子：这小子鬼头蛤蟆眼的，别理他！

【够呛】①程度很深，十分厉害：今天把我累得够呛。②不好、不怎么样：这人够呛，来了连地也不扫一把。③不定准：今天够呛能回去。

（十一）指代·数量

【半截腰里】长形物体或某一过程的二分之一处：爬山爬到半截腰里就回来了。

【俺这伙】我们。

【郎咸】①犹“等等”，也作“郎咸芝麻盐”，相当于老派济南话中的“伍地”，表示没有说出或列举的部分：买了些苹果、栗子、桃郎咸（芝麻盐）的。②代指不愿意说出的语言、事物等：“你别弄那些郎咸了，我都明白。”

【啷当】左右（表示概数，多用于年龄）：他也就二十啷当岁。

【嘟噜】成串、成簇物品的计量单位：他买了好几嘟噜葡萄。

【骨节】长形物体的一段：一孤节黄瓜／走了一孤节路，他又回去了。

【沓子】指摞起来纸张或其他很薄的东西，一般不是很厚：一沓子信纸／把报纸一沓子一沓子地分好。

【提溜】用于能提起来的东西的量词：这一提溜黄瓜是捎给老张的。

【撮儿】用拇指、食指和中指所能撮起来物品(多为粉状)的量：一撮儿味精／一撮儿盐。

【扁指】一个手指头平放的宽度：酒喝得太少，你得喝一扁指。

二、熟语·歇后语

（一）熟　语

【周吴郑王】语出自《百家姓》，却与姓氏无关。基本含义是“一本正经”“穿着规矩”。多含有戏谑、调侃、讥讽的意味。

【人五人六】比喻着装、说话、行事假作正经，含有贬义。

【点化儿道化儿，锯末儿刨花儿】比喻靠要小聪明欺骗、蒙混或戏弄人。

【头上一榔头，腚上一棒槌】比喻说话不着调、不靠谱。

【上不着天，下不着地】比喻说话不着边际。也形容一个人的处境尴尬。

【起了个早五更，赶了个晚集】比喻虽然行动较早，却因为各种原因反而落到了别人后面。

【吹着醭土找裂璺儿】比喻故意挑剔、寻找毛病。

【驴唇不对马嘴】比喻说话前后矛盾或与实际情况不符。

【不撞南墙不回头】比喻做事非常执拗。

【狗撕猫咬】比喻互相吵闹在一起。

【老手旧胳膊，不动也哆嗦】比喻人虽已老朽，但是说话办事还是有一定经验和权威的。

【卸磨杀驴】比喻对出了力帮了自己的人却恩将仇报。

【狗嘴里吐不出象牙来】比喻说话非常难听，令人嫌恶。

【母狗不掉腚，牙狗不上身】喻指奸情发生，女方也有一定责任。

【鸡不尿(niào)尿（suī），自有便处】比喻各自都有各自解决问题的办法和途径。

【瞎猫碰见个死老鼠】比喻偶然所得。

【钻头不顾腚】形容做事顾了这头，忘了那头，欠周到细致。

【一拃不如四指近】比喻处理问题以亲疏关系为原则。

【吐口唾沫砸个窝】比喻说话算数，有分量。

【随着葫芦打镗镗】形容人没有主心骨，人云亦云，随波逐流。

【跐着鼻子上脸】比喻得寸进尺。跐，济南土语，脚下蹬着某种物体。

【三辈子不离姥娘门】指人的长相、行事、性情等与外祖母一家有某些相像之处。

【榆木疙瘩】指不开窍的人。

（二）歇后语

【牙牙葫芦塞进腚里——进退两难】

【噘嘴骡子卖了个驴钱——坏事坏在了嘴上】

【年三十打只兔子——有它过年没它也过年】

【嗑瓜子嗑出臭虫来——什么人（仁）都有】

【六指儿划拳——多一招（指）儿】

【枣胡（核）子解板——没拉头】

【老鸹飞到猪腚上——只看见别人黑看不见自己黑】

【武大郎遛夜猫子——什么人玩什么鸟】

【北园里的萝卜——半青】

【被窝里放屁——能文（闻）能武（捂）】

【老妈妈儿买柿子——专拣软的捏】

【八里洼往南——没成（城）】

第二节　新词语

新词语是随着社会发展、人们生活水平提高和高新技术不断应用而产生的。其特点：一是"新颖"，二是"稳定"。所谓"新颖"，从词语本身看，其词形、词义和用法，都是基本词汇所没有的；从出现时间来看，都在1985年之后。所谓"稳定"，指使用时间长、范围广、频度高。

新词语大致包括以下几类：

（1）新造词语。这类词语形式和表意都是新的，如"哇噻、辣妹、新新人类、哈韩、美足"等。（2）旧词新用。这类词语的词形是原有的，但现在产生了新的意义或新的运用，如"下课、充电、造血"等。（3）新外来语。此类词语包括音译词、意译词、音译加意译词等，如"酷、秀、派对、伊妹儿、热狗、汉堡、拜拜"等。（4）简略词语。这类词语包括简称词、略语词和缩语词，如"博导（博士研究生导师）、台资（台湾省客商投入的资本）、三陪"等。（5）仿拟词语。这类词语是以某个语素为基础通过仿拟手法而构成的，如仿照"空姐"而创造的"空嫂"，后又仿照"空嫂"造出"的嫂、月嫂"等。（6）字母词语。这类词语一般有纯粹字母词、字母与汉字混合、数字与字母结合等形式，如"CEO、E时代、3D"等。

一、新词语例释

【酷】起源于20世纪90年代，为英语cool的音译。Cool本来是冷的意思，20世纪60年代成为美国青少年的流行语，指一种冷峻、反主流的行为或处世态度，后泛指可赞美的一切人和物。70年代中期传入中国台湾地区，被译作"酷"，意为"潇洒中带点冷漠"。90年代传入济南，成为青少年群体中流行的夸赞语。

【新新人类】起源于20世纪90年代中后期，一般指80年代后出生的青年人，他们生活在物质文化丰富、思想多元化的新时代，追求一切可触及的新生事物，喜欢刺激和冒险，倡导新生活、新文化、新运动。该词最早起源于与外来文化交集较为密切的中国台湾、香港等地区，意思是指不同于旧时代的人类，是现行人类中最为新潮的年轻一族。因该词巧妙运用叠语，颇具趣味性，朗朗上口，90年代中后期传入大陆后，迅速在济南流传开来。

【晕】起源于2000年，是一个表示当前状态的词，任何让人无奈、受不了的事儿，都可以冠以无奈的表情说一声"晕"。该词最早流行于网络聊天室，和"晕"同时流行的还有"倒"等词语。英语中"晕"多用faint，也是一个十分常用的口语。

【郁闷】起源于2004年，指一种特别憋屈又无可奈何、还无法发泄特别纠结的状态。该词的来源也有点阴差阳错的味道。玩《传奇》游戏时，经常是"晕"啊"晕"的，键盘上的"N"和"M"挨在一起，而"晕"的"yun"经常被错打成"yum"，屏幕上显示出"郁闷"二字。因该词巧妙地抒发了心中压抑的感觉，迅速被年轻人使用，并广为流传。

【卖萌】起源于2010年。“萌”字被用在动漫作品中最早是1993年日本NHK电视台播放的电视剧《天才电视君》中的女主角。在她有难的时候，会大叫着自己的名字“萌”，引得一部分动漫迷模仿，“萌”由此成为动漫族的通用语，特指动漫作品中单纯而又漂亮的小女孩，后又扩大到一切美少女和美少男的形象，且不限于可爱、帅气者，顽皮、呆板、冷酷甚至说话带口音等都被归到“萌”的谱系。“萌”前带个“卖”字表示一种刻意、故意行为。

【纠结】起源于2006年，意指陷入某种境地而心理混乱，有五脏六腑都搅到一块的感觉，用济南话来说就是“心里就像扒不开的乱麻”。2006年，许多博客、日志、帖子中频繁用到这个词。后逐渐被年轻人运用到口语中，并一直延续。

【call我、呼我】起源于1990年，那时配备一个BP机（也称BB机）成为时尚，说句“有事儿call我”，就相当于现在说“有事儿打我手机”。2002年后，寻呼业逐步退出市场，大多数寻呼台随即销声匿迹，“call我”遂演化为给我打电话之意。

【理解万岁】起源于1986年，指在某一特定背景下某一方的利益受到损害，但用一种包容之心去感受对方，从而使两者本该发生的矛盾得到化解。该词最早被一篇《理解万岁》的演讲稿使用，演讲内容是关于广西边境自卫反击战那一时期军队和社会、前方和后方的五个方面的相互理解。借助官方媒体，该词语迅速传遍全国各地。由于该词触碰到了老百姓心底最敏感的神经，从那时起遂成为普通百姓化解矛盾的标志性语言。

【穿越】起源于2008年，是穿越时间和空间的简称，一般指某人因为某种原因，经过某种过程，从所在时空穿越到另一时空的行为。传统意义上“穿越”一词，对象是空间，譬如“穿越沙漠”“穿越国境线”。现在流行的“穿越”，多指“穿越时空”，是文艺作品中一种展开情节的流行表现手法。穿越电影、穿越电视剧、穿越小说等共同的特点，是人物会不断往来于不同的时空。这种时空的错乱，容易造成受众的费解或误解，于是，“穿越”又有“玄”“错乱”“令人莫名其妙”等意思。

【哇噻】起源于20世纪80年代后期，是一表示惊叹的语气词。“哇噻”本为闽南方言，流行语20世纪70年代的中国台湾地区。最早传入大陆则在80年代初期，流行于开放的沿海地区，80年代后期传入济南。其中，“哇”就是第一人称代词“我”，而“噻”则是一个不雅之词，“哇噻”相当于后起的“我靠”一词。

【迪斯科】起源于20世纪80年代中期，该词来自法语的Discothèque（唱片舞会），简称为Disco，汉语音译为迪斯科，指一种强劲的、不分轻重的、旋律简单的舞蹈形式。迪斯科舞蹈，20世纪六七十年代开始流行于美国黑人聚集区和拉丁美洲下层社会，很快风靡了全世界。80年代中期传入中国，在引起争议的同时，也开启了夜店文化的先河。

【少儿不宜】起源于1989年，泛指文艺作品含有色情、血腥或暴力情节，尤指色情情节。该语源于1989年珠江电影制片厂拍摄的电影《寡妇村》。该片在上映前打出“儿童不宜”告示，因含有色情暗示成分，引起全国轰动。但该片实际上没有出格的情节。之后，“少儿不宜”遂流传开来。

【下岗】一般指离开执行任务的岗位；特指失去职位或工作。起源于20世纪90年代的国有集体企业改革，由于企业精简富余人员或企业经营不善倒闭等原因，一部分人员被迫离开原来的工作职位。俗称“下岗”。21世纪初期，下岗与失业并轨，但在百姓语言中，“下岗”一词仍被屡屡提及。

【肯德基】起源于1987年，是美国著名连锁快餐餐厅经营的肯德基家乡鸡的简略俗称，因“肯德基鸡”后两字同音，故人们在使用时简作“肯德基”，也指“肯德基店”。1987年11月，肯德基在华第一家餐厅在北京前门开业，引来众多国内顾客，有时需排队数小时才能购买到一块原味鸡或汉堡包。90年代初期，肯德基在济南泉城路开设餐厅，“吃肯德基”去，成为当时济南人一种较奢侈的消费方式。现在，去肯德基用餐已成为年轻人和工薪族城市生活的一部分。

【呼啦圈】起源于1991年，是一种老少皆宜的运动形式，20世纪50年代曾流行于欧、美、澳、日等国，1991年呼啦圈“呼啦”一下子在全国风行。“呼啦圈”一词因而流行。

【超市】起源于1995年，是超级市场的简称，指大型自选式商场。

【黄金周】起源于2000年，指连续放7天的长假。2000年，中国首度实行春节、“五一”“十一”3个连续7天长假的制度，黄金周一词应运而生。2008年取消“五一”7天长假。多年来，黄金周里，经济效益年年攀升。对于普通人来说，黄金周则是放松身心、融入自然、提高生活品质的好时节。

【短信】起源于2002年，指通过手机发送或接收的文字或数字信息。2002年起，短信业务成长异常迅速，“拇指经济”得以快速发展壮大。

【时装】起源于1987年，指款式新颖而富有时代感和个性特色的服装。1980年，中国第一本时尚类刊物《时装》正式创刊。1987年，关于时装的概念开始风行全国，城市里的新潮青年开始追赶时髦，按照流行趋势换购服装。如今，巴黎、纽约、伦敦、东京流行什么样的时装，人们很快就可以在济南的商场或时装店里找到。

【方便面】起源于1992年，指的是一种速食面制食品。1970年，中国第一袋方便面诞生在上海益民食品四厂。1992年，台湾顶新集团的康师傅方便面在全国走红。自此，以方便面为代表的速食食品很快成为家庭、工作、出差之必备。

【90后】起源于2005年，系仿照“80后”演变而来，指1990年1月1日至1999年12月31日出生人群的代名词。

【二手房】起源于20世纪90年代中后期，指已经在房地产交易中心备过案、登过记后再次上市进行交易的房产。新建商品房进行第一次交易时称为“一手”，第二次交易则为“二手”。凡产权清晰，经过一手买卖再次上市交易的房产均称为二手房。

【另类】起源于1997年，指与其他大众都不一样的行为、言谈、思维等等。

【作秀】起源于20世纪80年代后期。“秀”是英语show的音译，为“表演”之意。“作秀”乃自做表演状之意，后演变为一个针砭华而不实、浮夸虚假、玩弄伎俩的贬义词。

【PK】起源于2005年。该词源于网络游戏中的PlayerKill，本为名词，现在也可以作动词使用；另一个渊源出自penaltykick，原意是足球中的罚点球，延伸义为一对一单挑。有挑战、搞定、杀死、淘汰等多种意思。这个缩写是一个典型的中式英语。

【山寨】起源于2008年，指依靠抄袭、模仿、复制、恶搞等手段制造出的假冒产品。“山寨”一词最早来自深圳。90年代后，一些不法商人开始走私手机等，进而发展到模仿制造，一开始生产厂家不敢在仿制品上署地名，只好印上SZ两个字母，久而久之便被叫成了“山寨”。

【忽悠】起源于2001年，有糊弄、胡说、谣传、圈套、骗人等意思。该词本为东北方言，把它推向全国的是由赵本山、范伟、高秀敏表演的小品《卖拐》中的台词：“今天卖拐，一双好腿我能给他忽悠瘸了。”从此，忽悠一词成了全国家喻户晓的常用口语。

【淡定】起源于2008年。某人有泰山崩于前而面不改色的镇定程度，称之为淡定。该词是2008年贺岁剧《十全十美》中大管家乌卡卡的一句口头禅。电视剧热播后，该词语迅即进入寻常百姓家，成了流行语。

【回头率】起源于2000年，指人们对于某件事物或某个人回头的频率，也即人们对某事某人的关注程度。该词最早来自校园里和社会上的年轻人，主要是指青年女性的漂亮程度。后来，随着人们表现欲的逐渐增强，人们开始争取“回头率”。而商家的推波助澜，各种回头率的噱头不断推出，大大增强了“回头率”一词的流行力度。

【马路杀手】起源于 2004 年，指的是刚拿到驾驶证就开车上路的新司机，他们由于经验不足，很容易造成意外事故。进入 21 世纪后，私家车渐渐增多，很多人开始争学驾驶执照。但是，许多新手没有行车经验，造成许多防不胜防的意外事故，故“马路杀手”一词迅速流行开来。该词语也用于对公路安全造成破坏的超载、超限大型运输车辆。

二、新词语例举

【斗地主】一种流行的扑克游戏，由原来扑克玩法“跑得快”改编而来，最初叫“二打一”。

【鸟人】指一切自己不喜欢的人，但它是一种调侃，而不是一种詈语。

【混搭】即混合搭配，指将不同风格、不同材质、不同颜色、不同身价的东西按照个人口味拼凑一起，从而混合搭配出完全个人化的风格。

【海豚音】指海豚发出的在人类听频范围外的高音调超声波。现泛指人类发出的极高的音调。

【文化衫】一种写有各类宣泄文字以张扬个性的 T 恤衫。

【@】音艾特。指在微博、人人网、微信等社交平台上关注或联系某人。

【白富美】称皮肤白皙、家境富裕、相貌出众的青年女性的简称。反之，称身材高挑、家境富裕、长相帅气的青年男性为“高富帅”。

【吃货】原指只会吃、不会干活的人，含有较强贬义。现指爱吃、会吃的人，略带褒义。

【房姐】指利用权力非法拥有多处房产的女性官员，相关词语还有房妹、房嫂、房婶、房媳；指男性时，则有房叔、房爷、房祖宗等。

【暗箱】原为照相技术术语，系照相机构成部分之一。现喻指不让大众知道的事情或手段。

【八卦】原为易学名词。现多指小道消息、别人隐私、空穴来风。多用于文娱界。

【吧台】特指酒吧里的柜台。现泛指酒店、饭店结账的前台。

【包二奶】“包二奶”是指已婚男子在婚外供养女子并与之保持性关系的行为。其表现形式是以金钱等物质利益供养婚外女性，有的是为婚外的女性购置住房、汽车；有的是为婚外女性租房并提供生活费用等。

【保暖内衣】一种带有夹层、有保暖作用的衬衣衬裤。

【保障房】指政府为中低收入家庭提供的具有社会保障性质的住房，包括经济适用住房、政策性租赁住房以及廉租房等。

【悲催】表示不称意、不顺心、失败、伤心、悔恨等意思。出自《孔雀东南飞》“阿母大悲催”句，带有较强的戏谑味道。

【蹦极】一种身上绑着弹性极强的绳索从高空跳下，因弹性作用而多次在高空中上下起落的运动项目。

【必胜客】西方连锁快餐店的名称，以比萨饼为主要特色。

【壁挂电视】一种采用液晶超薄材料制成的很薄的电视机，可以像画一样挂在墙上。

【变态】本与“常态”相对，指不正常状态。现多形容某人办事不合常规。

【飙车】驾驶摩托车或汽车等在路上高速行驶，以寻求刺激。

【波霸】乳房特别大的女人。

【博客】网络日志，系英文 bloger 的音译，本指撰写 blog（日志）的人。

【擦边球】原指乒乓球比赛中打出的擦着球台边缘的球。今指做事虽不明显违规违纪，但已经接近违规违纪的边缘，叫“打擦边球”。

【彩票】由某些认定机构定量发行、定量开奖的票券，如足球彩票、福利彩票等。经常购买彩票投注的人，称为“彩民”。

【拆迁】动词，指因征地、兴建工程等原因而拆除旧有房屋建筑并把原单位或住户迁往其他地方的行为。被拆迁者称为“拆迁户”。

【超女】“超级女声”的简称。2004年起，湖南电视台主办的女性大众歌手选拔赛，节目名称叫“超级女声”。

【纯净水】一种经过处理不含任何有机化合物、细菌和重金属物质的可直接饮用的水。

【错层】一种楼面高度不一致，错开之处有联系的住宅结构。

【打包】有两种意义：一是指在餐馆用完餐后，把剩余食物、菜肴包好带走；二是将多个机读文件存储在一个文件夹中，便于检索使用。

【大学城】为集中发展教育事业而兴建的集商业服务于一体的高校聚集区。

【代沟】指两代人之间，特别是老一代与年青一代之间由于生活习惯、价值观念、兴趣爱好等方面的差异和认知不一而形成的隔阂。系英语 generationgap 的意译。

【单亲家庭】指夫妻因死亡、分居或离婚，只剩下一方与未成年子女生活在一起的家庭。

【点击率】平均一段时间内，链接点击量和网页浏览量的比值。

【二】原为数词或名词。现该词有傻、不上道、半吊子之义。有可能系从“二杆子”“二百五”或济南话“二了吧唧”“儿半吊子”简略而来。

【发烧友】指对某项事业或活动极为热衷迷恋的人；狂热的爱好者。

【富二代】改革开放以后首先富起来的一批企业家的子女。这些人多为80后，生活条件优裕，接受过良好教育，拥有丰富社会资源。

【概念X】体现某种设计思想而未推向市场的新款式产品，如概念车、概念机。

【高架桥】为缓解城市交通日趋紧张状况，在交通拥挤、阻塞路段修筑的与道路平行的高架式公路。

【高铁】指专供火车高速运行的铁路系统，行车速度一般在250千米／小时以上。

【冠名】在某种事物或活动前面加上自己的名号、商标、品牌，多以赞助出资的形式取得此项权利。也称冠名权。

【光盘】用激光打出微孔以记录数据、信息、图像的圆盘；也指在饭店就餐为不浪费全部吃光或少点菜品，如“光盘行动”。

【海归】由海外学成人员回国的一类人，也称为“海龟”。

【红眼航班】指夜间飞行的低价航班。

【回迁】指因房屋住所修建、拆建等原因而搬至别处再搬回原来的住址。这类家庭俗称“回迁户”。

【机顶盒】数字视频转换盒的俗称。因外形似盒并常置放于电视机上面而得名。

【家暴】家庭暴力的简称，指在家庭成员中发生的身心及性方面的暴力侵害行为。

【家政】一般指专门为家庭提供保姆、护理、保洁、家教等方面的服务工作。亦指专门从事这项工作的人员，如“快过年了，请个家政来”。

【军嫂】军人的妻子。

【卡拉OK】是日语karaoke的音译，kara是日语“空”的意思，oke是从英语orchestra而来，指乐队。卡拉OK又称无人乐队，是一种自我娱乐的演唱形式。

【开司米】一种极细而轻软的山羊绒毛，也指用这种绒毛制成的毛织品。这一名称是根据其原产地克什米尔的谐音而来的。

【考量】原为中国台湾地区用语，传入内地后，意为考虑、衡量。

【烤串儿】将牛羊猪肉、海鲜或蔬菜等用签子串在一起，然后放在火上烤制而成的济南地方名吃。

【课件】一种辅助性教学、演讲、交流的程序性教具，利用计算机应用软件将所讲内容制作成包含文字、声音、图像、视频剪辑等多媒体形式，用于演示。

【空巢老人】专指身边无子女，又无他人照

料的老年人。

【辣妹】性格泼辣，有点男性化的女孩。

【烂尾楼】由于资金不足、管理失控等原因，迟迟不能竣工、不能按期交付使用的楼房。

【老头乐】原指一种挠痒痒的工具，现多指一种用电力驱动的助力自行车。

【雷人】形容令人惊讶、意外或感到不可思议、令人诧异的行为、言辞等。

【离线】指离开互联网，对应词语是“上线”。

【零距离】没有距离。

【另类】指有个性、有特点、反传统的人或事物。

【绿色】除本义外，延伸义指符合环保要求的、无污染有益于身体健康的、安全的事物。

【漫游】移动电话的一种功能。通常指用户携带移动通信设备从自己的服务区到另一个服务区内仍可继续使用。

【美X】动词，使X变美之意。如，美容、美鼻、美齿、美发、美唇、美肩、美颈、美脐、美乳、美体、美胸、美足等。

【咪表】指马路旁设立的投币式停车收费器。

【秒杀】电脑游戏中，玩家PK怪物时，对方过于强大，还未来得及还手，就被瞬间击杀。现也用来指一种卖家在网上发布一些超低价格的商品，让买家在极短时间内抢购的一种网购模式。

【脑残】原指大脑有缺陷或伤残。现用来讥讽愚蠢的人或行为。

【期房】在一段时间后才可以交付使用的商品房，与“现房”相对。

【轻轨】“轻型轨道交通”的简称。指一种用轻型轨道铺设、供电动客车行驶的城市轨道交通系统。

【人肉】指网络上利用人工进行信息搜索的行为。

【人肉炸弹】指携带爆炸物品，在人群聚集处或重要目标地引爆，实施自杀性暴力恐怖攻击的人，简称“肉弹”。

【弱势群体】地位低下、处境艰难的人群。

【三无产品】没有生产许可证、没有产品检验合格证、没有厂名厂址的产品。

【晒】把自己的东西或是感兴趣的东西展示在网络上，与人分享。

【手机】手提无线移动电话的简称。

【鼠标】电脑上可移动光标和实现选择操作的计算机输入设备。

【刷卡】指利用磁卡进行消费，因在使用时，需将磁卡在机器上移动，类似刷的动作，故称。

【双休日】从1994年3月1日起，国家实行职工每日工作8小时、平均每周工作44小时的工时制度。规定第一周星期六和星期日为休息日，第二周星期日为休息日，依次循环。从那，双休日（大礼拜）、单休日（小礼拜）一时成为流行语。自1995年5月1日起，实行每周工作40小时，星期六和星期日为周休息日。双休日遂用来指代周六周日两天的休息日。

【水景房】指周边有河、湖或由人工水体构成良好景观的商品房。

【私家车】指私人购买拥有的轿车、越野车等中小型汽车。

【唐装】一种具有中国传统风格的服装，特点是立领、连袖、对襟或斜襟、盘扣。

【停薪留职】企事业单位对一段时间内离开单位自谋出路的人员停发工资，但予以保留原职。

【偷菜】一种网络游戏的名称。

【外来妹】特指城市中来自外地的年轻打工女子。

【文博会】“文化产业博览会”的简称。

【物流】物资流通。产品从供应地到接受地的流动转移过程。

【一夜情】男女双方只有一夜的或极为短暂的性爱经历。

【月光族】把每月的钱都花光，不留积蓄的一类年轻人。

【月嫂】为产妇及新生儿提供全程咨询与服务、协助料理月子生活并获得相应报酬的妇女。

【在线】在网络上。系英文“online”的意译。

【找不着北】原指找不到方向，引申为摸不着头脑、弄不清楚。

【蜘蛛人】指在无保护条件下徒手攀爬高层建筑的人。

【黄昏练】指晚上去锻炼身体。

【自杀式袭击】用自杀的方式袭击锁定的目标，是暴力恐怖活动的一种方式。

【走光】多指女性不慎被别人看到身体的隐秘部位。

第三节 网络用语

1994 年被称为“中国互联网元年”，这年 4 月 20 日，中国第一条连入 Internet 的 64K 国际专线开通，实现与 Internet 的全功能连接。1997 年以来，互联网迅即在全国普及。在飞速发展的网络化时代，语言不再拘泥于传统和形式，各种暗语、谐音语、数字语、符号语、专业术语脱颖而出，统称为网络语言。

本志收入的网络用语主要有五类：

缩略语这类词语是网民为了便于交流，把网络聊天中常用词语的英文或汉语拼音的首字母组合起来形成的缩略语言，如 GG、DD、MM 分别表示哥哥、弟弟、妹妹。

谐音语这类词语是由网络中一些常用词语的谐音演化而来的新词语。如,“菜鸟”和“大虾”是网络新手和超级网虫的网上称呼，“斑竹”即版主，就是 BBS 论坛的管理维护者。

新兴语网络为大众提供聊天室、BBS 等全新的交际、交流方式，而新兴语就是伴随着这些全新方式派生出来的。如“灌水”“拍砖”“东东”“坛子”等都是在 BBS 中常见的新兴语。

数字语这类词语是以简洁的数字来表示发言者思想的网络用语，常见于聊天室、QQ 以及微信中。如常见的 88 和 886，表示再见。

符号语网络交流中，除视频外，一般来说双方无法看到对方，所以网民用各种或抽象或生动的符号表达自己的感情。

一、论坛常用语

BBS：① BulletinBoardSystem 的缩写，指电子公告板系统，国内统称论坛。② 波霸，Big-BreastedSister 的缩写。

斑竹：版主，也可写作板猪。由于拼音输入造成的美妙谐音。副版主叫“板斧”。

马甲：注册会员又注册了其他的名字，这些名字统称为马甲，与马甲相对的是主 ID。

菜鸟：原指电脑水平比较低的人，后广泛运用于现实生活中，指在某领域不太拿手的人。与之相对的就是老鸟。

大虾：“大侠”的通假用法，指网龄比较长的资深网虫，或者某一方面(如电脑技术，或者文章水平)特别高超的人，一般人缘声誉较好才会得到如此称呼。

灌水：原指在论坛发表的没什么阅读价值的帖子，现在习惯上会把绝大多数发帖、回帖统称为“灌水”，不含贬义。

纯净水：无任何实质内容的灌水，也说水蒸气。

水手：喜欢灌水的人。级别高的也称水桶、水鬼、水仙。指女性灌水狂人时，还有个特定称呼：水母。

潜水：天天在论坛里待着，但是不发帖，只看帖子，而且注意论坛日常事务的人。

打铁：写帖子，一般指有点儿重量的帖子。

拍砖：对某人某帖发表与其他人不同看法和理解的帖子。例：侠友们拍砖请注意口气和态度，否则很容易转化为人身攻击。

刷屏：打开一个论坛，所有的主题帖都是同一个 ID 发的。

扫楼：也叫刷墙，打开一个论坛，所有主题帖的最后一个回复都是同一个 ID 的。

楼主：发主题帖的人。

盖楼：回同一个主题帖，一般粉丝比较喜欢盖楼。

楼上的：比你先一步回复同一个主题帖的人，与之相对的是“楼下的”。

几楼的：除楼主外，所有回复帖子的人，依次可称为“2 楼的”“3 楼的”……

沙发：第一个回帖的人。后来，坐不到沙发的人，声称自己坐了“床”或楼主的“大腿”。椅子：第二个回帖的人。

板凳：第三个回帖的人。

地板：连板凳都没得坐的人。

顶：一般论坛里的帖子一旦有人回复，就到主题列表的最上面去了。这个回复的动作叫作“顶”，与“顶”相对的是“沉”。例句：这个帖子要是你不顶，它就沉下去啦。

走召弓虽：超强，通常用于回帖时表示对主题帖的膜拜。

汗：表示惭愧、无可奈何之意。衍生词有：暴汗、大汗、汗死、瀑布汗、暴雨梨花汗等。

倒:晕倒,表示对某帖某人或某现实很惊异。

寒：对某帖某人或某现象感到浑身发冷。

抓狂：形容自己受不了某人某帖的刺激而行为失常，处于暴走状态中。

踩一脚：也称踢一脚、留个爪子印等，都是跟帖之意。

路过：不想认真回帖，但又想拿回帖的分数或经验值。

闪：离开。

匿鸟：隐身了。“匿”作“藏匿”讲；“了”是多音字，在句尾本该读“le”，有人喜欢误读“liǎo”，遂谐音为“鸟”。

找抽帖：楼主发的帖子内容特别找抽，让绝大多数人都不待见，也称找砖帖。

火星帖：很久以前已经被无数人看过转过的旧帖，转火星帖的人被称为火星人。通常回帖会这样说：楼主还是快回火星吧，地球是很危险滴。(来自周星驰《少林足球》)

恐龙：长得不漂亮的女性网民，含贬义。与之相对的是“青蛙”，形容相貌丑陋的男性网民。

犬科：喜欢追逐论坛里的女生的那种类型，尤其喜欢死缠烂打。

狼族:热爱美色,不过比犬科作风正派一点,不会纠缠。

ing：动词进行时的一种用法，来自英文语法。例：开会 ing（意为正在开会）。

残念：可惜之意，引申有“碎碎念”等。

×××××：儿童不宜的内容。

王道：相当于“权威、真理”之意。

黑旺财：旺财是《唐伯虎点秋香》里的一条狗，狗者，犬也。黑犬，就是“默”。

小白：①白烂的昵称，指专在网上无事生非的人。②“小白痴”的缩写。

小黑：黑名单。

浸小黑：ID 被登记进黑名单。

小强：《唐伯虎点秋香》中的那只蟑螂，泛指生命力特别顽强的人。

粉丝：fans 的音译，超迷某人或某物的一类人，也称扇子、番薯，简称“粉”或“迷”。

包子：形容某人笨，或者长相欠佳。

蛋白质：笨蛋、白痴、神经质的简称形式。

白骨精：白领、骨干、精英的简称形式。

腊鸭：垃圾。“挂腊鸭”在粤语俗语中指吊颈自杀。

Kuso：日语“粪”的发音。起先是教游戏玩家如何把“烂 Game 认真玩”的意思，后来经台湾传入大陆，渐渐演化成“恶搞”之意。

维客：喜欢使用 WIKI 这种超文本技术的网络爱好者。

博客：一种网上共享空间，让人以日记的方式在网络上展现自己的形式。

黑客：又称骇客，指在电脑领域有特殊才能或技巧的人。这类人运用自己的才能或技巧，要么是专门检测系统漏洞，要么有可能做有违道德或法律的事。

闪客：使用 Flash 软件做动画的人。

极客：也称奇客，Geek，指有较高超电脑能力的人。

驴友：泛指爱好旅游，经常一起结伴出游

的人。例句：小李去年才和小王他们一起去过新疆，现在又要征集驴友去贵州啦。

二、常用中文缩略语

BT：① BitTorrent 的缩写，是一种 P2P（点对点）共享软件，中文译名“比特流”或“变态下载”。②“变态”的缩写。例：他是个 BT，天天用 BT 下载各式各样用不着的软件。

ZT：①“转帖”的缩写。②“猪头”的缩写，引申词有 ZT3，猪头三；ZT4，猪头四。

PP：①“片片”的缩写，片片指代照片。②“屁屁”的缩写，屁屁指代臀部。

GG：哥哥的缩写，指代男性，有时候女生用来指代自己的男友。与之相对的是 MM，妹妹或者美眉的缩写，指代女性，有时候男生用来指代自己的女友。

NB：牛 × 的缩写，北京方言里用来表示叹为观止之意。例：那个家伙真 NB，一个小时敲了 2 万字。

JJ：①姐姐的缩写。②鸡鸡的缩写。

DD：①弟弟的缩写，偶尔有引申义。②东东的缩写，指代东西。

GF：GirlFriend，女友。与之相对的是 BF，BoyFriend，男友。

PLMM：漂亮美眉的缩写。

PPMM：PLMM 的升级版，漂漂美眉。

RPWT：人品问题的缩写，来自猫扑论坛。一般来说，只要某上遇上了不可解之事，统统可归结为其有 RPWT。

人品帖：测试你是否有 RPWT 的帖子，帖子题目很劲爆，只要你被骗进去，就说明你有 RPWT。

PF：佩服的缩写。

KH：葵花的缩写，代指练《葵花宝典》的高手。

KHBD：葵花宝典的缩写。

PXJF：辟邪剑法，源于 KHBD，KH 专用的剑法。

BS：鄙视的缩写，也写作 B4。例：你要是 ZT 不注明，我会 BS 你，全论坛的人都会 B4 你的。

PMP：拍马屁的缩写。

PMPMP：拼命拍马屁的缩写。

MPJ：马屁精的缩写。

三、常用英文网络语

DIY：DoItYourself 的缩写，自己动手做的意思。

SOHO：SmallOfficeHomeOfficer 的简称，意思是“在家办公”。

BUG：原意是“臭虫”，后来把跟电脑有关的故障都称之为“BUG”。

I 服了 U：我服了你。

伊妹儿：Email 的音译，电子邮件的意思。也可简称为“妹儿”。

CU：SeeYou 的缩写带音译，再见。例：CU，今天就到这里吧。

IC：ISee 的缩写带音译，我知道了。例：IC，你是个神经病。（《大话西游》里的经典台词）

Q：Cute 的音译，可爱。例：你长得好 Q，像个芭比娃娃。

FT：分特，Faint 的缩写，昏倒、晕厥之意。

SP：support，支持。

败：BUY 的音译，购买的意思。

SIGH：叹息，有无可奈何之意。

LOL：LaughOutLoud，大笑。

PK：playerkill，对决之意

BTW：Bytheway，顺便说一句。

BRB：Berightback，马上回来。

TTYL：Talktoyoulater，回头再谈。

BBL：Bebacklater，过会儿就回。

kickyourass：打你屁屁。

PPL：people，人们。

PLZ：please，请，也有缩写成 PLS。

四、谐音用语

3166：沙哟娜拉，日语，再见之意。

886：拜拜喽，英语，再见之意。

3Q：ThankYou，英语，谢谢之意。

7456：气死我了。

9494：就是就是。

818：八卦一下，出自天涯社区。

616：遛一遛。通常回帖时贴教猫教花等图片时，通称“遛一遛”。

8：不。

54：“无视”的谐音，即漠视一个人，对其表达最大的不屑。

4242：是啊是啊。

稀饭：喜欢。

木有：没有。“木”，来自济南方言。同样用法的还有“米有”。

粉：很。来自闽南方言。

表：“不要”速读连音，来自上海人的发音。

素：台湾普通话“是”的读音。与之对应的有“8素”。

酱紫：“这样子”速读连音，也作“绛紫”。

偶：台湾普通话“我”的读音。

虾米：啥，什么之意，来自闽南语发音。

口耐：也说可耐，可爱之意。

滴：的，地。

介个：这个。

奔四：笨死的谐音。

果酱：过奖。

咔嚓：某种练《葵花宝典》前必做的手术。

口年：可怜。

人参公鸡：“人身攻击”的通假。

泥：你。

好康：好看。来自闽南方言。

筒子：同志的谐音。

厚厚、吼吼、咔咔、kaka、嘻嘻、xixi、hiahia等：表示笑声，通常当作语气助词用。

猫：英文“modem（调制解调器）”的音译。28·8K以下的为“慢猫”，56K以上的为“快猫”，拨号时连接的啸叫声为“猫叫”。

当：英文“down”的音译，“当机”表示电脑死机，单独使用常表示在网上下载文件。

回：回复的简称，通常在讨论区使用。一篇网上文章，“回”的人多，意味着作者成为著名网络写手的前途看好。

五、其他常用语

流口水：羡慕。

High：兴奋之意。特别兴奋，叫“至high”。

有料：有本事。

衰：倒霉。

新蚊连啵：被无数蚊子咬了。

爱老虎油：IloveU，英语，我爱你之意。

咣当：晕倒发出的声音

爆头：游戏中引来的词汇，把某人打得脑袋开花。

萝莉：16岁以下的可爱小女孩，源于《LOLITA》一书。

正太：16岁以下的可爱小男孩，源于《铁人28号》中的金田正太郎。

兄贵：全身肌肉的强壮男子。

姐贵：全身肌肉的大姐姐。

控：对某种事物或人物有特殊爱好的人，例：萝莉控，微博控。

BL：BOYSLOVE的缩写，意指男性间的恋情。

GL：GIRLSLOVE的缩写，意指女性间的恋情。

逆天：做出一些违反常理的事。

废柴：没用的人。

苦手：对某件事感到困扰、棘手。

停尸间：聊天室的别名，意指聊天室没有说话的时候。

Viva：欢呼万岁，表示特别喜爱某样东西。

Eeeee：表示对某事或某人恶心的拟声词，也指没吃饱饭。

CM：臭美，含褒义。

强暴：强有力的拥抱。

FB：腐败。网友聚会吃饭通常称为“FB”，一般是 AA 制的聚餐活动。

六、常用符号语

:-)：这是最普通的基本笑脸，通常加在句尾或文章结束的地方。表示开玩笑的意思，或表示微笑。

:-D：非常高兴地张嘴大笑。

:->:>：嘿嘿，瞧这张邪恶戏谑的嘴脸！

8-)：同样是笑脸，但笑的人眼睛很大。

;-)：抛媚眼，含有别意。

:-0：哇！——表示吃惊或恍然大悟。

:-()：更大的“哇！”

:-o：有什么精彩的？怎么目瞪口呆的！

|-)：眯着眼笑，也表示回信回得快睡着了。

|-D：呵呵笑。

|-P：捧腹大笑。

^(+++)^：露齿笑。

:-<：难过时候的苦笑。

8:-)：把眼镜推到头顶上，表示很帅。但有另一说，是个头上打蝴蝶结的漂亮女生。

-(：哼！不看我，受不了的痛苦……

(!)_(!)：眼睛哭肿了。

!-)：哇！是大眼瞪小眼，或是睁一只眼闭一只眼。

#-)：一夜没睡，眼睛都皱成一团了！

#:-)：随时保持头发的乱度，决不轻易梳头。

:-9：舌头舔着嘴唇地笑。

%-)：哇，跌破眼镜！或者表示额前有着一小撮刘海。

%-}：呵呵呵，我可没醉。

:-{：抿着嘴，一副如泣如诉的神情。

':-)：早上没睡好，刮胡子把眉毛剃掉了一边。

(-)：头发盖住了眼睛，我该去理发了。

&:-)：头发是卷曲的。

{:-)：中分的发型，帅不帅？

(-:：写信人是个左撇子。

(-_-)：神秘笑容。

(:)-)：这是一个小蛙人，戴着潜水镜在偷笑。

(:-*：暗示这个人在生病、反胃。

(:-&：暗示这个人正在生气。

(:-(：紧皱眉头，又愁眉苦脸，不晓得又发生了什么事。

(:-)：一张大笑脸，或是一个大光头。

(:-*：亲吻。

(:-……：哇！心碎。

(:-D)：真是大嘴巴，多嘴！

(:-|k-：打着领结，戴着礼帽，大概是要参加什么重要的约会。

:-|K-：讲正经事，言归正传。

(:<)：吹牛大王。

(:>>-<：“打劫！把手举起来！”

(:I：理论家。

(:^(：跟谁打架了，鼻子被打歪了？

(0--<：面无表情，目光呆滞。

*-(：闭着眼睛的独眼巨人，出自希腊神话。

o-)：睁着眼睛的独眼巨人，出自希腊神话。

@-)：独眼龙。

*:**：不修边幅的人，头发、胡子都乱七八糟的。

*:o)：小丑。

*<|:-)：圣诞老人。

+-(:-)：写信的可是主教呵。

+:-)：神父正向你微笑呢，还不正经一点？

+<:-|：不知是神父还是修女。

,-)：嘘！这是我们之间的秘密，千万不要跟别人说。

,-}：嗯！嘴歪眼斜的，是在打什么PASS？

..._...：SOS 求助。

0-)：写信的人戴着副面具，这也代表电焊工和潜水员。

3:=9：哞——这是一头牛。

8:-I:魔术师，不寒而栗也像卡通画的食人族。

8:]：大猩猩。

:%)%：满脸的青春痘。

:-!：带着一脸不屑的笑容。

:-"：嘟哝着嘴。

:-#:抱歉，这是秘密，我答应人家不说的，我嘴巴被贴上了封条了。

:-&：我的舌头打结了，不能告诉你。

:-')：感冒了。

:-'|：我感冒了，妈妈不许我出去玩。

:-(：悲伤或者生气。

:-(*)：恶心，想吐。

^_<@_@：挤眉弄眼。

..～^.^～...：女生高兴得笑翻时甩着辫子。

...～*.*～...：女生高兴得笑翻时甩着辫子。

^_^：快乐的人儿。

=^-^=：脸红什么?

?_?：瞪着充满疑惑的眼睛，茫然。

～～～～>_<～～～～：大声哭、用力哭。

:-)'：都流口水了。

:-)-{8：这是一个“波霸”。

:-/：犹豫不决的笑容。

:-1：平淡无味的笑。

:-6：刚吃了酸东西的笑容。

:-7：火冒三丈。

:-@：留着络腮胡子。

:-$：我生病了

:-q：正在抽烟。

:-e：失望的笑容。

:-j：暧昧的笑容。

:-P：吐舌头。

:-X：打着领结。

:-[：带着吹毛求疵的嘲讽式微笑。

:-]：傻笑。

<:I：小傻瓜。

@>>--->---：请收下这束漂亮的玫瑰。

第五章 济南民谣

第一节 民俗歌谣

挨崩歌

×××，挨屁崩，一崩崩到半悬空。
半悬空里放鞭炮，一崩崩到北铁道①。
铁道上一拉鼻儿②，一崩崩到小北门儿③。
小北门儿有顶门杠，一崩崩到剪子巷④。
剪子巷有剪子，一剪剪了腚眼子。

【注解】

①北铁道(běi tiě dào)济南的铁路修在老城区的北部，俗称“北铁道”。

②拉鼻儿(lǎ bí r)火车鸣笛。

③小北门儿(xiāo běi mén r)济南的地名。

④剪子巷（jiǎn zi xiàng）济南的一个老街名。

【释义】这是一首以济南的地域和街名唱出的民谣，用诙谐幽默的方式，说了一件俗事。通常都是小孩子在唱。有时候那些钉鞋匠、打洋铁壶的匠人们在干活的时候，为了招揽客人也常常用来调侃、逗乐，活跃气氛。×××用人名代替。

俺叫可赛

俺叫可赛，赶集卖菜。
茄子两毛，黄瓜一块。

【注解】赛，济南话“好”的意思。

【释义】这是一首流行于20世纪六七十年代的童谣。在济南发言里，常用“可+A”，构成形容词的特殊句式。比如说“可好”“可孬”“可香”“可赛”等。

八兄弟

老大开飞机，老二扔炸弹，
得亏①老三跑得快，炸死老四王八蛋，
老五老六都来看，老七老八靠边站。

【注解】

①得亏（děi kuī）济南方言，幸亏。

棒 槌

棒槌顶砖，当日晴天。
棒槌荡悠悠，当日晒日头。

【注解】棒槌（bàng chuí）用于捶打的木棒（多用于洗衣服等）。

【释义】在夏秋的收获季节，遇到连阴天，收获的作物就会发霉变质，日常生活用品也会霉变，道路也会泥泞难行。济南的老百姓，不知从何时，兴起了用棒槌顶砖的办法来“驱赶”连阴天：在老屋带门闩（也叫门插关）的木制门后，把棒槌放在门后的犄角旮旯处，再在棒槌上放一块砖；或是在门闩上用绳子拴个棒槌，手摇晃棒槌，口中念叨三遍“棒槌荡悠悠，当日晒日头”，或是“棒槌顶砖，当日晴天”。

背布袋

背布袋，背搭背。
倒背，竖背，葱花，芫荽①。
疙瘩②，蹲下，韭菜，起来。
天上是嘛？天上是星。
地上是嘛？地上是坑。
坑里有嘛？坑里有水。
水里有嘛？水里游蛤蟆。
咕儿呱……咕儿呱……

【注解】

①芫荽（yán sui）指香菜。

②疙瘩（gě da）这里指疙瘩咸菜，一种用萝卜或蔓菁腌制的咸菜。

【释义】济南的儿童们常玩一种“背人”的游戏。两个人背靠背，将手臂挽在一起，轮流背。一个背起另一个人，使其面部向上，两脚翘起，然后轻轻放下。落下人再用同样的方法背另一人。在背起落下的同时，嘴里还唱着这首歌谣。

不怕天热使得慌

大米干饭喷喷香，吃完干饭下地忙。
生就一双勤劳手，不怕天热使得慌①。

【注解】

①使得慌（shǐ di huang）指累得慌，非常劳累。

【释义】旧时在济南，大米干饭算是非常好的饭食。吃上好饭，就更有力气干好活儿。质朴的歌谣讲出了“要想吃好饭，就得把活儿干”的朴素道理。

布谷鸟

咕咕①，咕咕，
你在哪儿住？——我在山后。
你吃的么？——火烧②夹肉。
给我一个？——我还不够。
回家去拿，——恐怕挨揍③。

【注解】

①老济南人称布谷鸟为“咕咕”。

②火烧（huě shao）烧饼的别称，一种面制食品。

③挨揍（ŋái zòu）挨打，“挨”也发“yái”音。

【释义】这首歌谣基本按照布谷鸟鸣叫的节奏和韵律，唱的是一个天真无邪的儿童与“咕咕”

的对话。

场面儿人

说场面儿是真场面儿，南京北京逛了个遍儿。

一根棍儿我拄着，两撇胡子我捋着，
三炮台烟我抽着，四轮马车我坐着，
五(武)家坡戏我听着，六国饭店我吃着，
七层大楼我住着，八圈牌我打着，
输没了钱，我就走着。
实在没法儿就趴着。

【释义】在济南方言里，“场面人儿”常常指的是那种见过大世面、做事很爽快、生活很潇洒的人。这首歌谣里唱的就是这样的人。这首歌谣出现在什么时间已经无法查考，从内容的描述看，大概应该是民国时期的。

唱唱儿①

唱个茬口儿②唱个由儿③，
唱个葫芦爬墙头儿，
唱个南瓜地里睡，
唱个茄子打滴溜儿④，
唱个胡萝卜红郁郁，
唱个方瓜粉兜兜儿，
唱个西瓜赛齐溜⑤。

【注解】

①唱唱儿（chàng chàng r）在济南方言中指唱歌，唱曲。这其中“唱”为动词。“唱儿”为名词。

②茬口儿(chá kou r)此处喻指为理由。

③由儿(yóu r)由头儿。指原因，理由。

④打滴溜儿(dā dī liu r)指打坠。

⑤齐溜(qí liu)“球”的分读音。济南方言指的是球形物。

【释义】唱歌谣还要有个“由头”，有个“茬口儿”。信手拈来的“葫芦”“茄子”也都成了可以唱的内容。这首歌谣轻松诙谐，合辙押韵，朗朗上口。

扯大锯，拉大筛

扯大锯，拉大筛，
黏米窝窝掌枣搋①。
东院俩，西院仨，
没给南院的宝宝家。
小宝宝，肯生气，
吥吥啦啦②一溜屁。
扯扯拉，小白娃；
拉拉扯，花大姐。

【注解】

①搋(chuāi)以手用力压和揉。

②吥吥啦啦：象声词，在济南方言里常用来形容拉屎或放屁的声音。这里指放屁。

赤脚大仙①

赤脚大仙逛趵突泉，买个莲蓬解解馋。
尝一口，有点甜，带个给奶奶尝尝鲜。
奶奶吃了抻②直了腰，爷爷吃了胡子翘。
小妮儿吃了描画儿俊，小小儿吃了直蹦高儿。

【注解】

①赤脚大仙（chì jiǎo dà xiān）喻指不穿鞋的人。

②抻(chěn)指伸。

抽懒老婆①

懒老婆快点儿转，家走不用你做②饭。
懒老婆快点儿跑，晌午③管你吃个饱。
懒老婆快点儿走，黑下④睡觉把你搂。

【注解】

①懒老婆（lǎn lao pe）济南方言指陀螺。抽懒老婆，是指抽陀螺的游戏。

②做(zòu)在此发揍音。

③晌午(shǎng wǔ)指中午。

④黑下(hěi)指晚上。

【释义】这是一首小孩抽陀螺时唱的歌谣。达陀螺的游戏，是中国古代的传统游戏之一。

矬大姐

说了个大姐本姓矬，浑身穿不了半尺罗。

二寸的裤子穿不起，三寸的大袄蓑络[①]脚脖儿。

跐[②]着杌子[③]去刷碗，搬着梯子去刷锅。

刷锅打了一摞碗，恼了她那老婆婆。

一棍子打得找不着，给她娘家送个信儿。

一来就来了一大窝。

矬爹，矬娘，矬姐姐。

矬弟，矬妹，矬哥哥。

三天找不着俺矬闺女，衙门口里咱去啰啰儿[④]。

三天找着俺矬闺女，一笔勾销咱没话说。

一满家子遥处[⑤]里翻，笤帚簸箕的紧忙活。

簸箕撮，下箩过，找着啦，

原来是躲在笸箩[⑥]里做针线活儿。

【注解】

①蓑络(suě lue)指扫；摩擦。

②跐(cǐ)：指踩、踏。

③杌子(wù zi)这里指方凳。

④啰啰儿(luě lue r)这里指说清楚。

⑤遥处：济南方言，指到处。

⑥笸箩（pě lue）这里指柳条编的或铺衬、纸浆等制成的盛针线的盒子。

【释义】这段风趣的歌谣，广为流传，版本很多。它作为济南地区的一种民间文学素材，被山东快书、柳子戏等很多的艺术样式改编成不同版本的曲目进行传唱。

矬老婆

有这么一个矬老婆，矬得实在没法说。

绫缡子做了个花花裙，拾了根线头当围脖儿。

踩着凳子去做饭，呲着梯子去刷锅。

一会儿不见了矬老婆，找了半天没找着。

赶紧拿来筛面的箩，过了大箩过小箩，

过了粗箩过细箩，还没找到矬老婆。

矬老婆娘家来出气，来了矬爹矬娘矬哥哥。

婆婆没法赶紧喊：

“媳妇媳妇你在哪？可急死为娘你的婆婆”

矬老婆闻听拼命喊，跟蚊子哼哼差不多：

“娘啊娘，你别着急来别上火，

我在鞋窠篓儿[①]里絮被窝。”

【注解】

①鞋窠篓儿(xiái ke lou r)济南方言，指鞋窝，鞋的里面。

催眠谣

噢噢噢，

小孩将将[①]睡了，

娘缝花花被了；

小孩醒了，

娘来哄了；

小孩哭了，

娘到屋了。

【注解】①将将(jiǎng jiǎng)：济南方言指刚刚，形容刚发生过不久的事情。

催眠谣

噢，噢，睡觉觉。

猴儿来咧[①]，猫来咧，

给俺小儿叼个桃儿来咧。

红尖儿的，白尖儿的，

俺小儿吃了坐官去。

【注解】①咧（lie）：在济南方言里作助词，多用于句末，相当于“了”，通常表达较为轻松的语气。

打灯笼

打灯笼，找奶奶，
奶奶在家里择[①]韭菜。
打灯笼，找嫂子，
嫂子在家里煮饺子。
打灯笼，找妗子，
妗子在家里缝墩子[②]。
打灯笼，找大姑，
大姑在家里摸瞎乎儿[③]。
打灯笼，找二姨，
二姨在家里啃西瓜皮。

【注解】①择：在济南方言里发“zhei”音。此处指挑选，整理。

②墩子(dǔn zi)：此处指坐垫。

③摸瞎乎儿(mě xiǎ hǔ r)：济南方言，指闭着眼睛摸东西。济南有一种儿童游戏叫“摸瞎乎儿”，蒙上眼睛去摸人，摸到谁谁就为输。

打济南

八月一更里呀，月儿正在东，
忽听得大炮响连声，知道八路要打城。
先打洪家楼啊，后打燕翅山，
拿下了山头真勇敢，消灭了保安团。
八月二更里呀，月儿渐渐高，
东门外坚决要打好，同志们过了交通壕。
八路靠近前呀，扔开了手榴弹，
机枪大炮响连天，活捉保安徐专员。
八月三更里呀，月儿在正南，
同志们杀敌真勇敢，炸药轰开了东南关。
架着轻机枪呀，进了一个连，
圩子墙上的敌人看看没法办，慌忙退到城里边。
内城修得高呀，城墙修得好，
挡不住八路的榴弹炮，不多一时打开了。
八月四更里呀，月儿照正西，
国民党的士兵泪珠扑簌，骂了一声王耀武。
丢了燕翅山呀，死守济南府，
不该叫俺替你来送死，慌忙退到大明湖。
八月五更里呀，月儿照山头，
王耀武在房中心发愁，这次济南完全丢。
四下围得紧呀，打破了省政府，
八路到处要活捉王耀武，不知王耀武逃到何处？

【释义】这是一首唱“济南战役”的歌谣。1948 年中秋节，人民解放军在“打开济南府，活捉王耀武”的口号声中，发起了对济南的总攻，经过激烈的斗争，最终攻克了这座被国民党鼓吹为“固若金汤”的千年古城。“济南战役”的胜利，成为人民解放军第一次攻克具有坚固设防的大城市的成功战例，沉重打击了国民党军的重点防御计划，揭开了“三大战役”的序幕。攻克济南时，当地老百姓欢欣鼓舞，载歌载舞，并编出一些歌谣竞相传唱。那时济南的老百姓依然习惯称解放军为“八路军”。

打日本儿

说济南，道济南，
济南有个趵突泉。
趵突泉里三股水，
齐心协力打日本儿，
打得日本鬼子喝凉水。

【释义】这是流传于抗日战争时期的一首歌谣，反映了当地百姓对日本侵略者的憎恨，以及团结一心打败侵略者的信心和决心。

打夯歌

兄弟姊妹们呐——哎！
打夯得使劲呐——嗯！
听我来喊号呀——好！
打夯有精神呐——好！
你都听我喊啊——好！
别要二五眼[①]啊——好！

谁要一松劲儿呀——哈！
就砸住谁的脚呀——嗯！
你都接我的号哇——嗨吆！
你都接我的腔啊——嗨吆！
我喊谁不接呀——嗯？
谁想当老鳖[②]呀——哈！

【注解】①耍二五眼（shuā èr wu yān）：指耍心眼，偷懒。

②老鳖（lāo biě）：济南方言，指甲鱼，俗称王八。

打箩磨面

筛箩箩，
打趟趟，
磨下麦子看姥娘[①]。
姥娘不管饭，
给你个驴粪蛋。

【注解】①看姥娘（kàn lǎo niang）：济南方言，指看望姥娘，到老娘家做客。

打箩箩儿

打箩儿箩儿，
箩面儿面儿，
包包儿包儿，
送饭儿饭儿。
东一碗，西一碗，
馋得娃娃扒红眼。
锅里还有俩馉馇[①]，
吃一个，留一个，
留着那个走姑家[②]。

【注解】①馉馇（gǔ za）：济南以东的人称水饺为馉馇。

②走姑家（zōu gǔ jia）：济南方言，到姑姑家做客。

打蚂蚱

小疙瘩妮儿[①]，打蚂蚱。
蚂蚱跳，疙瘩妮儿笑。
蚂蚱飞，疙瘩妮儿追。
蚂蚱蹿，疙瘩妮儿撵。

【注解】①小疙瘩妮儿（xiāo gě da nǐ r）：济南人对既活泼又有个性的小女孩的昵称。

大实话

爷爷是爹的爹，
姥娘是娘的娘。
太阳将出来照西墙，
东墙下头儿有阴凉。
桑树底下拾葚子，
孩子哭了找他娘。
干渴了就喝，
使得伤[①]就躺，
吃饱了他就不饿得慌。

【注解】①使得伤：使，济南方言指“累”。非常的累。

大洋针

大洋针，缝被窝，
一天四床出活儿多。
买一包儿，送一包儿，
大娘大婶买了乐呵呵儿。

【释义】这是从前在济南贩卖缝衣针的商贩们哼唱的歌谣。

带来不带来

带来不带来？
不带来，打哄台[①]，
打死老爷赔棺材。

【注解】①打哄台（dā hòng tái）：济南方言指起哄、捣乱。

【释义】有的小孩子和小伙伴们玩游戏时，喜欢耍赖，时间长了，小伙伴们都不愿和他一起玩儿。性格弱的，定会去央求人家允许他参与。可是，这位不仅不央求，反而唱出这样的个要来，一定要人家和他一起玩儿。

东来的风，西来的风

东来的风，西来的风，
刮了身上凉森森儿①。
刮上一阵儿再来一阵儿，
甭提身上有多恣儿②。

【注解】①凉森森儿（liáng shen shěn r）：此处指清凉的感觉。

②恣儿（zì r）：指高兴；心情愉悦。

【释义】济南的夏天是酷热的，尤其到了中午时分，热得无处躲、无处藏的。坐在树下乘凉的人们多么盼望着能有一阵阵的凉风吹过来。小孩子们唱的这种歌谣或许会给人带来些许凉意。

硌睖眼子①老婆

硌睖眼子老婆心眼子坏，
浑身长疮又长疥②。
硌睖眼子老婆没人要，
自做媒人自抬轿。
硌睖眼子老婆没人喜③，
一辈子没儿也没女。

【注解】①硌睖眼子（gé leng yǎn zi）：济南方言指斜眼、眼睛斜视的人。

②疥（jiài）：指疥疮，一种皮肤病。

③喜（xī）：没人喜欢，不愿之交往。

【释义】济南有句俗话说“硌睖眼子，没好心眼子。”这并非是嘲笑眼睛有残疾的人，而是说有这样的一类人，常做一些令人讨厌的事，因而大家都避而远之。这首歌谣便是指这样的一类人。

哥俩好

哥俩好哦，上青岛哦，
你没有媳妇儿我给你找。
马家庄①大院头一号，
一脸麻子小锅腰儿，
不用胳肢②自来笑。

【注解】①马家庄（mǎ jia zhuǎng）：济南的精神病医院在济南东郊的马家庄。济南人多用“马家庄的”来喻指精神病。

②胳肢（gé zhi）指搔痒。

喊人①不舍本儿

喊人不舍本儿，
舌头打个滚儿，
说个好听的话儿，
办起事儿来没有差②。

【注解】①喊人（hān rén）：指很礼貌地打招呼，多是指很谦恭地称呼长辈。济南人将此称为“叫好听的”。

②没有差（mǔ yōu chà）指没有错。

【释义】在人际交往中，礼貌非常重要。这首歌谣就是劝诫人们对别人要讲礼貌。

看花儿

苦菜花儿，香椿芽儿，
领着姐姐去看花儿。
花园里头一洼子水儿。
搌①了姐姐的花裤腿儿。
姐姐、姐姐，你别哭，
俺给姐姐来说个嘴儿，
王大娘家娶媳妇儿。
坐的什么轿？
坐的红绫轿。
放的什么鞭？
放的呱啦鞭。

呱啦呱啦，呱啦呱啦（它就）上西天。

【注解】①搌（zhǎn）：济南方言指污染、弄脏。

看梅兰芳

鼓乐齐鸣行头亮，
名旦来济把戏唱。
宁愿吃上半年糠，
买票要看梅兰芳。

【释义】济南自古以来有“曲山艺海”的美称，喜欢传统艺术的人众多，且有相当高的欣赏水平。无论是京剧地方戏，还是曲艺相声；无论是南来的，还是北往的，业界中人都认为济南是道“坎儿”，非常不容易过，素有“北京学艺，天津练活儿，济南踢门槛”的说法。许多艺术大师都曾到济南演出。这首歌谣反映了济南的老京剧迷和票友要看梅兰芳演出的迫切心情。

看亲娘

荷叶包着猪大肠，
手掐烧饼看亲娘。
盼俺亲娘好了病，
养的闺女中了用。

【释义】旧时的济南，用荷叶包食物，尤其是包肉类食物，成了一大特色。荷叶不怕油，甭管包的多油腻的东西，拿在手里不怕沾手，放在兜儿里不怕搌了兜儿。荷叶本身还带有一股清香的味道，与肉类的香味一混合，吃起来别有一番风味。

哭负心郎

你下的聘礼，
你娶我为妻。
你说天荒地老，
你说两不分离。
凭什么说了不算，
两眼一闭你归了正西。
你这个负心的郎！

你走到天南，
你走到地北，
从来都是济着你[①]。
让我想死你，
也比你当棺材瓤子[②]强。
你这个负心的郎！

【注解】①济着你（jì zhao nī）：指任由你，完全按照你的意思。

②棺材瓤子（guǎn cai rang zi）：隐指死人。

【释义】这是一首妻子哭亡夫的歌谣。对于爱情的表达，诗歌有诗歌的表达方式，民间歌谣有民间歌谣的表达方式。这首歌谣所唱出的那份爱情虽然没有华丽的辞藻，没有过分地渲染，但那种质朴的语言，表露的真情实感，将济南女子的那份刚烈忠贞、痴心纯情表现得淋漓尽致，让人闻之动容，潸然泪下。

哭　嫁

唔哩哇儿[①]，唔哩哇儿，
新媳妇上轿要出嫁。
爹也哭，娘也哭，
新媳妇哭成个泪鳖虎[②]。
新女婿跪地拜丈母。
丈母爹，丈母娘，
恁先别哭，
恁闺女到了俺家来享大福。
哭坏了恁[③]身子多不好，
要紧的是俺还是心疼俺媳妇儿。

【注解】①唔哩哇儿（wǔ li wǎ r）：象声词，济南方言里用来模仿吹喇叭的声音，在此形容结婚的热闹场面。

②泪鳖虎（luei bie hu）：此处指泪流满面的样子。

③恁（nēn）：这里指你们。

【释义】在济南的旧婚俗中，女孩出嫁时，母女都会大哭一场，称之为“哭嫁”。姑娘出嫁本是大喜大庆的事情，为何要大哭大唱呢？原来，旧时，妇女无婚姻自由可言，由于“三从四德”的束缚，自己的终身大事全由“父母之命，媒妁之言”摆布，姑娘对夫君的容貌、为人、家况一无所知，未免伤心落泪。在封建包办婚姻、买卖婚姻的桎梏中，姑娘对婚事不如意，只有通过哭嫁才能宣泄心中的苦楚和愤懑，这也是人之常情。俗话说：嫁出去的女儿泼出去的水，女儿一旦出嫁，就是别人家的人了，父母把闺女拉扯大了不容易，想到了伤心处自然要哭，于是哭嫁这一发泄内心情感的独特表达方式，相沿成习，演化成了有一定调式和韵律的哭调，成为一种婚俗。

拉拉扯扯

拉拉扯扯，
拉拉扯扯。
给俺小妮儿，
寻个婆家。
寻的哪里？
寻在泺口[①]。
吃什么？
吃豆豆！
穿什么？
穿绸绸！
住什么？
住楼楼！
骑什么？
骑牛牛！
扭啊扭啊扭啊扭，
扭啊扭啊扭啊扭……

【注解】①泺口（luè kou）：济南的一个地名，在济南北部，临近黄河，有黄河渡口。

老乡见老乡

老乡见老乡，
两眼泪汪汪。
你是皮槌队，
俺也没有抢。
身穿二尺半，
都是破军装。
昧着良心干，
为的混顿饭。
也有葱来也有蒜，
锅里煮的张督办。
也有蒜也有姜，
锅里煮的张宗昌。

【释义】这是20世纪20年代在济南流传的老歌谣，是老百姓骂山东督办张宗昌的。

骑洋车[①]

嘎嘚儿嘎嘚儿骑洋车，
扑通一声掉下了车。
摔了个腚呱子[②]崴着了脚，
娘啊娘啊乔怪疼[③]啊！
——你这个小劈叉妮子[④]还怪能啊！

【注解】①洋车（yáng chě）：这里指自行车，也叫“洋车子”。

②腚呱子（dìng guá zi）：济南方言，指屁股着地摔倒，北京话叫“屁股墩儿”。

③乔怪疼（qiáo guài téng）：济南方言指非常的疼。

④劈叉妮子（pí cha nǐ zi）：在济南方言里，是个詈词，多指疯疯癫癫、不守规矩的女孩子。此处指的是一种嗔骂。

【释义】自行车刚刚开始流行的时候，由于学骑自行车有一定的危险性，很多女孩子是不敢上去尝试的。可偏偏有一些勇敢的女孩子不信这个邪，非得尝试一番。于是，就出现了这样的歌谣。唱的是一个泼泼辣辣的女孩子，在母亲面前学骑自行车的情景。在济南人的眼里，这样的女孩子是个“闯势”孩子。

求　雨

老天爷爷快下雨，
收了麦子供养你。
你吃心儿，
我吃皮儿，
剩下的麦秸喂小驴儿。

【释义】济南地区缺雨水，尤其是在春季。所以，求雨的歌谣也多，而且形式不拘一格，多是用生活当中的事情说事儿，和老天爷“套套近乎儿”。

撒　帐

一把栗子一把枣儿，
明年得个大胖小儿。
一把麸子两把面，
明年吃你红鸡蛋①。
一把栗子一把　，
现有妮来后又小。
这个屋里盛不了，
往他爷爷屋里跑。

【注解】①红鸡蛋（hóng ji dàn）济南民间有生孩子送红鸡蛋的习俗。这里用红鸡蛋喻指生孩子。

时　髦

大翻领儿小拉链儿，
小白鞋儿不系带儿，
骑大链盒倒倒链儿，
呢绒袜子露半半儿，
戴着手表露手腕儿。

【释义】歌谣中所唱的都是20世纪60年代济南男青年的时髦穿戴和时髦交通工具，拥有这样装扮的人，用现在的时髦话来说，应该就是“时尚达人”，或者“时尚潮人”。

使煞了

使煞①了，乏煞②了。
今年不如年时了。
年时③提个篮儿，
今年拄个拐儿。

【注解】①使煞（shǐ sha）：指非常的疲劳。

②乏煞（fá sha）：指困乏、劳累。

③年时：指去年。

【释义】这是一首老太太们看孩子时，经常唱的歌谣。或许是育儿的艰辛，或许是看到孩子们茁壮成长感叹自己青春年华的匆匆逝去，抑或是对于自己多年付出的释怀。

摔　跤

挽挽袖子捆捆腰，
我和你来摔一跤。
先给你来个干夹脖儿①，
再给你来个后把腰②。
里得合③，外得合，摔哭了给你个白馍馍。
上使揣④，下别子，一使劲儿摔你个小瘸子。

【注解】①干夹脖儿（gǎn jiǎ bé r）：摔跤术语，指用手臂紧紧夹住对方的脖子，按于自己腰部的动作。

②后把腰（hòu bā yǎo）：摔跤术语，指双臂合围在后面抱住对方的动作。

③得合（dé he）：摔跤术语，指两手抓牢，先一拉，再向前猛推，同时右腿插入对方裆中，勾对手腿的动作。向右后方勾对方左腿，叫“外得合”；向左钩对方右腿叫“里得合”。

④揣（chuǎi）：摔跤术语，指将对手手臂紧锁住，猛然拉至自己怀中，在对手瞬间失去重心的情况下，或用背布袋或用大别子将对手摔

倒的动作。

⑤别子（bié zi）：摔跤术语，指使用腿脚配合来绊对方的动作。

【释义】自19世纪20年代，济南就与北京、天津、保定并称中国“四大跤城”，喜爱中国式摔跤这项活动的人非常多，而且是高手如云，英雄辈出，很多摔跤名家在全国的各项摔跤赛事中屡屡获奖。这首歌谣，反映了当时摔跤的盛况。

天上有星

天上有啥？
天上有星呀。
地上有啥？
有个坑呀。
种着些啥？
萝卜和大葱呀。
拔棵吃中不中呀？
中呀。

【释义】济南的儿童们常玩一种“背人的”游戏。两个人背靠背，将手臂挽在一起相互的背。一个背起另外一个，使其面部向上，两脚跷起，然后轻轻放下。落下的人再背起，放下。在背起落下的同时，嘴里还唱着这首歌谣。

跳刺刺秧

一步刺刺秧，
二步喝面汤，
三步炒韭菜，
四步抬起来。

【释义】在20世纪五六十年代，济南民间盛行的一种多人儿童游戏。玩时，现有两位小朋友面对面坐在地上，脚板抵着脚板。其他儿童则要跑步跳跃而过，边跳边唱，每唱一遍要跳四次才算完成一个过程。每个过程结束后，坐着的儿童就摞高一只腿，直到四只脚全摞起来的高度扔能跳过去为赢。在跳时碰到坐者的脚，则算输。输者就坐在地上，赢者上场跳。

西 瓜

西瓜西瓜圆又圆，
红瓤儿黑籽在里边。
打来泉水镇一镇，
吃到嘴里凉又甜。

【释义】在炎热的夏天，把成熟的西瓜放在泉中或刚打上来的泉水浸泡，济南人俗称“冰镇西瓜”。这样的西瓜吃起来又凉又甜，清热祛暑。

小花猫，上河西

小花猫，上河西，
扯花布，做花衣。
不要你金，不要你银，
要你花轿来抬人。
四个吹，四个打，
四个骡子，四匹马，
唔哩哇啦抬到家。

【释义】这是一首以小花猫起兴，表现济南就是娶亲场面的童谣。

小妹妹骑马

小妹妹骑马我骑驴，
我带小妹妹打前敌。
小妹妹死了，
我也不能活，
阴曹地府等等我。

【释义】这是流行于20世纪二三十年代的济南民谣。

小秃子，咧歪咧[①]

小秃子，咧歪咧，
南边儿打水的是你爹。
你爹戴了个红缨子帽儿，

秃脑袋瓜子露半边[2]儿。
你妈穿了个鞋趿拉[3]，
走上一步就呱嗒呱，
十啊脚指头露着仨。

【注解】①咧歪咧(liě wai liě)：

②半边：指一半，在济南方言里，常发成“bàn biě”音。

③鞋趿拉（xiái ta la）：此处指穿鞋时将后跟踩倒。

【释义】小孩子有时候会将头发全部剃掉，就变成了“小秃子”。小伙伴们好奇，就会唱出这样的歌谣来起哄、嘲弄。虽然是不礼貌的，但也反映出了小孩子们的那种童趣。

小枣树

小枣树，耷拉[1]枝儿，
上头坐着个小闺女儿。
这个闺女手好巧啊，
西瓜皮呀揍棉袄啊，
甜瓜皮呀揍棉袄啊，
茄子开花揍纽扣啊。

【注解】①耷拉(dǎ la)：济南方言指垂下、低垂。

拽块石头试水深

黑虎泉[1]水凉森森[2]，
她在泉边洗手巾。
有心和她拉一拉。
拽[3]块石头试水深。

【注解】①黑虎泉：济南的名泉，因有三个张着大嘴往外喷水的虎头而得名。

②凉森森（liáng shen shěn：指凉寒的感觉，通常说成“凉森”。也常叠用。说成“凉森森”。

③拽（zhuǎi）：此处指扔、丢。有时也发“ruǎi”的音。

【释义】看见了自己心仪的姑娘，有心上前接近，又不敢贸然行事，于是找块石头丢在泉水里，为的是引起姑娘的注意。玩意惹恼了姑娘，也好有个借口。这“试水深”可谓用心良苦。

自己的事儿自己干

淌自己的汗，
吃自己的饭，
自己的事儿自己干。
靠人靠天靠祖宗，
都不算好汉。

【释义】勤劳、淳厚的济南人，崇尚的是一种独立自主，积极向上的生活态度，唱起歌谣来也透着那份质朴的硬气，让人听起来不禁荡气回肠，浑身爽透。

做　梦

我做了一个梦，
两个老鼠抬个瓮[1]。
打那杏树地下走，
掉下杏来砸了瓮。

【注解】①瓮(wèng)：济南方言，指大缸。

第二节 地名民谣

1. 千佛山，大佛头
   一溜下沿儿到洪(家)楼。

【释义】济南市的地形南高北低。有人形容说，从千佛山骑着自行车，不用蹬，就可以一气儿溜到洪家楼。歌谣唱的就是这样的情形。千佛山的东邻是“大佛头”，所谓“大佛头”，指的是在佛慧山上的巨型佛像。佛像高约 9 米，中间券拱门，额书“大雄宝殿”四字，为清末御史、济南书法家张英麟手书。龛内正面，有北宋景祐二年(1035)依山始镌、次年凿竣的佛像一尊，雄伟壮观，法相庄严。因仅刻胸肩以上，俗称“大佛头”。佛像西侧石壁，刻有明万历三十五年(1607)三月重修题记。东壁刻“大慈大悲”四个大字，亦为明人题书。佛龛外东侧石壁上，有北宋景祐三年镌刻的方形密檐浮雕塔两座，形态玲珑，风格典雅。该山因大佛而得名，人们习惯地称为“大佛头”，古时又称大佛山。

2．芙蓉街，西奎文，
小沧浪，后宰门。

【释义】明朝时期，在济南府百花洲南面有座百花桥。小桥东侧的东西街被称为百花桥街。百花桥街地处德王府的北门广智门以北，而广智门又称厚载门，久而久之，此街又有了一个新名称——厚载门街。可到了清代后期，厚载门街又讹变为后宰门街。

后宰门街北靠大明湖，南临抚署，西接文庙、贡院，东通县学、县署，始建于唐代的福慧禅林院、济南府最大的关帝庙和独具西洋风格的基督教堂都坐落于此。得天独厚的地理位置和文化、宗教氛围，使这条老街在清末民初成为庙市合一的商业街。九华楼饭庄、同元楼饭庄、庆育药店、远兴斋酱园、同心合黑肥皂、大石公印馆、钱茂林笔墨店、翡英斋裱画店、鼎豫服装店、贵心斋点心铺等商号均在这里兴盛一时。

旧时，后宰门街的繁华兴隆与西侧相邻的芙蓉街相得益彰，构成一个休戚相关的整体。逛够了芙蓉街的书店、古玩店、百货店，再到曲水亭喝茶或到后宰门街美美吃上一顿，是当年富人、文人们消遣游玩的必经线路。

3．芙蓉街，西奎文，
曲水亭街后宰门。

【释义】这些街名都是最能代表济南“家家泉水，户户垂杨”特色的街道。曲水亭街小桥流水、垂柳依依、潇洒雅致、景色宜人，街巷风貌、格局与建筑具有鲜明特色，能体现济南城市风貌或特征。曲水亭街北靠大明湖，南接西更道，东望德王府北门，西邻济南府学、也就是文庙，西边与芙蓉街相毗邻。一边是青砖红瓦的老屋，一边是从容流过的清泉，临街人家在这里淘米、洗衣，使老街古旧中透出活力，沉静中显出生气。清澈的泉水与院内、街头、巷尾随处可见，经年不息，在家家户户的生活里浅吟低唱，使济南这座北方古城拥有了些江南的明丽妩媚。现在已经不复存在。

4．七马路，八马路，
十二马路大槐树。

【释义】歌谣里唱的“七马路”“八马路”都是济南纬路的地名，人们习惯地称这里为济南的西部地区。这个区域，现在属于槐荫区的范围，相传秦琼家的府院曾建在这里，秦琼就是在这里出生的。后来，居住在此地的人渐渐增多，形成了一个村庄。因为秦府门前种有几棵大槐树，人们就称之为“大槐树庄”。十二马路指的是“纬十二路”，在济南西部。纬十二路是贯通南北的一条相当重要的大路。在当时济南人的概念里，“十二马路”再往西就出了济南市区了。这条路所处的位置，与大槐树紧密相连。当人们提到“南大槐树”“北大槐树”这些地名时，往往与“十二马路”联系起来。

5．仲宫、柳埠、八里洼、土屋。

【释义】这些都是过去济南市南郊一些村庄的名称。土屋离城最近，再远依次是八里洼、仲宫、柳埠。人们认为这些地方属于农村了，故又叫“南乡里”。

6．城里、城外，商埠一带。

【释义】济南的老城区指的是西护城河以东的区域，商埠则是纬一路以西的区域。

7. 走路不见桥，狮子头上一座庙。

【释义】“走路不见桥”指的是南门大街与朝山街、佛山街、正觉寺街交汇的十字路口下边，有一道较宽的山水沟桥，但是从马路上走看不见这座桥。“狮子头上一座庙”是指：从岳庙后街西头向北、南门大街路西原“北厚记酱园”南墙头上有一个面朝东的石狮子，它的头上顶着一座早已失去名字的小庙。

8. 南岗子，北岗子，
十二马路粪场子。

【释义】20世纪初，济南开设商埠后，这座具有两千多年历史的古老泉城，开始快步进入了经济发达、文明开放的现代社会。在此后的半个多世纪里，济南先后建成五座市场，即老城的国货商场、麟祥门外的人民商场、经二路纬一路的新市场、经四路纬二路的大观园和经二路纬十路的西市场。斗转星移，繁华一时的南货市场早已消失。

新市场，济南人叫作“南岗子”。当年有句俗语：“南岗子吃饭，北岗子下店。”新市场是集购物、娱乐、餐饮于一体的大众消费场所，人气旺得很。夜幕降临，这里灯火通明，游客如穿梭。市场占地不算大，是由两条半胡同组成的，但里面有饭店、布店、百货文具店、说书场、戏院、电影院。而且，除戏院电影院外，其他的都不是一家，仅说书场就有五六家。此外还有一个露天相声魔术场。市场北门有家电影院。

9. 山货在城顶，
打铁剪子巷，
买衣估衣市，
卖菜菜市庄，
药事会在南门上。

【释义】在旧时的济南，商业的繁华使很多街巷都具有其独特的功能，形成了某一商品的专业特色市场。很多的街巷也是以贸易的特征来命名的。

10. 东更道，
西更道，
王府池子二郎庙。

【释义】这首歌谣里唱的是济南老城区内珍珠泉与王府池子附近的一片区域，也是济南最具“泉城”特色的区域。由于具有泉水、垂柳、老街巷的优美环境，旧时这里是有钱人、士大夫们的聚居区。

11. 前帝馆，
后营坊，
拐个弯到南门上。

【释义】这首歌谣多年来流传在济南民间，它形象、确切地说出了老济南城南门外老街巷的位置。后营坊这个街名起自东汉末年，距今已有近二千年的历史了。公元184年曹操任济南相，为了扩展自己的实力，曾在历城（今济南）城南开辟练兵养马基地，他的大本营正门就在正觉寺街。营盘面积很大，随军家属都聚居在军营的后门，房舍沿着东西走向的泉流沟渠布设，恰好形成一条东西街，于是人们便称其为后营房（坊）街。除大本营、后营外，向东南二里路，有演武厅、点将台、南营及士兵居住的棋盘街等。直到清末，本街的五圣堂还有南北胡同直通正觉寺街，很像军营的后院遗址。20世纪末，这条古老的街道随着济南泉城广场的兴建儿消失了。

12. 县西巷西钟鼓楼，
后宰门东菜园子。

13. 西城根，西月门。
西门桥外普利门。

14. 南门外，南门里，
过了南马路，
就是老城里。

15. 大杆巷，大安巷，
大安巷原来是大庵巷。
大庵巷有个丘子洞。
先有丘子洞，（长春观）
后又济南院。

16. 司里街看上任的，
所里街看出殡的，
三义街看挑粪的。

17. 饥困了你上甸柳庄，
害病了你上马家庄，
有本事你上十六里河，
王炉才是你的正地窝儿。

【释义】在新中国成立后的一段时期内，济南东郊的甸柳庄有一个大粪场。东郊马家庄是山东省神经病医院的驻地。南郊的十六里河是济南枪决犯人的刑场。王炉是济南北部的几个殡仪馆的所在地。用这些常人不能去的地名来说事儿，调侃的成分就有了特殊的含义。

18. 三山不显出王位，
四门不对出高官。

【释义】三山不显是指济南城里有三座山：历山、铁牛山和灰山。着三座小山分别位于历山顶街、痒门里街和二郎庙街（汇泉寺街）。将三座小山的位置画线相连，正好是个正三角形，位于三角形中心的恰是历城县衙。

历山又称古历山，它是在一口井的水面上露出一块不足一米的小山头。现已经看不到了。

铁牛山又称铁牛，实际是个长1.5米、宽约0.6米、高约半米、形状似牛、质地异常坚硬的大铁块。对铁牛最早的记载是南朝宋范晔所著的《后汉书·郡国志》，距今已有1000多年的历史。当时就有人把它当作“神物”，在民间有人称之为“镇城之宝”或者“镇水之宝”。铁牛山2001年10月在痒门里街12号被发掘出土，暂存在济南市博物馆。

灰山，就是一个土堆，传说它很有灵性。经人精心保护，现在还可以看到。

四门不对是指济南旧城的四个城门不在一条中轴线上。

19. 永长街，长又长。
从南到北没茅房儿。

【释义】这里的“茅房儿”指的是公共厕所，济南人也叫“野茅厕”(yē máo si)”。永长街是条回族聚居的古老街巷，位于济南的西关外。它北起城顶街，向西南延伸，街口与西青龙街相接在杆石桥头交会。这条街不像济南多数的街巷那样正南正北，或正东正西，而是带有斜向，当地人习惯叫“斜街”。由于“经七路”改造，这条街的原街已经不复存在。这首歌谣，已经成了当时那段历史的一个小小的印记。

20. 耳朵眼儿，勺子头，
箅子，剪子，辘轳把子。

【释义】这里说的都是老济南的一些街巷名。济南的很多老街巷是以生活当中的物事来命名的。命名的理由常是因为街巷的形状与这些物事比较相像，或是具有的某种功能特征。

21. 东西经，南北纬。
　　臭油[1]马路十二对。

【注解】①臭油（chòu yóu）：指柏油，也叫沥青。

【释义】济南道路以“经纬”命名，可算是济南的一大特色，这在全国也较为少见。而且，这种命名与地图上的经纬概念相反，是以东西为经，南北为纬。对于济南道路以经纬命名，济南市志上早有记载。1904年，胶济铁路建成通车，清政府勘定西关外大片区域作为济南商埠。当时的商埠区境界东西长约五里，南北宽则不到三里。而当时济南纺织业较为兴盛，根据古时织物“长者为经，短者为纬”的称说，就命名商埠区内的东西方向道路为“经”，从北以铁路为限的“经一路”向南依次排列；把南北方向的道路命名为“纬”，从东起十王殿的“纬一路”依次向西排列，与经路垂直相交，形成了济南的主要干道。在两条经路之间的路叫“小经路”，实际说法为“小经×路”。两条纬路之间的路，叫“小纬路”，叫成“小纬×路”。

歌谣里唱的“十二对”，是指经路、纬路都有十二条。其实，实际没有这么多。济南经历了百年沧桑，经纬路也是几经变迁。到了新中国成立初期，经路从经一路到经十一路，为十一条。纬路从纬一路到纬十二路，为十二条。济南人习惯称经路为“大马路”，例如“经二路”就叫成“二大马路”，“经四路纬五路”就叫成“四大马路纬五路”。人们还把“纬十二路”叫成“十二马路”。

22. 说个一就是一，一大马路分东西。
　　说个二，就是个二，
　　二贤街，二道坝，二七新村，二郎庙。
　　说个三，就有个三，
　　三孔桥，三合街，三才胡同，三里庄。
　　说个四，就有个四，
　　四里山，四里村，大明湖也叫四望湖。
　　说个五，就有个五，
　　五龙潭，五柳闸，五里牌坊，五里沟。
　　还有个五路狮子口。
　　说个六，就有个六，
　　六里河，六里山，再说就是刘长山。
　　说个七，就有个七，
　　七里山，七贤镇，七家村还有七里铺。
　　说个八，就有个八，
　　八里桥，八里堡，八一礼堂，八里洼。
　　说个九，就有个九，
　　九曲巷，九曲庄，九里山还有九女泉。
　　说个十，就有个十，
　　十亩园，十王殿，十大马路，十方院。
　　说到百，就有百。
　　百花台，百花堤，百花公园，百花洲。
　　说到千，就有个千，
　　千祥街，千佛崖，大名鼎鼎千佛山。
　　说到万，就有个万，
　　万紫巷，万竹园，万盛大沟，万灵山。
　　说上一千，道上一万，
　　再说还是个不全奂。

【释义】歌谣将济南带数字的地名串在一起，对济南的街巷以及老济南的文化有了一番不同角度的解读，颇有趣味。

23. 东边儿的大米，
　　西边儿的麦，
　　南边儿的柴火，
　　北边儿的菜。

【释义】旧时，济南的东部出的大米较为出名，西部的麦子比较好，南部为山区，烧火的柴火自然出产的就多，北部因为种蔬菜的多而称为济南的菜园子。

人 物

本志收录1991～2010年间去世的，济南市籍、出生地为济南市及曾在济南市属党政机关、企事业单位工作的非济南市籍的、有影响的人物。收录标准：担任过济南市副市级和相当于副市级及以上职务的领导干部，济南警备区（军分区）司令员、政委；有影响的民主党派、少数民族、宗教界人士；有影响的专家、学者、作家、记者、艺术家、教育家、企业家、教练员、运动员等；济南市籍担任过副省级及以上、部队副军级及以上职务的领导干部；全国和山东省劳动模范、先进工作者，全国五一劳动奖章获得者，中共中央、国务院、中央军委、中共山东省委、山东省人民政府表彰的其他先模人物，战斗英雄；1937年7月7日前参加革命工作的离休干部；革命烈士。符合多个入志条件者，只在一处记述。因缺少资料，部分符合入志条件的人物此次没有收录。

一

刘振嵩（1930—1991）　男，山东省沂水县人。1930年3月生。1945年6月参加革命工作，1947年9月加入中国共产党。历任鲁中沂山战时邮局收发，临朐县战时邮局会计、干事。新中国成立后，历任山东省邮政局科员、团委书记，省交通厅机关党委宣传部部长、政治部青工部副部长，省航运公司党委副书记，省黄河航运局党委副书记。1971年后，任济南市革委政治部宣传组副组长、组长，中共济南市委宣传部部长，中共历下区委书记、区革委会主任。1979年12月后任济南市副市长，市委政法委书记。1986年6月补选为济南市第九届人大常委会副主任。1988年1月当选为市第十届人大常委会副主任，并任党组副书记。1991年6月18日逝世。

胡允恭（1902—1991）　又名胡萍舟、胡邦宪、胡克波，化名秦唯一等。男，安徽省寿县人。1902年生。1923年考入上海大学社会科学系。不久加入中国社会主义青年团，同年冬加入中国共产党。1925年“五卅”惨案发生后，积极参加罢课、示威游行斗争。后被派往黄埔军校“青年军人联合会”，编写会刊。1926年5月任国民革命军第四军第十二师第二十五团政治指导员，参加北伐，在攻打武昌的战斗中负伤。1927年任国民革命军第八军第一师政治部秘书、第二十五军政治部秘书，同年9月被派任中共安徽寿县县委宣传部部长。1929年秋调往山东工作。先后任中央军委驻烟台军事特派员、中共青岛市委宣传部部长。1931年3月，在中共济南特支遭到破坏，白色恐怖极为严重的情况下，受省委派遣赴济南恢复党的组织。3月中旬重建中共济南特别支部，任书记。先后恢复建立共青团济南特别支部和“济南反帝大同盟”“济南社会科学研究社”“济南文艺研究社”等党的外围组织。同年6月在中共济南特支的基础上建立中共济南市委，任书记。同年9月任中共山东省委书记。1932年3月调离山东回上海。因受王明“左”倾机会主义错误路线的排挤，失去组织关系。1933～1935年参加十九路军在闽反蒋，后赴中国香港、日本。1936年在福建与中共地下党组织取得联系，从事地下工作。1946年经中共福建省委批准恢复党籍，1947年被派赴台湾开辟党的工作，参加台湾“二二八”人民起义。

新中国成立后，历任福建师范学院院长、

南京大学历史系教授。在明清史研究方面有较深造诣，著有《明末农民起义和抗清斗争史稿》《金陵丛谈》等。1983年2月中共中央批准恢复61年党龄。同年被选为第六届全国政协委员。1991年6月逝世。

刘献林(1915—1991) 男，山东省沂南县人。1915年1月生。1939年11月加入中国共产党。新中国成立前，历任中共蒙阴县四区区委组织科长、二区区委书记，费北县公安局股长、党支部书记，沂东县公安局局长。济南解放后，先后任济南特别市公安局人事科科长，十一区、五区公安分局局长，市公安局副局长，市人民检察署、检察院副检察长，市人民检察院检察长。1959年12月任市人民委员会副市长，先后兼任市基本建设委员会、城市建设办公室主任、党组书记。1961年7月同时任中共济南市委常委职务。“文化大革命”中遭受冲击。1972年12月任济南市公安局局长、党的核心领导小组组长。1975年12月后历任中共济南市委常委、市革委会副主任，市委常委、副市长、市政府党组副书记等职。1983年4月当选为政协济南市第七届委员会副主席。1985年4月离休。曾于1981年4月至1984年2月，担任第一任济南市志编纂委员会主任，主持全市新编地方志工作。1991年9月13日逝世。

仲　成(1917—1991) 曾用名冯锡爵。男，山东省莱州市人。1917年2月生。1937年11月参加革命工作，并加入中国共产党。历任胶东人民抗日游击队第三支队秘书、指导员，中共胶东区党委保卫局侦察股股长，中共掖县(今莱州市)县委社会部部长兼特务大队长，中共西海地委社会部副部长、锄奸委员会副书记，胶东行署公安局审讯科科长兼西海专署公安局局长，胶东公安局科长、党总支书记，鲁中南行署公安局科长、秘书主任等。新中国成立后，历任青岛市公安局治安行政处处长，青岛市人民法院副院长、院长、党组书记，济南市第三届人民委员会副市长(未到职)，政协济南市第六届委员会常委、副秘书长。1990年11月离职休养。长期从事公安保卫工作，荣立二等功、三等功各一次，并被授予荣誉奖章。1991年12月8日在济南逝世。

狄井芗(1918—1992) 男，山东省曲阜市人。1918年4月生。1936年10月参加革命工作，1938年6月加入中国共产党。第二次国内革命战争时期，积极从事学生抗日救亡运动。抗日战争时期，曾任鲁南区临、郯、费、峄四县边联第一任抗日民主政府县长。解放战争时期，先后任鲁南区第二、第一专署副专员，济南特别市政府调查研究室主任、秘书处副主任。新中国建立后，历任济南市人民政府秘书处副主任、主任，办公室副主任，市政府副秘书长、秘书长。1956年3月至1962年6月，任济南市副市长。1961年12月任中共济南市委常委。1962年6月后，历任山东省人民委员会副秘书长、办公厅主任，临沂地革委副主任，山东省革委生产指挥部煤炭办公室副主任，德州地革委副主任兼计委主任，政协山东省委员会副秘书长等职。1982年12月离职休养。1992年2月15日逝世。

孙哲南(1915—1992) 男，山东省苍山县人。1915年生。1938年春参加革命工作，同年12月加入中国共产党。历任苏鲁边区临郯青年救国团常务主任，中共临沂县委民运部部长、县委书记，中共临、郯、邳中心县委书记，中共兰陵县委书记，中共济南特别市第二分区委书记。1950年12月至1953年2月，任济南市总工会第二、三届执委会副主席，党组副书记、书记，中共济南市委委员。1951年10月，当选为济南市各界人民代表会议第三届协商委员会副主席。1953年2月至1955年6月，任济南市总工会第四、五届执委会主席、党组书记。

1954年10月任中共济南市委常委。1955年6月后，历任中共山东省委工业部副部长；山东省总工会副主席，主席、党组书记；中共山东省第二届委员会候补委员；山东省第三届人民委员会委员；山东省劳动局副局长、中共核心小组副组长，顾问；政协山东省第四届委员会常委等职。1982年12月离职休养。1992年2月28日逝世。

魏坚毅(1923—1992) 男，山东省昌邑县人。1923年6月生。1940年3月加入中国共产党，同时参加革命工作。历任中共西海地委巡视团巡视员，掖县掖西工作队队长兼中共掖西区委副书记，中共掖南区委书记，昌南县各界人民救国会会长，中共昌南县委委员、副书记、书记兼独立营政委，中共潍坊市委书记。1954年4月后，历任中共昌潍地委副书记、书记处书记、书记兼昌潍军分区政委，昌潍地革委主任。1978年2月至1984年7月，任中共济南市委书记兼济南警备区政委。其间曾任市革委主任、市政协主席。1983年7月当选为中共山东省顾问委员会常委。1986年7月任省顾问委员会秘书长。中共十一大、十二大代表，六届、七届全国人大代表。1992年7月12日在济南逝世。

王砚耕(1927—1993) 男，山东省五莲县人。1927年3月生。1945年7月参加革命工作，先后任教员、滨海建国学院院部会计、华东建设大学校部会计，立二等功一次。1948年8月加入中国共产党。同年9月济南解放后，历任济南特别市政府和济南市人民政府秘书处、办公室科长，市人民政府办公厅副主任，中共济南市委政策研究室副主任，市委副秘书长，市委常委、秘书长，市委统战部部长。1986年5月至1993年3月，任政协济南市第七届、八届委员会副主席，党组副书记。中共济南市第四次、五次代表大会代表，济南市第九届、十届人大代表，政协山东省第六届委员会委员。晚年担任济南诗词学会会长、济南诗社社长。主编《济南市情》，著有诗集《鹊华吟》《稷下风》。1993年5月31日在济南逝世。

杨景羽(1919—1993) 女，济南市人。1919年1月生。1942年12月参加革命工作，1943年2月加入中国共产党。以小学教员的身份为掩护，从事党的地下工作。新中国成立后，历任济南市鹊华桥小学校长，芙蓉街小学副校长，市妇联宣传部副部长、部长，市妇联副主席、中共济南市委妇委副书记，市妇联副主任、党组副书记，市中级人民法院副院长、党的核心小组成员，市革委副主任，市第八届人大常委会副主任、党组成员。1982年12月离职休养，1993年6月15日逝世。

徐贞吉(1920—1993) 男，山东省临沭县人。1920年2月生。1941年7月加入中国共产党，参加革命工作。新中国成立前，历任村长、村党支部委员，东海县羽西区公所调解助理，东海县政府情报站站长，东海县政府干事、股长、副科长，东海县河南区区长、武工队队长，潍县三合区工作组组长、宣传委员。新中国成立后，历任中共安丘县赵戈区委副书记、平桥区委书记，潍安县副县长、县委委员，安丘县委书记处书记，临朐县委第一书记、书记兼县贫协主席，益都县革委核心小组成员、县委常委、县委副书记、县委书记、县革委会主任，昌潍地委常委、副书记，昌潍地区革委副主任、党组副书记，昌潍（潍坊）行署副专员、党组副书记。1978年10月后任中共济南市委副书记，市政府副市长、党组副书记。1983年4月任市第九届人大常委会副主任、党组副书记。1986年12月离职休养，1993年7月16日逝世。

赵　群(1919—1993) 又名赵锡恩、赵惠民。男，山东省新泰市人。1919年10月生。县立师范讲习所毕业后任农村小学教员。“九一八”

事变后，积极参加抗日救亡活动。1938年3月任新泰县抗日民主政府一科科员。同年12月任新泰县新独立营政治处宣传委员。1939年2月到沂水县岸堤抗日军政干部学校学习。同年6月加入中国共产党。后历任中共鲁南区委文书科长，鲁南一地委秘书长，鲁南一地委三区区委书记，邹县县委委员、宣传部部长、组织部部长、县政府党团书记，鲁南区委党校教育科长等职。1948年3月入中共华东局党校学习。同年9月济南解放后，历任中共济南特别市第七分区委委员、组织部部长，中共济南特别市委会秘书科长，中共济南市第五区委书记，济南市财经委员会副主任、中共济南市委委员。1956年3月任济南市副市长、中共济南市委委员。1958年6月调任山东省体育运动委员会副主任、党组成员。1970年至1973年2月任山东省革委体育运动委员会副主任。后任中共山东省体育工作大队委员会书记。1978年6月任山东省革委体育运动委员会副主任、党组成员。1982年12月离休，1993年9月逝世。

张辑五（1914—1994） 男，河南省滑县人。1914年生。1935年12月参加北平“一二·九”学生爱国运动。1936年5月加入中国共产党。7月任民国大学地下党支部书记、校学生自治会主席。9月任中共北平市委大学委员会委员、北平市中学干事会书记、中共北平南特区委书记。“七七”事变后，负责布置北平市地下党工作。1937年10月至中共河南省委工作。1938年2月任中共河南省睢县中心县委书记，10月任新四军游击支队三大队队长兼政委。后历任蒙城、永城、淮泗等县抗日民主政府县长、中共县委书记和中心县委书记兼联防办事处主任等职。1943年后任淮北行署党团副书记兼秘书长，一工委副书记，兼管行署直属9个县的行政工作。抗战胜利后，任华中七分区专员，华东野战军九纵教导总队队长兼政委，中共山东渤海区垦利地委副书记、书记兼军分区副政委、政委，中共渤海区委委员、渤海行政公署副主任。1950年5月后，任中共淄博地委书记兼军分区政委，中共中央山东分局委员、秘书长，山东省卫生厅厅长、党组书记。1961年8月至1963年2月任中共济南市委书记处书记。后调至上海，任中共上海市委委员兼上海市人委农办主任，上海市农科院院长、党委书记。1978年4月任顾问。1984年离休。1994年4月在上海逝世。

段德甫（1913—1994） 男，山东省蒙阴县人。1913年7月生。1938年9月加入中国共产党。先后任中共蒙阴县垛庄乡、岸堤乡支部委员，中共蒙阴县崖子乡委、界牌区委书记，中共沂南县委宣传部副部长、沂源县历山区委书记，中共鲁中南区委组织部秘书、统计科副科长。新中国成立后，历任中共沂南县委书记，沂水专区供销分社主任，中共沂水地委委员，沂水、临沂专署副专员，山东造纸总厂厂长，中共济南市第一届委员会委员，济南造纸厂副厂长，中共济南市委副秘书长。1968年9月后任济南市革委会农林水组副组长，济南市计委副主任、党的核心领导小组副组长。1978年7月任政协济南市第六届委员会副主席、党组副书记。1982年12月离休。1994年7月2日在济南逝世。

吕岐山（1920—1994） 曾用名铁军。男，山东省沂源县人。1920年生。1939年6月参加革命工作，同年10月加入中国共产党。历任八路军一支队战士、排长，蒙阴县七区黄庄乡乡长，七区区长，博莱县张黄庄区区长，安丘县六区及南部区区长，淮安县政府民政科副科长、科长。新中国成立后，历任昌乐县政府、昌潍专署秘书、秘书副主任、主任，中共济南市委工业部工作组组长，济南市物资交流办公室主任、济南市统计局副局长，济南市人民委员会计划委员会副主任兼统计局局长。1956年4月至1962年12月任济南市人民委员会秘书长，其间曾兼任市计委副主任、主任。其后，任市计委主任、副主任。1966 年 4 月当选为济南市副市长，兼市计委副主任、市劳动工资委员会主任。后任济南铁矿副矿长、济南市计委顾问等职。是济南市第二至五届人民委员会委员，中共济南市第二届委员会候补委员。1983 年 1 月离职休养，1994 年 11 月 20 日逝世。

郭贻诚（1906—1994） 男，天津市武清县（今武清区）人。磁学专家，博士生导师。1906 年 10 月生。1928 年毕业于北京大学物理系，后在北京中法大学居里学院、青岛国立山东大学任教。1936 年赴美国加利福尼亚理工学院学习，获博士学位。1939 年 9 月回国，先后任浙江大学、燕京大学、北平师范大学、山东大学教授。新中国成立后，历任山东大学物理系主任、理学院院长、副教务长，中国物理学会理事、名誉理事，山东省物理学会理事长、名誉理事长。著有《铁磁学》《微磁理论》等。1951 年加入中国民主同盟，曾任民盟青岛市委常委，民盟山东省委副主委、主委、名誉主委，民盟中央委员。1966 年 4 月当选为济南市第六届人民委员会副市长。曾任政协山东省第三届委员会常委，第四、五届委员会副主席，第二、三、五、六届全国人大代表等。1992 年 5 月加入中国共产党。1994 年 11 月 28 日在济南逝世。

吴鸣岗（1916—1995） 男，山东省沾化县人。1916 年 9 月生。1936 年 8 月考入北平燕京大学历史系，因故三度休学，1947 年 7 月毕业。青年时代追求进步，向往革命。“九一八”事变后，参加全国学生赴南京请愿运动；在北平求学时，参加过“一二·九”学生运动。1942 年始，先后在济南私立正谊中学、私立懿范女子中学、私立黎明中学、省立第一临时中学、山东临时政治学院、山东师范专科学校任教。曾任山东临时政治学院、山东师范专科学校讲师。1948 年 9 月济南解放后，任济南扶轮中学校长。1950 年 1 月当选为济南市各界人民代表会议第一届协商委员会副主席。1951 年 3 月至 1959 年 11 月，先后任济南市民政局副局长、局长，文化局局长。1950 年 9 月起，还担任历届济南市人民政府委员会委员、济南市人民委员会委员。1955 年 4 月至 1993 年 3 月，历任政协济南市第一至八届委员会副主席。1959 年 5 月起，历任政协山东省第二至七届委员会常委。1988 年 1 月和 1993 年 4 月，先后当选为政协山东省第六、七届委员会副主席。曾担任济南市社会主义学院名誉院长，济南市志编纂委员会副主任、顾问等职。1995 年 3 月 2 日在济南逝世。

亓象岑（1912—1995） 男，山东省莱芜市人。1912 年 10 月生。1936 年 9 月参加革命工作，1938 年 1 月加入中国共产党。历任八路军驻莱芜办事处主任、莱南行署主任、泰山专署秘书主任。1946 年 2 月至 1948 年 9 月，任中共济南市委委员、国军部部长，还曾担任中共华东中央局济南国军工作委员会副书记。济南解放后，先后任济南特别市军事管制委员会政务部副部长，济南市工商局局长、市财经委员会副主任，济南市人民政府秘书长、市财经委员会主任、市工商局局长。1955 年 6 月至 1956 年 4 月，任济南市副市长兼市计划委员会主任、市财贸办公室主任。1952 年 2 月任中共济南市委委员，1954 年 10 月任市委常委；1956 年 6 月至 1957 年 12 月，先后任中共济南市委副书记、市委书记处书记。1958 年后，历任山东省计划委员会副主任、省工业生产委员会副主任、省粮食厅厅长、省物价委员会副主任、省委城市工作部副部长、省委财贸政治部副主任、省财贸办公室副主任、省财贸委员会顾问、政协山东省第四届委员会常委等职。1983 年 11 月离职休养，享受副省级待遇。1995 年 6 月 6 日在济南逝世。

刘顺元（1903—1996） 男，山东省博兴县人。1903 年生。早年就学于青州，在五四运动影响下，积极参加爱国运动。1924年考入北京师范大学英国文学系，受民主主义思想熏陶和国共合作的鼓舞，于1926年加入中国国民党。1928年大学毕业后回家乡博兴县，团结进步青年，开展反恶霸、打土豪的农民运动。1931年加入中国共产党。先后任中共济宁特别支部书记、中共博兴县委委员、中共中央支部检查委员会委员、中共江苏省委沪西区巡视员、中共陕南特委书记、中共上海局组织部干事等职。抗日战争时期，历任中共中央长江局组织部干事，中共安徽工委组织部部长、书记，皖东工委书记，苏皖省委书记，淮南津浦路西省委书记，淮南津浦路东省委书记，淮南区党委副书记、新四军淮南津浦路东联防司令部政治委员、淮南津浦路东参议会议长等职，为建立、巩固和壮大淮南抗日根据地做出突出贡献。解放战争时期，先后任中共辽东省委副书记、旅大地委第二书记兼关东公署副主席，带领群众逐步把旅大建设成中共在东北的一个重要基地，支援了人民解放战争。

1948年3月调任中共华东中央局宣传部部长。9月济南解放，奉命担任新成立的中共济南特别市市委书记，并兼任济南特别市警备司令部政治委员，贯彻中共中央的各项方针政策，参与制定和执行一系列正确措施，带领全市人民迅速医治战争创伤和安定社会秩序，恢复和发展生产，为胜利接管济南做了大量工作。1949年11月调离济南，先后担任华东军政委员会财经委员会规划局副局长、华东军政委员会副秘书长、人事部副部长、中共中央华东局宣传部副部长。1954年后历任中共江苏省委副书记、书记处书记、常务书记、代理第一书记，为江苏省的社会主义革命和建设事业做出重要贡献。还曾担任中共中央上海局委员、华东局委员。“文化大革命”中遭到迫害。恢复工作后，先后任第五届全国政协常委、中共中央纪律检查委员会副书记、中共浙江省委顾问，在拨乱反正、平反冤假错案和党的建设工作中发挥重要作用。1982年在中共十二大上当选为中共中央顾问委员会委员。是中共八大、十二大、十三大代表和十四大特邀代表。撰有《刘少奇在淮南敌后》《狱中简记》等。1996年2月14日在南京逝世。

张　骏(1917—1996)　男，山东省潍坊市人。1917年11月生。1937年2月参加革命工作，同年12月加入中国共产党。早在济南乡师读书期间，就积极投身抗日救亡运动。抗日战争爆发后，多次被派到斗争环境恶劣的地区开展工作，历任八路军总部随营学校学员、延安抗大三大队一队党支部书记、抗大一分校先遣支队党总分支书记、民运工作团团长、政治部民运科副科长等职。1942年至1945年曾任中共中央山东分局组织部和城工部干事。解放战争时期，历任中共济南市委群委会书记、群工部长、市委委员。济南解放后，历任中共济南市委直属党委书记，市委副秘书长、调研室主任等职。1951年2月至1956年2月先后任市委公营企业工作部、工业部副部长、部长；1954年10月至1961年任市委常委，分管工业交通等工作。1959年12月至1967年1月先后任济南市副市长、市委书记处书记。1972年5月至1978年7月任市革委会副主任；1973年9月至1983年3月任市委副书记。1979年12月当选为市八届人大常委会主任，并任党组书记。1983年4月当选为政协济南市第七届委员会主席，并担任党组书记。1986年9月离职休养，1996年4月30日在济南逝世。

赵启升(1940—1996)　男，吉林省九台县（今九台市）人。1940年10月生。1965年8月毕业于吉林工业大学内燃机专业，同时参加工作。1971年3月加入中国共产党。历任济南汽车制造厂技术员、厂政治部宣教组干事，中共济南市委组织部干事、副科长。1983年8月至1984年1月任中共济南市委组织部部委委员、副部长；1984年2月至1986年1月任中共济南市天桥区委书记；1986年1月至1988年6月任中共济南市委常委、组织部部长；1988年6月至9月任中共济南市委副书记。1989年至1996年9月任山东省机械工业厅副厅长、党组成员、党组副书记等职。1996年9月1日在济南逝世。

秦和珍(1913—1996) 男，山东省金乡县人。1913年2月生。1933年7月在山东省立四乡师上学期间加入中国共产党，组织读书会、抗敌后援会等，进行党的地下工作。抗日战争时期，历任中共金乡县委民运部部长、苏鲁豫支队四大队一营一连指导员、金乡县委书记、湖西地委秘书长、金巨县县长、金巨南五县联合办事处主任。解放战争时期，先后担任冀鲁豫七专署副专员、二专署副专员、冀鲁豫战勤指挥部副司令、中共泰西地委书记。新中国成立后，历任中共泰安地委书记、中共中央山东分局组织部副部长、中共山东省委组织部部长、中共惠民地委第一书记。1958年10月至1959年3月，任中共济南市委第一书记。1959年3月至1962年5月任中共济南市委书记处书记。后历任中共山东省委组织部部长，省委常委、组织部部长，省委书记处候补书记兼组织部部长。1969年12月任山东省革委会政治部副主任、党的核心小组副组长。1971年4月任中共山东省委常委、省革委会政治部副主任。1977年1月起，先后任中共山东省委书记、省革委会副主任，省委书记、省人民政府常务副省长、省政府党组副书记。1983年4月至1985年6月，任山东省人大常委会主任、党组书记。是第五、六届全国人大代表。1996年9月3日在济南逝世。

王文轩(1913—1996) 原名王传武，曾用名王试航。男，山东省寿光市人。1913年1月生。早年在济南山东省立第一乡村师范学校求学期间，积极参加抗日救亡运动。1932年3月参加革命，加入中国共产主义青年团。次年转入中国共产党。曾任中共山东省立一乡师支部委员，中共济南市委委员、宣传部部长，中共寿光县支部书记。抗日战争爆发后，于1937年年底在家乡参与发动牛头镇抗日武装起义。先后任八路军鲁东游击第八支队中队长兼政治指导员，鲁东游击指挥部大队政委、营教导员，八路军山东纵队第一团、一一五师教一旅第一团、鲁中军区第一团政委，鲁中军区党校副校长。解放战争时期，历任山东军区第三师政治部主任，鲁中军区第二军分区副政委兼政治部主任兼中共沂蒙地委副书记，华东野战军八纵二十二师政委，华东野战军政治部组织部部长，华东军区政治部组织部部长。1950年4月起，参加中央军委总干部管理部筹建工作并在总干部部工作八年，先后任总干部部军衔处处长，特种兵干部部副部长、部长。1955年被授予少将军衔。1958年11月后，历任国防部第五研究所政治部主任、副政委，中共中央监察委员会驻第七机械工业部监察组组长。1978年12月至1982年9月，任中共中央纪律检查委员会委员。其间，担任中纪委第三专案组组长，参加清查林彪、江青反革命集团主要成员罪行的工作。是第六、七届全国政协委员。1996年11月2日在北京逝世。

林　浩(1916—1996) 原名尹圭章。男，山东省牟平市人。1916年生。在济南求学期间，于1932年加入中国共产主义青年团，次年转入中国共产党。先后任中共济南高级中学支部书记、济南工委委员、山东省委宣传部部长兼济南市委书记。抗日战争爆发后，任中共山东省委宣传部部长、省委代理书记。1938年1月参与领导徂徕山抗日武装起义。历任山东人民抗日游击纵队第四支队政治部主任、支队政委，中共山东省委常委、组织部部长，八路军山东纵队后方司令部政委，中共胶东区党委书记兼胶东军政委员会书记，胶东军区政委。解放战争时期，先后任中共胶东区党委书记、胶东军区政委，中共胶东区党委书记、胶东军区政委兼华东野战军第九纵队政委。新中国成立后，历任中国人民解放军南京军事学院政治部教育部部长兼训练部副部长、政治部宣传教育部第一部长、政治部副主任，高等军事学院政治部副主任、政治部主任、副政委，政治学院院长等职。1955年被授予少将军衔。是中共十二大代表，第七届全国政协委员。1996年11月14日在北京逝世。

刘众前(1921—1996) 男，山东省莱芜市人。1921年生。1938年4月参加革命工作，同年12月加入中国共产党。历任中共泰山地委青年部宣传科长，鲁中区党委党校教员，泰山地委党训班主任，莱东县委宣传部部长，章丘、泰安县委书记兼独立团政委。1950年后，历任中共泰安地委宣传部部长，地委副书记、书记。泰安地委撤销后，于1958年12月至1961年4月任中共济南市委书记处书记，其间曾兼任市委农村工作委员会第二书记。1961年5月中共泰安地委恢复，任地委第一书记。1965年12月任中共山东省农林(系统)党委书记、山东省人委农林办公室主任。1970年3月任山东省农业局党的核心小组副组长、副局长。1972年7月后，历任青岛市革委会党的核心领导小组副组长、市革委会副主任，市革委会党的核心领导小组组长、市革委会主任，中共青岛市委书记、市革委会主任、市政协主席。1979年12月任山东省人民政府副省长。1983年7月至1993年4月，先后任中共山东省顾问委员会常委、副主任。是中共八大、十一大代表。1996年12月11日在济南逝世。

许洪云(1919—1996) 男，山东省临朐县人。1919年生。1938年3月加入中国共产党，同年10月入伍。抗日战争时期，历任八路军山东纵队临朐独立团战士、司务长，山东纵队四支队二大队指导员、一支队三营二连支部书记，山东益都县县大队副教导员，山东军区沂山分区十二团一营教导员。解放战争时期，历任华东野战军八纵二十二师六十六团政治处副主任、主任，第三野战军二十六军七十六师二二八团副政委、政委。新中国成立后，历任中国人民志愿军二十六军七十六师二二八团政委，中国人民解放军师政治部主任、副政委兼政治部主任、师政委，军副政委，济南军区政治部副主任。1969年6月任济南市革命委员会党的核心领导小组副组长、市革委会第一副主任。1970年5月任济南市革委会党的核心领导小组组长、市革委会主任。1971年4月至1973年9月，任中共济南市委书记、市革委会主任，对稳定济南局势做了大量工作。后任济南军区政治部主任。1984年6月离职休养。1996年12月12日在济南逝世。

蔡义田(1921—1997) 男，安徽省金寨县人。1921年6月生。1930年7月参加中国工农红军，1935年11月加入中国共产党。历任中国工农红军第四方面军二十五军、红十五军团战士，八路军第115师687团一营战士、文书、连指导员、营教导员，山西高平县基干大队教导员，江苏阜宁、涟东大队组织股股长，新四军军部特务团一营教导员，华中民主联军团政治部主任，滨海军分区郯城独立团副团长，滨海军分区供给部、卫生部政委、党委书记。新中国成立后，历任山东省公安厅直属大队政委、党委书记，济南市公安总队政委、党委书记，济南市公安局经保处、治安处副处长、政治部副主任，济南市监察委员会专职常委，济南市民政局党的核心小组成员、副局长，济南市第八届人民代表大会常务委员等。1982年12月离职休养，1997年3月21日在济南逝世。

龚文涛(1921—1998) 男，江苏省常州市人。1921年12月生。1937年6月在烟台参加中华民族解放先锋队，在中共领导下从事地下工作。1940年5月加入中国共产党，先后任胶东三联军一大队战士、班长，胶东军校中队长，后方医院警卫连指导员，中央抗大学员，鲁中二军分区司令部秘书兼党支部书记，鲁中沂水县小学校长、干训队干事、大队长，胶东公学政治教员。参加打响胶东抗战第一枪的雷神庙战斗。济南解放后，任济南市文教局民教馆馆长。新中国成立后，历任济南工人子弟中学教务主任、代校长，济南市文教局科长、副局长，济南市文化局党组书记、副局长，山东省体委党组成员、副秘书长，山东体育学院副院长，山东省体育学校党委书记、校长。1973年10月始，先后任济南市文化局革委会主任、党的核心领导小组组长，济南市革委会政治部文教组组长，济南市体委革委会主任、党的核心领导小组组长。1978年10月始，先后任济南市文化教育委员会副主任，党组副书记，1982年4月增选为政协第六届济南市委员会副主席。1983年4月当选为政协第七届济南市委员会副主席。1986年9月离职休养。1998年8月11日在济南逝世。

李　克(1916—1998)　男，山东省临邑县人。1916年10月生。1936年6月加入中国共产党，同年参加革命工作。抗日战争初期，在本村开展抗日救亡活动，筹建小学教师救国会。从1938年起，历任八路军冀鲁边挺进纵队军政学校教员，八路军兰州支队、鲁南支队宣传教员、指导员，八路军一一五师某团组织干事，中共海陵县委副书记、东海县委书记。1947年2月至1953年12月因病休养。1954年1月至1975年8月期间，先后担任中共青岛市委直属机关党委副书记、书记，青岛市干校（原山东省委第二初级党校）党委书记、中共青岛市委统战部部长，中共青岛市委常委、秘书长，青岛市地下防空干道指挥部副政委，青岛市革委生产指挥部副主任、党的核心领导小组成员，青岛市革委党的核心领导小组成员、副组长。1975年8月后历任山东省机械工业局党的核心领导小组组长、革委会副主任，局长、党组书记。1979年12月任中共济南市委副书记。1983年12月离职休养。1998年5月14日在济南逝世。

舒　同(1905—1998)　男，江西省东乡县人。1905年11月生。1920年6月在家乡与进步同学成立“金兰同学社”，传播新思想、新文化。次年8月考入江西省立第三师范学校，与同学李井泉等发起组织“马克思主义研究会”。1926年加入中国共产党，先后任中共东乡县支部书记、县委书记，国共合作的国民党东乡县党部常委。1927年“四一二”政变后，遭国民党反动派通缉，辗转于武汉、上海、安徽、南京等地，寻找党组织，坚持革命。1930年9月参加中国工农红军，历任红四军政治部秘书、红十一师秘书长、中共赣东特委秘书长、红四军政治部宣传部部长、红十二师政治部主任、红一军团政治部宣传部部长、红十师政治部主任。参加中央苏区第一至五次反“围剿”斗争。长征中，任红二师政治部宣传科科长、政治部主任，撰写《向北进攻——胜利的开始》等文章，鼓舞红军指战员士气。中央红军与红四方面军会师后，任红四师政治部主任，坚决拥护党中央北上方针。1935年10月抵达陕北后，参加直罗镇、东征、西征、山城堡等战役。抗日战争时期，历任八路军总部秘书长、晋察冀军区政治部主任、中央军委总政治部秘书长兼宣传部部长，参与创建、扩大晋察冀抗日根据地和延安整风时的军委整风审干领导工作。1944年夏，赴晋冀鲁豫边区、中共山东分局传达整风精神。同年秋任中共山东分局委员兼秘书长、分局学习委员会主任，为山东抗日根据地的巩固和发展做出贡献。解放战争时期，历任新四军暨山东军区政治部主任，华东军区暨第三野战军政治部主任，中共中央华东局常委兼社会部部长、国军工作部部长。具体指导华东野战军的新式整军运动，参与组织指挥鲁南、莱芜、济南、淮海、渡江、上海等战役，具体领导了争取国民党第九十六军军长吴化文率部在济南战役中起义。中华人民共和国成立后，任中共中央华东局常委兼宣传部部长、华东军政委员会委员、华东文教委员会主任、华东人民革命大学校长、中共华东局党校校长等职。1954 年 8 月至 1960 年 10 月，任中共山东省委第一书记兼济南军区第一政委、党委第一书记。1956 年 9 月当选为中共第八届中央委员。后任中共山东省委书记处书记，并于 1961 年 12 月至 1962 年 12 月下放担任中共章丘县委第一书记。1963 年 3 月调任中共陕西省委书记处书记。“文化大革命”中遭受林彪、江青反革命集团的政治迫害，长期被监禁、批斗。1978 年 8 月，任中国人民解放军军事科学院副院长兼军委军战史编辑室主任。1979 年 7 月被增选为第五届全国政协常委。1979 年 9 月被彻底平反，恢复名誉。1982 年 9 月，在中共十二大上当选为中共中央顾问委员会委员。后为中共十三、十四、十五大特邀代表。

舒同自幼学习书法，因其字写得好，八九岁即闻名乡里，被誉为“神童”，少年时代被称为“东乡才子”。参加红军后，在紧张战事之余，潜心书艺，寄情翰墨，以笔为刀枪，为中国革命做出特殊贡献，被红军指战员誉为“马背书法家”，毛泽东称赞他是“党内一支笔，红军书法家”。他博采众家之精粹，创造“舒体”。1981 年中国书协成立时，他被推举为第一届书协主席，后担任第二、三届书协名誉主席，是中国书法家协会创始人之一。有楷、行、草三本《舒同字帖》和《舒同书法集》出版。1998 年 5 月 27 日在北京逝世。

姚仲明（1914—1999） 曾用名姚梦龄。男，山东省东阿县人。1914 年生。1930 年考入山东省立第一乡村师范学校。在进步师生的影响帮助下，积极参加学生爱国运动。1932 年年初加入中国共产党，任中共济南乡师支部成员，积极从事党的秘密工作。1933 年中共山东省委机关遭敌破坏后，山东党组织与中共中央失掉联系，他同中共济南乡师支部成员赵健民、王文轩等人积极寻找上级党组织。同年 7 月，至家乡开展党的工作，发展党员 10 余名，建立东阿县第一个中共支部。1936 年 7 月，在济南郊区全福庄小学被捕，关押至济南看守所。在狱中，同难友赵健民、理琪秘密组成狱内党支部，领导开展狱中斗争。1937 年抗日战争爆发后被释放出狱。当年 10 月底，受中共山东省委派遣，赴长山县开展抗日武装起义工作。同年 12 月，与廖容标、赵明新、马耀南等人成功领导黑铁山抗日武装起义，成立山东人民抗日救国军第五军，他任政委。1938 年 6 月，率第五军一部改编为八路军山东抗日游击第四支队第四团，任团政委。1939 年任八路军山东纵队政治部联络部部长，后任八路军第一纵队联络部部长。同年秋当选为中共七大代表。1940 年至 1945 年在延安中央马列学院和中央党校学习，并先后任中央党校一部、四部文教主任。1945 年 4 月作为山东代表出席中共七大。1946 年先后任华东解放区驻联合国鲁青分署代表、军调部驻青岛小组中共代表。同年 10 月任烟台市市长、中共烟台市委副书记。1948 年 4 月潍县解放后，任潍坊市市长，中共潍坊特别市委常委、代理书记。同年 12 月调任中共济南特别市委常委、济南特别市副市长，主持市政府日常工作。1949 年 5 月任济南市市长。同年 12 月任中共济南市委第一副书记、济南市市长。1950 年 2 月调至外交部工作，历任中国驻缅甸首任大使、驻印度尼西亚大使、外交部条约法律司司长，成为新中国第一代外交家。1972 年任外交部国际问题研究所筹备组组长。1978 年 7 月任文化部副部长，1981 年 3 月任对外文化联络委员会副主任。1983 年起历任第六、七届全国政协委员，全国政协外事委员会委员，中国国际文化交流中心副理事长、中国对外文化交流协会副会长。著有话剧剧本《同志，你走错了路》等。1999 年逝世。

刘锡藩(1937—2000) 男，济南市人。1937年1月生。1954年8月参加工作，1976年8月加入中国共产党。历任山东省堂邑县供销社计划科统计员，山东省供销社计划处统计员，历城县供销社计划员，济南市采矿公司助理技术员、地质队地球物理探矿组组长，历城县财政局预算员、县工交组生产组组长、县计划委员会计划员、县工业局副局长，济南市郊区工业局局长，郊区经委主任、党委书记。1984年4月起先后担任济南市郊区副区长,区委副书记、区长，区委书记。1987年5月任中共济南市历下区委书记、区政协主席。中共济南市第五届、第六届委员会委员。1989年5月至1995年1月任济南市总工会主席、党组书记。1991年4月当选为济南市人大常委会副主任。1993年3月继续当选为济南市第十一届人大常委会副主任，历任市人大常委会党组成员、党组副书记，济南市第十一届人民代表大会城乡建设环境保护委员会主任委员。1988年1月起分别当选为中共山东省第五次、第六次代表大会代表，济南市第十、十一、十二届人民代表大会代表，山东省总工会第九届常务委员会委员，全国总工会第十一、十二届委员会执行委员。2000年11月12日在济南逝世。

王忠堂(1929—2001) 男，山东省海阳市人。1929年11月生。1945年2月参加革命工作,1946年9月加入中国共产党。新中国成立前，先后任胶东公安局特务队战士、文书，胶东公安局武工队文书，华东建大教导团一营部文书，济南特别市市政府公安局秘书室文印员，十一分局侦保股侦讯干事。新中国成立后，历任济南市公安局十一分局第八派出所副所长，市公安局人事处科员，济南市人民检察院办公室秘书、副主任、主任、三科副科长、科长、检察员、检察委员会委员、党组成员，中共济南市人委机关党委常委，济南市槐荫区检察院检察长，中共济南市槐荫区监察组委员，济南市槐荫区革委会文教组组长，济南市革委政法办公室工作员，济南市中级人民法院副院长、党组成员。1983年4月任济南市中级人民法院院长、党组书记，1988年1月当选为济南市第十届人大常委会副主任、党组成员、法制委员会主任委员，曾任济南市老龄委员会主任、名誉主任。曾当选为济南市第九、十、十一届人民代表大会代表，中共济南市第四次代表大会代表、四届市委委员。2001年9月27日在济南逝世。

吴捷东(1911—2001) 原名邓兰松。男，山东省掖县（今莱州市）人。1911年3月生。1938年1月参加革命工作，1939年4月加入中国共产党。抗日战争时期，历任掖县水音乡青救会主任、四区社会干事、组织干事，村党支部书记、乡党总支委员，中共掖县县委组织干事、巡视团团长、县委社会部科长，县公安局人事股长、代局长，中共西由镇委副书记、特派员，西海专署公安局干部科长。解放战争时期，任胶东行署公安局侦察科长。新中国成立后，历任山东省公安干部学校教务科长、济南市公安局侦保处处长。1954年12月起历任济南市公安局副局长，市司法局副局长、局长、党组书记；1958年2月后历任济南市人民法院副院长、院长、党组书记；1961年10月任中共济南市委政法工作部副部长。1962年7月复任市法院院长至“文化大革命”。1972年9月任济南市革委政法办公室副主任，1975年5月任中共济南市委副秘书长，1978年8月至1980年2月任济南市人民检察院检察长、党组书记。1979年12月当选为济南市第八届人大常委会副主任，并任党组副书记。曾当选为济南市第三、四、五、六、八、九届人民代表大会代表。1982年12月离休。2001年11月17日在济南逝世。

张　扬(1917—2002) 男，山东省阳谷县人。1917年5月生。1937年9月参加革命，1938年9月加入中国共产党。抗日战争时期，历任鲁西战地服务团团员，中共费县大五区区委书记，中共鲁南三地委组织部干事、科长兼机关总支书记，中共泰宁县组织部部长、县委常委，中共山东分局济南工委组织委员等职。解放战争时期，历任中共蒙山县委常委、组织部部长，中共济南特别市第七区（槐荫区）区委书记，中共济南市委党训班主任等职。新中国成立后，历任中共济南市委组织部副科长、科长、副部长、部长，中共济南市委常委，市纪委常务书记兼市委党史资料征集研究委员会常务副主任，济南市第九届人大常委会副主任、党组成员等职。曾当选中共山东省第一、四次代表大会代表，济南市第六、八、九、十届人民代表大会代表。1986 年 12 月离休。2002 年 2 月 2 日在济南逝世。

李道德（1911—2002）　男，山东省沂水县人。1911 年 5 月生。1931 年 9 月加入中国共产党，同年参加革命工作。第二次国内革命战争时期，参加农民夜校学习，接受进步思想教育，任沂水县埠前村党中心支部秘密交通员、组织委员。抗日战争爆发后，在党组织的领导下，参与组建沂水一区李钟盈抗日游击队，并任指导员；后历任滨海区八路军二支队特务连连长，中共沂水七区委员会书记，沂水县农会会长，中共沂蒙地委抗日联合会主任。解放战争时期，任中共沂蒙地委农运部部长。新中国成立后，先后任中共临沂地委农委会常委、农委书记，淄博五〇一厂工会主席，山东省建筑工会主席，济南黄台电厂党委副书记。1979 年 12 月增选为政协济南市第六届委员会副主席，任市政协党组成员，兼任济南市参事室副主任。1983 年 7 月离职休养。2002 年 4 月 16 日在济南逝世。

张敬焘（1914—2002）　男，山东省淄博市博山区人。1914 年 12 月生。1936 年 5 月参加中华民族解放先锋队，任民先博山县队部组织部部长。1937 年 6 月加入中国共产党。抗日战争爆发后，历任中共博山县特别支部宣传委员、博山县工委宣传部部长、组织部部长。1938 年 2 月，联络爱国军人，建立山东人民抗日救国军第六军，任大队政治部副主任。4 月率部编入八路军山东抗日游击第四支队，任四支队一团五连指导员。同年 7 月起，历任中共博山县委书记、博山县抗日民主政府县长、中共益（都）临（朐）工委书记、中共鲁中第五地委（鲁山地委）副书记。解放战争时期，先后任中共淄博特委书记兼淄博警备区政委、鲁中第一地委（泰山地委）副书记兼组织部部长、泰山地委书记兼军分区政委。新中国成立后，历任中共泰安地委副书记、书记兼军分区政委，中共上海沪西产业区委副书记兼组织部部长，上海普陀区委书记，上海市委委员、副秘书长。1960 年 10 月后历任中共青岛市委第一书记、市政协主席，中共山东省委常委、青岛市委第一书记兼市长、市政协主席。1970 年 3 月，任济南市革命委员会副主任。1971 年 4 月任中共济南市委副书记、市革委会副主任。1973 年 9 月任中共济南市委书记、市革委会主任。1975 年 9 月后任烟台地区革委会副主任，中共烟台市委副书记、市革委会副主任。1977 年 10 月后历任山东省重点工程会战指挥部副指挥，省革委会工交办公室副主任、党组副书记，省革委会基本建设委员会主任、党组书记。1978 年 11 月至 1983 年 4 月，相继任山东省革委会副主任、省人民政府副省长。后任省人民政府顾问、特邀顾问，还担任山东省地方史志编纂委员会副主任、顾问，省老龄委员会常务副主任等职，1998 年 2 月离职休养。曾当选为第三届全国人大代表。2002 年 12 月 24 日在济南病逝。

于云亭（1905—2003）　原名于质彬。男，山东省乳山市人。1905 年 2 月生。1914 年至 1928 年，先后在海阳县立第二小学、烟台中学、北京宏达学院、北京民国学院读书。参加过“五卅”运动和“三一八”学生爱国运动。1928

年参加国民党，曾任国民党山东党务指导委员会派驻青州区特派员、益都县政委员会主任，国民党济南党务指导委员会委员、登记科科长。1929年7月返回北平民国学院复学，在校期间，曾参加共产党的外围组织反帝大同盟、互济会等进步组织。1931年夏毕业后赴哈尔滨东省特区第四中学任教。“九一八”事变后因从事反帝爱国活动遭驱逐离校，于1932年2月回到济南并加入中国共产党。不久，经朋友引荐，被山东省教育厅厅长何思源委任为山东省立第七乡村师范学校筹备处主任，赴文登办学，并与当地中共组织取得联系。同年8月第七乡师（文登乡师）开学，他出任校长。在其努力下，不少共产党员得以入校任教或读书。不久七乡师共产党支部成立，经他提议，由在校读书的刘家语（即谷牧）任党支部书记。他利用校长的公开身份，对师生进行反帝反封建宣传和爱国主义教育，组织学生阅读进步书刊。1934年2月学校党组织遭到破坏，他以“共产党”嫌疑被捕入狱。后经何思源保释出狱，旋辞去七乡师校长职务，脱离党的组织。1934年8月至1949年，先后任山东省教育厅乡村教育辅导委员会委员，兖州山东省立第四乡村师范学校教务主任兼附属小学校长，山东省滨县中学教导主任，山东省第五行政专署（驻惠民）教育视导员，河南省银行训练班教务股股长，西北医学院教务员，四川省广元、金堂县食糖专卖办事处主任，四川省金堂县赵镇中学校长、铭义中学教员，行政院财政部税务署督察等职。新中国成立后返回济南。1950年5月至1955年7月任济南师范学校校长。1955年7月至1967年1月历任济南市教育局局长、第一教育局局长。1962年10月后还曾担任济南市红十字会副会长、市盲人聋哑人协会副主任委员。“文化大革命”中受到冲击，在市图书馆整理书刊数年之久。1978年7月任济南市政协副主席。1979年12月当选为济南市第八届人大常委会副主任。1981年1月加入中国共产党，次年6月任市八届人大常委会副主任、党组成员。1989年3月离休。曾当选为济南市第一至六届、第八届人民代表大会代表，济南市第二至六届人民委员会委员，政协山东省第一至四届委员会常务委员。2003年1月16日在济南逝世。

李　瑜（1920—2003）　又名李丕瑾。男，山东省乳山市人。1920年11月生。1938年11月加入中国共产党。同年12月入胶东军政学校学习。1939年5月任中共牟平县七区委宣传委员，同年8月入中共山东分局党校学习。1940年7月起，历任中共胶东区委平度、平招莱掖工作团组织委员、团长、党支部书记，中共牟平县委委员、各救会会长、群委书记。1945年6月后历任中共东海地委各救会会长、民运部部长，胶东区党委工作团团长、书记，胶东合作总社主任、党组书记，胶东行署党组干事会干事。1950年6月起先后任山东省合作总社秘书长、山东省合作事业管理局（与省合作总社合署）副局长、党组副书记，山东省供销合作总社主任、党组书记。1958年1月任中共金乡县委第一书记。1959年6月任山东省商业厅副厅长。1960年6月任济南钢铁厂厂长、党委第三书记。1962年3月任山东省供销合作社主任、党组书记。1964年1月任山东省财贸办公室主任。1970年1月任莱芜钢铁工程指挥部指挥、党的核心领导小组副组长。1973年8月任山东省冶金局局长、党的核心领导小组组长。1975年2月调任中共济南市委书记、济南市革委会主任。1979年12月任山东省人民政府副秘书长、办公厅党组副书记。1980年11月后历任山东省进出口管理委员会主任、党组书记，中国国际贸易促进委员会山东分会会长、省贸促会首席顾问。其间于1983年7月当选为中共山东省顾问委员会委员，1986年5月至1993年4月任中共山东省顾问委员会常委；还曾担任山东省对外经济贸易委员会特邀顾问兼香港华鲁（集团）有限公司董事长。1997年12月离职休养。

是中共山东省第一、二、五、六次代表大会代表，中共山东省第一、二届委员会候补委员，山东省第三、五届人民代表大会代表，山东省第三届人民委员会委员。2003年7月21日在济南逝世。

王路宾（1913—2003）　又名王广义，化名周毅然。男，山东省聊城市人。1913年9月生。幼年在聊城山东省立三师附小、道立模范小学读书，1925年入聊城省立第二中学。1929年考入济南省立乡村师范学校特科，同年11月加入中国共产主义青年团，1930年4月转为中国共产党党员。毕业后到江苏沭阳国民党新编二十七师从事军运工作，1931年军阀混战该师遭缴械后与党组织失掉联系。1931年9月赴北平继续求学和寻找党的组织。1933年8月考入青岛国立山东大学生物系。不久即与山大党组织建立联系，参与学校党支部工作，发展进步力量，开展抗日救亡活动。1935年12月为声援北平“一二·九”学生爱国运动，组织成立山东大学学生抗日救国会，发动群众上街示威游行和举行罢课斗争，遭反动当局拘押。后被押送出青岛，于1936年春辗转到北平，参加中华民族解放先锋队，在北京大学接上党组织关系，并担任北平沙滩街道党支部书记。同年夏考入成都国立四川大学生物系，继续求学并从事革命活动。积极发展“民先”组织，不久即成立民先成都总队，任副总队长。1938年2月因参加革命文化活动被学校开除，受党组织派遣，至四川名山中学任教导主任兼英语教员，开展党的工作。继而再次被捕，后经党组织营救出狱。1939年秋到达延安，在中央社会部工作。后赴莫斯科学习。1940年回国，先后在中央社会部指导科、陕甘宁边区保卫处工作，曾任边区保卫处研究组组长。抗日战争胜利后，相继担任冀鲁豫边区党委社会部办公室主任、副部长，冀鲁豫区行政公署公安处处长。新中国成立后，任中共平原省委委员、省政府委员，省公安厅副厅长、厅长。1953年1月平原省撤销后，调任中共中央山东分局委员、山东省人民政府委员、省政治法律委员会副主任、省公安厅厅长。后任中共山东省委常委兼秘书长。1955年11月至1958年10月，任中共山东省委常委、济南市委第一书记、市政协主席。其间曾于1958年兼任济南钢铁厂第一任党委书记。后在整风补课中被划为“右派”，开除党籍，下放劳动。1965年被撤销“右派”结论，恢复党籍和行政级别。1967年3月，任山东省革委会常委。同年6月受到迫害被关入监狱。1975年9月中共山东省委为其平反，安排他担任曲阜师范学院党的核心领导小组副组长，后任党委书记。1979年3月到中央党校学习，同年11月调任北京大学党委副书记、常务副校长。1983年应邀担任中纪委特邀检查员。1984年退居二线，任北京大学顾问。1990年6月离休。是中共第八次全国代表大会代表、第一届全国人民代表大会代表、第六届全国政协委员。2003年11月7日在北京逝世。

刘　瑛（1922—2004）　男，山东省博兴县人。1922年1月生。1939年8月参加革命，并加入中国共产党。历任博兴县地下县委秘密交通员，临淄县交通分站站长，博兴县第五区交通站区抗日动员委员会交通分站长兼区青年科长，博兴县第五区交通站区抗日动员委员会副会长，渤海区高苑县各界救国会青联主任，济南第一工委青运科科长，渤海区党委驻周村、济南工作组副组长，济南市第四区委民运部副部长、宣传部部长，济南市店员工会副主席、主席，市工会办公室主任、秘书长，市工会副主席，济南市计委主任，济南第四机床厂副厂长，济南市财办主任，济南市人委副市长，市商业一局党组副书记兼济南肉联厂党委书记，市多种经营办公室主任，市供销社党委委员、革委副主任兼多种经营办公室主任等职。1985年1月离职休养。2004年1月29日在济南逝世。

赵建平（1921—2005） 曾用名毕莘英、毕叶。女，山东省昌乐县人。1921年2月生。早年在家乡小学和县立师范讲习所读书，1936年失学后曾到青岛大康纱厂做工。1938年3月参加革命，同年9月加入中国共产党。历任临郯青年救国团宣传员、滨海二支队宣传员、山东省妇联干事、沂南县妇救会会长。解放战争时期历任安丘县妇联主任、昌乐县妇联主任、昌潍地委妇联宣传部部长、临沂地委妇联主任，组织妇女参加减租减息、动员参军、反扫荡、反伪化、反奸诉苦、土改支前等运动。1953年9月调任济南市妇联服务部副部长。1954年9月至1967年任济南市妇联主席。其间，曾任中共济南市第一、二届委员会委员，山东省妇联第五届执行委员会委员。后历任济南市天桥区革委会副主任、济南市妇联筹备组组长、济南市民政局副局长。1979年12月任政协济南市第六届委员会副主席。1983年12月离职休养。新中国成立后，长期从事妇联工作，工作勤奋扎实，推动了全市妇女工作的开展。2005年9月4日在济南逝世。

岳文斗（1921—2008） 男，陕西省富平县人。1921年4月生。1938年7月参加革命，1939年1月加入中国共产党。历任陕甘宁边区鲁迅师范学员，陕甘宁边区曲子县殷家桥小学教师，陕甘宁边区政府办公厅秘书，胶东行署支前领导小组副组长，华东建设大学第四大队党总支书记，济南市总工会教育科科长、宣传部副部长，济南国棉一厂党委书记，济南市委宣传部副部长，济南市革委会劳动局革命领导小组副组长、上山下乡办公室主任，济南市革委会科技办主任、党组书记，济南市科委副主任、主任、党组副书记、书记，济南市人民政府副市长、党组成员兼济南市科协主席、党组书记等职。1984年10月离职休养。2008年4月19日在济南逝世。

伊党非（1922—2010） 男，山东省博兴县人。1922年10月生。1939年10月参加革命，同年11月加入中国共产党。抗日战争时期，先后任博兴县三区、七区青救会会长，博兴县青救会宣传委员，广博蒲三边青救会会长，中共广博蒲三边工委委员兼青救会会长，中共蒲台县龙居区委书记；解放战争时期，曾任中共蒲台县县委委员兼组织部部长，中共蒲台县县委委员兼宣传部部长，中共垦利地委调研室调研组组长、组织部党务组组长；新中国成立后，曾任中共惠民地委党校组教科科长，中共博兴县委委员兼组织部部长、县委副书记，中共中央山东分局工业部秘书组组长，中共山东省委工业部办公室副主任，中共济南市委工业交通工作部副部长，中共济南市委交通工作部部长，中共济南市天桥区委书记，济南市交通局核心小组成员、局革委会副主任，济南市冶金工业局副局长、局长兼核心小组副组长、组长，中共济南市委党校党委书记、校长，中共济南市委宣传部部长，中共济南市委统战部部长，政协济南市第七届委员会副主席兼秘书长等职。曾任中共济南市第二届委员会候补委员、委员，中共济南市第三届委员会委员；先后当选山东省第二次党代会代表，济南市第四、五、六次党代会代表。1990年10月离休。2010年6月22日在济南逝世。

二

王世墉（1917—1991） 男，河北省宛平县（今北京市）人。1917年1月生。1941年毕业于成都金陵大学，先后任成都金陵女子文理学院助教，国民政府财政部四行办事处科员，外交部情报司、总务司科员，陆军总政治部少校秘书，驻英国伦敦总领事馆副领事等职。1949年10月在中共地下党员的帮助教育下，毅然宣布起义，携妻女返回刚刚诞生的新中国，参加革命工作。先后任山东农学院教务处科员、山东师范学院外语系教员。1957 年加入九三学社。1959 ～ 1977 年受到错误处理。1978 年 10 月平反，调入山东大学数学系，任外语教师、副教授。1958 年加入中国国民党革命委员会。之后，分别担任第七届全国人大代表；政协济南市第七届委员会委员，七届五次会议增选为常委、副主席；政协济南市第八届委员会委员、常委、副主席；民革第七届中央委员会委员、民革山东省第七届委员会副主委、主委等领导职务。1991 年 12 月 19 日在济南逝世。

曾天民(1921—1992) 男，湖北省应城县（今应城市）人。1921 年生。1944 年毕业于重庆国立中央大学理学院地质系，同年任国民党军委会外事局译员。抗日战争胜利后，于 1945 年 12 月任国民党善后救济总署浙江分署编译室组员。上海解放后，进入华东人民革命大学学习，1949 年分配到济南，历任济南市人民政府外侨事务处、建设局、规划局、建筑设计院办事员、技术员、工程师等职。1983 年 9 月加入中国国民党革命委员会。1984 年当选为民革济南市第一届委员会副主任委员兼秘书长，1988 年至 1992 年连续当选民革济南市第二、三届委员会主任委员。曾任政协济南市第七、八届常务委员，民革山东省第七届委员会副主任委员，省政协委员，区人大代表，济南市世界语协会理事长，济南市海外联谊会理事。是“开发利用历城区鸭旺口地热资源”的建议者和参与论证的主要组织者之一。1984 年出席民革中央为四化建设服务经验交流表彰大会。他的先进事迹先后被新华社《瞭望周刊》、民革中央《团结报》以及山东电视台作过专题报道。1992 年 7 月逝世。

艾鲁川(1914—1994) 男，山东省泰安市人。1914 年 3 月生。1931 年起先后任济南裕兴化工厂会计、副经理、经理。1950 年加入中国民主建国会。在社会主义改造高潮中积极响应党和国家号召，参加济南市第一批公私合营，于 1954 年 6 月任公私合营济南裕兴化工厂经理。后曾任济南市轻工业局副局长。1978 年 7 月任政协济南市委员会副主席。1979 年 12 月任济南市副市长。1983 年 3 月和 1988 年 1 月，先后当选为济南市第九、十届人大常委会副主任。曾当选为济南市第一至六届、第八至十届人民代表大会代表，山东省第一、七届人民代表大会代表，民建济南市第一至四届委员会主任委员，民建山东省第一、二届委员会副主任委员，民建中央第四届委员会常委，济南市工商联第三至八届执委会副主任委员，山东省工商联第六、七届执委会主任委员。1994 年 6 月 14 日在济南逝世。

李奇瑞(1928—1995) 男，山东省肥城市人。1928 年 6 月生。1948 年 9 月参加革命工作，1957 年 1 月加入中国民主同盟。1963 年毕业于山东大学外语系研究生班。历任济南市立中学教员、济南第二中学教员、济南市教学研究室外语教研员、济南市教委特邀调研员。当选为民盟中央第五届候补委员，第六、七届委员；民盟山东省委第四、五届副主任委员；民盟济南市委第六、七、八届副主任委员；山东省第六、七届人大代表，第八届人大常委会委员；济南市第九、十、十一届人大常委会委员。还兼任华东、省、市外语教学研究会领导职务。潜心外语教学研究，为培养中学外语教学骨干，提高济南市外语教学质量做出突出贡献。曾获全国“五一劳动奖章”，省、市劳动模范，全国优秀教育工作者，全国、省、市民主党派“为四化服务先进个人”等称号。1995 年 5 月 11 日逝世。

宗怀德(1917—1997) 圣名（教名）若瑟。男，山东省桓台县人。1917 年生于天主教家庭，1937 年毕业于淄川韩家窝小修道院高中，入济南耀汉神哲学院（大修道院）攻读神哲学。1943 年毕业，晋升为神甫。1947 年在济南洪家楼安墩小修道院任教，次年入北平辅仁大学学习。

1949年赴上海震旦大学学习，同年任天主教山东周村教区代理主教。20世纪50年代初，积极投身于中国天主教反帝爱国运动，不畏外国势力的压力，毅然选择中国天主教会自选自圣主教的方式，于1958年自选自圣为周村教区第一任正权主教，成为中国第一批自选自圣主教。1962年任济南教区主教兼周村教区主教。1980年当选为中国天主教爱国会主席、中国天主教教务委员会副主任、主教团副团长。1992年当选为中国天主教主教团主席、中国天主教爱国会主席。在宗教知识方面颇有造诣和修养，通晓天主教法典，在宗教界有很大的影响。1954年后，历任淄博市天主教爱国会主任，济南市天主教爱国会主任(1964～1982年)、名誉主任(1982年5月～1997年6月)，山东省天主教爱国会副主席、主席，山东省天主教教务委员会主任，淄博市政协委员会常委，济南市第八届人大常委会委员，山东省政协第三、四、五届委员会常委，全国政协第五、六届委员会委员，全国政协第七、八届委员会常委，全国政协宗教工作委员会副主任，中国人民争取和平与裁军协会副会长，中国和平统一促进会常务理事等职。高举爱国爱教的旗帜，坚持独立自主办教会的方针，带领全国神长教友为振兴中华、建设祖国而努力。1997年6月27日在北京逝世。

王神荫(1915—1997)　男，福建省古田县人。1915年6月生于基督教家庭，1937年和1939年先后毕业于齐鲁大学教育系、上海圣约翰大学神学院。1948年获加拿大多伦多大学教育研究院文学硕士学位。曾任中华圣公会河南开封真理堂牧师、座堂主任牧师。1953年后，历任中华圣公会山东教区副主教、主教；发起成立济南市基督教三自爱国运动委员会，任第一、二、三届委员会主任，第四至七届委员会名誉主任；济南市基督教协会第一至四届委员会名誉主任；世界宗教者和平会议理事；1980年后相继担任中国基督教三自爱国会副主席、中国基督教“两会”顾问；1981年后任山东省基督教三自爱国会主任、山东省基督教协会会长。是山东省政协第二至七届委员会常委，全国政协第七、八届委员会常委。宗教学识造诣颇深，著有《圣诗典考》等。1997年12月25日在济南逝世。

陈景法(1918—1999)　男，广东省新会县人。1918年12月生于越南西贡堤岸。1942年6月毕业于同济大学机械系。1948年10月参加工作，任山东工矿部济南工业局工程师。1950年1月，任华东工业部济南工业局技术处主任、科长。1951年11月后,任济南第四机器厂工程师，济南第一机床厂技术科长、工程师、副总工程师、高级工程师，山东省机械学会理事、铸造学会会长和一机部济南业余机械学院副院长等。1956年起，任济南市政协第一至八届委员会副主席。1957年6月，加入中国农工党。后任山东省政协第四至六届委员会常委，中国农工党中央第八届委员会候补委员，中国农工党中央第九、十届委员会委员，中国农工党济南市第三、四届委员会主任委员和第五至七届委员会名誉主任委员。作为与中共长期合作的老朋友，他拥护中国共产党领导的多党合作和政治协商制度，认真贯彻“长期共存、互相监督、肝胆相照、荣辱与共”的方针，工作积极，严于律己，为爱国统一战线工作和推动济南市的改革开放与经济建设做出积极贡献。1999年4月12日在济南逝世。

黄道农(1923—1999)　男，济南市人。1923年4月生。1944年6月毕业于北京大学农业学院附设农事教育人员养成所。1948年10月参加工作，历任济南一中生物教师，济南二中生物教师、教导处副主任、副校长。1951年3月加入中国民主同盟，1980年10月加入中国民主促进会。1980年12月起先后当选为民进济南市第二、三届委员会副主任委员。1988 年 9 月起先后当选为民进济南市第四、五届委员会主任委员。1989 年 4 月起先后当选为民进山东省第一、二届委员会副主任委员。1997 年 5 月任民进济南市第六届委员会名誉主委，7 月任民进山东省第三届委员会名誉主委。曾当选民进中央第八、九届中央委员，第六、七、八届全国人大代表，政协济南市第六、七、八届委员会常委。1999 年 6 月 27 日在济南逝世。

张东木(1913—2001)　男，山东省桓台县人。1913 年 11 月生。1950 年加入中国民主建国会。1937 年从北京辅仁大学肄业，至其父张启垣创办的济南东元盛染织厂历任化学师、厂长、经理。济南解放后，作为济南工商界知名人士，主动接受中国共产党和人民政府的领导，组织工商业者复工复业，任济南支援前线献金委员会委员、济南市工商业资本登记委员会常委。1949 年 8 月当选为济南市第一届各界人民代表会议副主席，同年 10 月任济南市工商联筹委会主任委员。1950 年 11 月至 1958 年 5 月历任济南市人民政府、市人民委员会副市长。其间，还担任山东省人民政府、省人民委员会委员，民建济南市第一、二届委员会主任委员，济南市工商联第一、二、三届执委会主任委员，山东省工商联第一、二届执委会副主任委员。抗美援朝中，带头捐献钱物支援前线。1954 年将自己的企业率先实行公私合营。1959 年后任政协济南市第三、四、五届委员会常委。1979 年 12 月后任政协济南市第六、七、八届委员会副主席。1980 年 12 月任市工商联第六届副主任委员，1984 年 12 月起任市工商联（总商会）第七、八、九届执委会主任委员（会长），市工商联第十届执委会名誉会长。曾先后担任山东省工商联第八、九届执委会名誉副会长、会长；曾当选为第一届全国人大代表，山东省各界人民代表会议代表；山东省第一至六届人民代表大会代表；政协山东省第二、三届委员会委员，第四至六届委员会常委；全国工商联第五次代表大会代表、执委；民建中央代表大会代表、中央委员等职。2001 年 12 月 30 日在济南逝世。

赵志冰(1939—2005)　女，山东省青岛市人。1939 年 2 月生。1961 年 9 月参加工作，1996 年 11 月加入中国农工民主党。1956 年 9 月入上海同济大学建筑系城市规划专业学习。1961 年 9 月毕业后历任济南市规划设计室技术员、市城建局规划组助理工程师、市城市规划管理局工程师、市城市规划管理处副总工程师、市规划局总工程师（副局级）。1993 年 3 月当选为济南市政府副市长。1997 年 1 月任济南市政府副市长，农工民主党济南市委副主委；同年 5 月任济南市政府副市长，农工民主党济南市委主委；7 月任济南市政府副市长，农工民主党山东省委副主委、济南市委主委。1998 年 2 月任济南市人大常委会副主任，农工民主党山东省委副主委、济南市委主委；2002 年 1 月任济南市人大常委会副主任，农工民主党山东省委副主委、济南市委名誉主委；2002 年 5 月任济南市人大常委会副主任，农工民主党济南市委名誉主委。2003 年 2 月任农工民主党济南市委名誉主委。曾当选第七届山东省人大常委会委员，第八、九届全国人民代表大会代表，第五届全国科协委员，第六届全国妇女代表大会代表，济南市科协名誉主席。2005 年 6 月 15 日在济南逝世。

孟　涛(1947—2006)　男，济南市章丘人。1947 年 6 月生。1964 年 9 月至 1975 年 8 月为济南市历城县北园公社张庄下乡知青，1975 年 8 月至 1976 年 7 月任北园公社药山管理区技术员。1976 年 7 月至 1979 年 10 月任历城县建筑安装公司四队技术员，1979 年 10 月至 1987 年 1 月任公司副经理（其间于 1980 年 9 月至 1985 年 12 月在同济大学函授本科班结构工程系工业与民用建筑专业学习）。1987 年 1 月至 1989

年3月任济南市工程质量监督站历城分站站长兼历城区建委基建管理科科长，1989年3月至1991年6月任济南市历城区城建开发公司副经理，1991年6月至1993年2月任济南市历城区建委总工程师、城建开发公司副经理，1993年2月至1995年11月任济南市历城区建委副主任、总工程师。1995年11月至1997年1月任济南市历城区副区长。1997年2月加入中国民主促进会。1997年1月至5月任济南市历城区副区长、民进济南市委副主委，1997年5月至2003年1月任济南市历城区副区长，民进中央委员、山东省委副主委、济南市委主委，2003年1月至2月任济南市历城区人大常委会副主任，民进中央委员、山东省委副主委、济南市委主委。2003年2月任济南市政协副主席，历城区人大常委会副主任，民进中央委员、山东省委副主委、济南市委主委。曾当选山东省第九届、十届人民代表大会代表，济南市第十一届人民代表大会代表，济南市九届政协委员、十届政协常委。2006年2月5日在济南逝世。

刘荫岛(1947—2007)　男，山东省肥城市人。1947年5月生。1968年8月至1971年5月任济南刃具厂工人。1971年5月至1976年9月任济南三十四中学教师。1976年9月至1979年7月在山东师范大学英国语言文学专业学习。1979年7月至1989年4月任济南教育学院外语系教师。1983年7月加入中国民主同盟。1989年4月至1991年10月任济南教育学院外语系讲师、副主任。1991年10月至1993年10月任中建驻苏丹国经理部总经理助理兼翻译。1993年10月至1994年10月任济南教育学院外语系副主任、副教授。1994年10月至1996年11月任济南教育学院外语系副教授，1996年11月至1997年5月任济南教育学院副院长、副教授。1997年5月至10月任济南教育学院副院长、民盟济南市委副主委。1997年10月至1998年2月任济南教育学院副院长，民盟中央委员、济南市委副主委。1998年2月至2002年1月任济南市副市长、民盟济南市委副主委。2002年1月至5月任济南市副市长、民盟济南市委主委。2002年5月至2007年4月任济南市副市长，民盟山东省委副主委、济南市委主委。2007年4月至10月任济南市副市长、民盟山东省委副主委。2007年10月逝世。

李清岷(1919—2009)　男，山东省潍坊市人。1919年6月生。1949年10月参加革命，1957年5月加入中国农工民主党，1985年9月加入中国共产党。历任济南市人民建筑公司、济南实业建筑公司、济南市建工局、济南市建设局、济南市城关防洪工程处、济南市规划设计室、济南市基建局工程师；济南市建委总工程师；济南市科协主席；中国农工民主党济南市第五、六届委员会主任委员，山东省第一、二届委员会副主任委员，第九、十届中央常务委员；第六、七届全国人大代表，第五届山东省人大代表，第五、六、七、八、九、十届市人大代表，第八届市人大常委；第六届市政协常委，第七、八届市政协副主席。2009年10月25日在济南逝世。

三

郝维新(1935—1991)　男，济南市人。导弹试验专家，中国宇航学会发射试验专业委员会委员，高级工程师。1935年8月生。1953年毕业于济南第一中学，同年考入哈尔滨军事工程学院，1956年加入中国共产党。1958年毕业后奔赴荒凉的戈壁滩，献身于国防科研事业。历任中国人民解放军空军某基地助理员、科长、副处长、副总工程师、总工程师等职，被授予大校军衔，正师级。他为国防科研事业呕心沥血，是中国导弹试验最早的开拓者。1991年5月14日因公在济南逝世。

孟丽君(1912—1991)　女，济南市人。著名京剧演员。1912年3月生于梨园世家。自幼学艺，13岁在南京登台首演，一举成名。早年师从京剧前辈高喜玉、陈香甫、王紫玉，成名后又问艺于京剧名家郭际湘（艺名老水仙花）、荣蝶仙（京剧大师程砚秋之师）等，使其技艺精进，颇具大家风范。20世纪20～30年代，先后与老一辈京剧艺术家金少山、周信芳、李桂春、白玉昆等联袂演出，在京、津、沪、鲁剧坛享有盛誉。代表剧目有《贵妃醉酒》《天女散花》《十三妹》《花木兰》《闯王进京》《三进士》等。济南解放后，她追求进步，贯彻执行党的文艺方针，配合当时的革命形势，演出《闯王进京》《木兰从军》《猎虎记》《三打祝家庄》等思想性艺术性较高的新编历史剧。通过多年的艺术实践，形成自己细腻传神、飘逸多姿、不拘一格的艺术风格。其艺术成就受到童芷苓、关肃霜、刘长瑜等当代京剧艺术家的推崇。60年代后，致力于艺术教育事业，为培育优秀的戏曲艺术人才倾注毕生的心血。1985年加入中国共产党。先后担任济南市京剧团副团长、济南艺术学校副校长、山东省戏曲学校副校长等职。1991年逝世。

毕德显(1908—1992)　男，济南市平阴县平阴镇东三里村（今榆山街道东三里社区）人。中国科学院学部委员，著名电子学家和教育家。1908年12月生。1934年燕京大学研究生毕业并留校任教。1940年赴美求学，次年获斯坦福大学硕士学位，1944年获加州理工学院博士学位。1947年回国任南京中央大学物理系教授。1948年年底，参加创建解放区的第一所新工科大学——大连大学，并任该校电机、电信系主任。1952年年初，电信系并入设立于张家口的军委工校，任该校雷达工程系主任。长期在中国人民解放军通信院校担任教学、科研和领导工作，先后任西安军事电信工程学院雷达教授会主任、通信兵雷达工程学院副院长、通信兵工程学院副院长、通信兵工程技术学校副校长、通信工程学院副院长等职。是中国电子学一级教授，雷达工程专业的主要创始人、中国电子学会雷达委员会第一任主任委员。1983年4月被总参谋部党委授予优秀共产党员称号。第二、三届全国人大代表，第五、六届全国政协委员。1992年1月逝世。

沈子廉(1901—1992)　原名沈发俭，字子廉。男，山东省曹县人。民革成员。中国第一位获博士学位的妇产科教授。1901年4月生。9岁丧母，随兄嫂度日，在菏泽六中读书4年，毕业后考入北京医专。1923年赴德国，入柏林大学医学院，1927年毕业并获博士学位。1928年回国，在沈阳开业行医。后回济南，任山东省立医学专科学校附属医院教务长。1931年，与王注东、刘韵涛等人，共同发起成立济南市医师公会。1933年，任《新医学》编辑部主任，并发表论文多篇。该刊由山东医专主办，系省内较早的医学刊物，在国内颇具影响(1937年停刊）。济南沦陷前夕，随医专南迁至四川万县，抗战胜利后回济任妇产科主任。1949年，任市立医院妇产科主任。同年6月，济南市医学会成立，被选为学术委员会副主任。年余，任济南红十字会助产学校校长。1954年6月，任山东省济南助产学校副校长。1955年，任山东省卫生厅妇幼卫生处卫生技正。1957年5月，当选为政协济南市第二届委员会委员，时任省卫生厅妇幼处处长。1960年任山东中医学院图书馆主任，后任拉丁语教员。1965年4月退休，后改为离休。1978年7月，当选为政协济南市第六届委员会委员。一生著述颇多，在国内享有较高声誉。1992年逝世。

王昭善(1923—1992)　山东省菏泽市人。擅长雕塑。1946年毕业于国立艺专。新中国成立后先后在济南市烈士纪念塔建塔委员会、济南市文化馆、济南市文化局、济南市群众艺术馆、济南市工艺美术研究所工作。1981年调济南市文物管理委员会，从事古代雕塑的研究和维修。作品有建于青岛市中山公园的石雕《儿童戏水》，济南国棉四厂的《一代织女飞旋曲》《李清照像》等，并为山东曲阜设计城标雕塑《齐鲁迎宾曲》。生前为中国美术家协会会员，美协山东分会名誉理事，济南美协顾问。

杨立德(1923—1994)　男，山东省利津县人。著名山东快书表演艺术家。国家一级演员。中共党员。1923年生。1949年9月参加革命工作。历任山东省歌剧团曲艺队队长、济南市曲艺工作队队长、市曲艺团副团长、艺术指导。是中国曲艺家协会会员、全国快书研究会名誉会长、山东曲艺家协会副主席、济南曲艺家协会副主席、济南市市中区政协委员。6岁登台演出，毕生致力于曲艺改革，潜心艺术研究，创“杨派”山东快书，被赞誉为“巧俏两得，声情并茂”，艺徒遍布全国各地。曾两次赴朝为志愿军慰问演出。1989年5月，济南市文化局举办“杨立德艺术生涯六十周年纪念活动”，高度评价其艺术造诣和艺术道德。1994年11月9日在济南逝世。

冯中一(1923—1994)　笔名众一。男，河北省沧州市人。1923年生。早年就读于山东日语专科学校。1945年8月至1958年7月，历任济南女子中学、私立遗族中学、禹城中学、济南三中、山东工农速成中学教员。1958年8月调山东师范学院（后称师范大学）中文系，历任讲师、副教授、教授。曾任山东省作家协会主席，山东省第七、八届人大常委会委员。还担任民进山东省委副主任委员。著有《诗歌漫谈》《诗歌的欣赏与创作》《学诗散记》《诗歌艺术论析》等。1994年11月13日在济南逝世。

丁　里(1916—1994)　原名贾卓尔。男，济南市人。1916年生。1935年在上海参加中国左翼戏剧家联盟业余剧人协会，1937年参加上海抗日救亡演剧一队。1938年赴延安，同年加入中国共产党。曾任鲁迅艺术学院教员，华北联合大学教师、文工团团长，八路军晋察冀军区抗敌剧社社长。新中国成立后，历任中国人民解放军北京军区文化部副部长，总政治部文工团政委、团长，总政治部文化部副部长，解放军艺术学院顾问等职。曾任中国文联第一至四届委员、中国戏剧家协会常务理事。作品有话剧《子弟兵和老百姓》《安第斯山风暴》，歌剧《李各庄》《钢铁与泥土》等。导演话剧《冲破黎明前的黑暗》，1956年获全国话剧会演导演一等奖。在大型音乐舞蹈史诗《东方红》中任副总指挥和总导演。1994年11月25日在北京逝世。

方春望(1915—1995)　原名聂崇铭。男，浙江省常山县人。传染病学、流行病学专家。1915年3月生。1938年11月加入中国共产党。1943年毕业于上海医学院。1946年参加新四军。先后任华东白求恩医学院教务主任、教授，华东国际和平医院内科主任。1948年9月～10月，担任中国人民解放军华东军区济南特别市军事管制委员会卫生部部长。新中国成立后，历任山东省立医院内科主任；山东医学院教授，副院长兼教务长，院革委会副主任，院党委副书记、院长；山东医科大学教授、校长等职。曾担任山东医学院传染病学教研室主任、卫生部医学科学委员会委员。长期从事传染病学和流行病学的教学和研究工作，著有《实用传染病学》《传染病学》《传染病与流行病学》。1995年2月17日在济南逝世。

张艳芳(1940—1995)　女，山东省博兴县人。中共党员。国家一级演员，吕剧表演艺术家。1940年生。1956年3月参加工作。历任济南市吕剧团演员、导演、队长、副团长、团长；中国剧协、山东省剧协会员，济南市剧协顾问；政协济南市第八、九届委员会委员。9岁起拜师学艺，在40多年的艺术生涯中，成功塑造上百个栩栩如生的舞台艺术形象。早年曾获省戏曲会演三等奖，主演《小姑贤》《姊妹易嫁》等剧目，1962年晋京汇报演出《姊妹易嫁》《逼婚记》，1979年在戏曲电影片《逼婚记》中饰主角。1982年后主演现代戏《爱》《春城飞花》。70年代后兼做导演工作，导演的《冤孽姻缘》曾获省级优秀导演奖。任职期间坚持上山下乡为群众演出，为发展吕剧艺术事业做出突出贡献。1995年逝世。

陶　钝（1901—1996）　原名徐宝梯，字步云。男，山东省诸城市人。曲艺研究家、作家。1901年10月生。19岁考入济南山东省立第一中学。1923年考入北京大学。大学毕业后在青岛、济南任教。1931年在山东省立第一师范学校加入中国共产党，积极从事抗日救亡和革命文艺活动。1932年3月被捕，1936年保释出狱。抗日战争时期，在山东抗日根据地从事文化教育工作，是山东文化界救国协会的创始人之一和鲁南国民抗敌协会的发起人。这一时期，致力于通俗文学的创作，接连发表《杨桂香鼓词》长篇唱本和《上升》《黄犍》《麦黄杏》等短篇小说，真实而生动地反映根据地人民群众的斗争生活。1947年重新加入中国共产党。新中国成立后，先后在山东省曲艺协会、山东省文学艺术界联合会担任领导工作，曾任山东省文联副主席。1955年调北京中国曲艺研究会工作，1958年当选为中国曲艺工作者协会副主席。1979年11月在中国文学艺术工作者第四次代表大会上当选为中国文联副主席，在中国曲艺工作者第二次代表大会上当选为中国曲艺家协会主席。1988年在全国第五次文代会上被选为中国文联名誉委员，并担任中国曲艺家协会顾问。新中国成立后创作、发表的主要作品有：长篇小说《为了革命的后代》，散文集《故乡十小记》《在福建前线》，短篇说唱《姑嫂打水》《小俩口算账》等。对文艺工作特别是曲艺工作发表许多论述，为推动文艺事业尤其是曲艺事业做出突出贡献。1996年11月14日在北京逝世。

严薇青（1911—1997）　男，济南市人。中国古典文学研究专家。1911年生。1926年入山东省立第一中学读书，后相继转入齐鲁大学附属高中和济南高中。在校期间，参加抗日救亡活动。1932年考入北京大学中国文学系。1936年毕业，回济南山东省立一中任教。1937年济南沦陷后，先在家蛰居，1939年秋到北平燕京大学国文系工作，不久返回济南在美国教会学校齐鲁中学高中部教书。抗战胜利后，任山东师范专科学校、山东师范学院讲师、副教授。济南解放后，历任华东大学教育学院、山东师范学院副教授，山东师范学院教授、中文系主任、古籍整理研究所顾问等职。长期从事中国古典文学教学和研究，特别致力于刘鹗及其《老残游记》的研究。著有《老残游记新注》《刘鹗与太谷学派》《柳宗元世系补正》《魏晋南北朝志怪小说书录》《关于〈红楼梦〉作者家世的新材料》等。对济南的风土人情淹博强识，著有《济南琐话》《济南掌故》，与人合著《济南地名漫话》等。曾任济南市人大代表、济南市人民委员会委员、山东省人大代表、山东省人大常委会委员、山东省文联副主席、山东古典文学研究会副会长等职。1997年8月3日在济南逝世。

陈伯咸（1917—1997）　男，河北省通县（今北京市通州区）人。1917年生。1938年毕业于华北国医学院，承业于当代名医朱壶山、施今墨，在北京行医。1943年到济南，1951年7月参加工作，1958年调入济南市中医医院。1980年11月加入中国共产党。曾任济南市第五、六、七届政协委员，山东省暨济南市医药科技委员会委员，山东省卫生技术职务高级评委会委员，济南市中医学会理事长、名誉理事长，济南市专家协会会员，澳大利亚维多利亚中医药学会学术顾问等职。他一生视中医事业如生命，为继承发扬中医事业培养大批人才。他治学严谨，学验俱丰，擅长中医内科兼专妇、儿科，尤其对肝病有很深的学术造诣和独到之处，撰写并出版医学著作 4 部，在国内医学界享有很高声誉。1990 年，被卫生部、人事部、中医药管理局命名为全国名老中医并确定为全国首批带徒的 500 名中医药专家之一。1992 年，被评为省卫生系统先进工作者，并享受国家级政府特殊津贴。1994 年 7 月退休。1997 年 8 月 23 日在济南逝世。

王凤峤（1919—1999） 字铸岩。济南市人。北平辅仁大学法学士毕业，读书期间，于正科之余师从陆和九、溥雪斋、溥松窗、于非闇诸师学书法、国画、文学、金石，拜为一代宗师溥儒（心畬）入室弟子。20 世纪 40 年代毕业回济南，为成通纱厂福利科长、黎明中学教务主任。后抗日从军，初为国民革命军二十集团军党务、宣传队队长，后为南京联勤总司令部机要秘书室主任。1949 年到台湾，曾任金门前线司令部秘书主任、陆军总司令部五处处长、“国防部”政计委员、陆军军官学校政战部主任、台湾南部师管区司令部兼警备司令部政战部主任，在美国美军民事军政府参谋大学、美军心理作战大学留学、“总统府参议”等任职。师从于右任、朱玖莹、南怀瑾、丁治磐、孟小冬诸先生研学书画、国学、佛学、京剧等；与郎静山、陈立夫、秦孝仪诸先生多交游。两岸开放后，6 次返大陆探家，3 次应大陆邀请率台湾省文学艺术联合会大陆访问展览团在北京、济南、青岛等地举办书画摄影艺术展览。曾应邀为济南大明湖“铁公塑像祠”“藕神祠”等题碑，并为普陀山、五台山、南普陀等胜迹多处书碑题刻。在台湾被授予“中兴文艺终身成就奖”。1999 年逝世。

弭菊田（1914—2000） 原名育咸，晚号菊翁。男，济南市人。著名画家、美术教育家。1914 年生于中医世家。幼学于家塾，稍大就读于济南第二实验小学，对音乐美术尤其喜爱。1929 年考入济南育英中学，1932 年入齐鲁中学读高中。1934 年考入北平美术专科学校，师从王悦之学习西画，受业于李苦禅、颜伯龙等，并拜胡佩衡为师学习国画山水。暑假曾在济南民众教育馆举办个人美术作品展。1937 年毕业回济南。不久济南沦陷，弭菊田闭门简出，居家研习书画。1942 年，出任济南师范学校美术教师，继而兼职于黎明中学、懿范女子中学、培才中学、育英中学美术教学，后受聘为济南南华学院艺术教授。新中国成立后执教于济南第五中学。1961 年调入济南市文联为专业画家。1979 年当选为济南市美术工作者协会主席。1981 年受命筹建济南画院，历任院长、名誉院长。1983 年当选为山东省第六届人民代表大会代表。1985 年加入中国共产党。为中国美术家协会会员、中国书法家协会会员、山东画院艺术顾问、山东日照书画院名誉院长、济南美术家协会名誉主席、济南国画研究会会长。一生致力于国画艺术和美术教育事业，琴诗书画印俱佳，尤长于国画山水。20 世纪 40 年代始，便被推为济南“关（友声）、黑（伯龙）、弭（菊田）、岳（祥书）”国画四杰之一。1947 年，与关友声等人广泛联络画友，创建山东美术会，关友声当选为理事长，他被选为理事。新中国成立后，弭菊田深入生活，积极探索，灵活运用传统绘画技法反映时代精神，在艺术上达到更高的境界。1960 年创作的《泰山红日》，获山东省美术作品银质奖（金质奖空缺），被列为新中国成立后济南市重要的文化创作成果。此后又相继创作《绿树红楼》《国际歌声处处闻》《幼苗》《海岛女民兵》等富有时代风貌的精品佳作。1982 年组织济南画院几位画家以《台湾思乡诗集》创作 80 余幅诗意画，相继在北京中国美术馆和福州、杭州等地展出，受到广泛赞誉，作品被山东友谊出版社以《台湾思乡诗意画集》出版。弭菊田喜画松，其山水画几近幅幅有松、无画不松。1959 年绘制的大幅山水《泰山龙潭水库》、崂山《山海奇观》，被入选悬挂于北京人民大会堂山东厅。1987年和2000年先后在济南举办《弭菊田画展》《弭菊田从艺六十年回顾展》。有《怎样画山水》《弭菊田国画选集》行世。2000年3月7日在济南逝世。

毕 克（1931—2001） 原名毕德泉，又名德全。济南市人。著名译制片配音演员、导演。1948年蚌埠崇正中学肄业，1949年参加工作，先后在上海金鸡旅行剧团、广西宜山地委文工团话剧队任演员。1952年进上海电影制片厂翻译片组、上海电影译制厂任配音演员、导演、厂艺委会主任、顾问。先后为《追捕》《鸳梦重温》《铁面人》《现代启示录》《卡桑德拉大桥》《尼罗河上的惨案》《老枪》《雾之旗》《幸福的黄手帕》《安娜·卡列尼娜》《战争与和平》《新干线大爆炸》《姿三四郎》《大闹天宫》《毛竹》《知识老人》等500余部译制片、美术片、科教片配音，其中担任主配的日本影片《追捕》、朝鲜影片《安重根击毙伊藤博文》获1979年文化部优秀译制片奖。后兼任译制片导演，执导《兆治酒馆》《铁面人》《罪行始末》《总统轶事》《威尼斯面包房的儿子》《十四个冬春》《远山的呼唤》《谜中之谜》等译制影片。其中，《远山的呼唤》（兼主配）获文化部1981年优秀译制片奖；《谜中之谜》（兼主配）获1989年广播电影电视部优秀译制片奖。生前为上海电影译制厂享受国务院特殊津贴的国家一级演员、电影译制导演、上海市政协第六、七、八届委员；此外还担任上海电影家协会理事、中国电视表演艺术学会常务理事、顾问。2001年3月23日逝世。

吴富恒（1911—2001） 男，河北省滦县人。著名教育家。1911年3月生。1929年考入北平高等师范学院（北师大前身）预科，1931年升入北平师范大学英文系。1935年6月大学毕业后，在北平师大附中任英语教师。其间，参加由英国著名学者瑞哈慈教授创办、旨在推广英语教学的“正字学会”。1937年7月北平沦陷后，出走天津，在工商学院附中任教。1938年又辗转至云南昆明，在瑞云中学任英语教师。后与清华大学教授吴可读等人创办云南省立英语专科学校，任教务长。1940年获“洛克菲勒基金会奖学金”，赴美国哈佛大学跟瑞哈慈教授进修语义学和文艺评论，同时在哈佛大学教育学院攻读教育心理学。1941年12月获硕士学位。1942年年初返回祖国。初仍在昆明英语专科学校任教，次年应聘至云南大学，担任英语教授。1944年该校设立英语系，他任系主任，同时担任英国文学和文艺批评等课程的教学。他积极参与闻一多、楚图南、吴晗等民主人士组织的“民社”活动。1946年4月，经吴晗、周新民介绍，加入中国民主同盟，积极参加反对国民党独裁统治的民主活动。同年离开昆明转经上海，经中共代表团介绍，于1947年3月到达烟台解放区，参加革命工作。初任解放区英文报纸《芝罘新闻》副总编辑、胶东行署外事组组员。1948年9月参加解放济南的接收工作，任济南军管会文教组成员，负责接管山东省立师范学院。10月，华东大学迁至济南，他任该校校务委员会委员，并先后任该校文学院教授，文艺系和文学系主任，兼任校文工团团长。1951年年初随学校迁至青岛，学校与山东大学合并，他任合并后的山东大学教授、文学院院长兼外语系主任。同年参与创办《文史哲》，并兼任该杂志社副社长。1952年高校院系调整后，任山东大学教务长。1955年4月加入中国共产党。1958年10月随校迁回济南。1959年至1966年，任山东大学副校长、校党委常委，分管科研和师资培养工作，为健全学校科研规划和科研体制，扶持建立晶体材料、美国文学的学科做出重要贡献。其间于1963年起兼任所创设的美国文学研究室主任。“文化大革命”开始后被污为“反动学术权威”，受到冲击。“文化大革命”结束后，于1977年8月和1978年3月，相继出席中共十一大和全国科学大会。1978年6月，出任山东大学校长、校党委副书记，为学校的拨乱反正、教学科研秩序的恢复建立、学校在新时期的发展，做了大量卓有成效的工作。1982年6月，被美国哈佛大学授予荣誉法学博士学位，成为中国第一位获此称号的学者。1990年享受政府特殊津贴。

1950年后，曾任山东省各界人民代表会议协商委员会委员，第一、二、三届山东省政协常务委员，第六、七届山东省政协副主席（1988年1月至1997年9月），第三、四、五、六、七届全国政协委员，第一届山东省人大代表，第五届山东省人大常委会委员，民盟中央常委、民盟山东省委员会副主委、主委，1997年后任民盟山东省委员会名誉主委（新中国成立初期曾担任民盟济南市支部临时工委主任委员）。还曾担任全国外国文学学会副会长、全国美国文学研究会会长、全国翻译工作者协会副会长、全国高教学会常务理事等多项社会职务。2001年6月25日在济南逝世。

任　远（1928—2001）　原名任振荣。男，济南市章丘党家镇人。作家。1928年12月生。早年就读于山东省立第四临时中学、济南特别市立第三中学。1949年7月参加革命工作，1981年12月加入中国共产党。参加工作后，历任《济南青年文化报》《济南工人报》《济南晚报》《济南日报》编辑，济南市总工会文教部宣传干事，济南市文化局文艺科副科长，济南日报社文体部主任，《泉城》文艺月刊主编，《当代小说》月刊主编，济南市文联副主席兼《当代小说》杂志社编审、主编。1994年5月离职休养。参加工作以来，长期从事新闻报道、文学创作和新闻出版工作，发表大量通讯、报道、人物特写、诗歌、散文和文学评论等。80年代以来，先后当选为济南市文学工作者协会主席，济南市作家协会主席、名誉主席，山东省散文家学会副会长，山东省第七届人大代表，为中国作家协会会员。曾获国家新闻出版署和中国出版工作者协会颁发的“为出版事业做出积极贡献者”荣誉证书。1988年被评为“济南市首批专业技术拔尖人才”。先后出版报告文学《骆淑芳和丁长久的故事》，诗集《唱给泰山与黄河的歌》，散文集《雨濛濛》（与人合作）、《故乡情》《山水情》《邻里情》《北方的榆树》，评论集《济南文坛漫话》，编辑出版散文集《现代名士话济南》《我爱泉城风光美》《文苑高手颂济南》等，多部作品在全国和省、市获奖。2001年11月21日济南逝世。

田仲济（1907—2002）　男，山东省潍坊市人。中共党员。中国现代文学研究专家、教育家、作家。1907年8月生。1922年小学毕业后，入潍县文华中学读书。1926年考入济南山东商业专门学校，后随学校编入山东大学法学院商学系。1928年济南“五三惨案”发生后，因学校停课回故乡。1929年转学至上海中国公学政治经济系。在蒋光慈等左翼作家的影响下，开始从事进步文学活动，1931年毕业回济南，到正谊中学任教。1932年与李竹如等人在济南组织青年文化社，创办文学刊物《青年文化》。七七事变后辗转至西安、重庆等地，在重庆担任东方书社编辑主任、中国乡村建设学院讲师等，先后创办西安《报告》半月刊、重庆《微波》月刊，主编“东方文艺丛书”。在执教办刊的同时，开展文学研究和杂文创作，发表数量可观而又独具风格的杂文作品，成为在全国有重要影响的杂文作家。1940年至1944年，先后出版专著《新型文艺教程》《小说的创作与鉴赏》《杂文的艺术与修养》，杂文集《情虚集》《发微集》《夜间相》亦相继问世。抗日战争胜利后，由重庆抵上海，任上海音乐专科学校教授。1947年出版国内首部以辩证唯物主义和历史唯物主义观点写出的现代文学断代史专著《中国抗战文艺史》。同年还出版《作文修辞讲话》一书。后回济南，任齐鲁大学教授。1951年调任山东师范学院中文系教授。1954年受教育部委托，招收并开办首届现代文学研究生班。1962年后历任山东师范学院副院长、山东师范大学副校长。1978年被列为全国首批硕士研究生导师，1991年被国家批准享受政府特殊津贴。新中国成立后，先后出版《五四新文学运动的精神》《学习鲁迅文艺思想》《微痕集》《文学评论集》《田仲济杂文集》《田仲济序跋集》等著述，主编《中国现代文学史》《中国现代小说史》《中国现代散文史》，编辑《王统照文集》（6卷本）等。是中国现代文学学科和现代文学史研究的奠基者与开拓者之一。曾任中国现代文学研究会副会长、中国解放区文学研究会会长、山东省现代文学学会会长、山东省茅盾研究会会长，山东省社联、文联、作协副主席，中国民主同盟山东省委员会主任委员，政协山东省委员会常务委员。2002年1月14日在济南逝世。

塞　风（1921—2004）　本名李根红，笔名塞风，原名李景元，曾用笔名张弓等。男，河南省灵宝县（今灵宝市）人。1921年2月生。早年在家乡读书，1940年奔赴延安，曾工作于陕北公学艺术工作队，后回乡养病。1942年豫西师范专科学校毕业后，相继在洛阳《行都日报》、开封《中国时报》和武汉《大刚报》编辑文学副刊，并曾辗转于成都、重庆、南京、上海等地，从事新闻工作。1946年至胶东解放区，编辑《胶东文艺》并任前线记者。1948年9月济南解放后，入城任《山东青年》报编委和编辑主任。1949年任山东省文联筹委会委员，参与创办《山东文艺》月刊。1951年调任河南省文联常委，省文联组联部、创作部副部长。1955年在反胡风运动中受到牵连，被迫停止创作。1958年又被划为“右派”，曾在黄泛区劳动改造多年。1979年平反，同年9月调入济南市文联，任《泉城》文艺月刊副主编、市文联文学创作研究室副主任。1983年离休，任济南市作家协会顾问、名誉主席。1998年被河南省三门峡市授予“荣誉市民”称号。

1937年7月7日，为反对日本帝国主义侵华，时为初中学生的他第一次在报纸上发表诗作——题为《弓》的一首短诗，博得好评。自此，开始以黄河为题材，以表现民族和人民精神为主题的文学创作生涯。1945年参加“春草诗社”，任北方分社社长，出版诗集《北方的歌》《天外，还有天》。1946年创作的《黄水谣一百首》一书，由上海《时代日报》副刊《星空》选载。同年冬，应中共上海地下刊物《群众》约请，写了《军阀统治下的河南》一文。1946年至1948年，创作短篇小说《李彦凤的故事》和两首诗歌，编辑出版《怎么写》一书。1947年所写的《人民作家赵树理》，由晋冀鲁豫新华书店出版。1949年出版短篇小说集《人民的声音》和儿童文学集《文化小姑娘》《一个车夫的孩子》。1951年创作出版中篇小说《共同上升》、短篇小说集《新媳妇收麦》。1953年所写长篇小说《平山记》中的两个章节，发表于上海《小说》月刊。1954年创作出版短篇小说集《种子》。1983年离休后，创作出版诗集《弯路上的小花》《根叶之恋》（与夫人合作）、《塞风抒情诗选》《征马的歌》《以往》《母亲河》《塞风诗精选》《山水和弦》以及《弹唱人生》《痕》（与夫人合作）等多部诗集、散文集。一生创作诗歌作品近3000首、计200余万字，在省内外产生较大影响。因作品多以黄河为题材，被誉为“黄河之子”。2004年6月19日在济南逝世。

徐北文（1924—2005）　男，山东省泰安市人。1924年4月生。早年就读于济南正谊中学，后入南京国立师范文史专修科学习。1945年年底就职于山东省立民众教育馆，任该馆艺术部干事。1947年年底与王炼、叶涛等人发起成立进步文艺团体“济南剧艺研究社”，并在《诚报》等编辑《影剧谈》《星期文艺》等专刊。1948年7月赴解放区，入华东大学学习。1949年1月毕业，历任华东大学助教，山东省实验中学（原华东大学附属中学）、济南教师进修学院教师。1955年在反胡风运动中遭受错误牵连，后又在反右运动中被划为“右派”，下放至林场苗圃劳动。后在济南第四十九中学任教。中共十一届三中全会后，被彻底平反，重返济南教师进修学院，历任该学院（1983 年改称济南教育学院）教师，济南教育学院副教授、教授、名誉院长，济南职业学院教授。1985 年 6 月加入中国共产党。1993 年 3 月当选为第八届全国人民代表大会代表。从事教学科研 50 余年，在教书育人和中国古代文学史、齐鲁文化、济南历史文化研究方面取得众多成果，先后被评为全国优秀教师（1989 年）、享受国务院特殊津贴的专家（1992 年）。独立或与他人合作编著出版《怎样写作》《基本语法讲话》《青年阅读文选》《先秦文学史》《济南风情》《可爱的山东丛书·灿烂的古代文化》《济南简史》《济南史话》《大舜传》《济南竹枝词》《济南吟赞》《古典诗歌知识》《李清照全集评注》《二安词选》《古文观止今译》《续古文观止今译》《唐诗观止》《贞观政要译注》《〈诗经〉中的山东诗歌》《徐北文文集》《海岱小品》《海岱居文存》等。其中《先秦文学史》出版于 1981 年，是新中国出版的第一部断代文学史。他对齐鲁文化尤其是对济南历史文化的研究建树颇丰，主要体现在为“泰山学”的创立与发展做出贡献，对大舜的传说及其与东夷文化以及与济南地区的关系做了有益探索，在当代对齐鲁文化及济南历史文化进行系统的开拓性研究，是一位声名远播的地方文史专家。对诗词亦有很深的造诣，创作和发表大量有关题咏济南的诗词歌赋以及碑记楹联。亦擅书法，尤精于隶。喜爱戏剧，曾创作出版《传家宝》《不朽的朝鲜母亲》等剧本。担任过山东省古典文学学会副会长、山东舜文化学会会长、山东省作家协会理事、济南市文学学会会长、市社科联副主席，为山东省文史馆馆员。还被聘为济南市人民政府文化顾问、济南市史志编纂委员会顾问等，对济南文化景物的规划修建及地方文献的整理编纂多有建树。2005 年 12 月 22 日在济南逝世。

武中奇（1907—2006） 男，济南市长清区崮山镇人。著名书法家。1907 年 9 月生。少年时代跟随父母到济南谋生，在一家印刷厂当童工。20 世纪 30 年代初应聘为泰安武训学校书法金石教员，任教两年余回济南。1936 年年初，遭敌破坏后重建不久的中共山东省委机关设在其家。同年，由中共山东省委书记黎玉介绍，加入中国共产党。1937 年七七事变后，随山东省委撤至泰安。1938 年 1 月，参加徂徕山抗日武装起义。历任八路军山东纵队四支队排长、中队长、营长、特务大队长，九支队团长，曾指挥部队用步枪击落日军飞机一架。1941 年入中共山东分局党校第二期培训班学习。1943 年 6 月中共山东分局决定重建中共济南工委并建立济南市抗日民主政府办事处，武中奇被派遣担任济南工委委员、济南市抗日民主政府办事处主任。1944 年 9 月兼任历城县抗日民主政府首任县长。1945 年 8 月济南市抗日民主政府办事处撤销，成立济南市民主政府，武中奇任市政府秘书长。同年 11 月，调至联合国救济署山东解放区救济分会，负责该分会的日常工作。1949 年任第三野战军南下干部纵队参谋长，参加接管上海的工作，任上海市人民政府秘书科科长。50年代初，先后任上海提篮桥监狱典狱长、治淮劳动纵队司令员。“三反”运动中遭诬陷受到错误处分，于 1954 年秋被派至南京江苏省劳改局工作。1959 年任南京钟表厂厂长，1963 年调任南京市文物保管委员会主任。“文化大革命”开始后受到冲击，1970 年被诬为“五一六反革命分子”，身陷囹圄。1973 年春被平反结束关押。1979 年任江苏省国画院副院长，1980 年又担任江苏省人大常委会委员、中国书法家协会理事、江苏省书法家协会主席。生前任江苏省文联顾问、江苏省书法家协会顾问。

武中奇自幼嗜好书法，无论是在戎马倥偬的战争年代还是在和平建设时期以及身陷逆境之中，一生研习书法不辍。其书法上追秦汉，兼攻金石，取唐碑风骨、魏晋风韵，博采众长，形成既凝重、雄浑、苍劲，又灵韵飞动的独特艺术风格，被誉为“武体”。1980 年后，先后在济南、南京、北京等地举办“武中奇书法展览”，两次率中国书法家代表团出访日本。作品被国内外数百家博物馆、美术馆、陈列馆收藏、展出。1985年和1987年，先后两次将数百幅书画作品捐赠给济南市人民政府。济南市人民政府择五龙潭畔辟建“武中奇书法篆刻作品展览馆”，将其作品收藏、陈列于馆中。出版有《武中奇书法选集》《武中奇书法选萃》等多种书法作品集。2006年3月29日在南京逝世。

钟　灵（1921—2007）　字毓秀，别名金雨。济南市人。1938年7月加入中国共产党，旋被派往延安，入鲁迅艺术文学院美术系学习。毕业后在陕甘宁边区做文化教育工作，并在延安各报刊发表木刻、漫画作品多幅，设计“宝塔山”邮票。1948年任边区政府林伯渠主席秘书。1949年年初，随解放军进入北平，在政协筹委会担任会场布置科科长兼中南海俱乐部主任。1950年起，与方成合作漫画，十数年发表漫画千余幅，出版《方灵漫画选》《方成钟灵政治讽刺画选集》《幽默漫画》等画集。1953年调任中国美术家协会副秘书长。1956年拜齐白石为师，钻研国画、书法。这期间设计或参与设计新中国邮票28枚；发表诗歌、散文、文艺评论、杂文等多篇。离休前，任北京电影制片厂导演室主任、艺术委员会秘书长。他为电影《甜蜜的事业》创作的歌词《我们的明天比蜜甜》广为流传。生前为中国美术家协会会员、中国书法家协会会员、中国电影家协会会员、中国杂技艺术家协会会员、中国楹联学会会员。曾创作出版儿童读物《齐白石老公公》、童声大合唱《天天向上》、话剧剧本《毛主席来了》、诗画集《钟灵动物诗画》、文集《钟灵琐记》、回忆录《奋斗与机缘》等书。1999年获中国书画艺术家世纪奖。2007年5月25日逝世。

王凤年（1915—2008）　原字筱山、晓珊，别署逸云楼主人、红雨楼主人。祖籍浙江绍兴，生于济南。自幼喜好绘画，6岁时患病，因误医失聪。1927年考入山东美术学校，并从翟圆初学习山水画。1933年考入北平京华美术学院，次年转入京华美术学院，从赵梦珠学工笔花鸟，从吴光宇、吴一舸学工笔仕女，后师从徐燕荪，为入室弟子。1935年参加北平“中国画学研究会”，作品多次参加该会举办的画展。毕业后继续研习画艺，曾多次举办个人画展，1945年被聘为济南南华文学院艺术系教授。1949年后先后在济南市美术工厂、济南市工艺美术研究所、山东省工艺美术研究所等单位工作。擅人物、花鸟，尤以工笔仕女见长，所作造型准确生动，笔墨遒健多变，格调秀丽典雅。作品曾入选全国及省级美术作品展览并获奖，或被选送国外展出和被美术馆、博物馆收藏。出版有《王凤年书画作品集》《传统工笔人物画仕女画技法》等。生前为中国美术家协会会员、山东美术家协会理事、山东画院顾问、山东省工艺美术协会理事。2008年10月6日逝世。

季羡林（1911—2009）　字希逋，又字齐奘。男，山东省临清市人。著名古文字学家、历史学家、东方学家、翻译家、佛学家、作家。

1911年8月6日生于临清市康庄镇。6岁到济南，投奔叔父季嗣诚。入私塾读书。7岁后，在山东省立第一师范学校附设新育小学读书。10岁开始学英文，12岁考入正谊中学，半年后转入山东大学附设高中。高中开始学德文，并对外国文学发生兴趣。18岁，转入省立济南高中。1930年考入清华大学西洋文学系，专业方向德文。1935年9月，根据清华大学文学院与德国交换研究生协定，清华招收赴德研究生，为期3年。季羡林被录取，随即到德国。1936年春，季羡林选择梵文。在哥廷根大学梵文研究所主修印度学，学梵文、巴利文。选英国语言学、斯拉夫语言学为副系，并加学南斯拉夫文。1940年12月至1941年2月，季羡林在论文答辩和印度学、斯拉夫语言、英文考试中得到 4 个“优”，获博士学位。后因战事留滞哥城。同年 10 月，在哥廷根大学汉学研究所担任教员，同时继续研究佛教混合梵语，在《哥廷根科学院院刊》发表多篇重要论文。1941 年获哥廷根大学哲学博士学位。后曾师从语言学家 E. 西克研究吐火罗语。1945 年 10 月二战终结不久回国。

1946 ～ 1983 年，被北京大学聘为东方语言文学系教授、系主任，在北大创建该系。新中国成立后，继续担任北大东语系教授兼系主任，从事系务、科研和翻译工作。先后出版的德文中译本有德国《安娜・西格斯短篇小说集》(1955 年)，梵文文学作品中译本有印度伽梨陀娑《沙恭达罗》(剧本，1956 年)、印度古代寓言故事集《五卷书》(1959 年)、印度伽梨陀娑《优哩婆湿》(剧本，1962 年)等，学术著作有《中印文化关系史论丛》(1957 年)、《印度简史》(1957 年)、《1857 ～ 1859 年印度民族起义》(1985 年)等。1956 年 2 月，被任为中国科学院哲学社会科学部委员。1954 年、1959 年、1964 年当选为第二、三、四届全国政协委员。并以中国文化使者的身份先后出访印度、缅甸、东德、苏联、伊拉克、埃及、叙利亚等国家。“文化大革命”中受到江青反革命集团及其北大爪牙的残酷迫害。1978 年复出，继续担任北京大学东语系系主任，并被任命为北京大学副校长、北京大学南亚研究所所长。当选为第五届全国政协委员。1983 年，当选为第六届全国人大常委。

1956 年任中国科学院哲学社会科学学部委员，曾任国务院学位委员会委员兼外国语言文学评议组组长、第二届中国语言学会会长、中国外语教学研究会会长、中国民族古文字研究会名誉会长、第六届全国人民代表大会代表和常务委员、《中国大百科全书》总编辑委员会委员和《语言文字卷》编辑委员会主任等。1978 ～ 1984 年兼任北京大学副校长。1988 年，任中国文化书院院务委员会主席。主要著作有：《〈大事〉偈颂中限定动词的变位》(1941 年)、《中世印度语言中语尾 -am 向 -o 和 -u 的转化》(1944 年)、《原始佛教的语言问题》(1985 年)、《〈福力太子因缘经〉的吐火罗语本的诸异本》(1943 年)、《印度古代语言论集》(1982 年)等。作为文学翻译家，他的译著主要有：《沙恭达罗》(1956 年)、《五卷书》(1959 年)、《优哩婆湿》(1959 年)、《罗摩衍那》(7 卷，1980 ～ 1984 年)、《安娜・西格斯短篇小说集》等。作为作家，他的作品主要有《天竺心影》(1980 年)、《朗润集》(1981 年)、《季羡林散文集》(1987 年)、《牛棚杂忆》等。其著作汇编成《季羡林文集》，共 24 卷。

70 年代后期担任的学术回体职务有：中国外国文学会副会长(1978 年)、中国南亚学会会长(1979 年)、中国民族古文字学会名誉会长(1980 年)、中国外语教学研究会会长(1981 年)、中国语言学会会长(1983 年)、中国敦煌吐鲁番学会副会长(1983 年)、中国史学会常务理事(1984 年)、中国高等教育学会副会长(1984 年)、中国作家学会理事(1985 年)、中国比较文学会名誉会长(1985 年)、中国亚非学会会长(1990 年)等。曾被评为“2006 年感动中国”获奖人物之一。2009 年 7 月 11 日在北京逝世。

魏启后(1920—2009)　室名晋元斋。济南市人。早年就读于北京辅仁大学中文系，课余兼习书画，受教于溥心畬、溥雪斋、启功诸先生。后从事金融工作，公余之暇多与书画界交游，广结墨缘，以书画自娱。山水竹石法宋元文人画而自有新意，书学二王、初唐及北宋诸家，真书多隶意，草书多章草法，行书近米元章。1981 年、1989 年两次访问日本并举办书画展览，获日本白扇书道会最高特别奖。其作品在国内外博物馆、图书馆、艺术馆均有收藏。出版《魏启后书法选》《魏启后书画集》等，获中国书法“兰亭奖”终身成就奖、首届山东省泰山文艺创作一等奖、山东省泰山文艺奖突出贡献奖。生前为中国书法家协会理事、中国书协创作评审委员会委员、山东省书法家协会副主席、山东画院顾问、山东国际文化交流中心理事、中国国际友好联络会山东分会理事、济南市政协常委、济南画院顾问、济南诗词学会副会长。2009年12月9日逝世。

聂 耕（1928—2010） 山东省菏泽市人。幼年受田伯平、李眉川等名画家影响，立志于绘画。1948年菏泽解放后，曾在菏泽县文教科、县文化馆工作。1953年考取山东师范学院艺术系，受业于西画家戴秉心、书画家王企华、宗惟成等教授，遍习素描及中西绘画。1955年毕业后分配到济南市三中任美术教师，1961年调入济南市文联工作，负责全市书画艺术作品展览组织工作。1973年调入山东省实验中学任高级美术教师，兼任济南市中学美术中心教研组组长。其作品多次在国内外美展中获奖，并在各类杂志、报刊发表，部分画作被中国历史博物馆、台湾国宝馆等单位收藏。1999年在北京中国历史博物馆举办“纪念孔子诞辰2550周年三孔百米画展”，并出版《孔子故里名胜画集》。2007年，出版《孔子故里圣境》画集。2008年，其力作《杏坛》随神舟七号升上太空。生前为中国美术家协会会员、山东画院顾问、山东教育学院教授。传略收录《当代书画篆刻家辞典》《世界现代美术家辞典》等辞书。2010年4月27日逝世。

张玉林（1936—2010） 字石舸。江苏徐州人。1956年考入中央美术学院华东分院雕塑系，得到刘开渠、肖传玖、程曼叔诸师指导。毕业后在山东艺专、济南市群众艺术馆、济南市雕塑创作室长期从事美术教学和专业创作工作。有百余件雕塑作品参加省、全国展览并获奖。曾参加由文化部和中国美协组织的毛主席纪念堂雕塑、焦裕禄泥塑群像等多项全国雕塑工程。1988年被市政府命名为首批专业技术拔尖人才。曾任济南城市雕塑办公室副主任兼市雕塑创作室主任。生前为中国美术家协会会员，中国雕塑家协会会员，中国美协第二、三、四届理事，济南市美术家协会一、二、三届副主席，国际一级美术师。

孙镇业（1944—2010） 男，山东省安丘县人。著名山东快书表演艺术家。1944年3月生。15岁考入山东省曲艺团，1961年跟随高元钧学艺。40多年的艺术生涯形成幽默风趣、粗犷潇洒、热情奔放，刻画人物细腻准确，渲染气氛浓淡相宜的表演风格。1979年进入济南军区前卫歌舞团后在山东人民广播电台、山东电视台录制、播出长篇山东快书《武松传》，创作、播出《鲁智深》并被全国多家电台、电视台转播，1986年中国唱片总公司为其出版、发行十盘《武松传》盒带，1988年齐鲁音像出版社出版、发行《幽默小段集锦》盒带，还出版、发行十盘《武松传》录像带，中央电视台于2000年至2001年录制、播出《武松传》《鲁智深》。创作、演出大量军事、地方体裁的山东快书作品。《贺龙传》《一代风流》等在全国、全军大赛中获一等奖。是中国非物质文化遗产山东快书项目传承人，担任中华山东快书研究会会长。2010年11月10日逝世。

四

刘 凯（1918—1992） 男，曾用名刘德林，济南市人。1918年7月生。1935年7月参加革命，1945年6月加入中国共产党。历任延安瓦窑堡革命军事委员会通讯员，抗日军政大学通讯员，延安联防军后勤供给部皮鞋厂工人、班长、冀东办事处生产股长，中南军需部郑州办事处科长，河南漯河修建委员会保管股股长。1952年转业到山东畜产进出口公司泰安专区支公司任办事员。1965年退休，1978年6月改为离休。一生工作勤恳、任劳任怨，抗日战争后期，在军工企业曾被评为甲等劳动英雄，并多次受到奖励。1992年1月逝世。

景晓村（1917—1994） 原名景慕达。男，济南市历城区人。1917年10月生。1935年10月加入中国共产党，曾任中共济南乡村师范学校支部书记。1937年任中共山东省委秘书长，参与领导徂徕山抗日武装起义。后历任中共鲁东南特委书记、八路军山东人民抗日游击第二支队（后为山东纵队第二支队）政委，中共清河特委书记、地委书记、第六军分区政委，中共清河区委书记、清河军区政委，中共渤海区委书记、渤海军区政委，人民解放军华东野战军第十纵队政委。1948年被错误地撤销职务。中共十一届三中全会后，中共山东省委报请中共中央撤销对他的错误处理决定，予以彻底平反。1948年后，景晓村历任中共中央华东局政策研究室研究员，中共上海市委副秘书长兼调研室主任，中共中央华东局工业部副部长，第一机械工业部局长、部长助理，第二重型机器厂党委书记兼厂长、第一机械工业部技术司司长、重型通用局局长，农业机械部常务副部长等职。曾任第六、七届全国政协委员，被聘为山东省人民政府顾问。1994年8月9日在北京逝世。家属根据其遗愿，将他多年的积蓄5万元捐赠给家乡的宅科村小学，作为奖学基金支持教育事业。

李曼村（1917—1996） 男，济南市章丘普集镇万山村人。1917年生。1932年考入济南山东省立第一乡村师范学校。在校期间，受到共产党人赵健民、王文轩、姚仲明等人的影响，积极投入抗日救亡运动，参加民先读书会等。1936年至济宁农村毕业实习。1937年2月回家乡，受聘于天尊院小学任教。七七事变日军南侵后，于当年底与宋乐生、方子成等人成立章丘人民抗日救国同盟。1938年2月在章丘长白山三山峪举行抗日武装起义，被推举为章丘人民抗日救国军司令。3月，加入中国共产党，率所部编入山东人民抗日救国军第五军，任六支队二十一中队中队长。后历任八路军山东人民抗日游击纵队第三支队连长、营教导员，八路军山东纵队第三支队特务团政治处主任、政委，山东纵队第三旅营教导员、团政委，清河军区清西独立团政委，渤海军区第六军分区政委等职，率部在清河平原开展游击战争。解放战争时期，先后任渤海军区第三军分区政委兼警备七旅政委兼中共清河地委书记，山东军区第七师政委、第十一师政委，第三野战军二十八军八十三师政委、二十八军政治部主任等职，率部参加周村、张店、邹平、齐东、莱芜、泰安、济南、淮海、渡江、淞沪、福州等战役、战斗。新中国成立后，历任中国人民解放军军副政委，华东军区第三政治干部学校、政治师范学校、第二政治学校校长兼政委，解放军总政治部宣传部副部长、部长，军事学院政治部副主任、副政委，国防大学副政委。1955年被授予少将军衔。1985年9月在中国共产党全国代表会议上增选为中央纪律检查委员会委员。1988年3月任第七届全国政协委员。1996年8月25日在北京逝世。

张纪光（1909—1998） 原名张舒礼，又名张继光。男，济南市人，著名烈士张郁光之弟。1909年生。早年在北平读书期间参加“一二·九”爱国学生运动，1936年大学毕业后在北平中国大学任教时参加文化界救国会。七七事变后，加入中华民族解放先锋队，先后任山东省濮县、聊城县县长，参加鲁西北抗战。1938年加入中国共产党。后历任河北省宁晋县县长、冀南区第二行政专员公署专员兼宁晋县抗日基干大队队长。解放战争期间，历任冀南区农林局长，冀南第二行政专员公署专员、地委书记，中共冀南二地委书记兼军分区政委。新中国成立后，历任河北省人民政府委员、农林厅厅长，河北省政府党组常委，华北行政委员会农林局副局长，林业部调查设计局副局长、局长，林业部部长助理、部党组成员，北京林学院党委书记兼副院长，东北农学院副院长，黑龙江省国营农场管理局局长，河北省农林科学院顾问，华北农业机械化学院党委书记兼院长，北京农业机械化学院党委书记等职。1982年离职休养。1998年2月17日在北京逝世。

翟向东（1919—2002） 曾用名翟咸利、何涛、黄河。男，济南市平阴县平阴镇东三里村（今榆山街道东三里社区）人。1919年生。1937年毕业于济南育英中学，同年3月加入中华民族解放先锋队等组织成立的山东文艺青年协会，为协会核心成员之一，积极从事革命文艺活动。1938年1月在肥城参加抗日游击队，同年加入中国共产党。后到聊城任鲁西北《抗战日报》编辑、记者。1938年11月聊城失守，到八路军一二九师先遣纵队和新八旅政治部任统战干事、教育干事。1942年4月任冀南《人山报》总编辑、社长。解放战争期间，任《冀南日报》编辑部长、副社长兼副总编辑，创办《河北日报》。新中国成立后，先后任河北日报社社长、总编辑，兼新华社河北分社第一任社长，全国新闻工作者协会常务理事、中共河北省委宣传部副部长、政策研究室主任、宣传部部长。曾当选河北省第一、二、三届人民代表大会代表、第三届全国人民代表大会代表，后任《北京日报》总编辑。“文化大革命”期间受到迫害。1971年下放任中共承德市委书记。1979年后，任《人民日报》副总编辑、社务委员、全国新闻高级职称评委会副主任。1986年离休。曾获全国新闻工作者协会老新闻工作者荣誉称号，享受国务院颁发的有贡献的新闻专家待遇。离休后，任中国公共关系协会常务副主席，兼学术委员会主任及培训中心名誉主任。受聘北京联合大学公共系教授、南京中华公关学院名誉院长。公关著作有《中国公共特色初探》《中国公共关系教程》《中国公共之路探索》等；文艺作品有《大河东流》《拾叶集》《金台情思》；电视连续剧《范筑先将军》；主编散文集《塞外风情》《山海游踪》。另编有《冀南日报史》，参与《鲁西北革命史》《冀南革命史》《冀鲁豫革命史》编纂的指导工作。2002年3月在北京逝世。

陈　瑛（1919—2004） 原名陈明英。男，济南市章丘普集镇三山峪村人。1919年12月生。早年在本村小学和章丘县高小读书，1935年入济南正谊中学学习。抗日战争爆发后，参加学生抗日救亡活动。1938年1月在家乡参加李曼村等人领导的抗日武装起义，先后任章丘人民抗日救国军、山东人民抗日救国军第五军六支队二十一中队战士、班长、排政宣员。1938年10月加入中国共产党。同年9月始，历任八路军山东抗日游击纵队第三支队七团政治处干事、连副指导员、连指导员，八路军清河军区青年营教导员、清河军区清中军分区政治处副主任兼清中独立团政治处副主任、清河军区四边独立营教导员、四边特务大队大队长。解放战争时期，历任山东渤海军区特务二团营长、团政治处主任，山东军区第七师二团政治处主任，华东野战军第十纵队二十九师八十五团政治处主任，中国人民解放军第三野战军第二十八军八十三师二四七团副政委兼政治处主任、团政委，参加洛阳、邹平、德州、泰安、沙土集、开封、济南、淮海、渡江和解放上海、福州等战役战斗。1950年3月至1952年5月，先后任中国人民解放军陆军第二十八军八十二师政治部主任、师政委。1952年5月至1955年2月，为解放军军事学院政治系第一期学员。后历任解放军军事学院政治部干部部副部长、部长，学院基本系五期代政委、政委，学院政治部组织部部长、学院政治部副主任、院监察委员会书记。1971年1月任陆军军政委。1978年3月任解放军南京政治学校政委。1980年12月至1985年3月，任解放军总后勤部副政委兼政治部主任，总后勤部纪律检查委员会副书记、书记，其间曾任总后勤部党委常委，1982年9月当选为中国共产党第十二届中央委员会候补委员。1985年5月参加国防大学筹建工作，同年11月至1990年4月任国防大学副政委、党委常委。1990年

3月增补为政协第七届全国委员会委员。1955年9月被授予大校军衔，1988年9月被授予中将军衔。是第十三届全国人民代表大会代表。2004年3月29日在北京逝世。

李千峰(1920—2005)　男，济南市平阴县平阴镇(今锦水街道)北土楼村人。1920年7月生。1936年在青岛市立中学读书时，参加中华民族解放先锋队，积极参加抗日救亡运动。1937年冬在肥城县参加共产党领导的游击队。1938年5月加入中国共产党。同年到陕西安吴青训班学习，毕业后留校担任连队指导员。1939年9月被选送到延安中央党校学习，学习期间担任新华通讯社通讯员。1941年5月调到《解放日报》编辑部工作，参加并报道当时延安以及陕甘宁边区党政军民的许多重要活动，真实记录了当时人们的精神风貌和英雄业绩。1946年后到晋察冀边区，先后担任《晋察冀日报》和华北《人民日报》采访科科长等职。1949年2月北平解放后，担任《人民日报》北平版和《北平解放报》采通部主任。中华人民共和国成立前夕调到新华社总社工作，参与开国大典的报道。1950年任新华社特派记者、编委，主要从事农村采访。1954年开始任《人民画报》总编辑，其间1954年至1960年还兼任外文出版社副社长、党委书记等职务。1964年至1979年任《人民日报》记者部主任、编委委员等职。1979年春至1984年任国家农委研究室副主任。1984年起历任中共中央书记处农村政策研究室研究员、农民日报社社长、中华全国新闻工作者协会主席团成员。作为农民日报社第一任社长，结合实际撰写过许多重要社论，采写过许多重大新闻，对完善家庭联产承包责任制做出积极贡献。1995年7月离职休养后，仍十分关心“三农”工作、新闻宣传事业和农民日报社发展。2005年2月20日在北京逝世。

于若木(1919—2006)　原名于陆华，曾用名于式穀。女，祖籍山东临淄，1919年4月生于济南。著名营养学家，老一辈无产阶级革命家陈云的夫人。其父于明信，字丹绂，早年留学日本，曾任山东省立第一师范学校校长，为民国时期山东著名教育家。于若木早年在济南读书，1933年9月到北平投奔其兄长，先后在北平两吉女子中学、北平市立第一女子中学读初中和高中。受进步同学影响，思想追求进步，积极参加“一二·九”爱国学生运动。1936年1月加入中国共产主义青年团，不久加入新成立的中华民族解放先锋队，担任分队长。同年9月，加入中国共产党。1937年七七事变后，与一批平津流亡学生回到济南。当年10月，经中共济南市委介绍，奔赴延安，被分配在陕北公学学习。1938年1月，被派到中共中央党校学习。同年3月，与时任中共中央政治局常委、中央书记处书记的陈云结为伴侣。不久转到马列学院学习，其间参加整风运动，并随学院实习团到陕甘宁边区实习，任小组长兼团支部组织干事，被评为“生产中的模范妇女”。1943年12月，调任西北财经办事处机要秘书，协助丈夫陈云工作。抗日战争胜利后，根据党中央开辟东北根据地的战略方针，于1945年10月随陈云开赴东北，辗转于临江、通化、朝鲜平壤、哈尔滨等地。1948年11月辽沈战役结束后，到达沈阳。1949年5月，随陈云进入北平。

新中国成立前夕，于若木调任铁道部编译室俄文译员。1950年5月，调中央财经委员会专家联络室从事翻译工作。1952年12月，到北京俄语专修学校(1955年9月改称北京俄语学院)进修俄语。1957年9月进修结束后，被分配至国家科学规划委员会资料室工作，负责编辑机关刊物《科技动态》。1958年10月国家科学规划委员会与国家技术委员会合并为国家科学技术委员会后，负责编辑机关报《创造与发明》。1960年10月调国家科委政策研究室工作，负责了解掌握科技单位的工作动态，并编辑《科学试验研究动态》刊物。不久抽调到国家科委长远规划办公室工作。在国家科委工作期间，逐渐对科学技术和学术研究产生兴趣，为以后从事营养学方面的研究奠定基础。1961年年底，调中共中央办公厅担任陈云秘书，在工作和生活上对当时身体状况欠佳的陈云给予无微不至的关心和照顾，并及时反映基层群众的生活情况和科学家对解决干部群众营养不良问题的建议。1964年12月，调中国科学院植物研究所工作，任该所下属的香山植物园党总支书记。1975年5月任中国科学院巡视室巡视员。1977年1月任中科院政治部审干办公室主任。1979年9月调任中共中央办公厅秘书局办公室主任。

1981年1月，于若木调任中共中央书记处研究室科技组顾问。在调研过程中，先后撰写和发表《食用菌生产大有可为》《营养——关系人民体质的大事》等文章，引起较大反响。此后，她围绕改善人民群众的营养卫生状况这一重大课题，深入开展营养学这一新兴学科的研究，积极进行大范围的营养普查、地方病的调查和防治、儿童营养食品的配方研究以及对成年人每天的营养需要提出推荐标准等，先后撰写《关心婴幼儿的健康成长是当代人的天职》《全社会都来关心学生的营养》《于若木论学生营养》等文章和书籍，并成立“若木营养研究中心”，专门从事学生营养研究工作。1986年先后被聘为中国营养学会荣誉理事、微量元素与健康学会名誉会长、中国食品工业协会顾问等。1987年7月被评为研究员。1989年1月，发起成立中国学生营养促进会。在她的倡议下，国家有关部门先后启动“护苗系统工程”“大豆行动计划”和“学生饮用奶计划”。1999年，出版营养学专著《于若木文集》。是第五、六、七届全国政协委员。2006年2月28日在北京逝世。

五

贺恒信（1923—1991）　男，江苏省铜山县人。1923年12月生。1949年参加工作。1955年加入中国共产党。历任山东贸易公司炊事员，济南百货批发站、济南百货采购供应站保管员。工作认真负责，干一行，爱一行，任劳任怨，勤勤恳恳，几十年如一日，深得广大职工群众的好评。1958年出席山东省第二届先进生产者代表会议，被授予“山东省先进生产者”称号。1991年逝世。

魏文进（1925—1991）　男，河北省献县人。1925年4月生。1948年参加工作，1952年加入中国共产党。历任山东造纸总厂工人、工会副主席、济南市轻工业工会副主席，济南市总工会办公室主任，中共济南市委办公室行政科副科长。在1949～1951年全国性职工革新活动中，为解决盘纸质量问题，先后研制发明“盘纸捆扎半自动法”“盘尺接头规尺法”，改进卷辊工艺，提高了卷纸效率。1951年出席山东省工农兵劳动模范代表会议，被授予“山东省劳动模范”称号。1991年逝世。

赵日交（1922—1991）　男，山东省桓台县人。1922年12月生。17岁到济南，以掏粪为生。新中国成立后，任济南西山粪场工人，甸柳庄肥料厂、匡山肥料厂生产班长、生产队长等职。1956年加入中国共产党。他热爱工作，很少休星期天，在人少任务重的情况下，提出将“二人一车制”改为“三人两车制”，提高工效30%以上。平时除认真负责完成厕所的清挖任务外，经常利用业余时间走访群众征求意见，义务为街道居民掏挖渗井，疏通污水道，改进翻修旧厕所，受到群众的高度赞扬。在1958年爱国卫生运动中，为对粪便垃圾实行泥封堆肥无害化处理，他不怕脏不怕苦，下到粪坑，用脚和铁锨进行掺拌，1960年出席全省工交、财贸、基建先进集体先进生产者代表大会，被授予“山东省先进生产者”称号。1991年逝世。

张禄生（1933—1991）　男，济南市人。1933

年 3 月生。1952 年参加工作，1956 年 12 月加入中国共产党。历任济南市建筑公司瓦工、班长、副队长，济南第四建筑工程公司第四工程队副队长。他热爱本职工作，刻苦钻研技术，积极完成上级交给的各项任务。因推广先进砌砖法，成绩突出，1957 年被评为山东省劳动模范。1959 年 10 月出席全国工业、交通运输、基本建设、财贸方面社会主义建设先进集体和先进生产者代表大会，被授予全国先进生产者称号。1991 年 9 月 24 日逝世。

孙宝君（1936—1992） 男，山东省梁山县人。1936 年 3 月生。1951 年 8 月参加工作，1956 年 5 月加入中国共产党。历任济南第一机床厂助理技术员、副科长、车间主任、科长、副厂长，1983 年 2 月任厂长。1988 年 6 月调任济南市对外经济贸易委员会主任、党组书记。1991 年 9 月任济南市人民政府副秘书长。1977 ~ 1988 年担任济南第一机床厂副厂长、厂长期间，领导对日合作生产，倡导组建“济南机床工业公司”“白马机械企业联合总公司”，使该厂生产经营得到快速发展，成为大型一类企业并获多项国家级荣誉。他多次带队出国进行合作谈判，赢得国外同行的尊重，被美国纳什威尔市授予“荣誉市民”称号并获该市“金钥匙”。先后获“山东省职工劳动模范”“山东省优秀共产党员”“全国立志改革者”“中国机械工业优秀企业家”等称号，获全国“五一劳动奖章”、全国首届经济改革人才“银杯奖”。1986 年 11 月赴北京出席全国先进党支部、优秀党员事迹经验交流会，1988 年当选中共山东省第五次代表大会代表，1989 年当选政协济南市第八届委员会常务委员。1992 年 9 月 30 日在济南逝世。

孙希龙（1934—1993） 男，山东省潍坊市人，中共党员。济南市第三人民医院外科主任，副主任医师。1992 年 4 月获“山东省职工劳动模范”称号。1948 年 9 月参加工作。他刻苦钻研医术，对工作精益求精。采用中西医结合的方法治疗破伤风 185 例，治愈率 96%；采用股动脉注射二氧化碳治疗脉管炎 1200 余人，治愈率 94%，受到全国卫生科技大会表彰；与同事一起，完成断指再植手术 200 多例，成功率 92%以上，达到国内先进水平。先后有 15 篇论文发表，得到国内外医学界高度评价。他身患肝癌，经常忍受病痛为病人手术，有时瘫倒在手术台上，被群众称为“白求恩式的好医生”。多次被授予省、市先进工作者，省、市优秀共产党员，济南市卫生系统最佳医务工作者等称号。1993 年 1 月 19 日病逝。

胡富海（1909—1994） 男，济南市平阴县孝直镇夏庄村人。1909 年 12 月生。1949 年 7 月加入中国共产党。1947 年至 1956 年任夏庄村灯塔社社长，1957 年至 1959 年任盛屯大同社社长，1960 年至 1963 年任孝直人民公社畜牧厂厂长，1964 年至 1967 年任夏庄生产大队大队长，1967 年至 1976 年任夏庄生产大队林业队队长，1971 年至 1980 年任夏庄村党支部副书记兼大队长，1981 年 12 月退休。1952 年被授予华东区农业生产劳动模范，同年被山东省人民政府授予农业劳动模范称号，并奖给苏联进口 24 马力柴油机 1 部。是中共山东省第一次代表大会代表，山东省第一届人民代表大会代表。1994 年 11 月逝世。

李延升（1946—1995） 男，山东淄博人，中共党员。生前任济南第一建材厂党委书记、厂长，1985 年从空军某飞行团政委岗位上转业到济南建材系统工作。1987 年 8 月，在济南建材一厂转产无门、连年亏损的情况下，他知难而进，毅然挑起厂长重担，带领全厂职工苦战一年，使新的主导项目热电工程全面建成投产。此后不久，热电项目被划出建材一厂，实行归口管理，企业再度陷于困境，他不计个人得失，主动放弃到条件优越的热电厂任职的机会，坚决要求留在建材一厂，与全厂职工共渡难关，共谋发展。经过几年的拼搏奋斗，彻底改变企业落后的产品结构，使企业走上健康快速发展的轨道。到1994年年底，该厂实现年产值近3000万元，创利税220余万元，职工人均收入6400余元，分别比1987年增长10倍、5倍和6倍，主要经济指标跨入全市建材系统前列。李延升对职工群众的冷暖疾苦关心备至，尽心竭力为群众排忧解难，及时把党的温暖送到职工心坎上；他处处用共产党员的标准严格要求自己，克己奉公，清正廉洁，他在1994年5月患肝、胆恶性肿瘤施行大手术后，仍兢兢业业，忘我工作，直到1995年10月8日去世，年仅49岁。《济南日报》以《鞠躬尽瘁孺子牛》为题发表介绍李延升先进事迹的长篇通讯，市电台、电视台以多种形式进行连续报道。《人民日报》、《光明日报》、中央人民广播电台、中央电视台、《大众日报》、山东省电台、山东电视台等新闻单位也都对李延升进行采访报道。1995年“五一”前夕，山东省人民政府授予李延升“山东省劳动模范”称号。

郭成秀（1925—1995）　男，济南市济阳县人。1925年3月生。1948年参加革命工作，1951年6月加入中国共产党。历任济南第二机床厂（1953年7月以前称济南第二机器厂）工人、车间主任、科长、副总工程师、副厂长，济南水泵总厂党委副书记、副厂长、总工程师、厂长，济南市标准局局长、党组书记，济南市标准计量局顾问等职务，1985年12月离职休养。1951年获首批山东省劳动模范称号。1995年11月2日在济南逝世。

黄宜轩（1915—1995）　男，济南市平阴县洪范池镇书院村人。1915年生。1952年带头搞互助组、合作社。1953年加入中国共产党。高级社期间，带领群众兴修水利，做出突出贡献。1957年被授予山东省劳动模范称号。他是华东地区劳动模范并在济南出席劳动模范代表大会，受到邓子恢等中央领导接见。“文化大革命”期间受到迫害。1975年至1982年，重新担任村党支部委员、副书记、组织委员、管委会大队长等职。1995年12月逝世。

颜锡笙（1922—1996）　男，济南市槐荫区张庄村人。1922年2月生。1945年8月参加革命工作，同年9月加入中国共产党。历任辽西省锦县卫戍司令部工人教导团队长、指导员，热河省新东县武委会政治股长、县政府民教科长兼秘书，辽西省二十一军分区独立四团供给处副主任。新中国成立后，曾任北京市南下工作团三分团一大队总务股长，长沙市中南军政大学第二分校供给处军械股长，第二十二步兵学校校务部管理科副科长，广州军区第四政治干校营房管理科科长，第一政治学校校务部管理处副处长、处长等职。曾受嘉奖、荣立三等功各一次。1972年8月受到错误处理，被遣送回原籍。1978年11月予以平反，由复员改为退休，后改为离休。离休后10多年，利用自己掌握的食用菌培植技术带领农民脱贫致富，为发展农村经济做出突出贡献。1986年被授予山东省农业劳动模范、全国优秀共产党员称号。先后获省、市优秀共产党员，市劳动模范，全国老有所为精英奖，全国老干部先进个人，市文明市民标兵等称号。1987年当选为中共十三大代表。1996年8月9日逝世。

李奇瑞（1928—1996）　男，山东省肥城县人，民盟盟员。1986年被授予山东省劳动模范。曾任济南市教学研究室教研员，后任山东省委和济南市委副主席、民盟中委。山东大学在职研究生毕业，从事外语教学和研究工作，组织和指导外语教改大型系列化实验，取得6年学程缩短为3年而且质量更高的显著效果。他提出并证论的“外语教法新体系”在国内有较大的影响。

杨柏林（1945—1997） 男，山东省沂南县人，中共党员。济南白马山啤酒厂劳动服务公司经理。1989年10月获“山东省职工劳动模范”称号。1984年任职后，打破旧有模式、重新建立生产经营的格局，先后办起瓶盖厂、纸箱厂、出口啤酒灌装车间、运输队等11个经济实体，使众多的待业青年和富余职工得到安置，实现“全部就业，一个不剩”的目标。经过4年多的不懈努力，公司营业总收入累计1884万元，实现利润300多万元，上缴各种税金230多万元，固定资产由4000元发展到455万元。杨柏林多次出席省、市劳动就业工作会并介绍经验，劳动人事部对他的工作经验给予高度评价。他领导的公司多次被评为省、市劳动就业工作先进集体。他本人连续3年被评为山东省劳动就业先进工作者，连续4年被评为济南市劳动就业先进工作者，还获得山东省优秀企业家称号。

杨启明（1948—1997） 男，济阳县江店乡人，中共党员。济阳机械厂机加工车间主任，党支部书记。1992年4月获“山东省职工劳动模范”称号。1965年12月参加工作。多年来，热爱本职工作，刻苦钻研技术，钻、磨、刨、铣样样精通。为改进生产工艺，与技术人员一起反复试制，将普通机床改装成数控机床，使生产效率和产品质量大幅度提高。勇于改革，大胆管理，在全厂率先实行浮动工资制，并积极进行人事制度改革，实行持操作证上岗，使车间工作有声有色，圆满完成各项生产任务。1990年4月，被山东省总工会授予“山东省优秀生产管理者”和“富民兴鲁”劳动奖章。同年5月，获“济南市先进生产者”称号。

杨育才（1926—1999） 男，陕西省勉县人。战斗英雄。1926年生。1949年4月参加中国人民解放军，次年5月加入中国共产党。1951年6月参加中国人民志愿军。在抗美援朝战争中，作战勇敢，灵活机智，多次出色完成任务。1953年7月参加金城反击战，任侦察排副排长，带领12名侦察员化装越过敌多道关卡，插至敌纵深处，奇袭南朝鲜军首都师第一团（白虎团）团部及美军榴弹炮营指挥所，击毙“白虎团”团长陆根珠，缴获“白虎团”团旗，一举捣毁敌指挥机关，歼敌200余人，荣立特等功。此战后被编成电影及京剧《奇袭白虎团》，影响全国。曾立三等功3次，二等功1次。抗美援朝战争胜利后，于1954年2月被中国人民志愿军授予“一级战斗英雄”称号，并获“朝鲜民主主义人民共和国英雄”称号和朝鲜“金星奖章”“一级国旗勋章”。回国后，历任中国人民解放军某部连长、营长、副团长、师副参谋长、副师长等职是，是中共第九、十次全国代表大会代表，第四、五届全国人民代表大会代表。1981年离休，居住于济南。他先后担任30多所学校的名誉校长、校外辅导员和德育顾问，做革命传统报告的足迹遍及全国。1998年获“全国老有所为奉献奖”，并被中国人民解放军总政治部表彰为全军先进离休干部。1999年5月26日在北京逝世。

王家俊（1934—2000） 男，辽宁省海城县人，中共党员。山东造纸机械厂技术科科长。1986年被授予山东省劳动模范。1985年他组织科技人员对天然花岗石压榨辊提出新的结构改革设计方案，经光弹实验和轻工部科研所鉴定，该项设计是我国同类产品的最佳设计，达到国际先进水平。他还于1985年提出两种新设计方案，解决了4种产品的工艺、技术方面的难题。

谷新亭（1936—2000） 男，济南市人，中共党员。济南市花园路五交化商场党支部书记。1995年4月获“山东省劳动模范”称号。1956年参加工作。1982年率领40名职工白手起家，建起街道小店。历经15年，发展成为拥有职工1006人，营业面积1.2万平方米，经营商品14大类2.6万个品种，以五交化商场为龙头的有8个成员单位的东关商业群体。上缴利税由2万元增加到400万元，商场利润连续2年过百万元，1994年实现利润210万元。在全国百家集体商业优秀企业中居44位，各项经济指标居济南市区街企业之首。1992年获山东省“富民兴鲁”劳动奖章，1993年获“全国百家集体商业优秀经理”称号，1994年获济南市劳动模范和济南市模范共产党员称号。

杨素范（1944—2000）　女，辽宁辽阳市人，中共党员。济南第九中学高中数学教师。1998年4月被评为山东省先进工作者。从教30多年一直工作在教学一线，对“强化思想教育、自治自理能力的培养”等方面做了有益探索，收到良好教学效果。她带的班3次被评为“市先进班集体”，连续5届的学生在全国高中数学联赛中获奖。本人先后被评为省三八红旗手、市优秀教师、市优秀班主任。

牛发和（1938—2002）　男，河北省容城市人。1938年6月生。1956年11月参加工作，1959年12月加入中国共产党。1956年至1958年任齐齐哈尔北满钢铁厂工人。1958年调入济南钢铁厂，担任生产组组长。工作中兢兢业业，刻苦钻研业务，积极开展技术革新，先后被济南钢铁厂提升为机械工程师，被长春中国第一汽车制造厂聘为特邀设计师。1964年3月中共济南市委、市人委召开大会，介绍其先进事迹，赞誉他为思想红、业务专的“雷锋式的青年”，号召全市人民开展向他学习的活动。中共济南市委、共青团山东省委分别授予其“优秀共产党员”和“模范共青团员”称号。《中国青年报》《大众日报》等报刊刊登介绍其事迹的长篇通讯。1965年调往西安冶金建设指挥部，担任指挥员工程师。1966年至1967年在十三冶大修厂任副厂长、党委委员、文革办公室主任；1967年至1971年任山西省革委会委员；1971年至1972年任太原钢铁厂七轧厂革委会副主任、主任、党委副书记；1972年至1977年历任中共太原市委常委、市革委会副主任、市委副书记、市总工会主任等职。1975年1月当选为第四届全国人大常委会委员。1981年至1983年任中共太原市委常委。后至济南工作。1989年10月任济南涤纶工程指挥部副指挥，1991年12月任中国济南化纤总公司副经理，1993年6月任齐鲁化纤集团总公司副董事长。1998年9月退休。曾获共青团中央“五四”纪念章，被授予全国青年岗位能手、全国冶金系统先进标兵等称号。2002年1月24日逝世。

程远茂（1919—2002）　男，山东省牟平县（今牟平市）人。战斗英雄。1919年6月生。1945年2月参加革命工作，1945年8月加入中国共产党。新中国成立前，历任胶东14团战士，东北28团副班长、班长、副排长、排长、副指导员、指导员。1948年，辽沈战役塔山阻击战中，率部坚守阵地，英勇抗击数倍之敌，保证了战斗胜利，被誉为“塔山守备英雄”。新中国成立后，历任中国人民解放军营参谋长、营长、副团长，师后勤部副部长，济南造纸公司副经理，济南造纸东厂革委会副主任、厂核心领导小组成员、党委委员，济南市民政局革委会副主任、副局长、党的核心小组成员，济南市第八届人民代表大会常务委员会委员等职。在部队任副团长期间，勤俭管家，其事迹以《勤俭管家人》为题刊登于《解放军报》，在全军传颂。曾先后立战斗大功8次，艰苦大功1次；获“毛泽东奖章”“艰苦大功奖章”“东北解放纪念章”“华北解放纪念章”“中南解放纪念章”。被评为全国战斗英雄，出席1950年全国战斗英雄代表大会。1952年出席全国政治协商会议。曾当选为全国第二届人民代表大会代表、广东省人民代表大会代表、汕头市人民代表大会代表、济南市第八届人民代表大会代表。1982年12月离职休养，享受市地级待遇。2002年8月21日在济南逝世。

卜琴一（1928—2002）　男，湖南省株洲市人，中共党员。济南钢铁总厂烧结分厂高级工程师。1988年被授予山东省劳动模范。1950年参加工作，为改进落后生产工艺，全力以赴地扑在竖炉改造上，终于使导风墙、烘干床相继诞生，并取得显著经济效果。竖炉日产由200吨猛增到700吨，年节电400万度，达到年产24吨水平，超设计能力62.5%。

陶志捷(1963—2003) 男，山东省东阿县人。大学本科学历。中共党员。1963年11月生。1982年12月参加工作，先后在济南市天桥区工商局工人新村工商所、泺口工商所从事市场管理工作。1991年任天桥区工商局堤口路果品批发市场管理所副所长。1998年任堤口路果品批发市场管理所党支部书记。2002年8月任济南市工商行政管理局天桥分局企业注册局局长。2003年因病去世。陶志捷参加工作后，始终坚守在市场监管工作第一线，立足平凡岗位，秉公执法，忘我工作，赢得各界赞誉。2002年7月3日，中共山东省委书记张高丽对陶志捷的事迹给予高度评价：立党为公，执政为民，在平凡的岗位上全心全意为人民服务。2002年7月18日，济南市纪委、市委组织部、市委宣传部联合发出通知，号召全市党员干部向陶志捷学习。陶志捷逝世后，新华社播发通稿，《中国工商报》、省和济南市多家媒体多次报道他的事迹。陶志捷先后被授予“全国优秀工商行政管理人员”“山东省富民兴鲁劳动奖章”“山东优秀青年卫士”“全省工商系统职业道德先进个人”“全省工商系统优秀市场管理员”“全省工商系统优秀工商所长”等称号。曾立二等功两次，三等功一次。2003年7月28日，被山东省人民政府追授为“山东省模范公务员”。

辛　光(1923—2003) 男，济南市章丘人。济南战役一等功臣。1923年12月生。1945年8月参加革命，1946年8月加入中国共产党。曾任中共济南市委联络部联络员、秘书，主要从事党的地下工作，先后打入国民党整编36师和96军军部，冒着生命危险策反国民党高级将领吴化文起义，为济南战役的胜利和济南解放做出突出贡献。新中国成立后，历任华东军政大学一大队区队长、政治干事；高级步兵学校步兵队政治指导员、助理员；军事电信工程学院预科系党委委员、政治指导员。1965年转业到陕西省宝鸡市第二建筑工程公司工作。1986年7月离休后易地安置到济南市，曾获“济南市关心下一代事业突出贡献奖”。2003年8月8日在济南逝世。

孟昭显(1933—2005) 男，济南市平阴县东阿镇南坦村人。中共党员，高级讲师。1933年4月生。1954年7月参加工作，任平阴县旧县乡完小教员，因工作认真、成绩突出，被评为平阴县优秀小学教师，并被推选为出席省优秀教师代表会的代表。1955年10月在平阴一中任教务员，1956年7月起任平阴一中团委书记，同时兼任政治课教员。1961年至1963年考入山东师范学院政治函授班学习两年。1963年所送的高考毕业班学生的政治成绩在泰安地区名列前茅。同年被评为全省先进生产者。1965年4月起在中共平阴县委宣传部任理论教员。1977年7月任平阴县广播局副局长，1979年9月任中共平阴县委党校副校长。1993年退休。2005年2月逝世。

张　凤(1927—2005) 女，山东省泰安市人。中学高级教师，中共党员。1927年生。1950年参加教育工作，先后担任过16年小学班主任、2年高中班主任、7年初中班主任并执教语文课。她四十年如一日，教书育人，扎实勤奋工作，以高尚的人格魅力，出色的工作业绩赢得学生的爱戴、家长的信赖和学校领导的高度评价。1983年被省政府评为山东省优秀儿童少年工作者。1984年被教育部授予全国模范班主任。1987年获“山东省优秀教育工作者”称号和“富民兴鲁”劳动奖章。1989年被人事部、国家教委工会评为全国教育系统劳动模范。1990年在平阴一中退休。2005年7月逝世。

陈国恒（1932—2005） 男，河北省南宫县人，中共党员。济南汽车制造总厂生产处处长。1986年被授予山东省劳动模范称号。

黄宜进（1945—2005） 男，山东省郓城县人。小学文化，中共党员。济南市林场龙洞林区西黑峪林点护林员。1945年生。1980年4月参加工作，2005年8月退休，2005年9月逝世。

黄宜进独身一人在没有道路、没有电、没有水的西黑峪林点，兢兢业业工作20年。其间，7000亩山林没出现过一次火灾和盗伐。《济南市封山育林管理规定》颁布后，他广泛宣传并对进山人员严格盘查，对进山牛羊坚决堵截，为此遭到部分群众报复。他母亲年老，孩子尚未成年，爱人患有精神分裂症，生活一直比较困难。1992年，领导“强行”让他回家过春节，可他在腊月二十九又返回林点。1991年获济南市劳动模范、山东省富民兴鲁劳动奖章，1992年获山东省劳动模范、全国“五一劳动奖章”。2000年4月被授予全国先进工作者。

吴丁元（1935— ？） 男，江苏省常熟市人，济南第九中学高级教师。1989年10月获“山东省职工劳动模范”称号。担任语文教学30余年来，认真钻研业务，积极进行教学改革。撰写的《指导高中语文总复习的几点做法》获市中学语文教学研究会第六届年会论文一等奖。在《语文教学》《语文学习》《教学研究》《中国青年》等报刊上发表论文9篇。1984年所教班级的文科生全部升入大专以上学校，语文高考成绩名列全市第二。由他担任班主任的四届毕业班，班风正，学风好，都被评为市先进班集体。吴丁元1983年被评为市优秀教师、优秀班主任，1984年获“泉城园丁”称号，1985年被评为省优秀教师。

宋绍云（1935— ？） 男，山东省泰安市人，中共党员。济南第一市政工程公司第二工程处施工员。1992年4月获“山东省职工劳动模范”称号。1958年3月参加工作。在市政工程一线工作30多年，任劳任怨，不计报酬，对工程质量一丝不苟，多年被评为全公司标兵和市城建系统先进生产者。1986年被评为济南市劳动模范，1987年当选为济南市第十届人大代表，1989年获山东省“富民兴鲁”劳动奖章。

徐建华（1957— ？） 男，安徽省阜阳人，中共党员。济南卷烟厂锅炉维修班长。1989年获“山东省职工劳动模范”称号。1978年6月参加工作，积极上进，刻苦钻研技术。维修锅炉不怕脏累，经常星期天不休息，加班延点从不计较报酬。有两次锅炉紧急抢修，他都是抢先钻入高温炉膛，身上多处灼伤，连续工作四五个小时，主动清扫除尘设备，抢脏活累活干。注意安全，多次避免事故发生。作为厂职工代表、厂管会委员，认真搞好民主管理，积极参政议政。连续多年被评为济南烟草公司优秀共产党员和劳动模范。1988年获山东省“富民兴鲁”劳动奖章，被评为全国烟草行业劳动模范和济南市优秀共产党员。

梁国利（1963— ？） 男，济南长清县人，中共党员。长清县张夏镇金庄村党支部书记，济南水龙王企业集团总公司董事长兼总经理。1995年4月获“山东省劳动模范”称号。1982年参加工作。任村支部书记后，为集体经济的发展呕心沥血。村办企业由1986年产值不足500万元，发展到以水暖器材、煤气铸管两个骨干企业为主，产值、销售收入过亿元，利税过千万元，固定资产和公共积累8000万元的企业集团，成为全县第一个经济总收入过亿元的村。连续9年被命名为省级文明单位，1990年后村党支部分别被省委、市委评为先进基层党支部。

梁国利被评为省、市优秀农民企业家，先后当选为济南市第十届人大代表、中共济南市第六次代表大会代表。

六

常润山（1908—1991） 男，山东省新泰市人。1908年4月生。1932年3月加入中国共产党，以小学教员的身份为掩护，从事党的工作。抗日战争爆发后，于1937年11月参加徂徕山起义，任队长。此后，历任中共山东分局警卫连连长兼指导员、中共泗水县委组织部部长、中共太宁县委敌工部部长等职。解放战争时期，先后任中共济南市委敌工站分站站长、国军部内线组织科科长，济南特别市九区区委书记。新中国成立后，历任济南市统计局、工商管理局、纺织印染局、劳动局局长等职。1962年5月后，历任政协济南市第三、四届委员会常委，第五届委员会常委、副秘书长，第六届委员会驻会常委。1982年12月离休。1991年1月4日在济南逝世。

隋灵璧（1902—1991） 女，山东省诸城市人。1902年生。1916年考入山东省济南女子师范学校，积极参加五四运动，组织学生冲破学校当局的阻拦，走上街头，游行示威，开展募捐，抵制日货，在青年学生中产生积极影响。1921年考入北京女子师范大学。1924年转入北京师范大学。第一次国共合作时期加入国民党，并同国民党中的进步人士组织新中革命青年社。1927年到绥远学校任教。1928年调任山东省泰安第三中学教员兼女子部主任。1930年创办北平协化女子中小学，任校务主任。1932年在中共地下党员周怡领导下开展地下工作。同年秋被捕入狱，后经保释出狱。七七事变后，参与组织"华北妇女抗日救护队"，支援上海抗战。后到云南大学附中任教。1940年到延安任陕甘宁边区教育厅教育委员会理事和陕甘宁边区战时儿童保育院保教科科长。1945年加入中国共产党。1946年随周恩来在重庆中共代表团任政治委员会委员。1948年济南解放后，被调回山东，任省妇联常委。1949～1966年，任山东省第一、二届人大代表，政协山东省第一、二、三届委员会委员，山东省济南女子师范学校校长，山东省妇联常委，济南市总工会妇女委员、济南工人子弟中学校长兼党支部书记，国民党革命委员会山东分会组织部部长、常委、山东省政府参事室秘书等职。1982年任民革中央祖国统一委员会委员、民革中央妇女委员会委员。1991年6月在北京逝世。

李　诚（1912—1992） 男，山东省莱州市人。1912年4月生。1937年4月参加革命工作，1938年6月加入中国共产党。历任掖县（今莱州市）庙埠乡农民运动委员会主任，掖县八区、三区区队长、指导员，掖县武装科科长。新中国成立后，历任中共济南市八区区委书记，济南市委直属党委组织干事、代总支书记，济南市司法局办公室主任，济南市法律顾问处主任，济南市中级人民法院办公室主任，济南市天桥区人民法院院长，济南市市中区人民法院院长。1979年12月离职休养。离休后，义务担当校外辅导员，协助街道办事处进行普法宣传，教育，挽救失足青少年，多次被评为优秀共产党员和先进离休干部，受到省、市、区委的表彰。1992年5月4日逝世。

陈凤九（1912—1992） 男，山东省青州市人。1912年生。1927年3月加入中国共产主义青年团。1928年春任中共益北特别支部政治交通员。1933年3月益北特支遭受破坏，为逃脱敌人的追捕，他辗转至大连，隐姓埋名，以码头苦力谋生。1936年秘密回到家乡，经过多方努力，与党组织取得联系。同年12月转为中共正式党员。"七七"事变后，积极投入抗日斗争。

历任益都县抗日救国团副主任，中共益都县委委员、组织部部长，中共益（都）、寿（光）、临（淄）、广（饶）四边县委委员、组织部部长，渤海区农救会会长，中共清东地委委员、各救会会长、益东工委书记等职。解放战争时期，历任中共渤海区委胶济工委书记、胶济大队队长、三地委委员、城工部副部长、济南工委书记（1948年3月至9月）等职。济南解放后，历任中共济南市委组织部组织科科长、副部长，兼任济南市委机关党委书记，中共山东省委监委常委、副书记，中共山东省委纪律检查委员会副书记、省纪委顾问，山东省政协常委。1984年8月离休。1992年逝世。

陈铭新（1909—1993） 男，山东省青州市人。1909年2月生。1927年7月参加革命工作，并加入中国共产党。历任中共益（都）、寿（光）、临（淄）、广（饶）四边县委警卫班长、机枪班长，四边县三支队特务队长，山东渤海区独立团第一连连长，渤海区交通科指导员，中共德平县委组织部部长，渤海区委党校组织干事。新中国成立后，曾任济南实业建筑公司保管员，济南实业公司造纸厂副厂长，济南造纸厂副厂长。在长期的革命战争年代，曾三次被捕入狱，遭受敌人的种种酷刑和非人的折磨，始终坚贞不屈。1964年退休，后改为离休。1993年2月18日逝世。

曹龙凯（1917—1993） 又名曹兰水。男，河北省无极县人。1917年9月生。1935年11月参加革命工作，1937年6月加入中国共产党。历任红一军团二师二团一连战士、班长、副排长、副连长，一一五师六八五团苏鲁豫支队教导六旅连长，渤海军区一分区新兵五团一营营长。新中国成立后，历任山东渤海军区惠民县人武部副部长，利津县人武部部长，泰安专区实业公司副经理，济南市经委轻化科副科长，市民政局干部。1982年12月离职休养。1993年4月4日逝世。

沈秉法（1916—1993） 曾用名白鸥。男，济南市章丘人。1916年1月生。1936年12月参加革命工作，1939年1月入党。历任红二十七军警备一团一连战士、班长、副排长、副指导员，晋绥兵站十七分站站长，晋宁县五区副区长。新中国成立后，曾任德州贸易公司秘书主任、徐州土产分公司副经理、华东贸易部储运处副科长、青海省贸易公司副经理兼柴达木工矿区贸易公司经理等。1978年离休后回原籍章丘市安置。1993年5月8日在济南逝世。

袁国瑛（1909—1994） 女，山东省青州市人。1909年12月生。1928年3月参加革命工作，1939年4月加入中国共产党。历任地下交通员，渤海军区后勤工厂二厂组长，青东工委地下工作队员，益寿县土改工作队员，益寿县马兰区委委员、妇女主任，并在渤海区后勤工厂荣立一等功，在益寿县土改工作队被评为二等模范。新中国成立后，历任济南市市中区手工业管理科科员，市中区纺织工会托儿所所长，济南市直机关幼儿园、中共济南市委办公厅干部。1966年10月退休，后改为离休。1994年4月3日逝世。

郑仃云（1913—1994） 曾用名郑得芳。女，山东省无棣县人。1913年11月生。1937年2月参加革命工作，同年12月加入中国共产党。早年毕业于山东省立济南女子师范学校。曾参加过济南抗日反蒋同盟和济南山东各界救国联合会，从事抗日宣传工作。抗日战争时期，先后在鲁南临沂地方部队、中共临郯县委、临沂县政府、沂河区专署和滨海区三专署任组织宣传干事、妇女委员、文教科员、调研员等。解放战争时期，在滨海区建国学校任教员，后调山东大学任机要秘书。新中国成立后，先后任济南第三中学副教导主任、党支部书记，济南第五中学校长。1953 年 7 月调市人委宗教事务处任副处长，1958 年 5 月任市人委侨务处副处长。1965 年 12 月退休，后改为离休。临终前将自己 2000 元积蓄交党费并要求丧事从简。1994 年 6 月 16 日在济南逝世。

徐平石（1912—1994） 原名徐世梅。男，济南市历城区人。1912 年 11 月生。1937 年 5 月在陕西省三原县参加中国工农红军，1940 年 12 月加入中国共产党。历任庆阳教导师文化教员。前总政治部特务团文化教员、保安四团政治干事、警卫七团教育干事，警卫九团、七团政治干事、陇东军分区三旅独立团宣传股长、陇东军分区党委秘书。新中国成立后，历任中国人民解放军第二兵团警卫团政治处主任，甘肃军区政治部文化科长、青海军区政治部宣传科长、青海军区速成小学副政委、青海军区步兵独立团副政委、西北军区公安二团副政委、青海军区兵役科科长。1959 年 4 月转业到地方工作，历任青海省支前办公室副主任兼省民政厅优抚处处长、中共济南市工人医院支部书记、济南第二中学校长。1975 年 8 月离休。1979 年 12 月任政协济南市第六届委员会委员。1994 年 7 月 18 日逝世。

续甫山（1908—1994） 男，陕西省子长县人。1908 年 3 月生。1935 年 5 月在陕北参加工农红军，历任班长、司务长。1936 年 1 月加入中国共产党。在抗日战争和解放战争中，曾任一一五师六八七团供给处管理员，新四军三师二十八团供给处股长，苏北淮海军分区泗沭独立团供给处处长，苏北六军分区一团供给处处长，华东野战军十二纵队三十四旅一 ＯＯ 团供给处处长，中国人民解放军第三十军八十八师后勤处处长，第二十六军八十八师后勤处处长。抗美援朝中，任志愿军第二十六军后勤兵站第二站站长。1953 年转业到地方工作，历任山东省农林厅总务科长、济南乳牛场场长、中共济南乳品公司总支书记、中共济南盐业站支部书记。1972 年 6 月退休，后改为离休。1994 年 11 月 25 日逝世。

左守善（1912—1995） 男，山东省单县人。1912 年 9 月生。1936 年 12 月参加革命工作，1937 年 8 月加入中国共产党。新中国成立后，先后任中共济宁地委委员、地委统战部部长，中共济宁地委常委、地委生产互助合作部部长。1956 年 3 月至 1958 年 5 月，任济南市副市长。其间，当选为中共济南市第一届委员会委员，兼任中共济南市郊区工委第一书记、区委第一书记。1958 年 5 月至 1960 年 2 月，任历城县县长、县人委党组书记。后历任山东省渤海农垦局副局长、省农业厅副厅长、省农业局副局长、中国人民解放军济南军区山东生产建设兵团后勤部副部长、济南军区山东省生产建设兵团三师副师长等职。当选为山东省第一、二、三届人大代表。1995 年 3 月 23 日在山东泰安逝世。

李自厚（1908—1995） 男，陕西省安定县人。1908 年 9 月生。1930 年 10 月参加革命工作并加入中国共产党。历任中共陕西特委交通员，陕西省苏维埃政府交通队队长、邮政局局长，陕西警备一旅排长、副连长，中国人民抗日军政大学学员，山东省日照县县大队长，莒南县税务四分局副局长，山东省邮管局商号经理、副科长，华东邮电总局邮运总站副站长、行政科科长。新中国成立后历任济南实业公司铁工厂厂长，山东省建筑工程局建筑工程公司科长、机具站站长，济南市建筑工程局材料公司经理。1965 年 6 月离职休养。1995 年 4 月 30 日在济南逝世。

杨作舟（1901—1995） 男，山东省莒县人。1901 年 10 月生。1932 年 4 月参加革命工作，同年加入中国共产党。1938 年 10 月后，历任县农会副主任、区委书记，滨北区战时邮局局长，莒南县邮局局长。新中国成立后历任山东省邮电管理局人事股长，济南市电信局监察员，济南市电信局职工业余学校副校长等职。1966年3月退休，1979年3月改为离休。1995年7月20日在济南逝世。

常继胜（1915—1996）　男，陕西省横山县人。1915年11月生。1935年1月在家乡参加红军骑兵游击队。1938年至1941年先后在延安边区财政厅、山东三纵供给部任警卫员。1941年3月加入中国共产党。1943年至1947年任北海银行印刷厂副主任；1948年至1981年先后任沂南县银行股长，济南市银行工会主席，泰安县银行副行长、章丘县银行副行长、行长等职务。1981年2月离职休养。1996年4月10日在章丘市逝世。

李大林（1912—1996）　男，山西省交城县人。1912年11月生。1936年2月在红军第十五军团政治部任宣传员、干事等职，同年5月加入中国共产党。1936年11月负伤后到兵站后方荣军医院养伤，1937年7月起先后在残废院一所、军委荣校、政治处等单位任代理文书、排长、主任、组织干事、党支部书记等职；1940年6月起先后在抗大三分校、延安赴鲁工作队、山东纵队一旅、五旅等单位任副班长、股长等职，1943年3月起先后在胶东兵工厂、胶东党校、胶东后勤总店、胶东被服总厂、生产部党委会等单位任党委副书记、副监理、副政委、组织科副科长、人事科长等职。新中国成立后，转业到地方，先后在鲁新纱厂山东基建局施工处、济南建材公司等单位任代理厂长、科长、党支部书记等职，1964年起在济南建筑工程公司先后任科长、党支部书记等职，1975年11月退休，1982年改为离休。1996年6月3日在济南逝世。

章霭然（1907—1996）　女，安徽省绩溪县人。1907年3月生。1937年参加革命工作。1957年1月加入中国共产党。历任上海劳动妇女战地服务团团员，中华全国工业合作协会西北区办事处干事，山东托儿所、山东化工厂托儿所所长，济南市市直机关幼儿园副主任等职。1996年6月22日在济南逝世。

王苇塘（1906—1996）　男，山东省博兴县人。1906年9月生。1932年6月加入中国共产党并参加革命工作。历任连政治指导员、民运干事、博兴县政府秘书、渤海报社编辑、耀南中学教务主任、校长，渤海干校大队长。新中国成立后，历任山省省教育厅科长，山东医学院速成中学校长，山东科学分院、省科协处长等职。1961年10月任济南市第一中学校长。1980年11月任济南市教育局顾问。1979年12月当选为政协济南市第六届委员会常委。1983年3月离职休养，享受地市级待遇。1996年6月28日逝世。

王玉钰（1924—1996）　男，山东省枣庄市人。1924年9月生。1937年2月参加革命工作，1945年6月加入中国共产党。1937年2月至1945年7月先后在鲁南苏鲁支队工作团、一一五师六八六团、山东军区司令部任宣传员、卫生员、警卫员。1945年8月至1950年2月任山东军区后勤部纺织厂会计。1950年3月至1958年12月任山东花纱布公司章丘县供销社物价科科长、章丘县财政贸易工作部服务局副局长，章丘县商业局副局长，章丘县供销社监事会副主任、理事会副主任等职。1995年12月离职休养。1996年11月12日逝世。

宁汉戈（1914—1997）　男，贵州省毕节县（今毕节市）人。1914年5月生。1934年1月参加革命工作。1937年11月加入中国共产党。长期在云贵川甘等地从事党的地下工作。1946年奉组织安排到延安，先后任延大附中教务主任、西北兵团第四后方医院五所所长。1948年到济南，任华东大学讲师。1949年至1955年历任华大附中副校长，山东省实验中学副校长、校长兼党支部书记。1955年至1966年历任山东省教育厅办公室主任、副厅长，山东省高等教育局副局长、山东省教育厅副厅长，山东省第二教育厅副厅长、党组副书记。“文化大革命”中受到冲击。恢复工作后任山东省革委政治部教育组副组长、省革委教育局副局长。1974年至1982年任山东省教育厅副厅长、党组副书记。1982年12月离职休养。1996年10月享受正厅级待遇。离休后，在左眼几近失明又身患重病的情况下，笔耕不辍，历时数十载，完成各数千行的长篇叙事诗《高原之鹰》《雨花魂》，先后由山东文艺出版社出版，以诗的语言追忆、怀念、记述革命先烈的业绩。1997年11月6日在济南逝世。

辛竞涛（1917—1998） 男，山东省莱阳市人。1917年4月生。青少年时代求学于莱阳、济南等地。1937年1月投身革命，在莱阳一带农村当小学教师期间，加入中国共产党领导的抗日民族先锋队。1938年5月始，在胶东区党委、军事部、青年部任文书，南海军区司令部任参谋等职。1942年后，曾在海阳、莱阳任小学校长，莱东各救会、五龙县武装部秘书、股长等职。1947年6月加入中国共产党。1948年8月后任山东省团训班团支部书记、济南成通纱厂团支部书记、济南市纺织业团委书记。新中国建立后，历任济南市学校党委干事、济南市教育局副科长。1957年11月后历任济南市槐荫区机关业余学校校长，济南第三十七中学校长、党支部书记等职。1983年4月离职休养，享受厅局级干部待遇。1998年10月9日在济南逝世。

庞兆南（1921—1999） 男，山西省洪洞县人。1921年12月生。1936年3月参加革命工作，历任红一军团二师二团战士，八路军一一五师六八五团三营战士、测绘员。1939年4月加入中国共产党。1940年2月后，历任八路军东进支队见习参谋、教导第五旅侦察参谋、新四军独立旅文书参谋、浜北军分区侦察参谋、九十四师二八团一营政治教导员。1950年10月参加抗美援朝，任志愿军九十四师二八团一营教导员、九兵团干部队教导员。1953年5月转业到山东省出版局任秘书。1962年2月，任中共济南市市中区委党校校长。1972年4月任市中区经二路街道办事处副主任。1980年2月离休，享受地厅级待遇。1999年12月30日逝世。

刘灿军（1919—2001） 男，山东省东平县人。1919年2月生。1936年11月参加革命工作，同月加入中国共产党。历任中共东平县委党内情报站站长，东平县四区抗日政府区助理员、区长、区中队长、武装大队第六中队长，东平县政府一科科长兼县政府党组成员，冀鲁豫二专署支前司令部秘书、泰安地区联立师范学校党支部副书记兼总务主任，泰安师范专科学校总务主任、党委委员，历城第一中学校长兼党支部书记，历城县文教部长兼党支部书记，历城师范学校校长兼党支部书记，济南第十七中学（现为济南第一职业中专、济南艺术中学）党支部书记。1972年12月因病离职休养，1988年12月享受厅局（地专）级待遇。2001年5月18日在济南逝世。

王汉侯（1912—2001） 男，山东省莒南县人。1912年5月生。1932年10月参加革命工作，同年加入中国共产党。革命战争时期，历任滨海地区区委委员、莒南县区长助理、副区长等职务。新中国成立后，历任莱阳专区专卖处副主任、山东省专卖公司监察室副主任、济南市烟酒糖业采供站经理、济南市历下区商业科科长、济南市工商行政管理局市场管委会副主任、济南市工业品交易所副主任等职。1982 年 12 月离休，享受地市级干部待遇。2001 年 8 月 26 日逝世。

徐　诚（1918—2006）　男，山东省郯城县人。1918 年 2 月生。1932 年 8 月参加革命，并加入中国共产主义青年团。先后经历土地革命战争、抗日战争、解放战争。历任山东纵队政治部组织部巡视员，鲁南特委秘书处文书，鲁南四地委秘书处秘书长，鲁南区党委秘书处秘书、调研室调研员，中共临西县苍山中心党支部书记，鲁南区党委调研室调研员，邹县六区区委书记，鲁南区党委土改工作团工作员，白彦县白彦区区委书记，白彦县委宣传部部长兼代理县长、县委副书记兼县长，尼山地委党校主任，腾县专区干校主任，腾县铜北土改大队主任，华山县委副书记兼组织部部长，山东省人事厅（局）三处副处长，山东省监察厅财粮商业处处长，山东省监察厅整风办公室主任、事务局办公室主任，济南生建钢铁厂党委副书记、政治委员，济南第二钢铁厂革委会副主任等职。1975 年 12 月离职休养。2006 年 3 月 24 日在济南逝世。

张文学（1918—2007）　男，安徽省巢湖市人。1918 年 3 月生。1937 年 6 月参加革命，1939 年 2 月加入中国共产党。历任潍南路东路西地区挺进队八团一营一连战士、潍南路行政公署秘书处股长、潍南行署民生纺织厂书记，山东兵站部一兵站书记，济南面粉厂厂长，济南粮食局副局长等职。1982 年 12 月离职休养。2007 年 1 月 6 日在济南逝世。

七

陈道顺（1959—1991）　男，山东省肥城市人。1959 年 3 月生。1980 年参加公安工作，历任济南市公安局交通警察支队槐荫区大队民警、副班长、科员，多次被市公安局评为先进工作者。1989 年加入中国共产党。同年被市公安局授予“新长征突击手”称号。1991 年 12 月 4 日下午，在执勤中拦截交通违章的车辆，被酒后无证驾驶轻骑摩托车的肇事者撞倒，造成头部粉碎性骨折，光荣牺牲。1992 年 9 月被公安部追授全国公安战线二级英模称号。1993 年 3 月经省政府批准为革命烈士。

高清波（1972—1993）　男，湖北省广水市蔡河镇柏树村人。牺牲前为中国人民解放军驻平阴某部班长。1972 年 5 月生。1990 年 12 月入伍。1991 年 10 月加入中国共产党。1993 年 10 月 10 日，驻平阴某部六连官兵正准备集合看电影，突然当地一村民匆匆跑进院子，喊着“快救人啊！”说有 3 名歹徒正拦路调戏妇女。高清波立刻带领两名战士冲向事发地点，3 名歹徒慌忙分头逃窜。高清波奋力向其中一名歹徒追去，就在他抓住歹徒的左手时，这个歹徒猛地拔出三棱刀，转身刺入他的右胸部，高清波不顾疼痛，仍奋步追赶，直至壮烈牺牲。服役期间，高清波 4 次受嘉奖，4 次立三等功，连续两年被团树为训练标兵，1 次被团树为学雷锋先进个人，他所带的班被评为达标先进班。在参加团以上军事比武中夺得 39 枚金牌，8 次打破团队纪录，11 次为地方群众和战友捐款，6 次抢救国家财产，2 次抢救战友。10 月 14 日，济南军区批准他为革命烈士，追记一等功，并授予他“献身国防的英雄战士”称号。

隗景海（1974—1994）　男，济南市章丘水寨镇太平村人。共青团员。1974 年生。1991 年 7 月初中毕业后任本村小学代课教师，1992 年 8 月在村办注塑厂工作，一年后回家务农。1994 年 8 月 12 日中午，隗景海途经本村西头水湾时，听到有人落水的呼救声，他急忙赶到岸边，毫不犹豫地跳入 3 米多深的水中抢救落水者。此时，落水少年范玉同已没入水中，隗景海经过长时间的潜游寻找，摸到范玉同（已溺亡），并用力将他推向岸边。因水深且湾边陡滑，他用尽全身气力才将范推上岸，而他自己却因体力耗尽，沉入水底。当人们闻讯赶来，将隗景海打捞上岸时，他已停止呼吸，光荣牺牲。1996年7月30日，被山东省人民政府追认为革命烈士。

张　峰（1975—1994）　男，济南市长清区归德镇兴隆村人。共青团员。1975年10月生。1994年11月6日下午2时许，正在家中劈柴的张锋，忽然听到西南方向的河沟里传来急促的呼救声，他立即循声奔向近百米远的河沟边，见落水少女赵凌云正在水中挣扎，便毫不犹豫地跳入冰冷的水中。他抓住落水少女并用力向岸边游去，赵因惊慌挣脱张锋的右手，又沉入水下。张锋第二次潜入水底将赵托出水面，拖向岸边，赵又一次因挣扎从他手中挣脱。张锋用尽全身气力再次潜入水下将赵顶出水面，推向岸边。终因精疲力竭沉入水底。当村民们闻讯赶来，经过3个多小时把他俩从5米深的水底捞上来时，张锋已经停止呼吸。1996年7月30日，被山东省人民政府追认为革命烈士。

吴吉英（1952—1995）　男，济南市槐荫区段店镇人。牺牲前为济南市槐荫区黄河河务局段店河务段段长。1952年9月生。1975年4月参加工作。1995年3月7日，段店镇农民马某等人驾驶机动三轮车途径段店河务段时，因违反规章与工作人员发生口角，继而毒打工作人员。吴吉英闻讯赶来制止，遭到围攻，被马某用4.5公斤重的大石头砸中头部，在送医院途中停止呼吸。同年10月25日，山东省人民政府批准吴吉英为革命烈士。

宋铭禄（1953—1995）　男，山东省泰安市人。牺牲前为济南军区第7422工厂职工、天桥区堤口路联防治保会主任。1953年12月生。1970年12月参加工作。1995年4月18日凌晨，与堤口路派出所民警芦全力在辖区内巡逻时，跟同骑一辆自行车、携带短刀及盗窃赃物的两名罪犯相遇。宋铭禄与芦全力发现二人形迹可疑，便令其停下接受检查，二罪犯仓皇逃窜。在追捕中，宋铭禄将一罪犯抓住，凶残的罪犯抽出尖刀朝宋铭禄肋部、背部连刺三刀，致使宋铭禄胸主动脉破裂，造成大失血，在送往医院途中牺牲。1995年5月4日，被山东省人民政府追认为革命烈士。5月9日，中共济南市委、市政府做出《关于开展向宋铭禄同志学习的决定》。5月10日，济南军区后勤部党委追认其为中共正式党员并授予“勇斗歹徒的英雄职工”荣誉称号。

李太俊（1945—1995）　男，商河县人。牺牲前任商河县白桥乡司法所所长。1945年生。1963年参加工作，1965年3月加入中国共产党。1991年任乡司法所所长。曾连续7年被评为地、市司法行政系统先进工作者，两次荣立三等功。他所领导的司法所、法律服务所多次被评为市、县司法行政系统先进单位。1995年10月12日清晨上班途中，遭歹徒蓄意报复，壮烈牺牲。1996年6月6日，司法部、山东省人民政府在商河县举行追授、追认李太俊“一级英模、革命烈士”大会。同时，中共济南市委、济南市人民政府分别追授李太俊“优秀共产党员”和“模范司法所长”称号，并做出关于在全市开展向李太俊学习活动的决定。

李长升（1981—1997）　男，商河县殷巷镇花园马村人。共青团员。生前系殷巷中学初中二年级学生。1981年8月生。1997年3月25日13时，上学途经殷巷桥时，为抢救一名落入桥下深水中的12岁小学生，不幸牺牲，年仅16岁。他在学校连续5年被评为“三好学生”，2次被评为“模范班干部”。为表彰李长升的英雄事迹，中共商河县委、县政府和共青团济南市委分别追授他“英雄少年”“济南市优秀共青团员”称号。1998年1月5日，山东省人民政府批准李长升为革命烈士。

崔剑平（1971—1997） 男，济南市人。1971年12月生。6岁就读于济南市槐荫区槐南小学，1989年在山东省实验中学高中毕业，同年考入上海复旦大学。1993年和1996年先后获微生物专业学士学位和生物遗传工程专业硕士学位。1996年8月赴美国新泽西医学院留学，攻读博士学位。1997年9月2日，参加学校学生会组织的郊游活动时，因抢救一溺水中国学生而不幸牺牲。1998年4月6日，山东省人民政府批准崔剑平为革命烈士。

陈登汉（1922—1998） 男，济南市历城区人。1922年生。1947年参加革命，1948年加入中国共产党。历任历城区七区水窝乡乡长、西营供销社主任、西营区委副书记、港沟公社党委副书记、孙村区区长，彩石乡党委副书记、乡长等职务。1983年离职休养。离休后15年间，带领群众栽果树533公顷，修公路120多千米，使该乡44个山区行政村的43个村通上沥青路，而自己未收取任何报酬。他从不利用职权谋取私利。他个人及家庭生活十分俭朴，却多次拿出自己的离休费帮助群众买树苗、修公路。1998年6月27日，在彩石乡石瓮峪村筑路工地上，正在施工的油罐车突然失去控制，急速向山下滑去。为保护集体财产和周围群众的生命安全，他用年迈的身躯死死顶住从坡道下滑的油罐车，被挤到山坡内侧的石壁上，不幸牺牲。为表彰他的先进事迹，10月10日，中共济南市委做出决定，授予其“一心为民，忘我奋斗的共产党员”称号，并号召全市干部、群众深入开展向陈登汉学习的活动。1998年3月23日，山东省人民政府批准陈登汉为革命烈士。

王守峰（1983—2003） 男，济南市长清区孝里镇大街村人。1983年生。2003年7月13日15时许，在江苏省南通市打工的王守峰和其老乡一行5人到南通市任港闸下游外江口处游玩。这时他们听到救人的呼声，发现1名青年落水，情况十分危急。王守峰见后不顾个人安危，奋勇跳入江中，与其他救人者合力抢救落水青年。落水青年得救了，王守峰却因体力不支献出自己的生命。事情发生后，王守峰奋勇救人的事迹在南通市引起强烈反响。南通市人民政府、共青团南通市委分别追授其为见义勇为先进分子、南通市新长征突击手荣誉称号。2003年10月15日，山东省人民政府批准王守峰为革命烈士。

杜照宇（1972—2006） 男，济南市人。牺牲前任驻黎巴嫩联合国中国军事观察员，中校军衔。1972年11月生。1984年小学毕业后升入济南第七中学，1990年考入中国人民解放军国际关系学院。1994年7月本科毕业后，在解放军国际关系学院攻读硕士学位。1997年7月硕士研究生毕业，获硕士学位。后任中华人民共和国国防部参谋、中国驻印度大使馆武官秘书。2005年12月，被派往中东联合国停战监督组织执行维和任务，在黎巴嫩任联合国军事观察员。2006年7月26日零时30分（当地时间7月25日晚7时30分），以色列军队对黎巴嫩南部希亚姆镇进行空袭，杜照宇所在的联合国观察哨所遭袭，不幸遇难。同时遇难的还有来自芬兰、奥地利、加拿大的3名联合国军事观察员。事件发生后，联合国秘书长安南及安理会谴责以色列暴行。中国国家主席胡锦涛指示中国有关部门谴责这一袭击维和人员的行径，转达他对遇难者的深切哀悼和对遇难者亲属的诚挚慰问。2006年8月29日，中国人民解放军总参谋部召开大会，给杜照宇烈士追记一等功。

附　录

重要文件

国务院关于同意山东省调整济南市市区行政区划给山东省人民政府的批复

国函〔1987〕59号

山东省人民政府：

你省1987年3月24日《关于转报济南市人民政府调整市区行政区划请示的报告》收悉。同意撤销济南市郊区和历城县，设立历城区。以历城县和郊区的洪家楼镇、华山镇、王舍人镇的行政区域为历城区的行政区域。将郊区的北园镇划归天桥区管辖；七贤镇划归市中区管辖；段店镇、吴家堡镇划归槐荫区管辖；姚家镇划归历下区管辖。

一九八七年四月十一日

国务院关于同意山东省调整部分地市行政区域给山东省人民政府的批复

（国函〔1989〕76号）

山东省人民政府：

你省1989年10月17日《关于扩大淄博、济宁、济南三市行政区域的请示》收悉。同意你省，一、将惠民地区的高青县和临沂地区的沂源县划归淄博市领导。二、将菏泽地区的梁山县划归济宁市领导。三、将德州地区的济阳、商河两县划归济南市领导。

一九八九年十二月二日

国务院关于将济南市划入沿海经济开放区的复函

（国函〔1990〕15号）

山东省人民政府：

你省1989年11月2日《关于将济南市划为沿海经济开放区的请示》收悉。现函复如下：

国务院同意将济南市划入沿海经济开放地区，执行《中共中央、国务院关于批转〈长江、珠江三角洲和闽南厦漳泉三角地区座谈会会议纪要〉的通知》（中发〔1985〕3号）和《〈国务院关于沿海地区发展外向型经济的若干补充规定〉（国发〔1988〕22号）所规定的政策》。

中华人民共和国国务院

一九九〇年二月十九日

国务院关于济南市城市总体规划的批复

（国函〔2000〕134号）

山东省人民政府：

你省《关于报请审批济南市城市总体规划的请示》（鲁政发〔1999〕86号）收悉。现批复如下：

一、原则同意修订后的《济南市城市总体规划（1996年至2010年）》（以下简称《总体规划》）。

二、济南市是山东省省会，华东地区北部重要的中心城市，国家历史文化名城。济南市的城市建设与发展要遵循经济、社会、人口、资源和环境相协调的可持续发展战略，积极调整产业结构，大力发展第三产业和高新技术产业，不断完善城市功能，逐步把济南市建设成为经济繁荣、社会文明、环境优美的现代城市。

三、同意《总体规划》确定的2570平方千米的城市规划区范围。在城市规划区内，实行城乡统一规划管理。完善由主城区和王舍人、贤文、大金、党家四个外围组团组成的“东西带状组团式”布局，并严格控制城市向南发展。逐步形成合理的城镇体系结构，促进资源的合理开发和利用。在市域城镇体系规划指导下，做好县（市）域城镇体系规划，促进城乡经济社会协调发展。

四、严格控制城市人口和建设用地规模，保护耕地、节约用地。到2005年，城市实际居住人口要控制在198万人以内，建成区建设用地控制在186平方千米以内；到2010年，城市实际居住人口要控制在220万人以内，建成区建设用地控制在205平方千米以内。

五、加强城市基础设施建设。建立以公共交通为主体，快速交通为骨干，多种交通方式相协调的城市综合交通体系，加快各组团之间的交通体系建设。加快城市污水处理厂建设，提高污水处理率和水的重复利用率。要充分重视城市防灾工作，加强大型防灾骨干工程和城市重点工程防灾设施以及防灾信息系统的建设，形成以防洪为重点的包括防震、人防、消防等内容的城市综合防灾体系。

六、切实保护和改善生态环境。济南市是严重缺水城市，要合理开发利用和保护水资源，严格控制地下水的开采，限制高耗水产业的发展，采取有效节水措施，建成节水型城市。切实加强对小清河和大明湖以及卧虎山水库等水源地的保护，加大对大气污染治理的力度。要高度重视城市绿地系统规划和建设，充分利用山、泉、湖、河等自然环境条件，大力植树造林，提高绿化覆盖率，改善城市生态环境。

七、重视城市风貌和特色保护。要重点保护好文物古迹、历史街区和古城区格局，严格控制古城区的建筑密度和建筑高度。采取有效措施，加强对以趵突泉、黑虎泉、五龙潭、珍珠泉等四大泉群为重点的名泉保护。保护好千佛山等风景名胜区以及千佛山——大明湖之间的视觉走廊，体现“一城山色半城湖”的风貌特色。

八、严格实施《总体规划》。《总体规划》是济南市城市建设、发展和管理的依据，城市规划区内一切建设活动必须符合《总体规划》的要求。要抓紧编制分区规划和详细规划，深化有关专业规划，进一步建立和健全城市规划、建设和管理的各项法规，强化全社会遵守城市规划的意识。城市规划行政主管部门要依法对城市规划区范围，包括开发区在内的一切建设用地与建设活动实行统一、严格的规划管理，切实保障规划的实施。市级规划管理权不得下放。驻济南市各单位都要遵守有关法规及《总体规划》，服从城市规划管理，支持济南市人民政府的工作，共同努力，把济南市规划好、建设好、管理好。

济南市人民政府要根据本批复精神，认真组织实施《总体规划》，任何单位和个人不得随意改变。你省和建设部要加强对《总体规划》实施的指导、监督和检查工作。

二〇〇〇年十二月二十二日

重要决策

中共济南市委、济南市人民政府
关于深化农村改革、活跃农村经济若干问题的规定

（一九八八年五月七日）

为了进一步活跃农村经济，推动商品生产迅速发展，根据中共十三大制定的基本路线和上级有关方针政策，结合济南市实际情况，现就农村经济的有关具体政策特作如下规定：

一、积极做好农村第一步改革的后续配套工作，继续把农村改革引向深入

要继续巩固和完善以家庭经营为主的多种形式的联产承包责任制，积极鼓励兼业经营。实行生产责任制所颁发的土地使用证继续有效。对于因承包地块过于零碎和其他原因，需要调整土地的，可本着大稳定、小调整的原则，经乡（镇）政府批准，适当时机进行调整，但不得影响生产；也可采取调整提留、“两田互补”等办法妥善解决。承包经营耕地、增加收入、提高地力者，转包时要给予合理补偿；掠夺生产、弃耕撂荒者，根据情况给予经济处罚，直至集体收回承包土地。成片果园、林场、鱼塘等要本着有利于发展生产和提高经营规模的原则，实行专业承包，承包合同一定多年，承包指标应随生产力的不断发展逐年递增。市、县（区）、乡（镇）都要以主管农村合作经济经营管理工作部门为主，吸收农业、工商、司法等有关部门参加，建立健全合同管理机构，行政村建立合同管理小组，制定承包合同管理章程，切实做好合同的签证、监督、调解、仲裁工作。

健全和完善双层经营体制。村级合作社都要普遍建立健全村级服务组织，开展综合服务，积极兴办和开发村级企业。各村要普遍建立劳动积累制度和资金积累制度，农村劳力每人每年应负担五个义务工和十五个农村基本建设工，以搞好农田基本建设、集体福利事业和进行开发性生产。要改进提留办法，由按人平摊提留为收取各业承包费，严禁乱摊派、乱提留。要加强财务管理，建立农业经济审计制度。

在继续稳定家庭分户承包经营的基础上，对少数单位要求实行土地规模经营的，可以按照群众自愿、规模适度、积极引导、稳步前进的原则，从实际出发，因势利导进行试点，成熟一个发展一个，决不可不顾当地的生产力水平盲目推行，更不得违背群众意愿拔苗助长。

二、改革管理体制，实行产供销一体化管理

各县（区）政府和市直有关部门，要认真贯彻国务院关于除粮棉等关系国民经济全局的大宗产品外，一些农副产品逐步实行产供销一体化管理的指示，积极地有计划、有步骤地改革济南市禽蛋、肉食、蔬菜产销管理体制。

各级农业部门，要主动参与这一重大体制的改革，可以围绕大力发展生产力，改善城市副食品供应，积极兴办种植、养殖、冷藏加工等企业；可以在城乡建立销售网点，建立各种经营性的服务公司，为广大农民和专业村、专

业户提供良种、饲料、技术、信息等项服务；还可以采取优惠政策，实行投资入股吃鲜的形式，广泛吸收社会闲散资金，为省市机关、学校、厂企、市民直接提供质优价廉的副食品。

政府各有关部门，都要热情欢迎广大农民和各级农业部门参与市场竞争，在工作上给予方便和支持。

三、进一步优化产业结构，建立城郊型农村经济

要正确处理好粮食作物同经济作物的关系，在稳定粮田面积，实行集约化经营，提高单产，确保粮食总产不断增长的前提下，因地制宜地发展棉花、油料、蔬菜、林果等项经济作物。要把发展畜牧业作为调整优化农业内部结构的重点，大力发展食草动物，以此带动加工、贮藏、销售第二、三产业的发展。要坚持国营、集体、个体一齐上的方针，以专业村、专业户为重点，发展适度规模经济，建立稳固的副食品生产基地。同时，组织千家万户进行生产，尽快形成城郊型规模集团经济结构。

四、设立农业发展基金，不断增强农业发展后劲

强化农业的基础地位，在保证地方财政不断增加对农业投入的同时，本着“取之于农、用之于农”，扶持生产，大力发展商品经济的精神，多方聚集资金，建立市、县（区）、乡（镇）农业发展专项基金。

从今年起，每年由市财政贴息、市农行拨出500万～700万元专项贷款，或由市财政拿出40万元周转金，作为市农业发展专项基金，由市农委统管使用。市农业基建、林业绿化、菜田开发费，按照专款专用的原则，纳入农业发展基金。

各县（区）也要采取财政贴息农行贷款的办法，建立农业发展基金。要把土地占用税，屠宰税，集市交易税，水、沙、石资源费，林木采伐费等一并纳入农业发展基金。

各乡（镇）要坚持以工补农、以副补农的方针，可以从乡镇企业税前列支10%的社会性支出中拿出3%～5%作为乡（镇）农业发展基金，占用耕地恢复费、土地荒芜费、土地征用补偿费、各企业户口在农村的职工交纳的社会劳动积累金等都要纳入农业发展专项基金。

市、县（区）、乡（镇）除逐级建立农业发展基金外，各级财政、商业、供销等部门，要根据农村商品经济发展的需要，积极组织专项资金，增加对农业生产的投资。

市、县（区）、乡（镇）农业发展基金，由各级农业部门统一管理，财政部门监督使用，设农业发展专项基金账户，采取统筹安排，按项目投放的方法，有偿周转使用。各级财政、农业、计划、审计部门负责此项资金管理使用情况的检查、监督，确保专款专用，力求发挥最佳经济效益和社会效益。

农业发展基金主要用于农业基本建设、水资源保护、土地的开发和利用、农副产品商品基地建设、农业科学技术的推广和应用，以及与农业紧密相关的“短、平、快”项目建设。

农业发展专项基金的具体提留办法待以后制定实施细则。

五、大搞出口创汇，积极发展外向型经济

认真贯彻落实市委、市政府关于发展外向型经济的若干规定，发挥当地资源优势，开拓国际国内市场，大力开展“三来一补”业务，大搞出口创汇产业，不失时机地把济南市农村经济纳入国际大循环的轨道。

发展外向型经济，重点是以现有企业为主，通过吸引外商直接投资举办外商独资企业、中外合资企业、合作企业、吸收外资、引进先进技术和管理经验等，使其成为出口创汇企业。

要把发展来料加工、来样加工、来件装配和补偿贸易等“三来一补”作为突破口，充分利用农村的资源优势和廉价的劳动力，积极发展外向型经济。各县（区）都要选定工业基础较好、资源比较丰富、交通便利的地区作为出口加工区和外贸创汇基地，经过省市有关部门批准，采取特殊的优惠政策，支持基地建设，加快发展步伐。市、县有关部门，要在立项、资金、技术、原料、能源等方面提供方便，保证供应。

加快外贸体制的改革步伐，放权于县区，放权于企业。对县属集体企业200万美元以下和乡镇企业100万美元以下的出口加工基建项目，县（区）经过计划等有关部门论证后有权自行审批。提高出口创汇企业的外汇留成比例，凡超额完成出口创汇承包指标的，应按规定给予奖励。

六、实行“双放”方针，推动农村科技进步

市、县（区）、乡（镇）、村都要层层建立健全农业科技服务组织，逐步形成上下贯通的农业技术服务网络。各级农业技术服务组织在做好适用技术推广工作的同时，可以按照上级有关政策规定，开辟新的服务领域；可以根据农民发展商品生产的需要，经营良种、饲料、农药、机械等多种农业生产资料，逐步办成经济实体，更好地为农民服务。

要大力推行技术承包责任制。各类科技人员要实行科技项目承包，开展有偿服务。凡是完成或超额完成技术承包指标的，可以按照政策规定给予提成奖励；取得重大科技成果的，要颁发荣誉证书给予重奖。农业科技人员按政策应得的技术承包费和成果奖励金，要坚持及时兑现，任何人不得克扣、截留。

要重视和发挥农村各类能工巧匠的作用，对具有一定专业技术特长、丰富的实践经验，并取得显著科技成果者要大胆启用，并按照规定参与技术职称评定，享受相应待遇。要鼓励城市各类科技人员下乡服务，对调离、辞职、停薪留职到乡镇工作的，可在其原标准工资基础上向上浮动一级工资，工作满三年可转为正式工资并再向上浮动一级。到贫困地区或条件艰苦的乡镇、村办企业的，可在原标准工资基础上向上浮动两级工资，工作满三年，将其中一级浮动工资转为正式工资，在此基础上，继续向上浮动两级工资。允许城市各类科技人员利用业余时间到乡（镇）村实行企业承包和技术承包，从事第二职业，各级要按照规定给予兑现。

七、进一步放宽政策，加快脱贫致富步伐

贫困乡镇的脱贫致富，要贯彻自力更生为主，国家扶持为辅的方针，不断增强贫困乡镇的自身脱贫能力。要有计划地建立劳务市场，组织劳务输出。县、乡（镇）村可与城市大工业企业直接挂钩，把农村剩余劳力组织起来，进城务工经商，还可以远下江南和外省外市或出国。

对15个贫困乡镇，要继续实行局包乡（镇）、厂企包村的承包责任制，一包三年，努力改变贫困面貌。要重点帮助他们搞好脱贫致富规划，加强基础设施建设，解决交通、供电和人畜吃水的困难。同时，因地制宜发挥优势，扬长避短，大力发展生产力。坚持富乡和富民相结合以富民为基础的原则，贫困户可以优先安排进厂做工，优先输出劳务，优先帮上种养加项目，优先享受各项优惠政策，使其尽快脱贫致富。

市、县都要从农业发展专项基金中拿出一定比例作为贫困地区的扶贫专项资金，由市、县支山扶贫办公室统一管理使用，财政、银行等部门监督、检查。

要继续努力减轻贫困地区农民的负担。市、县政府批准的统一集资，贫困山区和贫困户负担比例要从低，少数农户交纳农业税确有困难的要给予减免照顾。人均收入不足150元的贫困户可不再分配国库券购买任务。贫困乡（镇）村的新办企业，经县（区）政府批准，可在产品税、营业税、所得税等方面给予免征照顾。

要鼓励科技人员到贫困乡镇从事科技开发。要增加贫困乡镇的文教卫生事业经费，积极组织城市大中医院和大专院校同乡镇卫生院、中学挂钩，进行对口支援，改善教学、医疗条件，不断提高教育质量和医疗卫生水平。

八、改革流通体制，疏理流通渠道

市、县（区）要按照市委、市政府关于深化

商业、供销社流通体制改革的意见，加快流通体制改革，疏理流通渠道，促进农村商品经济的发展。

市、县商业、供销部门，要搞好广大农民发展生产所需要的化肥、农药、塑料薄膜等主要农业生产资料的供应。农民出售农产品的“三挂钩”物资，要确保兑现。同时，在同农户签订农产品购销合同中实行优质优价，并在销售旺季实行价格保护政策。

县（区）乡（镇）村，都要根据商品生产发展的需要，建立多种形式、多种成分的合作商业，积极鼓励和发展个体商业，广泛开展经销活动。城市有关部门要鼓励和支持农村各级经济组织和农民个人进城经商办店，并在集市交易税、市场管理费、设施费、服务费上给予减免照顾，多方提供方便，严禁乱摊派、乱收费，增加他们的负担。

九、放宽政策，促进乡镇企业的更大发展

要继续贯彻执行国务院和省、市鼓励支持乡镇企业发展的各项政策规定。市县经委要把发展乡镇工业纳入统一规划，在资金、物资、能源、技术、设备等方面做到统一安排。城市工业部门要继续搞好产品扩散，同乡镇企业发展各种形式的横向联合。

凡适宜县乡镇办的企业，今后市里不再办，优先安排给乡镇。要加快乡镇企业的技术改造，促使上质量、上水平、上效益。

各级外经外贸部门要积极支持乡镇发展出口创汇企业，及时传递信息，协助洽谈，帮助解决资金和外汇指标，并简化进出口审报手续，提供各项服务。各乡（镇）兴办的集体福利企业，税务部门在税收上要给予减免照顾。乡镇新办企业，市县有关部门要简化审批手续，缩短批复时间，不得借故推托，延误时机，影响事业发展。

市县有关部门要积极支持全市农民企业家协会的工作，充分发挥他们的作用，定期开展对话，协调各方关系，加强横向联合，并切实保护农民企业家的合法权益。

十、进一步下放权力，增强县级总揽全局的能力

市委〔1987〕58号文件要继续贯彻落实。要进一步扩大县级计划、财税、人事权，扩大县（区）基建投资计划、原材料供应计划切块指标。要逐步完善和发展三县一区（历城区）财政包干体制。县区辖域内的市属企业，其党的关系实行属地领导。在县区实行条条管理的单位，其机构设置和干部任免县区有建议权，在规定的限额内，县（区）有农转非的审批权。

本规定自公布之日起实行。以前有关规定与本规定不一致的，按本规定执行。

济南市人民政府关于扶持乡镇企业发展的若干规定

（一九九〇年九月十四日）

近几年来，济南市乡镇企业有了较大发展。乡镇企业在调整农村经济结构、壮大集体经济、改善农业生产条件、增加财税收入、富裕农民和转移农村劳动力等方面，发挥着越来越重要的作用，已经成为全市国民经济的重要组成部分。为了推进乡镇企业的更快发展，根据国家和省的有关规定，结合济南市实际，制定以下规定。

（一）大力促进城乡经济一体化发展。今后凡适合在农村生产和加工的产品，凡符合条件的，都要安排在农村，城市不再新上能力。以市计委、市经委为主，组织城市各经济部门制定产品扩散计划，从1991年起，每年向农村扩散的工业产品产值要达到5亿元左右。产品扩散要符合国家产业政策，严格防止污染转移；要按规定程序报批立项，严禁乱上项目。

（二）鼓励和加强城乡横向联合，继续实行厂乡挂钩、定点支援的办法，市各经济部门都要拟定具体方案，选派技术、管理人员到乡镇企业去，搞好产品、技术、人才、管理四配套的联合。凡城市企业在乡镇投资建厂或扩建的项目，有困难的经税务部门批准可减征或缓征建筑税。城乡经济联合体内部委托加工的零配件和半成品，报经税务部门批准免征加工环节流转税。技术转让净收入不超过30万元的，免征所得税。

（三）积极推进乡镇企业的技术进步。乡镇企业技术开发基金，要足额提取。对生产经营好，当年上交所得税不低于上年实际上交数的乡镇企业，可按销售收入的1%提取该项基金，税前列支。对承担省和国家重大技术开发项目的企业，可按销售收入的2%提取。县（区）乡镇企业主管部门可适当集中部分基金，用以安排科技项目的开发，有偿使用。允许乡镇企业从技术进步项目当年新增效益中提取2%，奖励做出贡献的科技人员。

（四）各级财政、金融部门对乡镇企业的技术改造要予以优先支持。1988年年底前的乡镇企业技改贷款，仍按原规定税前还贷；1989年1月1日后的，企业归还有困难的，经税务部门批准，可减征或免征所得税，用以归还技改贷款。

（五）经县（区）乡镇企业主管部门批准，乡镇企业可以多渠道筹集资金增加投入，用于扩大再生产和兴办新企业。乡镇企业的税后利润，用于扩大再生产的部分不得少于60%，上缴乡镇政府部分不得高于20%；国家减免的税收，全部用于企业扩大再生产。

（六）扶持乡镇企业增加积累，增强自我改造和发展能力。乡镇企业继续执行固定资产综合折旧的规定，从1990年1月1日起，乡镇企业综合折旧率和大修理基金提取率，在现有基础上，各提高1个百分点。

（七）乡镇企业的计税工资，可按全市统一的计税工资的标准执行。采掘工业、建筑建材企业和交通运输企业的计税工资，经税务部门批准，可适当提高。

（八）鼓励乡镇企业发展外向型经济，增加出口创汇。外经外贸部门要帮助县乡规划和建立出口商品基地，发展工贸联营企业和出口专厂。在发展“三资”企业、“三来一补”项目和出口创汇产品等方面，乡镇企业享受同等待遇；对新出口创汇的乡镇企业，因内外销差价造成企业减利或亏损的，经税务部门批准，可给予减免产品税和增值税的照顾。

（九）各级领导和部门，要扶持发展一批乡镇骨干企业。具备下列条件之一的工业企业：年创产值1000万元以上；年创利税100万元以上；年出口交货值200万元以上的，由市政府颁发“济南市乡镇骨干企业”证书，各有关部门要在物资、资金、能源、外汇、人才分配等方面予以优先扶持。这些企业的厂长和科技业务骨干的调整，要事先征得县区乡镇企业主管部门的同意。

（十）乡镇企业要按规定提足用好教育经费，加强职工培训。从1991年起，市财政增拨乡镇企业教育补助经费，在现有基数基础上，每年增长10%～20%。

（十一）鼓励和支持专业技术人员以各种形式支援乡镇企业，特别是大中型企业应派出技术骨干定向帮助乡镇企业，并严格执行市有关优惠政策，为专业、技术人员支援乡镇企业提供良好的外部条件。

（十二）鼓励乡镇企业上水平、上等级。晋升为市级先进企业的乡镇企业，职工计税工资增加20元；晋升为省级和国家级先进企业的乡镇企业，职工计税工资增加30元。先进企业的厂长，在工资升级、职称评定、学习进修、出国考察等方面予以优先照顾。

（十三）各乡镇要建立经济委员会或大集体性质的乡镇企业办公室，作为乡镇企业的管理部门，所配人员由乡镇政府会同县区乡镇企业局审核，所需费用由乡镇企业管理费中开支。

（十四）要切实加强对乡镇企业的管理。今后乡镇企业的发展应主要着眼于发挥本地区劳力资源的优势，为大工业搞好配套服务。对于那些不符合产业政策和产品结构调整规划的项目，乡镇企业都不得兴办。市直各经济主管部门，要按照《中华人民共和国乡村集体所有制企业条例》和《山东省乡（镇）村集体工业企业管理条例》的规定，对同行业的乡镇企业实施行业管理，并设专人或专门机构认真抓好，有效地促进城乡经济一体化发展。

（十五）严禁向乡镇企业乱摊派、滥收费。必须向乡镇企业征收的费用，要按管理权限，经市、县（区）人民政府批准。乡镇企业的管理费，依法由乡镇企业主管部门收取，专款专用，其他部门不得收取或挪用。

（十六）各级党委、政府和各有关部门，要切实加强对乡镇企业的领导，实行目标责任制，并作为考核领导干部政绩的内容之一。

济南市人民政府关于鼓励发展个体、私营经济的若干规定

（1993 年 6 月 12 日济南市人民政府印发）

个体、私营经济是社会主义市场经济的组成部分，是繁荣经济的一支生力军。大力发展个体、私营经济，对于培植财源、安排劳动就业、促进经济发展具有重要作用。全市各级各部门要进一步提高认识，把发展个体、私营经济作为济南市深化改革、扩大开放、振兴经济的重大措施来抓，尽快形成良好的环境，加快个体、私营经济的发展。为此，特作如下规定。

一、坚持以公有制为主体、多种经济成分长期共同发展的方针，进一步解放思想，放宽经营范围，改善经营环境，使个体、私营经济更好更快地发展。到 2000 年，力争全市个体工商户年均增长 20%，私营企业年均增长 30%，科技型和外向型企业有突破性进展。

二、简化办照手续。凡有经营能力的人员申请开办个体工商户、私营企业，有关部门应及时出具手续和证明文件，工商行政管理部门应及时审核、登记、颁发营业执照。从事商业、饮食、修理业的，可直接向工商行政管理部门申请开业。要认真清理“许可证”和专项审批规定，对不利于个体、私营经济发展的政策宣布废止。

三、放宽从业人员范围。凡有经营能力的农民、城镇居民、离退休人员、有身份证和临时户口的异地人员，经工商行政管理部门核准登记，都可从事个体经营，开办私营企业。企事业单位的富余人员和机关团体的人员，在办理停薪留职和辞职、退职手续后，经工商行政管理部门核准登记，可进行个体经营，开办私营企业。

四、个体、私营经济的发展重点是第三产业。要积极引导发展商业、服务、饮食、修理、交通运输业，特别要重视和支持发展传统的、新兴的服务行业和长途贩运业。大力发展为农业产前、产中、产后服务的行业，积极发展完善农村社会化服务体系。引导个体工商户、私营企业为国有大中型企业生产、加工配套产品和代销、帮销商品。鼓励个体、私营经济向生产型、

外向型、科技型发展，特别是向传统手工艺制造、日用小商品生产、科技开发应用等方面发展。对经济欠发达地区从事上述行业的个体工商户、私营企业，有关部门要在政策上给予优惠。

五、扩大经营范围。凡是国家放开允许个体工商户、私营企业从事生产经营的行业和商品，任何部门不得以任何借口加以限制或搞行业垄断。具备条件的个体工商户和私营企业，经批准可以从事经纪人活动、开办当铺、兴办加油站和从事房产中介服务。

六、提倡灵活多样的经营方式。除国家和省明令禁止的行业、商品外，允许个体工商户和私营企业批发、零售、批零兼营、代购、代销、代储、代运。生产型的个体工商户、私营企业可以与国有、集体商店联销自产产品。

七、鼓励私营企业和个体大户跨地区、跨行业、跨所有制进行多种形式的联合经营。鼓励个体工商户、私营企业向国有、集体企业投资入股，或自愿与国有、集体企业组成松散型的联合体或企业集团。允许个体、私营科研机构直接与生产企业挂钩，进行新产品开发研制，并可经营与开发项目相关的商品。

八、经有关部门批准，个人可以申请开办幼儿园、学校、医院、诊所以及其他社会公益事业。

九、经政府批准，国有、集体中小型工业、商业、饮食、服务等企业，可以租赁、拍卖给私营企业或个体工商户经营。

十、鼓励个体工商户、私营企业引进外资和先进生产技术。支持个体工商户和私营企业与外商兴办合资、合作企业，从事来料加工、来样加工、来件装配和补偿贸易活动。允许个体工商户、私营企业通过代理开展外贸业务，可以到国外经商办企业。

十一、对个体工商户、私营企业申请兴办外向型经济项目，有关部门应及时审批，并按国家有关规定给予减免税费照顾。因贸易往来、技术合作需要出国考察或洽谈业务的，由市工商行政管理局负责政审，经贸、外事和公安部门要按规定及时办理手续。

十二、个体工商户、私营企业中的从业人员计税工资标准，经劳动、税务部门审定后，可在原计税工资的基础上随国有或集体企业同工种职工工资增加而相应提高。有特殊技能的从业人员和做出特殊贡献的科技人员工资税前列支标准还可相应放宽。

十三、私营企业以安置待业青年或残疾人为主的，按现行的税收管理权限报经税务部门批准，可按规定给予税收优惠待遇。

十四、新开办的个体、私营科技开发服务机构所得的技术性收入和利用废水、废气、废渣（金银“三废”除外）等废弃物生产产品的收入，经税务部门批准，可给予定期减免税照顾。

十五、个体工商户、私营企业为开发新技术、新产品而购置仪器、设备的费用，在3年内摊入成本。同科研单位、院校进行技术合作，购买技术专利、实行技术有偿转让、引进国内外先进技术等所需费用，可摊入成本。

十六、个体工商户、私营企业的经营场地，应纳入城市建设总体规划统筹解决。各县（市）、区根据发展需要，可建立“个体、私营经济开发区”，也可在适当地区集中建设厂房、市场、商店等，出售或出租给个体、私营企业，吸引他们进区经营。居民生活区规划中要适当安排个体工商户、私营企业的经营场地或门面。个体工商户、私营企业经批准使用的经营场地和门面，除确属国家建设和城市管理需要外，任何部门、单位和个人不得侵占、拆迁；按城乡规划部门规划必须拆迁的，有关单位应负责补偿。城镇要以集贸市场为依托，建设商场或商业街，增加摊位，多安排一些业户。要利用各种条件大力兴办夜市、早市，尽量多安排个体工商户、私营企业入市经营。机关和企事业单位及个人的空闲场地、房屋、仓库等，可租赁给个体工商户、私营企业用于经营。在不影响交通和市容的前提下，允许个体工商户、私营企业在指定的街道两侧和规定时间内摆摊设点。

十七、个体工商户、私营企业可以凭营业执照，在银行或信用社开立账户。对有担保和资产抵押及符合贷款条件的，应给予贷款支持。对工商联、个体劳动者协会、私营企业协会组织举办的资金互助会，有关部门应在业务上积极予以指导。具备条件的私营企业，经有关部门批准，可以按规定发行股票、债券。

十八、对个体工商户、私营企业生产经营所需原材料、燃料、电力等，商业、物资、供电等部门应积极安排。对生产名优新特产品、出口创汇产品、替代进口产品、传统工艺品和专利产品的个体工商户和私营企业所需原材料、燃料、电力等，与国有、集体企业一样安排。

十九、对个体工商户、私营企业的产品或技术，有关部门应及时予以鉴定，合格者应发给社会承认的证书。个体、私营经济从业人员中符合职称评定条件的，由个体劳动者协会、私营企业协会负责，报有关部门或评审机构组织评审，对合格者发给职称专业资格证书。

二十、经过资质审定，领取生产许可证和工程设计证书的个体工商户和私营企业，可与国有、集体企业按资质平等承揽工程、从事生产加工和工程设计。

二十一、工商行政管理等部门要引导、帮助个体工商户、私营企业在国内和国外申请商标注册，争创著名商标和驰名商标；组织帮助个体工商户、私营企业到市外和国外开展广告宣传，提高产品知名度，增强竞争力。

二十二、个体工商户、私营企业的财产所有权依法受到保护。对侵犯合法权益的行为，个体工商户和私营企业有权依法抵制，直至诉诸法律解决。

二十三、坚决制止向个体工商户、私营企业乱收费、乱摊派、乱罚款。除税收和国务院、省、市政府及财政、工商、物价等职能部门规定的收费项目外，其他收费项目一律取消。对个体工商户、私营企业收取费用，必须持物价部门颁发的“收费许可证”，使用财税部门制定的统一收据，并实行收费手册制度，公开收费依据和标准，接受群众监督。对违反上述规定的，个体工商户和私营企业有权拒付。

二十四、个体工商户、私营企业领取的营业执照，是国家授权工商行政管理部门核发的合法经营凭证，受国家法律保护，其他任何部门或个人不得以任何借口没收、扣留或吊销。

二十五、个体工商户请帮手、带学徒和私营企业雇工，只要符合规定，可自行聘用，但必须报当地劳动部门备案，并依法签订劳动合同。对私营企业、个体工商户的从业人员，要实行社会保险制度。实行规定的保险制度的从业人员，可在劳务市场上流动。

二十六、个体工商户、私营企业实行八小时工作制，不得招用未满16岁的童工。

二十七、要运用经济的、行政的、法律的手段，加强对个体、私营经济的监督管理。监督管理的重点是打击查处走私贩私、贩毒、制售假冒伪劣商品、使用童工、欺行霸市、强买强卖等违法行为。对旅店、印刷、刻字、文化娱乐场所、酒吧、咖啡厅、发廊、文化书摊、饮食卫生、乡村路边店以及废旧物资收购等行业，要加强管理。

二十八、个体工商户、私营企业必须守法经营，依法纳税。私营企业和达到一定规模的个体户必须建账，拒不建账或弄虚作假的，税务部门要依法进行处罚。

二十九、税务部门统一印制的发货票是合法交易结算的凭证，个体工商户和私营企业必须使用。任何部门和单位不得拒绝将其作为报销的凭证。私营企业和有批发业务的个体工商户，经税务部门批准，可使用大额发货票。

三十、对无照经营的行为人，工商行政管理部门应责令其立即停止经营活动，并视情节依法予以警告、罚款、没收非法所得等处罚。公安、城建、交通等部门要积极配合。

三十一、对守法经营、照章纳税、经济效

益好、社会效益显著、为全市经济和社会发展做出突出贡献的个体工商户和私营企业，可由各级政府授予“先进工商个体户”“先进私营企业”荣誉称号。

三十二、（略）

三十三、（略）

三十四、（略）

济南市人民政府关于进一步加快个体私营经济发展的决定

（1997 年 5 月 23 日）

在党的“坚持以公有制为主体，多种经济成分共同发展”方针指引下，济南市个体私营经济作为市委、市政府确定的新的经济增长点，近年来有了长足的发展，在全市经济和社会发展中发挥着越来越重要的作用。但与先进市地相比，济南市个体私营经济无论在发展规模、发展水平还是产业结构、产业布局方面都存在明显差距。为适应实现两个根本性转变的新形势，进一步加快个体私营经济的发展，促进济南市两个文明建设，特作如下决定：

一、充分认识发展个体私营经济的重要意义

（一）个体私营经济是社会主义市场经济的重要组成部分，是富有活力的新的经济增长点。它以其投资少、见效快、机制灵活、适应性强的独特优势，在解决劳动就业、安置下岗职工、调整经济结构、繁荣城乡市场、方便群众生活、促进社会稳定、培植新税源、增加财政收入等方面发挥着积极的作用。因此，各级党政领导要进一步解放思想，更新观念，创造更加有利的环境条件，引导个体私营经济实行规模经营，推动个体私营经济健康发展。

（二）要引导社会各方面用发展社会主义市场经济的新观念，正确地认识和对待个体私营经济，把加快发展个体私营经济作为实现全市“九五”计划及 2010 年远景目标的一项战略措施来抓。对待个体私营经济要尽快实现三个转变：一是在地位作用上，由拾遗补阙转变为新的经济增长点，以“三个有利于”为标准，消除对发展个体私营经济的偏见和担心。二是在政策导向上，由限制发展转变为放宽政策，创造与其他经济成分平等竞争的市场环境，大力扶持，促其发展。三是在工作主体上，由工商部门一家为主的部门行为逐步转变为政府行为，把发展个体私营经济纳入国民经济发展的总体规划。

二、为个体私营经济发展创造平等竞争的外部环境

（三）凡允许国有、集体、三资企业生产经营的行业、项目，只要个体工商户和私营企业具备同等条件且符合国家规定，都允许其生产经营。在个体工商户和私营企业的工商注册登记中，除国家法律、法规和国务院、省政府明文规定需要提交许可证和专项审批外，其他许可证和专项审批均不作为注册登记的条件。

（四）党政机关、企事业单位的辞职辞退人员，停产半停产企业下岗职工，离退休人员，大中专毕业生，复转军人，凭本人身份证件和能说明本人就业状况的证明等材料，并具备规定的生产经营条件的，均可申办个体工商户和私营企业营业执照或个体工商户临时营业执照。

（五）鼓励复转军人和大中专毕业生到私营企业工作。私营企业接收的军队转业干部和属于国家统招统分的大中专毕业生，保留干部身份；属于不包分配的大中专毕业生，经批准可办理聘用制干部手续。经批准成立党委并有劳动工资管理机构的私营企业中的上述从业人员，其劳动、人事关系及档案由企业管理；其他私营企业中的从业人员的劳动、人事关系及档案，由当地劳动、人事部门的有关服务机构管理。

（六）对符合增值税一般纳税人条件的个体工商户和私营企业，由税务机关按规定供应使用增值税专用发票；对规模较小、财务管理不健全的个体工商户和私营企业，设专门窗口代开。

（七）各专业银行按照信贷资金“安全性、流动性、营利性”的原则，积极支持个体工商户和私营企业与国有、集体企业在资金市场平等融资，为符合条件的个体工商户和私营企业办理抵押或担保贷款，允许达到一定存款数额的个体工商户和私营企业申请使用银行本票、支票。经县（市）、区个体私营经济领导小组办公室出具证明，对信誉好、效益好、有还贷能力的私营企业在贷款、结算等方面给予优先照顾。市及县（市）、区个体劳动者协会、私营企业协会在当地人民银行的指导下，分别建立互助储金会，帮助个体工商户、私营企业解决资金困难。城市合作银行和各专业银行每年度要安排一定数额的贷款规模，扶持个体私营经济上规模、上档次、上水平。

（八）个体私营企业的技术和管理人员，凡符合现行各专业技术职务规定的学历、专业工作资历、业绩和外语水平者，均可申报相应专业技术任职资格的评审。

（九）支持个体工商业者和私营企业负责人出国（出境）进行商务考察、做生意、投资办厂。个体工商户和私营企业因经营需要也可邀请外国商人到济南进行经贸活动。有关部门要积极为符合条件的私营企业推荐办理自营进出口权手续，引导私营企业发展外向型经济。

（十）具有法人资格的私营企业可依照《中华人民共和国公司法》有关规定设立股份有限公司。3个以上具有法人资格的私营企业，注册资金达到1000万元人民币，且有关材料齐全，可直接到市工商局办理集团公司注册登记。扶持帮助具备条件的个体工商业户向私营企业发展。

（十一）对外地到济南的个体私营企业投资者，本人有要求，且符合下列条件之一的，本人及其配偶和未成年子女允许到济南入户。1．在济南市投资额20万元以上者；2．近3年累计纳税额超过5万元以上者；3．连续3年共接收城镇待业人员或下岗职工5人以上就业并能提供长期稳定工作者；4．吸引外地企业或外资企业到济南投资额在40万元以上且资金已到位的中间联系者；5．在济南市购置房产达10万元以上者。凡被评为省、市先进私营企业或私营企业年纳税额超过30万元的，其聘用的外地骨干员工，连续工作三年以上，并被评为市级以上先模人物，也可到济南入户。上述人员由市个体私营经济领导小组办公室提出意见，市计委、公安局、粮食局等部门办理“山东省地方城镇居民户口”等有关手续。对具有高级技术职称或硕士以上学位者，其专利或专项成果已取得一定经济效益的外来科技人员要求落户，可由市个体私营经济领导小组办公室提出意见，报市计委批准，免收城市人口增容费。

（十二）积极创造条件，为外地进济个体工商户和私营企业从业人员的子女在入学入托等方面提供方便，解决他们的后顾之忧。有暂住户口者，其子女可到就近学校、幼儿园办理入学入托手续，按照标准缴纳借读生管理费。

（十三）个体工商户和私营企业的生产经营场地和各类市场建设要纳入城市建设总体规划，统筹安排。新建住宅区要建设一定数量的商业网点。

三、进一步加快个体私营经济园区建设

（十四）市和各县（市）、区要把个体私营经济园区的发展纳入经济发展计划，制定目标，明确任务，加强配套服务和政策扶持，进一步加快个体私营经济园区的建设步伐，真正把个体私营经济园区建设成为体制改革的实验区、私营企业规模发展的示范区、科技成果的辐射区，以此为“龙头”，带动全市个体私营经济的发展。

（十五）对准备开工兴建的个体私营经济园区要进行认真的可行性研究和分析论证、科学规划、合理布局，并重点抓好基础设施的建设。有关部门要尽快制订个体私营经济园区的有关政策，进一步优化投资环境。

（十六）本着统一规划、统一政策、统一管理、统一收费的原则，加强对园区内个体私营企业的管理，使其逐步走上规范化发展的轨道。今明两年，在全市选择3～5个园区和专业市场进行收费改革试点，改多家分散收费为集中统一收费，待取得经验后再逐步向符合条件的园区和市场推广。

四、依法维护个体工商户和私营企业职工的合法权益

（十七）保护个体工商户和私营企业的合法权益。个体工商户和私营企业的合法财产依法受到保护。个体工商户和私营企业有权拒绝任何单位违反法律、法规和规章要求提供的人力、物力、财力。对个体工商户和私营企业的收费，一律由财政、物价部门统一收费项目、统一收费标准、统一收费票据，并建立“收费卡”制度。对违反规定向个体工商户和私营企业收费的，一经查出，要对有关责任人进行经济和行政处罚。

（十八）除工商行政管理机关外，其他任何单位和个人不得暂扣、吊销个体工商户和私营企业的营业执照。

（十九）个体工商户和私营企业经营者及其雇员，要按国家及省、市的有关规定参加养老、失业、医疗等各项社会保险。其缴纳的各项社会保险基金，由社会保险机构按省、市人民政府规定的统筹比例收缴。个体工商户、私营企业招收录用职工，要按规定由职业介绍机构组织招收，办理招工手续，依法签订劳动合同，按时发放工资；招收农村劳动力，应按劳动部门规定办理，并为劳动者提供符合劳动安全卫生要求的劳动条件。

五、加强对个体工商户和私营企业经营者的管理

（二十）在个体工商户和私营企业中大力加强社会主义精神文明建设。各级党委、政府要有计划、有组织地对个体私营经济经营者和从业人员开展经常性的社会主义、爱国主义教育及形势教育、法制教育和职业道德教育，不断提高他们的思想觉悟和职业道德水平，引导他们守法经营、依法纳税、文明服务、勤劳致富。

（二十一）各级工商部门要认真清理名为集体，实为个体或私营的挂靠企业。要把好工商登记发照关，严禁利用假材料申办营业执照，对利用不正当手段骗取营业执照的单位和个人要严肃处理。

（二十二）劳动行政部门和各级工会组织要按照《中华人民共和国劳动法》《山东省私营企业劳动管理规定》，加强对个体工商户和私营企业的劳动管理，指导和监督其贯彻执行《中华人民共和国劳动法》，切实维护个体工商户和私营企业及其雇工的合法权益，做好指导、服务工作。

（二十三）街道办事处和乡镇人民政府对辖区内的个体私营企业的生产经营活动要加强管理，负责做好个体业户和私营企业的计划生育、社会治安、流动人口管理等方面的工作。

（二十四）对守法经营、依法纳税、为济南市经济和社会发展做出突出贡献的个体工商业者和私营企业，可由各级政府授予“先进个体工商业者”“文明私营企业”等荣誉称号。对符合劳模条件的个体劳动者和私营企业经营者，可评为各级劳动模范。对纳税数额较大的业户，可由所在地政府给予精神和物质鼓励。

（二十五）工商、物价、公安、技术监督、卫生等有关部门要加强对个体私营经济的监督、管理，纠正违法经营，取缔无照经营，依法打击走私贩私、制“黄”贩“黄”、制售假冒伪劣商品、偷税漏税、欺行霸市、骗买骗卖、以不正当手段谋取暴利等违法行为，维护社会主义市场经济秩序，促进个体私营经济健康发展。

六、进一步加强对个体私营经济工作的领导

（二十六）成立济南市发展个体私营经济工作领导小组。领导小组负责对全市个体私营经济实行统一领导，统筹规划，协调解决个体私营经济发展中的重大问题。各县（市）、区要成立相应机构，做到组织落实。各级各部门凡涉及个体私营经济制定的法规、规定、办法、文件等必须经同级个体私营经济领导小组审定或同意，然后按法定程序办理。领导小组下设办公室，办公室设在同级工商行政管理局，作为一个具体的常设办事机构，其主要职责是宣传贯彻党和国家的有关法律、法规和政策，调查研究和制订个体私营经济发展计划，组织协调地方性法规和政策制定；办理个体工商户和私营企业登记注册和监督管理；指导、服务、监督其生产经营活动；负责其人员出国政审、职称评定；保护个体工商户、私营企业及雇工的合法权益；指导个体劳动者协会和私营企业协会工作，促进个体私营经济健康发展。

（二十七）建立健全个体私营经济组织中的党、工、团组织。其组织关系原则上隶属于所在街、居和乡镇的党、工、团组织。暂时不具备建立党、团组织条件的个体私营企业中的党、团员，可就近挂靠所在街、居或乡镇的党、团组织参加活动。凡具备条件的私营企业，都要建立工会组织。私营企业的工会要协助企业搞好生产经营，维护职工的合法权益，促进个体私营经济的发展。

（二十八）在选举各级人大代表、政协委员中，要适当增加个体私营企业从业人员的比例。各级党委统战部门要认真做好个体私营经济代表人士的举荐和政治安排工作，注意征求所在地个体私营经济领导小组办公室、税务等部门和工商联的意见。要特别注重举荐对象的政治素质、道德品质、对国家的贡献大小及参政议政能力，充分发挥个体私营经济代表人士在参政议政中的积极作用。

（二十九）报刊、广播、电视等新闻媒介要大力宣传党和政府发展个体私营经济的方针、政策，宣传个体私营经济在整个国民经济发展中的地位和作用，宣传个体私营企业中的先进典型，为个体私营经济发展创造良好的舆论环境。

（三十）有关部门要根据建立社会主义市场经济的要求，进一步完善发展个体私营经济的地方性政策法规，凡与国家法律法规相抵触的要坚决予以废止。各级党委、政府和有关部门要根据本《决定》的精神，结合本地和本部门实际，制订措施，狠抓落实，不断推动全市个体私营经济的发展。

中共济南市委济南市人民政府
关于加强技术创新加快发展高新技术产业的若干规定

（2000 年 4 月 17 日）

为深入贯彻落实《中共中央、国务院关于加强技术创新，发展高科技，实现产业化的决定》（中发〔1999〕14 号，以下简称《决定》）和《中共山东省委、山东省人民政府关于加速高新技术产业化的若干意见》（鲁发〔1999〕26 号，以下简称《若干意见》），加快经济增长方式的转变，推动济南市经济发展，现就加强技术创新、加快高新技术产业的发展作如下规定：

一、加强技术创新，发展高科技，实现产业化，是党中央、国务院应对新世纪国际竞争，提高我国综合国力的一项重大战略决策。全市各级党委、政府要认真贯彻落实《决定》和《若干意见》精神，顺应国际国内高科技发展趋势，增强21世纪经济发展必须依靠技术创新和加快高新技术产业化的紧迫感，切实把加速技术创新和高科技发展放在关键地位。要重点发展机电一体化、电子信息、生物技术、新材料、高效节能与环保等高新技术产业，带动相关产业的发展，形成具有济南特色的高新技术主导产业，力争到2005年，全市高新技术产业增加值占工业增加值的比重达到30%，高新技术产品出口额占工业制成品出口额（含技术贸易）的比重达到25%。

二、成立济南市高新技术产业发展领导小组，负责协调全市高新技术产业的发展，编制规划，制定政策，确定高新技术产业重点发展领域，研究决定重大产业化问题。

三、实行高新技术企业、产品和成果转化项目认定制度（认定办法另行制定），被认定的高新技术企业、产品和成果转化项目，按照国家规定享受有关税收优惠政策。

企业当年出口产品达到当年产品产值70%以上的，经税务部门核实，可减按10%的税率征收企业所得税。

对开发生产软件产品的企业，其软件产品可按6%的征收率缴纳增值税。鼓励扩大高新技术及其产业领域的国际合作与交流，对出口创汇的高新技术产品实行增值税零税率。

四、经认定的高新技术产品和高新技术转化项目，自认定之日起3年内，返还项目用地的土地使用费、土地出让金；免收购置生产经营用房的手续费和产权登记费。免征建设过程中的上水、排水、煤气增容费和供配电贴费。

五、加快“三区多园”的建设（三区是指济南开发区、济南市高新农业开发区、济南民营科技产业园区）。市政府连续3年，每年拿出3000万元，用于大学科技园区建设。济南开发区用3～5年的时间，基本完成山大、山工大、山医大科技园、齐鲁软件园、山东省科学院中试园、高科技企业孵化园、留学生创业园等10个科技园的建设。培育一大批拥有自主知识产权，具有竞争优势的高新技术企业，使济南开发区成为全市高新技术产业和出口创汇的重要基地。到2005年，国家级齐鲁软件园年销售收入要达到50亿元、高新技术创业服务中心孵化企业累计达到300家、留学生创业园要培育出50个有一定规模的高新技术产品。

济南市农业高新技术开发区以生物技术、信息技术为重点，建设现代农业实验示范基地。重点支持农业科技示范园、蔬菜科技示范园、良种繁育基地、组培快繁中心和农业信息中心建设，支持省农科院科技园、山东农业大学科技园的建设。

济南民营科技产业园以发展民营高科技产业为重点，建设好南开大学中试基地，清华大学硕士培训点。扩大园区规模，建设成为民营科技产业的密集区和示范区。民营科技产业园可比照济南开发区享受有关优惠政策。

六、建立以企业为主体的技术创新体系，提高企业技术开发、产品开发和质量升级能力扶持以高等院校、科研机构为依托的知识创新体系，增强科研和基础应用技术的研究能力，为技术创新与高新技术发展提供支撑发展以社会化中介服务机构为纽带的技术创新服务体系。进一步培育和健全技术市场，大力发展高新技术创业服务中心、生产力促进中心、科技信息中心、科技评估中心、技术交易中心和高新技术成果转化中心等各类中介服务机构。

充分发挥驻济南大学与科研单位技术、人才优势，大力实施产学研工程，提高济南市技术创新水平；加强国际科技合作与交流，加快引进技术的消化和吸收，开发出一批拥有自主知识产权的主导产品和名牌产品。

七、加快科研院所改革步伐。市属开发型科研机构原则上都要转为科技型企业，整体或部分进入企业或企业集团；社会公益型科研机构根据其实际情况分别改制为科技型企业，或转为中介服务机构，或按非营利性机构管理。市财政拨款1000万元用于支持市属科研院所的改革。转制后的科研机构，执行国务院国办发〔1999〕18号和国科发〔1999〕143号文件规定的政策。转制院所要按照现代企业制度的要求深化内部改革，建立新的用人机制、分配机制和激励机制。按照高新技术产业发展的需要，合理配置科技资源，组建3～5个市级重点实验室和新型的科研机构；探索建立"虚拟科研开发中心"。鼓励国家及省、部属科研机构与地方共建工程中心、中试基地，符合高新技术企业条件的，经科技主管部门认定、财税部门批准，可享受高新技术企业政策。

八、鼓励大专院校、科研院所的科技人员、教师兼职或受聘于高新技术企业，鼓励在校研究生、大学生在济南创办高新技术企业。注册资本（资金）可低至1000元人民币，并免收组建企业时行政机关收取的有关费用（国家另有规定的除外）。

九、对技术转让、技术开发和与之相关的技术咨询、技术服务的收入，免征营业税。科研机构、高等院校服务于各业的技术转让、技术培训、技术服务、技术承包所取得的技术性服务收入暂免征收所得税。社会力量资助科研机构和高等院校研究开发经费的，政府在其计税所得额中扣除。对引进、消化、吸收的高新技术产业化项目可优先列入各类科技计划，帮助解决科技贷款，并给予一定数额的贴息支持。

十、鼓励民营科技企业技术创新，其用于开发新产品、新技术、新工艺的各项费用，可列入成本。在科技立项、科技贷款、申请风险投资、享受贷款贴息、对外招商引资、出国洽谈研修、技术职称评聘等方面，可享受与国有企业相同的政策。民营科技企业应采取多种方式与国有企业进行资产重组，在其联合、兼并、收购、托管国有企业，进行跨地区、跨行业、跨所有制的资产重组和产权置换时，可享受与国有企业同等的优惠政策。

十一、企业要成为科技投入的主体。一般企业科研开发费用占销售收入的比重要达到2%以上，重点企业集团达到3%以上，高新技术企业达到5%以上，并以此作为对其进行资金和政策支持的重要依据。

高新技术企业和生产高新技术产品的企业，研究开发新产品、新技术、新工艺所需各项费用，包括新产品设计费、工艺规程制定费、设备调整费、原材料和半成品试验费、技术图书资料费、未纳入国家计划的中间试验费、研究机构人员的工资、研究设备的折旧、与新产品的试制和技术研究有关的其他经费以及委托其他单位进行研究试制的费用，不受比例限制，按实际需要计入管理费用。上述企业研究开发新产品、新技术、新工艺的费用应逐年增长。

十二、加大政府对科技的投入。市及各县（市）区财政对科技投入的增长要高于同期财政收入的增长幅度。2005年市科技三项费用要达到当年度同级财政预算总支出的3%，县（市）区力争达到2%。

十三、市政府注入一定的资本金，设立"济南市高新技术产业化专项资金"。该资金由社会资助、捐款和政府拨款组成，用于高新技术成果转化、中小企业技术创新和民营科技园创业的发展。

十四、组建济南市科技风险投资公司。市财政先期注入一定的引导资金，主要吸收企业、金融机构、民间和国内外的资本加入，进行高新技术成果转化的风险投资、股权投资和融资担保。

积极创造条件，争取一些高新技术企业、科技型中小企业和民营科技企业上市融资或发行债券，建立健全企业产权交易市场，为高新技术企业创造融资环境。

加强科技与金融的联合，使金融部门成为技术创新和高科技发展的重要资金来源。

十五、建立无形资产评估机构。鼓励以科技成果为主体的无形资产作价入股。其中经认定的高新技术成果可占到企业注册资本的35%，合作各方另有约定的除外。科技人员领办、创办科技型企业，其注册资金达到规定的30%时，允许注册，不足部分在规定期限内补足。

十六、加快高层次创新人才的培养和引进。落实《济南市1998～2010年科技人才队伍发展规划纲要》及5个配套办法和《济南科技明星计划》，着力营造吸引人才、留住人才的优良环境。从2000年起，市财政每年拨专款500万元设立高层次科技人才培养引进专项经费。

制定优惠措施，吸引两院院士、国家有突出贡献专家、国外技术专家等高层次人才以多种形式服务于济南市经济建设和社会发展。多渠道、多形式吸引海外优秀人才到济南工作，留学人员回国参加工作的，与出国前的工龄、教龄可不间断合并计算为连续工龄、教龄；对在国外取得的学历、学位和职称予以承认，可按相应的任职资格直接聘任专业技术职务，也可破格晋升专业技术职务；市有关部门要在科研立项、科研经费资助、实验室建设方面给予倾斜；留学人员到济南创办高新技术企业，享受外商投资企业优惠政策，以开发区留学人员创业园为基地，在各方面给予最优惠待遇；国内具有本科以上学历的人员到济南工作，按照市委办公厅济办发〔1999〕14号文执行。

十七、完善科技人员管理制度，鼓励科技成果转化。对科研机构及高新技术企业内部的职务结构比例，政府人事主管部门不再实行指标控制，由单位根据自身需要自主设置专业技术岗位和职务等级，确立岗位责任和任职条件。科技人员竞争上岗，所取得的职务和相应待遇仅在聘期内适用。

十八、市科技进步奖要强化高技术成果产业化导向，侧重自主知识产权和经济社会效益，鼓励在推进科技进步和科技为经济服务中做出突出贡献的组织和个人。市政府设立科技创新特别奖，对在科技创新和高新技术产业化工作中取得卓著成绩、创造巨大经济效益的单位和个人，给予重奖，并对其中的国（境）外人员，授予“荣誉市民”称号。

建立以“股份奖励”为重点的奖励制度。采用股份形式实施转化的，可以不低于科技成果入股时作价金额20%的股份给予奖励；以技术转让方式将职务成果提供给他人实施的，单位应从技术转让净收入中提取不低于20%的比例用于一次性奖励；自行与他人合作实施转化的，项目投产后，单位连续3～5年从实施该项目的年净收入中提取不低于5%的比例用于奖励。对研究开发和成果转化中有贡献的主要人员，所得奖励应不低于奖励总额的50%。奖励和分配的股权收益，获奖人在取得股份出资比例时，暂不交个人所得税，股权收益再用于高新技术转化项目投资的，再奖股份暂不缴纳个人所得税。

十九、加强专利管理机构建设，强化知识产权管理与保护工作。实施“济南市专利技术发展计划”，鼓励发明创造，对拥有自主知识产权和市场前景的优秀专利项目在政策、资金方面给予扶持。对于知识产权的职务发明人、设计人、作者以及主要实施者，应按照国家的有关规定给予其与实际贡献相当的报酬和股权收益。

二十、各县（市）区政府、市直有关部门可以根据本规定制定实施细则。本规定自发布之日起执行，原有的规定与本规定相抵触的，以本规定为准。

政策法规

济南市高技术产业开发区管理规定

(1991 年 9 月 13 日济南市人民政府印发)

第一章　总　则

第一条　为了促进济南市高技术产业开发区(以下简称开发区)的建设和发展，根据《国务院关于批准国家高新技术产业开发区和有关政策规定的通知》，结合本市实际，制定本规定。

第二条　开发区范围：东至东外环路、大辛河，南至南外环路、经十路，西至青年西路、历山路、山大路，北至省农科院、轻工学院。开发区以东外环路为界，分为西区和东区，西区为建成区，东区为新建区，总面积 15.9 平方千米。

第三条　开发区实行统一领导、统一规划、统一政策、分级管理、分区实施的原则。

第二章　管理体制

第四条　济南市高技术产业开发区建设管理委员会(以下简称开发区管委会)是开发区建设与管理的领导决策机构。开发区管委会办公室(以下简称开发区办公室)是市人民政府的派出机构，在开发区管委会的领导下，负责开发区的日常管理工作。开发区专家咨询委员会是开发区管委会的咨询机构，负责对开发区建设规划、发展计划、重大开发项目、有关政策措施进行咨询评估。市高新技术产业开发建设总公司在开发区办公室领导下，承担开发区的开发建设任务。开发区办公室由济南市科学技术委员会(以下简称市科委)归口管理和具体指导。

第五条　有关部门应当按照各自的职责，根据需要在开发区设置派出机构或者联合办事机构。各部门在开发区设立的办事机构应由开发区办公室和其所属部门双重领导，以开发区办公室领导为主，及时处理开发区建设、管理中的有关业务。

第六条　开发区所在区人民政府应当与市有关部门配合，共同搞好开发区市政建设、文化、教育、卫生、治安、商业网点管理等社会化服务。历城区高技术产业开发办公室和历下区科技开发办公室(以下简称区开发办公室)在同级人民政府的领导下和开发区办公室的指导下开展业务工作。

第三章　高新技术企业认定与管理

第七条　本市行政区域内、外的企事业单位和科技性社会团体或者个人均可在开发区内创办或者联办高新技术企业，也可以采取在开发区内进行高新技术及其产品的研究、开发、中间试验和装配，在开发区外进行零部件加工的方式，形成独立核算、自负盈亏的高新技术企业。鼓励外商、华侨、港澳台商在开发区内独资或者与国内企事业单位和个人联办高新技术企业。

第八条 开发区办公室在市科委的监督指导下，具体办理高新技术企业的审核事宜。

第九条 高新技术及其产品的范围是：(一)微电子科学和电子信息技术及其产品；(二)光电子科学和光机电一体化技术及其产品；(三)生命科学和生物工程技术及其产品；(四)材料科学和新材料技术及其产品；(五)能源科学和新能源、高效节能技术及其产品；(六)生态科学和环境保护技术及其产品；(七)医药科学和生物医学工程技术及其产品；(八)其他在传统产业基础上应用的新工艺、新技术及其产品。

第十条 开发区高新技术企业作为知识和技术密集的经济实体，必须具备下列条件：

(一)从事本规定第九条规定范围内一种或者多种高新技术及其产品的研究、开发、生产和经营业务(单纯的商业经营除外)；

(二)实行独立核算、自主经营、自负盈亏；

(三)企业的负责人是熟悉本企业产品研究、开发、生产和经营的科技人员，并且是本企业的专职人员；

(四)具有大专以上学历的科技人员和从事高新技术产品研究、开发的科技人员应当分别占企业职工总数的30%以上和10%以上，从事高新技术产品生产或者服务的劳动密集型高新技术企业，具有大专以上学历的科技人员应当占企业职工总数的20%以上；

(五)有10万元以上资金，并有与其业务规模相适应的经营场所和设施；

(六)用于高新技术及其产品研究、开发的经费应当占本企业当年总收入的3%以上；

(七)高新技术企业的技术性收入(指由高新技术企业进行的技术咨询、技术转让、技术服务、技术培训、技术工程设计和承包、技术出口、引进技术消化吸收以及中试产品的收入)与高新技术产品销售收入的总和应当占本企业当年总收入的50%以上；

(八)有明确的企业章程和严格的技术、财务管理制度；

(九)企业的经营期在10年以上。

第十一条 兴办高新技术企业的单位和个人，必须向开发区办公室提出申请(历下区、历城区所属企业，应当先向所在区开发办公室提出申请)，经核定后，报省科委批准并发给高新技术企业证书。对已领取高新技术企业证书的企业，工商、税务部门应当在规定的时间内办理有关登记手续。

第十二条 在开发区内，凡按国家规定全部核减行政事业费，实行经济自立并符合本规定第十条 规定条件的全民所有制科研单位，经开发区办公室核定，可以转成高新技术企业。

第十三条 开发区高新技术企业变更经营范围、合并、分立、转业、迁移或者歇业的，须经开发区办公室审批，再到工商、税务部门办理有关手续。

第十四条 市科委根据国家科委发布的高新技术目录，结合济南市实际情况，发布济南市年度高新技术及其产品目录。高新技术产品的期限一般在5年以内，技术周期较长的高新技术产品经批准可延长至7年。高新技术产品由开发区办公室审核批准，并发给批准证书。

第十五条 开发区高新技术企业必须向开发区办公室报送季度、年度财务报表和统计报表(历下区、历城区所属的高新技术企业应当同时向区开发办公室报送)。开发区办公室应当定期对高新技术企业进行考核。对不符合本规定第十条的高新技术企业，应当责令其限期整改。逾期仍不符合规定的，报经省科委批准后，不再享受高新技术企业的政策规定。

第十六条 开发区高新技术企业申报新产品开发项目、火炬计划项目、科技攻关计划项目和成果推广项目时，应当向开发区办公室提出列项申请，经开发区办公室审核同意后，报有关部门审批立项。

第四章　基本建设

第十七条　市规划部门应当会同开发区办公室和其他有关部门，依据济南市城市总体规划，对开发区的生产设施、供水、排水、道路、供热、电力、电信、煤气、绿化、人防、防洪水系、生活服务设施等进行全面规划。开发区规划经市政府批准后，由市规划部门和开发区办公室组织实施。

第十八条　开发区新建区内的所有基本建设项目，都必须符合新建区详细规划。市规划部门在开发区设立的派出机构，负责开发区新建区详细规划的实施。开发区建成区内的旧城改造项目和其他基本建设项目，必须符合建成区详细规划。建设单位应当按照《济南市城市规划管理办法》办理有关手续，对其中高新技术企业的建设工程项目，市规划部门应当与开发区办公室协调后，再予办理审批手续。

第十九条　开发区内的单位和个人必须遵守有关环境保护的法律、法规和规章，其高新技术科研、生产项目应当是无污染或者少污染项目。在建设中必须做到防治环境污染的配套设施与主体工程同时设计、同时施工、同时投入使用。

第二十条　市土地管理部门和开发区办公室应当会同有关部门，根据开发区规划，拟定开发区土地使用实施方案，经市政府批准后，由市土地管理部门和开发区办公室负责组织实施。开发区新建区内集体所有的土地由市土地管理部门和开发区办公室统一征为国有后，将土地使用权统一出让给用地单位，并组织开发和管理。外商、华侨、港澳台商和外地单位或者个人到开发区兴办、联办高新技术企业的，可以优先取得土地使用权。经批准在开发区内使用土地的单位和个人，应当到市土地管理部门办理土地登记注册，领取土地使用证，取得土地使用权。

第二十一条　开发区高新技术企业的新建、扩建、翻建项目以及开发区新建区内的所有建设项目，由开发区办公室负责编制建设计划，报市计委纳入市属固定资产投资规模，属年度投资的，可以优先列入建设计划。自筹的建设资金必须专户存入建设银行，由建设银行管理和监督使用。开发区专项基本建设项目按照国家有关规定执行。

第二十二条　在统一规划、分区实施的原则指导下，鼓励有条件的大专院校、科研院所、大中型企业和历下区、历城区人民政府充分利用开发区建成区的现有条件，建设从事高新技术研究、开发、中试的科技工业园区。

第二十三条　开发区新建区内的基础设施和配套设施建设，由市建委统筹安排，市高新技术产业开发建设总公司负责组织实施。开发区内的城市主次干道及其市政配套设施的建设资金由市建委负责安排落实。

第五章　财政和税收

第二十四条　开发区高新技术企业从被认定之日起，减按15%的税率征收所得税。

第二十五条　开发区高新技术企业出口产品的产值达到当年总产值70%以上的，经税务部门核定，减按10%的税率征收所得税。

第二十六条　新办的开发区高新技术企业，由企业申请，经税务部门批准，从投产年度起，2年内免征所得税。对新办的中外合资经营的开发区高新技术企业，合营期在10年以上的，由企业申请，经税务部门批准，可以从开始获利年度起，头2年免征所得税。免税期满后，纳税确有困难的，经批准在一定期限内给予适当减免税照顾。

第二十七条　对内资办的开发区高新技术企业，在技术转让以及在技术转让过程中发生的与之有关的技术咨询、技术服务、技术培训所得，年净收入在30万元以下的，可暂免征收所得税，年净收入超过30万元的部分，按适用税率征收所得税。对属于“火炬”计划开发范围的高新技术产品和列入省级以上新产品试制计划的产品，凡符合新产品减免税条件的，可以给予减免产品税、增值税的照顾，新产品减免税期满后纳税仍有困难的，可以按税收管理体制报经批准给予减免照顾。对未列入省级新产品计划而获得省级以上奖励的新产品，可以按税收管理体制报经批准给予一定的减免税照顾。以上减免的产品税、增值税专项用于技术开发，不计征所得税。

第二十八条 内资兴办的开发区高新技术企业，一律按国家现行规定缴纳奖金税，但属下列单项奖励金，可以不征收奖金税：

（一）从其留用的技术转让、技术咨询、技术服务、技术培训净收入中提取的奖金，不超过15%的部分；

（二）高新技术产品出口企业，按国家规定从出口奖励金中发放给职工的奖金，不超过1.5个月标准工资的部分；

（三）符合国家规定的其他免税单项奖。本条（一）（二）两项合并计算的全年人均免税奖金额，不足2.5个月标准工资的，按实际免税奖金扣除计税。

第二十九条 内资办的开发区高新技术企业，以自筹资金新建技术开发和生产经营用房，按国家产业政策确定征免建筑税（或者投资方向调节税）。

第三十条 开发区高新技术企业属于联营企业的，其分给投资方的利润，应当按投资方企业的财务体制，扣除开发区缴纳的税款后，补缴所得税或者上缴利润。

第三十一条 高等学校在开发区内兴办的高新技术企业生产的应税产品。凡用于本校教学、科研方面的，免征产品税、增值税；对外销售的，按规定征收产品税、增值税，免征所得税。科研单位在开发区兴办的高新技术企业，其中试产品经税务部门审查批准，免征所得税。对国家批准的“八五”期间四项产品享受优惠政策的开发区高新技术企业，按照财政部《集成电路、电子计算机、程控交换机、软件产品目录》生产的产品，报经税务部门批准，继续免征产品税、增值税（软件产品营业税）、减半征收所得税，并按最高不超过销售收入10%的比例提取研究开发费。

第三十二条 开发区高新技术企业的中试产品，凡属于高新技术范围的，经企业申请，报省以上科委审查立项，并经同级税务部门审查批准，可给予免征所得税1～3年照顾，其产品税、增值税比照新产品的税收规定办理。

第三十三条 开发区高新技术企业的贷款，一律在征收所得税后归还。个别税后还贷确有困难的，经税务部门批准，可适当减免所得税。

第三十四条 开发区外商投资高新技术企业中的外方，将分得的利润继续向企业投资，企业经营期又不少于5年的，经税务部门批准，全部退还其再投资部分已缴纳的企业所得税，经营期不满5年撤销该项投资的，应当缴纳已退的企业所得税税款。

第三十五条 经市人民政府批准，开发区高新技术企业可以免购国家重点建设债券。

第三十六条 开发区高新技术企业按企业隶属关系缴纳税款。所缴各项税款，以规定年度为基数，新增部分5年内全部返还开发区，用于开发区建设。

第三十七条 对内资办的开发区高新技术企业减征或者免征的税款，统一作为国家扶持基金，单独核算，专项用于高新技术及其产品的开发。具体管理办法另行规定。

第三十八条 开发区高新技术企业用于高新技术开发和高新技术产品生产的仪器、设备，可以实行快速折旧。其折旧年限在财政部规定的折旧年限基础上缩短50%，由市财政部门监督执行。

第六章 金融与物价

第三十九条 经人民银行批准，建立与开发区相配套的综合金融机构，为高新技术开发提供金融服务。

第四十条 有关部门可在开发区建立风险投资基金，用于风险较大的高新技术产品开发，并且通过入股、控股等形式，参与企业管理，开展建立地方科技股份制企业的试点。

第四十一条 经人民银行总行批准，开发区高新技术企业集团可以建立财务公司，办理内部融资。经人民银行市分行批准，开发区高新技术企业可以面向社会发行债券、股票。

第四十二条 各专业银行市分行应当对开发区高新技术企业的流动资金贷款、技术改造贷款、基本建设贷款和科技开发贷款予以优先安排，对开发区高新技术企业所需外汇额度，予以优先调剂。

第四十三条 开发区高新技术企业应当在一家银行开立一个账户，确需在其他银行取得贷款时，可以在其他银行设立辅助账户。

第四十四条 市保险公司可以根据需要在开发区开办涉外保险业务和增加新险种，并且可以在批准规模内，按规定比例，利用财产保险总准备金和人身保险责任准备金在开发区投资和贷款。

第四十五条 开发区高新技术企业开发的属于国家控制价格（包括国家定价和国家指导价）的新产品。除特定品种须报物价部门定价外，在规定的试销期内，企业可以自行制定试销价格，并报物价部门和业务主管部门备案。经营不属于国家控制价格的高新技术产品，企业可以自行定价。

第七章 外经外贸

第四十六条 有关开发区进出口货物的关税优惠按以下规定办理：

（一）开发区高新技术企业为生产出口产品而进口的原材料和零部件，免领进口许可证，海关凭出口合同以及开发区的批准文件验放；

（二）经海关批准，开发区高新技术企业可以在开发区内设立保税仓库、保税工厂。海关按照进料加工的有关规定，以实际加工出口数量，免征进口关税和进口环节产品税、增值税；

（三）开发区高新技术企业生产的出口产品，除国家限制出口或者另有规定的以外，全部免征出口关税；

（四）保税货物转为内销，必须经原审批部门批准和海关许可，并照章纳税。其中属于国家实行配额和进口许可证管理的产品，须按国家有关规定报批补办进口手续和申领进口许可证；

（五）开发区高新技术企业用于高新技术开发而国内不能生产的仪器和设备，凭审批部门的批准文件，经海关审核后，免征进口关税。海关认为必要时可以在开发区内设置机构或者派驻监管小组，对进出口货物进行管理。

第四十七条 有关开发区进出口业务的规定：

（一）在开发区内经经贸部批准，可以设立技术进出口公司；

（二）按国家有关规定，对出口业务开展较好的开发区高新技术企业可以授予外贸经营权。根据业务需要，经有关部门批准，开发区高新技术企业可以在国外设立分支机构；

（三）开发区高新技术企业开发的高新技术产品，凡是各项指标达到同种进口产品的水平，并具备一定的生产规模，经国家科委会同有关部门审定后，列入国家限制进口商品目录，并按现行进口管理办法控制进口。

第四十八条 开发区高新技术企业的商务、技术人员一年内多次出国的，按国办发〔1990〕9号文件规定执行。

第八章 劳动与人事

第四十九条 市计划、劳动、人事部门应当优先安排科技人员、留学回国人员、外国专家和应届毕业大学生、研究生以及技术工人到开发区高新技术企业工作。

第五十条 鼓励行政机关、企事业单位的科技人员兴办、领办、承包开发区高新技术企业，或者应聘到开发区高新技术企业工作，有关部门和单位应当积极支持，并且按照规定，在其档案中保留原有身份、工资级别、职称等。科技人员流动中与有关方面发生争议的，按照《济南市人才流动争议仲裁暂行规定》，由市或者区、县人才流动争议仲裁委员会调解仲裁。

第五十一条 对在开发区高新技术企业中工作成绩显著的外地科技人员，经开发区办公室审定，报市人事、公安部门批准，可以办理济南市常住户口。

第五十二条 开发区高新技术企业可以按照“国家征税、自主分配”或者“工效挂钩”的原则确定内部分配办法。

第五十三条 开发区高新技术企业的用工计划和用工形式，由企业自主确定。开发区高新技术企业所需各类人员可以通过人才市场公开招聘，择优录用。

第五十四条 开发区高新技术企业必须执行国家有关劳动保护的法律、法规，建立安全生产责任制，保障职工的合法权益；开发区内逐步建立完善社会保障体系。

第九章 附 则

第五十五条 本规定由开发区办公室负责解释。本规定自发布之日起施行。

济南市古树名木保护管理办法

(1992 年 10 月 22 日济南市第十届人民代表大会常务委员会第三十一次会议通过，1992 年 11 月 21 日山东省第七届人民代表大会常务委员会第三十一次会议批准，1992 年 11 月 21 日济南市人民代表大会常务委员会公布)

第一条 为了加强古树名木的养护管理，保护历史文化名城特色，根据《中华人民共和国森林法》和国务院《城市绿化条例》等法律法规的有关规定，结合本市实际情况，制定本办法。

第二条 本办法所称古树名木，是指百年以上树龄的树木，稀有、珍贵树木，具有历史价值或重要纪念意义的树木。

第三条 市园林行政主管部门主管本市古树名木的管理工作。各县（市）、区园林行政主管部门主管本行政区域内古树名木的管理工作。

第四条 市、县（市）、区园林行政主管部门负责古树名木的调查、登记、鉴定和建档工作，设立古树名木标志，划定保护范围，落实养护责任单位。

第五条 本市古树名木，按以下分工负责养护：

（一）生长在机关、部队、学校、企事业单位和坛庙寺院的古树名木，由所在单位负责养护。

（二）生长在铁路、公路、水库、河道等用地范围内的古树名木，分别由铁路、公路和水利等部门负责养护。

（三）生长在风景区、城镇道路、街巷内的

古树名木，由市、县（市）、区园林绿化队伍负责养护。

（四）生长在林区的古树名木，由林区管理单位负责养护。

（五）生长在城镇居民院内的古树名木，所有权属于国家或集体的，由街道办事处指定专人负责养护；所有权属于个人的，由个人负责养护。

（六）生长在村庄和村民院内的古树名木，所有权属于国家或集体的，由乡（镇）人民政府指定专人负责养护；所有权属于个人的，由个人负责养护。

第六条　集体或个人所有古树名木的抵押或转让，应到园林行政主管部门办理登记。

第七条　古树名木养护单位和个人，必须严格执行市园林行政主管部门制定的《古树名木养护管理技术规范》，确保古树名木的正常生长。

第八条　禁止在古树名木上刻画、钉钉、缠绕绳索、攀缘折枝或借用树干搭棚作架等有损古树名木生长的行为；禁止在树冠下堆放物料，挖坑取土，动用明火，排放烟气，倾倒有害树木的污水、污物；禁止在树冠外缘五米以内新建任何建筑物。

第九条　对危害古树名木生长的废水、废气、废渣，有关单位或个人必须按照环境保护规定和园林行政主管部门的要求，在限期内采取措施，消除危害。

第十条　建设项目在规划、设计、施工中，必须严格保护古树名木，遇有可能使古树名木安全受到影响的情况，必须事先向园林行政主管部门提出，共同研究避让保护措施，由建设单位负责实施。

第十一条　严禁砍伐或者迁移古树名木。因特殊需要迁移古树名木，必须经市园林行政主管部门审查同意，报市人民政府批准后实施。

第十二条　任何单位和个人都有保护古树名木的义务；对损伤和破坏古树名木的行为，有劝阻、制止、检举和控告的权利。

第十三条　对养护和管理古树名木做出显著成绩的单位和个人，由市、县（市）、区人民政府给予表彰、奖励。

第十四条　对违反本办法的单位和个人，由市、县（市）、区园林行政主管部门责令停止侵害，造成损失的，应当负赔偿责任，可以并处罚款；情节严重的，对直接责任人员和单位负责人，由其所在单位或上级主管机关给予行政处分；应当给予治安管理处罚的，依照《中华人民共和国治安管理处罚条例》的有关规定处罚；构成犯罪的，依法追究刑事责任。

第十五条　对处以罚款的，按下列规定执行：

（一）违反本办法第七条规定，不按技术规范进行养护，影响古树名木正常生长的，对养护单位或个人处以 50 ～ 1000 元的罚款。

（二）违反本办法第八条、第九条和第十条规定，对古树名木损害较轻的，对责任单位或个人处以 500 元以下罚款；损害枝干或根系较重的，处以 500 ～ 1000 元的罚款；造成古树名木死亡的，处以 1000 ～ 50000 元的罚款。

（三）违反本办法第十一条规定，擅自砍伐古树名木的，对责任单位或个人处以 5 万～ 10 万元的罚款。擅自迁移古树名木未造成死亡的，处以 1000 ～ 5000 元的罚款；造成古树名木死亡的，处以 5000 ～ 50000 元的罚款。以上罚款，5000 元以下的，县（市）、区园林行政主管部门决定，报县（市）、区人民政府备案；5000 ～ 20000 元的，县（市）、区人民政府审批；2 万～ 5 万元的，市园林行政主管部门决定，报市人民政府备案；5 万元以上的，市人民政府审批。

第十六条　当事人对行政处罚不服的，可以自接到处罚决定通知之日起 15 日内，向做出处罚决定机关的上一级机关申请复议；对复议决定不服的，可以自接到复议决定之日起 15 日内向人民法院起诉。当事人也可以直接向人民法院起诉。逾期不申请复议或者不向人民法院起诉又不履行处罚决定的，由做出处罚决定的机关申请人民法院强制执行。

第十七条 园林行政主管部门的工作人员必须模范执行本办法。对玩忽职守、滥用职权、徇私舞弊的，由其所在单位或者上级主管机关给予行政处分；构成犯罪的，依法追究刑事责任。

第十八条 本办法具体应用中的问题，由市园林行政主管部门负责解释。

第十九条 本办法自发布之日起施行。

济南市禁止燃放烟花爆竹的规定

（1994 年 4 月 15 日济南市第十一届人民代表大会常务委员会第七次会议通过，1994 年 6 月 14 日山东省第八届人民代表大会常务委员会第八次会议批准）

第一条 为了保护国家、集体、私人财产和公民人身安全，减少环境污染，根据国家有关法律、法规的规定，结合本市实际情况，制定本规定。

第二条 各级人民政府负责本规定的组织实施。公安机关是实施本规定的主管机关。环境保护、工商行政等管理部门，应配合公安机关，做好查禁工作。

第三条 本市历下区、市中区、槐荫区、天桥区及历城区的洪家楼镇、华山镇、王舍人镇、十六里河镇、党家庄镇辖区，禁止任何单位和个人燃放、生产、储存、销售烟花爆竹（包括电子模拟爆竹，下同）。前款所列区、镇远离市区的农村，可暂不适用本规定，具体范围由市公安局会同有关区人民政府划定。

第四条 国家、省、市举行重大庆典活动，需在禁止燃放烟花爆竹地区燃放礼花的，由市人民政府决定并发布公告。

第五条 违反本规定的，由公安机关视情节轻重，给予以下处罚：

（一）单位燃放烟花爆竹的，处 1000 以上 5000 元以下罚款，并对直接责任人处 100 元以上 1000 元以下罚款；

（二）个人燃放烟花爆竹的，处 100 元以上 1000 元以下罚款；

（三）生产、储存、销售烟花爆竹的，没收全部烟花爆竹和非法所得，并处 5000 元以上 20000 元以下罚款。

第六条 违反本规定有扰乱公共秩序、妨害公共安全行为的，依照《中华人民共和国治安管理处罚条例》，处以 15 日以下拘留。造成国家、集体、他人财产损失或人身伤害的，应依法赔偿经济损失。构成犯罪的，依法追究刑事责任。

第七条 违反本规定的行为人未满 16 周岁，或者 16 周岁以上未满 18 周岁且没有经济收入的，对其处以的罚款或者应由其负责赔偿的经济损失，由其监护人承担。

第八条 公安机关对违反本规定的单位或个人给予处罚，应出具“行政处罚决定书”，并使用财政部门统一印制的罚款收据。罚没收入全部上缴财政。

第九条 受处罚的单位和个人对公安机关做出的处罚不服的，可依照《行政复议条例》和《中华人民共和国行政诉讼法》的规定申请复议或者提起诉讼。

第十条 本规定具体应用中的问题，由济南市公安局负责解释。

第十一条 本规定自 1994 年 9 月 1 日起施行。

济南市市民“十不”行为规范监督管理办法

（1997年6月30日济南市人民政府发布）

第一条 为了加强城市管理，促进精神文明建设，为经济发展和市民生活创造良好的社会环境，根据有关法律、法规，结合本市实际，制定本办法。

第二条 本办法所称市民“十不”行为规范是指：

（一）不随地吐痰；

（二）不乱扔污物；

（三）不乱贴乱画；

（四）不损坏公物；

（五）不染污泉池；

（六）不攀折花木；

（七）不酗酒滋事；

（八）不乱穿马路；

（九）不说粗话脏话；

（十）不在公共场所吸烟。

第三条 凡在本市市区内的市民，均应遵守本办法。

第四条 市、区精神文明建设委员会及其办事机构负责本办法的组织实施和协调指导工作。环卫、园林、城建、环保、卫生、工商、公安等部门，应当按照职责，做好市民“十不”行为规范的监督管理工作。街道办事处、居民委员会、机关、团体和企事业单位，应配合行政执法部门做好监督管理工作。

第五条 市民应当自觉遵守市民“十不”行为规范；对违反市民“十不”行为规范的行为有权劝阻、制止或者向行政执法部门举报。

第六条 各级人民政府对模范遵守市民“十不”行为规范的市民，应当给予表彰和奖励。

第七条 行政执法部门纠正违反市民“十不”行为规范的行为，应当坚持教育与处罚相结合的原则。对违反市民“十不”行为规范的，环卫、园林、环保、卫生、工商、城建、公安等行政执法部门，应当依照法律、法规和规章的规定，给予处理。

第八条 行政执法部门对当事人实施处罚时，应当出示行政执法证件；执行罚款，应当使用财政部门统一印制的罚款收据，罚款上缴财政。

第九条 行政执法部门工作人员，滥用职权、玩忽职守、徇私舞弊的，由其所在单位或上级主管部门给予行政处分；构成犯罪的，依法追究刑事责任。

第十条 本办法自发布之日起施行。

济南市城市市容管理条例

(1999 年 9 月 17 日济南市第十二届人民代表大会常务委员会第十次会议审议通过，同年 10 月 25 日山东省第九届人民代表大会常务委员会第十一次会议批准)

第一章 总 则

第一条 为加强城市市容管理，美化城市环境，建设整洁、文明的现代化省会城市，根据有关法律、法规的规定，结合本市实际，制定本条例。

第二条 本条例适用于本市市区建筑物容貌、道路景观、户外广告设置、户外装饰灯等城市容貌管理。

第三条 市城市建设管理局是本市城市市容管理的行政主管部门，负责本市城市市容的统一管理工作。区城市建设管理部门在其职责范围内负责本辖区城市市容的具体管理工作。

规划、公安、工商、民政、建管、公用、环卫、园林等有关部门，应当按照各自职责，配合市城市市容行政主管部门实施本条例。

第四条 城市市容管理实行集中管理与分级负责相结合、专业人员管理与群众监督相结合的原则。

第二章 建筑容貌管理

第五条 产权所有人和使用人应当保持其建(构)筑物及其附属设施、牌匾外形完好、整洁美观，对临街陈旧、破损的房屋、围墙及经批准设置的临时设施，应当按照本市城市容貌标准定期粉刷、修缮。

第六条 任何单位和个人不得在建筑物顶部堆放杂物和搭建临时棚(屋)。

第七条 在临街建筑物的阳台、平台、外走廊的护栏上和外部墙(窗)体上不得吊挂杂物。不得借用临街建(构)筑物或树木在道路两侧拉绳晾晒物品。

第八条 临街建筑物的阳台、平台、外走廊封闭时，其外沿不得超出建筑物实体，外形、规格、色彩应当保持整齐一致。封闭前，产权所有人和使用人须报经所在区城市建设管理部门审查批准。所在区城市建设管理部门应当自接到申请之日起五日内予以书面答复。

临街建筑物 2 层(含)以上需要搭建遮阳(雨)棚的，其规格、色彩、造型应当与原建筑相协调。

在临街建筑物底层外部安装空调外机，其下沿应当距地面 1.8 米以上。

第九条 在城市道路两侧的建筑物变更临街门窗，产权人和使用人应当持位置图、平面设计图、效果图及产权证明材料，属主要道路的，向市城市市容行政主管部门提出申请；属非主要道路的，向所在区城市建设管理部门提出申请，经审查批准后，方可施工。审批部门应当自接到申请之日起 7 日内予以书面答复。

第十条 在城市道路两侧临街建筑物外部改造装修，产权人和使用人应当持产权证明材料、营业执照、装修位置图、平面图、效果图及其他有关资料，属主要道路的，报市城市市容行政主管部门审批；属非主要道路的，报所在区城市建设管理部门审批，经批准后，方可办理其他有关施工手续。审批部门应当自接到申请之日起 7 日内予以书面答复。

第十一条 城市主要街道两侧的实体围墙，应当逐步改造成透景或半透景围墙。法律、法规另有规定的从其规定。

第三章 道路景观管理

第十二条 建设单位和个人应当对临街施工场地进行围挡。工期在 3 个月以内的，可以用简易材料围挡；工期在 3 个月以上的，应当设置实体围墙。

施工场地或城市道路两侧空地上堆放的材料、机具和临时搭设的工棚，应当整齐有序。

建设工程竣工后，应当及时清理和平整场地，拆除围挡及其他临时设施。

第十三条 养护和挖掘城市道路的，应当在施工场地设置隔离栏（索），施工机具及材料应当摆放整齐有序。

因施工损坏城市道路及其他公共设施的，应当及时修复。

第十四条 城市道路和道路两侧不符合城市容貌标准的供电、通讯线杆等设施，供电、通讯等单位应当拆除或迁移。未拆除或迁移的，依照本条例第三十六条规定办理。

第十五条 在城市道路上设置的交通岗、治安亭、交通检查亭、邮政筒、电话亭、读报栏、宣传栏、画廊、垃圾台（箱）、果皮箱、路标、站牌、标志牌、候车亭（廊）、安全护栏、隔离墩等设施，应当保持完好、整洁。对陈旧、破损的设施，设置单位应当及时清洗、粉刷、维修或更换。

第十六条 未经市城市市容行政主管部门批准，任何单位或个人不得修建横穿城市道路的架空管线设施。

第十七条 在城市道路上不得进行生产、修理、加工、卖艺，不得擅自摆摊设点。在城市主要道路上不得设置集贸市场、摊点群；在其他道路上经批准设置的，应当整洁有序。

第四章 户外广告设置管理

第十八条 本条例所称户外广告，包括利用城市道路、公用设施、公共场所、建（构）筑物及户外空间设置的路牌、灯箱、电子显示屏、标志、橱窗、招贴栏、实物模型、布（条）幅、空飘物等。

第十九条 需要设置户外广告的，应当持下列有关证件及资料到市城市市容行政主管部门办理审批手续，领取“户外广告设置许可证”后，方可设置。

（一）广告设置申请书；

（二）广告合同书和设置地点租赁协议书；

（三）拟设置广告的位置示意图及效果图；

（四）工商行政主管部门核发的有关证照；

（五）其他有关证明材料。

市城市市容行政主管部门应当自接到申请书之日起 15 日内作出答复。

第二十条 有下列情形之一的，不得设置户外广告：

（一）影响市政公共设施、交通安全设施、交通标志使用的；

（二）妨碍生产或者居民生活，损害市容市貌的；

（三）国家机关、文物保护单位和名胜风景点的建筑控制地带；

（四）市人民政府禁止设置户外广告的区域。

第二十一条 户外广告设置单位、个人应当按照市城市市容行政主管部门批准的地点、种类、画面要求和规格设置户外广告，并保持整洁完好。对陈旧、脱色、破损的，应当及时修复、更新。任何单位和个人不得损坏、遮挡或擅自涂改户外广告。

第二十二条 经批准设置的户外广告应当注明制作单位名称、工商行政管理部门批准的户外广告登记证批号和市城市市容行政主管部门核发的户外广告设置许可证批号。

第二十三条　户外广告设置期满后，设置者应当及时拆除。在设置期内需要更换广告画面的，设置者应当按本条例第十九条的规定程序重新报批。户外广告框架闲置时间不得超过30天，逾期闲置的，应当拆除或临时设置公益性广告。

因城市建设须拆除户外广告的，广告设置者应当按照市城市市容行政主管部门的规定自行拆除。

第二十四条　路牌、灯箱、电子显示屏等户外广告的设置时限为1年，需要延期的，应当到原批准机关办理续期手续。

布（条）幅、气球、空飘物等户外广告按批准期限设置。

第二十五条　张贴户外广告，应当在指定的户外广告招贴栏内张贴。禁止在市政公用设施、墙体、电杆、树木上张贴、涂写户外广告。

第二十六条　工商企业和个体工商户在本店门前设置售点广告的，应当制作成移动式广告牌，不得占用道路。

第五章　户外装饰灯管理

第二十七条　本条例所称户外装饰灯，包括霓虹灯、射灯、华灯及其他形式的灯饰。

第二十八条　市城市市容行政主管部门应当会同市规划部门编制城市主要道路户外装饰灯建设规划，并负责组织实施。区城市建设管理部门应当依据城市主要道路户外装饰灯建设规划，确定本辖区户外装饰灯建设重点区域，并负责指导和监督临街单位和个人安装户外装饰灯。

第二十九条　鼓励临街经营性单位和个人在其建筑物上安装户外装饰灯。

第三十条　安装户外装饰灯免交用电增容费，其电费按居民生活用电价格计收。

第三十一条　单位和个人安装户外装饰灯，应当遵守下列规定：

（一）内容健康，图案和造型美观、新颖、清晰；

（二）规格比例应当与建（构）筑物及周围环境相协调；

（三）户外装饰灯射灯灯光不得直射居民户内；

（四）符合法律、法规和规章的其他规定。

第三十二条　户外装饰灯应当与路灯同时开启。户外装饰灯街、商业建筑的户外装饰灯及经营性广告装饰灯在国家规定的节假日应当通宵开启，其余时日可在22时之后关闭。遇到重大活动，需要延长户外装饰灯开启时间的，按照市城市市容行政主管部门的通知执行。

第三十三条　户外装饰灯的使用单位和个人，对其使用的户外装饰灯负有检查和维护责任，发现有图案或灯具残缺损坏的，应当及时修复，不得影响市容市貌。

第六章　监督管理

第三十四条　任何单位和个人都有维护城市市容的义务，对违反本条例的行为有权举报。

市城市市容主管部门、区城市市容管理部门应当设立举报电话，接受群众举报，对举报有功人员应当给予奖励。

第三十五条　行政执法人员依照本条例进行执法监督检查时，应当佩带统一的执法标志，并主动向被检查者出示执法证件。

第三十六条　凡不符合城市容貌标准的建（构）筑物或者设施，由市城市市容行政主管部门会同市城市规划行政主管部门，责令有关单位和个人限期改造或者拆除；逾期仍未改造或者拆除的，经市人民政府批准，由市城市市容行政主管部门组织强制拆除，所需费用由违法者承担。

第七章　法律责任

第三十七条　违反本条例建筑容貌管理的，由市城市市容行政主管部门责令限期改正，逾期不改正的，按照下列规定处以罚款：

（一）对临街陈旧、破损的房屋、围墙及经批准设置的临时设施等，未按照本市城市容貌标准的要求定期粉刷、修缮的，对单位处以300元以上3000元以下罚款；对个人处以100元以上1000元以下罚款；

（二）在建筑物顶部堆放杂物和搭建临时棚（屋）的，对单位处以500元以上5000元以下罚款，对个人处以50元以上500元以下罚款；

（三）在临街建筑物的阳台、平台、外走廊的护栏上和外部墙（窗）体上吊挂杂物，借用临街建（构）筑物或树木在道路两侧拉绳晾晒物品的，处以20元以上50元以下罚款；

（四）封闭临街建筑物的阳台、平台、外走廊超出建筑物实体或在临街建筑物一楼外部安装空调，其机体下沿距地面低于1.8米的，处以50元以上500元以下罚款；

（五）未经批准擅自对临街建筑物外部装修或变更临街门窗的，对单位处以1000元以上10000元以下罚款，对个人处以500元以上5000元以下罚款。

第三十八条　违反本条例道路景观管理的，由市城市市容行政主管部门责令限期改正，逾期不改正的，按照下列规定处以罚款：

（一）对临街的施工场地不按规定围挡的，处以500元以上5000元以下罚款；

（二）施工场地或城市道路两侧空地上堆放的材料、机具和搭设的工棚杂乱无序的，对单位处以300元以上3000元以下罚款，对个人处以50元以上500元以下罚款；

（三）建设工程竣工后，未及时清理和平整场地、拆除围挡及其他临时设施的，处以2000元以上20000元以下罚款；

（四）进行道路养护或挖掘城市道路，施工场地未设置隔离栏（索），施工机具及材料摆放杂乱无序的，处以1000元以上10000元以下罚款；

（五）因施工损坏城市道路及其他公共设施，未按规定及时修复的，处以200元以上2000元以下罚款；

（六）未经批准建设架空管线设施横穿城市道路的，处以1000元以上10000元以下罚款；

（七）在城市道路上进行生产、修理、加工、卖艺和擅自摆摊设点影响市容的，处以50元以上500元以下罚款。

第三十九条　违反本条例户外广告设置管理的，由市城市市容行政主管部门责令限期改正；逾期仍不改正的，按下列规定处以罚款：

（一）未经市城市市容行政主管部门批准，擅自设置户外广告的，处以2000元以上20000元以下罚款；

（二）在市政公用设施、墙体、电杆、树木上张贴、涂写户外广告或者未在指定的户外广告招贴栏内张贴户外广告的，每处处以20元以上100元以下罚款；

（三）未按批准的时限、地点、种类、规格设置户外广告的，处以500元以上3000元以下罚款；

（四）对陈旧、脱色、破损的户外广告未及时修复、更新的，处以200元以上2000元以下罚款；

（五）损坏、遮挡或擅自涂改户外广告的，对单位处以200元以上2000元以下罚款，对个人处以20元以上200元以下罚款。

第四十条　违反本条例户外装饰灯管理，有下列行为之一的，由市城市市容行政主管部门责令其限期改正，逾期不改正的，可处以200元以上2000元以下罚款：

（一）未按城市主要道路户外装饰灯建设规划安装户外装饰灯的；

（二）图案或灯具残缺损坏未及时修复的；

（三）户外装饰灯射灯灯光直射居民户内的；

（四）未按规定的时间启闭户外装饰灯的。

第四十一条 违反本条例应当给予治安管理处罚的，由公安机关依照《中华人民共和国治安管理处罚条例》的规定处罚；构成犯罪的，依法追究刑事责任。

第四十二条 对当事人进行行政处罚，应当按照《中华人民共和国行政处罚法》的有关规定办理。

第四十三条 当事人对行政处罚不服的，可以依法申请行政复议或者提起行政诉讼。当事人逾期不申请复议也不起诉，又不履行行政处罚决定的，由作出行政处罚决定的机关申请人民法院强制执行。

第四十四条 因户外广告、户外装饰灯的设置造成其他设施损坏或人身伤害的，设置者应当依法承担相应的责任。

第四十五条 城市市容管理部门工作人员玩忽职守、滥用职权、徇私舞弊的，依法给予行政处分；构成犯罪的，依法追究刑事责任。

第八章 附 则

第四十六条 市人民政府应当根据国家有关规定和本条例，制定城市容貌标准，并于1999年12月1日前公布实施。

第四十七条 县(市)可以参照本条例执行。

第四十八条 本条例自1999年12月1日起施行。市人民政府1991年3月11日发布的《济南市城市容貌管理办法》和1994年9月17日发布的《济南市户外装饰灯管理办法》同时废止。

济南市地名管理办法

（2003年6月25日济南市第十三届人民代表大会常务委员会第四次会议修订，同年7月25日山东省第十届人民代表大会常务委员会第三次会议批准）

第一章 总 则

第一条 为了加强地名管理，适应城市建设、社会发展和人民生活的需要，根据法律、法规的有关规定，结合本市实际，制定本办法。

第二条 本市行政区域内地名的命名、使用、标志设置及其相关的管理活动，适用本办法。

第三条 本办法所称地名包括：

（一）市、县（市、区）、乡（镇）、街道办事处、村、居行政区域名称；

（二）居民区、自然村等居民地名称；

（三）山、河、湖、泉等自然地理实体名称；

（四）文物古迹、纪念地、公园、风景名胜区、旅游度假区、自然保护区、开发区等名称；

（五）城市道路、桥梁、广场、隧道、涵洞、堤坝、水库等名称；

（六）大型建筑物名称；

（七）专业部门使用的具有地名意义的站、台、港、场和公路等名称。

第四条 市人民政府民政部门主管全市的地名管理工作。县（市、区）人民政府民政部门负责本辖区内的地名管理工作。

规划、公安、工商和城市建设管理等有关部门，应当按照各自职责配合民政部门做好地名管理工作。

第五条 市、县（市）民政部门应当依据城市规划编制地名规划，经市、县（市）人民政府批准后实施。

第六条 地名管理应当从本市地名的历史和现状出发，保持地名的相对稳定，对体现当地历史、文化的地名应当予以保护。

第二章 地名的命名

第七条 地名的命名应当遵循下列规定：

（一）维护国家主权、领土完整和民族尊严，有利于人民团结，符合社会道德风尚和人们的认知习惯；

（二）体现当地历史、文化、地理或者经济特征，与城市规划所确定的使用功能相适应，符合命名对象的性质、功能、形态、规模和环境等实际情况；

（三）一般不以人名、外国地名和外国词汇音译的词语作地名，禁止使用国家领导人的名字作地名；

（四）一地一名，名地相符，派生地名与主地名相协调；

（五）用字符合国家通用语言文字的规定。

乡（镇）一般以乡（镇）人民政府驻地的村名命名。

第八条 地名由专名和通名两部分组成。专名反映地名的个体属性，通名反映地名的类别属性。不得仅用专名作地名或在同一地名中使用两个通名。

第九条 本市市区内新建居民区的名称使用下列通名的，应当符合下列规定：

（一）小区：居住总户数在3000户以上，并有与其相配套的公共服务设施；

（二）花园：绿地率不低于40%；

（三）园、苑：绿地率不低于35%；

（四）山庄：依山而建，绿地率不低于45%；

（五）别墅：建筑物容积率不超过0.5。

本市市区内新建大型建筑物使用大厦作通名的，应当是具有一定体量和高度的单体建筑物。

本市市区内新建居住、商业、办公等用途的建筑群使用城作通名的，以居住为主的，占地面积应当在100万平方米以上；以科技、工业、商业为主的，占地面积应当在5万平方米以上。

本市市区内新建商业、办公等用途的建筑群使用广场作通名的，占地面积应当在8000平方米以上，相对完整并有2000平方米以上集中公共场地（不包括停车场、消防通道）。

使用前四款规定以外的通名的命名条件，由市人民政府制定并公布。

第十条 下列范围内的地名不得重名、同音：

（一）本市行政区域内的乡（镇）、街道办事处的名称；

（二）市区内道路、居民区的名称；

（三）同一县（市）内道路、居民区的名称；

（四）同一乡（镇）内行政村、自然村的名称；

（五）本市行政区域内的自然地理实体的名称。

第十一条 地名的命名按照以下程序办理：

（一）县（市、区）行政区域名称的命名，由县（市、区）人民政府提出申请，经市人民政府审核后，按照国家有关规定报批；乡（镇）行政区域名称的命名，由所在地的县（市、区）人民政府提出申请，经市人民政府审核后，报省人民政府审批；街道办事处名称的命名，由所在地的县（市、区）人民政府提出申请，报市人民政府审批；村、居名称的命名，由所在地的乡（镇）人民政府（街道办事处）提出申请，报县（市、区）人民政府审批。

（二）山、河、湖、泉等自然地理实体名称的命名，由所在地的县（市、区）人民政府提出申请，报市人民政府审批。但涉及邻市边界和国家另有规定的，经市人民政府审核后，按照国家有关规定报批。

（三）文物古迹、纪念地、公园、风景名胜区、旅游度假区、自然保护区、开发区等名称的命名，市区范围内的，由其主管部门向市民政部门提出申请，由民政部门报市人民政府审批；县（市）范围内的，由其主管部门向县（市）民政部门提出申请，由民政部门报县（市）人民政府审批。

（四）城市道路、桥梁、广场、隧道、涵洞、堤坝、水库等名称的命名，市区范围内的，由市建设主管部门或者市水行政主管部门向市民政部门提出申请，由民政部门报市人民政府审批；县（市）范围内的，由县（市）建设主管部门或者县（市）水行政主管部门向县（市）民政部门提出申请，由民政部门报县（市）人民政府审批。单位或个人投资建设的，由投资者提出申请。对城市道路，申请人在道路竣工后3个月内未提出命名申请的，由市、县（市）民政部门报同级人民政府命名。

（五）专业部门使用的具有地名意义的站、台、港、场和公路等名称的命名，由专业部门征得所在地的县级以上人民政府同意后，按照规定报上级专业主管部门审批；属市、县（市、区）管理的，由主管部门提出申请，报同级人民政府审批。

（六）居民区、大型建筑物的命名，由建设单位在办理建设工程规划许可证前办理登记手续。市区范围内的，到市民政部门办理，民政部门征得市规划行政主管部门的意见后，对符合本办法规定的，发给标准地名使用证；县（市）范围内的，到县（市）民政部门办理，领取标准地名使用证。

对自然地理实体和市区内城市道路、桥梁的命名，民政部门或有关部门应当组织专家论证，并经市地名委员会评议。

第十二条 民政部门应当自受理地名申请之日起10个工作日内做出决定，市、县（市、区）人民政府应当自受理地名申报之日起30个工作日内做出决定，并由民政部门书面通知申请人。

第十三条 按照本办法第十一条规定批准、登记的地名为标准地名，无特殊情况不得变更。确有下列情形之一的，可以变更地名：

（一）因行政区划调整或其他原因，需要变更行政区域名称，变更自然地理实体和专业部门使用的站、台、港、场、公路等名称的；

（二）因城市道路起止点、走向或指位功能发生变化，需要变更路名的；

（三）因产权所有人提出申请，需要变更居民区、大型建筑物名称的；

（四）因实行地名有偿冠名需要变更地名的。

变更地名的申请、审批、登记，按照本章规定的程序办理。

根据本条第一款第（一）项、第（二）项、第（三）项规定变更地名引起的地名标志（含门、楼牌）、户籍登记、房地产登记、工商注册、税务登记等变更手续涉及的行政事业性收费，由提出变更地名的申请人承担；根据本条第一款第（四）项规定变更地名引起的，从有偿冠名费中支付。

第十四条 地名体发生变化，有下列情形之一的，应当注销地名：

（一）因行政区划调整或自然变化消失的，由县（市、区）民政部门报市民政部门注销；

（二）因城市建设消失的，由建设单位报市、县（市）民政部门注销。

根据本办法第十一条第一款第（六）项规定取得标准地名使用证，但未取得建设工程规划许可证或者建设工程规划许可证失效的，由规划部门通知同级民政部门注销地名。

第十五条 地名命名、更名和注销的申报人应当如实填写申报表，并提交有关的证明文件和资料，不得作虚假不实的申报。

第十六条 经命名、更名和注销的地名，由市、县（市、区）民政部门及时向社会公布，并通知有关部门。

第十七条 任何单位和个人不得擅自命名或者变更地名。

第三章 地名的有偿冠名

第十八条 本办法所称地名的有偿冠名，是

指人民政府根据企业申请，用体现企业的名称或用商标、品牌作专名命名地名，并向申请人收取地名冠名费的行为。

第十九条　市、县（市）人民政府对本辖区内的城市道路、桥梁、隧道、涵洞、水库、广场、公园、旅游度假区等城市基础设施、公共设施和新建的居民区、非自建自用的大型建筑物可以实行有偿冠名。但对群众认同感强，反映历史、文化和城市特色的地名不得实行有偿冠名。

第二十条　市、县（市）民政部门应当拟定地名有偿冠名项目方案，报同级人民政府批准后组织实施。

第二十一条　地名有偿冠名应当坚持公开、公平、公正的原则，采取拍卖、招标或协议的方式进行。

有二个以上申请人申请地名有偿冠名的，必须采取拍卖、招标的方式进行。

第二十二条　地名有偿冠名使用年限不得少于20年。

任何单位和个人不得擅自变更和转让有偿冠名的地名。

第二十三条　提出地名有偿冠名的申请人，应当向市、县（市）民政部门提供地名有偿冠名申请书和拟冠名地名分析报告、合法有效的资金信用证明、营业执照、法定代表人证明书。民政部门应当对其提供的资料进行审核。经审核合格的，方可参与地名有偿冠名的拍卖、招标或协议活动。

第二十四条　民政部门应当与取得地名有偿冠名资格的申请人签订合同。

取得地名有偿冠名资格的申请人应当按照合同约定一次性支付地名有偿冠名费。

民政部门对支付地名有偿冠名费的，应当依据本办法第二章、第四章的有关规定办理地名命名手续和设置地名标志；对未支付地名有偿冠名费的，有权解除合同，收回地名有偿冠名使用权。

第二十五条　地名有偿冠名费，应当上缴同级财政，用于城市基础设施建设和地名管理相关的业务支出，接受审计部门的监督。

第四章　地名的使用

第二十六条　市、县（市、区）民政部门应当依据标准地名，汇集出版地名录、地名志和行政区划名称单行本。

编绘出版地图、电话号码簿和邮政编码簿等涉及地名密集的出版物，应当以民政部门汇集出版的地名资料为准。

第二十七条　公文、证件、报刊、书籍、地名志、地名词典、广播、影视、广告、标牌、网络等应当使用标准地名。

第二十八条　市、县（市）人民政府有关部门在办理建设工程规划许可证、商品房预售许可证、户籍登记、房地产广告登记手续时，涉及居民区、大型建筑物名称的，应当向民政部门查验标准地名使用证，对无标准地名使用证的不予办理。

第二十九条　民政部门应当建立地名档案管理制度，保持地名资料完整，并提供查询服务。

第五章　地名标志的设置

第三十条　地名标志的设置应当符合下列规定：

（一）点状地域至少设置1处标志；

（二）片状地域根据范围大小设置2处以上标志；

（三）线状地域在起点、终点、交叉路口必须设置标志，必要时在适当地段增设标志；

（四）国家有关技术规范。

第三十一条　地名标志按照下列分工设置和管理：

（一）行政区划标志和城市道路、桥梁、隧道、堤坝、广场、居民区标志，由市、县（市）民政部门负责；

（二）乡（镇）、村标志，由乡（镇）人民政府或街道办事处负责；

（三）其他地名标志由其主管部门或专业部门负责。

第三十二条　地名标志应当自地名批准、登记后一个月内设置完成。

新建、改建、扩建的道路、桥梁、广场、居民区等地名标志应当在工程竣工的同时设置完成；工程分期施工的，应当在每期工程竣工的同时设置完成相应的地名标志。

第三十三条　任何单位和个人不得毁损和擅自设置、移动、涂改、遮盖地名标志。

建设单位因施工确需临时移动地名标志的，应当报设置部门批准并在工程竣工的同时恢复原状。

第三十四条　市、县（市、区）民政部门应当会同有关部门，每年对辖区内各类地名标志进行检查，发现地名标志有下列情形之一的，应当及时限期整改：

（一）地名标志未使用标准地名或书写不规范的；

（二）地名标志锈蚀破损、字迹模糊不清或残缺不全的；

（三）未按照本办法第三十条规定设置地名标志的。

第六章　法律责任

第三十五条　擅自命名、变更地名或使用非标准地名的，民政部门应当责令其停止使用，消除影响；造成不良后果的，由其承担相应的法律责任。

第三十六条　损坏、玷污、遮挡或擅自移动、涂改地名标志的，由民政部门责令其赔偿或恢复原状；依据《中华人民共和国治安管理处罚条例》有关规定应当予以处罚的，由公安机关依法给予处罚；构成犯罪的，依法追究刑事责任。

第三十七条　地名管理工作人员玩忽职守、滥用职权的，由所在单位或上级主管部门批评教育，情节严重的，给予行政处分；构成犯罪的，依法追究刑事责任。

第七章　附　则

第三十八条　本办法自 2003 年 10 月 1 日起施行。

第三十九条　本办法实施前已经使用的地名，由市民政部门编入地名录的，视为依照本办法批准、登记的地名。

济南市授予荣誉市民称号规定

（2004 年 9 月 29 日济南市第十三届人民代表大会常务委员会第十四次会议通过，同年 11 月 25 日山东省第十届人民代表大会常务委员会第十一次会议批准）

第一条　为了鼓励和表彰对本市经济建设、社会发展和对外交流合作等方面做出突出贡献的人士，根据《中华人民共和国地方各级人民代表大会和地方各级人民政府组织法》的规定，结合本市实际，制定本规定。

第二条　本规定适用于授予外国人、华侨和其他市外人士济南市荣誉市民称号。

第三条　凡遵守中华人民共和国法律、法规，并具备下列条件之一的，可以授予济南市荣誉市民称号：

（一）在促进本市对外交往、扩大对外经济文化交流合作、建立友好城市关系方面，贡献突出的；

（二）在本市制定经济发展战略、城乡规划和重大技术政策，保护环境和合理开发、利用资源方面提出重要建议，经采纳后产生重大经济效益或者社会效益，贡献突出的；

（三）在本市直接投资，引进资金、人才、高新技术方面，贡献突出的；

（四）在发展本市科技、教育、文化、卫生、体育事业方面，贡献突出的；

（五）捐赠或者资助本市社会公益事业和慈善事业，贡献突出的；

（六）在本市其他方面贡献突出的。

第四条 授予济南市荣誉市民称号按下列程序办理：

（一）县（市、区）人民政府、市直部门、济南高新技术产业开发区，在征得被推荐人同意后，分别向下列部门申报：

1. 被推荐人是外国人的，向市人民政府外事办公室申报；

2. 被推荐人是华侨的，向市人民政府侨务办公室申报；

3. 被推荐人是其他市外人士的，向市人民政府有关部门申报。

（二）受理申报的部门进行初审，报经市人民政府综合评审、审核后，由市人民政府向市人民代表大会常务委员会提出授予济南市荣誉市民称号的议案。

（三）市人民代表大会常务委员会审议做出授予济南市荣誉市民称号的决定。审议决定前，可以交有关专门委员会进行初审，提出书面意见。

（四）市人民政府根据市人民代表大会常务委员会的决定，向被授予济南市荣誉市民称号的人士颁发荣誉证书和证章。证书由市长签署。证书、证章由市人民政府统一制作。

第五条 荣誉市民可以享受下列礼遇：

（一）应邀参加本市举行的重大庆典等活动，享受贵宾礼遇；

（二）在本市停留期间，享受有关部门和单位提供的便利和服务；

（三）市人民政府规定的其他礼遇和优惠待遇。

第六条 荣誉市民因触犯法律受到刑事追究或者有其他有损于荣誉市民称号的行为并造成严重后果或者恶劣社会影响的，由市人民政府提请，经市人民代表大会常务委员会决定撤销其济南市荣誉市民称号。

第七条 市人民政府应当向荣誉市民提供本市社会经济发展的有关信息，与其保持经常联系，并加强对其事迹的宣传。

授予荣誉市民的日常工作由市人民政府办公厅负责。

第八条 授予济南市荣誉市民称号活动所需经费，由市财政列支。

第九条 市人民政府应当根据本规定制定具体实施办法。

第十条 本规定自 2005 年 1 月 1 日起施行。

济南市名泉保护条例

（2005 年 7 月 22 日济南市第十三届人民代表大会常务委员会第十九次会议通过，同年 9 月 29 日山东省第十届人民代表大会常务委员会第十六次会议批准）

第一章 总 则

第一条 为加强对名泉的保护，保持泉城特色，维护历史文化名城风貌，促进济南市经济社会的可持续发展，根据有关法律、法规规定，结合本市实际，制定本条例。

第二条 本条例适用于本市行政区域内泉水补给区、出露区和名泉泉池、泉渠及其人文景观的保护。

第三条 市名泉保护委员会负责名泉保护工作的组织领导。市园林管理局是本市名泉保护工作的主管部门，负责本市行政区域内名泉保护的统一管理和监督，具体工作由市名泉保护管理办公室负责。

有关县（市、区）人民政府应当确定一个部门负责本行政区域内的名泉保护管理工作。

城市规划、国土资源、环境保护、水利、林业、农业、气象等有关部门应当按照各自职责做好名泉保护工作。

第四条 市和有关县（市、区）人民政府应当将名泉保护纳入国民经济和社会发展计划，在同级财政预算内安排名泉保护管理专项经费，组织协调有关部门依法履行保泉职责。

第五条 名泉保护工作应当坚持保泉与保源并举，保泉与泉水综合利用并重，保泉与城市发展相协调、与弘扬泉文化相结合的原则。

第六条 任何单位和个人都有保护名泉的义务。

市和有关县（市、区）人民政府对在名泉保护工作中做出突出贡献的单位和个人，应当给予表彰奖励。

第二章 规 划

第七条 市和有关县（市、区）应当编制名泉保护规划。名泉保护规划分为全市名泉保护总体规划和十大泉群的保护详细规划。

第八条 市名泉保护主管部门应当会同市城市规划行政主管部门编制全市名泉保护总体规划和趵突泉泉群、珍珠泉泉群、黑虎泉泉群、五龙潭泉群的保护详细规划，经市人民政府批准公布后实施。

章丘市、平阴县、历城区、长清区人民政府应当根据全市名泉保护总体规划，分别组织编制本行政区域内的百脉泉泉群、洪范池泉群、白泉泉群、涌泉泉群、玉河泉泉群、袈裟泉泉群的保护详细规划，报经市名泉保护主管部门批准后公布实施。

编制名泉保护规划应当广泛征求有关部门、专家和群众的意见，进行多方面的比较、论证，统筹兼顾，科学编制。

名泉保护规划应当在本条例施行后 1 年内公布实施。

第九条 全市名泉保护总体规划的主要内容包括：泉水补给区、泉水补给区内的直接补给区、直接补给区内的重点渗漏带以及泉水出露区的保护范围、基础资料、现状分析，泉水资源评价，名泉保护目标和保护措施。

第十条　编制名泉保护规划应当遵循下列规定：

（一）依据名泉特征、水文地质地貌和历史沿革情况；

（二）保护自然与文化遗产，保持名泉原有风貌；

（三）防止污染和其他公害，维护良好的泉水生态环境；

（四）发挥泉水功能，科学合理利用泉水资源。

第十一条　名泉保护规划公布后，任何单位和个人不得擅自变更。确需变更的，由原编制机关向原批准机关提出变更方案；原批准机关应当向社会公布变更方案并组织听证。批准变更的，按照本条例第八条第一款、第二款的规定向社会公布。

第十二条 城市建设、土地利用、环境保护、水利、林业、农业、气象、旅游等规划需与名泉保护规划相协调。

第三章　管　理

第十三条　市名泉保护主管部门在统一管理中行使下列职责：

（一）调查名泉分布情况，建立名泉档案，组织设立名泉标志；

（二）调度收集水利、国土资源、环境保护、气象、供水、林业等与名泉保护有关的信息资料并进行综合分析，及时向市政府提出保泉建议；

（三）拟订保泉应急预案；

（四）监督、指导全市名泉保护的日常维护和管理工作，提供技术服务；

（五）受理对违反本条例行为的举报。

第十四条　名泉泉池、泉渠及其人文景观的日常维护管理按照下列分工负责：

（一）风景名胜区、公园内的名泉，由风景名胜区或者公园的管理机构负责；

（二）单位用地范围内的名泉，由用地单位负责；

（三）居（村）民用地范围内的名泉，由居（村）民委员会指定专人负责；

（四）其他名泉由其所在的县（市、区）人民政府名泉保护管理部门确定的单位或者个人负责。

有关县（市、区）人民政府名泉保护管理部门应当与前款规定的责任人分别签订名泉维护管理责任书，落实日常维护管理责任。

第十五条　在泉水补给区保护范围内，应当加快植树造林，封山育林、育草，保护植被，涵养水源，合理拦洪蓄水，保持地形地貌，不得擅自取直、压实、垫高河道和沟谷，禁止建设污染水质的工业生产设施。

第十六条　市、县（市、区）、乡（镇）人民政府应当严格控制在泉水补给区保护范围内建设工程项目。

在泉水补给区保护范围内，除村民自建自住房屋以外的其他确需建设的工程项目，建设单位应当进行环境影响评价。环境保护行政主管部门应当会同名泉保护管理部门对环境影响评价文件进行审查。对环境影响评价文件未经审查或者审查后未予批准的，规划、建设部门不得办理规划、施工许可手续，建设单位不得开工建设。

第十七条　在泉水直接补给区保护范围内，应当遵守下列规定：

（一）经批准建设的工程项目，其用地中硬化面积不得超过总建设用地面积的30%。

（二）在市政污水管网未覆盖的区域范围内建设工程项目，应当建设污水处理设施，其排放的污水必须达到规定的标准；已经建成的工程项目，其污水排放超过规定标准的，应当限期治理。

（三）禁止倾倒、堆放、填埋城市生活垃圾、工业固体废物和危险废物。禁止建设工业固体废物集中贮存、处置的设施、场所和生活垃圾填埋场。

第十八条 在泉水直接补给区保护范围内的重点渗漏带，禁止下列行为：

（一）新建、扩建、改建影响地表水渗漏的工程项目；

（二）开山、采石、挖砂、取土；

（三）其他影响地表水渗漏和污染水质的行为。

第十九条 在泉群的泉水出露区保护范围内建设工程项目，建设单位应当在施工前对施工现场的名泉及其毗邻的名泉采取相应的保护措施，并于工程竣工前恢复名泉原貌。

第二十条 在趵突泉泉群、珍珠泉泉群、黑虎泉泉群、五龙潭泉群、百脉泉泉群、洪范池泉群的泉水出露区保护范围内，建设工程基础施工限制采用箱形基础；禁止建设有碍名泉风貌的建（构）筑物。

在前款规定的范围内，新建、扩建、改建工程项目，建设单位应当进行环境影响评价。环境保护行政主管部门应当会同名泉保护管理部门对环境影响评价文件进行审查。对环境影响评价文件未经审查或者审查后未予批准的，规划、建设部门不得办理规划、施工许可手续，建设单位不得开工建设。

第二十一条 在七十二名泉泉池周围20米以内，禁止新建、扩建任何与名泉保护无关的建（构）筑物；泉池周围50米以内禁止新建、扩建工程地基基础深度超过2米的建（构）筑物。

第二十二条 禁止填埋、占压、损毁名泉泉池、泉渠及其人文景观。

禁止向泉池、泉渠内排放污水和倾倒垃圾、污物。

禁止在公共场所的泉池内游泳、洗刷衣物。

第二十三条 在建设施工中发现新的泉水出露点，建设单位应当立即采取措施保护现场，不得损毁，并报告市名泉保护主管部门。

市名泉保护主管部门对新发现的泉水出露点应当及时组织论证鉴定。对确认有观赏、文化、科研、利用价值的，依法报市人民政府命名。

第二十四条 城市供水经营单位应当加快城市公共供水管网建设。在城市公共供水管网覆盖范围内的单位和个人，应当使用公共供水，禁止开凿新井。原有经批准的自备水井由水行政主管部门责令自城市公共供水管网覆盖之日起3个月内封闭；本条例实施前在城市公共供水管网已经覆盖的范围内仍使用的，由水行政主管部门责令自本条例实施之日起3个月内封闭。

第二十五条 市、县（市、区）人民政府和有关部门应当加强节约用水管理，推广节约用水器具，降低城市供水管网漏失率，加快分质供水建设。

在城市建设中，建设单位对需硬化的地面应当采取有利于雨洪渗入地下的措施；对因施工需大量疏干排水的，应当采取减少疏干排水的措施。

新建、扩建、改建工程项目，应当依法配套建设节水设施、中水设施。

第二十六条 名泉保护管理专项资金的来源：

（一）财政部门安排的名泉保护管理专项经费；

（二）社会捐助。

名泉保护管理专项资金应当专款专用，并接受财政、审计部门的监督。

第四章 监督检查

第二十七条 市和有关县（市、区）人民政府应当建立名泉保护监督检查机制。

第二十八条 任何单位和个人对违反本条例的行为，均有权向市名泉保护主管部门举报。市名泉保护主管部门接到举报后，应当及时调查处理，并将处理结果书面告知举报人。对属于其他部门职权范围的，应当在3日内移送有关部门，并将移送处理情况书面告知举报人。

受移送的部门应当将处理结果书面告知举报人和市名泉保护主管部门。

第二十九条 名泉保护管理部门应当对泉水补给区、出露区的保护状况进行巡查，对在建工程项目进行跟踪检查。巡查、跟踪检查中发现的问题，应当及时查处。对属于其他部门职权范围的，应当在3日内移送有关部门，受移送的部门应当将处理结果反馈名泉保护管理部门。

第三十条 名泉保护管理部门进行检查时，检查人员应当出具工作证和部门主要负责人签署的检查通知书。检查通知书的内容应当包括检查依据、检查时间、检查事项、检查人员。检查人员不得少于2人。

被检查当事人应当如实反映情况、提供资料，不得拒绝和阻碍检查。

第三十一条 监察机关应当加强对有关行政机关及其工作人员执行水资源保护、水土保持、森林资源保护、水污染防治、固体废物污染环境防治、矿产资源、土地管理、城市绿化、节约用水和本条例等法律法规情况的监察。对不依法履行职责的，应当及时做出监察决定或者提出监察建议。

第三十二条 市人民政府应当每年向市人民代表大会常务委员会报告名泉保护工作情况。

第五章 法律责任

第三十三条 市、县（市、区）人民政府有关部门及其工作人员违反本条例规定，玩忽职守、滥用职权、徇私舞弊，有下列行为之一的，由其所在单位或者上级主管机关给予行政处分；构成犯罪的，依法追究刑事责任：

（一）对建设工程项目应当进行环境影响评价而未进行的，或者不应当批准环境影响评价文件而予以批准的；

（二）对本条例禁止建设的工程项目或者可以建设但必须经过环境影响评价批准的工程项目，擅自批准规划、施工许可的；

（三）未责令限期封井的；

（四）对举报违反本条例的行为，未及时进行调查处理的；

（五）其他未按照本条例规定履行职责的。

第三十四条 有下列情形之一的，由城市管理行政执法部门给予处罚：

（一）违反本条例第十九条规定，未采取保护措施或者保护措施不力，造成名泉泉池、泉渠或者人文景观损毁的，责令限期恢复原状，并处3万元以上30万元以下罚款。

（二）违反本条例第十八条第一项、第二十一条规定，擅自开工建设的，责令停止施工、限期拆除和恢复原状，并处工程合同价款1%以上2%以下罚款。

（三）违反本条例第二十二条规定，除法律、行政法规另有规定的外，填埋、占压、损毁名泉泉池、泉渠及其人文景观的，责令停止违法行为、限期恢复原状，并处3万元以上30万元以下罚款；向泉池、泉渠内排放污水或者倾倒垃圾、污物的，责令停止违法行为，对单位处1万元以上30万元以下罚款，对个人处1000元以上5000元以下罚款；在公共场所的泉池内游泳、洗刷衣物的，责令停止违法行为，可以并处50元以上100元以下罚款。

（四）违反本条例第二十三条规定，发现新的泉水出露点未向市名泉保护主管部门报告或者未采取保护措施，致使泉水出露点损毁的，责令停止违法行为，恢复原状，并处5万元以上10万元以下罚款。

第三十五条 违反本条例第十六条第二款、第二十条第二款、第十五条、第十七条、第二十四条、第十八条第二项或者第三项规定，未进行环境影响评价或者环境影响评价文件未经批准，擅自开工建设的；擅自取直、压实、垫高河道和沟谷的；建设污染水质的工业生产设施的；排放污水的；倾倒、堆放、填埋城市生活垃圾、工业固体废物和危险废物的；建设工业固体废物集中贮存、处置的设施、场所和生活垃圾填埋场的；建设工程项目超过用地硬化面积的；开凿新井或者逾期未封闭自备水井的；开山、采石、挖砂、取土或者其他影响地表水渗漏、污染水质的行为的，分别由环境保护行政主管部门、水行政主管部门、国土资源行政主管部门依法处罚。

第三十六条　当事人对行政处罚不服的，可以依法申请行政复议或者提起行政诉讼。

第六章 附 则

第三十七条 本条例下列用语的含义：

（一）“名泉”为附件一《济南市名泉名录》所列的天然泉和根据本条例由市人民政府命名的天然泉。

（二）“人文景观”包括名泉的铭碑、题记及有关建（构）筑物。

（三）“泉水补给区保护范围”是指在名泉保护规划中划定的汇流、渗漏大气降水具有直接、间接补充地下泉水功能的区域。

（四）“泉水出露区保护范围”是指在名泉保护规划中划定的，地下水自然涌出地表的区域。

第三十八条　本条例自公布之日起施行。1997年6月6日颁布实施的《济南市名泉保护管理办法》同时废止。

附件一：

济南市名泉名录

一、七十二名泉

趵突泉公园内：(1 ～ 14)

趵突泉、金线泉、皇华泉、柳絮泉、卧牛泉、漱玉泉、马跑泉、无忧泉、石湾泉、湛露泉、满井泉、登州泉、杜康泉（北煮糠泉）、望水泉

省人大院内：(15 ～ 18)

珍珠泉、散水泉、溪亭泉、濋泉

环城公园内：(19 ～ 23)

黑虎泉、琵琶泉、玛瑙泉、白石泉、九女泉

五龙潭公园内：(24 ～ 34)

五龙潭、古温泉、贤清泉、天镜泉、月牙泉、西蜜脂泉、官家池、回马泉、虬溪泉、玉泉、濂泉

章丘市百脉泉公园内：(35 ～ 38)

百脉泉、东麻湾、墨泉、梅花泉

其他：

39. 濯缨泉（王府池子）　王府池子街街旁
40. 玉环泉省府前街中段路西
41. 芙蓉泉芙蓉街69号
42. 舜井舜井街中段路西
43. 腾蛟泉王府池子北
44. 双忠泉双忠祠街西首
45. 华泉华山风景区
46. 浆水泉浆水泉村东回龙岭下
47. 砚池姚家镇砚池山北
48. 甘露泉佛慧山开元寺旧址
49. 林汲泉龙洞南佛峪寺东崖
50. 斗母泉十六里河镇斗母泉村
51. 无影潭无影山路游园内
52. 白泉王舍人镇纸坊村北侧
53. 涌泉柳埠镇四门塔景区
54. 苦苣泉柳埠镇亓城袁洪峪
55. 避暑泉柳埠镇亓城袁洪峪
56. 突泉柳埠镇突泉村中皇姑庵旧址
57. 泥淤泉柳埠镇泥淤泉村街旁
58. 大泉锦绣川乡大泉村
59. 圣水泉红叶谷风景区内
60. 缎华泉柳埠镇九顶塔风景区内
61. 玉河泉彩石镇玉河泉村内河底
62. 西麻湾章丘市汇泉路西首
63. 净明泉章丘市西麻湾
64. 袈裟泉长清区万德镇灵岩寺内
65. 卓锡泉长清区万德镇灵岩寺内
66. 清泠泉长清区五峰山志仙亭下
67. 檀抱泉长清区万德镇灵岩寺景区

68. 晓露泉长清区张夏镇积峪村
69. 洪范池平阴县洪范池镇政府驻地
70. 书院泉（东流泉）平阴县书院村
71. 扈泉平阴县云翠山北崖下
72. 日月泉平阴县云翠山元代南天观遗址

二．其他名泉

趵突泉公园：(1 ～ 14)

老金线泉、浅井泉、洗钵泉、混沙泉、酒泉、东高泉、螺丝泉、尚志泉、沧泉、花墙子泉、白云泉、泉亭池、白龙湾泉、饮虎池

五龙潭公园：(15 ～ 31)

东蜜脂泉、洗心泉、静水泉、净池泉、东流泉、北洗钵泉、泺溪泉、潭西泉、七十三泉、青泉、井泉、晴明泉、显明池、裕宏泉、聪耳泉、赤泉、醴泉

环城公园：(32 ～ 40)

金虎泉、南珍珠泉、豆芽泉、五莲泉、任泉、胤嗣泉、汇波泉、对波泉、一虎泉

历下区：

41. 古鉴泉泉城广场东
42. 灰池泉泉城广场西
43. 寿康泉泉城广场北
44. 感应井泉大明湖公园北极庙东侧
45. 步月泉（鉴泉）原县马园子街
46. 灰泉王府池子东北侧
47. 知鱼泉王府池子街 6 号
48. 小王府池王府池子街南端
49. 太乙泉王府池子街南端
50. 玉枕泉王府池子街 39 号
51. 神庭泉王府池子街 41 号
52. 云楼泉西更道街 4 号
53. 刘氏泉曲水亭街南端
54. 朱砂泉芙蓉街 72 号
55. 南芙蓉泉芙蓉街 132 号
56. 起凤泉起凤桥街 9 号
57. 珍池珍池街中段
58. 王庙池珍池南侧
59. 泮池庠门里街南端
60. 平泉金菊巷 1 号旁门内
61. 岱宗泉岱宗街南端路东
62. 瑞雪泉省政府院内
63. 凤翥池省政府院内
64. 玉乳泉省政府院内
65. 华笔泉省政府东院
66. 不匮泉双忠祠街 33 号
67. 广福泉双忠祠街 12 号
68. 华家井启明街 49 号门前
69. 中央泉县西巷
70. 扇面泉省图书馆老馆内
71. 孝感泉泉城路西端路北
72. 太极泉大明湖路七职专院内
73. 涌锡泉泉城路路北
74. 苏家井芙蓉街 73 号
75. 司家井大明湖南门以东
76. 雪泉西公界街 2 号
77. 放生池西公界街 3 号
78. 龙泉千佛山公园内
79. 佛慧泉千佛山公园内
80. 老君泉姚家镇龙洞村南头
81. 仰泉浆水泉水库东南侧
82. 黄龙泉浆水泉水库坝东北侧
83. 牛腚泉浆水泉水库东南侧
84. 上泉东外环路南端东
85. 西沟峪泉浆水泉水库西侧峪中
86. 长生泉佛慧山开元寺旧址
87. 漏水泉佛慧山南山坡
88. 琵琶泉浆水泉村北燕子山脚下
89. 露华泉龙洞佛峪寺内
90. 壶嘴泉龙洞佛峪寺东峪
91. 金龙泉龙洞佛峪北首东坡
92. 金沙泉龙洞寿圣院旧址西北
93. 白龙泉龙洞寿圣院旧址西北
94. 黑龙泉龙洞寿圣院旧址西北
95. 悬珠泉龙洞寿圣院旧址
96. 白云泉龙洞马蹄峪东白云山山腰
97. 凤凰池龙洞马蹄峪中

98. 无名泉王府池子街 19 号
99. 无名泉西更道街 2 号
100. 无名泉西更道街 20 号
101. 无名泉平泉胡同 6 号
102. 无名泉平泉胡同 11 号
103. 无名泉鞭指巷 31 号
104. 无名泉太平寺街 2 号
105. 无名泉太平寺街 6 号
106. 无名泉岱宗街 8 号
107. 无名泉启明街 35 号
108. 无名泉启明街 41 号
109. 无名泉启明街 47 号
110. 无名泉启明街 87 号
111. 无名泉启明街 101 号
112. 无名泉芙蓉街 5 号
113. 无名泉芙蓉街 61 号
114. 无名泉芙蓉街 95 号
115. 无名泉后宰门街 2 号
116. 无名泉后宰门街 97 号
117. 无名泉县西巷 33 号
118. 无名泉县西巷 33 号南院
119. 无名泉县西巷 40 号
120. 无名泉县西巷 61 号
121. 无名泉县西巷 63 号
122. 无名泉双忠祠街 21 号
123. 无名泉院后街 9 号
124. 无名泉院后街 16 号
125. 无名泉珍池街 1 号

市中区：

126. 金鱼泉十六里河镇村佛峪钓鱼台东
127. 蜜脂泉十六里河镇西董家村西
128. 鹿泉十六里河镇石匣村南山腰
129. 白花泉十六里河镇白花泉村东
130. 南圈泉十六里河镇南圈村西
131. 边庄北泉十六里河镇边庄村
132. 边庄南泉十六里河镇边庄村
133. 边庄西泉十六里河镇边庄村
134. 西坡南泉十六里河镇西坡村
135. 西坡北泉十六里河镇西坡村
136. 南岭泉十六里河镇硐堡峪村
137. 寄宝泉十六里河镇硐堡峪村
138. 小泉十六里河镇小泉村
139. 大岭泉十六里河镇大岭村
140. 蕊珠泉十六里河镇玉函山山腰
141. 王母池十六里河镇玉函山顶
142. 灰泉十六里河镇玉函山北坡
143. 鹁鸽泉十六里河镇玉函山山腰
144. 大泉十六里河镇玉函山北坡
145. 东峪泉十六里河镇柏石峪村南峪中
146. 沛泉十六里河镇柏石峪村西南山脚
147. 南泉井十六里河镇花山峪村南
148. 北泉井十六里河镇花山峪村东
149. 吴家泉党家镇土屋村东南
150. 姑嫂泉党家镇蛮子村

天桥区：

151. 小无影潭无影山路
152. 田庄苇塘田庄村南

槐荫区：

153. 腊泉腊山北路

历城区：

154. 醴泉仲宫镇康王山南坡
155. 圣池泉仲宫镇北道沟村
156. 永清泉仲宫镇南泉寺旧址
157. 南泉仲宫镇南泉寺旧址
158. 簸箩泉仲宫镇朱家村西南
159. 崔家泉仲宫镇小并渡口村北
160. 水石屋泉仲宫镇邱家村南
161. 小峪泉仲宫镇稻池村南
162. 朱家峪泉仲宫镇稻池村南
163. 泉子峪泉仲宫镇于家洼村
164. 穆家泉仲宫镇穆家村西
165. 西老泉仲宫镇西老泉村东
166. 犁峪泉仲宫镇西老泉村西
167. 梨峪泉仲宫镇王府村西
168. 西泉仲宫镇王府村西
169. 青龙泉仲宫镇仲南大桥南

170．悬泉锦绣川乡大泉村南
171．灰泉锦绣川乡灰泉村北
172．老泉锦绣川乡东崖村东
173．道士泉锦绣川乡大佛寺村南
174．清泉锦绣川乡大佛寺村南
175．陈家老泉锦绣川乡大佛寺村
176．南甘露泉锦绣川乡青铜山南峪
177．琵琶泉锦绣川乡黄崖村北
178．柳泉锦绣川乡北坡村
179．凤凰泉锦绣川乡北坡村
180．林泉锦绣川乡林泉村北
181．车泉锦绣川乡车川村东
182．阴阳泉锦绣川乡孤山西侧
183．韩家泉锦绣川乡韩家泉村
184．黄钱峪泉锦绣川乡黄钱峪村西北
185．杨家泉锦绣川乡金钢纂村东
186．白云泉锦绣川乡白云村
187．枯泉锦绣川乡仁里村南
188．凉水泉锦绣川乡凉水泉村南
189．四清泉锦绣川乡廒而庄村南明真观旧址
190．老庄泉锦绣川乡老庄村
191．百花泉锦绣川乡北崖村
192．灰泉锦绣川乡东崖村
193．滴嗒泉西营镇龙湾峪南端
194．黄路泉西营镇黄路泉村
195．永盛泉西营镇鸭子泉村
196．鸭子泉西营镇鸭子泉村北
197．积米泉西营镇积米峪村北
198．灰泉西营镇灰泉村北
199．拔槊泉西营镇拔槊泉村
200．饮马泉西营镇拔槊泉村北
201．智公泉西营镇智公泉村
202．枣林泉西营镇白炭窑村西
203．朝阳泉西营镇赵家村朝阳寺旧址
204．盛泉西营镇佛峪村东
205．栗行泉西营镇栗行村南
206．黄鹿泉西营镇黄鹿泉村
207．玉泉西营镇上阁老村玉泉寺旧址
208．会仙泉西营镇会仙泉村东
209．虎洞泉西营镇西营村村南河边
210．甘泉西营镇西营村村南河边
211．雪花泉西营镇丁家峪村西北峪
212．洪泉西营镇梯子山村北洪泉峪
213．南泉西营镇梯子山村南首
214．寒泉西营镇梯子山村西南
215．老泉西营镇秦口峪村
216．藕池泉西营镇藕池村
217．黑峪泉西营镇黑峪村
218．历甲泉西营镇石岭村
219．红岭泉西营镇红岭村
220．锡杖泉柳埠镇海螺峪村
221．咋呼泉柳埠镇齐城村南
222．大花泉柳埠镇北田村北
223．琴泉柳埠镇袁洪峪
224．试茶泉柳埠镇袁洪峪茶臼河边
225．龙居泉柳埠镇外卧龙池村
226．卧龙池柳埠镇里卧龙池村
227．冰冰泉柳埠镇冬冻台村南
228．水泉柳埠镇水泉村
229．凉湾泉柳埠镇突泉村西河边
230．鹿跑泉柳埠镇鹿跑泉村西
231．苦梨泉柳埠镇涝洼村东
232．赵家泉柳埠镇赵家村
233．三龙潭柳埠镇龙王崖村西
234．熨斗泉柳埠镇石匣村子房庵旧址
235．风斗泉柳埠镇石匣村子房庵旧址
236．龙门泉柳埠镇龙门村东
237．染池泉柳埠镇龙门村东
238．水帘洞泉柳埠镇簸箕掌村东南梯子山
239．安子沟泉柳埠镇簸箕掌水库东北峪
240．圣水泉柳埠镇九顶塔南
241．神异泉柳埠镇神通寺滴水峪
242．滴水泉柳埠镇神通寺滴水峪
243．泉子峪泉柳埠镇泉子峪村西南
244．丰乐泉柳埠镇柳东村
245．尼姑庵泉柳埠镇孟家村

246. 石窑泉柳埠镇石窑村东
247. 枪杆泉柳埠镇桃科水库南
248. 康泉柳埠镇康泉村北
249. 扫帚泉高而乡孙家崖村水库东
250. 白花泉高而乡孙家崖村泉子岭
251. 双盆泉高而乡南高而村
252. 香炉泉高而乡出泉沟水库北
253. 圣水泉高而乡北高而村南河边
254. 杨家井高而乡北高而村北
255. 水池泉高而乡汤家村东河边
256. 北池泉高而乡汤家村东北河边
257. 双虎泉高而乡东沟村子房峪
258. 淌豆泉港沟镇伙路村南淌豆寺旧址
259. 玉漏泉港沟镇芦芽岭村南云台寺旧址
260. 大泉港沟镇桃科村南
261. 东流泉港沟镇郭家村乡义寺旧址
262. 西天神泉港沟镇郭家村乡义寺旧址
263. 大泉港沟镇坞西村西
264. 滴水泉港沟镇坞东村北
265. 老井泉港沟镇坞东村东
266. 灰泉港沟镇坞东村东
267. 东峪泉港沟镇坞东村东
268. 老玉河泉彩石镇玉河泉村东南
269. 响呼噜泉彩石镇玉河泉村西南
270. 东泉彩石镇玉河泉村
271. 黄路泉彩石镇黄路泉村
272. 饮马泉彩石镇东泉村西南
273. 东泉彩石镇东泉村北
274. 老井泉彩石镇南泉村河南崖
275. 滴水泉彩石镇南泉村村北
276. 冰心泉彩石镇南泉村西北河南崖
277. 康泉彩石镇康泉村北
278. 井子峪泉彩石镇井子峪村
279. 猪拱泉彩石镇虎门村北河东崖
280. 虎门泉彩石镇虎门村东南峪
281. 忠泉彩石镇忠泉村
282. 三泉峪北泉彩石镇三泉峪村南北峪
283. 三泉峪上泉彩石镇三泉峪村泉子峪南
284. 三泉峪南泉彩石镇三泉峪村泉子峪
285. 响泉彩石镇西捎进村河边
286. 尼姑泉彩石镇河崖村
287. 仙人堂泉彩石镇路相村北
288. 虎啸泉彩石镇杏峪村北
289. 南峪泉彩石镇西丝峪村南
290. 咋呼泉彩石镇北宅科村
291. 红柿泉彩石镇北宅科村
292. 段蓉泉彩石镇段蓉村
293. 石翁泉彩石镇石翁峪村
294. 黄歇泉彩石镇黄歇村
295. 七井泉彩石镇东彩石村南
296. 罐子泉彩石镇西彩石村西南
297. 柳泉彩石镇东泉村
298. 炸鼓泉彩石镇万粮峪村西南
299. 下雨泉彩石镇万粮峪村东南
300. 南山泉彩石镇陈家村磨盘峪
301. 北景泉彩石镇陈家村磨盘峪
302. 岭北泉彩石镇吴家村磨盘峪
303. 三井泉彩石镇吴家村磨盘峪
304. 卢井泉彩石镇卢家村磨盘峪
305. 肖南井泉彩石镇肖家村磨盘峪
306. 南小泉彩石镇徐家场子村东南
307. 义和泉彩石镇韩家峪村南
308. 白胡子老头泉彩石镇韩家峪村南
309. 黑虎泉彩石镇岔峪村南
310. 鸭旺温泉遥墙镇鸭旺口村
311. 饮马泉王舍人镇大辛庄西北
312. 花泉王舍人镇陈家张马村东北
313. 灰泉王舍人镇纸坊村北白泉附近
314. 丫丫葫芦泉王舍人镇纸坊村北白泉附近
315. 草泉王舍人镇纸坊村北白泉附近
316. 冷泉王舍人镇纸坊村北白泉附近
317. 团泉王舍人镇纸坊村北白泉附近
318. 麻泉王舍人镇纸坊村北白泉附近
319. 双乳泉孙村镇李家楼村西
320. 珍珠泉郭店镇虞山东南坡

长清区：

灵岩寺景区(321～328)

双鹤泉、白鹤泉、甘露泉、饮虎泉、上方泉、飞泉、黄龙泉、朗公泉

329. 老鸹岭泉万德镇坡里村老鸹岭
330. 牛角岭泉万德镇坡里村牛角岭
331. 朱家泉万德镇朱家泉村
332. 黄泉万德镇黄泉村北
333. 龙潭万德镇宋家园村西南
334. 牛鼻泉万德镇卧龙峪
335. 龙居泉万德镇坡里庄村
336. 大王泉万德镇大王村
337. 神宝泉张夏镇小寺村南
338. 华岩泉张夏镇花岩寺村
339. 上泉张夏镇上泉村西
340. 夹虎泉张夏镇上泉村南
341. 赵家泉张夏镇上泉村南
342. 于盘泉张夏镇于盘村北
343. 庄岩泉张夏镇积家峪村西北
344. 双泉张夏镇双泉庵
345. 佛殿泉张夏镇双泉庵
346. 北泉张夏镇北泉村北
347. 杨家泉张夏镇杨家泉村南
348. 王家泉张夏镇王家泉村南
349. 长寿泉张夏镇莲台山
350. 龙头泉张夏镇莲台山
351. 卧龙泉张夏镇莲台山聚仙洞
352. 王母泉张夏镇莲台山王母洞
353. 咋呼泉张夏镇莲台山玉柱峰
354. 段家泉张夏镇纸坊村北
355. 井峪泉张夏镇井峪村
356. 长湾泉张夏镇长湾村
357. 井子泉张夏镇井子村
358. 大峪湾泉张夏镇大峪湾村
359. 井子坡泉张夏镇井子坡村北
360. 白虎泉五峰山白虎峪
361. 鹿泉五峰山鹿泉峪
362. 玄明泉五峰山鹿泉峪
363. 青龙泉五峰山青龙峪
364. 七仙泉五峰山青龙峪
365. 黑虎泉五峰山街道办事处石窝村
366. 润玉泉五峰山街道办事处润玉泉村
367. 万寿泉五峰山街道办事处石窝村南
368. 缚龙泉五峰山街道办事处石窝村北
369. 驯山泉五峰山街道办事处石窝村东北
370. 伏虎泉五峰山街道办事处石窝村村北
371. 胜天泉五峰山街道办事处石窝村村南
372. 糠沟泉五峰山街道办事处马庄南
373. 惠泉五峰山街道办事处滚粟山北
374. 明泉五峰山街道办事处滚粟山东
375. 北泉五峰山街道办事处被套村
376. 弥山泉五峰山街道办事处三关庙庄北
377. 青龙潭孝里镇大峰山峰云观东
378. 豆腐泉孝里镇大峰山峰云观北
379. 大泉孝里镇大峰山三教堂旧址
380. 龙泉孝里镇龙泉村西
381. 清泉孝里镇清泉峪村东
382. 汇宝泉孝里镇房头村东北
383. 圣井泉孝里镇房头村
384. 响泉孝里镇房头村响泉峪
385. 黄崖泉孝里镇黄崖村东
386. 双泉孝里镇双泉水库东
387. 井峪泉孝里镇井峪泉村
388. 五眼井孝里镇五眼井村东南
389. 黄立泉孝里镇黄立泉村南
390. 履泉城关镇南门里街
391. 玉珠泉崮山镇崮云湖西
392. 黄姑泉崮山镇黄姑井村
393. 王家泉崮山镇王庄村南
394. 马嘴泉马山镇马山
395. 饮马泉马山镇马山
396. 饭汤泉马山镇马山
397. 圣慧泉马山镇马山
398. 米泔泉马山镇马山
399. 马山泉马山镇马山
400. 马尾泉马山镇马山
401. 王庄泉双泉乡王庄村

402. 满井泉双泉乡满井峪村
403. 龙泉武庄乡东侯村
404. 西泉武庄乡陈庄村
章丘市：
405. 漱玉泉百脉泉公园内
406. 龙湾泉百脉泉公园内
407. 金镜泉百脉泉广场
408. 灵秀泉章丘四中院内
409. 荷花泉汇泉路西首
410. 眼明泉汇泉路西首
411. 大龙眼泉桃花山公园内
412. 小龙眼泉桃花山公园内
413. 饭汤泉桃花山公园内
414. 筛子底泉桃花山公园内
415. 鱼乐泉湛汪庄村东
416. 墨泉廉坡村
417. 卸甲池鲍庄村南
418. 盘泉侯家村盘泉寺旧址
419. 白泉白泉村东
420. 井泉普集镇井泉村东
421. 水泉普集镇水泉村西
422. 杨家河泉普集镇孟白村西
423. 古海泉普集镇海套园村
424. 庙湾泉普集镇海套园村西南
425. 砚池泉（翰墨池）普集镇池子头村
426. 龙泉普集镇龙王寨村东
427. 玉泉普集镇小辛村东
428. 石峪寺泉普集镇三山峪村东
429. 水坡泉普集镇水坡村北
430. 杨官泉普集镇杨官村南
431. 月湾泉普集镇袭家村北
432. 冲天泉官庄乡朱家峪村西园
433. 双井泉官庄乡朱家峪村
434. 坛井官庄乡朱家峪村
435. 长寿泉官庄乡朱家峪村
436. 圣水灵泉官庄乡朱家峪村南胡山东麓
437. 西园半井官庄乡朱家峪村笔架山西
438. 西园井官庄乡朱家峪村笔架山西
439. 长流泉官庄乡朱家峪泉子岭
440. 南泉官庄乡张庄
441. 北泉官庄乡张庄
442. 马跑泉阎家峪乡马闹坡村东
443. 救命泉阎家峪乡马闹坡村东
444. 柳树泉阎家峪乡马闹坡村西
445. 西周峪泉阎家峪乡西周峪村
446. 龙藏泉阎家峪乡赵八洞东北
447. 双井泉阎家峪乡渔湾村西
448. 东泉阎家峪乡渔湾村东
449. 咋呼泉阎家峪乡渔湾村
450. 漯水泉阎家峪乡小辛庄村南
451. 宝珠泉阎家峪乡三角湾村南
452. 太子崖泉阎家峪乡三角湾村东北
453. 响水泉阎家峪乡响水泉村
454. 双水泉阎家峪乡双水泉村西南
455. 高漉泉阎家峪乡双水泉村西
456. 马泉阎家峪乡矿井村南
457. 池凉泉阎家峪乡天苍岭
458. 车辐峪泉阎家峪乡西石门村西南
459. 上白秋泉阎家峪乡上白秋村东
460. 凉水泉阎家峪乡石匣村西
461. 刘王庙泉阎家峪乡石匣村东
462. 珍王庙泉阎家峪乡石匣村西南
463. 妙泉阎家峪乡石匣村东湘峪
464. 中白秋泉阎家峪乡中白秋村西
465. 小新庄泉阎家峪乡小新庄西北
466. 东八井阎家峪乡东八井村南
467. 郭家楼泉阎家峪乡郭家楼村
468. 盆崖南泉阎家峪乡上盆崖村东南
469. 天井子泉阎家峪乡天井子村东南
470. 上水峪泉文祖镇郭家村东南
471. 汩轮泉文祖镇三槐树村西
472. 仰泉文祖镇三槐树村西
473. 康宝泉文祖镇三槐树村西南
474. 马蹄泉文祖镇三槐树村北
475. 井泉文祖镇三德范村南锦屏山
476. 龙女泉文祖镇锦屏山文昌阁

477. 朝阳洞泉文祖镇锦屏山老君堂朝阳洞
478. 西沟泉文祖镇石字口村西
479. 东张泉文祖镇东张村
480. 黄露泉文祖镇黄露泉村西
481. 甘泉文祖镇甘泉村西北
482. 朱公泉文祖镇朱公泉村南
483. 八仙泉文祖镇东张村
484. 马家泉文祖镇东田广村东
485. 肥峪泉文祖镇东田广村南
486. 电角泉文祖镇东田广村西南
487. 太平泉垛庄镇垛庄村河中
488. 凉水泉垛庄镇西车厢村南
489. 火贯泉垛庄镇火贯村东北
490. 玉堂泉垛庄镇岳滋村南
491. 东车厢泉垛庄镇东车厢村北
492. 西狸狐泉垛庄镇西狸狐村南
493. 东狸狐泉垛庄镇东狸狐村南
494. 琴泉垛庄镇下琴子村西
495. 黑峪泉垛庄镇山圣圈村南
496. 山圣泉垛庄镇山圣圈村北
497. 牡丹泉垛庄镇西车厢村北
498. 岳滋南泉垛庄镇岳滋村东南
499. 夫妻泉垛庄镇岳滋村东
500. 圣水泉垛庄镇圣水泉村河道东
501. 南峪泉垛庄镇南峪村南
502. 苦枥滩泉曹范镇赵岭村北双凤山
503. 大凹峪泉曹范镇大凹峪村附近
504. 小凹峪泉曹范镇小凹峪村附近
505. 布袋站泉曹范镇布袋站村东南
506. 横河泉曹范镇横河村北
507. 大泉曹范镇大泉村西
508. 小泉曹范镇小泉村东
509. 羊栏顶泉曹范镇羊栏顶村西南
510. 柳泉曹范镇瓦口岭村西
511. 锦鸡泉曹范镇瓦口岭村西
512. 鹁鸽泉曹范镇瓦口岭村西南
513. 地泉曹范镇瓦口岭村南
514. 家鹤泉曹范镇瓦口岭村南
515. 南泉曹范镇瓦口岭村南
516. 东峪泉曹范镇黄石梁村东
517. 泡罐泉曹范镇黄石梁村南
518. 南泉曹范镇黄石梁村南
519. 井泉曹范镇井泉村南
520. 西泉曹范镇青港泉村
521. 青港泉曹范镇青港泉村西
522. 上马泉曹范镇青港泉村南
523. 南泉曹范镇青港泉村南
524. 飞龙泉曹范镇三王峪
525. 老泉曹范镇三王峪
526. 水月泉曹范镇三王峪小柏头村南
527. 漾泉曹范镇黄石梁村南三王峪
528. 淋泉曹范镇三王峪
529. 南邓泉曹范镇南邓庄村南
530. 永泉曹范镇寨山后村南白云寺
531. 上方井相公庄镇梭庄村东
532. 下方井相公庄镇梭庄村东
533. 蛤蟆泉相公庄镇丁家村东
534. 龙湾头相公庄镇寨子村南
535. 圣井圣井镇危山北坡
536. 四贤泉圣井镇危山顶
537. 王母池圣井镇危山顶
538. 琵琶泉圣井镇危山玉皇顶
539. 四峪口泉胡山森林公园第四峪口
540. 五峪泉胡山森林公园第五峪
541. 明泉胡山森林公园第三峪口
平阴县：
542. 姜女池洪范池镇镇政府驻地
543. 天池泉洪范池镇天池山顶
544. 墨池泉洪范池镇云翠山
545. 天乳泉洪范池镇大寨山
546. 白雁泉洪范池镇白雁泉村
547. 拔箭泉洪范池镇白雁泉村
548. 莲花池洪范池镇白雁泉村
549. 丁泉洪范池镇丁泉村
550. 狼泉洪范池镇狼溪河水库
551. 长沟泉洪范池镇洪范水库上峪中

552. 白沙泉洪范池镇书院村西
553. 南泉玫瑰镇南泉村
554. 北泉玫瑰镇北泉村
555. 杨枝泉玫瑰镇翠屏山
556. 有本泉玫瑰镇翠屏山
557. 浸润泉玫瑰镇翠屏山
558. 向阳泉玫瑰镇翠屏山南坡
559. 朝阳泉玫瑰镇翠屏山东坡
560. 落阳泉玫瑰镇翠屏山西坡
561. 马跑泉孝直镇马跑泉村
562. 汇泉孝直镇马跑泉村
563. 东拔箭泉孝直镇湿口山村东南
564. 虎豹泉栾湾乡虎豹川村
565. 天井飞泉安城乡段天井水库
566. 毛铺泉安城乡毛铺村东北
567. 石榴峪泉安城乡天堂山石榴峪
568. 龙山泉东阿镇太和村西南
569. 白虎泉东阿镇狮耳山西
570. 毛峪泉李沟乡毛峪村北
571. 灵醴泉平阴镇青龙山金斗峪
572. 抱珠泉平阴镇贤子峪村
573. 温泉刁山镇大孙庄村

附件二：

济南市十大泉群名录

一、趵突泉泉群

趵突泉、金线泉、皇华泉、柳絮泉、卧牛泉、漱玉泉、马跑泉、无忧泉、石湾泉、湛露泉、满井泉、登州泉、杜康泉、望水泉、老金线泉、浅井泉、洗钵泉、混沙泉、酒泉、东高泉、螺丝泉、尚志泉、洤泉、花墙子泉、白云泉、泉亭池、白龙湾泉、饮虎池

二、珍珠泉泉群

珍珠泉、散水泉、溪亭泉、濋泉、濯缨泉、玉环泉、芙蓉泉、舜井、腾蛟泉、双忠泉、感应井泉、灰泉、知鱼泉、云楼泉、刘氏泉、朱砂泉、不匮泉、广福泉、扇面泉、孝感泉、太极泉

三、黑虎泉泉群

黑虎泉、琵琶泉、玛瑙泉、白石泉、九女泉、金虎泉、南珍珠泉、豆芽泉、五莲泉、任泉、胤嗣泉、汇波泉、对波泉、一虎泉、古鉴泉、寿康泉

四、五龙潭泉群

五龙潭、古温泉、贤清泉、天镜泉、月牙泉、西蜜脂泉、官家池、回马泉、虬溪泉、玉泉、濂泉、东蜜脂泉、洗心泉、静水泉、净池泉、东流泉、北洗钵泉、泺溪泉、潭西泉、七十三泉、青泉、井泉、晴明泉、显明池、裕宏泉、聪耳泉、赤泉、醴泉

五、白泉泉群

白泉、华泉、饮马泉、花泉、灰泉、丫丫葫芦泉、草泉、冷泉、团泉、麻泉

六、涌泉泉群

涌泉、苦苣泉、避暑泉、突泉、泥淤泉、大泉、圣水泉、缎华泉、醴泉、圣池泉、南泉、簸箩泉、穆家泉、西老泉、悬泉、南甘露泉、琵琶泉、柳泉、车泉、阴阳泉、凉水泉、四清泉、百花泉、拔槊泉、智公泉、枣林泉、盛泉、黄鹿泉、虎洞泉、雪花泉、藕池泉、锡杖泉、水帘洞泉、神异泉、滴水泉、丰乐泉、枪杆泉、咋呼泉、大花泉、试茶泉、卧龙池、冰冰泉、水泉、凉湾泉、鹿跑泉、苦梨泉、三龙潭、熨斗泉

七、玉河泉泉群

玉河泉、淌豆泉、玉漏泉、东流泉、老玉河泉、响呼噜泉、东泉、黄路泉、猪拱泉、虎门泉、忠泉、响泉、黄歇泉、卢井泉、义和泉、黑虎泉

八、百脉泉泉群

百脉泉、东麻湾、墨泉、梅花泉、西麻湾、净明泉、漱玉泉、龙湾泉、金镜泉、灵秀泉、荷花泉、眼明泉、大龙眼泉、小龙眼泉、饭汤泉、筛子底泉、鱼乐泉、卸甲池、盘泉、白泉

九、袈裟泉泉群

袈裟泉、卓锡泉、清泠泉、檀抱泉、晓露

泉、滴水泉、甘露泉、双鹤泉、白鹤泉、上方泉、朗公泉、牛鼻泉、龙居泉、双泉、王家泉、长寿泉、卧龙泉、段家泉、白虎泉、润玉泉、糠沟泉、惠泉、玉珠泉、青龙泉、胜天泉、马山泉

十、洪范池泉群

洪范池、书院泉、扈泉、日月泉、姜女池、天池泉、墨池泉、天乳泉、白雁泉、拔箭泉、莲花池、丁泉、狼泉、长沟泉、白沙泉

济南市科学技术奖励办法

（2007 年 11 月 3 日济南市人民政府发布）

第一条　为奖励在科学技术进步活动中做出突出贡献的组织和个人，调动科技工作者的积极性和创造性，增强自主创新能力，建设创新型城市，根据《国家科学技术奖励条例》，结合本市实际，制定本办法。

第二条　市政府设立市科学技术奖，每年度评审 1 次。市科学技术奖分为市科学技术最高奖、市技术发明奖、市科学技术进步奖和市科学技术合作奖，其中市技术发明奖和市科学技术进步奖设一等奖、二等奖和三等奖，其余奖项不分等级。市科学技术奖奖励经费列入市财政预算。

第三条　市科学技术奖励贯彻尊重知识、尊重人才的方针，鼓励自主创新，注重科学技术水平和经济与社会效益。市科学技术奖的评审工作贯彻科学、客观、公正和不受任何组织或者个人干涉的原则。

第四条　市政府设立市科学技术奖励委员会，其成员人选由市科学技术行政部门提出，报市政府批准。

第五条　市科学技术奖励委员会聘请有关方面专家、学者组成专项奖评审委员会，下设专业评审组，按照本办法的规定进行评审工作。市科学技术行政部门应当将专项奖评审委员会和专业评审组组成人员的资格条件向社会公布。

第六条　市科学技术行政部门负责市科学技术奖评审的组织管理工作。

第七条　市科学技术奖的申报、评审和奖励活动不收取任何费用。

第八条　市科学技术最高奖授予符合以下条件之一的个人：（一）在科学技术研究方面取得重大突破或者在促进科学技术发展中有重大贡献；（二）在科学技术创新、科学技术成果转化或者高新技术产业化中，取得重大技术发明、技术创新，创造较大经济效益或者社会效益。

第九条　市技术发明奖授予运用科学技术知识做出产品、工艺、材料、品种及其系统等重大技术发明，取得发明专利并在实施后取得显著效益的个人。

第十条　市科学技术进步奖授予符合以下条件之一的组织或者个人：

（一）在研究开发产品、工艺材料及其系统方面，取得较大科学技术创新；

（二）推广、应用先进的科技成果，促使其形成产业化、规模化工作中做出创造性贡献，示范引导作用突出，取得显著效益；

（三）在实施社会公益项目中，从事科学技术基础性工作和社会公益性科学技术事业，经过实践检验，取得显著效益；

（四）在实施重大工程项目中，技术和系统管理方面有重大创新，达到国内先进水平；

（五）在实施管理科学项目中，明显提高科学决策能力和管理水平，取得显著效益。

第十一条　市科学技术合作奖授予在国内外

科学技术合作中，积极开展科学技术研究与开发、科技成果转化与应用和科技交流与合作，为本市科学技术事业做出突出贡献的组织或者个人。

第十二条 县（市）、区科学技术行政部门组织本行政区域内市科学技术奖的申报，市政府有关部门和直属机构组织本行业内市科学技术奖的申报。

第十三条 具有下列情形之一的项目，不得申报市科学技术奖：

（一）对知识产权有争议的；

（二）对科学技术成果的完成单位或者完成人有争议的；

（三）已获得国家、省部级或者市级科学技术奖励的。

第十四条 市科学技术行政部门对申报材料进行形式审查，经审查合格的，应当在市级媒体上进行公示，公示期为20日。公示期内，对公示内容有异议，可以向市科学技术行政部门提出。公示期内无异议或者异议不成立的项目，由市科学技术行政部门提交市科学技术奖专项奖评审委员会专业评审组进行初评。市科学技术奖专项奖评审委员会对专业评审组初评意见进行审定，提出奖励建议。

第十五条 市科学技术行政部门应当将市科学技术奖专项奖评审委员会提出的奖励建议在市级媒体上公告，公告期为20日。公告期内，对公告内容有异议，可以向市科学技术行政部门提出。市科学技术行政部门应当将异议处理情况向市科学技术奖励委员会报告，由市科学技术奖励委员会做出最终裁定。

第十六条 公告期结束后，市科学技术奖励委员会应当审议奖励建议并提出奖励意见。

第十七条 市科学技术行政部门依据市科学技术奖励委员会的奖励意见制定奖励方案，报市政府批准后实施。

第十八条 市科学技术最高奖报请市长签署后颁发荣誉证书和奖金。市技术发明奖和市科学技术进步奖由市政府颁发荣誉证书和奖金。市科学技术合作奖报请市长签署后颁发荣誉证书。

第十九条 鼓励社会力量设立面向社会的科学技术类的奖项。社会力量在本市所设立的科学技术类奖项，应当按照有关规定向市科学技术行政部门备案，并不得在奖励活动中收取任何费用。

第二十条 剽窃、侵夺他人的科学技术成果或者以其他不正当手段骗取科学技术奖的，由市科学技术行政部门报市政府批准后撤销奖励，追回证书和奖金；对负有直接责任的人员，依法给予行政处分；构成犯罪的，依法追究刑事责任。

第二十一条 有关组织、个人提供虚假数据、材料，协助骗取市科学技术奖的，对负有直接责任的主管人员和其他直接责任人员，依法给予行政处分；构成犯罪的，依法追究刑事责任。

第二十二条 参与市科学技术奖评审活动的有关人员在评审活动中弄虚作假、徇私舞弊的，依法给予行政处分；构成犯罪的，依法追究刑事责任。

第二十三条 本办法自2007年12月10日起施行。2003年12月26日市政府发布的《济南市科学技术奖励办法》同时废止。

碑记碑刻

泉城广场记

中华人民共和国五十华诞之际，泉城广场满载着济南人民的光荣与梦想落成于山东省省会美丽湖山之间。

公元一九九七年，为给全市人民创造优良生活环境，为传扬源远流长之齐鲁文化，为塑造历史名城之崭新形象，中共济南市委、济南市人民政府决定兴建城市中心广场——泉城广场。一九九八年六月，泉城广场设计方案经国内外招标择优选定，广场建设指挥部成立。五十六个单位、一千七百六十九户居民顺利搬迁，二千余名工程设计勘察施工人员日夜奋战。在中共山东省委、山东省人民政府和广大人民群众关心支持下，泉城广场建设工程投资十三亿元，历时一年零三个月胜利竣工。一幅饱含历史古香又洋溢时代神韵的绚丽画卷舒展于大舜故乡中华泉城。

广场东西长七百八十米，南北宽二百三十米，面积十七公顷，以趵突泉公园东门至济南解放纪念阁为主轴线，自西向东，趵突泉广场、名士林、泉雕、颐天园、音乐园、滨河广场、地下商场、荷花音乐喷泉、齐鲁文化长廊、四季花苑、科技教育馆等依次展开，宛如一首辉煌乐曲，由舒缓而高亢至华美，高潮迭起又余音缭绕。

漫步广场，南眺历山一脉，北瞻鹊华双峰，东闻黑虎咆哮，西赏漱玉流涌。听涛泺源之上，观澜娥英之滨。驻足长廊，追怀山左先贤；饮茶鉴泉，畅叙海右风情。柳影周匝，荷香四围，高楼拱立，车流环行。其自然与人文、历史与现实相互辉映，充分展现泉城风采齐鲁精神。

泉城广场是济南实行改革开放的丰硕成果，是济南推进城市现代化建设的世纪标志，是济南续写五千年文明的壮丽诗篇。

济南人民在这里集合，从这里出发，高举建设有中国特色社会主义的伟大旗帜，迎着二十一世纪的曙光，为把济南建设成为华夏雄都神州乐园，坚定而豪迈地前进。

济南市人民政府

一九九九年九月三十日立

（注：此文为泉城广场修建碑记，立于广场西部入口处）

修志文存

山东省地方史志办公室主任刘爱军对市县基层志编纂指导处《关于济南市创新工作举措积极推进二轮修志的调研报告》的批示

报告很好！

1、行动快。世林、李刚同志春节后刚上班就马上带队去济南市进行调研，雷厉风行。

2、总结的好。在深入调研的基础上，经过认真的分析加工，形成一个全面、系统、科学的调研报告。

3、很有推广价值，同意所提两点推广建议，望抓好落实。

大家辛苦了！谢谢你们！

刘爱军

2014 年 2 月 17 日

关于济南市创新工作举措积极推进二轮修志的调研报告

2014 年 2 月 12 日

爱军主任：

去年 8 月济南市史志办新的领导班子成立后，针对二轮修志中存在的困难和问题，在充分调查研究的基础上，找准病根对症下药，改“等靠要”为主动出击、上门服务，改“闭门修志”为开门修志、快乐修志，改“平拥平推”为分册编纂、压茬进行，有效地增强了工作的计划性、针对性和主动性，整个二轮修志进度明显加快，开始由粗放型推进向科学细致化转型。

为学习总结济南市经验，推动全省二轮修志工作，2 月 10 日，在翟世林副主任带领下，我们到济南市史志办进行了专题调研，市史志办主任翟旭东、副巡视员郭建群分别介绍了二轮修志的思路和全市二轮修志进展情况，与有关处室的同志进行了座谈交流。经过调研，我们认为济南市史志办领导班子坚强有力、思路清晰、定位准确，二轮修志起点高、力度大、进展快，业务培训针对性强，各类资源整合得好，市志编修谋划科学、部署周密，推动县区修志措施得力、方法得当，在全市营造了良好的修志氛围。及时总结济南市史志办推进二轮修志的经验做法，与其他市搞好交流学习，互相取长补短，对于推动全省二轮修志工作具有重要意义。

一、济南市二轮修志遇到的困难和问题

济南市二轮修志工作，2004 年起即开始做准备工作并在县区试点，但进度和质量一直不理想，存在这样那样的问题。

一是计划屡变。因领导同志变动等诸多原

因，济南市在2008年对《济南市志》续修体例进行了调整。2010年，根据济南市委、市政府领导的要求，又调整了二轮修志的下限，由2005年下延至2010年。这些变动都影响到志书编纂的进度。此外，在推进修志的具体的工作中也存在“等等看”的思想，开展了一些修志工作之外的其他工作，尽管在较短的时间内取得了很多成果，引起上级领导的重视和社会各界的关注，但占用了相当的精力，冲击了二轮修志的主题。

二是进展不快。济南市于2006年4月正式启动市志续修工作，规划了8册，但8年来始终没有大的进展。2011年，虽然提出了“全面规划、整体推进、重点突破、保证质量、分册出书”的20字工作方针，但工作中未能很好地贯彻，基本上处于停滞状态。2013年8月济南市史志办新班子成立前，规划的8本市志竟然一本也没出版。开局不利造成工作积压，时间越拖越不利，要保证在2018年完成编纂任务，工作量之大、任务之重都是前所未有的。

三是步调不一。济南市规划了10部县（市、区）志。《平阴县志（1988～2003）》于2006年出版，《章丘市志（1986～2005）》于2009年出版，其中《章丘市志（1986～2005）》被省政府办公厅评为全省优秀市县级志书，获全省史志系统“八个一优秀”奖。2013年12月底，《历城区志》进行了评审。2014年，《济阳县志》《历下区志》将进入评审程序。《长清区志》《商河县志》正在开展。市中、槐荫、天桥却相对薄弱，远远落后于其他县（市、区）。10个县（市、区）里面既有排头兵，又有老大难，县（市、区）之间修志进度呈现不平衡的状态。

四是人手不足。济南市史志办机关事业编制18人，真正负责市志编纂和指导县（市、区）志编纂的人员仅有3人。10个县（市、区）史志办公室编制人数4至15人不等，4个独立机构设置、4个归属于政府办公室、4个与党史办合并办公，有的单位只有两三人干事，捉襟见肘。此外，较一轮修志各承编单位都成立史志办相比，二轮修志的承编单位普遍没有设立正式机构，由工作人员兼顾史志工作，这部分人的专业素质参差不齐、协调能力不尽相同，而且流动性较大，给供稿工作带来很大变数。

五是认识不够。济南市史志办新班子曾深刻反思出现的困难和问题，认为思想认识上的原因是最主要的，表现在：1. 领导重视不够，没有把主要的工作精力放在二轮修志上，前几年虽然抓了一些短平快的项目，却忽略了二轮修志这项主业。2. 存在畏难情绪，二轮修志的时间跨度恰逢改革开放，有些方面的内容因机构改革、主管单位撤销等原因，找不到对口的供稿单位，有些部门对修志工作及不上心，拖了修志工作的后腿，而修志工作存在明显的短板效应，缺一块都不能成书，不足的短板恰恰是最难啃的硬骨头，能不能完成，什么时候完成，很多人心里没底。3. 不少史志工作者存有自卑感，认为史志工作没有实权，掌握不了多少资源，还到处求人，低人一等，推动工作没有话语权，导致腰杆硬不起来，工作力度不够大。

二、济南市推进二轮修志采取的主要措施

2013年8月，济南市史志办新的领导班子成立。面对二轮修志中的困难和问题，他们进行了认真的梳理和反思，采取了有针对性的对策和措施，收到明显成效。

（一）统一思想，提高认识。济南市史志办把统一思想作为解决问题的首要任务。在全办倡导大局意识，强调修志是史志工作的主业，“重要、光荣、艰巨”，要以“时不我待、只争朝夕”的精神，上下同心，拧成一股绳，把志书修好，为经济社会发展大局服好务。树立正确的价值观，强调“三百六十行，行行出状元”，只要把修志工作做好，同样可以在小单位干出大价值来，在主业上有所作为，才能真正有地位。努力增强责任意识，强调地方志是“官书”，修志工作是严肃的政府行为，不是可有可无，不能挑肥拣瘦，要讲政治，对历史负责，不能马虎。同时也要认识到史志部门的独特优势，能够与全市所有部门和很多企事业单位打交道，涉及面之广是任何单位都无法比拟的。树立信心、鼓舞干劲之外还要解放思想、更新观念，跳出史志看史志，从经济社会和历史发展的角度来看待史志工作，以新的工作思路和方法来攻坚克难，进一步明确了“三减三增三改”的工作理念，即减少工作的随意性，增强工作的计划性；减少工作的盲目性，增强工作的主动性；减少工作的被动性，增强工作的主动性；改等、靠、要，为主动出击、靠前服务；改闭门造车、关门修志，为开门修志、快乐修志；改平拥平推、等齐再办，为分册编纂，压茬推进。

（二）科学谋划，周密部署。2013 年 9 月，济南市史志办针对二轮修志存在的问题，调整制订了“科学谋划，全面推进，重点突破，分册编纂，保证质量”的新 20 字工作方针。以此为指导，对二轮修志工作重新进行梳理、谋划，对续修市志的编纂任务指标、完成步骤、时间断限、内容要求、资料收集、体裁体例、篇幅规模、审查验收、出版印刷等进一步细化，形成了《关于济南市志（1986 ～ 2010）编纂规划的报告》，作为该项工作的指导性文件，重新对整个《济南市志（1986 ～ 2010）》进行了科学谋划。调整后的《济南市志（1986 ～ 2010）》规划约 900 万字，分 9 册出版。为确保 2018 年完成《济南市志（1986 ～ 2010）》的编纂出版任务，他们进一步明确指导思想、工作目标和具体工作步骤，做到任务分工明确、工作责任落实具体到人，建立相应的考核奖惩制度，通过一系列措施，使二轮修志工作从原有的粗放型推进，向科学细致化转型。在具体编纂过程中采取“多头并进、加快组稿，先易后难、循序渐进，放慢出书、精心打磨”的策略。对于比较成熟的市情综述、大事记、境域、自然环境、泉水、人口等部分加快审定，于 2013 年 11 月 5 日出版了《济南市志（1986 ～ 2010）》第一册。采取减少前期印量，等 9 册书全部出完再大量印刷的办法，既让大家见到成果，也留下修改的余地，同时也节省了经费和资源。围绕组稿工作，遇到难题不纠缠，只要无关全局就暂时搁置，绕开障碍，把容易的先做出来，然后集中力量攻关，避免因小失大。对成熟的稿子，成熟一册汇编一册，尽快成型，转入修改阶段。这样不窝工、不拖延，大大加快了进度。他们把 2014 年定位为“二轮修志攻坚年”，集中精力，全力以赴，科学调度，压茬进行，预计今年就能完成四部分册的组稿评议，明年完成全部组稿，经过慢慢打磨，2017 年即可完成全部 9 册市志的编修工作。相当于用 5 年的时间干完一轮修志 24 年干的活。

（三）创新方法，确保实效。济南市史志办在统一认识、目标一致的情况下，从方法中求突破，从创新中求实效。围绕培训和指导工作，他们想了很多办法、出了很多实招。首先是扩大规模，加大力度。加强了济南市志分口业务培训。2013 年 7 月，组织召开了教科文卫体分册承编单位撰稿人培训会，9 月、11 月、12 月，又分别组织召开了该分册工作调度、志稿点评和培训会，12 月底即编印出统编稿。10 月初至 11 月底，先后组织召开城市发展分册、政治分册 2 个协作组、经济综合分册及农业卷 6 次业务培训会，培训二百余人（次）。11 月份，为推动各县（市、区）的二轮修志工作，重点针对县区史志业务人员，集中两天时间，组织了两次大规模培训，进一步提高了济南市修志队伍的理论素质和业务水平，稳定了队伍，凝聚了人心，加快了县（市）区二轮修志的步伐。这些培训集中在 2013 年下半年短短几个月里，而且是月月有培训，龙奥大厦市直部门的人见面就问是不是到史志办培训，无论是规模还是密度都是济南市前所未有的，在全省也不常见。通过这种大规模、高密度的培训，在极短的时间里迅速打开了局面，形成各单位都知道史志办正在进行修志工作、很多单位主动上门要求指导的良好局面，各县（市、区）也通过培训增进了沟通和交流。其次是主动出击，分类指导。除了大规模的集中培训，还对有需求的单位开小灶，有针对性地解答工作中的难点和问题，将业务培训和修志工作有机结合起来，有助撰稿人迅速发现问题解决问题，提供较高质量的稿件。在市志编写方面，由分管副主任带队亲自登门拜访供稿单位，通过走访座谈，引起对方重视，了解撰稿人需求，催促志稿撰写工作。通过接连不断的培训会、调度会、座谈会，增进了沟通和了解，加快了工作进度，推动了市直各部门的志稿撰写工作。在县（市、区）志编纂方面，要求县（市、区）必须适当控制编纂进度，把握工作节奏，既要紧抓，又不能急于求成；坚持三级审查验收制度，市级验收工作不走过场，各个环节落到实处；根据各县（市、区）实际情况，工作关口前移，对县（市、区）二轮修志，从前期的动员培训、志书的框架设计到初稿编辑、志书评审提前介入，加强业务指导，确保志书质量。再次是服务到位，保障有力。济南市史志办千方百计搜集二轮修志中的优秀志书，如《广州市志》和《武汉市志》，作为样稿让撰稿人学习借鉴。同时济南市史志办积极向财政争取，承担了包括县（市、区）人员培训在内的所有的培训费用，短短半年之内的培训费达到30余万元。只要基层有需求、只要对修志工作有利，就被济南市史志办纳入到培训范围。即使是已经完成二轮修志任务的平阴县，因为编写乡镇村志的需要，也组织相当一部分乡镇村人员参加了培训，扩大了史志工作的影响面。

（四）营造氛围，借力登高。济南市史志办认为修志工作不是一个部门的事，也不是政府部门的事，而是要书写一个时代的精神，要为历史负责。他们积极借助高校、研究机构专业力量，利用外脑，攻克难题，营造出开门修志的良好氛围。对于市志中部分无法落实撰稿单位，专业性、综合性较强的内容，面向高校、研究机构，按照科研课题承包的方式，寻求解决办法。济南市志第一册的“市情综述”部分，请市委党校市情所撰写，在评审中得到与会专家一致肯定。“城建综述”“民俗”部分也都通过这种方式得以落实。“工业”部分在市志中占有比较重要的地位，但因工业主管部门机构撤销，没有对口的供稿部门，济南市史志办就与济南市工业系统的各行业协会商谈研讨，分解成若干子课题由行业协会承担，撰写任务也全部落实，目前已经报送了大部分稿件，且质量较高。为突出地方特色，反映省会城市地位。济南市史志办把“组织机构”与“人物”两卷编为一个分册。为尽快完成此项任务，他们充分利用外脑，以政府购买社会服务方式，委托济南史志界知名专家，组成专门编写团队完成此项工作，目前进展顺利，最快今年5月底就能展开评审。此外，他们还成立济南市修志业务专家咨询组，从社会上多方网罗专家人才为二轮修志服务。为切实加强对二轮修志工作的推动、指导，专门成立四个工作小组：组稿指导组，负责业务指导、组织稿件；志稿编审组，负责初稿编审、指导修订；志书统编组，负责志书统编、总纂；专家咨询组，负责指导、解答济南市志二轮续修当中的难点问题及对《济南市志（1986～2010）》成书稿提出意见。四个小组既有分工，又有配合，有力指导了二轮修志工作。2013年10月，济南市史志办还为市志编审处引进了三名社工，协助加强市志编纂工作，她们都进入角色很快，工作积极主动，经过前期的培训和锻炼，目前已经能独立胜任部分工作。

（五）整合资源，内部挖潜。济南市史志办树立全市一盘棋、全办齐上阵的思路，整合全市的修志资源，合理搭配修志人员，深入挖掘自身内部潜力，最大限度地发挥了人的主观能动作用。在修志人员搭配上，采取老中青三结合的方式，提拔原市志处处长由郭建群担任副巡视员，具体分管二轮修志工作，丁爱军和庞新华分别担任市志处正、副处长，作为业务骨干和主力，外加3名社工，承担起二轮修志的主要协调运转工作，在去年下半年高强度的工作中，几乎全部同志都生病累倒，但仍然坚持。同时济南市史志办利用平阴、章丘二轮修志完成的有利时机，将二轮修志中的大量任务分配给这两处史志办承担，此外，多方聘请声望高、业务强、有精力、喜欢干的退休老同志参与二轮修志工作，壮大了二轮修志的力量。修志工作的周期很长，不会马上就出成果，济南市史志办对修志人员的考核评价也特殊照顾，通过看其实质性的工作进展来说明问题，不让那些挺身而出、默默无闻承担工作的老实人吃亏，为潜心修志的工作人员吃了定心丸，增加了干事创业的劲头。

三、济南市推进二轮修志的主要经验

济南市史志办面临的问题是二轮修志中普遍存在的问题，遇到的困难甚至更为艰巨。但他们迅速摸索出行之有效的应对办法，是变不利为有利、变被动为主动的大胆尝试，是问题倒逼改革、实现跨越发展的有益探索，其经验在于围绕修志主业抓好抓对了几个关键问题。

一是抓住了关键节点。济南市二轮修志工作从一开始就丧失了先机，这是修志工作滞后的通病，但是济南市新领导班子在被动中迅速切入主题，有效地扭转了不利的局面。无论从国家的大环境还是从山东省情来看，2013 年是个破旧立新的转型转折年，2014 年是个攻坚克难的爬坡过坎年，以改革创新的精神集中力量啃硬骨头是时代的主旋律。济南市史志办新班子成立后，不回避历史遗留的矛盾，迅速将工作重心转移到修志主业，用 2013 年下半年的时间展开大规模培训，造出声势，打好基础，将 2014 年作为“攻坚年”，集中力量打开局面，是用超常的决断、超快的行动、超大的力度抢出了时机、给自己赢得了时间，踏上了二轮修志的时间节点。“千里之行始于足下”，时间被动，行动可以主动，先干起来，边干边改，不干永远发现不了问题，也解决不了问题。

二是责任人抓关键人。编史修志，史志办主任是第一责任人。济南市史志办新的领导班子上任伊始就能看到问题，而且迅速提出对策，有效解决问题，关键是有一把手翟旭东这样的将帅型领导，凝聚起单位的力量，深悉事物发展的规律，洞察到问题的本质，提出切实解决问题的思路。济南市 3 名修志骨干是不可多得的将才，既能配合领导完成任务，也能独当一面协调修志工作、指导基层人员撰稿，是二轮修志冲锋陷阵的主力。此外，济南市史志办配合工作的 3 名社工尽心尽力，史志系统内部和外部的专家助阵把关，解决难题，没有理由打不开局面。人才很重要，决心更重要。济南市史志办统一思想，上下一心，变坐而论道为起而践行，集中力量修志，短时间内面貌焕然一新，反而取得更大的成绩。

三是抓好了关键措施。攻坚克难要有决心，发挥主观能动性更要依赖好办法，只有找到“关键一招”，问题才能最终得到解决。济南市史志办从转变思想入手，通过科学谋划定心，通过主动出击破局，通过多种培训造势，通过资源整合挖潜，通过借助外力把关，通过多头并进赶进度，通过先易后难避障碍，通过课题承包攻难题，很好地解决了修志工作中的思想、氛围、组织、人员、进度、质量等诸多问题。问题不可怕，关键是要用心解决问题。随着修志工作的深入，必然会遇到更多的问题，但是只要有这种分析问题、逐一解决的思路，就一定能“逢山开路、遇水架桥”，踏平障碍成坦途。

四是抓出了关键成效。打铁还需自身硬，有了解决问题的方法，力度不够，还不是实功夫，花拳绣腿解决不了真问题。济南市不仅找到“关键一招”，更重要的是“招招见血”，不达目的绝不收兵。业务培训都会搞，但是能培训到让承编单位主动上门求教，培训到让社会各界都知道史志办在修志，这就是把培训工作做到了家。紧紧抓住一个分册，几轮培训会、调度会、点评会、座谈会下来，最终拿到了初稿，这就是把会开到了位。主要领导亲自带队到承编登门拜访，让供稿单位看到了修志的诚意和决心，以诚待人必然有所回报，得到供稿单位的配合。动手写、动嘴说、动腿跑多管齐下，这其中的艰辛非外人所能想象，分管领导感冒坚持工作，业务骨干哑着嗓子上课，工作人员复印材料一站就是一天，这些付出换来了社会各界对史志工作的重视和尊敬，换来了工作的突飞猛进。五年内要完成一轮修志二十多年的任务，靠的正是这种踏石留印、抓铁有痕的顽强作风。

四、推广济南推进二轮修志经验的几点建议

一是认真总结济南市史志办的经验，在《史志工作动态》、《山东史志》和“省情网”及各类平台上加以宣传推广。

二是请济南市史志办在全省史志工作电视会议上介绍推进二轮修志的主要经验和做法，为其他市提供借鉴，努力解决二轮修志过程中遇到的困难和问题，积极推进全省二轮修志工作顺利开展。

当否，请指示。

继承盛世修志文化传统　弘扬干事创业史志精神

——大型综合性、资料性著述《济南市志（1986 ~ 2010）》即将面世！

《济南日报》通讯员 庞新华　　记者 王楠

编者按——

新中国建立以来，党和政府重视修志工作，先后成立了中国地方志小组、中国地方志指导小组，以统一领导全国的修志工作，全国经历了两轮社会主义新方志的编纂。20 世纪 60 年代初，济南曾组织力量，开展修志工作。于 1962 年 12 月，济南地方志编辑委员会办公室成立。但几年后修志工作中止。80 年代初开始，济南再掀修志高潮。1981 年 4 月，济南市志编纂委员会及其办公室成立。随后各县区先后成立县区志编委会及办公室，市直各部门、各企事业单位亦纷纷建立修志机构。此后至上世纪末，围绕第一轮《济南市志》和十部县区志，地方志工作在全市全面展开。第一轮修志工作的主要成果是出版第一部社会主义新方志——《济南市志》（1997 年版）和十部县区志。《济南市志》（1997 年版）共八册，近 800 万字，记述了 1840 年鸦片战争至 1985 年，济南的经济、政治、文化、社会等方面的历史发展情况。与此同时，各部门、各行业也编印出版了近百部行业（专业）、部门志，留存了大量珍贵历史资料。

近年来，在市委、市政府的领导和全市各相关单位的关心、支持下，济南市史志办公室全体修志人锐意探索、潜心研究、精心编纂，取得了累累硕果。《济南市志（1986 ~ 2010）》全八册，十六卷，近 900 万字，将于近期面世。这比全省二轮修志工作的总体要求提前两年完成，八部分册有多部被评为全省优秀志书。

科学谋划，精心设计，绘好修志蓝图

2005 年 11 月，新一届济南市史志编委会成立后，积极谋划部署第二轮《济南市志》编纂工作。2006 年 4 月 26 日，召开全市史志工作会议，对此项工作进行专题部署，全市近 120 个部门作为市志承编单位参加了会议，根据市史志办制定的篇目任务分工，各单位领受各自承编任务。2006 年下半年至 2007 年年底，各单位报送详细撰写篇目。2007 年年底，形成史志纲目体的《济南市志（1986 ～ 2005）》篇目框架（征求意见稿）。2008 年，根据实际工作需要，市史志办调整了体例，变纲目体为篇章节体，对篇目框架进一步细化完善。2008 ～ 2010 年，市史志办对全市各承编单位进行了分口、分协作组、分部类的业务培训，对重点部门、单位专题培训。

2010年4月，召开全市史志工作会议，根据市政府的要求，把这部志书的下限延至2010年，并对此项工作进行了重新部署。

编纂《济南市志（1986～2010）》是市史志办近十年来的中心业务工作，也是史志事业发展的重点和难点。2013年，济南市史志办在前期工作基础上，针对二轮修志存在的问题，调整制订了“科学谋划，全面推进，重点突破，分册编纂，保证质量”的新二十字工作方针。以此为指导，对《济南市志1986～2010》编纂工作重新进行梳理、谋划，对编纂任务指标、要求及完成时间等进一步细化，形成《关于济南市志（1986～2010）编纂规划的报告》，作为该项工作的指导性文件。

在确立了宏观的指导方针基础上，对于具体工作济南市史志办也形成一套完整的工作思路。进一步明确工作目标和具体工作步骤，做到任务分工明确、工作责任落实到人，建立相应的考核奖惩制度。围绕组稿工作，坚持先易后难，从比较成熟的第一册着手，按照“一本书主义”，以每一册为一个攻坚堡垒。成熟一册，编纂一册，出版一册。在具体编纂过程中坚持“多头并进、加快组稿，先易后难、循序渐进，放慢出书、精心打磨”的策略。遇到难题不纠缠，只要无关全局就暂时搁置，绕开障碍，把容易的先做出来，然后集中力量攻关，避免因小失大。对成熟的稿子，成熟一篇编辑一篇，成熟一册汇编一册，争取尽快成型，转入精编阶段。这样不窝工、不拖延，加快工作进度。在2013年编纂工作之初，济南市史志办就把2014、2015年定位为“二轮修志攻坚年”，集中精力，全力以赴，科学调度，压茬进行。通过一系列措施，使二轮修志工作进一步向科学化、精细化转型。

爱岗奉献，干事创业，打造高素质史志队伍

思想指导行动，态度决定成效。济南市史志办把统一全办人员思想认识，打造一支干事创业的队伍作为开展工作的首要任务。在全办倡导大局意识，强调修志编鉴是史志工作的主业，史志工作“责任重大、使命光荣、任务艰巨”，要以“时不我待、只争朝夕”的精神，上下同心，拧成一股绳，把二轮志书修好，为经济社会发展大局服务。结合史志工作，树立正确的价值观，强调“三百六十行，行行出状元”，把史志工作做好，有作为，才能真正有地位。努力增强责任意识，强调地方志是“官书”，修志工作是严肃的政府行为，不是可有可无，不能挑肥拣瘦，要讲政治，对历史负责，不能马虎。

在济南市志编纂工作中，修志人员搭配上采取老中青三结合的方式，既有从事史志工作多年，工作经验丰富、业务能力强的分管主任，又有业务处室精兵强将作为业务骨干和主力，外加几名社工的辅助，承担起二轮修志的主要协调运转工作。在最近两年高强度的工作中，几乎所有同志都生病累倒过，但仍然坚持工作。

修志需要真功夫。打铁还需自身硬。有了解决问题的方法，力度不够，还不是实功夫，花拳绣腿解决不了实际问题。济南市不仅找到“关键一招”，更重要的是“招招见血”，不达目的绝不收兵。主要领导亲自带队到承编单位登门拜访，让供稿单位看到了修志的诚意和决心，以诚待人必然有所回报，得到供稿单位的配合。动手写、动嘴说、动腿跑，多管齐下，这其中的艰辛非外人所能想象，分管领导感冒坚持工作，业务骨干哑着嗓子上课，工作人员复印材料一站就是一天，这些付出换来了社会各界对史志工作的重视和支持，换来了工作的突飞猛进。五年内要完成一轮修志二十多年的任务，靠的正是这种踏石留印、抓铁有痕的顽强作风。

措施到位，保障有力，为二轮修志全力保驾护航

积极争取财政支持。自《济南市志（1986～2010）》启动以来，市财政每年列支二轮修志专项经费130万元，其中每年拨付专门的业务培训费。有关这一项工作的业务培训、学习交流、购买设备和书籍、审稿编辑、人员聘用等费用都得到妥善解决。特别是近年来业务培训、聘用多名社工、市志课题承包，如果没有充裕的资金保障，很难通过政府购买社会专业服务的方式，实现推动二轮修志工作的目标。

改进工作程序，解决修志人员后顾之忧。政府机关内部固有一些繁文缛节式的工作程序和工作方式，效率低下，影响了工作人员的积极性和创造性。人浮于事，拈轻怕重，不愿开展工作，不敢承担责任。在这种情况下，科学有效的工作程序和工作机制就会起到事半功倍的效果。从2013年开始，采取具体业务工作处室负责制，处长是第一负责人，明确工作职责和权限。部分业务工作中的权限下放到处室，放手让他们去干，党组和分管领导把好方向和重大事项关口。这样一来业务处室工作起来更加灵活，提高了工作效率，调动了他们的主观能动性和创造性，实践证明很多编纂工作中的好点子、好思路都是他们想出来，进而应用到工作中，取得了好的成效。

密集培训，科学指导，全方位做好督导服务

业务培训都会搞，但是能培训到让承编单位主动上门求教，培训到让社会各界都知道史志办在修志，这就是把培训工作做到了家。紧紧抓住一个分册，几轮培训会、调度会、点评会、座谈会下来，最终拿到初稿，这就是把会开到了位。

首先，扩大培训规模。2013年下半年至2016年6月，召开各类业务培训会、专题研讨会、志稿统编会30余次，培训撰稿、编辑人员千余人次。通过培训，提高了济南市修志队伍的理论素质和业务水平，稳定了队伍，凝聚了人心。最近这三年几乎做到月月有培训，无论是规模还是密度都是济南市前所未有的，在全省甚至全国史志系统也不多见。通过这种大规模、高密度的培训，在极短的时间内迅速打开了局面，形成各单位都真正重视修志工作、很多单位主动上门要求指导的良好局面，各县（市）区史志办也通过培训增进了沟通和交流，推进了工作。同时，市史志办还积极向省史志办争取，利用省会城市近水楼台的优势，尽量扩大全省培训中的济南受训面。

其次，主动出击，分类指导。除了大规模的集中培训，对有需求的单位、协作组开小灶，有针对性地解答工作中的难点和问题，将业务培训和修志工作有机结合起来，帮助撰稿人迅速发现问题解决问题，提供较高质量的稿件。对于个别撰稿难度、工作量较大的单位，由领导带队登门拜访，通过走访座谈，提高供稿单位的重视程度，了解撰稿人需求和困难，督促志稿撰写工作。在公安、检察院、司法局、法院、农业局、建委等单位都召开过现场会和专题培训会。只要市直撰稿单位和县区基层有需求、只要对修志工作有利，市史志办就积极组织协调，纳入到培训范围。

借力登高，开门修志，解决实际编纂难题

修志工作不是一个部门的事，也不只是政府部门的事，要全面、系统、客观记述这三十年的历史，社会各界、各种专业力量的广泛参与是必不可少的。

在修志过程中，市史志办通过积极借助高校、研究机构专业力量，利用外脑，攻克难题，营造出开门修志的良好氛围。对于市志中部分无法落实撰稿单位，专业性、综合性较强的内容，面向高校、研究机构，按照科研课题承包的方式，寻求解决办法。济南市志第一册的“市情综述”部分，请市委党校市情所撰写，在评审中得到与会专家一致肯定，成为同级志书中的亮点。“城建综述”请山东建筑大学的课题组撰写，“民俗”部分由济南知名民俗专家撰写，这些志书中的难点都通过这种方式得以落实。“工业”部分在市志中占有比较重要的地位，但因工业主管部门机构撤销，没有对口的供稿部门，市史志办就与济南市工业系统的各行业协会商谈研讨，分解成若干子课题由行业协会承担，撰写任务也全部落实，从全国省会城市已出版志书来看，《济南市志（1986～2010）》工业卷质量较高。

为解决史志办本身编辑力量薄弱、业务人

员偏少的问题，自2013年10月，通过引进社工的渠道，引进多名社工协助加强市志编纂工作，她们都进入角色很快，工作积极主动，经过前期的培训和锻炼，很快独立胜任部分工作，其中引进的山东大学历史文化学院的硕士研究生，已经成长为熟练的业务编辑。

深挖资料，狠抓质量，注重质量体系建设

在积极推进编纂工作，确保按时甚至提前完成二轮修志任务的同时，《济南市志（1986～2010）》编纂工作注重质量体系管理。

2015年9月，成立“济南市修志业务专家咨询组”，从社会上多方网罗专家人才为二轮修志服务，既有各行业的专家型人才、也有熟悉部门业务工作的老领导、老同志。从2013年开始，为切实加强对二轮修志工作的推动、指导，专门成立四个工作小组：组稿指导组，负责业务指导、组织稿件；志稿编审组，负责初稿编审、指导修订；志书统编组，负责志书统编、总纂；专家咨询组，负责指导、解答济南市志二轮续修当中的难点问题及对《济南市志（1986～2010）》成书稿提出意见。四个小组既有分工，又有配合，对于确保志书质量发挥了积极作用。

同时，在编辑过程中，除对撰稿单位所提供的稿件编辑外，业务处室的同志发挥主观能动性，根据《济南统计年鉴》《济南年鉴》及各部门、行业出版、编印的部门资料，搜集整理资料、核实数据材料，自行撰写稿件。丰富了志书内容，增强了志书的资料性和权威性。

《济南市志（1986～2010）》第二册（城市建设卷）、第三册（经济综合管理卷）、第六册（政治卷）、第七册（教科卫体卷）被评为省优秀志书。

整合资源，精准帮扶，下好全市修志一盘棋

牢固树立全市一盘棋、全办齐上阵的指导思想，整合全市的修志资源，合理搭配修志人员，深入挖掘自身内部潜力，最大限度发挥人的主观能动作用。

在县区志编纂中，利用平阴、章丘、历城、长清已完成二轮修志的有利时机，统筹安排这几个县区的业务人员，帮助和促进后进。只要哪一个县区二轮修志完成，立刻抽出力量对后进县区进行业务支持。对各县区志稿，组织全市专家和业务人员进行集中审读，以老带新，通过点评志稿、具体研讨来解决实际问题，提高年轻编辑人员的业务能力。积极参谋，引导各县区史志办互相交流、互相支持、成果共享、经验共享。天桥区史志办原来是济南史志工作的老大难，近年来，明确工作思路，改进工作方法，史志工作特别是二轮修志工作突飞猛进，由后进成为全省先进，形成天桥经验。在全市各县区中积极推广这一经验，取得很好的效果。对于市中区、槐荫区，多次深入基层督导调研，帮忙查找问题，帮助制定工作规划和具体实施计划，向县区领导呼吁在各方面给予重视和支持，修志落后县区已经逐步规范，走上修志快车道。

今年是国务院办公厅印发《全国地方志事业发展规划纲要（2015～2020年）》一周年。《规划纲要》明确了2015～2020年全国地方志事业发展的总体目标，提出了全面完成第二轮修志规划任务、大力推进综合年鉴工作等十一项主要任务，描绘了今后一段时期全国地方志事业发展的宏伟蓝图，是国家对全国地方志事业发展的顶层设计，也是国家实施“四个全面”战略布局在文化领域的一项重大举措。《规划纲要》第一次把地方志事业的发展纳入国家“全面建成小康社会、全面深化改革、全面依法治国、全面从严治党”的总体战略，与实现“两个一百年”奋斗目标和中华民族伟大复兴的中国梦紧密联系，成为国家战略在文化领域不可或缺的组成部分。这就把地方志工作真正作为传承弘扬中华优秀传统文化，建设社会主义先进文化的重大系统工程来对待，地方志工作的重要性被提到了前所未有的高度。当前史志工作面临前所未有的大好形势，期待全市史志事业取得更大发展。

——2016年10月25日《济南日报》

总目录

第一册

卷　首

市情综述

大事记

第一卷 境域 自然环境 泉水 人口

第一篇 境 域

第二篇 自然环境

第三篇 泉 水

第四篇 人 口

第二册

第二卷 城建环保

第一篇 综 述

第二篇 城市规划

第三篇　城乡建设

第四篇　建筑业

第五篇　城市绿化

第六篇 房产业

第七篇 环卫与市容管理

第八篇　环境保护

第三卷 基础设施建设

第一篇 综 述

第二篇 市政公用事业

第三篇 电 力

第四篇 公 路

第五篇 铁 路

第六篇 航空水路

第七篇 邮电信息

第三册

第四卷 经济综合与管理

第一篇 经济发展综述

第二篇 发展计(规)划

第三篇 财 政

第四篇 税 务

第五篇 审 计

第六篇 统 计

第七篇 价格管理

第八篇 工商行政管理

第九篇 国土资源管理

第十篇 国有资产管理

第十一篇 质量技术监督

第十二篇 食品药品监督管理

第十三篇 安全生产监督管理

第十四篇 海 关

第十五篇 出入境检验检疫

第十六篇 经济开发园区

第四册

第五卷 金 融

第一篇 综 述

第二篇 货 币

第六卷 商贸 旅游

第一篇 综 述

第二篇 商贸业

第三篇 物资专营

第四篇 商品流通

第五篇 粮油商业

第六篇 供销合作商业

第七篇 服务业

第八篇 对外经贸

第九篇　旅　游

第五册

第七卷 工 业

第一篇 工业综述

第二篇 煤炭工业

第三篇 冶金与建材工业

第四篇 机械与交通装备工业

第五篇 石油与化学工业

第六篇　纺织工业

第七篇　食品工业

第八篇 医药制造业

第九篇 轻工业

第十篇 电子信息工业

第八卷　农　业

第一篇　农业综述

第二篇　种植养殖业

第三篇 林果业

第四篇　水　利

第五篇　黄河治理

第六册

第九卷　政党　政权　政务

第一篇　中国共产党济南市地方组织

第二篇 济南市人民代表大会

第三篇 人民政府

第四篇　人　事

第五篇　外事台港澳侨事务

第六篇　民主党派

第十卷　政协　群团

第一篇　人民政协

第十一卷　法治　军事

第一篇　公　安

第二篇 检 察

第三篇 审 判

第四篇 司法行政

第五篇 军 事

第七册

第十二卷 教 育

第一篇 综 述

第二篇 基础教育

第三篇 中等职业与成人教育

第四篇 高等教育

第五篇　教育管理与体制改革

第十三卷 科学技术

第一篇　综　述

第二篇　科技发展

第三篇 科技成果

第四篇 机构与队伍

第五篇 科技管理与体制改革

第六篇 科学普及

第七篇 气象服务与地震测报

第十四卷 医疗卫生 体育

第一篇 医疗卫生

第二篇 体 育

第八册

第十五卷　文　化

第一篇　文学艺术

第二篇　社会文化

第三篇　文博事业

第四篇　非物质文化遗产

第五篇　出版　发行

第六篇 广播 电视

第七篇 档 案

第八篇 地方志

第九篇　社会科学研究

第十六卷　社　会

第一篇　精神文明建设

第二篇　民　政

第三篇 劳动就业与社会保障

第四篇　民族宗教

第五篇　居民生活

第六篇　社会风俗

人　物

附　录

《济南市志（1986～2010）》第四、五、八册专家评审会与会人员合影

前排左起：王光辉、王笃银、李天程、郭建群、李刚、翟旭东、刘爱军、巩宪群、翟世林、王现军、段祥泰、郭能勇、李坤
后排左起：马晓飞、丁爱军、于瑞东、边绍林、刘伟、高长海、亓远程、庞新华、代戈红、安宝坪